刑事訴訟 理論과 實務

2021

사단법인 한국형사소송법학회
The Korean Association of Criminal Procedure

題字 松隱 沈禹植

머리말

2009년 12월 11일 창립총회가 개최된 이래로 한국형사소송법학회는 지난 11년 동안 대한민국 형사소송법의 이론 및 실무상 발전을 도모하기 위해 쉼 없이 달려왔다. 특히 '공부하는 학회', '이론과 실무가 융합하는 학회'를 지향하며 매월 학술세미나를 개최하고 있는데, 코로나19 확산으로 인한 위기 속에서도 신속하게 온라인 회의 시스템을 도입함으로써 그 전통을 이어오고 있다. 아울러 다양한 시각에서 화두를 던지고, 그에 대해 치열하게 논의할 수 있는 장을 마련하고자 법원, 검찰, 국회 등 유관 기관 및 국내외 유관 학회와의 공동학술행사도 활발히 개최하고 있다. 나아가 이와 같은 학술적 논의의 성과는 개별 회원들의 논문 게재를 통해 확산되고 있다.

한편 한국형사소송법학회는 학회가 창립된 2009년부터 ＜형사소송 이론과 실무＞라는 학술지를 발간해오고 있는데, 2021년부터 학술지 발간과 관련된 몇 가지 변화가 있다. 첫째, 종래 연 2회이던 학술지의 발간 횟수는 연 4회로 늘어났다. 이는 형사소송법적 이슈에 대한 사회적 관심이 고조되는 상황에서 학계 내의 전문적 논의들이 기민하게 발표될 수 있는 기회를 보다 많이 제공하기 위함이다. 둘째, 기존의 종이출판 형태를 전자출판 형식으로 과감히 전환하되, 그 해에 게재된 학술지 논문들을 모아 한 권의 책자로 연 1회 발간하기로 하였다. 정보통신기술의 발전에 따른 출판의 흐름을 반영함으로써 비용을 절감하는 한편, 오프라인 자료를 필요로 하는 이용자들의 목소리도 반영하였다. 셋째, 우수 논문 확보를 위해 투고 논문에 대한 심사료와 게재료를 면제하는 것에 그치지 않고 학술상을 신설하였다. 이를 통해 보다 실험적이고 창의적인 논문의 게재를 장려하고, 전문성 있는 논문들이 형사소송법 이론과 실무에 실질적으로 기여할 수 있도록 하였다.

2021년에는 수사체제의 변화에 따른 검사의 역할 재조명이나 검찰에 대한 법무부장관의 지휘감독권, 고위공직자범죄수사처를 둘러싼 법적·제도적 논의가 활발히 이루어졌다. 또한 휴대전화의 압수나 비밀번호 제출 및 증인신문 등 다양한 형사소송법적 쟁점에 대한 논의도 폭넓게 전개되었다. 이러한 논문들을 모아 출판되는 이 책자가 아무쪼록 학계와 실무계에서 유익한 자료로 활용되기를 기대한다.

끝으로 이 책이 발간될 수 있는 기초 작업을 해주신 학술지 편집위원회에 감사드리고, 특히 편집위원이자 간사업무를 수행해준 차종진 박사님의 노고를 기억하고자 한다. 그리고 이 책의 출판을 담당한 박영사 안종만 회장님과 안상준 대표님을 비롯하여 실무를 담당한 오치웅 대리님에게도 고마움을 표하는 바이다. 무엇보다 옥고를 작성해주신 집필자들과 한국형사소송법학회에 대한 지속적인 애정과 성원을 보내주고 계신 모든 회원들께 깊이 감사드린다.

2022년 6월

(사)한국형사소송법학회 회장

정 웅 석

목 차

2020년도 형사소송법 중요판례평석 ······ **박정난** · 001

미국의 검찰제도와 연방법무부장관의 정치적 중립성 ······ **김종구** · 053

오스트리아 검찰에 대한 법무부장관의 지휘감독권 비교 연구
－검사의 직무수행과 정치적 중립성의 관점에서－ ······ **이경렬** · 087

개정 형사사법체계에서 검찰수사관의 역할 제고방안 ······ **조광훈** · 123

제1세대 형사소송법학자 김기두 교수의 생애와 법사상 ······ **하태영** · 171

10년간 변호사시험 형사소송법 사례형시험의 분석과 개선방안 ··· **이창현** · 223

공수처법상 공수처장의 재량이첩에 대한 비판적 검토 ······ **정웅석** · 257

새로 도입된 신분비공개수사 및 신분위장수사 특례 규정에 대한 검토
－아동·청소년의 성보호에 관한 법률 제25조의2부터 제25조의9를 중심으로－
······ **신상현** · 283

피의자 휴대전화 비밀번호의 제출 강제
－영국 입법례 참고한 디지털 증거 압수수색시 협력의무 부과 법안 추진 비판－
······ **김한균** · 317

조사자 증언에서의 특신상태 증명수단으로서 영상녹화물 활용 ···· **서원익** · 347

범죄경력사실의 유포와 (전)범죄인의 잊혀질 권리의 법제화 방안
······ **이경렬** · 379

공수처 검사의 법적 지위에 관한 헌법재판소 결정의 오류와 문제점 ······ **이윤제** · 413

체포현장에서 임의제출한 휴대폰의 압수와 저장정보의 수집 ······ **강동범** · 445

형사소송법상 반대신문권과 국제인권법의 적용가능성에 관한 연구 ······ **이창온** · 473

성폭력범죄 사건 피해자에 대한 증인신문 방식의 개선 방안 ······ **조기영** · 533

형사절차상 인공지능기반 통·번역 애플리케이션 활용과 적법절차 ······ **김한균** · 559

개정 형사소송법 제312조 제1항 시행에 대한 경과규정 부재와 그로 인한 실무상 혼란 ······ **조지은** · 587

형사절차상 범죄피해자 보호·지원제도의 실질적 보장을 위한 새로운 모색 ······ **박상민** · 613

부정청탁금지법 시행결과 분석을 통한 법개선 방안 연구 ······ **이원상** · 637

형사소송법 교육의 현황과 향후 방향에 대한 검토
－법학전문대학원 교육을 중심으로－ ······ **박정난** · 671

대륙법계 및 영미법계 형사사법체계에 따른 검사의 역할 비교 ··· **정웅석** · 699

우리나라의 최근 수사체제의 변화 ······ **이창현** · 741

형사재판에서 검사의 증인사전면담 허용여부와 한계 ······ **이승주** · 775

형사소송에서 상고이유 제한 법리에 대한 검토
－대법원 2019.3.21. 선고 2017도16593－1 전원합의체 판결을 중심으로－ ······ **류경은** · 817

혐오표현의 형사규제를 위한 불법요소의 구성가능성과 증명의 문제
·· **류전철** · 845

[특별기고] (사)한국형사소송법학회 회고와 전망
－새로운 10년을 준비하며－ ································· **정웅석** · 869

[부록] ·· 1001

◎ 편집위원회의 구성과 운영에 관한 규정 _ 1003
◎『형사소송 이론과 실무』투고지침 _ 1006
◎『형사소송 이론과 실무』심사규정 _ 1012
◎ 연구윤리규정 _ 1016
◎ 한국형사소송법학회 학술상 수여에 관한 규정 _ 1021

한국형사소송법학회 『형사소송 이론과 실무』
第13권 第1호 (2021.03) 1~51면.
Theories and Practices of Criminal Procedure Vol. 13 No. 1 (Mar. 2021) pp. 1~51.
10.34222/kdps.2021.13.1.1

2020년도 형사소송법 중요판례평석*

박 정 난**

목 차

Ⅰ. 글 머리에
Ⅱ. 수사절차 분야
Ⅲ. 증거법 분야
Ⅳ. 재판절차 분야
Ⅴ. 글을 마치며

Ⅰ. 글 머리에

2020년에도 형사소송법 전반에 걸쳐 의미있는 중요한 판례들이 적지 않게 있었다. 본고에서는 실무와 학계에 도움이 되었으면 하는 바램으로 2020년에 대법원에서 선고된 형사소송법 중요 판례들을 검토하고자 한다.

중요쟁점이 되었던 것은 압수수색영장에 기재되지 않은 범죄사실에 대한 압수가 위법한 별건압수인지 여부를 판단하는 기준, 압수수색 절차에서 피의자의 변호인 참여권과 관련된 위법수집증거배제법칙의 예외 적용범위, 현행범 체포현장에서 증거물을 임의제출받는 경우 적법성 여부, 형사소송법 제312조 제3항이 적용되는 공범에 양벌규정에 따라 기소된 사업주와 행위자 사이의 관계도 포함되는지 여부, 성폭력 피해자 진술의 신빙성 판단과 관련하여 첫째 피해자가 수사기관에서의 피해진술을 공판에서 번복하는 경우 신빙성 판단, 둘째 피해자다움의 배척과 성인지감수성에 입각한 신빙성 판단, 특정범죄신고자 등 보호법에 의하여 보호되는 범죄신고인 등이 증인으로 불출석한 경우 법원이 소재탐지 촉탁, 구인 등 출석강제조치를

* 본 논문은 2021. 1. 22. 형사소송법학회 제74회 월례발표회에서 발표한 내용을 수정·보완한 것임.

** 연세대학교 법학전문대학원 조교수.

취하지 않고 증인채택결정을 취소한 경우 위법성 여부, 항소장이나 항소이유서에 양형부당의 구체적 이유가 기재되지 않은 경우 항소법원의 심판범위, 1심에서 소년범으로 부정기형이 선고된 이후 항소심에서 성년이 되어 정기형을 선고해야 하는 경우에 있어서 불이익변경금지 원칙 적용의 기준이 되는 형의 결정, 약식명령에 대한 정식재판청구 사건과 통상사건이 병합된 경우 형종상향금지 원칙의 적용 등이 있었다.

중요판례의 검토방향은 위와 같은 중요쟁점을 형사소송절차에 따라 크게 수사절차 분야, 증거법 분야, 재판절차 분야로 나누어 각 사실관계 및 재판경과, 판결요지, 검토 순으로 기술하였다.

Ⅱ. 수사절차 분야

1. 별건압수 여부의 판단기준(대법원 2020. 2. 13. 선고 2019도14341 판결)

(1) 사실관계 및 재판경과

피고인의 2018. 5. 6.경 피해자 甲(여, 10세)에 대한 간음유인미수 및 성폭력범죄의 처벌 등에 관한 특례법(이하 성폭력처벌법이라 함)위반(통신매체이용음란) 범행과 관련하여 수사기관은 피고인을 긴급체포하면서 피고인 소유의 휴대전화를 압수한 뒤 사후 압수·수색·검증영장을 발부받았다. 영장에는 계속 압수·수색·검증이 필요한 사유로서 영장 범죄사실에 관한 혐의의 상당성 외에도 추가 여죄수사의 필요성이 기재되었다.

그런데 휴대전화에 대한 디지털정보 분석 결과, 피고인이 2017. 12.경부터 2018. 4.경까지 사이에 저지른 피해자 乙(여, 12세), 丙(여, 10세), 丁(여, 9세)에 대한 간음유인 및 성폭력처벌법 위반(통신매체이용음란) 등 범행관련 자료들이 추가로 획득되었고, 수사기관은 이를 토대로 수사를 확대실시하여 피해자 甲에 대한 범행 이외에 피해자 乙, 丙, 丁에 대한 각 범행까지 포함시켜 피고인을 기소하였다.

피고인은 1심에서 본건 압수수색영장은 피해자 甲에 대한 범행의 증거를 수집하기 위한 범위에서만 효력이 있으므로, 수사기관으로서는 별건인 피해자 乙, 丙, 丁에 대한 각 범행에 관한 추가자료에 대하여는 별도의 압수·수색영장을 발부받았어야 함에도 불구하고, 그러한 절차를 거치지 않았으므로 추가 자료들은 영장주의 및 적법절차원칙에 위반한 위법수집증거로서 증거능력이 없다고 주장하였다.

그러나 1심은 다음과 같이 상세히 설시하면서 피고인의 주장을 받아들이지 않았다.

1) 압수의 대상을 압수·수색영장의 범죄사실 자체와 직접적으로 연관된 물건에 한정할 것은 아니고, 영장 범죄사실과 기본적 사실관계가 동일한 범행 또는 동종·유사의 범행과 관련된다고 의심할 만한 상당한 이유가 있는 범위 내에서는 압수를 실시할 수 있다. 이 때, 영장 범죄사실과 관계있는 범죄는 영장에 기재한 혐의사실과 객관적 관련성이 있고 압수·수색영장 대상자와 피의자 사이에 인적 관련성이 있는 범죄를 의미한다. 그 중 객관적 관련성은 영장에 기재된 혐의사실 자체 또는 그와 기본적 사실관계가 동일한 범행과 직접 관련되어 있는 경우는 물론 범행 동기와 경위, 범행 수단과 방법 등을 증명하기 위한 간접증거 등으로 사용될 수 있는 경우에도 인정될 수 있다.

2) 영장 범죄사실과 각 추가 범행의 구성요건적 행위는 모두 '피고인이 휴대전화를 사용해 미성년자인 피해자에게 성적 수치심을 일으키는 문자메시지를 보내고, 간음 목적으로 피해자를 유혹하는 유인행위를 하였다'는 것으로서 범행 경위 및 수법, 범행 도구, 죄명 및 적용 법령이 동일하고, 범행 동기 및 대상이 유사하다.

3) 추가범행 관련 자료들은 영장 기재 범행시기와 근접한 기간인 2017. 12.경부터 2018. 5.경까지 사이에 미성년자들에게 반복적으로 보낸 문자메시지 출력물로서 성적 수치심을 일으키는 내용 및 피고인과 성관계를 하자고 현혹하는 내용을 담고 있어 영장 범죄사실에 대한 주관적 구성요건인 간음목적, 자기 또는 다른 사람의 성적 욕망을 유발하거나 만족시킬 목적 등을 증명하기 위한 중요한 간접증거에 해당한다.

4) 수사기관은 피고인의 범행 경위 등에 비추어 동종, 유사 방식으로 추가 범행을 저지른 것을 의심하고 압수·수색·검증영장을 청구하면서 '압수·수색·검증을 필요로 하는 사유'로서 '추가 여죄 수사에 활용하기 위해 이 사건 휴대전화를 압수한다'는 취지를 명시하였다.

5) 압수·수색은 수사 초기 아직 공소가 제기될 범죄사실이나 죄명이 확정되지 않은 상태에서 이루어지는 것이 대부분이고, 압수·수색을 실시하기 전에는 어떤 증거가 존재하는지 명확히 예상하기도 어려우므로, 압수·수색영장에 기재된 혐의사실 그 자체와 직접 관련된 증거뿐만 아니라, 위 혐의사실과 동종·유사의 범행에 관련된 증거도 객관적 관련성이 있는 증거로서 적법한 압수 대상에 포함된다고 보

아야 한다. 위와 같이 객관적 관련성이 인정되는 동종·유사의 범행에 해당하기 위하여는 위 혐의사실의 내용과 당해 수사의 대상 및 수사 경위 등을 종합하여 구체적·개별적 연관관계가 있어야 하지만, 반드시 위 혐의사실의 피해자와 위 동종·유사의 범행의 피해자가 동일하거나, 위 혐의사실과 위 동종·유사의 범행이 일죄에 해당할 필요는 없다.

6) 따라서 추가범행 관련자료들은 위법수집증거에 해당하지 않는다.

한편 항소심 판결도 1심 판단내용을 그대로 유지하였다.

⑵ 판결요지

대법원도 기본적으로 같은 취지에서 1심과 항소심의 판단을 유지하였다.

1) 압수·수색의 목적이 된 범죄나 이와 관련된 범죄의 경우에는 그 압수·수색의 결과를 유죄의 증거로 사용할 수 있는데, 관련된 범죄라는 것은 영장에 기재한 혐의사실과 객관적 관련성이 있고 압수·수색영장 대상자와 피의자 사이에 인적 관련성이 있는 범죄를 의미한다. 객관적 관련성은 영장에 기재된 혐의사실 자체 또는 그와 기본적 사실관계가 동일한 범행과 직접 관련되어 있는 경우는 물론 범행 동기와 경위, 범행 수단과 방법 등을 증명하기 위한 간접증거 등으로 사용될 수 있는 경우에도 인정될 수 있다. 객관적 관련성은 영장에 기재된 혐의사실의 내용과 수사의 대상, 수사 경위 등을 종합하여 구체적·개별적 연관관계가 있는 경우에만 인정된다고 보아야 하고, 혐의사실과 단순히 동종 또는 유사 범행이라는 사유만으로 객관적 관련성이 있다고 할 것은 아니다.

2) 법원은 계속 압수·수색·검증이 필요한 사유로서 영장 범죄사실에 관한 혐의의 상당성 외에도 추가 여죄수사의 필요성을 포함시킨 점, 피고인은 상습범으로 처벌될 가능성이 완전히 배제되지 아니한 상태였으므로, 추가 자료들로 밝혀지게 된 乙, 丙, 丁에 대한 범행은 영장에 기재된 혐의사실과 기본적 사실관계가 동일한 범행에 직접 관련되어 있는 경우라고 볼 수 있으며, 실제로 2017. 12.경부터 2018. 4.경까지 사이에 저질러진 추가 범행들은, 영장에 기재된 혐의사실의 일시인 2018. 5. 7.과 시간적으로 근접할 뿐만 아니라, 피고인이 자신의 성적 욕망을 해소하기 위하여 미성년자인 피해자들을 대상으로 저지른 일련의 성범죄로서 범행 동기, 범행 대상, 범행의 수단과 방법이 공통되는 점, 추가 자료들은 영장 범죄사실 중 간음유인죄의 '간음할 목적'이나 성폭력처벌법 위반(통신매체이용음란)죄의 '자기 또는 다

른 사람의 성적 욕망을 유발하거나 만족시킬 목적'을 뒷받침하는 간접증거로 사용될 수 있었고, 피고인이 영장 범죄사실과 같은 범행을 저지른 수법 및 준비과정, 계획 등에 관한 정황증거에 해당할 뿐 아니라, 영장 범죄사실 자체에 대한 피고인 진술의 신빙성을 판단할 수 있는 자료로도 사용될 수 있었던 점 등을 종합하면, 추가 자료들로 인하여 밝혀진 피고인의 乙, 丙, 丁에 대한 범행은 압수·수색영장의 범죄사실과 단순히 동종 또는 유사 범행인 것을 넘어서서 이와 구체적·개별적 연관관계가 있는 경우로서 객관적·인적 관련성을 모두 갖추어 추가 자료들은 위법하게 수집된 증거에 해당하지 않는다.

(3) **평석**

1) 압수수색에 있어서 관련성

형사소송법 제215조에 의하면 수사기관은 ① 범죄수사에 필요한 때에는 ② 피의자가 죄를 범하였다고 의심할만한 정황이 있고 ③ 해당 사건과 관계가 있다고 인정할 수 있는 것에 한정하여 법원으로부터 발부받은 영장에 의하여 압수, 수색 또는 검증을 할 수 있다. 즉 대물적 강제처분의 요건은 범죄의 혐의, 강제처분의 필요성 및 해당 사건과의 관련성, 비례의 원칙 준수라고 할 수 있다. 따라서 원칙적으로 영장 기재 범죄사실과 관련성이 인정되어야 압수수색이 적법하고 별건압수로 획득된 압수물은 위법수집증거로 증거능력이 없다.[1)]

별건압수의 문제는 디지털증거의 대량성, 혼재성, 비가시성 등의 특성으로 인하여 본건과 같이 휴대폰, 컴퓨터 등을 압수수색하는 과정에서 주로 발생한다. 압수수색은 강제처분으로 국민의 기본권 침해의 소지가 크기 때문에 수사기관의 강제처분에 대한 사법적 통제인 법원의 영장에서 권한을 부여한 범위내에서만 압수수색을 인정하는 것이 타당하다. 그러나 한편 본건 1심 판결에서도 설시한 바와 같이 압수수색은 초동수사 단계로서 아직 공소가 제기될 범죄사실이나 죄명이 확정되지 않은 상태에서 이루어지는 것이 대부분이고, 압수·수색을 실시하기 전에는 어떤 증거가 존재하는지 명확히 예상하기도 어려우므로, 실체진실발견과의 조화를 위하여 어느 정도 유연성 있는 접근이 필요하다.

---

1) 김희옥·박일환 편집대표, 『주석 형사소송법』, 제5판(이완규 집필부분, 한국사법행정학회2017), 263면; 이재상·조균석, 『형사소송법』, 제11판(박영사, 2017), 313－315면; 이주원, 『형사소송법』, 제1판(박영사, 2019), 141－142면; 이창현, 『형사소송법』, 제6판(정독, 2020), 430－431면; 정웅석·최창호, 『형사소송법』, 제8판(대명출판사, 2018) 180－181면.

2) 판례와 학설의 태도

법원도 2009. 7. 23. 선고 2009도2649 판결에서 압수수색영장에 의하여 허용되는 압수의 범위 내지 대상에 관하여, "압수·수색영장의 범죄사실 자체와 직접적으로 연관된 물건에 한정할 것은 아니고, 영장 범죄사실과 기본적 사실관계가 동일한 범행 또는 동종·유사의 범행과 관련된다고 의심할 만한 상당한 이유가 있는 범위 내에서는 압수를 실시할 수 있다."라고 판시하면서 그 기준을 제시하였고[2], 이는 본건 사안의 1심 판결에도 그대로 기재되어 있는 것과 같이 이후 법원의 일관된 입장이다.

또한 법원은 관련성의 개념을 객관적 관련성과 인적 관련성으로 나누어 보다 구체적으로 밝히기도 하였는데, "객관적 관련성은 영장에 기재된 혐의사실 자체 또는 그와 기본적 사실관계가 동일한 범행과 직접 관련되어 있는 경우는 물론 범행 동기와 경위, 범행 수단과 방법, 범행 시간과 장소 등을 증명하기 위한 간접증거나 정황증거 등으로 사용될 수 있는 경우에도 인정될 수 있다. 객관적 관련성은 영장에 기재된 혐의사실의 내용과 수사의 대상, 수사 경위 등을 종합하여 구체적·개별적 연관관계가 있는 경우에만 인정된다고 보아야 한다. 인적 관련성은 영장에 기재된 대상자의 공동정범 등 공범이나 간접정범, 필요적 공범 등 피고사건에 대해서도 인정될 수 있다"[3]는 내용으로 본건 사안의 대법원 판결에도 그대로 기재되어 있다.

따라서 대법원은 영장기재 범죄사실과 다른 범행관련 증거물에 대한 압수수색의 적법성 판단에 있어서 위와 같은 일관된 입장을 유지하면서 개별 사안마다 관련성 여부를 판단하고 있다. 대법원은 피고인이 공천심사위원에게 돈을 교부한 혐의로 甲이 소지하고 있는 휴대전화를 압수한 후 위 휴대전화에서 甲과 乙 사이의 정당후보자 추천 및 선거운동 관련 대가제공 요구 및 약속의 대화가 녹음된 녹음파일을 찾아내어 이를 증거로 甲, 乙을 기소한 사안에서, 피고인의 공천관련 금품제공 혐의사건과 甲, 乙의 범죄는 전혀 다르다는 이유로 관련성을 부정한 반면[4], 피고인이 페이스북에 상대 후보에 대한 허위글을 게시한 혐의로 위 글을 직접 게시한 것으로 추정되는 甲의 휴대전화를 압수한 후 위 휴대전화에서 피고인이 甲에게 선거홍보

2) 이용우, "'압수수색영장의 범죄 혐의사실과 관계있는 범죄'라는 것의 의미 및 이때 혐의사실과의 '객관적 관련성'이 인정되는 범위와 판단기준", 『대법원 판례해설』 124호(법원행정처, 2020), 352－355면.

3) 대법원 2017. 12. 5. 선고 2017도13458 판결.

4) 대법원 2014. 1. 16. 선고 2013도7101 판결.

물 게재를 부탁하면서 돈을 주었다는 취지의 문자메시지를 찾아내어 이를 증거로 수사하여 위 혐의들에 대하여 피고인을 기소한 사안에서, 피고인이 甲에게 선거홍보물 게재를 부탁하면서 금품을 제공한 범죄사실은 영장에 기재된 범죄사실의 동기, 경위, 범행방법 등과 관련되어 있음을 이유로 관련성을 인정하였다.[5]

한편 학설은 관련성 요건을 주관적 관련성, 객관적 관련성, 시간적 관련성으로 세분화하여 검토해야 한다는 견해[6], 관련성을 탄력적으로 해석하여 혐의사실의 전체적인 상황의 이해에 의미가 있는 것이면 관련성이 있는 것으로 폭넓게 해석할 수 있다는 견해[7], 공소장에 기재된 범죄사실을 고려하여 개별사건에서 주관적 관련성, 객관적 관련성이 충족되는지 검토해야 한다는 견해[8] 등이 있다.

3) 대상 판결에 있어서 관련성 인정 여부

본건의 경우 영장기재 범죄사실과 추가로 발견된 범죄사실이 모두 미성년자를 상대로 휴대전화 문자메시지를 보내어 유인하고 성관계를 가지거나 미수에 그친 사안으로 범행 동기, 수법 등이 동일하고, 추가 범죄사실의 인정이 영장기재 범죄사실의 간접증거나 정황증거로 사용될 수 있다는 점에서 충분히 구체적, 개별적 연관관계가 인정된다는 점에서 대법원 판례의 태도는 타당하다. 특히 대법원 판결이 판시하는 바와 같이 영장기재 범죄사실과 추가 범죄사실이 시간적으로 매우 근접하다는 점은 객관적 관련성을 인정한 중요요소였던 것으로 보인다. 이에 대하여는 동종·유사 수법의 범행이라 하더라도 각 범행이 상당한 시간적 간격을 두고 저질러진 경우 객관적 관련성을 폭넓게 인정한다면 법원으로부터 추가로 영장을 발부받을 필요 없이 기존 영장만으로도 집행할 수 있는 범위가 지나치게 확대되어 수사기관의 강제수사에 대한 사법적 통제가 무력화될 수 있기 때문에 향후 판례를 통하여 어느 정도의 시간적 근접성이 갖추어져야 객관적 관련성이 인정될 것인가에 대한 판단기준의 정립이 필요하다는 견해도 있는데,[9] 법적 타당성 있는 시간적 근접

5) 대법원 2017. 12. 5. 선고 2017도13458 판결.

6) 오기두, “전자정보의 수색·검증, 압수에 관한 개정 형사소송법의 함의”, 『형사소송 이론과 실무』 제4권 제1호(한국형사소송법학회, 2012), 151－152면.

7) 이완규, “디지털 증거 압수수색과 관련성 개념의 해석”, 『법조』 제62권 제11호(법조협회, 2013), 107－109면.

8) 이경렬·설재윤, “전자증거의 적법한 압수와 별건 증거사용에 관한 실무연구”, 『법조』 제68권 제1호(법조협회, 2019), 18－19면.

9) 이용우, 앞의 글, 365면.

성에 대한 기준을 정하는 것이 가능한지는 의문이다.

2. 압수수색 절차에 있어서 피의자 등 참여권(대법원 2020. 11. 26. 선고 2020도10729 판결)

(1) 사실관계 및 재판경과

피고인은 노래연습장 화장실 용변칸에 소형카메라를 설치하여 총 296회에 걸쳐 용변을 보는 여성들의 엉덩이, 음부 등을 촬영하여 성폭력처벌법 위반(카메라등이용촬영)죄로 기소된 사안이다.

경찰은 피고인의 주거지에서 피고인의 컴퓨터 및 휴대전화를 반출하면서 피고인에게 저장매체 또는 복제본에 대한 탐색·복제·출력과정에 참여할 수 있음을 고지하였고 피고인은 불참의사를 밝혔다. 피고인은 '4~5년 전부터 피시방, 노래방 등 화장실 쓰레기통에 몰래카메라를 설치하여 여성의 음부 등을 촬영하였고, 그 영상을 컴퓨터 하드디스크에 저장해 두었다'라고 자백하였고, 경찰은 컴퓨터 하드디스크를 탐색하여 다수의 동영상 파일 등을 발견한 후 이를 토대로 피고인을 구속하였다. 피고인이 구속되는 과정에서 국선변호인이 선임되었는데 이후 경찰의 하드디스크 탐색 및 증거자료 출력과정에서 국선변호인에게 사전통지를 하지 않았고, 피고인이나 국선변호인이 위 절차에 참여하지도 않았다.

1심에서는 유죄가 선고되었으나 항소심은, 수사기관이 피고인의 국선변호인에게 미리 집행 일시 및 장소를 통지하지 않고 저장매체를 탐색·복제·출력 등 압수수색영장을 집행하였으므로 이는 중대하게 위법하고, 따라서 이러한 압수수색을 통해 수집한 동영상 캡쳐 출력물, 이에 터잡은 유일한 증거인 피고인의 자백은 위법수집증거배제법칙 또는 자백보강법칙에 의하여 증거능력이 없다는 이유로 무죄를 선고하였다.

(2) 판결요지

그러나 대법원은 다음과 같은 이유로 원심판결을 파기하였다.

1) 수사기관이 압수·수색영장을 집행할 때에는 피압수자 또는 변호인이 그 집행에 참여할 수 있는 기회를 보장하는(형사소송법 제219조, 제121조) 등 영장주의 원칙과 적법절차를 준수하여야 한다. 이는 전자정보가 담긴 저장매체 또는 복제본을

수사기관 사무실 등으로 옮겨 복제·탐색·출력하는 경우에도 마찬가지이다. 만일 그러한 조치를 취하지 않았다면 피압수자 측이 위와 같은 절차나 과정에 참여하지 않는다는 의사를 명시적으로 표시하였거나 절차위반행위가 이루어진 과정의 성질과 내용 등에 비추어 피압수자에게 절차 참여를 보장한 취지가 실질적으로 침해되었다고 볼 수 없을 정도에 해당한다는 등의 특별한 사정이 없는 이상 압수·수색이 적법하다고 할 수 없다.

2) 형사소송법 제219조, 제121조가 규정한 변호인의 참여권은 피압수자의 보호를 위하여 변호인에게 주어진 고유권이다. 따라서 설령 피압수자가 수사기관에 압수·수색영장의 집행에 참여하지 않는다는 의사를 명시하였다고 하더라도, 특별한 사정이 없는 한 그 변호인에게는 미리 집행의 일시와 장소를 통지하는 등으로 압수·수색영장의 집행에 참여할 기회를 별도로 보장하여야 한다.

3) 형사소송법 제308조의2 및 헌법 제12조에 따라 헌법과 형사소송법의 규범력을 확고하게 유지하고 수사과정의 위법행위를 억제할 필요가 있으므로, 적법한 절차에 따르지 않고 수집한 증거는 물론 이를 기초로 하여 획득한 2차적 증거 또한 기본적 인권 보장을 위해 마련된 적법한 절차에 따르지 않고 확보한 것으로서 원칙적으로 유죄 인정의 증거로 삼을 수 없다고 보아야 한다.

그러나 수사기관의 절차 위반행위가 적법절차의 실질적인 내용을 침해하는 경우에 해당하지 않고, 오히려 증거능력을 배제하는 것이 헌법과 형사소송법이 형사소송에 관한 절차 조항을 마련하여 적법절차의 원칙과 실체적 진실 규명의 조화를 도모하고 이를 통하여 형사 사법 정의를 실현하려 한 취지에 반하는 결과를 초래하는 것으로 평가되는 예외적인 경우라면, 법원은 그 증거를 유죄 인정의 증거로 사용할 수 있다고 보아야 한다. 이에 해당하는지는 수사기관의 증거수집 과정에서 이루어진 절차 위반행위와 관련된 모든 사정, 즉 절차 조항의 취지, 위반 내용과 정도, 구체적인 위반 경위와 회피가능성, 절차 조항이 보호하고자 하는 권리나 법익의 성질과 침해 정도, 이러한 권리나 법익과 피고인 사이의 관련성, 절차 위반 행위와 증거수집 사이의 관련성, 수사기관의 인식과 의도 등을 전체적·종합적으로 고찰하여 판단해야 한다. 이러한 법리는 적법한 절차에 따르지 않고 수집한 증거를 기초로 하여 획득한 2차적 증거에 대해서도 마찬가지로 적용되므로, 절차에 따르지 않은 증거 수집과 2차적 증거 수집 사이 인과관계의 희석이나 단절 여부를 중심으로 2차적 증거 수집과 관련된 모든 사정을 전체적·종합적으로 고려하여 예외적인 경우에

는 유죄 인정의 증거로 사용할 수 있다

4) 피고인이 수사기관에 컴퓨터의 탐색·복제·출력과정에 참여하지 않겠다는 의사를 표시하였다고 하더라도, 수사기관으로서는 컴퓨터 탐색 등을 하기 전에 피고인의 국선변호인에게 집행 일시와 장소를 통지하는 등으로 위 절차에 참여할 기회를 제공하였어야 함에도 그러지 않았으므로 원심이 영장을 집행한 수사기관이 압수절차를 위반하였다고 판단한 것은 정당하다.

5) 그러나 수사기관이 최초 압수수색영장 집행착수 당시 유일한 참여권자이던 피고인으로부터 컴퓨터의 탐색·복제·출력과정에 참여하지 않겠다는 의사를 확인하였고, 탐색 당시 '이 사건 컴퓨터 하드디스크에 불법 촬영 영상물이 저장되어 있다'는 피고인의 진술도 나온 상태인 점, 그 후 피고인의 국선변호인이 선정될 무렵에는 이미 수사기관이 컴퓨터에 대한 탐색을 어느 정도 진행하여 압수 대상 전자정보가 저장된 폴더의 위치 정도는 파악하고 있었던 것으로 보이며 국선변호인이 수사기관에 영장 집행 상황을 문의하거나 그 과정에의 참여를 요구한 바 없는 점, 영장 집행 당시 피압수자의 참여 포기 또는 거부 의사에도 불구하고 압수·수색 절차 개시 후 선임된 변호인에게 별도의 사전통지를 하여야 한다는 점에 관하여 판례나 수사기관 내부의 지침이 확립되어 있었던 것은 아닌 점, 수사기관은 영장의 집행과정에서 피고인이 2011년경부터 피시방, 노래방 등의 화장실에 설치해 둔 몰래카메라를 통해 수백 명에 이르는 피해자들의 신체를 촬영해 둔 영상물을 압수하였고, 그중 296건에 대한 범행을 기소하였고, 피고인이 수사기관 및 법정에서 범행을 모두 자백한 점 등이 인정된다.

6) 그렇다면 원심으로서는 압수·수색의 경위, 영장집행 당시 시행되던 전자정보에 대한 압수절차 관련 규정, 압수된 증거의 입증 취지, 절차 위반에 이른 경위와 그에 대한 수사기관의 인식과 의도, 본건 범행의 내용과 죄질 등을 종합적으로 고려하여 위법수집증거 배제 원칙의 예외에 해당하는지 여부를 신중히 판단하였어야 한다.

(3) **평석**

1) 압수대상인 저장매체 등 반출 후 탐색과정에서 피의자 등 참여권 인정 여부

형사소송법 제219조가 준용하는 제121조에 의하면, 피고인 또는 변호인은 수사기관의 압수·수색영장의 집행에 참여할 수 있다. 대법원 판례는 디지털 증거의 압수수색에 있어서 이를 반출하여 탐색하는 과정에서도 피의자 등의 참여권을 인정

하는 것이 타당하다는 입장이나, 이에 대하여 저장매체 또는 복제본의 외부 반출로 압수수색 집행은 종료되고 이후 절차는 압수물을 내용을 알기 위한 수사기관 내부 기관의 확인, 분석행위에 불과하므로 피압수자의 참여권을 보장할 필요가 없다는 견해도 존재한다. 이는 형사소송법 제106조 제3항은 저장매체 또는 복제본의 외부 반출을 압수라고 규정하고 있으므로 현행법의 해석상 당연하다고 설명한다.[10)] 그러나 일반 유체물에 대한 압수와 비교해볼 때, 저장매체의 외부 반출 이후 탐색과정은 압수현장에서 범죄혐의와 관련있는 물건들을 찾아내는 과정과 동일하다는 점에서 필요한 정보를 탐색을 통하여 찾아내어 출력까지 끝나야 압수가 종결되고 그 과정에서 관련성 없는 정보를 압수하는 경우 참여한 당사자에게 이의 제기권을 부여해주는 것이 타당하다. 저장매체 등의 외부 반출로 압수수색 집행이 종료된다는 견해에 의하면 디지털 증거에 대하여 특별한 이유 없이 포괄영장을 허용하여 국민의 법익을 중대하게 침해할 수 있다.[11)]

2) 대상판결에 있어서 위법수집증거배제 법칙의 예외사유 인정여부

본건에서 대법원 판례는 기본적으로 수사기관이 피고인의 컴퓨터 하드디스크를 탐색하면서 증거파일을 출력하는 등 압수수색영장을 집행하는 과정에서 국선변호인에게 참여기회를 부여하지 않은 것은 압수절차 위반으로 위법하다는 점은 인정하였다. 그러나 위법수집증거배제법칙의 예외가 인정될 수 있는 경우를 법리적으로 전제한 후 본건 상황이 그 예외에 해당될 수 있는지 여부를 신중히 판단하지 않은 원심의 잘못을 지적하고 파기환송하였다.

대법원은 2007. 11. 15. 선고한 제주도지사 사건[12)] 이후 진술증거, 비진술증거를 불문하고 위법수집증거배제법칙의 적용을 선언하면서 적용의 원칙과 예외의 기준을 설시하였는데 본건 대법원 판례도 그 기준을 그대로 설시하고 있다. 학설도 수사기관의 증거수집 과정에 어떤 절차의 위법이 있으면 무조건 증거로서 배제되는

---

10) 박건욱, "수사기관에서의 전자정보 탐색과정을 압수수색 일환으로 보는 판례 입장에 대한 비판적 검토", 『형사법의 신동향』 통권 제50호(대검찰청, 2016), 196면; 이완규, "디지털 증거 압수 절차상 피압수자 참여방식과 관련성 범위 밖의 별건 증거 압수방법", 『형사법의 신동향』 통권 제48호(대검찰청, 2015), 101－102면.

11) 노수환, "디지털 증거의 압수·수색 절차상 당사자의 참여권 및 별건 관련성 없는 증거의 압수요건－ 대법원 2015. 7. 16.자 2011모1839 전원합의체 결정－", 『법조』 제65권 제7호(법조협회, 2016), 653－655면.

12) 대법원 2007. 11. 15. 선고 2007도3061 판결.

것이 아니라 위법수집증거배제 법칙이 적용되지 않는 예외를 인정하기는 하나, 중대한 위법이 존재하는 경우에 한하여 증거능력이 배제된다고 해석함으로써 판례와 같은 입장은 아니다.[13] 형사재판에 있어서 적법절차 준수뿐만 아니라 실체진실 발견도 비등하게 중요한 대이념으로 상대적으로 경미한 법령을 위반하였다고 해서 무조건 증거사용을 금지하는 것은 형사사법기능의 중대한 저하를 가져오는 것으로 타당하지 않는다는 점에서 재량적 규정으로 해석하는 통설 및 판례의 태도가 타당하다.[14] 본건의 경우, 국선변호인이 선정되기 전에 이미 피고인에게 압수수색절차 참여기회를 주고 피고인이 이를 명시적으로 거절한 상태에서 압수수색영장의 집행이 착수된 상황이었으며 피고인이 자신의 하드디스크에 범행 증거자료가 있음을 시인한 상황이었다. 물론 변호인의 압수수색절차에 대한 참여권은 피고인과는 별도의 독립된 고유권이기는 하지만 이 권한을 보장하는 취지는 결국 자신의 의뢰인인 피고인을 위하여 수사 및 재판절차에 있어서 방어권을 충분히 행사하며 피고인의 인권이 부당히 침해되지 않기 위함이다. 그런데 피고인이 이미 범행을 자백하고 하드디스크에 증거자료가 있음을 시인하였으며 그에 대한 압수를 허락한 상황이기 때문에 변호인의 고유권 침해로 인하여 피고인의 기본권이 중대하게 침해될 가능성이 있다고 보기 어렵다. 뿐만 아니라 피고인의 범행은 2013년부터 2019년까지 총 296건의 카메라등이용촬영행위로서 죄질이 매우 불량하다는 점에서 실체진실 발견을 통한 형사사법정의 실현의 무게가 결코 가볍지 않다. 따라서 이러한 점을 고려한다면 위법수집증거배제 법칙의 예외에 해당될 수 있다고 판단한 대법원의 판단은 타당하다.

한편 판례는 2020. 4. 16.자 2019모3526 결정(재항고 사건)에서 압수수색절차 준수가 형식에 그칠 것이 아니라 실질적인 준수여야 함을 재확인하였다. 이 사안에서, 수사기관이 압수처분 당시 재항고인으로부터 영장 내용의 구체적인 확인을 요구받았음에도 압수·수색영장의 내용을 보여주지 않은 것은 형사소송법 제219조, 제118조에 따른 적법한 압수·수색영장의 제시라고 인정하기 어렵다는 이유로, 압수처분이 위법하지 않다고 본 준항고기각결정이 위법하다고 판단하였다. 즉 위 조문의 취지는 영장주의의 절차적 보장과 더불어 압수·수색영장에 기재된 물건, 장

13) 이은모·김정환, 『형사소송법』, 제7판(박영사, 2019), 600면; 이재상·조균석, 앞의 책, 583면; 이주원, 앞의 책, 351－352면; 이창현, 앞의 책, 825면; 정웅석·최창호, 앞의 책, 556－557면.

14) 박정난, "위법수집증거배제법칙에 관한 미국 판례의 시사점", 『법학연구』 제30권 제2호(연세대학교 법학연구원, 2020), 90－92면.

소, 신체에 대해서만 압수·수색을 하도록 하여 개인의 사생활과 재산권의 침해를 최소화하는 한편, 준항고 등 피압수자의 불복신청의 기회를 실질적으로 보장하기 위한 것이기 때문에, 압수·수색영장을 집행하는 수사기관은 피압수자로 하여금 법관이 발부한 영장에 의한 압수·수색이라는 사실을 확인함과 동시에 형사소송법이 압수·수색영장에 필요적으로 기재하도록 정한 사항이나 그와 일체를 이루는 사항을 충분히 알 수 있도록 압수·수색영장을 제시하여야 한다고 판시하였다. 수사기관이 압수수색시 피압수자에게 영장을 제시할 것을 법령에서 요구하는 취지가, 단순히 법원으로부터 허락을 받은 강제처분이라는 것을 증명하는 것이 아니라 피압수자측에게 어느 범위까지 강제처분이 허락된 것인지 알 수 있도록 하여 함부로 재산권, 프라이버시권 등 기본권이 침해되지 않고 사건에 관한 방어권을 충분히 행사할 수 있도록 하는데 있음을 고려할 때 대법원의 태도는 타당하다.

3) 보론 – 선의의 예외 이론의 고려

흥미로운 것은 비록 대상판례가 명시적으로 '선의의 예외'라는 개념을 사용하지는 않았지만 위법수집증거배제법칙의 예외에 해당될 수 있는 근거로 영장집행 착수당시 피압수자의 참여 포기 또는 거부 의사에도 불구하고 압수수색 절차 개시 이후 선임된 변호인에게 별도의 사전 통지를 하여야 한다는 점에 관하여 판례나 수사기관 내부의 지침이 확립되어 있는 것은 아니라는 점을 설시하고 있는데, 이는 미국의 위법수집증거배제법칙의 예외이론 중 하나인 '선의의 예외'이론(the good faith exception doctrine)을 수용한 것이 아닌가 조심스럽게 추측해본다. 대법원은 이미 대법원 2019. 7. 11. 선고 2018도20504 판결[15]에서 선의의 예외이론을 명시적으로 수용한 바 있다.

위 예외이론은 수사기관의 고의 또는 중대한 과실로 인한 위법행위에 대하여만 수집된 증거의 증거능력을 배제하여야 한다는 이론으로, 의도적으로 법정절차를 위반하여 국민의 권익을 침해하는 수사권 남용에 대한 제재야말로 위법수집증거배제법칙의 존재의의라는 점에서 이는 이론의 정당성이 인정된다. 다만, 중과실인지 단순과실 내지 착오인지 판단함에 있어서 엄격한 기준을 적용해야 자칫 실체진실 발견이라는 명목 하에 국민의 권익이 침해되고 방만하고 전근대적인 수사시스템 및

15) 판사의 날인이 누락된 압수수색영장에 기초하여 수집한 증거가 위법수집증거에 해당하는지 여부에 관한 사건임.

수사관 교육의 실태가 용인되는 부당한 결과가 초래되는 것을 방지할 수 있다. 따라서 비록 수사기관이 의도적으로 법령을 위반한 것이 아니고 실체진실을 발견하기 위하여 열심히 수사하는 과정에서 법령을 위반한 것이라 할지라도, 객관적으로 바라보았을 때 평소 법령을 잘 숙지하는 등 수사 시스템에 대하여 잘 숙련된 수사관이라면 도저히 범할 수 없는 위법행위라면 위법수집증거배제 법칙을 적용하는 것이 타당하다할 것이다.[16] 그런데 본건 사안의 경우 경찰은 영장십행 착수당시 피고인에게 압수절차 참여기회를 고지하였고 거부의사를 받았기 때문에 이후 선임된 변호인에 대한 압수절차 참여에 대한 판례나 수사기관 내부지침이 부재한 상황에서 별다른 문제가 없다고 신뢰하고 선의로 압수수색절차를 진행한 것으로 판단되고 이러한 경찰의 판단이 객관적으로 합리성이 결여되었다고 보기는 어렵다고 할 것이다.

3. 현행범 체포현장에서 임의제출의 적법성(대법원 2020. 4. 9. 선고 2019도17142 판결)

(1) 사실관계 및 재판경과

피고인이 지하철 안에서 카메라 기능이 있는 휴대전화기로 여성 피해자들의 치마 속 부위 등 성적 욕망 또는 수치심을 유발할 수 있는 신체를 의사에 반하여 총 11회에 걸쳐 촬영한 범행에 대하여 기소된 사안이다.

1심에서는 전부 유죄가 선고되었으나, 항소심은 기존 대법원 판례를 비판하면서 7회의 범행에 대하여 일부 무죄를 선고하였는데 구체적인 근거는 다음과 같다.

1) 대법원이 체포현장에서 임의제출 형식에 의한 압수수색을 허용함으로써, 일선 실무에서는 임의제출에 의한 압수가 광범위하게 이루어지는 반면에, 긴급압수수색 절차 및 압수물에 대한 사후영장 절차는 거의 없는 것이 통례로 수사기관은 현행범 체포된 피의자에게 절대적으로 우월한 지위를 갖기 때문에 임의제출을 거절하는 피의자를 예상하기 어려워, 체포된 피의자가 소지하던 긴급압수물에 대한 사후영장 제도는 앞으로도 형해화될 가능성이 크다. 따라서 형사소송법 제218조에 따른 영장 없는 압수수색은 현행범 체포현장에서 허용되지 않는다고 해석함이 마땅하다.

2) 체포현장에서 임의제출된 물건이라도, 형사소송법 제216조 제1항에 따른 압

16) 박정난, 앞의 글, 107－108면.

수물로 보아 제217조 제2항이 정한 48시간 이내에 사후영장을 청구하여 발부받지 못했다면, 압수된 임의제출물은 유죄의 증거로 할 수 없다. 살피건대, 본건에서 사법경찰관이 피고인의 휴대전화기를 형사소송법 제218조에 따라 압수하였으나, 그 실질은 형사소송법 제216조 제1항 제2호에 따라 압수한 것으로서 사후 영장을 발부받지 못했으므로, 휴대전화기에 대한 증거능력을 인정할 수 없다.

3) 종전의 대법원 판례에 따라 현행범 체포현장에서도 형사소송법 제218조에 따른 임의제출물 압수가 가능하다고 보더라도, 제출자의 임의성이 인정되어야 증거능력을 인정할 수 있다. 제출의 임의성은 검사가 증명하여야 하고, 증명정도는 실질적인 강제수사에 관한 의심을 배제할 수 있을 정도라야 한다. 살피건대, 피고인은 현행범 체포된 이후 휴대전화를 요구받았기 때문에 위축된 상태였을 것이고, 임의제출 절차와 효과에 대한 피고인의 인식 또는 경찰관의 고지는 없었던 것으로 보이므로 휴대전화기에 대한 경찰관의 강제수사 또는 피고인의 임의적 제출의사 부재를 의심할 수 있으나, 이를 배제할 검사의 증명은 부족하다.

⑵ 판결요지

대법원은 다음과 같은 이유로 항소심 판결을 파기하고 환송하였다.

1) 범죄를 실행 중이거나 실행 직후의 현행범인은 누구든지 영장 없이 체포할 수 있고(형사소송법 제212조), 검사 또는 사법경찰관은 피의자 등이 유류한 물건이나 소유자·소지자 또는 보관자가 임의로 제출한 물건을 영장 없이 압수할 수 있으므로(제218조), 현행범 체포현장이나 범죄 현장에서도 소지자 등이 임의로 제출하는 물건을 형사소송법 제218조에 의하여 영장 없이 압수하는 것이 허용되고, 이 경우 검사나 사법경찰관은 별도로 사후에 영장을 받을 필요가 없다. 따라서 현행범 체포현장에서는 임의제출물이라도 형사소송법 제218조에 따라 압수할 수 없고, 사후영장을 받아야 한다는 취지의 원심 판단은 잘못되었다.

2) 피고인과 변호인은 휴대전화기 제출의 임의성 여부에 대하여 다투지 않았고, 유죄로 판단한 제1심판결에 대하여 항소하지 않았다. 검사가 제1심판결에 대하여 양형부당만을 이유로 항소하였고, 원심은 휴대전화기 제출의 임의성 여부에 대하여 심리하지 않은 채 변론을 종결한 후 선고한 판결에서 현행범 체포로 인한 심리적 위축, 임의제출에 의한 압수절차와 그 효과에 대한 피고인의 인식 또는 경찰관의 고지가 없었던 것으로 보이는 점을 들어 직권으로 그 임의성을 부정하는 판단을 하

였다. 따라서 원심으로서는 전혀 쟁점이 되지 않았던 휴대전화기 제출의 임의성 여부를 직권으로 판단하기 전에 추가적인 증거조사를 하거나 그와 같은 임의성에 대하여 증명할 필요성을 느끼지 못하고 있는 검사에게 증명을 촉구하는 등의 방법으로 더 심리하여 본 후 판단하였어야 함에도 휴대전화기 제출의 임의성에 관하여 필요한 심리를 다하지 아니함으로써 판결에 영향을 미친 잘못이 있다.

(3) **평석**

1) 대인적 강제처분 상황에서의 임의제출

대법원은 본건 판결을 통하여 현행범 체포현장에서 피의자가 임의로 제출하는 물건은 형사소송법 제218조에 따라 압수할 수 있다는 기존 판례[17]의 입장을 재확인하였다.

그런데 최근 본 판결의 항소심 판결을 비롯한 하급심 판결[18] 일부가 이와 같은 대법원 판결 법리에 정면으로 반하는 취지의 판결을 선고하고 있다.

형사소송법 제218조에 따르면, 수사기관은 피의자 등이 유류한 물건이나 소유자·소지자 또는 보관자가 임의로 제출하는 물건을 영장 없이 압수할 수 있다. 위 조문에 따르면 현행범인 체포나 긴급체포, 체포영장에 의한 체포 등 대인적 강제처분이 있는 상황에서는 임의제출을 인정하지 않는다는 예외를 두고 있지 않고 따라서 명문의 규정이 없는 이상 항소심 판결과 같이 축소 해석하는 것은 타당하지 않다. 물론 체포 등 강제처분이 행해지는 상황에서 과연 제출의 임의성이라는 것이 인정될 수 있겠느냐는 하급심 판례의 취지는 이해되나 이는 별도로 '임의성'에 관하여 엄격하고 신중히 판단하면 되는 것이지 애초부터 임의제출이 허용되지 않는다고 자의적으로 축소해석하는 것은 타당하지 않다.

2) 제출의 임의성 입증문제

임의제출한 물건의 압수가 적법하기 위하여는 제출이 임의적, 자발적이어야 한다. 임의제출은 그 과정에서 수사기관의 우월적 지위를 이용하여 임의제출의 형식으로 헌법상 영장주의를 잠탈하는 편법수단으로 악용될 여지가 있기 때문에 임의

17) 대법원 2019. 11. 14. 선고 2019도13290 판결 등.

18) 의정부지방법원 2019. 8. 22. 선고 2018노2757 판결(본건 항소심 재판부와 같은 재판부로, 본건과 같이 현행범 체포현장에서의 임의제출이 문제됨); 서울중앙지방법원 2019. 10. 8. 선고 2019고합441 등 판결(긴급체포현장에서의 임의제출이 문제됨) 등.

성 판단은 엄격히 할 필요가 있다. 제출과정에서 임의제출의 의미, 효과 등에 관하여 고지가 되어야 하고 제출자도 임의제출을 하게 되면 압수되어 다시 돌려받지 못한다는 사정 등을 충분히 알고 있는 상태에서 자의로 제출이 이루어져야 한다.[19] 판례[20]도 수사기관의 우월적 지위에 의하여 임의제출의 명목으로 실질적으로 강제적인 압수가 행하여질 수 있으므로, 그 제출에 임의성이 있다는 점에 관하여는 검사가 합리적 의심을 배제할 수 있을 정도로 증명하여야 하고, 임의로 제출된 것이라고 볼 수 없는 경우에는 그 증거능력을 인정할 수 없다는 입장이다.

그런데 본건의 경우, 피고인은 범행을 인정하면서 휴대폰 임의제출과 관련하여 제출의 임의성 여부에 대하여 전혀 다투지 않았고, 재판부에서도 임의성 여부에 대하여 석명을 요구하지도 않는 등 공판에서 전혀 쟁점화되지 않았다. 따라서 검사는 제출의 임의성에 대하여 합리적인 의심을 배제할 정도의 충분한 입증이 되었다고 판단하고 더 이상 추가 입증을 하지 않은 것인데 재판부가 갑자기 판결을 선고하면서 검찰에 대하여 휴대폰 제출의 임의성 여부를 합리적인 의심을 배제할 정도로 충분한 입증을 하지 못하였다며 증거능력을 부정한 것은 타당하지 않다고 생각된다.

대법원은 이 판결 이후 2020년 5월 14일 선고한 판례[21]에서 위와 같은 임의성 입증에 관한 기존 판례의 입장을 재확인하였다. 피고인이 필로폰 투약 혐의로 기소된 사안으로, 피고인은 공판에서 소변과 모발이 피고인의 의사에 반하여 경찰이 제출받은 것으로 임의제출된 증거라고 볼 수 없다고 주장하였고, 1심에서는 이를 받아들이지 않아 유죄가 선고되었으나 항소심에서는 피고인의 주장을 받아들여 1심 판결을 파기하고 무죄를 선고하였고 상고심[22]도 항소심과 같은 판단을 하였다.

항소심은 경찰이 피고인을 임의동행한 후 소변과 모발을 임의로 제출할 것을 요구하였으나 피고인은 필로폰을 투약한 사실이 전혀 없다고 주장하며 임의제출을 계속거부한 점, 피고인이 임의제출을 거부하므로 경찰은 임의제출을 통한 압수를

19) 김희옥·박일환 편집대표, 앞의 책(이완규 집필부분), 218면; 이재상·조균석, 앞의 책, 329면; 이주원, 앞의 책, 179-180면; 이창현, 앞의 책, 492면.

20) 대법원 2016. 3. 10. 선고 2013도11233 판결.

21) 대법원 2020. 5. 14. 선고 2020도398 판결.

22) 한편, 피고인은 소변과 모발에 대하여 임의동행으로부터 12시간이 지나 제출되어 위법수집증거라는 주장도 하였고 항소심에서는 경찰관직무집행법 제3조 제2항, 제6항에 따라 6시간을 초과하여 구금하였으므로 불법구금에도 해당된다고 판단하였으나, 대법원은 본건 임의동행은 형사소송법 제199조 제1항에 따른 마약류 투약 혐의 수사를 위한 임의동행으로 항소심과 달리 적법한 구금상태였다고 판단하였다.

포기하고 압수·수색·검증영장을 발부받아 소변과 모발을 확보하는 절차로 이행하였어야 하는 점, 경찰은 피고인을 다시 설득, 회유하기 위하여 피고인의 모친을 불렀고 피고인은 모친의 설득을 받고도 경찰관들의 눈을 피해 양변기 안에 있는 물을 담아 소변 대신 제출하여 결국 모친과 여성경찰관이 지켜보는 가운데 화장실 용변칸 문을 개방한 상태에서 소변을 받아 제출하였으며, 경찰관이 아닌 모친이 채취하는 조건으로만 모발채취에 동의하는 등 피고인이 순순히 임의제출을 하지는 않은 것으로 보이는 점 등에 비추어 제출의 임의성이 입증되었다고 보기 어렵다고 판단하였다. 대법원도 검사가 임의성 존재에 관하여 합리적 의심을 배제할 정도로 증명하는데 실패하였다고 볼 수 있다고 판시하였다.

Ⅲ. 증거법 분야

형사소송법 제312조 제3항이 양벌규정에 따라 기소된 사업주와 행위자 사이의 관계에서도 적용되는지 여부(대법원 2020. 6. 11. 선고 2016도9367 판결)

(1) 사실관계 및 재판경과

피고인이 경영하는 병원의 사무국장으로 근무하던 甲이 총 43회에 걸쳐 합계 23,490,000원을 환자 소개의 대가 등 명목으로 교부함으로써 영리를 목적으로 환자를 소개·알선·유인하는 행위를 한 것에 대하여(의료법 제88조, 제27조 제3항) 피고인이 의료법 제91조의 양벌규정으로 기소된 사안이다.

1심에서 피고인은 범행을 부인하면서 甲에 대하여 작성된 경찰 작성 피의자신문조서의 내용을 부인하면서 증거부동의하였으나, 1심은 위 경찰작성 피의자신문조서는 형사소송법 제312조 제3항이 아닌 제4항이 적용되는 조서이고, 甲이 사망하였기 때문에 형사소송법 제314조에 의하여 증거능력을 인정할 수 있다고 하면서 증거로 채택하고 피고인에 대하여 유죄를 선고하였다.

항소심에서도 원심의 판단을 유지하였다.

(2) 판결 요지

그러나 대법원은 다음과 같은 이유로 피고인의 주장을 받아들이고 원심판결을 파기환송하였다.

1) 형사소송법 제312조 제3항은 검사 이외의 수사기관이 작성한 해당 피고인에 대한 피의자신문조서를 유죄의 증거로 하는 경우뿐만 아니라 검사 이외의 수사기관이 작성한 해당 피고인과 공범관계에 있는 다른 피고인이나 피의자에 대한 피의자신문조서를 해당 피고인에 대한 유죄의 증거로 채택할 경우에도 적용된다. 따라서 해당 피고인과 공범관계가 있는 다른 피의자에 대하여 검사 이외의 수사기관이 작성한 피의자신문조서는 그 피의자의 법정진술에 의하여 성립의 진정이 인정되는 등 형사소송법 제312조 제4항의 요건을 갖춘 경우라도 해당 피고인이 공판기일에서 그 조서의 내용을 부인한 이상 이를 유죄 인정의 증거로 사용할 수 없고, 그 당연한 결과로 위 피의자신문조서에 대하여는 형사소송법 제314조가 적용되지 아니한다. 그리고 이러한 법리는 공동정범이나 교사범, 방조범 등 공범관계에 있는 자들 사이에서뿐만 아니라, 법인의 대표자나 법인 또는 개인의 대리인, 사용인, 그 밖의 종업원 등 행위자의 위반행위에 대하여 행위자가 아닌 법인 또는 개인이 양벌규정에 따라 기소된 경우, 이러한 법인 또는 개인과 행위자 사이의 관계에서도 마찬가지로 적용된다고 보아야 한다.

2) 대법원은 형사소송법 제312조 제3항의 규정이 검사 이외의 수사기관이 작성한 해당 피고인과 공범관계에 있는 다른 피고인이나 피의자에 대한 피의자신문조서에 대해서까지 적용된다는 입장을 확고하게 취하고 있다. 이는 하나의 범죄사실에 대하여 여러 명이 관여한 경우 서로 자신의 책임을 다른 사람에게 미루려는 것이 일반적인 인간심리이므로, 만일 위와 같은 경우에 형사소송법 제312조 제3항을 해당 피고인 외의 자들에 대해서까지 적용하지 않는다면 인권보장을 위해 마련된 위 규정의 취지를 제대로 살리지 못하여 부당하고 불합리한 결과에 이를 수 있기 때문이다.

3) 대법원은 형사소송법 제312조 제3항이 형법 총칙의 공범 이외에도, 서로 대향된 행위의 존재를 필요로 할 뿐 각자의 구성요건을 실현하고 별도의 형벌 규정에 따라 처벌되는 강학상 필요적 공범 관계에 있는 자들 사이에서도 적용된다는 판시를 하기도 하였다. 이는 필요적 공범의 경우 형법 총칙의 공범관계와 마찬가지로 어느 한 피고인이 자기의 범죄에 대하여 한 진술이 나머지 대향적 관계에 있는 자가 저지른 범죄에도 내용상 불가분적으로 관련되어 있어 목격자, 피해자 등 제3자의 진술과는 본질적으로 다른 속성을 지니고 있음을 중시한 것으로 볼 수 있다.

4) 무릇 양벌규정은 법인의 대표자나 법인 또는 개인의 대리인, 사용인, 그 밖의

종업원 등 행위자가 법규위반행위를 저지른 경우, 일정 요건하에 이를 행위자가 아닌 법인 또는 개인이 직접 법규위반행위를 저지른 것으로 평가하여 행위자와 같이 처벌하도록 규정한 것으로서, 이때의 법인 또는 개인의 처벌은 행위자의 처벌에 종속되는 것이 아니라 법인 또는 개인의 직접책임 내지 자기책임에 기초하는 것이기는 하다. 그러나 양벌규정에 따라 처벌되는 행위자와 행위자가 아닌 법인 또는 개인 간의 관계는, 행위자가 저지른 법규위반행위가 사업주의 법규위반행위와 사실관계가 동일하거나 적어도 중요 부분을 공유한다는 점에서 내용상 불가분적 관련성을 지닌다고 보아야 하고, 따라서 형법 총칙의 공범관계 등과 마찬가지로 인권보장적인 요청에 따라 형사소송법 제312조 제3항이 이들 사이에서도 적용된다고 보는 것이 타당하다.

5) 피고인이 법정에서 사법경찰관 작성의 공소외인에 대한 피의자신문조서를 증거로 함에 동의하지 않았고 오히려 그 내용을 부인하고 있는 이상, 검사 이외의 수사기관이 양벌규정의 행위자인 공소외인에 대하여 작성한 피의자신문조서에 관해서는 형사소송법 제312조 제3항이 적용되어 그 증거능력이 없고, 형사소송법 제314조를 적용하여 증거능력을 인정할 수도 없다고 보아야 한다.

(3) **평석**

1) 형사소송법 제312조 제3항에 대한 판례의 입장

형사소송법 제312조 제3항에 의하면, 사법경찰관이 작성한 피의자신문조서는 적법한 절차와 방식에 따라 작성된 것으로서 공판준비 또는 공판기일에 피의자였던 피고인 또는 변호인이 내용을 인정한 때에 한하여 증거능력이 인정된다. 이는 수사기관이 작성한 피의자신문조서가 공평한 제3자의 지위에 있는 법관의 면전조서에 비하여 신용성이 약하다는 점을 고려하여 일정한 요건 하에 그 증거능력을 인정하는 것으로, 경찰수사과정에서의 위법수사를 억제하여 피의자의 인권을 보호하기 위한 취지가 깔려있는 우리 형사소송법에 고유한 조문이다.[23] 그리고 판례는 이 조문은 피고인과 공범관계에 있는 다른 피고인이나 피의자에 대한 피의자신문조서를 해당 피고인에 대한 유죄의 증거로 채택할 경우에도 적용되고, 공범에는 공동정범, 교사범, 방조범의 형법총칙상 공범관계 그리고 대향범 등 필요적 공범관계에도 적

23) 이은모·김정환, 앞의 책, 654면 및 661면; 이재상·조균석, 앞의 책, 607면; 이주원, 앞의 책, 404면; 이창현, 앞의 책, 883면; 정웅석·최창호, 앞의 책, 590면.

용된다는 것이 일관된 입장이다.

2) 형사소송법 제312조 제3항 확대적용의 문제점

본 판결에서는 형사소송법 제312조 제3항의 입법취지를 구현하기 위하여는 위 조문이 양벌규정의 사업주와 행위자 사이의 관계에 대해서까지 적용되어야 한다고 판시하여 그 적용범위를 확장하였다. 이에 대하여는 대법원이 "내용상 불가분적 관련성"을 기준으로 형사소송법 제312조 제3항의 적용범위를 확장한 것은 타당하고 공판중심주의가 보다 확고하게 자리잡는데 기여할 것으로 기대된다는 견해도 존재한다.[24]

그러나 2020. 2. 4.자 형사소송법 개정으로 곧 시행될 조문에 의하여 검사 작성 피의자신문조서의 경우도 사법경찰관 작성 피의자신문조서와 마찬가지로 당해 피고인이 공판정에서 내용을 부인하는 경우 증거능력이 없게 되는 점을 고려하면 이러한 형사소송법 제312조 제3항의 확대적용이 실체진실발견을 통한 형사사법정의 실현에 부합하는 방향인지 의문이다. 현재 확립된 판례에 의하면 공범에 대한 검사 작성 피의자신문조서는 경찰 작성 피의자신문조서와 달리 형사소송법 제312조 제3항이 아닌 제4항이 적용되어 당해 피고인이 내용을 부인하더라도 원진술자인 공범이 성립인정을 하는 이상 증거능력이 부여된다. 그런데 개정 형사소송법이 시행될 경우 검사 작성 피의자신문조서와 경찰 작성 피의자신문조서의 증거능력 인정요건이 동일하므로 공범에 대한 위와 같은 기존 판례의 태도는 변경될 것이 명확히 예상된다. 즉 공범에 대한 검사 작성 피의자신문조서의 경우도 당해 피고인이 내용을 부인하면 증거능력을 부여받지 못하는 것이다. 또한 형사소송법 제312조 제4항이 아닌 제3항이 적용되므로 공범이 사망, 소재불명 등으로 법정에서 성립인정 등을 할 수 없는 상황에서 제314조에 의하여 증거능력을 부여받을 수 없게 된다.

위와 같이 개정법에 따라 변화될 판례의 태도에 따르면, 물증을 제외하면 공범의 법정증언이 상호 범행을 입증할 수 있는 유일한 증거가 될 것이고, 따라서 공범의 진술을 번복시키는 증거인멸 시도가 횡행할 것이다. 특히 피고인이 상급자로 전체 범행의 주도적 지위에 있고 공범이 하급자로 실무자적 지위에 있는 경우 공범의 진

---

24) 이용우, "형사소송법 제312조 제3항이 양벌규정에 따라 기소된 사업주와 행위자 사이의 관계에서도 적용되는지 여부 및 검사 이외의 수사기관이 행위자에 대하여 작성한 피의자신문조서의 내용을 사업주가 부인하는 경우 형사소송법 제314조에 따라 증거능력을 인정할 수 있는지 여부", 『대법원 판례해설』 124호(법원행정처, 2020), 397면.

술을 번복시켜 처벌망을 빠져나가는 상황이 적지 않이 발생할 것이다. 통화내역, 문자메시지 등 간접증거, 정황증거 등이 존재할 수는 있지만 피고인의 관여사실을 명확히 입증하기 위하여는 대부분 공범의 진술이 필요하다. 뿐만 아니라 개정법에 따른 판례의 태도에 따르면 피고인의 계략으로 공범이 살해되거나, 해외로 도피하는 경우 등에도 형사소송법 제314조가 적용될 여지가 없어 공범의 진술을 확보할 아무런 방법이 존재하지 않는다.[25] 이와 같은 많은 문제점이 예상되는 상황에서 형사소송법 제312조 제3항이 적용되는 '공범'의 범위를 본건 판례와 같이 확대해석하는 것은 바람직한 방향은 아닌 것으로 생각된다. 동일한 범죄에 관여한 사람들이 서로 자신의 책임을 전가하는 인간심리를 고려하여 피고인의 방어권 보장을 중요시 여기는 법원의 취지는 이해할 수 있으나, 공범의 진술이 책임전가적 허위진술인지 아니면 진실한 진술인지 여부를 법관의 자유심증에 의하여 논리와 경험칙에 의하여 판단하면 충분할 것을 아예 심리과정에 들어올 수 없도록 증거로서 차단해버릴 이유는 없지 않나 생각된다.

2. 성폭력 피해자 진술의 신빙성 판단

(1) 대법원 2020. 5. 14. 선고 2020도2433 판결

1) 사실관계 및 재판경과

피고인이 친딸인 피해자가 만 9세부터 만 13세까지 수차례에 걸쳐 피해자를 강제추행하고 유사성행위를 한 것으로 기소된 사안이다.

피해자는 기소된 이후에는 수사기관에서의 진술과 달리 성폭행 피해를 입은 사실이 없고 피고인이 미워 거짓말을 한 것이라며 진술을 번복하였고 이에 1심은 무죄를 선고하였다. 항소심에서도 피해자는 피해사실을 부인하였으나, 항소심은 1심과 달리 유죄로 인정하였는데 그 이유는 다음과 같다.

수사기관에서의 피해자의 피해진술은 ① 범행 당시 있었던 피고인과의 대화 내용을 구체적으로 특정하고 당시 느꼈던 감정을 직접적으로 표현하고 있으며, ② 주변 상황과 관련한 구체적인 정보를 밝히고 있고, ③ 어떤 질문에 대해서는 자신의 기억의 한계를 시인하거나 조사자의 유도성 질문을 극복하는 모습을 보이는 등 실

25) 이승주, "개정 형사소송법상 공범의 진술증거 확보 문제", 『법조』 제69권 제4호(법조협회, 2020), 287－293면.

제로 경험한 사실에 관하여 사실대로 진술할 때 나타나는 특징들이 포함되어 있는 것과 아울러, 그 진술 내용 가운데 경험칙에 비추어 모순되거나 비합리적으로 보이는 부분을 찾기 어려우며, 피해자가 피고인을 무고하기 위하여 허위로 진술할 동기나 이유가 분명하게 드러나지 않는다. 진술분석결과 허위 진술의 가능성보다는 사건 발생의 가능성이 높다고 판단된 점, 심리상담 결과 피해자에게 성폭행의 경우 나타나는 외상 후 스트레스증후군 증세가 나타나고 진단된 점, 피해자와 면담한 아동보호전문기관 상담사 및 정신과 의사의 각 진술, 피해자가 친구에게 보낸 카카오톡 메시지 등에 비추어보면 피해자가 모친 등 가족들의 강요로 법정에서 진술을 번복하게 된 개연성이 인정되는 점 등에 비추어 법정에서 번복된 진술은 그대로 믿기 어렵고 수사기관 진술의 신빙성을 배척할 수 없다.

2) 판결요지

대법원도 항소심의 판단이 정당하다고 판단하였고 그 이유는 다음과 같다.

미성년자인 피해자가 자신을 보호·감독하는 지위에 있는 친족으로부터 강간이나 강제추행 등 성범죄를 당하였다고 진술하는 경우에 그 진술의 신빙성을 판단함에 있어서, 피해자가 자신의 진술 이외에는 달리 물적 증거 또는 직접 목격자가 없음을 알면서도 보호자의 형사처벌을 무릅쓰고 스스로 수치스러운 피해 사실을 밝히고 있고, 허위로 그와 같은 진술을 할 만한 동기나 이유가 분명하게 드러나지 않을 뿐만 아니라, 진술 내용이 사실적·구체적이고, 주요 부분이 일관되며, 경험칙에 비추어 비합리적이거나 진술 자체로 모순되는 부분이 없다면, 그 진술의 신빙성을 함부로 배척해서는 안 된다. 특히 친족관계에 의한 성범죄를 당하였다는 미성년자 피해자의 진술은 피고인에 대한 이중적인 감정, 가족들의 계속되는 회유와 압박 등으로 인하여 번복되거나 불분명해질 수 있는 특수성을 갖고 있으므로, 피해자가 법정에서 수사기관에서의 진술을 번복하는 경우, 수사기관에서 한 진술 내용 자체의 신빙성 인정 여부와 함께 법정에서 진술을 번복하게 된 동기나 이유, 경위 등을 충분히 심리하여 어느 진술에 신빙성이 있는지를 신중하게 판단하여야 한다.

따라서 피해자가 법정에서 진술을 번복하게 된 동기와 경위 등을 더하여 보면, 피해자의 번복된 법정 진술은 믿을 수 없고 수사기관에서의 진술을 신빙할 수 있다는 이유로, 유죄로 인정한 원심의 판단은 정당하다.

⑵ 대법원 2020. 8. 20. 선고 2020도6965 판결

1) 사실관계 및 재판경과

피고인이 친딸인 피해자(당시 19세)를 수차례 강간, 유사강간 등을 한 사안으로, 1심과 항소심 모두 유죄가 선고되었다.

2) 판결요지

대법원도 항소심 판결이 정당하다고 판단하면서 상고를 기각하였는데, “성폭행 피해자의 대처 양상은 피해자의 성정이나 가해자와의 관계 및 구체적인 상황에 따라 다르게 나타날 수밖에 없기 때문에 개별적, 구체적인 사건에서 성폭행 피해자가 처하여 있는 특별한 사정을 충분히 고려하지 않은 채 피해자 진술의 증명력을 가볍게 배척하는 것은 정의와 형평의 이념에 입각하여 논리와 경험의 법칙에 따른 증거판단이라고 볼 수 없으므로, 피고인의 친딸로 가족관계에 있던 피해자가 ‘마땅히 그러한 반응을 보여야만 하는 피해자’로 보이지 않는다는 이유만으로 피해자 진술의 신빙성을 함부로 배척할 수 없다.”고 전제하였다.

그리고 피해자가 수차례 강간 등을 당하고도 피해사실을 바로 친모 등 주변사람들에게 알리지 않은 점, 강간당한 당일에 피고인에게 애교가 섞인 문자메시지를 보낸 점 등에 대하여 법원은 피해자의 모친이 피해자의 진술을 믿고 보호해 줄 것을 기대하기 어려운 상황이었고, 피해사실을 외부에 말하지 않고 피고인에게 잘하면 다시 평범한 가족으로 돌아갈 수 있지 않을까 생각했다는 피해자의 진술을 받아들여 피해진술의 신빙성을 인정하는데 방해되지 않는다고 판단하였다.

⑶ 대법원 2020. 9. 7. 선고 2020도8016 판결

1) 사실관계 및 재판경과

19세 미만 청소년인 피고인이 아동·청소년인 피해자(여, 14세)를 2차례에 걸쳐 (2차 강간은 1차 강간범행 다음 날 행해짐) 강간한 사안으로, 1심과 항소심 모두 유죄가 선고되었다.

2차 강간과 관련하여 강간당한 피해자가 사과를 받기 위하여 혼자 피고인을 찾아가 피고인만 있는 집 안으로 들어가 다시 강간당한 것이 납득되기 어렵다는 피고인의 주장에 대하여 항소심은, “피해자가 피고인으로부터 강간을 당한 후 다음날 혼자서 다시 피고인의 집을 찾아간 것이 일반적인 평균인의 경험칙이나 통념에 비추어 범죄 피해자로서는 취하지 않았을 특이하고 이례적인 행태로 보인다고 하더라도, 그로 인하여 곧바로 피해자 진술에 신빙성이 없다고 단정할 수는 없다. 범죄 피해를 당한 피해자의 반응과 선택하는 대응방법은 천차만별로 강간당한 피해자가 반드시 가해자나 가해현장을 무서워하며 피하는 것이 마땅하다고 볼 수 없고 경우에 따라서는 가해자를 별로 무서워하지 않거나 피하지 않고 나아가 가해자를 먼저 찾아가는 것도 불가능하다고 볼 수 없다. 사안에서 피해자와 피고인의 나이 차이, 범행 이전 우호적 관계 등에 비추어 보면 피해자로서는 사귀는 사이인 것으로 알았던 피고인이 느닷 없이 강간 범행을 한 것에 대하여 의구심을 갖고 그 해명을 듣고 싶어하는 마음을 가졌던 것으로 보이고 피해자의 이러한 심리가 성폭력을 당한 여성으로서는 전혀 보일 수 없을 정도로 이례적이고 납득 불가능한 것이라고 할 수 없다."고 판시하였다.

2) 판결요지

대법원은 범행 후 피해자의 일부 언행을 문제삼아 피해자다움이 결여되었다는 등의 이유로 피해자 진술 전체의 신빙성을 다투는 피고인의 주장을 배척한 위와 같은 항소심 판결은 정당하다고 판단하였다.

(4) **평석**

1) 성폭력 피해진술의 신빙성 판단의 특수성

성폭력 사건에서 피해자 진술은 사건의 밀행성이라는 특성상 다른 사건들보다 증거로서의 가치가 크다. 성폭력 범죄는 대체적으로 가해자와 피해자 단 둘만 있는 밀폐된 공간에서 행해지기 때문에 목격자 등 참고인이 존재하기 힘들고 또한 특별히 씨씨티비 등이 설치되어 있는 공간이 아니라면 객관적 물증도 확보하기 어렵다. 따라서 성폭력 사건에서 피해자 진술이 피고인의 행위를 입증할 유일한 증거인 경우가 적지 않아 그 진술의 신빙성 여부를 판단하는 것이 피고인의 유무죄 판결과 직결되므로 신중한 접근이 필요하다.

한편 성폭력 피해진술은'성(性)'적 영역과 관련된 피해자의 진술이라는 점에서 다른 피해진술과 본질적으로 다르게 바라보아야 하는 특수성을 지닌다. 즉 성폭력 피해자는 피해사실이 외부에 드러났을 때 타인이 나를 어떻게 생각할 것인가 등의 불안과 성적 수치심에 의하여 적극적으로 피해사실을 알리고 피해진술을 하기 꺼릴 수 있고, 정신적 충격 및 스트레스로 인하여 의도적 또는 무의식적으로 고통스러웠던 순간에 대하여 회피하거나 중요한 점을 숨길 수 있다. 즉 성폭력 피해자는 경우에 따라서는 일반적인 피해자와 다른 합리성 및 일관성이 결여된 언행을 보일 수 있다는 점을 고려하여 피해자 증언의 신빙성을 검토할 때 개별 사건에서 구체적 타당성이 있는 접근을 하는 것이 필요하다.

2) 성폭력 피해진술의 번복과 신빙성 판단

첫 번째 대상판례는 성폭력 피해자 진술이 수사기관과 법정에서 상이한 경우 진술의 신빙성 판단과 관련된 내용으로 기존 판례법리를 재확인하면서 나아가 친족으로부터 성폭력 피해를 당한 피해자의 수사기관 진술이 법정에서 번복되는 경우에는 더욱 신중하게 진술의 신빙성을 판단해야 함을 판시하고 있다.

판례는 수사기관 작성 참고인 진술조서는 원본 증거인 원진술자 법정증언에 비하여 본질적으로 낮은 정도의 증명력을 가질 수밖에 없고, 특히 원진술자의 법정 출석 및 반대신문이 이루어지지 못한 경우 원진술자에 대한 수사기관 작성 조서는 법관의 올바른 심증 형성의 기초가 될 만한 진정한 증거가치를 가진 것으로 인정받을 수 없는 것이 원칙이라는 입장이다.[26]

그러나 증인이 법정에서 수사기관에서의 진술을 번복한 경우 수사기관에서의 진술의 신빙성은 그 자체로서 판단하여야 한다고 판시하면서, 공판중심주의와 실질적 직접심리주의 등 형사소송의 기본원칙상 검찰진술보다 법정진술에 더 무게를 두어야 한다는 점을 감안하더라도, 증인의 법정진술을 믿을 수 없는 사정 아래에서 증인이 법정에서 검찰진술을 번복하였다는 이유만으로 검찰진술의 신빙성이 부정될 수는 없고, 진술 내용 자체의 합리성, 객관적 상당성, 전후의 일관성, 이해관계 유무 등과 함께 다른 객관적인 증거나 정황사실에 의하여 진술의 신빙성이 보강될 수 있는지, 반대로 공소사실과 배치되는 사정이 존재하는지 두루 살펴 검찰진술의 신빙성을 인정하는 것은 자유심증주의의 한계를 벗어나는 것이 아니라고 판시하였다.[27]

26) 대법원 2006. 12. 8. 선고 2005도9730 판결.
27) 대법원 2015. 8. 20. 선고 2013도11650 전합 판결.

3) '성인지 감수성'을 고려한 신빙성 판단

두 번째, 세 번째 판례는 성폭력 피해자 진술의 신빙성 판단과 관련하여 '성인지 감수성'을 고려하는 최근 법원의 경향을 보여준 판례들이다. 법원은 위 판례들 이후 10월 29일 선고된 대법원 2019도4047 판결에서도, 편의점 브랜드 개발팀 직원이 편의점주인 피해여성을 강제추행한 사안에서 cctv 영상에서 피해자가 피고인의 신체접촉을 피하려는 태도를 보이기는 하나 종종 웃는 모습을 보이는 등 피해자의 의사에 반하여 강제로 접촉한 것으로 보이지 않고 피해자의 모습이 추행행위를 당한 사람의 태도로 보이지 않는다는 점 등을 이유로 1심 유죄판결을 뒤집고 무죄를 선고한 항소심 판결에 대하여 피해자에게 '피해자다움'이 나타나지 않음을 지적하는 것으로 타당하지 않다고 판시하였다.[28)]

'성인지 감수성'은 사립학교 교수가 지도학생들을 성희롱을 하였는지 여부가 문제된 사건에서[29)] 법원이 "성희롱 관련 소송의 심리를 할 때에는 그 사건이 발생한 맥락에서 성차별 문제를 이해하고 양성평등을 실현할 수 있도록 '성인지 감수성'을 잃지 않아야 한다. 그리하여 우리 사회의 가해자 중심적인 문화와 인식, 구조 등으로 인하여 피해자가 성희롱 사실을 알리고 문제를 삼는 과정에서 오히려 부정적 반응이나 여론, 불이익한 처우 또는 그로 인한 정신적 피해 등에 노출되는 이른바 '2차 피해'를 입을 수 있다는 점을 유념하여야 한다. 피해자는 2차 피해에 대한 불안감이나 두려움으로 인하여 피해를 당한 후에도 가해자와 종전의 관계를 계속 유지하는 경우도 있고, 피해사실을 즉시 신고하지 못하다가 다른 피해자 등 제3자가 문제를 제기하거나 신고를 권유한 것을 계기로 비로소 신고를 하는 경우도 있으며, 피해사실을 신고한 후에도 수사기관이나 법원에서 그에 관한 진술에 소극적인 태도를 보이는 경우도 적지 않다. 이와 같은 성희롱 피해자가 처하여 있는 특별한 사정을 충분히 고려하지 않은 채 피해자 진술의 증명력을 가볍게 배척하는 것은 정의

28) 이 판례에서는 또한 "1심 판결내용과 1심에서 적법하게 증거조사를 거친 증거들에 비추어 1심 증인이 한 진술의 신빙성 유무에 대한 1심 판단이 명백하게 잘못되었다고 볼 특별한 사정이 있거나 1심 증거조사 결과와 항소심 변론종결시까지 추가로 이루어진 증거조사 결과를 종합하여 1심 증인이 한 진술의 신빙성 유무에 대한 1심 판단을 그대로 유지하는 것이 현저히 부당하다고 인정되는 예외적인 경우가 아니라면, 항소심에서는 1심 증인이 한 진술의 신빙성 유무에 대한 1심 판단을 함부로 뒤집어서는 안 된다"는 기존 선례를 확인하며 항소심에서 1심 판단을 뒤집을만한 특별한 사정이 존재하지 않음에도 1심 판결을 파기하고 무죄를 선고한 것은 타당하지 않다고 판시하였다.

29) 대법원 2018. 4. 12. 선고 2017두74702 판결.

와 형평의 이념에 입각하여 논리와 경험의 법칙에 따른 증거판단이라고 볼 수 없다."고 설시한 이래 다른 판결문에서 위 판시내용을 그대로 원용하고 있다.

위 판결취지는 성폭력 피해자 진술의 신빙성을 판단함에 있어서는 성폭력 사건이라는 특수성으로 인하여 구체적 사건에서 피해자가 처한 '특별한 사정'을 고려해야 한다는 것으로, 양성평등의 시각에서 일상생활에서 성별 차이로 인한 차별과 불균형을 감지해내는 민감성이라는 의미의 '성인지 감수성'의 개념 원용이 완전히 적절한지는 의문이지만, 성폭력을 당한 피해자는 마땅히 어떠한 언동을 보여야 한다는 선입관 내지 편견에서 벗어나 개별 사안마다 피해자와 관련된 구체적 사정들을 고려하여 피해자 진술의 신빙성을 신중하게 검토하는 것이 타당하다는 점에서 위와 같은 최근 판례의 동향은 바람직하다고 판단된다. 그러나 '성인지 감수성'의 논리를 무조건적인 피해자 진술의 신빙성 인정으로 오인하여서는 안 되며 기본적으로 불편부당한 입장에서 개별 사안에서의 특수한 사정을 고려하는 것이 바람직한 사법의 방향이라 할 것이다.[30]

위 판결들의 경우 명시적으로 '성인지 감수성'이라는 개념을 설시하지는 않았지만, '마땅히 그러한 반응을 보여야하는 피해자' 또는 '피해자다움'이라는 용어를 사용하여 전형적인 피해자에 대한 고정관념을 비판하고 개별 사안에서 피해자가 처한 특별한 사정을 고려하지 않은 채 피해자 진술의 증명력을 가볍게 배척하는 것은 정의와 형평의 이념에 입각하여 논리와 경험의 법칙에 따른 증거판단이라고 볼 수 없다고 판시하고 있다.

3. 특정범죄신고자 보호와 불출석 증인에 대한 증인채택결정 취소(대법원 2020. 12. 10. 선고 2020도2623 판결)

(1) 사실관계 및 재판경과

본건은 피고인이 공직선거법위반죄로 기소된 사안으로, 1심에서 피고인이 제보자에 대한 경찰 진술조서 등에 대하여 부동의하자 검사가 제보자를 증인신청하였고, 제보자는 검사에게 '피고인이 자신의 신원을 알게 될 경우 자신에게 위해를 가할까 두렵다'며 두 차례에 걸쳐 증인신문기일에 출석하지 않았다.

30) 박정난, "성폭력 피해자 진술의 신빙성 판단에 관한 검토", 『형사소송의 이론과 실무』 제12권 제2호(한국형사소송법학회, 2020), 221－223면.

이에 검사는 제보자의 인적 사항을 밝히지 않은 채 1심에 직권으로 소재탐지촉탁을 해줄 것을 신청하였으나 1심은 소재탐지촉탁을 하지 않았고 이후 제보자가 다시 두 차례에 걸쳐 공판기일에 출석하지 않았고, 1심은 제보자에 대한 증인채택 결정을 취소하고 변론을 종결한 다음 무죄판결을 선고하였다. 검사는 이에 불복하여 항소하면서, 1심의 위와 같은 증인채택 결정 취소가 위법한 절차진행에 해당하고, 실체적 진실발견이라는 형사소송법의 대원칙에 반한다는 취지를 항소이유로 주장하였고, 항소심에서도 제보자에 대한 소재탐지촉탁을 신청함과 동시에 구인장 발부를 요청하였다. 그러나 항소심은 이를 받아들이지 않고 항소기각 판결을 선고하였다.

항소심은 제보자는 특정범죄신고자 등 보호법에 따라 보호되는 증인으로서 입법취지에 비추어 1심이 제보자에 대하여 소재탐지촉탁 및 구인을 하지 않았다는 것을 위법하다고 볼 수 없고, 제보자의 수사기관에서의 진술 등은 피고인이 증거로 함에 동의한 바 없을 뿐만 아니라 원진술자인 제보자의 진술에 의하여 성립의 진정이 인정되지 않아 증거능력이 없으며, 나머지 증거들만으로는 공소사실을 인정하기에 부족하다고 보아 무죄를 선고한 1심판결을 그대로 유지하였다.

(2) **판결요지**

그러나 대법원은 다음과 같은 이유로 항소심 판결은 위법하다고 판단하고 파기환송하였다.

1) 모든 국민은 법정에 출석하여 증언할 의무를 부담한다. 법원은 증인이 정당한 사유 없이 출석하지 아니한 경우에 소송비용을 증인이 부담하도록 명하고, 500만원 이하의 과태료를 부과할 수 있으며(형사소송법 제151조 제1항 전문), 구인할 수 있다(형사소송법 제152조). 또한 법원은 증인 소환장이 송달되지 아니한 경우에는 소재탐지를 할 수도 있다(형사소송법 제272조 제1항 참조). 이는 범죄신고자법이 직접 적용되거나 준용되는 사건에 대해서도 마찬가지이다.

2) 범죄신고자법은 특정범죄에 관한 형사절차에서 국민이 안심하고 자발적으로 협조할 수 있도록 그 범죄신고자 등을 실질적으로 보호하는 것에 그치지 아니하고 더 나아가 범죄로부터 사회를 방위하는 것을 주된 목적으로 한다. 그런데 범죄로부터 사회를 방위할 수 있는 가장 효과적인 방법은 범죄신고자 등의 법정 진술을 통해 범인을 처벌하는 것이다.

3) 범죄신고자법은 제11조에서 범죄신고자 등이 증인으로 법정에 출석하였음을

전제로 범죄신고자 등이 보복을 당하지 않도록 하는 제도적 장치로서 피고인이나 방청인을 퇴정시키거나 공개법정 외의 장소에서 증인신문 등을 할 수 있는 규정을 두고 있다(제6항). 반면 범죄신고자법에는 범죄신고자 등의 법정 출석의무를 면제하는 규정이 없다. 범죄신고자법은 검사나 사법경찰관이 다른 사건의 수사에 필요한 경우에는 검사의 허가를 받아 신원관리카드를 열람할 수 있는 것으로 규정하고 있을 뿐(제9조 제2항 제1호), 당해 사건의 수사에 필요한 경우에도 검사의 허가를 받아 신원관리카드를 열람할 수 있는지에 관하여는 별도의 규정이 없다. 그러나 검사나 사법경찰관이 당해 사건의 수사에 필요한 경우에 범죄신고자 등의 신원관리카드를 열람하여 이를 당해 수사에 사용할 수 있다고 해석하는 것은 수사권의 기본적·본질적인 내용으로 범죄신고자법에 이러한 내용이 없더라도 당연히 허용되는 것으로 해석된다. 이러한 해석은 당해 사건의 재판에도 마찬가지로 적용된다.

4) 범죄신고자법상 수사기관 등은 피의자·피고인의 방어권 및 변호인의 변론권을 부당하게 침해하지 아니하도록 주의하여야 한다(제4조 제2항). 범죄신고자 등이 피고인 측 증인인데 범죄신고자 등이 법정 출석을 고의로 회피할 경우 신원관리카드의 열람이 허용되지 않아 소재탐지나 구인장 발부도 어렵다고 한다면 피고인의 방어권이나 변호인의 변론권이 침해되는 결과가 발생할 수도 있다.

5) 법원이 당해 사건의 재판진행을 위해 검사에게 신원관리카드의 열람을 요청하여 확보한 범죄신고자 등의 인적사항을 소재탐지촉탁서나 구인장에 기재하여 이를 집행하는 것은 정상적인 재판진행 절차에 해당할 뿐 범죄신고자법 제8조에서 말하는 '범죄신고자 등이라는 정황을 알면서 그 인적 사항 또는 범죄신고자 등임을 미루어 알 수 있는 사실을 다른 사람에게 알려주거나 공개 또는 보도'하는 행위에 해당하지 않는다.

6) 형사소송법이 증인의 법정 출석을 강제할 수 있는 권한을 법원에 부여한 취지는, 다른 증거나 증인의 진술에 비추어 굳이 추가 증인신문을 할 필요가 없다는 등 특별한 사정이 없는 한 사건의 실체를 규명하는 데 가장 직접적이고 핵심적인 증인으로 하여금 공개된 법정에 출석하여 선서 후 증언하도록 하고, 법원은 출석한 증인의 진술을 토대로 형성된 유죄·무죄의 심증에 따라 사건의 실체를 규명하도록 하기 위함이다. 따라서 다른 증거나 증인의 진술에 비추어 굳이 추가 증거조사를 할 필요가 없다는 등 특별한 사정이 없고, 소재탐지나 구인장 발부가 불가능한 것이 아님에도 불구하고, 불출석한 핵심 증인에 대하여 소재탐지나 구인장 발부 없이

증인채택 결정을 취소하는 것은 법원의 재량을 벗어나는 것으로서 위법하다.

7) 이 사건 제보자는 핵심 증인에 해당한다고 볼 여지가 있으므로, 1심은 제보자에 대하여 소재탐지나 구인장을 발부한 후 그 소재 여부를 확인한 다음 형사소송법 제314조에서 요구하는 필요성 및 특신상태를 충족하는지 여부를 판단하였어야 한다. 그럼에도 제보자가 범죄신고자법에 따라 보호되는 범죄신고자 등에 해당한다는 이유로 제보자에 대한 소재탐지나 구인장 발부 없이 증인채택 결정을 취소한 1심의 절차진행은 위법하다. 따라서 원심으로서는 위와 같은 1심의 위법을 시정하는 조치를 취하였어야 할 것임에도 1심판결의 결론을 그대로 유지하였고, 이는 범죄신고자법의 입법취지와 공판중심주의 및 직접심리주의 등에 관한 법리를 오해하여 판결에 영향을 미친 잘못이 있다.

(3) **평석**

범죄피해자, 제보자 등 형사사건의 결정적 증인이 될 수 있는 사람들은 그들이 형사사법의 실체진실발견을 구현할 수 있는 핵심적 역할을 담당하는만큼 범죄자로부터 보복범죄를 당할 위험성은 매우 크다. 그렇기 때문에 많은 경우 범죄피해자나 제보자 등은 대부분 피고인의 보복에 대한 두려움으로 조사과정에서 실명을 밝히기 원하지 않고 추후 공판정에도 출석하기를 원하지 않는다. 실제로 형사사건 참고인, 증인에 대한 보복범죄가 증가하자 그 위험성을 인식하여 1999년 특정범죄신고자 등 보호법이 제정되어 2000년부터 시행되고 있다. 특정범죄신고자 등 보호법에는 익명조서 작성, 비공개 증인신문 등의 절차적 규정이 마련되어 있다.

그러나 특정범죄신고자 등 보호법에 따른 절차적 보호장치에도 불구하고 여전히 범죄피해자, 제보자 등은 보복의 두려움 때문에 법정에 증인으로 출석하는 것을 거부할 수 있는데, 이 경우 다른 불출석 증인과 같이 법원이 소재탐지촉탁, 과태료 결정, 구인 등을 하는 것이 타당한지가 본건 판례의 핵심쟁점이다. 1심과 항소심은 범죄피해자나 제보자 등 보호를 무엇보다 우선시하는 관점에 의한 결정을 한 반면, 대법원은 그럼에도 불구하고 실체진실발견이 중요하며 현행 특정범죄신고자 등 보호법에 의하여 충분히 증인을 보호할 수 있다는 관점에서 위와 같은 판결을 한 것으로 생각된다.

현행 특정범죄신고자 등 보호법에 의한 범죄피해자, 제보자 등에 대한 보호가 아직 미흡하다는 비판적 견해도 적지 않다. 즉 보호되는 대상범죄를 특정범죄에 국한할 것이 아니라 좀 더 범위를 확대하고, 신변안전조치도 미국 등 다른 국가와 같이 신분세탁, 새로운 주거지 제공, 신변보호기간에 대한 제한 폐지 등을 통하여 관련 법률을 좀 더 근원적이고 실질적으로 개선해야 한다고 주장한다.31) 이러한 주장은 충분히 일리가 있고 향후 관계법령 및 제도개선을 해야 할 필요성이 있다.

그러나 한편 증인신문은 우리 형사소송법이 전문법칙을 채택함에 따라 증거조사의 중심을 이루고 있고, 증인신문의 경우 증언과 함께 증인의 표정과 진술태도까지 법관의 면전에 현출되어 심증형성에 중대한 영향을 미친다는 점에서 가장 중요한 증거조사라고 해도 과언이 아니라고 할 것이다. 이러한 측면에서 형사소송법상 증인으로 채택된 사람은 공판정에 출석하여 증언할 의무를 지니고 이 의무를 이행하지 않는 경우 직접, 간접으로 강제하는 제도를 마련하고 있는 것이다. 또한 법원의 증거채부 결정이 소송지휘권에 근거한 것으로 기본적으로 법원의 재량에 속한 문제라 하더라도 증거평가에 대한 자유심증에 한계가 있듯이, 법원은 공정한 재판의 이념과 무기평등의 원칙을 고려하여 최량증거에 의하여 실체진실을 밝혀 형사사법정의를 실현해야 할 의무가 있다 할 것이다.32)

따라서 현행 특정범죄신고자 등 보호법을 개정하는 등 범죄피해자, 제보자 등에 대한 보호장치를 더 실질적으로 강화해야 하는 것과 별도로 증인으로 채택된 사람은 예외 없이 공판정에 출석하여 증언해야 할 법적 의무가 있고, 법원은 모든 형사재판에 있어서 예외 없이 실체진실발견을 통하여 형사사법정의를 실현해야 하는 책무를 진다는 점에서 대법원의 판단이 타당하다고 생각된다.

Ⅳ. 재판절차 분야

항소이유 기재와 관련된 항소법원의 심판범위(대법원 2020. 7. 9. 선고 2020도2795 판결)

(1) 사실관계 및 재판경과

정당 간부로 활동하던 피고인이 정치자금법에서 정하지 아니한 방법으로 정치자

31) 박광민, “범죄피해자 등에 대한 신변보호제도의 평가와 과제”, 『피해자학연구』 제24권 제1호 (한국피해자학회, 2016), 138－140면.

32) 이은모 · 김정환, 앞의 책 495면; 이재상 · 조균석, 앞의 책, 482면 및 490－491면; 이창현, 앞의 책, 744－745면.

금을 기부받았다는 혐의로 기소된 사안으로(정치자금법 제45조 제1항 및 제2항 제5호 위반), 1심은 제1항 위반 범죄사실 중 일부에 대하여 유죄로 인정하여 벌금 90만원을 선고하였고, 제2항 제5호 위반 범죄사실에 대하여는 무죄를 선고하였다.

피고인은 유죄부분에 대하여 항소하였고 검사는 유죄 및 무죄 판결 전부에 대하여 항소하였는데 항소심에서는 유죄부분에 대한 검사의 양형부당 주장만을 받아들여 1심 판결을 파기하고 벌금 300만원을 선고하였다.

(2) **판결요지**

1) 형사소송법 제361조의5는 제15호에서 '형의 양정이 부당하다고 인정할 사유가 있는 때'를 항소이유로 규정하고 있고, 형사소송규칙 제155조는 항소이유서에 항소이유를 구체적으로 간결하게 명시하도록 규정하고 있다. 위 각 규정에 의하면, 검사가 제1심 유죄판결 또는 일부 유죄, 일부 무죄로 판단한 제1심판결 전부에 대하여 항소하면서, 항소장이나 항소이유서에 단순히 '양형부당'이라는 문구만 기재하였을 뿐 그 구체적인 이유를 기재하지 않았다면, 이는 적법한 항소이유의 기재라고 볼 수 없다. 한편 검사가 항소한 경우 양형부당의 사유는 직권조사사유나 직권심판사항에 해당하지도 않는다. 그러므로 위와 같은 경우 항소심은 검사의 항소에 의해서든 직권에 의해서든 제1심판결의 양형이 부당한지 여부에 관하여 심리·판단할 수 없고, 따라서 제1심판결의 유죄 부분의 형이 너무 가볍다는 이유로 파기하고 그보다 무거운 형을 선고하는 것은 허용되지 않는다.

2) 검사가 제출한 항소장 중 '항소의 이유' 란에는 "이 사건 기록에 나타난 사정을 종합하면, 법인으로부터 정치자금을 수수하였다는 정치자금법위반의 점에 대해서도 유죄가 인정됨에도 원심은 위 범죄사실을 제외한 부분에 대해서만 유죄를 선고하였는바, 사실오인 및 그로 인한 양형부당에 대해 항소함"이라고 기재되어 있을 뿐, 양형부당에 관하여 구체적인 이유가 기재되어 있지 않다.

3) 검사가 법정기간 내에 제출한 항소이유서 제3항 제목 부분에 '사실오인 및 양형부당'이라고 기재되어 있는데, 제3항 본문의 내용 부분에는 주로 제1심판결 중 정치자금법 제45조 제2항 위반 부분에 대한 사실오인에 관한 이유가 기재되어 있고, 양형부당에 관해서는 "이와 같이 법인으로부터 자금 수수 부분이 유죄로 인정된다면, 법정 외 정치자금 수수의 점에 관하여서만 벌금 90만 원을 선고한 원심은 양형 부당의 위법이 있다고 할 것입니다."라고 기재되어 있을 뿐(이는 무죄 부분이

유죄로 인정될 것을 전제로 한 양형부당 주장에 불과하다), 제1심판결 중 유죄 부분에 대한 양형부당에 관하여는 구체적인 이유가 기재되어 있지 않다. 항소이유서 결론 부분에도 “원심은 사실 오인으로 인하여 무죄를 선고하였고, 이러한 위법은 원심의 양형에도 영향을 미쳤으므로, 원심판결을 파기하고 원심 구형대로 형을 선고하여 주시기 바랍니다.”라고 기재되어 있을 뿐, 제1심판결 중 유죄 부분에 대한 양형부당에 관하여는 구체적인 이유가 기재되어 있지 않다. 검사는 항소이유서 제출기간이 지난 원심 제1회 공판기일에서 항소이유서를 진술한 후, 항소이유의 요지로 ‘무죄 부분에 대한 사실오인 및 전체적으로 양형부당을 항소이유로 주장한다’고 진술하였다.

4) 검사는 제1심판결 유죄 부분에 대하여 항소장이나 항소이유서에 ‘양형부당’이라고 기재하였을 뿐 구체적인 이유를 기재하지 않았으므로, 제1심판결 유죄 부분에 대하여 적법한 양형부당의 항소이유를 기재하였다고 볼 수 없다. 따라서 원심은 검사의 항소이유에 대한 판단으로든 직권으로든 제1심판결 유죄 부분의 양형이 부당한지 여부를 심리·판단할 수 없으므로, 제1심판결 무죄 부분에 대한 검사의 항소를 기각한 이상, 피고인에 대하여 제1심보다 무거운 형을 선고하는 것은 허용될 수 없다. 그럼에도 원심은 제1심판결 중 유죄 부분에 대하여 검사가 적법한 양형부당의 항소이유를 제시하였음을 전제로 제1심판결을 파기하고 제1심보다 무거운 형을 선고하였는데 이는 검사의 적법한 항소이유 기재 방식, 항소심의 심판범위, 불이익변경금지원칙 등에 관한 법리를 오해하여 판결에 영향을 미친 잘못이 있다.

⑶ 평석

1) 기존 판례법리의 재확인

본건은 은수미 성남시장에 대한 정치자금법위반 사건으로, 피고인은 항소심에서 벌금 300만원의 당선무효형을 선고받아 시장직이 상실될 위기에 있었는데 본 대법원 판결로 파기환송된 후 환송심에서 기존 1심의 벌금 90만원이 확정됨으로써 기사회생하였다. 이러한 사안의 특수성 때문에 본 판결의 당부에 대하여 한동안 법조계에 논란이 있었다.

항소법원은 항소이유에 포함된 사유에 관하여 심판하여야 하고(형사소송법 제364조 제1항), 다만 판결에 영향을 미친 사유에 관하여는 직권으로 심판할 수 있다(동조 제2항). 항소법원의 심판범위를 항소이유에 한정하는 것은 남상소의 방지와 소송경제를 위하여 당사자가 항소이유로 다투는 사항에 대하여만 심리하도록 규정하고 있는 것이다.[33] 또한 확립된 대법원 판례에 의하면, 검사가 일부 유죄, 일부 무죄가 선고된 제1심 판결 전부에 대하여 항소하면서 항소장이나 항소이유서에 단순히 '양형부당'이라는 문구만 기재하였을 뿐 그 구체적인 이유를 기재하지 않았다면, 이는 적법한 항소이유의 기재라고 볼 수 없고, 직권조사사유나 직권심판사항에 해당하지도 않기 때문에 제1심판결의 양형이 부당한지 여부에 관하여 심리·판단할 수 없고, 따라서 제1심판결의 형보다 무거운 형을 선고하는 것은 허용되지 않는다.[34]

본 판결은 위와 같은 기존 판례의 법리를 재확인하였다. 본건에서 검사는 유죄, 무죄 모두에 대하여 항소하기는 하였으나, 항소장 및 항소이유서 기재내용을 전체적으로 살펴보면 유죄선고된 부분 자체에 대하여 양형부당을 다투는 것으로 해석되지 않는 측면이 있다는 점에서 대법원 판결이 일응 수긍된다. 즉 항소장에는 '법인으로부터 정치자금을 수수하였다는 정치자금법위반의 점에 대해서도 유죄가 인정됨에도 이를 제외한 부분만 유죄를 선고하였는바'라는 전제를 기재하고 '사실오인 및 그로 인한 양형부당에 대해 항소함'이라고 기재하였고, 항소이유서에도 '법인으로부터 자금 수수 부분이 유죄로 인정된다면'라는 전제를 기재하고 '법정 외 정치자금 수수의 점에 관하여서만 벌금 90만원을 선고한 원심은 양형부당의 위법이 있다 할 것입니다.'라고 기재하였는바, 검사가 다투는 양형부당은 유죄 선고된 부분만에 대한 것이 아니라, 무죄선고된 부분이 유죄이기 때문에 유죄 부분과 유죄로 변경되어야 할 무죄 부분을 전체적으로 놓고 보았을 때 양형이 부당하다는 취지로 해석될 여지가 다분한 것이다.

물론 위와 같은 검찰의 기재방식이 관행적으로 많이 이루어졌고 이에 대하여 문제삼지 않았던 것 또한 법원의 관행이었다 할지라도 기존 대법원 판례의 논리에 의한다면 분명 법리적으로 문제의 소지가 있고 본 판결은 그러한 관행에 법리적 제동을 걸었다는 점에서 의의가 있다 하겠다. 하지만 항소심 판결에서 기존 관행대로 검찰의 항소이유를 선해할 것이 아니라 석명을 통하여 명확히 정리하였다면 대법원에서 파기되는 상황이 발생하지는 않지 않았을까 하는 아쉬움이 있다.

---

33) 이은모·김정환, 앞의 책, 829면; 이재상·조균석, 앞의 책, 781−783면; 이창현, 앞의 책, 1237면.; 정웅석·최창호, 앞의 책, 796−798면.

34) 대법원 2008. 1. 31. 선고 2007도8117 판결.

2) 유사판결 검토

대법원은 이후 8월 27일 선고된 2020도8615 판결에서도 본건과 유사한 사실관계에 대하여 같은 법리를 재확인하였다. 이 사안은 졸피뎀 등 향정신성의약품 성분이 포함된 약물을 복용하고 운전하던 중 교통사고를 내어 인적, 물적 피해를 야기하였음에도 도주하였다고 기소된 사안이다. 1심은 약물복용 운전의 도로교통법위반죄(제148조의2 제4항, 제45조) 부분에 대하여는 무죄를 선고하고 나머지 특정범죄가중처벌등에관한법률위반(도주치상)죄, 도로교통법위반(사고후미조치)죄는 유죄를 인정하면서 벌금 500만원을 선고하였고 검사만이 유죄 및 무죄 전부에 대하여 항소하였다. 항소심에서는 유죄 부분에 대하여 양형부당의 검사항소를 받아들여 1심 판결을 파기하고 징역 6월에 집행유예 2년을 선고하였다.

그런데 이 사안에서도 본건과 마찬가지로 검사가 항소장 및 항소이유서를 제출하면서 일부 유죄부분 자체에 대한 양형부당의 이유를 기재하지 않고, 공소사실 전부에 대하여 유죄를 선고하여야 함에도 불구하고 무죄를 선고한 위법이 있고 이러한 일부무죄가 있으므로 결과적으로 전체 양형이 부당하다는 취지로 기재되어 있었다. 이에 대법원은 본건 판례와 같은 논리로 항소심 판결을 파기환송하였다.

2. 부정기형 선고 이후 항소심에서 정기형을 선고해야 하는 경우에 있어서 불이익변경금지 원칙의 판단(대법원 2020. 10. 22. 선고 2020도4140 전합 판결)

(1) 사실관계 및 재판경과

본건은 피고인 甲, 乙이 생후 7개월된 딸을 혼자 방치해 숨지게 한 혐의로 살인죄 및 사체유기죄로 기소된 사안이다.

1심에서는 모두 유죄로 인정하면서 당시 18세이던 피고인 甲(女)이 소년에 해당된다는 이유로 징역 장기 15년, 단기 7년의 부정기형을 선고하였다.[35] 이에 대하여 피고인들만이 항소하였는데 항소심 선고 이전에 피고인 甲이 19세가 되었다. 항소심은 모두 유죄로 인정하면서, 선고 이전 甲이 소년에 해당되지 않게 되었다는 이유로 1심 판결을 파기하고 불이익변경금지원칙이 적용된다고 하면서 기존 대법원 판례에 따라 부정기형과 정기형 사이 경중을 가리는 경우에는 부정기형의 단기와

35) 특정강력범죄의 처벌에 관한 특례법 제4조 제2항에 의하면 특정강력범죄를 범한 소년에 대하여 부정기형 선고시 장기와 단기의 최상한이 장기 15년, 단기 7년이다.

정기형을 비교하여야 하고 따라서 1심이 선고한 부정기형의 단기인 징역 7년을 상한으로 하여 징역 7년을 선고하였다.

(2) **판결요지**

검사와 피고인 모두 상고한 상고심에서, 대법원은 기존 판례의 태도를 변경하였고 다음과 같다.

[다수의견] – 중간형 기준

1) 1심에서 부정기형을 선고 받은 피고인이 항소심 선고 이전에 19세에 도달하는 경우 정기형이 선고되어야 한다. 이 경우 피고인만이 항소하거나 피고인을 위하여 항소하였다면 불이익변경금지 원칙이 적용되어 항소심은 제1심판결의 부정기형보다 무거운 정기형을 선고할 수 없다.

그런데 부정기형은 장기와 단기라는 폭의 형태를 가지는 양형인 반면 정기형은 점의 형태를 가지는 양형이므로 불이익변경금지 원칙의 적용과 관련하여 양자 사이의 형의 경중을 단순히 비교할 수 없는 특수한 상황이 발생한다. 결국 피고인이 항소심 선고 이전에 19세에 도달하여 부정기형을 정기형으로 변경해야 할 경우 불이익변경금지 원칙에 반하지 않는 정기형을 정하는 것은 부정기형과 실질적으로 동등하다고 평가될 수 있는 정기형이 부정기형의 장기와 단기 사이의 어느 지점에 존재하는지를 특정하는 문제로 귀결된다. 이는 정기형의 상한으로 단순히 부정기형의 장기와 단기 중 어느 하나를 택일적으로 선택하는 문제가 아니라, 단기부터 장기에 이르는 수많은 형 중 어느 정도의 형이 불이익변경금지 원칙 위반 여부를 판단하는 기준으로 설정되어야 하는지를 정하는 '정도'의 문제이다. 따라서 부정기형과 실질적으로 동등하다고 평가될 수 있는 정기형을 정할 때에는 형의 장기와 단기가 존재하는 특수성으로 인해 발생하는 요소들, 즉 부정기형이 정기형으로 변경되는 과정에서 피고인의 상소권 행사가 위축될 우려가 있는지 여부, 소년법이 부정기형 제도를 채택한 목적과 책임주의 원칙이 종합적으로 고려되어야 한다.

이러한 법리를 종합적으로 고려하면, 부정기형과 실질적으로 동등하다고 평가될 수 있는 정기형은 부정기형의 장기와 단기의 정중앙에 해당하는 형(예를 들어 징역 장기 4년, 단기 2년의 부정기형의 경우 징역 3년의 형이다. 이하 '중간형'이라 한다)이라고 봄이 적절하므로, 피고인이 항소심 선고 이전에 19세에 도달하여 제1심에서 선고한 부정기형을 파기하고 정기형을 선고함에 있어 불이익변경금지 원칙 위반 여부를 판단하는 기준은 부정기형의 장기와 단기의 중간형이 되어야 한다.

2) 항소심에서 선고될 수 있는 정기형이 부정기형의 단기보다는 무거운 형이라 하더라도, 그 정기형이 부정기형의 확정으로 인해 피고인이 합리적으로 예상할 수 있는 형 집행기간의 범위 내에 있다면, 피고인은 실질적인 불이익에 대한 우려 없이 합리적인 판단에 따라 상소권을 행사할 수 있다고 봄이 타당하다. 부정기형을 선고받은 피고인은 단기가 경과한 때부터 형의 장기가 도래할 때까지 동일한 가능성으로 소년법 제60조 제4항에 따라 형의 집행이 종료될 것을 기대할 수 있으므로, 부정기형의 장기와 단기의 중간형은 부정기형을 선고받은 피고인이 합리적으로 예상할 수 있는 형 집행의 기간에 부합한다고 할 수 있다.

[별개의견] – 장기형 기준

1) 본건 사안과 같은 경우, 부정기형의 중간형이 아닌 장기를 기준으로 불이익변경금지원칙 위반 여부를 판단하는 것이 타당하고, 항소심이 선고할 수 있는 정기형의 상한은 부정기형의 장기라고 보아야 한다.

2) 부정기형을 선고받은 피고인이 합리적으로 예상할 수 있는 형 집행의 기간은 장기에 해당한다. 통계자료에 의하면 최근 10년간 형 집행종료결정은 거의 이루어지지 않았고 소년수형자 중 장기형까지 실제 집행을 받은 비율이 60.21%에 이른다. 장기형까지 실제 집행을 받지 않고 가석방이 된 경우에도 특별한 사정이 없는 이상 집행형 자체가 장기보다 단축되는 것은 아니고 장기와 동일한 정기형을 선고받은 성인수형자가 가석방이 된 경우와 다름없다. 이러한 점을 고려하면, 부정기형을 선고받은 피고인이 합리적으로 예상하여야 하는 형의 집행기간은 오히려 장기에 가깝다고 할 수 있다.

3) 장기와 단기를 정하여 부정기형이 선고된 경우 장기까지가 책임형에 해당한다고 보는 것이 책임주의 원칙에 부합하고, 항소심에서 성년에 이를 것이 예정되어 있는 피고인으로서는 항소심에서는 더 이상 소년법이 적용될 수 없다는 점, 부정기형의 장기까지가 책임형에 해당하고 부정기형이 확정되는 경우 장기까지 집행이 될 수 있다는 점을 모두 고려하여 항소 제기 여부를 결정하게 될 것이다.

그렇다면 피고인이 제1심에서 소년으로서 부정기형을 선고받았으나 항소심에서는 성인이 되어 정기형을 선고받아야 하는 경우, 책임형으로서 피고인이 합리적으로 예상할 수 있는 집행기간에 해당하는 장기를 불이익변경금지 원칙 위반 여부를 판단하는 기준으로 삼아, 항소심법원이 부정기형의 장기 이하 범위 내에서 부정기형의 특성 및 장기와 단기를 모두 고려하는 등 양형재량을 최대한 행사하여 피고인의 책임에 부합하는 적정한 형을 다시 정할 수 있도록 하는 것이 타당하다.

[반대의견] – 단기형 기준

1) 불이익변경금지 원칙을 적용하면서 부정기형과 정기형 사이에 그 경중을 가리는 경우에는 부정기형 중 단기와 정기형을 비교하여 항소심에서 부정기형의 단기를 초과하는 형을 선고할 수 없다고 하는 것이 1953년 이래 70년 가까이 이어진 대법원의 일관된 견해였고, 위 견해가 타당하므로, 다수의견의 논거 및 결론에 동의할 수 없다.

2) 불이익변경금지 원칙은 두 형 사이에 객관적으로 유불리의 서열을 정하는 원칙이 아니라 피고인만이 상소하거나 피고인을 위하여 상소한 사건에서 상소심이 선고할 수 있는 형의 범위를 정하는 원칙이다. 따라서 변경 전후의 선고된 형을 비교하여 피고인에게 불이익하게 변경되었는지를 판단할 때 선고된 형의 효과가 일의적이지 않고 일정한 여건의 변화에 따라 다양한 가능성이 있는 때에는 변경 전의 형은 피고인에게 가장 유리한 경우를 기준으로 하고, 변경 후의 형은 피고인에게 가장 불리한 경우를 기준으로 하여 비교하여야 한다. 이렇게 보는 것이 '피고인에게 실질적으로 불이익한지 아닌지'를 판단한다는 취지에 부합할 뿐만 아니라 명쾌하고도 간이한 방법이며 또한 피고인의 상소권 보장을 목적으로 하는 불이익변경금지 원칙에 충실한 해석이다.

3) 피고인이 제1심에서 소년에 해당하여 부정기형을 선고받았으면 단기에서부터 시작되는 석방 또는 형 집행종료의 가능성을 부여받은 것이다. 이러한 사안에서 피고인만이 항소하여 불이익변경금지 원칙이 적용되는데 항소심에서 피고인이 성인이 되어 제1심이 선고한 부정기형을 파기하고 정기형을 선고해야 하는 경우, 피고인에게 제1심에서 선고받은 단기를 초과하는 정기형을 선고한다면 위와 같은 석방 또는 형집행종료의 가능성이 박탈되므로 피고인에게 불리하다. 따라서 불이익변경금지 원칙을 적용하면서 부정기형과 정기형 사이에 그 경중을 가리는 경우에는 부정기형 중 단기와 정기형을 비교하여 항소심에서 부정기형의 단기를 초과하는 형을 선고할 수 없다고 해석하는 것이 타당하다.

(3) 평석

1) 불이익변경금지 원칙의 의의

형사소송법 제368조, 제396조 제2항에 의하면 피고인만이 항소 또는 상고한 사건에서 상소심은 원심 판결의 형보다 중한 형을 선고할 수 없다고 규정되어 있다. 이를 불이익변경금지의 원칙이라 하는데 상소심에서의 일체의 불이익한 변경을 금지하는 것이 아니라 중형변경을 금지한다. 이때, 불이익한지 여부는 선고된 형에 의하여 객관적으로 비교·판단되어야 하고, 형법상 형의 경중을 기준으로 하되 이를 개별적·형식적으로 고찰할 것이 아니라 주문을 전체적으로 고려하여 피고인에게 실질적으로 불이익한지 여부에 따라 판단하여야 한다. 이와 같이 불이익변경금지 원칙을 인정하는 취지는 피고인이 중형변경의 위험 때문에 상소제기를 단념하는 것을 방지함으로써 피고인의 상소권을 보장하기 위한 정책적 배려로 해석하는 것이 통설과 판례의 입장이다.[36]

2) 부정기형과 정기형의 중형비교 기준형 검토

소년법 제60조 제1항에 의하면, 소년이 법정형으로 장기 2년 이상의 유기형에 해당하는 죄를 범한 경우에는 그 형의 범위에서 장기와 단기를 정하여 부정기형을 선고하도록 규정되어 있다. 피고인이 소년임을 고려하여 행형에 있어서 처벌보다는 교화 및 개선을 우선시해야 한다는데 그 정당성이 인정된다.

그런데 부정기형을 선고하는 소년의 기준시점은 사실심 재판시이므로[37], 피고인이 1심에서 소년법이 적용되는 연령이어서 부정기형을 선고받았으나 항소심에서 성년이 된 경우에는 더 이상 소년법에 따른 혜택을 받지 못하고 성인에 대한 양형기준에 의하여 정기형을 선고받게 된다. 다만 피고인만이 항소한 경우 불이익변경금지 원칙이 적용될 수 있는데, 불이익변경금지 원칙에 대한 일반적인 판단기준에 의하여 피고인에게 실질적으로 불이익하지 않은 방향으로 형을 선고하면 된다.

장기와 단기를 정하여 부정기형을 선고하는 경우 단기부터 장기까지 해당되는 모든 기간의 형이 피고인에 대한 선고형이라고 하여야 한다. 최종적으로 피고인이

---

36) 김희옥·박일환 편집대표, 앞의 책(성충용 집필부분), 299면; 이은모·김정환, 앞의 책, 805면; 이재상·조균석, 앞의 책, 762−763면; 이주원, 앞의 책, 562면; 이창현, 앞의 책, 1207−1208면; 정웅석·최창호, 앞의 책, 785면; 대법원 1964. 9. 17. 선고 64도298 전합 판결 등.

37) 대법원 1990. 4. 24. 선고 90도539 판결.

얼마의 기간을 복역할 것인지는 향후 형의 집행단계의 문제일 뿐 선고형은 단기부터 장기까지 스펙트럼 안에 있는 모든 형이 다 해당된다고 해석하는 것이 타당하다. 따라서 피고인에게 선고된 가장 중한 형은 장기이고, 항소심에서는 위 장기보다 중하게 선고하지 않는다면 불이익변경금지 원칙에 반하지 않는다고 판단된다. 예를 들어 1부터 5까지의 수보다 큰 수는 무엇이가라는 질문에 5를 초과하는 수라고 답변하지 1을 초과하는 수까지 포함된다고 답변하지 않는 것과 같은 논리이다.

또한 피고인 입장에서도 1심에서 부정기형을 선고받을 당시 형의 범위 안에 장기가 포함됨을 분명히 고지받았기 때문에 부정기형의 장기형까지 책임형에 해당하여 장기까지 형 집행이 될 수 있다는 점, 항소심에서 곧 성년에 이를 것이 예정되어 있는 연령의 피고인은 항소심에서 정기형이 선고될 수 있는 점 등을 모두 고려하여 항소제기 여부를 결정하는 것이기 때문에 항소심에서 장기를 초과하지 않는 범위 내에서 형을 선고하는 것이 피고인의 상소권을 침해한다고 할 수 없다.

대법원 다수의견은 책임주의와 불이익변경금지 원칙, 부정기형의 제도적 취지를 모두 고려하여 이를 합리적으로 조화하는 방향에서 장기와 단기의 중간형을 불이익변경금지 원칙의 적용기준으로 제시하였다. 그러나 피고인이 항소심에서 성년에 이른 이상 더 이상 소년법의 적용대상이 아니고 따라서 부정기형의 제도적 취지를 고려할 필요는 없다고 생각된다. 또한 책임주의 원칙은 피고인의 죄책에 부합한 양형을 함에 있어서 기본원칙이나 불이익변경인지 여부를 판단함에 있어서는 책임주의 원칙을 논할 이유는 없다고 생각된다. 오로지 피고인의 상소권 보장 차원에서 불이익 변경인지 여부를 신중하게 판단하면 될 것으로 보이고, 그렇다고 한다면 장기와 단기의 중간형이 합리적인 기준형이라고 볼 명확한 근거는 없어 보이며 단순히 장기설과 단기설의 타협점을 제시한 것은 아닌가 하는 아쉬움을 지울 수 없다.

3. 약식명령의 형종상한금지 원칙(대법원 2020. 1. 9. 선고 2019도15700 판결)

(1) 사실관계 및 재판경과

피고인이 수차례 점유이탈물횡령 등의 범행을 한 것으로 벌금 300만원의 약식명령이 발령되고 정식재판청구기간 도과로 확정되었다. 한편 별건 점유이탈물횡령 등 범죄사실에 대하여 구공판되어 재판 진행 중 위 약식명령 사건에 대한 정식재판청구권 회복결정이 되어 위 구공판 사건과 병합심리되었고 1심은 모두 유죄로 인정하고 징역형을 선택하여 형법 제37조의 전단의 경합범으로 처리, 징역 1년 2월을 선고하였다. 피고인과 검사 모두 양형부당으로 항소하였고 항소심은 모두 기각하였다.

(2) **판결요지**

피고인만이 양형부당으로 상고한 사안에서, 대법원은 형사소송법 제457조의2 제1항은 "피고인이 정식재판을 청구한 사건에 대하여는 약식명령의 형보다 중한 종류의 형을 선고하지 못한다."라고 규정하여 정식재판청구 사건에서의 형종 상향 금지의 원칙을 정하고 있는데, 제1심판결 중 정식재판청구 사건 부분은 피고인만이 정식재판을 청구한 사건인데도 약식명령의 벌금형보다 중한 종류의 형인 징역형을 선택하여 형을 선고하였으므로 여기에 형사소송법 제457조의2 제1항에서 정한 형종 상향 금지의 원칙을 위반한 잘못이 있다고 판단하며, 원심을 파기환송하였다.

(3) **평석**

1) 형사소송법 제457조의2의 개정

형사소송법 제457조의2에 의하면 '형종상한의 금지 등'이라는 제목 하에 피고인이 정식재판을 청구한 사건에 대하여는 약식명령의 형보다 중한 종류의 형을 선고하지 못하고(제1항), 약식명령의 형보다 중한 형을 선고하는 경우에는 판결서에 양형이유를 적어야 한다고(제2항) 규정되어 있다. 약식명령과 정식재판은 동일 심급으로 피고인의 상소권 보장과 무관하나, 피고인의 정식재판청구권을 실질적으로 보장하기 위하여 불이익변경금지의 원칙과 유사한 제도가 마련되어 있는 것이다.[38)]

원래 위 조문은 '불이익변경의 금지'라는 제목 하에 피고인이 정식재판을 청구한 사건에 대하여는 약식명령의 형보다 중한 형을 선고하지 못한다고 규정되어 있었는데 2017. 12. 19.(법률 제15257호) 개정되어 약식명령의 형보다 중한 종류의 형을 선고하지 못하는 것으로 완화되었다. 위와 같이 개정되기 전에는 정식재판 과정에서 피해가 확대되거나 새로운 사실이 밝혀진 경우, 벌금집행 지연 등 목적으로 정식재판청구를 남용하는 경우 등에도 죄질이나 국민의 법감정에 맞지 않는 가벼운 벌금형을 선고할 수밖에 없도록 함으로써 불이익변경 금지원칙이 범죄자에 대한 형벌 상한 보증제도로 전락하였고, 정식재판청구 사건의 급증으로 인하여 사법역량

38) 이은모 · 김정환, 앞의 책, 607－608면; 이재상 · 조균석, 앞의 책, 766면; 이주원, 앞의 책, 564면; 이창현, 앞의 책, 1211－1212면; 정웅석 · 최창호, 앞의 책, 787면.

이 오히려 경미한 사건에 집중되게 하는 문제점을 초래하였다는 등의 비판이 적지 않았고 따라서 '중한 형'이 아닌 '중한 종류'의 형을 선고하지 못하는 것으로 완화된 것이다.[39] 그러나 한편 완화된 개정으로 피고인이 정식재판 청구를 주저함으로써 피고인의 헌법 제27조 제1항이 보장하는 재판받을 권리를 침해한다는 다른 견해도 존재한다. 즉 약식절차는 피고인의 변론도 없이 검사와 법원 사이의 형식적인 서류 검토만으로 피고인의 유무죄를 결정하는 것으로 피고인이 방어권을 충분히 행사할 수 없고 오판의 우려도 있는데 정식재판에서 중한 종류의 형이 아닌 한 약식명령보다 중한 형이 선고될 수 있도록 하여 마음놓고 정식재판을 청구할 수 없도록 함으로써 공정한 재판을 받을 권리, 무기평등의 원칙을 침해한다고 설명한다.[40]

2) 정식재판 청구사건과 통상사건의 병합시 형사소송법 제457조의2의 적용

본 판결은 형사소송법 제457조의2 개정 이후 정식재판 청구 사건과 통상사건이 병합된 경우 형종상향금지 원칙과 관련하여 최초로 법리를 명확히 밝혀 준 대법원 판례라는 점에서 의의가 있다.[41]

형사소송법 제457조의2가 개정되기 전 대법원 판례에 의하여도 벌금형의 약식명령을 고지받고 정식재판을 청구하였는데 정식재판청구사건과 다른 통상사건을 병합한 후 형법 제37조 전단 경합범으로 처단하면서 징역형을 선고하는 것은 형사소송법 제457조의2 규정 위반이라고 판단하였다. 예를 들어 1심이 피고인에 대한 도로교통법위반(음주운전) 등 사건에 피고인이 교통사고처리특례법위반죄에 대하여 벌금 350만 원의 약식명령을 고지받아 정식재판을 청구한 사건을 병합하여 심리한 후 교통사고처리특례법위반죄에 대하여는 금고형을 나머지 죄에 대하여는 각 징역형을 선택한 다음 각 죄를 경합범으로 처단하면서 피고인에게 징역 6월을 선고한 사안에 대하여, 정식재판청구된 약식명령의 벌금형을 징역형으로 변경하여 선고하는 것은 불이익한 변경임이 분명하고, 약식명령으로 고지받은 벌금형과 병합·심리된 도로교통법위반 등 사건의 법정형 등 피고인의 법률상 지위를 결정할 객관적 사정을 전체적·실질적으로 고찰하여도 병합심판되어 선고된 징역형이 피고인에게 불

39) 성현창, 위의 글, 401면.

40) 김윤홍, "재판을 받을 권리와 형종상향금지에 관한 연구", 『법학연구』 제18권 제4호(한국법학회, 2018), 228－233면.

41) 성현창, "약식명령에 대해 피고인이 정식재판을 청구한 사건에서의 '형종 상향 금지의 원칙'의 의미", 『대법원 판례해설』 124호(법원행정처, 2020), 408－409면.

이익한 변경에 해당하지 않는다고 볼 근거는 없다고 판시하였다.[42)]

본건 판례도 위와 같은 기존 대법원 판례의 법리를 그대로 따르고 있다. 개정된 법률에 의하더라도 약식명령보다 중한 '종류'의 형을 정식재판에서 선고할 수 없도록 규정되어 있고 해당조문의 입법취지를 고려한다면, 정식재판과 통상재판이 병합된 사정이 있다 하더라도 정식재판청구된 죄명에 대한 형 선택에 있어서는 약식명령의 벌금형보다 중한 종류의 형인 징역형을 선택하면 안 된다는 점에서 판례의 태도는 타당하다.

대법원은 이후 2020. 3. 26. 선고된 2020도355 판례에서도 본건 판례법리를 재확인하였다. 이 사안과 본건 사안과의 차이점은 정식재판청구 사건과 통상 사건이 항소심에서 병합되었다는 점 이외에는 없고, 심급과 상관 없이 정식재판이 청구된 경우 약식명령의 형보다 중한 종류의 형을 선고될 수 없는 법리는 그대로 적용되는 것이 타당하다. 이 사안에서 피고인은 폭행죄 등으로 구약식되어 벌금 300만원의 약식명령을 받고 정식재판 청구하여 벌금 300만원이 그대로 선고되었고, 한편 별건 사기죄 등으로 구공판되어 징역 1년 2월을 선고받았다. 피고인은 두 건에 대하여 모두 항소하였고 항소심에서 두 건을 병합한 후 1심 판결을 파기 후 징역 1년 2월을 선고하였다. 대법원은 항소심에서 정식재판청구 사건과 통상사건이 병합심리되어 경합범으로 처단되더라도 정식재판청구 사건에 대하여는 약식명령의 벌금형보다 중한 종류의 형인 징역형을 선택하여서는 안 됨에도 하나의 징역형을 선고한 것은 형소법 제457조의2 제1항의 형종상향금지 원칙을 위반한 잘못이 있다고 판단하였다.

Ⅵ. 글을 마치며

2020년도에 선고된 형사소송법 분야에 대한 중요 대법원 판례를 살펴보았다.

수사절차와 관련된 쟁점인 별건압수 여부의 판단기준, 압수수색 절차에서의 피의자 및 변호인의 참여권 보호와 관련된 증거수집의 위법성, 체포현장에서의 임의제출 인정 여부는 이번 판결 이전부터 학계와 실무에서 지속적으로 논의되고 있는 중요한 쟁점이다. 결국 형사소송의 대원칙인 실체진실발견과 적법절차원칙이 부딪히는 영역으로 이들을 조화롭게 구현하여 궁극적으로 피고인, 피해자 모두에게 사법정의가 실현될 수 있도록 해야 할 것이다.

---

42) 대법원 2004. 11. 11. 선고 2004도6784 판결.

증거법 분야와 관련된 쟁점인 형사소송법 제312조 제3항이 적용되는 공범의 범주 역시 검사 작성 피의자신문조서의 증거능력이 경찰 작성 피의자신문조서의 증거능력과 동일하게 되는 개정법이 시행되기 직전 상황이라는 점에서 해당판결이 실무에 가져올 파장이 적지 않다. 수사기관 작성 피의자신문조서에 대한 불신이 과거 수사기관의 잘못의 인과응보이고, 공판중심주의를 구현하고자 하는 취지를 십분 이해하나, 수사기관에서의 진술은 무조건 거짓이고 공판정에서의 진술은 무조건 진실이라고 할 수 있을지 오히려 법률전문가인 법관의 자유심증이 필요한 영역이 아닌지 여전히 의문이 제기된다. 향후 개정법 하에서의 형사소송법 제312조 제3항에 대한 법원의 법적 타당성 있는 운용을 바랄 뿐이다. 한편 성폭력 피해자 진술의 신빙성 판단에 대하여 2020년 대법원은 다양한 판결을 하였는데, 기존에 '논리와 경험칙'으로 포장한 판결과 달리 사건의 개별적, 구체적인 상황을 고려하여 관련자들의 진술을 합리적으로 판단하려고 한 고민이 충분히 느껴지는 판결들이었다고 생각된다. 또한 특정범죄신고자 등 보호법이 적용되는 범죄신고인 등이라 하더라도 그에 대한 보호를 좀 더 강화해야 하는 논의와는 별도로 다른 사건의 증인과 마찬가지로 증인으로서 출석·증언해야 할 소송법상 의무 및 법원의 실체진실발견을 위한 최소한의 역할을 확인한 대법원 판례에 동감한다.

마지막으로 재판절차와 관련된 쟁점인 항소심의 심판범위 및 불이익변경금지 원칙(형종상향 금지 원칙 포함)에 관한 대법원 판결은 피고인의 방어권 등 권익 보장을 우선시하여 절차법에 대한 엄격한 해석 및 준수를 재확인하였다고 평가된다. 항소이유의 구체적 기재가 없는 경우 항소법원이 심판할 수 없다는 법리나 약식명령에 대한 정식재판 청구사건과 통상사건이 병합된 경우에도 형종상향 금지 원칙이 적용되어 약식명령보다 중형을 선고할 수 없는 법리는 기존 판례의 법리로 이를 재확인한 것이었다. 한편 소년범에 대한 부정기형 선고 이후 항소심에서 성년이 되어 정기형을 선고해야 하는 경우 불이익인지 여부를 판단하는 형의 기준에 관한 기존 대법원 판례의 법리를 변경하는 전원합의체 판결이 있었는데 명확한 근거 없이 타협적으로 중간형 기준설로 결론을 내린 것은 아닌지 아쉬움이 남는다.

앞으로도 대법원 판례에서 논의된 쟁점들에 대한 실무와 학계의 지속적인 연구와 비판이 이어지길 기대해본다.

논문투고일: 2021.02.21 논문심사일: 2021.03.09 게재확정일: 2021.03.22

【참고문헌】

[단행본]

김희옥 · 박일환 편집대표, 『주석 형사소송법』, 제5판(이완규 집필부분, 한국사법행정학회, 2017)

이은모 · 김정환, 『형사소송법』, 제7판(박영사, 2019)

이재상 · 조균석, 『형사소송법』, 제11판(박영사, 2017)

이주원, 『형사소송법』, 제1판(박영사, 2019)

이창현, 『형사소송법』, 제6판(정독, 2020)

정웅석 · 최창호, 『형사소송법』, 제8판(대명출판사, 2018)

[논문]

김윤홍, "재판을 받을 권리와 형종상향금지에 관한 연구", 『법학연구』 제18권 제4호(한국법학회, 2018)

노수환, "디지털 증거의 압수 · 수색 절차상 당사자의 참여권 및 별건 관련성 없는 증거의 압수요건－ 대법원 2015. 7. 16.자 2011모1839 전원합의체 결정－", 『법조』 제65권 제7호(법조협회, 2016)

박건욱, "수사기관에서의 전자정보 탐색과정을 압수수색 일환으로 보는 판례 입장에 대한 비판적 검토", 『형사법의 신동향』 통권 제50호(대검찰청, 2016)

박광민, "범죄피해자 등에 대한 신변보호제도의 평가와 과제", 『피해자학연구』 제24권 제1호(한국피해자학회, 2016)

박정난, "위법수집증거배제법칙에 관한 미국 판례의 시사점", 『법학연구』 제30권 제2호(연세대학교 법학연구원, 2020)

박정난, "성폭력 피해자 진술의 신빙성 판단에 관한 검토", 『형사소송의 이론과 실무』 제12권 제2호(한국형사소송법학회, 2020)

성현창, "약식명령에 대해 피고인이 정식재판을 청구한 사건에서의 '형종 상향 금지의 원칙'의 의미", 『대법원 판례해설』 124호(법원행정처, 2020)

오기두, "전자정보의 수색 · 검증, 압수에 관한 개정 형사소송법의 함의", 『형사소송 이론과 실무』제4권 제1호(한국형사소송법학회, 2012)

이경렬 · 설재윤, "전자증거의 적법한 압수와 별건 증거사용에 관한 실무연구", 『법조』 제68권 제1호(법조협회, 2019)

이승주, "개정 형사소송법상 공범의 진술증거 확보 문제", 『법조』 제69권 제4호(법조협회, 2020)

이완규, "디지털 증거 압수수색과 관련성 개념의 해석", 『법조』 제62권 제11호(법조협회, 2013)

이완규, "디지털 증거 압수 절차상 피압수자 참여방식과 관련성 범위 밖의 별건 증거 압수방법", 『형사법의 신동향』 통권 제48호(대검찰청, 2015)

이용우, "'압수수색영장의 범죄 혐의사실과 관계있는 범죄'라는 것의 의미 및 이때 혐의사실과의 '객관적 관련성'이 인정되는 범위와 판단기준", 『대법원 판례해설』 124호(법원행정처, 2020)

이용우, "형사소송법 제312조 제3항이 양벌규정에 따라 기소된 사업주와 행위자 사이의 관계에서도 적용되는지 여부 및 검사 이외의 수사기관이 행위자에 대하여 작성한 피의자신문조서의 내용을 사업주가 부인하는 경우 형사소송법 제314조에 따라 증거능력을 인정할 수 있는지 여부", 『대법원 판례해설』 124호(법원행정처, 2020)

【국문초록】

본고에서는 실무와 학계에 도움이 되었으면 하는 바램으로 2020년도에 선고된 형사소송법 분야에 관한 중요 대법원 판례를 쟁점내용에 따라 수사절차 분야, 증거법 분야, 재판절차 분야로 나누어 검토하였다.

수사절차와 관련된 판례쟁점은 별건압수인지 여부를 판단하는 기준, 압수수색 절차에의 변호인 참여권 보호와 관련된 증거수집의 위법성, 현행범 체포현장에서의 임의제출 인정 여부 등이 있었다. 이는 이번 판결 이전부터 학계와 실무에서 지속적으로 논의되어 온 중요쟁점으로 결국 충돌하는 형사소송의 대원칙인 실체진실발견과 적법절차원칙을 조화롭게 구현하여 궁극적으로 피고인, 피해자 모두에게 사법정의가 실현될 수 있도록 운용하는 것이 관건이고 이번 대법원 판례는 그러한 사법적 노력을 보여주었다고 생각된다.

증거법 분야와 관련된 판례쟁점은 형사소송법 제312조 제3항이 적용되는 공범의 범주, 성폭력 피해자 진술의 신빙성 판단, 특정범죄신고자 보호와 불출석 증인에 대한 증인채택결정 취소의 문제 등이 있었다. 2022년 1월 1일자로 시행되는 형사소송법에 따르면 검사 작성 피의자신문조서의 증거능력이 경찰 작성 피의자신문조서의 증거능력과 동일하게 되는 상황에서 형사소송법 제312조 제3항의 적용 확대가 적절한 방향인지, 법률전문가인 법관의 자유심증 영역을 지나치게 축소하는 것은 아닌지 재고해 볼 필요가 있다. 한편 성폭력 피해자 진술의 신빙성 판단에 대하여 2020년 대법원은 다양한 판결을 하였는데, 기존에 '논리와 경험칙'으로 포장한 판결과 달리 사건의 개별적 상황을 고려하여 관련자들의 진술을 합리적으로 판단하려고 한 고민이 충분히 느껴지는 판결들이었다고 생각된다. 또한 범죄신고자에 대한 보호 강화방향과는 별도로 증인으로서 출석·증언해야 할 소송법상 의무 및 법원의 실체진실발견을 위한 최소한의 역할을 확인한 대법원 판례에 동감한다.

마지막으로 재판절차와 관련된 판례쟁점은 항소심의 심판범위, 불이익변경금지원칙(형종상향 금지 원칙 포함) 등이 있었다. 항소이유의 구체적 기재가 없는 경우 항소법원이 심판할 수 없다는 법리나 약식명령에 대한 정식재판 청구사건과 통상사건이 병합된 경우에도 형종상향 금지 원칙이 적용되어 약식명령보다 중형을 선고할 수 없는 법리는 기존 판례의 법리를 재확인한 것으로 피고인의 방어권 등 권익 보장을 우선시하여 절차법에 대한 엄격한 해석 및 준수를 요구하는 대법원의 태도는 타당하다. 한편 부정기형 선고 이후 상소심에서 정기형 선고시 불이익인지 여부를 판단하는 형의 기준에 관한 기존 대법원 판례의 법리를 변경하는 전원합의체 판결이 있었는데 명확한 근거 없이 타협적으로 중간형 기준설로 결론을 내린 것은 아닌지 아쉬움이 남는다.

앞으로도 대법원 판례에서 논의된 쟁점들에 대한 실무와 학계의 지속적인 연구와 비판이 이어지길 기대해본다.

◈ 주제어: 별건압수, 압수절차에의 변호인 참여권, 임의제출, 형사소송법 제312조 제3항, 성폭력 피해자 진술의 신빙성, 증인채택 결정취소, 항소심의 심판범위, 불이익변경금지 원칙

【Abstract】

Analysis of the Major Criminal Procedure Cases in 2020

Park, Jungnan*

In this article, major Supreme Court cases in the field of criminal procedure law sentenced in 2020 were reviewed in accordance with the content of the issue, divided into investigation procedures, evidence law, and trial procedures.

The case issues related to the investigation procedures included the criteria for determining the seizure of the material for the irrelevant crime, the illegality of collecting evidence related to the protection of the attorney's right to participate in the seizure search process, and the recognition of voluntary submission at the arrest site of flagrant offender. This is an important issue that has been continuously discussed before the ruling and the key is to manage judicial justice for both the defendant and the victim by harmonizing the discovery of the truth and due process of law, which are the grand principles of criminal procedure. The Supreme Court case is believed to have shown such judicial efforts.

The case issues related to the field of evidence law included the category of complicity covered by Article 312 (3) of the Criminal Procedure Act, the judgment of the credibility of statements of victims of sexual violence, protection of specific crime reporters and cancellation of witness adoption. According to the Criminal Procedure Act, which goes into effect on January 1, 2022, the admissibility requirement of suspect interrogation report by prosecutor will be the same as that of suspect interrogation report by the police, so I think we must reconsider whether the expansion of the application of Article 312 (3) of the Criminal Procedure Act is excessive reduction of the area of judges. On the other hand, the ruling on the credibility of sexual violence victim statements is thought to have tried to

* Assistant Professor, School of Law, Yonsei University.

reasonably judge the statements of those involved in consideration of the individual circumstances of the case, unlike the previous ruling packaged as "logic and experience rules." In addition, I agree with the Supreme Court's ruling of confirming the witness's obligation to testify and the minimum role for the court's discovery of the truth, aside from protecting criminal reporters.

Finally, the case issues related to the trial process included the scope of the appeal judgment and the prohibition of reformatio in peius. The content that the Court of Appeals shall not judge if there is no specific reason for appeal and that cannot be sentenced to a heavier sentence than a summary order, as the principle of prohibition of raising the sentence applies when a formal trial and another trial are merged reaffirm the legal principles of existing precedents. The Supreme Court's attitude of demanding strict interpretation and compliance with the procedural law is reasonable, prioritizing the guarantee of rights and interests of the defendant. On the other hand, there was a consensus ruling that changed the law of the Supreme Court's ruling on whether the sentence is disadvantageous or not in the case of indeterminate sentence, but it is regrettable that it was concluded without clear grounds.

I look forward to continuous research and criticism from the practical and academic circles on the issues discussed in the Supreme Court case.

◈ Key Words: the seizure for the irrelevant crime, attorney's right to participate in the seizure search process, voluntary submission, Article 312 (3) of the Criminal Procedure Act, the credibility of statements of victims of sexual violence, cancellation of witness adoption, the scope of the appeal judgment, the prohibition of reformatio in peiu.

한국형사소송법학회 『형사소송 이론과 실무』
제13권 제1호 (2021.03) 53~86면.
Theories and Practices of Criminal Procedure Vol. 13 No. 1 (Mar. 2021) pp. 53~86.
10.34222/kdps.2021.13.1.53

미국의 검찰제도와 연방법무부장관의 정치적 중립성*

김 종 구**

목 차

Ⅰ. 머리말
Ⅱ. 미국 검찰제도의 연혁과 검찰조직
Ⅲ. 미연방법무부장관의 정치적 중립성
Ⅳ. 비교법적 측면의 시사점
Ⅴ. 맺음말

Ⅰ. 머리말

미국은 영국의 식민지였으나, 사인소추제(private prosecution)를 근간으로 하는 영국과 달리 일찍이 검사제도(public prosecution)를 확립했다. 범죄를 국가에 대한 법질서위반행위로 보아 국가형벌권의 대상으로 하는 프랑스 등 대륙법계 국가들과 달리, 영국에서는 범죄를 개인의 개인에 대한 불법행위로 파악했다. 따라서, 영국에서는 범죄로 인한 피해자의 권리구제도 피해자 개인의 몫이었으며, 이러한 생각은 사인소추제로 이어졌다.

영국에서는 사인소추제의 전통이 지속되어 왔지만, 식민지 미국에서는 독립 이전에 이미 미국 고유의 지방검사제도(district attorney)가 확립되면서 공소제도, 즉 검사제도가 정착된 것이다. 당시, 영국은 본토와 동일한 사법체제를 식민지에 도입할 생각은 없었고, 미국과 지리적으로도 떨어져 있었기 때문에, 미국의 검사제도의 도입은 영국의 큰 관심사가 아니었다. 미국 검사제도의 연원으로 영국의 Attorney

* 이 논문은 2020년 9월 17일 대한변호사협회와 한국형사소송법학회의 공동학술대회에서 발표한 원고를 기초로 한 것임.

** 조선대학교 법사회대학 교수, 법학박사, 미국 뉴욕주 변호사.

General, 프랑스의 검사(procureur public)제도, 네덜란드의 schout제도가 거론되나, 이들 모두가 미국 검사제도에 영향을 준 것으로 보인다.

미국은 연방과 주(state)별로 각각 검사제도가 확립되어 있으며, 연방과 주 모두 법무장관이 검찰총장을 겸한다. 연방법무부장관(US Attorney General)은 대통령이 임면권을 갖고 있으며, 별도의 임기가 없고 언제든 대통령이 해임할 수 있다. 주의 경우 대부분 주법무부장관(Sate Attorney General)은 주민에 의해 선출되며, 일정한 임기가 정해져 있고, 주지사는 법무부장관의 임면에 관여하지 않는다. 주지방검찰청(카운티검찰청)의 지방검사장 또는 지방검사(district attorney)도 독립성이 보장되어 있다.

따라서, 미국에서는 검찰의 독립성이 주로 연방법무부장관(검찰총장)과 대통령의 관계 문제로 다루어진다. 국내의 경우 검찰의 독립성이 주로 법무부장관의 수사지휘권과 관련하여 법무부장관과 검찰총장 사이의 문제로 인식되는 것과는 차이가 있다. 우리나라와 미국의 검찰제도에는 이러한 차이점이 있으나, 검찰의 독립성은 양국의 공통 관심사이며, 미국의 논의 상황이 우리에게 시사하는 바도 크다.

본 논문에서는 검찰의 정치적 중립성과 관련하여 미국의 검찰제도의 연혁과 검찰조직을 살펴보고, 검찰총장을 겸하는 연방법무부장관의 정치적 중립성을 고찰한 후, 우리에게 주는 시사점을 생각해보고자 한다.

Ⅱ. 미국 검찰제도의 연혁과 검찰조직

1. 미국 검찰제도의 연혁

미국은 독립 이전에 이미 검사제도(public prosecution)를 확립하였다. 모국인 영국이 사인소추제를 기본으로 하였다는 점에서 보면, 주목할 만한 일이다. 미국의 검사제도의 연원을 일의적으로 말하기는 어려우나, 영국과 프랑스 및 네덜란드의 영향을 받은 것으로 생각된다. 이하에서 미국 검찰제도의 연혁에 대하여 살펴보고자 한다.[1)]

1) 이러한 미국 검사제도의 연혁에 대해서는 John L. Worrall, “Prosecution in America: A Historical and Comparative Account”, John L. Worrall/M.E. Nugent－Borakove(편), The Changing Role of the American Prosecutor, SUNY Press, 2008, 3－27면; John Bessler, “The Public Interest and the Unconstitutionality of Private Prosecutors”, 47 Ark. L. Rev.

(1) 미국 검사제도의 연원

1) 영국

미국의 검사제도(public prosecutor)가 영국의 Attorney General에서 유래한 것이라고 설명하기도 한다. 미국은 식민지 시대 초기 네덜란드의 형사사법의 영향을 받기도 했으나, 역시 모국인 영국의 영향을 받는 것은 당연한 일이었다. 예를 들어, 식민지 시대 초기인 1643년 버지니아는 Attorney General을 두었다. 이는 영국의 Attorney General을 모델로 한 것이며, Attorney General은 영국정부와 관계에서 중요성이 있는 사건을 기소하는 업무를 담당했다.[2] 그러나 Attorney General은 소송업무보다는 법률자문역할을 주로 하였으며, 영국은 1879년에 이르러서야 검사제도(public prosecutor)를 도입했기 때문에 이러한 설명은 정확하지 않다.[3] 미국에서 사인소추제는 독립 훨씬 이전에 공소제도(public prosecution)로 대체되었던 것이다.

2) 프랑스

기소를 담당하는 공적기관으로서 검사(public prosecutor)라는 개념은 미국 독립혁명 이후 프랑스의 검사(procureur public)제도로부터 유래한 것이라는 견해도 있다. 당시 미국은 영국제도보다 독립전쟁시 도움을 준 프랑스의 제도에 호감을 갖고 있었다. 영국은 사인소추제(private prosecution)를 기반으로 하고 있었으며, 이는 범죄 피해자인 개인이 변호사를 고용해서 기소하게 하는 시스템이었다. 미국의 형사사법제도는 이러한 영국의 전통적인 제도와는 다른 것이었다.

미국의 공소제도(public prosecution)는 미국 독립혁명 전에 이미 확립되어 있었다. 프랑스가 신생국인 미국에 영향을 미치기 시작하기 전에 이미 미국에서 검사가 활동하고 있었던 것이다. 또한 프랑스의 검사가 재량권이 거의 없는 행정부의 일부 업무를 담당하는데 불과했는데, 미국 검사는 독립적인 지방관료(independent local

511 (1994), 516면 이하; 커먼로 하의 검사의 연혁에 대해서는 John H. Langbein, "The Origins of Public Prosecution at Common Law", 17 Am. J. Legal Hist. 313 (1973), 313면 이하 참조.

2) John Bessler, 앞의 논문, 516면.

3) 영국은 1879년에 범죄소추법(Prosecution of Offenses Act)이 제정되어 공소국장직(Director of Public Prosecution)이 만들어졌다. 이후 영국에서는 1985년 범죄소추법에 따라 검찰청(Crown Prosecution Service(CPS))이 설립되었다. 이에 따라 비로소 국가적 차원의 검찰제도가 생겨난 것이다.

officer)였다는 점에서 프랑스의 검사(procureur public)를 미국 검사제도의 연원으로 보는 것은 근거가 약하다.

3) 네덜란드

미국의 검사제도가 과거 네덜란드의 영향을 받은 것이라는 견해도 있다.[4] 미국의 동부 해안가의 초기 네덜란드 정착지에서는 schout라 불리는 시방공소관제도(local prosecuting official)가 활용되고 있었다. 초기 네덜란드 정착지였던 코네티컷, 뉴욕, 뉴저지, 펜실바니아와 델라웨어에 schout제도가 있었다. 네덜란드에서 schout는 행정, 법집행 그리고 기소 업무를 수행하기 위해 임명되는 지방관리(local officer)였다. 일반적으로, schout는 지방의 영주에 의해 임명되었으며, 지방의 일상 행정에서 영주의 이름으로 업무를 수행했는데, 특히 주요한 업무는 사법행정(administration of justice)업무였다. schout의 세 가지 주요 기능은 행정, 법집행 그리고 기소업무(criminal prosecution)였다. schout는 이 후 나폴레옹 점령시대에 행정개혁의 도입으로 폐지되었다. 1620년대 미국 네덜란드 정착지의 schout는 최고 법집행관으로서 오늘날의 지방보안관(sheriff)과 지방검사(district attorney)의 역할을 함께 하였다.[5]

이후 17세기에 이들 네덜란드 정착지는 영국이 관할하게 되었다. 영국은 이들 지역을 접수한 후 많은 제도를 영국식으로 바꾸었으나, schout제도는 일정 기간 동안 유지했다. 그러나, 네덜란드의 미국 정착의 역사는 짧았으며, 네덜란드가 미국의 형사사법에 준 영향이 바로 미국 검사제도와 연결되었다고 보기는 어려운 점이 있다.

4) 소결

미국 식민지 시대 초기에 영국에서는 사인소추제(private prosecution)가 지배하고 있었지만, 식민지 미국에서는 이런 제도가 뿌리 내리지 못했다. 1704년에 코네티컷주가 검사제도(public prosecution)를 처음 채택했고, 다른 주들도 이에 따랐다. 미국독립혁명이 시작하고 미합중국이 창립되기 훨씬 전부터 식민지 미국에 검사제

4) WS Van Alstyne Jr, “The District Attorney – A Historical Puzzle”, 1952 Wis. L. Rev. 125 (1952), 125면 이하.

5) *schout*에 관한 이러한 내용에 대해서는 Bielinski, Stefan. “The Schout in Rensselaerswijck: A Conflict of Interests”, A Beautiful and Fruitful Place: Selected Rensselaerswijck Seminar Papers, New Netherland Publishing, 1991, 3면 이하 참조.

도가 지방정부의 기구로서 확고히 자리 잡았다. 미국 형사법체계의 근본적인 특징 중 하나가 검사제도(public prosecution)이다. 미국 검사제도는 영국의 커먼로에서 유래한 것이 아니다. 초기의 미국 지방검사제도(district attorney)는 다른 나라와 구별되는 미국 고유의 것이었다. 미국인들은 자신들의 법체계가 절차법과 실체법 분야 모두 영국의 커먼로에 기반한 것이라 설명하기도 하지만, 미국식 검사제도라는 법형상은 사실상 영국인들은 모르는 것이었다.[6)]

이러한 미국의 검사제도에는 일반적으로 영국, 프랑스, 네덜란드의 제도가 모두 일정 부분 영향을 준 것으로 이해된다.[7)] 미국 검사는 네덜란드의 schout처럼 지방정부의 관리이다. 또한 프랑스의 검사(procureur public)처럼, 완전한 기소권을 갖는다. 그리고 영국의 Attorney General처럼 사건을 종결시킬 권한도 있다. 따라서, 이들 각 유럽국가 제도들과 관련성 하에 미국 검사제도가 나타난 것으로 생각된다.

다만, 미국의 검사와 미국에 영향을 준 유럽의 각 제도들 사이에는 근본적인 차이점이 있다. 예들 들어, 프랑스의 검사(procureur public)나 네덜란드의 schout 모두 특정한 지역의 독립적인 일차적 법집행관(primary law enforcement officer)의 역할을 한 것이 아니며, 중앙의 관료 아래에서 역할을 수행하였다. 반면, 미국 검사는 광범위한 독립적인 권한을 갖는다. 미국 검사제도는 세계적으로 드문 경우이다. 무엇보다 미국의 검사는 그 연원이라 할 수 있는 유럽의 소추기관들에 비해, 광범위한 재량권이 있다.[8)] 특히, 대부분의 미국 주에서 지방검사(District Attorney)는 임명직(appointive office)이 아니라 선출직(elective office)이며 임기가 보장되어 있어서 독립성이 강화되어 있다.[9)]

---

6) John L. Worrell, 앞의 논문, 5면.

7) Jack M. Kress, "Progress and Prosecution", The Annals of the American Academy of Political and Social Science Vol. 423, Crime and Justice in America: 1776－1976 (Jan., 1976), 100면 이하.

8) 미국 검사는 폭넓은 기소재량권을 갖는다. 예들 들어 US v. Cox 사건(United States v. Cox, 342 F.2d 167 (1965))에서, 연방검사장(US Attorney)이 대배심의 기소 요구를 거부할 재량권이 있는지가 문제되었는데, 법원은 검사가 기소 여부에 대하여 절대적인 재량권이 있다고 판단했다. 또한, 플리바게닝이 활성화 되어 있는 미국에서 검사는 본래 죄목보다 가벼운 죄목으로 기소할 수 있는 재량권도 있다.

9) 이러한 내용은 John Bessler, 앞의 논문, 517면; John L. Worrall, 앞의 논문, 4－5면 참조.

⑵ 사인소추제와 공소제

1) 영국의 사인소추제의 전통

사인소추제(private prosecution)와 공공소추제(public prosecution)는 그 개념과 기능에 있어서 분명한 차이점이 있다. 영국의 사인소추제는 중세적 환경에서 발달한 것이며, 개인이 아니라 군주의 보호를 위한 것이었다. 당시의 법성 시스템은 개인 대 개인의 분쟁을 대상으로 한 것이었다. 영국의 커먼로는 민사적 불법(civil wrong)과 형사적 불법(criminal wrong)을 명확히 구분하지 않았다. 민사사건이든 형사사건이든 모든 법위반은 개인이 개인을 상대로 저지른 것이라 이해되었다. 그 결과, 영국 사법시스템은 법정에서 개인이 자신을 스스로 보호하고 복수하는 것이었다.[10] 개인에 대한 사회적 보호라는 안전장치가 결여되어 있었기 때문이다. 이러한 시스템은 개인의 재산(property)을 보호하기 위해 고안된 것이었다. 영국 시스템은 부자에 의한 부자를 위한 것(of the rich by the rich)이었으며, 이는 이러한 시스템이 처음 발전했던 중세의 영국사회와 마찬가지였다.

영국 법체계(legal system)가 발전하고 더 복잡해지면서, 전문적인 변호인(professional bar)이 성장하고 발전해갔으며, 개인고객을 위한 기소자(prosecutor)로서 역할을 했다. 사적인 변호인이 고용되어 개인인 형사사건 기소업무를 담당했던 것이다. 영국에서 1885년 무렵까지 기소업무는 그 일을 전담하는 특별한 변호인 집단의 수중에 있지 않았으며, 미국의 지방검사(District Attorney)에 상응하는 것은 존재하지 않았다.

2) 공소제와 지방검사의 등장

비록 미국의 초기 각 식민지역들이 영국의 규범과 전통 그리고 영국의 커먼로에 기초한 법체계를 공유하고 있었지만, 식민지들은 지역적으로 서로 멀리 떨어져 있었을 뿐 아니라 영국으로부터도 멀리 떨어져 있었기 때문에, 강하고 독립적인 형태의 지방정부의 출현을 촉발시켰다. 영국에 뿌리를 둔 유산은 광범위하고 다양했기 때문에 미국인들은 그 중 가장 자기들의 상황에 적합한 것들을 선택하여 발전시킬 수 있었다.

영국은 18세기에 식민지배의 영역을 넓혀갔지만, 미국 혁명기까지 지속된 기본

10) 이러한 내용에 대해서는 John L. Worrell, 앞의 논문, 6면 참조.

적인 지역 포퓰리즘(local populism)을 통제할 수는 없었다. 지리적 요인과, 독립정신 및 풍부한 문화적 유산에 영향을 받아, 초기 미국 정착민들은 지방정부체제를 만들어 냈고, 이러한 과정의 일부로서 지방법원을 설립하고, 지방검사제도(local public prosecutor)를 만들어냈던 것이다.

지방정부의 독립은 다분히 영국정부의 태만에 기인한 것이며, 식민지인들의 독립적인 기질이 실현된 것이다. 영국의 무관심으로 인하여 미국인들은 자신들의 신념에 부합하는 사법시스템을 고안할 수 있었고, 애초부터 채택했던 공소제도(public prosecution)도 허용될 수 있었다.

미국의 검사들(prosecutors)은 영국이나 유럽의 어떤 사법관(judicial officer)들과도 다른 특징을 갖고 있으며, 그들은 새로운 사회의 요구에 의해 만들어진 새로운 형상이었다. 검사제도가 정립된 지 1세기도 안 되어 검사의 지위는 선출직 공직자와 같은 것이 되었으며, 그 과정에서 미국의 현대 사법시스템의 기반이 정립되었다.

식민지인들이 독립을 선언하고 독립전쟁에서 싸우기 훨씬 전에 나타났던 지방검사(local public prosecutor)의 출현은 초기 식민지 정착인들의 일련의 중요한 선택의 결과였다. 그 중 하나가 중앙집권화 된 권력과 권위를 지방정부 단위로 전환시킨 것이었다. 이러한 것이 사인소추제가 아닌 공적소추제도(system of public prosecution)를 만든 것이다. 독립전쟁 후 100년이 되지 않아 미국의 검사는 선출직의 지위를 획득하였다. 미국의 대부분 주 법무부장관(검찰총장)과 지방검사(District Attorney)는 선출직이며 주지사로부터 독립성이 보장되어 있는 것이다.

3) 사인소추제의 잔재

미국에 검사제도가 등장한 뒤에도, 19세기에 미국에서는 사인에 의한 소추의 관행이 있었다. 예를 들어, 필라델피아에서는 대부분의 사건이 사인에 의해 기소되었으며, 협박(assault)과 폭행(battery)이 가장 흔한 경우였다.11) 그러나, 일부 주는 이러한 사인소추의 관행을 불법으로 규정했다. 예를 들어, 1849년 매사추세츠주에서는 소추관(prosecutor)이 사적으로 고용된 경우 유죄판결을 무효화 하려는 움직임이 있었고, 1855년에는 사인소추관(private prosecutor)을 사용하는 것이 공식적으로 금지되었다. 미시건주도 1875년 사인소추관을 고용하는 것을 금지했다. 위스컨신주의 경우 1888년 Bimer v. State 판결12)에서 위스컨신주 대법원은 “공공정책, 그리고

11) John Bessler, 앞의 논문, 518면.

공평하고 정당하며 불편부당한 주 형법의 집행을 위해서, 비용을 지급받는 개인 변호사가 소추관으로 법정에 나오는 것을 금지시키는 것은 법원의 의무이다."라고 판결했다. 그 후 State v. Peterson 사건[13]에서도 유사한 판결을 한 바 있다.[14]

1921년에 코네티컷 대법원도 Maollory v. Lane 사건에서 다음과 같이 사인소추에 명확히 반대되는 입장을 밝힌 바 있다. "코네티컷주의 모든 형사사건에서 주(state)가 기소자(prosecutor)이다. 범죄는 주에 대한 것이다. 범죄의 피해자는 기소의 당사자가 아니며, 증인이 되는 것 말고는 기소와 아무런 관련이 없다. 피해자는 고소를 할 필요도 없고, 기소를 위해 보증을 할 필요도 없다. 피해자는 결코 고발자가 아니다. 피해자는 태만하든 않든 기소자(prosecution)를 통제할 수 없으며, 다른 증인들과 마찬가지로 출석하여 증언하도록 강제될 수 있다."[15]

현재, 미국에서 사인소추가 허용되는가에 대해서는 주마다 차이점이 있다. 일부 주에서는 사인소추를 완전히 배제하나, 지방검사가 적절히 통제를 하는 조건으로 사인소추를 허용하는 주도 있다. 제한 없이 사인소추를 허용하는 주는 거의 없다. 사인소추를 허용하는 경우에도 간통사건의 피해자가 배우자의 상간자를 소추하는 것을 허용하는 정도이다. 오늘날 미국에 사인소추제의 잔재는 거의 남아 있지 않으며, 아주 소수의 주만이 사인소추를 인정하고 있고, 그 경우도 제한적인 사례에만 허용되고 있는 것이다.[16]

2. 미국의 검찰 조직

(1) 개 관

프랑스와 같은 대륙법계 형사사법체계에서는 국가의 형벌권을 전제로 범죄를 개인 간의 불법행위임과 동시에 국가의 법질서 위반행위로 간주한다. 반면, 영미법계 형사사법은 국가라는 형벌권의 주체를 상정하지 않고 형사재판도 민사소송과 마찬가지로 개인 대 개인 간의 분쟁이라는 이념적 토대에 기초하고 있다. 영국에서는 전통적인 사인소추제도가 계속되어 왔지만, 미국은 식민지시대에 사인소추제도가

12) Bimer v. State, 37 N.W. 244(Wis. 1888).

13) State v. Peterson, 218 N.W. 367(Wis. 1928).

14) 이러한 내용에 대해서는 John Bessler, 앞의 논문, 519면.

15) John L. Worrell, 앞의 논문, 5면 참조.

16) John Bessler, 앞의 논문, 521면.

배제되고 1704년 코네티컷주를 시작으로 독립 무렵에는 미국 고유의 제도인 지방검사(District Attorney)제도가 확립된다. 검찰제도가 확립되면서 사인소추제는 공소제로 대체되었다. 영국의 Attorney General, 프랑스의 검사(procureur public)제도 네덜란드의 schout제도가 미국 검찰의 역사적 연원이 되었다.

미국은 연방국가로서 연방법과 주법이 병존하고 있고 각자 고유한 영역을 가지고 있다. 사법권도 주정부의 고유권한으로서 주의 사법제도는 연방주의에 따라 각 주가 자유롭게 결정하기 때문에 미국의 주 사법조직을 통일적으로 설명하기는 어렵다. 전체적으로 보면, 연방검찰, 주검찰, 지방검찰로 크게 나뉘어 각각 독자적인 검찰권을 행사하면서 서로 견제하는 시스템이라 할 수 있다. 이하에서, 미국의 연방검찰조직과 주검찰의 조직을 일별한다.

(2) 연방검찰

미국 연방검찰은 미국 법무부장관 겸 검찰총장인 US Attorney General을 수장으로 하는 법무부(Department of Justice)[17]와 법무부 소속의 연방검사장(US Attorney)을 수장으로 하는 연방검찰청(US Attorney's Office)으로 구성된다.

1) 연방법무부장관(US Attorney General)과 법무부(Department of Justice)

미국은 연방법무부장관과 검찰총장이 별도로 있는 것이 아니라 법무부장관이 검찰총장의 권한까지 행사한다. 법무부장관은 대통령이 상원의 동의를 받아 임명하며, 대통령이 언제든 해임할 수 있다. 연방법무부장관은 법무부의 수장이다. 법무부장관은 연방검사와 연방보안관, 교정국과 마약수사국(DEA), 연방수사국(FBI) 등 소속 수사기관을 통할하고 감독한다. 또한 대통령과 각료에 대한 법률고문의 역할을 하고 법률문제에 대하여 미국을 대표한다. 대통령에게 연방사법기관의 고위직과 연방검사 등에 대한 추천권을 행사하는 것도 법무부장관의 권한이다.

2) 연방검사장(US Attorney)과 연방검찰청(United States Attorney's Office)

연방검찰청에는 연방검사장(US Attorney)이 있고 이들도 역시 상원의 동의를 받

17) 남북전쟁 후인 1870년 6월 22일 법에 의해 법무부장관(Attorney General)을 수장으로 하여 법무부가 설립되었다. 미 법무부의 설립 배경 등에 대하여는 Jed Handelsman Shugerman, "The Creation of the Department of Justice: Professionalization without Civil Rights or Civil Service", 66 Stan. L. Rev. 121 (2014), 140면 이하 참조.

아 대통령이 임명하며 임기는 4년이다. 이들은 여러 주가 개입되는 연방 사건의 기소를 담당한다. 연방검사장(US Attorney)은 연방법무부장관(US Attorney General)의 직무상 명령에 복종해야 하며 상명하복 관계에 있다. 검찰총장을 겸하는 연방법무부장관은 구체적인 사건의 기소 여부에 관하여 연방검사장을 지휘할 수 있다. 한국의 검사장과 마찬가지로 미국의 연방검사장들도 직접 재판에서 나서지는 않고 연방검사(Assistant U.S. Attorney)들이 재판에 참여한다. 연방검사는 연방법무부장관이 임명하며, 연방검사장의 지휘·감독을 받는다.[18)]

(3) 주법무부장관/검찰총장(State Attorney General)과 주검찰청(State Attorney General's Office)

미국 각 주에는 검찰총장을 겸하는 주법무부장관(State Attorney General)이 있으며, 주검찰청(State Attorney General's Office)의 수장이다. 대부분의 주에서 주법무부장관은 선출직이며, 4년마다 주민의 선거에 의해 선출된다. 주법무부장관은 연방법무부장관과 달리 선출직이며 임기가 보장되어 있기 때문에 주지사의 관여로부터 독립되어 있으며, 주를 위한 소송도 담당하지만, 주정부의 견제 기능을 할 수 있다.

(4) 지방검사장(District Attorney)과 지방검찰청(District Attorney's Office)

주정부는 보통 각 카운티(county)별로 지방검찰청(District Attorney's Office)을 두고 있으며, 그 책임자로서 지방검사장(District Attorney)이 검찰권을 행사한다. 지방검사장은 알래스카 등 일부를 제외하고 대부분 주민들의 선거로 선출된다. 일부 주에서는 임명제로 운영하는 경우도 있다. 임기는 2년부터 8년까지 다양하다. 재선이 허용되고 대개 변호사 등 겸직은 불허된다. 지방검사는 카운티 예산의 범위 내에서 자신이 필요로 하는 만큼 지방검사보(Deputy District Attorney)를 채용한다. 지방검사보들은 지방검사장의 보좌기관으로 지방검사장의 명을 받아 검찰업무를 수행하고 지방검사장 명의로 소송을 수행한다.

---

18) 연방검사에 대한 인사권은 연방법무부장관이 갖고, 지휘·감독권은 연방검사장이 갖는 것이다. 이렇게 보면, 연방법무부장관과 연방검사장의 관계는 우리의 법무부장관과 검찰총장의 관계와 유사한 면이 있다. 그러나, 미국의 경우 연방법무부장관이 연방검사장에 대하여 구체적 사건과 관련하여 기소여부에 관한 지휘를 할 수 있으며, 상명하복관계라는 점에서 큰 차이가 있다.

3. 소결

미국에서 공소제도와 지방검사제도가 확립될 당시 영국은 사인소추제를 기반으로 하고 있었다. 그러나, 미국 식민지 정착민들은 영국에서 사인소추제의 문제점을 경험으로 알고 있었으며, 독립적인 공적소추제를 필요성을 절감했을 것으로 생각된다. 또한, 식민지인들의 독립정신과 지방분권 의식이 독립적인 지방검사제도를 출현하게 한 것이라 판단된다.

우리의 경우 일제강점기를 통하여 서구식 재판제도와 공소제도가 이식되었고, 우리의 검찰제도는 사인소추제의 경험이나 지방분권의 의식이 반영된 것이 아니다. 당연히, 우리에게 미국식 지방검사의 선출제는 낯설 수밖에 없다. 그러나, 기소의 독립성(prosecutorial independence)과 관련하여 소추기관의 독립성은 어느 나라에서나 중요성을 가질 수밖에 없다. 소추기관의 독립에는 무엇보다도 임명권자로부터의 독립이 필요하며 이는 미국의 검찰제도의 역사로부터도 알 수 있다.

이하에서는 소추기관의 독립성의 문제를 미국에서 연방법무부장관의 대통령으로부터의 독립성과 관련하여 살펴본다.

Ⅲ. 미연방 법무부장관의 정치적 중립성

1. 연방법무부장관의 연혁

식민시대 초기에 미국 형사사법은 네덜란드의 영향을 받기도 하였으나, 기본적으로는 영국의 제도를 들여왔다. 예를 들어, 1643년 버지니아는 법무장관(Attorney General)직[19]을 만들었는데, 이는 영국의 제도를 본뜬 것이다.[20] 이때 Attorney General은 영국정부에 특히 중요성이 있는 사건을 기소하는 업무를 담당했다.[21] 여기에서, 미국의 검사(public prosecutor)제도가 영국의 Attorney General에서 유래한 것이라고 설명하기도 한다.[22]

---

19) 1870년 미국에서 연방법무부가 설립되기 전 Attorney General을 법무부장관으로 번역하기에는 적절치 않은 면이 있으나, '법무부장관'으로 번역하기로 한다.

20) Robert Kramer/Nathan Seigel, "The Attorney General of England and the Attorney General of the United States", 1960 Duke L.J. 524 (1960), 524면.

21) John Bessler, 앞의 논문, 516면.

그 뒤 미연방 법무부장관(검찰총장)은 1789년 법원조직법(Judiciary Act of 1789)에서 처음 규정된다.[23] 그리고, 연방헌법기초자들 중 일부에 의해 입안된 1789년 법원조직법의 첫 번째 초안에 따르면, 연방대법원(US Supreme Court)이 Attorney General을 선택하도록 되어 있었다.[24] 미국 법원조직법 초안이 연방대법원(US Supreme Court)으로 하여금 연방법무부장관(검찰총장)을 선택하도록 하고, 더불어 지방법원(district court)으로 하여금 지방검사(local prosecutors)를 임명히도록 한 것은 사법관료(judicial officer)인 검사들이 대통령의 통제로부터 벗어나게 하려는 의도가 담긴 것이었다. 그러나, 법원조직법의 마지막 초안은 연방법무장관의 임면권에 대하여 언급하지 않았다. 연방헌법의 기초자들은 의식적으로 대통령에게 연방법무부장관을 임명하거나 해임할 권한을 주지는 않았다. 그들은 이러한 문제에 대하여 거의 관심을 기울이지 않았다. 또한 미연방헌법도 연방법무부장관(검찰총장)에 관해 아무런 명시적인 언급도 하지 않았다.[25]

미의회가 1789년 법원조직법(Judiciary Act)에 규정한 연방법무장관(Attorney General)의 권한은 매우 미미한 것이었다. 재정도 열악했고, 직원도 충분치 않았으며, 사무공간이나 비품도 부족했다. 연방법무장관 급여도 초대 의회에서 만든 다른 직책에 비해 적었다. 나중에 분명해진 것은 이 직책이 파트타임 직에 불과하다는 것이었다. 초대 연방법무장관은 당시 연방형법이 정비되어 있지 않았고 대법원 판

---

22) 영국의 Attorney General은 적어도 1243년 이래 존재했으며, 법정에서 왕의 이익을 대변하기 위해 고용되었다. 영국의 Attorney General은 1461년 상원에 나와 법률적 문제에 대하여 정부에 조언하면서 처음으로 정치적인 역할을 맡았다. 미국과 영국의 Attorney General의 비교에 대해서는 Rita W. Cooley, "Predecessors of the Federal Attorney General: The Attorney General in England and the American Colonies", 2 Am. J. Legal Hist. 304 (1958), 304면 이하; Robert Kramer/Nathan Seigel, 앞의 논문, 524면 이하.

23) 1789년 법원조직법에 대해서는 Charles Warren, "New Light on the History of the Federal Judiciary Act of 1789", 37 Harvard Law Review 49 (1923), 49면 이하 참조. Judiciary Act of 1789 Section 35 : "... Attorney General은 대통령이나 미정부부처의 장의 요청에 따른 법적 자문을 해주거나, 연방대법원에서 미국정부와 관련한 모든 소송의 수행과 공소제기를 담당하는 의무를 진다."

24) Break Marshall. 앞의 논문, 2472면.

25) 미국 연방법무부장관의 법적 근거에 대해서는 일반적으로 1789년의 법원조직법에서 찾으나, 미연방헌법 제2조 제2항에서 찾기도 한다. 미연방헌법 제2조 제2항은 "... 대통령은 대사나 그 밖의 외교사절과 영사, 연방대법원판사, 그리고 그 임명에 관하여 헌법에 명문의 규정이 없고 법률로 정하는 그 밖의 모든 연방정부 관리를 지명하여 상원의 권고와 동의를 얻어 임명한다."고 규정한다.

례도 거의 없었으므로 법에 관한 의견을 제시하는 일을 주로 하였다.[26)]

미국 연방법무장관은 대통령이 임명하고 있는데, 대통령의 연방법무장관 임명은 명시적인 규정은 없으나 헌법상 모든 연방관료(federal officers)는 대통령이 임명한다는 규정에 따라, 관행으로 이루어지고 있는 것이다.[27)] 연방법무부장관의 지위는 입법부, 사법부, 행정부의 삼부 사이의 복잡한 권력 균형 속에서 매우 특이한 위치에 있다. 법무부장관은 대통령에 의해 임명되지만, 입법부나 사법부에 의해서도 규제되기 때문이다. 법무부장관은 사법부, 의회, 행정부 어디에도 완전히 속하지 않고 모두 관련을 갖는 것이라 할 수 있다.

2. 연방법무부장관과 대통령의 관계

미국에서는 주검찰총장(State Attorney General)과 지방검사장(District Attorney)은 일반적으로 주민에 의하여 선출되고, 임기가 보장되어 있으므로, 검찰의 독립성은 연방검찰총장을 겸하는 연방법무부장관(U.S. Attorney General)과 대통령과 사이에서 주로 문제 된다.[28)]

(1) 연방법무부장관의 임면

미국의 거의 모든 주의 법무부장관(검찰총장, State Attorney General)은 독립적이

---

26) 이러한 설명에 대해서는 Bruce A. Green, “Can the President Control the Department of Justice?”, 70 Ala. L. Rev. 1 (2018), 41면 이하; Norman W. Spaulding, “Professional Independence in the Office of the Attorney General”, 60 Stan. L. Rev. 1931 (2007–2008), 1953면 이하 참조.

27) Bruce A. Green, 앞의 논문, 42면.

28) 미국의 Attorney General의 독립성에 관한 문제에 대해서는 Laurence Claus, “The Divided Executive”, 13 Duke J. Const. L. & Pub. Pol'y 25 (2017–2018); William R. Dailey, “Who Is the Attorney General's Client?”, 87 Notre Dame L. Rev. 1113 (2013); Norman W. Spaulding, “Professional Independence in the Office of the Attorney General”, 60 Stan. L. Rev. 1931 (2008); William P. Marshall, “Break Up the Presidency? Governors, State Attorneys General, and Lessons from the Divided Executive”, 115 Yale L.J. 2446 (2006); Saikrishna Prakash, “The Chief Prosecutor”, 73 Geo. Wash. L. Rev. 521 (2005); Susan Low Bloch, “The Early Role of the Attorney General in Our Constitutional Scheme: In the Beginning There Was Pragmatism”, 1989 Duke L.J. 561 (1989); Note, “Appointing State Attorneys General: Evaluating the Unbundled State Executive”, 127 Harv. L. Rev. 973 (2014).

다. 미국의 거의 모든 주에서 주법무부장관은 주민에 의해 선출되며, 주지사는 법무부장관을 해임할 수 없다. 따라서, 주지사들은 주의 검사들을 통제하여 사법적 책임을 피할 수 없다. 그러나, 미국의 대통령은 연방법무부장관(U.S. Attorney General)을 사실상 어떤 이유로든 해임할 수 있다. 대통령의 이러한 막대한 권한 때문에 미국 대통령은 주지사보다 훨씬 많은 잠재적인 부패의 가능성을 내포한다.[29] 따라서, 연방정부는 주정부로부터 배울 필요가 있으며, 대통령에게 연방법무부장관의 임면권을 주는 것을 개선해야 한다는 논의가 있는 것이다.[30]

현재 미국 대통령은 제왕적 대통령제(imperial presidency)라 불릴 정도로 막강한 권한을 갖고 있으며, 탄핵이나 선거에 의한 통제도 쉽지 않다. 따라서 행정부의 부패는 법집행기관에 의해 통제될 필요가 있다. 그러나, 연방검사의 권한은 대통령의 연방법무부장관 해임권 때문에 묶여 있다. 제왕적 대통령제라는 용어는 1960년대 이래 현대 미국에서 행정부 권력의 폭발 현상을 다룰 때 사용되었다.[31] 오늘날의 연방법무부장관은 제왕적 대통령을 거의 제어할 수 없다. 대통령이 법무부장관을 통제할 수 있는 능력이 있기 때문에, 대통령만이 자신의 행위의 적법성에 대한 유일한 판단자가 된다. 대통령의 해임권을 통제할 필요가 있는 것이다.

연방헌법의 기초자들은 의식적으로 대통령에게 연방법무부장관(검찰총장)을 임명하거나 해임할 권한을 주지는 않았다. 그들은 이러한 문제에 대하여 거의 관심을 기울이지 않았다. 헌법은 연방법무부장관(검찰총장)에 대하여 아무런 언급도 하지 않았다. 그리고, 헌법기초자들 일부가 만든 1789년 법원조직법(Judiciary Act of 1789)의 첫 번째 초안은 연방대법원(US Supreme Court)이 Attorney General을 선출하도록 하고 있다.[32] 그러나, 법원조직법의 마지막 초안은 Attorney General의 임명권자에 대하여 언급하지 않았다. 이러한 상황에서 모든 연방관료(officers of the U.S.)는 대통령이 임명한다는 헌법조항에 따라 연방법무부장관(검찰총장)의 임명권을 대통령이 행사해버렸고, 이것이 관행이 된 것이다. 이에 따라, 연방법무부장

29) David Tollen, “Time for an Independent Attorney General”, Nov. 25., 2019. https://pintsofhistory.com/2019/11/25/time-for-independent-attorney-general-instead-of-impeachment/ 2020. 9. 5. 검색.

30) William Marshall, “Break Up the Presidency? Governors, State Attorneys General, and Lessons from the Divided Executive”, 115 Yale L.J. (2006), 2478면 이하.

31) William Marshall, 앞의 논문, 2478면 이하 참조.

32) Charles Warren, 앞의 논문, 49면 이하 참조.

관은 대통령의 측근이 맡는 자리가 되었고, 거의 독립성을 상실해버렸다.[33]

(2) 연방법무부장관과 대통령의 관계

미연방법무부장관은 임명직 행정부 관료(appointed executive officer)이다. 그러나, 그는 준사법적 의무(quasi-judicial responsibilities)를 지는 사법관료이기도 하며, 이 점에서 다른 각료들과 다르다. 그러나, 법무장관직은 법과 정치(law and politics) 사이에서 갈등하는 자리이다. 미국에서 대통령과의 관계에서 미연방법무부장관을 크게 옹호자 타입과 중립자 타입으로 나누기도 한다.

옹호자(Advocate) 타입은 법률전문가이면서 정치적 성향의 관료라 할 수 있는데, 대개 당파적이면서 대통령과 오랜 친분 관계가 있고, 법을 정치적 목적 달성을 위한 도구로 이해하는 정치활동가라 할 수 있다.[34] 많은 경우 대통령은 자신의 정치적 아젠다를 이해하고 함께 보조를 맞출 수 있는 사람을 법무부장관으로 임명한다. 초대 U.S. Attorney General이었던 Edmund Jennings Randolph도 미국 독립전쟁의 열렬한 지지자였으며, 미국 독립전쟁 당시인 1775년 George Washington 장군의 부관(aid-de-camp)이었다. 미국의 첫 U.S. Attorney General부터 대통령의 측근이었던 것이다. 현 미국 법무부장관인 윌리엄 바(William Bar) 같은 경우도 이러한 예의 하나이다. 초대 U.S. Attorney General뿐 아니라 지금까지 미연방법무부장관은 대개 대통령의 측근이 맡는 자리가 되고 있는 것이다.

중립자(Neutral)타입은 법률가적 법무부장관(legalistic attorney general)이라 할 수 있다. 이러한 타입은 정부 내의 아웃사이더로 대통령과 아주 가깝지는 않은 비당파적 법률 전문가이다. 그런데, 대개 미법무부장관은 옹호자형이 주류를 이루었다. 대통령은 보통 행정부의 정책 아젠다의 실행과 관련하여 신뢰할 만한 자람을 원하기 때문이다. 미법무장관은 임기가 정해져 있는 것도 아니고, 대통령이 법무장관을 자유로이 해임할 수 상황에서, 어쩌면 이러한 현상은 당연한 것으로도 보인다.

---

33) 초대 U.S. Attorney General이었던 Edmund Jennings Randolph도 미국 독립전쟁의 열렬한 지지자였으며, 미국 독립전쟁 당시인 1775년 George Washington 장군의 부관(aid-de-camp)이었다. 초대 U.S. Attorney General뿐 아니라 지금까지 미연방법무부장관은 대통령의 측근이 맡는 자리가 되고 있는 것이다.

34) Baker, Nancy Virginia, Advocate or neutral: The Attorney General's advisory relationship with the President, 정치학(Polictical Science) 박사학위논문(Ph.D. Dissertation), Tulane University, 1989, 참조.

이와 같은 대통령과 법무장관의 관계 속에서, 그 동안 미국에서는 대통령의 법무부장관에 대한 자의적인 해임을 둘러싸고 논란을 낳은 사례들이 많았다. 이를 계기로 개선방안에 관한 논의도 계속되어 왔다.

3. 미연방법무부장관의 정치적 중립성 논란 사례

(1) 영국의 캠프벨 사건(Campbell Affair)

미국의 Attorney General은 영국의 Attorney General에서 유래한 것이다. 영국도 법무부장관(Attorney General)의 수상으로부터의 독립성이 문제되기도 한다. 영국에서는 공소의 독립성(prosecutorial independence)이 헌법적 원리로까지 발전해 있다. 영국은 관습에 따라 법무부장관은 국왕의 자의가 아니라 공익에 복무해야 한다는 것을 인정한다. 그런데, 영국에서 1924년에 캠프벨 사건(The Campbell Affair)에서 이러한 원칙이 시험대에 올랐다. 새로 선출된 노동당 정부는 법무부장관에게 수상의 정치적 동지인 좌익 신문 편집장에 대한 기소를 기각하도록 명했다. 이 사건은 영국 법무장관의 독립성에 관하여 많은 논쟁을 낳았다. 이 스캔들로 결국 맥도날드(Ramsay MacDonald) 수상의 노동당 정부는 몰락했고 공소의 독립성이라는 원칙이 확인되었다.[35)]

(2) 워터 게이트 사건

미국에서 공소의 독립성과 연방법무부장관(검찰총장)의 독립성은 워터게이트 사건(Watergate Scandal)과 토요일밤의 학살(Saturday Night Massacre) 사건을 계기로 크게 주목을 받게 되었다. 1973년 10월 닉슨 대통령은 Elliot Richardson 법무부장관과 William Ruckelshaus 부법무부장관을 해임했다. 이들이 특별검사 Archibald Cox를 해임하는 것을 거부했기 때문이었다. 또한, 닉슨은 IT&T에 대한 공정거래위반 사건의 항소를 철회하도록 법무부장관에게 명령하기도 했는데, 이는 IT&T가 1972년 공화당 전당대회에서 거액을 기부했기 때문이었다. 이를 계기로 미국에서 연방법무부장관의 대통령으로부터 독립성의 문제가 새로이 대두한 것이다.

이러한 닉스 행정부 때의 사건을 계기로 미의회는 법무부를 연방준비제도이사회

35) 캠프벨 사건에 대해서는 F. H. Newark, “The Campbell Case and the First Labour Government”, 20 N. Ir. Legal Q. 19 (1969), 19면 이하 참조.

(Federal Reserve)처럼 행정부로부터 완전히 독립시켜 독립적인 기관으로 만들려고 하였다. 그러나, 이러한 안은 연방검사의 민주적 정당성의 결여와 법의 위헌성 문제 때문에 실현되지 못했다.

또한, 워터게이트 사건 이후 후임 대통령은 법무부장관을 대통령이 독단적으로 해임할 수 없도록 하는 제도를 마련하기 위해 미법무부의 법률자문실(Office of Legal Counsel)에 법적 조언을 구한 바 있다. 이에 대해 법률자문실은 법무부장관직을 임기제로 하고, 정당한 이유가 있는 경우에만 대통령이 해임할 수 있도록 하는 입법은 위헌이라고 판단한 바 있다. 그 이유로 든 것은 국법을 충실하게 집행해야 할 대통령의 헌법적 의무 때문에, 대통령은 국가 법집행의 수장을 통제해야 한다는 것이다. 이러한 결론에 의하면, 헌법의 개정 없이는 연방법무부장관을 대통령으로부터 독립시킬 수 없다.36)

(3) 트럼프 행정부

트럼프 대통령 취임 후 연방법무부장관과 법무부의 독립성이 급속히 약화되고 있다. 임기 초 트럼프 대통령은 법무부장관이었던 Jeff Sessions가 Mueller 특검이 수사로부터 자신을 보호하지 않은 정치적 불충을 이유로 해임한 바 있다. Sessions를 해임한 후 트럼프 대통령은 Matthew Whitaker를 법무부장관 대행으로 임명했는데, 그는 정파적인 사람이었고 트럼프를 적극 보호해줄 인물이었다. Whitaker의 임명은 상원의 동의 없이 이루어졌으며, 이는 심각한 헌법적 문제를 야기했다. 이후 William Barr가 법무부장관으로 임명되었고, 그는 트럼프 행정부에서 법무부를 정치화하는 데 적극적이었다. 트럼프 지지자들인 무장 시위대들이 공중보건법령에 항의하기 위해 미시건주 의회에 들이닥쳤을 때, Barr는 흑인 사망 사건 관련 시위 등과 달리 적극 대응하지 않는 모습도 보였다.

트럼프 대통령 취임 후 우호세력에 대한 불기소 결정도 문제가 되었다. 법무부장관 Barr의 지휘 하에 있는 연방법무부가 트럼프 행정부의 초대 국가안보보좌관이자 정치적 동지인 Michael Flynn의 불기소를 결정한 게 대표적인 예이다. Flynn은 러시아의 미대선 개입 여부에 관한 수사 중 자신이 러시아와 연결되어 의견을 주고받았다는 사실을 FBI에 자백하고, 유죄를 인정했다. Flynn이 유죄라는 것은 명백했다. 그러나 드럼프는 Flynn이 영웅이라고 치켜세우며 FBI의 수사를 비판했다. 결국

36) 이러한 내용에 대해서는 Laurence Claus, 앞의 논문, 29면.

Flynn은 기소되지 않았다.

현 미법무부장관인 William Barr의 경우만 보아도 법무부장관은 대통령의 측근이자 정치적인 보호자이며 정치적 중립성과는 거리가 멀다는 것을 알 수 있다. 행정부 내에서 대통령에게 신세를 진 법무부장관은 충실한 법의 실행을 위한 독립적인 법집행기관으로서 역할을 하는 대신 대통령과의 동반자로서 대통령 보호의 수단이 된다. 현 미법무부장관인 William Barr는 왜 법무부장관의 정치적 중립성이 중요한가를 보여주는 예의 하나로 거론된다.

4. 연방법무부장관의 독립성 확보를 위한 방안

미연방법무부장관의 독립성과 정치적 중립성 확보를 위해서, 대통령의 해임권을 의회가 통제하여 제한하자는 방안, 연방준비제도이사회처럼 독립기구화 하자는 방안, 주(state) 법무부장관처럼 선출직으로 하자는 방안, 준사법기관으로서의 성격을 강조하는 방안 등 다양한 주장이 있다.

(1) 대통령의 법무부장관 해임권의 제한 – 의회에 의한 통제

1) 대통령의 법무부장관 해임권 – Myers v. US

대통령에게 행정부의 수반으로서의 권한(executive power)[37]과, 헌법에 규정되어 있지 않은 연방관료를 임명할 권한[38]을 부여하고 있는 미국헌법에 따르면, 대통령이 자유로이 법무부장관을 해임할 수 있는 것으로 이해되고 있다. 의회는 대통령의 법무부장관 지명을 거부할 수 있는 권한을 갖지만, 대통령의 해임권을 제한할 수 있는 의회의 권한은 매우 제약되어 있다.

워터게이트 스캔들 때 닉슨 대통령이 연방법무부장관을 해임한 사건으로 인해, 후임 대통령은 연방법무부장관을 대통령이 독단적으로 해임할 수 없도록 하는 제도를 마련하기 위해 미법무부의 법률자문실(Office of Legal Counsel)에 법적 조언을 구한 바 있었다. 그러나, 법무부장관직을 임기제로 하고, 정당한 이유가 있는 경우에만 대통령이 해임할 수 있도록 하는 입법방안에 대하여 법률자문실은 위헌이라고 판단했다. 법률자문실(OLC)은 국법을 충실하게 집행해야 할 대통령의 헌법적

37) 미연방헌법 제2조 제1절 제1항(U.S. CONST. art. II, §1, cl. 1.).
38) 미연방헌법 제2조 제2절 제2항(U.S. CONST. art. II, §2, cl. 2.).

의무 때문에, 대통령은 국가의 법집행의 수장을 통제해야 하므로, 헌법의 개정 없이는 연방법무부장관을 대통령으로부터 독립시킬 수 없다고 판단한 것이다.[39] 대통령이 연방법무부장관에 대하여 문언상 명시적인 해임권이 없다는 주장은 근거가 약하며, 행정부 수반으로서의 권한(executive power)을 부여하는 수권조항(Vesting Clause)에 따라 대통령이 행정관료(executive officers)인 법무부장관을 해임할 수 있다고 해석하는 것이다.

이러한 결론의 근거로 법률자문실은 미연방대법원의 Myers 판결을 인용했다.[40] Myers 판결은 상원의 동의 없는 대통령의 우체국장 해임에 관한 것이었다. 1876년의 연방법에 따르면 제1급, 2급, 3급의 우체국장은 상원의 조언과 동의에 따라 대통령이 임면권을 행사하도록 되어 있었다. 그런데, 당시 Woodrow Wilson 대통령이 제1급 우체국장이었던 Myers을 상원의 동의 없이 해임하였다. 문제는 우체국장의 임명에 상원의 동의를 얻도록 하는 법이 대통령의 해임권을 제약하는 것으로서 위헌인지 여부였다. 여기에 대하여 미연방대법원은 1789년 초대 의회(The First Congress)의 대통령이 갖는 임명권의 해석에 관한 입법적 논쟁을 추적한 후, 임명직 관료에 대한 해임권은 대통령에게만 있다고 결론을 내렸다. 만약, 대통령의 그러한 권한을 부정한다면, 법이 충실히 집행되는가를 살펴보아야 할 헌법적 의무를 대통령이 수행하는 것을 허용하지 않게 된다는 점을 근거로 들었다.[41]

또한, Myers 판결은 다음과 같이 말한다. "행정직 관료에게 준사법적 성격(quasi-judicial character)의 의무가 부여된 경우도 있을 것이다. 이 경우 그러한 관료(executive officers)의 직무수행에 대해서는 대통령이 특정한 사건에 있어서 적절하게 영향을 미치거나 통제할 수 없다. 그러나, 그러한 경우에도 그 관료가 법규정에 의해서 주어진 재량권을 전체적으로 분별력 있게 또는 현명하게 행사하지 않았다는 것을 근거로, 그 관료가 권한을 행사한 후에 그 결정을 해임의 이유로 고려할 수 있을 것이다. 그렇지 않으면, 그는 법이 합법적으로 집행되는가를 살펴보는 헌법상 의무를 다하지 않은 것이다."[42] 여기에서 주목해야 할 것은 Myers 판결에서

39) 이러한 내용에 대해서는 Laurence Claus, 앞의 논문, 29면 이하.

40) Myers v. United States, 272 U.S. 52, 176(1926).

41) Myers 판결의 사실관계와 판결내용의 자세한 것은 Jonathan L. Entin, "The Curious Case of the Pompous Postmaster: Myers v. United States", 65 Case W. Res. L. Rev. 1059 (2015), 1061면 이하 참조.

42) Laurence Claus, 앞의 논문, 27면 참조.

미연방대법원이 Attorney General을 행정부 소속이지만 준사법적(quasi-judicial) 의무를 지는 기관으로 보는 점이다. 따라서, Attorney General의 결정에는 대통령이 관여하거나 통제할 수 없다는 것이다. 그러나, 그러한 관료가 합리적인 결정을 할 수 없고 무능력한가에 대해서는 판단할 수 있고, 이에 따라 해임하는 것은 가능하다는 것이다.

Myers 판결은 여전히 대통령의 임명직 관료의 해임권에 관한 유효한 판결이다. 그런데, Myers 판결은 법규정에 의해 주어진 재량권을 전체적으로 분별력 있게 또는 현명하게 행사하지 않았다는 것을 근거로 하는 해임에 관한 것이라 할 수 있다. Myers 판결은 관료가 직무수행에 있어서 독립적인 판단을 해야 한다는 것과 자유로운 해임의 대상이 되어야 한다는 것 사이의 긴장을 보여준다. Myers 판결에서 미대법원은 대통령의 해임권을 정당화하기 위해서, 해임된 관료의 분별력 없거나 현명하지 못한 재량권 사용을 해임의 정당한 사유(good cause)로 내세웠다. 그런데, 이러한 사례는 해임에 정당한 사유가 있는 경우에는 대통령의 권한을 지지하는 것이 되겠지만, 자의에 의한(at will) 해임, 더 나아가 이유 없는(without cause) 해임은 어떠한 근거로 설명해야 하는가는 분명치 않다.[43] 그러나, 대개의 경우는 직무수행상의 문제점을 근거로 해임할 것이기 때문에 Myers 판결이 해임의 근거가 될 것이다. 결국, 현행 미국 헌법상 대통령의 법무부장관의 해임권을 제한할 수는 없으며, 이를 위해서 헌법의 개정이 필요하다고 한다.

2) 의회에 의한 통제

미국에서는 헌법개정에 의해 대통령의 법무부장관(US Attorney General)의 해임권을 제한하자는 논의도 전개되고 있다. 이에 관하여 다음과 같은 헌법개정안도 제시되고 있다. 주요 내용은 미법무부장관은 상원과 하원에서 각 3분의 2 이상의 찬성을 얻어 정당한 이유(good cause)가 있는 경우에만 해임될 수 있도록 하며, 그렇지 않은 경우 미법무부장관의 임기는 그를 지명한 대통령의 임기와 같게 하는 것이다. 아래는 제시되고 있는 헌법개정안이다.[44]

43) 이러한 내용에 대해서는 Laurence Claus, 앞의 논문, 30면 참조.
44) 이러한 헌법개정안에 대해서는 Laurence Claus, 앞의 논문, 25-26면 참조.

1. 미국 대통령은 미연방법무부장관(The Attorney General of the United States)을 지명하고, 상원의 조언과 동의에 따라 임명한다. 상원은 지명 30일 이내에 대통령이 지명한 후보자에 동의할 것인가에 대하여 표결을 하며, 어떤 상원규칙도 단순 다수결에 의한 결정을 막지 않는다. 대통령이 지명한 자는 상원의 표결이 있을 때까지 법무부장관 대행직을 수행한다. 만약 상원이 대통령이 지명한 자에 대하여 동의하지 않는다면, 대통령은 지명을 철회하고 상원의 동의를 받을 때까지 각 30일의 기간 내에 다른 후보를 지명한다.

2. 미연방법무부장관은 미국의 법에 따라 범죄를 기소하고 다른 사법절차에서 미국을 위해 업무를 수행할 배타적인 권한을 가지며, 여기에는 그러한 재량권 하급자에게 위임할 수 있는 권한이 포함된다. 의회는 법무부장관에게 기소 또는 기타 사법 절차의 예비 또는 보조 기능을 수행하는 수사 기관에 대한 감독권을 부여한다.

3. 미법무부장관은 상원과 하원에서 각 3분의 2 이상의 찬성을 얻어 정당한 이유(good cause)가 있는 경우에만 해임될 수 있다. 그렇지 않은 경우 미법무부장관의 임기는 그를 지명한 대통령의 임기와 같다.

4. 미법무부장관의 하급자는 탄핵과 제2조 제4절(Ariticle Ⅱ, Section 4)에 따른 유죄판결에 의해서 또는 미법무부장관에 의해서 해임된다. 하위직 관료의 해임을 위해서 미법무부장관은 자신의 해임권을 위임할 수 있다.

⑵ 독립기구화

공소의 독립성은 민주국가의 오래된 전통이며 민주적 국가 시스템의 중요한 부분의 하나이다. 미국에서 법무부가 행정부의 일부이며 법무부장관이 대통령에게 보고를 하고 지시도 받지만, 공소의 독립성은 확립된 규범의 하나이다. 이는 법무부의 규율에 반영되어 있으며 실무에서도 존중되고 있다. 연방법무부장관이나 다른 연방검사들의 판단을 통제하려는 대통령의 시도는 이러한 중요한 전통을 무시하는 것으로 비판받고 있다.[45)]

---

45) Rebecca Roiphe, "A History of Prosecutorial Independence in America" (2017), Other Publications, 342.

여기에서 연방법무부장관을 대통령이 마음대로 해임할 수 없도록 연방준비제도이사회(Federal Reserve)와 같은 독립적인 기구로 만들자는 견해도 있다. 특히, 닉슨 행정부 때의 워터게이트 사건을 계기로 미의회는 연방법무부를 연방준비제도이사회처럼 행정부로부터 완전히 독립시켜 독립적인 기관으로 만들려고 하였다. 이러한 안은 연방검사의 민주적 정당성의 결여와 법의 위헌성 문제 때문에 실현되지 못했다. 그러나, 의회와 학자들은 미국의 민주적 시스템에서 공소 독립성(prosecutorial independence)의 근본적인 중요성을 지속적으로 지적해 오고 있다.

(3) 연방법무부장관의 선출제

2019년 11월 이스라엘의 법무부장관(검찰총장)은 네타냐후 수상을 부패범죄로 기소했다. 이는 이스라엘에서 수상이 법무부장관을 해임할 수 없기 때문에 가능했던 것이다. 미연방법무부장관은 대통령이 임명하나, 미국 43개 주에서는 주지사가 아니라 유권자가 주법무장관(State Attorney General)을 선출하며, 2개 주에서는 의회나 대법원에 의해서 임명된다.[46] 4개 주에서는 주지사가 법무부장관을 임명하는데, 2개 주에서만 주지사가 법무부장관을 제한 없이 해임할 수 있다. 주법무부장관(검찰총장)은 대개 임기제이다. 따라서 주법무부장관의 주지사로부터의 독립성이 확보되어 있는 것이다. 미국의 지방검사장(District Attorney)도 주민에 의해 선출되며, 임기가 있어 독립성이 보장되어 있다.

연방법무부장관의 독립성과 정치적 중립성 보장을 위해 주법무부장관이나 지방검사처럼 선출직화 해야 한다는 주장도 있다. 만약 미국에 종신 또는 임기가 보장된 독립적인 연방법무부장관이 있다면, 대통령의 자의적인 권한남용과 부패의 위험성은 크게 줄어든다는 것이다. 그러나, 주에서 법무부장관과 지방검사를 선출하는 제도가 전국 단위인 연방차원에서는 의미가 없다는 지적이 있다. 주검찰청에서의 기소결정은 매우 지역적인 것이며 법무부장관을 선출직으로 하는 것도 큰 문제가 없다. 그러나, 미연방법무부장관은 전국적인 규모와 성격을 갖는 것이기 때문에 선출직화는 쉬운 문제가 아니며, 다양한 정치적 이해관계에 얽힌 문제에 대하여 답해야 하는 더 큰 문제를 낳을 수 있다는 것이다.[47] 따라서, 연방법무부장관을 의회의 동의하에 대통

---

46) 테네시주의 경우, 주법무부장관은 탄핵의 대상이지만 주지사가 쉽게 해임할 수 없다. 테네시주는 주대법원이 법무부장관을 선출하는데, 이는 연방헌법 기초자들의 원래 의도와 같은 것이다.

47) Laurence Claus, 앞의 논문, 46면 참조.

령이 임명하도록 하되, 해임을 자유로이 할 수 없게 하는 방안이 낫다는 것이다.

연방법무부장관(검찰총장)의 선출직화는 이러한 문제점이 있는 것이 분명하나, 민주적 정당성의 부여를 통한 검찰의 독립성과 정치적 중립성을 보장하는 방안으로서 큰 의미가 있으므로 지속적으로 제안이 이루어지고 있는 상황이다.

(4) 연방법무부장관(검찰총장)의 사법기관에 준하는 성격의 강조

미국 법무부장관직의 연혁을 보면, 미국 헌법기초자들은 법무장관직을 대통령으로부터 독립된 준사법기관(quasi-judicial post)으로 생각했다. 미의회는 원래 Attorney General을 1789년의 법원조직법(Judiciary Act)에 규정했으며, 행정부의 구성에 관한 법률에 규정한 것이 아니다. 1757년에 잉글랜드의 Attorney General이 되었던 Charles Pratt은 Attorney General직을 행정집행의 영역이 아니라 사법영역에 속하는 것으로 보았는데, 이러한 견해가 1789년 미상원에 제출된 법원조직법안에 영향을 미친 것이다.[48] 이 첫 번째 법안은 연방대법원(the US Supreme Court)으로 하여금 법에 조예가 있는 적절한 사람을 US Attorney General로 임명하도록 하였다. 그리고 Attorney General의 임무는 미국을 위하여 기소를 하고 대통령과 각 부의 장에게 법적 문제에 대하여 조언하는 것이었다. 이 법안은 상원을 통과하여 하원에 제출되었는데 이때 연방대법원이 임명한다는 조항이 삭제되었다. 이러한 삭제의 배경에 관한 토론 기록이 남아 있지는 않다. 그러나, 이 법안에 동의하면서도, 사법부보다는 Attorney General이 필연적으로 속해야 할 부서인 행정집행부의 수반에 의해 임명되는 것이 낫지 않을까 하는 의문을 표한 견해도 있었다고 한다.[49] 이러한 영향인지 몰라도, 그 뒤 법원조직법안에 Attorney General을 연방대법원이 선택한다는 조항은 삭제되었다. 그러나, 현재 미국에서 대통령이 상원의 동의를 얻어 연방법무부장관을 임명하는 것은, 연방법관의 임명절차와 같은 것이다.

그 후 1870년에 이르러서야 법무부조직법(Depart of Justice Act)이 제정됨에 따라 법무부장관이 행정부의 일원이라는 것이 비로소 명백해졌다. 1870년에 미의회는 Attorney General을 법무부라는 행정부의 수장으로 만든 것이다. 연방법무부의 설립에 따라 Attorney General은 행정직임이 분명해졌기 때문에, 준사법기관으로서의 성격에서 Attorney General의 독립성을 찾을 것이 아니라, 삼권분립의 원칙

48) Laurence Claus, 앞의 논문, 27면.

49) Laurence Claus, 앞의 논문, 28면.

(separation of powers)이 독립성의 근거가 되어야 한다는 주장도 있다. 그러나, Attorney General이 행정부의 일원이고 그 성격을 행정직으로 본다고 하여 Attorney General이 임무수행에 있어서 독립적 판단(independent judgment)을 해야 한다는 생각까지 버릴 수는 없다.[50] 미국 각 주의 헌법상 경험이 이를 증명한다. 법무부장관의 독립성은 거의 모든 미국 주의 헌법에 명시적으로 확고히 자리잡고 있다.

미국은 독립 이전인 식민지 시기부터 공적 소추기관인 지방검사제도(District Attorney)를 채택했다. 그리고, 미국에서는 19세기 초까지 검사는 사법관(judicial officer)이나 법원관리(official of the court)로 간주되었다. 검사의 직무는 기본적으로 사법적 성격을 갖는데, 다만 판사에 비해 준행정적이라고 인식되는 정도였다. 다수의 주헌법은 주법무부장관(State Attorney General)과 지방검사장(District Attorney)에 관한 규정을 사법부(judiciary)편에 두었다. 연방법무부장관(US Attorney General)과 연방검사직도 1789년 법원조직법(Judiciary Act)에 의해 만들어진 것과 같다. 그러나, 남북전쟁을 전후해 점차 각 주가 헌법 행정부 편에 검사에 관한 규정을 두기 시작했고, 연방법무부장관(US Attorney General)도 법무부 설립 이후 행정부에 속한 관리로서의 성격이 강해진 것이다.

미국에서는 초기부터 공적 소추기관으로서 지방검사(District Attorney)와 Attorney General 모두 준사법기관(quasi-judicial officer)으로서 성격을 갖는 것으로 이해되었다. 이는 원래 미국 법원조직법에서 Attorney General과 지방검사를 규정하고 있었다는 것에서도 알 수 있다. 현재 미국 연방법무부장관은 행정부 소속이지만, 본래 준사법기관의 성격을 갖는다는 점에서 연방법무부장관의 대통령으로부터 독립성은 더욱 요구되는 것이다.

Ⅳ. 비교법적 측면의 시사점

1. 준사법기관으로서 성격과 독립성

(1) 준사법기관으로서 검사

미국에서는 주로 연방법무부장관의 대통령으로부터의 독립이 관심사이나, 우리

50) Laurence Claus, 앞의 논문, 29면.

의 경우 법무부장관의 수사지휘권과 관련하여 검찰총장의 독립성이 논란이 되고 있다.[51] 이처럼 우리나라와 미국에서 논의의 양상은 다르지만, 우리나라뿐 아니라 모든 민주국가에서 공적 소추기관의 독립성은 당연한 명제일 것이다. 이는 우리나라나 미국이나 다를 것이 없다.

미국에서 초기에 Attorney General은 준사법기관(quasi-judicial officer)으로 이해되었다. 그 뒤 미국 법무부(Department of Justice)가 1870년 설립되면서 미연방 검찰총장은 행정부 소속으로서 위치가 분명해졌고, 대통령의 자유로운 해임권까지 더해 준사법기관으로서 독립적인 기관이라는 인식은 많이 약해졌다. 그러나, 여전히 공소권의 독립성과 관련하여 미법무부장관의 독립성은 중요한 관심사이다.

우리의 경우 과거, 해방 이후 광의의 사법관론에 따라 검사도 실질적으로는 사법권을 다루는 법관과 같다고 보았다. 검찰작용은 재판작용과 흡사한 넓은 의미의 사법작용의 하나이며, 검찰청은 법원과 대등한 기관이고 사법독립은 검찰독립도 의미하는 것으로 이해했다.[52] 검찰권은 재판권과 유사하기 때문에 일반행정권과도 분리해야 하고, 이러한 검찰권의 특수성이 검찰조직에 반영되어야 한다고 주장도 있었다. 검사의 정당가입, 정치활동을 금지하고 재판권과 동등한 신분보장을 해줘야 하며, 사법부장관에게 개개 범죄사건 처리에 관한 지휘권을 부여하지 말고, 미국처럼 사법부장관이 검찰총장을 겸임하는 것을 금지해야 한다고 주장했던 것이다.[53]

이러한 점에서 보면, 우리나라나 미국은 초기에 모두 검사나 검찰총장을 준사법기관으로서 인식하였고 검찰독립도 곧 사법독립에 준하는 의미로 이해한 것으로 생각된다.[54] 비록 우리나라나 미국 모두 검찰과 검찰총장이 형식적으로는 법무부라는 행정기관 소속의 행정관료이지만, 사법기관에 준하는 성격을 갖는 것은 여전하며, 그 정치적 독립성과 중립성의 보장은 공소권의 독립이라는 명제에 비추어 당연한 요청이라 할 것이다.

---

51) 물론 우리의 경우도 법무장관을 임면하는 대통령으로부터 검찰의 독립성과 정치적 중립성도 문제된다. 검찰의 정치적 중립성과 대통령과의 관계에 대해서는 이준보/이완규, 한국검찰과 검찰청법, 박영사, 2017, 310면 이하.

52) 문준영, 법원과 검찰의 탄생, 역사비평사, 2011, 784면.

53) 엄상섭, "검찰제도에 관한 신구상", 신동운 편저, 『효당 엄상섭 형사소송법논집』, 서울대학교 출판부, 2005, 22면.

54) 검사의 준사법기관으로서 지위에 관한 논의의 자세한 것은 이준보/이완규, 앞의 책, 242-249면 참조.

⑵ 사법부와 검찰의 분리와 독립성

과거 미국에서도 보면, Attorney General이 법원조직법에서 처음 규정되었고, 지방검사를 지방법원에서 임명하기도 하였다. 사법부와 검찰이 분리되지 않은 것이다. 그러나, 그 뒤 연방법무부가 설립되면서, 연방검찰총장이 행정부의 일원이라는 인식이 두드러지게 되었다. 특히 대통령이 연방법무부장관의 임면권을 갖고 지휘·감독을 하는 상황에서 법무부장관의 정치적 중립성은 약화되는 상황이 되었다.

우리의 경우도, 과거 법원과 검찰이 분리되어 있지 않았고 검찰이 재판소의 부속기관인 것처럼 인식된 적도 있었다. 그러나, 1948년 법원조직법과 검찰청법에 의해 법원과 검찰청은 완전 분리되었다. 검찰이 재판소의 부속기관처럼 인식되어 왔으나, 재판기관과 소추기관의 분리로 달라진 것이다. 한국에서 법원과 검찰청의 대등성 확보되고 검찰조직의 강화되었다. 법원과 검찰이 조직적으로 분리되었고, 사법행정기관이 법원행정과 검찰행정을 통합적으로 관리했던 방식이 사라졌다.[55] 그러나, 법원과 검찰의 조직 및 행정적 분리는 검찰작용이 원래 광의의 사법작용이며 검사는 준사법관이라는 관점에서 보면, 난점을 낳는다. 대륙법계의 사법구조이면서도, 재판권 이외의 사법부분인 검찰권은 마치 사법영역에 속하지 않은 것으로 보이기 때문이다.

현재, 한국의 경우 검찰청이 법원으로부터 분리되어 법무부 소속 법무행정기관으로서 완전히 행정부의 일부이다. 따라서, 역시 검사의 기능이 사법에 속하지 않는 것처럼 보일 우려가 있다. 그러나, 검찰청은 행정기관이지만 사법기관에 준하는 준사법관(quasi-judicial officer)이다.[56] 미국의 경우도 남북전쟁 이후 1870년 법무부(Department of Justice)가 설립되면서, 법무부장관이나 검사의 준사법기관으로서의 성격이 약화된 것으로 보이고, 공소권 독립성의 의미도 사법권 독립과 다른 관점에서 이해되는 것으로 판단된다. 여기에 대통령의 연방법무부장관에 대한 자유로운 해임권까지 더해져 연방법무부장관과 연방검찰조직이 행정부의 일원으로서 대통령의 지휘·감독 하에 있는 것으로 되어 독립성은 의미를 많이 상실했다. 그러나, 형식

55) 문준영, 앞의 책, 795면.

56) 조직의 측면에서 보면 검찰권은 행정권의 일부이지만 검사의 수사와 공소는 광의로 보면 분쟁의 법적 해결이라는 사법의 기능의 일부이다. 검찰권은 행정권에 속하면서도 사법적 성격을 가지는 기능이며 기능의 적정한 수행을 위한 중립성과 객관성은 필수적이고 법관에 준하는 독립성 보장이 요구되는 것이다. 이러한 내용에 대해서는 이준보/이완규, 앞의 책, 249면 참조.

상 법무부장관과 검사가 행정부 소속으로 되어 있으나, 여전히 준사법기관으로 파악되어야 하고, 공소권의 독립성을 위하여 법무부장관을 정점으로 하는 검찰조직의 대통령으로부터 독립성은 당연히 중요성을 갖는다 할 것이다. 우리의 경우도 검사와 검찰총장이 행정부에 속하나 사법기능의 일부를 수행하는 준사법기관으로서 독립성이 요청된다.

2. 독립성 보장 방안과 민주적 정당성 – 임명권자로부터 독립

미국의 경우 연방검찰의 정치화가 특히 연방법무부장관의 대통령으로부터의 독립성과 관련하여 논란이 된다. 이의 해결방안으로 주법무부장관과 지방검사장처럼 연방법무부장관도 선출직화 해야 한다는 논의가 있다. 더불어 의회를 통하여 대통령의 연방법무부장관에 대한 임면권의 통제가 거론된다. 우리의 경우도 검찰총장의 독립성과 관련하여 임명에 의회를 동의를 얻도록 하는 방안과 선출직화 하는 방안을 고려해보아야 할 것이다.

(1) 의회의 동의

우리의 경우 검찰총장의 독립성을 위해 임기제가 마련되었고, 임기제는 나름 독립성 보장 장치의 하나가 되고 있다. 그러나, 법무부장관의 지휘권 행사와 관련하여 검찰총장이 임기 중 물러나는 사례도 있었고, 임기제만으로는 검찰총장의 독립성 보장 장치로는 부족하다. 여기에서 검찰총장의 독립성 보장 방안의 하나로 검찰총장의 임명에 국회의 동의를 필수 요건으로 하여 민주적 정당성을 가진 국회의 신임을 얻도록 함으로써, 검찰총장에게 간접적으로 민주적 정당성을 부여하는 방안도 생각해 볼 필요도 있다.[57] 검찰총장 임명에 국회 청문회만 할 것이 아니라, 대법원장, 헌법재판소장처럼 국회본회의 표결을 요하도록 하는 것이다. 이처럼 검찰총장 임명에 대한 민주적 정당성을 강화하면 대통령과 법무부장관으로부터의 독립성과 정치적 중립성을 강화될 것이다. 미국의 경우도 대통령의 연방법무부장관(검찰총장) 임명시 상원의 동의를 받도록 되어 있다.[58] 이러한 방안은 임명 후 정해진 임

57) 검찰총장 임명에 국회 청문회만 할 것이 아니라, 대법원장, 헌법재판소장처럼 국회본회의 표결이 필요하다는 지적이다. 검찰총장 임명에 대한 민주적 정당성을 강화하여 대통령과 법무부장관으로부터의 독립성과 정치적 중립성을 확보하게 되는 것이다.

58) 물론 미법무부장관은 대통령이 자유로이 해임할 수 있으므로 상원의 임명동의를 통한 정치적

기 동안 준사법기관인 검찰의 수장으로서 형사사법의 공정성과 정치적 독립성을 확보하는 데 도움이 되리라 판단된다.[59)]

(2) 선출제

더 나아가, 생각해 보아야 할 것은 검찰총장 임명 과정에 국민의 참여 문제이다. 미국에서 연방법무부장관(US Attorney General)은 대통령에 의해 임명되고 해임되기 때문에 정치적 독립성 보장이 어렵다. 반면, 주법무부장관(State Attorney General)은 대부분 주민의 선거로 선출되기 때문에 주지사로부터 독립성이 보장되어 있다. 지방검사장(District Attorney)도 역시 선출직이기 때문에 독립적인 공소권 행사가 가능하다. 우리의 경우도 검찰총장 선거제도를 고려할 필요가 있다. 물론, 법관까지 선출직인 경우도 있는 미국과는 상황이 다르고, 검찰총장 등의 선거제에 대해서는 장점도 있으나 역시 단점도 있으므로 쉬운 일은 아니다. 또한, 지방단위가 아니라 전국단위의 검찰총장 선거제는 실시에 어려운 점도 많으리라 생각된다.[60)] 그러나, 검찰총장의 주민 선거제는 검찰총장의 독립성의 관점에서는 의미 있는 제도로 생각된다. 직접 민주제는 사실 물리적으로 가능하지도 않고, 국민에 의한 직접 사법도 가능한 것은 않지만, 국민의 사법절차에의 참여는 사법기관의 통제수단뿐 아니라 독립성 보장의 수단으로도 의미를 갖는다.[61)]

Ⅴ. 맺음말

검찰과 검찰총장의 정치적 독립성은 공소권의 독립성(prosecutorial independence)이라는 관점에서 필히 요청되는 것이다. 그러나, 미국에서도 연방법무부장관의 독

중립성 확보에는 한계가 있다. 특히 상원 내에 여당이 다수인 경우는 더욱 그렇다.

59) 김웅규, "검찰총장의 헌법상 지위", 『미국헌법연구』 제17권 1호, 2006, 141면 참조.

60) 실제 우리의 경우 지방검사장의 주민직선제, 고검장과 지검장의 검사들에 의한 선출 및 검찰총장의 검사들에 의한 선출방안이 제기되고 있다.

61) 우리의 경우 과거 "대법원장 및 대법관 선거법"이 시행된 적이 있다. 과거 3차 헌법 개정으로 1960년 6월 15일 시행된 헌법 제78조는 "대법원장과 대법관은 법관의 자격이 있는 자로써 조직되는 선거인단이 이를 선거하고 대통령이 확인한다. 전항의 선거인단의 정수, 조직과 선거에 관하여 필요한 사항은 법률로써 정한다."라고 하여, 대법원장과 대법관의 선출제를 도입했었다. 이에 따라 "대법원장 및 대법관 선거법"이 1961년 4월 26일 시행되었다. 이러한 경험에 비추어 보면, 검찰총장의 선거제가 불가능한 것만은 아니라 생각된다.

립성은 계속해서 문제가 되고 있고, 우리의 경우도 마찬가지이다. 미국의 경우 연방법무부장관이 검찰총장을 겸하고 있고, 법무부장관의 대통령으로부터 독립성이 주로 관심사인 반면, 우리의 경우 법무부장관의 수사지휘권과 관련하여 검찰총장의 독립성이 거론되나, 두 나라의 경험은 공유될 수 있는 성질의 것이다.

미국의 경험에서도 알 수 있듯이, 검찰과 검찰총장의 독립성 보장을 위해 중요한 것은 임명권자로부터 자유로워야 한다는 것이다. 이는 임명권자의 업무 개입으로부터 자유를 의미한다. 미국 연방검찰총장인 법무부장관이 정치화된 것은, 결국 대통령이 해임을 자유로이 할 수 있기 때문이다. 그 결과 기소권의 독립성이 보장되지 못하고, 대통령과 대통령 측근의 비위를 막을 수가 없게 되는 것이다. 미국의 각 주의 지방검사(District Attorney)가 독립적인 것은 대개 유권자에 의해 선출되기 때문이다. 여기에서 우리는 검찰총장의 선출직화도 생각해 볼 필요가 있다. 우리의 경우 검찰총장은 인사청문회를 거쳐 임명되고 임기가 보장되는 등 부당한 외압에 흔들리지 않도록 일부 장치가 마련되어 있으나 이것으로 충분하지는 않다. 사법개혁의 방법도 여러 가지가 있겠지만, 국민의 사법절차에의 참여도 좋은 개혁의 수단이 될 수 있다. 국민이 사법절차에 참여하는 것은 관련 사법기관에 민주적 정당성을 부여함으로써 기관의 중립성과 독립성을 보장하는 방안이 될 수 있다. 다만, 이러한 새로운 제도의 도입이 쉬운 일이 아니라면, 임명권자로부터의 독립이라는 관점에서 기존 제도의 보완을 위한 노력이 필요할 것이다. 그 방안의 하나로 검찰총장의 임명에 국회의 동의를 필수 요건으로 하여 민주적 정당성을 부여함으로써 검찰총장의 독립성을 강화하는 방법도 있을 것이다.

우리나라나 미국 모두 초기에 검사는 법관에 준하는 준사법기관(quasi－judicial officer)으로 이해되었고, 검찰 독립의 의미는 사법부의 독립에 준하는 것이었다. 우리나라나 미국 모두 형식상 검찰총장과 검사가 행정부 소속으로 되어 있으나, 여전히 준사법기관으로 파악되어야 하고, 공소권의 독립을 위해 검찰총장과 검찰조직의 독립성과 정치적 중립성은 불가결한 규범이라 할 것이다. 검찰은 사법기능의 일부를 수행하는 준사법기관으로서 독립성과 정치적 중립성의 보장이 요청된다는 점을 유념해야 할 것이며, 이를 위해서 검찰 안팎에서 동시적인 노력이 필요할 것이다.

논문투고일: 2021.02.28　논문심사일: 2021.03.09　게재확정일: 2021.03.22

【참고문헌】

[단행본]

문준영, 법원과 검찰의 탄생, 역사비평사, 2011.

이준보/이완규, 한국검찰과 검찰청법, 박영사, 2017.

Baker, Nancy Virginia, Advocate or neutral: The Attorney General's advisory relationship with the President, 정치학(Polictical Science) 박사학위논문(Ph.D. Dissertation), Tulane University, 1989.

Bielinski, Stefan. "The Schout in Rensselaerswijck: A Conflict of Interests", A Beautiful and Fruitful Place: Selected Rensselaerswijck Seminar Papers, New Netherland Publishing, 1991.

Worrall, John L., "Prosecution in America: A Historical and Comparative Account", John L. Worrall/M.E. Nugent－Borakove(편), The Changing Role of the American Prosecutor, SUNY Press, 2008.

[논문]

김웅규, "검찰총장의 헌법상 지위", 『미국헌법연구』 제17권 1호, 2006.

엄상섭, "검찰제도에 관한 신구상", 신동운 편저, 『효당 엄상섭 형사소송법논집』, 서울대학교출판부, 2005.

WS Van Alstyne Jr, "The District Attorney － A Historical Puzzle", 1952 Wis. L. Rev. 125 (1952).

John Bessler, "The Public Interest and the Unconstitutionality of Private Prosecutors", 47 Ark. L. Rev. 511 (1994).

Susan Low Bloch, "The Early Role of the Attorney General in Our Constitutional Scheme: In the Beginning There Was Pragmatism", 1989 Duke L.J. 561 (1989).

Laurence Claus, "The Divided Executive", 13 Duke J. Const. L. & Pub. Pol'y 25 (2017－2018).

Rita W. Cooley, "Predecessors of the Federal Attorney General: The Attorney General in England and the American Colonies", 2 Am. J. Legal Hist.

304 (1958).

William R. Dailey, "Who Is the Attorney General's Client?", 87 Notre Dame L. Rev. 1113 (2013).

Jonathan L. Entin, "The Curious Case of the Pompous Postmaster: Myers v. United States", 65 Case W. Res. L. Rev. 1059 (2015).

Bruce A. Green, "Can the President Control the Department of Justice?", 70 Ala. L. Rev. 1 (2018).

Robert Kramer/Nathan Seigel, "The Attorney General of England and the Attorney General of the United States", 1960 Duke L.J. 524 (1960),

Jack M. Kress, "Progress and Prosecution", The Annals of the American Academy of Political and Social Science Vol. 423, Crime and Justice in America: 1776−1976 (Jan., 1976).

John H. Langbein, "The Origins of Public Prosecution at Common Law", 17 Am. J. Legal Hist. 313 (1973).

William P. Marshall, "Break Up the Presidency? Governors, State Attorneys General, and Lessons from the Divided Executive", 115 Yale L.J. 2446 (2006).

F. H. Newark, "The Campbell Case and the First Labour Government", 20 N. Ir. Legal Q. 19 (1969).

Saikrishna Prakash, "The Chief Prosecutor", 73 Geo. Wash. L. Rev. 521 (2005).

Rebecca Roiphe, "A History of Prosecutorial Independence in America" (2017), Other Publications, 342.

Jed Handelsman Shugerman, "The Creation of the Department of Justice: Professionalization without Civil Rights or Civil Service", 66 Stan. L. Rev. 121 (2014).

Norman W. Spaulding, "Professional Independence in the Office of the Attorney General", 60 Stan. L. Rev. 1931 (2008).

Charles Warren, "New Light on the History of the Federal Judiciary Act of 1789", 37 Harvard Law Review 49 (1923).

Note, "Appointing State Attorneys General: Evaluating the Unbundled State Executive", 127 Harv. L. Rev. 973 (2014).

【국문초록】

미국은 연방과 주(state)별로 각각 검사제도가 확립되어 있으며, 연방과 주 모두 법무장관이 검찰총장을 겸한다. 연방법무부장관(US Attorney General)은 대통령이 임면권을 갖고 있으며, 별도의 임기가 없고 언제든 대통령이 해임할 수 있다. 주의 경우 대부분 주법무부장관(Sate Attorney General)은 주민에 의해 선출되며, 일정한 임기가 정해져 있고, 주지사는 법무부장관의 임면에 관여하지 않는다. 주지방검찰청(카운티검찰청)의 지방검사장 또는 지방검사(district attorney)도 독립성이 보장되어 있다.

검찰과 검찰총장의 정치적 독립성은 공소권의 독립성(prosecutorial independence)이라는 관점에서 필히 요청되는 것이다. 그러나, 미국에서도 연방법무부장관의 독립성은 계속해서 문제가 되고 있다. 미국 연방법무부장관이 정치화된 것은, 결국 대통령이 해임을 자유로이 할 수 있기 때문이다. 미국의 각 주의 지방검사(District Attorney)가 독립적인 것은 대개 유권자에 의해 선출되기 때문이다. 여기에서 우리는 검찰총장의 선출직화도 생각해 볼 필요가 있다. 국민이 사법절차에 참여하는 것은 관련 사법기관에 민주적 정당성을 부여함으로써 기관의 중립성과 독립성을 보장하는 방안이 될 수 있다. 임명권자로부터의 독립이라는 관점에서 기존 제도의 보완을 위한 노력이 필요할 것이다. 그 방안의 하나로 검찰총장의 임명에 국회의 동의를 필수 요건으로 하여 민주적 정당성을 부여함으로써 검찰총장의 독립성을 강화하는 방법도 있을 것이다.

우리나라나 미국 모두 초기에 검사는 법관에 준하는 준사법기관(quasi－judicial officer)으로 이해되었고, 검찰 독립의 의미는 사법부의 독립에 준하는 것이었다. 우리나라나 미국 모두 형식상 검찰총장과 검사가 행정부 소속으로 되어 있으나, 여전히 준사법기관으로 파악되어야 하고, 공소권의 독립을 위해 검찰총장과 검찰조직의 독립성과 정치적 중립성은 당연한 규범이라 할 것이다. 검찰은 사법기능의 일부를 수행하는 준사법기관으로서 사법부 독립에 준하는 독립성과 정치적 중립성의 보장이 요청된다는 점을 유념해야 할 것이며, 이를 위해서 검찰 밖과 안에서 동시적인 노력이 필요할 것이다. 본 논문은 검찰의 정치적 중립성과 관련하여 미국의 검찰제도의 연혁과 검찰조직을 살펴보고, 검찰총장을 겸하는 미국 연방법무부장관의 정치적 중립성을 고찰한 후, 우리에게 주는 시사점을 생각해본 것이다.

◈ 주제어 : 검찰독립성, 공공소추, 미연방법무부장관, 지방검사, 준사법기관

【Abstract】

The Prosecution System in the United States and the Political Neutrality of the US Attorney General

Kim, Jong Goo*

The U.S. has a federal and state－by－state public prosecution system. Both the US and State Attorney General concurrently serves as a prosecutor general. The US President has the right of appointment for the US Attorney General who is subject to removal by the president. The US Attorney General has no fixed term of office and can be dismissed by the president at any time. In the case of states, most State Attorney Generals are elected by residents, with a fixed term of office, and the governor cannot involve in the appointment or dismissal of the State Attorney General. The District Attorney is elected by local residents, and also guaranteed independence.

The political independence of the public prosecution and the prosecutor general is necessarily required from the perspective of the prosecutorial independence. However, even in the United States, the independence of the US Attorney General continues to be a controversial issue. The reason why the US Attorney General has been politicized is that the president is free to dismiss him after all. The District Attorney in each state of the United States is independent because he is usually elected by residents. Here, we also need to think about the direct or indirect election system of the prosecutor general. The people's participation in the judicial procedures can be a measure to ensure the neutrality and independence of the public prosecution. Efforts will be needed to supplement the existing system from the perspective of the US Attorney General's independence from the President's power to appoint. One of the measures would be to strengthen the prosecutor general's independence by giving him democratic legitimacy by requiring the parliamentary consent

* Professor of Law, College of Law & Public Science, Chosun University.

for the appointment of the US Attorney General.

In both Korea and the United States, prosecutors were initially regarded as quasi－judicial officers equivalent to judges, and the meaning of prosecutorial independence was equivalent to that of the judiciary. Both in Korea and the U.S. the prosecutors and the prosecutor general are formally affiliated with the administration, but they should still be identified as quasi－judicial officers, and the independence and political neutrality of the prosecutor general and the prosecution's office essential for the independence of the right to indict. The prosecution should keep in mind that as a quasi－judicial body it is required to ensure independence and political neutrality equivalent to judicial independence. With regard to the political neutrality of the prosecution, this paper examines the history of the prosecution system in the United States and the political neutrality of the US Attorney General, who also serves as the prosecutor general, and then considers the implications for the improvement of the prosecution system of Korea.

◈ Key Words : prosecutorial independence, public prosecution, US Attorney General, District Attorney, quasi-judicial officer

한국형사소송법학회 『형사소송 이론과 실무』
제13권 제1호 (2021.03) 87~121면.
Theories and Practices of Criminal Procedure Vol. 13 No. 1 (Mar. 2021) pp. 87~121.
10.34222/kdps.2021.13.1.87

오스트리아 검찰에 대한 법무부장관의 지휘감독권 비교 연구*
– 검사의 직무수행과 정치적 중립성의 관점에서 –

이 경 렬**

목 차

Ⅰ. 글 머리에
Ⅱ. 오스트리아의 검찰조직의 개관
Ⅲ. 법무부장관의 지시권한에 관한 논의 검토
Ⅳ. 검찰개혁법에 의한 검사의 직무수행 관련 단상
Ⅴ. 나가며

Ⅰ. 글 머리에

최근 검찰의 정치적 중립성 및 독립성에 중대한 영향을 미칠 수 있는 개혁입법과 정책 논의에 대하여 학계와 법조계를 비롯하여 사회 각계각층에서 다양한 우려의 목소리가 나오고 있다. 급기야 현 '문재인 정부의 검찰총장'이라고 명명되기까지 한 윤석렬 검찰총장은 작금에 진행되어온 검찰개혁 관련 입법 특히, 중대범죄수사청의 도입 입법안에 대해 이른바 '검수완박'(검찰수사권의 완전박탈)은 부패를 완전히 판치게 하는 '부패완판'으로 비판하고서, 총장직을 사퇴하였다.[1] 검수완박은 "헌법 정신에 크게 위배되는 것으로, 국가와 정부의 헌법상 책무를 저버리는 것"으로서 '법치의 말살이고, 민주주의의 퇴보'라는 사의의견도 표명하였다.

* 이 글은 2020년 9월 17일 대한변호사협회와 한국형사소송법학회가 공동으로 개최한 "검찰의 정치적 중립성과 독립성의 보장방안"이라는 대주제의 학술대회에서 필자가 발표한 "검사의 직무수행과 정치적 중립성"을 논문의 형식으로 보완한 연구임.
** 성균관대학교 법학전문대학원 교수, 법학박사.
1) 중앙일보, 2021.03.03. 기사: 청와대 경고 뒤, 윤석열 더 독해졌다 "검수완박은 부패완판" (https://news.joins.com/article/24004190; 최종검색일 2020. 03. 04.)

오늘의 사태는 지난 정권과 현 정권에 대한 검찰의 수사과정에서 나타난 이른바 "추윤갈등"으로 보도되는 법무부장관과 검찰총장의 불협화음에서 기인하는 바가 있다.[2] 그 와중에 2020년 7월경에 법무부장관의 수사지휘 수용을 둘러싼 장관과 총장의 의견차이가 극심해질 즈음에 대한변호사협회와 한국형사소송법학회는 검찰의 정치적 중립성과 수사의 독립성을 보장함으로써 국민인권 증진과 사회정의 실현에 기여할 수 있도록 하는 방안을 모색하고자 공동학술대회를 개최한 바 있다.[3]

권력기관의 개혁차원에서 수사구조의 변화를 국정과제로 추진하고 있는 현 정부는 이미 2018년 6월 21일에 '검 · 경 수사권 조정 합의안'을 발표한 바 있고, 여기서 수사구조와 관련된 가장 실질적인 제도의 변화는 검사의 수사'지휘'가 폐지되고, 직접수사 범위가 특정범죄로 제한되었다는 점(개정검찰청법 제4조 참조)과 사법경찰 단독으로 불송치 결정을 내리고 사건을 1차적으로 종결할 수 있는 수사종결권이 부여된 부분을 들 수 있다(개정형사소송법 제245조의5 참조).

그러나 지금까지 진행되어온 검찰개혁의 방향에 대해 최근의 한 여론 조사에서는 즉, MBC 여론조사에 따르면, 국민의 51.5%가 '검찰개혁이 잘못됐다'고 대답하였고 '잘되고 있다'는 대답은 41.4%에 불과하였다. 여론조사기관 공동 조사에서는 국민의 52%가 개혁이 검찰 길들이기로 변질됐다고 대답했다. 개혁이 취지에 맞게 진행되고 있다는 응답은 고작 32%에 머물렀다고 한다. 그래서 지금의 '검찰개혁'은 총장을 허수아비 만드는 작업으로 전락했다고까지 혹평을 하는 목소리도 보도되고 있다.[4] 왜 이리 되었을까? 검경간의 수사권 조정이든 검찰개혁이든 형사사법제도의 구조변개에 앞서 우선적으로는 '검찰과 경찰의 정체성'을 분명히 하고, 이들 권력기관을 본연의 자리에 되돌려 놓기 위한 방향으로 논의와 입법이 진행되었어야 했는데, 진행과정에서 그 본질이 변질된 것으로 보인다.

최근까지도 언론에 보도되는 법무부장관과 검찰총장의 불편한 '불협 관계'가 그 이유의 하나로 보인다. 특히 2020년 7월 27일 법무부 법무 · 검찰개혁위원회(위원장

---

2) 노컷뉴스, 2020.12.16. 기사: [영상]秋 취임부터 막 오른 추윤갈등…350일 만에 尹 '정직'까지 (https://www.nocutnews.co.kr/news/5465686). 이 기사의 서두에는 법무부장관의 취임에서 검찰총장에 대한 징계위원회 개최까지 2020년 1년의 일지가 정리되어 있다.

3) 대한변호사협회 · 한국형사소송법학회 공동학술대회, "검찰의 정치적 중립성과 독립성의 보장 방안". 일시: 2020 .9. 17. (목) 14:00~18:00, 장소: 대한변호사협회 14층 대강당.

4) 중앙일보, 2020.08.19. 기사: [진중권의 퍼스펙티브] "개가 주인 물었다, 검찰개혁은 자살했다" (https://mnews.joins.com/article/23851586#home; 최종검색일: 2020. 09. 13.)

김남준)가 제시한 '법무부장관과 검찰총장의 수사지휘권 제도 개혁'에 대한 내용은 구체적인 사건에 대한 검찰총장의 수사지휘권을 폐지하고, 각 고등검찰청 검사장이 이를 행사하도록 검찰청법을 개정하라는 권고이다. 검찰총장에게 집중된 수사지휘권을 분산하자는 취지이나 그 권고내용에 법무부장관이 각 고검장에게 구체적 사건에 대한 수사지휘를 할 수 있도록 하는 내용도 포함되어 있어, 그 논란의 불씨에 섶을 보탰기 때문이다. 법무부장관이 검찰총장을 패싱·배제하고 일선 고검장들에게 직접 수사지휘를 할 수 있게 하는 내용이 포함되어 있기에, 사실상 검찰총장을 무력화시키고 법무부장관의 검찰에 대한 수사지휘권을 확대·강화하려는 안이다.[5] 이에 법조계에서는 검찰 수사의 중립성과 독립성을 훼손할 우려가 크다고 지적되고 있다.[6] 그런데 이런 방향으로의 개정입법 제안에 대하여는, 오스트리아 형사소송법제와 검찰실무 운영에서 참조될만한 사항이 있는 것으로 보인다. 오스트리아 검찰청법에 의하면, 대검찰청은 고등검찰청과 동급에 위치하며 법무부장관의 지시·감독권에 직접 배속되기 때문이다. 이에 이하에서는 오스트리아 법무부장관의 검찰조직에 대한 수사지휘에 관한 내용을 소개함으로써 우리의 검찰개혁방향과 운용에 관한 시사점을 모색하고자 한다.[7] 논의의 진행과 이해의 편의를 위하여 그전에 먼저, 오스트리아 검찰조직의 특성과 검사의 자격 및 권한에 대하여 간략하게 정리한다.

Ⅱ. 오스트리아의 검찰조직의 개관

1. 검사의 임용과 현황

오스트리아에서 검사의 임용은 매우 엄격하다. 그들의 활동이 단지 형사재판에서

5) 법률신문, 2020.07.27. 기사: "법무장관이 고검장 상대로 수사지휘… 검찰총장 수사지휘권은 폐지" (https://m.lawtimes.co.kr/Content/Article?serial=163247; 최종검색일: 2020. 09. 13.)

6) 신동아, 2020.08.07. 기사: "검찰개혁위 총장 지휘권 폐지 권고는 '주제 넘는 것'", '마지막 중수부장' 김경수 前고검장 "장관의 고검장 지휘는 정치적 중립 포기" (https://shindonga.donga.com/Print?cid=21438640); 조선일보, 2020.08.10. 기사, "검찰, 여당 이익 대변단체 될 것" 형사소송법학회도 개혁위 비판, (https://news.v.daum.net/v/20200810162213193?f=m) (최종검색일: 2020. 09. 13.)

7) 그간 우리의 형사사법 제도의 형성과 발전에 직·간접적으로 영향을 미친 독일의 예에 대해서는 많은 소개가 있었을 뿐만 아니라, 법무부장관의 고검장에 대한 직접 지휘감독권의 행사라는 내용을 담고 있는 오스트리아 법무부장관의 검찰에 대한 지시권이 중심주제이기 때문이다.

공소의 제기권자에만 머물러 있지 않기 때문이다. 검사가 되기 위한 교육은 일반적으로 판사의 경우와 동일하지만, 검사의 임용을 위한 전제요건으로 먼저 판사로서의 실무경력이 요구된다는 점이 특색이다.[8] 이를 구체적으로 살펴보면 아래의 요약과 같다.[9]

○ 법학 전공(Mag. iur.): 판사로 임용되어야 하므로 기본적인 전제조건으로는 우선 학부(또는 대학원 석사 내지 박사과정)에서 법학을 전공해야 한다.

→ 최소한 9개월의 실습 과정(Gerichtspraxis; Gerichtsjahr): 법원에서 최소한 9 내지 12개월의 실습과정 후에 예비 실습생(Rechtspraktikant)은 판사 내지 검사로서 적합한지를 평가받는다.

→ 판사임용대기자시험(Richteramtsanwärterprüfung) 합격: 광범위한 구두 및 필기시험 그리고 심리테스트를 통과한 후에 채용면접 심사(Aufnahmegesprächen)를 통해 결정된다. 합격자는 판사임용대기자(Richteramtsanwärter)로서 공무계약을 체결하고, 법무부장관의 임명에 따라 각 고등법원 관할의 소요가 있는 지정된 장소에(auf eine freie Planstelle) 배속된다.

→ 법원의 연수 과정(Ausbildung der Gerichten; Ausbildungszeit): 연수생 즉, 판사임용대기자(Richteramtsanwärter)는 검찰, 변호사 사무실, 법원 등(적어도 지방법원에서 1년, 검찰과 변호사 사무실에서 각 5개월씩, 형집행기관에서 3주간의 과정 등 포함) 도합 4년간의 연수과정을 수료한다.

→ 판사임용시험(Richteramtsprüfung) 합격: 민사, 형사 등 8개 과목에 대한 필기 및 구두시험(1회의 재시험 허용)으로 결정한다. 시험에 합격한 판사임용대기자(Richteramtsanwärter)는 공석이 있거나 채용하려는(eine freie und zur Besetzung ausgeschriebene Planstelle) 제1심 법원의 판사로 지원하고, 법무부장관에 의해 임명된다.

○ 검사 임용: 끝으로 검사는 원칙적으로 최소한 1년 경력의 판사였거나 현재 판사이거나 아니면 적어도 검사로서 1년간의 실무수습 경력을 쌓은 후에야 비로소 검사로 임용될 수 있다.

---

8) Philipp J. Graf, “Die Staatsanwaltschaft”, Öffentliche Sicherheit 5－6/05, S. 57 f.; 이정봉, “오스트리아 개정 형사소송법상의 검사의 지위와 수사절차에 관한 연구”, 『형사법의 신동향』 제24호(대검찰청, 2010), 176면.

9) 이경렬, “오스트리아 검찰의 헌법상 지위와 수사절차에서의 검·경 관계”, 『형사법의 신동향』 제59호(대검찰청, 2018), 92면 이하.

한편 오스트리아 법무부 자료에 의하면 2008년 1월 1일을 기준으로, 대검찰청에 13명, 4개 고등검찰청 및 16개 지방검찰청에 모두 296명의 검사가 있는 것으로 집계되어 있다.[10] 2007년 1월과 비교하면 대검찰청의 검사 숫자는 변동이 없으나, 고등 및 지방검찰청의 검사 숫자가 206명에서 무려 90명이 증가한 것으로 나타난다. 한편, 판사 숫자는 오히려 2007년 1,667명에서 2008년 1,658명으로 감소하였다. 이는 개정형사소송법이 시행되면서 예심판사제도가 폐지되고, 그 업무가 검사에게 이전됨으로써, 검사 수의 급격한 증원이 따를 수밖에 없었던 점에 기인한다. 법무부도 이러한 점을 인식하여 검사를 증원하는 방안에 대해 다각적으로 검토하고 있다.[11] 그 결과 2014년 7월 1일 기준으로 검사의 수는 대검찰청에 16명, 4개 고등검찰청 및 16개 지방검찰청에 모두 362.5명의 검사가 있는 것으로 소개되어 있었다.[12] 현재 2020년 6월 인적 구성현황은 아래의 표와 같다.

[표] 2020년 7월 1일의 오스트리아 사법 인력 현황[13]

구 분		직 역 별	인원 현황
연방	법무부	판사 및 검사 (위탁 포함)	175
		기타 공무원	182
	데이터보호기관	A1-공무원	23

10) 이정봉, 앞의 글, 177면. 동면, 각주 150)에서는 법무부에도 다수의 검사가 판사와 함께 근무하고 있다고 한다. 오스트리아 법무부는 법원행정, 검찰, 교정행정업무를 포함하는 광의의 사법행정업무를 총괄하고 있다. 2008년 1월 1일 당시에 법무부에 근무하는 판사 및 검사는 모두 108명이라고 한다.

11) 그 일환으로 법무부는 2007년, 2008년도 예산을 두 배로 늘리고, 나아가 검사 정원의 65%를 증원하여 2008년까지 모두 324명의 검사를 확보하는 방안을 제시하였다고 한다(이정봉, 앞의 글, 177면).

12) 오스트리아 법무부 자료(Die Österreichische Justz, (https://www.justiz.gv.at/web2013/file/8ab4ac8322985dd501229ce2e2d80091.de.0/brosch%C3%BCre%20aktuell.pdf), 22면 참조. (최종검색일: 2017.10.23.)

13) 오스트리아 법무부 홈페이지 참조(https://www.justiz.gv.at/home/justiz/daten－und－fakten/personalstand－in－der－justiz~8ab4a8a422985de30122a92fc5bc63a9.de.html; 최종검색일: 2021.03.05.) 구체적으로는 2020년 7월 1일 현재 대법원과 대검찰청에 125.35명, 데이터보호기관에는 30.50명의 직원이 근무하고 있으며, 연방행정법원에는 521.30명의 직원 중 217.75명이 판사로 재직 중이다. 연방 각주의 사법당국에는 6,672.04명의 직원 중 1,679.55명이 판사, 135.00 명의 판사연수생 및 411.85명의 검사가 있다. 법무부의 업무는 중앙직원 333.30명에 의해 수행되고 있다. 한편 교정시설에는 총 3,849.60명의 상근직원이 근무하고 있다.

<table>
<tr><td rowspan="6"></td><td></td><td>기타 공무원</td><td>14</td></tr>
<tr><td rowspan="3">대법원 및 대검찰청</td><td>판사(대법원 증거조사국의 판사 포함)</td><td>73</td></tr>
<tr><td>검사</td><td>19</td></tr>
<tr><td>기타 공무원</td><td>37</td></tr>
<tr><td rowspan="2">연방행정법원</td><td>판사 및 A-공무원</td><td>359</td></tr>
<tr><td>기타 공무원</td><td>210</td></tr>
<tr><td rowspan="6">지방</td><td rowspan="5">고등법원(4), 고등검찰청(4), 지방법원(20), 지방검찰청(16), 경제및부패방지중점검찰청(WKStA), 구 법원(115)</td><td>판사</td><td>1,656</td></tr>
<tr><td>검사</td><td>425</td></tr>
<tr><td>판사임용대기자</td><td>180</td></tr>
<tr><td>기타 공무원
(그중 법실무자)</td><td>4,604</td></tr>
<tr><td>대리인</td><td>2</td></tr>
<tr><td>교정시설:감독국 및 27시설</td><td>교정공무원 전체</td><td>4,146</td></tr>
</table>

2. 검찰조직의 구성

오스트리아 형사소송법 제19조 제1항은 형사절차에서 각 지방법원(Lansesgericht)에 대응하여 검찰청(Staatsanwaltschaft)이 활동하고, 고등법원(Oberlandesgericht)에는 고등검찰청(Oberstaatsanwaltschaft)이, 경제사범과 부패범죄를 소추하기 위한 중앙검찰청(Zentrale Staatsanwaltschaft)이 활동하고 있다(WKStA). 나아가 제22조는 대법원(der Oberste Gerichtshof)의 모든 형사절차에 협력하는 대검찰청(Generalprokuratur)의 설치규정을 두고 있다.[14] 이에 검찰청법 제2조 제1항에서는 대법원에 대응하여 대검찰청이 형사절차를 수행하도록 규정하고 있다.

오스트리아 검찰조직상의 특색은 대검찰청이 고등검찰청과 동급으로 규율되며, 양 기관 사이에는 감독권(Aufsichtsrecht)과 지시권(Weisungsrecht)이 없다는 것이다.[15] 즉, 지방검찰청은 고등검찰청의 지시·감독을 받고, 고등검찰청과 대검찰청

14) 2014년 7월 1일 현재 대검찰청(GP)과 4개의 고등검찰청(Wien, Graz, Linz, Innsbruck) 및 17개의 지방검찰청으로 구성되어 있다. Vgl Die Österreichische Justz, (https://www.justiz.gv.at/web2013/file/8ab4ac8322985dd501229ce2e2d80091.de.0/brosch%C3%BCre%20aktuell.pdf), S. 9. 법률상으로는 각 지방법원에 대응하여 검찰청을 설치한다고 하나 현실적으로는 20개의 지방법원에 대응하여 17개의 지방검찰청이 설치되어 있는 것으로 오스트리아 법무부는 소개하고 있다.

15) Stefan Seiler, Strafprozessrecht, 9. Aufl., 2008, S. 79, Rz 241.

의 경우에는 연방법무부장관의 지시 아래 직접 배속되고 지시·감독을 받는다(검찰청법 제2조 제1항 제2문).[16]

구 법원(BG)에서는 검사(Staatsanwalt)의 지휘·감독 하에 구 검사(Bezirkanwalt)를 통해 수사 및 공판절차에서 검찰권을 행사한다(제20조 제2항). 구 검사는 대개 일반공무원이며 법률가가 아니다.[17] 지방검찰청 및 고검·대검에는 기관장이 있으며 이들은 대외적으로 기관을 대표하고 하부기관의 활동(Tätigkeiten)을 감독하고 필요한 때에는 지시할 수 있다. 또한 개개 사건에서 하부기관의 직무(Amtverrichtung)를 스스로 인수하여 수행할 수 있고(Devolutionsrecht), 나아가 중요한 이유가 있는 때에는(aus schwerwiegenden Grüden) 검찰사무분배(Geschäftsverteilung)에 따라 권한이 있는 다른 검사 또는 검찰에게 사건을 수사하도록 대체할 수 있다(Substitutionsrecht).[18]

3. 오스트리아 대검찰청의 특징

(1) 조직구성에서의 특색

오스트리아에서 대검찰청(Generalprokuratur; GP)은 지방검찰청이나 고등검찰청처럼 '-Staatsanwaltschaft'라는 접미어가 붙어있지 않고, 'Generalprokuratur'로 표현되어 있다. 다른 나라에서 찾아볼 수 없는 오스트리아만의 특유한 제도이다.[19] 대검찰청(GP)이 검찰기관이지만 공소기관(Anklägebehörde)이 아니기[20] 때문에 이와 같이 지칭되는 것으로 여겨진다. 따라서 대검찰청(GP)은 형사소추기관으로 분류되지 않으며, 대법원의 형사절차에 국한되는 형사사법에서 이른바 '법의 수호자'(Hüterin des Rechts)로서 국가의 이익을 대변하고 있다.[21]

---

16) 이경렬, 앞의 논문, 95면.

17) Stefan Seiler, 앞의 책, 79면, Rz 242; Ernst Eugen Fabrizy, StPO Kommentar, 9. Aufl., 2004, § 20 Rz 6.

18) 검찰청법 제2조 제2항 참조. 우리의 검찰청법 제7조의2(검사 직무의 위임·이전 및 승계)에 해당한다.

19) 검찰총장(Generalprokurator)이였던 Walter Presslauer는 'Generalprokuratur'는 "오스트리아 고유의 것 중 하나이다(Generalprokuratur ist ein Stück Austriazismus)."고 언급하기도 하였다(이정봉, 앞의 글, 164면 참조).

20) 오스트리아 형사소송법 제20조 제2문은 이를 명시적으로 규정하고 있다.

21) Ernst Eugen Fabrizy, 앞의 주석서, § 22 Rz 2.

현재 대검찰청(GP)에는 기관의 장(Leiter)으로 검찰총장(Generalprokurator)이 있고, 제1의 대검검사(Erster Generalanwalt)라는 명칭을 가진 4명의 차장검사(Gruppenleiter)와 검찰총장을 대리하는 13인의 대검검사(Generalanwalt)로 구성되어 있다.[22] 차장검사들은 검찰총장 대리권과 자신의 부서(Refert)에 대한 통할권 나아가 그 부서의 부원(대검검사들)이 해결해야 하는 임무 포기권한을 가지고 있다.[23]

⑵ 지위적인 특성

전술한 바와 같이 대검찰청(GP)은 형사소추기관이 아니기 때문에 지방검찰청과 고등검찰청은 대검찰청에 배속되지 않고 법무부장관(BMJ)에 배속되어 있다. 대검찰청의 일반사무에 대해서는 법무부장관의 직무감독(Dienstaufsicht)을 받지만, 고유의 행정사무는 법무부장관의 전문분야 감독(Fachaufsicht)을 받지 않는 독자적 지위에 있다.[24] 대검찰청(GP)의 이러한 조직적 특성으로 인해 각 지방검찰청은 고등검찰청의 지시·감독만을 받으며, 고등검찰청과 대검찰청(GP)은 각각 법무부장관의 지시·감독 하에 놓이는 병렬적 조직체계로 구성되어 있다. 오스트리아 검찰청의 계층적 위계질서는 지방검찰청, 고등검찰청, 대검찰청(GP)의 순서로 구성되어 있는 것이 아니라, 병립적인 위치에 있는 대검찰청(GP)과 고등검찰청의 이중구조로 구성되어 있는 것이 특징이다.[25]

위와 같은 대검찰청의 조직적 특성에 따라 오스트리아 컨벤션은 대검찰청(GP)의 지위를 더욱 강화하기 위하여 의회에서 3분의2 가중다수결로 선임되는 검찰조직을 신설하여 현재의 대검찰청(GP)의 기능을 인수하되, 법무부장관의 지시를 받지 않는 독립적인 연방대검찰청(Bundesstaatsanwalt)으로 승격하려는 논의도 하였다. 그러나 의회의 3분의2 가중다수결로 연방검사를 임명하는 경우, 본질적으로 정부에 우호적(regierungsfreundlich)일 수밖에 없으므로, 연방검사를 임명하여 독립성을 강화하려고 하는 본래의 취지에 위반한다는 의견 대립이 있어 합의에는 이르지 못하였다.[26]

---

22) http://www.generalprokuratur.gv.at/de/darstellung-der-aufgaben. (최종검색일: 2017.10.23.)
23) 이경렬, 앞의 논문, 96면.
24) Ernst Eugen Fabrizy, 앞의 주석서, § 22 Rz 1.
25) 이경렬, 앞의 논문, 99면.
26) 오스트리아 컨벤션 보고서(http://www.konvent.gv.at/K/DE/ENDB-K/ENDB-K_00001/imfname_036112.pdf), 204면; 이정봉, 앞의 글, 165면 각주 114) 참조.

(3) 기능 및 권한

대검찰청은 사법에서 국가의 이익을 대변하는 객관적 법률 감정인(objektive Rechtsgutachterin)으로 기능한다. 그래서 대검찰청(GP)에는 실질적 내용뿐만 아니라 형식적인 측면에서도 법의 적용이 올바르게 행해지도록 해야 하는 의무가 부여되어 있다(제22조 제3문; JAB 406 BlgNR 22, GP 11 참조). 대검찰청은 법률보호를 위한 무효항고(NBzWG; Nichtskeitsbeschwerde zur Wahrung des Gesetzes) 절차에 참가해야 하고(제23조), 이 절차에서 공소의 반대당사자가 아니라 법원을 협력·지원하는 기관으로서, 즉 일반적 소송당사자 그 자체(Prozesspartei sui generis)로서 청문권, 신청권 및 모든 서류에 대한 열람청구권을 가지고 있다.[27] 그러나 감정의 견서(Beratungsprotokoll)의 경우에는 주장된 법률위반을 판단하는데 요구되는 경우에 한하여 허용된다(검찰청법 제33조 제2문).[28]

그밖에도 제25조 제4항에 따라 토지관할이 결정되지 않는 경우, 제28조에 의해 고등검찰청의 관할을 결정할 수 없는 경우, 제28조의a에 의해 중앙검찰청의 경제 및 부패사건절차에서 관할권의 충돌이 있는 경우 등에 있어서는 그 관할을 결정한다. 나아가 대검찰청의 검찰총장은 제362조에 따라 비상 재심절차(die außerordentliche Wiederaufnahme)에 참가해야 하며, 제363조의a 제2항에는 '유럽의 인권과 기본적 자유의 보호를 위한 조약'(BGBl. Nr. 210/1958)을 침해한 형사판결의 절차 갱신을 제소할 수 있는 권한을 정하고 있다.[29]

Ⅲ. 법무부장관의 지시권한에 관한 논의 검토

1. 지시권의 연원과 연방헌법상의 규정

규문주의가 극복된 이래로 유럽대륙의 형사사법실무는 법무를 수행하는 기관 즉

---

27) SSt 50/58=JBl 1980, 46 mit Anm. Liebscher; Ernst Eugen Fabrizy, 앞의 주석서, § 22 Rz 2 참조.

28) 이경렬, 앞의 논문, 98면.

29) Ernst Eugen Fabrizy, 앞의 주석서, § 22 Rz 2. 오스트리아 형사소송법 제363조의a 제2항 제1문에서는 유럽인권재판소에 대한 절차갱신의 제소권은 원칙적으로 대법원이 결정한다. 권리침해의 당사자 및 검찰총장은 그와 같은 제소를 신청할 수 있는 것으로 규정하고 있다.

법원, 검찰, 변호인(Verteidiger)의 분리 및 구성에 그 기원을 두고 있다. 검찰제도는 특히 1808년 프랑스 법에서 생성되었으며, 법무 특히 형사실무에서 국가의 이익을 실현하기 위하여 초빙·고용된 사법기관(berufene Justizbehörde)이다. 법원과 분리된 공소기관의 설치로 인해 비로소 법원의 공평무사한 재판이 가능하게 되었다고도 한다.[30] 연방헌법 제90조 제2항도 또한 이에 따라 형사절차에서의 탄핵주의(Anklageprozess)를 적용하여 기소권자와 판사의 기능적 분리를 규정하고 있다. 범죄자에 대한 검찰의 객관적 평가를 통한 공소의 제기와 그에 대한 법원의 최종적인 판단은 형사소송에서 권력분립의 원칙을 내용적으로 수행하는 기능적 역할분담에 해당한다. 또한 검찰의 공소제기는 공소대상(Klagsgegenstand)의 윤곽을 확정하며 법원의 판단에 확실한 기초를 제공하고 있다.

형사소송의 목적인 진실의 발견, 정의의 실현, 법적 안정성의 보장은 또한 검찰 활동의 목표이기도 하다. 그래서 검찰은 "법률의 파수꾼"(ein Wächter des Gesetzes; Savigny), 법의 수호자(ein Hüter des Rechtes; KH 2915)로 불리며 현행법도 검찰에게 실체적 진실발견의 원칙을 적용하고 이 진실을 추구해야 할 의무가 부여되어 있다(제3조 참조).

검사와 함께 검찰은 법무부장관에 대해 객관의무를 부담하고 있으므로 공소기관이지만 법원과 같이 독립적이지는 않고 그 상급기관의 적법한 지시에 구속된다. 상급기관의 각 지시에 서로 다른 해석의 여지가 있더라도 법적으로 수용될 수 있는 모든 지시는 적법하다고 한다.[31] 검사가 지시권자의 부적법한 지시에 복종하게 되면, 검사(와 그 상관)는 징계대상이 되고 경우에 따라서는 형사책임도 부담한다. 이에 대해서는 연방헌법 제20조 제1항이 특히 규정하고 있다: "하급기관은 그 지시가 권한 없는 기관에 의해 내려졌거나 또는 그 복종이 형벌법규에 침해될 우려가 있는 때에는 지시를 거부할 수 있다."

먼저 검찰에 대한 법무부장관의 지시권한과 관련하여, 검찰청법 제2조는 각급 검찰청의 조직과 배속 및 법무부장관의 지시에 대한 구속을 정하고 있다(제2조 제1항 제2문).[32] 검찰에 대한 지시의 구속력 문제는 그간 지속적으로 논란되어온 주제로

30) Ernst Eugen Fabrizy, 앞의 주석서, § 19 Rz 1.

31) Ernst Eugen Fabrizy, 앞의 주석서, § 19 Rz 3.

32) 검찰청법 제2조 제2항에 의하면, 각 검찰청에는 그 각 기관의 장을 두고(제1문), 그 장이 외부적으로 기관을 대표하며 관할의 모든 하부기관의 활동을 감독하고, 필요한 경우에는 지시를 한다(제2문)고 규정되어 있다. 또한 그 각 기관의 장에게는 개별사건에서 그 관할의 모든 하

서 지시권의 폐지에서부터 지시권의 투명한 행사를 위한 통제장치의 마련까지 다양하다.[33] 개정된 연방헌법 제90조의a 제3문은 검찰의 상급기관 지시에 대한 구속력 문제를 연방의 법률로 정하도록 규정하고 있다.

위와 같은 내용의 지시권은 2007년 제2차 형사소송법 개혁동반법(Strafprozess-reformbegleitG II, BGBl I 2007/112)에 의해 더욱 명확한 의미로 새로이 형성되었으며, 현행 검찰청법 제5절 제29조 이하에서 상세하게 규정하고 있다.[34]

2. 지시권 관련 검찰청법 규정 내용

(1) 고등검찰청의 지시

특정 절차에서 사건처리를 위한 고등검찰청의 지시권은 이 검찰청법에 근거하여 문서로 교부되어야 하고, 그 이유가 명시되어야 한다. 다만, 그렇게 할 수 없는 특별한 사유 특히, 급박한 위험이 있는 경우에는 구두로 지시할 수 있고, 가능한 한 즉시 문서로 확인되어야 한다(검찰청법 제29조 제1항).

특정한 절차에서 사건처리를 구두로 상론한 경우, 검찰은 그 논의의 결과를 조서(Niederschrift)에 기록하여야 하고, 특히 법적 견해(Rechtsauffasung)가 일치되었는지 또는 고등검찰청이 어떤 지시를 하였는지를 명확히 기재하여야 한다. 이 조서에는 논의에 참석한 전원이 서명하여야 한다(동조 제2항). 검찰청은 지시서 혹은 조서를 일지(Tagebuch)에 편철하여야 한다. 지시서 또는 조서의 부본(Ausfertigung)은 수사절차에서는 수사기록(Ermittlungsakt[35]))에, 공판 및 상소절차에서는 법원의 결

급기관의 직무를 스스로 인수하여 처리하거나 또는 중요한 이유에서 검찰의 직무 수행을 감안하여 사무분배원칙에 따라 관할이 있는 다른 검사로 하여금 처리하게 위임할 권한이 있다(검찰청법 제2조 제2항 제3문).

33) Andrea Titz, “Kontrolle des staatsanwaltschaftlichen Weisungsrechts und politischer Einfluss die Staatsanwaltschaften in Österreich”, DRiZ(2008. 3.) 74면 참조.

34) Ernst Eugen Fabrizy, 앞의 주석서, § 19 Rz 4.

35) 검찰청법 제33조의c 수사기록(Ermittlungsakt)
① 검찰은 형사소송법 제100조에 의하여 보고를 받는 즉시 검찰청법 시행규칙(DV–StAG)의 규정에 따라 수사기록을 작성하여야 한다. 그러나 절차가 더 이상의 수사가 없이 형사소송법 제197조 제2항 또는 제2항의a에 따라 지체 없이 종료되거나 또는 형사소송법 제190조 내지 제192조에 따라 수사절차가 중지되어야 하는 경우에는 그러하지 아니하다. 이들 수사기록은 형사소송법 제101조 제2항에 의거한 신청의 경우, 이의제기절차에서의 의견표명(형사소송법 제88조 및 제89조)의 경우 권리침해의 청구(형사소송법 제106조), 절차정지(제108조) 또는 절

정을 염두에 둔 신청에 포함되어야 한다(동조 제3항).

법무부장관은 고등검찰청의 보고 및 예정된 조치를 심사하여야 한다. 법무부장관의 지시는 이 법률에 정한 바에 따라 문서로 작성되어야 하고, 그 근거가 제시되어야 한다. 이 경우 고등검찰청은 제29조 규정에 따라 조치해야 한다(검찰청법 제29조의a 제1항). 법무부장관은 예정된 조치를 원칙적으로 제출된 보고에 기초하여 심사하여야 한다. 법무부장관은 또한 제출된 보고에서 불충분한 사항(제8조 제1항의a)이나 특히 현출된 의구심을 해명하기 위하여 수사기록, 형벌기록 또는 개개의 부분기록(Aktenteile)을 요구할 수 있다. 법무부장관은 다음의 어느 하나의 경우에는 지시를 하여야 한다(제29조의a 제1항의a).

1. 중요한 사실관계에 관한 보고가 불분명 또는 불완전하거나, 그에 대해 반론이 있거나 또는 불충분하게 근거가 제시된 경우,
2. 보고의 내용과 그 해결안의 내용 사이에 현저한 모순이 있는 경우 또는
3. 사실관계에 대한 법적인 판단 영역에 법률의 위반이 있거나 불법적으로 적용된 경우.

특정한 절차에서 사건처리가 구두로 논의된 경우에 대해서는 제29조 제2항을 준용되며, 조서는 검찰청이 구두의 논의에 참여하지 아니한 때에 한하여 고등검찰청에 의해 작성될 수 있다(동조 제2항). 나아가 법무부장관은 지시와 관계된 절차가 종결된 후, 해마다 연방 상원과 하원에 그 지시내용을 보고하여야 한다(동조 제3항).

위 내용은 법무부장관의 지시권을 통제하기 위하여 연방 양원에 대해 보고의무를 부여한 것이다. 이는 2015년 7월 검찰청법의 개정에 의해 신설되어 2016년 1월부터 시행되고 있다. 나아가 2015년 7월 당시의 검찰청법 개정에서는 법무부장관의 지시권한과 관련하여 자문위원회의 구성과 임무에 대한 사항을 신설하였다.[36)]

차의 재기(제195조) 및 공소제기의 경우에 법원에 제출되어야 한다.

② 공판절차에서 구 법원의 관할에 해당하는 범죄에 대한 수사절차에서는 수사기록의 인도(Führung)가 거부될 수 있다. 그러나 법원의 신청이나 또는 고소(형사고발)이 제기된 때에는 즉시 수사기록이 제출될 수 있다.

③ 수사기록 및 부속 일지(검찰청법 시행세칙 제16조)의 비밀과 취급에 관한 분류를 위하여 구체적인 사항은 법무부장관이 명령으로 정하여야 한다.

36) BGBl. I Nr. 96/2015.

(2) 자문위원회의 구성과 임무

검찰청법 제29조의b에 따르면, 대검찰청에는 법무부의 자문과 관련된 사항을 논의하기 위하여 자문위원회(Weisungsrat)를 두고 있다. 자문위원회는 검찰총장을 위원장으로 하고 다른 두 명의 위원으로 구성된다. 검찰총장에게 장애사유가 있는 때에는 차장검사가 그 지위를 대행하고(§182 Abs. 3 RStDG), 다른 두 명의 위원은 대체위원이 이를 대신한다(동조 제1항).

② 2인의 위원과 그 대체위원은 법무부 권리보호위원을 통한 사전 선정에 기초하여 헌법재판소장, 행정법원장과 대법원장의 청문을 거친 후에 연방정부의 추천으로 대통령에 의해 7년의 임기로 임명된다. 위원은 재임할 수 없다. 위원으로 임명될 수 있는 후보자의 추천은 최소한 2배수 이상으로 한다. 위원 또는 대체위원이 조기에 그만 둔 경우 후임자의 임기는 전임자의 잔여기간으로 한다. ③ 위원 및 대체위원의 임명은 사퇴하거나 사망한 경우, 임기의 만료나 또는 제4항에 따라 추후의 교체로 인하여 종료한다. 다만 임기만료의 경우에는 제2항에 따른 신규임용이 있기 전에는 종료하지 아니한다. 자문위원회의 모든 위원은 형사소송법 제47조 제1항에서 말하는 편견을 지체 없이 다른 위원에게 고지하여야 한다. ④ 제2항에 따라 임명되는 자문위원회의 위원 및 대체위원의 자격요건은 법학을 전공한 사람 중에서 형법과 형사소송법 분야에 특별한 지식과 경험이 있어야 하고, 형법 관련 분야에서 최소한 15년의 활동을 하여야 한다. 현직의 판사 및 검사, 권리보호위원과 그 대리인, 변호사회에 등록된 변호사 및 그 밖에 배심원 또는 참심원의 직무에서 제외된 사람이거나 이에 초빙되지 않는 사람(배심 및 참심원 법 제2조 및 제3조)은 위원으로 임명될 수 없다. 동등한 대우의 원칙은 준수되어야 한다. ⑤ 자문위원회는 위원장 또는 그 대리인과, 다른 두 명이 위원 또는 대체위원이 참석하는 경우에 결의할 수 있다. 위원회는 단순 다수결로 의결한다. 기권은 허용되지 않는다. 개별사안의 경우에 자문위원회의 모든 구성원이 동의하는 때에는 순환방식으로(im Umlaufweg) 결의안이 통과될 수 있다. ⑥ 자문위원회의 회의 및 투표는 공개되지 아니한다. 자문위원회의 위원은 직무상의 비밀을 준수해야 할 의무가 있다. 위원은 직무 수행에 독립적이며 지시에 구속되지 아니한다. 자문위원회의 내용(제29조의c)은 제35조의b의 준용에 의하여 공개될 수 있다. ⑦ 위원장의 권한, 위원의 권리와 의무, 회의의 소집, 부득이한 경우 다른 위원의 대체, 순환방식으로 결의하기 위한

요건 및 회의의 기록 등에 관한 자세한 사항은 법무부장관의 승인을 받아 자문위원회의 내규(Geschäftsordnung)로 정할 수 있다. ⑧ 자문위원회의 행정적 사무는 대검찰청의 총무국(Geschäftsstelle)이 수행한다. 제2항에 따라 임명되는 자문위원회의 위원 및 대체위원은 이 연방 법률에 따른 그들의 직무 수행에 대하여 매 시작하는 시간마다 헌법재판소의 대체재판관의 1일 보상액(헌법재판소법 제4조 제3항)의 1/10에 해당하는 보수를 지급 받는다. 위원들의 교통비 지급에 관해서는 연방공무원을 위한 운임규정에서 정하고 있는 기준이 위원의 주거지를 사무지로 간주하고 경비수준 3에 따른 여행운임을 지급하는 정도로 하여 준용된다. 제2항에 따라 임명되는 자문위원회의 위원 및 대체위원에 해당하는 비용의 책정에 대해서는 법무부장관이 정한다.

한편 검찰청법 제29조의c는 자문위원회의 임무를 다음과 같이 규정하고 있다.

법무부장관은 다음의 어느 하나에 해당하는 경우 제8조 제1항에 의하는 검찰청의 예정된 조치에 대한 보고서, 고등검찰청의 의견 및 근거가 제시된 해결안을 지시권한 관련 자문위원회(제29조의b)에게 제출하여야 한다(검찰청법 제29조의c 제1항):

1. 특정 절차에서 사건처리를 위하여 지시(제29조의a 제1항)를 하는 경우;

2. 집행의 최상위기관(연방헌법 제19조), 헌법재판소, 행정법원, 대법원 및 대검찰청의 구성원에 대한 형사사건의 경우;

3. 그 밖의 형사사건에 대해 일반대중의 특별한 관심 특히, 반복되는 국가적 언론 보도나 검찰 및 사법경찰의 조치에 대해 일반공중의 반복되는 비판을 하거나 또는 불공평을 이유로 법무부장관이 필요하다고 판단하는 경우.

위와 같이 법무부장관이 제1항에 따른 해결안을 자문위원회에게 제안하는 경우에 자문위원회의 위원장은 가능한 한 신속하게 자문위원회를 소집하여야 하고, 수사서류의 일부 또는 전부는 위원장의 요청에 따라 교부될 수 있다(동조 제2항).

자문위원회는 신속한 재판의 원칙(형사소송법 제9조)을 고려하여 가능한 한 신속하게 법무부장관의 해결안에 대하여 서면의 의견을 표명한다. 법무부장관이 자문위원회의 의견을 결과로서 채택하지 아니하는 때에는 그 의견표명의 전체에 대해 그가 채택하지 않은 근거를 제시하여야 하고, 검찰청법 제29조의a 제3항에 따른 연방상원과 하원에의 보고에서 이를 통지하여야 한다(동조 제3항).

자문위원회가 제1항에 따라 파악하고 그 결과 수사절차의 정지를 지시로 자문하는 경우에 검찰청은 형사소송법 제194조 제3항에서 정하고 있는 권리보호위원들에게 제195조 제2항의a의 효과를 이해시켜야 한다(동조 제4항). 그러나 국제형사사법공조나 그 밖의 지체할 수 없는 특히 구속과 같은 사건에서는 상소의 포기 설시 및 상소 실행의 의문은 나중에(im Nachhinein) 자문위원회를 납득시키는 것으로 충분하다(동조 제5항).

(3) 검찰청 내부에서의 지시

지시받은 내용이 법률에 위반되는 것으로 여겨지는 경우에 검사는 급박한 위험으로 인해 지연될 수 없는 조치가 문제되지 아니하는 한, 그 지시를 따르기 전에 상관(Vorgesetzt)에게 보고하여야 한다. 그 밖의 다른 지시에 대해 의문이 있는 경우에도 검사는 이를 상관에게 보고하여야 한다(검찰청법 제30조 제1항). 검사가 특정 지시를 법률에 위반된다고 여기거나 문서로 지시를 요구한 때에는 상관은 지시를 문서로 전하거나 이를 반복하여야 하고, 그렇게 하지 않은 때에는 그 지시가 철회된 것으로 간주된다(동조 제2항). 검사가 그에게 요구된 특정 지시를 법률에 위반되는 것으로 여기거나 또는 수행할 수 없는 것으로 판단하거나, 또는 그 밖에 참작할만한 이유(berücksichtigungswürdige Gründe)가 있는 경우에 기관장(Behördenleiter)은 급박한 위험으로 인해 지연될 수 없는 조치가 문제되지 아니하는 한, 문서로 합당한 이유를 설시하여 그 검사를 추후의 사건취급에서 배제하여야 한다(동조 제3항).

(4) 지시내용의 외부 공표

수사절차의 종결 지시 또는 공소제기의 지시에 관해서는 수사절차 종결의 법적 효력이 발생하기 전에 또는 법원의 판결 전에, 오직 검찰청장 또는 그 상위 지위에 있는 자가 공표할 수 있다(검찰청법 제31조). 수사절차가 종결되거나 판결이 선고된 후에는 어떤 지위에서 어떤 방향으로 사건처리지시가 있었는지에 대한 단순한 공표가 가능하고, 이는 직무상비밀 준수의무 위반이 아니다. 이 규정은 제29조 제2항 및 제29조의a 제2항에 따르는 구두의 지시에 대하여 준용된다.

(5) 위법한 지시에 복종한 효과

연방헌법은 검사에 대한 지시권을 연방 법률로 자세하게 정한다고만 규정하고 있을 뿐(제90조의a 제3문) 그 지시에 위반하거나 불법한 지시에 복종한 경우 등에 관해서는 별도의 규정을 두고 있지는 않다. 다만, 상급기관의 지시와 관련하여 제20조 제1항에서 일반규정을 두고 있는데, "하위기관은 권한 없는 기관의 지시이거나 또는 형법 규정에 위반되는 지시에 대해서는 그 복종을 거부할 수 있다."고 규정하고 있다. 따라서 적법하지 않는 지시에 대해 복종한 검사(또는 그 지시권자)는 징계처분의 대상이 되고, 경우에 따라서는 형사책임을 져야 한다.[37]

3. 유럽평의회 각료회의의 권고 사항

한편 검찰에 대한 지시권과 관련하여 고려되어야 할 사항으로는 유럽평의회 각료위원회의 권고사항이 있다. 오스트리아는 유럽평의회(Council of Europe; CoE)의 회원국이므로 비록 권고사항이지만 이를 완전히 무시할 수는 없을 것이기 때문이다.[38] 2000년에 채택된 각료위원회(Committee of Ministers)의 "형사사법에서의 검찰의 역할에 관한 권고사항"[39] 제13항은 특히 '검찰의 행정권 및 입법권과의 관계'에 대하여 다음과 같이 권고하고 있다. 즉, "검찰권이 정부의 일부이거나 정부에 종속되어 있는 경우,

a. 검찰권은 법에 의해 기초되어야 하며,
b. 정부는 국제협약, 국내법 및 법의 일반원칙에 따라 그 권한을 투명하게 행사하여야 하고,
c. 지시는 문서로 행사되고, 적절한 방법으로 공표되어야 하며,

---

37) Ernst Eugen Fabrizy, 앞의 주석서, § 19 Rz 3.

38) 이정봉, 앞의 글, 145면 이하 참조.

39) THE ROLE OF PUBLIC PROSECUTION IN THE CRIMINAL JUSTICE SYSTEM, Recommendation Rec(2000)19, Adopted by the Committee of Ministers of the Council of Europe on 6 October 2000, 위 권고사항은 ① 검찰의 기능(Functions of the public prosecutor), ② 검찰기능 수행을 위해 주어진 보호수단 (Safeguards provided to public prosecutors for carrying out their functions), ③ 검찰과 행정권 및 입법권과의 관계 (Relationship between public prosecutors and the executive and legislative powers, ④ 검찰과 법원의 관계 (Relationship between public prosecutors and court judges), ⑤ 검찰과 경찰의 관계 (Relationship between public prosecutors and the police), ⑥ 검찰의 각 개인에 대한 책무 (Duties of the public prosecutor towards individuals), ⑦ 국제공조 (International co-operation)의 7개 세부 분야로 총 39개항으로 구성되어 있다(https://wcd.coe.int/com.instranet.InstraServlet?command=com.instranet.CmdBlobGet&InstranetImage=276616&SecMode=1&DocId=366374&Usage=2.)

d. 정부가 특정사건의 기소를 지시하는 경우, 국내법에 따라 사전에 문서로 지시하여야 하며, 지시의 내용이 검사 의견과 다르고 위계질서에 따라 상부에서 지시되는 경우에는 문서에 의해 적절하게 그 이유가 제시되어야 하고, 반대당사자가 그 지시내용을 재판 전에 열람하여 이에 대한 의견을 제시할 수 있도록 그 지시서류를 기록에 편철하여 공정성과 투명성이 고려되도록 보장하여야 하며,

e. 검사가 하달된 지시사항을 서류상 문건에 반영할 책임이 있는 경우라도 법원에 선택적으로 어떠한 주장을 제출할 것인지는 검사의 자유로 남으며,

f. 특정사건에 대한 불기소 지시는 일반적으로 금지되나, 예외적으로 허용되는 경우에는 위 d.항과 e.항에서 설시된 요구사항을 준수하여야 하고, 특히 투명성을 보장하는 특별한 통제장치 하에 놓이도록 하여야 한다."

이러한 권고내용을 배경으로 오스트리아는 검찰에 대한 지시권이 행사되면 이를 확인할 수 있도록 예외 없이 문서화시키자는 논의가 전개되었고, 더 나아가 지시권의 행사절차와 이에 대한 의회에서의 통제방안에 관한 논의가 전개되어 왔다. 그러한 내용의 개정에 바로 앞서 설명한 검찰청법 제29조의a부터 c까지의 내용이 해당한다.

4. 오스트리아 학계에서의 논의 상황

검찰의 지시구속에 대한 의미와 내용형성(Sinnhaftigkeit und Ausgestaltung) 문제는 아직까지도 결정되지 않았지만 그 가능한 해결책으로는 법무부장관의 지시구속에서 찾아야 하는, 논의의 실익이 별로 없는 정치적 논쟁의 대상이다. – 최소한 조직상으로는 – 행정기관으로 설치된 검찰청은 연방헌법 제90조의a 개정이전에는 제20조에 근거하여 그 상급기관의 지시에 구속되어 왔다. 이와 같은 지시구속에 대한 예외는 헌법에서 달리 정하고 있는 경우에만 예외적으로 허용된다. 주지하다시피 검찰에 대한 지시구속을 법률로 변경할 수 있도록 정하고 있는 연방헌법 제90조의a 제3문은 현재진행중인 논쟁의 (애매한) 결과로 신설되었기 때문이다. 이 조문에 의하더라도 어떤 내용의 구속이 입법자에 의해 도출될 것인지와, 또한 그에 의해 마련된 일반적 법률이 지시구속의 문제를 완전히 종결시킬 수 있는 것인지는 여

전히 의문이라고 한다.[40)]

헌법위원회가 제안하였던 개정초안에 들어 있는 제90조의a 원래의 내용에는 후자의 문제를 부정하고 있었다. 검찰이 직무를 수행함에 있어 그 상급기관의 지시에 어느 정도로 구속되는지는 연방의 법률에서 정한다. 이 개정초안에 따르면, 원칙적으로 연방헌법은 지시의 자유에 근거지우고 있는 것을 이해된다. 그러므로 지시구속에 관한 규정은 오로지 입법자에 의해 형성될 수 있었을 것이지만, 그러한 법률규정이 없다면 검찰은 지시에 구속되지 않을 것이다.

위의 개정초안과 비교한다면, 현행법규는 그 문언내용이 수정되어 있다. 현행규정에는 원칙적인 지시구속이 헌법에 근거하고, 그 내용형성의 자유는 입법자에 맡겨져 있는 것으로 이해되기 때문이다.[41)] 예컨대, 검찰은 지시에 자유롭지만 검찰내부에서 개개 검사는 지시에 구속되는 것으로 이해하는 것도 가능할 것이다.[42)] 하지만 분명한 것은 지시구속의 "구체적인 사항"은 입법자에만 유보되어 있다는 사실이다. 개정초안의 원안문언에는 지시구속의 폐지가능성이 명확하게 채택되어 있었지만, 현재의 법률규정은 더 이상 그런 경우에 해당하지 않는다고 한다.[43)]

마찬가지로 연방헌법 제90조의a 제3문에 근거하여, 법무부장관과 검사간의 지시에 관련된 법률차원에서의 지시구속성 폐지가 헌법적으로 허용될 수 있는가의 문제는 흥미로운 쟁점으로 제기된다. 실제로 이 문제는 장차 허용될 것으로 예견하는 견해도 있다.[44)] 전술한 바와 같이 연방헌법 제90조의a에서는 검사에 대한 법무부장관의 지시구속의 문제를 단순히 법률로 정할 수 있다고 분명히 규정하고 있기 때문이다. 이러한 의미에서 검찰청법 제2조 제1항은 검찰에 대한 법무부장관의 지시권한에 법률적 근거를 제공하고 있는 것으로 이해된다. 연방헌법 제20조의 지시권한 원칙에 대한 예외를 특정한 조건하에서 단지 법률적 차원에서 정하는 것을 가능하도록 하는 것이 바로 헌법개정안의 목표이기도 하였기 때문이다. 하지만 연방헌법 제20조에서 정하고 있는 지시권한 원칙에 대한 예외를, 검사에 대해 연방헌법

---

40) 그 당시의 실무에 따르면, "특정한 절차에서 사건의 처리에 관한" 지시는 허용되고, 가능한 한 빨리 이 조치가 서면으로 제시되어야 한다(검찰청법 제29조 제1항). Gregor Heißl/Andreas Lehner, 앞의 글, 194면 및 각주 32) 참조.

41) Mathias Vogl, "Staatsanwaltschaft und StPO–Reform", Joural für Rechtspolitik, 2008, S. 123.

42) 이에 대해서는 연방법무부장관의 지시권에 관하여 참조할 것.

43) Gregor Heißl/Andreas Lehner, 앞의 글, 194면.

44) Gregor Heißl/Andreas Lehner, 앞의 글, 195면.

제90조의a가 허용하지 않는 것으로 해석될 경우에만, 새로이 도입된 헌법규정 제90조의a가 온전히 이해될 수 있을 것이다.

요컨대, 연방헌법 제90조의a 제3문이 단지 법률규정에 의해 검사에 대한 지시구속을 완전히 폐지할 수 있는 권한으로지 해석될 수 없다. 오히려 동조 제3문에는 어느 특정한 지시의 의존성을 고착시키고 있으나 헌법이 지시구속에 관한 더 이상의 자세한 요구사항을 명시하고 있지는 않다. 그 결과 법무부장관이 이 지시권의 최고정점에 있어야만 한다는 무언가 특별한 필연성은 여기서 도출되지 않는다. 오히려 검찰 전체에 대한 지시의 자유와 그 내부에서 개개 검사에 대한 지시구속으로 이해되어야 한다는 것이 해석상으로 허용될 수도 있다.

또한 예컨대,' 행정에 독립적인 연방공소권자'(Generalankläger)가 직접 의회에 대해 책임을 부담하는 단순한 법률모델도 생각할 수 있다. 체계적 관점에서 고찰하면, 법원의 형사절차에서 공소기관에 대한 지시원칙의 예외가 일반 법률로서 규정할 가능성을 연방헌법 제20조 제2항의 각 호로 채택될 수 있다고 긍정하는 견해도 주장되어 있다.[45] 결론적으로 연방헌법 제90조의a는 제20조에 대한 특별규정(lex specialis)으로 이해되고 있다.

5. 소결 및 비교법적 시사

오스트리아에서 검찰에 대한 지시권한을 요약하면, 먼저 지방검찰청은 고등검찰청에 직접 종속되며, 이들과 대검찰청은 연방법무부에 종속된다. 지시권한체계의 계층구조에서 특별한 점은 오스트리아의 검찰총장은 연방 법무부장관 – 검찰총장 – 검사(및 구 검사)로 지시명령을 내리는 계층구조의 외부에 있다는 점이다. 법률이 검찰총장에게 고등검찰이나 지방검찰에 대한 지시권한을 부여하지 않았기 때문이다. 다음으로 검찰총장에게는 지방검찰청에 대한 고등검찰청의 경우와 다르게 검사동일체 원칙에 의한 직무감독 및 직무위임 권한도 인정되어 있지 않다는 것이다. 따라서 검찰총장은 지방검찰청 또는 고등검찰청과 관련된 항고를 접수할 책무가 없다. 오히려 그와 같은 불만이 제출된 경우에는 이를 검찰청 또는 연방법무부에 직접 전달해야 한다.

---

45) Gregor Heißl/Andreas Lehner, 앞의 글, 195면. 여기서 연방공소권자'(Generalankläger)는 우리의 대검찰청 검찰총장 및 대검찰청 소속검사를 의미하는 것으로 의역된다.

위와 같은 오스트리아 법무부장관의 검찰에 대한 지시권한의 내용에도 불구하고 이를 우리에게 바로 적용하거나 참고할 수 있는 것은 아니다. 그 이유는 오스트리아 대검찰청 조직상의 특성과 오스트리아 대검찰청(GP)은 공소기관이 아니라는 점에 있다. 우리의 검찰청법에 의하면, 검사의 직급은 검찰총장과 검사로 구분되므로 검찰총장 역시 검사이다(제6조 참조). 따라서 검찰총장은 검사로서 검찰청법 제4조에 규정된 '검사의 직무와 권한'을 가지고, 더 나아가 검찰총장으로서 대검찰청의 '검찰사무'를 총괄하고, 검찰청 공무원을 지휘·감독한다(제12조). 이들 규정에 의하면, 검찰총장의 직무에는 검사의 직무권한과 대검찰청의 검찰사무를 총괄하는 권한이 부여되어 있다. 전자는 사법 작용으로, 후자는 검찰 행정작용으로 이해된다. 특히 대검찰청 '차장검사'의 유사시 검찰총장의 '직무' 대리(제13조)는 바로 후자의 직무를 의미하는 것으로 해석되어야 한다. 대검찰청 차장검사도 검찰총장과 동일하게 독립제기관인 검사 그 자체이기 때문이다.

Ⅳ. 검찰개혁법에 의한 검사의 직무수행 관련 단상

1. 검사의 수사지휘권 폐지와 검사의 직무 수행과 관련하여

개정형사소송법이 시행되고 있다. 개정규정에 따르는 실무에 대해서는 두 가지 의문이 제기된다. 그 하나는 '검·경간의 '협력'관계와 '지휘'는 반드시 양립불가능한가'이고, 다른 하나는 개정법에 따르는 경우에도 여전히 '경찰은 수사기관인가? 아니면 특히 국가수사본부의 일반사법경찰관은 준사법기관이 되는 것인가?'이다. 경찰에게 1차적 수사종결권이 부여되므로 일반사법경찰의 법적 성격을 준사법기관으로 볼 여지도 생기는데, 과연 사법관으로서의 자격이 없는 기관 또는 사람에게 사법관의 권한을 준 것은 아닌지가 문제되고, 수사경찰의 불송치 결정 자체도 검찰청법상의 항고 및 재항고(제10조), 형소법상의 재정신청(제260조)의 대상이 되는 것은 아닌지, 경찰 신청 또는 집행의 체포 및 구속 사건에 대한 체포·구속적부심에는 구속 전 피의자 심문에 경찰이 출석해야 하는 것인지(형소법 제214조의2 제9항 참조) 등 의문이 꼬리를 물고 제기된다.

검경간의 수사권 조정이든, 검찰개혁이든 형사사법제도의 구조를 변개함에는 우선적으로 '검찰과 경찰의 정체성'을 분명히 하고, 이들 권력기관을 본연의 자리에 되돌려 놓기 위한 방향으로 입법이 행해져야 한다. 그러한 방향의 하나가, 검찰은 직접 수사를 과감하게 포기하고 경찰은 모든 사건에서 1차적 수사를 전담하되 수사보고 의무의 충실한 이행을 통하여 모든 사건에 대하여 검사가 철저한 사법통제를 할 수 있게 해야 한다는 것이다. 경찰수사의 모든 사건을 검찰에 송치하는 것이 오늘날 대륙법계 검찰제도 및 검사의 기능과 일치하는 것으로 본다.

하지만 개정형사소송법은 수사에 관하여 검사와 사법경찰관이 서로 협력해야 하는 것으로 규정하고 있다(제195조 제1항 참조). 나아가 개정법 제245조의5(사법경찰관의 사건송치 등)에 의하면, 사법경찰은 범죄를 수사한 때에는 먼저 '범죄의 혐의가 있다고 인정되는 경우' 검사에게 사건을 '송치'하고(같은 조 제1호), '그 밖의 경우에는' 관계 서류와 증거물(사건기록)을 '송부'하도록 규정하고 있다(같은 조 제2호). 개정법 제245조의5 제1호의 경우에 대해서는 검사가 '보완수사 요구'를 하고, 제254조의5 제2호의 경우에는 사법경찰이 "사건을 송치하지 아니한 것이 위법 또는 부당한 때에는" '재수사를 요청'할 수 있으며 이 경우 사법경찰은 사건을 재수사하여야 한다.

위와 같이 개정법은 사법경찰의 1차적 수사종결 처분에 대하여 '사건송치'와 '그 밖의 경우'(같은 조 제1호의 관계에는 사건을 송치하지 않는 이른바 '사건기록의 송부'를 의미)만을 상정하고 있는데, 대통령령 수사준칙[46)]에는 "가. 피의자중지와 나. 참고인중지"의 '수사중지'를 결정하도록 하고 있다(제51조(사법경찰관의 결정) 제1항 제4호). 사건의 법원 또는 검찰 송치(같은 항 제1호와 제2호) 및 불송치(같은 항 제3호) 이외에 이러한 '수사중지'가 모법인 개정법 제245조의5 규정의 위임범위를 벗어난 위법이 있는 것인지, 아니면 같은 조 제2호의 "그 밖의 경우"에 해당되는 '불송치' 결정과는 다른, '사법경찰의 수사종결 처분의 한 유형'으로서 허용되는 것으로 볼 수 있는가가 문제이다. 이 문제를 후자와 같이 표현의 액면 그대로 받아들이더라도, 수사준칙 제52조(검사의 결정) 제1항 제3호 및 제4호 소정의 '기소중지'와 특히 '참고인중지'와는 어떻게 구별되는 것이고, 또 이를 구분할 것인지가 반드시 명확한 것도 아니다.[47)]

수사단계에서 그 절차 도중에 계류 중인 사건을 굳이 수사의 주체·기관에 따라

46) 검사와 사법경찰관의 상호협력과 일반적 수사준칙에 관한 규정 [시행 2021. 1. 1.] [대통령령 제31089호, 2020. 10. 7. 제정]

47) 문리해석상으로는 일반사법경찰의 수사사건에 대한 조치와, 검사의 직접수사 사건에 대한 조치로 이분된다.

이처럼 구분하여 조치해야 할 필요가 있는지에 대한 의문이다. 수사를 받는 잠재적 범죄인, 일반국민이나 나아가 형사피의자의 입장에서 또 사건의 고소인·고발인 등의 입장에서 보더라도 형사절차에서 그 신분이나 지위가 부동(浮動)적이라 불안이 지속할 것이며, 사건의 신속해결에도 지장이 있을 것이기 때문이다. 이러한 애로를 해소하기 위하여 수사준칙 제54조는 '수사중지 결정에 대한 이의제기 등'이라는 장치를 마련하고는 있다. 즉, 수사중지 결정을 통보한 사법경찰 소속 상급 경찰관서의 장에 대한 이의 제기(같은 조 제1항) 및 개정법 제197조의3 제1항에 따른 검사에의 신고(같은 조 제3항)가 그것이다. 여기서 사건고소인 등에 의한 이의 제기의 경우라면 경찰관서 내부에서의 자정(自淨)을 거치는 단계가 필요할 것이며, 후자의 신고의 경우라면 '사건기록의 등본을 송부' 받아 검사가 이를 30일 간 검토하여 그 시정조치를 요구할 수 있을 것이다(개정법 제197조의3 제1항 및 수사준칙 제54조 제4항 참조). 그리고 후자의 경우에 특히, 사경의 수사처분에 대해 개정법 제197조의3 제1항과 같이 "수사과정에서 법령위반, 인권침해 또는 현저한 수사권 남용"이 있는 때에는 시정조치의 요구대상만이 아니라 오히려 '위법'으로 수사대상도 되어야 할 것이다.

나아가 사법경찰의 수사중지가 검사의 기소중지 등과 유사한 수사주체의 사건처분이라고 한다면, 사경의 사건에 대한 '불송치'로 취급하여 개정법 제245조의5 제2호에 따라 사건기록을 송부하고, 제245조의8에 의한 '재수사 요청'의 대상으로 해결되어야 하는 것은 아닌가? 개정법 제245조의5 제2호의 경우에 따른 결정의 '위법 또는 부당한 때'에는 재수사의 요청 대상이고, 이 경우에 사경은 재수사하여야 한다. 이와 달리 개정법 제197조의3에서는 사건기록의 송부 요구(제1항), 시정조치의 요구(제3항), 정당한 이유 없는 불이행시에는 사건송치 요구(제5항)하고, 수사과정에서 사법경찰관리의 "법령위반, 인권침해 또는 현저한 수사권 남용이 있었던 때"에는 검찰총장 또는 각급 검사장이 권한 있는 사람에게 해당 사법경찰관리의 징계를 요구(제7항)할 수 있도록 규정하고만 있다.

그런데 개정법 제245조의5 제2호에 따른 검사의 기록 검토·반환 기간(90일)과 수사준칙 제51조 제4항에 따른 검사의 기록 검토·반환 기간(30일)에는 차이가 매우 크다. 위 기간의 차이에 대해서는 개정법 제245조의5 제2호의 경우에 재수사 요청의 대상이 되는 사경의 사건불송치 결정의 '위법 또는 부당한 때'의 근거와, 이와 구별되는 수사준칙 제54조 제1항 제4호의 경우에 시정조치 요구의 대상이 되는 사경의 수사중지 결정의 "법령위반, 인권침해 또는 현저한 수사권 남용"의 근거에서 '재수사' 요청(개정법 제245조의8)과 '시정조치' 요구(수사준칙 제54조 제4항 및 개정법 제197조의3 제1항, 제5항 참조)의 합당한 차이를 찾을 수 있고, 또 이를 잘 판단할 수 있는지가 그 해명의 관건이 될 것이다.

다른 한편으로 검사의 기소중지 처분 등에 대해서는 현행법상 '불기소처분과 동일하게 취급'하여 검찰청법상 고소인 등의 항고권이 인정되고 있는데(제10조), 경찰관서 내부에서도 경찰관직무집행법이나 가칭 '국가수사본부 설치 등 법률'에 관련 규정을 마련하여야 할 것이다. 수사준칙에는 경찰청장 또는 해양경찰청장이 이를 정하도록 규정하고 있다(제54조 제2항 참조).

2. 검사의 권한 (남용)과 검찰의 권력 (집적)

검사의 권한을 검찰 권력으로 집적(集積)한 것이 이른바 '검찰공화국' 탄생의 단초가 되었고, 그 권력을 견제하고자 검사의 기능을 제한함으로써 검사의 정체성에 혼동을 야기하고 있는 것이 현 정부의 권력기관 개편방안의 문제이다. 검사의 정체성을 되찾는 검찰만의 개혁이었으면 했는데, 검찰 권력을 통제한다고 검사의 권한을 제한하고 이를 경찰에게 부여하려는 것이 앞의 방향성 문제점보다 더욱 심각한 두 번째 실수이다. 검사와 사법경찰, 수사경찰은 지휘 관계 그리고 검찰청과 경찰청은 행정각부의 각 독립외청으로 상호협력관계에 있다. 그런데 행정조직과 그 기능의 동일로 보이는 착시가 양자의 양립을 불가한 것으로 여기게 하였다. 하지만 기관과 기능의 분리는 양자를 양립가능하게 할 수 있다. 형사소송, 재판에는 검사가 등장하고 검찰은 등장하지 않는다. 검찰의 권력을 검사의 권한으로 제자리를 찾아 위치시켜야 한다. 이게 검찰개혁의 방향성이라고 주장한다. 판사 및 법관에 버금가는 사법기관성 부여와 독립 보장, 최근의 보도된 법원 사태에서 보이는 것처럼 사법 행정이 사법 본질을 좌지우지 못하게 하도록 검찰행정이 검사 기능을 왜곡시키는 것을 막는 것이 검찰개혁의 방향이라고 생각한다.

현재 논의되고 있는 검경개혁은 그 정체성의 혼란을 가져오는 4만 명의 말 그대로 준사법기관이 생기게 되는 것이고, 이대로라면 사법보다 행정에 훨씬 더 가까운 기관으로(예컨대 국수본) 우리는 2,000의 사법에 가까운 준사법기관도 제대로 이해하고 신뢰를 주지 못하였는데 이제는 행정과 다르지 않는 40,000의 준사법기관을 신뢰하자고 하는 주장에 직면하고 있다. 행정·사법 경찰기능과 경찰청과 현행의 국수본 논의보다 훨씬 절연된 형태의 이른바 수사청으로의 기관 분리가 선재되지 않는 한 또는 없는 한, 수사권 조정은 또 다른 리바이어던의 잉태일 뿐이다.

3. 법무부장관의 수사지휘권 행사와 관련하여

(1) 법무부장관의 검찰총장에 대한 수사지휘권 행사 사례

법무부장관의 검찰총장에 대한 수사지휘의 최초 사례는 1949년 4월 이승만 정부 때에 이인 법무부장관이 임영신 상공부장관 등의 독직사건에 대해 권승렬 검찰총장에게 불기소 지시를 한 것이다.[48] 그럼에도 검찰총장이 임 장관을 기소하는 바람에 법무부장관은 사임하게 되고 오히려 검찰총장이 법무부장관으로 임명되기도 하였다.

다음으로 2005년 10월 노무현 정부 때 천정배 법무부장관이 강정구 동국대 교수에 대한 국가보안법위반 사건에서 김종빈 검찰총장에게 구속영장을 청구하지 말고 불구속수사를 하라는 지휘를 하였고, 검찰총장이 이를 수용하는 대신 사퇴를 한 적이 있었다.[49]

그리고 2020년 6월 현 정부에서 추미애 법무부장관이 윤석열 검찰총장에게 '한명숙 전 국무총리사건 위증교사 위혹' 사건과 관련하여 참고인 한모씨를 서울중앙지검 인권감독관실이 아닌 대검찰청 감찰부에서 조사하도록 하고, 계속해서 '검·언 유착 의혹' 사건에서 대검 전문수사자문단 소집절차를 중단하고 서울중앙지검장이 지휘 중인 수사에 검찰총장이 수사지휘를 하지 말라는 지휘를 한 것이 있다.[50]

---

48) 이창현, "법무부장관의 수사지휘", 법률신문, 2020.08.27.(https://m.lawtimes.co.kr/Content/Opinion?serial=163790; 최종검색일 2020. 09.02.) 참조.

49) 리걸타임즈, 2005.10.13. 기사: 천정배 장관, 강정구 교수 사건 불구속지휘(https://www.legaltimes.co.kr/news/articleView.html?idxno=2883; 최종검색일 2021. 03. 05).

50) 동아일보, 2020.06.19. 기사: 추미애 "한명숙사건 참고인, 대검 감찰부가 직접 조사하라"(https://www.donga.com/news/Society/article/all/20200619/101579854/1; 최종검색일 2021. 03. 05). 윤석렬 검찰총장이 사임하기 하루 전날이 3월 3일 추미애 전 법무부장관은 검찰총장에게 최근 수사권을 부여받은 임은정 검사에게 한명숙 전 총리 사건을 돌려주라고 의견을 표명하였다. 이에 대해서는 뉴시스 2021.03.03. 기사: 추미애 "윤석열, 임은정 검사에 한명숙 사건 돌려줘야"(https://newsis.com/view/?id=NISX20210303_0001357064#; 최종검색일 2021. 03. 05) 참조.

2020년 10월에는 추미애 법무부 장관이 라임자산운용 로비 의혹과 윤석열 검찰총장 가족 사건에 대해 수사지휘권을 행사한 것으로, 장관 취임 후 두 번째로 수사지휘권을 발동한 사례가 있다. 여기서 법무부장관은 '라임 로비의혹 사건 및 검찰총장 가족과 주변 사건 관련 지휘'라는 제목의 수사 지휘에서 "라임자산운용 사건 관련 여야 정치인 및 검사들의 비위 사건을 포함한 총장 본인·가족·측근과 관련된 아래 사건에 대해 공정하고 독립적인 수사를 보장하기 위해, 검찰총장은 서울남부지검과 서울중앙지검 수사팀이 대검찰청 등 상급자의 지휘 감독을 받지 아니하고 독립적으로 수사한 후 그 결과만을 검찰총장에게 보고하도록 조치할 것을 수사 지휘하였다.[51]

(2) 검사직무와 검찰사무의 준별

위의 "소결 및 비교법적 시사"에서처럼 '검사의 직무'와 '검찰 행정사무'의 준별 사고체계는 검찰청법 제4조 "검사의 직무", 제7조 "검찰사무에 대한 지휘·감독" 등 법률문언의 비교에서 연유한다.[52] 특히 유념해야 할 조항은 검찰총장 및 각급

---

51) 한겨레, 2020.10.19. 기사: 추미애 "라임·가족 수사에서 윤석열 배제" 수사지휘권 행사(http://www.hani.co.kr/arti/society/society_general/966361.html#csidx2766faa610325eabce5c83279af9957; 최종검색일 2021. 03. 05).

52) 검찰청법

> 제4조(검사의 직무) ① 검사는 공익의 대표자로서 다음 각 호의 직무와 권한이 있다. <개정 2020. 2. 4.>
> 1. 범죄수사, 공소의 제기 및 그 유지에 필요한 사항. 다만, 검사가 수사를 개시할 수 있는 범죄의 범위는 다음 각 목과 같다.
> 가. 부패범죄, 경제범죄, 공직자범죄, 선거범죄, 방위사업범죄, 대형참사 등 대통령령으로 정하는 중요 범죄
> 나. 경찰공무원이 범한 범죄
> 다. 가목·나목의 범죄 및 사법경찰관이 송치한 범죄와 관련하여 인지한 각 해당 범죄와 직접 관련성이 있는 범죄
> 2. 범죄수사에 관한 특별사법경찰관리 지휘·감독
> 3. 법원에 대한 법령의 정당한 적용 청구
> 4. 재판 집행 지휘·감독
> 5. 국가를 당사자 또는 참가인으로 하는 소송과 행정소송 수행 또는 그 수행에 관한 지휘·감독
> 6. 다른 법령에 따라 그 권한에 속하는 사항
> ② 검사는 그 직무를 수행할 때 국민 전체에 대한 봉사자로서 헌법과 법률에 따라 국민의

검사장에게 인정되어 있는 '검사 직무'의 위임 · 이전 및 승계권한을 정하고 있는 제7조의2이다. 검찰의 행정사무를 통하여 검사 직무에 관한 규제와 관리가능을 (부당하게) 기도할 수 있도록 규정되어 있기 때문이다.

(3) 검찰청법 제8조의 의미

검찰청법 제8조는 법무부장관의 지휘 · 감독권한을 규정하고 있다. 검찰청법에 따르더라도 법무부장관의 구체적 사건에 대한 검찰총장에의 지휘 · 감독에는 '검사의 직무'와 관련된 사법작용 및 '검찰사무'와 직접 관련이 있는 검찰행정 양자 모두 포함되는 것인지, 검찰청 관할 행정 각부의 당해 장관으로서, '검찰사무의 최고감독

인권을 보호하고 적법절차를 준수하며, 정치적 중립을 지켜야 하고 주어진 권한을 남용하여서는 아니 된다. <개정 2020. 12. 8.>
[전문개정 2009. 11. 2.]

제5조(검사의 직무관할) 검사는 법령에 특별한 규정이 있는 경우를 제외하고는 소속 검찰청의 관할구역에서 직무를 수행한다. 다만, 수사에 필요할 때에는 관할구역이 아닌 곳에서 직무를 수행할 수 있다.
[전문개정 2009. 11. 2.]

제6조(검사의 직급) 검사의 직급은 검찰총장과 검사로 구분한다.
[전문개정 2009. 11. 2.]

제7조(검찰사무에 관한 지휘 · 감독) ① 검사는 검찰사무에 관하여 소속 상급자의 지휘 · 감독에 따른다.
② 검사는 구체적 사건과 관련된 제1항의 지휘 · 감독의 적법성 또는 정당성에 대하여 이견이 있을 때에는 이의를 제기할 수 있다.
[전문개정 2009. 11. 2.]

제7조의2(검사 직무의 위임 · 이전 및 승계) ① 검찰총장, 각급 검찰청의 검사장(檢事長) 및 지청장은 소속 검사로 하여금 그 권한에 속하는 직무의 일부를 처리하게 할 수 있다.
② 검찰총장, 각급 검찰청의 검사장 및 지청장은 소속 검사의 직무를 자신이 처리하거나 다른 검사로 하여금 처리하게 할 수 있다.
[전문개정 2009. 11. 2.]

제8조(법무부장관의 지휘 · 감독) 법무부장관은 검찰사무의 최고 감독자로서 일반적으로 검사를 지휘 · 감독하고, 구체적 사건에 대하여는 검찰총장만을 지휘 · 감독한다.
[전문개정 2009. 11. 2.]

자'로서 검찰사무에 국한하여 지휘·감독권을 행사하는가에 대해서도 전술한 검사 직무와 검찰사무의 관계 정립에 의존하는 바가 있다.

오스트리아의 예처럼 법률이 대검찰청(GP)의 장(검찰총장)에게 고등검찰청이나 지방검찰청(의 검사)에 대한 지시권한을 부여하지 않았기 때문에, 법무부장관의 수사지시권한 계층구조에서 검찰총장은 배제되어 있다. 우리의 경우에도 그런 내용의 법률적 개정이 가능할 것인가?[53)]

V. 나가며

형사사법에서 수사권 조정은 단지 검·경간의 권한 배분이나 검찰 권력에 대한 억지의 문제가 아니다. 개혁방향은 오로지 인권보장의 헌법적 가치를 실현하기 위한 형사사법의 '법과 질서'(law & order) 또는 형사사법의 정의수호 문제에 적중되어야 한다. 법 내용적인 형평과 정의의 문제를 등한시하고서 형식측면의 전자만을 강조하여, 질서를 명령(order)으로 이해함으로써 '법률을 통한 명령'(order by the

53) 위의 질문과 다른 방향에서의 의문은 오스트리아에서 촉발된 적이 있다. 즉, 전술한 것처럼 오스트리아 연방헌법 제90조의a 제3문에 근거하여, 법무부장관의 수사지휘에 따라야 하는 검찰의 복종의무를 배제하는 법률규정을 도입하는 제·개정안이 헌법상 허용될 것인가가 그것이다. 이를 긍정하는 일부의 견해도 있었으나 오스트리아의 일반적 견해는 법무부장관이 수사지휘권의 최고정점에 있어야 한다는 필연성이 위 헌법규정에서 도출되지는 않지만, 검찰의 중립성과 검찰내부의 지휘구속력은 필요한 것으로 이해하고 있다. 다른 한편으로 법부무장관의 검찰총장에 대한 수사지휘권 행사구조와 동일한 양상을 지니고 있는 경찰청장의 국가수사본부장에 대한 수사지휘와 복종(지휘구속력)여하에서도 이 문제는 쟁점으로 부상될 수 있다. 경찰청장은 원칙적으로 개별사건에 대한 구체적 수사지휘를 할 수 없다("국가경찰과 자치경찰의 조직 및 운영에 관한 법률"(전부개정 2020.12.22. 법률 제17689호, 시행 2021.1.1.) 제14조 제6항 참조). 여기서 또 한 가지 의문, 치안정감인 경찰청 차장은 치안정감으로 보하는 국가수사본부장에게 개별사건에 대한 구체적 수사지휘를 할 수 있는가? 형사소송법에 따르면 (일반) 사법경찰관이 아닌 치안정감의 국가수사본부장은 직접 수사권을 갖고 있는지도 문제이다. "국가 및 지방경찰 조직 및 운영에 관한 법률" 제16조 제2항은 국가수사본부장에 대하여 "「형사소송법」에 따른 경찰의 수사에 관하여 각 시·도경찰청장과 경찰서장 및 수사부서 소속 공무원"에 대한 '지휘·감독'권을 규정하고 있다. 국가수사본부장이 국가수사사무를 총괄하지만 행정경찰이지 수사경찰 즉 형사는 아니기에 생기는 의문이다. 경찰 관련 법률 규정(예컨대, 제3조의 제2호와 경찰관 직무집행법 제2조 제2호)에 의한 "범죄의 수사" 임무규정과 형사소송법 제197조 제1항의 수사권 규정내용에 부정합이 있다. 법률의 체계정합적인 해석을 한다면, 치안감 이상의 행정경찰에게는 수사개시권이 없으며, 경찰 관련법규정에 따라 수사지휘·감독권만이 있는 것으로 이해되어야 할 것이다.

law)으로 오독해서는 아니 된다. 형사사법은 제왕적 대통령의 권력이든, 무능한 부정이든 또는 민주의 독주(獨走)이든 권한남용적인 독단의 적폐를 청산하고 일소할 수 있어야 한다. 적폐청산의 관건은 국민의 지지를 업고서 할 수 있다고, 하고 싶다고 전부 다 하는 것이 아니다. 오히려 해야 할 것을 우리 국민을 위하여 하는 것이다. 그렇지 않다면, 적폐청산의 기치로 작폐를 남기는 우를 범하는 처사다. 우리는 과거의 정권에서 이를 직접 목도한 바 있다. 할 수 있을 때 지금의 자기를 위해서가 아니라 앞으로의 우리를 위해 해야 할 따름이다.

검찰개혁의 핵심은 검찰 인사에 대한 청와대 등 권력 집권층의 간섭 배제를 어떻게 입법화할 것인가에 있다. 지금까지 검찰권이 행정부의 수반인 대통령이나 소속 관청인 법무부장관의 수족처럼 여겨지고 있는데, 공정한 형사사법을 위한 (준)사법기관으로서 검찰이, 그리고 사법기능 수행자로서 검사가 다시 태어나는 것만이 검찰 내지 검사가 국민의 신뢰를 되찾는 길이라고 생각한다.[54)]

논문투고일: 2021.03.05 논문심사일: 2021.03.09 게재확정일: 2021.03.22

54) 라임자산운용 관련사건에서 검찰총장을 배제하는 형식의 전 법무부장관의 구체적 사건에 대한 수사지휘 못지않게, 한명숙 전 국무총리의 정치자금법 위반 사건과 관련된 모해위증 교사 사건에서 현 법무무장관이 검찰총장 직무대행의 수사지휘권에 대해 지휘책임 희석의 수사지휘권 행사(아시아경제, 2021.03.18. 기사: "차라리 추미애는 용맹하기라도".. 檢 내부, 박범계 수사지휘에 싸늘한 반응 (https://news.v.daum.net/v/20210318093954568?x_trkm=t; 최종검색일 2021. 03. 19.)도 문제는 있어 보인다. 검찰개혁 2기의 핵심어가 이른바 '검수완박'이라면, 수사권 없는 검찰에 대한 법무부장관의 수사지휘권도 자연도태될 것이기에 법무부장관의 수사지휘권 행사의 적부문제는 기다려 볼 일이다. 유사한 구조를 지니고 있는 경찰청장의 국가수사본부장에 대한 수사지휘권 행사와 관련될 수 있는 이른바 '변이'의 발생의 우려는 기우기를 바란다.

【참고문헌】

대한변호사협회·한국형사소송법학회 공동학술대회 자료집, “검찰의 정치적 중립성과 독립성의 보장방안”, 2020. 9. 17.

이경렬, “오스트리아 검찰의 헌법상 지위와 수사절차에서의 검·경 관계”, 『형사법의 신동향』 제59호(대검찰청, 2018)

이정봉, “오스트리아 개정 형사소송법상의 검사의 지위와 수사절차에 관한 연구”, 『형사법의 신동향』 제24호(대검찰청, 2010)

이창현, “법무부장관의 수사지휘”, 법률신문, 2020.08.27.(https://m.lawtimes.co.kr/Content/Opinion?serial=163790; 최종검색일 2020. 09.02.)

Andrea Titz, “Kontrolle des staatsanwaltschaftlichen Weisungsrechts und politischer Einfluss die Staatsanwaltschaften in Österreich”, DRiZ (2008. 3.)

Ernst Eugen Fabrizy, StPO Kommentar, 9. Aufl., 2004.

Gregor Heißl/Andreas Lehner, “Staatsanwälte in der Verfassung”, ZfV 2009/331.

Mathias Vogl, “Staatsanwaltschaft und StPO－Reform”, Joural für Rechtspolitik, 2008

Philipp J. Graf, “Die Staatsanwaltschaft”, Öffentliche Sicherheit 5－6/05.

Stefan Seiler, Strafprozessrecht, 9. Aufl., 2008.

노컷뉴스, 2020.12.16. 기사: [영상]秋 취임부터 막 오른 추윤갈등…350일 만에 尹 ‘정직’까지(https://www.nocutnews.co.kr/news/5465686).

뉴시스, 2021.03.03. 기사: 추미애 “윤석열, 임은정 검사에 한명숙 사건 돌려줘야”(https://newsis.com/view/?id=NISX20210303_0001357064#; 최종검색일 2021. 03. 05).

동아일보, 2020.06.19. 기사: 추미애 “한명숙 사건 참고인, 대검 감찰부가 직접 조사하라”(https://www.donga.com/news/Society/article/all/20200619/101579854/1; 최종검색일 2021. 03. 05)

리걸타임즈, 2005.10.13. 기사: 천정배 장관, 강정구 교수 사건 불구속지휘(https://

www.legaltimes.co.kr/news/articleView.html?idxno=2883; 최종검색일 2021. 03. 05).

법률신문, 2020.07.27. 기사: “법무장관이 고검장 상대로 수사지휘… 검찰총장 수사지휘권은 폐지”(https://m.lawtimes.co.kr/Content/Article?serial=163247; 최종검색일: 2020. 09. 13.)

신동아, 2020.08.07. 기사: “검찰개혁위 총장 지휘권 폐지 권고는 ‘주제 넘는 것’”, ‘마지막 중수부장’ 김경수 前고검장 “장관의 고검장 지휘는 정치적 중립 포기”(https://shindonga.donga.com/Print?cid=21438640)

아시아경제, 2021.03.18. 기사: “차라리 추미애는 용맹하기라도”.. 檢 내부, 박범계 수사지휘에 싸늘한 반응 (https://news.v.daum.net/v/20210318093954568?x_trkm=t; 최종검색일 2021. 03. 19.)

오스트리아 검찰총장의 임무(http://www.generalprokuratur.gv.at/de/darstellung-der-aufgaben; 최종검색일: 2017.10.23.)

오스트리아 법무부 자료(Die Österreichische Justz, (https://www.justiz.gv.at/web2013/file/8ab4ac8322985dd501229ce2e2d80091.de.0/brosch%C3%BCre%20aktuell.pdf), 22면 참조. (최종검색일: 2017.10.23.)

오스트리아 법무부 홈페이지 (https://www.justiz.gv.at/home/justiz/daten-und-fakten/personalstand-in-der-justiz~8ab4a8a422985de30122a92fc5bc63a9.de.html; 최종검색일: 2021.03.05.)

오스트리아 컨벤션 보고서(http://www.konvent.gv.at/K/DE/ENDB-K/ENDB-K_00001/imfname_036112.pdf)

유럽평의회 각료 위원회 자료, THE ROLE OF PUBLIC PROSECUTION IN THE CRIMINAL JUSTICE SYSTEM, Recommendation Rec(2000)19, Adopted by the Committee of Ministers of the Council of Europe on 6 October 2000((https://wcd.coe.int/com.instranet.InstraServlet?command=com.instranet.CmdBlobGet&InstranetImage=276616&SecMode=1&DocId=366374&Usage=2.)

조선일보, 2020.08.10. 기사: “검찰, 여당 이익 대변단체 될 것” 형사소송법학회도 개혁위 비판, (https://news.v.daum.net/v/20200810162213193?f=m; 최종검색일: 2020. 09. 13.)

중앙일보, 2020.08.19. 기사, 종합 28면: [진중권의 퍼스펙티브] “개가 주인 물었다, 검찰개혁은 자살했다”(https://mnews.joins.com/article/23851586#home; 최종검색일: 2020. 09. 13.)

중앙일보, 2021.03.03. 기사: 청와대 경고 뒤, 윤석열 더 독해졌다 “검수완박은 부패완판”(https://news.joins.com/article/24004190; 최종검색일 2020. 03. 04.)

한겨레, 2020.10.19. 기사: 추미애 “라임 · 가족 수사에서 윤석열 배제” 수사지휘권 행사(http://www.hani.co.kr/arti/society/society_general/966361.html#csidx2766faa610325eabce5c83279af9957; 최종검색일 2021. 03. 05).

【국문초록】

검찰의 정치적 중립성 및 독립성에 중대한 영향을 미칠 수 있는 개혁입법과 정책 논의에 대하여 학계와 법조계를 비롯하여 사회 각계각층에서 다양한 우려의 목소리가 나오고 있다. 최근까지도 언론보도에는 법무부장관과 검찰총장의 불편한 '불협 관계'가 보인다.

지난 2020년 7월 27일 법무부 법무·검찰개혁위원회(위원장 김남준)가 제시한 '법무부장관과 검찰총장의 수사지휘권 제도 개혁'에 대한 내용은 구체적인 사건에 대한 검찰총장의 수사지휘권을 폐지하고, 각 고등검찰청 검사장이 이를 행사하도록 검찰청법을 개정하라는 권고가 있었다. 검찰총장에게 집중된 수사지휘권을 분산하자는 취지이지만, 권고내용에는 법무부장관이 각 고검장에게 구체적 사건에 대한 수사지휘를 할 수 있도록 하는 내용이 포함되어 있었다.

그런데 이런 방향으로의 개정입법의 제안에 대해서는 오스트리아 형사소송법제와 검찰 실무의 운영에서 참조할 사항이 있다고 보기에 여기서는 먼저 오스트리아 법무부장관의 검찰수사지휘에 관한 내용을 소개하였다. 이를 요약하면, 먼저 지방검찰청은 고등검찰청에 직접 종속되며 이들과 대검찰청은 연방법무부에 종속된다. 지시권한체계의 계층구조에서 특별한 점은 오스트리아의 검찰총장은 연방 법무부장관 – 검찰총장 – 검사(및 구 검사)로 지시명령을 내리는 계층구조의 외부에 있다는 점이다. 법률이 검찰총장에게 고등검찰이나 지방검찰에 대한 지시권한을 부여하지 않았기 때문이다. 다음으로 검찰총장에게는 지방검찰청에 대한 고등검찰청의 경우와 다르게 검사동일체 원칙에 의한 직무감독 및 직무위임 권한도 인정되어 있지 않다는 것이다. 따라서 검찰총장은 지방검찰청 또는 고등검찰청과 관련된 항고를 접수할 책무가 없다. 오히려 그와 같은 불만이 제출된 경우에는 이를 검찰청 또는 연방법무부에 직접 전달해야 한다.

하지만 위와 같은 오스트리아 법무부장관의 검찰에 대한 지시권한의 내용에도 불구하고 이를 우리에게 바로 적용하거나 참고할 수 있는 것은 아니다. 그 이유는 오스트리아 대검찰청 조직상의 특성과 오스트리아 GP는 공소기관이 아니라는 점에 있다.

이어서 최근에 진행된 검찰개혁입법 및 그 과정에서 노정된 법무부장관의 검찰총장에 대한 수사지휘권의 행사를 둘러싼 검사의 직무수행과 검찰의 정치적 중립성 보장을 위한 단상을 해 보았다.

◈ 주제어: 검찰청법 제8조, 오스트리아, 법무부장관의 수사지휘권, 검찰개혁, 검사의 직무, 검사의 지위, 검찰의 정치적 중립성.

【Abstract】

A comparative study of the power of command and supervision of the Minister of Justice in Austrian prosecutors

Lee, Kyung－Lyul*

There are various voices of concern about the reform in legislation and policy discussions from academic groups and legal circles and as it could have a significant impact on the prosecution's political neutrality and independence. Recent media reports show an uncomfortable "disagreement" between the justice minister and the prosecutor general.

On July 27, 2020, the Justice and Prosecution Reform Committee (Chairman Kim Nam－joon) suggested the abolishment of the prosecutor general's right to direct investigations into specific cases and instead revise the prosecution service to exercise them. The original intention was to decentralize the investigative command currently focused on the prosecutor general, However the recommendation allows the justice minister to direct each high prosecutor's investigation into specific cases.

Regarding this type of proposed bill revision, I will first introduce the Austrian Minister of Justice as we can cross reference the contents of the Austrian Criminal Procedure Act and the operation of the prosecution's practice. In summary, the district attorney's office is first directly subordinate to the higher prosecutors' office, and the Supreme Public Prosecutor's office is subordinate to the federal justice department. The special thing about this directive system is that Austria's attorney general is outside the hierarchy that controls the federal justice minister － the prosecutor general － the prosecutor (and the old prosecutor). This is because the law did not authorize the prosecutor general to direct the prosecution to the higher or local prosecutors. Secondly, the prosecutor general is also not authorized to

---

* Professor, Law School of SungKyungKwan University, Ph. D. in Law

supervise and delegate duties based on the principle of the same prosecution, unlike the case of the High Prosecutors' Office against the local prosecutor's. Therefore the prosecutor general is not responsible for filing appeals related to the local prosecutor's office or the high prosecutor's office. Rather, such complaints should be forwarded directly to the Prosecutors' Office or the Federal Ministry of Justice.

Despite this information about the Austrian justice minister's authority to direct the prosecution, it is not immediately applicable for us. The reason is that the Austrian GP is not a prosecutor's office.

Continuing with the prosecution's recent reform legislation and the exercise of the prosecutor general's right to command the prosecutor general in the process, have laid a platform for ensuring the prosecution's political neutrality.

◈ Keywords: § 8 of the Prosecutors' Office Act, Austria, the right to command the investigation by the Minister of Justice, Prosecution Reform, duties of the prosecutor, status of the prosecutor, prosecution's political neutrality of the prosecution.

한국형사소송법학회 『형사소송 이론과 실무』
제13권 제1호 (2021.03) 123~169면.
Theories and Practices of Criminal Procedure Vol. 13 No. 1 (Mar. 2021) pp. 123~169.
10.34222/kdps.2021.13.1.123

개정 형사사법체계에서 검찰수사관의 역할 제고방안

조 광 훈*

목 차

Ⅰ. 시작하며
Ⅱ. 검찰수사관의 연혁 · 직무범위
Ⅲ. 외국의 검찰수사관 제도
Ⅳ. 개정 형사사법체계에서 검찰수사관의 법적지위와 문제점
Ⅴ. 검찰수사관 역할 제고방안과 개정안
Ⅵ. 마무리

Ⅰ. 시작하며

2021. 1. 1. 부터 새로운 형사사법체계가 시행되고 있다. 그간 경찰은 소위 '수사권 독립'이라는 표제아래 수 십 년 동안 '주야장천' 검찰로부터 독자적인 수사권을 확보하기 위하여 심혈을 기울여왔다. 개정 형사소송법은 정부안의 모양새를 취하였지만 실제로는 경찰의 시각이 많이 투영된 수사권 조정안으로 사법경찰관에게 전면적인 수사권을 부여하면서 1차 수사종결권까지 부여하였다. 그리고 검사에게는 수사권을 남겨두었으나 중요6대 범죄[1]에 제한하는 수사권만 남겨놓았고 사법경찰관에게도 어정쩡한 1차 수사종결권을 부여하고 사법경찰관이 1차로 불기소 결정할 사건에 관하여 검사의 검토를 거치게 하여 오히려 사법경찰관들의 업무 부담만 가중시킨 것이 아니냐는 푸념섞인 불만까지 나오고 있다. 검사에게도 수사권을 남겨놓았지만 법률로 직접 수사 범위를 6대 중대범죄로 제한하여 전 세계적으로도 그

* 서울동부지방검찰청, 공판과장 · 법학박사

1) 검찰청법 제4조 제1항 제1호 가. 부패범죄, 경제범죄, 공직자범죄, 선거범죄, 방위사업범죄, 대형참사 등 대통령령으로 정하는 중요범죄. 나. 경찰공무원이 범한 범죄. 다. 가목 나목의 범죄 및 사법경찰관이 송치한 범죄와 관련하여 인지한 각 해당범죄와 직접 관련성이 있는 범죄.

유례를 찾아볼 수 없는 매우 이상한 형사소송법과 검찰청법을 개정해 놓았다. 검찰개혁이라는 타이틀로 삼아 검사에게 집중되어 있는 수사권을 사법경찰관에게 분배한다는 측면에서 개정된 형사소송법이 국가로부터 질 좋은 형사사법서비스를 받아야 하는 국민들에게 과연 제대로 된 개정인지 의문을 갖지 않을 수 없다.[2)3)] 또 하나는 개정 형사소송법 제245조의 9에서 검찰수사관들의 수사권을 구체적으로 규정하고 있는 점이다. 이는 개정 전 형사소송법에서 검찰수사관에 관한 이무린 규정을 누지 않은 것에 비하면 일단 진일보한 입법으로 평가할 수 있다. 하지만 형사소송법 제196조 제1항을 개정하면서 '수사관'을 삭제함으로써 검찰수사관들의 역할과 기능이 축소되었다는 자조의 말도 나오고 있다.

이처럼 새로운 형사사법체계는 오랫동안 지속되어 온 경찰과 검찰의 수사권 조정이라는 큰 틀 속에서 진행되었지만 수사권 조정의 논의가 검사와 일반사법경찰관리간의 관계의 정립에만 치중하여 검찰청에서 사법경찰관리의 직무를 수행하는 검찰수사관들에 대한 법적지위와 역할, 법적근거에 대해서는 별다른 논의가 이루어지지도 않았다. 그렇다고 그동안 학계에서 이에 관한 연구가 제대로 진행된 것도

2) 이에 관하여 새로운 형사사법체계가 검찰과 경찰이 기존의 종속관계에서 대등한 협력관계의 외형을 갖추었지만 여전히 검찰의 경찰에 대한 통제권이 우위를 점하고 있고(김혜경, "검사와 사법경찰관의 상호협력과 일반적 수사준칙에 관한 규정 제정안 상의 경찰의 수사권과 경찰개혁방안," 형사법연구 제32권 제2호, 2020 · 가을호, 한국형사법학회, 87면 이하), 수사지휘권이 폐지되었음에도 특정 영역에 대한 검찰의 직접수사권이 존치하는 것은 검찰개혁의 취지가 사실상 무의미하다는 비판적 견해(원혜욱, "개정 형사소송법상 '검찰의 직접수사권'에 대한 고찰," 인권과 정의 제491호, 대한변호사협회, 2020. 8, 23면)가 있다. 하지만 이들 견해들은 검찰과 경찰이 상호 견제와 균형의 원리에 입각하여 수사권을 분점하는 것이 바람직하다는 전제를 하면서도 경찰 권한이 지나치게 강화되고 있는 상황에서 이를 효율적으로 제어할 수 있는 시스템(예컨대, 자치경찰제 시행 등)에 관해서는 별달리 논의하고 있지 않다. 따라서 이러한 논의와 함께 검사의 사법경찰관의 수사절차에 대한 사법적 통제를 오히려 강화하는 것이 국민들에 대한 실질적인 인권보장을 위한 길이 될 것이다.

3) 그럼에도 불구하고 최근 정치권에서는 검찰이 갖고 있는 6대 범죄 수사권을 가칭 '중대범죄수사청'을 설치하여 이관함으로써 검찰의 수사권과 기소권을 완전히 분리하는 것을 주요내용으로 하는 '중대범죄 수사청 설치 및 운영에 관한 법률안'을 발의하여 중대범죄수사청의 설치를 급속도로 입법논의를 진행하고 있다. 의안번호 : 210815, 제출일자 : 2021. 2. 8. 황운하 외 21인, 이에 관해서는 국회의안정보시스템 참조. https://likms.assembly.go.kr/bill/billDetail.do?billId=PRC_B2B1D0P2H0Y8Z1U8R2V2O1T4B7B7C8 <최종 검색일 : 2021. 2. 14.>; 현재 정치권에서 추진하고 있는 중대범죄수사청 설치 논의를 둘러싼 문제점이 적지 않으므로 별도로 검토할 필요가 있다.

아니다. 그래서 그런지 검찰수사관의 법적지위도 때로는 애매하여 다중적 지위를 갖는다는 견해가 등장하기도 한다.[4] 이와 같은 문제의식에서 개정 형사소송법과 검찰청법에 따라 그동안 검사와 함께 검찰수사의 큰 축을 담당하고 있는 6,000여 명[5]의 검찰수사관들이 새로운 형사사법체계에서 역할 제고방안이 무엇인지를 검토할 필요성이 제기되었다. 따라서 이글에서는 개정 형사사법체계에서 검찰수사관들의 역할 제고방안을 구체적으로 검토하고자 한다. 먼저, 검찰수사관의 연혁·직무범위를 살펴본다(Ⅱ). 그리고 외국의 검찰수사관 제도를 간략하게 살펴보고(Ⅲ), 개정 형사사법체계에서 검찰수사관의 법적지위와 문제점을 검토해 본다(Ⅳ). 이를 토대로 검찰수사관의 역할제고 방안과 개정론을 모색한 후(Ⅴ), 마무리 짓는다(Ⅵ).

Ⅱ. 검찰수사관의 연혁 · 직무범위

1. 검찰수사관의 연혁

우리나라의 검찰수사관[6]의 연혁은 1949. 12. 20.자로 제정된 검찰청법으로 거슬러 올라간다. 물론 검찰청법이 제정되기 전에도 검찰조직은 존재하였고 검사와 더불어 검찰청 직원도 존재하였으나 검찰청법이 제정되기 전에는 그 지위가 확립되지 않았다.[7] 검사도 독립된 관청이었다기 보다는 법원(재판소)의 일부에 불과하였다.[8] 그러다가 광복 후 1948. 8. 2. 대한민국 과도정부 하에서 별도의 검찰청법을 제정하여 검사의 직무와 검찰청 직원을 규율하게 되었다. 제정 검찰법에서는 검찰청 직원으로는 대검찰청에 서기국을 두고 서기국에 서기과 및 정보과를 두며, 고등

4) 대표적인 글로는 김택수, “검찰수사관의 다중적 지위에 관한 연구,” 『동아법학』 제59호, 동아대학교 법학연구소, 2013. 5, 77~106면이다.

5) 현재 검찰청 일반직 공무원 중, 검찰수사관(검찰직렬 4~9급)을 보면, 검찰수사서기관 115명, 검찰사무관은 455명, 검찰주사 1,465명, 검찰주사보 1,858명, 검찰서기 1,100명, 검찰서기보 864명이다(대검찰청, 『검찰연감』 2020, 36~38면).

6) 형사소송법과 검찰청법에서 사용되는 ‘수사관’과는 별개로 6급 이하의 일반직 공무원을 총칭하여 검찰청 직원으로 호칭하다가 2014. 12. 17. 부터 검찰청 공무원 4~9급(공안직·통신직·별정직) 모두를 대외직명으로 사용하고 있다.

7) 1894년 갑오개혁 시점부터 현재까지 검찰역사를 정리한 문헌으로는 법무연수원, 『역사교재(Ⅰ)(검찰편)』, 2018. 2, 1~143면 참조.

8) 그렇다고 검사의 기능과 직무가 재판소의 지휘를 받는다거나 지휘계통에 있지는 않았고 조직계통상으로만 재판소에 속해 있었을 뿐이다.

검찰청에 서기과 및 회계과를 두고, 지방검찰청에 서기과, 회계과 및 수사과를 두었다. 지방검찰청 지청에는 서기과를 두고 서기국에 국장, 각과에 과장을 두고 서기국장, 각 과장은 소속장관의 명을 받아 소관국 또는 과의 사무를 총괄하고 소속직원을 지휘·감독하도록 하였다.[9] 또한 대검찰청 정보과 및 지방검찰청 수사과 서기관은 범죄수사에 관하여 사법경찰관의 직무를 행하도록 하였다. 하지만 과도정부 검찰청법 이전에는 검찰청 서기는 검사의 수사에 대한 보조일 뿐 그들 스스로 사법경찰관으로서 자신의 수사를 할 수 있는 것은 아니었다. 광복 후 경찰인 사법경찰관리들이 검사의 수사지휘에 복종하지 않는 사례가 늘어나게 되자[10] 검찰관 직속의 사법경찰관 제도가 필요하다고 판단하여 대검찰청에 정보과와 수사과, 그리고 지방검찰청에 수사과를 설치하여 검찰청 내에서 스스로 사법경찰의 수사를 할 수 있는 사법경찰기구를 창설하였다.[11] 그리하여 1949. 12. 20. 제정된 검찰청법(법률 제81호) 제30조에 검찰청 직속 사법경찰기구에서 사법경찰관으로서 스스로 범죄수사를 할 수 있는 수사관직을 신설하였다. 이들 수사관은 1954년 형사소송법을 제정할 때 형사소송법 제196조 제1항에 사법경찰관으로서 수사관으로 규정해 오다가 작년 개정 형사소송법에서는 이를 삭제하였고 그 대신 형사소송법 제245조의 9에서 검찰수사관에 관한 규정을 신설하였다. 형사소송법 제245조의 9 제1항에서 검찰수사관으로서 사법경찰관리의 직무를 행하는 자와 그 직무의 범위는 법률로 정하도록 하였다. 또한 검찰청법 제46조 제1~4항에서는 검찰수사서기관 등의 직무범위를 규정하고 있으며, 같은 법 제47조 제1~2항에서는 사법경찰관리로서의 직무수행을 하는 자의 직무범위를 규정하고 있는 것이다.

2. 검찰수사관의 직무범위

검찰수사관의 구체적인 직무범위는 검찰청법 제46조와 제47조에 규정되어 있다.

9) 검찰청법 제25조; 이준보·이완규, 『한국검찰과 검찰청법』, 박영사, 2017, 212면.

10) 심지어는 1948. 10. 19. 발생한 여수, 순천 사건에서 반군이 점령하고 있던 순천이 진압된 다음에 같은 달 10. 24. 진압 경찰은 순천지청 차장검사였던 박○○ 검사를 반군이 순천을 점령하였을 때 인민재판장을 하였다는 죄목을 뒤집어 씌워 좌익검사로 몰아 총살하였다고 한다(이준보·이완규, 위의 책, 205면).

11) 문준영, 『법원과 검찰의 탄생』, 역사비평사, 2010, 810~811면; 이준보·이완규, 앞의 책, 214면.

검찰청법 제46조 제1항을 보면, 검찰수사서기관, 검찰사무관, 검찰주사, 마약수사주사, 검찰주사보, 마약수사주사보, 검찰서기 및 마약수사서기는 다음 각 호의 사무에 종사한다. 1. 검사의 명을 받은 수사에 관한 사무 2. 형사기록의 작성과 보존 3. 국가를 당사자 또는 참가인으로 하는 소송과 행정소송의 수행자로 지정을 받은 검사의 소송업무 보좌 및 이에 관한 기록, 그 밖의 서류의 작성과 보존에 관한 사무 4. 그 밖의 검찰행정에 관한 사무를 처리하도록 하고 있다.[12] 이 조항은 검찰수사관 중에서 검사의 지휘를 받아 범죄수사와 검찰사무의 법적근거를 마련하고 있다. 그 중에서도 검찰수사서기관, 수사사무관, 검찰사무관, 마약수사사무관은 검찰청법 제46조 제2항에 따라 검사를 보좌하고 검사의 지휘를 받아 수사를 하되, 검사의 직접수사의 보조기관으로서가 아니라 그 지휘계통 하에서 사법경찰관으로서 스스로 수사를 개시·진행할 수 있는 지위를 갖는다. 검찰청법 제46조 제2항에 따라서 일반사법경찰관의 지위를 갖는 검찰수사관은 검사실에서 검사의 수사업무를 보좌하는 참여수사관이 행하는 사법경찰관리의 직무와는 약간 다르다. 따라서 위 조항에 따라 범죄수사를 행하는 검찰수사서기관, 수사사무관, 검찰사무관, 마약수사사무관 등은 검사의 지휘를 받아 수사하는 일반사법경찰관의 지위를 갖고 있다고 보아야 한다. 반면, 검찰청법 제47조 제1~2항에 검찰수사관 중, 사법경찰관리로서의 직무수행은 그 성격이 약간 다르다. 같은 조 제1항에서는 검찰주사, 마약수사주사, 검찰주사보, 마약수사주사보, 검찰서기, 마약수사서기, 검찰서기보 또는 마약수사서기보로서 검찰총장 또는 각급 검찰청 검사장의 지명을 받은 사람은 소속 검찰청 또는 지청에서 접수한 사건[13]에 관하여 검찰주사, 마약수사주사, 검찰주사보 및 마약수사주사보는 형사소송법 제245조의 9 제2항에 따른 사법경찰관의 직무를(제47조 제1항 제1호), 검찰서기, 마약수사서기, 검찰서기보 및 마약수사서기보는 형사소송법 제245조의 9 제3항에 따른 사법경찰리의 직무를(제47조 제1항 제2호), 검찰총장 또는 각급 검찰청 검사장의 지명을 받은 별정직 공무원 5급 상당부터 7급 상당까지의 공무원은 형사소송법 제245조의 9 제2항에 따른 사법경찰관의 직무를, 8급 상당 및 9급 상당 공무원은 형사소송법 제245조의 9 제3항에 따른 사법경찰리의 직무를 행할 수 있다. 이렇게 사법경찰관·리로 지명된 6급 이하의 검찰수사관은 스스로

12) 이상은 검찰청법 제46조 제1~4항에서 규정하고 있는 내용이다.

13) 검찰청에서 수리된 사건으로 주로 수사과나 조사과에서 검찰수사서기관 등이 직접 인지하거나 사경이 송치하거나 검사가 직접 인지하여 수사를 개시한 사건을 지칭한다.

범죄를 인지하여 수사를 개시할 수 없고 이미 검찰청 또는 지청에서 수리된 사건에 대한 수사에서 사법경찰관리의 직무를 행할 수 있다는 점에서 차이가 있다. 즉 검찰청 수사과나 조사과에서 일반사법경찰관으로서 검찰수사서기관, 검찰사무관, 수사사무관, 마약수사사무관 등이 수사를 개시한 사건에 관하여 사법경찰관·리의 직무를 수행할 수 있게 되는 것이다.[14] 하지만 검찰청법 제46조 제2항의 적용을 받는 검찰수사관이나 검찰청법 제47조의 적용을 받는 검찰수사관은 모두 사법경찰관·리의 직무를 수행하는 것에는 동일하다. 이와 같이 검찰수사관의 직무는 검사수사의 보조뿐만 아니라 검사의 지휘를 받아 독자적으로 수사를 개시·진행할 수 있는 권한은 물론이고, 검찰청의 검찰사무에 이르기 까지 다양한 업무를 수행하고 있다.

Ⅲ. 외국의 검찰수사관 제도

1. 독일

독일은 연방검찰청 1개, 주 최고검찰청 24개, 지방검찰청 115개, 구(區)검찰청 2개로 구성되어 있다.[15] 하지만 독일 검찰청에는 우리나라의 참여수사관(지원수사관)과 같은 집행기관이나 우리나라의 검찰청 수사과나 조사과와 같이 사법경찰관리의 직무를 행사하는 검찰수사관 조직은 없다.[16] 따라서 검사가 필요하면 사법경찰관을 지휘하면서 수사를 진행한다. 이 때문에 검찰을 '팔 없는 머리'(Kopf ohne Hände)[17], 경찰은 검찰의 '연장된 팔'(verlängerter Armder Staatsanwaltschaft)로 비유하기도 한다. 실무상으로는 대부분의 범죄는 경찰이 독자적으로 수사개시·진행하고 있다.[18] 독일의 검찰청에는 검사, 區검사(Amtsanwalt), 사법보좌관, 양형조사관, 경제전문가, 사법비서 등 다양한 인적구성으로 되어 있지만 검찰청에 소속된

14) 홍승희, "검찰 내 수사기구에 대한 비교법적 연구," 2018 대검찰청 연구용역보고서, 대검찰청, 2018, 21면; 홍승희, "검찰수사관의 지위와 역할 재정립," 『형사소송 이론과 실무』 제11권 제2호, 한국형사소송법학회, 2019, 107면.

15) 독일 검찰조직과 검찰공무원의 역할에 대한 상세한 내용은 한생일, "독일 검찰청 조직과 검찰공무원의 역할," 『형사법의 신동향』 통권 제22호, 대검찰청미래기획단, 2009, 158면.

16) 한생일, 위의 논문, 171면.

17) Kern, Gerichtsverfassungsrecht, 4. Aufl., 1965, S. 227.

18) Huber, Barbara, Criminal Procedure in Germany. In: Comparative Criminal Procedure, Hatchard, Johnetal, 1996, S. 137.

직원들은 수사인력이 아닌 행정업무를 담당한다. 검찰에서 직접 수사할 경우는 검사가 직접 피의자를 신문하지만, 조서의 증거능력이 인정되지 않아 조서를 직접 작성하는 경우는 드물고 조사가 끝나면 진술자가 요약하여 녹음하고 이를 토대로 직원이 녹취록을 작성한다.[19] 독일은 우리나라 검찰청의 사무국에 해당하는 총무과, 사건과, 집행과, 공판사무과, 증거물과 등 검사 수사업무의 보좌를 위한 부서들로 구성되어 있다.[20]

독일에는 검사를 지원하는 서비스팀이 별도의 사무실에 근무하면서 기록의 형식적 요건을 검토하고 관할 경찰서에 서류를 보내기도 한다.[21] 독일에는 검찰직원으로 구성된 구검사가 있는데, 이들은 소정의 교육과 구두시험과 필기시험을 합격한 자 중에서 임명하며, 구 법원(區 法院) 관할사건 중, 경미한 사건(단독판사가 재판하는 형사사건 중, 법정형이 6월 이하의 경미한 범죄, 주거침입, 공무원자격사칭, 공무상 표시무효, 대물 교통사고 후 도주, 모욕, 명예훼손, 강요, 협박, 음주운전 등)을 처리한다. 이들은 경미사건을 처리한다는 것 이외에는 검사와 권한이 동일하다. 우리나라의 4~5급 검찰수사관들로 구성된 검사직무 대리와 유사하지만 검사는 될 수 없고 퇴직 후에도 변호사 자격이 주어지지 않고 정년은 65세다.[22] 또한 독일은 각 州의 지방검찰청에 중점 검찰청[23]을 설치하고 여기에 경제사범전담부(Sonderwirtsc－haftsabteilung)를 두어 기업회계·금융·조세·무역·외환 등 각 분야의 경제범죄 수사를 담당하도록 하고 있다.[24] 경제사범 전담부에는 검사 이외에도 3~5명의 경제연구원[25]과 회계검사원[26]이 검사의 수사업무를 보조하기도 한다.

---

19) 한생일, 앞의 논문, 169~170면.

20) 김종구, 『형사사법개혁론』, 법문사, 2002, 290면(법무부, 앞의 책, 재인용 48면).

21) 한생일, 앞의 논문, 184면.

22) 법무연수원, 『검찰수사관 수사역량 강화전략』, 2012, 48~49면.

23) 중점검찰청(Schwerpunktstaatsanwaltschaft)은 경제범죄·부패범죄·특허범죄 등 특수사건에 효율적으로 대응하기 위하여 1960년대 말부터 설치되기 시작한 기존 검찰청 내 특수사건 전담부서로 독립된 검찰조직은 아니다; 독일은 현재 바덴－뷔르템 베르크, 바이에른, 브란덴부르크, 헤세, 메클렌 부르크－서부 포메라니아, Lower Saxony, North Rhine－Westphalia, Rhineland－Palatinate, Saxony－Anhalt, Schleswig－Holstein, Thuringia 州에 중점검찰청이 설치되어 있다. 이에 대해서는 https://de.wikipedia.org/wiki/Staatsanwaltschaft_(Deutschland; <최종 접속일 : 2021. 3. 17.>

24) 독일의 경제사범전담부에 관한 상세한 내용은 정웅석, 『고위공직자범죄수사처 법과 제도의 이해 －각국의 검찰제도와 비교법적 관점에서－』, 박영사 2021 691~696면.

25) 경제연구원(Wirtschaftsreferen)은 주임검사와 긴밀히 협력하여 증거가 되는 경영실태 자료를

2. 일본

일본은 최고검찰청(1개)과 도쿄고등검찰청을 비롯한 일본 각 지역에 고등검찰청(8개)과 그 산하에 지방검찰청(4~8개)을 두고 있다.[27] 최고검찰청에는 총무부, 감찰지도부, 형사부, 공안부, 공판부를 두고, 사무국에는 총무과와 회계과를 두며, 총무부에는 기획조사과, 검무과, 정보전산관리실을 두고 있다. 그리고 감찰지도부에는 감찰지도과를 두고, 형사부에는 형사사무과를 두며, 공안부에는 공안사무과를 두고, 공판부에는 공판사무과를 각각 두고 있다. 각 고등검찰청과 지방검찰청에도 이와 유사한 하부조직을 두고 있다.[28] 규모가 큰 동경지방검찰청에는 총무부, 형사부, 교통부, 공안부, 특별수사부, 공판부를 두고 있다.[29] 일본 검찰청의 인적구조는 검찰관, 부(副)검사, 검찰사무관으로 구분된다.[30] 검찰관은 우리나라의 검사에 해당하며, 부검사는 재판소법 제66조 제1항의 시험에 합격한 자, 검찰사무관으로서 區검찰청의 사무를 취급하는 자 등의 직위에 있던 자 중에서 부검사선고위원회의 심의를 거쳐 임명된다.[31] 부검사는 원칙적으로 구(區)검찰청의 검찰관으로 보한다.[32] 이들은 대개는 3년 이상의 검찰사무관 등에 있던 자 중에서 임명한다. 이들은 검찰관 적격심사위의 부적격 의결, 잉원(剩員)[33], 징계처분에 의하지 아니하고 그 의사

검토·분석하고 수사절차에 참여할 수 있는 권한이 있으며, 업무 수행상 다른 관청에 각종 자료를 요구할 수 있고, 회계검사원이나 검찰청의 일반 직원에게 필요한 지시를 할 수 있다. 다만, 검사의 결정이 없는 한 독자적으로 수사를 개시할 수는 없다(법무연수원, 앞의 책, 50면). 독일의 노스 라인-웨스트 팔리아 州 검찰청의 경제연구원에 관한 내용은 다음의 홈페이지 참고할 것 https://www.menschen-im-sinn.justiz.nrw/berufe/gerichte-und-staatsanwaltschaften/wirtschaftsreferent-mwd <최종 접속일 : 2021. 3. 17.>

26) 회계검사원(Buchhalter)은 상업계 직업학교 출신자로 기업회계 업무에 종사한 경력이 있는 자를 선발하며 경제연구원의 지시를 받아 기업의 회계장부를 정리·검토하고 재무구조를 평가함에 있어 자신의 견해를 경제연구원에게 개진한다(법무연수원, 앞의 책, 50면).

27) 일본 최고검찰청 홈페이지 http://www.kensatsu.go.jp/kakuchou/supreme/supreme.htm <최종 접속일 : 2021. 2. 9.>

28) 일본 검찰청 사무규칙 별표 제1 (제4조, 제5조, 제16조~제19조), 별표 제3 (제10조 관계) 참조.

29) 일본 최고검찰청 홈페이지 http://www.kensatsu.go.jp/kakuchou/index.htm <최종 접속일 : 2021. 2. 9.>

30) 검찰청의 조직과 인원구성에 대해서는 일본 검찰청법과 검찰청 사무규정에서 구체적으로 규정하고 있다.

31) 일본 검찰청법 제18조 제2항.

32) 일본 검찰청법 제16조 제2항.

에 반하여 면직·정직 또는 감봉처분을 받지 아니하며, 검찰청의 폐지 기타 사유로 잉원으로 되는 경우에는 봉급의 반액을 지급하고 결원이 생길 때 까지 대기시킬 수 있다.[34] 부검사 중, 3년 이상 재직하고 검찰관 특별고시에 합격하며 검사가 될 수 있으나 변호사 자격은 부여되지 않는다.[35] 부검사는 검찰청법 제4조[36]의 검찰관의 권한을 행사한다. 이들은 원칙적으로 區 검찰청 업무를 담당하지만 지방검찰청에서 수사업무에도 종사하고, 간이재판소의 관할 사건을 처리하며, 각 지방검찰청의 예규에 따라 배당받은 사건을 처리하고 공판에도 참여한다.[37] 검찰사무관[38]은 검찰청법 제27조에 법적근거[39]를 두고 상사의 명을 받아 검찰청의 업무를 수행하는 직원으로서 검찰관을 보좌하며, 검찰관의 지시를 받아 수사를 행한다.[40] 검찰사무관은 우리나라에서는 5급 검찰사무관을 지칭하나 일본에서는 수사부서에 근무하는 직원을 포함하여 사무국장, 과장, 계장, 주임 등으로 통칭하며 우리나라의 검찰수사관들과는 달리 단일 직급으로 되어 있다.[41] 검찰사무관들은 사건사무, 영장사무, 증거물 사무, 집행사무, 징수사무, 형사기록 사무, 총무사무, 회계사무 등의 각 분야에서 사무를 담당한다.[42] 다만, 일본 검찰청 사무국은 총무사무와 회계사무를 규정

33) 검찰관의 정원을 초과하는 경우를 말한다.

34) 법무연수원, 앞의 책, 45면.

35) 법무연수원, 앞의 책, 45면.

36) 일본 검찰청법 제4조 "검사는 형사사건에 대하여 공소를 제기하고 법원에 대하여 정당한 법령을 청구하고 재판의 집행을 감독하고 법원이 권한에 속하는 기타 사항에 대해서도 직무상 필요하다고 인정하는 때에는 법원에 통지를 요구하거나 의견을 제시하고 공익의 대표자로서 다른 법령에서 그 권한에 속하지 아니하는 사무를 행사한다."고 규정하고 있다.

37) 법무연수원, 앞의 책, 45면.

38) 검찰사무관이 되기 위해서는 국가공무원 채용 일반직 시험(대졸시험)또는 고졸자 시험(사무)을 합격해야 한다.

39) 일본 검찰청법 제27조 제1항에는 "검찰청에 검찰사무관을 둔다."고 규정하고 있고, 동조 제2항에는 "검찰사무관은 2급 또는 3급으로 한다."고 규정하고 있고, 제3항에서는 "검찰사무관은 상관의 명을 받아 검찰청의 사무를 담당하거나 검사를 보좌하거나 그 지휘를 받아 수사를 실시한다."고 규정하고 있다.

40) 법무연수원, 앞의 책, 42~43면.

41) 김태경, 『수사환경 변화에 따른 검찰수사관 제도 개선에 관한 연구』, 석사학위논문, 고려대학교 행정전문대학원, 2019, 66면.

42) 검사사무의 처리근거는 사건사무규정, 집행사무규정, 증거물사무규정, 징수사무규정, 기록사무규정을 두고 있다. 이는 우리나라의 검찰사건사무규칙, 검찰보존사무규칙, 검찰압수물사무규칙, 재산형 등에 관한 검찰집행사무규칙, 자유형 등에 관한 검찰집행사무규칙과 상응하는 규정들이다. 이에 관하여 http://www.kensatsu.go.jp/page1000001_00008.html<최종 접속

하고 있고, 그 이외는 사무는 검사사무로 규정하고 있다.[43] 일본 형사소송법은 수사에 관한 규정에서 검사, 사법경찰관리, 검찰사무관을 병렬적으로 규정하고 있다.[44]

검찰사무관 중에서 검사실에 배치된 사무관을 '입회사무관'이라 하고, 區 검찰청의 도로교통법사건, 업무상과실치사상 등 사건에 대한 전문조사관을 '주임 수사사무관'이라고 하며, 區 검찰청 소속 검찰관의 사무를 취급할 수 있도록 명을 받은 검찰사무관을 '검찰관사무취급 검찰사무관'이라고 한다.[45] 검찰사무관은 사무국의 검찰사무 부분과 수사관(수사와 공판) 부분으로 분류할 수 있다. 수사 부문은 피의자나 참고인을 조사하는 업무를 담당하며, 통상 4단계로 구분된다.[46] 입회사무관은 검사실에 배치되어 수사 또는 공판업무를 담당하는 검찰사무관으로 수사담당 입회사무관과 공판담당 입회사무관으로 구분된다. 수사담당 입회 사무관은 절도, 상해, 강제추행, 사기, 탈세, 부패사건, 교통사건에 관하여 피의자, 참고인을 조사하는데 참여하고 진술조서를 작성하기도 하고, 검사의 지시를 받아 수사와 재판에 필요한 서류의 작성, 검찰청 내의 부서와 경찰 등의 관계기관과의 연락하거나 조정하는 역할을 한다.[47] 이들은 우리나라의 참여수사관의 역할과 유사하다. 재판사무 담당 입회사무관은 기소된 사건에 대한 사건기록과 증거물을 조사하고 검사와 함께 법률상의 문제점 및 입증정책을 검토하고, 공판 일정 등을 파악하여 법원, 변호사, 피해자 등 소송 관계인과 연락·조정을 하는 등 검사의 지시를 받아 재판사무에 종사한다.[48] 검찰관 사무취급 검찰사무관은 교통사건을 비롯한 비교적 경미한 형사사건에 대하여 스스로 피의자를 조사하고 기소 또는 불기소 하는 등의 사건의 처분을 하는 등 일정 범위 내에서 검사의 역할을 수행한다.[49] 이들은 검찰청법 제36조[50]

일: 2021. 2. 9.>

43) 일본 검찰청 사무국의 사무내용은 http://www.kensatsu.go.jp/page1000001_00005.html<최종 접속일: 2021. 2. 9.>

44) 일본 최고검찰청 홈페이지의 일본 형사소송법 각 조문 참조. http://www.kensatsu.go.jp/kakuchou/supreme/supreme.htm<최종 접속일 : 2021. 2. 7.>

45) 법무연수원, 앞의 책, 41면.

46) 법무연수원, 앞의 책, 42면.

47) 일본 검찰사무관의 직무내용은 아래 홈페이지 참조. http://www.kensatsu.go.jp/page1000001_00009.html <최종 접속일: 2021. 2. 9.>

48) 일본 검찰사무관의 수사와 재판사무는 아래 홈페이지 참조. http://www.kensatsu.go.jp/page1000001_00006.html <최종 접속일: 2021. 2. 9.>

49) 일본 검찰관 사무취급 검찰사무관의 직무에 관해서는 아래 홈페이지 참조. http://www.kensatsu.go.jp/page1000001_00006.html <최종 접속일: 2021. 2. 9.>

에 따라 區검찰청의 사무를 취급할 수 있도록 별도로 명을 받은 검찰사무관들로 우리나라의 검사직무대리와 유사하다.[51] 이들은 원칙적으로 간이재판소의 사무관할에 속하는 모든 사건에 대하여 수사, 공소제기 및 유지를 할 수 있으나 지방재판소에는 기소할 수 없다. 또한 독자적으로 사건을 인지하지는 못하고 관련 인지는 검사명의로 한 후 처리하는 건 가능하다.[52]

3. 미국

미국은 연방정부, 각 州 또는 카운티(county)마다 검사 및 이에 소속된 검찰수사관의 역할이 다르다. 연방정부에는 사법경찰 업무를 담당하는 특별기구인 FBI, DEA 등이 운영되고 있다. 연방검찰청의 검사는 직접 수사를 하는 경우는 거의 없고 대배심 수사와 공소유지를 위하여 제한적으로 피해자나 증인을 조사하는 정도이다.[53] 州 또는 카운티의 지방검찰청 검사 또는 연방검사와 마차가지로 공소유지를 위한 업무수행을 중점적으로 하므로 대부분 재판에 앞서 증인에 대한 간단한 사전면담 정도만을 할 뿐 증거수집을 등을 위한 수사활동은 거의 하지 않는다. 이에 검찰수사관을 운용하지 않고 대부분은 검찰행정 업무를 지원하는 직원으로 구성되어 있다.[54] 그러나 규모가 큰 카운티의 지방검찰청[55]에는 수사국을 설치하고 법률에 따라 주요범죄에 대한 수사를 직접 진행하기도 한다.[56] 예컨대, 미국 내 규모가

50) 일본 검찰청법 제36조 "법무대신은 당분간 검사가 부족할 경우 필요하다고 인정하는 때에는 구 검찰청 검찰사무관에게 그 기관의 검사의 사무를 취급할 수 있도록 할 수 있다."고 규정하고 있다.

51) 일본의 부검사와 검찰관사무취급검찰사무관의 다른 점은 부검사는 검찰관과 같이 독자적인 지위를 가지고 고유한 직무를 수행하지만 검찰관사무취급검찰사무관은 검사 또는 부검사와 같은 방에서 그들의 지도를 받고 별도의 입회 직원을 지원받지 못한다는 점에서 차이가 있다(조균석, "검사직무대리에 의한 공소수행 방안연구," 위탁연구보고서, 대검찰청, 2009, 47면).

52) 법무연수원, 앞의 책, 46~47면.

53) 법무연수원, 앞의 책, 52면.

54) 법무연수원, 앞의 책, 52면.

55) 맨하탄 지방검찰청, LA 지방검찰청, 부룩클린 지방검찰청에는 조직범죄수사부, 사기범죄수사부를 비롯한 7~9개 부서를 두고 사이버 범죄, 회계 및 금융사건, 부정부패, 주요 경제범죄, 조직범죄, 탈세, 범죄환수 등의 주요범죄를 수사하고 있고, 특히 LA지방검찰청은 300명의 검찰수사관을 두고, 부패범죄, 화이트칼라범죄 등을 직접 수사하고 있다(대검찰청, 『검찰수사관 바로 알기』, 2018, 53면, 84면).

56) 대검찰청, 『검찰수사관 바로 알기』, 2018, 53~54면; 김태경, 앞의 논문, 68~69면.

가장 큰 LA카운티 지방검찰청의 경우, 수사국 산하에 260여명의 수사관이 있으며, 이들 검찰수사관은 검사의 공소유지 업무를 보조하는 것을 1차 직무로 하지만 조직범죄, 마약범죄, 공무원범죄, 이민사기, 첨단기술범죄 등 특수범죄 수사부서에 배치되어 연방수사기관이나 州 경찰 등 타 법집행기관과 협조하여 수사를 진행하기도 하고, 이들 기관의 요청이 있으면 문서감정, 전자감시 등의 업무를 지원하기도 한다.[57] 이 밖에도 텍사스 州 해리스카운티 지방검찰청, 뉴욕 州 브롱스카운니 지방검찰청, 맨하탄 지방검찰청, 브룩클린 지방검찰청에도 위와 같은 특수범죄 수사부서를 설치하고 검찰수사관을 배치하여 사법집행 업무를 수행하고 있다.[58] 또한 연방수사국(FBI : Federal Bureau of Investigation)에 소속된 수사관들은 검찰수사관에 비하여 독자적이고 광범위한 영역의 수사권한 있다는 점에서 그 차이가 있지만 연방검사와 함께 형사사법기관이 법무부에 같이 소속되어 화이트칼라범죄, 경제범죄, 조직범죄, 첨단범죄 등 지역 경찰이 취급하기 어려운 범죄를 다룬다는 점[59]에서는 검찰수사관과 다소의 공통점이 있다.[60]

4. 영국

영국은 1985년 왕립형사절차위원회의 권고에 따라 범죄기소법(the Prosecution of Offences Act; POA)과 검사직무규칙(The Code for Crown Prosecutor)을 제정하여 기존의 내무부 기소국(the Department of the Director Public Prosecutions)과 지방경찰청 기소과(Police Prosecuting Solicitor's Departments)를 통합하여 1986. 10. 1. 국립기소청(the Crown Prosecution Service: CPS)을 설립하였다.[61] 경찰은 기소결정

57) LA 지방검찰청 홈페이지. https://da.lacounty.gov/about/office-overview <2021. 3. 15.>; 김태경, 앞의 논문, 69면.

58) 맨하탄 지방검찰청 홈페이지. https://www.manhattanda.org/our-work/white-collar-crime/ <2021. 3. 15.>

59) FBI는 2020. 12. 31.을 기준으로 특별수사관 및 전문지원 인력을 포함하여 약 35,000명의 직원으로 구성되어 있고 특별수사관과 전문지원 인력은 모두 법률 회계 공학 전자 재무 및 다른 전문 분야에 대하여 훈련을 받고 경험을 쌓고 있다(정웅석, 앞의 책, 678면).

60) 김태경, 앞의 논문, 71면.

61) The Crown Prosecution Service에 대해서는 https://www.cps.gov.uk/about-cps 참조<최종 검색일: 2021. 2. 25.>; 국립기소청은 1970~80년대 영국 경찰의 잇다른 비리와 고문과 가혹행위가 드러나고, 테러사건의 범인 조작 의혹마저 불거지자, 영국 의회는 특별조사위원회를 꾸려 1년 넘게 진상조사를 벌여 법제도 개선과 경찰조직 개혁책의 일환으로 설립되었다. “검

권(charge), 피의자 및 참고인에 대한 소환권(summons), 수사종결권(No Further Action) 등 수사에 관한 일반적인 권한은 계속 가지고 있다. 영국검찰은 교통법규 위반 사범 중, 경미사건을 제외한 모든 사건의 기소여부를 결정하는 역할만을 담당할 뿐 수사권은 없고, 단지 경찰이 수사하여 송치한 사건기록을 검토하여 소추여부만을 결정하며, 기록검토과정에서 증거가 공소유지에 부족할 경우, 관련 부분의 보강 또는 재수사를 경찰에 통보할 수 있지만 이를 이행할지 여부는 전적으로 경찰에 맡겨져 있다.[62] 영국 검찰조직은 검사, 사건처리보조직(caseworker), 행정직(administrative)으로 분류된다.[63] 사건처리보조직은 테러, 인종차별, 사기, 공무집행방해, 국제범죄, 조직범죄 등 중요, 복잡, 방대한 사건을 처리함에 있어서 여러 가지 분석을 통하여 검사의 업무를 지원하지만 수사는 담당하지 않는다.[64] 다만 1988년에 대규모 국제경제거래나 금융거래, 지능적 재산범죄에 대처하기 위하여 수사권, 기소권, 재판관여권을 모두 갖고 있는 중대범죄수사청[65](SFO: Serious Fraud Office)[66]을 설치·운용하고 있다. 이 부서는 검찰총장의 감독 하에 있는 중대범죄수사청장이 사안이 중하거나 복잡한 사기·횡령의 경제범죄와 부패범죄, 조세범죄를 자체 수사인력 이외에 경찰이나 다른 기관의 협조를 받아 수사를 진행하기도 한다.[67][68] 영국은 그 이외에도 2013년에 SOCA(조직범죄수사국)[69]을 흡수·계승한 국가범죄수사청(NCA)[70]을 내무부 산하에 4,200명 규모로 설치되어 있다.[71]

찰개혁, 영국 경찰개혁에 답 있네", 한겨레 신문, 2020. 7. 20.자 보도. 이에 대해서는 http://www.hani.co.kr/arti/society/society_general/955179.html<최종 검색일: 2021. 2. 14.>

62) 법무연수원, 앞의 책, 54면.

63) 법무연수원, 앞의 책, 54면.

64) 법무연수원, 앞의 책, 54면.

65) 이를 '경제범죄 수사부'라고 하기도 한다.

66) SFO는 2012~2021. 3. 까지 SFO에서 수사하여 기소한 중요범죄 수 십 건의 사례를 홈페이지에 게시하여 홍보하고 있다. 이에 대해서는 https://www.sfo.gov.uk/2021/03/ 참조.<최종 검색일: 2021. 3. 9.>; 또한 2011년부터 현재까지 매년 SFO의 인원, 주요활동, 조직현황 등을 담은 연례보고서를 발간한다. https://www.sfo.gov.uk/publications/corporate-information/annual-reports-accounts/참조.<최종 검색일: 2021. 3. 9.>

67) Serious Fraud Office에 대해서는 https://www.sfo.gov.uk/ 참조<최종 검색일: 2021. 2. 25.>

68) 법무연수원, 앞의 책, 54~55면.

69) 이에 대한 상세한 내용은 정웅석, 앞의 책, 684~685면 참조.

70) NCA 홈페이지는 https://www.nationalcrimeagency.gov.uk/who-we-are 참조<2021. 3. 9.>

71) 이에 대한 상세한 내용으로는 홍승희, 검찰 내 수사기구에 대한 비교법적 연구, 58~67면.

Ⅳ. 개정 형사사법체계에서 검찰수사관의 법적지위와 문제점

1. 검찰수사관의 법적지위

(1) 일반사법경찰관리로서의 법적지위

개정 전 형사소송법 제196조 제1항에서는 일반사법경찰관으로 수사관, 경무관, 총경, 경감, 경위를 두었고 이들은 검사의 지휘를 받어 수사를 하여야 한다고 규정되어 있었다. 여기에서 수사관은 1949년에 제정된 검찰청법 제30조에서 수사관을 지칭하였다. 그 후 몇차례 개정을 거듭하면서 수사관 → 검찰수사서기관, 수사서기관, 검찰사무관, 수사사무관으로 직급에 맞게 변경되었다. 비록 개정 형사소송법 제197조 제1항에서는 수사관이 삭제되었지만 4~5급 검찰수사관은 여전히 개정 형사소송법 제245조의 9 제2항과 검찰청법 제46조 제2항에 따라 검찰청 소속 일반사법경찰관으로서 검사의 지휘를 받아 범죄수사를 할 수 있다.[72] 이들을 보조하는 검찰주사, 마약수사주사, 검찰주사보, 마약수사주사보는 형사소송법 제245조의 9 제2~3항에 따라 일반사법경찰관으로서, 검찰청법 제47조 제1항 제1호에 따라, 검찰서기, 마약수사서기, 검찰서기보, 마약수사서기보는 형사소송법 제245조의 9 제2~3항, 검찰청법 제47조 제1항 제2호에 따라 일반사법경찰리의 자격으로 수사할 수 있다.[73] 이렇게 검찰수사서기관, 검찰사무관, 수사사무관, 마약수사사무관은 주로 수사과나 조사과에서 일반사법경찰관으로 과장 또는 팀장으로 사법경찰관리의 직무를 수행하는 6~9급의 검찰수사관들을 실질적으로 지휘하면서 치밀하게 특화된 수사를 하고 있다.[74] 이들 검찰수사서기관, 검찰사무관, 수사사무관, 마약수사사무관, 검찰주사, 마약수사주사, 검찰주사보, 마약수사주사보 등은 검찰청 소속의 일반사법경찰관으로 볼 수 있다.[75] 다만, 검찰수사서기관, 검찰사무관, 수사사무관,

---

72) 별정직 공무원으로서 검찰총장 또는 각급 검찰청 검사장의 지명을 받은 5급 상당부터 7급 상당까지의 별정직 공무원은 형사소송법 제245조의 9 제2항에 따른 사법경찰관의 직무를 수행할 수 있다(검찰청법 제47조 제2항 제1호).

73) 별정직 공무원으로서 검찰총장 또는 각급 검찰청 검사장의 지명을 받은 8급 상당부터 9급 상당까지의 별정직 공무원은 형사소송법 제245조의 9 제3항에 따른 사법경찰관의 직무를 수행할 수 있다(검찰청법 제47조 제2항 제2호).

74) 법무연수원, 앞의 책, 145면.

75) 반면, 검찰수사관을 특별사법경찰관리로 보는 견해(김택수, 앞의 논문, 81~82면)도 있다. 이 견해는 특히 6급 이하 검찰수사관은 검찰총장 또는 각급 검찰청 검사장이 사경으로 지명하는

마약수사사무관은 검찰청법 제46조 제2항에 따라 스스로 범죄수사를 개시·진행권을 보유하고 있으나 검찰주사, 마약수사주사, 검찰주사보, 마약수사주사보는 검찰청에 수리된 사건에 한하여 일반사법경찰관의 직무를 행사할 수 있어 검사에 대한 사건의 송치주체는 검찰청법 제46조 제2항에 규정되어 있는 검찰수사서기관, 검찰사무관, 수사사무관, 마약수사사무관이다. 이들 4~7급 검찰수사관들은 검찰청 조사과와 수사과에서 사법경찰관으로서 검사의 지휘를 받아 범죄수사를 하면서 경찰청 소속의 일반사법경찰관리들과는 달리 주로 사회적으로 이목을 끄는 사건이나 경제적으로 중대한 범죄를 수사하고 있다. 이들도 개정 형사소송법 제245조의 9 제1~4항과 검찰청법 제47조에 따라 검찰청에 수리된 고소·고발사건, 금융감독위원회에서 이첩된 사건, 진정사건, 자체 첩보에 의한 내사사건 등의 범죄수사를 담당하고 있다. 특히 수사과에서는 범죄수익 환수업무나 검찰 직접수배자에 대한 호송업무, 심리생리분석, 과학수사 장비운용 및 관리도 담당하고 있다.

(2) 참여수사관으로서의 법적지위

첫째, 검찰수사관들은 검사의 수사를 보조하는 것이 가장 큰 역할이다. 개정 형사소송법 제197조 제1항에서 '수사관'을 삭제[76]하였지만 일반사법경찰관인 경무관, 총경, 경정, 경감, 경위는 여전히 수사개시·진행권을 독자적으로 행사하고, 1차 수사종결권까지 주어졌다. 하지만 검사실에서 검사의 수사업무를 보조하는 검찰수사관들은 개정 형사소송법 제245조의 9 제1~4항에 따라 사법경찰관리의 직무를 취급할 수 있으나 그 업무의 성격상 검사의 지휘를 받아 검사의 수사업무를 보조하는 역할에 그치므로 독자적인 수사개시·진행권은 인정되지 않는다. 이들 검찰수사관들은 검사의 피의자신문과정에 참여하여 수사의 공정성과 절차적 정확성을 담보하는 것이 주된 역할이기 때문이다.[77] 따라서 이들은 경찰청 소속의 일반사법경찰관

것이 요구될 뿐만 아니라 검찰청에서 접수한 사건에 관하여 사법경찰관리의 직무를 수행하고 있다는 점을 근거로 들고 있다. 하지만 6급 이하의 검찰수사관의 직접수사의 범위는 특별사법경찰관리의 수사범위보다 훨씬 넓고 경찰인 일반사법경찰관과 특별사법경찰관이 송치하는 사건 전반에 걸쳐 보완수사를 할 수 있다는 점에서 일반사법경찰관리로 보는 것이 타당하다(이창현, 『형사소송법(제6판)』, 정독, 2020, 207면 참조).

76) 개정 전 형사소송법 제196조 제1항에서는 "수사관, 경무관, 총경, 경정, 경감, 경위는 사법경찰관으로서 범죄의 혐의가 있다고 사료하는 때에는 범인, 범죄사실과 증거를 수사한다." 고 되어 있었다.

77) 김성기, 앞의 논문, 64면.

리에 비하여 다소 제한된 권한만을 행사할 수 있다. 이에 형사소송법 제197조의 2부터 제197조의 4까지, 제221조의 5, 제245조의 5부터 제245조의 8의 적용이 배제된다.[78] 그럼에도 불구하고 참여수사관들은 여전히 검사의 직접수사나 송치사건의 보완수사에서 매우 중요한 역할을 한다.[79] 참여수사관으로서 수사에 관한 조서 작성에 관하여 검사의 의견이 자기의 의견과 다른 경우에는 조서의 끝 부분에 그 취지를 적을 수 있도록 하고 있다(검찰청법 제46조 제4항). 이에 관한 법적근거는 형사소송법 제243조, 제245조의 9 제1~3항, 검찰청법 제46조 제1항 제1~2호, 제2항, 제4항이다. 비교법적으로는 독일이나 일본은 검사의 신문에 참여수사관을 두는 제도가 없지만 우리나라에만 특유한 제도라고 할 수 있다.

둘째, 참여수사관은 검사의 명을 받은 수사에 관한 사무를 처리한다. 여기에는 구속영장이나 압수·수색영장 집행, 소재수사, 사실조회, 증거분석, 조서작성을 비롯한 각종 수사에 관한 사무가 포함된다.[80] 이처럼 검사의 수사를 보조하고 검사의 지휘를 받아 폭넓은 수사에 관한 사무에 종사한다. 그런데 새로운 형사사법체계가 시행됨에 따라 수사와 공판업무에 환경의 변화가 예상되고 있다. 이에 발맞춰 참여수사관들도 검사지휘에 따르되 능동적으로 전문적 수사를 진행하는 독자적 역할모델을 구축하는 것이 요구되고 있다. 그리하여 검사의 직접수사가 이루어지는 경우에는 검찰수사관은 피의자 체포, 압수·수색영장의 집행, 증거물 분석, 금융계좌추적영장이나 통신영장집행 결과보고서 작성, 기록정리 등의 업무 등을 적극적으로 수행할 필요가 있다. 아울러 개정 형사소송법 제312조 제1항에 따른 검사의 피의자신문조서의 증거능력이 사법경찰관이 작성한 조서의 증거능력과 동일해졌으므로 기존에 조서작성 업무에서 벗어나 송치사건의 보완수사, 검사 조사참여, 형사조정

---

78) 배제되는 조항 중, 형사소송법 제245조의 5(사법경찰관의 사건송치 등)에 관한 사건송치 규정도 포함되어 있어 검찰청 조사과와 수사과의 경우, 송치와 관련하여 모호할 수도 있다.

79) 현행 검찰청법 제46조 제4항은 "검찰수사서기관, 검찰사무관, 검찰주사, 마약수사주사, 검찰주사보, 마약수사주사보, 검찰서기 및 마약수사서기는 수사에 관한 조사 작성에 관하여 검사의 의견이 자기의 의견과 다른 경우에는 조서의 끝부분에 그 취지를 적을 수 있다."고 규정하고 있다. 하지만 대부분의 피의자신문조서를 검찰수사관들이 작성하고 있는 현실을 감안하여 "…검사의 의견이 자기의 의견과 다른 경우에는 조서의 끝부분에 그 취지를 적을 수 있다."는 법문을 "…검사의 의견이 자기의 의견과 다른 경우에는 조서의 끝부분에 자기의 의견을 적을 수 있다."로 명확히 할 필요가 있다. 제정 검찰청법 제30조에서는 "…자기의 의견을 첨서할 수 있다."고 되어 있었다.

80) 이는 검찰청법 제46조 제1항 제1호가 적용될 것이다.

의뢰, 합의의사 확인 등 송치사건에 관한 검사의 수사업무를 충실히 보조하는 역할 변화가 요구되고 있다. 물론 참여수사관의 역할을 수행하면서도 검사실에서 팀제 수사를 할 경우에는 참여수사관이 아닌 일반사법경찰관의 지위에서 수사업무에 종사할 수도 있을 것이다. 이런 면에서 참여수사관은 본래적 의미의 참여역할과 검사의 수사를 보조하는 이중적 역할을 담당하고 있기도 하다.[81] 반면, 이러한 점이 참여수사관의 참여역할의 범위와 한계가 어디까지인지에 대한 모호함을 보여주는 단면이기도 하다.

(3) 검찰사무 직원으로서의 법적지위

검찰수사관들은 검찰사무의 수행자로서 역할을 수행하고 있다. 검사의 수사를 보조하거나 검사의 지휘를 받아 수사를 행하지만 검찰사무에 관해서는 사실상 일반 행정기관과 다를 바 없어 소관부서의 상관의 지휘·감독을 받을 뿐 검사의 지휘를 받지 않는다. 검찰사무에 관해서도 검찰청법 제46조 제1항에 따라 업무를 수행한다고 볼 수 있지만 형사소송법상 형의 집행 등과 관련한 사항에서는 여전히 형사소송법을 비롯한 개별 법령에 근거하여 검사의 지휘를 받아 검찰사무를 처리하고 있다. 구체적으로는 검찰청법 제46조 제1항 제1호 검사의 명을 받은 수사에 관한 사무, 제2호 형사기록과 작성과 보존, 제3호 국가를 당사자 또는 참가인으로 하는 소송과 행정소송의 수행자로 지정을 받은 검사의 소송 업무 보좌 및 이에 관한 기록, 그 밖의 서류의 작성과 보존에 관한 사무, 제4호 그 밖에 검찰행정에 관한 사무를 담당한다. 또한 예산·회계·인사·시설관리·통신·보안·기획·물품관리 등 일반 행정기관에서 처리하는 행정사무를 검찰수사관들이 처리한다. 검찰사무 직원으로서의 법적지위는 검찰수사관으로서의 지위라기보다는 일반 공무원들의 직무내용과 큰 차이는 없다.

2. 개정 형사소송법상 검찰수사관의 법적지위의 문제점

(1) 검찰수사관의 수사개시·진행권의 법적근거 미비

검찰청 소속 일반사법경찰관의 수사개시·진행권의 법적 규정의 미비를 들 수 있

81) 이러한 참여수사관의 역할에 대하여 순수한 참여수사관의 역할과 검사의 수사를 보조하는 수사관의 역할을 분리해야 한다는 주장도 있다(김성규, 『형사사법작용의 변화과정에 있어서의 검찰수사관 조직의 효율적 운용방안』, 대검찰청 정책연구 용역과제 보고서, 대검찰청, 2018. 12, 71면).

다.[82] 개정 형사소송법 제197조 제1항에서 '수사관'을 삭제하고, 같은 법 제245조의 9 제1~4항까지 검찰수사관의 조항을 두고, 검찰청법 제46조 제1~4항, 제47조 제1~2항에서 검찰수사관의 직무에 관한 사항을 두고 있다. 그 중에서도 검찰수사관의 범죄수사에 관한 법적근거는 형사소송법 제245조의 9 제1~4항, 검찰청법 제46조 제1항 제1호, 제2~4항, 같은 법 제47조 제1~2항이다. 그런데 개정 형사소송법 제197조에서 '수사관'을 삭제하였다면 검찰청 소속의 일반사법경찰관관의 직무를 수행하는 검찰수사관의 수사개시 · 진행권을 두지 않는 것은 어쩌면 당연할 수 있다. 왜냐하면, 수사관 규정을 삭제하였으니 검찰수사관의 수사개시 · 진행권을 두지 않는 것이 논리적일 수가 있기 때문이다. 하지만 반드시 그런 것도 아니다. 개정 형사소송법 제197조 제1항에서는 수사관을 삭제하였지만 형사소송법 제245조의 9 제1항에서는 "검찰청 직원으로서 사법경찰관의 직무를 행하는 자와 그 직무의 범위는 법률로 정한다."고 규정하고 있고, 검찰청법 제46조 제2항에 "검찰수사서기관, 수사사무관 및 마약수사사무관은 검사를 보좌하며, 형사소송법 제245조의 9 제2항에 따른 사법경찰관으로서 검사의 지휘를 받아 범죄수사를 한다."고 규정하고 있기 때문이다. 이러한 입법적 변화에도 불구하고 검찰청법 제46조 제2항의 검찰수사관들은 개정 전 형사소송법 제196조 제1항에 규정하고 있던 '수사관'으로 새로운 형사사법체계에서도 여전히 개정 검찰청법 제46조에서 검사의 지휘를 받아 범죄수사를 행한다고 규정하고 있어 개정 전 검찰청법 규정과 크게 달라지지 않았다. 즉 개정 형사소송법 제197조 제1항에서 수사관을 삭제하였으나 이는 검찰청 소속의 일반사법경찰관 제도를 없애려고 한 것이 아니라 그동안 형사소송법에 검찰수사관들의 범죄수사에 관한 법적근거를 전혀 두지 않았었지만 개정 형사소송법 제245조의 9에서 검찰수사관의 수사권에 관한 법적근거를 신설하면서 이 조항으로도 충분하여 제197조 제1항에서 중복하여 규정할 경우 발생할 수 있는 해석상의 혼란을 방지하기 위하여 수사관을 삭제하는 것으로 볼 수도 있기 때문이다.

보다 구체적으로 말하면, 개정 형사소송법 제197조 제1항에서 수사관을 삭제하였지만 입법자들은 입법체계상 검찰수사관의 수사권 조항인 형사소송법 제245조의 9를 신설하면서 굳이 제197조 제1항에 수사관을 남겨 놓을 필요가 없었을 것으로 보인다. 만일, 제197조 제1항에 수사관을 그대로 남겨놓았을 경우에는 검찰청 소속의 일반사법경찰관과 경찰청 소속의 일반사법경찰관의 수사권 관련 조항을 1개 조

82) 김성규, 앞의 논문, 55~56면.

문에 함께 규정하고 있어 검찰수사관이 사법경찰관리의 직무를 행하더라도 직무의 특성상 적용이 배제될 수밖에 없는 제197조 제4항(검찰수사관에 대한 적용배제 규정)을 구분하여 적용하기 어렵다. 달리 말하면, 제197조 제4항 적용되는 검찰청 소속 일반사법경찰관 적용되지 않는 경찰청 소속의 일반사법경찰관을 구분하여 적용하기 어려워 불가피하게 삭제하였을 것으로 보인다.[83] 또한, 입법자가 검찰수사서기관 등의 수사개시 · 진행권을 없애려고 하였다면 형사소송법 제245조의 9 제2항을 둘 이유가 없고, 검찰청법 제46조 제2항도 남겨둘 아무런 이유가 없었을 것이다. 더 나아가 2018~2019년에 국회에서 형사소송법과 검찰청법을 개정하는 과정에서 검찰수사관들의 수사개시 · 진행권에 관한 논의도 거의 이루어지지 않았다.[84] 다만, 당시 회의에 참석한 경찰청 차장은 검찰수사관들의 직접수사 범위를 검사의 직접 수사범위에 제한하여야 한다는 의견을 제시하였으나 그러한 논의는 거의 이루어지지 않은 채 법안이 통과되었다.[85] 따라서 형사소송법 제197조 제1항에서 수사관이 삭제하였다고 하여 검찰청 소속 일반사법경찰관 제도를 없앤 것이 아니라 형사소송법 제245조의 9 제2항에서 이를 일률적으로 규정하여 존치시켰다고 보는 것이 합리적이다.[86]

더 하나 살펴보자면 검찰청법 제46조 제2항에서 검찰수사서기관 등은 검사의 지휘를 받아 범죄수사를 하도록 되어 있다. 그런데 만일 입법자가 검찰수사서기관 등에게 수사개시권을 부여하지 않을 생각이었다면 이 조항을 "검사의 지휘를 받아 범죄수사를 행한다."라고 규정할 것이 아니라 "검사의 지휘에 따라 수사를 진행하여

83) 그럼에도 불구하고 국회의 입법논의 과정에서 어떤 이유로 제197조 제1항에서 수사관을 삭제하였는지에 관하여 회의록에서도 전혀 찾아볼 수 없다.

84) 국회의 폭넓은 입법형성의 자유를 인정한다고 할지라도 뻔히 보이는 영역을 그대로 지나쳐야 했을까? 하는 의문을 지울 수 없다. 혹시라도 입법부가 수사권 조정이라는 수 십 년간 끝도 모를 논쟁이 이어져온 '수사권 조정'이라는 풀기 어려운 숙제에서 발생할 수도 있는 범주화의 오류를 감추기 위하여 교묘하게 포장한 것이 아니었기만을 바랄뿐이다.

85) 경찰 측이 검찰수사관의 직접 수사범위를 검사의 직접 수사범위에 제한하는 것이 좋다는 의견을 피력한 것도 검찰수사관들의 직접수사권을 인정하는 것으로 보아야 하고, 당시 국회의 논의상황도 검찰수사관들의 직접 수사권을 인정하고 있다고 보아야 할 것이다.

86) 재작년 국회에 제출되었던 형사소송법 개정안 중에서 제196조 제1항의 수사관을 삭제하고 검찰청법 제46조 제2항을 삭제하여 검찰청 소속 일반사법경찰관의 존치 근거를 아예 없애려는 몇 개의 법안이 발의되기도 하였다. 발의된 개정안을 논의하는 과정에서 개정 형사소송법 제197조 제1항에서 수사관을 삭제하고 형사소송법 제245조의 9에서 검찰수사관의 수사권에 관한 조항을 신설하는 백혜련 의원이 제출한 개정안을 중심으로 논의가 진행되었다.

야 한다."라고 규정하였어야 할 것이다. 왜냐하면 "범죄수사를 행한다."라 함은 수사개시권과 수사진행권을 모두 포함하는 개념으로 보는 것이 자연스럽지 수사개시권을 제외한 수사진행권만 갖는다는 것은 이해하기 어렵기 때문이다.[87] 따라서 범죄수사를 행한다는 것은 당연히 수사개시·진행권을 전제로 하기 때문에 검찰수사서기관, 수사사무관 및 마약수사사무관은 스스로 범죄인지를 하여 수사개시·진행할 수 있다고 보는 것이 타당하다.[88] 다만, 검찰수사서기관 등이 검사의 지휘를 받아 범죄수사를 행할 수 있다고 하더라도 이들의 직접 수사범위가 검사의 직접수사범위와 동일한지, 경찰청 소속의 일반 사법경찰관의 수사범위와 별다른 제한이 없는지는 또 다른 쟁점을 내포하고 있으므로 항목을 바꾸어 검토한다.

⑵ 검찰수사관의 직접수사 범위의 모호

개정 검찰청법 제4조 제1항 제1호는 검사의 직접 수사개시권의 범위만을 규정하고 있다. 그러나 개정 형사소송법이나 검찰청법에서는 검사의 지휘를 받아 범죄수사를 할 수 있는 검찰수사서기관 등의 직접 수사범위에 관해서는 아무런 규정을 두지 않고 있다. 따라서 검찰청법 제46조 제2항에 따라 사법경찰관의 직무를 수행하는 검찰수사서기관 등이 범죄수사를 진행함에 있어 수사를 할 수 있는 범죄에 제한을 갖는지가 논란이 될 수 있다.[89] 이에 관하여 현재까지 이를 다루는 글은 전혀 발견되지 않는다.[90] 개정 형사소송법과 검찰청법에서는 검찰청 소속의 일반사법경찰관의 직무를 수행하는 검찰수사서기관 등의 직접 수사범위를 제한하고 있지 않으므로 법률상으로는 검사가 직접 수사개시를 할 수 없는 범위의 사건에 대해서도

---

87) 다만, 이러한 경우에도 검사의 수사개시·진행권(형사소송법 제196조)경찰청 소속의 일반사법경찰관의 수사개시·진행권(형사소송법 제197조 제1항), 특별사법경찰관의 수사개시·진행권(형사소송법 제245조의 10의 3)의 규정에 비추어 검찰청 소속의 일반사법경찰관의 수사개시·진행권을 검찰청법 제47조 제3항에 명확히 마련할 필요가 있다.

88) 2011. 7. 18. 사법경찰관의 수사개시·진행권은 사법경찰관이 대다수의 범죄를 수사개시·진행하고 있는 현실을 반영하여 사법경찰관의 수사개시·진행권을 형사소송법에 마련한 것이었다.

89) 여기에서 말하는 검찰수사관은 참여수사관은 제외하고 검찰청법 제46조 제2항에 따라 검사의 지휘를 받아 자율적으로 수사개시·진행권을 행사하는 검찰청 조사과나 수사과, 마약수사과(조직범죄수사과)등에서 일반사법경찰관의 직무를 수행하는 4~5급 검찰수사관과 사실상 이들의 지휘를 받는 6~9급으로서 일반사법경찰관리의 직무를 수행하는 검찰수사관을 지칭한다.

90) 다만, 이와 같은 문제제기를 하면서 향후 치열한 논쟁이 예상된다고 간략히 언급하는 정도이다(이근우, "개정 검찰청법 적용의 실제", 『형사법연구』 제32권 제3호(2020·가을호), 한국형사법학회, 135~136면).

경찰청 소속의 일반사법경찰관리와 마찬가지로 독자적으로 수사를 개시하는데 아무런 지장이 없다고 보는 것이 합리적이다. 반면, 검찰청법 제4조 제1항 제1호에서는 검사가 직접 수사를 개시할 수 있는 범위를 6대 중요범죄로 규정한 취지를 보면, 검찰수사서기관 등은 검사의 지휘를 받으면서 수사를 진행하여야 한다는 점과 만일 검찰수사서기관 등이 6대 중요범죄 이외에도 경찰청 소속의 일반사법경찰관과 동일하게 수사개시·진행권을 행사할 수 있다면 검사가 직접 수사를 개시할 수 있는 범죄에 제한을 둔 검찰청법 제46조 제1항이 사실상 무력화질 것이라는 반론이 제기될 수가 있다. 왜냐하면, 검사가 직접 수사개시를 할 수 없는 범죄일지라도 검사는 검찰수사서기관 등의 수사지휘를 통하여 사실상 6대 중요범죄 뿐만 아니라 모든 범죄에 관하여 사실상의 수사개시·진행권을 행사하는 것과 마찬가지일 것이고, 그렇게 된다면 검사에게 6대 중요범죄에만 한정하여 직접 수사를 개시할 수 있도록 한 검찰청법 제4조 제1항을 우회하여 검찰의 직접수사 범위를 제한하고 있는 법조항을 사실상 무력화한다는 비판도 제기할 수가 있을 것이기 때문이다. 그럼에도 불구하고 검찰청 소속의 일반사법경찰관의 직무를 수행하는 검찰수사서기관 등에게는 6대 범죄뿐만 아니라 경찰청 소속의 일반사법경찰관과 마찬가지로 모든 범죄에 관하여 범죄수사권이 인정된다고 보는 것이 타당하다. 그 이유는 다음과 같다.

첫째, 비록 개정 형사소송법 제197조 제1항에서 '수사관'이 삭제되었지만 검찰수사서기관 등에 대한 범죄수사권을 형사소송법 제245조의 5에서 신설하였다. 또한 검찰수사서기관 등의 구체적인 직무범위를 법률(검찰청법)에 위임하여 검찰청 법 제46조 제2항에서는 검찰청 소속의 일반사법경찰관의 수사와 관련한 직무범위를 규정하면서도 검찰수사서기관 등의 직접 수사개시를 할 수 있는 범죄에 관하여 특별한 제한을 두고 있지 않다. 이는 앞서 언급한 바와 같이 검찰청 소속 일반사법경찰관을 없애려고 한 것이 아니라 형사소송법 제245조의 9에서 검찰수사관에 관한 범죄수사권을 신설하여 일반사법경찰관의 지위를 존치시킴과 동시에 그 법적지위에 관한 조항을 일원화시키려는 입법자의 의도를 충분히 엿볼 수 있는 대목이다. 즉 형사소송법 제245조의 9에서 검찰수사관의 범죄수사권을 명문화하여 이들의 일반사법경찰관의 지위를 명확히 한 것으로 보아야 하기 때문이다. 따라서 검찰청 소속의 일반사법경찰관의 법적지위를 갖는 검찰수사서기관 등의 직접 수사범위를 두고 있지 않는 한 6대 중요범죄에 제한을 받지 않는다고 보아야 한다.

둘째, 개정 전 형사소송법 제196조 제1항에서 규정하고 있었던 '수사관' 제도의 탄생배경과 역사를 보면, 경찰인 일반사법경찰관리가 검사의 수사지휘를 제대로 따르지 않아 검찰청 직속의 범죄수사를 담당하는 일반사법경찰관 제도의 필요성으로 인하여 신설하였다는 점[91]과 개정 형사소송법에서는 비록 경찰청 소속 일반사법경찰관에게 1차 수사종결권을 부여하였지만 이들에 대한 효율적인 사법적 통제와 더불어 검사가 직접 개시할 수 없는 범죄에 관하여 검찰청 소속의 일반사법경찰관을 통한 범죄수사를 할 수 있도록 하여 경찰청 소속인 일반사법경찰관의 범위와 균형을 맞추어 놓은 것으로 볼 수도 있다. 이런 점을 보면, 경찰청 소속인 일반사법경찰관의 수사권 범위와 검찰청 소속인 일반사법경찰관의 수사권의 범위가 동일하다고 보는 것이 합리적이고, 검찰청 소속인 일반사법경찰관의 직접 수사권의 범위가 검사의 직접 수사를 개시할 수 있는 범위와 동일하게 볼 필요는 없다고 본다.

셋째, 만일, 입법자가 검사의 수사지휘를 받아 범죄수사를 행하는 검찰수사서기관 등의 직접 수사개시를 할 수 있는 범죄를 검사의 직접수사 범위와 일치시키려고 의도하였다면 검찰청법 제46조 제2항이나 동조 제3항에 검찰수사서기관 등의 직접 수사를 개시할 수 있는 범위를 검사가 직접 수사개시를 할 수 있는 범죄의 범위와 동일하다고 규정하였을 것이다.[92] 그럼에도 불구하고 검찰수사서기관 등에 대한 직접 수사범위를 제한하는 아무런 규정을 두지 않았다는 것은 입법자가 이러한 문제점을 인식하지 못한 입법적 불비나 오류가 아니라 검찰수사서기관 등의 직접 수사개시 범위에 제한을 두지 않으려고 하였다는 의중을 어느 정도 가늠해 볼 수 있다.

넷째, 검사의 직접수사 범위에 속하지 않는 특별사법경찰관의 수사에 대하여 검사가 수사지휘를 하도록 되어 있는 형사소송법 제245조의 10을 보면, 검사의 직접

91) 개정 형사소송법에 따라 검사의 경찰청 소속의 일반사법경찰관리에 대한 수사지휘권이 없어진 마당에 역설적으로 검찰청 소속의 일반사법경찰관리의 역할과 기능이 더욱 중시된다고 볼 수도 있을 것이다.

92) 다만, 국회 제365호 사법개혁특별소위 제5차(2019. 1. 8.) 회의에서 경찰청 차장 임○○은 검찰청 직원의 직접수사 범위에 관하여 다음과 같이 의견을 제시하였다. "그 다음의 11쪽의 검찰청 직원의 경우에 과연 이 부분이 이번 형사소송법 개정에서 형사소송법에 계속 남겨야 할 사안이냐, 아니면 검찰청법으로 가야 될 문제냐 하는 문제는 별도로 논의를 해 주실 것으로 저희들은 기대합니다만 1항의 경우에 직무를 행하는 자와 그 직무의 범위는 법률로 정하도록 되어 있는데, 잘 아시다시피 직접 수사 범위가 검찰청법에서 제한이 되기 때문에 그 제한되는 범위를 마찬가지로 그 직무범위를 정할 때 그에 한하여 직무범위를 정하도록 함으로써 무한히 확장되는 우려에 대해서는 법으로 제한할 필요가 있다는 의견을 갖고 있습니다."라고 하였다(제365회 사법개혁특별소위원회 제5차(2019. 1. 8.) 회의록 14면). 하지만 그 후에 이에 관하여 논의된 바가 거의 없이 법률안은 본회의를 통과하였다.

수사 범위와 검찰수사관의 직접 수사범위를 일치시킬 이유가 없다. 검사의 직접수사 범위에 있지 않더라도 검찰수사관은 검사의 지휘를 받아 수사를 진행하므로 검사의 특별사법경찰관리에 대한 수사지휘와 같은 취지로 보면 된다. 검찰수사관이 비록 『검사와 사법경찰관의 상호협력과 일반적 수사준칙에 관한 규정』(시행 2021. 1. 1)(대통령령 제31089호, 2020. 10. 7. 제정)을 적용받지 않더라도 검찰청 소속 일반사법경찰관은 수사를 개시 · 진행 · 종결하였다는 검사에게 사건을 즉시 송치하는 것이 실무 관행으로 자리잡고 있다. 따라서 검찰수사관의 직접수사 범위가 검사의 직접수사 범위를 넘어서더라도 검사의 지휘를 받아 수사를 진행하는 이상 최대한 자율적으로 수사하는 것은 가능하다고 보아야 한다. 또한 검찰청 사무기구에 관한 규정 제17조 제8항(수사과)과 제10항(조사과)의 경우, 단지 검찰청 내부의 조직과 인력 운용의 효율성 차원에서 마련된 규정으로 검찰청 소속 사법경찰관의 직무범위 또는 수사행위의 적법성과 관련된 사항으로 보기는 어렵다. 이러한 점을 보더라도 4~5급 검찰수사관의 직접 수사범위와 검사의 직접 수사범위가 반드시 일치되어야 하는 것은 아니다.

다섯째, 4~5급 검찰수사관의 직접 수사범위가 검사의 직접 수사개시 범위보다 넓다면 앞서 말한바와 같이 검사의 직접수사 개시범위를 둔 수사권 조정의 의미가 사실상 무력화될 것이라는 강한 반론이 제기될 수가 있다. 하지만 최근 수사권 조정의 핵심은 검사에게 집중된 직접 수사권을 사법경찰관과 분점하면서 상호 '견제'와 '균형'을 추구한다는 점에 방점을 두었다는 것을 보면, 4~5급 검찰수사관과 검사가 비록 검찰이라는 한 조직에 있지만 검사와 사법경찰관의 관계로 지휘관계에 있다. 하지만 검찰수사관은 검사의 수사지휘 계통만 따르는 검사와는 다른 수사권을 행사하는 주체이므로 검찰청 내 조사과 수사과에 근무하는 일반사법경찰관리의 자격으로 6대 범죄를 직접 수사한다고 하더라도 그것을 검사의 직접수사로 볼 근거는 없다. 이런 점에서도 검찰수사관의 직접 수사범위가 검사의 직접 수사범위와 반드시 같을 이유가 없다. 검사가 수사지휘라는 '보이지 않는 손'을 통하여 검찰수사관을 자신의 직접 수사를 위한 수사 인력으로 활용할 가능성도 완전히 배제할 수는 없지만 검사의 조사과나 수사과의 검찰수사관에 대한 수사지휘시스템은 검사의 수사지휘는 서면을 통하여 이루어지고 그 내용도 KICS에 저장되며, 그 구체적인 내용과 이행사항 또한 KICS에 모두 남겨진다. 또한 검찰수사관에게 수사지휘를 하는 경우에도 마찬가지로 서면과 KICS에 남겨지므로 검사가 부당하게 수사지휘를 할 상황도 아니다. 따라서 검사가 검찰수사관에 대한 수사지휘로 제한된 검사의 직접 수사범위를 부당하게 확장하여 검찰청법 제46조 제1항을 사실상 무력화할 것이라는 우려는 기우에 지나지 않는다. 게다가 검찰수사관이 검사의 직접수사 개시범죄에 국한되지 않고 자체첩보와 정보를 토대로 수사개시권을 행사하는 경우도 기관장(검사장 또는 지청장)에게 범죄인지 보고한 후 수사를 개시하므로 검사가 검찰수사관에게 부당한 수사지휘를 한다는 것도 예상하기 어렵다. 따라서 검사의 검찰수사관에 대한 수사지휘권의 행사로 검찰청법 제46조 제1항을 우회하거나 무력화할 것이라는 것은 지나친 우려이다.[93]

여섯째, 검사와 사법경찰관의 상호협력과 일반적 수사준칙에 관한 규정 제18조를 보면, 검사의 직접수사 범위에 있지 않은 사건은 검찰청 외 수사기관으로 '필요적'으로 '이송'해야 함을 규정하고 있다.[94] 하지만 이 규정은 검사의 직접수사 범위를 제한하기 위한 규정인 것인지 검찰청 소속 일반사법경찰관의 직접수사 범위를 제한하기 위한 규정이 아니다. 만일 검찰청 소속 일반사법경찰관의 직접수사 범위를 제한하기 위한 규정으로 본다면, 이 조항이 검찰수사서기관 등의 직접수사 범위에도 적용된다는 별도의 조항이나 준용조항을 두었어야 한다. 하지만 이에 관한 별

93) 또한 이러한 경우 수사는 검찰수사관들이 검사의 지휘를 받아 진행하므로 검사가 검찰수사관을 수사지휘를 한다고 하여 그것이 반드시 검사가 자신의 직접수사를 검찰수사관을 통하여 도모하는 것으로 보기도 어렵다. 왜냐하면, 6대 중요범죄에 한하여 직접 수사개시 진행할 수 있는 검사가 경찰청 소속의 일반사법경찰관이 수사한 사건에 관하여 보완수사, 송치요구 등을 할 수 있는 것도 사실상의 수사지휘와 다를 바가 없고 검사의 직접수사 범위에 있지 않은 경찰청 소속의 일반사법경찰관리의 수사에 관하여 사법적으로 통제하는 시스템을 가동하고 있기 때문이다. 이렇게 본다면 검사의 검찰수사관에 대한 수사지휘와 경찰청 소속의 일반사법경찰관의 수사에 관한 사법적 통제는 실제로는 큰 차이가 없는 셈이다.

94) 제18조 (검사의 사건 이송 등) ① 검사는 다음 각 호의 어느 하나에 해당하는 때에는 사건을 검찰청 외의 수사기관에 이송해야 한다. 1. 『검찰청법』 제4조 제1항 제1호 각 목에 해당되지 않는 범죄에 대한 고소·고발·진정 등이 접수된 때 2. 『검사의 수사개시 범죄 범위에 관한 규정』 제2조 각 호의 범죄에 해당하는 사건 수사 중 범죄 혐의 사실이 『검찰청법』 제4조 제1항 제1호 각 목의 범죄에 해당되지 않는다고 판단되는 때. 다만 구속영장이나 사람의 신체, 주거, 관리하는 건조물, 자동차, 선박, 항공기 또는 점유하는 방실에 대하여 압수·수색 또는 검증영장이 발부된 경우는 제외한다. ② 검사는 다음 각 호의 어느 하나에 해당하는 때에는 사건을 검찰청 외의 수사기관에 이송할 수 있다. 1. 법 제197조의 4 제2항 단서에 따라 사법경찰관이 범죄사실을 계속 수사할 수 있게 된 때 2. 그 밖에 다른 수사기관에서 수사하는 것이 적절하다고 판단되는 때 ③ 검사는 제1항 또는 제2항에 따라 사건을 이송하는 경우에는 관계 서류와 증거물을 해당 수사기관에 함께 송부해야 한다.

도의 조항을 두지 않았다. 물론 지난 수사권 조정의 핵심은 검찰의 직접 수사 총량을 대폭 줄이고 그 권한을 경찰에게 분배하는 것에 방점이 찍혀 있었다는 것[95]을 보면, 검찰청 소속의 일반사법경찰관인 검찰수사서기관에 의한 직접수사 범위도 검사의 직접수사의 범위와 동일하게 보는 것이 일응 타당한 면이 있기는 하다. 하지만 앞서 살펴본 바와 같이 검찰수사서기관 등에 대한 직접수사 범위를 법령에서 제한을 두고 있지 않는 한 직접수사 범위가 제한된다고 보기 어려워 검찰청법 제46조 제2항에 따라 범죄수사를 행하는 검찰청 소속의 일반사법경찰관인 검찰수사서기관 등은 검사의 수사지휘를 받아 범죄수사를 행하되, 검사의 직접 수사범위를 제한받지 않는다고 봄이 상당하다. 그럼에도 불구하고 개정 형사소송법이나 검찰청법에서는 검찰수사서기관 등에게 수사개시·진행권과 송치규정을 두지 않은 것은 입법적 불비로 이를 보완할 필요가 있고, 이에 관해서는 항목을 나누어 살펴보기로 한다.

(3) 검찰수사서기관 등의 송치규정의 미비

앞서 검찰수사서기관 등의 수사개시·진행권을 명문으로 규정하지 않은 법적 미비의 문제점을 지적하였다. 그런데 여기에서 수사개시·진행권과 불가분적 관계에 있는 검찰수사서기관 등의 송치규정을 미비점을 또 지적할 수 있다.[96] 개정 형사소송법 제245조의 9 제4항에서는 "사법경찰관리의 직무를 행하는 검찰청 직원에 대해서는 제197조의 2부터 제197조의 4까지, 제221조의 5, 제245조의 5부터 제245조의 8까지의 규정을 적용하지 아니한다."고 규정하고 있다. 그런데 수사개시·진행권은 사건송치를 전제로 존재하는 규정이므로 송치규정과는 매우 밀접하다. 개정 형사소송법에 의하더라도 사법경찰관이 범죄를 수사한 경우에는 혐의가 인정되거나 고소·고발인이 이의신청한 사건 등은 검사에게 송치하여야 하기 때문이다.[97] 개정 전에는 전건 송치주의를 채택하고 있었으나 개정 후에는 선별 송치주의를 채택하고 있다. 하지만 수사개시·진행권에 송치규정이 반드시 수반되어야 하는 것은 아니다. 검사는 6대 중대범죄에 한하여 직접 수사개시·진행·종결권을 행사할 수 있지만 검사에게는 송치규정을 적용하지 않기 때문이다.[98]

---

95) 그렇다고 지난 수사권 조정이 합리적인 관점에서 잘 되었다고 평가하는 건 아니다.

96) 김성규, 앞의 논문, 56~57면.

97) 형사소송법 제245조의 5(사법경찰관의 사건송치 등) 제1항, 같은 법 제245조의 7(고소인 등의 이의신청) 제2항.

98) 다만 실무상으로는 검사가 가정법원 소년부, 군사법원 검찰부 등에 송치하는 경우가 있는데,

그러나 현행법상 모든 사건에 대한 수사종결권이 없는 경찰청 소속의 일반사법경찰관과 전건송치주의가 적용되는 특별사법경찰관에게 송치규정은 필수적 규정으로 이해할 수 있다.[99] 그럼에도 불구하고 사법경찰관의 수사개시·진행권이 송치규정과 매우 밀접한 규정이라고 할지라도 송치규정이 없다고 하더라도 범죄수사를 할 수 없다고 보는 것은 다소 무리가 있다. 왜냐하면, 형사소송법 제245조의 9 제2항과 검찰청법 제46조 제2항에서 검찰청 소속 검찰수사서기관 등에게 범죄수사권을 명확히 인정하고 있고, 검찰청의 조사과와 수사과의 존치의 법적근거라 할 수 있는 검찰청법 제47조에서도 검찰수사관들의 범죄수사권을 계속 인정하고 있기 때문이다. 따라서 검찰수사서기관 등에 대한 송치규정이 없더라도 검찰수사서기관 등에게는 수사종결권이 주어지지 않으므로 수사를 마쳤다면 사건을 지체없이 검사에게 송치하는 것은 너무도 당연하므로 송치규정이 반드시 필요한 건 아니다. 하지만 검찰수사서기관 등의 송치규정은 경찰청 소속의 일반사법경찰관의 송치규정을 따를 것이 아니라 업무의 특성상 전건 송치주의에 따라야 할 것이다.

더 나아가 '송치'는 '수사기관이 검찰청으로 피의자와 관련서류를 보내거나, 검찰청에서 다른 검찰청으로 보내거나, 검찰청에서 가정법원으로 피의자와 수사서류를 보낼 때 통상적으로 사용하는 용어일 뿐이므로 검찰청 내의 사무분장에 따라 동일한 검찰청 소속의 검사의 지휘를 받아 범죄수사를 행하는 조사과나 수사과의 4~5급 검찰수사관은 반드시 '송치'라는 용어를 사용할 필요는 없고, 반드시 필요한 것도 아니다. 또한 조사과나 수사과의 검찰수사관이 수사를 완료한 후 검사에게 보내는 절차는 동일한 검찰청 내에서 부서간의 서류 이동에 불과하므로[100] 외부기관간의 피의자와 서류를 보내는 송치개념을 사용하지 않더라고 형사절차법정주의에 반하는 것도 아니다. 개정 형사소송법 제245조의 9 제4항에서 사법경찰관리의 직무를 행하는 검찰청 직원에 대해서는 제197조의 2부터 제197조의 4까지, 제221조의 5, 제245조의 5부터 제245조의 8까지의 규정을 적용하지 않도록 하였는데, 보완수

이는 송치라는 개념보다도 사실상 '이송' 또는 '이첩'으로 보는 것이 적절하다.

99) 경찰청 소속의 일반사법경찰관의 송치규정과는 달리 특별사법경찰관의 송치규정은 여전히 '전건 송치주의'를 채택하고 있다(형사소송법제245조의 10 제5항).

100) 한편, 같은 검찰청에서 조사과, 수사과에서는 검찰수사관이 조사하여 검사에게 송치하고 검사는 동일 사건관계인을 이중으로 조사하거나 상이한 결론이 날 경우, 국민에게 불신의 원인이 될 수 있고, 같은 검찰청 내부 부서 간에 서류 이동에 '송치'라는 외부기관간의 개념이 사용하는 것에 의문을 제기하는 견해도 있다(법무연수원, 앞의 책, 145면).

사요구, 시정조치 요구, 수사의 경합, 사법경찰관이 신청한 영장의 청구여부에 대한 심의, 고소인 등에 대한 송부통지, 고소인 등의 이의신청, 재수사요청 등은 동일한 검찰청에 근무하는 검사와 검사의 지휘를 받아 범죄수사를 행하는 검찰수사관의 특수성으로 인하여 적용하는 것이 적절하지 않은 규정들이고 송치규정(제245조의 5)의 적용을 배제하는 것도 이와 같은 취지에서 이해할 수도 있다.

그럼에도 불구하고 불필요한 논란을 불식시키기 위해서는 검찰청 소속의 조사과나 수사과의 검찰수사관들의 송치규정(또는 송부규정)을 두거나 이와 유사한 규정을 검찰청법이나 검찰사건사무규칙에 명확히 마련하는 것이 바람직하다고 본다. 이에 관한 적절한 개정안을 이하에서 제시하고자 한다.

Ⅴ. 검찰수사관의 역할제고 방안과 검찰청법 개정안

1. 검찰청법 제46조 제2항에 따른 일반사법경찰관의 역할강화

(1) 수사과 및 조사과 기능의 강화

수사과와 조사과의 검찰수사관들은 사회적으로 이목을 끄는 중요한 범죄나 사기, 횡령, 배임 등 경제범죄, 각종 화이트칼라 범죄 수사에 역할을 집중하여야 한다.[101] 검찰수사서기관 등은 검찰청 소속의 일반사법경찰관으로서 검사의 지휘를 받으면서 범죄수사를 행할 수 있다. 그간 검찰청 수사과는 지역 토착비리 등 부정·부패사범을 비롯한 중요사건을 인지 수사하였고, 조사과는 검찰에 접수된 고소·고발사건 중, 다액 재산범죄사건 등 복잡하고 난해한 사건을 조사하여 송치하였다. 그러나 수사과나 조사과가 특수부 검사실에 사실상 배속되는 형태로 운영되면서 제대로 운영되지 못하는 측면도 존재하였다.[102] 따라서 새로운 형사사법체계에서는 6대 범죄에 관한 고소·고발사건은 물론이고 이들 범죄정보를 적극적으로 수집한 후 명품수사로 검찰수사관의 자긍심을 높여야 한다.[103]

특히 수사과는 범죄정보의 중요성을 인식하고 평상시 범죄감시를 통한 예방적 수사기능을 수행하여야 하며, 전국 청에서 정보를 실시간으로 공유하는 선진정보관

101) 김성규, 앞의 논문, 200면.
102) 법무연수원, 앞의 책, 163면.
103) 법무연수원, 앞의 책, 165면.

리시스템을 구축하여 범죄정보에 대한 우월적 독자성을 확보하여야 하고, 권력형 구조적 비리에 대한 상시 감시체계를 통하여 권력기관이나 고위직 등에 대한 양질의 인지수사를 하는 지역사회 감시기능을 강화하여야 한다.[104] 각종 직권남용, 뇌물수수 등 비위사건을 적발 처리함으로써 토착세력의 구조적 비리에 대한 경제로 공직 지역사회에 만연되어 있는 부패를 척결함으로써 범죄예방효과를 거양시켜 나가야 한다.[105] 특히 최근 수사권 조정으로 경찰청 소속의 일반사법경찰관에게 수사권한이 지나치게 집중되어 있는 관계로 이들 기관에서 부정부패와 비리가 발생할 경우, 효율적으로 다스리지 못할 위험이 증가하였으므로 이들에 대한 견제기능도 강화하여야 한다.[106] 다른 한편으로는 검찰청 소속 일반사법경찰관리들은 국민들에게 형사사법서비스 선택의 폭을 넓혀줌과 동시에 국가기관 상호 간에 견제와 균형의 관점에서도 보더라도 존재의의는 충분하다.[107] 아울러 특정범죄 등으로 발생한 범죄수익을 박탈함으로써 범죄동기를 차단하여 형벌의 실효성과 공정성을 높여 형사사법에 대한 신뢰성을 제고시킴으로서 공정한 국가형벌권을 실현하는데 최선을 다할 필요도 있다.[108] 이러한 변화를 통하여 적극적인 정보수집 및 분석을 통한 효율적인 수사를 하고, 양질의 인지사건을 하여 부패의 고리를 끊는 수사를 진행하여야 한다.[109] 무엇보다도 부정·부패 수사에서 노하우를 충분히 발휘하여 검찰수사관들의 위상을 제고하고 역할을 확립시켜 나가야 한다. 특히 마약범죄는 검찰청 소속의 마약수사관들이 경찰청 소속의 일반사법경찰관들보다 그 정보력이나 수사력에 있어 훨씬 특화되어 있으므로 검찰청 소속의 마약수사관들의 적극적인 인지활동이 요구된다고 할 것이다.[110] 다만 검찰수사관들의 범죄 수사개시·진행권이 경찰청 소속의 일반사법경찰관과 동일하다고 할지라도 검찰의 직접 수사총량을 제

104) 경찰청 소속의 일반사법경찰관리에 대한 검사의 수사지휘권이 폐지된 새로운 형사사법체계에서는 사법경찰관의 권한의 비대화에 따른 견제와 균형을 위해서도 검찰청 소속 일반사법경찰관들의 능동적인 역할이 요구된다고 할 것이다.

105) 대검찰청, 『검찰수사관 바로 알기』, 2018, 26면.

106) 김성규, 앞의 논문, 58면, 103면 참조.

107) 김성규, 앞의 논문, 93면.

108) 대검찰청, 『검찰수사관 바로 알기』, 2018, 26면.

109) 법무연수원, 앞의 책, 165면.

110) 한편 검찰청 소속 마약수사부는 2019. 8.부터는 '다크웹 전담수사팀'과 '국제마약조직 추적수사팀'을 신설·운용함으로써 우리나라의 마약수사를 선도하고 있다는 평가를 받고 있다(대검찰청, 검찰연감, 358면).

한하고자 하는 최근의 수사권 조정의 입법취지를 살려 가급적이면 검사의 직접수사 범위에 한하여 정보수집 및 수사활동을 하는 것이 바람직할 것이다.

(2) 인지수사에서 검찰수사관의 능동적 역할

새로운 형사사법체계에서는 검찰의 직접수사 범위는 대형 기업, 부패, 조직범죄 등 중대범죄 등 6대 범죄에 국한되므로 팀 수사로 진행될 가능성이 매우 높다. 새로운 형사사법체계가 그동안 검찰이 수사권을 비합리적으로 행사함으로 인하여 과도한 검찰권 행사를 방지하는 것[111]에 있다 해도 검찰은 여전히 선량한 국민들의 인권과 재산권을 보호하는 막중한 임무를 맡고 있다. 이러한 다원적 수사구조의 체제에서도 검찰수사관들의 능동적인 역할이 요구된다. 검찰청법 제4조 제1항 제1호에서 검사의 직무를 명시하고 있듯이 '범죄수사'도 중축이라는 점에서 검찰의 직접수사의 '필요성'은 여전히 요구되고 있다. 하지만 기존에 해당 검사실의 검사가 주임검사가 되어 진행하던 수사에서 탈피하여 부장검사가 팀장이 되어 수사가 진행될 가능성이 커졌으므로 검찰수사관은 팀원이 되어 압수·수색·검증영장(금융계좌영장)의 집행 참여, 디지털 포렌식 참여, 증거물 분석, 통신사실조회 및 통신영장집행, 사실조회 의뢰 및 결과 정리, 각종 수사보고, 기록정리 등을 비롯한 각종 수사업무를 능동적으로 수행해 나가는 자세가 요구된다. 또한 비록 팀제 수사는 아닐지라도 사기, 횡령, 배임 등 재산범죄는 물론이고, 각종 화이트칼라범죄에 대하여 치밀하고 스마트한 수사로 그 역할을 다하여야 한다. 비교법적으로 우리나라와 같이 검찰에 직접 수사인력은 두고 있지 않은 독일은 중점검찰청에 경제사범전담부를 두고 각종 화이트칼라범죄와 관련하여 검사의 수사에 긴밀히 협력하고 있는 경제연구원이나 회계검사원이나 미국에서 규모가 큰 지방검찰청에서 강력범죄, 마약범죄, 화이트칼라범죄를 수사하는 검찰수사관들의 역할에서 그 시사점을 찾을 수도 있을 것이다.[112] 또한 영국의 중대범죄수사청(SFO)의 수사구조 시스템도 면밀히 분석하여 우리나라의 형사사법시스템에 접목하여 발전시켜 나갈 수 있다면 거기에서 시사점을 얻는 것도 좋을 것이다.[113] 그렇다고 가시적인 성과에 얽매어 편향적

111) 원혜욱, 앞의 논문, 11~12면.

112) 같은 맥락에서 독립된 특별수사기구를 수사의 집중과 편성으로 비효율성을 도모하기 위하여 검찰수사관의 자리매김과 역할을 강조하는 주장도 있다(홍승희, 검찰 내 수사기구에 대한 비교법적 연구, 175면 이하).

113) 최근 정치권에서 강력하게 추진하고 있는 가칭 '중대범죄수사청'을 설치하는 것도 신중하면

관점에 사로잡혀 무리하게 추진한다면 범죄인지권의 남용[114]으로 인한 국민들에 대한 인권침해를 불러올 것이므로 절제되면서도 품격 있는 수사로 선량한 국민들의 인권과 재산을 보호하는데 초점을 두어야 할 것이다.

2. 검사직무대리의 직무범위 및 역할강화

검사직무대리의 직무범위 및 역할강화도 모색할 필요가 있다.[115] 검사직무대리의 직무범위는 통상적으로는 법원조직법에 따른 합의부 심판사건을 제외한 주로 경미한 사건을 처리한다. 예컨대, 상해, 폭행, 협박, 주거침입, 재물손괴, 폭력행위등처벌에관한법률, 도로교통법, 교통사고처리특례법, 자동차관리법, 도로법, 식품위생법, 청소년보호법, 게임산업진흥에관한법률, 향토예비군설치법, 병역법, 부정수표단속법 등 각 위반 범죄를 주로 처리한다. 이들 범죄 이외에도 불기소 처분 의견으로 송치된 사건과 불구속 송치사건 중, 약식명령을 청구할 인지사건 및 고소·고발사건도 처리할 수 있다.[116] 사법경찰관이 송치한 피해액 2,000만원 미만의 재산범죄(절도·장물·사기·횡령·배임) 사건 중에서 '혐의없음'으로 송치된 사건과 고소·고발 사건 중에서 고소·고발이 취소된 사건도 검사직무 대리로 하여금 처리하게 하고 있다.[117] 또한 노역장 유치집행지휘, 형집행장 발부, 판결문 경정신청, 징수불능결정, 자력조사 촉탁, 사실조회 및 자료송부 요청도 할 수 있다.[118] 하지만 새로

서도 이러한 모든 제도와 발생할 수 있는 문제점을 심도 있게 공론화의 장을 통하여 논의하면서 차근 차근하게 추진하는 것이 바람직할 것이다.

114) 범죄인지권의 남용의 억제를 강조하는 견해로는 조광훈, "범죄인지권의 남용의 원인과 그 대책," 『형사정책연구소식』 통권 제101호, 한국형사정책연구원, 2007, 22~29면.

115) 이에 관하여 검사직무대리가 취급할 수 있는 사건(대리할 수 있는 직무의 종류와 내용)에 대한 구체적인 한계를 법률에 규정함이 없이 대통령령에 포괄적으로 위임하는 것은 입법권의 남용이자 형사절차법률주의에 반한다는 주장(김택수, 앞의 논문, 85면)과 사람의 인신을 제한하는 수사는 검사만으로 엄격하게 한정하여 해석하는 것이 필요하므로 검사직무 대리를 폐지하여야 한다는 주장(김현숙, "수사기관에서 직무대리의 권한 – 검찰청법 제32조의 검사직무 대리를 중심으로–," 경찰법 연구 제8권 제2호, 2010, 100면 이하)이 있다. 하지만 검사직무대리는 검찰청법 제32조 제2항, 제3항에 법적근거를 두고, 구체적인 운용은 검사직무대리 운영규정에 따라 운용되고 있으므로 법률규정에 의하지 않고 대통령령에 포괄적으로 위임한다는 주장은 설득력이 떨어진다.

116) 검사직무대리의 직무범위는 직무대리운영규정 제5조에 상세히 규정되어 있다. 세부적인 사건에 관해서는 각 검찰청에서 검사직무대리 운영지침을 자체적으로 제정·시행하고 있다.

117) 검사직무 대리 운영지침<2012. 7. 9. 대검찰청 훈령 제174호> 제2조의 2.

운 형사사법체계에서는 검사직무대리의 역할범위도 다음과 같이 조정할 필요가 있을 것이다.

첫째, 약식명령을 청구할 사건에 한정하지 말고 사안의 내용에 비추어 벌금형이 적절하나 정식재판의 절차에 따르는 것이 타당하다고 판단되면 구공판할 수 있도록 그 직무범위를 넓히는 것도 필요하다. 왜냐하면, 어차피 양형에 벌금형 사안이라도 피의자가 혐의를 완강히 부인하고 약식명령을 청구하더라도 정식재판을 청구할 가능성이 예상되는 경우에는 절차만 구공판을 거칠 뿐이지 실제로는 약식명령을 청구하는 것과 다를 바가 없고 피고인이 정식재판을 청구하더라도 대부분이 벌금형이 선고될 것이 대부분이기 때문이다. 현재는 구공판할 사건은 검사직무대리가 처리하지 못하여 검사에게 재배당을 하고 있는데 이는 매우 비효율적이다.[119] 또한 처리할 죄명도 사기, 횡령, 배임 등 재산범죄사건을 비롯한 다양한 죄명의 사건도 검사직무대리의 경험과 지식을 이용하여 처리가 가능하므로 처리할 수 있는 죄명도 다양화하고 확대하여 나갈 필요가 있다.[120] 장기적으로는 일본의 부검사 제도와 유사한 제도를 도입하여 신분을 보장하여 검사직무대리가 처리한 사건에 관하여 공판에 참여할 수 있는 방안을 검토할 필요도 있다.[121]

둘째, 검사직무대리의 직무범위를 법원조직법에 의한 합의부 심판사건을 제외한 모든 사건으로 그 범위를 확대하여야 한다.[122] 이렇게 한다면 개정 형사소송법 체계에서는 검사는 검사의 직접 수사범위에 있는 6대 범죄에 수사와 공판에 집중할 수 있어 검사의 업무도 실질적으로 경감되는 효과가 얻을 수 있을 것이다.[123] 아울러 검사직무대리 제도를 통하여 '선택'과 '집중'을 도모하여 경미사건을 신속히 처리

118) 다만, 이 업무는 검사직무대리가 집행과장으로 발령을 받았을 경우에는 집행과장으로서 처리할 수 업무로 집행과장이 아닌 통상적인 검사직무대리는 이 업무를 처리할 수는 없다. 검찰은 2004. 4. 12. 부터 검찰수사관이 맡고 있는 집행과장이 실무상 집행업무의 대부분을 그 책임 아래 처리되고 있어 법 규정과 업무 현실의 괴리를 해소하기 위하여 집행과장을 검사직무대리로 지명하고 있다. 일선청 집행과장 검사 직무대리 발령통보(혁신기획과~358, 2004. 4. 12.) 및 집행과장 검사 직무대리 발령에 따른 지시(혁신기획과~436, 2004. 4. 14.), 검사직무대리 운영규정 제5조 제3항 참조.

119) 법무연수원, 앞의 책, 153면.

120) 법무연수원, 앞의 책, 153면.

121) 조균석, 앞의 논문, 55~56면; 법무연수원, 앞의 책, 45면; 김성규, 앞의 논문, 202면.

122) 법무연수원, 앞의 책, 154~155면; 검사직무대리의 직급을 3급으로 확대하자는 주장도 있다(법무연수원, 앞의 책, 155면).

123) 법무연수원, 앞의 책, 155면.

하여 검사의 업무량을 경감시킨다는 제도의 취지도 충분히 살려나갈 수가 있을 것이다.[124] 장기적으로는 일본의 동경지검을 비롯한 규모가 큰 지방검찰청에서 경력이 많고 능력이 우수한 검찰사무관으로 하여금 특수부 등에서 기소한 중요한 형사사건의 공판자료를 수집·정리하여 효율적인 공소유지를 위한 중요한 역할을 하고 있는 것에서 시사점을 찾아나갈 수도 있을 것이다.[125]

셋째, 사법경찰관이 불기소 의견으로 송치된 사건 중, 고소·고발인이 이의신청한 사건도 처리할 수 있도록 그 직무범위를 늘릴 필요도 있다. 개정 형사사법체계에서는 사법경찰관이 1차 수사종결권을 행사하는 것이 타당한지를 검사가 검토한 후 보완수사의 필요성이 있다면 보완수사를 요구하는 등의 절차를 밟게 된다. 그런데 검사직무대리가 주로 처리하는 범죄인 상해, 폭행, 협박, 주거침입, 재물손괴, 폭력행위등처벌에관한법률, 도로교통법, 교통사고처리특례법, 자동차관리법, 도로법, 식품위생법, 청소년보호법, 게임산업진흥에관한법률, 향토예비군설치법, 병역법, 부정수표단속법 위반 사건 등을 사법경찰관이 불기소하려고 한 경우, 그 결정이 타당한지를 검토하기 위하여 검사에게 송부한 기록을 검사직무대리로 하여금 검토하도록 한다면 검사의 업무를 경감할 수 있을 것이다. 이는 개정 전 형사사법 체계에서는 위와 같은 죄명에 대해서는 불기소 의견으로 송치된 사건도 검사직무대리가 처리하였던 점에 비추어 보더라도 충분히 역할 수행이 가능하다. 다만, 사법경찰관에 대한 보완수사 지휘나 송치요구는 검사만이 할 수 있다는 점에서 검사직무대리가 1차로 타당성을 검토하고, 부장검사가 최종 검토하여 처리한다면 절차적 정당성도 훼손되지 않을 것이다.[126] 장기적으로는 독일의 區검사나 일본의 副검사와 같은 제도를 도입하여 경미한 사건이나 간이사건을 더욱 신속하고 경제적으로 처리할 수 있도록 하는 방안도 적극적으로 모색하는 것이 필요할 것이다.

---

124) 박형관, "부판사, 부검사 필요성 재음미 –형사절차상 권력의 합리적 분산과 인권보호의 관점에서–," 『형사법의 신동향』 통권 제65호, 대검찰청 미래기획단, 2019. 12, 242면.

125) 법무연수원, 앞의 책, 44면 참조.

126) 이와 관련하여 법무부는 형사소송법 개정과 검사와 사법경찰관의 상호협력과 일반적 수사준칙에 관한 규정이 제정·시행됨에 따라 검사직무대리의 직무범위를 규정하고 있는 검사직무대리 운영 규정 일부개정안을 2021. 2. 26. ~ 2021. 3. 9. 입법예고하기도 하였다. 개정안에는 검찰청법 제32조 제2항 및 제3항의 취지와 음주운전 등의 비교적 간단한 구공판 사건에 대하여 구공판할 수 있는 근거와 사법경찰관의 불기소의견 사건에 대한 불송치 결정하고 검찰청에 송부한 기록에 대한 처리근거의 마련, 공무소 등에 대한 사실조회를 할 수 있는 규정을 담고 있다

3. 참여수사관의 역할변화 및 강화

(1) 수사의 전문성과 공판중심주의 강화에 따른 역할변화

개정 형사소송법의 체계에서는 검사 작성의 피의자신문조서의 증거능력이 사법경찰관 작성의 피의자신문조서와 증거능력이 동일해졌으므로 검사실에서 조사 업무는 다소 감소될 것이므로 기존에 피의자나 참고인에 대한 조사업무에 대부분을 차지하던 참여수사관들의 독자적 역할을 마련하는 것이 필요하다. 따라서 송치사건 보완수사, 정보저장매체 등에 대한 압수·수색, 형사조정 의뢰, 합의의사 확인 등의 역할변화가 요구된다. 또한 검사의 직접수사는 6대 중요범죄에 국한되므로 직접 수사는 팀제로 진행될 가능성이 크므로 검찰수사관은 팀장(부장검사) 소속 팀원으로서 분장된 임무를 팀원과 함께 충실히 수행할 필요도 있다. 특히 검찰수사관은 앞서 언급한 바와 같이 금융거래추적 및 압수·수색영장의 집행과 압수물 분석, 통신영장의 집행과 통신내역의 분석, 기록정리 등의 업무를 능동적으로 수행해 나가야 한다. 정보저장매체에 대한 압수·수색의 중요성이 날로 강조되고 있으므로 이에 대한 압수·수색절차는 사실상 디지털 포렌식 수사관들의 노하우가 수사의 성공여부를 좌우할 것이므로 디지털 증거에 대한 압수·수색절차에 대한 수사기법도 계속 발전시켜 나가야 한다. 아울러 거짓말탐지기의 검사요원, 회계분석, 진술분석, 심리분석, DNA분석 등 과학수사 요원의 증원과 꾸준한 교육을 통한 과학수사 역량도 꾀하여야 한다. 여기에 전문수사관의 꾸준한 양성이 뒷받침이 되어야 하는 것은 물론이다.[127] 또한 혐의가 인정되는 사건에 대하여 공소가 제기될 것에 대비하고 공판정에서 유·무죄에 관한 사항을 수사단계에서 이를 적극적으로 검토하는 것도 필요하고, 공판검사의 업무를 보조하여 증인신문사항의 작성, 증인의 소재파악, 위증조사, 증거기록의 정리, 기록 열람·등사의 보조 등을 능동적으로 수행해 나가야 한다.

(2) 검찰수사관의 독자적 조서작성 기능

참여수사관들의 사법경찰관의 명의로 피의자신문조서를 작성하는 것에 역할변화가 요구된다. 검사 작성의 피의자신문조서의 증거능력이 사법경찰관 작성의 피의자신문조서와 증거능력이 동일해 짐에 따라 검사는 사법경찰관이 송치한 사건에서

127) 2018. 2. 금융·증권·회계분석 등 21개 분야 220명을 전문수사관으로 인증하였다(대검찰청, 『검찰수사관 바로 알기』, 2018, 30면).

보완수사가 필요할 경우는 가급적이면 송치관서에 보완수사를 요구하는 것이 바람직할 것이다. 그것이 1차 수사종결권을 가진 사법경찰관에 의한 책임수사의 원칙을 최대한 구현할 수 있기 때문이다. 또한 검사가 직접 보완수사를 할 경우에는 기존에는 검사 작성의 피의자신문조서를 작성하였으나 앞으로는 굳이 검사작성의 피의자신문조서를 작성할 필요는 없을 것이다. 형사소송법 제312조 제1항이 개정되기 전에는 참여수사관이 검사 명의의 피의자신문조서를 작성한 권한이 있는지에 관한 찬·반 논쟁[128]은 나름대로 의미가 있었으나 이제는 그러한 논쟁은 불필요하게 되었다. 따라서 참여수사관이 검사의 지휘를 받아 사법경찰관 자격으로 피의자를 조사하고 조서를 작성하는 역할변화도 요구된다. 이에 검사실에서 사법경찰관인 검찰주사, 검찰주사보와 사법경찰관리인 검찰서기나 검찰서기보가 함께 근무하는 시스템을 구축함과 아울러 조사자 증언에 대비하여 법정에서 효율적으로 증언하는 방법에 관하여 교육시스템도 구축하여야 한다. 물론 개정 형사소송법에 따르더라도 검사는 여전히 검찰수사관을 참여시키고 피의자신문을 할 수 있으므로 검사가 직접 조사하고 조서를 작성할 것인지, 검찰수사관으로 하여금 신문하고 조서를 작성하게 할 것인지를 합리적으로 선택하면 될 것이다. 하지만 새로운 형사사법체계에서는 검사가 직접 수사하기 보다는 사법경찰관리의 수사에 대한 사법통제에 집중하여 송치사건에 대한 보완수사 내지는 보강수사는 송치관서의 사법경찰관에게 요구하거나 검사실의 참여수사관을 지휘하여 검찰수사관들이 보완수사를 할 수 있도록 하는 것이 바람직하다.

4. 검찰사무 분야에서 역할강화

(1) 자유형 집행업무의 효율성 증대를 위한 역할강화

개정 전 형사사법시스템에서는 검찰의 역량을 직접수사에 투입한 관계로 형의 집행 분야에 다소 집중하지 못한 측면이 존재하였다. 그간의 검찰이 직접수사를 강조하여 검찰수사관의 인력운용이 수사 분야에 과도하게 집중되어 있었던 것을 새로운 형사사법시스템 체재에서는 자유형 집행의 중요성을 인식하여 업무의 효율성 증대를 위하여 검찰수사관의 인력운용을 도모하여야 한다.[129] 아무리 수사와 공소

128) 참여수사관의 조서작성권한에 관한 찬·반에 관한 내용으로는 김성규, 앞의 논문, 72~79면 참조.

유지를 철저히 하여 피고인에 대한 유죄를 이끌어냈다고 하더라도 마지막에 형의 집행이 되지 않으면 수사와 공판은 헛되고 만다. 국가형벌권은 궁극적으로 형을 집행함으로써 실현되는 것이고 형법상의 형벌 중 대표적인 것이 자유형(징역·금고)인데, 형이 확정되었다면 형을 집행함으로써 국가형벌권이 제대로 작동하고 있음을 보여야 한다. 특히 자유형 집행을 제대로 하지 못하면 죄를 지어도 도망만 잘 다니면 처벌을 면할 수 있다는 의식이 사회 전체에 확산되어 국가형벌권과 범죄억제력도 약화된다. 따라서 자유형이 신속하게 집행될 수 있도록 자유형 집행에 검찰수사관들을 집중 배치하여 자유형 집행의 효율성을 도모하여 집행율을 제고시켜 나가야 한다. 뿐만 아니라 중형이 확정되었으나 국외로 도피한 자유형 미집행자에 대한 꾸준한 소재파악과 소재가 발견된 경우 국내송환 등을 위한 경찰청을 통한 인터폴과 적극적 협력과 해당 국가의 사법당국과의 긴밀한 협조 등의 업무를 추진할 유능한 검찰수사관의 배치도 요구된다. 그동안의 검찰이 검찰수사관을 직접수사를 중심으로 운용하던 것에서 탈피하여 이제는 자유형 집행의 중요성을 인식하여 유능한 검찰수사관을 재배치하고 증원하여 업무의 효율성을 도모하여야 한다.

(2) 재산형의 효율적 집행을 위한 역량강화

자유형 집행 못지않게 재산형의 효율적 집행을 위해서도 검찰수사관들을 재편할 필요가 있다. 국가형벌권은 자유형뿐만 아니라 벌금, 과료, 추징, 소송비용, 비용배상 및 과태료 등을 비롯한 재산형의 집행을 통해서도 달성된다. 벌과금 집행은 국가 권력적 행위에 의하여 실행된다는 점에서는 자유형과 동일하지만 징역 또는 금고 등은 신체적 자유를 박탈하는 것임에 반하여 재산형 집행은 재산적 가치를 박탈한다는 점에서 다르고 추징이나 과태료 등은 납부의무자의 신병이 확보되더라도 노역장유치집행이 불가능하므로 소유재산을 확보하지 못하면 집행할 수 없다. 이뿐만 아니라 형의 시효도 자유형에 비하여 비교적 짧다. 따라서 재산형을 효율적으로 집행하기 위해서는 많은 노하우가 요구되기도 하다. 예컨대, 벌과금 미납자를 검거하기 위하여 통신수사, IP 추적, 탐문 및 잠복 등을 비롯한 다양하고 효율인 집행기법이 적법한 절차에 따라 엄정하게 집행할 것도 요구되고 있다.[130] 그 뿐만 아니라

129) 자유형 집행율을 보면, 2016년에 4,193명이 발생하여 이 중에서 2,918명을 집행하여 집행률은 70.8%에 달한다(대검찰청, 『검찰수사관 바로 알기』, 2018, 28면).

130) 대검찰청, 『검찰수사관 바로 알기』, 2018, 28면.

재산형 집행은 형법, 형사소송법, 상법, 민사소송법, 민사집행법을 비롯한 민사특별법은 물론이고 예산회계법령도 꿰뚫고 있어야 효율적인 집행이 가능하다는 점에서 유능한 검찰수사관들을 배치하여 집행의 전문성과 효율성을 확보하여야 한다. 특히 추징금에 대한 집행은 민사법적 지식이 상당히 요구되는 고난이도의 송무업무의 성격을 띠고 있다는 점을 보면 더욱 그러하다.[131] 이러한 재산형집행사무는 수사 및 공판과 더불어 검찰의 3대 업무 중 하나이다. 그럼에도 불구하고 자유형 집행과 마찬가지로 검찰이 그동안 직접수사에 인력을 집중 투입하느라 재산형 집행에는 다소 소홀했던 것도 사실이다.[132] 따라서 새로운 형사사법체계에서는 그동안 검찰수사관들의 인력배치에서 후순위로 밀려있었던 재산형 집행분야에도 우수한 검찰수사관을 배치하여 재산형의 집행율을 제고시켜 국가형벌권에 누수가 발생하지 않도록 해야 한다. 특히 납부의무자에 대한 사실조회와 자력조사로 드러난 고액 벌과금 미납자들에 대한 강제집행의 효율성을 확보하기 위하여 검거기동반을 확대·운용하여야 한다. 또한 점차 지능화 교묘화 되어가고 있는 벌과금 강제집행의 회피, 면탈에 대비하여 해외로 재산을 빼돌린 경우에도 이를 환수하기 위한 활동을 강화하여야 한다. 이보다 중요한 것은 물론 검찰수사관들 스스로 재산형 집행에 관한 전문성을 습득하여 능력의 편차를 줄여야 할 것이다. 장기적인 관점에서 재산형 집행 전담기구로서의 형 집행청의 설치를 제안하기도 한다.[133]

5. 검찰수사관 관련 입법의 문제점과 개정안

(1) 개정 형사소송법의 검찰수사관 관련 조항의 문제점

개정 형사소송법은 제245조의 9 제1~4항과 검찰청법 제46조와 제47조에서 검찰수사관의 직무와 범죄수사에 관한 법적근거를 형사소송법과 검찰청법에 명확히 두고자 하였음으로 엿볼 수 있다. 하지만 형사소송법 제245조의 9는 몇 가지 문제점

131) 추징금에 대한 집행현황을 보면, 2016년에 5,330억 원을 추징보전조치하고, 선고된 추징금 1,800억 원 중에서 410억 원을 환수하여 환수율은 22.7%에 불과하다(대검찰청, 『검찰수사관 바로 알기』, 2018, 27면).

132) 2016년 재산형 집행현황을 보면, 105만 건이 발생(30조 9,700억 원)하여 집행은 4조 2,900억 원을 집행하여 집행률은 건수로는 79%이지만 금액으로 14%에 불과한 것으로 나타났다(대검찰청, 『검찰수사관 바로 알기』, 2018, 29면).

133) 김성규, 앞의 논문, 202면.

을 안고 있다. 첫째, 용어의 문제이다. 형사소송법 제245조의 9는 사법경찰관리의 직무를 행하는 자를 검찰수사관으로 칭하지 않고 여전히 검찰청 직원으로 칭하고 있다. 범죄수사 업무에 종사하는 검찰수사관이나 비수사업무에 종사하는 검찰수사관들은 모두 검찰청 소속이지만 구체적인 직무에서는 범죄수사를 행하는 검찰수사관과 검찰행정을 행하는 수사관으로 구분된다. 따라서 적어도 수사업무를 행하는 경우는 검찰청 직원으로 칭하기 보다는 검찰수사관으로 칭하는 것이 바람직하다. 둘째, 형사소송법 제245조의 9 제2항에서 사법경찰관의 직무를 행하는 검찰수사관은 검사의 지휘를 받아 수사를 진행하고, 같은 조 제3항에서는 사법경찰리의 직무를 보조하는 검찰수사관을 두고 있다. 즉 검찰수사관은 검사의 지휘를 받아 범죄수사를 할 수 있음을 명확히 하고 있다. 그럼에도 불구하고 이들에 대한 수사개시·진행권과 송치규정을 두어야 함에도 이를 두지 않는 입법적 결함이 보이고 있다. 이에 관해서는 후술하기로 한다.

⑵ 개정 검찰청법의 검찰수사관 관련 조항의 문제점

검찰청법 제46조와 제47조에서도 입법적 결함이 발견되고 있다. 첫째, 검찰청법 제46조와 제47조의 입법체계상 조문의 불합리성을 들 수 있다. 앞서 살펴본 바와 같이 검찰수사관은 크게 3가지의 직무를 수행한다. 1) 검사의 수사를 보조하는 참여수사관 2) 검사의 지휘를 받아 수사에 종사하는 검찰수사관 3) 검찰사무를 수행하는 검찰수사관으로 구분된다. 검찰수사관의 직무범위와 그에 대한 법적근거는 검찰청법 제46조와 제47조이다. 그런데 현행 검찰청법 제46조와 제47조에서는 검사의 수사를 보조하는 검찰수사관으로서의 직무범위(참여수사관)와 검사의 지휘를 받아 범죄수사를 행하는 검찰수사관으로서의 직무범위(수사과, 조사과의 일반사법경찰관)의 규정을 같은 조항에 섞어 놓았다. 예컨대, 검찰청법 제46조 제1항 제1호의 "검사의 명을 받은 수사에 관한 사무"는 검사실의 참여수사관이든, 수사과나 조사과에서 일반사법경찰관의 직무를 수행하는 검찰수사관이든 모두 적용될 수 있다. 이는 이원적 구조를 취할 수밖에 없는 검찰수사관의 특수한 직무상의 특성에 기인하는 어쩔 수 없는 면이 존재하지만 이 조항은 실질적으로는 검사실에서 검사의 수사를 보조하는 검사실의 참여수사관에게 적용되고, 수사과나 조사과에서 검사의 지휘를 받아 자율적으로 범죄수사를 행하는 검찰수사서기관 등에게는 적용된다고 보기 어렵다. 왜냐하면, 조사과나 수사과에서 수사업무에 종사하는 검찰수사서기관 등의 범죄수사와 관련된 조항은 검찰청법 제46조 제2항이 적용되므로 실제로는 제46조 제1항 제1호가 적용될 여지는 거의 없을 것이기 때문이다. 물론 검찰청법 제46조 제2항이 수사과나 조사과에서 일반사법경찰관의 직무를 수행하는 검찰수사서기관 등에게만 적용되는 조항으로 단정하기는 어려운 면도 존재하기는 한다. 예컨대, 검찰에서 사회적으로 이목이 있는 사건에 대하여 팀 수사를 진행하는 경우에는 검찰주사나 검찰주사보 이외에도 검찰수사서기관이나 수사사무관 등도 검사를 보좌하며 검사의 지휘를 받아 범죄수사를 행할 수도 있을 것이기 때문이다. 이와 같은 입장에서 제46조 제4항도 같은 취지로 이해할 수 있을 것이다.

둘째, 검찰청법 제46조 제3항에서도 입법적 결함이 발견된다. 만일, 검찰청법 제46조 전체를 검사의 수사를 보조하는 검찰수사관들의 직무범위를 규정한 것이라면 검찰서기, 마약수사서기, 검찰서기보 및 마약수사서기보는 검찰수사서기관, 검찰사무관, 수사사무관, 마약수사사무관, 검찰주사, 마약수사주사, 검찰주사보 또는 마약수사주사보를 보좌하는 것뿐만 아니라 검사도 보좌하는 것으로 병렬적으로 규정하는 것이 옳다. 물론, 검찰청 8~9급 직원들이 검찰청 4~7급의 직원들을 보좌하는 것이 검찰청법 제46조 제1항 제1~4호를 지칭한다고 볼 때에는 일응 타당하지만 수사 업무를 지칭하는 경우에는 조문의 해석만으로는 검사가 8~9급 검찰수사관을 직접 지휘를 할 수 없는 문제가 발생한다.

셋째, 검찰청법 제47조는 검찰수사관 중에서 사법경찰관리의 지명을 받은 사람의 직무범위를 규정하고 있다. 이들 검찰수사관으로서 검찰총장이나 검사장의 지명을 받은 검찰수사관은 소속 검찰청에서 접수한 사건에 관하여 사법경찰관리의 직무를 수행할 수 있다는 것이다. 검찰청법 제47조는 검찰청 소속의 일반사법경찰관의 직무범위 중, 수사범위를 규정하고 있는 것으로 보인다. 그렇다면 수사과나 조사과의 검찰수사서기관 등의 직무범위를 이 조항에 두는 것이 합리적이므로 검찰수사서기관 등의 직무범위는 제46조에 두고 제47조에는 두지 않는 것도 문제점으로 추가할 수 있다.

(3) 개정안

검찰청법 제46조와 제47조를 합리적으로 정비하여 검찰청 소속의 일반사법경찰관리의 직무를 수행하는 검찰수사관의 직무범위와 법적근거(조사과와 수사과 소속의 검찰수사관)와 검사의 수사를 보조하는 검찰수사관의 직무범위와 법적근거(검사실 참여수사관)를 명확히 구분하여 규정하여야 한다. 따라서 검찰청법 제46조 제1항 제1~4호에서는 검찰수사관들의 직무범위를 현행과 같이 규정하고, 제46조 제3항에는 '검사'를 추가하여 "검사의 명을 받은 수사에 관한 사무에 관하여 검찰서기, 마약수사서기, 검찰서기보 및 마약수사서기보는 검사, 검찰수사서기관, 검찰사무관, 수사사무관, 마약수사사무관, 검찰주사, 마약수사주사, 검찰주사보 또는 마약수사주사보를 보좌한다."라고 규정하고, 제3항은 제4항으로, 제4항은 제5항으로 옮겨 규정하여야 한다. 또한 검찰청법 제47조 제1항을 신설하여 "검찰수사서기관, 수사사무관 및 마약수사사무관은 검사의 지휘를 받아 수사한다."고 규정하고, 제1항은 제2항으로, 제2항은 제3항으로 옮겨 규정하고, 제3항을 신설하여 검찰수사서기관 등의 검찰수사관에 관한 수사개시 · 진행권을 마련하여야 한다. 따라서 검찰청법 제47조 제3항에 "검찰수사서기관, 수사사무관 및 마약수사사무관은 사법경찰관으로서 범죄의 혐의가 있다고 사료하는 때에는 범인, 범죄사실과 증거에 관하여 수사를 개시 · 진행하여야 한다."고 규정하고, 제4항에 "전항에 따라 범죄수사를 행하는 검찰수사서기관, 수사사무관 및 마약수사사무관은 범죄를 수사한 때에는 관계서류와 증거물을 지체 없이 검사에게 송부하여야 한다."고 규정도 두어야 한다.[134] 이로써 검찰청 소속의 일반사법경찰관의 수사개시 · 진행권과 송치규정을 명확히 규정함으로써 불필요한 논란을 없애야 한다.

Ⅵ. 마무리

지금까지 새로운 형사사법체계에서 검찰수사관들의 역할제고 방안을 구체적으로 살펴보았다. 그동안 검찰수사관들은 검찰에서 행하는 굵직하고 사회적으로 이목을 끄는 수사에서 핵심적 역할을 해 왔고, 현재에도 검사의 수사업무의 보조는 물론이고 검찰청 소속의 일반사법경찰관리로 수사과나 조사과에서 직접 수사를 담당하는 등 그 역할을 충실히 수행해 오고 있다. 또한 수사업무를 제외한 검찰사무도 각 부서에서 역할을 다하고 있다. 하지만 작년 형사소송법과 검찰청법의 개정은 표면상

134) 형사소송법 제245조의 9에 관련 조항을 신설하는 것도 검토할 수 있겠지만 검찰청에는 검사실에서 참여수사관으로 사법경찰관리의 직무를 수행하는 검찰수사관과 조사과나 수사과에서 일반사법경찰관리의 직무를 수행하는 검찰수사관이 존재한다는 점과 형사소송법 제197조 제1항에서 수사관이 삭제되었으므로 형사소송법에 검찰청 직원의 수사개시 · 진행권을 두는 것보다는 검찰청법에 관련 조항을 신설하는 것이 보다 법률 체계 정합상에도 부합한다.

으로만 보면 검찰에게 집중된 권한을 다른 기관에게 배분하여 견제와 균형의 원리를 충실하게 작동하느냐에 초점을 두는 것이었지만 검찰에게 집중되어 있는 검찰 직접 수사를 제한한다는 미명아래 검사에게 수사권은 인정하되 수사개시·진행권을 법률로 제한하고 특별사법경찰관리에 대한 수사지휘권은 그대로 남겨두는 등 매우 이상한 구조로 만들어 놓았다. 앞서 살펴본 바와 같이 주요 선진국의 대부분은 많은 수사인력을 보유하고 있는 우리나라의 검찰과는 달리 아예 없거나 있더라도 소수에 그친다. 하지만 세계 각국의 형사사법구조는 그 나라의 사법체계와 국민들의 법문화와 전통과 배경에 따라 많은 차이가 있으므로 어느 국가의 제도가 옳다, 그르다, 효율적이다, 비효율적이라고 판단하기는 어렵다. 검찰수사관 제도도 마찬가지로 각국의 특색이 있어 각국의 검찰수사관 제도에서 많은 시사점을 도출하기는 어려운 면도 있다. 아울러 최근 우리나라에서 진행되고 있는 검찰에게 집중된 수사권을 제한하면서 이를 경찰에 분배하는 것에 초점을 두고 이루어진 수사권 조정이 과연 합리적인 입법체계를 제대로 고려하였는지는 의심을 거둘 수 없다. 개정 형사소송법이나 검찰청법이 적지 않은 해석론적 쟁점을 담고 있다는 점을 감안해 보아도 그러하다. 국민들의 기본권과 인권을 진정으로 고려한 수사권 조정이라면 형식적으로만 어느 기관의 권한을 떼어내어 다른 기관에 얹어줌으로써 달성되는 것이 아니다. 어느 특정 정치이념에 의한 '확증편향'에 사로잡혀 특정기관에 대한 권한 확대로만 추진된다면 부작용과 그에 따른 불편과 고통을 국민들이 고스란히 짊어져야 한다. 게다가 새로운 형사사법체계가 시행된 지 불과 2개월도 지나지 않아 새로운 형사사법제도가 안정적으로 정착되기도 전에 검찰에 남아 있는 6대 중요범죄에 대한 수사권을 가칭 '중대범죄수사청'을 설치하여 이관함으로써 검찰의 수사권을 완전히 폐지하는 것을 골자로 하는 입법에 속도전을 벌이고 있어 형사사법체계에 새로운 불안요인이 가중되고 있는 형국이다. 국가의 형사사법체계의 근간을 바꾸는 매우 중요한 사안임에도 공론의 장에서 국민, 전문가, 교수, 관련기관 등이 참여하는 충분한 토론 없이 속전속결로 달려 나가는 것은 매우 위험할뿐더러 썩 바람직하지도 않다. 중요한 국가의 형사사법시스템의 구조는 정치적인 이해관계나 득실관계에 바탕을 두고 어설프게 졸속으로 만들어지면 제도를 운용하는 과정에서 발생하는 적지 않은 피해가 선량한 국민들에게 고스란히 돌아간다는 것을 입법자들은 반드시 주지하고 매우 신중하게 추진하여야 할 것이다.

한편, 개정 형사소송법에서 검찰수사관들의 수사권한에 관하여 법적근거와 직무범위를 법률로 명확히 한 점은 긍정적인 것으로 평가할 수 있다. 그럼에도 불구하고 개정 형사소송법이나 검찰청법에서 검찰수사관의 직접수사 개시와 진행의 범위에 관하여 명확하게 담고 있지 않아 검찰수사관의 법적지위와 그 직무범위를 둘러싼 논란은 여전히 말끔히 해소되지 않았다. 논쟁의 불씨만 잠시 소강상태로만 보여질 뿐으로 언제든지 되살아날 여지도 있다. 수사권 조정이 검사와 경찰청 소속의 일반사법경찰관의 관계에서만 논의하다 보니 비록 검찰청 소속이긴 하지만 사법경찰관리의 직무를 수행하고 있는 검찰수사관들에 대한 형사소송법의 규범적 측면에서 법적지위와 역할에서 합리적 관계를 설정하려는 입법자들의 진지한 논의나 고민이 부족하였던 것으로 보인다. 따라서 새로운 형사사법체계에서도 검찰수사관의 법적지위와 합리적인 관계설정을 확립하여 역할을 제고하기 위한 다양한 방안이 더욱 요구된다. 무엇보다도 검찰수사관들의 상대적 박탈감과 사기를 저하시키지 않도록 그 지위와 역할에 맞는 형사사법시스템을 갖추어야 하고, 검찰수사관들도 스스로 새로운 형사사법체계에서 각자에게 주어진 임무와 역할을 적극적으로 수행함과 동시에 정체성을 확립해 나가려는 마음가짐을 다져나가야 한다. 이글에서 밝힌 바와 같이 새로운 형사사법체계에서 검찰수사관들의 역할 제고방안을 위한 다양한 정책들의 실현가능성에 초점을 두고 발전적인 모색과 지향점을 찾아나가야 한다. 무엇보다도 검찰수사관들은 새로운 형사사법체계에서 검찰수사관의 본질과 그 임무를 올바로 인식한 후 또 다시 급변할지도 모르는 형사사법체계에 깊은 관심을 가지고 주어진 과제와 역할변화의 요구에 슬기롭고 능동적으로 대처해 나가야 할 것이다.

논문투고일: 2021.02.25 논문심사일: 2021.03.09 게재확정일: 2021.03.22

【참고문헌】

[단행본]

강석규 · 김태명 · 윤동호 · 조기영, 『검찰 · 경찰 수사권 조정의 후속과제』, 연구총서 2~BB~01, 한국형사정책연구원, 2020.

김성규, 『형사사법작용의 변화과정에 있어서의 검찰수사관 조직의 효율적 운용방안』, 대검찰청 정책연구 용역과제 보고서, 대검찰청, 2018.

김종구, 『형사사법개혁론』, 법문사, 2002.

김태경, 『수사환경 변화에 따른 검찰수사관 제도 개선에 관한 연구』, 석사학위논문, 고려대학교 행정전문대학원, 2019.

대검찰청, 『재산형집행 업무편람』, 대검찰청, 2010.

________, 『검찰수사관 바로 알기』, 대검찰청, 2018.

________, 『검찰연감』, 대검찰청, 2020.

문준영, 『법원과 검찰의 탄생』, 역사비평사, 2010.

법무연수원, 『검찰수사관 수사역량 강화전략』, 2012.

_________, 『역사교재(Ⅰ)(검찰편)』, 2018.

심동섭 외 3명, 『검찰일반직의 수사역량 강화방안』, 법무연수원, 2005.

이준보 · 이완규, 『한국검찰과 검찰청법』, 박영사, 2017.

이창현, 『형사소송법(제6판)』, 정독, 2020.

정웅석, 『고위공직자범죄수사처 법과 제도의 이해 － 각국의 검찰제도와 비교법적 관점에서－』, 박영사, 2021.

홍승희, 『검찰 내 수사기구에 대한 비교법적 연구』, 연구용역보고서, 대검찰청, 2018.

[논문]

김택수, "검찰수사관의 다중적 지위에 관한 연구," 『동아법학』 제59호, 동아대학교 법학연구소, 2013. 5.

김현숙, "수사기관에서 직무대리의 권한 －검찰청법 제32조의 검사직무 대리를 중심으로－," 『경찰법연구』 제8권 제2호, 2010.

김혜경, "검사와 사법경찰의 상호협력과 일반적 준칙에 관한 규정 제정안상의 경찰의 수사권과 경찰개혁방안," 『형사법연구』 제32권 제2호(2020 · 가을호), 한국형사법학회, 2020.

박찬걸, "검 · 경 수사권 조정에 대한 비판적 분석 : 2020. 2. 4.자 개정 형사소송법 및 검찰청법의 내용을 중심으로," 『형사정책연구』 제31권 제1호, 한국형사정책연구원, 2020. 3.

박형관, "부판사, 부검사 필요성 재음미 －형사절차상 권력의 합리적 분산과 인권보호의 관점에서－," 『형사법의 신동향』 통권 제65호, 대검찰청 미래기획단, 2019. 12.

이근우, "개정 검찰청법 적용의 실제," 『형사법연구』 제32권 제2호(2020 · 가을호), 한국형사법학회, 2020.

이완규, "검사의 신문과정상 참여수사관의 역할과 한계," 『형사판례연구』 제21권, 한국형사판례연구회, 2013.

원혜욱, "개정 형사소송법상 '검찰의 직접수사권'에 대한 고찰," 『인권과 정의』 제491호, 대한변호사협회, 2020. 8.

조균석, "검사직무대리에 의한 공소수행 방안 연구," 위탁연구보고서, 대검찰청, 2009.

조광훈, "범죄인지권의 남용의 원인과 그 대책," 『형사정책연구소식』 통권 제101호, 한국형사정책연구원, 2007.

한생일, "독일 검찰청 조직과 검찰공무원의 역할," 『형사법의 신동향』 통권 제22호, 대검찰청미래기획단, 2009.

허 준, "FBI 지위와 연방검찰과의 관계," 『국외훈련검사 연구논문』, 대검찰청, 2014.

홍승희, "검찰수사관의 지위와 역할 재정립," 『형사소송이론과 실무』 제11권 제2호, 한국형사소송법학회, 2019.

검사직무대리 운영규정(대통령령 제24102호)(2012. 9. 14.)

국회 제365회 사법개혁특별소위원회 회의록(2019. 1. 8.)

Kern, Gerichtsverfassungsrecht, 4. Aufl., 1965.

Huber, Barbara, Criminal Procedure in Germany. In: Comparative Criminal Procedure, Hatchard, John et al, 1996.

[인터넷 검색]

일본 최고 검찰청 홈페이지 http://www.kensatsu.go.jp/kakuchou/supreme/supreme.htm<최종검색일: 2021. 2. 9.>

국회의안정보시스템 https://likms.assembly.go.kr/bill/billDetail.do?billId=PRC_B2B1D0P2H0Y8Z1U8R2V2O14B7B7C8 <최종 검색일 : 2021. 2. 14.>

한겨레 신문, 2020. 7. 20.자 http://www.hani.co.kr/arti/society/society_general/955179.html <최종 검색일 : 2021. 2. 14.>

영국 국립기소청 홈페이지 The Crown Prosecution Service(CPS): https://www.cps.gov.uk/about-cps <최종 검색일: 2021. 2. 25.>

영국 중대범죄수사청 홈페이지 The Serious Fraud Office(SPO): https://www.sfo.gov.uk/ <최종 검색일: 2021. 2. 25.>

【국문초록】

검찰수사관은 검찰직, 마약수사직(4~9급)으로서 검사실에서 검사의 수사업무를 보조하거나 일반사법경찰관리로서 직접 수사를 하거나 검찰사무를 행하는 검찰공무원을 말한다. 검찰수사관의 수사권에 관한 법적근거는 형사소송법 제245조의 9, 제243조, 검찰청법 제46~47조에 두고 있다. 검찰수사관의 연혁은 1949. 12. 20. 제정 검찰청법에서 '수사관'으로 규정해 오다가 2020. 2. 개정 형사소송법 제197조 제1항에서 삭제되고, 같은 법 제245조의 9에서 검찰수사관의 수사권에 관한 법적근거를 일률적으로 규정하게 되었다. 검찰수사관의 구체적인 직무범위는 검찰청법 제46~47조에 근거를 두고 있다. 따라서 검찰청 소속의 일반사법경찰관은 여전히 존치되고 있다. 이렇게 검찰수사관들은 새로운 형사사법체계에서도 검찰청 소속의 일반사법경찰관리로서 검사의 지휘를 받아 수사를 행하거나 참여수사관으로서 검사의 수사를 보조하며 대부분의 검찰사무를 담당한다.

개정 형사소송법에 검찰수사관의 수사권에 관한 법적근거가 마련되었지만 검찰수사관의 수사개시 · 진행권과 송치규정의 미비, 검찰수사관의 직접수사 범위의 모호, 검찰청법상 참여수사관 조항과 일반사법경찰관리의 수사권 조항의 혼재로 인하여 해석상 혼란이 있다. 새로운 형사사법체계에서 검찰수사관의 역할 제고방안으로는 수사과와 조사과 소속의 일반사법경찰관의 역할강화, 검사직무대리의 직무범위 확대 및 역할강화, 참여수사관의 역할변화와 강화, 자유형 및 재산형 집행률의 향상을 위한 역할강화를 들 수 있다. 또한 검찰청법에 일반사법경찰관의 직무를 수행하는 수사관들의 수사개시 · 진행권과 송치규정을 조속히 마련하여야 한다.

◈ 주제어: 검찰수사관, 검찰청 직원, 수사권 조정, 수사개시권, 검찰 직접수사, 검찰수사관 역할제고 방안

【Abstract】

A Plan for Improvement of the Role of Prosecution Investigation Officers in the Revised Criminal Justice System

Cho, Gwang-hoon*

Prosecution investigation officers refer to the officers in prosecution service and narcotic investigation service (Grade 4~9) who assist investigative work of prosecutors or investigate directly and perform prosecutory affairs as a general judicial police officer at the office of prosecutors. Investigation power of prosecution investigation officers is based on the Article 245-9 and 243 of the Criminal Procedure Act, and Article 46 and 47 of the Prosecutors' Office Act. The history of prosecution investigation officer had been regulated as 'investigator' in the Prosecutors' Office Act enacted on December 20, 1949, and was deleted from the Clause 1, Article 197 of the Criminal Procedure Act revised in February 2020, and legal basis on the investigation power of prosecution investigation officers started to be regulated uniformly by the Article 245-9 of the same act. Detailed scope of duties of prosecution investigation officers are based on the Article 46 and 47 of the Prosecutors' Office Act. Therefore, general judicial police officers belonging to Public Prosecutors' Office still remain.

This way, prosecution investigation officers perform investigation under command of prosecutors as general judicial police officers belonging to the Public Prosecutors' Office in the new criminal justice system or in charge of the most prosecutory affairs helping investigation of prosecutors as a participating investigator.

Although legal basis on the investigation power of prosecution investigation officers was prepared in the revised Criminal Procedure Act, there is still a confusion in interpretation due to lack of regulations on the right of

* Seoul East District Prosecutor's Office Chief Tribunal, Ph. D. in Law

prosecution investigation officer to commence · proceed with investigation and send a case, ambiguity of the scope of direct investigation by prosecution investigation officers, mixture of regulations on the participating investigators and investigation power of general judicial police officer in the Prosecutors' Office Act.

Enhancement of the role of general judicial police officers belonging to investigation division and inquiry division, expansion of the scope of duties and enhancement of role of probational prosecutors, change and enhancement of the role of participating investigators and enhancement of role for improvement of enforcement ratio of imprisonment and pecuniary punishment are considered a plan for improvement of the role of prosecution investigation officers in the new criminal justice system. And regulations on the right of investigator performing duties as general judicial police officers to commence · proceed with investigation and send a case must be created in the Prosecutors' Office Act as soon as possible.

◈ Keywords: prosecution investigation officer, officers of the Public Prosecutors' Office, adjustment of investigation power, right to start investigation, direct investigation by prosecution, plan for improvement of prosecution investigation officers' role

한국형사소송법학회『형사소송 이론과 실무』
제13권 제2호 (2021.06) 1~51면.
Theories and Practices of Criminal Procedure Vol. 13 No. 2 (June. 2021) pp. 1~51.
10.34222/kdps.2021.13.2.1

제1세대 형사소송법학자 김기두 교수의 생애와 법사상*

하 태 영**

목 차

Ⅰ. 서언
Ⅱ. 김기두 교수의 삶
Ⅲ. 김기두 교수의 학문
Ⅳ. 김기두 교수의 형사법 사상
Ⅴ. 결언

Ⅰ. 서언

김기두 교수는 1920년 8월 21일 전남 구례 길산(吉山)에서 출생하였다. 2020년은 탄생 100주년이 된다. 한국 형사소송법 제1세대이다. 김기두 교수 탄생 100주년(1920－1993)을 추모하며, 임웅 교수와 이용식 교수 그리고 이주원 교수의 자문을

---

* 이 논문은 동아대학교 학술연구비 지원으로 연구되었습니다.
세 분의 심사위원님께 깊이 감사드립니다. 따뜻한 지적과 조언을 반영하여 이 논문을 대폭 수정·보완하였습니다. 귀중한 심사평도 이 논문에 함께 실었습니다. 한국형사소송법학회에 깊이 감사드립니다.
[논문심사서 1] 형사소송법학회로부터 심사에 대한 의뢰를 받기는 했지만 이러한 글을 심사자가 심사할 능력이나 자격이 되는지는 의문이다. 이 글의 저자는 심사자가 감히 상상하기 어려운 100년의 세월을 함부로 흉내 내기 어려운 간결한 문장으로 잘 전달하고 있을 뿐만 아니라, 길고 깊은 분석을 통하지 않고서도 옛 학자의 글이 품고 있는 빛을 잘 드러내고 있다. 그야말로 주옥같은 글이자, 형사법학자라면 일독을 권하고 싶은 자료이다.
[논문심사서 2] 김기두 교수님의 탄생 100주년을 맞아 교수님의 생애와 사상을 고찰하는 작업은 앞으로의 형사소송법학계를 위해서도 매우 소중한 일이라고 생각한다.
[논문심사서 3] 방대한 자료 분석과 인터뷰 등을 통해 김기두 교수의 삶과 학문, 형사법 사상을 종합적으로 밝혀 주고 있는 논문으로서 사료로서의 가치가 매우 높다고 판단된다.
** 동아대학교 법학전문대학원 교수. 법학박사(Dr. ius)

받아서 제1세대 형사소송법학자 김기두 교수의 생애와 법사상을 정리하였다.

나는 김기두 교수와 개인적으로 인연이 없다. 동경대학교를 같이 거닐면서, 하버드 대학을 같이 여행하면서, 강의를 듣고 논문지도를 받으면서, 피난 시절에 머물렀던 부산의 영도다리를 함께 바라보면서 수많은 이야기를 녹음해 두었다면, 이 논문은 의미가 있을 것이다. 그러나 나는 이 모든 것을 갖추지도 못하고 오직 문헌으로 이 논문을 쓰고 있다. 죄송한 마음이 가득하다. 그러나 탄생 100주년을 그냥 넘어갈 수 없어서 이 논문을 집필하였다. 특히 사법 전반에 태풍이 불고 있는 이 시점에 노학자의 오래된 의견을 듣는 것도 의미가 있을 것이다. 만약 무례(無禮)를 용서해 주신다면 우선 몇 편의 자료를 읽고 정리한 내용을 간략히 소개하고자 한다.

이 논문을 쓰게 된 동기는 여러 가지가 있다. 정심법학회(正心法學會)에서 《제1세대 형사소송법학자 김기두 교수의 생애와 법사상》에 대해 조명해 달라는 부탁을 받았다. 그런 가운데 동아대학교 법학전문대학원 도서관 서고에서 우연히 김기두 교수의 수필집 『秀才論』을 발견하였다.[1] 이 책을 읽고 나는 사실 충격을 받았다. 정통 형사소송법학자가 우리 사회 전반에 대해 무자비한 비판과 실천가능한 대안을 제시하고 있었기 때문이다. 이 책에 전체 60편의 논단이 수록되어 있었다. 그때 김기두 교수는 전공뿐만 아니라, 수필집으로 형사법 정신을 확산하려고 노력하신 학자인 것을 확신하게 되었다. 전문성과 대중성을 겸비한 보기 드문 형사법학자로 생각했다. 김기두 교수는 대학행정에 깊이 관여하였지만, 정치와 학문을 명확하게 구분하고 있었다.[2] 이 책은 박영사에서 발간한 문고판이다. 수필집이 가로쓰기로 460면이다. 초판은 1966년 2월 20일에 출판되었다. 당시 책 제목은 『韓國에 태어난 幸福』이다. 김기두 교수의 40여 년간의 인생론과 사상을 담은 책이다. 이후 제2판이 1970년 11월 25일 출간되었다. 한편 비슷한 시기에 1970년 10월 10일 박영사에서 정통전문학술서인 『改稿 新刑事訴訟法』도 출판되었다.[3] 세로쓰기로 373면이

1) 김기두, 『秀才論(김기두 에세이집)』(박영사, 1970).

2) 김기두, 『秀才論(김기두 에세이집)』(박영사, 1970), 256－257면. ▲교수와 정치(1962년 10월 20일 경향신문): "학문의 세계는 이상과 개혁의 과정이고, 정치의 세계는 현실과 보수의 세계이다. 교수의 정치참여는 이상에서 현실로, 개혁에서 보수로의 전환이다. 양립할 수 없는 성질의 전환이다. 따라서 자기의 원리원칙에 맞지 않을 때는 절연히 현실정치에서 물러남으로써 교수의 생명이 유지되는 것이고, 그렇지 않으면 이용물이 되는 것에 불과하며, 결과적으로는 학계에서 떠난 것이라고 보아야 할 것이다."

3) 김기두, 『改稿 新刑事訴訟法』(박영사, 1970), 서문. ▲改稿新版을 내면서: "신형사소송법을 법문사 협력으로 출판하게 된지 어언간 7년이라는 세월이 흘렀다. 입법의 정리와 방향도 비교적

다. 김기두 교수님은 1970년 나이 50세를 맞이하여 집필에 혼을 쏟아부었다.

김기두 교수는 나보다 42년 전인 1920년 8월 21일 한국에 오셨다. 매천 황현(梅泉 黃玹, 1855－1910)[4]의 고향 전남 구례에서 태어나, 전주, 광주, 도쿄, 서울, 부산, 하버드, 관악에서 연구하시다 삶을 마치신 분이다. 일제 강점기, 6.25 동란, 독재 시대, 군사시대, 민주화 시대를 거쳐 파란만장한 시대의 아픔을 안고 학문을 하신 분이다. 「제1세대 한국 형사소송법의 선구자」, 「한국형 형사정책을 펼친 선각자」, 「형사사법개혁을 고민한 사상가」, 「재판의 내용과 표현도 평명간이(平明簡易)를 주장한 법률문장가」, 「인문학을 사랑했던 형사법학자」, 「동양고전 · 서양고전 · 불교사상에 심취한 사색가」, 「여유로운 삶」, 「형식보다는 내용」, 그리고 「일제시대 관료재판 청산과 인권옹호를 강조하신 분」이다. 술과 범죄, 성범죄와 정신이상, 범죄의 새싹들, 한국의 범죄현상과 그 원인, 범죄의 심각성, 특히 소년범죄의 심각성을 예견하고 '범죄문제연구소'를 창설해야 한다고 역설하신 분이다.

그러나 이 분에 비하면 '5세대 형법학자'[5]인 나는 '평화로운 시대', '기반이 닦여 있는 시대', '세계화 시대'에 살면서 '평온하게' 형사법을 연구하고 있다. 선생님의 수필 제목처럼 '한국에 태어난 행복'을 오히려 만끽하고 있는 세대라고 생각한다.

사상(思想, Gedanke) 연구는 '사유방식을 따라가는 것', '사유철학을 숙독하는 것', 그리고 '사유내용을 계승하는 것'이라고 생각한다. 김기두 교수의 삶(Ⅱ), 학문(Ⅲ), 형사법 사상(Ⅳ)을 간략하게 정리하고 그의 탄생 100년을 추모하고자 한다. 결론에서 김기두 교수의 고뇌를 정리하고, 그가 남긴 시사점을 음미하고자 한다(Ⅴ). 후학과 제자들에게 귀한 선물이 될 것이다.

안정된 단계에 이른 것 같으니 이번에 결심하고 과거의 누더기 구판을 버리고 완전히 새로운 판을 내놓게 되었다. 구판에서 너무 간단히 되어 있었던 부분은 상세하게 논술하였고, 또 개정된 점은 빠짐없이 손질하였다. 특히 새로운 학생들을 위하여 종래의 종서를 횡서로 바꾸어 썼다. 厚岩洞 寓居에서 著者."

4) 한일병합 조약이 발표되고 얼마 후인 1910년 9월에 지리산 아래 전남 구례 월곡리에 은거하고 있던 선비가 「절명시(絕命詩)」 4수를 남기고 자결했다. 이 선비가 황희 정승의 후손인 매천 황현이다. 1910년 8월 29일 한일 강제병합이 이루어지자 그는 자결을 결심한다. 그는 9월 8일 「절명시(絕命詩)」와 유서를 쓰고 9월 9일에 소주에 아편을 타서 마신 후 9월 10일에 세상을 떠났다. 정부는 매천의 공훈을 기리어 1962년에 대한민국 건국훈장 독립장을 추서하였다.

5) 이러한 구분은 필자의 주관적인 구분이다. 1980년대 정년퇴임 시대, 1990년대 정년퇴임 시대, 2000년대 정년퇴임시대, 2010년대 정년퇴임 시대, 2020년대 정년퇴임 시대로 구분하였다.

Ⅱ. 김기두 교수의 삶

김기두 교수는 유복한 가정에서 태어나 성장하였다. 교사이신 모친의 영향을 받아 성실하게 공부한 수재였다. 광주고보를 졸업하고 중학교 1년 선배의 권유로 일본 마쯔에(松江) 고등학교로 유학을 떠났다. 여기서 일본인 친구 없이 사색을 많이 했다. 1941년 고등학교를 졸업하고 동경대학 법학부에 입학했다. 원래 동양 사학에 관심이 있었으나 부모님의 압력에 굴복하여 법학부로 진학한 것이다. 이미 2년 전에 입학한 유기천 교수도 있었고, 동기로 이한기 교수도 있었다. 전쟁 중이라 2년 6개월 만에 대학을 졸업하였고 대학원에 진학하였다. 오노 세이지로(小野淸一郎) 박사와 단도 시게미츠(團藤重光) 박사에게 가르침을 받았다. 일제 강점기 학병으로 1년 6개월 근무하다 해방되어 귀국했다. 광주고등학교와 광주의대에서 영어 선생을 하다 서울로 이주하여 법무부 법무관으로 활동하였다. 1.4 후퇴시 부산에서 동국대학교 법대 조교수가 되었다. 법무관과 법대 교수를 겸임했다.

1952년 서울대 법대에서 근무를 시작했다. 형법은 유기천 교수, 형사소송법은 김기두 교수가 담당했다. 1955년 7월부터 1년간 하버드대학교에서 소년범죄를 연구했다. '범죄문제연구소'의 필요성을 역설했다. 너무 젊은 나이, 대학 조교수 신분, 피난시대가 겹쳐 형사소송법 제정 작업에 직접 참여하지 못했지만, 《형법보다 형사소송법이 먼저다》 부산일보 기고로 아쉬움을 달랬다. 그리고 재직 중 대학행정에 깊이 관여하였다. 교수님은 대학은 진리의 전당이며, 상당히 보수적이어야 한다는 생각을 가졌으며, 자유로운 연구풍토 조성에 노력했다. 형사소송법 강의에서 '인권옹호'를 강조했다. 모든 문화는 기초위에서 생성된다고 생각했다. 법기술자냐? 법률가냐? 이것이 법실무가와 법학도에게 기본이 되는 문제라고 생각했다. 지성은 기초 없이 존재할 수 없다고 생각했다. 이것이 교수님의 학문관이었다.

교수님은 다재다능(多才多能)했다. 문학 활동에도 관심이 많았다. 『한국에 태어난 행복』 수필집이 있다. 교수님의 73년(1920.8.21－1993)의 생애는 너무 짧았다. 말년에 경제적 어려움을 겪었다고 전해진다.

1. 출생과 광주고등보통학교 그리고 집안

1920년 8월 21일 전남 구례 길산(吉山)에서 출생하였다. 구례공립보통학교를 졸업하였다. 전주고등보통학교를 입학하였으나 광주고등보통학교로 전학하였고, 여기서 1937년 3월 졸업하였다. 부친께서도 광주보통학교를 졸업하셨고, 모친께서는 광주고등학교를 졸업하셨다. 이후 모친께서는 초등학교 교사로 활동하셨다. 장남이셨고, 셋째 동생은 광주에서 소아과 의사로 활동하셨다.[6] 사모님도 광주여자고등보통학교를 졸업하셨다.[7]

2. 일본 마쯔에(松江) 고등학교

1937년 광주고등보통학교를 졸업하고, 중학교 1년 선배의 영향으로 1937년 4월 마쯔에고등학교(松江高等學校)에 입학하였다. 일본인 친구들은 없었다. 경치 구경과 산책이 취미였다. 이때 사색의 습관이 형성되었다. 1학년에 30명이었다. 문과는 갑류반과 을류반이 있었다. 교수님은 문과 갑류반에 속했다. 교수님은 동양 사학에 관심이 많았지만, 부모님의 학비 압력으로 법과로 진학했다. 당시 상황은 동경대, 경도대, 구주대 순으로 진학했다. 우수학생으로 평가를 받기 위해 노력하여 동경대 법대에 진학했다. 1941년 졸업했다.[8]

3. 동경제국대학교 법학부

1941년 동경대에 입학하여 1943년 10월에 동경제국대학교 법률학과를 졸업하였다. 당시 전쟁 중이라서 강의는 거의 이루어지지 않았다. 교수님이 마지막 기수였다. 통상 대학은 3년 과정이지만, 전쟁으로 6개월이 단축되었다. 그래서 10월에 졸업한 것이다. 당시 같은 학년으로 이한기 교수가 계셨고, 유기천 교수는 2년 선배였다. 이한기 교수는 고향이 장성이라 가까이 지내셨고, 유기천 교수는 휴학을 하여 같은 해에 대학을 졸업하였다. 당시 형법은 오노 세이지로(小野淸一郎) 박사가 강의를 하였고, 형사소송법은 단도 시게미츠(團藤重光) 박사가 강의를 하였다.[9]

---

6) 김기두 · 강구진, "대담 : 김기두박사의 인간과 학문", 서울대학교 법학 제21권 제1호(1980), 12－18면(12면).
7) 김기두 · 강구진, "대담 : 김기두박사의 인간과 학문", 12면.
8) 김기두 · 강구진, "대담 : 김기두박사의 인간과 학문", 13면.
9) 김기두 · 강구진, "대담 : 김기두박사의 인간과 학문", 13면.

4. 광주의과대학 조교수

동경에서 군사훈련을 받았던 교수님은 학병 1년 6개월 만에 해방을 맞이하였다. 전쟁이 끝나고 한국으로 귀국하였다. 해방 이후 교사들이 부족하여 동기들이 의기투합하여 모교인 광주고등보통학교에서 영어교사로 봉사하였다. 또한 광주의대 영어 교수로 활동하였다. 이중 봉사였다. 1945년 11월부터 광주의과대학에서 조교수로 발령을 내어 여기서 4년을 근무하였다.[10)]

5. 법무부 법무관

서울로 올라와 1949년 1월부터 1951년 말까지 법무부 법무관으로 근무하였다. 법무부 출판으로 형사소송법 교과서를 집필하였다. 해방정국에서 실무교육용 형사소송법 교재가 필요했기 때문이다. 홍진기, 민복기, 김갑수, 김기두 선생님들이 공동연구 하였으나, 시간적 여유가 있었던 교수님께서 단독 출판한 것이다.[11)]

6. 동국대학교 법과대학 조교수

법무관으로 근무 중 1950년 6월 25일 전쟁이 발발하였다. 1.4 후퇴 때 부산으로 피란을 내려왔다. 동국대 법대에서 교수로 발령을 내었다. 법무관과 교수를 겸임하였지만, 당시 상황으로 동국대도 어쩔 수 없었다. 부산 피난시절 강의를 담당할 교수들이 부족했기 때문이다. 1950년 9월부터 1954년 2월까지 동국대학교 교수로 재직하면서 1951년부터 서울대학교 법과대학에서도 강의를 하였다.[12)]

7. 서울대학교 법과대학 조교수

1952년부터 서울대학교 법과대학에서 조교수로 근무하였다. 당시 유기천 교수는 형법을 담당하였고, 김기두 교수는 형사소송법을 강의하였다. 법무부 법무관 근무

---

10) 김기두 · 강구진, “대담 : 김기두박사의 인간과 학문”, 13면.
11) 김기두 · 강구진, “대담 : 김기두박사의 인간과 학문”, 13면.
12) 김기두 · 강구진, “대담 : 김기두박사의 인간과 학문”, 13면.

경력과 형사소송법 교과서 집필이 강의담당에 영향을 준 것이다.[13)]

형사소송법 제정 작업에는 참여하지 못했다. 30세의 너무 젊은 나이였기 때문이다. 당시 정윤환 판사님[14)]과 김병권 선생님이 형사소송법 제정에 역할을 했다. 부산에서 형법 제정 작업도 있었다. 김기두 교수는 부산일보 기고에서 《형법보다 형사소송법 제정이 먼저다》 기고로 아쉬움을 달랬다. 형법 초안에 대해 모순이고 역행한다고 비판하였지만 영향력은 없었다. 조교수 신분과 피난시절의 특수성이 있었기 때문이다.[15)]

8. 하버드대학교 로스쿨 방문교수

1955년 7월부터 1956년 7월까지 미국 국무성 초청 교환교수로 하버드대학교에서 1년간 형사법을 연구하였다. 형사정책, 범죄연구, 소년범죄에 집중하였다. 주요 연구과제는 소년범죄였다. 김기두 교수는 '범죄문제연구회'를 만들어 학생들과 연구를 계속하였다. '범죄문제연구소'의 필요성을 역설하였다.[16)] 1980년 강구진 교수님과 인터뷰에서 이렇게 말했다. "범죄문제연구소를 꼭 하나 만들어야 한다는 생각은 여전합니다. 내가 박정희 대통령 또는 김종필 총리에게 건의해 봤지만, 안 된다 말이야, 소년범죄, 이건 당최 손댈 수도 없게 되어 버렸거든."[17)] 김기두 교수의 구상은 30년이 지난 1988년 8월 5일 노태우 정부에서 실현되었다.[18)] 한국 형사정책연

---

13) 김기두·강구진, "대담 : 김기두박사의 인간과 학문", 13면.

14) 정만희 교수 면담 인터뷰. 2020년 5월 15일. 정윤환 판사는 동아대학교 설립자인 정재환 박사(前 법무부 차관)의 차남이다. 정수봉 전(前)동아대학교 총장의 동생이다. 6.25 전쟁 때 피납되어 사망하였다. 우리나라 제헌헌법 제정에 기여하였다.

15) 김기두·강구진, "대담 : 김기두박사의 인간과 학문", 13면.

16) 김기두·강구진, "대담 : 김기두박사의 인간과 학문", 17면.

17) 김기두·강구진, "대담 : 김기두박사의 인간과 학문", 17면.

18) 한국형사정책연구원법(법률 제4016호) 공포, 시행. 설립목적은 각종 범죄의 실태와 원인 및 그 대책을 종합적·체계적으로 분석·연구함으로써 국가의 형사정책수립과 범죄방지에 이바지하기 위한 것이다. 주요기능은 ① 범죄의 동향과 원인 등에 대한 조사·분석과 그 대책에 관한 연구, ② 형사관계법령 및 형사정책에 관한 종합적인 조사·연구, ③ 국내외 연구기관과의 형사정책 등에 관한 공동연구, ④ 국내외 연구기관 및 전문가에 대한 연구용역의 위탁, ⑤ 정부, 국내외 공공기관 또는 민간단체로부터의 연구용역의 수탁, ⑥ 범죄문제에 대한 국민계도 및 연수, ⑦ 북한의 범죄와 형사관계법령 및 통일대비 형사정책연구, ⑧ 범죄방지를 위한 국제교류 및 협력증진 등이다.

구원이다. 1957년 유엔국제범죄방지회의 한국 대표로 참석했다.

9. 서울대학교 법과대학 교수

1959년 9월부터 서울대학교 법과대학 교수로서 1985년 8월 정년퇴임할 때까지 후학을 양성하였다. 형법학과 형사정책학의 인간화를 강조하였고, 특히 범죄인들의 갱생과 청소년범죄대책에 관심을 기울였다.

1965년 서울대학교 법과대학 학장을 역임하였고, 1967년 3월부터 2년간 사법대학원장을 지냈다. 1970년 국민훈장 동백장을 받았다.

김기두 교수는 폭넓은 사회활동을 하셨다. 1961년 유엔국제인권옹호회의 한국대표를 지냈으며, 1970년 유엔범죄방지 및 범죄인처우회의, 1975년 일본형법학회의 등 국제회의에 참석하였다.

그리고 1961년 갱생보호회 이사, 1964년 대한교육연합회 인권위원, 1964년 중앙청소년보호대책위원회 위원, 1965년 잡지윤리위원회 위원장, 1969년 교정제도심의위원회 위원, 1981년 법무부정책자문위원 등 다양한 사회활동도 하였다.

10. 정년퇴임과 국민훈장모란장 수여

1985년 정년퇴임과 함께 국민훈장모란장을 받았다.

11. 학술원 회원

1992년 학술원 회원이 되었다.

12. 사망

김기두 교수의 생활신조는 '여유로운 삶'이었다. 사회적으로 조금 더 여유를 갖고 살자. "밥을 먹어도, 커피를 마셔도 조금 남겨야, 이상한 습관이 있다. 여유로운 삶이다. 중용은 진리이다. 여유를 갖고 시간을 따지지 않고 살아가고 있다. 나이가 들면 기억은 줄고 깨닫는 것이 증가한다. 종합적인 지식이 귀중한 경험이다. 나이 많은 사람에게 물어보는 것이 진짜로 아는 것이지, 나이 많은 사람이 젊은이와 가까이 해야 한다는 생각에는 상당히 의심이 간다."[19]

교수님은 '호(號)'가 없다. 교수님은 호를 반대하셨기 때문이다. 형식보다는 내용을 중시하는 인품을 가지셨다. 1993년 세상을 떠나셨다.

Ⅲ. 김기두 교수의 학문

김기두 교수는 1949년 법조(法曹)지에 논문을 기고한 이후, 6.25 전쟁 기간을 제외하고, 1952년부터 1985년 정년퇴임 때까지 약 33년 동안 역동적인 학문을 펼쳤다. 많은 저서와 번역서 그리고 논문 및 논단, 수필 등을 남겼다. 서울대 법학지에 실린 연구목록을 보면 매년 네 편 이상 꾸준히 논문을 쓰신 것으로 나타났다. 저서의 개정판 및 번역서, 대학행정 및 사회활동 등을 보면 대학교수 33년을 학문에 바친 것으로 보인다.

1. 저술

주요 저술은 『신형사소송법』(1956), 『형사소송법』(1959), 『형법각론』(1963), 『신형사소송법』(1964), 『한국소년범죄의 연구』(1967, 서울대학교 법학박사학위논문), 『한국에 태어난 행복』(1970), 『수재론』(1970) 등이 있으며, 번역서는 『미국형사소송법』(1948), 『형사학원리』(1957), 『아메리카연구』(1958), 『사랑이냐 파멸이냐』(1959) 등이 있다.

2. 논문

주요 논문은 <함정수사>(1963), <법률공포증과 법률불감증>(1965), <도시사회의 병리현상>(1967), <구속적부심사의 문제점>(1968), <폭력사범 특별단속과 취역(就役)의 법률상문제>(1968), <검찰제도에 대한 논평>(1968), <증거조사의 한계>(1968), <전문법칙의 적용범위에 관한 이론>(1968), <법조인의 재훈련 아쉽다. 검사 TO 늘리고 업무량감축을>(1969), <사법시험제도의 개선방향을

---

19) 김기두 · 강구진, "대담 : 김기두박사의 인간과 학문", 17면.

논함>(1969), <법조계, 법학계 70년대의 과제>(1970), <의학 윤리 법학적으로 따져본 장기이식(臟器移植)의 문제점>(1970), <간이재판제도에 관한 비교법적 고찰과 문제점>(1972), <여성과 법률지식>(1972), <선진과 후진>(1973), <애타주의(愛他主義)와 희생정신>(1973), <「한국 법학 30년」 심포지움: 형법 분과; 형사법학계의 회고>(1979), <우리나라 교도행정의 새로운 방향>(1980), <법적안정성>(1983), <형사소송법제정 30년>(1984), <사회범죄와 그 대책>(1985) 등이 있다.

3. 수필

수필은 <여름과 보신탕>(1974), <객관성의 결핍>(1974), <가을이 오면>(1980), <양과 질>(1981), <세모유감>(1982) 등이 있다.

대담과 자료집은 <대담: 김기두박사의 인간과 학문>(1980), <김기두박사 연보 및 주요 저서, 논문 목록>(1980), <김기두 교수 연보, 주요저작>(1985) 등이 있다.

4. 학문관

김기두 교수는 1980년 강구진 교수와 인터뷰에서 “대학은 진리의 전당이며, 대학은 상당히 보수적이어야 한다. 교수는 자유롭게 연구할 수 있어야 한다. 정치적 경제적 활동, 그런 것은 필요 없는 것이다”[20]라고 강조했다.

김기두 교수는 형사소송법의 기초연구에 관심이 많았다. “한국에서의 지성, 기초가 단단하지 않다. 모든 문화는 기초위에서 생성되는 것이다. 인권옹호, 인권의식이 투철해야 한다. 인권의식은 실무까지 침투해야 한다. 이것이 민주주의 정신이다.”[21] 교수님은 법이론과 법실무의 근본문제들을 법조계와 법학계에 제기하였다.

“법이란 무엇이냐?, 법의 속성이 무엇이냐? 이런 것을 생각하지 않고 관리가 되면 중대한 결정에서 법기술자로 전락할 것이다. 법기술자냐? 법률가냐? 법실무가와 법학도에게 중요한 문제이다.”[22]

---

20) 김기두 · 강구진, “대담: 김기두박사의 인간과 학문”, 16면.

21) 김기두 · 강구진, “대담: 김기두박사의 인간과 학문”, 17면.

김기두 교수는 '범죄문제연구소'의 필요성을 역설하였다. 교수님의 구상은 30년이 지난 1988년 8월 5일 노태우 정부에서 실현되었다. 한국형사정책연구원이다. '한국 형사정책의 선각자(先覺者)'라고 생각한다.

Ⅳ. 김기두 교수의 형사법 사상

김기두 교수의 대표 저서 1권과 논문 10편 그리고 수필집을 통하여 그의 형사법 정신을 살펴보고자 한다. 대표 저서는 『改稿 新刑事訴訟法』(박영사, 1970)이다. 여기서 종서(縱書)를 횡서(橫書)로 바꾸었다. 여기에서 수사기관에 대한 견해와 전문증거에 대한 입장을 살펴보고자 한다. 그리고 대표 논문 10편을 선정하여 그의 형사법 사상을 파악하고자 한다. 김기두 교수의 법사상을 조망할 수 있는 많은 논문들이 있다. 한정된 지면에 모두 소개할 수가 없다. 그중 몇 편이라도 자세히 읽고, 김기두 교수의 법사상이 잘 표현된 문장을 소개하면서 간략히 그 의미를 찾아보려고 한다. 형사철학과 형사정책이 담겨 있는 7편(50년대 3편, 60년 2편, 70년대 1편, 80년대 1편)을 선정하였다. 형법사상, 판례평석, 소년범죄정책, 형사소송법의 철학, 법학교육, 형사법의 회고, 형법이론을 음미할 수 있을 것이다. 마지막으로 형사소송법학자가 쓴 전문수필집을 분석하고자 한다. 이 책도 김기두 교수를 이해하는데 소중한 자료라고 생각한다. 형사정책이 사회정책이라면, 형사법학자들이 사회현상을 주목하는 것은 당연하다. 김기두 교수가 주목한 전후 한국 사회는 모두 그의 학문적 연구대상이 되었을 것이다. 특히 전후 20년은 엄청난 사회갈등이 표출한 시기였다. 김기두 교수는 언론, 잡지, 법률잡지에 수준 높은 법조 논단을 썼다. 이것은 학자들이 쉽게 할 수 있는 일이 아니다.

1. 전문학술서(1970년 신형사소송법)

『改稿 新刑事訴訟法』은 김기두 교수의 대표 저서이다. 1970년 박영사에서 출판되었다. 전체 373면이다. 서론, 총론, 각론으로 구성되어 있다. 서론은 형사소송의 역사와 형사소송법의 본질을 다루고 있다. 총론은 소송의 주체와 소송의 절차를 다루고 있다. 여기서 강제처분과 증거를 설명하고 있다. 이어서 소송의 종결을 다루

22) 김기두 · 강구진, "대담: 김기두박사의 인간과 학문", 17면.

고 있다. 재판과 소송비용을 설명하고 있다. 독특한 구성이다. 마지막 각론은 수사와 공소, 제1심 공판, 상소, 재판의 집행, 비상구제절차, 특별절차, 형사보상법을 다루고 있다. 개념, 제도사, 관련 조문 해설, 발전방향을 간결하게 설명하고 있다. 국한문혼용체로 되어 있으며, 주요 법률용어는 독일어와 영어를 함께 부기하고 있다. 이 책에 서술된 내용을 읽으면서 현재 한국에서 논의 중인 쟁점을 발췌하여 김기두 교수의 형사소송철학을 살펴보고자 한다. 12개를 선정하였다.

(1) 당사자주의

김기두 교수는 이 책 서론에서 우리나라 형사소송법은 당사자주의 소송절차를 도입하였음을 밝히고 있다.

“1948년에 군정법령 제176호 「형사소송법의 개정」에 의하여 우선 영미의 당사자주의소송절차를 도입하여 피의자·피고인의 인권옹호를 중심으로 구속영장제도·변호제도·보석제도의 확충·인신보호제 등 대폭적 수정을 가하였던 것이다. 개정된 신형사소송법은 한층 더 영미의 당사자주의를 도입하여 인권옹호를 중심으로 발전한 것이어서 일부 실무계통에서는 시기상조라는 평가도 없지 않으나, 역시 이러한 방향이 민주적 노선이라면 약간의 현실의 애로를 물리치고서라도 교육적 임무를 자각하면서 전진하는 것이 당연한 일이라고 생각한다.”[23]

(2) 검사

김기두 교수는 총론 제2장 당사자에서 검사와 피고인과 그 보조인을 서술하고 있다. 독일 교과서를 보면, 대륙법 형사소송법은 검사를 당사자로 보지 않는다. 객관의무가 있는 공익의 대변자이기 때문이다. 그래서 검사(Staatsanwalt)라고 부른다. 김기두 교수는 그럼에도 검사를 당사자로 보고 있다. 당사자주의 사상이 기본이 되어 있는 듯하다.

“형사소송은 원고인 검사와 피의자·피고인이 당사자로서 절차에 관여한다. 따라서 당사자의 개념은 공소제기 후 판결확정에 이르는 절차단계에 있어서 인정되는 것이다. 고로 공소제기 전에는 엄밀한 의미에 있어서의 당사자는 없다. 그러나 검사와 피의자는 장차 공판절차에서 당사자가 될 것이니 당사자에 준한 지위가 인정된다. 이것은 과거의 지나친 직권주의에 대한 수정적 의미를 가질 따름이고 형사소

23) 김기두, 『改稿 新刑事訴訟法』(박영사, 1970), 27면.

송에 있어서 직권주의를 완전히 추구한 것이라고 생각함은 잘못이다. 우리 형사소송법이 이 점을 고려하여 철저한 의미에 있어서의 당사자처분주의를 배제한 것은 정당한 일이라 하겠다."[24)]

(3) 국가소추제도

김기두 교수는 우리나라 형사소송법이 국가소추주의를 채택한 이유를 설명하고 있다. 오늘날 사인소추의 도입 여부도 발전사를 이해하면, 연구에 도움이 될 듯하다.

"역사적으로 소추제도를 고찰하면, 피고인이나 공중이 소추하는 사인소추주의와 국가가 소추하는 국가소추주의가 있다. 사인소추주의는 소박한 개인주의적 사상을 배경으로 하는 제도이기 때문에 영미의 소추제도의 전통이 되고, 국가가 소추하는 국가소추주의는 근대 국가절대주의적 사상을 배경으로 하고 있기 때문에 대륙의 근대소추제도의 모델이다."[25)]

(4) 검찰제도

김기두 교수는 검찰제도의 역사적 의미를 설명하고 있다. 검사를 넓은 의미에서 사법관이라고 한다. 그의 저서를 읽으면서, 50년 후에 한국에서 나타날 검찰제도에 대한 논쟁을 예견할 수 있었다. 2021년 1월부터 한국에서 진행되고 있는 검찰제도의 해체는 대륙법체계의 또 한 번의 붕괴현상이라고 볼 수 있다. 영미법의 전통이 '검찰개혁'이라는 이름으로 한국에 이식되고 있는 것이다. 오래된 기둥을 뽑고 새로운 기둥을 박고 있는 과정이다. 대륙법체계의 검찰제도 익숙한 사람들은 당연히 혼돈스러울 수밖에 없다. 환자가 사망하지 않을까 하는 의문은 남아 있다. 학계에서도 제대로 다뤄 본 주제가 아니기 때문이다. 김기두 교수의 표현이다.

"검사제도는 대륙의 국가소추주의의 역사적 소산이다. 그 이유를 고찰하면 혁명전의 불란서의 소추제도에까지 더듬어 올라가게 된다. 즉 혁명전의 불란스는 국왕의 재정상의 이익을 확보하기 위하여 「왕의 대관」을 전국에 배치하여 범죄의 고발을 받아 법원에 처벌을 요구하는 동시에 벌금과 몰수를 확보하였던 것이다. 그러나 혁명직후 영국의 기소배심제도를 채용함에 이르러 이 「왕의 대관」은 자연 소멸하게 되었던 것이다."[26)]

---

24) 김기두, 『改稿 新刑事訴訟法』(박영사, 1970), 62면.
25) 김기두, 『改稿 新刑事訴訟法』(박영사, 1970), 63면.

“그 후 정치적 반동기에 들어가 기소배심이 폐지되고 이 「왕의 대관」제가 의의를 달리하여 불란서공화국의 대관(procureur)으로 부활하게 되어 기소의 권한을 갖고 형사절차에 있어서 원고로서 지위에 서게 되었다. 이를 검사라 하겠다. 이것이 일본을 통하여 한국에 도입된 것이 오늘의 검사제도이다.”[27]

“검찰청은 행정권의 일작용인 동시에 사법권과 밀접한 관계를 가지고 있다. 따라서 형사사법의 공정을 기하려면 검사도 법에 의하여서만 권한을 행사함이 요구된다. 즉 사법권의 독립의 정신은 이 검사에도 일관되어야 한다. 이러한 의미에 있어서 검사를 넓은 의미에 있어서 사법관이라고도 한다.”[28]

⑸ 법무부장관과 검찰총장과의 관계

김기두 교수는 법무부장관과 검찰총장과의 관계도 입장을 밝히고 있다. 검찰총장은 법무부장관의 부하가 아니다. 사법권의 독립을 위해 법무부장관은 구체적 사건은 반드시 검찰총장만을 지휘 감독하도록 하여야 한다고 설명한다. 대검찰청의 검찰총장·고등검찰청의 검사장·지방검찰청의 검사장은 각각 그 검찰청의 사무를 담당하고 소속공무원을 지휘 감독한다. 특히 검찰총장은 국내 검찰사무를 통괄한다. 검찰청법 제6조와 제7조에 규정되어 있다.

“여기서 생각해야 할 일은 검사는 법무부 소속공무원이다. 따라서 검찰총장을 비롯하여 전국의 검사는 신분적으로 법무부장관의 지휘 감독을 받게 되어 있다. 그러나 법무부장관은 행정부의 각원이다. 따라서 정치적 영향력이 강한 지위를 갖고 있다. 그렇다면 검찰사무가 정치적 영향이 많은 법무부장관에 의하여 좌우될 위험성이 많다. 만일 그렇게 된다면 사법권의 독립이 위태로워진다. 그리하여 이러한 사태를 방지하기 위하여 검찰청법 제14조는 「법무부장관은 검찰사무의 최고책임자로서 일반적으로 검사를 지휘 감독한다. 구체적 사건에 대하여는 검찰총장만을 지휘 감독한다」라고 규정하여 법무부장관이 직접 구체적 사건에 대하여 간섭을 할 수 없게 하고 다만 검찰총장이란 방파제를 통하여 하도록 하고 있다.”[29]

26) 김기두, 『改稿 新刑事訴訟法』(박영사, 1970), 63면.
27) 김기두, 『改稿 新刑事訴訟法』(박영사, 1970), 63면.
28) 김기두, 『改稿 新刑事訴訟法』(박영사, 1970), 64면.
29) 김기두, 『改稿 新刑事訴訟法』(박영사, 1970), 68면.

(6) 국선변호인제도

김기두 교수는 국선변호인제도의 실질적 효과를 위해 사선변호인제도와 균형을 맞추어 운용해야 한다고 강조한다.

"변호는 적극적이고 진격한 보조정신이 없는 형식적인 것이라면 아무런 실질적 효과도 없는 것이다. 따라서 국선변호인으로 하여금 피고인에 대한 적극적인 보조를 할 수 있도록 처우하는 것이 하나의 중요한 문제이다. 물론 형사소송비용법에 국선변호인의 일당 여비 숙박비에 대한 자세한 규정이 있으나 사선변호의 경우와 균형이 맞도록 규정하고 운용하여야 국선제도 본래의 효과를 거둘 수 있을 것이다."[30]

(7) 강제처분

김기두 교수는 형사소송법상 강제처분은 하나의 필요악이며, 불가결한 범위내에서 필요한 최소한도에 국한되어야 한다고 강조하고 있다.

"강제처분은 당연한 권리로서 생각할 것이 아니고 부득이한 경우에 하는 필요악이라는 근본의식이 있어야 할 것이다. 이러한 의미에 있어서 현대 형사소송의 역사는 강제처분권축소의 역사라 하여도 과언이 아니다. 즉 이러한 강제처분의 권한은 과거 국가절대주의체제하에서는 무제한으로 남용되었던 것이 불란스혁명 이후 처음으로 이에 대한 제한이 확인되었던 것이고 그 후 점차적으로 자유민권사상의 고양 침투에 따라서 이 강제처분 제한의 역사는 강화 일로를 걸어 왔던 것이다. 그럼에도 불구하고 강제처분권 남용은 관존민비의 녹슨 전통의 뒷받침을 받아서 용이하게 감퇴하지 아니하였던 것이다. 그리하여 민주해방과 동시에 군정법령 제176호 「형사소송법의 개정」에 의하여 법관의 영장에 의하지 않고는 구속할 수 없는 영장제도가 확인되었고 또 영미의 인신보호제도의 도입으로 구속적부심사제도가 확립되는 등 강제처분이 대폭적으로 제한되었던 것이다."[31]

(8) 전문법칙의 근거

김기두 교수는 증거편을 상세히 설명하고 있다. 전체 373년 중 62면(129-185면)

30) 김기두, 『改稿 新刑事訴訟法』(박영사, 1970), 78면.
31) 김기두, 『改稿 新刑事訴訟法』(박영사, 1970), 111면.

에 해당한다. 이는 전체 교재에서 6분의 1에 해당한다. 당시 교과서의 특징은 각주가 전혀 없고, 판례 소개도 거의 없으며, 아주 중요한 부분에서 간혹 설명되어 있다. 당시 학문연구가 그렇게 활발한 것도 아니었고, 학회활동과 학술지도 오늘날처럼 다양하지 않았으리라. 판례가 공개되고 출판이 된 것은 이 책 출판 이후라고 짐작된다. 오늘날 형사소송법 교과서에서 판례 소개와 외국법 소개 그리고 국내 학자들의 논문 소개를 제외하고 거의 비슷한 내용과 분량이라고 생각한다. 여기서 하나 특이한 점은 실체적 진실발견에 대한 설명이 서론이 아니라, 증거편에서 소개되고 있다는 점이다. 김기두 교수는 전문법칙의 근거에 대해서 자세히 설명하고 있다.

"전문법칙은 영미법에서 성장한 이론이고 특히 그 배심재판제도가 근대적 직접심리주의의 단계에 이르면서 발생한 것이라고 하겠다. 당사자의 반대신문이 특히 강조되고 있는 철저한 당사자주의소송구조를 가진 영미에 있어서 「전문은 증거가 되지 않는다」는 전문법칙은 당연한 이론이다. 전문법칙에 증거능력이 없는 근거로서는 그 가치가 그 증인 자신의 신용성으로부터 발생한 것이 아니고 타인의 성실성과 능력에 의존한다는 것, 즉 전문증거는 원진술자의 선서가 없고 또 원진술자의 진실을 오전할 위험성이 많으므로 신용성이 희박하다는 것을 이유로 한다. 그러나 영미의 당사자주의소송구조하에서 보다 중요한 이유는 전술한 바와 같이 원진술의 진실성을 담당자의 반대의견에 의하여 음미할 수 없는 것에 있다. 이러한 전문법칙은 영미의 당사자주의의 영향에 의하여 대륙법계의 형사소송에도 일반적으로 도입된 것이다. 그러나 대륙법계에 있어서 전문증거를 배척하고 있는 근거는 비단 당사자의 반대신문의 기회를 보장하지 않는다는 영미법적 근거뿐만 아니라 그것이 대륙 형사소송 본래의 직접심리주의, 공판중심주의의 요청에 위배되는 까닭이다. 더욱이 대륙법계의 전통적인 직권주의적 소송구조하에 있어서는 법원이 주도적 지위에서 증거를 수집하는 관계로 당사자의 반대신문권 보장이라는 것은 그다지 중요시 될 수 없고 직접심리의 효과는 오히려 「태도증거」에 의한 심증형성을 중요시하게 되는 것이라고 한다"[32]

"우리나라의 형사소송법도 염미법의 영향을 받아 구법에 비하여 일층 당사자주의 및 직접심리주의가 강화되었으며 더욱이 개정형사소송법은 제310조의2에 「전문증거와 증거능력의 제한」이라 하여 전문법칙의 원칙을 명문으로 규정하고 제361조의2에서 새로이 증인신문의 방식으로서 상호신문제도를 채택하여 당사자의 반대신

32) 김기두, 『改稿 新刑事訴訟法』(박영사, 1970), 131면.

문을 보장하고 있다."[33)]

(9) 전문법칙의 예외

김기두 교수는 전문법칙의 예외에 대해서 자세히 설명하고 있다.

"영미법에서 있어서 전문법칙의 예외를 인정하는 대체의 규준은 신용성의 정황적 보장(circumstantial guarantee of trustworthiness)과 필요성(necessity)이다. 전자는 당사자에게 반대신문의 기회를 주지 아니하더라도 당사자의 이익을 해하지 아니할 정도로 진실성이 제반의 정황에 의하여 보장되어 있는 것을 말한다. 즉 공판정외의 진술이 특히 신용할 수 있는 정황하에서 행하여져서 공판정에서 반대신문의 기회를 상대방에게 주지 아니하더라도 허위일 위험성이 없는 경우이다. 이러한 신용성의 정황적 보장의 구체적 예로서는, ㈎ 자연적인 진술 또는 반사적인 발언과 같이 이성적 활동이 매개되지 않는 경우, ㈏ 임종의 진술과 같이 사기가 임박하였다는 인식하의 발언, ㈐ 업무의 통상과정에서 작성된 서류와 같이 업무의 관습성, 기계성에 따라서 이루어진 경우 등이 있다. 다음에 「필요성」이라 함은 원진술자가 사망, 질병, 행방불명, 국외체재 등의 특수한 사정으로 인하여 원진술자를 공판정에 출두케 하여 다시 진술하게 하는 것이 불가능 또는 현저하게 곤란하거나 또는 원진술의 성질상 달리 같은 가치의 증거를 얻는 것이 곤란하기 때문에 전문증거인 진술이라도 이를 사용할 필요가 있는 경우를 말한다."[34)]

"이 신용성의 정황적 보장과 필요성의 두 가지 요건이 구비되면 전문증거라 할지라도 예외적으로 증거능력이 인정되나, 다만 이 두 가지 요건은 평등한 엄격성으로써 적용되는 것이 아니고 상호 보충관계 반비례의 관계에서 일방의 요건이 강하게 충족되면 타방의 요건의 충족도는 이에 따라 강화되는 관계에 있다."[35)]

"현행 형사소송법의 전문법칙의 예외규정은 전술한 바와 같이 진술서와 같은 서면에 의한 전무증거의 증거능력은 제312조 내지 제315조의 서면의 증거능력에 관한 규정에서 규율되고 전문진술에 의한 전문증거의 증거능력은 제316조에 규정되어 있다. 특히 신빙할 수 있는 상태하에서란 영미법의 신용성의 정황적 보장과 같은 뜻을 내포하는 것으로 그 자체가 신용성이 인정될 수 있는 절대적인 것임을 주

---

33) 김기두, 『改稿 新刑事訴訟法』(박영사, 1970), 147－148면.
34) 김기두, 『改稿 新刑事訴訟法』(박영사, 1970), 149면.
35) 김기두, 『改稿 新刑事訴訟法』(박영사, 1970), 149면.

의하여야 한다."[36)]

⑽ 당사자의 동의와 증거능력

김기두 교수는 당사자의 동의와 증거능력에 대해서 자세히 설명하고 있다. 진정성 조사의 성격은 직권주의의 요소라고 본다.

"당사자가 증거로 동의한다는 것은 반대신문권을 포기한다는 것을 의미하는 고로 전문법칙의 적용이 배제되는 것은 당연한 일이다. 따라서 동의의 본질은 당사자의 반대신문권의 포기라고 할 수 있다. 다만 이와 같이 전적으로 당사자간의 동의에만 맡겨 버리면 당사자들이 적당히 타협 또는 거래를 하게 될 위험성이 있기 때문에 법원의 판단이 그를 진정한 것으로 인정한 때에 한한다는 조건을 부가하여 직권주의적 단편을 보이고 있다. 즉 동의는 당사자주의의 표현이지만, 진정성 조사는 직권주의 표현으로 후자에 의하여 전자를 공제하고 있는 것이다."[37)]

⑾ 자유심증주의

김기두 교수는 자유심증주의에 대해서 자세히 설명하고 있다. 자유심증주의를 프랑스 혁명의 산물로 이해한다. 자유심증주의는 증거의 증명력, 즉 실질적 가치를 법관의 이성과 양심에 일임한다. 구체적 타당성을 지향하는 시대에 맞는 제도로 본다. 이 원리가 그 후 대륙법계통의 형사재판을 원칙적으로 지배하게 되었다고 설명한다. 헌법에 규정된 법률과 양심도 바로 프랑스의 혁명정신이 담겨 있다. 김기두 교수의 설명이다.

"증거의 증명력, 즉 증거의 실질적 가치판단(Beweiswürdigung)을 어떻게 할 것인가에 대하여 대륙법 역사는 법정증거주의로부터 자유심증주의로 발전하였다. 법정증거주의라 하면 모든 증거의 증명력을 미리 법률로써 정하여 두고 법관의 확신에 의한 판단을 봉쇄하는 것으로서, 이는 법관의 개인차를 배제하고 법적안정성을 보장하는 데는 의미가 있으나 사실상 천차만별한 구체적 증거의 증명력을 이같이 일반적으로 법률로써 정한다는 것은 복잡 미묘한 구체적 사건에 있어서 그 진상을 판단하는데 부당한 결과를 가져올 우려가 있다. 뿐만 아니라 법정증거주의하에서는 자백은 증거의 왕(Confessio Regina Pegina Probationum)이라 하여 자백을 얻기 위

36) 김기두, 『改稿 新刑事訴訟法』(박영사, 1970), 149면.
37) 김기두, 『改稿 新刑事訴訟法』(박영사, 1970), 156면.

한 잔인한 고문이 널리 횡행되었다는 것이다. 따라서 법정증거주의의 이러한 결함을 공박하여 불란스혁명 이후는 자유심증주의를 채용하였던 것이다. 자유심증주의라 함은 증거의 증명력에 관한 일체의 법률적 제한을 무시하고 전적으로 법관의 판단에 일임함을 말한다. 이는 불란스혁명 직후의 사정에 맞는 것이다. 즉 왕의 대리가 아니고 국민의 대표인 불란스공화국의 법관은 국민이 전적으로 신뢰할 수 있는 사람들이고 또 그들은 과거의 증거법의 자세한 지식도 잘 모르는 인사들이었다. 따라서 그러한 법정증거주의적 형식적 제한을 버리고 법관의 이성과 양심에 일임한다는 자유심증주의는 구체적 타당성을 지향하는 시대에 맞는 제도였다. 이 원리가 그 후 대륙법 계통의 형사재판을 원칙적으로 지배하게 되었던 것이다."[38]

"현행 형사소송법 제308조「증거의 증명력은 법관의 자유판단에 의한다」도 자유심증주의를 규정하고 있는 것이다. 여기서 법관의 자유판단에 일임되고 있는 것은 증거의 증명력이다. 증명력은 증거능력과 별개의 문제이다. 즉 전자는 사실을 인정함에 있어서의 실질적 증거가치(Beweiswert), 후자는 증거가 될 수 있는 법률적 형식적 자격을 말한다. 법관의 판단은 객관적으로 합리적이어야 하고 그러기 위하여서는 논리상 경험상의 일반법칙에 일치되어야 할 것이다. 자유심증주의는 합리적 심증주의여야 한다는 것도 이러한 뜻을 말하는 것이다. 따라서 법관의 증거의 평가에 불합리한 점이 있으면 이를 정정하는 방법이 있어야 할 것이다. 이를 보장하기 위하여 제323조에「형의 선고를 할 때에는 판결이유에 범죄된 사실, 증거의 요지와 법령의 적용을 명시하여야 한다」라고 규정하여 사실인정의 기초가 되는 증거설명을 하도록 요구하고 있다. 만일 이러한 증거설명이 없는 경우 또는 사실인정이 불합리한 경우 판결에 이유를 붙이지 아니하거나 이유에 모순이 있는 때(제361조의5 제8호)의 항소이유에 해당하고 또 증거의 취사선택에 있어서 사실인정에 합리성을 의심할 경우에는 동법 제10호「사실의 오인에 있어 판결에 영향을 미친 때」 항소이유에 해당한다. 자유심증주의는 민사소송보다 형사소송에서 더욱 깊은 의미를 가진다. 민사소송법에 있어서와 같은 변론의 전취지의 참작과 같은 것은 인정되지 않는다."[39]

---

38) 김기두, 『改稿 新刑事訴訟法』(박영사, 1970), 163-164면.
39) 김기두, 『改稿 新刑事訴訟法』(박영사, 1970), 164면.

⑿ 자백의 증명력 제한

김기두 교수는 자백의 증명력 제한에 대해서 자세히 설명하고 있다. 피고인의 자백이라 함은 피고인 본인의 자백만을 말하는 것이냐 또는 일반적으로 공범자 또는 공동피고인의 자백가지도 포함되는냐의 문제가 쟁점이라고 말한다.

"생각건대 공범자라는 것은 일반적으로 서로 다른 공범자에게 책임을 진가시키려는 경향이 농후하여 그 진술의 신빙성이 적고 또 허위진술로 책임전가를 당하더라도 반대신문으로써 반격하기도 곤란한 것이다. 만일 제2설(공동피고인의 자백으로써 유죄를 할 수 없으나, 공동심리를 받고 있지 않는 공범의 자백만으로 유죄로 할 수 있다)에 있어서와 같이 이를 피고인의 자백에 포함시키지 않는다면, 다음과 같은 괴상한 결론에 도달하게 될 것이다. 즉 공범자 중의 한 사람이 자백을 하고 또 한 사람은 부인하였을 때 그 외에 보강증거가 없으면, 자백을 한 사람은 무죄가 되고 부인한 사람은 유죄가 되는 것이다. 이러한 점을 고려하면 공범자의 자백을 유일한 증거로써 유죄판결을 한다는 것은 극히 위험한 일이니 본 조의 피고인의 자백은 공범자의 자백도 포함하는 것으로 해석함이 타당하다."[40)]

2. 형법 논문

(1) 형법이론과 인간상(1957년 논문)

김기두 교수는 "형법이론이란 범죄와 형벌의 문제이다"라고 말한다. 이것은 바로 사회현상이고, 인간과 인간의 문제라고 말한다. 김기두 교수는 관계학을 중시하는 동양사회와 일제 강점기와 6.25동란의 상흔, 피폐한 사회속의 한국인의 모습에 주목하고 있다.

"중국 고대인의 인간상, 나일강 연안의 인간상, 중세의 종교적 인간상, 근대 르네상스 이후의 인간상, 산업혁명 이후의 인간상, 자유의사를 가진 이성 본위의 인간상이 각각 다르듯이 해방 이후 한국인의 인간상은 다르다. 이성 편중의 왜곡된 인간상의 맹점은 실증적으로 모순된 사회현상에 의하여 적발되는 것이다. 우리 형법이 적용되는 즉 우리 형법이 대상으로 하고 있는 현재의 우리 사회의 인간상을 정확히 파악하여야 할 일이 급선무이다."[41)]

---

40) 김기두, 『改稿 新刑事訴訟法』(박영사, 1970), 167－168면.

"우리의 대중의 인간상이 우리 형법이론의 기반이 될 수 있는 인간상이다. 경제적·정치적 영향이 너무도 개인의 생활에 영향을 미치는 사회, 여유 없는 사회, 분주하고 비굴한 경력을 향해 살고 있는 인간상이 엄숙한 현실사회의 인간상일 것이다."[42]

"고전학파의 인간상과 근대학파의 인간상은 우리 사회의 현존하는 인간상을 기반으로 한 것이 아니고, 일부 지식층에 있는 소수인의 인간상이다. 이는 모두 추상적이고 관념적인 인간상이다."[43]

"근대학파적인 사회결정적인 존재로 파악하는 것이 더욱 현실적이다. 이것이 우리 사회에서 호흡하는 인간상이다. 해방 이후 소년범죄가 급격히 증가되었다. 전체 범죄의 5할에 해당한다. 해방 이후 혼탁과 무질서를 회고해 보면 삼척동자(三尺童子)도 납득할 수 있을 것이다". "이것을 모두 사회과학의 의론의 토대로 삼아야 한다."[44]

따라서 "형법이론은 사회결정적인 숙명적인 인간상을 기반으로 하여야 한다."[45] 이러한 견해는 '한국의 근대학파의 창시'로 볼 수 있다. 김기두 교수는 한국 사회에 토대를 둔 형법이론과 인간상을 기반으로 형사정책을 펴야 한다고 생각했다.

(2) **정당방위**(1959년 **판례연구**)

① 단기 4289년 10월 12일 대법원 판례

[사실관계] 피해자가 목봉을 들고 침입하여 장애인인 피고인을 발로 차고 끌고 나갈 때 칼로 복부를 찔러 살해하였다.

[제1심과 제2심] 살인죄를 인정하였다. 피고인이 상고하였다.

[대법원] 원심을 파기환송하였다.

[판결이유] 반신불구인 피고인은 자신을 난타하는 행위를 참지 못하고 옆에 있던 칼로 여러 차례 경고하였음에도 불구하고, 피해자가 계속하여 폭행을 가하자 이를 피하기 위해 칼로 복부를 찔렀다. 이 행위는 부당한 현재의 침해를 피하기 위한 부득이한 방어행위로 형법 제21조 정당방위에 해당한다.

41) 김기두, "형법이론과 인간상", 『법조』 제6권 제5호, 1957, 32－42면(32면).
42) 김기두, "형법이론과 인간상", 39－42면.
43) 김기두, "형법이론과 인간상", 42면.
44) 김기두, "형법이론과 인간상", 42면.
45) 김기두, "형법이론과 인간상", 42면.

② 판례평석

(가) "판결이유의 작성에 있어서 그 용어가 난해하다. 민주국가의 민주재판은 민중이 용이하게 납득할 수 있는 재판이어야 한다. 재판의 내용과 표현도 평명간이(平明簡易)하고 누구든지 용이하게 이해할 수 있는 문장으로 판결이유가 작성되어야 한다. 관료독재의 일제시대 판결이유 작성을 답습하고 있다. '유(有)하다', '상도(想到)한다', '비(比)를', '심안(審按)컨대' 등을 들 수 있다. 평이한 우리말로 대치해도 곤란한 일이 아니다. 이는 재판의 권위를 떨어뜨리는 것도 아니고, 오히려 신선한 민주재판의 향기를 감돌게 하는 것이다."[46] "일본도 과거의 문어체의 판결문을 버리고 구어체 문장으로 바꾼 지 오래다. 이는 한국의 재판서작성에 관한 전체적인 문제이다."[47]

(나) "고등법원의 판결은 과거 국가권위주의적 사상을 배경으로 하는 정당방위이념을 근거로 정당방위의 범위를 너무 좁게 해석하고 있다. 국가가 사실상 보호할 수 없는 긴급사태에서 부당한 공격을 방어한 자는 사회에 봉사한 자이고 이러한 방위행위는 사회적으로 유용한 것이다. 이는 본인의 권리행사일 뿐 아니라 의무이행이라고 볼 수 있다. 폭을 좀 더 넓혀 인정하는 것이 현대적 해석이다. 싸움이라고 하더라도 구체적 사정에 의하여 정당방위를 인정하는 것이 타당하다. 이러한 정당방위의 과정은 구형법 제36조와 신형법 제21조 변화에 명시되어 있다. '부득이 한데서 나온 행위'를 '상당한 이유 있는 행위'로 대치하고 있다. 신형법이 정당방위의 범위를 넓게 규정하고 있다. 그럼에도 대법원이 '부득이한 경우'를 판결문에 재차 강조하고 있는 것은 구법을 적용하고 있음이 명백하다. 지나친 방위행위라 할지라도 형법 제21조 제3항을 적용하면 무죄가 될 것이다. 판결문에 이에 대한 언급이 없다".[48]

(다) 김기두 교수의 판례평석은 간결하고 명쾌하다. 법문장의 중요성을 지적하고 판결문의 논증에 대해 비판하고 있다. 법문의 개정이유를 밝히면서 입법사적(목적론적) 논거, 정당방위 요건에 대한 해석, 그리고 형법 제21조 제3항 오상방위 등을 언급하고 있다. 56년 전의 판례연구이지만, 판례평석의 한 모형으로 손색이 없다. 김기두 교수의 논문은 법률문장이 단문이다. 오늘날 논문에서도 보기 어려운 '간결

---

46) 김기두, "정당방위(판례연구)", 『서울대학교 법학』 제1권 제1호(서울대학교 법학연구소, 1959), 220–225면(223면).

47) 김기두, "정당방위(판례연구)", 223면.

48) 김기두, "정당방위(판례연구)", 224–225면.

한 명문'으로 작성되어 있다.

(3) 한국 소년범죄의 이론과 실제(1959년 논문)

미국 하버드대학교에서 연구한 내용은 주로 소년범죄였다. 1959년 서울대 법학에 48면 분량의 긴 논문이 발표되었다. 한국 소년범죄의 이론과 실제는 이후 박사학위논문으로 발전되었다.[49] 여기서 그가 분석한 실제와 제안은 오늘날 많은 부분이 정책으로 구현되었다.

"한국 소년범죄의 근본적 원인은 정치적·경제적·사회적 혼란에 의한 지도이념의 상실과 도의의 불확립 때문이다. 낡아빠진 전통의 권위에 의존하여 불합리한 보수의 보루 속에서 아무런 고성을 쳐본들 그것은 자기위안과 자기보호의 비겁한 수단은 될지 모르나, 새로운 사회제도의 확립에는 아무런 의미가 없는 것이다."[50]

"한국 소년범죄의 대책은 다음과 같이 정리할 수 있을 것이다. 첫째 한국 여성의 계몽과 의식향상이다. 인격형성에 결정적인 역할을 하는 것은 가정교육이다. 따라서 국가와 사회는 이 여성의 계몽과 지적 수준향상에 획기적인 대책을 강구해야 할 것이다."[51]

"둘째 학교교육이념의 확립과 실천이다. 부모의 이기적인 허영심과 입신출세의 제물, 인격형성 보다 대학입시경쟁에서 대부분 청소년들이 패배의식에 사로잡혀 희망과 정신의 지주를 잃고 있다. 소년범죄의 방지대책으로 학교교육의 중대한 반성 혁신이 필요하다. 또한 가능하다면 종교정책을 통하여 사람이 사람을 사랑하고 아낀다는 따뜻한 인간의 애정이 얼마나 귀중한가."[52]

"셋째 입법정책으로 우범소년에 대한 국가의 적극적인 긴급대책이 있어야 할 것이다. 우범소년은 구두닦이, 신문팔이, 껌팔이, 담배팔이, 넝마주의 등 직업 아닌 직업을 가지고 범죄선상에서 우왕좌왕하고 있다. 아동복지법을 제정하고, 가정재판소의 신설이 요구된다. 외국의 소년보호대책기관을 보면, 미국 대통령직속자문기구인 백악관회의, 미국의회 소년범죄조사위원회가 있다. 영국도 소년범죄대책왕실회의가

49) 김기두, "한국소년범죄의 이론과 실제", 『서울대학교 법학』 제1권 제2호(서울대학교 법학연구소, 1959), 293-340면; 김기두, 한국소년범죄연구, 서울대학교 박사학위논문, 서울대학교 대학원, 1967, 1-225면.

50) 김기두, "한국소년범죄의 이론과 실제", 335면.

51) 김기두, "한국소년범죄의 이론과 실제", 336면.

52) 김기두, "한국소년범죄의 이론과 실제", 337면.

있고, 일본도 국회에 소년범죄대책위원회가 있으며, 내각에 청소년대책위원회가 있다. 이러한 기구가 우리나라에도 시급히 요청되는 것이다."[53)]

"넷째 소년원의 충실이다. 격리기관이 아니라 교정기관으로 발전해야 한다. 소년범죄의 인격조사소의 확립을 통해 개별처우가 필요하다. 사회사업가, 심리학자, 교육학자, 의사, 정신분석의 등 협력이 필요하며 예산도 뒷받침이 되어야 한다. 소년원도 인격특징에 따라 구별되어야 한다. 초등소년원(14-16세), 중등소년원(비교적 개선가능성이 많은 자), 특별소년원(비교적 개선곤란 자), 의료소년원(정신적 신체적 결함이 있는 자) 등이다."[54)]

"다섯째 보호관찰제도의 적극적 적용이 필요하다. 소년의 누범과 상습범이 증가되고 있다면, 범죄소년을 사회에 두고 생활을 수시로 감독하고 지도하여 범죄로부터 이들을 보호하는 노력이 필요하다. 물론 예산이 많이 드는 제도이나, 상습화된 소년을 시설기관에 수용하는 비용과 차이가 없는 것이고, 또 민간인과 학생 중에서 희망자를 선발 임명하여 운영할 수도 있을 것이다."[55)]

"여섯째 소년원에서 퇴원한 소년들을 수용하여 사회복귀에 봉사하는 민영기구도 필요한 것이다."[56)]

"일곱째 소년심리원판사도 전문적인 훈련과 교육을 받은 전문가로 대치되어야 한다."[57)]

"이상 한국의 빈약한 예산으로 처리하기에는 이상적인 안에 불과하지만, 천천히 근본적인 대책을 수립하는 것이 요망된다."[58)]

김기두 교수의 한국형 형사철학이 잘 담겨 있는 논문이다. 그의 나이 39세 때 논문이다.

(4) 인권옹호의 이론과 실제 －형사소송법을 중심으로－(1962년)

"보석제도는 인권옹호와 밀접한 관계가 있다. 사실상 피의자·피고인을 구속함으로써 형사재판에서 약간의 편의는 있다고 할지라도 그 개인의 사회적 손실이 크다.

53) 김기두, "한국소년범죄의 이론과 실제", 337-338면.
54) 김기두, "한국소년범죄의 이론과 실제", 339면.
55) 김기두, "한국소년범죄의 이론과 실제", 339-340면.
56) 김기두, "한국소년범죄의 이론과 실제", 340면.
57) 김기두, "한국소년범죄의 이론과 실제", 340면.
58) 김기두, "한국소년범죄의 이론과 실제", 340면.

즉 피의자·피고인은 그 가족 동료 직장 등으로 사회적 관련 속에 있는 것이다. 구속으로 인하여 이 관련이 절연되면 피고인 자신 이외의 많은 선량한 사람들이 정신적 물질적 피해가 크다. 이러한 사회적 손실이 곧 국가의 손실이기도 하다. 뿐만 아니라 이들을 구속수감하면 그들의 생활을 국가가 책임지게 된다. 이렇게 여러 가지 종합적으로 고려하더라도 보석제도는 영미의 그것과 같이 널리 활용되어야 할 것이다."[59]

"미국의 보석제도를 보면 사형에 해당되는 범죄이외의 모든 범죄에 대하여서 널리 보석이 허가된다. 그리고 피고인에 대하여서 뿐만 아니라 피의자에 대하여서도 보석이 허가된다. 그리고 이 허가보석을 위하여 보석허가책임자는 연중휴무로 주야를 막론하고 집무하고 있다. 더욱 보석보증금의 액수의 결정을 용의하게 하기 위하여 각 범죄별로 일람표가 되어 있어 자동적으로 그 액수가 결정된다. 따라서 구체적으로 말하면 아무나 구속되면 즉시 변호인에게 전화를 걸면 변호인이 와서 곧 보석신청을 하면 곧 보증금을 공탁하고 석방되게 되는 것이 상례이다. 따라서 구속에 의한 피구속자와 사회의 손실이 없이 구속 본래의 목적을 달성하게 된다."[60]

국회는 1995년 12월 29일 형사소송법 제214조의2 제5항을 개정하여 피의자 보석을 허용하였다. 구속적부심을 신청한 경우 보증금납입을 조건으로 석방을 명할 수 있다. 피의자에 대한 보석제도는 피의자 인권을 실질적으로 보장하는 장치로서 영장실질심사제도와 함께 1995년 개정형사소송법의 가장 주요한 특징 가운데 하나로 손꼽힌다.[61] 수사절차상의 보석제도에 대한 김기두 교수의 주장이 33년 만에 입법된 것으로 볼 수 있다. 물론 여러 교수님들과 후속 연구자들의 지속적인 연구도 당연히 큰 영향을 주었을 것이다.

(5) 법과 법조인(1967년 논설)

"한국법의 연구에 대한 고민이 부족했다. 입법과 해석은 법의 목적, 법의 본질을 숙고하여 한국의 역사적 사회적 배경 속에서 찾아야 했다. 일본과 독일의 해석법학을 모방했다. 최후의 사회과학으로서 법학을 거의 찾아 볼 수 없었다. 법철학이라

59) 김기두, "인권옹호의 이론과 실제－형사소송법을 중심으로－", 『서울대학교 법학』 제4권 제1·2호(서울대학교 법학연구소, 1962), 55－69면(65면).

60) 김기두, "인권옹호의 이론과 실제－형사소송법을 중심으로－", 67면.

61) 신동운, 『신형사소송법』, 제3판(법문사, 2011), 286면; 대법원 1997. 8. 27.자 97모21 결정[체포적부심사석방에 대한 재항고]

는 것이 있지만, 그것은 사회과학으로서의 법철학보다는 오히려 철학의 부분에 들어가는 추상적이고 일반적인 이론에 불과하였다."[62]

"일본 법률을 모방하고 있다. 정확한 실태조사가 필요하다. 권력으로 둘러씌운 법은 민중의 생리와 거리가 먼 것이다. 한국 국민의 생리에 맞고 한국 국민이 참으로 친근감을 느껴야만 법의 제정에 진정한 권위가 인정되는 것이다."[63]

"법해석도 개념법학에 머물러 있다. 한국 사회의 한국인의 생리에 구체적으로 타당한가? 민중의 편에 서지 못하고 있다."[64]

"새로운 입법으로 통해 사용절도(使用竊盜)를 벌하도록 하는 것이 현대 사회의 구체적 정의에 합치하는 것이다. 법의 해석으로 입법의 불비를 보충하여 현대 한국사회의 구체적 정의를 모색하여야 할 점이 상당히 많다. 한국 사회의 구체적 정의에 맞게 법을 적용하고 입법하는 폭넓은 법조인이 되어야 할 것이다."[65]

"오늘의 입법 경향을 보면 중요한 규정에 '상당한 이유', '충분한 이유', '사회상규' , '공서양속' 등의 초법규적 해석을 요하는 개념이 많이 도입되고 있다. 더구나 법관의 재판의 규준을 '법관은 헌법과 법률과 양심에 의하여 재판한다'고 규정하여 양심을 헌법, 법률과 같이 재판규준으로 하고 있다. 이러한 관점을 고려할 때 법조인의 지식이 좁은 법규지식뿐만 아니라 풍부하고 높은 민족적 예지를 가져야 하게 되어 있다. 따라서 과거 개념법학시대에 있어서와 같이 법조인이란 삼단논법의 논리적 구조 속에 사회적 사실을 넣어서 기계적으로 나오는 결론으로 재판하는 기계가 아니고, 바로 법조인이 국가사회의 구체적 정의를 발견하여 나가는 진취적 정신을 가져야 한다."[66]

"이러한 의미에서 오늘의 근대화과정의 법조인은 해방직후에 하였어야 할 법의 근대화 작업까지 맡아서 하여야 할 중대한 책임을 지고 있는 것이다. 그러한 의미에서 법학은 물론 정치학, 경제학, 사회학, 심리학 등 넓은 과학적 지식을 종합하여 체계화된 높은 견식을 가진 사람들이어야 할 것이다. 새로운 법조인 양성을 위하여 관민이 더욱 협조해 주어야 한다".[67]

---

62) 김기두, "법과 법조인 －법조 근대화 문제에 관련하여", 『법정』 제22권 제11호, 1967, 1－7면 (1면).

63) 김기두, "법과 법조인 －법조 근대화 문제에 관련하여", 2면.

64) 김기두, "법과 법조인 －법조 근대화 문제에 관련하여", 4면.

65) 김기두, "법과 법조인 －법조 근대화 문제에 관련하여", 6면.

66) 김기두, "법과 법조인 －법조 근대화 문제에 관련하여", 6면.

김기두 교수는 "우리 사회의 정확한 실태조사를 기반으로 한 입법과 적극적인 법의 해석을 통해 구체적 정의를 찾아야 한다"고 강조하고 있다. 한국법의 근대화를 위해서 폭넓은 인문학, 사회학, 경제학, 심리학, 과학적 식견이 필요하며, 새로운 법조인 양성도 여기에 초점을 두어야 한다고 설파하고 있다. 이러한 내용들은 48년 전 그가 강조했던 것이다. 한국 근대법학의 성장과 발전을 위한 귀중한 제언들이다. 근대란 ① 속박에서 자유, ② 억압에서 독립, ③ 집단에서 개인으로 향하는 것을 말한다. 그의 논문들은 여기에 집중되어 있다. 그래서 그의 형사철학과 형사철학은 오늘날에도 생명력이 있다.

(6) 형사법학회의 회고(1979년 논단)

"1945년 8월 15일 해방이전 한국 사람들의 법률공부는 주로 일본의 고등고시준비와 조선변호사시험 준비용으로 이루어졌다. 따라서 한국의 법학은 해방 후에 비로소 묘목이 심겨졌다."[68]

"건국 초기의 정치적 · 경제적 · 사회적 혼란으로 학문의 터전이 마련되지 못했다. 특히 형사법 분야는 싹이 돋아나서 성장하는데 힘이 들었다."[69]

"1948년 정부수립, 정치적 혼란기 일제 강점기 대학에서 법학을 강의한 교수는 대부분 일본인이었다. 해방 후 대부분 판사, 검사, 변호사가 차출되어 강의하였다. 좌우익 학생들의 충돌이 심해 강의는 이루어지지 못했고, 박한 봉급으로 희망인사가 없었다. 서울대는 유기천, 이승옥, 이형근, 이건호 교수가 형법을 담당했고, 김기수, 배정현 교수가 형사소송법을 담당했다. 고려대는 심현상, 엄상섭 교수가 형법, 형사소송법을 담당하였다."[70]

"1953년 4월 형법제정, 1954년 4월 형사소송법이 제정되었다. 이후 다수의 교과서가 출판되었다. 1949년 심현상 형법총론, 그 외 1955년 이후 다수의 교과서가 출판되었다. 1960년 유기천 형법학(총론), 황산덕 형법총론, 남흥우 형법강의 등이 있다. 형법각론의 경우 1950년 심현상 형법각론이 출판된 이후 위의 저자들이 대부분 각론을 출판하였다. 1965년 김종원 형법각론(상)도 출판되었다."[71]

---

67) 김기두, 『법과 법조인 －법조 근대화 문제에 관련하여』, 6－7면.

68) 김기두, "특집: 「한국 법학 30년」 심포지움: 형법 분과; 형사법학계의 회고", 『서울대학교 법학』 제19권 제1호(서울대학교 법학연구소, 1979), 168－171면(168면).

69) 김기두, "「한국 법학 30년」 심포지움: 형법 분과; 형사법학계의 회고", 168면.

70) 김기두, "「한국 법학 30년」 심포지움: 형법 분과; 형사법학계의 회고", 169면.

"형사소송법은 1948년 군정법령 제179호로 형사소송법중개정의 법률로 영미 당사자주의적 소송절차로 운영되었다. 1954년 형사소송법이 제정되었다. 영미의 당사자주의 색채가 강했다. 유신헌법에 의하여 형사소송법이 개정되었고, 직권주의요소가 짙은 형사소송절차로 바뀌었다. 1954년 서일교 신형사소송법을 시작으로 김기두 신형사소송법 등 다수의 교과서가 출판되었다."[72)]

"한국형사법학회는 1957년 6월 창립되었다. 이태희 변호사가 초대회장을 역임하였고 10년 봉사하였다. 이후 매년 총회에서 회장이 선출되어 남흥우, 정창운, 황소억, 김기두, 정영석, 신동욱, 김종수, 이건호, 김종원 순으로 역임하였다."[73)] 이 학회는 한국의 대표적인 학회로 활동하고 있다.

김기두 교수의 이 회고문은 해방 이후 1979년까지 형법, 형사소송법, 형사정책, 행형학의 발전사를 일람할 수 있는 소중한 자료라고 생각한다.

(7) **정당화사정의 착오**(1984년 논문)

정당화사정의 착오문제는 형법학에서도 가장 어려운 문제이다. 구성요건과 위법성, 고의와 과실, 불법론, 책임론, 범죄체계론 등과 관련이 있기 때문이다. 김기두 교수는 정년 1년을 남겨두고 서울대 법학지에 25면 분량의 깊은 논문을 발표하였다. 이 논문에서 독일의 논의과정을 자세히 소개하고, 각 학설의 내용과 비판을 가하였다. 학계 논의에 과제를 던졌다.[74)]

정당화사정의 착오란 정당화사유(위법성조각사유)의 객관적 요건을 구비하는 사실(정당화사유 또는 위법성조각사유의 사실적 전제)이 존재하지 않았음에도 불구하고 행위자가 존재한다고 오인하여 행위한 경우를 말한다. 예컨대 오상방위, 오상피난, 오상자구행위, 오상정당방위 등이 이에 속한다. 형법 제13조로 고의를 조각하느냐, 형법 제16조로 책임을 조각하느냐의 문제이다.

"생각건대 범죄에는 고의범과 과실범이 있다. 고의범이 성립하기 위해서는 고의가 존재하여야 한다. 고의란 범죄사실 즉 구성요건에 해당하는 위법한 '사실'의 인식을 말한다. 즉 고의범이 성립하기 위하여서는 구성요건해당사실의 인식과 위법사

71) 김기두, "「한국 법학 30년」 심포지움: 형법 분과; 형사법학계의 회고", 169면.

72) 김기두, "「한국 법학 30년」 심포지움: 형법 분과; 형사법학계의 회고", 170면.

73) 김기두, "「한국 법학 30년」 심포지움: 형법 분과; 형사법학계의 회고", 171면.

74) 김기두, "정당화사정의 착오", 『서울대학교 법학』 제25권 제2·3호(서울대학교 법학연구소, 1984), 1－25면.

실의 인식이 모두 필요하다. 전자가 구성요건적 고의이며, 이를 포함한 전체가 책임요소로서의 고의이다. 정당화사정의 착오의 경우에 구성요건적 고의는 있지만, 책임으로서의 고의는 결여되므로 고의범으로 처벌할 수는 없는 것이다. 따라서 과실범에는 구성요건해당사실의 인식을 결한 본래의 과실범과 구성요건해당사실을 인식하였지만, 위법성을 기초지우는 사실의 인식을 결한 경우가 있다. 정당화사정의 착오에 관하여 과실이 있는 경우가 후자에 속한다. 예컨대 과실치사죄의 규정(형법 제267조)은 이를 모두 규정하고 있다고 해석되는 것이다".[75]

김기두 교수는 고의와 과실의 이중적 기능을 인정하고 있다. 정당화사정의 착오(위법성조각사유의 전제사실에 대한 착오)의 경우 구성요건의 고의는 인정하되, 책임고의는 인정할 수 없다. 따라서 과실범 처벌 규정이 있는 경우 과실범으로 처벌해야 한다. 오늘날 학계의 다수 견해인 '법률효과 제한적 책임설'이다. 방대한 독일 문헌들을 분석하고, 우리 법조문에 부합하는 해석과 결론은 많은 시사점이 있다. 이 논문은 당시 김기두 교수의 연구실을 지켰던 서울대 이용식 교수의 공동작품으로 보인다. 논리 전개가 아주 치밀하다.

3. 수필집(1970년 수재론)

김기두 교수는 형사법학자 중에서 보기 드물게 필력을 갖고 있다. 김기두 교수의 수필집 『秀才論』은[76] 단순한 신변잡기 글 모음집이 아니다. 정통 형사소송법학자가 우리 사회 전반에 대해 무자비한 비판을 쏟아 내었다. 이 책에 실린 60편의 논단은 오늘날 읽어도 전혀 문제가 없는 명칼럼이다. 젊은 세대의 반항(10편), 여성의 행복(8편), 모자론(8편), 지식 · 지식인(14편), 교수와 정치(12편), 범죄의 새싹들(11편), 법의 올바른 위치(9편)이 실려 있다. 김기두 교수는 전공뿐만 아니라, 수필집으로 형사법 사상을 확산하였다. 전문성과 대중성을 겸비한 제1세대 전문학술논단 필진이다. 이 책은 박영사에서 발간한 1,000원짜리 문고판이다. 수필집은 가로쓰기로 460면에 달한다. 초판은 1966년 2월 20일에 출판되었다. 당시 책 제목은 『韓國에 태어난 幸福』이다. 김기두 교수가 서문에서 소개한 바와 같이 그의 40여 년간의 사상을 담은 책이다. 이후 1970년 11월 25일 제2판이 출판되었다. 정통학술서인 『改

---

75) 김기두, "정당화사정의 착오", 25면.
76) 김기두, 『秀才論(김기두 에세이집)』(박영사, 1970).

稿 新刑事訴訟法』가 373면으로 가격이 1.100원인 것을 보면, 이 수필집은 당사 상당한 인기를 얻은 듯하다. 그의 나이 50세였다. 이 책에는 김기두 교수의 근영 사진이 크게 한 장 실려 있다. 그만큼 애정을 가진 듯하다. 60편 중에서 형사법 관련 논단 7편을 선정하였다.

(1) 再版을 내면서

김기두 교수의 수필집 『秀才論』 서론은 재판(再版)이유를 밝히고 있다.

"무자비한 비판을 가하는 것이 급선무인 것 같아서 표제를 『秀才論』이라고 바꾸었다. 해방 후 25년간 연속적인 정치적·경제적·사회적·사상적 혼란의 도가니속에서 권력의 폭풍, 금력의 폭우, 폭력의 광무 속에서 때로는 체념하고 때로는 방관하고 때로는 눈물을 머금고 다만 조국의 영광스러운 미래상에 한 가닥 희망을 걸고 끈덕지게 자라온 한 포기 지성의 싹이 느끼고 생각할 때마다 북받쳐 올라오는 뜨거운 열정을 쏟아 놓은 것이 이 한토막 한토막의 짧은 글이다."[77] 이 수필집은 피로 쓴 듯하다.

"끈덕진 생명력을 갖지 못해서 폭풍, 폭우에 휩쓸려 죽은 이 나라 지성의 싹들이 많았으나 참다운 이 땅의 지성의 넋들은 이 같은 결정체를 사리로 남겼을 것으로 믿는다. 따라서 여기에 모아 놓은 모든 조각들은 일견 각양각색으로 보일지 모르나 전부가 다 같이 조국의 영광스러운 미래상을 향하여 그 앞에 고개를 숙이고 있다."[78]

"진리는 먼 곳에 있는 것도 아니고 어려운 것도 아니다. 우리의 주변에 흩어져 있음에도 불구하고 근래의 값싼 물질문명의 양은 빛에 현혹되어 보지를 못하고 있는 것이 오늘의 현실이다. 우리의 조상들은 수천년의 역사를 통하여 우리에게 값진 정신적 유산을 남겨 주었다. 그것을 버리고 서구 물질문명의 주변을 돌아다니면서 그 이삭을 줍고 있는 것이 또 하나의 우리의 처량한 모습이다. 오늘날 우리가 부딪힌 암초는 참으로 겨레의 운명을 건 무서운 시련이다. 이를 극복하려면 우리는 지난날과 같은 값싼 감상이나 달콤한 낭만에 젖어 있어서는 안 된다. 우리는 하루 빨리 그를 탈피하여 모든 사물을 합리적으로 과학적으로 냉혹하게 분석비판하여 그 정체를 밝히고 그 나아갈 길을 밝혀 주어야 할 역사적 사명을 느껴야 한다. 우리는

77) 김기두, 『再版을 내면서, 秀才論(김기두 에세이집)』, 1면.
78) 김기두, 『再版을 내면서, 秀才論(김기두 에세이집)』, 1-2면.

이 이상 더 방관하거나 침묵을 지킬 수 없게 되었다. 이 급박하고 거룩한 민족의 과업을 달성하는데 조금이라도 도움이 되기를 축원하면서 이 책을 낸다."[79] 지식인의 깊은 고뇌가 담겨 있다.

⑵ 수재론

김기두 교수의 수필집 『秀才論』은 대학신문에 기고한 글의 제목이다. 이 글에서 현대형 수재의 요건을 말하고 있다. 리더의 자질론이다. 하버드대학교에서 경험한 내용을 소개하고 있다. 우리나라 대학생들에게 일침을 가하고 있다. 민주주의 실천의 인간형은 '솔선수범' 인간형이라는 말이다.

"자기들이 소위 「秀才」라고 자칭하는 일류대학에 있어서는 흑판을 닦는 일이 잘 지켜지지 않는 기현상을 엿볼 수 있다. 흑판을 닦는다는 행위에 대한 이상야릇한 자기들 자신도 정당화 시킬 수 없는 감정, 즉 「秀才感情」에 기인한 것이다. 그러면 이러한 수재정신은 현재의 학생들 간에서 창조된 것인가? 아니다. 이것은 과거 일제 강점기의 사회적 지반에서 육성 가창된 것이다."[80]

"대중속에서 빠져나와 지배계급에 접근하는 것, 다시 말하면 고등시험에 합격하여 천황의 관리가 되거나 미쓰이(三正)·미쓰비시(三菱)와 같은 대회사에 채용되는 것이 법정경계통의 소위 수재들 이었던 것이다. 그러나 벌써 시대와 사회는 민족해방을 계기로 하여 백팔십도의 전환을 하였다는 사실은 너무나도 명백한 사실이다. 과거의 봉건사회와 귀족사회적이고, 신분적인 지배복종관계는 완전히 일소되고, 만인은 법률 앞에 평등하고 인간의 존엄성과 평등이 유사이래 최고도로 높이 찬양되고 있는 민주주의 사회의 건설도상에 있는 것이 우리의 현실이다. 민주사회는 국민대중 속에서 대중과 같이 대중의 이익을 위하여 울고 웃고 싸우는 사람을 요청하고 있다. 과거형 수재를 인재로 착각하고, 이들의 반동적인 활동에 의하여 오히려 민주주의 건설이 지연되고 있는 것이다."[81]

"이에 관하여 상기되는 것은 필자가 미국 하버드대학에 있었을 때의 일이다. 어느 적설이 심한 날 우리들(미국 학생과 일본 교수 등)은 하버드대학이 난 수재요 미국 형사법계의 저명한 교수이며 60세가 넘은 노교수인 글륙(Glueck)씨의 인도 하

79) 김기두, 『再版을 내면서, 秀才論(김기두 에세이집)』, 2면.

80) 김기두, 『수재론, 秀才論(김기두 에세이집)』, 11면.

81) 김기두, 『수재론, 秀才論(김기두 에세이집)』, 11－12면.

에 형무소 시찰을 하려고 노상에 집합하고 있었다. 마침 그때 길가에 주차했던 낯모르는 사람의 자동차가 출발하려고 엔진을 걸었으나 눈 때문에 바퀴가 공전을 하고 있었다. 그때 우리는 그것도 모르고 이야기를 하고 있었는데 제일 먼저 그것을 본 교수 자신이 이야기를 중단하고 이 낯 모르는 사람들의 자동차를 손수 밀기 시작하였다. 그때에 비로소 우리들도 같이 이 차를 밀어 주었던 것이다. 나는 그때에 내가 민주주의 국가에 와 있다는 것을 깊이 느꼈던 것이다. 다른 사람을 위하여 대중을 위하여 몸소 움직이는 것, 이것이 곧 민주주의 실천의 인간이 되는 것이다. 이것이 현대형 수재의 제일요건이라고 하여야 할 것이다."[82]

⑶ 형사재판에 대한 반성

이 논단은 김기두 교수가 1959년 9월 「法政」에 발표한 글이다. 당사자주의가 강화된 신형사소송법이 시행되면서 관료재판의 문제점을 지적하고 있다. 특히 판결문의 형식을 강하게 비판하고 있다. 김기두 교수는 일제 강점기에 사용하던 일본말을 그대로 번역하여 사용하고 있다고 지적한다. 민주재판은 법관의 세심하고 철저한 인권감각으로부터 실현된다고 강조한다. 민중이 쉽게 납득할 수 있는 재판을 하고, 쉬운 문장을 사용하여야 한다고 역설하고 있다. 형사재판의 신속성, 국선변호인제도 확대, 변호윤리, 진술거부권, 사형제도 신중론, 청소년 사형제도 반대, 정신감정 강화 등 주창하며 당사자주의 핵심내용이라고 설명한다. 오늘의 상황에서도 여전히 많은 시사점이 있다. 특히 판결문 문장문체에 대한 고민은 깊이 공감한다. 이미 김기두 교수는 60년 전에 이 문제를 당사자주의 소송구조와 함께 명쾌하게 지적하고 있었다.

"과거 일제시의 관료적인 재판으로부터 해탈하여 국민의 기본적 인권을 보장하는 중대한 사명을 완수하였어야 할 것이다. 그러한 점은 형사소송법 개정으로 인하여 인권옹호에 만전을 기하기 위한 구속영장제도 또는 구속적부심사제도, 보석제도의 확충, 변호권의 보장, 소송의 당사자주의화, 묵비권의 신설 등 다 표현되어 있으며, 또 최근에는 형사보상제도까지 제정되어 화룡점정(畵龍點睛)의 완벽에 도달하고 있지 않는가라고 말하는지 모른다. 그러나 구체적인 형사재판의 공죄는 다만 법의 제정만으로 좌우되는 것이 아니고, 그 법을 실제로 운영하는 사람과 그 운용하는 방법에 달려 있다는 사실은 우리 국민 전체가 누구보다도 더 잘 알고 있다는 엄

---

82) 김기두, 『수재론, 秀才論(김기두 에세이집)』, 11－12면.

숙한 사실이다. 따라서 우리는 그러한 법이론만을 가지고 운운할 문제가 아니고 실제로 형사재판이 어떻게 진행되고 있는가가 중대한 관심사라 하겠다."[83]

"이러한 점에서 형사재판의 민주적 개혁이 실현되고 있는가에 대한 제일차적인 의심이 하나 있다. 그것은 지극히 피상적인 문제로 생각될지 모르나 깊이 생각하면 가장 중요한 문제인 판결문의 형식에 관한 것이다. 민주재판이란 민중이 납득할 수 있는 재판이어야 한다는 것이 제일조건이다. 재판의 공개와 판결문 공표도 이러한 민중이 납득할 수 있는 것이어야 한다는 민주재판의 기본적인 성격에서 우러나오는 것이다. 그렇다면 판결문은 될 수 있는데로 민중이 납득하기 쉬운 문장을 사용하여야 할 것이다. 이러한 관점에서 우리의 판결문을 고찰하면 일제 강점기에 천왕의 권위 밑에서 하던 재판의 판결문의 형식과 얼마나 달라졌는가 의심하지 않을 수 없다. 판결문 하나만 읽어 보면 당장에 느낄 수 있는 것은, 평명하고 아름다운 우리말이 있음에도 불구하고 일제 강점기의 법정에서 사용하는 케케묵은 일본말의 정역이라고 밖에 생각할 수 없는 말, 즉 「안컨데」라든지 「사료한다」라는 등의 말을 해방 후 십년이 넘은 오늘날까지 사용하고 있다는 점을 어떻게 이해되어야 할 것인가? 참고로 일본의 최근 판례를 보면 대부분 이러한 용어를 쓰지 않고 용이한 쉬운 현대어로 바뀌어져 있음을 알 수 있다."[84]

"국선변호인제도의 확립, 증거보전제도의 신설 등으로 인하여 당사자의 법정투쟁을 강화하고 있는 점, 구형사소송법에 비하여 월등한 진보와 개혁을 엿볼 수 있으나, 사실상 모든 검사가 하나의 당사자로서의 자각과 협력을 하고 있는가? 벌써 지나간 이야기지만은 신형사소송법의 소송의 당사자주의화에 따라서 법정에서 검사의 좌석을 법관의 좌석보다 밑에 내려앉게 하였다고 하여, 검사는 임명자격에서 법관과 동일하다는 이유로 법관과 동등한 상좌에 앉게 하여야 한다고 주장하면서 공판정에서 출정을 거부한 사실에 비추어 생각하면, 검사가 진정 당사자로서의 신형사소송법의 정신을 체득하고 있는지 의심하지 않을 수 없다. 오늘날은 벌써 이러한 그릇된 위치를 생각하고 있는 일이 없으리라 생각하나, 오랜 우리의 관료재판의 관행이 조속히 처리되어 검사 자신 이러한 민주재판의 형조자로서의 생리를 가져주기를 기원하는 바이다."[85]

---

83) 김기두, 『형사재판에 대한 반성, 秀才論(김기두 에세이집)』, 405－412면(1959년 9월 법정). 406면.

84) 김기두, 『형사재판에 대한 반성, 秀才論(김기두 에세이집)』, 407면.

85) 김기두, 『형사재판에 대한 반성, 秀才論(김기두 에세이집)』, 407－408면.

(4) 사법권의 독립 －제도상의 독립보장과 법관의 신념－

이 논단은 김기두 교수가 1962년 7월 「新思潮」에 발표한 글이다. 사법권의 독립을 지킨 일본의 사례를 소개하고 있다. 오늘의 상황에서 여전히 많은 시사점이 있다.

“사법의 전당인 대법원이 5·16혁명에 의하여 소리 없이 하룻밤 사이에 무너져 버려도 민중은 아무런 비판조차도 하지 않고 있었지 않았는가? 지기들의 진정한 자유의 보루였었더라면 그것이 무너지는 것에 대하여 민중이 그렇게까지 냉담하게 방관하지는 않았을 것이다. 법원의 독립이란 입법과 행정과 같은 국가기관으로부터의 독립을 의미하는 것이고, 법관의 독립이란 소송당사자 국가기관 사회적 압력 또는 법관 자신의 정욕으로부터의 독립을 의미하는 것이다. 적절한 재판을 한다는 것은 지극히 어려운 문제이다. 외부의 권력 금력에 흔들리지 않고, 또 내부의 자기 자신의 정욕이나 권세욕에 지배받지 않는 신념 있는 법관이 되는 것은 더욱 어려운 것이다. 여기에 도달하려면 상당한 인격적 수양이 없이는 하기 어려운 일이기 때문이다. 또 법관의 이러한 신념 없는 진정한 의미에 있어서의 사법권의 독립은 있을 수 없는 것이다. 제도상의 독립이 진정한 독립이 되지 않는다는 것은 해방 후의 우리의 모든 체험에서 우러나온 결론이다.”86)

“이에 관하여서 사법권의 독립을 생명을 걸고 지킨 일본의 법관의 일화가 있다. 그것은 일본의 「大津事件」이라고 유명한 이야기이다. 과거 일본이 서구문화를 급격히 수입하던 명치시대에 외국의 법률을 그대로 번역하다시피 일본 법률로 만들고 있을 때의 일이다. 그때에 마침 제정러시아의 황태자가 유람차 일본을 예방하게 되었다. 이에 일본은 러시아의 환심을 사서 일본이 문화국가로 인정받겠다는 목적에서 이를 거국적으로 환영하였다. 그런데 그 당시 근거 없는 데마(거짓 소문)가 항간에 떠돌고 있었다. 그것은 러시아 황태자가 일본에 온 것은 일본을 침략하러 온 것이라는 내용의 데마였다. 따라서 무식한 대중속에는 이를 진실로 믿고 있는 사람도 있었다. 그런데 마침 러시아 황태자의 호위책임을 맡고 있는 일본 순경 중에 「津田」라는 사람이 이 데마를 믿고 그야말로 애국의 적성(赤誠)에 못이겨 호위도중에 칼을 빼서 러시아 황태자를 치려고 하였다. 이 사건은 일본으로서는 중대한 국난으로 취급되었다. 러시아는 엄중한 항의를 하여 하수인들을 당장에 사형시키라고 요구하였

86) 김기두, 『사법권의 독립 －제도상의 독립보장과 법관의 신념－, 秀才論(김기두 에세이집)』, 395－412면(1962년 7월 신사조). 397면, 401면, 403면.

다, 그러나 당시에 일본은 형법과 형사소송법이 제정되어 형사재판을 하여야 하게 하였다. 그런데 당시의 일본 형법에 의하면 「津田」행위에 대한 사형이라는 법정형이 없었다는 것이다. 그리하여 정부나 국민은 국난을 극복하기 위하여 형법을 무시하고라도 「津田」를 사형에 처하라고 강경히 요구하였으나, 당시의 대법원장이었던 「兒島」라는 법관이 자기의 생명의 위험이 있더라도 사법권의 독립을 어길 수 없다고 끝까지 고집하여 결국 「津田」는 사형을 당하지 않고, 또 러시아의 항의도 그렇게 강경하지 않았기 때문에 무사히 끝났다는 것이다. 그 결과 兒島 재판장은 정부의 미움을 받아서 그 직에서 물러나 일생을 불우한 생활로서 여생을 끝마쳤다는 이야기이다. 그러나 그 덕택으로 일본의 사법권의 독립은 떡잎 때 꺾일 것을 꺾이지 않고 성장하였다는 의미에서 일본 법무성에서는 후세에 그의 동상을 세워서 그 공적을 찬양하고 있다. 법관이 진정한 사법권을 지키기 위하여서는 이 정도의 각오와 수양이 필요할 것이다. 우리도 이러한 법관의 양성이 가장 중요한 문제인 것이다."[87]

(5) 형사소송법이 전제하는 인간상

이 논단은 김기두 교수가 1962년 10월 「법정」에 발표한 글이다. 형사소송법이 전제하는 인간상은 사회적 인간상이라고 한다. 봉건적 인간상을 기초로 규정된 형사소송법을 개정하자고 강조하고 있다. 오늘의 상황에서 여전히 많은 시사점이 있다.

"현행법이 서 있는 바탕을 너무나도 무비판적으로 받아들이기만 하는 것 같다. 즉 현행법이 어떠한 바탕 위에 서 있는가. 다시 말하면 어떠한 인간상을 전제로 하고 있는가에 관하여 생각하고 비판하여 보아야 할 것이다. 형사소송법은 그 발생적 원리로부터 벌써 개인의 자유와 권리 옹호를 기반으로 하는 근대 자유주의 소산이므로, 이것이 그리는 인간상이 그 전제가 되었을 것은 충분히 생각할 수 있는 일이다. 그렇기 때문에 당사자주의·공개주의·변론주의 등의 당사자간의 자유스러운 법정투쟁을 전제로 하여 최종의 판결을 선고한다는 태도가 확정되었던 것이다. 즉 당사자인 검사와 피고인의 대등을 전제하고 있는 것이다. 이것은 역시 자유평등한 법적 인격주체인 인간 즉 근대시민법적인 인간상을 전제하는 것이라 볼 수 있다."[88]

"신형사소송법은 피고인에게는 국선변호인의 철저한 보호를 받게 하고 있다. 이

---

87) 김기두, 『사법권의 독립 –제도상의 독립보장과 법관의 신념–, 秀才論(김기두 에세이집)』, 403–404면.

88) 김기두, 『형사소송법이 전제하는 인간상, 秀才論(김기두 에세이집)』, 420–423면(1962년 10월 법정).

것은 근대시민법적 인간상에 대한 약간의 수정이라고 말할 수 있다. 또 피고인의 명예 등을 위하여 비공개할 수도 있다. <중략> 오늘의 우리는 시민법적 인간상을 사회적 인간상으로 가능한 대폭 수정하여 가는 과정속에서 우리 형사소송법이 전제하는 인간상을 발견하여야 할 것이다. 이러한 오늘의 현실에 있음에도 불구하고 봉건적 인간상을 전제하는 규정이 현행 형사소송법에 혼합되어 있다. 즉 형사소송법 제224조의 고소의 제한 규정이다. 그것은 자기 또는 배우자의 직계존속을 고소하지 못한다는 규정이다. 이것은 씨족사회의 도의와 민주사회의 도의의 대결에 있어서 전자를 우선시키고 있는 봉건적인 반민주적 규정이라고 비판을 받을 수 없을까? 고려하여야 할 점이다. 즉 이 규정은 봉건사회의 인간상을 전제하고 있다고 말할 수 있다."[89]

⑹ 형사소송법학계의 과거 현재 미래

이 논단은 김기두 교수가 1963년 5월 「피데스」에 발표한 글이다. 형사소송구조와 관련 혼돈을 정리한 글이다. 당사자주의가 실현되기 위해서는 제도와 함께 법조인·피고인이 모두 함께 노력해야 가능하다고 주장한다. 개인의 인권보장이 형사소송법의 미래의 과제라고 진단한다. 공공의 이익과 개인의 인권 충돌지점에서 정당한 법해석을 강조하고 있다. 형사소송법의 미래를 위해 충분한 기초를 쌓고, 전진하는 의욕을 잃지 말라고 충언하고 있다. 오늘의 상황에서 여전히 많은 시사점이 있다.

"과거의 형사소송법은 민중적 요소와는 거리가 먼 국가전단적인 형사재판에 관한 일방적인 절차과정을 규율하고 있는 법률이라고 인식하였던 것이 아닌가 생각된다. <중략> 종래의 형사재판이 직권주의라는 명목 빌미에 국가의 전단적인 것이 되었던 것이고 더구나 일반국민에 있어서는 인권의식이 결핍되어 있어 이 두 가지 조건이 악순환을 일으켜 모든 법학도나 일반국민의 형사소송법학에 대한 흥미를 구축하여 버리고 말았던 것이다. <중략> 이러한 실정 아래서 과거의 형사소송법학이란 그 학문적 발달이 저조하였고 또 등한시되어 왔던 것이다. <중략> 그리하여 형사소송법학은 대부분 독일이나 일본의 학설을 그것도 구체적이라기보다는 지극히 추상적인 이론을 옮겨 오는 경향이었던 것이다."[90]

---

89) 김기두, 『형사소송법이 전제하는 인간상, 秀才論(김기두 에세이집)』, 423면.
90) 김기두, 『형사소송법이 전제하는 인간상, 秀才論(김기두 에세이집)』, 424-430면(1963년 5월

“우리 형사소송법은 미군정시대부터 대폭적 수정을 받았었고, 더구나 새로운 대한민국 형사소송법의 입법과정에 있어서는 구형사소송법에서 그 직권주의적 요소를 빼고 새로운 민주적 요소를 불어 넣는데 많은 노력을 아끼지 아니하였던 것이다. 다시 말하면 형사재판을 민주화하기 위하여 과거의 직권주의였던 무시무시한 형사재판을 참으로 명랑하고 자유스러운 법정투쟁을 할 수 있는 민주적 재판으로 전환시키기 위하여 직권주의를 역사의 배경으로 후퇴시키고 영미의 당사자주의를 전면으로 밀고 나오는 입법을 게을리 하지 않았던 것이다. <중략> 영국의 Habeas Corpus(인신보호)제도를 도입한 구속적부심사제도라든지, 보석제도의 확충, 국선변호인제도의 확대, 또는 피고인의 묵비권 확립, 기타 상호심문제도 등 얼마든지 들 수 있을 것이다. 즉 이러한 모든 입법적 개혁이 오늘의 형사재판을 민주적인 것으로 지속시키는데 많은 공헌을 하였다. <중략> 영미의 당사자주의를 모방하여 과거의 법원이 주도적 역할을 하며 왔던 구직권주의를 구축하여 가는데 약간의 현실적 애로와 이론적 난점이 있었다. 급작스러운 당사자주의에로의 전환에는 먼저 상세한 기술적인 여러 제도가 확립되어야 한다.”[91]

“사실 인정의 문제가 직권주의 밑에서는 법관의 자유스러운 판단에 일임되어 있기 때문에 이것에 관한 자세한 증거법상의 형식적인 제한규정이 필요 없었으나, 형사재판이 당사자주의로 바꾸어지면 이러한 사실 인정의 문제까지도 당사자가 상호간의 투쟁대상이 되기 때문에 이에 대한 객관적이며 형식적인 룰이 필요하여지는 것이다. 따라서 영미법에 있어서는 이 증거법의 복잡한 발달이 되어 있어 Law of Evidence가 하나의 독립된 교과목이 되어 있을 정도이다. 그것을 갑자기 우리의 형사재판에 도입하여 오기가 힘들었기 때문에 그 자세한 것도 빼놓고 당사자주의의 구조만을 본받았으므로 구체적으로 형사재판이 당사자주의화 하기에는 상당한 거리가 있었던 것이다. 즉 형식적으로 또는 이론적으로는 당사자주의가 되어 있으나, 구체적으로는 당사자주의 형사재판의 성과를 거두지 못하고, 실제에 있어서는 종래의 직권주의적 형사재판을 탈피 못하고 있었다. <중략> 먼저 법조인들 자신이 그들이 오랫동안 젖어 온 직권주의적 형사재판에서 탈피한다는 것은 하나의 제도의 개혁으로써 이루어질 수 없는 것이고 그들의 재판생리의 혁명이 있어야 한다. 그들의 세계관 인생관의 쇄신이 앞서야 할 것이다. 진정하게 인권을 존중하는 민주

피데스).

91) 김기두, 『형사소송법이 전제하는 인간상, 秀才論(김기두 에세이집)』, 425－426면.

주의적 사고방식을 가져야 당사자주의 형사재판을 최소한도 방해하지 아니할 것이다. 또 하나는 피고인인 민중의 계몽이다. <중략> 일부 법조인들 간에는 불비된 당사자주의보다는 직권주의로 환원하는 것이 더 효과적이라는 반동적 이론이 나오고 있으나, 이것은 일시적 지장 때문에 대원칙을 무시하는 단견이라고 하겠고, 이러한 당사자주의의 구체적 실현을 위하여 꾸준히 노력하고 있는 것이 오늘의 형사소송법학이라고 하겠다."[92]

"구속제도, 보석제도 등에 있어서도 오늘의 우리 제도는 구태의연한 점이 많다. 구속사유가 애매하기 때문에 그것을 구실로 하여 불구속이 원칙이 아니라 구속이 원칙인 것과 같이 되어 있음을 시정하여야 할 것이고, 또 보석의 문도 필요 이상으로 좁혀져 있어 보석을 일반적으로 널리 받을 수 없게 되어 있다. 이러한 점을 대폭적으로 시정하여 나아가야 할 뿐만 아니라, 수사기관의 인권유린에 대하여는 더욱 철저한 단속을 하여야 할 것이다. 즉 현재 미국이나 일본에서는 수사기관이 하는 전화도청의 인권유린 여부에 관하여 중대한 법률상의 논점이 되어 있음에도 불구하고 우리에 있어서는 이것이 당연한 직권사항인 것과 같이 취급되어 있을 뿐만 아니라, 식민지경찰의 유물인 임검제도(臨檢制度)가 공공연히 실시되고 있는 현상이니, 인권옹호를 위한 형사소송법의 본래의 정신에 비추어서 우리의 현실은 전도요원한 바 있다. 이러한 실정에서 장차 형사소송법상의 문제는 공공의 복지와 개인의 인권의 충돌점이 도처에서 나타나 그 정당한 해석이 요구될 것이다. 이러한 복잡다단한 미래를 앞두고 그에 대비할 충분한 기초를 닦아 두어야 할 것이고 또 전진하는 의욕을 잃어서는 안 될 것이다."[93]

Ⅴ. 결언

김기두 교수는 형사소송법 강의 시간에 《형사소송법 역사》를 항상 강조했다. 여기에 형사소송법학의 철학이 모두 담겨 있다고 생각했다. 김기두 교수는 《고독과 가난》을 자주 말했다. 노년에는 중풍으로 칠판에 글을 쓰는 것도 어려워 온몸으로 한자 한자 썼다고 전해진다.[94] 노학자는 점점 쇠약해 갔다. 이것이 제1세대 형사소

92) 김기두, 『형사소송법이 전제하는 인간상, 秀才論(김기두 에세이집)』, 426－428면.
93) 김기두, 『형사소송법이 전제하는 인간상, 秀才論(김기두 에세이집)』, 429－430면.
94) 이주원 교수 전화 인터뷰. 2021년 6월 10일.

송법학자의 삶이다. 학문 열정·국가적 가난·이상과 현실의 괴리·질병과 경제적 어려움을 안고 불꽃처럼 살다가 생을 마감했다.[95] 애제자인 임웅 교수의 회상이다.[96] "외로움·회한·귀환. 빨리 가고 싶다. 고독한 학자였다." 이것이 김기두 교수의 인생과 학문여정이다.

1. 김기두 교수의 생활철학은 다음의 문장에서 잘 드러난다

"인생은 긴 여정이다. 한 걸음 한 걸음 단단히 나아가 주길 바란다. 달리니깐 불안한 것이다. 나이가 들면 깨닫는 것이 증가한다. 노인에게 묻는 것이 진짜로 아는 것이다. 형식보다는 내용이다."[97]

김기두 교수는 자유로운 영혼을 가지 사람이었다. 어떤 속박을 벗어난 근대형 자유인을 동경하였다. 봉건과 근대가 서로 얽혀 있는 가정사와 대학사회에서 매일 고뇌한 인물이었다. 친족 관계와 가족 부양도 생활관에 깊이 영향을 미쳤을 것이다. 그는 항상 고뇌했다.

근대의 고뇌를 말한 일본 작가 나쓰메 소세끼(夏目漱石, 1867.2.9.－1916.12.9.)[98]의 소설 '마음(こころ)'의 한 단락이다. "나는 훗날 그런 오욕을 당하지 않기 위해 지금의 존경을 물리고 싶네. 나는 지금보다 더 지독한 외로움을 참기보다 차라리 외로운 지금의 상태로 버텨가고 싶네. 자유, 독립, 그리고 나 자신으로 가득 찬 현

95) 이용식 교수 전화 인터뷰. 2021년 2월 20일.

96) 임웅 교수 면담 인터뷰. 2018년 10월 20일.

97) 김기두·강구진, "대담 : 김기두박사의 인간과 학문", 18면.

98) 나쓰메 소세키(夏目漱石, 1867.2.9.－1916.12.9.) 1867년 2월 9일 도쿄 신주쿠구에서 5남 3녀 중 막내로 태어났다. 본명은 나쓰메 긴노스케이다. 도쿄제국대학 영문과를 졸업하였다. 1900년 일본 문부성 제1회 국비유학생이었다. 월 1800엔을 받았다. 2년 런던 유학을 했다. 유학비 부족, 고독, 일본인이 영문학을 한다는 위하감으로 신경쇠약을 앓았다. 1903년에 귀국했다. 제1고보 영어선생을 했다. 도쿄제국대학 강사로 활동했다. 작품은 12년간 계속되었다. <나는 고양이로소이다, 1905, 호평>, <도련님, 1906>, <풀베개, 1906>, <태풍, 1907>. 교직을 사임하고 전업 작가가 되었다. <산시로, 1908>, <그후, 1909>, 마음<1914> 등이 있다. 소설, 하이쿠, 수필 등 일본인에게 큰 영향을 미쳤다. 1916년 12월 9일 위궤양으로 내출혈을 일으켜 사망했다. 1984년에서 2004년까지 일본의 1천엔 지폐 초상화 인물이 되었다. 국민작가로 칭호를 받았다. 아사히신문(朝日新聞)의 설문조사에서 '일본인 1천년의 작가 1위'에 올랐다. 메이지 시대를 정통으로 목격하면서 일본의 근대를 전방위로 묘사한 작가이다. 일본 근대사상가에 가깝다.

대에 태어난 우리는 그 대가로 모두가 이 외로움을 맛봐야겠지."[99]

나는 이글을 마치면서 매사에 이런 생각을 신앙처럼 품고 계셨던 김기두 교수를 생각한다. 냉철한 눈으로 스스로를 반성하고 세상을 관조하는 분이었을 것이다. 그의 수필집 곳곳에서 느낌을 받았다. 불교 말씀과 동양고전 「중용」의 말씀도 인용하고 있었다.

인생 전반을 한마디로 요약하면, '고독과 분노'이었을 것이다. 유학생의 고독, 해방정국의 고독, 6.25의 고독, 독재 시대의 고독, 민주화 시대의 고독, 근대의 고독(가정, 학교, 강의, 연구, 직업으로서 학문), 근대 법사상의 고독(자유, 개인, 인권, 민주, 행복, 국민, 외로움에 연대의식), 나는 이것이 김기두 교수의 법사상의 저변이라고 생각한다. 아마 한국 제1세대 근대법학자들의 공통된 고민이었을 것이다. 김기두 교수는 감성이 풍부한 인문학 교양을 갖춘 형사법학자로 부를 수 있다. 해방 후 33년의 생활은 고독과 분노가 씨줄과 날줄로 엮여 글로 표현되었다.

2. 김기두 교수의 형법학 · 형사소송법학 · 형사철학 · 형사정책 법사상은 다음의 문장에서 잘 나타난다

"우리가 억압과 학대 속에서 살아왔기 때문에 자기들의 헌법상 보장된 권리의 향유에 철저하지 못했기 때문이다. 피고인 학생 A의 행위에는 실질적 위법성이 없기 때문에 범죄가 성립되지 않는다고 보아야 한다."[100]

"우리 형사소송법은 재판에 있어서 신청전치주의를 취하고 있다. 이러한 소송구조에 있어서는 피고인의 당사자로서의 지위는 긍정되지 않으면 안 된다. 원칙적으로 판단의 자유, 소송활동의 자유가 보장되어 있다. 그 가장 기본적인 것은 묵비권 행사, 필요적 보석제도, 변호인의뢰권, 변호권 등의 제도라 하겠다. 요컨대 피고인의 소송법상의 지위는 당사자로서의 지위와 증거방법으로서의 지위의 조화 있는 활용에 의하여 해결되어야 함은 형사재판제도 본래의 성격에서 우러나온 결론이라 하겠다."[101]

"여기에 제기하는 방법의 하나로서 검찰청을 행정부로부터 독립시키는 방법을 생

99) 나쓰메 소세키/오유리 역, 『마음』(문예출판사, 2002), 48면.

100) 김기두, "형법 제20조와 헌법상 보장된 권리를 지키기 위한 행위", 『사법행정』 제4권 제5호, 1963, 70－72면(72면).

101) 김기두, "피고인의 소송법상의 지위", 『사법행정』 제5권 제2호, 1964, 53－54면(54면).

각해 볼 수 있다. 일본의 검찰심사회와 같은 것이 있지 않을까 생각한다. 끝으로 한 번 더 강조하는 바이지만 인권옹호를 보장하기 위하여는 무엇보다도 법관·검사 등의 양식과 질을 높이는 것이 가장 근본적인 해결책임에는 두말할 필요조차 없다."[102]

"일부 법조인들 간에는 불비된 당사자주의보다는 직권주의로 환원하는 것이 더 효과적이라는 반동적 이론이 나오고 있으나, 이것은 일시적 지장 때문에 대원칙을 무시하는 단견이라고 하겠고, 이러한 당사자주의의 구체적 실현을 위하여 꾸준히 노력하고 있는 것이 오늘의 형사소송법학이라고 하겠다."[103]

"판결이유의 작성에 있어서 그 용어가 난해하다. 민주국가의 민주재판은 민중이 용이하게 납득할 수 있는 재판이어야 한다. 재판의 내용과 표현도 평명간이(平明簡易)하고 누구든지 용이하게 이해할 수 있는 문장으로 판결이유가 작성되어야 한다. 관료독재의 일제시대 판결이유 작성을 답습하고 있다. '유(有)하다', '상도(想到)한다', '비(比)를', '심안(審按)컨대' 등을 들 수 있다. 평이한 우리말로 대치해도 곤란한 일이 아니다. 이는 재판의 권위를 떨어뜨리는 것도 아니고, 오히려 신선한 민주재판의 향기를 감돌게 하는 것이다."[104] "일본도 과거의 문어체의 판결문을 버리고 구어체 문장으로 바꾼 지 오래다. 이는 한국의 재판서작성에 관한 전체적인 문제이다."[105]

3. 김기두 교수가 한국 사회에 남긴 유언은 다음의 문장에서 잘 나타난다

"소박하고 무지한 사람들이란 원래 자기중심적인 것이다. 자기의 좁은 견식과 경험을 토대로 생각하면 언제나 자기본위로 생각하기 마련이다. 사회현상은 여러 가지 측면에서 분석하여야 올바른 전체적인 인식이 가능한 것이다. 즉 자기본위의 욕구를 버리고 공평무사하게 사실을 사실대로 관찰하는 객관적 인식능력이 있어야만 모든 것을 제대로 볼 줄 아는 것이다. 사심 없는 공정무사(公正無私)한 자세는 경중지수(鏡中止水)와 같이 고요하고 맑아야 한다. 그래야만 모든 사물이 제대로 영사되

102) 김기두, "검찰제도 －검찰제도에 대한 논평을 중심으로－", 『사법행정』 제5권 제1호, 1964, 45－48면(48면).

103) 김기두, 『형사소송법이 전제하는 인간상, 秀才論(김기두 에세이집)』, 426－428면.

104) 김기두, "정당방위(판례연구)", 『서울대학교 법학』 제1권 제1호(서울대학교 법학연구소, 1959), 220－225면(223면).

105) 김기두, "정당방위(판례연구)", 223면.

기 때문이다. 우리는 추력 있는 사람보다도 먼저 모든 사물을 사실 그대로를 비추어 볼 수 있는 객관적 인식능력 있는 사람을 양성하고 또 그 사람의 말을 들어야 할 때가 온 것 같다. 이러한 사람들이어야만 정의와 질서를 희구하는 이 나라 법조인이 될수 있는 것이기도 하다."[106)]

"그동안 물질적인 부를 가져왔다는 것만으로 오늘의 자유방임주의에 심취되어 있는 것은 참으로 서글픈 이야기다. 세계는 대전환을 하고 있다. 이 소용돌이 속에서 우리 겨레는 정신을 똑똑히 차려야 한다. 그리하여 우리의 선조들의 역사적 교훈인 애타주의와 희생정신이 새로운 현대사회의 정신적 기반이 되어야 함을 다시 한번 깊이 반성하여야 하리라 믿는다."[107)] 1973년 53세에 쓴 글이다.

논문투고일: 2021.06.10 논문심사일: 2021.06.11 게재확정일: 2021.06.18

106) 김기두, "객관성의 결핍", 『사법행정』 제15권 제10호, 1974, 3면.
107) 김기두, "애타주의(愛他主義)와 희생정신(犧牲精神)", 『사법행정』 제14권 제12호, 1973, 7면.

【참고문헌】

[단행본]

김기두, 『신형사소송법』, 삼중당, 1956.
김기두, 『형사소송법』, 법문사, 1959.
김기두, 『형사소송법』, 개정판, 법문사, 1962.
김기두, 『형법각론』, 박영사, 1963.
김기두, 『신형사소송법』, 박영사, 1964.
김기두, 『한국소년범죄의 연구』, 박영사, 1967.
김기두, 『한국에 태어난 행복(에세이집)』, 박영사, 1964.
김기두, 『수재론(김기두 에세이집)』, 박영사, 1970.
김기두, 『신형사소송법』, 박영사, 1970.
김기두, 『신형사소송법』, 개정증판, 박영사, 1973.
김기두, 『형법각론』, 개정판, 박영사, 1973.
김기두, 『판례교재 형법각론』, 법문사, 1979.

[역서]

김기두, 『미국형사소송법(상 · 중)』, 법무부, 1948.
김기두, 『형사법의 원리』, 민중서관, 1957.
김기두, 『아메리카연구』, 을유문화사, 1958.
김기두, 『사랑이냐 파멸이냐』, 박영사, 1959.

[논문]

김기두, "미국형사소송법 1～8", 『법조협회잡지』 제1권 제2호～제2권 제3호, 1949.
김기두, "현행 형법전의 시대적 역행", 『고시와 전형』 제4권 제8호, 1956.
김기두, "형법이론과 인간상", 『법조』 제6권 제5호, 1957, 32－42면.
김기두, "한국의 현단계에 있어서의 보안처분 이론의 재검토", 『법조』 제7권 제6 · 7호, 1958, 22－26면.
김기두, "형사보상법제정의 의의", 『사상계』 제6권 제10호, 1958, 137－142면.

김기두, “한국소년범죄의 이론과 실제”, 『서울대학교 법학』 제1권 제2호, 1959, 293－340면.

김기두, “인권옹호의 이론과 현실”, 『서울대학교 법학』 제4권 제1·2호, 1962, 55－69면.

김기두 외 11인, “제2회 사법시험을 위한 대비책 － 시험위원과 합격자와 수험생의 대결 －”, 『사법행정』 제4권 제11호, 1963, 4－19면.

김기두, “형법 제20조와 헌법상 보장된 권리를 지키기 위한 행위”, 『사법행정』 제4권 제5호, 1963, 70－72면.

김기두, “검찰제도 －검찰제도에 대한 논평을 중심으로－”, 『사법행정』 제5권 제1호, 1964, 45－48면.

김기두, “피고인의 소송법상의 지위”, 『사법행정』 제5권 제2호, 1964, 53－54면.

김기두, “법률공포증과 법률불감증”, 『사법행정』 제6권 제7호, 1965, 66－67면.

김기두, “한국소년범죄연구”, 서울대학교 대학원 박사학위논문, 1967, 1－225면.

김기두, “도시사회의 병리현상”, 『도시문제』 제2권 제10호, 1967, 2－6면.

김기두 외 5인, “구속적부심사의 문제점”, 『사법행정』 제9권 제1호, 1968, 8－20면.

김기두 외 4인, “폭력사범 특별단속과 취역(就役)의 법률상문제”, 『사법행정』 제9권 제8호, 1968, 6－16면.

김기두, “법조인의 재훈련 아쉽다. 검사 TO 늘리고 업무량 감축을”, 『사법행정』 제10권 제1호, 1969, 39면.

김기두 외 4인, “사법시험제도의 개선방향을 논함”, 『사법행정』 제10권 제8호, 1969, 64－70면.

김기두 외 6인, “법조계, 법학계 70년대의 과제”, 『사법행정』 제11권 제1호, 1970, 8－17면.

김기두 외 10인, “의학 윤리 법학적으로 따져본 장기이식(臟器移植)의 문제점”, 『사법행정』 제11권 제8호, 1970, 48－51면.

김기두 외 12인, “「간이재판제도에 관한 비교법적 고찰과 문제점」(상)”, 『사법행정』 제13권 제6호, 1972, 14－17면.

김기두 외 12인, “「간이제판제도에 관한 비교법적 고찰과 문제점」(하)”, 『사법행정』 제13권 제7호, 1972, 20－23면.

김기두, “여성과 법률지식”, 『약연(藥硏)』 제8권 제1호, 1972, 93－95면.

김기두, "선진과 후진", 『사법행정』 제14권 제8호, 1973, 6면.
김기두, "애타주의(愛他主義)와 희생정신(犧牲精神)", 『사법행정』 제14권 제12호, 1973, 7면.
김기두, "여름과 보신탕", 『사법행정』 제15권 제8호, 1974, 7면.
김기두, "객관성의 결핍", 『사법행정』 제15권 제10호, 1974, 3면.
김기두, "특집: 「한국 법학 30년」 심포지움: 형법 분과; 형사법학계의 회고", 『서울대학교 법학』 제19권 제1호, 1979, 168－171면.
김기두, "가을이 오면(권두언)", 『고시계』 제25권 제10호, 1980, 11면.
김기두, "우리나라 교도행정의 새로운 방향", 『서울대학교 법학』 제20권 제1호, 1980, 18－32면.
김기두·강구진, "대담 : 김기두박사의 인간과 학문", 『서울대학교 법학』 제21권 제1호, 1980, 12－18면.
서울대학교 법학연구소, "김기두박사 연보 및 주요 저서, 논문 목록", 『서울대학교 법학』 제21권 제1호, 1980, 5－11면.
김기두, "양과 질(권두언)", 『고시계』 제26권 제12호, 1981, 11면.
김기두, "세모유감(지령 300호기념 수상)", 『고시계』 제27권 제2호, 1982, 202－203면.
김기두, "법적안정성(권두언)", 『고시계』 제28권 제4호, 1983, 11면.
김기두, "형사소송법제정 30년", 『고시계』 제29권 제10호, 1984, 12－13면.
김기두, "사회범죄와 그 대책", 『밝은 사회』 제5권 제2호, 1985.
김기두, "정당화사정의 착오", 『서울대학교 법학』 제25권 제2·3호, 1984, 1－25면.
서울대학교 법학연구소, "김기두 교수 연보, 주요저작", 『서울대학교 법학』 제26권 제2호·제3호, 1985, 9－18면.

【국문초록】

제1세대 형사소송법학자 김기두 교수의 생애와 법사상

Ⅰ.

김기두 교수는 1920년 8월 21일 전남 구례 길산(吉山)에서 출생하였다. 2020년 올해가 탄생 100주년이 된다. 한국 형사소송법 제1세대이다.

김기두 교수는 전주, 광주, 도쿄, 서울, 부산, 하버드, 관악에서 연구하시다 삶을 마치신 분이다. 일제 강점기, 6.25 동란, 독재 시대, 군사시대, 민주화 시대를 거쳐 파란만장한 시대의 아픔을 안고 학문을 하신 분이다. '제1세대 한국 형사소송법의 선구자', '한국형 형사정책을 펼친 선각자', '인문학을 사랑했던 형사법학자', '여유로운 삶', '형식보다는 내용', 그리고 '인권옹호'와 '당사자주의 소송구조를'를 강조하신 분이다. 범죄의 심각성, 특히 소년범죄의 심각성을 예견하고 '범죄문제연구소'를 창설해야 한다고 역설하신 분이다.

사상(思想, Gedanke) 연구는 '사유방식을 따라가는 것', '사유철학을 숙독하는 것', 그리고 '사유내용을 계승하는 것'이라고 생각한다. 김기두 교수의 삶(Ⅱ), 학문(Ⅲ), 형사법 정신(Ⅳ)을 살펴보고자 한다. 결론에서 김기두 교수의 고뇌를 정리하려고 한다(Ⅴ).

김기두 교수의 생활관이다. "인생은 긴 여정이다. 한 걸음 한 걸음 단단히 나아가 주길 바란다. 달리니깐 불안한 것이다. 나이가 들면 깨닫는 것이 증가한다. 노인에게 묻는 것이 진짜로 아는 것이다. 형식보다는 내용이다."

근대의 고뇌를 말한 일본 작가 나쓰메 소세끼(夏目漱石, 1867.2.9.－1916.12.9.)의 소설 '마음'의 한 단락이다. "나는 훗날 그런 오욕을 당하지 않기 위해 지금의 존경을 물리고 싶네. 나는 지금보다 더 지독한 외로움을 참기보다 차라리 외로운 지금의 상태로 버텨가고 싶네. 자유, 독립, 그리고 나 자신으로 가득 찬 현대에 태어난 우리는 그 대가로 모두가 이 외로움을 맛봐야겠지." 나는 매사에 이런 생각을 신앙처럼 품고 계셨던 선생님을 생각한다. 냉철한 눈으로 스스로를 반성하고 세상을 관조하는 분이였을 것이다.

유학생의 고독, 해방정국의 고독, 6.25의 고독, 독재 시대의 고독, 민주화 시대의 고독, 근대의 고독(가정, 학교, 강의, 연구, 직업으로서 학문), 근대 법사상의 고독(자유, 개인, 인권, 민주, 행복, 국민, 외로움에 연대의식), 이것이 김기두 교수의 법사상의 저변이라고 생각한다. 아마 한국 제1세대 근대법학자들의 공통된 고민이었을 것이다.

Ⅱ.

김기두 교수의 형사철학과 형사정책은 다음의 문장에서 잘 나타난다.

“우리가 억압과 학대 속에서 살아왔기 때문에 자기들의 헌법상 보장된 권리의 향유에 철저하지 못했기 때문이다. 피고인 학생 A의 행위에는 실질적 위법성이 없기 때문에 범죄가 성립되지 않는다고 보아야 한다.”

“우리 형사소송법은 재판에 있어서 신청전치주의를 취하고 있다. 이러한 소송구조에 있어서는 피고인의 당사자로서의 지위는 긍정되지 않으면 안 된다. 원칙적으로 판단의 자유, 소송활동의 자유가 보장되어 있다. 그 가장 기본적인 것은 묵비권 행사, 필요적 보석제도, 변호인의뢰권, 변호권 등의 제도라 하겠다. 요컨대 피고인의 소송법상의 지위는 당사자로서의 지위와 증거방법으로서의 지위의 조화 있는 활용에 의하여 해결되어야 함은 형사재판제도본래의 성격에서 우러나온 결론이라 하겠다.”

“여기에 제기하는 방법의 하나로서 검찰청을 행정부로부터 독립시키는 방법을 생각해 볼 수 있다. 일본의 검찰심사회와 같은 것이 있지 않을까 생각한다. 끝으로 한 번 더 강조하는 바이지만 인권옹호를 보장하기 위하여는 무엇보다도 법관·검사 등의 양식과 질을 높이는 것이 가장 근본적인 해결책임에는 두말할 필요조차 없다.”

“일부 법조인들 간에는 불비된 당사자주의보다는 직권주의로 환원하는 것이 더 효과적이라는 반동적 이론이 나오고 있으나, 이것은 일시적 지장 때문에 대원칙을 무시하는 단견이라고 하겠고, 이러한 당사자주의의 구체적 실현을 위하여 꾸준히 노력하고 있는 것이 오늘의 형사소송법학이라고 하겠다.”

“판결이유의 작성에 있어서 그 용어가 난해하다. 민주국가의 민주재판은 민중이 용이하게 납득할 수 있는 재판이어야 한다. 재판의 내용과 표현도 평명간이(平明簡易)하고 누구든지 용이하게 이해할 수 있는 문장으로 판결이유가 작성되어야 한다. 관료독재의 일제시대 판결이유 작성을 답습하고 있다. ‘유(有)하다’, ‘상도(想到)한다', '비(比)를', '심안(審按)컨대' 등을 들 수 있다. 평이한 우리말로 대치해도 곤란한 일이 아니다. 이는 재판의 권위를 떨어뜨리는 것도 아니고, 오히려 신선한 민주재판의 향기를 감돌게 하는 것이다." "일본도 과거의 문어체의 판결문을 버리고 구어체 문장으로 바꾼 지 오래다. 이는 한국의 재판서작성에 관한 전체적인 문제이다."

Ⅲ.

"소박하고 무지한 사람들이란 원래 자기중심적인 것이다. 자기의 좁은 견식과 경험을 토대로 생각하면 언제나 자기본위로 생각하기 마련이다. 사회현상은 여러 가지 측면에서 분석하여야 올바른 전체적인 인식이 가능한 것이다. 즉 자기본위의 욕구를 버리고 공평무사하게 사실을 사실대로 관찰하는 객관적 인식능력이 있어야만 모든 것을 제대로 볼 줄 아는 것이다. 사심 없는 공정무사(公正無私)한 자세는 경중지수(鏡中止水)와 같이 고요하고 맑아야 한다. 그래야만 모든 사물이 제대로 영사되기 때문이다. 우리는 추력 있는 사람보다도 먼저 모든 사물을 사실 그대로를 비추어 볼 수 있는 객관적 인식능력 있는 사람을 양성하고 또 그 사람의 말을 들어야 할 때가 온 것 같다. 이러한 사람들이어야만 정의와 질서를 희구하는 이 나라 법조인이 될 수 있는 것이기도 하다."

"그동안 물질적인 부를 가져왔다는 것만으로 오늘의 자유방임주의에 심취되어 있는 것은 참으로 서글픈 이야기다. 세계는 대전환을 하고 있다. 이 소용돌이 속에서 우리 겨레는 정신을 똑똑히 차려야 한다. 그리하여 우리의 선조들의 역사적 교훈인 애타주의와 희생정신이 새로운 현대사회의 정신적 기반이 되어야 함을 다시 한번 깊이 반성하여야 하리라 믿는다."

◈ 주제어: 김기두, 법사상, 법철학, 형법, 형사소송법, 형사정책, 인간상

【Abstract】

The Life and Legal History of Professor Ki－Doo Kim, the First Generation of Criminal Procedure Law Scholar

Ha, Tae Young*

Ⅰ.

Professor Ki－Doo Kim was born on August 21, 1920 in Gilsan, Gurye, Jeollanam－do. 2020 this year marks the 100th anniversary of the birth. It is the first generation of the Korean Criminal Procedure Act.

Professor Ki－Doo Kim completed his studies in Jeonju, Gwangju, Tokyo, Seoul, Busan, Harvard, and Gwanak. He is a person who studied with the pain of tumultuous times through the Japanese colonial period, the Korean War, the dictatorship, the military era, and the democratization era. 'The pioneer of the first－generation Korean criminal procedure law', 'The pioneer of Korean－style criminal policy', 'Criminal jurist who loved the humanities', 'Long life', 'Content rather than form', 'Human rights protection' and 'Partisanism lawsuit He emphasized 'structure'. He predicted the seriousness of crime, especially juvenile crime, and emphasized the need to establish a 'criminal problem research institute'.

This is Professor Ki－Doo Kim's dormitory. “Life is a long journey. I hope you go step by step firmly. It is anxious because it runs. As you age, your awareness increases. Asking the elderly is what you really know. It is content rather than form.”

This is a paragraph from the novel “Mind” by Soseki Natsume (夏目漱石, 1867.2.9.－1916.12.9.), who talks about modern agony. “I want to ward off the respect I am now in order not to be misled in the future. I'd rather endure the loneliness that I am more than now than I am now. Born in a modern age filled with freedom, independence, and myself, we all have to experience

* Professor, Dr. ius, Dong－A Law School

this loneliness in return." I think of a teacher who held this thought like faith in everything. He must have been a person who reflects on himself and contemplates the world with his cold eyes.

The loneliness of international students, the loneliness of the liberation government, the loneliness of 6.25, the loneliness of the dictatorship, the solitude of the democratic era, the solitude of the modern era (family, school, lecture, study, study as a profession), loneliness in modern legal history (freedom, individual, human rights, Democracy, happiness, people, and a sense of solidarity with loneliness), I think this is the basis of Professor Ki－Doo Kim's legal idea. It must have been a common concern of the first generation of modern law scholars in Korea.

Ⅱ.

Professor Ki－Doo Kim's criminal philosophy and criminal policy are well represented in the following sentence.

"Because we have lived in oppression and abuse, we have not been able to thoroughly enjoy their constitutional rights. It should be considered that there is no real illegality in the conduct of the accused student A, and thus no crime is established."

"Our Criminal Procedure Act takes pre－application precautions. In this litigation structure, the defendant's status as a party must be affirmed. In principle, freedom of judgment and litigation are guaranteed. The most basic is the system of the exercise of the right to remain silent, the necessary bail system, the right to refer to lawyers, and the right to defense. In short, the fact that the defendant's position under the lawsuit must be resolved through the harmonious use of the position as a party and the position as a method of evidence is a conclusion that came from the nature of the criminal justice system."

"As one of the methods of filing here, one can think of a way to make the prosecutors' office independent from the administration. I think there is some-thing like the Japanese prosecutors' review board. Finally, it is emphasized once more, but it goes without saying that improving the quality and style of judges and prosecutors is the most fundamental solution to guarantee human rights protection."

"Some lawyers say that reducing to ex officio is more effective than imperfect partyism. This reactionary theory is due to temporary hindrance. However, it is a short view that ignores the grand principle. It is today's criminal procedure law that is constantly striving for the concrete realization of partyism.

Ⅲ.

"People who are simple and ignorant are inherently self-centered. If you think based on your narrow insights and experiences, you will always think in your own way. Social phenomena need to be analyzed in various aspects to ensure correct overall recognition. In other words, you can see everything properly only if you have the objective recognition ability to abandon your self-centered desire and observe the facts as they are. A selfless, fair and safe posture should be calm and clear, like Gyeongjungjisoo (鏡中止水). Only then will all things be properly projected. It seems that the time has come for us to cultivate people with objective recognition ability who can see all things as they are, and listen to them before people with thrust. It is only with these people that you can become legal professionals in this country who seek justice and order."

"It is a sad story to be indulged in today's laissez-faire just because it has brought material wealth. The world is undergoing a major transformation. In this vortex, our people must be alert. Therefore, I believe that we must once again reflect deeply that altruism and the spirit of sacrifice, which are the historical lessons of our ancestors, should become the spiritual foundation for a new modern society."

◈ Key words: Kim Ki-Doo, Judiciary, Legal Philosophy, Criminal Law, Criminal Procedure Law, Criminal Policy

한국형사소송법학회 『형사소송 이론과 실무』
제13권 제2호 (2021.06) 53~85면.
Theories and Practices of Criminal Procedure Vol. 13 No. 2 (June. 2021) pp. 53~85.
10.34222/kdps.2021.13.2.53

10년간 변호사시험 형사소송법 사례형시험의 분석과 개선방안*

이 창 현**

목 차

Ⅰ. 서론
Ⅱ. 형사소송법 사례형시험에 대한 분석
Ⅲ. 형사소송법 사례형시험의 개선방안
Ⅳ. 결론

Ⅰ. 서론

올해 제10회 변호사시험 결과가 발표되어 새롭게 1706명의 법조인을 배출하게 된 바와 같이 벌써 변호사시험이 10회나 시행되었다.1) 변호사시험은 기본과목으로 공법, 민사법, 형사법으로 나뉘고, 형사법은 형법과 형사소송법이 통합되어 선택형 필기시험과 논술형 필기시험을 혼합하여 출제하며, 논술형 필기시험은 다시 사례형과 기록형으로 나뉜다(변호사시험법 제8조). 형사법의 경우에 선택형과 기록형은 배점이 각 100점이고, 사례형은 제1문과 제2문으로 나뉘어 배점이 각 100점이므로 사례형이 전체 중 절반의 비중이어서 사례형시험이 평가의 중심을 이룬다고 볼 수 있다.

법학전문대학원(이하 '로스쿨'이라 함)의 교육이념은 '국민의 다양한 기대와 요청에 부응하는 양질의 법률서비스를 제공하기 위하여 풍부한 교양, 인간 및 사회에 대한 깊은 이해와 자유·평등·정의를 지향하는 가치관을 바탕으로 건전한 직업윤리관과 복잡다기한 법적 분쟁을 전문적·효율적으로 해결할 수 있는 지식 및 능력

* 이 연구는 2021학년도 한국외국어대학교 교내학술연구비의 지원에 의하여 이루어진 것임.
** 한국외대 법학전문대학원 교수, 법학박사
1) 동아일보 2021.4.22.자 A14면, "변시 합격자 1706명… 작년보다 62명 줄어"기사.

을 갖춘 법조인의 양성'에 있다(법학전문대학원 설치·운영에 관한 법률 제2조)고 하여 로스쿨을 졸업하거나 졸업예정인 자들이 변호사자격을 취득하게 위해서는 법조윤리 시험에 이어 변호사시험의 합격이 반드시 요구되는 것이다.

이와 같이 변호사시험은 복잡다기한 법적 분쟁을 전문적이고 효율적으로 해결할 수 있는 지식과 능력을 갖추었는지를 평가하여 법조인의 자격을 주는 것이니 법조인이 될 수 있는 관문으로서 너무나 중요한 시험이다.

변호사시험이 10회나 시행되어 오는 과정에서 3가지 유형의 시험방식과 특별형사법 등의 추가로 인해 지나치게 광범위한 시험범위, 시험방식은 복잡하지만 실제로는 차별성이 사라진 문제유형, 판례 위주의 단순 암기형 문제 위주 출제, 인위적이고 부자연스러운 통합형 출제, 지나치게 긴 지문과 쪼개진 소문제, 평가 의미를 상실한 전문적 법률분야 과목 시험 등의 비판이 계속되고 있다.[2] 그리고 법학전문대학원협의회 주관의 2020년 제3차 모의시험 형사법 사례형 과목을 채점하는 기회에 '약식명령에 대한 정식재판에서의 형종상향금지의 원칙'[3]에 대해 상당수 로스쿨 3학년 학생들이 전혀 답안을 쓰지 못한 것을 보고 무척 당황하였던 기억도 있다. 위 문제와 관련하여서는 이미 2017년 12월 19일에 개정 형사소송법에 의해 시행되고 있고, 관련 언론보도까지 여러 차례 있었는데도 불구하고[4] 단순히 시간부족 때문이 아니라 형사소송법의 증거부분 이후이고 변호사시험에서 출제빈도가 낮다는 판단에 따라 공부가 되지 않았다는 우려까지 하게 된다.

따라서 변호사시험이 로스쿨 교육에 미치는 절대적인 영향력을 고려하여 본고에서는 사례형시험의 비중이 크고, 그동안 10년간의 출제로 인하여 그 경향을 충분히 파악할 수가 있을 것이므로 형사소송법 분야의 사례형시험으로 한정하여 구체적으로 분석 및 평가를 한 후에 그 개선방안을 살펴보기로 한다.

---

2) 이승준, "현행 변호사시험의 문제점과 과제 – 형사법에 착안하여", 『법과 정책』 제24집 제3호, 2018, 190–199면. 그리고 김성룡, "로스쿨에서 형사법 이론교육과 실무교육", 『외법논집』 제42권 제3호, 2018, 149면에 의하면 글자 수가 너무 많다거나, 단순히 판례 암기 실력을 측정하는 것에 지나지 않는다거나, 논리적 사고·추리력을 평가하겠다는 의지를 볼 수 없다는 등의 부정적인 평가들이 적지 않다고 한다.

3) 구체적으로 'L의 자동차 파손과 관련하여, 검사는 甲의 범죄사실에 대하여 약식명령을 청구하였고 법원은 甲에게 벌금 2백만원을 선고하였다. 이에 甲만 약식명령에 대한 정식재판을 청구하였다면 정식재판에서 법원이 甲에게 벌금 3백만원을 선고할 수 있는가?'이고, 제2문 마지막 문제로 배점은 7점이었다.

4) 조선일보 2018.9.13.자 A12면 "대학생이 14시간 기내 난동, 벌금 2000만원 선고" 기사 등.

Ⅱ. 형사소송법 사례형시험에 대한 분석

1. 개별 변호사시험에서의 문제와 쟁점 검토

가. 제1회 변호사시험

제1문에서는 (1) 긴급체포의 요건과 압수·수색에서의 영장주의의 예외(배점 20점, 이하 같음),[5] (2) 일부상소에서 검사의 상소가 이유 있다고 인정되는 경우의 상소심의 심판범위(20점)에 대한 문제가 2개 출제되었다. 이에 대해 '밋밋한 문제였다'는 평가가 있고,[6] 형법과 형사소송법의 배점, 각 논점의 난이도 등 모든 면에서 적절한 것으로 보인다는 평가가 있기도 하다.[7]

(1) 문제는 긴급체포의 요건을 검토하고, 긴급체포 후의 긴급압수·수색을 할 수 있는 경우인 '체포현장에서의 압수·수색'(형사소송법 제216조 제1항 제2호)과 '긴급체포 후의 압수·수색'(동법 제217조 제1항)에 해당하는 여부, 21:00경 긴급체포가 되었기에 요급처분의 예외 등 수사부분에서 핵심적인 쟁점이면서 검토할 내용이 적지 않아 기본적이고 중요한 내용의 출제였다고 생각된다. 그리고 (2) 문제는 상소부분에서 기본적으로 숙지하여야 하는 중요 쟁점이기는 하지만 이후의 변호사시험의 배점을 고려하면 검토할 내용에 비해 20점이나 되는 것은 좀 지나치다고 볼 수도 있다.

제2문에서는 (1) 비망록, 녹음테이프와 핸드폰 메시지를 촬영한 사진, 검사 작성 피의자신문조서[8]의 각 증거능력(35점), (2) 경찰과 검찰에서의 자백이 위법수집증거인 여부와 독수과실이론(15점)에 대한 문제가 2개 출제되었다. 이에 대해 비교적 사실관계가 길고 복잡한 문제였다는 평가가 있고,[9] 모든 면에서 흠잡을 것이 없다

---

5) 문제 자체는 '압수하여 검사가 공판과정에서 제출한 신용카드의 증거능력 유무와 그 근거를 논하라'고 되어있지만 피의자를 긴급체포한 직후에 영장없이 피의자의 집에 들어가 압수·수색하였기에 수사부분의 출제라고 할 수 있다.

6) 김태명, "변호사시험제도의 개선방안 – 형사법 시험내용과 방법을 중심으로", 『연세 공공거버넌스와 법』 제3권 제1호, 2012, 66면.

7) 차정인, "변호사시험 형사법 기록형·통합사례형 문제 출제방향", 『법학연구』 제53권 제3호, 2012, 359면.

8) 구체적으로는 검사 작성 피의자신문조서의 실질적 진정성립 인정 여부가 쟁점이었으나 형사소송법 제312조 제1항의 개정에 따라 의미가 없어지고 앞으로는 참고인 진술조서의 실질적 진정성립의 인정 여부가 쟁점이 될 수 있을 것이다.

고 하면서도 문제에 중요 논점이 너무 많이 내포되어 있음을 지적한 평가도 있다.[10)]

제1문에서는 증거부분에서 출제가 되지 않은 반면에 제2문은 모두 증거부분에서 출제가 되어 제1문과 함께 전체적으로는 형사소송법의 여러 분야에 걸쳐 출제가 이루어졌고, 배점이 형법과 같이 50점이었다. (1) 문제는 구체적으로는 3개의 소문제로 나뉠 뿐만 아니라 1개의 소문제에서도 녹음테이프와 핸드폰 메시지를 촬영한 사진으로 또 나뉘어 '각 증거들에 대한 증거능력을 부여하기 위한 요건은 무잇인가' 라고 하여 각 증거마다 전문법칙 등에서의 여러 논점을 파악하여야 했다. (2) 문제는 위법수집증거배제법칙과 독수과실이론으로 증거부분에서 핵심적인 쟁점으로 제1회 변호사시험에서 평가가 이루어진 것은 적절하다고 보인다.

구 분	문항수 (배점)	소송주체 등	수사와 공소제기	공판	증거	재판, 상소, 특별절차
제1문	2개(40점)		1개(20점)			1개(20점)
제2문	2개(50점)				2개(50점)	

나. 제2회 변호사시험

제1문에서는 (1) 공범인 공동피고인의 증인적격과 증언거부권의 행사(15점), (2) 법원이 공소장변경을 요구하지 않고 판결한 경우의 적법성(10점), (3) 공소사실의 동일성이 인정되는 여부와 재기소의 가능성(15점)에 대한 문제가 3개 출제되었고, 제2문에서는 (1) 녹음테이프, 자술서, 검사 작성 2차 진술조서의 각 증거능력(20점), (2) 항소심에서의 공소장변경과 합의부사건으로 공소장변경시의 법원 조치(10점),[11)] (3) 위법한 함정수사 여부와 증인신청 기각결정에 대한 불복방법(15점)[12)]에

9) 김태명, 앞의 논문, 66면.

10) 차정인, 앞의 논문, 360면.

11) 채점기준표에 의하면 배점 10점이 항소심의 구조(2점), 동일성 인정(5점), 공소장변경 후 법원의 조치(3점)로 되어 있고 법원의 조치에서 형사소송법 제8조 준용이라는 정확한 표현이 있으면 1점 가점하도록 되어있다. 항소심의 구조는 상소부분이긴 하지만 공소장변경에서 상소심에서도 가능한지와 관련하여 공부하게 되므로 편의상 공판부분에서 출제되었다고 보아도 무방할 것 같다.

12) 채점기준표에 의하면 배점 15점이 함정수사 주장의 당부(10점), 증거조사 결정에 대한 불복방법(5점)으로 되어 있고, 함정수사에 해당하면 공소제기절차에 위배했다는 이유로 제327조 제2호에 의해 공소기각판결을 하여야 한다는 내용이 있으면 1점 가점하도록 되어 있다.

대한 문제가 3개 출제되었다.

제1회 변호사시험에서는 공판부분에서 출제가 되지 않았는데, 제2회 변호사시험에서는 공판부분의 문제가 많이 출제되었다. 특히, 공소장변경에 대해서는 제1문과 제2문에 모두 출제되어 수험생들은 2개의 답안지에 공소사실의 동일성에 대한 판단기준 관련 학설과 판례를 모두 기재해야 하는지 고민되기도 하였다. 그리고 제2문의 (1) 문제는 제1회 변호사시험 제2문의 (1) 문제와 같은 형식으로 출제되어 증거부분에서의 여러 논점을 파악하도록 하였다. 제2문의 (2) 문제는 기본적으로 공판부분에 대한 문제이지만 관할문제로 소송주체부분의 문제이기도 하고 당연히 상소부분에도 관련이 되며, (3) 문제는 수사부분과 공판부분에서 각각 논점이 있어서 형사소송법에서의 통합형 문제라고 볼 수 있다.

구 분	문항수 (배점)	소송주체 등	수사와 공소제기	공판	증거	재판, 상소, 특별절차
제1문	3개(40점)			3개(40점)		
제2문	3개(45점)	0.5개(3점)	0.5개(10점)	1개(12점)	1개(20점)	

다. 제3회 변호사시험

제1문에서는 (1) 공소제기 후에 영업장부에 대한 압수·수색과 영업장부 및 압수조서의 증거능력(20점), (2) 정식재판에서 도박을 상습도박으로 공소장변경 가능여부와 논거(5점),[13] (3) 상습도박 등 사건에 도박죄를 추가기소한 경우의 법원조치(7점), (4) 약식명령을 발령한 판사가 정식재판청구로 병합된 제1심 사건의 재판을 담당한 경우에 제척원인 해당 여부(8점)에 대한 문제가 4개 출제되었고, 제2문에서는 (1) 긴급체포의 요건과 예금통장 및 필로폰 압수의 적법성(15점), (2) 증인신문청구와 증거보전청구(10점), (3) 피의자의 진술을 녹화한 영상녹화물,[14] 검찰

13) 여러 쟁점을 논의하여야 하는데도 불과 배점 5점으로 출제한 것은 사실상 논의없이 결론만 기재하도록 한 것이어서 비판을 받아 마땅하다. 실제 채점기준표에 의하면 정식재판절차에서의 공소장변경 가능성(1점), 중한 죄명과 범죄사실로의 변경이 형종상향의 금지(당시는 불이익변경금지)에 위반되는 여부(1점)와 도박과 상습도박 사이에 공소사실의 동일성 인정 여부(3점)로 나뉘어 있다.

14) 피의자의 진술을 녹화한 영상녹화물을 유죄의 증거로 사용할 수 있는가의 문제이지만 형사소송법 제312조 제2항이 개정으로 삭제되어 의미가 없어지고 앞으로는 참고인의 진술을 녹화한

수사관의 증언, 공범인 공동피고인의 법정진술이 증거능력이 인정되는 여부(15점)에 대한 문제가 3개 출제되었다.[15)]

제2회 변호사시험에서 공판 부분에 많은 문제가 출제되는 바람에 재판 이후 부분에 대한 출제가 없었기 때문인지 제1문에서 피고인이 정식재판을 청구하여 다른 사건과 병합이 된 경우를 전제로 3개의 문제가 출제되었다.[16)] 그리고 제1문에서 배점 5점인 문제가 처음 출제되었으며, 제2문에서도 (3) 문제는 배점이 15점이지만 3개의 증거에 대한 증거능력 인정 여부를 묻고 있기에 실제로는 5점짜리 3개가 출제되어 종합하면 배점이 5점인 문제가 4개나 출제되었다고 볼 수 있고, 이는 사실상 단답식 결론만 기재하는 형태의 문제이기에 적절하지 않다고 본다.

구 분	문항수 (배점)	소송주체 등	수사와 공소제기	공판	증거	재판, 상소, 특별절차
제1문	4개(40점)	1개(8점)	0.5개(10점)	0.5개(3점)	0.5개(10점)	1.5개(9점)
제2문	3개(40점)		2개(25점)		1개(15점)	

라. 제4회 변호사시험

제1문에서는 검사가 甲과 丁을 간통죄로 기소한 것을 전제로 (1) 甲만 고소한 경우의 丁에 대한 기소의 적법성 여부(7점), (2) 공동피고인 丁의 진술을 내용으로 하는 전문진술의 증거능력(10점), (3) 공범 중 1명만 공판정에서 자백하는 경우의 유죄선고 가능성(15점), (4) 제1심에서 간통죄에 대해 유죄선고 후 항소심에서 이혼소송이 취하된 경우의 항소심 재판 내용(8점)에 대한 문제가 4개 출제되고, 제2문에서는 공소장변경 신청에 대한 법원의 조치(10점), 공소제기 후 피고인 수사의 적법성과 검사 작성 피의자신문조서의 증거능력(20점), 공소시효의 기산점과 공소시효의 정지(20점)에 대한 문제가 3개 출제되었다.

제1문에서 甲에 대한 사기죄와 횡령죄 성립 여부, 乙과 丙에 대한 배임죄 성립

영상녹화물을 유죄의 증거로 사용할 수 있는지가 쟁점이 될 수 있을 것이다.

15) 제1문의 형법부분에서 사법경찰관이 피의자를 긴급체포하려고 하자 피의자가 사법경찰관의 가슴을 밀쳐 다치게 한 경우에 피의자의 공무집행방해죄의 성립 여부가 쟁점이 되었기에 결과적으로 제1문과 제2문에서 긴급체포의 요건이 중복하여 출제되었다고 볼 수 있다.

16) 실제로 (2), (3), (4)의 3개 문제가 피고인의 정식재판청구라는 별도의 사례를 추가로 제시하여 소문제로 출제되었다.

여부 등의 사례가 나온 후에 마지막 부분에서 '한편'이라고 한 후에 甲과 乙의 아내인 丁의 간통사실을 추가하여 형사소송법 문제를 4개 출제하여 사실상 형법과 형사소송법의 문제가 전혀 별개로 연관성을 찾을 수는 없다. 간통죄에 대한 헌법재판소의 위헌결정 바로 직전에 간통죄와 관련된 여러 쟁점을 출제하여 수험생들의 실력을 평가하려 한 것이어서 매우 의아스럽기도 하다.[17] 그리고 제3회 변호사시험에서 배점 5점인 문제가 출제되었고 제4회에서도 제1문에서 배점이 7점과 8점인 문제가 계속 출제되어 부적절하다는 지적이 가능하지만 제2문에서는 3문제가 합쳐서 배점 50점이기에 보다 심층적인 답안 작성이 가능하였을 것으로 보인다.

구 분	문항수 (배점)	소송주체 등	수사와 공소제기	공판	증거	재판, 상소 등
제1문	4개(40점)		2개(15점)		2개(25점)	
제2문	3개(50점)		1.5개(30점)	1개(10점)	0.5개(10점)	

마. 제5회 변호사시험

제1문에서는 (1) 긴급체포 후의 압수·수색과 요급처분의 예외 인정 여부(10점), (2) 출석에 불응하는 구속피의자에 대한 강제구인의 적법성(10점), (3) 피고인의 진술을 내용으로 하는 참고인의 진술이 기재된 진술조서의 증거능력(20점)에 대한 문제가 3개 출제되고, 제2문에서는 (1) 검토의견서를 작성한 변호인의 증언거부와 형사소송법 제313조 및 제314조의 적용 여부(10점), (2) 반의사불벌죄인 명예훼손죄에 대해서 고소불가분의 원칙이 준용되는 여부(20점), (3) 피고인이 국민참여재판을 신청할 수 있는 기한(10점), (4) 공판중심주의와 실질적 직접심리주의에 따른 항소심 재판의 부당성 여부(10점)[18]에 대한 문제가 4개 출제되었다.

제2문에서 국민참여재판에 관해 2개의 문제가 출제되어 예상외의 출제로 볼 수도 있지만 (3) 문제와 유사문제가 2014년 제1차 모의시험 사례형 제1문에 출제된

17) 헌법재판소 2015.2.26. 2011헌가31 등 결정으로 간통죄에 대해 위헌결정이 있었고, 2016.1.6.에 공포·시행된 개정 형법에서 간통죄 규정(제241조)이 삭제되어 제1문의 형사소송법 문제들은 전부 또는 일부가 현재는 전혀 의미가 없게 되었다.

18) (3), (4) 문제 2개는 '만일 丙이 불구속재판 중 유흥주점에서 술을 마시다가 우발적으로 강도상해를 범하여 강도상해죄로 기소되었다면'이라고 하여 본문 사례와 별개 독립적으로 출제되었다.

바 있으며,[19] (4) 문제도 국민참여재판에 국한되지 않고 제1심에서의 공판중심주의가 더욱 강화되고 실질적 직접심리주의와 공판중심주의의 취지와 정신을 강조하고 있는 판례[20]의 태도를 확인하는 출제이기에 형사소송법을 충실하게 공부한 수험생들에게는 별로 어려운 문제는 아니라고 볼 수 있다.

구 분	문항수 (배점)	소송주제 등	수사와 공소제기	공판	증거	재판, 상소, 특별절차
제1문	3개(40점)		2개(20점)		1개(20점)	
제2문	4개(50점)		1개(20점)	1개(10점)	1개(10점)	1개(10점)

바. 제6회 변호사시험

제1문에서는 (1) 조경공사 계약서를 스캔하여 컴퓨터에 저장된 스캔파일의 증거능력(20점), (2) 수사과정 이외에서 작성한 진술서와 같은 문서파일의 증거능력(10점), (3) 관련성이 없는 증거를 압수하였다가 환부 후에 다시 제출받은 경우에 독수과실이론의 예외가 인정되기 위한 요건(10점)에 대한 문제가 3개 출제되고,[21] 제2문에서는 (1) 휴대전화를 압수한 조치가 영장주의의 예외에 해당하여 적법한 여부(10점), (2) 피의자의 성명모용이 공판 중에 확인된 경우의 검사와 법원의 조치(15점), (3) 검사의 일부상소의 허용 여부 및 항소심의 심판범위(15점)에 대한 문제가 3개 출제되었다.

제1문에서 3개의 문제가 전부 증거부분에서 그것도 증거능력부분에서 집중적으로 출제되었으나 제2문에서는 반대로 제1문과 달리 증거부분에서는 출제되지 않고 수사, 소송주체, 상소부분에서 골고루 출제가 되어 전체적으로 조화를 이루었고, 전

19) 피고인이 국민참여재판을 원하는 의사확인서를 기한 내에 제출하지 않았으나 제1회 공판기일 전에 국민참여재판을 원한다고 신청하였고, 법원이 피고인의 의사를 확인한 후에 국민참여재판 회부결정을 한 것이 적법한지와 이러한 법원의 결정에 대해 검사가 항고한 경우의 법원 조치에 대해 배점 15점으로 출제된 바 있다.

20) 대법원 2019.7.24. 선고 2018도17748 판결; 대법원 2017.3.22. 선고 2016도18031 판결; 대법원 2010.3.25. 선고 2009도14065 판결.

21) 제1문에서 큰 문제로 4개가 출제되고 앞의 2개는 형법, 뒤의 2개는 형사소송법의 문제인데, 제1문은 본문 사례에서의 甲, 乙, 丙, 丁의 죄책을 묻고, 이후 3개의 문제는 모두 '만약'으로 시작하여 본문 사례와 다른 별개의 상황을 각 제시한 후에 형법 1개와 형사소송법 2개(앞의 1개는 다시 작은 문제 2개로 나뉨)의 문제가 출제되었다.

체 6개의 문제가 10점 내지 20점으로 배점도 적절하다고 생각된다. 그리고 제1문의 (2) 문제는 형사소송법 제313조의 개정[22]이 이루어진 직후이어서 출제가 충분히 예상되었다.

구 분	문항수 (배점)	소송주체 등	수사와 공소제기	공판	증거	재판, 상소, 특별절차
제1문	3개(40점)				3개(40점)	
제2문	3개(40점)	1개(15점)	1개(10점)			1개(15점)

사. 제7회 변호사시험

제1문에서는 (1) 폭행치상의 공소사실에 대해 항소심이 직권으로 축소사실인 폭행죄로만 유죄선고를 할 가능성(15점), (2) 항소심에서 폭행치상죄가 폭행죄로 공소장변경이 되고 피해자의 합의서가 제출된 경우의 항소심 판단(5점), (3) 지방법원 판사가 구속영장청구를 기각한 경우에 검사가 취할 수 있는 형사소송법상 조치(10점), (4) 구속전피의자심문조서의 증거능력(10점)에 대한 문제가 4개 출제되고, 제2문에서는 (1) CCTV에 범행장면이 녹화되고 그 장면을 복사한 CD를 임의로 제출받은 경우의 증거능력(15점), (2) 이미 증언을 하였던 참고인에 대한 추가 진술조서와 추가 증언의 증거능력(15점), (3) 확정판결이 상습범이 아닌 기본구성요건의 범죄인 경우의 기판력(10점)에 대한 문제가 3개 출제되었다.

제1문에서 (2) 문제의 배점이 5점이긴 하지만 (1) 문제와 연결되어 출제되었고, 항소심에서 반의사불벌죄인 폭행죄로 공소장이 변경되고 고소취소와 같은 합의서가 항소심에 제출된 경우의 효력 인정 여부를 전원합의체 판결을 통해 확인하면 된다며 간단한 쟁점으로 파악한 것 같다. 그렇지만 (1) 문제의 논점과 비교해 보면 오히려 (1) 문제의 배점을 조금 줄이는 대신 (2) 문제의 배점을 상향하는 것이 더 적절할 것 같다. 그리고 제1문에서 (3) 문제에 대해서는 당시 국정농단 등의 사건과 관련하여 검사의 구속영장청구에 대해 법원이 영장을 기각하는 경우가 적지 않아서 구속영장의 청구와 발부 여부에 대해 일반 국민들의 관심도 높은 상태였기에 매우 시의성이 있게 출제되었다는 언론보도가 있었다.[23]

22) 2016.5.29.에 공포·시행된 개정 형사소송법에서 제313조 제1항이 변경되고 제2항이 신설되었다.
23) 법률저널 2018.1.10.자, “제7회 변호사시험 형사법, 기록형 ‘시간안배’ 관건” 기사.

구 분	문항수 (배점)	소송주체 등	수사와 공소제기	공판	증거	재판, 상소, 특별절차
제1문	4개(40점)		1개(10점)	2개(20점)	1개(10점)	
제2문	3개(40점)				2개(30점)	1개(10점)

아. 제8회 변호사시험

제1문에서는 (1) 긴급체포 후에 압수한 예금통장과 체포현장에서 압수한 노트북 컴퓨터에 저장된 정보의 증거능력(20점),[24] (2) 특수절도죄의 공범 중 1명에 대한 공소시효 정지를 고려한 공소시효 기산점과 완료시점(10점), (3) 병합사건에서의 불이익변경금지의 원칙(10점)에 대한 문제가 3개 출제되고, 제2문에서는 (1) 적법하게 체포된 자가 임의제출한 식칼에 대해 증거 부동의를 하는 경우의 증거능력(10점), (2) 검증조서에 첨부된 현장사진과 범행재연사진 및 피고인의 자백 기재 진술의 증거능력(15점), (3) 사망한 공범에 대한 사법경찰관 작성 피의자신문조서에 대한 증거능력(10점), (4) 임의동행의 적법성 판단과 경찰 수사과정에서 피의자가 작성한 진술서의 증거능력(10점)의 문제가 4개 출제되었다.

제1문에서는 수사와 공소제기, 상소부분에서 출제가 되고 제2문에서는 물론 수사부분의 논점도 있지만 증거부분에서 집중적으로 출제가 되었다.[25] 그리고 제2문의 (3) 문제는 2016년 제58회 사법시험 2차 제1문에 출제된 '공동피고인이 공판기일 전에 사망한 경우에 그 사망한 자에 대한 검사 작성 피의자신문조서의 증거능

당시 이재용 삼성전자 부회장은 뇌물공여 등의 혐의로 구속영장이 청구되어 2017.1.19. 기각되었으나 재청구되어 2017.2.17. 발부된 바 있고(조선일보 2017.2.18.자 A1면 "이건희도 이재용도 없는 삼성" 기사 참조), 최순실씨의 딸 정유라는 업무방해 등의 혐의로 구속영장이 청구되어 2017.6.3. 기각되고 범죄수익은닉 혐의까지 추가하여 재청구되었으나 같은 달 20. 다시 기각된 바 있다(조선일보 2017.6.21.자 A12면 "정유라, 구속영장 또 기각" 기사 참조).

24) 증거능력 인정 여부가 문제이지만 예금통장은 요급처분의 예외에 위반하여, 노트북 컴퓨터에 저장된 정보는 전자정보에 대한 압수수색 규정에 반하고 필요성과 관련성도 인정되지 않아 위법수집증거이므로 증거능력이 인정되지 않는다는 것이므로 실제로는 수사부분의 문제라고 볼 수 있다.

25) 제2문의 (1)과 (3) 문제는 '유죄의 증거로 사용할 수 있는가?', (2) 문제는 '증거로 사용할 수 있는가?'라고 하고, (4) 문제는 '증거능력을 인정할 수 있는가?'라고 하지만 결국 모두 증거능력 인정 여부에 관한 문제이고 (1)과 (4) 문제는 위법수집증거의 문제이기에 수사부분의 쟁점이 포함되어 있다.

력'에 대한 문제와 유사하였다.[26)]

구 분	문항수 (배점)	소송주체 등	수사와 공소제기	공판	증거	재판, 상소, 특별절차
제1문	3개(40점)		2개(30점)			1개(10점)
제2문	4개(45점)		1개(10점)		3개(35점)	

자. 제9회 변호사시험

제1문에서는 (1) 출석에 불응하는 구속피의자를 강제구인한 후 피의자신문의 적법성(10점), (2) 검사 작성 피의자신문조서에서의 자백배제법칙과 공범의 법정자백에 대한 증거능력(20점), (3) 교도관이 착오로 제공한 상소권포기서 용지를 피고인이 확인해 보지도 않고 서명·제출하여 확정된 항소포기의 효력(10점)에 대한 문제가 3개 출제되고, 제2문에서는 (1) 공갈기수죄로 기소되었으나 공갈미수죄로 판단되는 경우의 법원조치(15점),[27)] (2) 공범에 대한 사법경찰관 및 검사 작성 피의자신문조서의 증거능력(15점),[28)] (3) 이미 증언을 하였던 참고인에 대한 추가 진술조서와 2차 증언의 증거능력(15점)에 대한 문제가 3개 출제되었다.

---

26) 좀 더 구체적으로 보면 '검사 S가 甲과 乙을 특수절도죄로 기소한 경우에 만약 乙이 제1회 공판기일 전에 사망하였다면, S가 작성한 乙에 대한 피의자신문조서를 甲의 유죄인정의 증거로 사용할 수 있는가?(10점)'이었다. 실제로 형사소송법 제312조 제1항의 개정에 따라 앞으로는 피의자신문조서를 작성한 수사기관이 검사인지, 사법경찰관인지에 관계없이 증거능력 인정 여부에 차이가 나지 않는 것으로 해석된다.

27) 실제 문제는 '甲이 乙에게 5,000만원을 주지 않으면 부정채용으로 경찰에 고발하겠다는 문자를 수십차례 보냈고 그 문자에 겁을 먹은 乙이 甲에게 5,000만원을 이체하였다'는 범죄사실로 甲이 기소되었으나 제1심 공판 진행 중에 乙이 甲의 문자 내용에 겁을 먹은 것이 아니라 甲을 불쌍하게 여겨 5,000만원을 이체한 것으로 밝혀졌다고 하였고, 형법에서 공갈행위와 처분행위 사이에 인과관계가 있어야 하므로 공갈은 하였으나 상대방이 외포심을 일으키지 않고 동정심이나 불쌍한 마음에 재물을 교부한 때에는 공갈에 의한 재물의 교부가 아니기에 공갈미수가 성립한다는 내용을 알아야 공갈죄의 공소사실이 아닌 공갈미수죄라는 축소사실 인정이라는 쟁점을 파악할 수가 있게 된다.

28) 이미 제8회 변호사시험 제2문의 (3) 문제에서 공범에 대한 사법경찰관 작성 피의자신문조서의 증거능력에 대해 출제된 적이 있을 뿐만 아니라 검사 작성의 피의자신문조서에 대한 규정(형사소송법 제312조 제1항, 제2항) 등을 포함한 개정 형사소송법의 국회의결 직후로 피의자신문조서의 증거능력에 관심이 높은 상황에서 출제가 이루어졌다.

제1문의 (1) 문제는 제5회 변호사시험 제1문의 (2) 문제와 유사하고, 제2문의 (2) 문제는 제8회 변호사시험 제2문의 (3) 문제에서 공범에 대한 검사 작성의 피의자신문조서 부분을 추가하여 출제되고, (3) 문제는 제7회 변호사시험 제2문의 (2) 문제와 사실상 같아서 이미 출제된 적이 있는 문제가 다시 출제되는 경향이 뚜렷하였다.[29] 특히, 형사소송법 제312조 제1항, 제2항 등을 포함한 개정 형사소송법의 국회의결 직후로 피의자신문조서의 증거능력 여부에 관심이 높은 상황에서 출제가 제8회에 이어서 제9회에서도 이루어진 점이 주목된다.

구 분	문항수 (배점)	소송주체 등	수사와 공소제기	공판	증거	재판, 상소, 특별절차
제1문	3개(40점)	1개(10점)	1개(10점)		1개(20점)	
제2문	3개(45점)			1개(15점)	2개(30점)	

차. 제10회 변호사시험

제1문에서는 (1) 피해자가 피의자의 범행에 사용된 청테이프를 절취한 사인의 위법수집증거의 증거능력(10점), (2) 긴급체포 후 압수·수색한 청테이프와 그 압수조서 및 사진의 증거능력(5점),[30] (3) 피해자가 영상통화로 피의자의 협박내용을 녹음한 녹음물 중 피의자가 말한 부분의 증거능력(10점), (4) 공동피고인의 진술을 내용으로 하는 전문진술의 증거능력(8점),[31] (5) 항소심이 항소이유서제출기간 경과 전에 항소기각을 한 경우의 적법성(7점)에 대한 문제가 5개나 출제되고, 제2문에서는 (1) 재전문증거인 A의 진술을 내용으로 하는 M의 자필 진술서의 증거능력(15점), (2) 피고인이 공소기각판결에 불복하여 상소를 한 경우의 법원조치(10점), (3) 변호사가 항소이유서만을 제출하고 항소이유서제출기간이 경과한 후에 변호인선임서를 항소법원에 제출한 경우의 항소이유서의 효력(15점)에 대한 문제가 3개 출제되었다.

---

29) 법학전문대학원협의회 주관의 2019년 제3차 모의시험 사례형 제2문에 '증언 내용을 번복한 진술조서, 피의자신문조서와 추가 증언의 증거능력'에 대한 문제(배점 25점)가 출제되기도 하여 3년 연속으로 유사문제가 변호사시험과 모의시험에 출제되었다.

30) 3개의 증거에 대한 증거능력 인정 여부를 배점 5점으로 출제한 것은 사실상 단답식 답안을 요구한 것으로 매우 부적절하다고 본다.

31) 이미 제4회 변호사시험 제1문의 (2) 문제가 유사한 문제로 출제된 적이 있다.

제1문에서 배점 40점에 별개 독립된 문제가 5개나 출제되는 바람에 배점이 10점 미만인 문제가 3개나 되고 심지어 5점짜리 문제까지 있어서 수험생들이 시간이나 답안분량 조절에 어려움이 많았으리라 짐작된다. 그리고 제2문에서는 소송행위, 증거, 상소부분에서 1문제씩 골고루 출제되고 문항 수도 3개이기에 적절하다고 보인다. 그리고 제9회 변호사시험에서 출제되지 않았기 때문인지 제1문과 제2문에서 모두 상소부분에 대한 문제가 출제된 점이 특이하다고 볼 수 있다.

구 분	문항수 (배점)	소송주체 등	수사와 공소제기	공판	증거	재판, 상소, 특별절차
제1문	5개(40점)		1개(5점)		3개(28점)	1개(7점)
제2문	3개(40점)	1개(15점)			1개(15점)	1개(10점)

2. 항목별 분석

가. 형사소송법의 배점 추이

회차	1회	2회	3회	4회	5회	6회	7회	8회	9회	10회	평균
배점	90점	85점	80점	90점	90점	80점	80점	85점	85점	80점	84.5점

제1문과 제2문의 각 100점씩 총점 200점 중에서 형사소송법 분야의 배점은 90점과 85점이 각 3회이고 80점이 4회로 전체 평균은 84.5점이었다. 90점의 경우는 제1회, 제4회, 제5회 모두 제1문이 40점, 제2문이 50점이었다.

제3회 변호사시험에서 배점이 80점으로 제1회에 비해 계속 줄어들었는데, 제1문의 형법부분에서 사법경찰관이 피의자(甲)를 긴급체포하려 하자 피의자가 '자수하려는 사람을 체포하는 법이 어디에 있느냐'고 따지며 경찰관의 가슴을 밀쳐 바닥에 넘어뜨려 손가락이 골절된 경우에 피의자의 공무집행방해죄의 성립 여부가 쟁점이 된 문제가 출제되었고, 이는 긴급체포의 요건 해당 여부에 따른 것이라서 형사소송법의 쟁점도 포함되었다고 볼 수 있다.[32] 반면에 제9회 변호사시험 제2문의 (1) 문제에서는 공갈죄의 공소사실이 아닌 공갈미수죄라는 축소사실 인정과 관련하여 사안을 통해 공갈미수가 성립한다는 내용을 알아야 하므로 기본적으로 형사소송법

32) 한편, 제3회 변호사시험 제2문의 (1) 문제에서도 긴급체포의 적법성이 출제되어 제1문과 제2문에서 모두 긴급체포의 요건을 기재하여야 하였다.

문제이지만 형법의 쟁점이 포함된 경우도 있다.

나. 문항수 추이와 문항별 배점 상황

회차	1회	2회	3회	4회	5회	6회	7회	8회	9회	10회	평균
문항	4개	6개	7개	7개	7개	6개	7개	7개	6개	8개	6.5개

제1회 변호사시험에서 제1문과 제2문에 배점이 20점인 문제를 2개씩 출제한 이후에 보통 6개 내지 7개의 문항이 출제되었고, 제10회 변호사시험에서는 8문제가 출제되어 앞으로 문항수가 더 늘어날 수도 있을 것 같다. 점점 많은 문항이 되는 것은 결과적으로 변호사시험이 단순 판례암기 테스트가 되고 있다는 비판을 받게 되고 로스쿨 학생들의 공부방법도 이에 따르게 되므로 매우 바람직해 보이지 않는다.

배점	35점	20점	15점	10점	8점	7점	5점
문항수	1개	11개	18개	26개	3개	3개	3개

문항별 배점을 보면 35점부터 5점까지 다양하고, 배점이 10점인 경우가 26개로 가장 많으며 다음으로 15점인 경우가 18개이어서 보통 10점 내지 15점인 문제가 일반적이다. 그리고 배점이 35점인 경우에도 제1회 변호사시험 제2문의 (1) 문제에서 3개의 소문제로 나뉘고 1개의 소문제는 다시 2개 증거의 증거능력에 대한 질문이어서 전체적으로는 4개 문제를 합친 것이므로 실제 10점 정도(평균 8.75점)의 문제라고 볼 수 있다.

주어진 전체 배점에서 문항수가 늘어나면 자연스레 각 문제의 배점을 줄여야 되고 제10회 변호사시험과 같이 문항수가 8개나 되는 경우에는 불가피하게 5점짜리 문제까지 나올 수밖에 없으므로 문항수가 과도하게 늘어나는 것은 재검토하여야 할 것이다.

다. 출제범위 추이

편의상 서론, 소송주체와 소송행위부분을 '소송주체 등'으로 묶고, 증거부분을 독립적으로 구분하기 위하여 증거 앞부분을 '공판'이라고 하고 증거 뒷부분인 재판과 그 이후 부분을 묶어서 '재판, 상소, 특별절차'로 나누어 정리하였다. 예상한 바와 같이 증거부분이 압도적으로 많은 문제와 배점으로 출제되었고, 다음으로 수사와 공

구 분	수사주체 등	수사와 공소제기	공판	증거	재판, 상소, 특별절차	합 계
제1회		1개(20점)		2개(50점)	1개(20점)	4개 (90점)
제2회	0.5개 (3점)	0.5개(10점)	4개 (52점)	1개(20점)		6개 (85점)
제3회	1개(8점)	2.5개(35점)	0.5개 (3점)	1.5개 (25점)	1.5개 (9점)	7개 (80점)
제4회		3.5개(45점)	1개 (10점)	2.5개 (35점)		7개 (90점)
제5회		3개(40점)	1개 (10점)	2개(30점)	1개(10점)	7개 (90점)
제6회	1개 (15점)	1개(10점)		3개(40점)	1개(15점)	6개 (80점)
제7회		1개(10점)	2개 (20점)	3개(40점)	1개(10점)	7개 (80점)
제8회		3개(40점)		3개(35점)	1개(10점)	7개 (85점)
제9회	1개 (10점)	1개(10점)	1개 (15점)	3개(50점)		6개 (85점)
제10회	1개 (15점)	1개(5점)		4개(43점)	2개(17점)	8개 (80점)
합 계	4.5개 (51점)	17.5개 (225점)	9.5개 (110점)	25개 (368점)	8.5개 (91점)	65개 (845점)

소제기 부분이 많이 출제되었다. 수사주체부분과 재판 이하 부분은 출제가 되지 않는 경우도 있고 출제가 되어도 배점이 적기 때문에 중요성이 떨어질 것으로 보인다.

공판부분은 제1회 변호사시험에 출제가 되지 않은 대신 제2회 변호사시험에서는 매우 비중이 있게 출제가 되었으며, 직전 해당 연도에 출제가 되지 않았으면 반드시 그 다음 해에 출제가 되었음을 알 수 있다.

라. 표준판례를 통해 문제해결이 가능한 여부 검토

법학전문대학원협의회는 변호사시험의 자격시험화 등을 주장하며 한국형사법학회에 표준판례선정 작업을 의뢰하여 2020년 3월에 『형법 표준판례연구』를 발간하고, 이어서 2021년 3월에 『형사소송법 표준판례연구(이하 '표준판례집'이라 함)』를 발간하였다. 위 협의회에서는 표준판례집에 수록된 판례 범위에서 변호사시험이 출제되는 것이 바람직하다는 입장을 제시하고 있다. 수험생이 되는 로스쿨 재학생들이나 졸업생들에게 가중된 판례 공부의 부담에서 벗어나게 하려는 의도에서 발간하였다고 하는데, 편의상 제10회 변호사시험의 사례형시험에서 출제된 문제 8개를 표준판례집과 비교하여 살펴보기로 한다.[33)]

제1문의 (1) 문제는 사인의 위법수집증거의 증거능력 판단기준에 대해 이익형량설을 취하고 있는 판례를 알고 있어야 하는데, 표준판례집에는 대법원 2013.11.28. 선고 2010도12244 판결[34)]과 대법원 1997.9.30. 선고 97도1230 판결[35)]이 소개되어 있다.[36)] (2) 문제는 배점이 5점으로 청테이프와 그 압수조서 및 사진의 증거능력을 묻고 있고 사례 해결에서 압수조서가 검증조서에 준하여 증거능력이 인정되기 위해서는 형사소송법 제312조 제6항의 요건을 충족하여야 한다는 판례의 언급이 필요한데,[37)] 표준판례집에는 이에 대한 판례는 소개되지 않고 있다. (3) 문제는 피해자가 영상통화로 피의자의 협박내용을 녹음한 녹음물 중 피의자가 말한 부분의 증거능력을 묻고 있고, 사례 해결을 위해서는 통신비밀보호법상 '공개되지 않은 타인간의 대화'의 의미와 현장녹음의 증거능력에 대한 판례의 입장을 알아야 한다.[38)]

---

33) 제1회 변호사시험부터 10년 동안의 사례형 문제를 모두 표준판례집과 비교하기에는 내용이 너무 많아 부득이 최근의 제10회 변호사시험 사례형 문제에 한정하여 검토한다.

34) 법학전문대학원협의회, 『형사소송법 표준판례연구』, 2021, 194－195면(증거부분의 225번).

35) 법학전문대학원협의회, 앞의 책, 195면(증거부분의 226번).

36) 이창현, 『사례형사소송법(제4판)』, 정독, 2021, 416－414면에서는 대법원 2017.3.15. 선고 2016도19843 판결 등이 추가적으로 언급되고 있으며, 조균석/강수진, 『형사법사례형해설(제6판)』, 박영사, 2021, 571－572면에서는 대법원 2010.9.9. 선고 2008도3990 판결 등이 추가적으로 언급되고 있다.

37) 이창현, 앞의 책, 207－208면과 조균석/강수진, 앞의 책, 572－573면에서는 대법원 1995.1. 24. 선고 94도1476 판결이 언급되고 있다.
물론 조균석/강수진, 앞의 책, 572－573면에서는 대물적 강제처분 요건에서의 관련성에 관한 대법원 2008.7.10. 선고 2008도2245 판결까지 언급하고 있기는 하지만 사안에서 관련성이 너무나 분명하여 해당 조문(형사소송법 제215조)의 내용만 기재하고 판례가 없어도 사례해결에 아무런 어려움이 없어 보인다.

38) 이창현, 앞의 책, 596－600면에서는 제1회 변호사시험 제2문의 (1) 문제의 '협박한 전화 통화 내용을 녹음한 녹음테이프의 증거능력'의 유사문제로 다루면서 '공개되지 않은 타인간의 대화'의 의미에 대해서는 대법원 2014.5.16. 선고 2013도16404 판결과 대법원 2006.10.12. 선고 2006도4981 판결, 현장녹음의 증거능력에 대해서는 같은 성격인 현장사진의 증거능력에 관한

표준판례집에서는 '3자간 대화에서 일방 당사자의 녹음과 감청'과 관련된 대법원 2006.10.12. 선고 2006도4981 판결을 통해 '공개되지 않은 타인간의 대화'의 의미를 이해할 수 있고,[39] 상해 부위를 촬영한 사진은 비진술증거로서 전문법칙이 적용되지 않는다는 내용의 판례(대법원 2007.7.26. 선고 2007도3906 판결)를 소개하고 있다.[40] (4) 문제는 공동피고인의 진술을 내용으로 하는 전문진술의 증거능력을 묻고 있고 기본적으로 형사소송법 제316조 제1항과 제2항이 적용되는 경우인데, 동조 제1항과 제2항의 해석상 '특신상태'의 의미, 동조 제2항에서 '피고인이 아닌 타인'에 공동피고인이나 공범인 경우에도 포함되는지에 대한 판례의 언급이 필요한데,[41] 표준판례집에서는 특신상태와 관련하여서는 대법원 2014.4.30. 선고 2012도725 판결,[42] '피고인이 아닌 타인'과 관련하여서는 대법원 2000.12.27. 선고 99도5679 판결[43]이 각 소개되어 있다. (5) 문제는 항소심이 항소이유서제출기간 경과 전에 항소기각을 한 경우의 적법성을 묻고 있고, 배점이 7점으로 학설의 대립이 있는 경우도 아니므로 항소인 등은 항소법원으로부터 소송기록접수통지를 받은 날로부터 20일의 항소이유서제출기간 이내에 항소이유서를 제출하여야 한다는 규정(형사소송법 제361조의3 제1항)과 함께 이에 따라 항소법원은 항소이유서제출기간 내에 제출한 항소이유서에 의하여 심판하게 되어 있고 위 제출기간 만료시까지 항소이유서를 제출할 수 있는 기회가 보장되어 있으므로 그 경과를 기다리지 않고 항소사건을 심판하는 것은 허용되지 않는다는 판례를 숙지하고 있는지가 관건이 된다.[44] 표준판

대법원 1997.9.30. 선고 97도1230 판결이 언급되고 있으며, 조균석/강수진, 앞의 책, 573-574면에서는 '공개되지 않은 타인간의 대화'에 대해서는 판례 소개는 없이 설명만 하고, 현장녹음의 증거능력에 대해서는 역시 제1회 변호사시험 제2문의 (1) 문제의 해설을 참조하라고 하면서 '녹음파일에 담긴 진술 내용의 진실성이 아닌 그와 같은 진술이 존재하는 것 자체가 증명의 대상이 되는 경우에는 전문법칙이 적용되지 않는다는 판례(대법원 2015.1.22. 선고 2014도10978 전원합의체 판결)를 언급하고 있다.

39) 법학전문대학원협의회, 앞의 책, 97면(수사부분의 108번).

40) 법학전문대학원협의회, 앞의 책, 236면(증거부분의 274번).

41) 이창현, 앞의 책, 513-515면에서는 특신상태와 관련하여 대법원 2017.7.18. 선고 2015도12981 판결을, '피고인이 아닌 타인'과 관련하여 대법원 2019.11.14. 선고 2019도11552 판결이 언급되고 있으며, 조균석/강수진, 앞의 책, 580-581면에서는 특신상태와 관련하여 대법원 2017.12.22. 선고 2016도15868 판결이 언급되고 있다.

42) 법학전문대학원협의회, 앞의 책, 234면(증거부분의 271번).

43) 법학전문대학원협의회, 앞의 책, 232면(증거부분의 269번).

44) 이창현, 앞의 책, 731면에서는 대법원 2018.4.12. 선고 2017도13748 판결 등이, 조균석/강수진, 앞의 책, 581-582면에서는 대법원 2015.4.9. 선고 2015도1466 판결 등이 언급되고 있다.

례집에서는 '항소이유서 제출기간과 항소사건의 심판'이란 제목으로 대법원 2018. 4.12. 선고 2017도13748 판결이 소개되고 있다.[45)]

제2문의 (1) 문제는 재전문증거의 증거능력이 인정되기 위한 요건을 묻고 있고, 재전문증거의 증거능력을 인정할지에 대한 학설로 긍정설, 부정설, 제한적 긍정설이 있고 판례는 제한적 긍정설의 입장이며,[46)] 이를 검토하여 구체적으로 재전문증거인 진술서의 증거능력이 인정되기 위해서 형사소송법 제312조 제4항과 제316조 제2항의 요건을 충족하는 경우임을 보여야 한다. 표준판례집에서는 '재전문증거의 증거능력'이라는 제목으로 대법원 2000.3.10. 선고 2000도159 판결을 소개하고 있다.[47)] (2) 문제는 피고인이 공소기각판결에 대하여 무죄를 주장하며 항소를 제기한 경우의 항소심 법원의 판단을 묻고 있고, 이와 같이 공소기각판결과 같은 형식재판에 대하여 피고인이 무죄를 주장하여 상소가 허용되는지에 대해 학설로 긍정설과 부정설(구체적으로 부정설은 실체판결청구권결여설과 상소이익결여설로 나뉨)이 있고 판례는 피고인에게 상소이익이 없어서 무죄를 주장하는 상소가 허용되지 않는다는 것이고,[48)] 이를 검토하여 결론에 이르러야 한다. 표준판례집에서는 '공소기각판결에 대한 피고인의 상소이익'이라는 제목으로 대법원 1997.8.22. 선고 97도1211 판결을 소개하고 있다.[49)] (3) 문제는 변호사가 항소이유서만을 제출하고 항소이유서 제출기간이 경과한 후에 변호인선임서를 항소법원에 제출한 경우의 항소이유서 제출의 효력을 묻고 있고,[50)] 이와 같이 변호인선임의 보정적 추완 여부에 대하여 학설은 긍정설, 부정설, 절충설로 나뉘고 판례는 부정설 내지 절충설의 입장이며 이를 검토하여 결론에 이르러야 하는 것이다.[51)] 표준판례집에서는 '변호인선임의 효

---

45) 법학전문대학원협의회, 앞의 책, 297－298면(상소부분의 352번).

46) 이창현, 앞의 책, 536－538면에서는 대법원 2017.7.18. 선고 2015도12981 판결 등이, 조균석/강수진, 앞의 책, 606－607면에서는 대법원 2010.7.8. 선고 2008도7546 판결 등이 언급되고 있다.

47) 법학전문대학원협의회, 앞의 책, 234－235면(증거부분의 272번).

48) 이창현, 앞의 책, 697－698면과 조균석/강수진, 앞의 책, 608－609면에서는 대법원 2008.5.15. 선고 2007도6793 판결 등이 언급되고 있다.

49) 법학전문대학원협의회, 앞의 책, 274면(상소부분의 321번).

50) 2015년 제2차 모의시험 사례형 제2문에도 '제1심 법원은 丙의 범죄사실에 대해 유죄를 선고하였다. 변호사 R은 丙의 변호인으로 선임되어 항소이유서 제출기간 내에 항소이유서를 제출하였으나 실수로 변호인선임신고서를 제출하지 못하였고, 항소이유서 제출기간이 경과한 후에야 비로소 변호인선임신고서를 항소법원에 제출하였다. R이 제출한 항소이유서는 효력이 있는가?'라고 사실상 같은 문제가 배점도 같은 15점으로 출제가 된 적이 있다.

과'라는 제목으로 대법원 2014.2.13. 선고 2013도9605 판결이 소개되고 있다.[52]

제10회 변호사시험에서의 8문제 중에서 제1문의 (2) 문제를 제외하고는[53] 모두 표준판례집에 관련 판례가 소개되고 있어서 큰 어려움이 없이 사례를 해결할 수가 있다. 다만 표준판례집이 2021년 3월에 발간되고 제10회 변호사시험은 그 이전에 이미 시행된 점만 보아도 알 수 있듯이 그동안 변호사시험이 로스쿨에서 충실히 공부를 하였으면 당연히 알고 있어야 할 중요판례를 중심으로 출제가 되었음을 알 수 있기에 표준판례집의 발간 취지와 같은 우려가 절실한 것은 아니라고 판단된다.

Ⅲ. 형사소송법 사례형시험의 개선방안

1. 통합형 출제에서 형법과 분리된 독립 출제 방식으로 전환

변호사시험은 공법, 민사법, 형사법과 같이 기본과목의 경우에 현재 선택형, 사례형 그리고 기록형으로 중복적 평가를 하고 있다. 앞으로 헌법, 민법 그리고 형법을 제외한 형사소송법 등 나머지 과목에 대해서는 선택형시험을 출제하지 않는 방향으로 변호사시험이 변경될 움직임이 있는데,[54] 이것이 실현되면 새롭게 전면적인 검토가 필요하겠지만 현재 선택형시험에서도 사례형 문제가 다수 출제되고 있

---

51) 이창현, 앞의 책, 58－59면과 조균석/강수진, 앞의 책, 609－610면에서는 대법원 2014.2.13. 선고 2013도9605 판결 등이 언급되고 있으며, 변호인선임신고서의 제출없이 항소이유서 등을 제출하여도 아무런 효력이 없다는 내용의 판례(대법원 2017.7.27.자 2017모1377 결정 등)도 내용과 함께 언급되고 있다.

52) 법학전문대학원협의회, 앞의 책, 22－23면(소송주체부분의 22번).

53) 압수조서가 검증조서에 준하여 형사소송법 제312조 제6항의 요건을 충족하면 증거능력이 인정될 수 있다는 내용의 대법원 1995.1.24. 선고 94도1476 판결도 다음과 같이 상당수 교과서에 언급되고 있는 실정이다. 김정한, 『실무형사소송법(2020년 개정판)』, 준커뮤니케이션즈, 2020, 651면; 신동운, 『신형사소송법(제5판)』, 법문사, 2014, 1204면; 신양균/조기영, 『형사소송법』, 박영사, 2020, 867면; 이승호/이인영/심희기/김정환, 『형사소송법강의(제2판)』, 박영사, 2020, 486면; 이은모/김정환, 『형사소송법(제8판)』, 박영사, 2021, 696면; 이재상/조균석/이창온, 『형사소송법(제13판)』, 박영사, 2021, 671면 ; 이주원, 『형사소송법(제3판)』, 박영사, 2021, 482면 ; 이창현, 『형사소송법(제6판)』, 정독, 2020, 942면.

54) 법률저널 2020.10.20.자, "'변호사시험 선택형 과목 축소'개정안 국회 제출"기사에 의하면 변호사시험 선택형 시험과목에서 행정법, 상법, 민사소송법, 형사소송법을 제외하고 헌법, 민법, 형법의 3개 분야로 축소하는 내용을 담은 변호사시험 개정안이 2020.12.16. 국회에 제출되기도 하였다.

을 뿐만 아니라[55] 기록형시험은 '존댓말을 쓰는 사례형'이란 비판이 계속 제기될 정도로 모두 사례형시험과 상당 부분 겹쳐져 분명한 차별성을 보이지 못하고 있는 실정이다.[56] 물론 이 부분은 선택형과 기록형시험 자체의 문제이기는 하지만 선택형, 사례형 그리고 기록형으로 시험유형을 다양하게 하여 평가하는 본래의 취지에 맞게 선택형과 기록형시험 출제의 개선이 시급하다고 하겠다.[57]

사례형시험에서는 오히려 형법과 형사소송법의 통합형 문제를 출제해 온 방식에 대한 검토가 필요하다고 본다.[58] 처음 사법시험과 구별되고 현실적으로 특정사건이 발생한 경우에 형법과 같은 실체법상의 문제와 형사소송법과 같은 절차법상의 문제가 함께 발생하는 것이 사실이므로 사례형시험 출제에서 형법적 쟁점과 형사소송법적 쟁점을 모두 찾아서 사례를 해결하는 방식이 더욱 이상적이라는 판단에 따른 것으로 보인다. 그렇지만 사례에 따라서는 형법적 쟁점이 대부분이거나 반대로 형사소송법적 쟁점이 더 중요한 경우도 있으며, 실제 형법과 형사소송법적 쟁점이 골고루 있는 사례를 만드는 것이 현실적으로 쉽지 않다.[59] 그럼에도 불구하고 형법적 쟁점과 형사소송법적 쟁점을 모두 평가하는 출제를 계속하려다보니 사례 자체가 상당히 비현실적이고, 전혀 다른 상황을 '한편'[60] 또는 '만일'[61]이라고 하여

55) 이승준, 앞의 논문, 192면에 의하면 제7회 변호사시험 형사법 선택형시험에서 통합형 사례를 포함하여 사례문제가 30%를 넘었다고 한다.

56) 이승준, 앞의 논문, 191－192면에 의하면 선택형은 기초적인 법률이론과 판례 등에 관한 지식을 보유하고 있는가를 측정하기 위한 것이고, 사례형은 주어진 사실관계에 법리를 적용하고 결론을 도출하여 문제해결능력을 보기 위한 것이고, 기록형은 최소한의 법률실무능력을 검증하기 위한 것인데, 변호사시험이 대체로 사례형으로 수렴하는 현상을 보여주고 있다고 평가하고 있다.

57) 윤태석, "법학전문대학원 형사법 교육방법의 일고찰 － 사실인정과 관련하여", 『법조』 통권 650호, 2010, 312면 이하에 의하면 형사법에서 유무죄의 사실인정 부분 교육을 위해 제1심과 항소심에서 별다른 증거의 변동이 없음에도 제1심과 항소심에서 유무죄의 결론이 실제로 달라진 사례들을 바탕으로 형사법상의 유죄로 인정하기 위한 심증형성의 정도에 대한 판단기준을 도출해 보는 학습방법을 제안하고 있는데, 매우 바람직하긴 하지만 이러한 교육방법은 로스쿨의 교육기간과 현행 변호사시험제도, 판결자료수집이나 강의역량 등을 고려할 때에 정말 꿈같은 희망사항이라고 할 수 있다.

58) 이승준, 앞의 논문, 194면에 의하면 각 분야간 유기적 문제해결 능력의 측정을 위해 통합형 문제유형의 도입이 결정되었다고 한다.

59) 이승준, 앞의 논문, 195면에 의하면 형법총론부분에서 형법의 해석이나 죄형법정주의와 관련하여 매우 중요한 쟁점임에도 불구하고 통합형으로 출제될 수 없는 영역은 문제에서 배제될 수밖에 없다고 한다.

서로 합리적으로 어울리지 않는 내용을 형식상 붙여서 억지로 문제를 만들어 내는 경우가 적지 않다. 또한 제1문과 제2문의 출제위원이 다르다보니 문제의 쟁점이 겹치는 경우가 생기기도 하고,[62] 출제과정에서 서로 조정을 하여야 하는 번거로움도 계속된다. 무엇보다도 형법과 형사소송법의 쟁점을 모두 평가하려다보니 형법 자체와 형사소송법 자체의 실력을 제대로 평가하기 어려운 경우가 생기게 된다. 여기에 실제 수험생들의 시험시간의 제약까지 작용하고 사례문제 자체도 1면 정도로 압축적으로 작성하여야 하는 관계로 형법과 형사소송법의 실력을 보다 효율적이고 합리적으로 평가하는 것이 어렵다고 보인다.

따라서 형법과 형사소송법의 통합형 출제는 기록형시험에서 충분히 발휘되도록 하고, 서로간의 차별성을 위해서도 사례형시험에서는 형법과 형사소송법을 분리하여 출제하는 것이 더 바람직하다고 판단된다.

2. 문항수를 감축하고 각 문항의 배점을 상향

변호사시험이 '판례암기력 테스트'라는 비판을 받고 있는 실정이고, 이는 선택형 시험뿐만 아니라 사례형과 기록형시험에서도 마찬가지이다. 선택형시험에서는 '다툼이 있으면 판례에 의함'이라는 문구가 대부분의 문제에 기재되어 있어서[63] 판례의 결론을 알고 있어야만 비로소 정답을 맞출 수가 있게 된다. 그리고 사례형시험에서도 판례의 입장을 알고 있으면 쉽게 사례 해결이 가능하다. 구체적으로 판례에서의 사안이 약간 변형되어 사례 문제로 출제되기도 하여[64] 결과적으로 판례를 알

60) 예를 들어 제4회 변호사시험 제1문의 (1), (2), (3), (4) 문제의 경우.

61) 예를 들어 제5회 변호사시험 제2문의 (3), (4) 문제의 경우.

62) 예를 들면 제2회 변호사시험 제1문의 (3) 문제와 제2문의 (2) 문제에서 공통적으로 공소사실의 동일성에 대한 판단기준이 쟁점이 되었다.

63) 제10회 변호사시험 형사법 선택형 전체 40문항 중에서 39문항이 위와 같은 문구가 있으며, 김성룡, 앞의 논문, 150면과 이승준, 앞의 논문, 193면에 의하면 제7회 변호사시험의 경우에 형사법 선택형 전체 40문항 중에서 위와 같은 문구가 빠져 있는 문제는 2개에 불과하여 95%인 38문항이 판례를 기초로 했거나 판례의 결론이 지문으로 포함하고 있었고, 나머지 2개 중에서 1개는 법조문을 묻는 것이고, 다른 1개는 판결문을 제대로 읽을 수 있는지를 묻는 것이었다고 한다.

64) 예를 들어 제1회 변호사시험의 제2문에서 '사법경찰관 P1이 피의자 乙에게 소주라도 한잔하자면서 경찰서 주변 식당으로 乙을 데리고 가 비망록에 구청직원 접대 부분을 지적하면서 "접대를 한 구청직원이 누구이고 왜 접대를 한 것이냐? 앞으로 내가 잘 챙겨 주겠다."는 등으로

면 사례 문제의 쟁점과 결론이 대부분 보이게 되는 것이다.

이런 상황에서 특히 배점이 10점도 되지 않는 문제의 경우에는[65] '판례의 입장은 … 이다. 따라서 … 이다.'식의 답안작성이 속출하게 되는데,[66] 배점을 고려하고 시간 제약[67]도 감안하는 경우에 그에 따른 학설과 논거를 알고 있어도 기재할 여유가 없고, 이런 상황이 계속되면 자연스럽게 판례 요지를 외우는 공부가 변호사시험의 중심이 되고, 또 그러한 식으로 공부를 권유할 수밖에 없는 상황이 되는 것이다.[68]

설득을 하였고, 당시 진술거부권의 고지는 없었다. … 이후 검찰에서의 피의자신문과정에서는 진술거부권이 적법하게 고지되었고, 변호인이 참여한 상태에서 조사가 이루어졌다.'는 내용이 나오고 (2) 문제에서 독수과실이론의 예외 인정 여부가 출제되었는데, 실제 독수과실이론의 예외가 인정된 경우인 대법원 2009.3.12. 선고 2008도11437 판결에서 '피의자가 강도혐의로 현행범체포가 되어 인계받은 사법경찰관 P가 또 다른 범행을 의심하여 피의자의 주거지로 향하는 차 안에서 진술거부권을 고지하지 않은 채 "이 사건 전의 범행이 있으면 경찰관이 찾기 전에 먼저 이야기하라, 그렇게 해야 너에게 도움이 된다."는 취지로 이야기하여 추가 범행을 하였다는 진술을 받아내고 이후 변호인의 충분한 조력을 받으면서 진술거부권을 고지받는 등 적법한 절차를 통해 자백이 임의로 이루어졌다'는 내용이 나오고 있어 사안의 핵심적인 부분이 일치한다는 것을 알 수 있다.

65) 10년간 변호사시험 사례형 문제 총 65개 중에서 배점인 8점, 7점, 5점인 문제가 각 3개씩이나 될 뿐만 아니라 배점이 35점 등 높은 문제에도 실제로는 몇 개씩의 소문제로 나뉘어 있다.

66) 차정인, 앞의 논문, 340면에 의하면 형사법의 이론은 모두 생략한 채 유사 판례를 거론한 다음 그 판례를 적용하여 바로 결론을 내린 답안을 많이 볼 수 있다고 하며, 엄복현, "민사법의 교육과 평가" 토론문, 『고려법학』 제95호, 2019, 395면에 의하면 '5회 변호사시험의 서술형을 보면 5점, 10점 단위로 쪼개진 서술형 문제가 많았는데, 위와 같은 서술형 문제들은 결국 객관식 시험의 연장 같다는 느낌이 들었다.'는 주장도 있다.

67) 엄복현, 앞의 토론문, 394-395면에 의하면 '변호사시험과 재판연구원 시험을 치르면서 느낀 가장 큰 문제점은 절대적인 시험시간의 부족이었습니다. 대부분의 기록형이나 서술형 문제는 문제를 받자마자 잠깐 생각을 마치고 바로 기술해 나가야 합니다. 시험의 형식이 사안을 논리적으로 분석하고 이에 대한 해결방안을 도출할 수 있는지 여부를 확인하는 것이 아니라 사건과 유사한 판례를 알고 있고 그것을 얼마나 신속하게 떠올리는지를 묻고 있다는 느낌이 강하게 들었습니다.'라고 하였다.

68) 이용식, 『형법총론』, 박영사, 2018, 머리말에 의하면 '변호사시험을 위해서는 가장 얇은 교과서 한권과 가장 얇은 최근 3개년 판례정리집 한권만 보면 그것으로 충분하다. 아니 그래야만 한다. 그 이상 보면 낙방한다. 변호사시험에서 답안을 작성하는 데 있어서는, 알고 있는 것을 쓸 시간도 없고 답안지공간도 없다. 그저 조문과 판례의 「결론」만을 쓸 수 있다. 그러니까 판례는 이해할 필요가 없다. 이해하면 오히려 손해다. 판례는 결론만 암기하면 된다. 판례의 논거를 이해해 보았자 답안지에 쓸 시간도 공간도 없다. 판례를 열심히 공부하여 이해한 논거를 쓰려고 하면 변호사시험에 떨어진다. 판례는 이해의 대상이 아니라, 암기의 대상이라는 것을 명심하여야 한다. 그것도 결론만. 그것도 최근 3개년 판례의 결론만. 변호사는 판례의 결론만

따라서 문항수를 줄여서 배점을 최소 10점 이상으로 유지하여 관련 학설을 간단하게라도 논거를 들어 기재하고 이에 따른 판례의 입장이 무엇이며, 자신은 어떤 이유에서 어느 입장을 따른다는 검토 내용을 밝힌 후에 그 입장에 따라 사례를 해결하고, 만일 판례와 입장이 다른 경우에는 판례 입장에 따른 해결방안도 제시하는 식의 논리적인 답안이 고득점을 할 수 있도록 평가가 이루어져야 할 것이다. 단순히 판례 요지 외우기를 멈추고 보다 심층적인 답안 작성 훈련이 가능하도록 하고, 이에 따라 평소의 로스쿨 공부 방법도 정상적으로 개선될 것으로 기대된다.

3. 표준판례집을 고려한 출제 판례의 선정과 판례의 기재 정도

변호사시험에서 출제되는 판례의 범위를 대폭 축소하기 위해 반드시 알아야 할 핵심적인 판례를 선정하여 이를 교수와 학생이 공유하면서 공부하도록 하고 그 범위에서 출제해야 한다는 주장이 있어 왔고,[69] 심지어 출제대상이 되는 판례의 개수는 과목당 100개 정도면 충분하고 이렇게 제한하면 학습 부담이 감소할 것이고 판례 배면에 있는 어떤 사실관계나 중요한 이론까지도 심층적으로 배우게 됨으로써 그것을 바탕으로 토론식 학습도 할 수 있는 등 긍정적인 효과가 나타날 것이라는 주장도 있다.[70] 이런 점들이 반영되어 앞에서 살펴본 바와 같이 최근 표준판례집이

알면 되는 것이다. 판례형법이라는 이름하에 수백페이지에 달하는 두꺼운 책들은 거들떠보지도 말아야 한다.'는 주장까지 있다.

69) 박정난, "법학전문대학원 교육 10년의 평가와 향후 과제 – 형사소송법과 관련하여", 『고려법학』 제95호, 2019, 43면; 이승준, 앞의 논문, 208면.

70) 홍영기, "형사법의 교육과 평가" 토론문, 『고려법학』 제95호, 2019, 371면에 의하면 판례가 시험에 출제되는 경우에서의 가장 심각한 문제는 판례의 단순한 결론만을 문제로 출제하게 되어서, 이미 그 취지가 극복된 판례까지 무분별하게 출제되는 것이라고 하면서 그 예로 음주운전을 한 혐의에 대해 채혈한 피를 압수하는 과정에 관한 문제를 제시하며 요즘 우리 형사소송법 판례는 반복하여 사전영장의 예외로서 '동의'는 반드시 피수사자인 피의자 본인이 동의해야 한다는 것을 강조하고 있는데도 실제 시험에서는 옛날 판례가 제시되어서 간호사의 동의만으로 병원에서 보관하고 있는 혈액을 가져올 수 있다는 취지의 문제가 출제되었다면서 학생들이 최근 판례의 경향을 알고 있으면 문제를 틀리게 되고, 옛날 판례의 결론을 알고 있으면 문제를 맞게 되는 상황이 발생하게 된다는 주장을 하였다. 위와 같은 출제가 있으면 당연히 큰 문제임을 공감하지만 예를 들고 있는 2개의 판례는 ① 미성년자인 피의자의 혈액채취가 필요한 경우에도 피의자에게 의사능력이 있으면 피의자 본인만이 혈액채취에 관한 유효한 동의를 할 수 있고 피의자에게 의사능력이 없는 경우에도 명문규정이 없는 이상 법정대리인이 피의자를 대리하여 동의할 수 없다는 판례(대법원 2014.11.13. 선고 2013도1228 판결)

발간되었다고 본다.

위 주장들의 취지에 기본적으로 공감하는 입장이지만 지금까지 형사소송법 분야에서 수험생들이 특별히 알기 어려운 판례가 출제되어 답안작성에 어려움을 겪은 경우는 없었다고 본다. 더구나 판례가 100개 정도면 충분하다는 주장은 자칫 '100개 판례'에 대해서만 공부가 집중되어 오히려 파행적인 교육과 시험공부가 될 수 있을 것으로 우려되기도 한다. 학생들은 교과서로 로스쿨에서 강의에 참여하고, 수험서나 사례문제집으로 보충 내지 사례적응 공부를 하게 되는데, 굳이 학생들에게 표준판례집으로 판례를 다시 확인할 필요까지 있는지는 의문이다. 표준판례집만으로 시험에 대비할 수가 없는 상황에서 표준판례집을 보게 하는 것은 오히려 학생들에게는 추가되는 부담이 될 수도 있다. 또한 표준판례집이 매년 보충되기도 쉽지 않고,[71] 현재 표준판례집에 수록된 판례들에 대해 누구나 적절하다고 수긍하지도 않을 것이므로 결국 단순 참고자료용으로 활용될 수 있으며, 변호사시험 출제를 맡은 교수들에게 일종의 지침서 역할을 할 수는 있으리라 본다.

판례에 대한 평가에 있어서 전원합의체 판례의 다수의견 요지만 출제할 것이 아니라 소수의견의 구체적인 내용에 대해서도 출제함으로써 학생들이 판례를 단순 암기하는 것이 아니라 비판적으로 분석할 수 있는 능력을 함양하도록 해야 한다면서 대법원 2009.11.19. 선고 2009도6058 판결을 예로 들고 있는 주장도 있는데,[72]

와 ② 경찰관이 간호사로부터 이미 진료목적으로 채혈해 둔 혈액을 임의로 제출받게 된 경우에는 간호사가 혈액의 소지자 겸 보관자인 병원 또는 담당의사를 대리하여 혈액을 제출할 수 있는 권한이 있었기에 피고인이나 그 가족들의 동의 및 영장없이 행하여졌더라도 위법하지 않다는 판례(대법원 1999.9.3. 선고 98도968 판결)로 보이는데, ①의 판례는 채혈에 대한 동의를 당사자인 피의자 외에 법정대리인 등 다른 사람이 할 수 있는지에 관한 문제이고, ②의 판례는 이미 채혈이 이루어진 후에 채혈해 둔 혈액을 간호사가 피의자의 동의없이 임의제출을 할 수 있는지의 문제로서 그 취지가 다른 것으로 해석할 수 있다고 본다(김정한, 앞의 책, 315면과 322면; 신동운, 앞의 책, 1329면; 이은모/김정환, 앞의 책, 131면과 334면; 이재상/조균석/이창온, 앞의 책, 175면과 358면; 이주원, 앞의 책, 212면과 407면; 이창현, 앞의 책, 165면과 491면; 임동규, 앞의 책, 252면; 정웅석/최창호/이경렬/김한균, 『신형사소송법』, 박영사, 2021, 214면과 289면). 그리고 대법원 1999.9.3. 선고 98도968 판결은 표준판례집 114번(103－104면)에 소개되어 있다.

71) 2020년 3월에 처음으로 『형법 표준판례연구』와 『민법 표준판례연구』가 발간되었으나 1년이 지난 지금까지 개정판이 발간되지 않고 있다.

72) 박정난, 앞의 논문, 44면에 의하면 위 판례는 반의사불벌죄에 있어서 법정대리인의 의사에 반하여 미성년자가 처벌불원 의사를 표시한 경우 유효한지와 관련하여 다수의견은 죄형법정주의 원칙상 법정대리인의 동의를 요하는 명문규정이 없으므로 유효하다는 입장이고 반대의견

표준판례집에는 위 판례가 소개되지 않고 있으며,[73] 대다수 교과서에도 다수의견만 언급되고 있고,[74] 일부 교과서만 소수의견까지 소개되고 있을 뿐이다.[75]

판례와 관련하여서는 위 전원합의체 판결과 같이 다수의견과 소수의견으로 나뉘는 경우에 소수의견의 논거와 결론까지 이해하는 것은 매우 중요하다고 본다. 그렇지만 현실적으로 변호사시험에서 전원합의체 판결이나 결정의 소수의견까지 답안에 기재하여야 하는지에 대해서는 견해가 일치되는 것 같지도 않고 대다수 학생들은 다수의견만 기억하고 소수의견은 관심조차 가지지 않고 있다. 실제 필자조차도 로스쿨 중간시험과 기말시험에 전합 판례인 경우에는 소수의견까지 기재하여야 한다고 계속 강조하여 왔지만 학생들의 답안지에는 소수의견까지 작성하는 경우는 거의 없고 다수의견조차도 공부하기가 어렵다는 하소연을 계속 들어오고 있는 실정이다.

변호사시험이 판례의 요지만 외워 단순 작성하면 되는 암기력 테스트가 결코 아니며, 소수의견이 미래에는 다수의견으로 바뀌는 경우도 적지 않기 때문에 앞으로 훌륭한 법조인이 되기 위해서는 법적 사고력과 균형감각을 심어줄 뿐만 아니라 보다 다양하고 창의적인 사고의 틀을 갖추도록 전원합의체 판례의 경우에는 당연히 소수의견까지 공부할 수 있도록 변호사시험에 적극 반영하여야 할 것으로 기대해 본다.

은 범죄피해자인 청소년 보호를 위하여 무효를 주장하는 입장인데, 다수의견과 반대의견이 어떠한 법철학과 논리에 의하여 결론을 이끌어 내었는지 구체적인 내용을 출제함으로써 예비법조인들의 법적 사고력을 보다 향상시킬 수 있을 것이라고 주장하고 있고, 이에 필자도 전적으로 공감한다.

73) 법학전문대학원협의회, 앞의 책, 45－46면(수사부분의 47번)에 의하면 '고소권자로서 법정대리인이 갖는 고소권의 성질'이란 제목으로 대법원 1999.12.24. 선고 99도3784 판결이 소개되고 있을 뿐이다.

74) 김인회, 『형사소송법(제2판)』, 피앤씨미디어, 2018, 327면; 배종대/홍영기, 『형사소송법(제2판)』, 홍문사, 2020, 105면; 손동권/신이철, 『새로운 형사소송법(제4판)』, 세창출판사, 2019, 189면; 송광섭, 『형사소송법(개정2판)』, 형설출판사, 2019, 227면; 신동운, 앞의 책, 210면과 801면 ; 신양균/조기영, 앞의 책, 61면; 이승호/이인영/심희기/김정환, 앞의 책, 77면; 이은모/김정환, 앞의 책, 78면과 191면; 이재상/조균석/이창온, 앞의 책, 237면; 이주원, 앞의 책, 41면과 99면; 이창현, 앞의 책, 100면과 252면; 임동규, 『형사소송법(제15판)』, 법문사, 2021, 147면; 정승환, 『형사소송법』, 박영사, 2018, 76면.

75) 김정한, 앞의 책, 198면; 노명선/이완규, 『형사소송법(제5판)』, 성균관대 출판부, 2017, 140면.

4. 채점기준표의 공개를 통한 문제와 기재례의 공유 및 비판 활성화

변호사시험이 로스쿨 교육에 미치는 영향력은 거의 절대적이며, 변호사시험이 개선되면 그에 따라 로스쿨 교육도 진일보할 것이 분명하다. 그런데 지금까지 변호사시험 자체에 대한 비판은 별로 없이 매우 수동적으로 시험문제를 분석하는 정도에 머물고 있는 상황이다. 이는 시험문제의 채점기준을 공식적으로 알 수가 없으니 제대로 된 비판을 할 수도 없다고 본다. 현재 선택형시험에 한하여 정답만 공개되고 있고,[76] 이번 제10회 변호사시험에서 공법 기록형시험의 행정법 분야 문제가 어느 특정 로스쿨에서 수업교재로 사용된 점이 밝혀져 수험생 전원 만점 처리로 사건이 그냥 무마되어 버리는 일이 빚어지기도 하였다.[77]

완벽한 시험문제의 출제와 채점기준이란 것은 현실적으로 불가능하다는 사실은 누구라도 알고 있으며, 따라서 어느 정도 양해를 할 수 있지만 논쟁의 여지를 없애려는 안일한 행정편의주의에 빠져 채점기준표를 채점의원들만 한정하여 공유하고 다른 교육관계자나 수험생들에게 비공개하는 것은 결코 바람직하지 않다고 본다. 이런 상황이 계속되면 변호사시험의 발전은 더욱 어려우며, 로스쿨의 교육 개선을 위해서도 매우 부적절하다. 시중에는 일부 잘못된 내용의 기출문제집으로 인해 학생들은 효율적인 공부에 지장이 있으며, 시험문제와 채점기준에 대한 합리적 비판이 불가능하거나 매우 어렵게 되는 것이다.

앞에서도 살펴본 바와 같이 과연 전원합의체 판례의 다수의견만 언급한 경우, 소수의견까지 언급한 경우, 소수의견의 논거까지 제시하고 자신의 입장을 분명히 언급한 경우 등의 득점 차이를 알 수 있도록 하여 학생들에게 보다 좋은 공부 방법을 찾도록 권유하는 역할이 필요하다. 또한 단순히 판례의 입장에 따라 사례를 해결한 경우와 판례를 합리적으로 비판하고 그 대안까지 찾아 사례를 해결한 경우의 차이가 구체적으로 어느 정도인지가 매우 궁금한 것이다.[78]

---

76) 이창현, "변호사시험에서의 형사법 선택형 문제의 적합성 연구", 『외법논집』 제39권 제4호, 2015, 199면에 의하면 제4회 변호사시험 형사법 선택형 시험의 1책형 21문과 40문의 정답에 오류가 있다는 지적을 하고 있다.

77) 법률저널 2021.1.21.자, "변호사시험 유출문제 '전원 만점'… 법전 줄긋기는?"기사.

78) 홍영기, 앞의 토론문, 371-372면에 의하면 '사례형의 선택형화, 즉 사례가 있으면 그것에 대한 판례의 결론만 외우고 학설을 얘기하는 것이 금지되어 있고, 그것을 가르치고 배울 필요도 없게 되는 것이 아닌가 하는 생각이 듭니다. 오히려 답만 간단히 쓰는 것이 훨씬 정답에 근접하고 점수를 따기에 유리한 사례형 문제로 출제된다는 점이 아쉽습니다.'라고 교수 입장에서

변호사시험 기출문제는 수험생들의 응시료와 출제위원들의 각고의 노력으로 만들어진 귀중한 자산이며, 이를 교육자료로 활용하는 것은 매우 좋은 교육방법이라고 본다. 비판을 두려워하지 말고 로스쿨 교육과 변호사시험 내용의 발전을 위해 과감하게 채점기준표를 공개하고 활발한 비판이 이어지길 바라는 마음이 간절하다.

Ⅳ. 결론

로스쿨 교육에 절대적인 영향을 미치는 변호사시험이 실시된 지 벌써 10년이 되었다. 변호사시험에 합격하면 바로 변호사자격을 취득하게 되고 이전의 사법연수원과 같은 체계적인 법률실무교육을 거치지 않고 사실상 바로 변호사 활동을 시작하게 되므로 변호사시험의 중요성은 더욱 클 수밖에 없다.

변호사시험에서는 이전 사법시험에서의 논술형 평가의 병행 필요성을 주장하는 견해[79] 등도 다양하게 제시되고 있으며,[80] 로스쿨의 3년이란 짧은 교육기간으로 인해 로스쿨 학생들은 입학 전부터 시험공부에 시달리고 이런 상황에서 제대로 된

도 답안 작성의 적정성에 혼란과 아쉬움이 적지 않다는 지적을 하고 있으며, 김규완, “민사법의 교육과 평가” 발표문, 『고려법학』 제95호, 2019, 381면에 의하면 ‘판례에 대한 비판적 시각, 그리고 판례의 결론과 동일하지 않은 결론을 나름대로 설득력 있게 논증하는 경우에 점수를 획득할 수 있게 하려면, 채점기준표를 나름의 형식과 내용을 고민하고 연구하여 공개하는 것이 어떨까라는 생각이 듭니다.’라는 주장도 있다.

79) 박정난, 앞의 논문, 47－48면에 의하면 ‘예를 들어 “공소권남용이론에 대하여 논하라”라는 식으로 기존 사법시험 2차에서 출제되었던 서술형 유형을 소문항으로 출제할 필요가 있다고 하면서 학생들이 어떠한 법적 주제에 대하여 알고 있는 내용을 정리하여 논리적으로 전개하는 능력이 상당히 떨어진다.’고 우려하고 있다. 필자도 매우 공감하고 있기는 하지만 학생들에게 공부부담을 더 가중하게 하고, 이전의 ‘달달 외우기식’공부가 되살아난다는 비판도 고려할 필요가 있을 것이다.

80) 정한중, “법학전문대학원 형사법 교수학습방법의 실제와 목표”, 『외법논집』 제40권 제2호, 2016, 18면에 의하면 로스쿨평가기준을 변경하여 변호사시험 과목을 필수화하여야 한다는 주장 등을 하고 있고, 김성룡, 앞의 논문, 157면에 의하면 로스쿨의 문제점과 개선방향에 대한 매우 다양한 의견들이 소개되고 있다.

한편, 대한변협신문 2021.2.22.자 “법전원 교육, 실무가 가장 중요” 기사와 대한변호사협회, 『2020년 법학전문대학원 평가보고서』, 2021. 9면 이하에 의하면 2780명의 변호사와 제9회 변호사시험 합격자 703명을 상대로 한 설문조사에서 로스쿨 평가시에 가장 중요하게 생각하는 항목은 ‘실무교육(25.1%)’이었고, 보강해야 할 과목도 ‘실무과목(22.6%)’이, 제도 개선이 필요한 부분도 ‘실무교육강화 필요성(89건)’이 가장 많았다고 한다.

법학교육은 고사하고 처음부터 수험서가 기본서가 되고, 심지어 과목별 핵심암기장 등을 통한 판례요지 암기라는 파행적 공부가 빚어지기도 하고 변호사시험 합격에 대한 중압감으로 이는 더욱 심화되고 있다는 평가도 있다.[81)]

그래서 10년간 변호사시험의 형사소송법 사례형시험 문제를 제1회부터 제10회까지 각 시험별 문제와 쟁점, 사례형시험 전체에서의 형사소송법 배점 추이, 문항수 추이와 문항별 배점 상황, 출제범위 추이, 출제된 판례를 표준판례집과 비교하는 등 여러 가지 형식으로 분석하여 보았다. 그리고 이러한 분석을 토대로 형법과 형사소송법의 통합형 출제방식에서 형법과 분리된 형사소송법만의 독립 출제방식으로의 전환, 문항수를 줄이는 대신 각 문항의 배점을 높여서 보다 깊이 있는 답안작성 유도, 표준판례집의 판례를 고려한 출제 판례의 선정과 전원합의체 판례의 경우에 그 기재 정도 설정, 채점기준표의 공개를 통한 출제문제와 기재례 공유 및 이에 대한 비판의 활성화 등을 개선방안으로 검토하여 보았다.

로스쿨 교육의 정상화에 도움이 되기 위해서 변호사시험에 대해 끊임없는 관심과 비판을 하고 계속 개선을 도모하여야 할 것이다. 변호사시험 10년째를 계기로 이루어진 이 연구가 변호사시험에 대한 이해와 분석, 그리고 개선 노력에 조금이라도 기여하기를 바라는 마음이 간절하고 이를 통해 로스쿨 교육이 개선되어지길 기대해 본다.

논문투고일: 2021.05.27 논문심사일: 2021.06.11 게재확정일: 2021.06.18

81) 박정난, “형사법의 교육과 평가” 발표문, 『고려법학』 제95호, 2019, 376면에 의하면 ‘지금의 3년 시스템을 5-6년 정도로 늘리고, 케이스로 하는 과목을 많이 늘려서 학생들이 시간적 여유를 갖고 각 과목에서 쟁점이 되는 부분들을 교수들과 토론하는 등의 교육방식을 가질 수 있어야 한다.’고 주장하고, 조소영, “공법의 교육과 평가” 토론문, 『고려법학』 제95호, 2019, 360면에 의하면 ‘필수과목 이수학점을 늘려야 하고, 로스쿨 교육과정을 3년에서 4년으로 늘려야 한다.’는 주장이 있다. 이에 반하여 정한중, 앞의 논문, 18면에 의하면 로스쿨 교육기간이 사법시험 시기와 비교하여 실질적으로 매우 단기라고 볼 수 없다는 주장이고, 김성룡, 앞의 논문, 149면에 의하면 지금 로스쿨 교육의 문제는 3년이라는 짧은 시간의 문제가 아니라 교육과정과 내용이 현실적이고 효율적으로 운영되지 않는다는 점에 있지 않는가 하는 생각이 든다는 주장도 있다.

【참고문헌】

[단행본]

김인회, 『형사소송법(제2판)』, 피앤씨미디어, 2018.

김정한, 『실무형사소송법(2020년 개정판)』, 준커뮤니케이션즈, 2020.

노명선/이완규, 『형사소송법(제5판)』, 성균관대 출판부, 2017.

배종대/홍영기, 『형사소송법(제2판)』, 홍문사, 2020.

손동권/신이철, 『새로운 형사소송법(제4판)』, 세창출판사, 2019.

신동운, 『신형사소송법(제5판)』, 법문사, 2014.

송광섭, 『형사소송법(개정2판)』, 형설출판사, 2019.

신양균/조기영, 『형사소송법』, 박영사, 2020.

이승호/이인영/심희기/김정환, 『형사소송법강의(제2판)』, 박영사, 2020.

이용식, 『형법총론』, 박영사, 2018.

이은모/김정환, 『형사소송법(제8판)』, 박영사, 2021.

이재상/조균석/이창온, 『형사소송법(제13판)』, 박영사, 2021.

이주원, 『형사소송법(제3판)』, 박영사, 2021.

이창현, 『사례형사소송법(제4판)』, 정독, 2021.

이창현, 『형사소송법(제6판)』, 정독, 2020.

임동규, 『형사소송법(제15판)』, 법문사, 2021.

정승환, 『형사소송법』, 박영사, 2018.

정웅석/최창호/이경렬/김한균, 『신형사소송법』, 박영사, 2021.

조균석/강수진, 『형사법사례형해설(제6판)』, 박영사, 2021.

대한변호사협회, 『2020년 법학전문대학원 평가보고서』, 2021.

법학전문대학원협의회, 『형사소송법 표준판례연구』, 2021.

[논문]

김성룡, “로스쿨에서 형사법 이론교육과 실무교육”, 『외법논집』 제42권 제3호, 2018.

김태명, “변호사시험제도의 개선방안 – 형사법 시험내용과 방법을 중심으로”, 『연세 공공거버넌스와 법』 제3권 제1호, 2012.
박정난, "법학전문대학원 교육 10년의 평가와 향후 과제 – 형사소송법과 관련하여", 『고려법학』 제95호, 2019.
윤태석, "법학전문대학원 형사법 교육방법의 일고찰 – 사실인정과 관련하여", 『법조』 통권 650호, 2010.
이승준, "현행 변호사시험의 문제점과 과제 – 형사법에 착안하여", 『법과 정책』 제24집 제3호, 2018.
이창현, "변호사시험에서의 형사법 선택형 문제의 적합성 연구", 『외법논집』 제39권 제4호, 2015.
정한중, "법학전문대학원 형사법 교수학습방법의 실제와 목표", 『외법논집』 제40권 제2호, 2016.
차정인, "변호사시험 형사법 기록형·통합사례형 문제 출제방향", 『법학연구』 제53권 제3호, 2012.

[발표(토론)문]

김규완, "민사법의 교육과 평가" 발표문, 『고려법학』 제95호, 2019.
박정난, "형사법의 교육과 평가" 발표문, 『고려법학』 제95호, 2019.
엄복현, "민사법의 교육과 평가" 토론문, 『고려법학』 제95호, 2019.
조소영, "공법의 교육과 평가" 토론문, 『고려법학』 제95호, 2019.
홍영기, "형사법의 교육과 평가" 토론문, 『고려법학』 제95호, 2019.

【국문초록】

현재 우리나라에서는 변호사시험에 합격하여야만 변호사자격을 취득할 수 있으며, 올해 제10회 변호사시험이 실시되었다. 변호사시험은 로스쿨의 교육에 절대적인 영향을 미치고 있으므로 로스쿨 교육의 정상화를 위해서도 변호사시험이 법률지식과 능력이 충분한 법조인을 배출할 수 있도록 적절하게 운영되어야 한다.

그래서 지난 10년간의 변호사시험에서 형사소송법 사례형시험에 대해 제1회부터 제10회까지 각 시험별 문제의 내용과 쟁점, 문항수과 배점, 구체적인 출제범위, 출제된 판례를 법학전문대학원협의회가 발간한 '형사소송법 표준판례연구'와 비교하는 등 여러 가지 방식으로 분석하여 보았다.

그리고 이러한 분석을 토대로 첫째, 현재의 형법과 형사소송법 통합형 출제방식에서 형법과 분리된 형사소송법만의 독립 출제방식으로의 전환, 둘째, 문항수를 줄이는 대신 각 문항의 배점을 높여서 보다 논리적인 답안작성 유도, 셋째, 위 표준판례연구의 판례를 고려한 출제판례의 선정과 전원합의체 판례의 경우에는 다수의견 외에 소수의견까지 기재, 넷째, 채점기준표의 공개를 통한 문제와 기재례 공유 및 이에 대한 비판의 활성화 등을 개선방안으로 검토하여 보았다.

로스쿨 도입 취지와 교육이념에 부응하여 로스쿨 교육이 발전할 수 있도록 변호사시험에 대해 끊임없는 관심과 비판을 하고 계속 개선을 도모하여야 할 것이다. 변호사시험 10년째를 계기로 이루어진 이 연구가 변호사시험에 대한 이해와 분석, 그리고 개선 노력에 조금이라도 기여하기를 바란다.

◈ 주제어: 변호사시험, 형사소송법, 사례형시험, 법학전문대학원, 분석, 개선방안, 표준판례

【Abstract】

The Analysis and Improvement plan of the Case－type Questions of Criminal Procedure Law of Bar Examination for 10 years

Lee, Chang－Hyun*

Currently in Korea, qualification of a lawyer is approved only if you pass the bar examination and the 10th bar examination has been conducted this year. The bar examination has an absolute impact on law school education, so in order to normalize law school education, the bar examination should be properly operated to produce lawyers with sufficient legal knowledge and ability.

In the past decade, the bar examination was analyzed in various ways, including comparing the contents and issues of each test, assignment of questions, specific scope of questions, and standard precedent published by the Law School Council.

And based on this analysis, few points were reviewed. First, the transition from the current method of integrating criminal law and criminal procedure law to the independent method of criminal procedure law separate from criminal law. Second, increasing the allocation points of each question instead of reducing number of questions to encourage more logical answers. Third, selection of test precedent considering the precedents of the above standard precedent study and a minority opinion shall be entered in addition to the majority opinion in the case of a full－fledged agreement. Fourth, through the disclosure of the grading standards table, sharing problems and examples, and activation of criticism thereof were considered as improvement measures.

In response to the purpose of introducing law schools and the concept of education, it will be necessary to constantly pay attention to and criticize the bar examination so that law school education can develop. It is hoped that

* Professor, Law School, Hankuk University of Foreign Studies, Ph.D. in Law

this study, which was conducted in the 10th year of the bar examination, will contribute to the understanding, analysis, and improvement efforts of the bar examination.

◈ Key Words: Bar Examination, Criminal Procedure Law, Case-type Questions, Law School, Analysis, Improvement plan, Standard Precedent

한국형사소송법학회『형사소송 이론과 실무』
第13권 第2호 (2021.06) 87~111면.
Theories and Practices of Criminal Procedure Vol. 13 No. 2 (June. 2021) pp. 87~111.
10.34222/kdps.2021.13.2.87

공수처법상 공수처장의 재량이첩에 대한 비판적 검토*

정 웅 석**

목 차

Ⅰ. 서설
Ⅱ. 공수처법 제24조 제1항(공수처장의 이첩요청)의 요건
Ⅲ. 공수처법 제24조 제2항(통보조항)의 해석
Ⅳ. 공수처장의 재이첩권
Ⅴ. 결론

Ⅰ. 서설

1. 의의

지난 2019년 12월 30일 검찰개혁의 일환으로 독립된 수사기관인 고위공직자범죄수사처(이하 '공수처'라고 약칭함)법이 통과되었다.[1)] 그리고 논의과정에서 [표－1]에서 보는 것처럼, 3급 이상 고위공직자에 대한 수사권 및 판사/검사와 경무관 이상 경찰공무원에 대해서만 기소권을 갖는 것으로 공수처의 권한이 정리되었다.

물론 사회의 모든 분야가 국민을 위한 시스템으로 변모해 가는 과정에서 건전한 사회형성과 튼튼한 국가경제발전의 기반이 되는 부패방지를 위해서 상시적인 부패감시 시스템을 가동하자는 데에 어느 누구도 반대하는 사람은 없을 것이다. 다만, 소위 '검수완박'(검찰수사권의 완전박탈)[2)]이라는 명제하에 수사권은 경찰(국가수사본부) 및 중대범죄수사청에 부여하고 검찰은 기소권만 갖도록 해야 한다고 그토록 주

* 본 연구는 2021학년도 서경대학교 교내연구비 지원에 의하여 이루어졌음.
** 서경대학교 공공인재학부 교수
1) 공수처법 제3조 제1항은 '수사처'로 약칭하고 있지만, 세간의 의미대로 '공수처'로 약칭한다.
2) 출처: 한국일보(2021. 5. 18.), 與, 도로 검수완박? 윤호중 "당내 검찰개혁 기구 설치".

[표-1] 공수처 설치로 인한 고위공직자 수사 관할

		검경수사권 조정 및 공수처 신설(현재)
검찰	수사	6대 범죄(부패, 경제, 공직자, 선거, 방위사업 범죄 및 대형 참사) ■ 4급 이상 공직자 범죄 ■ 3,000만 원 이상 뇌물 사건 ■ 5억 원 이상 경제 범죄 ■ 5,000만 원 이상 정치자금법 위반, 알선수재 사건 등
	기소	기소 및 공소유지(재판)
경찰(국가수사본부 포함)	6대 중대범죄를 포함한 각종 고소, 고발, 인지 사건에 대한 수사 (공직자 범죄는 5급 이하 공무원의 범죄로 한정)	
공수처	대통령 등 6부 요인, 3급 이상 공무원, 검사 및 판사 등의 고위공직자 범죄 수사 및 기소	

장한 사람들이 수사권과 기소권(판/검사 및 경무관 이상 경찰공무원)을 전속적으로 갖는 공수처를 설립한 근거는 무엇이며,[3] 반면에 공직비리는 상당부분 민간부문의 부패와 연계되는데, 이를 무 자르듯 잘라 공수처와 국가수사본부 내지 검찰(중대범죄수사청이 신설되면 6대 범죄 이전)이 나눠 수사를 할 수 있는지도 의문이다. 왜냐하면 이는 수사권의 이원화가 초래될 뿐만 아니라 수사의 역동성을 훼손시켜 부패공직자들이 빠져나갈 기회만 주게 될 우려도 있으며, 기존의 수사권다툼(경찰과 검찰의 수사권조정)과 동일한 문제가 발생하기 때문이다.

더욱이 권력형 부패범죄를 공수처로 분산시키고, 일반 형사사건에 대한 수사권은 경찰에게 분산시켜 검찰이 제대로 자신의 역할을 수행하게 하겠다는 주장은 검찰을 공수처 사건을 제외한 일반사건의 '기소청' 정도로 축소하겠다는 말과 다름없다. 이는 사실상 대륙법계 국가들의 전통인 검찰제도를 폐지하겠다는 말로 들린다. 그러나 법원과 함께 형사사법의 한 축을 형성하고, 형사사법의 입력부(수사개시여부 및 기소여부 등)를 관할함으로써 국가권력의 남용을 감시하며, 국민의 인권을 지켜내는 검찰제도를 사실상 없애겠다는 것이 과연 타당한 것인지 검찰제도에 대한 근본적인 성찰이 필요하며, 본 논의의 핵심은 검찰의 구조 자체를 개혁하는 혁명적인 방안(권력기관을 새로 만들어 권력을 제어하는 방안)을 강구할 것인지 아니면 검찰에

3) 우리나라 공수처의 모태로 보이는 중국의 감찰위원회도 수사권만 보유하고 있다(중국 감찰법 제45조).

대한 외부적 통제를 강화함으로써 검찰권 행사의 객관성과 공정성을 확보하는 방안을 강구할 것인지에 달려 있기 때문이다. 전자는 선행하는 정치적 독립성만이 권력기관의 정치적 중립성을 보장하는 조치라고 보는 반면,[4] 후자는 위헌의 문제 등 많은 문제점이 제기되므로 정치적(물적/조직적) 독립성보다는 실질적인 기능적 독립성 및 정치적 중립성을 최대한 보장하는 방안을 우선시하는 입장인데, 검찰조직의 독립성과 중립성을 지켜주지 못한 정치권력이 공수처라는 새로운 독립된 조직을 만든다고 해서, 그 조직의 정치적 독립성과 중립성이 보장될 것이라고 기대하는 것은 권력기관의 속성을 너무 간과하는 것으로 보인다. 그것이 가능하다면 지금 검찰을 그렇게 독립적이고 중립적으로 만드는 방법을 택하는 것이 여러 가지 점에서 쉽고 경제적인 길일 것이기 때문이다.

그런데 최근 김진욱 공수처장이 공수처법 제24조 제3항의 규정을 재량이첩이라고 해석하면서 검찰과 갈등을 나타내고 있다. 이에 본 논문에서는 공수처법 제24조(다른 수사기관과의 관계)를 전반적으로 해석하면서, 공수처장이 주장한 '재량이첩'의 의미를 비판적 시각에서 검토하고자 한다.

2. 문재인 정권하 공수처법 경과과정

2017. 5. 9. 치러진 제19대 대통령 선거에서 당선된 문재인 정권이 출범한 후, 제20대 국회에서 공수처 법안 4건[5]이 발의되었고, 2017. 9. 18. 법무부 법무 · 검찰개혁위원회는 '고위공직자범죄수사처 설치와 운영에 관한 법률(안)'을 발표하였다. 그 후, 2019. 4. 29. 국회 사법개혁특별위원회는 권역별 연동형 비례대표제를 도입하는 공직선거법 개정안 및 고위공직자비리수사처 설치 및 검경수사권 조정 관련 3개 법률안(고위공직자비리수사처 설치법, 검찰청법 개정안, 형사소송법 개정안)으로 이루어진 정치 및 검찰 관계 4법의 여야 4당 합의안을 패스트트랙(일명 '국회 선진

---

4) 김성돈, 「검찰외 독립된 특별기구 신설의 필요성과 구체화방안」, 제13회 월송기념 학술심포지엄, 헌법과 형사법, (재)유기천교수기념사업출판재단, 2017, 203면 이하.

5) 2016. 7. 21. 정의당 노회찬 의원 외 10인이 발의한 「고위공직자비리수사처 설치에 관한 법률안」, 2016. 8. 8. 더민주당 박범계 의원 및 국민의당 이용주 의원이 더민주당/국민의당 합의안으로 대표발의한 「고위공직자비리수사처 설치 및 운영에 관한 법률안」, 2016. 12. 14. 더민주당 양승조 의원 외 9인이 발의한 「고위공직자비리조사처 설치 및 운영에 관한 법률안」, 2017. 10. 31. 바른정당 오신환 의원 외 9명이 발의한 「고위공직자부패방지처법안」 등이 여기에 해당한다.

화법')으로 지정하였고, 동 법은 2019. 12. 24. 윤소하 의원이 수정발의한 「고위공직자범죄수사처 설치 및 운영에 관한 법률안」[6]으로 대체되었다.

그런데 공수처장 후보자를 추천하기 위한 공수처장후보추천위원회의 의결정족수와 관련하여, 그동안 여당과 야당이 계속 대치하다가 2020. 12. 10. 기존의 위원 6인 이상의 찬성 규정(공수처법 제6조 제5항)을 제7항으로 옮기면서 "위원 6인 이상의"를 "재적위원 3분의 2 이상의"로 하는 내용 등 「고위공직자범죄수사처 설치 및 운영에 관한 법률」 일부개정법률안(대안)이 통과되었으며,[7] 의결정족수가 완화됨에 따라 공수처장후보자 2인(김진욱 헌법재판소 선임연구관, 이건리 국민권익위원회 부위원장)의 추천 및 그중 대통령이 지명한 1인(김진욱 헌법재판소 선임연구관)에 대한 인사청문회를 거쳐 대통령이 임명하는 등 후속작업이 발빠르게 진행되었다.

그런데 검찰이 2021. 3. 3. 김학의 전 법무부차관의 불법출금 의혹 사건에 연루된 이성윤 서울 중앙지검장과 이규원 전 대검찰청 과거사진상조사단 검사사건을 공수처 제25조 제2항[8]에 따라 공수처에 사건을 이첩했는데, 김진욱 공수처장이 수원지검에 사건을 재이첩하면서, "이 사건 이첩은 공수처법에 따라 향후 공소권 행사를 유보한 공수처장의 재량이첩"고 주장한 바 있다.[9] "검찰에는 수사권만 이첩하

---

6) 수정이유는 다음과 같다(국회는 고위공직자의 직무 관련 부정부패를 엄정하게 수사하기 위한 독립된 수사기구를 신설하기 위해 「고위공직자범죄수사처 설치 및 운영에 관한 법률안」을 신속처리안건으로 지정한 바 있음. 공직자의 부정부패는 국민의 정부에 대한 신뢰를 훼손하고 공공부문의 투명성과 책임성을 약화시키는 중요한 원인이 되고 있음. 실제 이런 취지와 기조로 설치된 홍콩 염정공서, 싱가포르 탐오조사국은 공직자 비위 근절과 함께 국가적 반부패 풍토 조성에 성과를 거두고 있는 것으로 나타나고 있음. 고위공직자의 직무 관련 부정부패를 독립된 위치에서 엄정수사하고 판사, 검사, 경무관급 이상 경찰에 대해서는 기소할 수 있는 기관인 고위공직자범죄수사처(이하 "수사처"라 함)를 설치하여 고위공직자의 범죄 및 비리행위를 감시하고 이를 척결함으로써 국가의 투명성과 공직사회의 신뢰성을 높이려는 것임. 그러나 지난해 발의된 동 법안 원안은 수사처의 독립성과 대통령의 관여금지, 고위공직자범죄수사처장후보추천위원회의 의결요건, 수사처 검사의 자격요건 및 인사위원회, 수사처 수사관의 자격요건, 결격사유 그리고 공수처와 다른 수사기관과의 관계, 관련사건의 처리, 징계사유, 조직·운영 등 필요한 사항을 정하는 자율적인 규칙제정권 등과 관련하여 원안에 대한 일부 수정이 반드시 필요한 상황임. 이에 여야 간 협의와 피해당사자의 의견 수렴을 통해 수정안을 마련하여, 수사처를 합리적으로 설치하여 운영하고자 함).

7) 개정된 공수처법에 따르면 위원 7인 중 5인 이상이면, 공수처장 추천이 가능하므로 야당의 비토권은 사실상 무의미하게 되었다고 볼 수 있다.

8) 공수처법 제25조 ② 수사처 외의 다른 수사기관이 검사의 고위공직자범죄 혐의를 발견한 경우 그 수사기관의 장은 사건을 수사처에 이첩하여야 한다.

고, 공수권 행사를 유보했다"는 주장인데, 법리적으로 수사권과 공소권을 나눠서 이첩하는 것이 가능한 것인지 논란이 이어지고 있는 상황이다.

이에 본 논문에서는 공수처법 제24조를 분석하면서, 공수처장의 이첩을 재량이첩으로 볼 수 있는지 논증하고자 한다.

Ⅱ. 공수처법 제24조 제1항(공수처장의 이첩요청)의 요건

1. 문제점

공수처법 제24조 제1항은 공수처장은 공수처의 범죄수사와 중복되는 검찰 등의 범죄수사에 대하여 이첩을 요구할 수 있고, 검찰 등은 이에 응하여야 하는 의무를 부과하고 있으므로 이첩요청의 행사요건을 검토할 필요성이 제기된다.

다만, 공수처법 제24조 제1항 및 제2항에 대한 위헌심판청구에서, 헌법재판소 다수의견[10]은 「공수처법 제24조 제1항, 제2항은 수사처의 범죄수사와 중복되는 다른 수사기관의 범죄수사에 대하여 수사처장이 이첩을 요청하는 경우 해당 수사기관은 이에 응하여야 하고, 다른 수사기관이 범죄를 수사하는 과정에서 고위공직자범죄등을 인지한 경우 그 사실을 즉시 수사처에 통보하여야 한다고 규정하고 있는데, 위 조항들은 수사처와 검찰 등 다른 수사기관 사이의 권한 배분에 관한 사항을 규정한 것으로서 청구인들의 법적 지위에 어떠한 영향을 미친다고 볼 수 없으므로, 기본권 침해가능성이 인정되지 않는다」고 판시한 반면, 소수의견은 비록 수사처를 독립행정기관으로 보더라도 권력분립원칙에 따른 헌법적 기준과 한계에 비추어 보면, 수사처와 다른 수사기관 사이의 수사관할 배분을 수사처장의 일방적 결정에 일임하는 결과를 초래하는 공수처법 제24조 제1항 또한 권력분립원칙에 위반된다는 입장이다.

그 근거로 소수의견은 「공수처법 제24조 제1항이 규정한 이첩 요청사유인 '수사의 진행 정도'와 '공정성 논란'은 추상적이어서 명확하다고 할 수 없고, 위 사유에 해당하는지를 판단할 객관적 기준이 마련되어 있지 않아서 수사처장의 주관적 판

---

9) 한국경제, 2021. 3. 19.자 김진욱 '재량이첩' 논란 두고....檢 안팎서 "황당한 주장".

10) 헌법재판소 2021. 1. 28. 선고 2020헌바264, 681(병합) 결정(고위공직자범죄수사처 설치 및 운영에 관한 법률 위헌확인).

단에 의하여 이첩요청이 이루어질 수 있다. 더욱이 수사처장의 이첩요청에 대하여 요청받은 수사기관은 반드시 응하여야 하며, 다른 수사기관이 '수사의 진행 정도 및 공정성 논란' 등을 고려할 때 이첩이 부적절하다고 판단하는 경우 수사처장의 이첩 요청을 거부할 수 있는지, 수사 관할에 대하여 수사처장과 협의하거나 조정할 수 있는지 등에 관하여 전혀 규정하고 있지 않다. 결국 공수처법 제24조 제1항에 의하면, 수사처장이 이첩을 요청할 경우 다른 수사기관은 이미 공정하게 상당한 정도로 수사한 경우에도 예외 없이 그 요청에 응하여야 하므로, 이첩 여부가 수사처장에 의하여 일방적이고 자의적으로 결정될 여지가 있다. 이와 같이 공수처법은 실질적으로 고위공직자범죄등의 수사와 관련하여 수사처장에게 일방적으로 이첩을 요청할 권한을 부여하고, 상대 수사기관은 여기에 예외없이 따르도록 의무를 부과하고 있으며, 이러한 수사처장의 자의적인 이첩요청 권한행사를 통제할 수 있는 아무런 규정이 존재하지 않는다. 이로써 수사처는 사실상 고위공직자범죄등에 관한 수사권 행사에서 행정부 내의 다른 수사기관보다 일방적 우위를 차지하게 되고, 수사기관 사이의 수사관할 배분에 있어 수사처장의 판단에 다른 수사기관이 따르도록 함으로써 그 권한의 행사 과정에서 다른 수사기관과의 상호 협력적 견제관계를 중대하게 훼손하게 된다」는 입장이다.

2. 범죄수사 중복과 관련된 법적 문제

첫째, 공수처법 제24조는 검찰 등과 수사처의 불필요한 중복수사를 방지하여 수사의 효율성을 제고함과 동시에 사건관계인의 인권을 보장하기 위한 규정이다. 따라서 검찰 등이 이미 수사를 개시하였음에도 인지 통보에 따라 수사처가 수사를 개시하여 중복상태를 창조하는 것은 검찰 등의 기능을 저해하고 사건관계인의 인권을 침해하는 것으로 권한남용에 불과하고, 당연히 중복으로 보기 곤란할 것이다. 왜냐하면 공수처법 제24조의 조문체계에 비추어 보면, ②③④항에는 '중복'이라는 단어가 없지만 ②항(인지 범죄 수사처 통보)이 ①항의 중복여부를 판단하기 위한 규정임이 명백하기 때문이다. 만약 ②항이 범죄수사의 중복여부를 판단하기 위한 규정이 아니라면 ①항 다음에 있을 이유가 없고, 수사기밀 누설 등 문제에도 불구하고, 공수처가 검찰 등이 인지한 사건을 통보받을 이유도 없을 것이다. 따라서, ③④항 역시 ①항의 수사중복이 이미 형성된 상황을 전제로 하는 규정이라고 보는 것이 상당하다고 본다. 결국 ②,④항 규정을 이용하여 ①항의 중복상황을 만드는 것은 불가능하다고 본다.

또한 수사중복 상황이 아님에도 인지통보를 받고 공수처가 수사를 개시하여 중복상황을 만든 후 이첩요청도 할 수 있게 허용하면 피의자 등 사건관계인들의 방어권 행사에도 중대한 침해가 우려된다. 즉, 공수처의 검찰 송치 대상사건의 경우(공수처로의 이첩을 강제한다면) 검찰에서 이미 수사를 개시·진행한 사건을 공수처로 이첩하고 공수처에서 수사한 후 다시 검찰에 송치하는 등 절차의 대혼란이 발생할 우려가 있는 것이다. 더욱이 검찰에서 수사개시한 사건의 경우 피의자 입장에서는 만약 구속되더라도 20일이 지나면 구속기소 또는 석방될 것이라는 예측이 가능한데, 대상 사건을 공수처로 이첩해야 한다면 피의자 입장에서는 공수처장의 임의적 결정에 의해 피의자의 구속기간이 최대 30일까지 연장될 수 있는 법적 불안정성이 초래되어 피의자의 방어권과 예측가능성을 침해할 수도 있다. 즉, 극단적으로 검찰에서 수사개시하여 구속한 사건을 공수처로 이첩한다면 20일 내로 기소 또는 석방될 수 있는 피의자는 공수처장의 임의적 처분으로 인해 구속기간이 30일까지 연장되는 현실적인 인권침해가 발생하는 것이다. 나아가 제주 등 지방검찰청에서 수사하는 사건이 공수처로 이첩될 경우 제주 등에 거주하는 피의자 등은 원거리로 인해 심각한 방어권의 침해가 발생한다.

결국 인지 통보에 따라 공수처가 동일한 범죄를 수사개시하여 수사중복 상황을 만들고 이첩을 요구하는 것은 신뢰보호 원칙 위반 등 심각한 재량권 일탈 또는 권한 남용에 해당한다고 본다. 따라서 형사소송법 제13조(관할 경합시 먼저 공소를 받은 법원이 심판), 행정절차법 제4조(신의성실 및 신뢰보호 원칙) 등을 고려하여, 수사중복은 인지 통보 전(前)에 이미 공수처가 별도로 수사를 개시하고 있는 경우에만 성립이 가능하다고 보아야 할 것이다.

둘째, 중복되는 '범죄'의 개념과 관련하여, 공수처법이 형사소송법 등 다른 법령과 달리 '범죄사실'이라고 규정하지 아니하고 '범죄' 수사라고 규정하고 있고 범죄와 범죄사실은 서로 다른 개념이므로 범죄사실 개념의 원용은 불가능하다고 본다. 다만, 공수처의 수사가능 범죄가 '죄명'을 기준으로 제한적으로 열거되어 있으므로 죄명의 동일성이 중복 여부의 1차적 판단기준이 되는 것은 불가피하다. 따라서 공수처와 검찰 등이 죄명과 범죄사실(일시, 장소, 대상과 구성요건)이 완전히 동일한 범죄를 대상으로 수사할 경우에만 중복이 가능하다고 본다. 이에 따르면 상상적 경합

관계라도 죄명이 일치하지 아니하면 범죄 수사의 중복은 불성립하고, 죄명이 일치하더라도 경합범 관계에 있는 경우에는 범죄수사의 중복이 불성립되는 것이다.

결국, 공수처의 직무 범위 구분은 공수처법 제3조에 따라 범죄사실이 아닌 죄명으로 특정되어 있으므로 죄명을 포함한 중복 여부 판단이 중요할 것이다. 그런데 공수처법이 '수사처에서 수사하는 범죄사실과 동일한 범죄사실을 검찰 등이 수사하는 경우 그 범죄사실에 대한 수사에 대하여'라고 규정하지 않고 '수사처의 범죄수사와 중복되는 검찰 등의 범죄수사에 대하여'라고 규정하고 있으므로 결국 죄명까지 중복되지 아니하는 이상 수사의 중복은 불가능하다고 본다.

3. 이첩요청권의 일반적 행사요건

(1) 내용

공수처의 범죄수사와 검찰 등의 범죄수사가 중복되는 경우, 수사의 진행 정도 및 공정성 논란 등을 고려하여 공수처장이 공수처에서 수사하는 것이 적절하다고 판단한 경우를 말한다. 그러나 현행법이 이첩사유로 두고 있는 '수사의 진행 정도'와 '공정성 논란'에 대한 기관별 입장이 다를 수밖에 없다는 점에서, 실제 기준을 마련하는 것은 많은 난항이 예상된다.

(2) 수사진행 정도

'수사진행 정도'는 관계인의 절차 참여 정도, 구체적인 증거 확보 여부, 이첩요청에 따른 피의자의 예측가능성 침해 여부와 피의자의 방어권행사에 대한 유·불리를 기준으로 판단하여야 할 것이다. 따라서, 주거지 압수·수색 등 강체처분이 진행되거나 피의자신문조서 작성, 피의자의 증거물 임의제출 등 피의자가 수사의 개시·진행을 인식하고 방어권을 행사를 개시하는 등 형사절차에 참여한 경우에는 이첩요청이 부적절하다고 보는 것이 타당할 것이다.[11] 다만, 피의자가 예측가능성과 방

---

11) 국민일보 2021. 4. 16.자 "공수처 이첩기준 법학자도 제각각… 그때그때 달라질 우려"(검찰은 지난 14일 **압수수색 등 강제수사에 착수한 시점부터 이첩 요청이 부적절하다**는 의견을 공수처에 전달했다. 이첩사유 중 하나인 수사 진행정도에 대한 검찰 해석을 제시한 것이다. 검찰은 수사기관 변동 시 침해될 수 있는 피의자의 방어권을 고려해 입장을 정한 것으로 전해졌다. 공정성 논란과 관련해서도 단순한 추측이 아니라 '객관적 사실이 발견된 경우' 등 명확한 기준이 필요하다는 의견을 냈다).

어권을 포기하고 공수처에서 수사를 받기를 원하는 경우에는 공수처의 이첩요청이 가능할 것으로 볼 여지가 있으나, 이러한 경우 오히려 공수처가 공정성 논란에 휩싸일 가능성이 농후하다고 본다.

⑶ 공정성 논란

'공정성'은 수사과정의 인권침해나 이른바 '봐주기 수사', '편파 수사' 여부에 대한 가치평가를 의미한다고 봄이 상당하고, '논란'은 사전적 의미로 '여럿이 서로 다른 주장을 내며 다툰다'는 뜻일 뿐, 확립된 법률용어가 아니어서 자의적 해석을 차단할 필요가 있다.

결국, 공정성 논란은 수사과정에서의 폭행, 협박 등 공정성에 의심을 제기할 수 있는 확인된 사실관계를 기초로 하여 수사준칙 등 법령위반, 수사권의 사적 이용 및 남용 등 명확한 법적 근거를 구비한 주장이 여럿이 제기되는 상황을 의미한다고 보는 것이 타당할 것이다.

⑷ 공수처에서 수사하는 것이 적절

공수처법에 따르면, 전국적 규모로 방대한 조직과 인력을 보유하고, 국제 사법공조 능력까지 겸비한 검찰 등 수사기관과 달리 공수처는 최대 25명의 공수처검사(처장 등 포함)와 40명의 공수처수사관으로 구성하도록 규정되어 있다. 따라서, 공수처의 인적, 물적 수사역량을 고려하여 당해 사건의 신속하고 효율적인 수사가 가능함은 물론 이미 수사 중이거나 추후 진행될 수 있는 다른 사건 수사에도 영향이 없어야 한다는 의미로 해석하여야 할 것이다.

결국, 공수처의 구성원만으로는 당해 사건에 대한 수사를 개시, 진행할 인적·물적 역량이 부족하거나, 공수처에서 당해 사건을 수사하는 경우 다른 사건을 수사할 수 없는 상황이라면 이첩요청은 불가하다고 본다. 다만, 공수처의 이첩요청은 논란이 된 '공정성을 담보'하기 위한 것이므로 공수처 수사의 공정성을 확보할 수 있는 담보장치가 필요하다는 점에서, 이첩요청으로 인해 새로운 공정성 논란이 야기·예상되는 경우에는 이첩요청이 불가능하다고 보아야 할 것이다.

⑸ 재량행위로서 이첩요청권 행사의 한계

공수처장의 이첩요청은 공수처의 재량행위로 볼 수 있으나, 재량권을 남용하고 한계를 일탈한 이첩요청권 행사는 위법 논란의 소지가 있다. 따라서 헌법원리 등에 근거하여 헌법재판소 및 대법원 판례 등으로 확립된 재량권의 남용·일탈 기준으로 ① 평등 원칙(99두2611,[12] 98헌마363[13]), ② 비례의 원칙(2017두67416),[14] ③ 신뢰보호의 원칙(2001두1512),[15] ④ 적법절차 원칙(2012두911),[16] ⑤ 권한남용(정치적 또는 사적인 목적과 동기에 따른 권한행사) 금지의 원칙(2016두47659),[17] ⑥ 권한의 행사가 불합리하여 사회적 타당성을 현저히 상실한 경우(2015두48846)[18] 등에 따라 처리하는 것이 타당할 것이다.

Ⅲ. 공수처법 제24조 제2항(통보조항)의 해석

1. 입법과정

동 조문은 더불이민주당 백혜련 의원이 대표발의한 "고위공직자범죄공수처 설치 및 운영에 관한 법률안"(2019. 4. 26)에는 없던 내용인데, 정의당 윤소하 의원이 수

12) 대법원 1999. 8. 20. 선고 99두2611 판결(파면처분취소 등; 같은 정도의 비위를 저지른 자들 사이에 있어서도 그 직무의 특성 등에 비추어, 개전의 정이 있는지 여부에 따라 징계의 종류의 선택과 양정에 있어서 차별적으로 취급하는 것은, 사안의 성질에 따른 합리적 차별로서 이를 자의적 취급이라고 할 수 없는 것이어서 평등원칙 내지 형평에 반하지 아니한다. 따라서 학습지 채택료를 수수하고 담당 경찰관에게 수사무마비를 전달하려고 한 비위를 저지른 사립중학교 교사들 중 잘못을 시인한 교사들은 정직 또는 감봉에, 잘못을 시인하지 아니한 교사들은 파면에 처한 것이 그 직무의 특성 등에 비추어 재량권의 범위를 일탈·남용한 것이 아니다).

13) 헌법재판소 1999. 12. 23. 선고 98헌마363 결정(제대군인지원에관한법률 제8조 제1항 등 위헌확인; 평등위반 여부를 심사함에 있어 엄격한 심사척도에 의할 것인지, 완화된 심사척도에 의할 것인지는 입법자에게 인정되는 입법형성권의 정도에 따라 달라지게 될 것이나, 헌법에서 특별히 평등을 요구하고 있는 경우와 차별적 취급으로 인하여 관련 기본권에 대한 중대한 제한을 초래하게 된다면 입법형성권은 축소되어 보다 엄격한 심사척도가 적용되어야 할 것인바, 가산점제도는 헌법 제32조 제4항이 특별히 남녀평등을 요구하고 있는 "근로" 내지 "고용"의 영역에서 남성과 여성을 달리 취급하는 제도이고, 또한 헌법 제25조에 의하여 보장된 공무담임권이라는 기본권의 행사에 중대한 제약을 초래하는 것이기 때문에 엄격한 심사척도가 적용된다).

14) 대법원 2019. 2. 21. 선고 2014두12697 전원합의체 판결(부당이득금부과처분취소등).

15) 대법원 2002. 11. 8. 선고 2001두1512 판결(건축선위반건축물시정지시취소).

16) 대법원 2014. 6. 26. 선고 2012두911 판결(국세부과취소).

17) 대법원 2016. 12. 15. 선고 2016두47659 판결(증여세등부과처분취소).

18) 대법원 2016. 7. 14. 선고 2015두48846 판결(체류기간연장등불허가처분취소).

정발의한 "고위공직자범죄공수처 설치 및 운영에 관한 법률안에 대한 수정안" (2019. 12. 24.)에서 들어간 내용으로, 중국 감찰법 제34조[19]에 동일한 내용이 규정되어 있다. 반면에 2020. 10. 20. 국민의힘 유상범 의원이 대표발의한 "고위공직자범죄수사처 설치 및 운영에 관한 법률(공수처법) 개정안"은 공수처가 검찰, 경찰의 상위 기관이 아님에도 타 수사기관을 상대로 강제이첩권을 부여해 부실수사 및 사건 은폐가 가능하다는 점 등을 근거로 범죄수사 강제이첩권을 삭제하였다.

2. 문제점

(1) 통보 요건으로서 인지의 개념

공수처법은 검찰 등이 범죄를 수사하는 과정에서 고위공직자범죄등을 인지한 경우 그 사실을 공수처장에게 통보할 의무를 부과하고 있다. 따라서 검찰 등의 통보의무가 발생하는 '인지'의 개념, 기준, 절차 등에 대한 검토가 필요하다. 먼저 고소·고발이 제외되는 것은 법률규정의 해석상 명확하게 보인다. 왜냐하면 공수처법 제24조 제2항이 통보대상을 '범죄를 수사하는 과정에서 고위공직자범죄등을 인지한 경우'로 특정하고 있으므로 인지한 사건이 아닌 고소·고발장 및 수사의뢰서 접수 등은 제외된다고 보는 것이 합리적이기 때문이다.[20] 더욱이 검·경에 고소·고발한 사건을 공수처가 이첩받아 불기소하는 경우 고소·고발인은 재정신청만 가능하므로 검사가 불기소결정한 경우와 달리 항고권 등을 행사할 수 없는 바, 고소·고발 사건까지 통보하여 이첩할 경우에는 항고권 등의 침해가 불가피하다. 결국, 공수처법 제24조 제2항이 수사중복과 이첩요청 여부를 판단하기 위한 규정인 점을 고려할 때 고소·고발 사건은 제외된다고 보는 것이 기본권에 합치되는 해석이라고 할 것이다.

그러나 2021. 5. 4. 공포된 공수처 사건사무규칙(이하 '공수처 규칙'으로 약칭함)

---

19) 감찰법 제34조. 인민법원, 인민검찰원, 공안기관, 회계감사기관 등 국가 기관은 횡령, 뇌물수수, 직무유기 등 직무상의 위법행위 또는 직무범죄 혐의를 받는 공직자에 대한 단서를 발견하면 감찰기관에 이송해야 한다. 감찰기관에서 법에 따라 조사하고 처리해야 한다.
피조사인이 직무상의 심각한 위법행위 혹은 직무범죄 혐의를 받는 동시에 다른 위법 범죄 혐의도 받을 경우 감찰기관은 주요 조사기관이며 다른 기관은 협조해야 한다.

20) 검찰청법의 하위 법령으로서 수사처법 제정 전(前) 이미 시행 중인 검찰사건사무규칙은 인지와 고소·고발의 개념을 명확히 구분하고 있다.

제24조 제1항은 '인지 관련 단서'에 고소·고발장, 수사의뢰서 등을 포함시키고 있다.

(2) '고위공직자범죄등을 인지한 경우'의 시기

인지의 기준 시점과 관련하여, 공수처법에 통보대상을 '범죄수사과정에서 고위공직자범죄등을 인지한 경우'로 명백히 규정하고 있으므로 검·경 수사준칙 제16조 및 검찰사건사무규칙에 따라 인지사건을 수리한 때로 보는 것이 타당할 것이다. 왜냐하면 공수처법이 '알게 된 때'가 아니라 '인지한 경우'로 특정하고 있으므로 인지 전(前) 단계로 확대해석 하는 것은 곤란하기 때문이다.[21] 나아가, 공수처에 대한 인지 통보는 수사중복 여부를 판단하기 위한 것이므로 내사 등 수사의 전 단계에서는 수사중복이 발생할 여지가 없는 바, 수사준칙 등에 따라 최소한 인지(입건)하여 수사가 시작된 상태에서 통보하는 것이 상당하다고 본다. 더욱이 통보 및 이첩 등을 위해서는 사건번호를 부여하는 것이 불가피하므로 실무적 차원에서도 인지사건을 수리한 때로 볼 수밖에 없을 것이다.

(3) 즉시 통보하지 않은 경우 강제력(벌칙규정의 부재) 및 다른 수사기관이 공수처에 통보한 후, 수사를 계속한 경우의 효력 문제

다른 수사기관이 즉시 통보하지 않았다고 하더라도 아무런 벌칙규정이 없을 뿐만 아니라 검사가 고위공직자를 수사 및 기소하였다고 하여 무효로 볼 수도 없을 것이다.[22] 한편, 공수처 규칙 제24조 제3항은 '공수처 처장은 공수처법 제24조 제2항에 따른 통보를 받은 직후 필요하다고 인정되면 해당 수사기관에 수사절차의 진

---

21) 국가공무원법(제83조 제3항)은 공무원 수사개시 통보의 요건으로 "감사원과 검찰·경찰, 그밖의 수사기관은 조사나 수사를 시작한 때와 이를 마친 때에는 10일 내에 소속 기관의 장에게 그 사실을 통보하여야 한다."로 규정하고 있어 그 요건이 "인지한 경우"인 수사처법 제24조 제2항과 법문의 내용이 명백히 상이하다.

22) 범죄수사규칙 제21조는 '특별사법경찰관리의 직무범위에 해당하는 범죄를 수사 중인 경찰관은 해당 사건 수사시 특별사법경찰관리가 행하는 수사와 경합될 때에는 경찰관서장의 지휘를 받아 해당 특별사법경찰관리와 그 수사에 관하여 필요한 사항을 협의하여야 하며, 경찰관은 이 경우 필요하다고 인정할 때에는 관할 지방 검찰청 또는 지청의 검사에게 보고하여 그 조정에 관한 지휘를 받을 수 있다'라고 규정하고 있으나, **공수처와 검찰의 관할경합이 문제되는 경우에는 두 기관의 조정을 담당할 상급관청이 존재하지 않을 뿐만 아니라 헌법재판소가 공수처에 대하여 당사자적격을 인정할 것인지도 의문이다.**

행을 중지하여 줄 것을 요청할 수는 있다'는 규정이 있지만, 다른 수사기관이 공수처에 통보한 후, 수사를 계속하더라도 위법하다고 볼 수는 없을 것이다. 개정 형사소송법 제196조(검사의 수사)에 규정된 "검사는 범죄의 혐의가 있다고 사료하는 때에는 범인, 범죄사실과 증거를 수사한다"는 규정이 있기 때문이다. 공수처 내부규정에 불과한 규칙(훈령)이 형사소송법을 제한할 수 있다고 보는 것은 입법의 체계정당성의 관점에서 볼 때 타당하지 않기 때문이다.

그런데 만약 공수처의 수사와 다른 수사기관의 수사가 인정된다고 볼 경우, 동일한 범죄에 대한 양 기관의 수사권이 동시에 발동될 수 있어 양 기관의 수사권이 충돌하게 될 것이다. 그러나 이는 국가 수사권 체계의 난립상을 초래할 뿐만 아니라 국민의 자유와 권리를 심각하게 침해할 가능성이 농후하다. 왜냐하면 고위공직자범죄에 대한 수사도 첫 출발점은 뇌물공여자, 사건 목격자 등 일반 국민일 수밖에 없는데, 공수처가 정치적 중립성을 잃고 다수 정당 또는 정권의 의지대로 그 권한을 행사하는 경우, 애초의 설립취지와는 달리 권한의 재분배가 아닌 보다 강력한 권력기관의 탄생으로 연결되기 쉬우며, 그 피해는 고스란히 국민에게 돌아갈 것이다. 따라서 양 기관간의 협의를 통한 합리적인 조정이 필요하다고 본다.

(4) 고위공직자는 공수처에서, 하위공직자 내지 민간인은 '검찰 등'에서 수사할 것인지

공수처 이외의 다른 수사기관이 수사를 통해 고위공직자, 하급공무원의 공동 부패범죄를 확인한 경우, 하급공무원은 다른 수사기관이 계속 수사하고 고위공직자만 수사를 중단하고 공수처로 이첩할 경우, 고위공직자의 수사만 지연되면서 말을 맞추는 등 수사가 방해받게 되어, 결국 고위공직자의 처벌만 곤란해지는 문제가 발생할 우려는 없는지 문제된다. 더욱이 공직자에 대한 수사를 뒤집어보면, 상대방은 대부분 기업 등 거대한 사기업일 경우가 많은데, 이 경우 공직자에 대한 뇌물사건과 횡령·배임사건이 여러 건 있을 경우 공직자와 연결된 범죄는 공수처가, 공직자와 연결되지 않은 사건은 경찰 내지 검찰이 한다는 것인데, 이를 어느 시점에서 판단을 할 것인지, 만약 경찰 내지 검찰이 공수처의 범죄수사와 중복되지 않는다고 판단하여 이첩하지 않으면 어떻게 할 것인지 의문이다.

한편, 경찰(다른 수사기관)이 범죄를 수사하는 과정에서 고위공직자범죄를 인지한 경우 검찰을 패싱하고, 그 사실을 즉시 공수처에만 통보하는 것인지, 또 헌법상

영장신청권은 조직법상의 '검사'에게만 인정하고 있는데, 이 규정을 어떻게 해석할 것인지 의문이다. 또 고위공직자의 범죄가 불분명할 경우(통상 뇌물을 준 자는 자백하지만, 받은 자는 부인하는 것이 인지상정임) 과연 하위공직자에 대한 기소를 할 수 있는지도 의문이다. 더욱이 고위공직자 수사에 착수하는 순간 공수처에 통지해야 한다면, 과연 공직자에 대한 수사가 지금보다 잘 이루어질 수 있을지도 의문이다. 왜냐하면 일반인 수사를 하다가 고위공직자 부패가 발견되는 순간 자신의 수사기록을 공수처에 이첩해야 한다면, 적극적으로 수사를 할 경찰 및 검사는 없을 것이기 때문이다.

⑸ 이첩의 시기

공수처법 제24조(다른 수사기관과의 관계) 제1항은 "수사처의 범죄수사와 중복되는 다른 수사기관의 범죄수사는 처장이 수사의 진행정도 및 공정성 논란 등에 비추어 수사처에서 수사하는 것이 적절하다고 판단하여 이첩을 요청하는 경우 해당 수사기관은 이에 응하여야 한다"고 규정하고 있다. 이 경우 이첩의 시기 및 '수사처의 범죄수사와 중복'된다는 의미를 어떻게 해석할 것인지 논란이 있을 수 있다. 이에 대하여 김남준 법무부 법무검찰개혁위원회 위원장은 수사가 진행된 상태에서 이첩을 받는 것보다는 최소 인지단계에서 통보를 받는 것이 효율적인 방안이라고 보고 있다.[23)]

⑹ 수사개시 여부 회신규정의 입법체계적 정당성

공수처법 제24조 제4항은 "동조 제2항에 따라 고위공직자범죄등 사실의 통보를 받은 처장은 통보를 한 다른 수사기관의 장에게 수사처규칙으로 정한 기간과 방법으로 수사개시 여부를 회신하여야 한다"고 규정하면서 동 규칙 제24조 제2항은 '처장은 법 제24조 제2항에 따른 통보를 받은 날부터 60일 이내에 서면(「전자정부법」 제2조 제7호의 전자문서를 포함한다)으로 해당 수사기관에 수사개시 여부를 회신하여야 한다'고 규정하고 있다. 그런데 앞에서 언급한 것처럼, 입법체계상 공수처 규칙으로 형사소송법 제196조(검사의 수사)에 규정된 "검사는 범죄의 혐의가 있다고 사료하는 때에는 범인, 범죄사실과 증거를 수사한다"는 규정을 배제할 수 있는지

---

23) 김남준, "고위공직자범죄수사처 설치의 의미와 앞으로의 방향", 「국민을 위한 수사개혁방향 심포지엄」, 대한변호사협회 주최 발표자료집, 13면.

의문이다.

Ⅳ. 공수처장의 재이첩권

1. 내용

공수처법 제25조 제3항은 "처장은 피의자, 피해자, 사건의 내용과 규모 등에 비추어 다른 수사기관이 고위공직자범죄 등을 수사하는 것이 적절하다고 판단될 때에는 해당 수사기관에 사건을 이첩할 수 있다"고 규정하여 공수처장의 재이첩권을 인정하고 있다. 문제는 공수처장이 수사기관에 사건을 재이첩하면서, 기소권을 유보한 채 수사권만 재이첩을 하는 것도 가능하다고 볼 것인지 여부이다.

2. 재이첩의 한계

김진욱 공수처장은 "공수처법 제3조 제1호와 제2호, 제25조 제2호에 공수처가 검사의 고위공직자범죄에 대한 수사권과 공소제기권을 모두 보유하고 있다"는 점 및 동법 제24조 제3항이 공수처장의 사건이첩 재량권을 규정하고 있다는 점을 근거로 수사와 기소를 분리하여, 수사권한만 재이첩을 하는 것도 가능하다는 입장이다. 즉, 대(大)에 소(小)가 포함되고, 전체는 부분을 포함하므로 재량 이첩권을 인정하고 있는 이상, 아무런 단서를 달지 않고 단순 이첩을 하는 경우도 있고, 아니면 공소제기권을 유보한 채 이첩하는 재량을 행사할 수도 있다는 것이다. 그리고 이러한 관점에서 수사처 규칙 제25조 제2항은 '처장은 제1항에 따라 다른 수사기관에서 수사하는 것이 적절하다고 판단한 경우 별지 제8호 서식의 사건이첩서에 따라 해당 수사기관에 관계 서류와 증거물 등을 이첩한다. 다만, 제14조 제3항 제1호 나목[24]에 해당하는 경우, 처장은 해당 수사기관의 수사 완료 후 사건을 수사처로 이첩하여 줄 것을 요청할 수 있다'고 하여 재이첩권을 규정하였다.

그러나 '이첩'이란 특정기관이 조사한 사건을 다른 기관으로 보내 다른 기관이 사건을 처리하게 하는 행위이므로 공수처가 이첩한 이상 공수처가 다시 사건을 처

24) 공수처 규칙 제14조 ③ 1. 나. 처장이 법 제3조 제1항에 따라 수사처가 수사권 및 공소제기와 그 유지 권한까지 보유한 사건에 대하여 법 제24조 제3항에 따라 다른 수사기관에 사건을 이첩하면서 수사처가 추가수사 및 공소제기 여부를 판단할 수 있도록 해당 수사기관의 수사 완료 후 법 제24조 제1항에 따라 수사처로 이첩하여 줄 것을 요청하는 경우

리할 권한은 없다고 보는 것이 타당하다. 왜냐하면 첫째, 공수처법 제24조 제1항이 '수사처의 범죄수사와 중복되는 다른 수사기관의 범죄수사에 대하여 처장이 수사의 진행 정도 및 공정성 논란 등에 비추어' 이첩을 요청할 수 있도록 규정하고 있는데, 이는 다른 수사기관(예컨대 검사의 범죄혐의에 대한 국가수사본부 등)의 수사를 허용하고 있다고 보는 것이 타당하므로 검사의 수사 및 기소에 대한 전속권 관할권을 주장하는 것은 문구에 반하며, 둘째, 공수처법 제24조 제3항은 '사건'을 이첩할 수 있다고 규정되어 있으므로 수사권한만 이첩할 수 있다고 보는 것은 문언의 해석 및 권한법정주의에 반하며, 셋째, 공수처의 송치요구는 사건을 재이첩하라는 것인데, 이러한 공수처의 송치요구는 수사기관 간 '사건 돌리기(핑퐁)'와 마찬가지로 그 과정에서 사건처리의 지연, 수사대상자의 권익침해, 불공정 수사논란 등 문제가 심각하게 발생할 수 있고, 넷째, 법원 간의 사건의 이송의 경우에도 이송결정이 확정되면 사건은 이송된 법원에 계속되므로, 다시 그 사건을 이송한 법원으로 역송할 수 없다(통설)는 점에서 타당하지 않다.[25)]

또 대(大)에 소(小)가 포함되고, 전체는 부분을 포함하므로 재량 이첩권을 인정하고 있는 이상, 아무런 단서를 달지 않고 단순 이첩을 하는 경우도 있고, 아니면 공소제기권을 유보한 채 이첩하는 재량을 행사할 수도 있다고 보는 것도 타당하지 않다. 왜냐하면 이에 따를 경우 공수처가 수사권을 쪼개서 검사에게 피의자신문(권) 내지 참고인조사(권)만 하고 사건을 다시 이첩하라고 하는 것도 가능하기 때문이다. 또한 헌법재판소 소수의견이 지적한 것처럼, 국회가 행정의 비대화를 방지하고 행정의 효율성을 증대하기 위하여 법률로써 독립행정기관을 설치하고 새로운 기술적·전문적 영역이나 행정부 내부의 이해관계 충돌이 있는 영역에서 비전형적 업무에 관한 권한을 부여한다고 하더라도 그 권한행사는 행정부 내부의 다른 조직 및 다른 국가기관과 상호 협력적 관계를 유지하도록 해야 할 것이다. 따라서 헌법적 근거없이 독립행정기관 설치 법률(공수처법)이 해당 독립행정기관에게 일방적 우위의 지위(동법 제24조 제1항)를 부여하고 다른 국가기관의 핵심적 기능을 침해하는 권한(동법 제3조 제1항)을 행사하도록 하고 있다면 이는 권력분립원칙에 위반된다

25) 김학의 전 법무부 차관 불법 출금금지 의혹과 관련해 기소된 이규원 검사 등에 대한 공판준비기일에서, 서울중앙지법 형사합의27부(김선일 부장판사)는 "검찰이 (공수처의 요청을 거부하고 한)공소제기가 위법이라는 명확한 근거를 찾지 못해 본안 심리를 진행하겠다"고 판단하였는데, 이는 공수처의 조건부 이첩주장에 대해 부정적인 입장을 취한 것으로 보인다(연합뉴스 2021. 06. 21.자: '조건부 이첩' 검찰 손 들어준 법원... 공수처 난감).

고 보아야 한다.

결국 현행 헌법상 공수처가 행사하는 수사·기소권은 행정권에 속하므로 그 귀속처는 정부로 볼 수밖에 없는데, 공수처법은 공수처의 소속을 어디에도 두고 있지 않다는 점에서 체계적 정당성에 문제가 있다고 본다. 즉, 공수처법은 헌법과의 연결고리가 없다는 점에서 헌법상 근거를 상실하고 있을 뿐만 아니라 국회의 통제를 받지 않아 실질적인 민주적 정당성을 결여한 기관으로 되어 있다는 점에서 위헌적 요소가 다분하다. 왜냐하면 권력분립의 원리란 국가권력을 입법권·행정권·사법권으로 분리하고, 분리된 권력을 각각 별개의 기관에 분속시킴으로써, 권력에 의한 권력의 억제와 균형을 통해 국민의 자유와 권리를 보장코자 하는 헌법상의 통치기관 구성원리이기 때문이다. 참고로 우리나라 공수처의 모태로 보이는 중국의 감찰위원회도 '중화인민공화국 각급 감찰위원회는 국가의 감찰기관이다'라는 조항을 헌법에 넣고 국가기관 제1장에 감찰위원회를 추가한 헌법 개정안이 통과된 후 신설되었다.

한편, 헌법은 국회에 전속된 법률 제/개정을 제외하고, 대통령(제75조), 총리 및 행정 각부(제95조), 대법원(제108조), 헌법재판소(제113조), 선거관리위원회(제114조), 지방자치단체(제114조)에만 위임 입법권을 부여하고 있으므로, 공수처가 대통령, 총리, 행정 각부에 속하지 않는 이상 규칙제정권을 인정하는 것도 곤란할 것이다. 즉, 동법 제9조 인사위원회 구성과 운영 등 필요한 사항을 공수처규칙으로 정하는 이외에, 헌법상 공수처규칙 제정권의 근거가 존재하지 않는다는 점에서 과연 독립된 강제기구를 설치하는 것이 헌법상 타당한지 의문이 든다.

Ⅴ. 결론

국민의 인권을 보호하고 권익을 증진하기 위하여 현재의 수사제도나 관행보다 더 훌륭한 시스템이 있다면 개선책을 마련해야 한다는 점에 대해서는 누구나 공감할 것이다. 공수처 설치문제도 부패범죄에 대한 수사를 보다 효율적으로 행사하도록 함으로써 우리나라에 만연해 있는 부패범죄를 발본색원할 수 있는 개선방안을 마련하자는 데 그 의미가 있다고 볼 수 있다. 다만 검찰개혁은 수사의 총량을 유지하면서 소위 '특별수사청' 등으로 수사권을 분산하면서, 권한통제를 강화하는 방향으로 추진되어야지, 오히려 민주적 통제장치를 없애버리고 권한을 더욱 집중시킨

'공수처'라는 새로운 권력기관을 만드는 방식으로 진행되는 것은 문제가 있다고 할 것이다. 더욱이 공수처의 성패는 어떻게 정치적 중립성을 지키면서 부패범죄를 전담할 수 있는 기구로 기능할 수 있는지에 달려 있는데, 그동안 특별감찰관제도·특별검사제도는 물론 기존의 검찰제도 조차도 그 기능을 망가뜨린 주범은 집권권력층이었다는 점에서 공수처의 성공을 장담할 수 있을지 의문이다.[26)]

결국 검찰의 정치적 중립성 및 독립성을 보장하기 위한 특별한 제도적 장치가 없는 상태에서 공수처의 설치만으로 부패문제를 해결하였다고 보는 것은 순진한 발상으로 보인다. 이는 법무·검찰개혁위원회(이하 "개혁위")가 2020. 7. 27. 검찰총장과 법무부 장관 간 권력의 균형을 잡겠다는 의도에서 '검찰총장의 수사지휘권을 폐지하고 이를 6개 지역 고등검사장에게 분산하고, 법무부장관이 이들 고등검사장에게 구체적 사건에 대한 수사지휘권을 행사할 수 있도록 한다'는 내용의 권고안을 발표한 것을 보더라도 권력층의 의도를 잘 알 수 있다. 법무부 장관이 임명한 개혁위 위원의 면면을 고려하더라도, 어용 위원회를 구성하여 권고안을 발표하도록 하는 것 자체가 권력기관의 속성인 것이다. 왜냐하면 검찰총장과 법무부장관은 모두 인사청문회를 거쳐 대통령이 임명한다고 하더라도 검찰총장은 검찰총장후보추천위원회의 검증과 추천을 거쳐 그 임명에 사회 각층의 의견이 수렴되는 반면, 법무부장관은 사실상 대통령의 의지만으로 임명되고 있다는 점에 큰 차이가 있다. 그럼에도 불구하고 법무부장관이 오히려 구체적 사건에서 검찰총장보다 더욱 확대된 권한을 가지는 것은 누가 보더라도 부당하기 때문이다. 더욱이 검찰청법 제6조는 '검사의 직급은 검찰총장과 검사로 구분한다'고 규정하고 있으므로 고등검찰청 검사장 역시 개별 검사에 해당하며, 권고안에 따르면 법무부장관이 구체적 사건에 관하여 개별 검사인 고등검사장을 지휘하여 모든 사건을 사실상 직접 처리할 수 있는 것인데, 정치인인 법무부장관이 이처럼 기소절차에 직접 관여하고 간섭하게 하는 것은 검찰의 준사법기관적 속성에 배치될 뿐더러 정당에 가입할 수 없는 검찰총장과 달리, 법무부장관은 현행 헌법상 당적을 보유할 수 있고 국회의원을 겸직하여 의정활동도 할 수 있다. 따라서 정당의 이익을 대변하게 될 우려가 큰 법무부장관이 직접 수사지휘를 할 경우, 정당이 수사권을 장악하게 되는 위험한 상황이 초래될 수 있는 것은 불을 보듯 뻔한 것이다.

---

26) 문재인정권이 출범한 후 현재까지도 특별감찰관(감찰대상은 대통령의 배우자 및 대통령의 4촌 이내의 친족, 대통령 비서실의 수석비서관 이상의 공무원임)을 임명하지 않고 있다.

더욱이 공수처 설치가 애초에는 고위공직자의 부패행위를 방지하기 위한 제도적 장치로 고안된 것이었으나 이성윤 서울중앙지검장 사건이나 이규원 검사 사건 등 작금에 사태를 살펴볼 때, 그 목적은 검찰을 통제하기 위한 제도적 장치로 추진되었다는 점을 부인할 수 없는 분위기이다.[27)]

그런데 고위공직자의 부정부패를 척결하기 위해서 독립된 수사기관이 필요하다고 한다면 이는 현재 운용되고 있는 수사기관이 독립성을 유지하지 못하고 있음을 의미한다. 즉, 현행 형사소송법상 수사의 주재자는 '검사'인데(형사소송법 제195조), 검사들로 구성된 전국 단일 조직인 검찰이 독립성을 확보하고 있지 못하다는 말이다. 이처럼 검찰이 독립성을 확보하지 못하고 있다면 정치권력의 최상층부를 구성하는 집단으로부터 자유롭지 못하다는 것 외에 다른 사유는 있을 수 없다. 검찰이 무소불위의 권력을 가지고 있다고 하는데, 실제로 그러하다면 누구의 눈치도 보지 않아야 말이 된다. 그러나 현실은 정치권 실세의 눈치를 보는 것이 문제가 되고 있는데, 이는 정치권력의 핵심인 대통령이 검찰에 대한 인사권과 지휘권을 가지고 있기 때문이다.

공수처 도입을 주장하던 측은 '엄정하게 수사할 독립된 수사기관'이 필요하기 때문에 이를 도입해야 한다고 주장했지만, 기존의 수사기관인 검찰의 정치적 종속성은 그대로 놔두고 정치적 독립성을 보장받는 새로운 수사기관을 설치한다는 것 자체가 근본적인 문제 해결방안이 될 수는 없는 것이다. 진정 정치적 독립성을 확보하기 위한 제도적 장치도 마련하지 않은 채 똑같은 문제를 안고 있는 수사기구를 하나 더 만든 것은 도저히 그 배경을 이해할 수 없을 뿐더러, 현재의 상황만을 놓고 본다면 공수처의 신설은 국가적 · 사회적으로 불필요한 소모전에 그칠 것으로 보인다.

물론 문재인 정부에서 적폐로 몰린 검찰 조직과 달리 공수처는 '선량한 검사 및 검찰수사관으로 구성된 기구'가 되어 '민주개혁 정부 20년'을 함께 해 나갈 것으로 진심으로 믿는 사람도 있을 것이다. 그러나 수사와 기소, 특히 고위공직자에 대한 수사와 기소를 담당하는 기관은 선량하지 않은 권력을 전제로 두고 설계되어야 한

---

27) 이는 초기 법률안의 제안이유와 현재 발의된 법률안의 그것을 비교해 보더라도 잘 알 수 있다. 제15대에 제출되었던 「부패방지법안」의 제안이유는 '총체적이고 구조적인 부정부패를 근본적으로 제거하기 위한 제도적 장치 마련'을 핵심내용으로 하고 있었으나, 제20대에서 신속처리안건으로 지정된 법률안은 모두 '고위공직자의 부정부패를 엄정하게 수사할 독립된 수사기관의 필요성'을 핵심적인 제안이유로 하고 있다.

다. 즉, 선량하지 않은 세력 또는 우리 편이 아닌 세력이 집권할 경우에도 형사사법체계는 정상적으로 작동해야 하는 것이다. 정권의 친위대나 호위무사를 만드는 것이 검찰개혁이나 공수처 설립의 목적이 되어서는 절대 안 된다.

결론적으로 권력기관의 개혁은 힘을 분산하고 견제하는 방향으로 이루어져야 한다는 점에서, 현재 검찰보다 더 센 기관을 만들어 검찰을 견제하겠다는 발상에서 신설된 공수처는 사법개혁과 정반대되는 방향으로 내딛는 것이라는 점을 경고하고 싶다.

논문투고일: 2021.05.29 논문심사일: 2021.06.11 게재확정일: 2021.06.18

【참고문헌】

[단행본]

김종구/김종민 외, 『검찰제도론』, 법문사, 2011.

정웅석, 『수사지휘에 관한 연구』, 대명출판사, 2011.

정웅석, 『고위공직자범죄수사처 법과 제도의 이해』, 2021.

조균석/박용철, 『부패방지기구에 대한 비교법적 검토와 개선방안』, 2013년 대검찰청 용역과제 보고서.

[논문]

김남준, "고위공직자범죄수사처 설치의 의미와 앞으로의 방향", 국민을 위한 수사개혁방향 심포지엄, 『대한변호사협회 주최 발표자료집』, 2020.

김성돈, "검찰외 독립된 특별기구 신설의 필요성과 구체화방안", 제13회 월송기념학술심포지엄, 헌법과 형사법, (재)유기천교수기념사업출판재단, 2017.

김성천, "고위공직자범죄수사처의 형사사법체계 정합성에 관한 고찰", 『중앙법학』 제21권 제4호, 중앙법학회, 2019.

김성천, "수사권한이 조정의 대상인가?", 『형평과 정의 제33집』, 대구지방변호사회, 2018.

김영중, "공수처와 유사한 해외 사례 – OECD 국가를 중심으로 –", 고위공직자범죄수사처에 관한 연구, 한국형사정책연구원, 2019.

김태우, "고위공직자비리수사처 입법론 검토", 『형사법의 신동향』 통권 제54호, 대검찰청 미래기획단, 2017.

신태훈, "이른바 '수사와 기소 분리론'에 대한 비교법적 분석과 비판", 『형사법의 신동향』 통권 제57호, 대검찰청 미래기획단, 2017.

오병두, "독립적 특별수사기구의 도입방안에 대한 연구 – '고위공직자비리수사처' 법안들을 중심으로 –", 『형사정책』 제24권 제2호, 한국형사정책학회, 2012.

윤동호, "공수처의 기능 강화와 검찰권 견제", 『비교형사법연구』 제22권 제3호, 한국비교형사법학회, 2020.
윤동호, “고위공직자비리수사처 신설의 정당성과 필요성”, 『형사정책연구』 제22권 제1호, 한국형사정책학회, 2011.
윤영철, “검찰개혁과 독립된 특별수사기관의 신설에 관한 소고”, 『홍익법학』 제13권 제1호, 홍익대 법학연구소, 2012.
이윤제, “국민의 공수처 VS 검찰의 수사처”, 『형사법연구』 제29권 제4호, 한국형사법학회, 2017.
이윤제, “검찰개혁과 고위공직자비리수사처”, 『형사법연구』 제29권 제1호, 한국형사법학회, 2017.
임지봉, “고위공직자비리수사처 법안들에 대한 입법평론”, 『입법학연구』 제15집 제2호, 한국입법학회, 2018.
장영수, “검찰개혁과 독립수사기관(고위공직자비리수사처)의 설치에 관한 검토”, 『형사정책연구』 제28권 제1호(통권 제109호), 한국형사정책연구원, 2017.
정웅석, “고위공직자범죄수사처법의 해석과 운영방향”, 『형사소송 이론과 실무』 제12권 제1호, 한국형사소송법학회, 2020.
정웅석, “고위공직자범죄수사처의 신설에 관한 비판적 고찰”, 『형사법의 신동향』 통권 57호, 대검찰청 미래기획단, 2017.
조재현, “공직자부패통제방안으로서 특별검사제와 고위공직자비리수사처의 설치에 관한 제언”, 『한국부패학회보』 제15권 제4호, 한국부패학회, 2010.
최영승, “고위공직자범죄수사처 설치에 따른 바림직한 입법방향의 모색”, 『형사법연구』 제29권 제4호, 한국형사법학회, 2017.
한석훈, “수사권조정 및 고위공직자수사처 설치 법안의 평가”, 『성균관법학』 제31권 제4집, 성균관대학교법학연구원, 2019.

【국문초록】

2019. 12. 30. 검찰개혁의 일환으로 도입이 추진되었던 고위공직자범죄수사처(이하 '공수처'라 약칭함)가 통과되었다. 검찰개혁 문제는 정권이 바뀔 때마다 사법개혁의 일환으로 또는 검경 수사권조정 문제와 맞물려서 끊임없이 제기되었다. 항상 '무소불위의 권력'이라는 부정적인 어감하에 검찰권의 축소가 논의되었으며, 이제는 소위 '검수완박(검찰수사권 완전박탈)'이라는 표어로 사실상 검찰해체를 밀어부치고 있다. 그러나 그동안 검찰의 문제는 권력형 부패사건이나 정치적 사건에 대해서 정치권력의 눈치를 살피면서 수사를 주저한 검찰의 행태가 문제되었으므로 검찰개혁의 핵심은 정치권력으로부터 어떻게 정치적 중립성을 확보할 것인가에 초점이 맞추어져야 하며, 동일한 수사기관인 공수처의 성패도 여기에 달려 있다고 본다.

결국 공수처의 성패는 어떻게 정치적 중립성을 지키면서 부패범죄를 전담하는 기구로 잘 기능할 것인지 여부인데, 이는 권력집권층과 공수처장을 비롯한 공수처 검사와의 연결고리를 끊는 인사권자로부터의 자유이며, 최종적으로는 '대통령의 의지'에 달려 있다고 본다. 다만, 그동안 검찰 통제를 위하여 수사권은 경찰에 부여하고 검찰은 기소권만 갖도록 해야 한다고 그토록 주장하면서, 수사권과 기소권을 전속적으로 갖는 공수처를 탄생시킨 배경은 무엇이며, 공직비리는 상당부분 민간부문의 부패와 연계되는데, 이를 무 자르듯 잘라 공수처와 다른 수사기관(국가수사본부 및 검찰)이 나눠 수사하게 되면 수사권의 이원화가 초래될 뿐만 아니라 수사의 역동성을 훼손시켜 부패 범죄인들이 빠져 나갈 기회만 주게 될 우려도 있다.

그런데 김진욱 공수처장이 공수처법 제24조 제3항의 규정을 재량이첩이라고 해석하면서 검찰과 갈등을 나타내고 있다. 이에 본 논문에서는 공수처법 제24조(다른 수사기관과의 관계)를 전반적으로 해석하면서, 공수처장이 주장한 '재량이첩'의 의미를 비판적 시각에서 검토하고자 한다.

◈ 주제어: 고위공직자범죄수사처, 검찰개혁, 검찰의 공정성 및 중립성, 재량이첩

【Abstract】

A critical review on the Discretionary sending of the chief of the Act on the Establishment and Operation of the Corruption Investigation Office for High－Ranking Officials

Jeong Oung－Seok* **

On December 30, 2019, the Criminal Investigation Department for High－Level Public Officials(hereafter abbreviated as the "investigation office") which was promoted as part of the prosecution reform was passed. The issue of prosecution reform has long been raised constantly, either as part of judicial reform or in conjunction with the issue of coordinating investigative powers between the prosecution and police. However, since the prosecution's inherent problem is the prosecution's reluctance to investigate power－related corruption or political cases, the reform of the prosecution should focus on how to ensure neutrality from political power, and the success or failure of the Corruption Investigation Office for High－Ranking Officials depends on it.

However, Kim Jin－wook, the head of the Criminal Investigation Department for High－Level Public Officials, interpreted the provisions of Article 24(3) of the Act on the Establishment and Operation of the Corruption Investigation Office for High－Ranking Officials as a discretionary Sending, expressing conflict with the prosecution. In this paper, we will interpret Article 24 (relationship with other investigative agencies) of the Act on the Establishment and Operation of the Criminal Investigation Department for High－Level Public Officials, and review the meaning of the "discretionary Sending" claimed by the head of the Criminal Investigation Department for High－Level Public Officials from a critical perspective.

* Professor, College of Social Sciences, Department of Law, Seokyeong University.

** This Research was supported by Seokyeong University in 2021.

◈ Key words: Act on the Establishment and Operation of the Corruption Investigation Office for High-Ranking Officials, Prosecution Reform, Impartiality and Fairness of Korea Prosecution Service, Discretionary sending

한국형사소송법학회『형사소송 이론과 실무』
제13권 제2호 (2021.06) 113~145면.
Theories and Practices of Criminal Procedure Vol. 13 No. 2 (June. 2021) pp. 113~145.
10.34222/kdps.2021.13.2.113

새로 도입된 신분비공개수사 및 신분위장수사 특례 규정에 대한 검토 –아동·청소년의 성보호에 관한 법률 제25조의2부터 제25조의9를 중심으로–*

신 상 현**

목 차

Ⅰ. 들어가며
Ⅱ. 법률규정의 내용과 형태
Ⅲ. 비판적 검토 및 개선방안의 제시
Ⅳ. 맺으며

Ⅰ. 들어가며

"n번방 사건"을 계기로 하여 아동·청소년을 대상으로 하는 디지털 성범죄를 강력하게 처벌하려는 정부와 국회 차원에서의 활동이 이어져 왔고, 그 결과 근 1년 사이에 형법, 아동·청소년의 성보호에 관한 법률(이하 '청소년성보호법'), 성폭력범죄의 처벌 등에 관한 특례법(이하 '성폭력처벌법')의 성범죄 관련 법률조항들이 여러 번 개정되었다. 그 개정의 대부분은 법정형을 상향하거나 공소시효를 폐지하는 등 범죄자 처벌을 강화하는 데 집중되었다.

그런데 이러한 형태의 범죄를 처음부터 강력히 예방하기 위해서는 – 단순히 처벌을 강화하는 것을 넘어서 – 수사의 효율성을 높임으로써 범죄자에게 범죄를 저지르면 예외 없이 검거될 것이라는 인식을 심어주는 것이 더욱 중요하다. 하지만 수사 실무에 있어서는 수사의 효율성을 저하하는 현실적인 장애요소가 많이 존재

* 본 글은 2021. 5. 22. 한국형사법학회 신진 형법학자 포럼에서 발표한 내용을 수정·보완한 것입니다. 토론을 진행해 주신 최준혁 교수님께 감사의 인사를 드립니다.
** 헌법재판소 헌법연구원, 고려대학교 강사, 법학박사

했다. 특히 아동·청소년을 대상으로 하는 불법 촬영물은 대부분 폐쇄적인 사이트나 메신저 등을 통해 온라인 공간에 유포되기 때문에, 정상적인 형태의 공개적 수사방법만으로는 이러한 형태의 범죄를 쉽게 검거할 수 없게 된다. 그러므로 수사기관이 신분을 위장하고 상대방의 신용을 얻기 위한 거래행위를 하는 등의 조치가 수반되지 않는 한, 범죄혐의자에게 접근하는 것조차 불가능하다는 문제가 부각되었다.[1)] 특히 디지털 (성)범죄의 경우에는 범죄자들끼리 오프라인에서 물리적으로 일절 접촉하지 않고도 그 위법행위를 지속할 수 있으므로 수사기관에 의해 범행이 발각될 위험성이 더 줄어든다.[2)] 이러한 이유로 인해 – 온라인 공간에서 활동하는 이용자들의 기본권을 침해할 수 있다는 우려가 있음에도 불구하고 – 디지털 성범죄 수사를 위해서는 수사기관이 신분을 위장하고 그 위장된 신분으로 거래행위를 하여 범죄혐의자에게 접근할 수 있는 수사방법을 허용해야 한다는 목소리가 커지고 있었다.

그에 따라 2020년에 네 건의 아동·청소년의 성보호에 관한 법률 일부개정법률안(의안번호 2100357, 2102677, 2105009, 2106459)이 제안되었는데,[3)] 2021년 2월 17일에 열린 제384회 국회(임시회) 제1차 법안심사소위원회에 이 법률안들을 본회의에 부의하지 않기로 결정하였고, 다음날 여성가족위원회에서 법안심사소위원회가 각 법률의 내용을 조정한 대안(의안번호 2108400)을 제안하기로 최종 의결하였다. 그 후 2021년 2월 26일에 본회의에서 해당 법률안이 통과되었고, 3월 16일에 국무회의 심사를 거쳐 23일 공포되었다(법률 제17972호). 이렇게 개정된 법률조항들은 9월 24일부터 시행될 예정이다. 경찰청은 개정법의 시행을 앞두고 조직과 인력을 보강하는 한편 국제기구인 인터폴에도 관련 수사 전문가를 파견하는 등 디지털 성범죄를 발본색원하기 위해 총력으로 대응할 계획임을 밝힌 바 있다.[4)]

이번 개정 법률에서 가장 눈여겨 볼 조항은, '온라인 그루밍' 행위에 대한 처벌규정을 마련한 청소년성보호법 제15조의2[5)]와 아동·청소년을 대상으로 하는 디지

1) BT–Drs. 19/16543, 10면; LR–StPO/Hauck, § 110a, Rn. 26a f.; Rosengarten/Römer, "Der "virtuelle verdeckte Ermittler" in sozialen Netzwerken und Internetboards", NJW 2012, 1764, 1766 f.

2) Henkel, Tim, "Darknet – die dunkle Seite des Internets?", in: Cyberkriminologie, 187면.

3) 그 내용에 대해서는 이근우, "아동·청소년 성범죄에서 함정수사 허용의 위험성", 「형사소송 이론과 실무」 제12권 제2호(한국형사소송법학회, 2020), 46–47면.

4) 경찰청 2021년 3월 19일자 보도자료, <https://www.police.go.kr/user/bbs/BD_selectBbs.do?q_bbsCode=1002&q_bbscttSn=20210319161047033> (최종검색일: 2021. 4. 28.)

털 성범죄에 대한 신분비공개수사 및 신분위장수사를 허용하는 특례 규정을 마련한 청소년성보호법 제25조의2부터 제25조의9까지이다. 특히 후자를 통해 우리나라에서 처음으로 신분위장수사에 관한 법적 근거가 마련되었다. 비록 실체적 진실을 발견하고 잔혹한 범죄를 소탕하기 위해 새로운 수사기법의 필요성이 커지는 상황이라고 하더라도, 그 실체적·절차적 요건을 법률에 명확히 규정하여야만 수사권 남용으로 인한 국민의 기본권 침해 가능성을 최대한 억제할 수 있다. 이는 강제처분 법정주의로부터 당연히 도출되는 결론이다. 이러한 관점에서 봤을 때, 수권규범을 행정규칙이 아니라 법률에[6] 창설한 것은 긍정적으로 평가할 수 있다. 하지만 그동안 학계에서 진행되었던 신분위장수사의 도입 논의나 이미 별도의 규정을 두고 이 수사기법을 활용하고 있는 외국의 실무 상황을 고려해 봤을 때, 이번에 새로 도입된 특례 규정과 관련하여 여전히 문제점으로 지적될 만한 사항들을 발견할 수 있다. 그러므로 이하에서는 신분비공개수사 및 신분위장수사와 관련한 개정 법률조항들의 내용, 형태와 그 의미를 살펴본 후(Ⅱ), 이에 대한 문제점을 지적하면서 동시에 그 개선방안을 제시해 보도록 하겠다(Ⅲ).

Ⅱ. 법률규정의 내용과 형태

1. 수사의 대상 범죄, 유형 및 실체적 허용요건

청소년성보호법 제25조의2에서는 위장수사의 형태를 ‘신분비공개수사’와 ‘신분위장수사’로 구분하여 규정하고 있다. 우선 공통적으로 두 형태 수사의 대상이 되는

---

5) 제15조의2(아동·청소년에 대한 성착취 목적 대화 등)

① 19세 이상의 사람이 성적 착취를 목적으로 정보통신망을 통하여 아동·청소년에게 다음 각 호의 어느 하나에 해당하는 행위를 한 경우에는 3년 이하의 징역 또는 3천만원 이하의 벌금에 처한다.

1. 성적 욕망이나 수치심 또는 혐오감을 유발할 수 있는 대화를 지속적 또는 반복적으로 하거나 그러한 대화에 지속적 또는 반복적으로 참여시키는 행위
2. 제2조제4호 각 목의 어느 하나에 해당하는 행위를 하도록 유인·권유하는 행위

② 19세 이상의 사람이 정보통신망을 통하여 16세 미만인 아동·청소년에게 제1항 각 호의 어느 하나에 해당하는 행위를 한 경우 제1항과 동일한 형으로 처벌한다.

6) 물론 이를 형사소송법에 규율하는 것이 가장 바람직하겠지만, 특별법이 양산되어 있는 현실을 고려했을 때 개별 특별법에라도 이렇게 명문의 규정을 둔 것은 그나마 다행(?)일 것이다.

범죄는 ① 청소년성보호법 제11조의 죄[7], ② 청소년성보호법 제15조의2의 죄(= '온라인 그루밍'), ③ 아동·청소년에 대한 성폭력처벌법 제14조 제2항 및 제3항의 죄[8](이하 이 죄들을 '디지털 성범죄'라 한다)로 한정된다.[9]

사법경찰관리는 디지털 성범죄(①, ② 또는 ③)에 대하여 신분을 비공개하고 범죄현장(정보통신망을 포함한다) 또는 범인으로 추정되는 자들에게 접근하여 범죄행위의 증거 및 자료 등을 수집할 수 있는데, 이를 '신분비공개수사'라 한다(청소년성보호법 제25조의2 제1항). 즉 오프라인이나 온라인(정보통신망) 공간에서 단지 범인으로 추정만 되는 자에 대해서도 그 범죄행위의 증거자료를 수집하기 위해 경찰임을 밝히지 않고 활동할 수 있다는 것이다. 그 수사의 방법 등에 필요한 구체적인 사항은 대통령령에서 구체화하는 것으로 위임했다(청소년성보호법 제25조의2 제3항).

반면, 디지털 성범죄를 계획 또는 실행하고 있거나 실행하였다고 의심할 만한 충

---

7) 제11조(아동·청소년 성착취물의 제작·배포 등)
① 아동·청소년 성착취물을 제작·수입 또는 수출한 자는 무기징역 또는 5년 이상의 유기징역에 처한다.
② 영리를 목적으로 아동·청소년 성착취물을 판매·대여·배포·제공하거나 이를 목적으로 소지·운반·광고·소개하거나 공연히 전시 또는 상영한 자는 5년 이상의 징역에 처한다.
③ 아동·청소년 성착취물을 배포·제공하거나 이를 목적으로 광고·소개하거나 공연히 전시 또는 상영한 자는 3년 이상의 징역에 처한다.
④ 아동·청소년 성착취물을 제작할 것이라는 정황을 알면서 아동·청소년을 아동·청소년 성착취물의 제작자에게 알선한 자는 3년 이상의 징역에 처한다.
⑤ 아동·청소년 성착취물을 구입하거나 아동·청소년 성착취물임을 알면서 이를 소지·시청한 자는 1년 이상의 징역에 처한다.
⑥ 제1항의 미수범은 처벌한다.
⑦ 상습적으로 제1항의 죄를 범한 자는 그 죄에 대하여 정하는 형의 2분의 1까지 가중한다.

8) 제14조(카메라 등을 이용한 촬영)
② 제1항에 따른 촬영물 또는 복제물(복제물의 복제물을 포함한다. 이하 이 조에서 같다)을 반포·판매·임대·제공 또는 공공연하게 전시·상영(이하 "반포 등"이라 한다)한 자 또는 제1항의 촬영이 촬영 당시에는 촬영대상자의 의사에 반하지 아니한 경우(자신의 신체를 직접 촬영한 경우를 포함한다)에도 사후에 그 촬영물 또는 복제물을 촬영대상자의 의사에 반하여 반포 등을 한 자는 7년 이하의 징역 또는 5천만원 이하의 벌금에 처한다.
③ 영리를 목적으로 촬영대상자의 의사에 반하여 「정보통신망 이용촉진 및 정보보호 등에 관한 법률」 제2조제1항 제1호의 정보통신망(이하 "정보통신망"이라 한다)을 이용하여 제2항의 죄를 범한 자는 3년 이상의 유기징역에 처한다.

9) 기존의 같은 주장으로는 신상현, "아동·청소년 대상의 디지털 성범죄 수사를 위한 잠입수사관 제도의 도입방안", 「고려법학」 제97호(고려대학교 법학연구원, 2020), 178면.

분한 이유가 있고, 다른 방법으로는 그 범죄의 실행을 저지하거나 범인의 체포 또는 증거의 수집이 어려운 경우에 한정하여 수사 목적을 달성하기 위하여 부득이한 경우에는, 사법경찰관리가 Ⓐ 신분을 위장하기 위한 문서, 도화 및 전자기록 등의 작성, 변경 또는 행사, Ⓑ 위장 신분을 사용한 계약·거래, Ⓒ 아동·청소년 성착취물 또는 성폭력처벌법 제14조 제2항의 촬영물 또는 복제물(복제물의 복제물을 포함한다)의 소지, 판매 또는 광고하는 행위를 할 수 있는데, 이를 '신분위장수사'라 한다(청소년성보호법 제25조의2 제2항).

신분위장수사의 경우에는 수사기관이 단순히 증거 수집을 하는 것을 넘어서 위장된 신분을 이용하여 적극적으로 상대방과 접촉을 하여 거래행위를 할 수 있으므로, 국민의 개인정보자기결정권, 자기부죄거부권, 사생활의 자유, 양심의 자유 등의 기본권을 침해할 위험성이 커진다.[10] 그에 따라 신분비공개수사보다 더 엄격한 요건 하에서만 수사기관의 투입을 허용해야 할 것인데, 이를 고려하여 디지털 성범죄가 범해졌다는 충분한 이유가 있을 것(형사소송법 제196조 및 제197조 제1항) 및 비례성 원칙(최소침해의 원칙)에서 도출되는 보충성이 인정될 것이라는 실체적 허가요건을 추가적으로 요구하고 있다.[11] 신분위장수사는 상대방 모르게 진행되는 비밀수사라는 점에서 통신비밀보호법에서 규율하고 있는 통신제한조치 등의 강제처분과 유사한 성격을 지니고 있다. 그러므로 입법자는 그 실체적 허용요건뿐만 아니라 2.와 3.에서 살펴볼 그 밖의 조항들도 양 법률에서 거의 유사한 형태로 규정했다.[12] 즉 이 실체적 허가요건은 범죄수사를 위한 통신제한조치의 요건으로서 통신비밀보호법 제5조 제1항에서도 동일하게 규정되어 있다.

더 나아가 수사기관은 수사의 목적을 달성하기 위해 일정한 형태의 위법행위를 직접 행할 수 있다. 즉 위의 Ⓐ, Ⓑ, Ⓒ 세 형태의 행위는 원칙적으로는 형사상 처벌이 되는 범죄행위에 해당하는데, 효율적인 수사를 위해 수반되는 특정한 행위를 한정적으로 허용함으로써 실무상의 애로사항을 해결해 주고 있다. 이 중 Ⓒ의 경우에는 수사기관이 직접 영상을 '촬영·제작·가공'하는 것까지 허용하지는 않고 단지 기존에 존재하는 촬영물 또는 복제물을 '소지·판매·광고'하는 행위만을 허용하고

10) 자세히는 김태은, "비밀수사관제도의 도입방안", 「인권과 정의」 제401호(대한변호사협회, 2010), 23면; 도중진, "범죄수사에 있어서 잠입수사관제도의 도입여부", 「중앙법학」 제15집 제3호(중앙법학회, 2013), 180-184면 참조.

11) 기존의 같은 주장으로는 신상현, 앞의 논문, 180면.

12) 기존의 같은 주장으로는 신상현, 앞의 논문, 181면.

있는데, 아무리 수사의 필요성이 있다고 하더라도 수사기관이 직접 아동·청소년을 출연시켜서 성적인 영상물을 제작하는 것까지 인정할 수는 없다는 입법자의 의도가 표명된 것으로 평가된다.

2. 절차적 허용요건

우선 사법경찰관리가 '신분비공개수사'를 하려는 경우에는 사전에 상급 경찰관서 수사부서의 장의 승인을 받아야 한다. 이 경우 그 수사기간은 3개월을 초과할 수 없다(청소년성보호법 제25조의3 제1항). 그 승인의 절차 및 방법 등에 필요한 사항은 구체적으로 대통령령에서 정하도록 위임했다(청소년성보호법 제25조의3 제2항).

반면, 사법경찰관리가 '신분위장수사'를 하려는 경우에는 더 엄격한 요건을 요구한다. 즉 신분비공개수사의 경우처럼 상급자의 승인으로 충분한 것이 아니라, 먼저 검사에게 신분위장수사에 대한 허가를 신청한 후 검사가 법원에 그 허가를 청구하는 형태로 규정되어 있다(청소년성보호법 제25조의3 제3항).[13] 이는 통신비밀보호법 제6조 제2항의 형태와 상응하나, "검사는 법원에 대하여 그 허가를 청구할 수 있다."고 하여 검사에게 재량권을 부여한 통신비밀보호법과 달리 이 제3항에서는 "검사는 법원에 그 허가를 청구한다."고 하여 검사에게 영장청구의 의무를 부과하고 있다.

사법경찰관리는 필요한 신분위장수사의 종류·목적·대상·범위·기간·장소·방법 및 해당 신분위장수사가 제25조의2 제2항의 요건을 충족하는 사유 등의 신청사유를 기재한 서면으로 검사에게 그 허가를 신청하여야 하고, 신청사유에 대한 소명자료를 첨부하여야 한다(청소년성보호법 제25조의3 제4항). 그 신청이 이유 있다고 인정되면 법원은 신분위장수사를 허가하고, 신분위장수사의 종류·목적·대상·범위·기간·장소·방법 등을 특정하여 기재한 허가서를 신청인에게 발부한다(청소년성보호법 제25조의3 제5항, 제6항). 이 규정들은 통신비밀보호법 제6조 제3항부터 제6항까지와 같다.

신분위장수사의 기간은 3개월을 초과할 수 없으며, 그 수사기간 중 수사의 목적이 달성되었을 경우에는 수사가 즉시 종료되어야 하지만, 그럼에도 불구하고 제25

13) 기존의 같은 주장으로는 신상현, 앞의 논문, 181면; 윤지영, "디지털 성범죄 대응을 위한 수사법제 개선 방안", 「형사정책」 제32권 제2호(한국형사정책학회, 2020), 65면.

조의2 제2항의 요건이 존속하여 그 수사기간을 연장할 필요가 있으면 사법경찰관리는 소명자료를 첨부하여 3개월의 범위에서 그리고 총 1년을 초과하지 않는 범위에서 수사기간의 연장을 꾀할 수 있다(청소년성보호법 제25조의3 제7항, 제8항). 이 규정들은 통신비밀보호법 제6조 제7항 및 제8항과 상응한 형태를 취하고 있는데, 통신제한조치의 경우에는 그 기간이 2개월을 초과할 수 없고 2개월의 범위에서 연장을 신청할 수 있으며 총 연장기간이 1년 또는 3년까지 가능하다는 점에서 차이가 있다.

한편, 통신비밀보호법 제8조의 긴급통신제한조치와 마찬가지로, 청소년성보호법 제25조의4에서도 긴급 신분위장수사에 관한 규정을 두고 있다. 위의 실체적 허가요건을 구비하였지만 절차적 허가요건을 갖출 수 없는 긴급을 요하는 경우에는, 사법경찰관리는 우선 법원의 허가 없이 신분위장수사를 할 수 있다(제1항). 이 경우에는 신분위장수사 개시 후 지체 없이 검사에게 허가를 신청하여야 하고, 사법경찰관리는 48시간 이내에 법원의 허가를 받지 못한 때에는 즉시 신분위장수사를 중지하여야 한다(제2항). 다만 통신비밀보호법 제8조 제2항에서는 긴급통신제한조치를 한 때부터 36시간 이내에 법원의 허가를 받아야 한다고 하고 있어, 허가 기간에 있어서는 양자가 서로 구별된다.

3. 통제 및 제한 수단

청소년성보호법은 신분비공개수사 또는 신분위장수사가 남용될 가능성을 방지하기 위해 일정한 제한 규정들을 두고 있다.

우선 – 앞서 살펴보았듯이 – 신분비공개수사를 실시하려면 법원의 허가를 받을 필요가 없이 사전에 상급 경찰관서 수사부서의 장의 승인만 받으면 충분하다. 그에 따라 추가적인 통제의 필요성이 나타나는데, 이와 관련하여 국가수사본부장으로 하여금 신분비공개수사가 종료된 즉시 대통령령으로 정하는 바에 따라 국가경찰위원회에 수사 관련 자료를 보고해야 할 의무 및 대통령령으로 정하는 바에 따라 국회 소관 상임위원회에 신분비공개수사 관련 자료를 반기별로 보고해야 할 의무를 지도록 하였다(청소년성보호법 제25조의6). 즉 사후적인 통제 수단으로서 국가수사본부장의 보고의무를 규정한 것이다. 통신비밀보호법 제15조에서도 같은 취지로 국회의 통제 가능성을 인정하고 있다.

또한 사법경찰관리가 위의 요건을 갖추어 신분비공개수사 또는 신분위장수사를 한 결과 일정한 증거 및 자료 등을 수집한 경우, 이 증거 등은 ① 신분비공개수사 또는 신분위장수사의 목적이 된 디지털 성범죄나 이와 관련되는 범죄를 수사·소추하거나 그 범죄를 예방하기 위한 목적으로, ② 신분비공개수사 또는 신분위장수사의 목적이 된 디지털 성범죄나 이와 관련되는 범죄로 인한 징계절차에서, ③ 증거 및 자료 수집의 대상자가 제기하는 손해배상청구소송에서, 또는 ④ 그밖에 다른 법률의 규정이 있는 경우에만 사용할 수 있다는 제한을 받는다(청소년성보호법 제25조의5). 이는 통신제한조치가 별건 범죄의 수사에 이용되는 것을 방지하는[14] 통신비밀보호법 제12조와 동일하다. 여기에서 "관련되는 범죄"란 수사기관이 압수·수색을 할 때 문제되는 '관련성'과 같은 의미로 해석하면 될 것이다. 즉 어떤 범죄의 증거물이 수사 대상이 되는 혐의사실(요증사실)의 진실성을 보강하거나 입증하는 데 도움이 된다면 관련성이 있는 것이다.[15] 대법원도 압수·수색과 관련하여 관련성의 요건을 제시하면서, 압수·수색영장에 기재된 혐의사실 그 자체 또는 그와 기본적 사실관계가 동일한 범행과 직접 관련되어 있거나 간접증거나 정황증거 등으로 사용될 수 있어야 하고(객관적 관련성), 또한 압수·수색영장에 기재된 대상자와 공동정범·교사범·간접정범·필요적 공범 등의 관계에 있는 자에 대한 사건이어야 한다(인적 관련성)고 판시했다.[16] 또한 통신비밀보호법 제13조의5(제12조를 준용)에서의 "관련되는 범죄"를 해석할 때에도 마찬가지로 객관적 관련성 및 인적 관련성이란 요건을 제시하고 있다.[17]

하지만 신분비공개수사 또는 신분위장수사를 통해 수집한 증거 등의 사용을 제한하더라도 관련 사실이 공개되면 그러한 제한 규정의 효과가 사라진다. 따라서 신분

14) 신동운, 『간추린 신형사소송법』, 제13판(법문사, 2021)(이하 형사소송법 교과서의 경우 서명 등을 생략한다), 249면.

15) 김인회, 160면; 신동운, 221면.

16) 대법원 2017. 12. 5. 선고 2017도13458 판결; 대법원 2020. 2. 13. 선고 2019도14341, 2019전도130(병합) 판결.

17) 대법원 2017. 1. 25. 선고 2016도13489 판결. 엄격히 해석하면 형사소송법 제215조, 제106조, 제109조상의 관련성은 수사(압수) 범위의 문제이고 통신비밀보호법 제12조, 제13조의5상의 관련성은 증거사용 범위의 문제이지만, 대법원은 양자를 동일하게 취급하고 있는 것이다(이주원, 160면). 그에 따라 이미 적법하게 취득한 자료의 사용에 관한 후자보다 수사 단계에서의 자료 취득에 관한 전자의 범위를 더 넓게 인정할 필요가 있다고 보는 견해로는 이재상/조균석/이창온, 18/28.

비공개수사 또는 신분위장수사에 대한 승인·집행·보고 및 각종 서류작성 등에 관여한 공무원 또는 그 직에 있었던 자에게 비밀준수 의무를 부과하는데, 이들은 직무상 알게 된 신분비공개수사 또는 신분위장수사에 관한 사항을 외부에 공개하거나 누설해서는 안 된다(청소년성보호법 제25조의7). 이는 통신비밀보호법 제11조에서도 유사한 형태로 규정되어 있다. 비밀준수 의무를 위반한 경우 청소년성보호법 제65조 제1항 제1호에 따라 5년 이하의 징역 또는 5천만원 이하의 벌금에 처한다.

마지막으로 새로 도입된 수사방법을 실무에 제대로 안착시키기 위하여, 신분비공개수사 또는 신분위장수사를 승인하거나 보고받은 상급 경찰관서 수사부서의 장으로 하여금 일선 사법경찰관리에게 수사에 필요한 인적·물적 지원을 해야 할 의무 및 전문지식과 피해자 보호를 위한 수사방법 및 수사절차 등에 관한 교육을 실시해야 할 의무를 부과하고 있다(청소년성보호법 제25조의9).

4. 수사기관의 면책

이미 설명하였듯이, 신분비공개수사 및 신분위장수사는 비밀수사의 한 유형이라는 점에서 통신비밀보호법상의 조치들과 유사한 형태로 규정되어 있다. 그런데 청소년성보호법에는 통신비밀보호법에서는 찾아볼 수 없는 예외적 규정이 존재한다. 즉 디지털 성범죄의 특수성을 고려하여 수사의 효율성을 증진시키기 위해 수사기관을 면책하는 특별 규정을 둔 것이다.[18)]

청소년성보호법 제25조의8에 따르면, 사법경찰관리가 신분비공개수사 또는 신분위장수사 중 부득이한 사유로 위법행위를 하였더라도 그 행위에 고의나 중대한 과실이 없는 경우에는 형사상 처벌되지 않고(제1항), 마찬가지로 고의나 중대한 과실이 없는 경우에는 행정상 징계처분을 받지 않으며(제2항), 타인에게 발생한 손해에 대한 민사상 배상책임을 지지 않는다(제3항). 즉 "고의나 중대한 과실"이 없을 것이라는 점을 면책을 위한 공통적 요건으로 들고 있다. 특히 제1항과 관련해서는 "벌하지 아니한다."라고 하여 수사기관이 취한 행위의 구성요건을 배제하고 있다.[19)] 또한 주관적 요건 이외에 추가적으로 "부득이한 사유"가 있을 것을 요구함으로써,

18) 기존의 같은 주장으로는 신상현, 앞의 논문, 184－185면; 윤지영, 앞의 논문, 66면; 장응혁, "위장수사의 비교법적 연구", 「형사법연구」 제32권 제4호(한국형사법학회, 2020), 260－261면.

19) 설령 이를 구성요건 배제사유로 보지 않는다고 하더라도, 최소한 형법 제20조상의 "법령에 의한 행위"에 해당하여 위법성이 조각될 것이다.

신분비공개수사 또는 신분위장수사를 진행하는 데 있어 '필수적으로 수반되는' 위법행위(특히 청소년성보호법 제25조의2 제2항 각 호의 행위)에 대해서만 그 형사처벌을 면제해 주고 있다.

Ⅲ. 비판적 검토 및 개선방안의 제시

1. 신분비공개수사 및 신분위장수사 특례 규정의 위치

법제사법위원회에서 심사를 진행하는 과정에서도 신분비공개수사 및 신분위장수사 특례 조항을 어느 법률에 규정하는 것이 법체계상 타당한지에 대해 논쟁이 벌어진 바 있다. 이에 대해 ① 첫째로 신분비공개수사 및 신분위장수사가 디지털 성범죄에만 한정되지 않고 다른 유형의 범죄(예를 들어 마약범죄, 조직범죄 등)에 대해서도 도입되어야 하므로 이를 형사소송법에서 직접 규율하거나 또는 통신비밀보호법과 같이 별도의 특별법을 마련하자는 견해, ② 둘째로 신분비공개수사 및 신분위장수사에 대한 규정을 처음으로 도입하는 상황인데 특히 신분위장수사의 경우 개인의 사생활 및 기본권 침해 소지가 크다는 점에서 먼저 일부 범죄에 대해서만 제한적으로 규정을 두어 경험을 축적할 필요가 있으므로 디지털 성범죄에만 한정하여 청소년성보호법에 신분비공개수사 및 신분위장수사를 도입하자는 견해, ③ 셋째로 디지털 성범죄에만 한정할 필요성은 있다고 하더라도 디지털 성범죄의 피해 대상이 아동·청소년에 국한되지는 않고 이러한 수사는 전형적으로 형사사법절차에 해당한다는 점에서 성폭력처벌법에 그 법적 근거를 마련하는 것이 타당하다는 견해가 대립했다.[20]

물론 이에 대해 학계에서도 이미 여러 견해가 제시된 바 있다. 예를 들어 디지털 성범죄 외에도 일부 중대한 범죄들을 대상으로 하는 신분위장수사 규정을 형사소송법 등에 도입하자는 견해,[21] 인터넷 비밀수사관 제도를 경찰관 직무집행법 등에 규정하자는 견해,[22] 우선은 사회적 문제가 심각한 아동·청소년 대상의 디지털 성범죄에 대해서 청소년성보호법에 법적 근거를 마련하여 신분위장수사를 시행해 본

20) 법사위, 검토보고서, 3－4면.

21) 김태은, 앞의 논문, 21－22, 35면; 윤지영, 앞의 논문, 64면.

22) 민영성/강수경, "독일의 인터넷 비밀수사에 관한 논의와 그 시사점", 「법학논총」 제31권 제2호(국민대학교 법학연구소, 2018) 386－387면.

후, 그 법적 효과나 실무상의 문제점을 고려하여 다른 범죄영역으로도 확대할 것인지를 검토하자는 견해,[23] 신분위장수사에 관한 법률규정을 아동·청소년 대상의 디지털 성범죄에만 한정하여 마련할 필요는 없다는 견해[24] 등이 그것이다.

이러한 여러 견해들 중에서 어떠한 주장이 가장 타당한지에 대해 일률적으로 말할 수는 없을 것이다. 왜냐하면 이 문제는 기본적으로 입법자의 재량영역에 속하는 사항이기 때문이다. 결과적으로 입법자는 위의 ②의 견해에 따라 특례 규정을 둘 법률과 수사 대상이 되는 범죄의 범위를 정한 것이고, 이제는 이를 통해 얻게 되는 실무상 경험을 바탕으로 하여 그 적용범위를 확대할 것인지에 대한 논의를 이어가야 한다. 어쨌든 신분비공개수사 및 신분위장수사를 실시하기 위해 그 특례 조항을 명시적으로 법률에 규정한 것은 바람직한 조치로 평가할 수 있다.

2. 신분비공개수사와 신분위장수사의 구별 기준

(1) 문제점

개정법은 신분비공개수사와 신분위장수사를 구별하여 서로 다른 요건을 갖출 것을 요구하고 있다. 즉 신분비공개수사의 경우에는 신분위장수사와 달리 보충성이 있을 것을 요하지 않고 단지 범죄의 추정이 있으면 수사기관이 현장에 접근하여 증거를 수집할 수 있다. 왜냐하면 신분비공개수사가 일종의 사이버 순찰로서의 성격을 지닌다고 본다면 신분위장수사보다 그 허용요건을 완화할 필요가 있기 때문이다.[25] 경찰청도 신분비공개수사는 현행법에 따르더라도 가능한 수사의 형태를 입법한 것이고, 그에 따라 신분을 위장하여 일정한 위법행위까지 저지를 수 있는 신분위장수사와는 구별된다고 하였다.[26] 하지만 양자를 명확히 구별하지 않는다면, 수사기관이 사실상 신분위장수사에 가까운 조치를 취하면서도 신분비공개수사라 주장하여 그 엄격한 요건을 우회할 위험성이 있다.[27] 그러므로 양자를 구별하기 위

23) 신상현, 앞의 논문, 187면; 장응혁, 앞의 논문, 263면.

24) 박찬걸, “성매매 조장 사이트 규제의 집행력 강화를 위한 제언”, 「형사정책연구」 제30권 제4호(한국형사정책연구원, 2019), 109면; 이원상, “다크넷 수사를 위한 수사제도에 대한 소고”, 「형사법의 신동향」 제69호(대검찰청, 2020), 361면.

25) 기존의 같은 주장으로는 윤지영, 앞의 논문, 64면.

26) 법사위, 검토보고서, 6면.

27) 같은 취지로 Kudlich, “Straftaten und Strafverfolgung im Internet”, StV 2012, 560, 566.

해 어떤 기준이 제시되어야 할 것인지, 개정법은 그러한 기준을 제대로 반영하고 있는 것인지에 대해 살펴보아야 한다.

(2) 외국의 입법례

독일에서는 독일 형사소송법 제110조a부터 제110조d까지에서 '비밀수사관(VE)' 제도를 규율하고 있다. 제110조a부터 제110조c에서는 마약범죄, 국가안보와 관련된 범죄, 조직범죄 등 일정한 중범죄와 관련하여 비밀수사관을 투입할 수 있는 요건과 절차를, 2020년에 도입된 제110조d는 아동 음란물을 제작·배포하는 비밀수사관 투입에 관한 절차적 요건을 규정하고 있다. 이러한 수사가 허용되기 위해서는, 그러한 범죄행위가 있었다는 충분한 사실적 근거가 있어야 하고, 다른 방법으로는 범죄의 규명이 불가능한 상황이어야 하며, 검찰이나 법원의 승인을 받아야 하는 등의 엄격한 요건을 갖춰야 한다.[28] 반면, 일시적으로 위장거래 등을 하기 위해 투입되는 경찰로서 '비공개로 수사하는 경찰공무원(NoeP)'도 실무상 인정되는데, 이러한 형태의 수사기관은 제161조 및 제163조에 따른 수사상 일반규정에 그 법적 근거를 두고 있다.[29] 따라서 이들에 대해서는 제110조a부터 제110조d까지의 엄격한 허용요건이 적용되지 않는다. 그에 따라 온라인 공간에서 탐문이나 증거 수집을 수행하는 수사기관을 비밀수사관으로 보아야 할 것인지에 대해 논란이 있어 왔다. 이에 대해, 온라인 공간은 일반적으로 익명성을 전제하고 있으므로 공개된 채팅 공간이나 소셜 네트워크에서 신분을 숨기고 수사를 진행하는 것은 비밀수사관으로서의 활동으로 볼 수 없어서 위의 엄격한 요건을 적용할 필요가 없다는 견해,[30] 특정 인터넷 사이트의 지침이나 운영자의 요구에 의해 위장된 신분으로는 접근이 불가능한 폐쇄된 온라인 공간이나 소셜 네트워크에서 이용자들과의 접촉을 위해 의도적으로 장기간 활동하는 것을 허용하면 이용자들의 의사표명의 자유 및 자기부죄 거부의 자유가 침해될 수 있다는 점에서 이러한 수사기관을 비밀수사관으로 보아

---

28) 개별 조항들에 대한 자세한 설명으로는 신상현, 앞의 논문, 162면 이하.

29) BGH NJW 2000, 1123, 1125; Kindhäuser/Schumann, Strafprozessrecht, 2019, Rn. 119; MuKo-StPO/Gunther, § 110a, Rn. 24; SK-StPO/Wolter/Jäger, § 110a, Rn. 13.

30) BeckOK-StPO/Hegmann, § 110a, Rn. 6; KK-StPO/Bruns, § 110a, Rn. 7; SSW-StPO/Hadamitzsky/Eschelbach, § 110a, Rn. 9. 그러한 익명성이란 요소가 대화 및 진술의 신뢰도를 약화시킨다는 독일 연방대법원(BGH)의 판례에 대해서는 민영성/강수경, 앞의 논문, 367-368면.

야 한다는 견해[31]가 대립했다. 이 경우 최소한 아동 음란물 관련 범죄의 수사와 관련된 영역에서는 신설된 제110조d가 적용되므로 위의 논란이 해결될 수 있었지만, 온라인 공간에서 기타 범죄를 수사하는 경우에는 여전히 제110조a부터 제110조c까지의 규정이 적용될 수 있을 것인지에 대해 견해가 대립할 수 있다.

오스트리아 형사소송법도 제129조 제2호에서 사법경찰의 기관 또는 사법경찰로부터 위임을 받은 자[32]가 그 직무상의 지위를 드러내지 않고 수사에 투입되는 비밀수사에 관한 수권규범을 마련하고 있다. 또한 이를 '단순 비밀수사'와 '장기간 실시되는 체계적[33] 비밀수사'로 분류하고 있는데, 전자는 범죄 규명의 필요성이라는 요건만 갖춰지면 사법경찰이 언제든지 실시할 수 있는 비밀수사이다(제131조 제1항).[34] 반면, 후자는 장기 1년의 자유형 이상의 고의 범죄행위를 규명하거나 범죄·테러 단체 또는 범죄 조직에 의한 계획적인 범죄행위를 방지하는 것이 다른 방법으로는 어려운 경우에 한하여 인정되는 구조적 수사방법(Strukturermittlung)[35]으로서, 수사를 위해 신분을 위장한 문서를 위조하여 법적 거래에서 사용하는 것까지 허용된다(제131조 제2항). 양자는 범죄의 경중, 보충성 여부, 수사기간의 장단, 적극적인 신분위장 행위를 할 수 있는지 여부에 따라 구별된다.

스위스에서도 두 가지 형태의 비밀수사가 규정되어 있다. 우선 '비밀수사(Verdeckte Ermittlung)'란 경찰 소속 수사기관이나 경찰로부터 임시로 임명된 자가 서류의 위조를 통해 보장된 위장신분을 이용하여 범죄혐의자와 신뢰를 쌓고 범죄집단에 침투하여 특별히 중한 범죄를 규명하는 수사방식을 의미한다(스위스 형사소송법 제285조a). 이 경우에도 법률에 정한 특정 범죄들에 대해서만 보충성의 요건하에 비밀수사관을 투입할 수 있다(제286조). 다음으로 '비밀수색(Verdeckte

31) LR−StPO/Hauck, § 110a, Rn. 26 ff.; M−G/S/Köhler, § 110a, Rn. 4; Soiné, NStZ 2003, 225, 226; Rosengarten/Römer, NJW 2012, 1764, 1767.

32) 사법경찰이 아닌 사인으로서의 신뢰인(Vertrauensperson)을 의미한다(Fabrizy, StPO, § 131, Rz. 1). 자세히는 WK−StPO/Zerbes, Vor §§ 129−133, Rz. 4.

33) '체계적' 수사란 계획적이고 조직적으로 이루어지는 행위를 의미하는 것으로서, 개별 범죄혐의자에 대해 여러 형태의 접촉이 장기간 이루어져서 하나의 전체적 계획(Gesamtkonzept)을 구성하게 되는 수사방법을 말한다(WK−StPO/Zerbes, § 131, Rz. 3).

34) 한편, 오스트리아 안전경찰법(Sicherheitspolizeigesetz; SPG) 제54조에 따라 위험한 범죄나 범죄단체를 예방하기 위한 목적으로 비밀수사관을 투입하는 것도 가능하다. 이에 대해 자세히는 WK−StPO/Zerbes, § 129, Rz. 42 ff.

35) Fabrizy, StPO, § 131, Rz. 3.

Fahndung)'이란 경찰 소속 수사기관이 자신의 진정한 신분을 드러내지 않은 채 단기간 투입되어 중죄나 경죄를 규명하고 가장매매를 체결할 수 있는 수사방법인데, 비밀수사의 경우와 달리 위장신분을 이용할 수는 없고 형사절차에서나 신문을 할 때 그 신분이 공개된다(제298조a). 이를 위해서는 중죄나 경죄가 범해졌다는 범죄혐의가 인정되어야 하고, 보충성의 요건이 동일하게 요구된다(제298조b 제1항). 비밀수색의 경우 수사기관이 자신의 진짜 신분을 드러내지는 않지만, 성별, 나이, 본거주지 등의 사항에 대해 단순히 거짓말을 할 수 있을 뿐이고[36] 범죄혐의자와 신뢰관계를 형성하지 않으며 단지 단기간이나 일시적으로 투입된다는 점에서 비밀수사와 구별된다.[37]

(3) **평가**

세 나라와 우리나라의 조문 형태를 비교해 보면, – 물론 서로 완전히 대응되는 형태는 아니지만 – 청소년성보호법상의 '신분비공개수사'는 각각 비공개로 수사하는 경찰공무원(NoeP), 단순 비밀수사, 비밀수색의 취지와 유사하고, '신분위장수사'는 각각 비밀수사, 장기간 실시되는 체계적 비밀수사, 비밀수사와 상응한 것으로 보인다. 세 나라에서 공통적으로 발견할 수 있는 두 수사방식의 구별 기준은 범죄의 경중, 수사의 기간[38] 및 그를 통한 신뢰의 형성 여부이다. 또한 독일이나 오스트리아에서는 보충성 여부도 구별 기준이 되고, 독일의 학설에 따르면 온라인 공간이 개방적인지 폐쇄적인지 여부도 중요한 역할을 하게 된다.

청소년성보호법에서는 수사기관이 취할 수 있는 수사형태 및 기간을 고려하여 신분비공개수사와 신분위장수사를 구별하고 있는 것으로 보인다. 즉 전자는 범죄현장에 접근하는 것 및 증거를 수집하는 것만을 허용하는 반면, 후자는 신분의 위장 및 계약·거래까지 허용하고 있다. 또한 전자의 경우에는 제25조의3 제1항에서 총

36) 물론 처음부터 아무런 기망이 없거나 상대방과의 직접적인 접촉 없이 수동·간접적으로 증거를 수집하는 것(예를 들어 음식점에서 범죄혐의자의 옆 테이블에 앉아 그의 말을 엿듣는 것)은 비밀수색조차 아니므로, 그 요건을 갖출 필요가 없다(Schmid/Jositsch, StPO, Art. 298a, N 8).

37) Eicker/Huber/Nurten, Grundriss des Strafprozessrechts, 2020, 182–184면; Oberholzer, Grundzüge des Strafprozessrechts. 2020, Nr. 1635 ff.

38) 물론 여기서의 기간이란 단순히 시간적 장단에 따라 판단할 것은 아니고, 구체적인 수사행위 상황에 따라 그 신분위장이 여러 사람들을 대상으로 하는지 또는 장래에도 위장된 신분의 유지가 계속 필요할 것인지 등도 종합적으로 고려하여 판단한다(Beulke/Swoboda, Strafprozessrecht, 2020, Rn. 417; Krey/Heinrich, Deutsches Strafverfahrensrecht. 2019, Rn. 941).

수사기간을 3개월로만 제한하고 있는 반면, 후자의 경우에는 제25조의3 제7항, 제8항에 따라 원칙적으로는 수사기간이 3개월을 초과할 수 없되 요건이 존속하는 경우에는 최장 1년의 기간을 넘지 않은 범위에서 이를 연장할 수 있다. 이는 비밀수사가 장기간 진행되면 상대방과의 신뢰를 형성하게 되어 그의 기본권을 침해하게 될 가능성이 더욱 커진다는 점을 고려한 것으로 평가할 수 있다. 이러한 점들 때문에 신분비공개수사에 대해서는 상대적으로 더 높은 범죄혐의와 보충성을 그 요건으로 삼고 있는 것이다.

하지만 위의 요소들만을 양자의 구별 기준으로 삼는 것은 문제가 있다. 신분위장수사의 요건을 더 엄격히 설정해야 하는 가장 큰 이유는, 수사기관이 수사가 이루어지고 있다는 점을 숨긴 채 상대방과 신뢰를 형성하게 됨으로써 – 예를 들어 사전에 진술거부권을 고지해야 하는 등 – 법률상의 절차규정을 우회하여 무방비 상태에 놓여 있는 대화 상대방의 진술을 받아 내거나 관련 증거를 수집할 수 있다는 점이다.[39] 흉악범을 검거하기 위해 그 정도의 위계는 불가피하다고 주장할 수도 있겠지만, 이는 결과적으로 그 대화 상대방이 실제 범죄자로 밝혀졌을 때에나 유효한 말이다. 만일 대화 상대방이 실제 범죄자가 아니었거나 단순한 가담자 또는 관여가 거의 없는 자였을 경우라면, 그러한 수사행태가 무제한적으로 허용하는 것은 헌법 제10조, 제12조 제2항, 제17조 등에 정면으로 반하는 것으로서 국민의 개인정보자기결정권, 자기부죄거부권, 사생활의 자유 등을 침해하게 된다.

이렇게 양자의 구별기준으로서 '신뢰 형성'이라는 측면에 중점을 둔다면, 특히 온라인 공간에서 벌어지는 디지털 성범죄 수사와 관련해서는 위의 기준들뿐만 아니라 – 독일에서 주장되는 견해처럼 – 접근 장소의 폐쇄성 여부도 결정적인 기준이 되어야 한다.[40] 누구에게나 공개되어 있거나 익명으로도 의견 개진 및 법적 거래가 가능한 인터넷 사이트나 소셜 네트워크에서는 참여자 모두 그러한 익명성을

39) Eicker/Huber/Nurten, 앞의 책, 180면; Seiler, Strafprozessrecht, 2020, Rz. 488.

40) 스위스 취리히 주(Kanton)의 경찰법(PolG/ZH) 제32조f상의 인터넷에서의 정보획득(Informationsbeschaffung im Internet) 규정에 의하면, 제한적인 이용자만 접근이 가능한 사이트에서 수색을 진행하기 위해서는 엄격한 보충성 요건을 충족해야 한다. 또한 스위스에서는 요건이 완화되어 있는 비밀수색이라 하더라도 보충성이 요구되므로, 아무런 범죄혐의가 없음에도 불구하고 예방적 목적으로 채팅방을 탐문하는 것은 허용되지 않는다(Schmid/Jositsch, StPO, Art. 298a, N 5; Oberholzer, 앞의 책, Nr. 1642). 물론 스위스에서도 채팅방에서의 수사를 비밀수사와 비밀수색 중 어느 유형으로 분류할 것인지가 명확히 해결되지 않았다고 한다(Schmid/Jositsch, StPO, Vor Art. 285a–298d, N 5).

인지하고 있어서 상대방과의 접촉과 대화에 큰 의미를 부여하지 않는다. 그에 반해 회원 가입이나 로그인을 통해서만 접근이 가능하고 참여자로서의 지위를 유지하기 위해 지속적인 접촉이 요구되는 온라인 공간에서는 상황이 다르다. 이 공간에 참여하는 사람들은 – 비록 오프라인에서와 같이 서로 완전한 신분을 공개하는 것은 아니지만 – 서로간의 유대감이나 동일한 지향점을 가지고 있어서 상당한 신뢰를 형성한 채 대화와 거래를 이어가기 때문이다. 그런데도 불구하고 단지 수사기간이 짧다는 이유만으로 위와 같은 폐쇄적인 장소에 접근하여 증거가 될 만한 자료들을 자유롭게 조사하는 것을 허용한다면, 일반적인 범죄 예방적 탐문을 넘어서 사전 검열로 나아갈 위험성이 있다. 특히 충분한 범죄혐의가 없음에도 불구하고 수사기관이 판단했을 때 범죄가 추정되는 것으로 보이면 외부기관의 통제를 받지 않고도 신분비공개수사를 실시할 수 있으므로, 그 권한 남용의 가능성은 더욱 커진다. 그 결과 궁극적으로는 온라인 공간에서 소통하고자 하는 일반 국민의 자유로운 의사표명의 자유까지 침해될 수 있다. 따라서 수사기관이 폐쇄적인 온라인 장소에 접근하여 증거를 수집하려 하는 경우에는 신분위장수사로서의 엄격한 요건을 갖추게 해야 한다.[41] 마찬가지로 법무부도 '폐쇄적이거나 내밀한 사적 영역에의 진입 여부'를 기준으로 하여 두 유형의 수사방법을 구별해야 한다는 견해를 피력한 바 있다.[42] 그러므로 청소년성보호법 제25조의2 제1항의 "범죄현장(정보통신망을 포함한다)"이 '누구나 접근할 수 있는 공개된 장소'여야 함을 명시해야 할 것이다.

실제 발생할 수 있는 구체적인 사례를 분류해 보면 다음과 같다. 먼저 수사기관이 처음부터 폐쇄적인 (온라인) 장소에 접근하여 증거자료를 수집하려 하는 경우라면, 이러한 수사방식은 위의 구별 기준에 따라 신분위장수사에 해당한다. 하지만 수사기관이 사적으로 이미 폐쇄적인 온라인 장소에 속해 있는 경우라면, 수사기관이 수사를 진행할 목적으로 상대방과 신뢰를 형성했는지 여부에 따라 사안을 구별할 필요가 있다. 우선 그 과정에서 우연히 '이미 서로 신뢰가 형성되어 있는' 자를

---

41) 같은 취지에서 집회 및 시위에 관한 법률 제19조 제1항에서도 "경찰관은 집회 또는 시위의 주최자에게 알리고 그 집회 또는 시위의 장소에 정복을 입고 출입할 수 있다. 다만, 옥내집회 장소에 출입하는 것은 직무 집행을 위하여 긴급한 경우에만 할 수 있다."고 하여 폐쇄적인 장소에서는 – 심지어 경찰관임을 밝히는 경우에도 – 일반적인 접근을 불허하고 있다.

42) 법사위, 검토보고서, 6면. 한편, 독일 형사소송법 제110조a 제1항 제5문이 준용하는 제100조d 제1항과 제2항에 따르면, 사생활 형성의 핵심영역(Kernbereich privater Lebensgestaltung)을 알아내기 위해 비밀수사관을 투입하는 것은 허용되지 않고, 이를 통해 획득한 자료는 절대적으로 증거로서 사용할 수 없다.

범죄혐의자로 추정하게 된 경우, 신뢰의 형성이 수사로부터 비롯된 것이 아니므로 수사기관은 그 즉시 신분비공개수사를 진행할 수 있을 것이다. 물론 이 경우 단순한 증거 수집을 넘어서 청소년성보호법 제25조의2 제2항 각호의 행위까지 실시해야 하는 경우라면 당연히 신분위장수사의 요건을 갖춰야 한다. 반면, 그러한 온라인 장소에서 범죄혐의가 추정되는 자를 발견한 후 '그때부터 비로소 그 자와 신뢰를 형성하여' 자료를 수집하기 시작하는 경우라면, 이는 새롭게 폐쇄적인 장소에 접근하는 것과 다를 바가 없으므로 신분위장수사에서 요구하는 엄격한 요건을 갖춰야 할 것이다.

3. 신분비공개수사의 경우 승인 주체

청소년성보호법 제25조의3에 따르면, 신분위장수사를 하기 위해서는 법원의 허가가 필요하나, 신분비공개수사를 하려 할 때에는 사전에 상급 경찰관서 수사부서의 장의 승인을 받는 것만으로도 충분하다. 전자의 경우에는 통신비밀보호법상 통신제한조치에 상응하는 형태로 외부기관(법원)이 승인권자로 규정되어 있어서 문제가 없는데, 후자의 경우에는 단지 수사기관 내부에서의 승인만을 그 요건으로 삼고 있는 관계로 과연 적절한 통제가 이루어질 수 있는지에 대해 의문이 들 수 있다.

앞서 살펴본 독일, 오스트리아, 스위스의 입법례를 살펴보아도 두 수사방식을 구별하고 있는 것으로 보인다. 청소년성보호법상의 '신분위장수사'와 상응하는 독일의 '비밀수사(VE)'의 경우에는 개별 상황에 따라 검사 또는 법원의 사전 또는 (지체의 위험이 있는 경우) 사후 승인을 받아야 하고(독일 형사소송법 제110조b 제1항 또는 제2항, 제110조d), 오스트리아의 '장기간 실시되는 체계적 비밀수사'의 경우에는 원칙적으로 검사의 명령이 있어야 하며(오스트리아 형사소송법 제133조 제1항 제2문),[43] 스위스의 '비밀수사'의 경우에는 검사가 독자적으로 명령할 수 있으나(스위스 형사소송법 제286조) 24시간 이내에 강제처분법원의 사후 승인을 받아야 한다(제289조). 반면, '신분비공개수사'와 상응하는 독일의 '비공개로 수사하는 경찰공무원

43) 이 경우에도 지체의 위험이 있으면 사법경찰이 먼저 조치를 취한 후 검사의 승인을 받아야 한다(Fabrizy, StPO, § 133, Rz. 1). 한편, 오스트리아 형사소송법 제129조 제3호, 제132조상의 가장매매를 하는 경우, 마약이나 위조화폐를 증거보전하기 위한 때라면 사법경찰에게 독자적 권한이 주어져 있지만(제133조 제1항 제1문), 그 밖의 장물, 음란물, 무기 등을 증거보전하려 하는 때에는 검사의 명령이 필요하다(WK-StPO/Zerbes, § 129, Rz. 62; 133, Rz. 3).

(NoeP)'의 경우에는 타기관의 승인을 받을 필요가 없고, 오스트리아의 '단순 비밀수사'의 경우에도 사법경찰이 독자적으로 수행할 수 있으며(오스트리아 형사소송법 제133조 제1항 제1문), 스위스의 '비밀수색'의 경우에는 원칙적으로 검사뿐만 아니라 사법경찰도 독자적으로 실시할 수 있으나 후자의 경우 한 달이 경과한 이후에는 그 연장을 함에 있어서 검사의 승인만 받아야 한다(스위스 형사소송법 제298조b).

이 경우 신분비공개수사를 일종의 사이버 순찰로 이해한다면, 오프라인상의 순찰과 마찬가지로 외부기관(법원)의 승인을 받아야만 수사가 가능하도록 설정할 필요는 없을 것이다. 물론 그 전제로서 – 앞의 2.에서 언급한 것과 같이 – 신분비공개수사와 신분위장수사를 구별하는 기준을 명확히 하는 것이 필요하다. 그러므로 양자가 명확히 구별됨으로써 실제로는 신분위장수사를 하면서 신분비공개수사로 우회하려는 시도가 완전히 차단될 수 있다면, 신분비공개수사에 대해서는 법원의 허가를 받지 않도록 규정하는 형태도 충분히 고려해 볼 수 있다. 다만 사후적으로 피의자에게 통지 및 불복절차를 보장해 주어야 할 것인지에 대해서는 이하 6.에서 다시 검토해 보기로 한다.

4. 신분위장수사의 경우 검사의 필수적 허가 신청

청소년성보호법 제25조의3 제3항, 제8항 (및 제25조의4 제2항)을 보면, 사법경찰관리가 요건을 갖추어 검사에게 신분위장수사에 대한 허가나 수사기간의 연장을 청구한 경우 "검사는 법원에 그 허가 (또는 연장)를 청구한다."라고 규정하고 있다. 처음에 입법이 제안되었을 때에는 "청구하여야 한다."고 규정하여 검사의 허가·연장 청구를 의무로 정하고 있었다가,[44] 논의 과정을 거쳐서 지금과 같이 필수적 청구의 형태로 바뀐 것이다. 어쨌든 지금의 형태에 따르더라도, 검사는 원칙적으로 – 예를 들어 실체적 허가요건이 명백히 흠결된 것이 아닌 이상 – 사법경찰관리의 신청을 거부할 수 없다. 이렇게 규정된 이유는, 신분위장수사에 대한 허가는 영장과 그 성질이 다를 뿐만 아니라 법원의 적극적이고 책임 있는 심사를 받기 위해서는 허가 신청이 신속하게 이루어질 필요가 있다고 주장한 경찰청의 의견[45]이 받아들여졌기 때문인 것으로 보인다.

44) 법사위, 검토보고서, 8면 각주 6) 참조.
45) 법사위, 검토보고서, 9면.

그런데 신분위장수사의 실체적 허가요건이 갖춰졌는지 여부에 대해 사법경찰관리와 검사가 서로 다른 판단을 내릴 가능성을 완전히 부정할 수는 없다. 그에 따라 검사가 판단했을 때 어차피 법원이 허가나 연장을 받아들일 가능성이 없는 경우라면 사법경찰관리의 신청을 거부할 수 있는 재량을 지니고 있어야 한다. 같은 취지에서 통신비밀보호법 제6조 제2항에서도 "검사는 법원에 대하여 그 허가를 청구할 수 있다."고 규정되어 있는데, 신분위장수사의 경우에만 이를 달리 규정할 아무런 이유가 없다. 또한 비밀수사 조치와 관련된 법원의 허가 역시 법원이 강제처분의 적법성을 인정하는 사법적 심사이므로, 영장발부와 동일한 성격을 갖고 있다.[46] 그러므로 검사의 청구를 의무적 또는 필수적인 것으로 설정하는 것은 궁극적으로 헌법 제12조 제3항 및 제16조가 검사에게 부여한 영장청구의 권한을 형해화할 우려가 있다. 법무부도 이러한 형태가 위헌의 소지가 있음을 지적한 바 있다.[47]

이에 대해서는, 검사의 재량권 남용이 나타난다면 법원의 심사 자체가 불가능해질 수 있으므로 이를 방지하기 위해 검사의 허가 신청을 강제해야 한다는 반론이 있을 수 있다. 하지만 이미 형사소송법에서도 이러한 문제에 대응하기 위한 방지책을 마련해 놓고 있다. 즉 형사소송법 제221조의5에 따르면, 검사가 사법경찰관이 신청한 영장을 정당한 이유 없이 판사에게 청구하지 않는 경우에 사법경찰관이 고등검찰청의 영장심의위원회에 영장 청구 여부에 대한 심의를 신청할 수 있다. 이 규정은 신분위장수사의 경우에도 마찬가지로 적용될 수 있을 것이므로,[48] 해당 사건에서 반드시 필요한 것으로 보이는 신분위장수사가 검사의 재량권 남용으로 인해 좌초되는 사례는 사실상 발생하지 않을 것이다.

5. 신분위장수사의 경우 범의유발형 함정수사로 변질될 위험성

신분위장수사를 하는 경우 수사기관은 청소년성보호법 제25조의2 제2항에 따라

46) 같은 견해로 신동운, 144, 246면. 검사와 사법경찰관의 상호협력과 일반적 수사준칙에 관한 규정 제48조 제1항과 제59조 제3항에서도 '영장'에 통신비밀보호법상 통신제한조치 허가서 및 통신사실 확인자료 제공 요청 허가서를 포함한다고 규정하고 있다.

47) 법사위, 검토보고서, 8면.

48) 같은 취지로 통신제한조치나 통신사실 확인자료의 제공의 경우에도 형사소송법 제221조의5가 적용된다고 보는 견해로는 이은모/김정환, 348, 351면. 설령 영장발부와 허가의 성격이 다르다고 보아 이러한 유추가 불가능하다고 보더라도, 청소년성보호법에 같은 취지의 이의제기 제도를 도입함으로써 동일한 해결방안을 강구할 수 있다.

위장 신분을 사용하여 계약·거래를 할 수 있고 아동·청소년 성착취물의 소지·판매·광고를 할 수도 있으므로, 경우에 따라서 대법원 판례[49]가 허용하지 않는 위법한 범의유발형 함정수사가 이루어질 위험성이 있다는 비판이 제기된다.[50] 하지만 신분위장수사가 실시되려면 법원의 허가가 필요하므로, 법원이 그 신청을 받은 후 엄격하게 심사하는 한, 신분위장수사의 개별적인 조치가 범의유발형 함정수사의 형태로 이루어질 가능성은 적을 것이다.

그렇더라도 법적 명확성을 더 확실히 보장하기 위해서 청소년성보호법에 범의를 유발하는 수사방법을 금지한다는 점과 이 경우 수사기관이 면책되지 않는다는 점을 명문으로 규정할 필요가 있다.[51] 오스트리아 형사소송법 제133조 제5항 역시 제5조 제3항[52]에 따라 범행이 유발된 피의자는 소추되지 않고(=검사의 불기소) 공소가 제기된 경우에는 법원이 절차를 정지(=법원의 형식판결)한다고 규정하고 있다.[53] 또한 스위스 형사소송법 제293조에서도 비밀수사관은 존재하지 않는 범행결의를 유발하거나 더 중한 범죄를 야기하게 해서는 안 된다고 하면서,[54] 그러한 한계를 넘어선 경우에는 그 사정을 피의자에게 유리하게 양형시에 고려하거나 피의자에 대한 소추를 면제해야 한다고 규정되어 있다.[55]

---

49) 대법원 2005. 10. 28. 선고 2005도1247 판결; 대법원 2007. 5. 31. 선고 2007도1903 판결 등.

50) 법사위, 검토보고서, 7면.

51) 같은 견해로 신상현, 앞의 논문, 180면; 윤지영, 앞의 논문, 66면.

52) "공정한 절차의 원칙(유럽인권협약 제6조 제1항)에 반하는 방법으로 한 사람의 범죄행위를 유발하는 것 또는 몰래 투입된 자를 통해 자백을 유인해 내는 것은 허용되지 않는다." 후자의 자백 유인은 기능적으로 피의자 신문과 동일하기 때문에 범죄혐의자의 의사결정의 자유 및 자기부죄거부권을 침해하게 된다는 점에서 금지된다(WK－StPO/Zerbes, § 129, Rz. 33, 35).

53) 즉 위법한 범의유발이 있다는 사실이 소송장애사유에 해당한다(Seiler, 앞의 책, Rz. 491; Fabrizy, StPO, § 5, Rz. 12). 이러한 형태로 본 조항이 개정됨에 따라, 과거에 판례상으로 인정되었던 양형해결설을 통해서는 피의자의 기본권 침해를 충분히 보상할 수 없게 되었다(Bertel/Venier/Tipold, Strafprozessrecht, 2020, Rz. 28; WK－StPO/Zerbes, § 133, Rz. 13). 다만 소송장애사유로 되는 범위를 제한해야 한다는 견해로는 WK－StPO/Zerbes, § 133, Rz. 18 ff.

54) 범죄혐의자의 진술거부권 사용을 회피하기 위해 그와 신뢰관계를 형성하여 진술을 얻어내는 것도 마찬가지로 위법하므로, 그 진술을 증거로 사용할 수 없다(Oberholzer, 앞의 책, Nr. 1665).

55) 독일에서는 이에 대한 규정이 없는 관계로, 위법한 범의유발형 함정수사의 정의, 실체적·절차적 요건, 법적 효과 등을 법률에 규정하자는 목소리가 지속적으로 나오고 있다. 예를 들어 Eidam, "Rechtsstaatswidrige Tatprovokation", StV 2016, 129, 131; Jahn/Kudlich, "Rechtsstaatswidrige Tatprovokation als Verfahrenshindernis", JR 2016, 54, 63 f.; Jahn/Hubner,

6. 신분비공개수사 및 신분위장수사의 경우 기본권 보호규정의 흠결

비밀수사처분의 경우 그 성격상 수사가 이루어진다는 사실이 알려지지 않아야 하므로, 입법자는 대상자의 기본권 보호책으로서 – 예를 들어 압수처분에서와 같은 – 사전 제시의 형태가 아니라 사후 통지의 형태를 채택하고 있다. 즉 통신비밀보호법에는 통신제한조치를 집행한 이후 일정 기간 내에 그 사실을 그 대상자 등에게 서면으로 통지해야 할 의무가 부과되어 있고(제9조의2), 인터넷 회선을 통하여 송·수신하는 전기통신을 대상으로 통신제한조치를 한 경우에는 집행 종료 후 그로 인해 취득한 전기통신을 폐기해야 한다는 조항이 있다(제12조의2 제5항, 제6항). 또한 동법상의 통신사실 확인자료의 제공의 경우에도 그 대상자에게 그 사실을 통지해야 한다(제13조의3). 하지만 그러한 조치가 있다는 사실을 통지만 할 뿐 형사소송법 제417조와 같은 불복절차를 마련해 놓고 있지는 않아서 문제가 되고 있다.

그런데 신분비공개수사나 신분위장수사의 경우에는 그 대상자에 대한 통지의무뿐만 아니라 수사 종료 후 그로부터 획득한 자료의 폐기의무도 규정되어 있지 않고, 더 나아가 불복절차 역시 마련되어 있지 않다. 그에 따라 법무부도 통지나 폐기에 관한 기본권 보호규정을 신설해야 할 필요가 있다고 지적한 바 있다.[56)]

외국의 입법례를 살펴보면, 독일 형사소송법 제101조에서는 제110조a부터 제110조c까지의 비밀수사관 투입조치와 관련하여 통지(제4항–제6항), 폐기(제8항) 및 불복절차(제7항)에 관한 규정을 두고 있다. 다만 입법자가 아동 음란물을 제작·배포하는 비밀수사관 투입에 관한 제110조d를 신설하면서 이를 제101조 제1항에 삽입하지 않은 관계로, 제101조가 직접 적용되지 않고 일반원칙에 따라 제304조나 제98조 제2항 제2문을 (유추)적용하여 불복할 수 있다고 보는 견해[57)]도 있지만, 이 경우에도 피의자에게 더 유리한 제101조가 적용되어야 할 것이다.[58)] 오스트리아에서도 단순 비밀수사의 경우에는 아무런 기본권 보호규정이 없지만, 장기간 실시되는 체계적 비밀수사의 경우에는 오스트리아 형사소송법 제133조 제4항에 따라 처분이 종료한 후 피의자와 관련 대상자에게 이를 통지해 주어야 한다. 이러한 통지가 있어야

"Notwendigkeit und Ausgestaltung einer gesetzlichen Regelung der Tatprovokation im deutschen Strafprozess", StV 2020, 207, 211 ff.

56) 법사위, 검토보고서, 10–11면.

57) M–G/S/Kohler, § 110d, Rn. 7.

58) 자세히는 신상현, 앞의 논문, 171–172면.

만 당사자는 이의제기권이 있음을 알 수 있고, 그 후 제106조－제107조에 따른 불복신청을 할 수 있게 된다.[59] 스위스 형사소송법 제298조에서는 비밀수사의 경우 수사 종료 후 대상자에게 통지할 의무 및 그 대상자가 항고를 제기할 수 있음을 규정하고 있고,[60] 비밀수색의 경우에는 제298조d 제2항에 따라 사법경찰은 검사에게만 그 사실을 통지하면 되지만, 이후 검사가 피의자에게 직접 통지해야 한다.[61]

물론 외국에서는 대체적으로 신분위장수사에 상응하는 처분에 대해서만 기본권 보호규정을 두고 있지만, 신분비공개수사의 기본권 침해 강도가 신분위장수사의 그것보다 약하다는 이유로 그 허용요건이 완화될 수는 있다고 하더라도 사후적인 기본권 보호수단까지 배제해야 할 이유는 없다. 그러므로 원칙적으로 피의자의 기본권을 침해하는 모든 강제처분에 대해 통지의무와 불복절차를 규정해야 한다.[62] 헌법재판소는 과거에 일부 정보주체에 대한 통지의무가 없었던 (구)통신비밀보호법 제13조의3 제1항이 적법절차원칙에 위배된다고 보았고,[63] 그 결과 이 조항이 현재와 같은 형태로 전면 개정되었다. 이러한 판례의 취지는 신분비공개수사 및 신분위장수사에서도 동일하게 적용될 수 있으므로, 그 대상자에게 통지의무를 부과해야 할 것이다. 이 경우 통신비밀보호법이나 해외의 입법례와 마찬가지로 통지의무뿐만 아니라 일정한 통지유예의 예외를 함께 규정한다면, 지나친 기본권 보호수단이 수사를 방해할 수 있다는 현실적인 문제점도 상쇄할 수 있을 것이다. 또한 헌법재판소는 디엔에이감식시료채취영장에 의하여 디엔에이감식시료가 채취된 대상자가 그 채취에 관한 처분에 대해 불복할 수 없었던 (구)디엔에이신원확인정보의 이용 및

---

59) Seiler, 앞의 책, Rz. 494; Fabrizy, § 134, Rz. 4; WK－StPO/Zerbes, § 133, Rz. 10.

60) 한편, 스위스 연방법원에 의하면, 스위스 취리히 주의 경찰법(PolG/ZH) 제32조e상의 비밀의 사전수사(Verdeckte Vorermittlung) 규정은 강제처분법원의 승인을 받도록 하고 있고 형사소송법상의 비밀수사 규정의 요건 · 절차를 준용하고 있어서 법치국가적 요구를 충족한다고 보았지만, 각주 40)에서 언급한 동법 제32조f(인터넷에서의 정보획득＝채팅방 감시)는 법원의 승인, 사후적 통지, 불복절차를 규정하지 않았다는 점에서 비례성 원칙에 반한다고 판시하였다(BGE 140 Ⅰ 353 E. 7－8). 이에 대해서는 Oberholzer, 앞의 책, Nr. 1645.

61) Schmid/Jositsch, StPO, Art. 298d, N 2.

62) 기존의 같은 주장으로는 신상현, 앞의 논문, 183－184면; 이근우, 앞의 논문, 58면.

63) 헌법재판소 2018. 6. 28. 선고 2012헌마191, 550(병합), 2014헌마357(병합) 전원재판부 결정: “이 사건 통지조항은 … 수사가 진행되는 동안에는 정보주체에게 통지할 의무를 부과하고 있지 아니하여 수사기관이 장기간에 걸쳐 위치정보 추적자료의 제공을 통지하지 아니할 수 있게 되고, 피의자나 그 가족들은 사후에 통보를 받더라도 제공요청 사유를 알 수 없다는 점에서 이 사건 통지조항은 적법절차원칙에 위배되어 청구인들의 개인정보자기결정권을 침해한다.”

보호에 관한 법률(이하 '디엔에이법') 제8조가 채취대상자들의 재판청구권을 침해한다고 보았고,[64] 그 결과 현행 디엔에이법 제8조의2에 형사소송법 제417조상의 준항고와 거의 동일한 형태의 규정이 신설되었다. 비밀수사라 하여 공개적 수사가 이루어진 경우보다 기본권 침해가 약화되는 것도 아니므로, 이 판례의 취지는 모든 강제처분에 대해 적용되어야 한다. 따라서 신분비공개수사 및 신분위장수사의 경우에도 – 또한 마찬가지로 통신비밀보호법상 통신제한조치나 통신사실 확인자료의 제공의 경우에도 – 준항고와 같은 형태의 불복제도를 법률상 규정해야 할 것이다.

7. 신분비공개수사 및 신분위장수사의 경우 수사기관의 면책 규정

청소년성보호법 제25조의8은 형사상·행정상·민사상의 면책조항을 두어 수사기관의 부담을 덜어주고 있다. 특히 형사처벌의 우려로부터 수사기관을 보호한 점이 눈에 띈다. 물론 이에 대해서는, 형법 제20조상의 법령에 의한 정당행위로서 위법성이 조각될 수 있으므로 별도로 이러한 면책규정을 도입하지 않더라도 무방하다는 반론이 제기될 수 있다.[65] 하지만 처벌의 위험성을 더 확실히 제거한다는 취지에서, 개정조항처럼 수사기관 행위의 구성요건을 조각시키는 명문의 규정을 창설하는 것도 충분히 고려해 볼 수 있다.[66]

---

64) 헌법재판소 2018. 8. 30. 선고 2016헌마344·2017헌마630(병합) 전원재판부 결정: "이 사건 영장절차 조항은 채취대상자에게 디엔에이감식시료채취영장 … 발부 후 그 영장 발부에 대하여 불복할 수 있는 기회를 주거나 채취행위의 위법성 확인을 청구할 수 있도록 하는 구제절차마저 마련하고 있지 않다. 위와 같은 입법상의 불비가 있는 이 사건 영장절차 조항은 채취대상자인 청구인들의 재판청구권을 과도하게 제한하므로, 침해의 최소성 원칙에 위반된다."

65) 법사위, 검토보고서, 10면.

66) 독일 형법 제184조b 제5항에서도 이와 유사한 특정 사례를 구성요건 배제사유로 규율한다(Fischer, § 184b, Rn. 43b; Lackner/Kuhl–StGB/Heger, § 184b, Rn. 8; MuKo–StGB/Hornle, § 184b, Rn. 45). 스위스 형사소송법 제294조에 따르면 수사기관이 마약범죄와 관련해서는 적법한 승인을 받고 비밀수사를 했다면 처벌받지 않는데, 이 법리는 (범의를 유발하지 않는 한) 음란물이나 금지된 무기 등의 가장매매를 하는 경우에도 적용되어 마찬가지로 형사처벌을 면할 수 있다(Schmid/Jositsch, StPO, Art. 293, N 6; Art. 294, N 4). 그러나 그 밖의 범죄를 저지른 경우에는 형사처벌될 수 있다(제288조 제3항 참조; Eicker/Huber/Nurten, 앞의 책, 182면; Schmid/Jositsch, StPO, Art. 293, N 9). 오스트리아에서도 원칙적으로 수사기관이 범죄를 저지르는 것을 허용하지 않고(Seiler, 앞의 책, Rz. 487; Fabrizy, StPO, § 131, Rz. 5; WK–StPO/Zerbes, § 131, Rz. 11), 예외적으로 오스트리아 형사소송법 제129조 제3호, 제132조에 따른 (범의유발 없는) 가장매매를 할 때에만 그 행위를 적법한 것으로 취급한

그런데 그 형태가 적절한지에 대해서는 다소 논란이 있을 수 있다. 경찰청은 고의나 중과실이 없으면 면책된다고 규정하고 있는 감사원법 제34조의3이나 행정규제기본법 제37조를 예로 들면서 일반원칙을 규정한 것일 뿐이라고 주장했지만,[67] 이 조항들은 행정상 징계조치나 민사상 불법행위책임과 관련되는 것이고 형사처벌 조항의 경우에는 이와 같은 형태를 취하고 있는 예를 찾아볼 수 없다. 즉 제2항과 제3항의 경우에는 문제가 없겠지만, 형사처벌과 관련되는 제1항의 경우에도 고의 또는 중과실이 없을 것을 면책 요건으로 삼는 형태가 다른 규정들과 체계적으로 조화를 이룰 수 있을 것인지 의문이 드는 것은 사실이다. 하지만 어쨌든 형법의 영역에서도 '고의'나 '중과실'이란 개념이 사용되고 있기는 하므로, 조문 형태에 대한 입법자의 재량을 최대한 인정한다면 이를 잘못된 입법이라고 평가할 필요는 없을 것이다.

그런데 이 중에서도 특히 청소년성보호법 제25조의2 제2항 제3호의 행위를 면책한 것에 대해서는 추가적인 검토가 필요하다. 이 경우 수사기관이 해당 영상을 직접 촬영하거나 제작하는 것까지 허용되지는 않으므로, 어느 정도 구성요건이 조각되는 위법행위의 범위를 최소화하려는 입법자의 의도가 투영되어 있다고 볼 수 있다. 그에 따라 범죄자의 신뢰를 얻어내며 수사를 진행해 나가기 위해서는 '기존에 촬영된' 영상을 소지·판매·광고하는 형태의 행위만 가능하다. 하지만 그러한 신뢰를 형성·강화하기 위해 아동·청소년이 피해자로서 '실제로' 등장하는 성착취물을 사용하게 된다면, 영상 속에서의 아동·청소년은 단지 수사를 위한 수단으로 전락하고 추가적인 피해 확산을 감수해야 할 수밖에 없다.[68] 즉 범죄자에게 접근하기 위해 위조된 문서를 작성하고 위장된 신분으로 계약을 하는 것까지는 허용될 수 있겠지만, 범죄자에게 접근하려는 목적이 아동·청소년의 성적 자기결정권과 인격권을 보호하고자 하는 데 있는 한, 그 기본권을 또 다시 침해하면서까지 수사를 진행하는 것은 본말이 전도된 조치가 아닐 수 없다. 그렇다고 하여 영상의 화질을 급격히 낮춘다거나 가짜 영상을 사용하게 되면 범죄자에게 접근하는 것이 처음부터 불가능해지는 문제가 재차 발생할 것이다. 그러므로 개정법이 시행되기 이전에 어떠한 촬영물 또는 복제물을 수사에 이용할 것인지, 이를 위해 어떠한 디지털 기술을 활용할 것인지, 청소년성보호법의 문언상 인공지능 기술 등을 이용하여 실제 사람

다(WK-StPO/Zerbes, § 129, Rz. 40).

67) 법사위, 검토보고서, 10면.

68) Kunze, Dirk, "Strafverfolgung digital. Ohnmacht im Netz oder wirkungsvolles Instrument?", in: Cyberkriminologie, 148면.

이 등장하지 않는 영상물을 '제작'하는 것까지 허용될 수 있는지 등에 대해 실무진과 전문가 등이 진지한 논의 및 검토를 진행해야 할 것이다. 또한 실무에서의 혼선을 방지하기 위해서, 이를 통해 도출된 제한 요건들을 최소한 대통령령에라도 명시하도록 해야 할 것이다.

8. 온라인 그루밍의 (불능)미수범 처벌 규정의 흠결

온라인 그루밍을 처벌하기 위해 신설된 청소년성보호법 제15조의2에 따르면, "아동·청소년에게" 각 호의 행위를 할 때에만 19세 이상의 자의 가벌성이 인정된다. 그런데 청소년성보호법 제25조의2 제1항 제1호, 제2항에 따라 신분비공개수사나 신분위장수사를 실시하는 수사기관은 성인이므로, 범죄자가 성인인 수사기관과 연락을 취한 경우에는 본죄의 기수범이 성립할 수 없다. 즉 범죄자가 자신과 연락하는 상대방을 아동·청소년으로 믿었다면 (불능)미수에 불과한 것이다. 하지만 일반·특별예방의 관점을 고려하더라도 범죄자의 연락 상대방이 실제로 아동·청소년이 아니었다고 하여 그를 처벌하지 않는 것은 문제가 있고,[69] 더군다나 그렇게 된다면 신분비공개수사 및 신분위장수사를 도입한 의미가 없어지게 된다. 또한 또 다른 위장수사의 대상인 청소년성보호법 제11조나 성폭력처벌법 제14조 제2항, 제3항의 경우에는 미수범을 처벌하고 있는 것과도 모순이 생길 수 있다.

이에 대해서 온라인 그루밍이 문제되는 경우 위와 같은 불능미수의 형태뿐만 아니라 기술적 장애 등으로 기수에 이르지 못한 장애미수의 형태까지 모두 처벌해야 한다는 목소리도 존재한다.[70] 하지만 온라인 그루밍이라는 것 자체가 실질적으로는 아동·청소년을 대상으로 성범죄를 저지르기 위한 예비적 성격의 행위에 해당하기 때문에,[71] 그에 대한 미수범 형태 전체를 처벌하게 되면 가벌성이 확대된다는 비판이 있을 수 있다.[72] 이 견해는 더 나아가 전단계 예비행위의 미수를 처벌하게

69) BT-Drs. 19/16543, 1면.

70) Schneider, "Versuchsstrafbarkeit von Cybergrooming?", KriPoZ 2020, 137, 143; Fischer, § 176, Rn. 32b.

71) 안경옥, "독일 온라인 그루밍 처벌규정의 검토 및 우리 형법에의 시사점 ", 「경희법학」, 제55권 제4호(경희법학연구소, 2020), 54면; 이근우, 앞의 논문, 50면; BT-Drs. 19/16543, 1면; Lackner/Kühl-StGB/Heger, § 176, Rn. 4a; MüKo-StGB/Renzikowski, § 176, Rn. 41.

72) 같은 취지로 이성대, "채팅어플리케이션을 통한 성매매방지를 위한 법률적 규제방안", 「형사정책」 제31권 제1호(한국형사정책학회, 2019), 306면.

된다는 점을 근거로 하여 미수범을 처벌하는 것 자체에 반대한다.[73] 물론 온라인 그루밍이 성범죄에 대한 예비행위의 성격을 가진다는 점은 부인할 수 없다. 그러나 어쨌든 그러한 행위까지도 가벌성이 있다고 보아 처벌 규정을 신설하게 된 것이므로, 이렇게 새롭게 독자적인 구성요건으로 된 범죄행위의 미수 형태를 처벌하는 것이 이론상 완전히 불가능한 것은 아니다. 결국 처벌 필요성의 문제로 귀결될 것인데, 앞서 언급한 것처럼 신분비공개수사 및 신분위장수사를 도입한 취지를 고려한다면 적어도 범죄자가 상대방을 아동·청소년으로 오인한 불능미수 형태의 행위는 처벌할 수 있어야 할 것이다.[74] 독일에서도 아동 대상의 디지털 성범죄 수사를 위한 비밀수사관 투입 규정을 신설하면서, 온라인 그루밍을 처벌하는 규정인 독일 형법 제176조 제4항 제3호와 관련하여 불능미수의 형태를 처벌할 수 없다는 입법상의 공백 문제[75]를 인식했고, 그에 따라 독일 형법 제176조 제6항 제2문을 개정하여 "행위자가 착오하여 자신이 아동에게 영향을 미쳤다고 생각함으로써 그 행위가 기수에 이르지 않은 경우만"을 처벌하는 규정을 신설한 바 있다.

이처럼 청소년성보호법 제15조의2에 대한 불능미수 처벌 규정을 신설할 것이라면, 마찬가지의 형태로 유인·권유 행위를 처벌하는 청소년성보호법 제13조나 제14조 제3항 대해서도 (불능)미수 처벌 규정을 마련해야 하는지가 문제될 수 있는데,[76] 이 범죄행위들은 신분비공개수사 및 신분위장수사의 대상이 아니므로 반드시 동일하게 처리할 필요는 없을 것이다. 물론 아동·청소년 보호의 필요성이 크다고 여겨진다면, 입법자가 이 경우에도 미수범 처벌 규정을 신설하는 것을 고려해 볼 수는 있을 것이다.[77]

---

73) 안경옥, 앞의 논문, 55, 57면.

74) 또는 청소년성보호법 제15조의2에서의"아동·청소년에게"를 "아동·청소년(행위자가 아동·청소년으로 인식한 성년을 포함한다)에게"와 같은 형태로 규정할 수도 있다(이근우, 앞의 논문, 50면).

75) MüKo-StGB/Renzikowski, § 176, Rn. 41.

76) 독일에서도 독일 형법 제176조 제4항 제3호(온라인 그루밍)와 유사하게 성범죄를 유인하는 형태의 범죄인 동조 동항 제4호(음란도화나 음란표현물의 제시, 음란한 내용의 음성매체의 상연, 정보통신기술을 매개로 한 음란물의 공개, 그에 준하는 대화를 통해 아동에게 영향을 미친 자를 처벌하는 규정)에 대해서는 별도로 (불능)미수범 처벌 규정을 신설하지 않은 것에 대해 - 그 당부를 떠나 적어도 제3호와 다르게 취급했다는 점을 이유로 - 비판이 제기되고 있다(Hörnle, "Das "Reformpaket zur Bekämpfung sexualisierter Gewalt gegen Kinder"", ZIS 2020, 440, 444).

77) 이를 긍정하는 견해로는 김한균, "아동·청소년성보호법상 아동성매수범죄와 위장수사", 「형

Ⅳ. 맺으며

"n번방 사건"에 의해 촉발된 국민적 관심사가 결국 새로운 수사기법의 도입으로 이어졌다. 새로운 범죄형태가 빈번히 등장하는 사회적 변화에 발맞춰 실체적 진실 발견이라는 목적에 주안점을 둔다면, 비록 국민의 기본권을 침해하게 될 우려가 나타남에도 불구하고, 새로운 수사방법을 활용할 수밖에 없다는 사실을 부인할 수 없다. 하지만 그렇더라도 강제처분법정주의의 정신에 따라 그 허용요건, 절차, 통제방안, 법적 보호수단 등을 법률에 명확히 규율해야 한다는 점을 항상 잊지 말아야 한다. 이번에 신설된 청소년성보호법 제25조의2부터 제25조의9까지 조항들은 그러한 정신을 실현하기 위한 최소한의 노력을 기울였다는 점에서 일단은 긍정적인 평가를 내릴 수 있다.

하지만 일부 조항의 내용과 형태를 살펴보면, 수사기관이 언제든지 이 수권규범에 따라 자신의 권한을 남용할 수 있다는 우려가 제기된다. 유사한 입법례를 이미 시행하고 있는 독일, 오스트리아, 스위스 형사소송법 규정과 비교를 해 보더라도 미흡한 점들이 눈에 띈다. 즉 신분비공개수사와 신분위장수사의 구별 기준이 명확히 제시되지 않은 것, 신분위장수사의 경우 검사가 필수적으로 허가 신청을 해야 하는 것, 범의유발형 함정수사로 변질될 가능성을 완전히 차단할 법적 근거가 없는 것, 수사기관의 통지의무 및 대상자의 이의제기 가능성 등 기본권 보호규정이 흠결된 것, 수사기관의 면책과 관련하여 세부사항이 정리되지 않은 것, 온라인 그루밍 처벌 규정을 신설하면서 그 (불능)미수범 처벌 규정을 두지 않은 것 등이 그 예이다.

첫 술에 배부를 수는 없다. 국민적 관심사에 부응하여 새로운 제도를 도입한 이상, 그 장점을 살리면서도 경우에 따라 나타날 수 있는 부작용을 미리 차단하기 위한 비판적 시각을 견지해야 한다. 다시 말해 개정법이 국회를 통과했다고 하여 신분비공개수사 및 신분위장수사가 실시될 때까지 손 놓고 있을 것이 아니라, 아직 개정법이 시행되지 않은 지금부터라도 발생 가능한 문제점을 사전에 확인하고 그에 대한 적절한 대응책을 마련하려는 노력이 뒤따라야 할 것이다.

논문투고일: 2021.05.27 논문심사일: 2021.06.11 게재확정일: 2021.06.18

사법의 신동향」 제42호(대검찰청, 2014), 61면; 이성대, 앞의 논문, 306면.

【참고문헌】

[국내문헌]

김인회, 『형사소송법』, 제2판(피앤씨미디어, 2018)

김태은, “비밀수사관제도의 도입방안”, 「인권과 정의」 제401호(대한변호사협회, 2010)

김한균, “아동·청소년성보호법상 아동성매수범죄와 위장수사”, 「형사법의 신동향」 제42호(대검찰청, 2014)

도중진, “범죄수사에 있어서 잠입수사관제도의 도입여부 – 독일의 잠입수사관 투입제도를 중심으로 –”, 「중앙법학」 제15집 제3호(중앙법학회, 2013)

민영성/강수경, “독일의 인터넷 비밀수사에 관한 논의와 그 시사점”, 「법학논총」 제31권 제2호(국민대학교 법학연구소, 2018)

박찬걸, “성매매 조장 사이트 규제의 집행력 강화를 위한 제언”, 「형사정책연구」 제30권 제4호(한국형사정책연구원, 2019)

신동운, 『간추린 신형사소송법』, 제13판(법문사, 2021)

신상현, “아동·청소년 대상의 디지털 성범죄 수사를 위한 잠입수사관 제도의 도입방안 – 최근 개정된 독일형법 및 형사소송법 규정에 대한 검토를 겸하여 –”, 「고려법학」 제97호(고려대학교 법학연구원, 2020)

안경옥, “독일 온라인 그루밍 처벌규정의 검토 및 우리 형법에의 시사점 ”, 「경희법학」, 제55권 제4호(경희법학연구소, 2020)

윤지영, “디지털 성범죄 대응을 위한 수사법제 개선 방안 – 온라인 수색과 잠입수사 법제화를 중심으로 –”, 「형사정책」 제32권 제2호(한국형사정책학회, 2020)

이근우, “아동·청소년 성범죄에서 함정수사 허용의 위험성”, 「형사소송 이론과 실무」 제12권 제2호(한국형사소송법학회, 2020)

이성대, “채팅어플리케이션을 통한 성매매방지를 위한 법률적 규제방안”, 「형사정책」 제31권 제1호(한국형사정책학회, 2019)

이원상, “다크넷 수사를 위한 수사제도에 대한 소고”, 「형사법의 신동향」 제69호

(대검찰청, 2020)
이은모/김정환, 『형사소송법』, 제8판(박영사, 2021)
이재상/조균석/이창온, 『형사소송법』, 제13판(박영사, 2021)
이주원, 『형사소송법』, 제2판(박영사, 2020)
장응혁, “위장수사의 비교법적 연구 – 디지털성범죄 근절대책과 입법안의 쟁점을 소재로 –”, 「형사법연구」 제32권 제4호(한국형사법학회, 2020)

[외국문헌]

Beck’scher Online–Kommentar StPO mit RiStBV und MiStra, Graf, Jürgen–Peter (Hrsg.), 35. Edition, Stand: 01.10.2019 (BeckOK–StPO/저자, §, Rn. 로 인용)
Bertel, Christian/Venier, Andreas/Tipold, Alexander, Strafprozessrecht, 13. Auflage, Wien 2020
Beulke, Werner/Swoboda, Sabine, Strafprozessrecht, 15. Auflage, Heidelberg 2020.
Deutscher Bundestag, Drucksache, 19/16543, 2020 (BT–Drs. 19/16543 로 인용)
Eicker, Andreas/Huber, Roland/Baris, Nurten, Grundriss des Strafprozessrechts. Mit besonderer Berücksichtigung des Kantons Luzern, 2. Auflage, Bern 2020
Eidam, Lutz, “Rechtsstaatswidrige Tatprovokation. Anmerkung zu einer Entscheidung des BGH, Urt. v. 10.6.2015 – 2 StR 97/14”, StV 2016, 129 ff.
Fabrizy, Ernst Eugen, StPO und wichtige Nebengesetze. Kurzkommentar, 13. Auflage, Wien 2017 (Fabrizy, StPO, §, Rz. 로 인용)
Fischer, Thomas, Strafgesetzbuch mit Nebengesetzen, 68. Auflage, München 2021 (Fischer, §, Rn. 로 인용)
Hörnle, Tatjana, “Das “Reformpaket zur Bekämpfung sexualisierter Gewalt gegen Kinder””, ZIS 2020, 440 ff.
Jahn, Matthias/Hübner, Yannic, “Notwendigkeit und Ausgestaltung einer gesetzlichen Regelung der Tatprovokation im deutschen Strafprozess”, StV 2020, 207 ff.

Jahn, Matthias/Kudlich, Hans, “Rechtsstaatswidrige Tatprovokation als Verfahrenshindernis: Spaltprozesse in Strafsachen beim Bundesgerichtshof”, JR 2016, 54 ff.

Karlsruher Kommentar zur Strafprozessordnung mit GVG, EGGVG, EMRK, Hannich, Rolf (Hrsg.), 8. Auflage, München 2019 (KK－StPO/저자, §, Rn. 로 인용)

Kindhäuser, Urs/Schumann, Kay H., Strafprozessrecht, 5. Auflage, Baden－Baden 2019

Krey, Volker/Heinrich, Manfred, Deutsches Strafverfahrensrecht. Studienbuch in systematisch－induktiver Darstellung, 2. Auflage, Stuttgart 2019

Kudlich, Hans, “Straftaten und Strafverfolgung im Internet”, StV 2012, 560 ff.

Lackner/Kühl, Strafgesetzbuch. Kommentar, 29. Auflage, München 2018 (Lackner/Kühl－StGB/저자, §, Rn. 로 인용)

Löwe－Rosenberg, Die Strafprozessordnung und das Gerichtsverfassungsgesetz. Großkommentar, 27. Auflage, Erb, Volker u. a. (Hrsg.), Berlin 2016 ff. (LR－StPO/저자, §, Rn. 로 인용)

Meyer－Goßner, Lutz/Schmitt, Bertram, Strafprozessordnung. Gerichtsverfassungsgesetz, Nebengesetze und ergänzende Bestimmungen, 63. Auflage, München 2020 (M－G/S/저자, §, Rn. 로 인용)

Münchener Kommentar zum StGB, Joecks, Wolfgang/Miebach, Klaus (Hrsg.), 3. Auflage, München 2016 ff. (MüKo－StGB/저자, §, Rn. 로 인용)

Münchener Kommentar zur StPO, Kudlich, Hans u. a. (Hrsg.), München 2014 ff. (MüKo－StPO/저자, §, Rn. 로 인용)

Oberholzer, Niklaus, Grundzüge des Strafprozessrechts, 4. Auflage, Bern 2020

Rosengarten, Carsten/Römer, Sebastian, “Der “virtuelle verdeckte Ermittler” in sozialen Netzwerken und Internetboards”, NJW 2012, 1764 ff.

Rüdiger, Thomas－Gabriel/Bayerl, Petra Saskia (Hrsg.), Cyberkriminologie. Kriminologie für das digitale Zeitalter, Wiesbaden 2020 (저자, 제목, in: Cyberkriminologie 로 인용)

Satzger, Helmut/Schluckebier, Wilhelm/Widmaier, Gunter (Hrsg.), Strafprozessordnung mit GVG und EMRK. Kommentar, 4. Auflage, Köln 2020 (SSW－StPO/저자, §, Rn. 로 인용)

Schmid, Niklaus/Jositsch, Daniel, Schweizerische Strafprozessordnung (StPO). Praxiskommentar, 3. Auflage, Zürich/St. Gallen 2018 (Schmid/Jositsch, StPO, Art., N 으로 인용)

Schneider, Anne, "Versuchsstrafbarkeit von Cybergrooming?", KriPoZ 2020, 137 ff.

Seiler, Stefan, Strafprozessrecht, 18. Auflage, Wien 2020

Soiné, Michael, "Verdeckte Ermittler als Instrument zur Bekämpfung von Kinderpornographie im Internet", NStZ 2003, 225 ff.

Systematischer Kommentar zur Strafprozessordnung mit GVG und EMRK, Wolter, Jürgen (Hrsg.), 5. Auflage, Köln 2015 ff. (SK－StPO/저자, §, Rn. 로 인용)

Wiener Kommentar zur Strafprozessordnung, Fuchs, Helmut/Ratz, Eckart (Hrsg.), 270. Lieferung, §§ 129－133 (Oktober 2017), Wien 2017 (WK－StPO/저자, §, Rz. 로 인용)

[기타자료]

법제사법위원회, 아동·청소년의 성보호에 관한 법률 일부개정법률안(대안) 체계자구 검토보고서, 2021.2.26. ('법사위, 검토보고서'로 인용)

【국문초록】

2021년 2월 26일 국회를 통과하고 3월 23일 공포된 아동·청소년의 성보호에 관한 법률(이하 '청소년성보호법') 일부개정법률안(법률 제17972호)에서는 온라인 그루밍 행위에 대한 처벌 규정(청소년성보호법 제15조의2)을 마련함과 동시에 아동·청소년 대상의 디지털 성범죄 수사를 위한 신분비공개수사 및 신분위장수사 제도(청소년성보호법 제25조의2부터 제25조의9까지)를 처음으로 도입하였다. 이 개정법은 9월 24일부터 시행될 예정이지만, 사전에 그 규정의 형태와 내용을 살펴보고 발생 가능한 문제점을 발견해 내어 개선할 필요가 있다.

신분비공개수사 및 신분위장수사에 관한 청소년성보호법 조항들은 강제처분법정주의의 정신을 실현하기 위한 최소한의 노력을 기울였다는 점에서 일단은 긍정적인 평가를 내릴 수 있겠다. 하지만 유사한 입법례를 이미 시행하고 있는 독일, 오스트리아, 스위스 형사소송법 규정들과 비교해 보더라도, 현재의 개정법 형태를 그대로 시행할 경우 수사기관이 언제든지 이 수권규범에 따라 자신의 권한을 남용하여 국민의 기본권을 침해할 우려가 발생한다.

그러므로 이러한 문제점을 사전에 방지하기 위해서는, 수사기관이 접근하는 범죄현장의 폐쇄성 여부를 기준으로 하여 신분비공개수사와 신분위장수사를 구별해야 하고, 신분위장수사의 경우 검사의 허가 신청에 재량을 인정해야 하며, 범의유발형 함정수사로 변질될 가능성을 완전히 차단할 법적 근거를 마련해야 하고, 수사기관의 통지의무 및 대상자의 이의제기 가능성 등 기본권 보호규정을 두어야 하며, 수사기관의 면책과 관련한 세부사항을 구체화해야 하고, 온라인 그루밍 행위의 (불능)미수범 처벌 규정을 신설해야 한다.

◈ 주제어: 신분비공개수사, 신분위장수사, 잠입수사, 비밀수사, 함정수사, 아동·청소년 대상 디지털 성범죄, 성착취물, 온라인 그루밍

【Abstract】

A Review on the Newly Introduced Provisions on Identity Concealment Investigation and Undercover Investigation

Shin, Sang-Hyun*

The Act on the Protection of Children and Juveniles against Sexual Crimes, which was promulgated on March 23, 2021, established a provision to punish Cybergrooming (Article 15-2), and first introduced a system for Identity Concealment Investigation and Undercover Investigation to eradicate digital sex crimes against children and juveniles (Article 25-2 to 25-9). These provisions will take effect on Sept. 24, 2021.

Among them, the provisions on the Identity Concealment Investigation and Undercover Investigation can be evaluated positively in that the requirements and procedures for the investigation are clearly stipulated in the act. However, compared to the German, Austrian and Swiss criminal procedure acts that already stipulate similar investigative techniques, these provisions can result in abuse of investigative authority and infringe on the rights of citizens.

Therefore, in order to prevent such problems in advance, the two investigations should be distinguished based on the closeness of the crime scene approached by investigators, prosecutors should have discretion in applying for permission to the court, a clear provision should be established to completely block the possibility of illegal Entrapment, the provisions concerning notifications and objections should be provided, details related to the investigator's immunity should be specified, and finally a provision should be established to punish those who failed to commit Cybergrooming.

◈ Key Words: Identity Concealment Investigation, Undercover Investigation, Covert Investigation, Entrapment, Digital Sex Crimes against Children and Juveniles, Pornography, Cybergrooming

* Dr. jur., Research Fellow, Constitutional Court of Korea

한국형사소송법학회『형사소송 이론과 실무』
제13권 제2호 (2021.06) 147~176면.
Theories and Practices of Criminal Procedure Vol. 13 No. 2 (June. 2021) pp. 147~176.
10.34222/kdps.2021.13.2.147

피의자 휴대전화 비밀번호의 제출 강제*

-영국 입법례 참고한 디지털 증거 압수수색시 협력의무 부과 법안 추진 비판-

김 한 균**

목 차

Ⅰ. 문제제기 배경과 논제
Ⅱ. 영국 수사권한규제법의 제정과 평가
Ⅲ. 수사권한규제법상 암호해제 강제조항의 내용과 실제
Ⅳ. 국내 도입의 정당성과 필요성 검토과제
Ⅴ. 결론

Ⅰ. 문제제기 배경과 논제

2020년 11월 법무부가 추진방침을 밝혔던 "디지털 증거 압수수색시 협력의무 부과" 법안은 그 형식적 명칭을 걷어내고 보면 피의자에게 자신의 휴대전화 암호해제에 필요한 정보를 수사기관에 제출하도록 형벌로 강제하겠다는 본래 내용이 드러난다.[1] 그 현실적 필요성으로는 수사지연과 범죄수익 몰수곤란을 들면서, 그 사례로 "조주빈 스마트폰 잠금 해제 비협조로 수사 지연 사례", "조주빈 범죄수익 관련 가상화폐 계좌 비밀번호 미제공으로 몰수 난항 사례"를 거론한다. 외국의 협력의무 위반시 처벌 사례로는 2010년 영국의 "Oliver Drage 소지 컴퓨터에서 아동음란물

* 본 논문은 한국형사소송법학회 제77차 월례발표회(2021년 4월 23일) 발표문을 수정·보완한 글이다.

** 한국형사·법무정책연구원 선임연구위원, 법학박사

1) 법무부는 이러한 정책추진 배경에 대해 "n번방 사건, 한동훈 연구위원 사례 등을 계기로, 디지털 증거에 대한 과학수사가 날로 중요해지고, 인터넷 상 아동 음란물 범죄, 사이버 테러 등 새로운 형태의 범죄에 관한 법집행이 무력해지는 데 대한 대책 마련이 필요하다는 고민이 있었기 때문"이라고 설명한다. (법무부, "디지털 증거 압수수색시 협력의무 부과 법안 연구와 관련" 보도자료 2020년 11월 13일)

추정 파일 발견, 이에 대한 암호해독명령 거부, 아동음란물 소지 혐의 불기소, 암호해독명령위반죄 기소(징역 4월 선고)"사례를 들었다.[2] 법무부에 따르면, 일명 디지털 증거 압수수색시 협력의무 부과 법안 연구는 "자기부죄금지원칙 및 양심의 자유, 사생활 보호와 조화로운 합리적 방안 마련을 위해, 법원의 공개명령 시에만 공개의무를 부과하는 등 절차를 엄격히 하는 방안, 형사처벌만이 아니라 이행강제금, 과태료 등 다양한 제재방식을 검토하는 방안, 인터넷상 아동 음란물 범죄, 사이버테러 등 일부 범죄에 한정하는 방안 등"에 대한 검토작업이며, "향후 각계의 의견수렴과 영국, 프랑스, 호주, 네덜란드 등 해외 입법례 연구를 통해 인권보호와 조화를 이루는 방안을 모색"한다는 것이다.[3]

이에 대해 생각건대 첫째, 인권과 프라이버시 보호의 원칙과 법집행 필요성이 양자택일적이지 않다는 점에 대한 정책인식은 올바르다. 형사절차상 강제수단의 수용여부와 도입이행은 인권보장과 법질서유지 가치를 합리적 교량(조화)하는 이론적 검토와 정책적 판단을 거치지 않은 경우가 없다. 도입방안의 연구방침과 방향은 나무랄 바 없다. 그리고 국가 법무정책 주무부서로서 추진정책 배경과 필요성을 보도자료를 통해 국민과 신속히 공유하는 일은 마땅하고도 바람직하다.

그러나 정책추진방침의 공식적인 알림 또한 정책수립과정의 일부인만큼 마땅한 내용과 형식도 갖추어야 한다.[4] 정작 "스마트폰 잠금 해제 비협조"에 따른 법집행 무력화 사례를 들어 정책을 추진한 것이 디지털성범죄, 사이버테러와 같은 새로운 형태의 중범죄 사례 대비 필요성 때문이라는 취지를 국민이 공감할 수 있도록 애초 공지를 하였던 것이라 한다면, 이후 정책연구계획도 추진되고 이에 대한 후속공지가 나왔어야 했을 것이다.[5] 거칠다고 할 수밖에 없는 정책의제 설정과 성의를 찾아보기 어려운 정책메시지 관리는 문제다. 국가 법무를 총괄하는 주무부서로서 법무

---

2) 법무부, 보도자료 2020년 11월 13일

3) 법무부, 보도자료 2020년 11월 13일

4) 해당 보도자료에서 텔레그램 n번방 사건 성착취 중범죄 피고인과 함께 실명이 게시되면서 졸지에 인터넷 아동성착취범죄, 사이버테러 범죄에 관한 법집행 곤란의 사례와 함께 거론되는 처지에 놓이게 된 현직 검사는 피의자에 불과하고, 본인 관련 이른바 검찰－언론유착 사건에 대하여 검찰에서 무혐의 결론이 내려진 경우인데, 일명 디지털 증거 압수수색시 협력의무 부과법안 추진을 설명하기 위한 사례로 명시될 이유를 이해하기 어렵다.

5) 해당 보도자료는 2021년 5월 현재 법무부 홈페이지에서 삭제된 상태다. (https://www.moj.go.kr/moj/221/subview.do?enc=Zm5jdDF8QEB8JTJGYmJzJTJGbW9qJTJGMTgyJTJGNTMzNzkyJTJGYXJ0Y2xWaWV3LmRvJTNG 2021년 3월 31일 최종검색)

부에 대한 국민의 신뢰 문제이기도 하다는 점에 대한 인식부족이 아닌지 아쉽다. 이 문제에 대한 성찰과 점검은 또 다른 과제다.

둘째, "새로운 형태의 범죄에 관한 법집행이 무력해지는 데 대한 대책마련이 필요하다는 고민"도 충분히 이해할 만하지만, 정책적 고민은 구체적 문제상황과 해결이 필요한 문제에 특정되어야 해법을 찾을 수 있다. 아동성착취범죄나 테러범죄가 전혀 새로운 형태의 범죄여서 기존 법집행수단이 무력해지는 것은 아니다. 본 사안에서 구체적 문제는 바로 스마트폰이다. 스마트폰은 전인격(全人格)의 투영물이나 다름없어서, 강제수사와 모바일 포렌식 과정에서 프라이버시 침해, 개인정보 유출 위험성이 다른 어떤 경우보다 높다.[6] 나아가 신체에 밀접한 사용도구는 신체의 연장 또는 일부로서 체현된다는 뇌과학적 연구를 고려한다면[7], 자신이 활동하는 현실공간과 사이버공간 안에서의 일상적 거동과 생각, 관심뿐만 아니라 내밀한 취향과 호기심, 심지어 범죄적 행동까지 디지털화되어 기록된 발자취(digital footprint)가 집적되어 있는 스마트폰은 단순 전화기능을 넘어서서 휴대성과 디지털저장매체성이 결합되어 있는 일종의 연장된 신체다.

따라서 스마트폰을 대상으로 한 압수수색은 수사기관 입장에서는 증거의 황금어장이나 다름없겠지만, 피의자 개인 입장에서는 신체에 대한 수색이나 다름없이 인식될 것이다. 그런만큼 휴대전화 압수수색과 이를 위한 암호해제정보 제출강제는 신체에 대한 직접적 침해에 다름 아닐 만큼 인권침해 내지 침해위험성이 클 뿐만 아니라, 법적 정당성을 확보하기가 쉽지 않은 점에서 과연 현실적으로 효과적이고 정당한 대책인지 신중히 따져볼 문제다. 현실적으로 범행수법과 수단의 변화는 새로운 강제수단 입법보다는 새로운 수사기법과 장비로 대응해야 할 경우가 더 많은 법이다.

셋째, 형사입법과 형사사법개혁에서 해외입법례 연구의 중요성은 점점 더 높아지고 있다. 그동안 정책 도입과 입법에 앞서 소위 선진국 입법례, 즉 미국, 독일, 일본, 영국, 프랑스 법제 비교검토는 필수적이었고, 여전히 소위 국제적 기준은 중요한 정책참고사항이다. 다만 근래 형사사법개혁 과정에서 해외입법례나 국제기준이 선택적이고 편의적으로 원용되기도 했던 문제점에 비추어 볼 때, 본 사안에서 영국

---

6) 송영진, "디바이스 복호화 명령과 자기부죄거부특권: 미국 법원의 실행과 영국의 입법례를 중심으로", 『형사정책연구』 31(1), 2020, 185면.

7) 현대인에게 스마트폰은 신체자각 범위안에 들어가 있다. (김상균, 메타버스, 2020, 30면.)

을 비롯한 해외입법례 연구는 해당 국가의 입법배경과 과정, 전후 평가까지 고려한 정확한 실상 파악이 우선되어야 할 것이다.[8)]

따라서, 이후 추진을 위한 후속 연구나 의견수렴이 아직까지 보이지 않는 상황에서 본격 논평하기에 적절한 주제인지 여부에 대해서 다소 의문이 들 수 있지만, 디지털 대전환(Digital Transformation) 시대를 맞아 고유의 자기부죄금지원칙 및 양심의 자유, 프라이버시 보호와 조화되면서, 새로운 형태의 범죄에 관한 효과적 법집행 대책 필요성도 고려한 합리적 정책마련은 형사소송법의 변함없는 핵심과제이기 때문에, 검토논의 필요성은 충분하다. 더구나 후술하는 바와 같이 이미 20대 국회에서 동일 취지 법안이 제출된 바도 있기 때문에, 휴대폰 비밀번호 제출강제 문제는 일과성이 아니라 재차 그 필요성이 제기되고 정당성을 다투어 볼 가능성이 있는 중요한 정책의제 내지 연구과제 중 하나라 볼 것이다.

Ⅱ. 영국 수사권한규제법의 제정과 평가

1. 2000년 수사권한규제법의 제정

2000년 수사권한규제법(Regulation of Investigatory Powers Act 2000)은 수사기관[9)], 정보기관[10)]을 포함한 국가기관의 정보수집감시활동(surveillance[11)]), 통신감청, 통신데이터 취득과 제출(disclosure), 비밀감시조치, 위장정보원, 그리고 암호화 전자데이터 복호화 또는 접근수단 확보(acquisition of the means by which electronic

---

8) 현재 비밀번호제출이 법적으로 강제되는 국가는 호주, 캐나다, 프랑스, 인도, 아일랜드, 노르웨이, 러시아, 남아공, 영국 등이며, 당사자 외 비밀번호를 알 수 있는 자에게 제출의무를 부과하는 국가는 미국, 네덜란드, 핀란드, 벨기에 등이다. (https://en.wikipedia.org/wiki/Key_disclosure_law 2021년 5월 1일 최종검색)

9) 경찰, 국가범죄수사청(National Crime Agency), 국세·관세청(Her Majesty's Revenue and Customs)이 해당된다.

10) 대테러, 대간첩정보 수집분석을 담당하는 보안청(Security Service), 해외정보 수집분석을 담당하는 대외정보청(Secret Intelligence Service), 통신정보 수집과 분석을 총괄하는 정부합동통신본부(Government Communications Headquarters)가 해당된다.

11) 영국법제상 'surveilance'는 시민 개인의 활동에 대한 감시 및 정보수집 (to monitor or record the activities of individuals, or both)을 의미한다. (Surveillance Camera Commissioner's Office, Guide to the Regulation of Surveillance – A shared approach to the regulation of surveillance in the United Kingdom, 2019)

data protected by encryption or passwords may be decrypted or accessed)의 법적 근거를 부여하고, 관련 수사권한 내용과 사법적 통제절차를 규율하기 위해 제정되었다.[12] 동법 제정 의의는 공권력에 의한 비밀수사기법(covert investigatory techniques)이 유럽인권협약(European Convention on Human Rights) 제8조(프라이버시와 가족생활, 주거와 통신을 존중받을 권리)에 따른 비례성과 필요성 기준을 준수하도록 하기 위한 규제기본틀(regulatory framework)을 마련한다는데 있다.[13] 입법정책적 필요성은 개인과 기업의 보안 및 프라이버시보호를 위해 사용하는 전자데이터 및 전자통신 보호기술을 범죄에 악용하여 범행과 범죄증거를 은폐하고 범죄적발을 회피하려는 상황에서, 공권력의 사회안전 확보 및 법적 권한 행사가 전자정보 암호화기술로 인해 저해되지 않도록 법적 권한을 강화해야 한다는데 있다.[14]

동법은 인터넷의 확산과 암호기술의 고도화를 이유로 노동당 정부 시기인 2000년 2월 의회에 법안이 제출되어 같은 해 7월 제정되었다.[15] 이후 2003년, 2005년, 2006년, 2010년, 2016년[16] 수차례 개정되었다. 가장 최근인 2020년에는 보안, 정보기관과 경찰의 위장수사과정에서 범행 가담 허가에 관한 내용을 추가하는 동법 개정안이 의회에 제출되었다.[17]

2000년법은 정보수집감시 및 인적정보원 허가(Authorisation of surveillance and human intelligence sources, 제27조 내지 제32조), 법원 승인(Authorisations requiring judicial approval, 제32A조 내지 제32B조), 경찰과 국세·관세청에 대한 허가(Police and Revenue and Customs authorisations, 제33조 내지 제40조), 정부기관 및 정보기관에 대한 허가(Other authorisations, 제41조 내지 제42조), 허가·갱신 및 허가기

12) Regulation of Investigatory Powers Act 2000, Introductory text.

13) Surveillance Camera Commissioner's Office, Guide to the Regulation of Surveillance, 2019.

14) Home Office, Investigation of Protected Electronic Data－Draft Code of Practice for Public Consultation, 2015, paras. 2.1., 2.5.

15) Bernard Keenan, State access to encrypted data in the UK: the 'Transparent' approach, Common Law World Review 49 (3－4), 2020, 2면.

16) 2016년 수사권한법(Investigatory Powers Act)는 2000년법상의 감시권한을 이메일, 문자메세지, 전화통화, 위치정보, 인터넷 검색기록 등 모든 통신 형식을 대상으로 확대하였다. 이에 따라 인권단체들로부터 '스파이 헌장'(Snooper's Charter)이라 비판받기도 한다. (https://www.libertyhumanrights.org.uk/fundamental/mass－surveillance－snoopers－charter/2021년 5월 1일 최종검색)

17) Covert Human Intelligence Sources (Criminal Conduct) Bill (23 September 2020)

간(Grant, renewal and duration of authorisations, 제43조 내지 제45조), 그리고 제3절 암호화 데이터 수사(Investigation of electronic data protected by encryption)에서 암호해제 요구권한(Power to require disclosure, 제49조 내지 제51조)과 처벌규정(제53조 내지 제54조), 권한통제(Safeguards, 제55조)를 규정하며, 제4절 수사권한 감독(Scrutiny of investigatory powers, 제57조 내지 제70조), 직무규칙(Codes of practice, 제71조 내지 제72조)을 규정하고 있다.

2. 2000년 수사권한규제법에 대한 비판

2000년법은 인테넷 범죄와 사이버공간을 악용한 테러와 아동성착취 범죄에 대한 사회적 우려가 높던 분위기에서 의회에서도 거의 논란 없는 채로 신속히 입법처리되었다. 동법 제28조 제3항과 제29조 제3항, 제32조 제3항에 따르면, (a) 국가안보를 위한 사유; (b) 범죄방지와 적발, 사회질서혼란 방지의 목적; (c) 국가의 경제적 복리를 위한 사유; (d) 공공안전을 위한 사유; (e) 공중보건 보장의 목적; (f) 조세, 공과금 확인과 징수를 위한 목적; (g) 기타 법령상 이행의 목적으로 정보수집감시 및 위장정보원(Directed surveillance and covert human intelligence sources)과 강제정보수집(intrusive surveillance)이 허용될 수 있다.[18)]

동법상의 정보수집감시권한[19)]은 동법 제30조에 따라 국무장관(Secretary of the

---

18) 정보감시 신청양식 (Application form for the use of directed surveillance)에 따라 다음과 같이 구체적 사유를 적시하도록 한다. (https://www.gov.uk/government/publications/application-for-use-of-directed-surveillance 2021년 5월 31일 최종검색)

Identify on which grounds the directed surveillance is necessary under Section 28(3) of RIPA. Delete those that are inapplicable. Ensure that you know which of these grounds you are entitled to rely on (SI 2010 No.521).
• In the interests of national security; • For the purpose of preventing or detecting crime or of preventing disorder; • In the interests of the economic well-being of the United Kingdom; • In the interests of public safety; • for the purpose of protecting public health; • for the purpose of assessing or collecting any tax, duty, levy or other imposition, contribution or charge payable to a government department;

19) 이러한 권한이 허용되는 국가기관은 수사기관, 정보기관 외에 군(armed forces), 지방자치단체(county council, district council), 공중보건감사위원회(Commission for Healthcare Audit

State), 제32조에 따라 국무장관과 각 지방경찰청장(chief constable) 등 허가권한을 가진 고위공무원(senior authorising officers), 제32A조 제3항과 제5항에 따라 잉글랜드와 웨일즈의 경우 치안판사(justice of the peace), 스코틀랜드 지방사법관(sheriff), 북아일랜드의 경우 군판사(district judge)가 상당한 사유(reasonable grounds)가 있다고 인정할 때 허가한다.[20)]

이에 대해서는 과도한 감시와 사찰권한으로 인한 인권침해 위험성에 대한 비판이 제기되었고, 동법에 대한 반대캠페인을 주도했던 단체 조사보고서에 따르면 2008-2009년 동안 372개 지방자치단체에서 8,575건의 정보수집감시조치가 드러났다. 하원 내무위원회에서도 사소하고 경미한 경범죄 사안에까지 위장정보원이나 드론까지 활용한 감시가 일상적으로 대규모로 남용되고 있다는 비판이 나왔다.[21)] 2014년에는 경찰이 법원 영장청구 절차를 거치지 않고, 2000년법상 경찰내 승인절차를 통한 정보수집감시 권한에 기해 기자의 통화기록을 확보하여 취재원을 추적한 사건들로 인하여 내무성의 조사가 진행되었고, 그 결과 경찰이 수사목적으로 감

---

and Inspection) 환경식품부 해양어업청(Department for Environment, Food and Rural Affairs, Marine Fisheries Agency), 보건부 의약품규제청(Department of Health, Medicines and Healthcare products Regulatory Agency), 산업통상부(Department of Trade and Industry), 교통부 교통안전청 및 해양경비청(Department for Transport, Driving Standards Agency, Maritime and Coastguard Agency), 노동연금부(Department for Work and Pensions), 환경청(Environment Agency) 금융감독청(Financial Conduct Authority), 사행감독위원회(Gambling Commission), 교정청(HM Prison Service), 출입국관리청(UK Border Agency), 국방성(Ministry of Defence), 공정거래청(Office of Fair Trading), 체신위원회(Postal Services Commission), 체신청(Royal Mail) 등 광범위하게 규정되어 있다.

20) 이후 2016년 수사권법 제229조 제3항 (e)에 따라 2000년법상의 정보수집감시, 위장정보원, 암호해제 조치도 수사권한감독위원회 (Investigatory Powers Commission)의 감독대상이 되었다. 수사권한감독위원장인 수사권커미셔너는 항소법원 판사가 맡는다. 위원인 사법커미셔너(Judicial Commissioner)의 임무는 감청, 장비설치와 민감한 상황 감시조치 사전승인과 통신데이터 취득, 위장정보원 조치에 대한 감사다. (Investigatory Powers Act 2016, Part 8 Oversight arrangements Chapter 1 Investigatory Powers Commissioner and other Judicial Commissioners) (김한균, "수사기관의 정보 수집 · 생산 기능 합리화 - 영국 국가범죄수사청 정보기능 분장 및 통제 사례를 중심으로", 『형사소송 이론과 실무』 11(2), 2019, 157면.)

21) Alex Deane, The Grim RIPA - Cataloguing the ways in which local authorities have abused their covert surveillance powers, 2010 (https://bigbrotherwatch.org.uk/); Gordon Rayner&Richard Alleyne, Council spy cases hit 1,000 a month, Daily Telegraph (14 April 2008); https://www.bbc.com/future/article/20170808-tracking-terrorists-online-might-invade-your-privacy (2021년 5월 1일 최종검색)

시권한을 남용해 언론의 취재원에 접근하지 못하도록 법원 통제를 강화하고 경찰 감시에 대해 통지하도록 하는 내용의 법개정에 이르게 되었다.[22)]

그런 한편으로 2000년법상 감시권한에 맞서 거부적 암호화(deniable encryption) 무료소프트웨어(FreeOTFE, TrueCrypt, BestCrypt)를 통해 개인 정보보안을 강화하려는 경향도 증가하였다.[23)]

Ⅲ. 수사권한규제법상 암호해제 강제조항의 내용과 실제

2000년법 제3절 암호화 전자데이터 수사(Investigation of electronic data protected by encryption) 제 규정이 바로 법무부가 원용한 일명 디지털 증거 압수수색시 협력의무 부과의 입법례다. 동법 관련규정들은 암호해제 요구권한(Power to require disclosure, 제49조 내지 제51조), 암호해제에 따른 비용처리(Contributions to costs, 제52조), 암호해제요구 불이행과 비밀누설에 따른 처벌(Offences, 제53조 내지 제54조), 암호해제요구기관의 의무(Safeguard, 제55조) 조항으로 구성된다.

그런데 2000년법상 동 규정들은 2007년 10월에서야 시행되었다. 지연된 사유는 법 제정당시에는 암호화 기법이 널리 사용되지 않아 필요성이 많지 않았기 때문이고, 시행을 시작한 사유는 전자데이터 암호화 기술 발전으로 인하여 수사기관의 법집행이 지연된다는 정부의 판단 때문이었다.[24)]

---

22) Lisa O'Carroll, Sun makes official complaint over police use of Ripa against journalists, The Guardian (6 October 2014).; Patrick Wintour, "British police's use of Ripa powers to snoop on journalists to be reined in" The Guardian (12 October 2014).

23) 거부적 암호화는 하나의 암호 텍스트를 각각의 키를 사용할 때 둘 이상의 방법으로 해독하도록 하는 정보보안 형식인데, 이를 통해 해독을 거부하려는 대상(adversary)에게 해독과정에서 잘못된 정보를 전달하기 위해 사용된다. 흥미롭게도 거부적 암호화는 암호해제 강제 법제화와 관련하여 주목을 받는다. 예컨대 관련법제가 없는 경우(Scenario 1: Your adversary is your country's authorities and you live in a democracy without key disclosure laws) 거부적 암호화 기술에 의존할 것도 없이 비밀번호 제출을 거부하면 되지만, 반대로 관련법제가 시행되는 국가(영국, 미국, 호주 등)에서는 (Scenario 2: Your adversary is your country's authorities and you live in a democracy with key disclosure laws) 거부적 암호화를 사용하면 수사기관이 포렌식을 통해서도 정보의 존재를 입증할 수 없기 때문에 비밀번호 제출강제로부터 개인의 정보를 보호하는 유용한 방법이 될 수 있다는 것이다. (https://www.comparitech.com/blog/information-security/plausible-deniability-encryption/2021년 5월 1일 최종검색)

1. 암호해제요구 고지신청과 허가

정부부처(office under the Crown)[25], 경찰, 국가수사청, 국세관세청의 수사 및 정보수집감시 담당관에 한해 제49조상의 암호해제요구 고지 허가를 신청할 권한이 있다.[26] 허가신청(application for appropriate permission)은 서면 또는 전자서식으로 하여야 하며, 긴급시에는 구두로 할 수 있으나 사후서면을 갖추어야 한다.[27] 허가신청양식에는 신청자의 소속과 지위, 수사 또는 감시작전명, 암호해제요구 부과의 사유, 암호해제 대상인 적법하게 취득 또는 취득예정인 암호화된 정보에 대한 설명, 당해 암호화된 정보 취득의 법적 권한근거, 암호해제요구 고지대상자가 암호해제정보를 소지하고 있다고 믿을만한 상당한 사유, 예상되는 프라이버시 침해와 부수적 피해, 그리고 이러한 침해 내지 피해가 정당화될 만한 사유, 암호해제요구 고지 이외의 합리적인 암호해제 방식의 부재사유, 암호해제 요구의 급박한 필요성이 기재되어야 한다. [28]

허가신청에 대한 허가는 다섯 가지 경우가 있다. 첫째, 법원(judicial authority)에 의한 허가다. 잉글랜드·웨일즈의 경우 치안법원 지방판사(Circuit judge, District Judge(Magistrates' Courts)), 스코틀랜드의 경우 지방사법관(sheriff), 북아일랜드의 경우 군법원 판사(county court judge)가 서면으로 허가한다. 법원에 의한 허가를 득한 경우에는 다른 기관의 추가 허가를 요하지 아니한다.[29] 둘째, 법관(person holding judicial office)에 의한 허가다. 당해 암호화된 정보 자체의 합법적 취득을 위해 영장이 필요한 경우 영장발부법관은 본 허가의 권한도 있다. 즉 형사지방법원(Crown Court)과 고등법원 판사, 스코틀랜드 지방사법관, 치안판사, 형사지방법원

24) 송영진, "디바이스 복호화 명령과 자기부죄거부특권", 180면.; Jeremy Kirk, Contested UK encryption disclosure law takes effect (https://www.infoworld.com/article/2649275/con-tested－u－k－encryption-disclosure－law－takes －effect.html 2021년 5월 1일 최종검색)

25) 정부부처는 재무성장관 (Chancellor of the Exchequer), 내무성장관(Home Secretary), 외무성장관(Foreign Secretary), 국무장관(Secretary of State), 정무장관(Minister of State) 등을 뜻한다.

26) Regulation of Investigatory Powers Act 2000 부칙(Schedule) 제2편 제2조 제3항

27) Home Office, Investigation of Protected Electronic Information－Revised Code of Practice, 2018, paras. 4.9.－4.12.

28) Home Office, Investigation of Protected Electronic Information－Revised Code of Practice, para. 4.13.

29) Regulation of Investigatory Powers Act 2000 부칙(Schedule) 제2편 제1조 제1항

및 치안판사법원 관할권에 해당하는 자격을 가진 법관에 의한 허가다. 이 경우 수색영장발부와 함께 고지허가도 발부될 수 있다. 셋째, 국무장관에 의한 허가다. 국무장관이 통신감청영장[30], 감청장치설치영장[31] 발부권한을 가진 경우 고지 허가의 권한도 있다. 넷째, 허가권한자(authorising officer)에 의한 허가다. 1997년 경찰법(Police Act 1997) 제93조에 따라 재물에 대한 강제조치 허가권자는 고지 허가의 권한도 있다. 다섯째, 법적근거에 의한 권한행사자(person exercising a statutory function)에 의한 허가다. 법관, 국무장관, 허가권한자에 의해 발부된 영장에 의하지 않고, 경찰, 국가수사청, 국세관세청, 군이 적법하게 취득한 암호화된 정보[32]에 대하여 해당기관의 법적 권한있는 자는 고지 허가의 권한도 있다. 법원이나 법관 이외에 의한 암호해제요구 고지 허가에 대해서는 수사권한감독위원회(Investigatory Powers Commission)의 감독대상이다.

그리고 암호해제요구 고지가 허가된 경우 관련 영장의 시한 등과 무관하게 당해 허가의 내용으로 유효시한을 명시하여야 하며, 허가권자는 허가를 철회할 수도 있다. 즉 해당 허가는 유효시한 이내 또는 철회 이전까지만 유효하다.[33]

2. 제49조 암호해제요구 고지(Notices requiring disclosure)

본 조치의 적용대상인 암호화된 정보(protected information)는 (a) 합법적 압수, 수색 등으로 인해 취득되거나 취득될 정보; (b) 합법적 통신감청 또는 통신감청으로부터 2차 취득[34]되거나 취득될 데이터; (c) 타법[35]에 근거한 권한 행사를 통해 취득되거나 취득될 정보[36]; (d) 법적 의무에 따라 제출함으로써 취득되거나 취득될

30) Regulation of Investigatory Powers Act 2000 제8조

31) Intelligence Service Act 1994 제5조

32) 1984년 경찰직무및형사증거법(Police and Criminal Evidence Act 1984) 제19조 경찰의 일반적 압수권한

33) Home Office, Investigation of Protected Electronic Data – Code of Practice, paras. 9.34–9.36.

34) Investigatory Powers Act 2016, 제272조 제1항, 부칙 제10편 제46조 제2항

35) Investigatory Powers Act 2016, s. 272(1), Sch. 10. para. 55(a); The Police and Fire Reform (Scotland) Act 2012 (Consequential Provisions and Modifications) Order 2013 (S.I. 2013/602), art. 1(2), Sch. 2 para. 33(15)(a); Investigatory Powers Act 2016, s. 272(1), Sch. 10 para. 55(b)

36) 제49조 제1항 (a)(b)(c)의 데이터는 국무장관(Secretary of State) 또는 법관(person holding

정보; (e) 법적 권한 행사 이외 정보기관, 경찰, 국세·관세청, 국가범죄수사청[37]이 취득하거나 취득할 정보를 뜻한다. (제1항)

(1) 암호해제요구 고지

제49조 제2항에 따르면, (a) 당해 암호화된 정보의 '암호해제수단(key)'[38]을 소지하고 있고, (b) 당해 암호화된 정보에 대하여 암호해제요구가 (ⅰ) 본조 제3항상 법정사유에 해당하여 필요성이 인정되거나, (ⅱ) 공권력의 법적 권한 내지 의무의 정당한 수행이나 효과적 행사 목적상 필요성이 인정되거나, (c) 암호해제요구가 그 부과를 통해 추구하는 목적에 비례하거나, (d) 본 조항에 따른 암호해제요구 고지 없이는 해독가능한 형태로 암호화된 정보를 취득하기 위한 적절한 동의를 받을 상당한 현실적 가능성이 없다고(not reasonably practicable) 믿을 만한 상당한 사유(reasonable grounds)가 있는 경우, 암호해제요구 고지 허가를 받은 자는 당해 암호해제수단을 소지하고 있다고 인정되는 자에게 암호해제요구를 고지(notice to the person whom he believes to have possession of the key, impose a disclosure requirement in respect of the protected information)할 수 있다.

(2) 암호해제요구 사유

동조 제3항에 따르면 당해 암호화된 정보에 대한 암호해제요구는 (a) 국가안보의 필요; (b) 범죄방지 내지 적발의 목적; (c) 국가 경제적 복리의 필요성이 근거가 되어야 한다.

---

judicial office)이 발부한 영장; 1997년 경찰법(Police Act 1997)상 재물에 대한 조치의 합법화 승인; (c) 2016년 수사권법 제106조상 법집행책임관(law enforcement chiefs)의 발부권한에 따른 컴퓨터네트워크해킹영장(targeted equipment interference warrant)에 기하여 취득하거나 취득할 정보를 뜻한다. (Investigatory Powers Act 2016, 부칙 제2편 제2조 제1항)

37) Crime and Courts Act 2013, s. 61(2), Sch. 8 para. 90; S.I. 2013/1682, art. 3(v);The Police and Fire Reform (Scotland) Act 2012 (Consequential Provisions and Modifications) Order 2013 (S.I. 2013/602), art. 1(2), Sch. 2 para. 33(15)(b); Serious Crime Act 2007, ss. 88, 94, Sch. 12 para. 19; S.I. 2008/219, art. 2(b)

38) 본 법에서 전자데이터와 관련한 'key'라 함은 당해 키의 존재여부에 따라 전자데이터에 대한 접근을 허용하고(allows access to the electronic data), 해독가능한 형태로 데이터 입력을 가능케 하는 (facilitates the putting of the data into an intelligible form) 모든 해제수단, 코드, 비밀번호, 알고리즘 기타 데이터(any key, code, password, algorithm or other data)를 뜻한다. (Regulation of Investigatory Powers Act 2000 제56조 제1항)

(3) 암호해제요구 고지의 방식

동조 제4항에 따르면, 암호해제요구 고지는 (a) 서면 또는 고지에 대한 기록이 가능한 방식으로, (b) 고지 대상인 암호화된 정보와 (c) 암호해제요구 사유를 특정하고, 또한 (d) 요구주체인 기관, 담당공무원 직위와 (e) 고지허가 공무원의 직위, (f) 고지에 대한 이행시한, (g) 암호해제의 형식과 방법을 특정해야 한다. 암호해제요구의 대상이 된 자, 즉 암호화된 정보에 대한 암호해제정보를 소지한 자가 다수이거나, 법인, 단체의 종사자인 경우, 본 고지의 대상에서 제외된다. (동조 제5항) 암호해제정보 제출요구대상은 (a) 고지에 특정된 자, (b) 고지 규정에 따라 특정될 수 있는 자에 한정된다. (동조 제8항)

3. 제50조 고지부과의 효력(Effect of notice imposing disclosure requirement)

제50조 제1항에 따르면, 제49조에 따라 암호해제 요구 고지를 받은 자, 즉 암호화된 정보, 그리고 당해 정보에 대한 접근수단과 해독가능형태로의 암호해제수단(key)을 소지한 자에 대해서는 (a) 자신이 소지한 암호해제수단으로써 당해 정보에 접근하여 해독가능한 형태화 할 수 있어야 하고, (b) 고지된 요구에 따라 해독가능한 형태로의 정보 제출이 요구되는 것이다. 또한 제1항 (b)의 요구에 따라야 할 자에 대해서 동조 제2항에 따르면, (a) 정보제출을 대신하여 자신이 소지한 암호화된 정보에 대한 암호해제수단을 제출하는 경우, (b) 고지된 요구에 지정된 자에게 암호해제수단을 제출하는 경우에도 제1항 (b)상의 요구를 이행해야 한다.

동조 제4항에 따르면, 고지대상자(the person given notice)로서 (a) 제49조상 암호해제요구에 따라 암호화된 정보에 대한 암호해제수단을 제출할 수 있고 제출해야 하는 자, (b) 복수의 암호해제수단을 소지한 자는 요구에 따라 요구자에게 제출한 정보로서 당해 암호화된 정보에 해독가능한 형태로 접근가능하다면 그 이상의 암호해제수단을 제출할 필요 없다. (동조 제5항) 또한 상이한 복수의 암호해제정보를 소지한 경우 어떤 암호해제수단을 선택해 제출하더라도 요구를 이행한 것으로 인정되지만, 복수의 모든 암호해제수단이 필요한 경우 필요한 모든 해제수단을 제출하지 않는다면 요구에 대한 이행으로 보지 아니한다. (동조 제6항 내지 제7항)

제50조의 적용대상인 정보는 당해 암호화된 정보를 해독가능한 형태화하는데 기

여할 수 있거나, 암호해제수단을 취득 내지 발견하는데 기여할 수 있는 모든 정보(any information that would facilitate the obtaining or discovery of the key or the putting of the protected information into an intelligible form)를 가리킨다. (동조 제9항)

암호해제 고지에 따른 이행시한은 모든 정황과 암호해제에 필요한 기술을 고려하여 합리적이고 현실적으로 설정되어야 한다. 또한 고지를 받거나 받게될 자에게는 암호해제요구 이행에 앞서 법적 기술적 자문을 받을 수 있는 상당한 시간이 허용되어야 한다. 다만 예외적으로 긴급한 상황, 즉 고지에 따른 이행이 지연되면 사람의 목숨에 즉각적인 위험이 발생할 경우, 예외적으로 급박한 중범죄 발생방지나 적발을 위해 48시간 이내 암호해제가 필요한 경우, 국가안보에 관련된 즉각적이고 믿을 만한 위협이 인정되는 경우에는 고지에 따른 이행 허용시간은 단축될 수 있다.[39]

4. 제53조 암호해제요구고지 불이행죄(Failure to comply with a notice)

제49조에 따른 암호해제요구 고지대상자로서 당해 고지에 따른 암호해제 요구를 고의적으로 이행하지 아니한 자는 불이행죄(offence of failure to make the disclosure in accordance with the notice)의 책임을 진다. (제53조 제1항) 제출한 암호해제내용이 고지에 합치하지 아니한다고 믿을 만한 상당한 사유가 있는 경우, 즉 해독된 형태가 일부이거나 불완전하거나 암호화된 정보 이외의 정보인 경우 불이행에 해당된다.[40] 다만, (a) 당해 대상자가 암호해제수단을 소지하고 있지 아니하다는 충분한 증거가 제시된 경우; (b) 암호해제수단 소지가 합리적 의심의 여지 없이 입증되지 아니한 경우, 암호해제 요구에 따른 암호해제수단을 소지하지 아니한 것으로 본다. (동조 제3항)

동조 제5항에 따르면, 본 불이행죄로 (a) 배심재판의 유죄평결을 받은 자는 국가안보 사안 또는 아동성착취(child indecency)[41] 사안에 관한 암호해제요구불이행의

39) Home Office, Investigation of Protected Electronic Information－Revised Code of Practice, paras. 4.31－4.34.

40) Home Office, Investigation of Protected Electronic Information－Revised Code of Practice, para. 10.7.

41) 1978년 아동보호법(Protection of Children Act 1978) 제1조(아동성착취물 전시 또는 구입 등); 1988년 형사사법법(Criminal Justice Act 1988) 제160조(아동성착취물 소지)

경우 5년 이하의 구금형 또는 벌금형, 기타 사안의 경우 2년 이하의 구금형또는 벌금형에 처한다.[42] 동 구금형과 벌금형은 병과할 수 있다. (b) 약식재판의 유죄선고를 받은 자는 6월 이하의 구금형 또는 법정상한 이하의 벌금형에 처한다. 동 구금형과 벌금형은 병과할 수 있다.

5. 제54조 비밀누설죄(Tipping-off)

제49조에 따른 고지대상자 및 고지대상자 이외의 자는 고지여부 및 고지내용을 지득한 후 고지사실과 고지내용 및 고지에 따른 이행사실에 대해 누설하여서는 아니 된다. (제54조 제1항) 이러한 누설금지는 암호해제요구 고지의 내용에 포함되는 바,[43] 암호화된 정보가 경찰, 국가범죄수사청, 국세·관세청 및 정보기관에 보유되거나 보유될 경우 수사 및 정보수집감시작전과 수사기법의 효과성 유지, 또는 관련자의 안전이나 복지를 위하여 특정인으로부터 비밀을 유지함이 상당하다고 인정되는 경우다. (동조 제3항) 본 비밀누설죄 규정은 수사의 밀행성 관점에서 필요한 경우, 또는 범죄적발 회피를 도모하여 법적 절차지연을 의도하는 행위를 방지할 필요가 있는 경우 암호해제요구 고지사실의 비밀을 유지하기 위함이다. [44]

제54조 제1항을 위반하여 비밀을 누설하는 자는 (a) 배심재판에 의한 유죄평결의 경우 5년 이하의 구금형 또는 벌금형에 처한다. 동 구금형과 벌금은 병과할 수 있다. (b) 약식재판에 의한 유죄선고의 경우 6월 이하의 구금형 또는 법정상한 이하의 벌금형에 처한다. 동 구금형과 벌금은 병과할 수 있다. (동조 제4항)

다만, (a) 암호해제시 자동으로 보안해제가 공개 표시되도록 설계된 암호해제장치 소프트웨어에 의해서만 가능한 경우(Automatic tipping－off), (b) 고지 사실 또는 고지내용을 알게 되었다 해도 암호해제를 방해할 조치를 취하지 못할 것이라 볼 상당한 이유가 있는 경우에는 비밀누설의 책임을 면할 수 있다. (동조 제5항) 또한 암호해제가 법률전문가의 의뢰인에 대한 자문 또는 법적 절차와 관련하여 이루어진 경우에도 비밀누설의 책임을 면할 수 있다. (동조 제6항, 제7항)

---

42) Terrorism Act 2006, ss. 15(1)(a), 39(2)

43) Home Office, Investigation of Protected Electronic Information－Revised Code of Practice, para. 10.8.

44) Home Office, Investigation of Protected Electronic Information － Draft Code of Practice, 2015, para. 10.8.

6. 제55조 암호해제요구 기관의 기본 의무(General duties of specified authorities)

국무장관 및 정무장관(Secretary of State and Minister of the Crown in charge of a government department), 지방 경찰청장(chief officer of police), 국가범죄수사청장(Director General of the National Crime Agency), 국세·관세청커미셔너(Commissioners for Her Majesty's Revenue and Customs), 그리고 제49조에 따른 고지수행 기관책임자는 암호화된 정보에 대한 암호해제수단을 취득한 기관소속 공무원으로 하여금 다음과 같이 수행하도록 필요한 조치를 취할 의무가 있다. (제55조 제2항) 즉 (a) 제49조 고지에 따라 제출된 암호해제수단을 고지 대상 암호화 정보에 한해서 그에 대한 접근권한 취득이나 해독가능한 형태화에만 사용되도록 해야 하고, (b) 관련 사안에서 암호해제수단의 사용이 합리적이어야 하며, (c) 당해 암호해제수단의 사용 내지 보유조치가 그로 인해 추구하는 목적과 비례성이 있어야 하고, (d) 동조 제3항의 요건이 충족되어야 하며, (e) 해당 요건의 충족을 위해 제출된 암호해제수단이 안전한 방식으로 보관되어야 하며, (f) 제출된 암호해제수단에 관한 모든 기록은 암호화된 정보의 해독가능한 형태화 목적에 더이상 필요치 아니하게 되는 즉시 파기해야 한다. 또한 제49조 고지에 따라 제출된 암호해제수단의 경우 (a) 암호해제수단을 제출받거나 이용가능한 자, (b) 암호해제수단의 복사는 암호화된 정보의 해독가능한 형태화 목적에 필요한 최소한의 범위여야 한다. (동조 제3항)

이와 같은 암호해제 요구기관의 의무이행에 대해서는 수사권한감독위원회(Investigatory Powers Commission)의 감독대상이다. 수사권한커미셔너는 그 조사감독기능을 수행하기 위해 필요한 모든 장소, 서류 및 정보체계에 접근할 권한을 가진다.[45)]

7. 암호해제요구 불이행에 따른 처벌 사례

법무부 보도자료가 인용한 바, 암호해독명령위반죄로 징역 4월에 처해졌다는 Oliver Drage 사건의 경우 휴대전화 비밀번호 제출강제 사례가 아니다. 피의자는 19세 남성 택배노동자로서 2009년 5월 아동성착취 네트워크 수사과정에서 경찰에

45) Home Office, Investigation of Protected Electronic Information – Revised Code of Practice, paras. 12.1. – 12.3.

체포되었고, 압수된 피의자 컴퓨터는 50개 숫자와 문자로 조합된 비밀번호가 설정되어 있었다. 같은 해 12월 경찰은 3주 시한으로 비밀번호 제출을 요구했지만, 피의자는 평소 암기하고 있던 비밀번호가 경찰의 고지를 받은 이후부터 기억나지 않는다는 이유로 응하지 않았고, 2010년 10월 2000년법상 암호해제정보요구고지 불이행죄로 유죄평결을 거쳐 4월의 소년범시설 구금형에 처해졌다. 특히 배심원들은 복잡한 비밀번호를 암기하고 있었다는 피고인 주장의 신빙성이 없다고 보았다. 비밀번호를 별도 기록보관한 자료를 고의적으로 은폐하고 있다고 봄이 상당하는 것이다. 경찰보도자료에 따르면 범죄전력 없는 피고인에 대해 불이행죄로 구금형이 선고된 이례적인 사례로서 사이버 공간상 범행을 은폐하고자 하는 범죄자에 대한 강력한 경고 의미가 있다고 평가받는다. 경찰은 재판 이후에도 결국 암호를 해제하지 못했다.[46)]

문제는 경찰 공식보도자료에서는 피의자의 아동성착취범죄 혐의에 대한 언급은 없었는데, 압수된 컴퓨터에서 해당 범죄 증거를 확보하지 못했고, 피의자는 아동성착취범죄와 관련된 어떠한 기소나 유죄판단도 받지 않았기 때문이다. 그러나 당시 언론은 아동성착취범죄자 십대청소년이 암호제출을 거부해 처벌되었다는 보도행태를 보였다. 이에 대해서는 실제 유죄판결에 따른 처벌대상 범죄와 피의사실 범죄가 매우 다른 사안에서 피의자에 대한 경찰, 검찰이나 언론의 편향된 정보제공문제가 지적된다.[47)]

2018년 9월에도 온라인 아동성학대물 관련사건에서 암호해제를 거부한 피의자 Damion Bagalue가 불이행죄로 10월의 구금형에 처해진 사례가 있다. 2016년 12월 경찰 온라인아동학대수사팀(On－line Child Abuse Investigation Team)이 첩보에 기해 피의자 가택을 수색하여 인터넷 장비를 압수했다. 압수된 장비들에는 비밀번호가 설정되어 있었으며, 피의자는 비밀번호 해제요구에 응하지 않아 기소되었다.[48)]

---

46) "Man jailed over computer password refusal" (5 October 2010 https://www.bbc.com/news/uk－england－11479831)

47) David Green, "Passwords and prosecutions －The curious case of Oliver Drage" (https://www.newstatesman.com/blogs/the－staggers/2010/10/police－drage－password－sex. 2021년 5월 1일 최종검색); https://www.blackpoolgazette.co.uk/news/crime/blackpool－child－abuse－suspect－jailed－refusing－hand-over－computer－passwords－252199 (2021년 5월 1일 최종검색)

48) "Man jailed for failing to provide password" (September 21, 2018 https://www.lancashire.police.uk/news/2018/september/man－jailed－for－failing－to－provide－password/

이러한 두 사례는 아동성착취 사안으로서 2000년법상 5년이하의 구금형에 처해질 수 있지만, 아동성착취 혐의에 대한 증거확보가 암호해제에 의존할 경우, 아동성착취 범죄가 아닌 불이행죄만으로는 중형에 처하기 어렵다는 사실을 보여준다.

최근 사례는 2020년 마약판매범 Nathan Lee 사건이다. 피고인은 2019년 5월 헤로인, 코카인 판매유통 혐의에 대해 유죄답변협상을 통해 6년 9월의 구금형을 선고받았다. 2020년 2월 피고인은 다시 자신의 휴대전화 비밀번호 제출을 거부하여 2000년법상의 불이행죄로 8월의 구금형이 추가되었다. 경찰 보도자료에 따르면 피고인의 암호화된 휴대전화는 '범행의 필수적 일부(integral part of his offending)'다.[49] 이 사안에서 마약판매상에게 휴대전화는 범행의 필수적 도구임은 사실이라 할지라도, 마약범죄에 대한 처벌에 추가하여 사실상 수사에 대한 비협조로 인해 처벌이 가중되는 결과에 이른다는 점에서 문제의 소지가 있다.

Ⅳ. 국내 도입의 정당성과 필요성 검토과제

1. 비밀번호 임의제출과 강제

현실적으로 휴대전화 암호해제는 현장에서 임의제출을 통해 해결되는 경우가 많다. 현행 대검예규상 "정보저장매체 제출 및 이미징 참관여부 확인서"[50]의 경우는

2021년 5월 1일 최종검색)

49) https://www.gmp.police.uk/news/greater-manchester/news/news/2020/february/man-serving-sentence -for-supply-of-class-a-drugs-has-term-extended/ (2021년 5월 1일 최종검색)

50) 디지털 증거의 수집·분석 및 관리 규정(대검찰청예규 제876호) 서식 4호 [정보저장매체 제출 및 이미징 참관여부 확인서]

<table>
<tr><td>피압수자(임의제출자)</td><td colspan="2">성 명 :
생년월일 :</td></tr>
<tr><td>기기의 종류 등</td><td colspan="2">기기의 종류 :
제조사 및 모델(S/N) :
(모바일의 경우) 전화번호 :</td></tr>
<tr><td rowspan="2">이미징 등 참관</td><td colspan="2">위와 같이 압수 또는 임의제출된 정보저장매체 등에 대하여 하드카피·이미징, 전자정보의 탐색, 복제(이미징 포함) 또는 출력 등 증거물 확보 과정에
(□ 참관하겠음, □ 참관하지 않겠음)</td></tr>
<tr><td>참관 시</td><td>하드카피 · 이미징 【 】</td></tr>
</table>

모바일 기기에 대해서 화면잠금과 백업데이터 비밀번호까지 제출가능 하도록 하고 있다. 다만 데이터의 유실 가능성, 설정 초기화 가능성에 대한 유의사항, 압수 정보의 사후 폐기에 대한 고지 이외 제출거부 내지 동의철회의 권리에 대한 명시적 고지내용은 보이지 아니한다. 경찰훈령상 "정보저장매체 원본 반출 확인서(모바일기기)"의 경우 또한 암호나 패턴 임의제출(제공동의) 사항만 제시되어 있을 뿐이다.[51]

<table>
<tr><td rowspan="3"></td><td>참관 범위</td><td>전자정보탐색 【 】
전자정보 복제·출력 【 】</td></tr>
<tr><td>참관 예정자</td><td>성 명 :
생년월일 :
연락처(전화번호) :</td></tr>
<tr><td colspan="2">위 이미징 등 과정은 ______________ 디지털포렌식팀에서 시행 예정임을 검찰수사관 ______________으로부터 통지받음</td></tr>
<tr><td colspan="3">

※ **(모바일 기기의 경우) 유의사항 등 :**
- 기기의 이미징 과정에서 분해·재조립, 내부배선, 펌웨어 체인지(휴대폰의 관리자권한 획득을 위한 펌웨어의 업로드 및 복귀) 등 방법이 필요한 모델의 경우 **기기 손상 또는 데이터 초기화가 될 수 있음**
- 특히 **삼성전자의 일부 안드로이드 기기는** 이미징 과정에서 '녹스'(삼성의 모바일 기기에 탑재된 보안 솔루션)에 영향을 미쳐 이를 기반으로 동작하는 **앱(삼성knox, 삼성페이 등)을 이후 사용할 수 없게 되고, 해당 앱의 기존 데이터는 유실됨**
- 녹스 관련 앱(삼성knox, 삼성페이 등)의 사용 여부 (*사용 시 체크 표시)
<table><tr><td>삼성knox ☐</td><td>삼성페이 ☐</td><td>기타 ( )</td></tr></table>
※ **압수 및 임의제출 기기의 패스코드·잠금패턴, 암호(*애플 아이튠스 백업암호 등)는 해제 또는 아래 표기**
▣ 패스코드·암호 : ▣ 잠금패턴 :
</td></tr>
<tr><td colspan="3">· 작성일 : 20 . . .
· 위 정보저장매체의 제출 및 참관 등 절차를 확인하고, 수사 또는 재판 목적 소멸시 전자정보는 폐기 예정임을 고지 받았으며 위와 같은 사실에 동의함
피압수자·임의제출자 등 : (서명)
검찰수사관 : (서명)</td></tr>
</table>

51) 디지털 증거의 등에 관한 규칙 (경찰청훈령 제975호) 서식 5호 [정보저장매체 원본 반출 확인서(모바일기기)]

수집종류	[ ] 임의제출 [ ] 압수 · 수색 · 검증영장 [ ] 기타
일시 · 장소	
피압수자 (제출자)	구 분 : [ ] 소지자, [ ] 소유자, [ ] 기타( ) 성 명 : 생년월일 : 연락처 :

디지털 사회가 진전될수록 특히 스마트폰은 개인정보가 집적된 그야말로 증거의 압축적 집약체로서 수사기관에게는 더욱 중요성이 크다. 휴대전화부터 압수하고 증거를 수집하는 것만큼 용이한 방법도 없다는 점에서는 수사편의상의 문제로도 보인다. 과연 스마트폰이 일용화되기 전에는 수사기관이 증거를 어떻게 수집했었는지 의문이 들 지경이다. 여기에 더해 암호제출까지 법으로 강제할 수 있다면 더욱 용이한 증거확보 방법이 될 것이다. 그러나 수사와 법집행에서 증거확보에 대한 피의자의 회피노력은 오히려 당연한 현실로 볼 것이라면, 수사기관이 감수해야 할 부담을 피의자에게 전가해서는 안 된다는 반론도 제기될 수 있다.

물론 법집행의 무력화는 가벼이 볼 문제가 아니다. 다만 피의자의 임의제출에 의존하거나, 제출강제 부담을 지울 법적 수단보다는, 수사기관에게 암호해제의 기술적 수단을 확보해 주는 방안을 우선적으로 검토하는 것이 원칙적이고 현실적이며 따라서 합리적인 대안이다. 앞서 지적한 바, 기술발전에 따른 범행수법과 수단의

<table>
<tr><td>참여자</td><td>제출인과의 관계 :
성 명 : (인) 생년월일 : 연락처 :</td></tr>
<tr><td colspan="2">본인은 별지 목록의 모바일기기 봉인과정에 참여하여 봉인에 이상이 없음을 확인하였고, 정보저장매체 원본의 봉인 해제, 복제본의 획득, 정보저장매체 원본 또는 복제본에 대한 탐색 · 복제 · 출력 과정에 참여할 수 있음을 고지 받았습니다.
본인은 모바일기기의 봉인해제, 복제본의 획득, 정보저장매체 원본 또는 복제본에 대한 탐색 · 복제 · 출력과정에
[ ] 참여하겠습니다.
(세부과정 : [ ] 봉인해제 및 복제본의 획득, [ ] 탐색, [ ] 출력 · 복제)
※ 참여예정자-성명 : , 생년월일 : , 연락처 :
[ ] 참여하지 않겠습니다.
본인은 모바일기기 분석과정에서 일부 모델의 경우 기기 또는 데이터 손상 및 일부 금융결제앱의 기능이 상실될 가능성에 대한 설명을 들었습니다.
본인은 별지 목록 기기에 대한 암호 · 패턴 등 제공에 <u>동의합니다(자필기재)</u>

20 . . .

피압수자(제출자) : (날인 또는 서명)</td></tr>
<tr><td colspan="2">[ ] 위 피압수자를 압수과정에 참여시키고 참여권을 고지하였음(고지하였으나 의 이유로 기명날인 또는 서명을 거부함)

20 . . .

소속관서경찰서 계급 성 명 (인)</td></tr>
</table>

진화에 대해서는 새로운 강제수단 입법보다는 새로운 수사기법과 장비로 대응하는 방식이 더 수사에 효과적일 것이기 때문이다. 비밀번호의 임의제출 또는 제출강제에 의존하지 않고 복호화 기법, 포렌식 기법 개발을 통해 기술적으로 확보하는 방안을 찾아볼 일이다. 다만 스마트폰 비밀번호만 해도 머릿속으로 암기한 비밀번호, 수첩에 적어 보관한 비밀번호, 특정 도형패턴, 생체인식 암호로서 안면, 지문, 홍채, 정맥 등 다양하다. 비밀번호를 보관하는 장소도 구강, 항문, 성기가 될 수도 있고, 비밀번호를 암호가 설정된 디지털기기에 보관하는 경우도 있을 것이니, 검토가 필요한 문제는 대단히 복잡하다. 더구나 휴대전화와 암호장치 제조업체의 기술수준이 수사기관이 활용가능한 포렌식 장비의 기술수준을 언제나 능가하는 현실은 문제를 더욱 어렵게 한다.

2. 비밀번호 제출거부 처벌의 실익

비밀번호 제출거부에 대한 처벌은 현실적으로 형벌거래의 문제가 될 것이다. 즉 피의자 입장에서는 거부에 대한 처벌 수준과 제출을 통해 확보된 증거에 기한 처벌 수준을 교량할 수밖에 없게 한다. 만일 암호해제수단 제출거부에 대한 처벌수준이 중벌이라면 적정형벌에 관한 형법체계상 문제가 제기될 것이다. 또한 암호해제수단 제출 거부가 단순히 수사협조 거부에 대한 처벌 수준 정도라면 애초 제출을 강제할 정도의 중대사안에 대한 처벌보다 언제나 낮은 처벌대상이 된다. 즉 중대사안으로서 암호해제수단 제출강제가 필요한 경우 정작 중한 죄로 처벌할 가능성보다는 단순 제출거부에 대한 처벌만 가능할 것이다. 반면 중대사안이 아니라면 제출거부를 처벌할 정도까지의 정당성도 인정하기 어렵다. 결국 우회적, 보복적 처벌이나 사실상의 면벌(免罰)로 가는 길을 열어줄 뿐인 수사기법을 형벌규정까지 두고 법제화할 실익이 있을지 의문이다.

만일 해외입법사례로 제시된 영국의 2000년법 제49조 제3항과 같이 국가안보, 범죄방지 내지 적발, 국가경제적 복리를 위한 필요성을 암호해제 강제의 요건으로 참고한다면, 범죄방지나 경제복리와 같은 광범위한 요건은 배제하고 국가안보, 테러, 성착취와 같은 중범죄 사안에 한정하는 방안이 일응 합리적이라 할 것이다. 그러나 정작 중범죄 피의자에 대해서 암호해제 수단 제출거부에 대한 처벌을 중범죄 자체에 대한 처벌보다는 중하게 규정할 수 없을 것이므로, 결국 암호해제수단 제출을 형벌로 강제하는 법을 마련한다 할지라도 현실적으로 실효를 기대하기 어려울 것이다.

3. 사법방해죄 논란

법무부의 검토방침에 대해 시민단체는 "과거 정부가 도입을 추진했다가 인권 침해 논란이 일어 폐기된 바 있는 사법방해죄를 다시 도입하겠다는 것"이라고 비판하였다. 한국에서 도입·검토되는 사법방해죄란 피의자의 방어권을 무력화하고, 인권을 침해할 가능성이 크며, 검찰개혁과 인권수사에도 역행한다는 것이다.[52) 비밀번호 제출강제가 인권수사 차원에서 검토되어야 한다는 문제의식은 타당하지만, 비밀번호 제출강제와 처벌이 사법방해에 대한 처벌의 문제가 될 것인지는 살펴볼 일이다.

사실 사법방해죄는 2007년 제정된 「국제형사재판소 관할 범죄의 처벌 등에 관한 법률」 제16조(사법방해죄)를 통해 이미 도입되어 있다. 즉 동조 제1항에 따르면, 국제형사재판소에서 수사 또는 재판 중인 사건과 관련하여 거짓 증거를 제출한 사람, 폭행 또는 협박으로 참고인 또는 증인 출석·진술 또는 증거 수집·제출을 방해하거나, 방해하기 위하여 그에게 금품이나 그 밖의 재산상 이익을 약속·제공하거나 제공 의사를 표시한 사람, 금품이나 그 밖의 재산상 이익을 수수·요구하거나 약속한 참고인 또는 증인은 5년 이하의 징역 또는 1천 500만원 이하의 벌금에 처하거나 이를 병과할 수 있다. 물론 2007년법은 「국제형사재판소에 관한 로마규정」에 따른 국제형사재판소 관할 범죄처벌을 위한 특별한 경우다. 하지만 비밀번호 제출강제와 관련된 사법'방해'죄 도입론은 개인의 소극적인 증거수집'방해'행위 결과를 국가권력의 법집행에 대한 방해로 간주해 처벌하겠다는 무리한 착상으로 보인다.

특히 관련하여 거론된 바, 영국에서는 수사기관이 피의자 휴대폰의 암호를 풀지 못한 경우 법원에 암호해독 명령허가 청구를 하고, 법원 허가 결정에도 불구하고 피의자가 명령에 불응하면 형사처벌을 하는 법이 있다[53)함은 정확한 이해라 하기

---

52) 참여연대 사법감시센터, 사법방해죄 도입은 인권침해 소지가 있고 검찰개혁에 역행합니다. (2020.11.13)

53) 2020년 11월 12일 당시 법무부장관은 자신의 SNS에 올린 글에서 다음과 같은 견해를 밝혔다. "인권수사를 위해 가급적 피의자의 자백에 의존하지 않고 물증을 확보하고 과학수사기법으로 전환해야 한다. 그런데 핸드폰 포렌직에 피의자가 협력하지 않는다면 과학수사로의 전환도 어렵다. 영국의 '수사권한규제법'에서는 수사기관이 피의자 휴대폰의 암호를 풀지 못한 경우 법원에 암호해독 명령허가 청구를 하고, 법원의 허가 결정에도 불구하고 피의자가 명령에 불응하면 형사처벌을 하는 법이 있다는 것이다. 그 밖에 인권국가 프랑스, 네덜란드, 호주에서도

어려울뿐더러, 사법방해죄의 예로 오해한 이유로 판단된다. 영국 2000년법상 처벌 규정은 법원의 제출명령 위반에 대하여 사법방해죄 형태로 간접적인 처벌을 하려는 취지가 아니라, 수사기관의 합법적 제출요구 거부행위에 대하여 직접적으로 불이행죄로 처벌하려는 것이다.

4. 관련 판례와 법률안 검토

현재 판례는 암호제출의 진술이 수사기관의 강압으로 행해진 경우 증거능력을 부인하고 있다. 즉 피의자는 자신에게 불리한 증언을 하지 않을 권리가 있으므로 암호화된 파일의 암호를 진술하지 않을 권리가 있다. 따라서 피고인들에게 진술거부권을 고지하지 않은 상태에서 강압에 의하여 임의성 없는 진술을 통해 대상 암호를 획득했다면, 위법한 암호 획득에 따라 디지털 저장매체로부터 출력된 문건은 증거능력이 없다.[54)]

한편, 제20대 국회에서 발의된 2016년 형사소송법개정안에 따르면 정보의 분산보관, 최첨단 보안프로그램 설치, 정보 삭제·변경 용이성 등으로 인해 정보의 압수집행은 일반적인 압수집행에 비해 많은 기술적 어려움이 있는 현실을 고려하여, 압수대상 정보가 당해 정보처리장치와 정보통신망으로 연결된 다른 정보저장매체에 보관되어 있다고 인정할 상당한 이유가 있는 경우 이를 압수할 수 있도록 하고, 정보저장매체의 소유자에게 당해 정보저장매체에 접속, 기타 필요한 협력의 의무를 부과한다.[55)]

동 법안의 신설 제120조의2(협력의무 및 제출명령)에 따르면 정보에 대한 압수집행을 하는 자는 해당 정보저장매체 소유자에 대해 해당 매체 접속 기타 필요한 협력을 요구할 수 있고(제1항), 정당한 이유 없이 불응하는 경우 법원은 1억원 이하의 과태료 또는 1일당 1천만원 이하의 이행강제금을 부과할 수 있도록 한다(제3항)는 것이다.

암호해제나 복호화 요청 등에 응하지 않는 경우 형사벌로 처벌하는 법제를 가지고 있다. 우리도 시급히 디지털 증거 압수수색에 대한 실효적 방안을 도입해야 한다고 생각한다. ... 피의자가 휴대폰 비밀번호를 악의적으로 숨기고 수사를 방해하는 경우 영국 등 외국 입법례를 참조해 법원의 명령 등 일정 요건하에 그 이행을 강제하고 불이행 시 제재하는 법률 제정을 검토하도록 지시했다." (경향신문 2020년 11월 12일자.)

54) 서울고등법원 2007. 8. 16. 선고 2007노929 판결

55) 형사소송법 일부개정법률안(의안번호 제1352호, 김도읍의원 대표발의. 2016년 8월 2일)

그러나 이행강제금은 행정상 의무이행을 확보하는 강제수단이다. 더구나 올해 3월부터 시행되는 「행정기본법」[56]에 따르면, 이행강제금 부과의 근거가 되는 법률에는 이행강제금에 관한 부과·징수 주체, 부과 요건, 부과 금액, 부과 금액 산정기준, 연간 부과 횟수나 횟수의 상한을 명확하게 규정하여야 한다. 이에 비추어 볼 때 2016년 법안은 그 부과요건과 부과횟수 상한을 명확하게 규정하지 못한다.

이에 대해 현행법상 이행강제금 제도를 살펴보면, 「가습기살균제 피해구제를 위한 특별법」 제47조의 경우, 환경부 장관의 사업자에 대한 정보 제공 또는 열람 명령에 따르지 아니한 자에게는 대통령령으로 정하는 바에 따라 매년마다 1억원 범위에서 명령에 따르지 아니한 일 수를 고려하여 이행강제금을 부과할 수 있다. 「근로기준법」 제33조에 따르면, 노동위원회는 구제명령을 받은 후 이행기한까지 구제명령을 이행하지 아니한 사용자에게 2천만원 이하의 이행강제금을 부과한다. 「독점규제 및 공정거래에 관한 법률」 제17조의3에 따르면, 공정거래위원회는 제7조(기업결합의 제한)를 위반하여 시정조치를 받은 후 그 정한 기간내에 이행을 하지 아니하는 자에 대하여 매 1일당 각 금액에 1만분의 3을 곱한 금액을 초과하지 아니하는 범위안에서 이행강제금을 부과할 수 있다. 「공익신고자 보호법」 제21조의2에 따르면, 국민권익위원회는 제20조에 따른 보호조치결정을 받은 후 그 정해진 기한까지 보호조치를 취하지 아니한 자에게는 3천만원 이하의 이행강제금을 부과한다. 이들 모두 행정기관의 이행강제금 부과에 관하여 부과 요건과 금액 및 상한을 명시하고 있다. 무엇보다도 법원의 비밀번호 제출명령 불이행에 대한 이행강제금 부과 방안은 현행법 체계상 수용되기 어렵다고 판단된다.

Ⅴ. 결론

법무부가 비밀번호 제출강제 (일명 협력의무) 법제화 모델로 삼은 영국의 2000년 수사권한규제법은 그 입법취지와 암호해제 요구고지 및 강제 규정을 포함한 제 규정 내용이 국가기관의 수사권한을 정보수집과 감시 확대를 위해 강화하는 법적 기반으로서 입법되어 실행되고 있다. 그런 점에서 효과적 수사를 위한 정책적 필요성과 인권 및 프라이버시 침해 위험성 사이의 신중한 교량이 필요함을 보여주는 비교법제 사례이며, 그 위험성이 일부 현실화되면서 영국내에서도 비판받고 있다는 점

56) 법률 제17979호, 2021. 3. 23., 제정

에서 반면교사로 삼을만한 사례이기도 하다. 동법이 의회 입법단계에서는 첨단기술에 대응한 법집행 강화 명분으로 서둘러 제정되었지만, 시행유보와 개정을 거듭하는 가운데 과도한 인권침해로 인한 여전한 비판대상이라는 점에 주목해야 한다.

영국의 2000년 수사권한규제법상 암호해제수단 제출강제 제도의 내용을 정확히 살펴 정리하면 다음과 같다.

첫째, 특정 수사기관이 획득한 암호화된 정보의 해독이 가능한 암호해제수단을 소지한 자에 대한 암호해제 요구 고지를 신청한다.

둘째, 암호해제 요구 고지 신청에 대해 법원, 법관, 국무장관, 허가권한 있는 자 등은 일정 요건에 해당할 경우 고지를 허가한다. 국무장관 등에 의한 허가는 수사권한위원회의 준사법적 사후통제대상이다.

셋째, 허가에 따라 특정 수사기관은 암호해제요구 고지를 부과하고, 일정 시한내 이행하도록 요구한다.

넷째, 요구에 따른 암호해제 이행을 하지 아니하거나, 암호해제 이행에 관한 비밀을 누설한 경우 각각 암호해제 불이행과 비밀누설행위에 대해 관련범죄의 각 중한 정도에 따라 구금형과 벌금형으로 처벌한다.

결론적으로 첫째, 법무부의 일명 디지털 증거 압수수색시 협력의무 부과 검토는 '협력의무 부과'라는 완곡어법으로 가리지 못하는 문제가 있다. 피의자에게 수사에 성실히 협력할 것을 기대할 수는 있겠지만, 이를 의무화하여 형벌로 강제하는데는 한계가 있다. '악의적 제출거부'[57]라 규정한다지만, 자신만이 알고 있는 비밀번호를 건네준다면 스마트폰에 담긴 자신의 내면과 외적 활동과 사회적 관계가 모두 드러나는지를 '알면서도' 기꺼이 자발적으로 또는 협력적 태도로 수사기관에 제출할 사람은 아무도 없다. 그런 점에서 오히려 '알몸수색'보다 더하다는 비판[58]마저도 과하지 않다. 왜냐하면 예컨대 탈의 협력의무를 강제할 경우 드러나는 건 신체적 외관이지만, 비밀번호 진술이나 제출을 강제할 경우에는 그로써 공개될 수 있는 휴대전화 저장정보를 통해 개인의 정신적 내면이 드러날 수도 있기 때문이다. 피의자에게 비밀번호를 진술하거나 제출하지 않았다는 이유로 정작 피의자의 혐의사실에 대한

57) 각주 45 참조.

58) "최근 법무부가 검토·추진하겠다고 밝힌 디지털 증거 압수수색시 협력의무 부과 법안은 헌법과 형사소송법이 보장하는 피의자의 기본권을 침해하겠다는 반헌법적 발상이며, 현대사회에서 개인의 모든 사생활이 담긴 휴대전화의 잠금해제를 강제한다는 것은 알몸수색보다 더한 기본권 침해행위다." (2020년 11월 16일 한국형사소송법학회 성명)

처벌이 아니라 진술거부로 처벌하겠다는 입법이 어떻게 정당성을 확보할 수 있겠는가? 암호해제수단인 비밀번호는 글자 그대로 개인의 비밀을 지키고 싶어 만든 열쇠(key)다. 비록 범죄의 비밀이라 할지라도 개인의 열쇠에 대해 국가가 형벌수단을 통해 제출을 강제하는 정책과 입법은 신중하게 검토해야 마땅하다.

둘째, 현실적으로 디지털 환경은 곧 네트워크 환경이라는 점도 살펴야 한다. 개인이 휴대한 단말 단계에서만 디지털 발자취를 추적할 수 있는 것은 아니다. 개인 차량내 설치된 블랙박스도 확인할 수 있지만, 차량운행이 기록된 주변 도로와 건물의 폐쇄회로 카메라로도 확인할 수 있는 것과 마찬가지 이치다. 또한, 법무부도 지적한 바 "과학수사가 날로 중요해"지는 마당에 과학수사 전문인력과 기법, 첨단장비에 대한 투자가 아닌 형벌입법을 먼저 선택하려 한다면, 오히려 과학수사의 발전을 저해할 것이다.

물론 현재 기술수준에서 스마트폰 암호해독은 기술적 수단만으로는 사실상 불가능한 것이 현실이다. "수사관이 암호가 뭐냐고 물어봐서 능력이 있으면 풀어보라고 말했더니 15분만에 투쟁이라는 암호를 알아내 왔다"던 시대도 더 이상 아니다.[59] 하지만 기술이 더 발전하면 암호를 해제할 수 있으니 법적 강제가 필요없다라기보다는, 기술적으로 불가능한 당장의 현실이 강제확보수단의 필요성을 반드시 정당화해 주지는 못한다는 점을 지적하려는 것이다. 사실 현재 스마트폰 기기에 사용되는 암호의 해독도 기술적으로 영영 불가능하지 않다. 블록체인 암호조차도 양자암호해제기술 개발에 대한 전망이 나오고 있다.[60] 문제는 실제 비밀번호 제출강제가 필요하게 될 구체적 사안을 두고 볼 때 법적 정당화와 정책적 실익이 과연 인정될 것인지, 적어도 영국의 사례를 검토해보건대 의문이라는 사실이다. 오히려 비밀번호 해제라면, 피의자 개인의 비밀번호 외에도 클라우드 데이터에 대한 접근, 네트워크 서비스제공업자에 대한 확보수단 등의 검토가능한 대안도 있다. 그러한 정책적·기술적 대안을 먼저 검토해야 하는 이유는, 다시금 지적하건대 신체의 일부나 마찬가지인 휴대전화가 대상이고, 압수수색의 협력의무라 이름붙인들 비밀번호 자백의 형벌을 통한 강요가 아닐 수 없기 때문이다.

논문투고일: 2021.05.31 논문심사일: 2021.06.11 게재확정일: 2021.06.18

59) 서울고등법원 2007. 8. 16., 선고, 2007노929, 판결

60) "양자컴퓨터 양자암호화와 블록체인"(http://scimonitors.com// 2021년 5월28일 최종검색)

【참고문헌】

[국내문헌]

김상균, 『메타버스』, 플랜비디자인, 2020

김한균, "수사기관의 정보 수집·생산 기능 합리화 – 영국 국가범죄수사청 정보기능 분장 및 통제 사례를 중심으로", 『형사소송 이론과 실무』 11(2), 한국형사소송법학회, 2019.

송영진, "디바이스 복호화 명령과 자기부죄거부특권: 미국 법원의 실행과 영국의 입법례를 중심으로", 『형사정책연구』 31(1), 한국형사정책학회, 2020.

[외국문헌]

Deane, Alex, The Grim RIPA – Cataloguing the ways in which local authorities have abused their covert surveillance powers, 2010

Green,David, "Passwords and prosecutions –The curious case of Oliver Drage" 13 October 2010 (https://www.newstatesman.com/blogs/the-staggers/2010/10/police-drage-password-sex)

Home Office, Investigation of Protected Electronic Information-Draft Code of Practice for Public Consultation, 2015

Home Office, Investigation of Protected Electronic Information-Revised Code of Practice, 2018

Keenan, Bernard, State access to encrypted data in the UK: the 'Transparent' approach, Common Law World Review 49 (3-4), 2020

Jeremy Kirk, Contested UK encryption disclosure law takes effect. October 1, 2007 (www.infoworld.com/article/2649275/contested-u-k-encryption-disclosure-law-takes-effect.html))

O'Carroll Lisa, Sun makes official complaint over police use of Ripa against journalists, The Guardian, 6 October 2014

Rayner, Gordon & Richard Alleyne, Council spy cases hit 1,000 a month, Daily Telegraph, 14 April 2008

Surveillance Camera Commissioner's Office, Guide to the Regulation of Surveillance – A shared approach to the regulation of surveillance in the United Kingdom, 2019

Wintour, Patrick, “British police's use of Ripa powers to snoop on journalists to be reined in” The Guardian, 12 October 2014

【국문초록】

2020년 법무부가 피의자 휴대전화 비밀번호 제출강제의 법제화 모델로 삼은 영국 2000년 수사권한규제법은 국가기관의 수사권한을 정보수집과 감시 확대를 위해 강화하는 법적 기반으로서 입법되어 실행되고 있다. 동법상 암호해제수단 제출강제 제도의 내용은 다음과 같다. 첫째, 특정 수사기관이 획득한 암호화된 정보의 해독이 가능한 암호해제수단을 소지한 자에 대한 암호해제 요구 고지를 신청한다. 둘째, 암호해제 요구 고지 신청에 대해 법원, 법관, 국무장관, 허가권한 있는 자 등은 일정 요건에 해당할 경우 고지를 허가한다. 국무장관 등에 의한 허가는 수사권한위원회의 준사법적 사후통제대상이다. 셋째, 허가에 따라 특정 수사기관은 암호해제 요구 고지를 부과하고, 일정 시한내 이행하도록 요구한다. 넷째, 요구에 따른 암호해제 이행을 하지 아니하거나, 암호해제 이행에 관한 비밀을 누설한 경우 암호해제 불이행과 비밀누설행위에 대해 관련범죄의 각 중한 정도에 따라 구금형과 벌금형으로 처벌한다.

영국의 사례를 살펴보건대, 입법단계에서는 첨단기술에 대응한 법집행 강화 명분으로 서둘러 제정되었지만, 시행유보와 개정을 거듭하는 가운데 과도한 인권침해로 인한 여전한 비판대상이라는 점에 주목해야 한다. 법무부의 디지털 증거 압수수색시 협력의무 부과 검토 방안은 피의자에게 비밀번호를 진술하거나 제출하지 않았다는 이유로 정작 피의자의 혐의사실에 대한 처벌이 아니라 진술거부로 처벌하겠다는 것이다. 그러나 휴대전화 압수수색과 이를 위한 암호해제정보 제출강제는 신체에 대한 직접적 침해에 다름 아닐 만큼 인권침해 내지 침해위험성이 클 뿐만 아니라, 법적 정당성을 확보하기가 쉽지 않은 점에서 과연 현실적으로 효과적이고 정당한 대책인지 신중히 따져볼 문제다. 현실적으로 범행수법과 수단의 변화는 새로운 강제수단 입법보다는 새로운 수사기법과 장비로 대응해야 할 경우가 더 많은 법이다.

◈ 주제어: 디지털증거, 디지털증거 압수수색, 2000년 수사권한규제법, 암호해제 강제, 암호해제요구고지 불이행죄

【Abstract】

Law and Policy on Mandatory Key Disclosure
– A case Study of UK Regulation of Investigatory Powers Act 2000

Kim, Han–Kyun*

In 2020, Korean Ministry of Justice has proposed to introduce investigation power to require disclosure of password to suspect's digital divices, including mobile. So–called "Imposing duty of the suspects to cooperate in the search and seizure of digital evidence"has found its policy model at the UK Regulation of Investigatory Powers Act 2000, which has provisions on the power to require disclosure.

According to the Section 49 of the 2000 Act, if any person with the appropriate permission believes, on reasonable grounds that a key to the protected information is in the possession of any person, and that the imposition of a disclosure requirement in respect of the protected information is necessary in the interests of national security; for the purpose of preventing or detecting crime; or in the interests of the economic well–being of the United Kingdom, and that the imposition of such a requirement is proportionate to what is sought to be achieved by its imposition, and that it is not reasonably practicable for the person with the appropriate permission to obtain possession of the protected information in an intelligible form without the giving of a notice under this section, the person with that permission may, by notice to the person whom he believes to have possession of the key, impose a disclosure requirement in respect of the protected information.

A person to whom a section 49 notice has been given is guilty of an offence if he knowingly fails, in accordance with the notice, to make the disclosure required by virtue of the giving of the notice. A person guilty of

* Senior Research Fellow, Korean Institute of Criminology and Justice

the offence shall be liable on conviction on indictment, to imprisonment for a term not exceeding 5 years or to a fine, or to both.(Section 54)

The comparative study of the UK cases shows that mandatory key disclosure of mobile may not avoid the risk of privacy infringement, while such law brings little impact on the effectiveness in securing digital evidence.

◈ Key words: Digital evidence, Search and seizure of digital evidence, Regulation of Investigatory Powers Act 2000, Notices requiring disclosure, Failure to comply with a notice

한국형사소송법학회『형사소송 이론과 실무』
제13권 제2호 (2021.06) 177~208면.
Theories and Practices of Criminal Procedure Vol. 13 No. 2 (June. 2021) pp. 177~208.
10.34222/kdps.2021.13.2.177

조사자 증언에서의 특신상태 증명수단으로서 영상녹화물 활용

서 원 익*

목 차

Ⅰ. 문제의 제기
Ⅱ. 조사자증언 제도
Ⅲ. 증거로서의 조사과정에서의 영상녹화물
Ⅳ. 조사자 증언시 특신상태 증명 위한 영상녹화물 사용
Ⅴ. 결론

Ⅰ. 문제의 제기

형사소송법 제312조는 1954년 형사소송법 제정 당시부터 근래에 이르기까지 검사가 작성한 피의자신문조서와 사법경찰관이 작성한 피의자신문조서의 증거능력의 요건이 다르게 규정되어 있었다. 그러나, 2020년 2월 4일에 이르러 형사소송법이 개정되어, 검사와 사법경찰관 작성의 피의자신문조서의 증거능력 인정 요건이 서로 동일한 내용으로 개정되었다.

즉, 형사소송법 제312조 제1항을 "검사가 작성한 피의자신문조서는 적법한 절차와 방식에 따라 작성된 것으로서 공판준비 또는 공판기일에 그 피의자였던 피고인 또는 변호인이 그 내용을 인정할 때에 한하여 증거로 할 수 있다."고 개정하여, 피고인이 검사 작성 피의자신문조서에 대해 내용을 부인할 경우 증거능력이 부정되고, 이러한 측면에서 사법경찰관 작성의 피의자신문조서에 대한 증거능력 인정 요건과 다름없게 된 것이다. 또한, 부칙 제1조에서는 "다만, 제312조 제1항의 개정규정은 공포 후 4년 내에 시행하되, 그 기간 내에 대통령령으로 정하는 시점부터 시행한다"고 규정하고 있었으나, 형사소송법·검찰청법 일부개정법률안의 시행일에

* 검사, 금융부실책임조사본부 파견

관한 규정 제1조에서 2022년 1월 1일부터 위 개정법률이 시행되도록 하였다.[1)]

위 개정법이 시행될 경우, 종래 피의자의 진술에 대해 검사가 작성한 피의자신문조서를 진정성립 및 특신상태 증명을 통해 법정에 현출시키던 증거제출 방식은 거의 사용되지 않을 것으로 보인다. 또한, 검사가 경찰에서의 진술과 다름 없을 것이라 예상되는 경우 굳이 피의자의 진술을 조서화시키는 것이 무용하다고 판단할 것이므로, 검찰에서 피의자신문조서가 작성되는 예가 드물어질 수도 있을 것이다.

피고인의 공판개시 이전의 진술을 법정에 현출시킬 방안에 대한 별다른 담보책을 마련하지 못한 채, 개정 형사소송법이 시행될 것으로 예상되고, 향후 피의자의 진술을 조사자가 증언하는 것 외에 다른 방법으로 법정에 현출시키는 수단을 상정하기는 힘들어졌다. 다만, 조사자 증언의 그 증명력은 별론으로 하더라도 조사자 증언의 경우에도 조사과정의 '특신상태'를 증명해야 그 증언의 증거능력이 인정되는바, 그러한 '특신상태'의 증명할 방법으로서의 조사과정의 영상녹화물이 다시 주목받을 수밖에 없다. 그러나, 법원은 아직까지 조사과정의 영상녹화물에 대해 '피의자의 진술이 검사 또는 사법경찰관 앞에서 진술한 내용과 동일하게 기재'되어 있음을 증명하는 조서의 실질적 진정성립 외에 다른 증거나 증명수단으로서의 사용에 여전히 소극적이다.

아래에서는 우리 조사자 증언의 외국법제와의 비교, 영상녹화물의 증거물 활용방법 및 조사자 증언에서의 특신상태의 증명방법으로서의 사용가능성을 검토해 보기로 한다.

Ⅱ. 조사자 증언제도

1. 조사자 증언의 필요성

위에서 본 바와 같이, 개정 형사소송법은 검사 작성 피의자신문조서 증거능력 인정 요건을 개정하여, 검사 작성 피의자신문조서도 검사 이외 수사기관이 작성한 피의자신문조서와 같이 피고인이 내용을 인정할 경우에 한하여 증거능력을 인정하게 되었다.

또한, 검사 작성 피의자신문조서에서만 인정해 오던 실질적 진정성립이나 특신상

1) 법률 제16924호 형사소송법 일부개정법률의 시행일에 관한 대통령령

태에 대한 증명방법으로서의 영상녹화물에 대한 규정(제312조 제2항)도 삭제하여, 검사가 작성한 피의자신문조서와 사법경찰관이 작성한 피의자신문조서에 대한 증거능력 인정 요건이 사실상 동일하게 된 것이다. 개정법 시행을 앞두고 있는 현 시점에서는, 법 시행 후 피고인의 공판개시 이전의 진술을 법정에 현출시킬 방안과 관련하여, 조사자나 참고인의 공판에서의 진술로서 공소제기 전 피고인의 범행 자백 진술이나 공판에서의 진술과 모순되는 진술을 현출하는 것 외 뚜렷한 대안은 찾아보기 힘들다.

이하에서는 외국 선진법제에서의 조사자 증언의 허용여부 등 입법례를 살펴보고, 우리 형사소송법적 근거와 활용실태, 우리 법원의 조사자 증언제도에 대한 태도나 입장을 살펴본다.

2. 조사자 증언에 관한 해외 입법례

가. 미국

미국의 경우, 전문증거는 '공판이나 심문시 증언하는 원진술자의 진술이 아닌 진술로서, 주장된 사실의 진실성을 입증하기 위해 제출된 증거'로 정의하고, 원칙적으로 이러한 전문진술 외에는 증거 사용이 가능하다.[2] 다만 공판정 외의 장소에서 이루어진 본인에게 불이익한 피고인의 진술은 전문진술이 아니라고 규정하는데,[3] 진술의 방법은 서류, 조사자증언, 영상녹화물 등 그 종류를 가리지 않는다. 따라서, 수사기관이 조서를 작성하지 않더라도 피의자를 조사한 수사관이 법정에서 수사당시에 피고인이 자신에게 불리한 사실을 진술하였다는 점을 진술하면 피고인의 인정여부에 상관없이 수사관의 증언은 증거능력이 인정된다.[4]

---

2) 미국 연방증거규칙 제801조 (c)

3) 미국 연방증거규칙 제801조 (d)(2)

4) 한연규, "사법경찰관의 조사자증언과 수사상 진술의 증거활용", 『형사법의 신동향(통권 제60호)』, 대검찰청(2018. 9.), 259～260쪽. ; 경찰은 조서를 작성하는 방식보다는 보고서나 메모를 작성하거나 영상녹화를 하면서 녹취서를 작성하는데, 미국 법무부는 산하 수사기관에 대해 구금 피의자의 진술을 청취할 경우 모두 녹음이나 녹화하도록 권고한다. 법정에서는 영상녹화는 재생으로, 보고서나 메모는 기억을 되살리기 위해 경찰관이 참조할 수 있고, 기억을 되살리지 못하는 경우 연방증거법 제803 (5)에 따라 그 내용을 읽어 그 법정진술을 증거로 사용하기까지 한다.

나. 영국

영국도 미국과 사정이 유사하여, 전문증거는 원칙적으로 증거능력이 부정되지만, 피고인의 법정 외에서는 자백은 그 예외로서 증거능력이 인정된다.[5] 공판정 진술과 모순되는 증인의 수사과정에서의 진술을 증거로 사용할 수 있도록 하였고, 그 유형은 서면, 녹음, 영상녹화, 조사자 증언을 가리지 않는다. 또한 참고인 진술에 대해서도 공판정에서 증언할 수 없는 사정, 즉 국외거주, 행방불명, 보복의 두려움 등의 사유가 인정되는 경우 전문법칙의 예외로서 증거능력이 인정되며,[6] 실무적으로는 경찰이 녹음한 진술을 법정에서 재생하거나 경찰이 직접 조사자로서 증언을 하게 된다. 근래 들어와서는 영상녹화물의 증거능력도 인정되어 그 사용이 확대되는 추세이다.

다. 독일

독일 형사소송법은 전문법칙이 적용되지 않고, 피의자나 참고인이나 그 누구의 진술이든간에 법원의 직접심리로 증거가 사용되는 구두심리주의, 직접심리주의[7]를 원칙으로 정하고 있다. 직접심리주의 원칙을 적용하므로, 법관의 증거조사에 대해 서면증거보다 우월한 인적증거로서의 가치를 인정하고 있고, 법정 외 진술에 대한 증거능력을 제한하고 있다. 이에 따라 법관에 의한 조서나 영상녹화물에 포함된 피고인의 진술의 경우 자백에 관한 증거조사의 목적, 진술 모순의 확인이나 제거의 목적으로 낭독되거나 상영될 수 있고, 그 외 피고인이 공판에서 제출한 서면은 낭독될 수 있다.[8] 다만, 피고인의 자백하는 진술이 법관의 조서가 아닌 서면에 포함되어 있는 경우, 공판 중 신문과정에서 제시가 가능하고, 피고인이 진술한 점을 인정하면 법원은 증거로 사용할 수 있다.[9] 결국 피고인의 법정에서의 부인 진술과 그 이전의 진술이 모순되면, 그 이전 신문에서 피고인이 진술한 내용을 낭독하거나 상영할 수

5) Criminal Justice Act 2003 제118조
6) Criminal Justice Act 2003 제114조 이하
7) StPO 제250조
8) StPO 제254조 제1항, 제249조 제1항
9) StPO 제249조 제2항은 '신문 과정에서 그 전의 진술과 모순이 드러난 경우 공판절차를 중지하는 것 외의 방법으로 모순을 확인하거나 제거할 수 없는 경우라면 제1항과 같다'고 규정한다.

있다는 의미이고,[10] 그 낭독은 재판장이 명한다.[11] 또한, 2017. 8. 17. 형사소송법이 개정되면서 고의의 살인죄나 18세 미만 또는 정신장애가 있는 피의자를 신문하면서 영상녹화한 경우, 피고인의 범행 자백이나 공판정에서의 진술과 모순된 진술이 녹화되어 있다면, 그러한 영상을 검증의 형태로 법정에서 재생함으로써, 증거로 사용할 수 있게 되었다.[12] 이 경우 영상물 재생이 법정에서의 진술을 대체할 수 있도록 한 것인데, 그 증거능력은 법관 조서의 낭독과 동일하게 인정된다.

한편, 명문의 규정은 없지만 독일 연방헌법재판소와 학설은 수사과정에서 피고인을 조사한 경찰을 공판절차에서 증인으로 소환하여 증언을 듣고, 그러한 증언을 증거로서 사용하는 것을 허용한다.[13] 이러한 조사자 증언도 피고인의 법정에서의 진술이 수사기관에서의 진술과 모순되는 경우 많이 활용되는데, 조사자가 피고인이 수사과정에서 진술했던 사실에 대해 증언하고, 그러한 진술이 기재된 조서가 확인되면, 그러한 서면의 존재와 구두로 하는 증언이 함께 그 서면에 기재된 진술을 입증하는 증거가 되는 것이다.[14] 다만, 독일은 직접주의 원칙상 수사기관에서 조서가 작성되더라도 그 조서가 증거로 사용되는 것이 아니고, 조서를 작성한 경찰관에 대해 증인으로 신문한 결과로서의 그 증언 자체를 증거로 사용하게 되는 것이다.[15]

라. 프랑스

프랑스는 형식적 요건을 갖춘 증거는 모두 제한없이 법정에 제출될 수 있으므로, 수사기관이 작성한 조서라도 증거능력에 대한 제한없이 증거로 사용될 수 있다.[16] 법관이 수사기관으로부터 제출된 조서의 요지를 낭독하고 피고인에게 의견진술을 기회를 보장한다면, 불출석 증인에 대해서도 수사기관이 작성한 조서의 낭독으로

---

10) 신상현, “조사자증언 제도의 개선방안 －독일의 직접심리주의에 대한 비교법적 고찰을 중심으로 －”, 『법학논총』 31(3)(2019. 2. 18.), 296쪽.

11) Meyer-Großener, Lutz/Schmitt, Betram, “*Strafprozessordnung, Gerichtsverfassungsgesetzt, Nebengesetzt und ergänzende Bestimmungen*”, 61, Auflage, München 2018, §254, Rn 1.

12) 위 책, §254, Rn 1.

13) 위 책, §254, Rn 1a.

14) 이완규, “공범인 피의자에 대한 경찰 피의자신문조서의 증거능력”, 『형사법의 신동향(통권 제18호)』, 대검찰청(2009), 193쪽.

15) 정웅석, “공범에 대한 조사자증언의 허용여부 및 공범조서와의 관계”, 『저스티스(통권 제143호)』, 한국법학원(2014. 8.), 174쪽.

16) 정웅석, 위 논문, 173쪽.

증인신문을 대체 가능하기 때문에, 증거사용의 범위가 넓은 편이다.

마. 일본

일본 형사소송법은 수사기관의 피의자공술(진술)조서는 피의자의 서명 또는 날인이 있고, 그 진술이 피의자에게 불리한 사실을 인정하는 내용이며, 진술이 임의적이고, 그러한 진술이 특히 신용할 만한 정황하에 이루어진 경우에는 그 조서의 증거능력이 제한없이 인정되어 증거로 사용된다.[17] 따라서, 조서가 진술을 대체하는 효과가 큰 법제를 구비하여 굳이 조사자 증언을 활용할 실익이 거의 없다.

3. 조사자 증언의 법적 근거 및 활용실태

가. 종래 대법원의 입장

개정 형사소송법은 검사 작성 피의자신문조서도 사법경찰관 작성 피의자신문조서와 마찬가지로 피고인이 내용을 부인하면 증거능력이 부정되도록 규정되었고, 향후 법정에서 공소사실을 인정하지 않는 피고인이 검사 작성 피의자신문조서도 내용을 부인할 것이 실무상 당연히 예상되는 국면을 맞이하고 있다. 이에 따라, 검사의 공소유지를 위해서는 조서 이외의 형태로 수사기관에서의 피의자 진술을 법정에서 현출시킬 방법이 필요할 수 있는데, 피고인이 수사기관에서는 자백을 하고 법정에서 부인하는 경우나 법정에서의 진술과 수사기관에서의 진술이 모순되는 사안에서 수사기관에서의 피의자의 진술을 증거로 사용할 실질적 가치가 있다고 하겠다.

종래 대법원은 피고인이 경찰에서의 본인의 진술을 부인하는 경우 피고인이 범행을 자백하였다거나 이를 들었다는 조사경찰관 또는 제3자의 진술에 대해 증거능력을 철저히 부인하였다.[18] 그 주된 근거는 형사소송법 제312조 제2항이 검사 외 수사기관의 피의자에 대한 신문은 신용성의 정황적 보장(특신상태)이 박약하다고 보고, 피의자신문에 있어서 진정성립과 진술의 임의성이 인정되더라도 공판 또는 준비절차에 있어 원진술자인 피고인 또는 변호인이 그 내용을 부인하는 이상, 사법경찰관이 작성한 조서의 증거능력을 부정하는 취지로 입법된 것이므로, 위와 같은

17) 심재무, "피의자진술의 법정현출방식과 조사자증언의 증거능력", 『비교형사법연구』 제12권 제1호(2010.), 310쪽.

18) 대법원 1990. 9. 28. 선고 90도1483, 대법원 2001. 3. 27. 선고 2000도4383 판결 등.

입법 취지와 법문을 고려한다면, 검사 이외의 수사기관이 작성한 피의자신문조서에만 적용되는 것이 아니라, 피의자였던 피고인의 검사 외의 수사기관에서의 진술 자체를 그 적용대상으로 하고 있는 것이라고 보아야 할 것이어서, 전문자의 진술이 검사 외 수사기관에서의 피의자였던 피고인의 진술을 그 내용으로 하는 경우, 피고인이 수사기관에서의 진술 내용을 부인하는 이상 그러한 진술의 내용이 피의자신문조서에 기재된 것인지, 전문진술자가 사법경찰관이든 피해자 등 제3자이든 상관없이 증거능력이 없다고 보아야 한다는 이유였다.[19]

나. 조사자 증언의 법적 근거

그러나, 2007. 6. 1. 개정된 형사소송법은 "피고인이 아닌 자(공소제기 전에 피고인을 피의자로 조사하였거나 그 조사에 참여하였던 자를 포함)의 공판준비 또는 공판기일에서의 진술이 피고인의 진술을 그 내용으로 하는 것인 때에는 그 진술이 특히 신빙할 수 있는 상태하에서 행하여졌음이 증명된 때에 한하여 이를 증거로 할 수 있다."고 규정하여 조사자 증언을 정면으로 도입하였다.[20] 즉, 피의자를 조사하였거나 조사에 참여하였던 사람이 수사과정에서의 피의자였던 피고인의 진술에 관하여 증언할 경우 그 증언에 증거능력을 인정하게 된 것으로서, 피고인이 법정에서 사법경찰관 작성의 피의자신문조서의 내용을 부인하는 경우 피의자를 조사하였던 경찰의 법정에서의 진술에 대해서도 증거능력을 부인하였던 기존의 판례 법리를 피의자를 조사하였던 경찰관이 피의자가 수사기관에서 진술한 내용에 대해 증언이 가능하도록 형사소송법을 개정하여 제도를 도입하게 된 것이다.

이는 공판중심주의 강화를 위해 기존 조사자 증언을 불허하던 판례를 입법적으로 변경하여 조사자 증언 제도를 명문화한 것으로서, 허위공문서작성죄와 위증죄의 부담을 안고 증언을 하는 경찰관의 증언에 대하여 반대신문권을 보장하여 실체적 진실발견과 절차적 공정성 사이의 조화를 도모하고자 하는 입법자의 의사가 반영되어 있다.[21]

---

19) 대법원 1995. 3. 24. 선고 94도2287 판결, 대법원 1994. 9. 27. 선고 94도1905 판결 등.

20) 형사소송법 제316조 제1항

21) 법무부, 『개정 형사소송법』, 2007., 242쪽.; 법원행정처, 『형사소송법 개정법률 해설』, 2007., 142쪽.

다. 조사자 증언 활용실태 및 판결례

⑴ 조사자 증언 활용 실태

위와 같이 조사자 증언제도가 도입된 지 10년이 훨씬 넘었지만, 실제 법정에서는 여전히 조사자 증언이 활발히 시행되지는 않고 있다. 다만, 국민참여 재판에서 피고인이 경찰 피신조서 내용 부인하는 경우나 부인하지 않더라도 참여배심원들에게 사건 발생 당시 생생한 느낌을 전달하기 위해 조사자 증언을 활용하는 사례가 있을 수 있다. 또한, 검사 작성의 피의자신문조서가 없고, 사법경찰관 작성의 피의자신문조서의 내용을 부인하는 경우, 조사자 증언을 신청하는 일부의 예가 있을 수 있다.[22)]

조사자 증언의 활용도가 떨어지는 이유는 법원이 조사 경찰관을 증인으로 신청하는 것에 대해 비교적 소극적이고, 조사자 증언의 증명력에 대해 큰 가치를 두고 있지도 아니하기 때문인데, 판사들도 피고인신문 등을 통해 피고인의 진술을 들어보고 그 진위 여부를 직접 판단하고 싶어 하므로, 조사경찰관의 증인 신청에 대해 우호적인 입장은 아닌 것으로 추정된다. 따라서, 조사자 증언 제도를 통해 경찰관 증언의 증거능력을 인정한다 하더라도 증명력을 부인하거나, 증명력에 큰 가치를 부여하지 아니하므로 실제 판결문에서 유죄 입증의 증거로 사용되는 경우는 찾아보기가 힘들다. 이에 따라 공판업무를 수행하는 검사들도 피고인이 법정에서 피의자신문조서의 내용을 부인하면 조사자 증언을 신청하기 보다는 피고인 신문을 통해 피고인 주장의 신빙성을 탄핵하는 방식을 주로 사용하는 것으로 보인다.

⑵ 조사자 증언의 증거능력에 대한 각급 법원의 판결

㈎ 특신상태 증명 부족으로 증거능력 부정

조사과정에서의 특신상태가 증명되지 않았음을 이유로 조사자 증언의 증거능력을 부정하는 사례가 대부분인 것으로 보인다.

① 음주측정거부죄 사안

원심은, 조사자인 원심증인 김○○의 법정진술은 피고인이 경찰에서 자백하는

22) 경찰관이 증인으로 출석하는 경우는 주로 공무집행방해 사건이나, 이 경우에는 엄밀히 말하면 경찰관은 사건관계인으로 증언하는 것이므로 조사자 증언은 아닌 것으로 보아야 한다.

것을 들었다는 것으로 피고인이 이 법정에서 그 내용을 부인하는 이상 증거능력이 없다고 판단하였는데, 피고인이 제2회 피의자신문시 조사경찰관인 원심증인 김○○ 앞에서 △△시 ▽▽동 ㅁㅁ리에서 이 사건 사고현장까지의 운행사실을 자백하였다는 진술이 특히 신빙할 수 있는 상태하에서 행하여졌음을 인정할 증거가 부족하므로 조사자의 위 전문진술은 증거능력이 없다고 할 것인바, 원심의 이 부분 판단은 그 이유 설시에 미흡한 점은 있으나 증거능력이 없다고 본 결론에 있어서는 정당한 것으로 수긍되고, 거기에 상고이유에서 주장하는 바와 같은 조사자증언의 증거능력에 관한 법리오해의 위법은 없다.[23)]

② 국가보안법위반 사안

피고인이 범행을 자백하였다는 진술(혹은 일부 진술)을 그 내용으로 하는 피고인 아닌 자(중앙합동신문센터 조사관들, 국정원 수사관들)의 공판기일에서의 진술로서, 조사자가 법정에서 진술한 증언의 증거능력을 부여하기 위해서는 수사기관의 조사 당시 피고인의 진술이 '법관 앞에서 진술한 것과 동일하게 볼 정도로, 객관성과 공정성이 담보가능한 구체적·외부적인 상황' 하에서 진술이 이루어졌음이 증명되어야 하고, 그러한 '특히 신빙할 수 있는 상태'에 대하여는 검사가 입증하여야 하는데...(중간 생략)...피고인이 합신센터 조사관들 또는 국정원 수사관들 앞에서 '특히 신빙할 수 있는 상태'에서 진술했다는 점이 확실히 증명되었다고 보기 어려워 피고인의 자백진술을 내용으로 한 이 부분 각 진술은 증거능력이 없다.[24)]

㈏ 특신상태 증명으로 증거능력 인정

울산 지역의 아동학대 사건으로서, 피고인을 조사하였던 경찰관의 증언을 아래와 같은 이유로 '특신상태'였음을 인정하면서, 증거로서 채택하였다.

"① 피고인이 2020. 2. 24. 오후 1시경 경찰 1회 피의자신문을 받은 후 경찰 2회 피의자신문은 다음 날인 2020. 2. 25. 오전 10시경부터 이루어져 충분한 수면과 휴식을 취한 상태에서 2회 조사를 받은 것으로 보이는 점, ② 경찰 1회 조사뿐 아니라 2회 조사에서도 피고인의 동의 하에 조사 과정 및 진술 내용에 대해 영상녹화가 이루어진 점, ③ 경찰 2회 조사 다음 날인 2020. 2. 26. 13:30경 이루어진 피고인에

23) 대법원 2009. 5. 14. 선고 2008도6013 판결.

24) 서울중앙지법 2014. 9. 5. 선고 2014고합261 판결.

대한 구속 전 피의자신문절차에서 피고인은 영장 담당 판사 앞에서 2회 조사에서 진술한 바와 같이 범행을 모두 인정한 것으로 보이는 점, ④ 2회 조사 및 영장실질 심사가 이루어지고 2020. 2. 28. 검찰에 사건과 신병이 인계되면서 구속송치 피의자 확인서를 작성할 때까지 피고인이 자백한 진술을 번복하거나 재조사를 요구한 바 없는 점, ⑤ 피고인은 경찰 1회 조사시 범행을 부인했다가 2회 조사시 범행을 자백한 경위에 대해 '경찰관이 의사소견을 말해 주어 들어보니, 자신의 주장을 아무도 믿어주지 않을 것 같아, 무거운 처벌을 면하려고 허위진술한 것이다'라고 진술한 이래 법정에 이르기까지 대체로 이런 취지로 주장하고 있는바, 피고인의 주장에 의하더라도, 진술을 변경한 과정에서 경찰관이 의사의 객관적 소견을 말해 준 것 외에는 피고인에게 자백을 강요하거나 겁박한 정황은 없는 것으로 보이고, 진술 변경은 피고인이 오직 스스로 자유롭게 판단한 것으로 보이는 점 등에 비추어 보면, 경찰 2회 조사 단계에서 조사경찰관인 증인 앞에서 범행을 자백하는 피고인의 진술에 대해 허위 개입의 여지가 거의 없고, 신빙성이나 임의성을 담보할 만한 상태에서 진술이 이루어졌다고 보이므로, 피고인의 진술을 내용으로 하는 증인의 전문진술 부분은 유죄의 증거로 삼을 수 있다."[25]

위 판결에서는 경찰 조사 과정에서의 수사과정의 여러 정황상 특신상태가 아니었음을 인정할 자료가 없음을 이유로 조사자 증언의 증거능력을 인정하고 있는 것으로 보인다.

㈐ '피고인 아닌 자'의 진술에 대한 조사자 또는 조사참여자 전문증언의 증거능력 부정

우리 형사소송법 제316조 제2항은 '피고인 아닌 자의 공판준비 또는 공판기일에서의 진술이 피고인 아닌 타인의 진술을 그 내용으로 하는 것인 때에는 원진술자가 사망, 질병, 외국거주, 소재불명, 그 밖에 이에 준하는 사유로 인하여 진술할 수 없고, 그 진술이 특히 신빙할 수 있는 상태 하에서 행하여졌음이 증명된 때에 한하여 이를 증거로 할 수 있다'[26]고 규정한다.

한편, 대법원 판례에서는 "제316조 제1항에 따르면 위 '피고인 아닌 자'에는 공소제기 전에 피고인 아닌 타인을 조사하였거나 그 조사에 참여하였던 자(이하 '조사

---

25) 울산지방법원 2020. 8. 28. 선고 2020고합49 판결.

26) 형사소송법 제316조 제2항

자'라고 한다)도 포함되는데, 위 조항에 따라 조사자의 증언에 증거능력이 인정되기 위해서는 원진술자가 사망, 질병, 외국거주, 소재불명, 그 밖에 이에 준하는 사유로 인하여 진술할 수 없어야만 하는 것이라서,[27] 원진술자가 법정에 출석하여 수사기관에서의 진술을 부인하는 취지로 증언을 한 이상 원진술자의 진술을 내용으로 하는 조사자의 증언은 증거능력이 없다고 봄이 상당하다."[28]고 판시한다. 따라서, 피고인 아닌 자로서, 법정에 출석한 자의 수사기관에서의 진술에 관한 조사자나 조사참여자의 증언은 증거능력이 없다고 판단하였다.

㈑ '공범자나 공동피고인'의 진술에 대한 사법경찰관 증언의 증거능력 부정

대법원은 "대질 등 수사과정에서 피고인의 진술을 들은 제3자의 증언에 대해서도 제316조 제1항에 따라 증거능력 인정되나, 피고인 아닌 자에는 공범자와 공동피고인이 포함되므로, 공범자 등이 원진술자인 경우 법정에 출석하여 수사기관의 진술을 부인하는 취지로 증언한 이상 원진술자의 진술을 내용으로 하는 조사자의 증언은 증거능력이 없다."[29]고 판시한다.

대법원의 형사소송법 제312조 제3항의 해석과 일관되게, 피고인이 공범자와 공동피고인의 사법경찰관이 작성한 피의자신문조서에 대해 내용 부인하는 이상, 제316조 제1항에서 피고인 아닌 자에 공범자와 공동피고인이 포함되는 것으로 보아, 그 공범자나 공동피고인의 진술에 대한 조사자 증언의 증거능력을 부정한다.

Ⅲ. 증거로서의 조사과정에서의 영상녹화물

1. 도입배경

2005. 7. 18. 최초 확정되었던 사개추위의 형사소송법 개정안은 피의자나 변호인의 동의가 있는 경우 피의자의 진술을 영상녹화할 수 있고, 그 경우 조사의 전체 과정과 객관적인 정황 등 모두를 녹화해야 하며, 영상녹화가 완료된 때 지체 없이 그 원본을 봉인하고 피의자나 변호인의 요구가 있으면 재생하여 시청하도록 하고,

27) 형사소송법 제316조 제1항

28) 대법원 2008. 9. 25. 선고 2008도6985 판결.

29) 위 대법원 판결, 대법원 2007. 2. 23. 선고 2004도8654 판결.

그 내용에 대해 이의를 진술하는 경우 그 취지를 기재하게 하였다. 한편, 검사 또는 사법경찰관 앞에서의 피고인의 진술이 녹음·녹화된 영상녹화물은 피고인이 공판정에서 검사나 사법경찰관 앞에서 일정한 진술을 한 사실을 인정하지 아니하고, 조사자의 증언 등 다른 방법으로도 이를 증명하기 어려운 경우에 한하여 보충적인 증거로 사용할 수 있도록 하였다. 또한, 피의자였던 피고인의 진술을 기재한 검사 작성의 피의자신문조서에 대해 증거능력을 인정함에 있어서, 피고인이 진술한 내용과 동일하게 피의자신문조서에 기재되었음을 증명하는 방법의 하나로도 영상녹화물을 증거로 사용할 수 있도록 한 것이었다.

그러나 위와 같은 사개추위의 형사소송법 개정안은 국회의 논의를 거치면서 2007. 4. 30. 영상녹화물의 독립적인 증거능력에 관한 부분이 삭제되었고, 참고인에 대하여도 동의를 전제로 영상녹화가 가능하도록 새로이 규정하였으며, 다만 피의자에 대하여는 동의를 전제로 영상녹화가 가능한 것을 고지하는 방식으로 변경하는 등 현행 형사소송법 규정으로 개정되게 된 것이다.

2. 형사소송법에 의한 영상녹화물의 증거사용 제한

가. 검사 작성 피의자신문조서의 증거능력 관련

개정 전 형사소송법에서는 검사 작성의 피의자신문조서에 대하여는 첫째, 적법한 절차와 방식에 따라 작성되었을 것, 둘째, 피고인이 진술한 것과 동일한 내용이 조서에 기재되어 있음이 공판기일에서 피고인의 진술에 의하여 인정될 것, 셋째, 조서에 기재된 진술이 '특히 신빙할 수 있는 상태' 하에서 행해졌음이 증명될 것 등의 요건을 전제로 증거능력을 부여하고 있었다.[30]

더 나아가, 피고인이 법정에서 검사 작성의 피의자신문조서의 진정성립을 부인하더라도 첫째, 피의자신문조서에 기재된 진술이 피고인이 진술한 것과 동일하게 기재되어 있음이 영상녹화물 기타 객관적인 방법에 의하여 증명될 것, 둘째, 특히 신빙할 수 있는 상태에서 피의자였던 피고인이 그 조서에 기재된대로 진술하여졌음이 증명된 때에는 그 증거능력을 인정할 수 있도록 하였었다.[31]

이는 피고인이 법정에서 검사 작성의 피의자신문조서의 진정성립을 부인할 경우

30) 구 형사소송법 제312조 제1항

31) 구 형사소송법 제312조 제2항

증거능력을 인정시킬 방법이 없던 흠결[32]을 보완한 입법인 것으로 평가받았다.

나. 검사 또는 사법경찰관 작성 참고인진술조서의 증거능력 관련

수사기관 작성의 참고인진술조서에 대하여는 첫째, 법이 정한 적법한 절차와 방식에 의해 작성된 참고인진술조서일 것, 둘째, 검사 또는 사법경찰관 앞에서 진술한 것과 동일하게 조서에 기재되어 있음을 원진술자가 인정하거나, 영상녹화물 기타 객관적 방법에 의하여 증명될 것, 셋째, 피고인 측이 그러한 조서의 기재내용에 대해 원진술자를 신문할 수 있었을 것, 넷째, 특히 신빙할 수 있는 상태 하에서 진술이 이루어졌음이 증명될 것 등의 요건을 갖추면 그 조서의 증거능력이 부여된다.[33]

다. 원진술자에게 재생하는 방법으로 기억 환기용으로 사용

전문증거로서 제312조부터 제316조까지의 규정의 요건을 갖추지 못하여 증거능력이 없는 서류나 진술이라도 공판 또는 공판준비기일에서의 피고인 또는 피고인이 아닌 자(피고인을 피의자로 조사하였거나 조사에 참여하였던 자를 포함)의 진술의 증명력을 다투기 위한 목적으로 탄핵증거로 사용할 수 있다.[34]

피고인 내지 피고인 아닌 자의 진술을 녹음·녹화한 영상녹화물은 공판 또는 공판준비기일에 그 피고인 내지 피고인 아닌 자가 진술함에 있어서 기억이 명백하지 아니한 사항에 관하여 기억을 환기시켜야 할 필요가 있다고 인정되는 때에 한하여 피고인 또는 피고인 아닌 자에게 재생하여 시청하도록 할 수 있다.[35]

3. 영상녹화물의 증거능력에 관한 법률규정

가. 성폭력범죄의 처벌 등에 관한 특례법

성폭력범죄의 처벌 등에 관한 특례법(이하 '성폭력특별법'이라 한다)은 '16세 미만 또는 신체적이거나 정신적인 장애로 사물을 변별하거나 의사를 결정할 능력이 미약한 경우 피해자 진술과 조사과정을 영상물 녹화장치로 촬영·보존하도록 하고(다만, 피해자 또는 법정대리인의 명시적 거부에는 불가능), 촬영된 영상녹화물의 증거능

32) 대법원 2004. 12. 16. 선고 2002도637, 대법원 2007. 1. 25. 선고 2006도7342 판결.
33) 형사소송법 제312조 제4항
34) 형사소송법 제318조의2 제1항
35) 형사소송법 제318조의2 제2항

력을 인정한다.[36] 조사과정을 녹화하는 경우 신뢰관계인을 동석하게 해야 하는데, 성폭력 피해자가 법정에 출석하여 증언하기 힘든 경우, 신뢰관계인이 법정에서 피해자가 진술한 대로 녹화되어 있다는 사실을 인정하면 그 자체로 피해자의 그러한 진술을 증거로 할 수 있는바, 이는 피해자 보호와 그 진술의 증거가치를 보호하여 실체적 진실규명간의 균형을 이루기 위한 입법취지이다.

나. 아동·청소년의 성보호에 관한 법률

아동·청소년의 성보호에 관한 법률에서도 아동이나 청소년을 대상으로 한 성범죄 피해자의 진술내용과 조사과정을 영상물 녹화장치에 의하여 촬영·보존하도록 하고(다만, 피해자 또는 법정대리인의 명시적 거부에는 불가능),[37] 신뢰관계인 동석 및 법정에서 신뢰관계인의 인정 진술로써 영상녹화물의 증거능력 인정이 가능하도록 하는데, 그 입법취지는 성폭력특별법과 유사하다고 볼 수 있다.

다. 특정범죄신고자 등 보호법

특정범죄신고자 등 보호법에서는 범죄신고자 등에 대해 형사소송법 제184조(증거보전 청구와 절차) 또는 제221조의2(증인신문 청구)에 의한 증인신문을 하는 경우, 판사가 직권 또는 검사의 신청으로 그 과정을 영상으로 촬영할 것을 명할 수 있고, 이에 따라 촬영한 영상물에서의 범죄신고자 등의 진술은 증거로 할 수 있다.[38] 이러한 규정은 신변위협을 받는 증인 등에 대해 효율적인 증거보전을 위한 입법취지로 이해할 수 있다.

4. 본증으로서 사용 가능 여부

2008년도 형사소송법 개정 이후, 실무와 학계에서는 형사소송법상의 검사 작성의 피의자신문조서와 수사기관 작성의 참고인진술조서의 진정성립을 위한 제시자료, 피고인의 기억환기를 위한 제시자료 외에도 요증사실의 증거, 즉 본증으로 사용 가능한지에 대해 의견 대립이 있어 왔다.

---

36) 성폭력특별법 제26조 제3항, 제4항
37) 아동·청소년의 성보호에 관한 법률 제26조
38) 특정범죄신고자 등 보호법 제10조

우선, ① 영상녹화물의 증거능력을 부정하는 규정이 없기 때문에 요증사실에 대한 관련자료로서 모든 증거를 법정에 제출할 수 있고, ② 법에서 영상녹화물의 증거능력에 대한 규정을 두지 않고 있는 이유는 그 증거능력을 일반원칙에 의하여 판단하라는 것이고, 이에 따라 영상녹화물은 조서에 관한 증거능력 인정 요건에 관한 조문을 준용하도록 하는 것이며,[39] ③ 조서와는 기록매체가 다르고 공판중심주의를 보완하는 가장 유용하고 과학적인 증명방법이라고 보아, 영상녹화물의 본증으로서의 증거능력을 인정하는 견해가 있다.

반면, ① 형사소송법상 영상녹화물의 사용은 검사 작성 피의자신문조서의 진정성립을 위한 수단 등으로 용도를 한정하고 있는 점, ② 영상녹화물을 본증으로 사용한다면 그 증거조사를 검증으로 하여 검증조서를 작성해야 하고, 그 내용을 전부 공판정에서 조사해야 하는 결과를 초래하여 소송 지연을 감당할 수 없게 되는 점,[40] ③ 영상녹화물이 본증으로 사용된다면 과거의 조서재판에서 극장재판으로 변경되는 것에 불과하고, 피고인의 증거능력 부정의 무력화를 가져와 무기평등의 원칙에 반하는 결과를 초래하는 점에서,[41] 영상녹화물의 본증으로서의 증거능력을 부인하는 견해가 있다.

이에 대해 대법원은 "2007. 6. 1. 개정된 형사소송법은 제221조 제1항에서 수사기관이 피의자가 아닌 자의 동의를 얻어 그 진술에 대해 영상녹화하는 절차를 신설하면서도, 제312조 제4항에서는 이러한 영상녹화물과 별개로 검사 또는 사법경찰관 작성의 참고인진술조서에 대해 영상녹화물로 그 진술조서의 실질적 진정성립을 증명할 수 있도록 규정하는 한편, 증거능력이 없는 서류나 진술이라도 공판 또는 공판준비기일에서 피고인이나 참고인의 진술에 대한 증명력을 다투기 위한 증거로 사용될 수 있도록 정한 규정(제318조의2 제1항)과는 별개로 참고인의 진술에 대한 영상녹화물을 공판 또는 공판준비기일에 참고인이 증언함에 있어서 기억을 환기시켜야 할 필요가 있는 경우에 한정하여 재생하여 시청하도록 규정(제318조의2 제2항)을 둠으로써, 영상녹화물이 증거로 사용될 수 있는 경우를 제한한다...(중간 생략)...(개정 전 형사소송법)에 없던 참고인 진술의 영상녹화제도를 새로 도입하면서

39) 박광민 · 이성대, "참고인진술에 대한 영상녹화물의 활용방안", 『형사정책연구』(2011. 12.), 73쪽.; 이완규, "개정 형사소송법에서의 수사절차상 진술의 증거능력", 『형사법의 신동향(통권 제8호)』, 대검찰청(2007. 6.), 47쪽.

40) 오기두, "영상녹화물과 증거사용"(형사재판의 쟁점과 과제), 사법발전재단(2008.), 226쪽.

41) 위 논문, 227 ~ 228쪽.

그 용도와 관련하여 참고인진술조서의 실질적 진정성립을 증명하거나 참고인이었던 증인의 기억을 환기시키기 위한 것으로 한정하고 있는 현행 형사소송법의 규정 내용을...(중간 생략)...독자적인 증거능력을 인정하는 성폭법 제30조 제6항 내지 아청법 제26조 제6항의 규정과 비교해 보면, 수사기관의 참고인 조사 과정에서 형사소송법 제221조 제1항에 의해 작성한 영상녹화물은, 공소사실을 직접 입증하는 독립적인 증거로 사용될 수 없다고 해석함이 상당하다."[42]고 판시하여, 참고인의 진술에 대한 영상녹화물의 증거능력을 부정하였는데, 위와 같은 취지라면, 피의자의 진술에 대한 영상녹화물에 대해서도 증거능력을 부정하는 입장에 있는 것으로 보아야 할 것이다.

5. 외국의 제도

가. 영국

영국에서는 1984년 '경찰 및 형사증거법'을 제정하였고, 1985년 비로소 검찰제도를 도입한 이래 형사증거법의 변화를 모색하다가, 2003년 형사소송법[43]을 제정하는 방식으로 종래의 common law상 전문법칙에 대한 수정을 가져왔다.[44] 즉, 증인의 수사과정에서의 진술이 공판에서의 증언과 일치하지 않는 경우 수사기관에서의 인정진술 자체에 증거능력을 부여할 수 있고, 전문법칙의 예외로서 두려움으로 인해 법정에 출석하지 못한 증인의 수사과정에서의 진술도 증거로 삼을 수 있다.[45] 영상으로 녹화된 진술은 법정 외 진술이므로, 전문법칙과 밀접한 관련이 있을 수밖에 없는데, 형사소송법은 "공판정에서 구두증거로 현출되지 않는 진술(전문증거, hearsay)은 법에 규정한 일정한 요건을 갖춘 경우에만 증거능력이 있다"고 규정하고 있다.[46] 진술(statement)이란 진술자가 특정 사실이나 견해를 표현하는 수단을 의미하고 그러한 수단에는 그림, 사진, 영상 등이 포함된다.[47] 따라서

42) 대법원 2014. 7. 10. 선고 2012도5041 판결.

43) Criminal Justice Act 2003

44) 김현철, "선진국 및 한국의 영상녹화제도 운영실태 및 연구", 『국외훈련 연구논문』, 법무부 (2012. 2.), 58쪽.

45) 정웅석, "조서의 증거능력을 인정하는 각국의 형사사법운영실태", 대검찰청 용역과제(2005.), 50쪽.

46) Criminal Justice Act 2003 제114조 제1항

47) Criminal Justice Act 2003 제115조 제2항

수사기관 작성의 조서, 진술자의 진술서 또는 피의자 등의 진술을 녹음·녹화한 영상녹화물도 ① 증거법적으로는 모두 '진술'에 해당하고, ② 전문법칙의 예외에 해당하는 일정한 요건을 갖춘 경우, 증거능력이 인정되는 것이다. 결론적으로, 법정 외에서의 진술이 기억이 생생한 때에 녹화되었고, 증인이 법정에서 녹화된 진술내용이 진실이라고 주장하는 등의 요건을 갖춘 경우에는 영상녹화물 자체의 증거능력을 인정한다.[48)]

나. 미국

1975년부터 시행된 연방증거규칙(Federal Rules of Evidence)에 따르면 증거에 증거능력이 인정되기 위해서는 증거가 특정사건의 주요한 법적 쟁점과 실질적으로 관련되어야 하고(relevant), 그 쟁점을 입증할 증거가치가 있어야 하며(material), 증거배제법칙에 해당하지 않고 증거능력이 있어야 한다(competent).[49)] 영상녹화물은 법정 외 진술에 해당되는바, 증거능력을 인정받기 위해서는 전문법칙의 예외에 해당되는지 검토되어야 하는데, 연방증거규칙 제801조(c)는 전문증거를 "원진술자의 법정 외 진술(statement)로서 주장하는 사실이 진실함을 증명하기 위하여 제출한 것"이라고 정의한다.[50)] 피의자의 법정 외에서의 진술과 관련하여서는, 연방증거규칙 제801조(d)(2)에서 피의자의 자인진술(admission by party−opponent)은 전문증거가 아니라고 규정하고 있으므로, 증거능력을 인정하게 된다.[51)] 전문법칙의 예외에 해당되기 위해서는 정황에 의한 신용성의 보장이 요구되는바, 피의자의 자백에는 전문법칙을 적용하기 어렵고, 자신에게 반대신문을 할 수 없으므로, 연방증거규칙에서는 피의자의 자백이 전문증거가 아니라고 규정하는 것이다.[52)] 증인의 법정 외에서의 진술과 관련하여서는, 전문법칙을 적용하는바, 연방증거규칙 제803조 이하에서 원진술자의 증언이 불가능한 경우 및 원진술자에 대한 반대신문이 중요하

48) Criminal Justice Act 2003 제137조, 제138조

49) 김현철, 위 논문, 66쪽

50) FRE 제801조(c), "Hearsay is a statement, other than by the declarant while testifying at the trial or hearing, offered in evidence to prove the truth of the matter asserted"; 연방증거규칙 제801조(a)는 구두나 서면에 의한 주장, 주장을 의도하는 비언어적 행동이라고 정의하는바, 진술서, 조서, 영상녹화물 등이 모두 포함된다고 보아야 한다.

51) 결과적으로, 연방증거규칙은 피의자의 법정 외 진술과 증인의 법정 외 진술을 구별하여 증거능력을 인정한다.

52) Roger C. Park, *Evidence Law*, Thomson, 2004, p.274

지 않는 경우를 나누어 전문법칙의 예외사유를 개별적으로 규정한다. 원진술자의 증언이 불가능한 경우로는 이해관계에 배치되는 증언, 임종 전의 진술 등을 열거하고, 원진술자에 대한 반대신문이 중요하지 않은 경우로는 정신상태에 관한 진술, 흥분상태의 진술, 감각적 진술, 업무상 기록 등을 열거하고 있다.[53] 더 나아가, 1997년 연방증거규칙 제807조를 신설하여, 전문증거가 중요사실에 대해 입증자료로 제출되고, 그러한 전문증거의 입증가치가 다른 증거보다 우월하며, 증거능력을 인정하지 않는 것이 사법정의에 부합하지 않은 경우에는 그 전문증거가 제803조 및 제804조에 해당되지 않더라도 증거능력을 인정할 수 있다고 규정하였다.

결론적으로, 미국의 연방증거규칙은 영상녹화물이 전문증거로서 개념상으로는 진술(statement)에 해당하지만, 증거법적으로는 전문증거가 아니라고 보고, 피의자의 자백진술을 녹화한 영상녹화물에 대해 증거능력을 인정하며, 증인의 법정 외 진술도 전문법칙 예외사유에 해당하면 증거능력을 인정한다.[54]

다. 독일

독일은 1998. 12. 1. 시행된 형사절차상 증인신문의 증인보호와 피해자보호의 개선에 관한 법률(증인보호법)[55]에 의해 형사소송법에서 수사기관이나 법원에서 증인신문시 영상·음성 매체물에 의한 증거조사 방법을 규정하게 되었다. 즉, 형사소송법 제58조a에서 수사기관의 증인에 대한 영상·음성 매체물 녹화·녹음, 제255조a에 따라 영상·음성매체물에 대한 증거조사 방법이 그것이다. 영상물을 증거로 사용하는 경우, 조서로서 이루어지는 문서증명에 대한 요건들이 적용되는바, 그 방법은 검증(녹화물의 재생)이고, 그 상영의 조건은 조서의 낭독과 동일하여, 형사소송법 제251조, 제253조에 따라 조서의 낭독이 허용되는 경우 허용된다.[56] 이 경우 낭

---

53) 김현철, 위 논문, 64쪽

54) 더 나아가, 미국의 법원은 특정한 사건 또는 구금 피의자를 조사하는 경우, 조사과정을 영상녹화하는 것이 바람직하다는 결론을 내리고 있다.; Mallot v. State, 608 P.2d 737, 743 n.5 (Alaska 1980), Stephan v. State, 711 p. 2d 1156 (Alaska 1980), Commonwealth v. DiGiambattsta, 813 N.e.2d 516(2004)

55) Gesetzt zum Schutz von Zeugen bei Vernehmungen im Strafverfahren und zur Verbesserung des Opferschutzes(ZSchG)

56) StPO 제251조[조서의 낭독] (1) 다음의 경우 증인, 감정인 또는 공동피고인에 대한 구두신문은 이들에 대한 신문조서 또는 이들이 작성한 서면 진술을 내용으로 하는 문서의 낭독으로 대체할 수 있다.

독을 우선적으로 하여야 하는 것이 아니고, 조서를 문서증거로 보고 낭독함으로써 증인신문을 보충하는 것인데, 이러한 원칙은 원본과 일치한다는 요건만 충족되면 영상녹화물을 재생하는 것에 대해서도 적용된다.[57]

라. 일본

일본 형사소송법은 피의자의 진술에 관한 임의성을 확인하기 위하여 영상녹화물의 제출을 의무화하여, 임의성을 증명하기 위한 수단으로 활용한다. 다만, 그러한 영상녹화물을 유죄의 증거로 그 증거능력을 인정할 수 있는지에 대해서는 명문의 규정이 없고, 해석론에 따라 찬반의 입장이 갈리고 있다.[58]

---

1. 피고인에게 변호인이 선임되고, 검사, 변호인과 피고인이 동의한 경우
2. 증인, 감정인 또는 공동피고인의 사망, 다른 사유로 인하여 예정된 시간에 법정에서 신문을 하지 못하게 된 경우
3. 조서 또는 문서가 재산적인 손해의 존재 여부 또는 그 정도에 관한 것일 경우

(2) 다음의 경우, 증인, 감정인 또는 공동피고인에 대한 구두신문은 이들에 대한 법관의 신문조서의 낭독으로 대체할 수 있다.

1. 질병, 노쇠 기타 제거할 수 없는 장애를 이유로 증인, 감정인 또는 공동피고인의 공판 출석이 장기간 또는 불확정한 기간 동안 불가능한 경우
2. 증인 또는 감정인의 진술이 크게 중요하지 않다는 사정에 비추어 이들로 하여금 원격지로부터 공판에 출석할 것을 요구할 수 없는 경우
3. 검사, 변호인 그리고 피고인이 낭독에 동의한 경우

(3) 직접 판결에 이르기 위한 것과는 다른 목적, 특히 특정인의 소환과 그에 대한 신문의 수행 여부에 관한 판단을 준비하기 위해 낭독을 이용하여야 하는 경우 신문조서, 기록 기타 증거방법으로 사용되는 문서를 낭독하는 것도 허용된다.

(4) 1항과 2항에 해당하는 경우 낭독을 명할 것인지는 법원이 결정한다.(이하 생략)

제253조[기억을 돕기 위한 조서의 낭독] (1) 증인이나 감정인이 일정 사실을 더 이상 기억할 수 없다고 밝히는 경우 이들에 대한 과거 신문내용 가운데 이들의 기억을 도울 수 있는 조서의 관련부분을 낭독할 수 있다.

(2) 공판을 중단하는 이외의 다른 방법으로는 신문에서 드러난 진술과의 모순을 확인하거나 제거할 수 없는 경우에도 전항과 동일한 조치를 취할 수 있다.

57) 이상한, “수사과정 영상녹화물의 증거사용에 관한 연구”, 『한양법학』(제30권 제3호)(2019.), 35~36쪽.

58) 이동희, “수사과정 영상녹화제도에 대한 비교법제 연구”, 『경찰법연구』(제14권 제2호)(2016.), 6쪽.

Ⅳ. 조사자 증언시 특신상태 증명 위한 영상녹화물 사용

1. 본증 외 사용방법

위에서 언급한 바와 같이, 현행 형사소송법상으로 영상녹화물은 수사기관 작성 참고인진술조서에서의 실질적 진정성립을 증명하는 방법(형사소송법 제312조 제4항)으로 사용되고, 진술자의 기억이 명백하지 아니한 경우 기억환기의 목적으로 사용할 수 있다(형사소송법 제318조의2 제2항). 따라서, 영상녹화물은 증언을 하는 사람에게 기억환기의 목적으로 사용이 가능함은 명문의 규정상 분명하다. 그 외에도 형사소송법상 다른 탄핵증거로서 사용할 수 있는지, 조사자 증언에서 조사과정에서의 이른바 '특신상태'를 증명하기 위한 방법으로도 사용가능한지 문제되고, 이에 대한 검토가 필요하다.

2. 탄핵증거로서 사용가능 여부

형사소송법 제318조의2 제2항은 증거능력에 대한 규정이 아니고, 증인신문시 보조자료로 사용하는 신문방법에 관한 규정이라는 점,[59] 탄핵증거는 증거능력이 없는 증거라도 진술의 증명력을 다투기 위한 증거로서 사용할 수 있으므로, 탄핵증거로 사용하는 것을 제한할 필요가 없다는 점 등을 들어 영상녹화물의 탄핵증거로서의 사용가능성을 긍정하는 견해가 있다. 반면, 형사소송법 제318조의2 제2항은 '제1항에도 불구하고'라고 규정하여 기억환기 이외에 다른 목적의 탄핵증거 사용을 금지한 것으로 보아야 하고, 탄핵증거로 제출된 영상녹화물은 '법원'이 시청하는 것이 아니라, '피고인 또는 피고인이 아닌 자에게 재생하여 시청하게 할 수 있다'라고 규정하므로, 법관이 증거능력 없는 영상녹화물에 의해 심증형성에 영향을 받는 것을 방지하는 규정이라고 보는 입장은 영상녹화물의 탄핵증거로서의 사용을 부정한다.[60]

그러나, 형사소송법 제318조의2 제2항은 영상녹화물의 탄핵증거로의 사용범위 내지 제한에 관한 규정이 아니다. 즉, 영상녹화물의 증거능력에 관련된 규정에 아

59) 안성수, "영상녹화물의 녹화 및 증거사용방법", 『법학연구』(제10집 제1호), 인하대학교 법학연구소(2007. 3.), 40쪽.

60) 법원행정처, 「형사소송법 개정법률해설」, 2007, 145쪽.

니라 신문에 따른 증언을 하는 경우 영상녹화물이 보조자료로 사용되는 신문방법에 관한 규정에 불과한 것이다. 위와 같이 형사소송법 제318조의 2 제2항에서 '제1항에도 불구하고'라는 규정은 영상녹화물을 신문시 보조자료로만 사용하고, 이를 본증과 같이 추궁이나 엄격한 반박자료로 사용하지 말라는데 그 입법취지가 있다고 보아야 한다.

왜냐하면, 우리 형사소송법의 원칙상 진술의 증명력을 탄핵하기 위한 증거에는 증거능력을 요구하지 않는 자유로운 증명으로 족하고, 탄핵자료로서 제시할 자료는 영상, 녹음, 서류 등 그 종류를 가리지 아니하며, 그러한 탄핵증거로서 영상녹화물만을 배제할 그 어떤 합리적 근거도 찾기 어렵기 때문이다.

3. '특신상태' 증명방법으로서 영상녹화물 사용

가. 논의의 실익

개정 형사소송법은 검사 작성 피의자신문조서도 사경 작성 피의자신문조서와 마찬가지로 피고인이 내용을 부인하면 증거능력을 부정하게 된다. 따라서, 법정에서 혐의 부인하는 피고인은 검사 작성 피의자신문조서도 내용 부인할 것이 예상되므로 조서 이외의 형태로 수사기관에서 피의자 진술을 법정에서 현출시킬 방안이 필요하고, 이를 위해 조사자 증언을 활용하여 수사기관에서의 피의자의 진술을 증거로 사용할 필요가 있음은 두 말 할 나위가 없으며, 개정법 시행 후 법정에서 조사자 증언의 신청이나 유죄 입증 증거로서 활용할 빈도는 매우 높아질 것으로 당연히 예상된다.[61)]

위에서 본 바와 같이, 현행 형사소송법 해석으로도 피의자 등 조사시 영상녹화물의 증거능력을 인정하는 학설도 있으나, 판례는 피의자조사시 영상녹화물의 증거능력을 일관되게 부정한다. 다만, 아래에서는 법정에서 검사 작성의 피의자신문조서를 증거로 제출하지 못하는 상태에서, 조사자 증언을 통해 수사기관에서의 피의자 진술을 법정에 현출시키고, 피의자 조사시의 '특신상태'를 증명하기 위한 수단으로

61) 이를 감당하기 위한 우리 법원과 검찰 등 사법기관의 인적, 물적 준비가 구비되어 있는지는 별론으로 한다. 다만, 직접주의가 지배하는 독일 형사소송절차와 관련하여, 필자는 독일 사법기관에서의 국외훈련 당시, 법정에서 오전 재판부터 증언하기 위해 출석한 경찰관들(초동현장, 조사, 증거분석 등 경찰관의 역할을 가리지 아니함)이 즐비하게 대기하고 있는 것을 상시적으로 목격한 바 있다.

서 조사과정의 영상녹화물을 활용하는 것이 가능한지 여부를 검토한다.

나. 특신상태

⑴ 피의자 진술의 특신상태

'특신상태'는 진술내용의 신빙성이나 임의성을 담보할 구체적 외부적 정황이다.

현행 형사소송법상 피의자의 수사기관 진술과 관련하여, 검사 작성 피의자신문조서(제312조 제1항), 검찰 수사과정에서의 피의자 작성 진술서(제312조 제5항), 피의자 조사자 증언(제316조 제1항)은 '특신상태'를 요건으로 증거능력을 인정하고 있다. 개정 형사소송법상으로도 피의자의 수사기관 진술과 관련하여, 피의자 조사자 증언의 경우만 '특신상태'의 증명을 요하게 되는 것이다.[62)]

⑵ '특신상태'에 대한 판단기준

진술내용의 신빙성이나 임의성을 담보할 구체적 외부적 정황으로서 '특신상태'는 합리적인 의심의 여지를 배제할 정도로서의 자유로운 증명으로 족하다.[63)]

변호인의 조사 참여,[64)] 조사과정의 영상녹화물에서 확인되는 조사 전체 과정의 임의성[65)] 등은 특신상태를 인정할 수 있는 정황인 반면, 피고인의 검찰에서의 자백과 공범자에 대한 형사기록검증결과가 상이하고 피고인이 부인하는 경우,[66)] 진술내용이 모순된 경우,[67)] 부당한 장기구금하에서 변호인의 조력을 받지 못한 경우[68)]

62) 개정 형사소송법에서는 검사 작성 피의자신문조서, 검찰 수사과정 피의자 작성 진술서는 피고인이 내용을 부인하면 증거능력이 없고, 내용을 인정하면 특신상태 증명도 필요 없게 된다. 다만, 피고인이 아닌 자에 대한 수사기관에서의 진술에 대해서는 현행 및 개정 형소법 규정이 동일한데, 검사 및 사법경찰관이 작성한 참고인 진술조서(제312조 제4항), 참고인 작성 진술서(제312조 제5항), 원진술자인 참고인의 진술불능 상황(제314조), 참고인에 대한 조사자 증언(제316조 제2항)의 경우에는 특신상태 증명을 요하게 된다.

63) 대법원 2014. 4. 30. 선고 2012도725, 2014. 2. 21. 선고 2013도12652 판결 등.

64) 이재상 · 조균석, 「형사소송법(제10판 보정판)」, 박영사, 2016, 613쪽.

65) 아래에서 상세 설명

66) 대법원 81도68 판결.

67) 대법원 67도322 판결, 위 대법원 2013도12652 판결.; 사망한 공범인 피의자의 피의자신문조서(3회)와 영상녹화물 사이에 일부 구성요건사실이나 핵심적 정황에 관하여 차이가 있고, 말기암 환자였던 뇌물공여의 피의자가 약 1개월여 동안 19차례나 소환되어 11차례의 야간조사를 포함하여 총 15차례에 걸친 피의자신문을 받은 후, 수사과정에서 사망한 경우, 3회 이후의 피의자신문조서의 특신상태 부인한 사안(대법원 2014. 8. 26. 선고 2011도6035 판결.)

68) 대법원 2015. 10. 29. 선고 2014도5939 판결.

등에서는 특신상태를 부정한다.

결론적으로, 공판에서 피고인의 피의자신문조서의 내용부인으로 증거능력이 없는 경우, 피고인의 수사기관에서의 진술내용에 대한 조사자 증언 및 그러한 증인신문 등을 통해 진술 경위, 상황, 적법절차 준수상황을 법정에 현출시킴으로써 '특신상태'에 대한 증명으로 조사자 증언에 대한 증거능력 인정이 가능하다고 하겠다.

⑶ 특신상태 증명방법으로서 영상녹화물에 대한 법원의 판단

㈎ 조사자 증언에 대한 특신상태의 증명방법으로서 영상녹화물에 대한 판단을 한 사안은 아니나, 서울고등법원에서는 공범에 대한 검사 작성 피의자신문조서의 증거능력이 문제되자, 영상녹화물에 나타난 진술과 그에 대응하는 피의자신문조서의 기재에 차이가 있어 형사소송법 제314조의 특신상태가 증명되지 않았다고 판단하였고, 결과적으로 뇌물공여 진술을 하고 사망한 자에 대한 피의자신문조서의 증거능력이 부정되어 피고인의 제3자뇌물수수에 대해 무죄를 선고하였다.[69]

㈏ 대법원은 검사가 검사 작성 참고인 진술조서의 특신상태 입증을 위해 영상녹화 CD 검증신청을 한 사건에서 검증신청을 받아들이지 아니하고 진술조서의 증거능력이 없다고 판단한 원심을 파기한 적이 있다.[70] 당초 원심은 진술조서의 실질적 내용과 성격은 피의자신문조서인데, 진술거부권을 고지하지 않아 위법수집증거라는 이유로 증거능력을 부정하였으나, 대법원은 참고인이 피의자 지위에 있었다고 볼 만한 자료가 없다고 판단하였던 사안이다. 파기환송심에서는 참고인 진술조서의 특신상태를 인정하여 증거능력을 인정하였으나, 다만 판결문에서는 영상녹화 CD 검증을 하였는지 여부는 확인되지 않고, 증거의 요지에 영상녹화 CD가 기재되어 있지는 않다.[71]

㈐ 경찰이 작성한 피해자 진술조서의 증거능력이 문제된 사건과 관련하여, 영상녹화 CD에도 불구하고 다른 사정으로 특신상태의 증명이 부족하다고 보고, 피해 진술을 하고 사망한 자에 대한 진술조서의 증거능력을 부정하면서 피고인의 강간

69) 서울고등법원 2014. 12. 19. 선고 2014노2511 판결.

70) 대법원 2011. 11. 10. 선고 2011도8125 판결.

71) 광주고법 전주지부 2012. 2. 21. 선고 2011노225 판결.

치상에 대해 무죄를 선고한 사례가 확인된다.[72] 위와 같은 1심 판결에 대해 검사는 영상녹화 CD상 피해자 진술의 내용, 태도 등에 비추어 특신상태가 인정된다고 주장하며 항소하였고, 항소심은 여전히 특신상태가 증명되지 않는다고 검사의 항소를 기각하였으나, 항소심 판결문에서 특신상태 판단 자료로서 영상녹화 CD에 관한 설시는 명확히 확인되지 않는다.[73]

⑷ 영상녹화물은 특신상태 증명방법으로 활용가능

위와 같이 우리 법원은 조사자 증언에 대해 특신상태의 증명방법으로서 영상녹화물의 사용이 가능한지에 대한 명시적 판단은 하고 있지 아니하지만, 사안에 따라 그러한 증명을 배척하고 있지는 않는 것으로 보인다.

다음과 같은 이유로 조사자 증언에 있어 피의자의 진술과정의 특신상태를 증명할 수 있는 방법으로서 영상녹화물의 활용은 가능하고, 향후 개정된 형사소송법 시행에 있어 적극적으로 사용되어야 한다고 본다.

㈎ 특신상태에 대한 자유로운 증명

판례는 특신상태에 대해 진술의 내용이나 조서의 작성에 허위가 개입될 여지가 거의 없고, 진술 내용의 신빙성이나 임의성을 담보할 수 있는 구체적이고 외부적인 정황으로 정의한다.[74] 특신상태는 증거능력 인정의 요건 중 하나이므로, 검사가 특신상태의 존재에 대해 입증하여야 하지만, 이는 소송상의 사실에 대한 것이기 때문에, 엄격한 증명이 아닌 자유로운 증명으로 충족하는 것으로 본다.

자유로운 증명은 엄격한 증명과 대비하여 증거능력이 없는 증거나 법률이 규정한 증거조사방법을 거치지 아니한 증거에 의한 증명을 의미하므로,[75] 영상녹화물도 자유로운 증명을 위한 증거로 사용 가능하다고 보아야 한다.

따라서, 조사과정의 영상녹화물을 증거능력 없는 것으로 보더라도, 조사의 전 과정과 객관적인 정황이 녹음·녹화되고, 원본 봉인 및 피의자의 기명날인 또는 서명 등 적법한 절차하에 녹화된 것이라면[76], 특신상태를 증명하기 위한 증거로서 당연

72) 대구지방법원 2014. 9. 5. 선고 2013고합582 판결.

73) 대구고등법원 2015. 5. 14. 선고 2014노538 판결.

74) 대법원 2012. 7. 26. 선고 2012도2937 판결.

75) 대법원 2010. 10. 14. 선고 2010도5610 판결.

76) 형사소송법 제244조의2

히 활용가능하다고 보아야 한다.

㈏ 입법연혁으로 본 영상녹화물의 특신상태 증명수단으로서의 상당성

2007년 형소법 개정 시 국회 법제사법위원회의 법안심사 과정[77]을 보면, '특신상태' 인정의 경우, '변호인의 조사참여 등 특히 신빙할 수 있는 상태에서 진술이 이루어졌음이 증명된 때'로 규정할 경우 변호인의 조사 참여에만 국한될 것으로 오해될 소지가 있어 '변호인의 참여하에 이루어지는 등' 부분을 삭제하는 한편, 조서의 진정성립 증명방법으로 '영상녹화물 등 객관적인 방법'으로 규정할 경우 영상녹화물에만 한정되는 것으로 오해될 수 있으므로 '영상녹화물 기타 객관적 방법'으로 수정하게 된 배경이 확인된다.

따라서, 입법자의 의사는 특신상태의 증명에 그 방법의 제한이 없고, 증거능력 인정여부를 묻지 않으므로, 조사과정의 영상녹화물로 특신상태 증명까지 가능한 것으로 보았음이 확인된다. 또한, 피의자신문조서의 진정성립이 인정되면, 특별한 사정이 없는 한 특신상태는 추정되는 것이 법리이므로, 조사과정의 영상녹화물로 진정성립을 증명한다면, 이는 특신상태를 증명하는 방법도 될 수 있음이 논리상 분명하다 할 것이다.

㈐ 객관적인 신빙성 판단 자료로서의 영상녹화물 및 현실적 필요성

종래 형사소송법 제312조 제1항에서는 검사 작성의 피의자신문조서에 대하여 첫째, 적법한 절차와 방식에 따라 작성되었을 것, 둘째, 피고인이 진술한 내용과 동일하게 조서에 기재되어 있음이 공판기일에서 피고인의 진술에 의하여 인정될 것, 셋째, 조서에 기재된 진술이 특히 신빙할 수 있는 상태 하에서 행해졌음이 증명될 것 등의 요건을 전제로 증거능력을 부여하고 있었다. 그러면서도 제312조 제2항을 두어, 피고인이 법정에서 검사 작성의 피의자신문조서의 진정성립을 부인하더라도 첫째, 피고인이 진술한 내용과 동일하게 조서에 기재되어 있음이 '영상녹화물 기타 객관적인 방법'에 의하여 증명되고, 둘째, 조서에 기재된 진술이 특히 신빙할 수 있는 상태 하에서 행하여졌음이 증명된 때에는 그 증거능력을 인정할 수 있도록 하였었다. 이는 그 동안 대법원의 판례상 검사가 작성한 피의자신문조서에 대해 피고인

77) 대한민국 국회, 「제266회 국회 법제사법위원회(법안심사제1소위원회) 회의록 제2호」 중 '최병국, 이주영, 문병호, 이상민 의원 등 발언' 참조, 2007. 3. 27.

이 그 진정성립을 부인할 경우 증거능력을 인정시킬 마땅한 방법이 없던 것을 보완한 입법이었던 셈이다.

형사소송법이 2007년 개정되기 전에 대법원은 2004. 12. 16. 선고 2002도 537호 판결을 통해 검사 작성의 피의자신문조서에 대해 피고인이 법정에서 형식적 진정성립뿐만 아니라 실질적 진정성립까지 인정한 때에 한하여 증거능력이 있다고 판시하면서 형식적 진정성립만 인정되면 실질적 진정성립이 추정된 것으로 해석해오던 기존의 입장을 변경하였다. 그러나 이때까지만 해도 위 판례가 형사소송법 312조 단서[78]에 대하여는 판단을 유보한 상태였기 때문에 법문에 의거 아직은 그 진술이 특히 신빙할 수 있는 상태하에서 행하여진 때에 한하여 증거로 할 수 있다는 여지를 남겨둔 것으로 해석하는 입장도 없지 않았다. 하지만 대법원은 위 판결에 이어 2007. 1. 25. 선고 2006도 7342 판결을 통해 검사 작성의 피의자신문조서의 실질적 진정성립이 원진술자, 즉 피고인의 진술에 의하여 인정되는 방법 이외에 다른 방법이 없기 때문에 특히 신빙할 수 있는 상태 하에서 행하여진 경우라 하여도 증거능력이 없다고 판시하여 검사 작성의 피의자신문조서의 증거능력은 판례에 의해 사실상 상실되게 되었다.

그러나 이렇게 판례의 법해석에 의해 상실된 검사 작성의 피의자신문조서의 증거능력은 2007년 형사소송법의 개정으로 피고인이 진정성립을 인정하지 않더라도 실질적 진정성립과 특히 신빙할 수 있는 상태에서 진술한 사실이라는 점에 대해 영상녹화물 기타 객관적인 방법으로의 증명을 통해 증거능력을 일응 회복하게 된 것이다. 다만, 피의자신문조서나 진술조서가 광범위하게 증거로서 활용되는 상황에서 영상녹화물이나 조사자 증언이 공존하게 된 결과, 공판중심주의의 기본취지인 '증거자료의 다양성'이 아닌 '전문증거의 과잉'을 초래하였다는 비판적 견해가 있었다.[79]

그러나, 검사 작성의 피의자신문조서가 내용 부인만으로 증거능력이 불인정되어 조사자 증언에만 의존할 수밖에 없는 국면을 맞이하는 것이라면, 수사기관의 조사과정에서의 특신상태를 판단하기 위해 피의자의 인권보호와 실체진실 규명의 조화

---

78) "단, 피고인이 된 피의자의 진술을 기재한 조서는 그 진술이 특히 신빙할 수 있는 상태하에서 행하여 진 때에 한하여 피의자였던 피고인의 공판준비 또는 공판기일에서의 진술에 불구하고 증거로 할 수 있다."라고 규정되어 있었다.

79) 이용식, "조사자증언제도에 대한 비판적 소고", 『형사정책』(제24권 제3호), 한국형사정책학회(2012. 12.), 301쪽.; 조기영, "증거재판주의와 새로운 증명 방법의 증거능력", 『동아법학』(통권 66호), 동아대학교 법학연구소(2015. 2.), 429~430쪽.

로운 접점을 찾을 수 있는 조사과정의 영상녹화물을 활용해야 한다는 것에 더 이상의 반론을 제기하기는 힘들 것이다. 피의자의 진술과 진술 당시의 상황을 가장 생생하게, 여과없이 보여주는 자료로는 영상녹화물 외에 다른 것을 상정하기 어렵기 때문이다. 결국 조사자의 증언을 통해 피의자의 수사기관에서의 진술을 법정에 현출시키는 것 외에 다른 방법이 없는 공판정의 현실에서 수사기관에서의 조사과정의 특신상태를 증명하는 방법으로서 가장 효율적이고 객관적인 방법이 영상녹화물의 활용일 수밖에 없다. 특신상태는 구체적 사안에 따라 판단할 수밖에 없고,[80] 증거능력 부여의 요건이므로 그 진술의 내용을 판단자료로 참작할 수도 있으며, 외부적 부수사정에 의해 판단될 수도 있으므로,[81] 상황에 대한 의견이나 주관이 개입될 여지가 없는 영상녹화물은 가장 객관적으로 신빙성을 판단할 수 있는 자료임을 부정하기 어렵기 때문이다. 피의자의 진술이 특히 신빙할 수 있는 상태 하에서 행하여졌는지를 증명하는 조사자 증언의 절차에서 영상녹화물이 그 증명의 방법으로 결정적인 역할을 담당하게 될 것으로 보인다.

4. 소결

진술 내용이나 조서 작성에 있어 허위개입의 여지가 거의 없고, 그 진술내용의 신빙성이나 임의성을 담보할 구체적이고 외부적인 정황으로 풀이되는 특신상태의 경우 그 증명은 자유로운 증명으로 족하므로, 조사의 전 과정과 객관적인 정황이 녹음·녹화되고, 원본 봉인 및 피의자의 기명날인 또는 서명 등 적법한 절차하에 녹화된 조사과정의 영상녹화물이라면 조사자 증언에서 특신상태를 증명하기 위한 증거로서 당연히 활용가능하다고 보아야 한다.

진정성립 증명을 위한 수단으로서 영상녹화물을 규정한 입법연혁을 고려하고, 피고인이 그 내용을 부인할 경우 검사 작성의 피의자신문조서의 증거능력까지 부정되는 개정 형사소송법이 시행되면, 공소사실을 부인하는 피고인의 수사기관에서의 진술을 조사자 증언을 통해 법정에 현출시킬 경우, 조사과정에서의 '특신상태'를 증

80) 대법원 82도3248 판결.

81) 대법원 84도1846 판결.; 피고인들의 연령, 학력, 경력 등 일건기록에 나타난 제반사정을 종합하여 보면, 피고인들의 검사 앞에서의 자백은 특히 신빙할 수 있는 상태하에서 행하여진 임의진술이라고 보기에 넉넉하고, 소론과 같이 신체구속의 부당한 장기화로 인한 임의성 없는 진술이라고 보기 어렵다.

명하는 방법으로서 그 성질상 가장 효율적이고 객관적인 방법이 영상녹화물이기 때문이다.

Ⅴ. 결론

판례는 특별법에 별도 규정이 있는 성폭력 피해자에 대한 영상녹화물 등의 경우 외에는 피의자조사 영상녹화물 증거능력 부여는 입법 사항이라 하여 영상녹화물의 증거능력을 부인하고 있다. 향후, 영상녹화물의 증거능력과 관련된 형사소송법의 개정을 추진하는 경우, 수사기관의 피의자 조사 시 영상녹화물의 증거능력 부여 및 피의자 조사 영상녹화 의무화에 대한 검토도 필요할 것이다.

2020년 2월 4일 검사 작성의 피의자신문조서의 증거능력 인정 요건이 사법경찰관 작성의 피의자신문조서의 그것과 동일한 내용으로 개정되었다. 앞으로는 검사나 사법경찰관을 구별하지 않고 수사기관이 작성한 피신조서는 증거능력을 인정받기 위한 요건이 동일하게 된 것이다. 따라서, 피고인이 그 내용을 부인할 경우 검사 작성의 피의자신문조서의 증거능력까지 부정되는 개정 형사소송법이 시행되면, 공소사실을 부인하는 피고인의 수사과정의 진술을 법정에 현출시키는 유일한 방법은 조사자 증언이라 할 것이며, 조사자 증언 신청이 증가될 것으로 당연히 예상된다. 다만 이러한 조사자 증언은 형소법 제316조 제1항의 요건인 특신상태가 증명되어야 증거능력이 부여되므로, 구체적 사안에서 특신상태 증명 여부가 관건이라 할 것인데, 조사과정의 영상녹화물은 신빙성을 판단할 수 있는 자료에 객관적으로 가장 부합한다고 보인다.

논문투고일: 2021.05.05 논문심사일: 2021.06.11 게재확정일: 2021.06.18

【참고문헌】

[국내문헌]

김현철, “선진국 및 한국의 영상녹화제도 운영실태 및 연구”, 『국외훈련 연구논문』, 법무부(2012. 2.)

대한민국 국회, 「제266회 국회 법제사법위원회(법안심사제1소위원회) 회의록 제2호」, 2007. 3. 27.

박광민 · 이성대, “참고인진술에 대한 영상녹화물의 활용방안”, 『형사정책연구』(2011. 12.)

법무부, 『개정 형사소송법』, 2007.

법원행정처, 『형사소송법 개정법률 해설』, 2007.

신상현, “조사자증언 제도의 개선방안 –독일의 직접심리주의에 대한 비교법적 고찰을 중심으로 –”, 『법학논총』 31(3)(2019. 2. 18.)

심재무, “피의자진술의 법정현출방식과 조사자증언의 증거능력”, 『비교형사법연구』(제12권 제1호)(2010.)

안성수, “영상녹화물의 녹화 및 증거사용방법”, 『법학연구』(제10집 제1호), 인하대학교 법학연구소(2007. 3.)

오기두, “영상녹화물과 증거사용”(형사재판의 쟁점과 과제), 사법발전재단(2008.)

이동희, “수사과정 영상녹화제도에 대한 비교법제 연구”, 『경찰법연구』(제14권 제2호)(2016.)

이상한, “수사과정 영상녹화물의 증거사용에 관한 연구”, 『한양법학』(제30권 제3호)(2019.)

이완규, “개정 형사소송법에서의 수사절차상 진술의 증거능력”, 『형사법의 신동향』(통권 제8호), 대검찰청(2007. 6.)

이완규, “공범인 피의자에 대한 경찰 피의자신문조서의 증거능력”, 『형사법의 신동향』(통권 제18호), 대검찰청(2009.)

이용식, “조사자증언제도에 대한 비판적 소고”, 『형사정책』(제24권 제3호), 한국형사정책학회(2012. 12.)

이재상 · 조균석, 『형사소송법』(제10판 보정판), 박영사, 2016.

정웅석, “공범에 대한 조사자증언의 허용여부 및 공범조서와의 관계”, 『저스티스』(통권 제143호), 한국법학원(2014. 8.)

정웅석, “조서의 증거능력을 인정하는 각국의 형사사법운영실태”, 대검찰청 용역과제(2005)

조기영, “증거재판주의와 새로운 증명 방법의 증거능력”, 『동아법학』(통권 66호), 동아대학교 법학연구소(2015. 2.)

한연규, “사법경찰관의 조사자증언과 수사상 진술의 증거활용”, 『형사법의 신동향』(통권 제60호), 대검찰청(2018. 9.)

[외국문헌]

Meyer-Großener, Lutz/Schmitt, Betram, “*Strafprozessordnung, Gerichtsverfassungs-gesetzt, Nebengesetzt und ergänzende Bestimmungen*”, 61, Auflage, Mün- chen 2018.

Roger C. Park, *Evidence Law*, Thomson 2004.

【국문초록】

2020년 2월 4일 개정된 형사소송법은 검사가 작성한 피의자신문조서의 증거능력 인정 요건을 사법경찰관이 작성한 피의자신문조서의 증거능력 인정 요건과 동일한 내용으로 규정하여, 피고인이 법정에서 조서의 내용을 부인할 경우 증거능력이 부정된다. 이러한 현실에서, 범죄사실을 부인하는 피고인의 수사과정의 진술을 법정에 현출시키는 유일한 방법은 조사자 증언이라 할 것이고, 이러한 조사자 증언은 형사소송법 제316조 제1항의 요건인 '특신상태'가 증명되어야 증거능력이 인정되므로, 조사과정에 대해 가장 객관적으로 신빙성을 판단할 수 있는 자료로서 영상녹화물의 활용이 필요하다.

영상녹화물은 피의자의 진술과 진술 당시의 상황을 가장 생생하게, 여과없이 보여주는 자료로서, 수사기관의 조사과정에서의 특신상태를 판단하기 위해 피의자의 인권보호와 실체진실 규명의 조화로운 접점을 찾게 해 주는 매개체로 기능할 수 있다.

◈ 주제어: 조사자증언, 수사과정의 영상녹화물, 특신상태, 탄핵증거, 형사소송법 제316조, 증거능력

【Abstract】

Utilization of video recording: As a means of proving the special status in the testimony of the investigator

Seo, Won Ik*

On February 4, 2020, If the accused denies the contents in court, the ability to prove evidence is denied. This is because the requirements for the admissibility of evidence of the suspect questioning report prepared by the prosecutor have been revised to the same content as the requirements for the admissibility of evidence of the suspect questioning report prepared by the judicial police.

Therefore, the only way to show the investigation process of the defendant who denies the crime in court is the testimony of the investigator.

In addition, it is necessary to utilize video recording as data that can most objectively judge the credibility of the investigation process because the testimony of the investigator is recognized only when the „special status" which is the requirement of Article 316 (1) of the Criminal Procedure Act is proved.

Video recording is data that shows the statement of the suspect and the situation at the time of the statement without filtering and it functions as a medium to find a harmonious contact point between the protection of the suspect's human rights and the identification of the truth in order to determine the „special status" in the investigation process.

◈ Key words: the witness of the investigation, Visual materials in the investigation process, special credibility as the admissibility, impeachment evidence, Article 316 of the Criminal Procedure Act, Admissibility of Evidence

* Prosecutor, Director of Insolvency Investigation Division / Investigation Bureau

한국형사소송법학회 『형사소송 이론과 실무』
제13권 제2호 (2021.06) 209~241면.
Theories and Practices of Criminal Procedure Vol. 13 No. 2 (June. 2021) pp. 209~241.
10.34222/kdps.2021.13.2.209

범죄경력사실의 유포와 (전)범죄인의 잊혀질 권리의 법제화 방안*
－일본 最高裁第三小法廷 平28(許)45号 항고기각 결정과 관련하여－

이 경 렬**

목 차

Ⅰ. 들어가는 말: 잊혀질 권리의 형성과 문제의 제기
Ⅱ. 형실효법상 수형인의 전과와 잊혀질 권리
Ⅲ. (성)범죄자의 잊혀질 권리에 관한 일본의 판결
Ⅳ. 범죄인의 잊혀질 권리 법제화를 위한 변론
Ⅴ. 결론

Ⅰ. 들어가는 말: 잊혀질 권리의 형성과 문제의 제기

1) 인터넷상의 정보는 다양한 다수의 이용자에 의해 손쉽게 복제·유포 및 재생산될 수 있고, 이로써 무지불식간에 이들 정보는 사실상 반영구적으로 보존되거나 공개되는 것이 가능하다. 오래된 과거의 정보라 하더라도 포털의 검색엔진을 사용하면 언제나 찾아볼 수 있다. 일례로 "국내 한 대학 학사출신이지만 … 학력과 경력을 사칭해 다수의 단체로부터 연구용역비를 가로채려다 덜미가 잡혀 징역형을 선고받은 A씨는 '잊혀질 권리'를 주장하며 사건을 보도한 언론사에 실명 삭제를 요청했다."는 언론기관의 보도기사도 현재 검색가능하다.[1)]

위와 같이 정보주체가 온라인 사이트에 업－로드되어 있는 자신과 관련된 개인정보의 삭제를 요구할 수 있는 '잊혀질 권리'에 관한 논의가 있어 왔지만, 이 용어

* 이 논문은 2017년 대한민국 교육부와 한국연구재단의 지원을 받아 수행된 연구임(NRF－2017S1A5A2A01027398).

** 성균관대학교 법학전문대학원 교수, 법학박사.

1) 파이낸셜뉴스 2015. 02. 05.자 기사: [어떻게 생각하십니까] '잊혀질 권리' 법제화 필요한가 (https://www.fnnews.com/news/201502050935243251). (최종검색일: 2021. 06. 20.)

개념의 의미와 범위에 대해서는 다양한 정의(定義)의 시도가 있었고, 개념의 표현 또한 잊혀질 권리 이외에도 '삭제할 권리나 망각할 권리, 사라질 권리' 등의 용어로 혼용되어 왔다.[2] 이는 기존의 '잊혀질 권리'라는 표현 자체가 지니고 있는 개념의 불확정성과 추상성에 기인한 결과다.[3] 이러한 잊혀질 권리의 의미에 대해 국내에는 ⅰ) 본인이 원한다면 온라인상에 있는 자신에 관한 모든 개인정보를 삭제할 수 있도록 하는 권리[4], ⅱ) 인터넷상에 자신과 관련된 자료가 있는 경우 그 자료의 삭제를 요구할 수 있는 권리[5], ⅲ) 각종의 조치를 통해 타인이 자신에 대한 정보를 포함하고 있는 자료에 접근할 수 없도록 할 수 있는 권리[6] 등으로 정의되어 있다.

위와 같이 잊혀질 권리는 자신과 관련된 정보의 삭제(erasure) 또는 확산의 중지(abstention from further dissemination)를 요구할 수 있는 권리다. 그럼에도 우리의 법제는 성범죄자의 신상정보를 등록하고 그들의 재범방지를 목적으로 신상정보의 공개·열람을 가능하도록 하였을 뿐만 아니라 집 안까지 배달해주는 적극적인 고지제도까지 시행하고 있다.[7] 이러한 신상정보의 공개는 낙인이론에 따르면 범죄인의

---

2) 함인선, "개인정보 처리와 관련한 법적 문제 – 우리나라 개인정보 보호법과 EU의 '2012년 규칙안'을 중심으로 하여", 『경제규제와 법』 제6권, 2013, 150–171면.

3) 민윤영, "인터넷 상에서 잊혀질 권리와 '개인정보보호법'에 대한 비교법적 고찰", 『고려법학』 제63호, 2011, 299면 참조. 유럽위원회(European Commission; EC)가 2010. 11. 4. 발간한 커뮤니케이션에는 잊혀질 권리가 "자신의 정보가 더 이상 적법한 목적들을 위해 필요치 않을 때, 그것을 지우고 더 이상 처리되지 않도록 할 개인들의 권리"라고 정의되어 있고, 이 권리의 행사요건으로는 "정보 처리가 개인의 동의에 기반하고 있을 때, 그 또는 그녀가 동의를 철회하거나 저장기간이 만료된 경우"를 제시하고 있다. '잊혀질 권리'는 2012년 1월 25일 EU에 제출된 EU 개인정보보호규정 초안 제7조의 제목인 잊혀질 권리(right to be forgotten and erasure)에서 유래하는 것인데, 이것이 어떤 권리를 의미하는지 불명확하다는 비판이 제기되었고, 2016년 5월 4일 공포되어, 2018년 5월 25일부터 적용되는 EU 개인정보보호규정(GDPR) 제7조(Right to erasure (right to be forgotten))는 '삭제권(잊혀질 권리)'으로 정착되었으며, 여기서 "개인은 개인 데이터의 관리에 대하여 '일정한 요건 하에서 스스로 자신의 데이터를 삭제할 수 있는 권리', '데이터의 확산을 중지시킬 권리'를 갖는다", 데이터의 최고관리자는 개인 데이터의 복제 등을 이용하는 제3자에게 삭제를 통지하기 위한 모든 합리적 수단을 강구하여야 함을 규정하고 있다.

4) 지성우, "기본권 이론적 관점에서의 '잊혀질 권리'에 대한 시론적 고찰", 『언론중재』 제119호, 언론중재위원회, 2011.06, 33면.

5) 한국정보화진흥원, "'잊혀질 권리'의 법적 쟁점과 개선방향", 『법제연구』 2012–10, 2012.11, 1면.

6) 권헌영 외, 『'잊혀질 권리'의 국내 제도 도입 반영 방안 연구』, 한국인터넷진흥원, 2012.12, 11–12면.

갱생의지를 감쇄시키고, 재범의 원인으로 범죄억지효과가 없거나 재범률을 증가시키기도 한다. 성범죄자 신상공개제도의 원조국인 미국에서는 오히려 이른바 '신상공개 무용론'이 제기되어 있다.[8)]

2) 범죄의 전력이 있는 사람일지라도 기본적 권리의 향유자이며, 형의 집행을 종료한 후에는 다시 사회공동체의 일원으로 원활하게 복귀할 수 있어야 하는 것은 아닐까. 형벌은 범죄에 대해 응보로만 부과되는 것이 아니라 범죄로부터 사회를 방위하고 범죄인을 정상적인 사회구성원으로 복귀시키는 재사회화의 교육수단이기도 하다. 형의 집행을 종료했다는 것은 이미 자신의 범행에 대해 형사책임을 부담·속죄한 것이고, 그 이후로는 사회에 원활히 복귀시켜 갱생을 방해받지 않도록 하여야 한다. 오랜 시간이 지났는데도 여전히 과거의 범죄관련정보가 공개·유포될 수 있다면, 이런 경우는 범죄인의 원활한 재사회화에 부정적인 영향을 끼칠 우려가 크다. 물론 위의 예시처럼, (범죄인의) 잊혀질 권리가 어쩌면 범죄전력자의 행상(行狀)을 세탁하는 수단으로 남용·오용될 우려가 있는 것도 사실이다. 그렇지만 또한 형사사건에서 용의자·피의자 또는 피고인이었다는 사실은, 그 사람의 명예나 신용에 직접 관련 있는 사항이므로 당사자는 그와 같은 사실이 함부로 공표되지 않도록 금지하거나 알아야 할 중대한 법적 이해를 가지고 있다. 그래서 범죄관련전력이 있는 사람이라는 사실은 가능하다면 공개되지 않거나 일반사회생활에서 잊히도록 하는 것이 행형의 목적과 이념에 부합하는 것이고, 결국에는 출소수형인의 원활한 갱생과 재사회화의 행형목적을 달성시키는 것이다.[9)] 바로 여기서 범죄인의 잊혀질 권

---

7) 대표적으로는 성폭력처벌법 제3장 제42조 이하 및 청소년성보호법 제4장 제49조 이하참조.

8) 예컨대, 어맨다 애건 미국 시카고 대학 교수의 성범죄 신상정보 공개 시점과 성범죄율의 상관관계를 비교한 논문에서 "재범률이 신상정보 공개여부에 별다른 영향을 받지 않을 뿐만 아니라, 정보공개를 채택한 주의 재범률이 오히려 약간 높은 것으로 나타났다"고 발표한 바 있다; 한겨레 2012. 08. 11.자 기사: 신상공개제도가 되레 성범죄 부추긴다?(https://www.hani.co.kr/arti/international/america/546715.html) (최종검색일: 2021. 05. 29.).

9) 이처럼 범죄인의 잊혀질 권리는 인간이 인간으로서 존재하기 위해, 그리고 인간이기 때문에 잊는 것뿐만 아니라 잊혀지는 것도 존중받아야 하며, 형기를 마치고 사회에서의 재활·갱생과정에 있는 사람은 일정시간의 경과로 자신의 범죄경력이나 투옥사실이 공표·출간되는 것에 대해 이의제기하고 반대할 수 있다는 프랑스법상의 '망각권'에 기원을 두고 인정되어 왔다(Robert Kirk Walker, "THE RIGHT TO BE FORGOTTEN," 64 Hastings L.J. 257, 2012, p. 272). 이와 대조적으로 미국의 경우에는 연방수정헌법 제1조의 표현의 자유로 인하여 잊혀질 권리가 인정되기 용이하지 않다고 한다(박정훈, "잊혀질 권리와 표현의 자유, 그리고 정보프

리에 관한 논의와 법제화의 필요가 도출된다.

범죄인의 잊혀질 권리와 관련된 몇몇 대표적 사건으로는, 먼저 스위스에서 방송에 의한 범죄경력 및 투옥사실의 공표가 문제된 사안이 있다. 즉, 1980년 1월에 스위스 라디오 및 TV방송국 SRG, DRS가 1939년 8월 사형선고를 받고 집행된 어느 범죄인의 삶과 형의 집행에 대한 다큐멘터리[10]를 방영하자 범죄인의 아들이 스위스 민법 제28조에 근거하여 위 다큐멘터리에 대한 방송 금지를 신청하였고, 스위스 연방법원은 1983년 6월 9일 "범죄인의 내밀하고 사적인 사항에 관하여 알 수 있는 공중의 알 권리는 일정시간이 지나면 사라지고, 범죄인의 잊혀질 권리가 대중의 알 권리에 우선한다."는 취지로 원고의 청구를 받아들이고 피고의 항소를 기각하였다.[11] 또 주간지 X가 1993년 2월 12일자 기사에서 "창업자의 변경"이라는 제목과 "재편된 주식회사 L.인사자문의 장의 방식"을 부제로[12] 그리고 관련 기사 중에 "벤트리–운전자와 L. 기업 장의사 W."라는 가장(假裝)의 사진을 게재하고서[13] 그 아래에 이런저런 화이트칼라 범죄(white collar crime)로 유죄판결을 받은 W의 과거 행적을 보도하였다. 이에 W는 출판사와 편집대표를 상대로 소송을 제기하였고, 스위스 연방법원은 1996년 11월 21일 "과거의 자유형집행과 관련된 원고의 이름을 보도하는 것은 명예훼손이자 사생활의 침해이고 더 이상 정당한 목적의 적절한 수단이 아니며, 원고의 인격에 심대한 침해는 장래의 삶을 파괴할 우려가 있어" 갱생에 반한다는 취지로 판시한 바 있다.[14]

라이버시", 『공법학연구』 제14권 제2호, 한국비교공법학회, 2013, 573면 참조).

10) "Das Leben und Sterben des unwürdigen Dieners Gottes und mörderischen Vagabunden Paul Irniger"(하나님의 종에 합당하지 않는 살인을 행한 방랑자 파울 이르니거의 삶과 죽음).

11) BGE 109 Ⅱ 353 (http://relevancy.bger.ch/php/clir/http/index.php?highlight_docid=atf%3A%2F%2F109-II-353%3Ade&lang=de&type=show_document). (최종검색일: 2021. 06. 07.) 이 사건의 1심인 지역법원(Bezirksgericht)은 1981년 6월 19일 원고의 청구를 인용하여 방송을 금지했지만, 피고 방송국이 제기한 항소에서 취리히 주 고등법원(Obergericht des Kantons Zürich)은 1982년 10월 22일 일부 인용의 판결을 선고하였다.

12) BGE 122 Ⅲ 449, S. 450 (http://relevancy.bger.ch/php/clir/http/index.php?highlight_docid=atf%3A%2F%2F122-III-449%3Ade&lang=de&type=show_document).: ein Artikel mit dem Titel ""Der Firmenplanierer geht um" und dem Untertitel "Wie die renommierte L. AG Personalberatung zu Tode saniert wurde". (최종검색일: 2021. 06. 07.)

13) BGE 122 Ⅲ 449, S. 450: "eine Photographie, die mit der Legende "Bentley-Fahrer und L.-'Firmensanierer' W. versehen ist."

14) BGE 122 Ⅲ 449.

한편 독일에서는 위키피디아 검색결과에서 살인범의 기록 삭제가 문제된 적이 있다. 유명한 "Wolfgang Werlé 및 Manfred Lauber"사례는 1990년 6월 동료 배우 살인사건(Der Fall Walter Sedlmayr)의 범인으로 15년의 자유형을 선고받고 복역 중 가석방으로 각각 2007년, 2008년에 석방된 범죄인들이 위키피디아 검색사이트에서 해당사건의 검색 시 자신들의 이름 등 개인정보가 노출되는 것에 대하여 소송을 제기하였고, 독일 함부르크 법원은 2008년 1월 개인정보를 삭제하도록 하는 원고승소의 판결을 한 것이 그것이다.[15] 그러나 독일 연방법원은 2009년 12월 유죄로 확정된 범죄자의 인격권을 보호하기 위하여 웹사이트에 과거 저장된 기록들까지 확인하여 삭제해야 할 의무가 존재하지 않는다고 판시하였다.[16] 연방법원은 이 결정에서 특히 인격권 침해정도를 2단계평가, 즉 보도가 어떻게 유포되고 독자는 이를 어떻게 인식하는가에 따라 결정했는데, 시청률이 높은 황금시간대의 TV다큐멘터리와 달리 이 사건 인터넷보도는 잠재적 독자의 적극적인 유료검색이 필요한 사이트에 기록되어 있었으며, 텍스트의 맥락도 현재의 이야기를 암시하지 않아 인격권의 침해가 결여된 것으로 판단하였다.[17]

최근 일본에서는 2015년 6월, 여자고교생에 대한 아동매춘범죄로 2011년 경찰에 체포되어 벌금 50만 엔의 약식명령을 받은 남성이 구글을 상대로 자신의 인격권이 침해당했다는 이유로 인터넷상에 검색되는 자신의 사법처리기록(검색결과 표시되는 체포기사)을 삭제해달라는 가처분소송을 제기하였다(일명 성범죄자 구글 검색기록 삭제사건). 이에 대해 1심법원인 사이타마 지방법원은 "체포사실이 보도되어 사회적으로 알려진 사람이라도 개인의 사생활은 존중되어야 하며, 3년 전의 체포이력이 검색되는 것은 생활에 피해를 줄 수 있고, 현대사회에서 인터넷에 정보가 공유되는

15) Siry, Lawrence, Schmitz, Sandra, "A Right to Be Forgotten? – How Recent Developments in Germany May Affect the Internet Publishers in the US", European Journal for Law and Technology, Vol. 3, No. 1, 2012 (http://www.ejlt.org/index.php/ejlt/article/download/141/221?inline=1#_edn40). (최종검색일: 2021. 06. 07.); 박정훈, 앞의 논문, 578면 참조.

16) BGH, Decision of 10 November 2009 – VI ZR 217/08 (rainbow.at); Decisions of 15 December 2009 – VI ZR 227/08 and 228/08 (Deutschlandradio); Decisions of 09 February 2010 – VI ZR 243/08 and 244/08 (Spiegel online); Decisions of 20 April 2010 – VI ZR 245/08 and 246/08 (morgenweb.de).

17) BGH, Decisions of 20 April 2010 – VI ZR 245/08 and 246/08 (morgenweb.de), 20. 살인전과자 두 명이 제기한 헌법소원은 연방헌법재판소에서 기각되었다. 이에 대해서는 BVerfG, 06. 07. 2010 – 1 BvR 535/10 (deutschandradio.de); BVerfG, 06. 07. 2010 – 1 BvR 923/10 (Spiegel online); BVerfG, 23. 06. 2010 – 1 BvR 1316/10 (morgenweb.de) 참조.

것은 그 피해정도가 중대하다"는 이유로 구글에 대해 삭제명령을 하였다. 또한 구글의 이의신청에 대해서는 "범죄자라 하더라도 갱생에 방해되지 않도록 과거 범죄로부터 사회에서 '잊혀질 권리'가 있다"며 삭제결정을 유지하였다. 이에 구글은 표현의 자유와 이용자의 알 권리를 이유로 항소하였고,[18] 2016년 7월 동경고등법원은 "아동매춘의 방지는 부모에게 중대한 관심사항이며, 이를 삭제할 경우 간과할 수 없는 다수의 알 권리가 침해되는 결과가 초래되며, 사건발생 5년이 경과했더라도 체포되었던 정보의 공공성은 사라지지 않는데 그 검색결과를 삭제하게 되면 표현의 자유와 공중의 알 권리가 침해된다."고 하는 이유를 제시하며 1심의 결정을 파기하였다. 이처럼 사이타마 지방법원과 동경고등법원은 동일사안에 대해 상반되는 결론을 내리고 있다(여기서 일본최고재판소의 판단은 잠시 접어두자).

3) 위의 예시사건들처럼 범죄인에 대해서도 잊혀질 권리의 행사가 인정되어야 하는가, 그 행사에 정당한 제한이나 한계설정은 어떤 모습이여야 하는가. 이들 의문은 법치국가의 민주적 사회를 살아가는 시민의 기본소양에 해당하는 권리행사와 의무이행의 또 다른 모습의 하나로 새롭게 제기되는 문제라고 본다. 따라서 여기서는 먼저, 위의 성범죄자의 잊혀질 권리행사 관련 일본판례를 검토하여 우리의 전과기록 관리에 관한 기존의 법제도와 범죄인의 잊혀질 권리 증진을 위한 법제개선의 기초를 제공하고자 한다. 정보의 유통속도가 느린 과거에는 범죄인의 전과를 국가가 전면통제하고 관리할 수 있었던 반면, 대량고도의 정보가 신속하게 유통·확산하는 오늘날의 사회에서는 이들 정보의 통제가, 특히 전과와 같은 개인의 민감정보가 중앙의 관리·통제에 적절하게 머물러 있는가라는 의문에 대해 쉽게 긍정의 답을 할 수 없을 것이기 때문이다. 여기서는 특별히 국가가 관리하는 범죄 및 범죄자의 전과기록만이 아니라 오히려 이보다 훨씬 더 광범하게 우리 사회에 유통되거나 인터넷상 떠도는 범죄관련정보 등을 포섭할 수 있도록 이른바 '범죄기록 정보'라는 용어사용을 제안한다. 다음으로 성범죄자의 체포사실의 보도와 검색에 대해 당사자(성범죄자)의 잊혀질 권리로 직접 취급하였던 일본의 사례를 심급별로 추적·분석함으로써 범죄전력자를 위한 잊혀질 권리의 행사와 그 한계의 적정한 모습, 그 판

18) 동아일보 2016. 02. 28.자 기사: 日 법원 "범죄자라도 '잊혀질 권리' 있다" 첫 인정…논란 예상 (https://www.donga.com/news/Inter/article/all/20160228/76722615/1). (최종검색일: 2021. 05. 11.).

단기준에 관한 시사를 얻을 것이다. 이러한 시사는 (전)범죄인의 잊혀질 권리에 관한 법제를 개선하기 위한 지침마련에 기초가 될 것이고, 나아가 형사사법절차에서 개인정보의 활용에 관한 기본방향의 제시와 한계설정에 도움을 줄 것이다.[19)]

Ⅱ. 형실효법상 수형인의 전과와 잊혀질 권리

1. 전과와 범죄기록 정보의 의미

우리의 형사법 관련법률 특히, 형실효법에는 이미 전과기록과 관련하여 범죄인의 잊혀질 권리로 포섭될 수 있는 규정이 존재한다. 형의 집행을 받았음에도 불구하고 전과로 계속 불이익을 받게 된다면 수형인의 사회복귀에 지장이 발생하게 될 것이며, 이에 전과의 말소 또는 자격제한의 해소를 통하여 전과자의 정상적인 사회복귀를 보장하기 위하여 형의 실효제도가 도입되어 있다. 일반적으로 범죄로 인해 형사제재를 받은 적이 있는 사람을 통상 사회에서 '전과자'라고 부른다. '전과'의 의미와 관련하여 형실효법에는 '전과기록'이 수형인명표, 수형인명부, 수사자료표(범죄경력자료, 수사경력자료)상의 기록으로 정의되어 있어, 법률상 의미의 '전과'개념은 명확하다. 하지만 범죄인의 잊혀질 권리를 위하여 여기서 용례로 제안하고 있는 이른바 '범죄기록 정보'는 위의 전과보다는 그 외연이 훨씬 넓은 광의의 용어다. 범죄기록 정보에는 형실효법상의 전과기록은 물론 특정개인이 범죄에 연루되어 있다는 사실의 보도나 기재 등 범죄관련 정보까지도 포함하는 의미로 사용될 것이기 때문이다.

또한 이들 용어간 의미의 차이는 정보의 관리주체에 따른 구별로 판단할 수도 있다. 전과기록은 국가가 관리하는 범죄관련 정보만이지만, 여기서 제안하고 있는 범죄기록 정보는 국가기관이외에 다양한 주체가 작성·관리하는 범죄관련 정보 일체를 포함한다. 이런 의미의 범죄기록 정보에는 예컨대 신문사나 언론기관의 범죄사실 보도는 물론, 인터넷웹사이트에 등재된 게시물이나 각종 출판물 등에 특정개인의 범죄관련 기록사실이 묘사되어 있는 경우 등 이 모두가 범죄기록 정보에 속하는 것으로 사용한다. 이와 같은 용례를 따른다면, 범죄기록 정보 중에서 국가기관이

19) 다른 한편으로는 현대의 과잉정보사회에서 부적절한 정보의 활용(too mich information; TMI) 현상에 대한 네티즌의 분별력 향상이나 정보유통자의 주의력 제고에도 기여하는 바가 있을 것이다.

형실효법상으로 관리하는 것을 '전과기록'으로 파악한다.

2. 형의 실효제도와 잊혀질 권리의 반사적 인정

형실효법상 전과기록에는 수형인명부, 수형인명표 및 범죄경력자료가 있다.[20] 여기서 특히 "범죄경력자료"란 수사자료표[21] 중 벌금 이상의 형의 선고·면제 및 선고유예(가.목), 보호감호, 치료감호, 보호관찰(나.목), 선고유예의 실효(다.목), 집행유예의 취소(라.목) 및 벌금 이상의 형과 함께 부과된 몰수, 추징, 사회봉사명령, 수강명령 등의 선고 또는 처분(마.목)에 해당하는 사항에 관한 자료를 말한다.[22]

1) 재판상 형의 실효제도

형실효법은 전과기록과 수사경력자료의 관리와 형의 실효를 정하고 있는데, 이처럼 법률상으로 인정되는 형의 실효제도는 범죄자의 잊혀질 권리를 구현하는 제도에 해당하는 측면이 있다. 특히 국가가 관리하는 전과기록 중 '수형인명부'와 '수형인명표'의 해당 정보는 삭제되고 폐기되도록 정하고 있어,[23] 형의 실효는 일정기간의 경과 또는 특정사정에 따라 과거의 범죄사실이 삭제되고 폐기됨으로써 전과자(범죄인)의 정상적인 사회복귀가 보장될 수 있기 때문에 어느 정도 잊혀질 권리의 인정과 동일한 목적을 지닌다. 형의 실효제도 중 특히 잊혀질 권리의 개념에 가장 부합하는 것은 형법 제81조에 규정된 '재판상 형의 실효'이다.[24]

재판상 형의 실효 선고요건은 첫째, 징역 또는 금고의 집행이 종료하거나 그 집행이 면제될 것 둘째, 피해자의 손해를 보상할 것 셋째, 자격정지 이상의 형을 받음

---

20) 형실효법 제2조 제7호 참조. 동조 제2호의 "수형인명부란 자격정지 이상의 형을 받은 수형인을 기재한 명부로서 검찰청 및 군검찰부에서 관리하는 것"을, 제3호의 "수형인명표란 자격정지 이상의 형을 받은 수형인을 기록한 명표로서 수형인의 등록기준지 시·구·읍·면 사무소에서 관리하는 것을 말한다."

21) 형실효법 제2조 제4호: "수사자료표"란 수사기관이 피의자의 지문을 채취하고 피의자의 인적사항과 죄명 등을 기재한 표(전산입력되어 관리되거나 자기테이프, 마이크로필름, 그 밖에 이와 유사한 매체에 기록·저장된 표를 포함한다)로서 경찰청에서 관리하는 것을 말한다.

22) 형실효법 제2조 제7호.

23) 형실효법 제8조(수형인명부 및 수형인명표의 정리) 참조.

24) 형의 실효에는 ⅰ) 재판상 형의 실효(형법 제81조) 이외에도 ⅱ) 법률상 형의 실효(형실효법 제7조), ⅲ) 사면에 의한 형의 실효(사면법 제5조)가 있다.

이 없이 7년이 경과한 경우일 것 넷째, 본인 또는 검사의 신청에 의하여 법원이 이유 있다고 인정할 것이다. 이처럼 재판상 형의 실효의 신청권자는 "본인 또는 검사"이다. 즉, 징역 또는 금고의 집행을 종료하거나 집행이 면제되고 7년이 경과한 후에 본인(또는 검사)이 직접 법원에 형의 실효를 신청하는 제도이기에, 이는 일정 부분 국가가 관리하는 자기의 전과기록(범죄기록 정보)에 대한 '잊혀질 권리'를 행사할 수 있는 규정으로 평가될 수 있다. 하지만 재판상 실효제도에 의하더라도 전과자 본인의 적극적인 신청이 있어야 하고, 금고이하의 형벌(특히 자격정지 또는 벌금형)에 대해서는 재판상 형의 실효에 관하여 규정된 바가 없어 (전)범죄자의 정상적인 사회복귀를 위한 잊혀질 권리의 온전한 구현에는 한계가 있었다.

2) 법률상 형의 실효와 수형인명부 및 수형인명표의 정리

이에 1980년 12월 법률 제3281호로 형실효법을 제정함으로써 '법률상 형의 실효' 제도를 시행하였다. 이 형실효법에서는 수형인이 직접 전과기록의 삭제나 폐기를 신청하지 않더라도 전과기록을 각 관리하고 있는 국가기관이 법률의 규정에 따라 직권으로 삭제 및 폐기하도록 정하고 있다. 나아가 재판상 형의 실효에는 징역 또는 금고의 집행이 종료하거나 그 집행이 면제된 후 자격정지 이상의 형을 받음이 없이 적어도 7년의 기간이 경과한 후에 형의 실효를 신청할 수 있었던 반면에, 법률상 형의 실효에서는 형벌의 경중에 따라 그 실효기간이 차등적으로 정해져 있다.[25)]

특히 형실효법 제7조 또는 형법 제81조에 따라 형이 실효되었을 때, 이외에도 형의 집행유예기간 또는 자격정지기간이 경과한 때, 일반사면이나 형의 선고의 효력을 상실하게 하는 특별사면 또는 복권이 있을 때에도 "수형인명부 및 수형인명표의 정리"를 규정하여 수형인명부의 해당란을 삭제하고 또 수형인명표를 폐기하도록 하였다.[26)] 또한 자격정지보다 가벼운 형벌 즉 벌금 구류 과료 몰수의 형을 선고받은 경우에는 수형인명부나 수형인명표에 기재하지 않기 때문에 신원조회나 신원증명에 그와 같은 형을 받은 경력 사실이 나타나지 않도록 정하였다.

하지만 경찰청에서 관리하는 '수사자료표'에는 이런 사실이 기재되고 별도로 삭제하는 규정이 없었다. 그러다가 2002년 12월 개정법에서는 전과자 양산과 국민의

---

25) 3년 초과의 징역·금고는 10년, 3년 이하의 징역·금고는 5년 그리고 벌금형의 경우에는 2년이 경과하면 당연 실효된다(형실효법 제7조 제1항 각 호 참조). 나아가 형법 제81조와 달리 형의 실효요건으로 '피해자의 손해에 대한 보상'을 요구하지도 않고 있다.

26) 형실효법 제8조 제1항 참조.

인권침해 소지를 방지하기 위하여 "수사자료표를 범죄경력자료와 수사경력자료로 구분하고, 전과기록에서 수사경력자료를 제외하며, 수사경력자료의 삭제 규정을 신설하는 등 수사자료표의 작성·관리 제도를 개선"하여 제도운영상의 일부 문제점을 보완하였다. 이에 따라 기존의 수사자료표 중에서 벌금형 이상과 보호감호·치료감호 확정 등은 범죄경력자료로, 벌금형 미만의 형과 불기소처분은 수사경력자료로 구분하였고, 수사경력자료는 법원의 결정이 있거나 판결이 선고된 날로부터 5년이 경과하면 삭제되도록 정하고 있다.[27]

그러나 여전히 문제가 되는 것은 기존의 '수사자료표' 중 수사경력자료와 구분된 '범죄경력자료'에 대해서는 그 보존기간의 정함이 없다는 사실이다. 또 범죄경력자료의 삭제에 대한 내용도 보이지 않는다. 현행법은 수사경력자료의 보존기간 및 삭제를 정하면서 범죄경력자료의 삭제에 대하여는 규정하지 않고 있다.[28] 이처럼 사실상 범죄경력자료는 반영구적 보존이 가능하다. 일정기간의 경과로 형실효법에 따라 형이 실효되고 '수형인명부' 및 '수형인명표'에 더 이상 나타나지 않더라도 '범죄경력자료'에는 형의 선고 등 범죄관련정보가 그대로 남아 있다는 의미이다.

3) 범죄경력자료 보존에 대한 합헌결정의 의미

위의 문제에 대하여 헌법재판소는 '범죄경력자료의 삭제에 대해 규정하지 않은

---

27) 형실효법 일부개정 2002. 12. 5. [법률 제6747호, 시행 2003. 3. 6.] 제8조(전과기록 및 수사경력자료의 정리<개정 2002.12.5.>) ① 다음 각호의 1에 해당하는 때에는 수형인명표는 이를 폐기하고 수형인명부는 해당란을 삭제한다.
1. 제7조 또는 형법 제81조에 의하여 형이 실효된 때
2. 형의 집행유예기간이 경과한 때
3. 자격정지기간이 경과한 때
4. 일반사면이나 형의 선고의 효력을 상실하게 하는 특별사면 또는 복권이 있은 때
② 다음 각호의 1에 해당하는 경우에는 그 처분 또는 결정이 있거나 판결이 선고된 날부터 5년이 경과한 때에 전산입력된 수사경력자료의 해당 사항을 삭제한다. <신설 2002.12.5>
1. 검사의 기소유예·혐의없음·공소권없음 또는 죄가 안됨의 불기소처분이 있는 경우
2. 법원의 무죄·면소 또는 공소기각의 판결이 확정된 경우
3. 법원의 공소기각의 결정이 확정된 경우
③ 수형인명부의 해당란과 수사경력자료의 해당 사항을 삭제하는 방법은 대통령령으로 정한다. <개정 2002.12.5>
[전문개정 1993.8.5]

28) 형실효법 제8조의2 참조.

입법부작위'와 관련된 형실효법 제8조 등에 대한 헌법소원 사건에서, "범죄경력자료를 일괄적으로 삭제가능성 없이 보존하는 것은 범죄경력자료의 활용이 안정적이고 지속적으로 이뤄질 수 있도록 하므로 목적을 달성하기 위한 적절한 방법으로 볼 수 있다", 또한 형실효법은 "범죄경력자료의 불법조회나 누설을 금지하고 벌칙규정을 두고 있으며 범죄경력자료를 조회·회보할 수 있는 사유를 제한하고 있으므로 개인의 범죄경력에 관한 정보가 수사나 재판 등에 필요한 정도를 넘어 외부의 일반인들에게까지 공개될 가능성은 극히 적다"는 이유로, 위 법률조항이 개인정보 자기결정권과 평등권을 침해하지 않는다는 합헌결정(합헌 5인, 위헌 2인)을 내리고 있다.[29]

이처럼 국가가 관리하는 정보 중 하나인 범죄경력자료는 범인 추적과 실체적 진실 발견, 각종 결격사유 판단 등을 위한 자료로 사용하기 위한 자료이므로, 열람대상이 제한되어 있는 정보이지 외부의 일반인에게 공개되는 정보가 아니므로, 범죄경력자료가 형의 실효 여부와 기간의 여부에 관계없이 계속 보존되더라도, 조회와 회보는 형실효법 제6조의 각 호에 규정된 경우에 한해서만 가능하므로 수사기관이 내부적으로 범죄경력자료를 보유하고 있다고 해서 정보주체에게 어떠한 손해가 발생한다고 보기 어렵다는 것을 그 이유로 제시하고 있다.[30] 요컨대, 범죄경력자료를 필요이상으로 장기간 보존한다고 하더라도 범죄경력자료의 보존자체만으로 전과자들의 사회복귀가 저해되는 것은 아니며 또 범죄경력자료로 인해 무거운 형량을 선고받은 것은 청구인 본인이 이후에 또 다른 범죄를 행함에 따라 과거의 범죄경력자료가 양형의 요소로 적용되어 발생한 결과이지, 과거의 범죄경력자료 자체로 인해 사회복귀가 저해된 것은 아니라는 설명이다.

29) 헌법재판소 2012. 7. 26.자 2010헌마446 결정(강조는 필자에 의함). 목영준·이정미 재판관은 "범죄가 행해진 후 시간이 흘러갈수록 범죄경력의 수사의 단서로나 상습성 판단자료, 결격사유 판단자료로서의 가치는 감소한다. 범죄경력자료를 필요 이상으로 장기 보존하는 것은 정보주체에게 평생 전과자라는 낙인을 가지고 살게 하고 이들의 원활한 사회복귀를 저해해 법익간 균형성도 갖추지 못해 위헌으로 봐야 한다."는 반대의견을 제시하였다.

30) 헌법재판소 2012. 7. 26.자 2010헌마446 결정(범죄경력자료 위헌확인 사건) 참조. 형실효법 제6조(범죄경력조회·수사경력조회 및 회보의 제한 등) 제1항 참조. 나아가 범죄경력자료는 형법 제51조(양형의 조건) 제1호에 따라 형을 정함에 있어서 참작하여야 하는 사항인 "범인의 성행"판단하기 위한 자료로도 사용된다.

3. 소결: 잊혀질 권리와 범죄경력자료의 보존 기한

국가기관이 각 관리하는 전과기록의 변천과 형의 실효제도에 대해 살펴보았다. 그러나 전과기록(특히, 범죄경력자료)이 위 헌법재판소 2010헌마446 결정과 같이 '외부의 일반인에게 공개되지 않고 열람대상이 제한되어 있는 정보'임을 감안하더라도 범죄경력자료의 라이프사이클에 대한 규정의 신설은 필요하다고 본다. 범죄인의 잊혀질 권리를 위해서는 범죄경력자료에도 보존기간을 설정해두는 것이 입법적으로 바람직하다. 이 경우, 그 보존기간의 최장은 기본적으로 '범죄경력자료 대상자의 사망 시기'로부터 제한적으로 규정되어야 한다.[31] 위 헌법재판소 2010헌마446 결정의 설시와 같이, 범죄경력자료는 "범인의 추적과 올바른 법률 적용, 적정한 양형을 통한 실체적 진실을 발견 및 사법정의 실현, 공무원 임용 등 각종 신분상의 결격사유, 인가·허가, 서훈 등의 결격사유, 공무원연금, 국가유공자 보상의 지급제한 사유 등"의 판단을 위한 자료이므로, 범죄경력자료 대상자가 사망한 경우에는 더 이상 그 목적을 위해 해당 범죄경력자료를 보유해야 할 필요가 없을 것이기 때문이다. 이러한 전과기록보다 더 광범하고 다양한 주체에 의해 생성되거나 유포될 수 있는 이른바 '범죄기록 정보'에 대한 잊혀질 권리를 논의하기에 앞서, 아동매춘범죄로 체포된 사실이 포함된 언론기사가 구글의 검색결과에 노출된 사안과 관련이 있는 일본의 잊혀질 권리 판결을 추적한다.

Ⅲ. (성)범죄자의 잊혀질 권리에 관한 일본의 판결

1 사건의 개요

"東京高裁 平28(ラ)192号 決定"에 정리된 본 사건의 개요는 다음과 같다. 즉, "이 사건은 인터넷상으로 항고인(구글)이 제공하는 검색 서비스에서 검색어로 상대방(성범죄의 전력이 있는 사람)의 주소(현명)와 성명을 입력하여 검색하면, 검색결과로서 상대방이 2011년 7월에 범한 아동매춘행위에 관한 체포 기록을 포함하는 내용의 검색결과가 다수 표시되는 것에 대해, 상대방이 인격권을 피보호권리로 하여 그 침해배제청구권에 기하여 민사보전법 제23조 제2항의 임시적 지위를 정하는 가

31) 이 경우 형의 시효기간에 관한 최장기간인 (사형은) 30년도 고려가능하다.

처분으로서 위의 검색결과의 삭제를 명하는 가처분명령을 신청한 것이다."[32] 이와 같이 3년 전의 아동매춘혐의로 체포경력이 있는 사람(상대방)이 구글의 검색결과에 의해 "갱생을 방해받지 아니할 이익"이 수인한도를 넘어 침해되고 있기 때문에 인격권에 근거하여 검색엔진의 관리자(채무자)에게 검색결과의 삭제를 요청하는 한편, 검색결과가 향후 계속 표시됨으로써 회복할 수 없는 현저한 손해를 입게 될 우려가 있다고 하여 검색결과를 임시로 삭제할 것을 명령하였다. 이에 채무자인 구글 측은 원 결정의 취소를 구하고, 보전이의(保全異議)를 제기하였다.[33]

1심법원(사이타마 지방법원)은 2015(平成27)년 6월 25일자로 채권자의 신청을 인용하는 이 사건 가처분결정을 명령하고[34], 채무자(구글)이 제기한 보전이의에 대해서는 같은 해 12월 22일자로 가처분결정을 인가하는 원 결정을 유지하여 이의신청을 기각하였다.[35]

2. 사이타마 지방법원의 1심 판단

가처분결정의 신청자(채권자)는 자신의 인격권에 따른 "갱생을 방해받지 아니할 이익"의 침해 및 침해우려에 근거하여 검색엔진의 관리자에게 검색결과의 삭제를 요청하였고, 구글(채무자)에서는 "원 결정이 검색엔진에 대한 검색결과의 삭제청구를 판단하기 위한 이익형량에서 단지 채무자에 의해 당해 검색결과를 표시하는 것의 의의 및 필요성과 채권자의 전과 등이 공표되지 않을 이익만을 비교형량하고 있으므로 부당하다고 주장한다. 그리고 검색엔진은 '공중의 알 권리와 표현활동의 자유를 충족하기 위하여 이용되는 이른바 공익적 역할을 수행'하고 있기 때문에, 원 사이트에 있는 표시내용이 공개정보 유통의 마당에 두어야 할 이익도 법적으로 보

---

32) 東京高裁 平成28年7月12日, 平28(ラ)192号 決定(괄호 안의 보충설명은 필자에 의함).

33) さいたま地裁 平成27年12月22日, 平27(モ)25159号 決定. 이에 대한 소개 및 분석으로는 宇賀克也, "「忘れられる権利」について検索サービス事業者の削除義務に焦点を当てて", 論究ジュ…リスト, 제18호, 2016, 24면; 田中芳樹, "事業者代理人からみた検索結果削除判例の分析と現状", L & T, 제72호, 2016, 47면; 奥田喜道 (編著), ネット社会と忘れられる権利個人データ削除の裁判例とその法理, 현대인문사, 2015년; 森亮二, "検索とプライバシー侵害·名誉毀損に関する近時の判例", 法律のひろば, 제68권 제3호, 2015, 51면 참조.

34) さいたま地裁 平成27年6月25日, 平27(ヨ)17号 決定(投稿記事削除仮処分命令申立事件).

35) さいたま地裁 平成27年12月22日, 平27(モ)25159号 決定(投稿記事削除仮処分保全異議申立事件).

호되며, 그러한 공개정보유통의 장을 운영하는 자가 공정한 중립적 입장에서 정보를 표시하는 것도 법적으로 보호되어야 할 것이므로 그 공개정보유통의 장에서 표현을 배제하는 경우 표현주체에 대해 절차적 보호가 주어져야 할 것"이라고 강조하였다.[36)]

하지만 1심법원은, "검색엔진의 공익적 성격도 충분히 참작해야 하지만, 그런 검토를 거쳐도 여전히 수인한도를 넘는 권리침해라고 판단되는 경우에 한하여 그 검색결과를 삭제하는 것이 바로 검색엔진의 공익적 성격을 손상시키는 것은 아닐 것"이라고 설명하며, "검색결과의 표시에 의하여 타인의 인격권이 침해되고, 검색엔진의 공익적 성격을 감안하더라도 수인한도를 넘는 권리침해로 판단되는 경우에는 해당 정보가 표시되고 계속 법적으로 보호되어야 할 이익은 아니다"고 판시하고 있다.[37)]

요컨대, "검색엔진에 대한 검색결과의 삭제청구를 인정해야 하는지의 여부는 검색엔진의 공익적 성격을 배려하는 한편, 검색결과의 표시에 의해 인격권이 침해된다고 주장하는 사람의 실효적인 권리구제의 관점도 감안"하면서 원 결정의 이유 설시와 같은 제반사정을 종합적으로 고려하여 "갱생을 방해받지 아니할 이익에 대한 수인한도를 넘는 침해가 있다고 할 수 있는가의 여부에 따라 판단하고 있다."[38)]

나아가 1심법원은 '갱생을 방해받지 아니할 이익의 침해'에 대해서도, "죄를 범한 사람이 유죄 판결을 받은 후 또는 복역을 마친 후 한 시민으로 사회에 복귀하고 평온한 생활을 영위하는 것 자체가 그 사람이 범죄를 반복하지 않고 갱생하는 것 그 자체가 되는 것이다. 갱생의 의의를 이와 같이 생각한다면, 범죄를 반복하지 않고 일정기간이 지난 사람에 대해서는 그 체포전력의 표시는 사건당시의 범죄보도와 다르고 갱생을 방해받지 아니할 이익을 침해할 우려가 크다고 할 수 있다. 일단 체포기록이 보도되어 사회에 알려져 버린 범죄자라고 하더라도, 인격권으로서 사생활을 존중되어야 권리를 감지며, 갱생을 방해받지 아니할 이익을 가지고 있는 것이기 때문에 범죄의 성질 등에 따라 다르지만 어느 정도의 기간이 경과한 후에는 과거의 범죄를 사회에서 '잊혀질 권리'가 있다고 판단한다."[39)] 여기서 특히

---

36) さいたま地裁 平成27年12月22日, 平27(モ)25159号 決定 (강조는 필자에 의함).

37) さいたま地裁 平成27年12月22日, 平27(モ)25159号 決定.

38) さいたま地裁 平成27年12月22日, 平27(モ)25159号 決定.

39) さいたま地裁 平成27年12月22日, 平27(モ)25159号 決定. 이 사건 검색결과는 이미 링크 웹사이트가 3년 전부터 발신된 것이고, 검색엔진의 검색결과도 상당한 정도로 장기간 표시되어

법원은 "공공기관에서도 전과에 대한 정보를 일반에 제공하는 구조를 취하고 있지 아니한 형사정책을 근거로 인터넷이 널리 보급된 현대사회에서는 일단 인터넷에 정보가 표시되어버리면 그 정보를 말소하고 사회로부터 잊혀지게 되어 평온한 생활을 영위하는 것이 현저하게 곤란하게 되는 사정도 고려하여 판단할 필요가 있다"고 강조하고 있다.[40)]

검색엔진사업자 구글의 이의제기를 기각하는 사이타마 1심법원의 결정에 대해서는 동경고등법원에 항고가 제기되었다.

3. 동경고등법원의 항고심 판단

1) 2016년 7월 12일 동경고등법원은, 사이타마 지방법원의 제1심 결정이 EU GDPR 제17조상의 권리로 상정되어 있는 '잊혀질 권리'를 언급하고 있으나 일본에서는 법률상 명문의 근거가 없어 요건 및 효과가 명확하지 않으며, 나아가 잊혀질 권리에 관한 2014년 5월 유럽사법재판소(ECJ)의 사건[41)]은 원고 소유의 부동산 강제경매 절차에 관한 공고 삭제에 관한 것으로 이 사건과 사안이 다르다고 보았다.[42)] 이에 피항고인(위 1심결정에서의 채권자 및 신청인)은, "사람이 어떤 실수를 하더라도 일정기간이 경과하면 타인의 기억에서 사라지고 이로 인해 사회생활을 원활하게 영위할 수 있다. 하지만 인터넷에서는 사람의 이름 등으로 검색하면 그 사람에 대한 오래된 정보도 새로운 정보와 동일하게 표시될 것이고, 이로써 사회생활을 원활하게 영위하는 것을 도저히 기대하기 곤란할 것이고 상당하지도 않다. 바로 이것이 '잊혀질 권리'의 기본사상이다. 따라서 잊혀질 권리는 인격적 생존에 필수적 권리(일본헌법 제13조)로 파악되며, 명예권과 프라이버시 권리와 더불어 인격권의 한 내용으로 이해될 수 있다. 이 사건에서 보전되어야 할 권리는 '잊혀질 권리

온 것으로 생각되기 때문에 보전처분의 필요성과 긴급성을 인정할 수 없다고 구글이 주장하였지만, 법원은 바로 위와 같은 어느 정도 기간의 경과가 갱생을 방해받지 아니할 이익의 인정사정이 되고, 이를 이유로 보전처분의 필요성과 긴급성을 부청하는 생각은 이치에 반하는 것이므로 구글의 주장을 배척하였다.

40) さいたま地裁 平成27年12月22日, 平27(モ)25159号 決定.

41) Google Spain v. AEPD and Mario Costeja González (2014). 이에 대해 자세한 것은 최경진. ""잊혀질 권리"에 관한 유럽사법 재판소(ECJ) 판결의 유럽 법제상 의미와 우리 법제에 대한 시사점", 『법학논총』 제38권 제3호, 단국대학교 법학연구소, 2014.09, 55면 참조.

42) 東京高裁 平成28年7月12日, 平28(ラ)192号 決定

를 한 내용으로 하는 인격권에 기초하여 방해배제청구권으로서의 금지청구권"이라고 당심에서 보충항변하고 있다.[43]

하지만 동경고등법원은 "아동의 건전한 육성 등의 관점에서 아동매춘행위의 방지 및 단속은 사회적 관심이 높은 행위이고 특히 여성 아동을 양육하는 부모에게 중대한 관심사항이며, 이를 삭제할 경우 간과할 수 없는 다수의 알 권리가 침해되는 것이고, 사건발생 5년이 경과하였더라도 체포되었던 범행 정보의 공공성은 사라지지 않으며, 따라서 검색결과를 삭제하게 되면 표현의 자유 및 알 권리가 침해된다."는 이유로 1심 결정을 취소하였다.[44]

2) 위의 東京高裁 平28(ラ)192号 決定에서 법원은 피보전권리의 성질에 대해 '인격권으로서의 명예권에 근거한 침해행위를 금지하는 청구권'으로 보고, 이 권리의 침해여부를 판단할 때 "잊혀질 권리를 한 내용으로 하는 인격권에 근거한 방해배제청구의 금지청구권을 독자적으로 판단할 필요는 없다." 하지만 이 사건 범행에 관한 사실의 "공표 목적 및 사회적 의의, 삭제청구인의 사회적 지위 및 영향력, 공표에 따른 손해의 중대성", 이 3가지를 판단의 고려요소로 제시하고 있다.[45] 이어서 항고심결정은 '피보전권리의 유무와 잊혀질 권리', '금지청구 여부에 대하여', '검색결과가 명예를 침해하는지 여부', '체포경력의 공개가 정당한지'에 대하여 각 판시하고 있다.

먼저 동경고등법원은, "이 사건 범행사실은 상대방(피항고인)의 품성과 덕행에 관한 것으로 그 것을 공표하는 것이 상대방의 사회적 평가를 저하시키기 때문에 명예훼손에 해당된다."고 보았다. 즉 "명예훼손에 있어서 일반적으로 공표된 사실이 공공의 이해에 관한 사항인 경우에는 사전금지가 원칙적으로 허용되지 않지만, 이 경우에도 표현내용이 진실하지 못하거나 그것이 오로지 공공의 이익을 도모하는 목적이 아님이 명백하고, 또 피해자에게 중요하고 회복할 수 없이 현저한 손해를 입을 우려가 있는 때에는 공표금지가 예외적으로 허용될 것이다."[46] 하지만 "공공

---

43) 東京高裁 平成28年7月12日, 平28(ラ)192号 決定

44) 東京高裁 平成28年7月12日, 平28(ラ)192号 決定.

45) 연합뉴스 2016. 07. 13.자 기사: 日고법 아동매춘 체포기사는 '잊힐 권리'대상 아니다(https://www.yna.co.kr/view/AKR20160713086300073). (최종검색일: 2021.05.11.)

46) 일본 최고재판소 昭和61年6月11日, 大法廷 判決 참조. 앞의 판결은 이른바 '북방 저널'(北方ジャーナル) 사건으로 불린다. 북방 저널 사건은 北海道 도지사 선거후보자가 "어느 권력주

의 이익과 관련 없는 사람의 사생활에 관한 사상을 공표하여, 공적인 지위에 있지 않은 해당 인물의 명예, 사생활, 명예감정 등의 인격적 가치가 침해되고 이로 인해 중대하고 회복하기 어려운 손해가 발생할 위험이 있는 경우에는 인격권에 근거하여 그 공표를 금지할 수 있다."[47] 이와 같이 법원은 "침해행위의 대상이 된 사람의 사회적 지위나 침해행위의 성질에 유의하면서 예상되는 침해행위에 의해 받는 피해자 측의 불이익이 침해행위를 금지함으로써 받을 가해자 측의 불이익을 비교형량하여 결정하고 있다.[48]

이 사건 범행사실과 같이 "전과에 관한 사실은 공표되지 않을 이익을 법적 보호에 둘 수 있는 경우와 동시에 그 공표가 허용되어야 할 경우도 있는 것이며, 특정인의 전과 등에 관련된 사실을 실명으로 공표한 것이 불법행위를 구성하는가의 여부는 그 사람의 범행후의 정황뿐만 아니라 사건자체의 역사적 또는 사회적 의의,

---

의자의 유혹"이라는 제목으로 자신의 명예를 훼손하는 내용의 1979년 2월 23일 발간예정인 출판물(북방 저널 4월호)에 대하여 '출판의 사전금지'를 요청한 사건이다. 1979년 2월 16일 삿포로 지방법원(札幌地方裁判所)에 의해 출판금지 가처분 신청이 인용되자, 출판사(북방 저널)는 "불법적인 사전검열에 해당한다."는 이유로 후보자와 국가를 상대로 손해배상을 청구하였다. 이 사건은 "인격권에 기초한 금지 청구권의 인정여부" 및 "사전금지가 검열에 해당하는지 여부"가 문제된, 표현의 자유와 알 권리에 관한 판례이다. 1986년 6월 11일 일본 최고재판소는 "출판물 인쇄, 제본, 판매, 배포 등 가처분에 의한 사전 금지는 헌법 제21조에서 말하는 검열에 해당하지 않는다."고 판시하여 상고를 기각하였다(https://ja.wikipedia.org/wiki/北方ジャーナル事件) 참조. (최종검색일: 2021. 06. 20.)

47) 東京高裁 平成28年7月12日, 平28(ラ)192号 決定.

48) 일본 최고재판소 平成14年9月24日, 第三小法廷 判決 참조. 이 사건은 이른바 '돌에 수영하는 물고기'(石に泳ぐ魚) 사건으로 불린다. '돌에 수영하는 물고기'는 재일교포 소설가 유미리(柳美里)가 최초 집필한 소설작품명인데, 1994년 9월호 "新潮"에 출간되었다. 이 사건은 소설작품의 모델이 된 한국인 여성이 그 작품에 자신의 국적, 출신대학, 전공, 가족의 경력이나 직업 등이 그대로 묘사되고, 자신의 얼굴 종양이 소름 끼치게 표현된 것을 보고, 출판사인 신조사(新潮社)에 대해 출판중지를 요청했음에도 출판사가 출판을 단행하자, 출판사를 상대로 '출판금지 가처분'을 신청하고, 나아가 '출판금지'와 '위자료 손해배상'을 청구한 사건이다. 해당사건에서 문학의 '표현의 자유'와 명예권, 프라이버시권이 문제되었는데, 일본 최고재판소는 원고 승소의 판결을 하였다. 판결이유에서 "작가 유미리 의한 개인정보 침해 및 명예훼손 행위로 피해자가 심각한 손상을 받을 우려가 있고 그 회복을 사후에 도모하는 것이 곤란하게 된다. 피해자는 대학원생에 불과하여 공적인 입장에 있는 것이 아니므로 잡지게재 소설이 단행본으로 출간되면, 피해자의 정신적 고통이 배가되고 평온한 일상생활을 어렵게 만든다. 문학적 표현에 있어서도 다른 사람에게 해악을 가져 오는 것과 같은 표현은 피하는 것이 좋다"고 설시하였다 (https://ja.wikipedia.org/wiki/石に泳ぐ魚 참조). (최종검색일: 2021. 06. 20.)

당사자의 중요성, 당해인의 사회적 활동과 영향력에 따라 그 저작물의 목적이나 성격 등에 비추어 실명사용의 중요성과 필요성도 함께 판단되어야 하는 것"에 의존하여 결정된다.[49)]

3) 나아가 "현재 인터넷은 정보 및 의견 등의 유통에 있어서 그 양의 방대함 및 내용의 다양함과 더불어 수시로 쌍방향유통도 가능하기 때문에 단순히 기존의 정보유통수단을 보완할 뿐만 아니라 그 자체가 중요한 사회적 기반의 하나가 되고 있는지, 또 방대한 정보 중에 필요한 것을 찾기 위하여 항고인들이 제공하는 전체 검색형태의 로봇 형 검색엔진의 검색서비스는 필수적인 것으로서 이는 표현의 자유와 알 권리에 지대한 역할을 하고 있는 것도 공지의 사실이다. 인터넷을 둘러싼 현대적인 사회상황을 고려하면, 이 사건의 명예권 내지 프라이버시권의 침해에 따른 금지청구(즉 검색결과의 삭제 청구)여부를 결정함에 있어서는 삭제 등 요구사항의 성격(즉, 공공의 이해에 관한 것인지의 여부), 공표의 목적과 그 사회적 의의, 금지청구인의 사회적 지위와 영향력, 공표에 의하여 금지청구자에게 생긴 손해발생의 명백성, 중대성 및 회복곤란성 등뿐만 아니라 전술한 인터넷이라는 정보공표 내지 전달수단의 성격과 중요성, 나아가 검색서비스의 중요성 등을 종합적으로 고려하여 결정하는 것이 상당하다고 판단하고 있다.[50)]

4) 또한 검색결과에 따른 검색엔진사업자가 명예훼손의 책임을 부담하는지에 대하여, 법원은 위 검색결과는 "일반인이 통상적으로 읽는 방법을 전제로 할 때, '제목 및 내용 자체에서' 이 사건 범행의 내용 및 그 행위자를 특정할 수 있기 때문에, 이에 따라 상대방의 명예가 훼손될 수 있다"고 보았다. 이에 항고인은 "해당 검색결과는 자동적·기계적으로 생성되는 것"이고 항고인은 '편집을 하지 않고 자신은 단순히 정보전달의 매개자에 불과하므로 명예훼손의 책임을 지지 않는다'고 항변하였으나, 동경고등법원은 검색결과가 자동적·기계적으로 생성되더라도 이는 "항고인이 결정한 알고리즘을 갖춘 프로그램에 의한 것이고, 검색서비스의 신뢰성과 관련성을 높이기 위하여 검색어와 관련된 부분을 정확하고 단적으로 추출하여 제목과 요지(snippet)를 생성하는 프로그램을 작성·운영하고 있다는 점을 이유로 해당

49) 最高裁 平成6年2月8日, 平成元年(オ)1649号 第三小法廷 判決·民集48巻2号149頁 참조.
50) 東京高裁 平成28年7月12日, 平28(ラ)192号 決定.

주장은 받아들이지 않았다.51)

5) 결론적으로 동경고등법원은 구글 검색엔진사업자의 신청인의 체포경력의 공개에 대해, 아동·청소년대상 성매매행위의 방지 및 단속은 사회적 관심이 높은 행위이며, 특히 여자아이를 키우는 부모에게는 중대한 관심사다. 이 사건 범행의 성격에서 "그 발생에서 이미 5년 정도의 기간이 경과하였다고 하더라도, 또 상대방이 한 일반시민이더라도, 벌금납부를 마치고 5년이 경과하지 않으면 형의 선고 효력이 상실되지 않는 규정(일본형법 제34조의2 제1항)을 감안하면, 이 사건 범행은 아직 공공의 이익에 관한 사항이라고 할 수 있다." 따라서 이 사건 체포경력 사실은 그 발생에서 이미 5년이 경과하였지만 범죄인의 이름과 주소지의 현 이름으로 검색할 수 있는 것이며, 이를 비공지의 사실로서 개인정보만이라고 취급하기에는 의문이 있는 것이다.52) 결국 이 사건 범행은 아직 공공성을 상실하지 않았으며, 검색결과를 삭제하는 것은 '검색결과에 표시된 링크의 원본 페이지에 이 사건 범행에 관한 내용을 개별적으로 삭제하는 것과 달리' 해당 원본 웹페이지 전체 열람을 매우 곤란하게 하거나 사실상 불가능하게 하는 것이기 때문에 '표현의 자유와 대중의 알 권리를 크게 침해'할 수 있다. 또 이 사건 범행사실이 알려지는 것 자체가 회복 불가능한 손해에 해당한다고 하더라도 이로 인해 상대방에게 즉시 사회생활상 또는 사생활의 수인한도를 넘는 중대한 지장이 발생하는 것이 인정되지 않는 점 등을 고려하면, '잊혀질 권리보다는 표현의 자유와 알 권리의 보호가 우월하다'고 해야 한다. 이로써 법원은 상대방의 프라이버시권에 따른 이 사건 검색결과의 삭제 등의 청구를 인정할 수 없다고 '원심결정을 취소'하는 판단하였다.53)

5. 일본최고재판소의 판단

일본 최고재판소는 금지의 가처분 취소결정을 한 항고심의 판단을 승인하면서, "개인의 프라이버시에 속하는 사실을 함부로 공표되지 않는 이익은 법적 보호의 대상이 된다."54) 다만, 이 사건 검색 "정보의 수집, 정리 및 제공은 프로그램에 의해

51) 東京高裁 平成28年7月12日, 平28(ラ)192号 決定.

52) 東京高裁 平成28年7月12日, 平28(ラ)192号 決定.

53) 東京高裁 平成28年7月12日, 平28(ラ)192号 決定.

54) 日本最高裁判所 昭和56年4月14日, 昭和52年(オ)323号 第三小法廷 判決·民集35巻3号620

자동으로 수행되지만, 이 프로그램은 검색결과의 제공에 대한 검색사업자의 정책에 따른 결과를 얻을 수 있도록 만들어진 것이기 때문에 검색결과의 제공은 검색사업자 자신에 의한 표현행위라는 측면이 있다."[55)]

항고인은 이 사건 검색결과에 포함된 URL로 식별되는 웹사이트에 자신의 범죄사실의 전부 또는 일부를 포함한 기사 등이 게재되어 있어 이 검색결과의 삭제를 청구하고 있지만, "아동매춘의 피의사실로 체포되었다는 이 사건 범행사실은 비록 타인에게 알려지고 싶지 않은 항고인의 개인정보 보호에 속하는 사실이기는 하다. (하지만) … 사회적으로 강한 비난의 대상이 되어 형벌로 금지되고 있는 것에 비추어 보면, 지금도 공공의 이해에 관한 사항이라고 할 수 있다." 또한 이 사건 검색결과는 항고인의 거주지명이나 성명을 검색조건으로 하는 등 그 검색의 전달범위도 어느 정도 한정되어 있다고 볼 수 있다.

위와 같은 사정을 감안하여 최고재판소는 "항고인이 가족과 함께 생활하고, 벌금형으로 처벌된 후에는 일정기간 범죄를 범한 적이 없이 민간 기업에 근무하고 있는 등의 사정을 고려하더라도 이 사건 사실은 공표되지 아니할 법적 이익이 우월하다고는 분명하지 않을 수 있기"에 검색결과를 삭제하거나 이를 은폐·차단하는 조치를 해야 할 필요성은 인정되지 않는다고 판단하였다.[56)]

6. 검토 및 시사

사이타마 지방법원의 平27(モ)25159号 決定은 범죄인에 대해 '잊혀질 권리'의 권리성을 인정하는 아시아 권역의 최초 판례라는 점에서 그 의의가 크다. 공교롭게도 유럽에서 잊혀질 권리의 인정과 법제화에 커다란 영향을 미친 유럽사법재판소(ECJ)의 이른바 곤잘레스 사건도 위의 사이타마 지방법원 사건과 같이 그 당사자의 일방이 검색엔진사업자 구글이며, 양자 모두 자신의 개인정보가 검색결과로 웹 페이지에 노출되는 것에 대하여 삭제를 청구한 사건이라는 점에서 유사하다. 그러나 ECJ 사례와 달리 일본의 사례는 아동성범죄로 체포된 사람의 범행사실과 성명 및 거주지가 오랜 시간이 경과하였음에도 계속 노출되는 것에 대하여 이 검색엔진 관

頁; 最高裁 平成元年6年2月8日, 平成元年(オ)1649号 第三小法廷判決·民集48巻2号149頁 등 참조.

55) 最高裁 平成29年1月31日, 平28(許)45 決定·民集71巻1号63頁.

56) 일본 최고재판소 平成29年1月31日, 平28(許)45 決定 참조.

리자에게 검색결과의 삭제를 요구한 '범죄자'의 잊혀질 권리에 대한 것이다.

일본의 최고재판소는 동경고등법원의 결정에 따라 범죄자의 잊혀질 권리가 법문에 명문규정내용이 없지만 이는 인격권에서 유래하는 명예권 및 프라이버시권과 다르지 않다고 보았다. 따라서 위 사건에서 일본 최고재판소는 명예권과 프라이버시권 침해에 따른 가처분 청구에 대하여 이른바 '북방 저널'사건[57]과 '돌에 헤엄치는 물고기'사건[58] 등에서 확립된 금지의 판단기준을 가져오고 있다. '돌에 헤엄치는 물고기 사건'에서 "침해행위의 대상이 된 인물의 사회적 지위나 침해행위의 성질 등을 감안하면, 예상되는 침해행위에 의해 받는 피해자 측의 불이익과 침해행위를 금지함으로써 받을 침해자 측의 불이익을 비교형량하여 결정하여야 할 것"이라며, "침해행위가 분명히 예상되고 그 침해행위로 인해 피해자는 중대한 손해를 입을 우려가 있으며, 그 회복을 사후에 도모하는 것이 불가능하거나 현저히 곤란하게 된다고 인정되는 때에는 침해행위의 금지를 긍정하여 한다."고 판시하였다. 여기서는 인격권 침해 금지청구에 대한 판단을 "(1) 침해대상자의 사회적 지위, (2) 침해행위의 성질, (3) 피해자의 불이익, (4) 금지의 침해자의 불이익, (5) 침해행위가 분명히 예상될 것, (6) 피해의 중대성, (7) 회복 불가능성" 등을 고려하여 그 침해가 수인한도 안에 있는지를 판단한 후 금지청구를 기각하였다.[59] 일반적으로 시간이 경과함에 따라 범죄보도의 정보가치는 낮아지면서 범행당시에 높았던 일반 공중의 관심도 점차 감소하는 반면, 법원의 유죄판결을 받아 형의 집행을 종료한 자는 시간이 경과함에 따라 갱생의 기회를 얻고 새로운 생활관계를 형성할 것이므로 시간경과와 잊혀질 권리의 판단에 있어서는 (1) 범죄사실에 대한 일반인의 정당한 관심, (2) 전과자에 의한 새로운 사회생활 관계의 형성을 고려해야 한다. 특히 위의 동경고등법원은 공소시효 기간을 일반인의 정당한 관심이 약화되는 시간적 기준의 하나로 설명하고 있다.

1심인 사이타마 지방법원에서는 이른바 잊혀질 권리의 권리성을 인정하였으나 항고심(동경고등법원)과 상고심은 잊혀질 권리의 독자성을 부정하였다. 하지만 범죄인의 명예와 프라이버시권 보호와 같은 인격권 침해의 판단기준을 제시하였으며, 이는 결국 범죄인의 잊혀질 권리를 인정하여 보호하고자 한 것과 동일한 취지다.

요컨대, '게시물삭제 가처분결정 인가결정에 대한 항고심의 취소결정에 대한 (재)

57) 일본 최고재판소 昭和61年6月11日, 大法廷判決.

58) 일본 최고재판소 平成14年9月24日, 平13(オ)852号 第三小法廷判決.

59) 最高裁 平13(オ)852号 第三小法廷判決 참조.

항고 사건'에서 일본의 최고법원은 "사용자의 요구에 따라 인터넷으로 웹사이트를 검색하고 웹 사이트를 식별하기 위한 부호인 URL을 검색한 결과로서 그 사용자에게 제공하는 사업자가, 어떤 사람에 관한 조건에 의한 검색요구에 따라 그 사람의 명예나 사생활에 속하는 사실을 포함하고 있는 기사 등이 게재된 웹사이트의 URL 및 해당 웹사이트의 제목과 요지를 검색결과의 일부로 제공하는 행위의 위법성 여부에 대하여, 제공된 그 사실의 성격과 내용, 해당 URL 등이 제공됨으로써 그 사실이 전달되는 범위 및 그 사람이 받은 구체적 피해의 정도, 그 사람의 사회적 지위와 영향력, 위 기사 등의 목적과 의의, 위 기사 등이 게재되었을 당시의 사회적 상황과 그 후의 변화, 위 기사 등에서 그 사실을 기재해야 할 필요성 등 해당사실이 공표되지 않을 법적 이익과 해당 URL 등을 검색결과로 제공하는 이유 등 관련 제반사정을 비교형량하여 판단하는 경우, 해당사실이 공표되지 않아야 할 법적 이익이 우월할 것이 명확한 경우에는 위의 사람은 위 사업자에게 당해 URL 등을 검색결과에서 삭제하는 것을 요구할 수 있다."고 범죄인의 잊혀질 권리를 보호할 수 있는 판단기준을 제공하고 있다.[60)]

Ⅳ. 범죄인의 잊혀질 권리 법제화를 위한 변론

1. 범죄인의 잊혀질 권리 법제화 방향

범죄관련 정보의 공개에 따르는 사생활의 침해에는, 한편에서는 '범죄전력이라는 타인에게 알리고 싶지 않은 개인의 민감한 정보의 공표'라는 사실과 그 사람의 사생활에 간섭함으로써 자행되는 '프라이버시권 침해'라는 부정적인 측면이 있다. 다른 한편으로는 개인정보의 주체가 잊혀질 권리의 행사와 궤를 같이 하여 전과 등 범죄관련 정보의 삭제 또는 확산방지를 요구할 경우 국민의 알 권리 및 표현의 자유, 언론·출판의 자유가 위축될 수밖에 없다. 결국 범죄인의 잊혀질 권리 보호는 대척면에 있는 국민의 알 권리나 표현의 자유 등과 서로 충돌할 수밖에 없는 문제를 지니고 있다.

우리의 법제상으로는 잊혀질 권리에 관한 명시규정을 두고 있지는 않은 것으로

60) 最高裁 平成29年1月31日, 平28(許)45 決定·民集71巻1号63頁: 投稿記事削除仮処分決定認可決定に対する抗告審の取消決定に対する許可抗告事件.

보인다. 그래서 전술한 일본의 사례와 같이 민사적 구제의 해결(삭제 청구 등)이나 형법상 "사실적시 명예훼손"을 적용하여 형사제재를 부가하는 방법 등을 생각해볼 수 있다. 즉, 형법 제307조 제1항 및 제310조에 따른 '명예훼손의 성립에 관한 법리'에 따라 판단할 수밖에 없다. 요컨대, 범죄관련 정보가 적시되었더라도 그것이 "진실한 사실로서 오로지 공공의 이익에 관한 때"에 해당하지 않는 경우 이를 처벌할 수밖에 없게 된다. 이를 극복·회피하려면 결국, 범죄전력자에 대한 갱생이나 정상적인 사회복귀를 돕기 위해서는 범죄관련 정보의 공개 또는 게시당시에는 적법한 공개 또는 게시였다고 하더라도 오랜 시간의 경과와 더불어 공익성이 감쇄·약화될 것이고, 이런 경우에는 삭제 또는 확산의 중지를 요구할 권리를 인정하는 것도 고려해볼 수 있다. 국가의 공적인 전과기록의 말소를 인정하는 법제라고 한다면, 민간에 유통되는 범죄기록 정보의 삭제도 전과자의 정상적인 사회복귀를 통한 행형의 목적달성에 유효한 수단의 하나이기 때문이다.

잊혀질 권리를 보호하기 위한, 특별한 어떤 새로운 법률(규정)을 제정하지 않더라도 이미 개인정보보호법 및 정보통신망법과 같은 기존의 법제에 삭제권[61]이나 확산의 방지[62]와 같은 잊혀질 권리의 이념에 부합하는 규정이 일부 존재하고 있다. 나아가 전술한 형의 실효제도도 '범죄자의 정상적인 사회복귀'라는 재사회화·갱생의 결과측면을 감안한다면 범죄인의 잊혀질 권리에 부합하는 점이 있다. 법규적 사정이 이와 같다면, 즉 법제상로는 잊혀질 권리에 해당하는 법적 규정이 존재하므로 범죄인에 대한 명시적 특별규정으로 신설할 필요까지는 없는 것으로 보인다. 다만, 이들 규정의 구체적인 적용에 있어서는 여기서 논의하고자 하는 쟁점주장 즉 범죄인의 잊혀질 권리로 추구하고 보호하는 정신에 일치하는 구체적 내용을 반영하는 법제화 방향의 대강은 필요할 것이다.

2. 범죄기록 정보에 대한 라이프사이클 규정의 신설

잊혀질 권리 등 개인정보 보호의 고전인 EU의 1995년 정보보호지침(Data

61) 개인정보보호법 제36조(개인정보의 정정·삭제) 및 정보통신망법 제44조의2(정보의 삭제요청 등)과 함께 개인정보보호법 제58조(적용의 일부 제외) 참조.

62) 개인정보보호법 제37조(개인정보의 처리정지 등)와 정보통신망법 제44조의3에서 정하고 있는 "임의의 임시조치"는 등록정보 및 유통정보의 확산 방지를 위한 대표적인 규정이다. 또한 청소년성보호법 제55조(공개정보의 악용금지)도 확산 방지를 위한 규정의 하나로 볼 수 있다.

Protec－ tion Directive 95/46/EC) 제12조에서부터 이미 ‘부정확하고 불완전하거나 시일이 지난 정보의 삭제’에 대해 규정하고 있다.[63] 전과 등 이른바 ‘범죄기록 정보’는 형기만료, 형의 실효, 시효기간의 경과 등에 따라 여기서 말하는 ‘시일이 지난 정보’에 해당하고, 이에 삭제권이 인정될 것이다. 그런데 2011년 3월에 제정된 개인정보보호법에는 개인정보의 열람과 정정·삭제를 규정하고 있으나 시일이 지난 정보에 대해서는 규정을 두고 있지 않다. 더욱이 동법 제36조 제1항 단서에서는 법령에서 수집대상인 경우에는 삭제요구를 금지하고 있다. 그래서 특히 전과기록 중 보존기간의 정함이 없는 ‘범죄경력자료’에 대하여 정보의 라이프사이클 규정을 신설할 필요가 있다고 한 것이다.[64] 헌법재판소 2010헌마446 결정을 감안하더라도 범죄경력자료는 당사자의 사망 등으로 더 이상 해당 정보가 필요하지 않게 된 경우 이를 삭제· 폐기하는 방법으로 범죄경력자료도 그 보존기간을 명시적으로 한정해야 한다.[65] 범죄경력자료에 대한 사이프사이클 규정신설은 형실효법 제6조(범죄경력조회·수사경력조회 및 회보의 제한 등) 제1항 각 호에 규정된 목적범위에 그 정보가 더 이상 필요하지 않게 되는 경우, 동법 제8조의2(수사경력자료의 정리)와 비교하여 적정기간의 경과로 정하는 방법이 고려가능하다. 여기서는 형법 제77조(형의 시효)를 감안하여 당사자의 사망시기 후 30년을 최장기한으로 제안하였다.[66]

3. 범죄기록 정보의 삭제 등을 위한 가이드라인 마련

범죄인의 잊혀질 권리에 따른 관련정보를 삭제 요구하는 경우, 다른 기본권과 충돌하는 문제가 있으므로, 기본적으로는 사법적 판단을 거쳐야 할 것이다. 하지만

63) EU 2016년 일반정보보호규정(Regulation (EU) 2016/679) 제16조(정정권: Article 16 GDPR. Right to rectification) 및 제17조(삭제권; Article 17 GDPR. Right to erasure (‘right to be forgotten’) 등 참조.

64) 위의 Ⅱ. 3. “소결: 잊혀질 권리와 범죄경력자료의 보존 기한” 부분 참조.

65) 개인정보보호법상 적용의 일부 예외 규정(제58조)에도 불구하고 동법 제3조(개인정보 보호원칙)의 일반규정은 여전히 그 적용이 유효하다. 즉, 개인정보는 수집목적범위 내 필요최소한의 이용을 일반적 원칙으로 하고 있다.

66) 예컨대, 먼저 형실효법 제6조에 제6항을 신설하여 “대상자(전과자)가 사망하여 제1항 각 호에서 정한 용도를 위하여 범죄경력자료 및 수사경력자료가 더 이상 필요하지 아니한 때에는 이를 삭제한다.”고 규정하는 방법이 있다. 이어서 현행법 제8조의3(자료제출 및 시정 요구)을 제8조의4로 이동시키고 이 자리에 신설개정안 제8조의3(범죄경력자료의 정리)을 규정하여 선고형의 차등에 따라 범죄경력자료의 보존기한 및 삭제 등에 관한 구체적 내용을 두는 방안이다.

한정된 사법자원의 적절한 분배와 시간적·경제적 측면을 고려하게 되면 이를 사법의 판단에 맡기기보다는 먼저 "개인정보 분쟁조정위원회" 등 대안적 분쟁해결(ADR)을 통하는 방법이 고려되어야 한다. 유포 및 게시된 정보의 1차적 관리주체와 해당 정보의 삭제를 원하는 사람 사이에 원활한 분쟁해결이 되도록 하는 것이 바람직하다.

예컨대 언론보도가 이른바 '범죄기록 정보'에 해당하는 경우, 현행의 언론중재법 제17조(추후보도청구권)의 규정을 두고 있으나 형사절차가 "무죄판결 또는 이와 동등한 형태로 종결되었을 때 3개월 이내에" 언론사에 '추후보도'를 청구할 수 있을 뿐이다. 또 언론중재법 제17조의2에서는 "인터넷뉴스서비스에 대한 특칙"을 마련하고 있지만, 여기서도 반론보도나 추후보도의 내용만을 정하고 있지 '시간의 경과로 인한 삭제'에 관한 내용은 보이지 않는다. 따라서 3개월 이상의 오랜 기간이 경과하였더라도 여전히 검색되는 현재의 정보통신기술 상황에 따르면, 범죄기록 정보가 포함된 기사에 대하여 그 삭제요구를 청구할 수 있도록 하는, 잊혀질 권리에 관한 내용이 있어야 한다. 현행 언론중재법으로는 종전 기사에 대한 삭제 또는 확산 방지를 요구할 수 없기 때문에 언론중재법상의 구제방안에는 어느 정도 제약이 있다. 이에 정보주체 내지 관련자가 과거의 범죄기록 정보를 포함한 언론기사에 대해 삭제 등 청구하는 때에는 언론중재법상의 조정·중재 절차가 무용하고 그래서 부득이 법원에 언론사를 상대로 민사적 구제수단을 활용할 수밖에 없을 것이다. 이러한 사법적 구제는 사법자원의 적절한 분배와 시간·비용 측면을 감안하게 되면, 반드시 바람직한 구제방법으로 추천되지는 않는다. 그렇다면, 우선적으로 언론중재에 따른 신속한 구제를 받을 수 있도록 하는 방안이 바람직하고, 어느 정도 시일이 지난 범죄기록 정보도 언론조정·중재의 대상이 될 수 있도록 언론중재법의 개정과 대안적 분쟁해결을 통한 신속한 구제가 필요할 것이다.

위와 같은 대안적 분쟁해결에 의하더라도 권리구제가 곤란한 경우에는 법원의 사법적 판단에 의해 해결될 것이고, 이러한 경우 위에서 검토한 일본의 잊혀질 권리에 관한 판례의 법리와 같이 제반사정의 종합적 판단에 따른 신중한 결정이 있어야 할 것이다. 이 경우 대중의 알 권리보다 개인의 잊혀질 권리를 더욱 중시해야 할 필요가 있는 경우(예컨대, 경미한 범죄기록 정보나 공공의 이해와 관련이 없는 정보 등), 범죄인의 잊혀질 권리를 우선하여 해당 정보를 삭제 또는 확산의 중지 조치를 행하여 공동체의 일원으로 복귀하려는 그 개인의 재사회화를 적극 보장해야 할 것이다.

V. 결론

이상에서 잊혀질 권리의 형성 배경과 정의 그리고 범죄인의 잊혀질 권리와 관련한 외국의 주요 사례를 소개하고서, 특히 범죄기록 정보와 관련된 잊혀질 권리의 필요성을 문제제기하기 위하여 이 권리와 밀접한 관련이 있는 현행법상의 형의 실효제도를 검토하고, 잊혀질 권리의 인정여부와 관계된 유럽사법재판소(ECJ)의 곤잘레스 판결에 상응하는 일본의 성범죄자에 대한 잊혀질 권리 판결을 심급별로 분석하였다.

위 논의를 요약하면, 여기서는 일반적 정의에 따라 잊혀질 권리란 자기정보의 삭제 또는 확산의 중지를 요구할 수 있는 권리로 이해한다. 그럼에도 우리의 법제는 성범죄자의 신상정보를 등록하고, 그들의 재범방지를 목적으로 신상정보의 공개·열람을 가능하도록 하였을 뿐만 아니라 집 안까지 배달해주는 적극적인 고지제도까지 시행하고 있다. 이는 범죄자의 원활한 갱생에 부정적 결과를 초래하는 문제가 있는 법제다.[67] 반면에 잊혀질 권리는 범죄전력자의 행상(行狀)을 세탁하는 수단으로 오용될 우려가 있는 것도 사실이다. 바로 여기서 범죄인의 잊혀질 권리에 관한 논의와 법제화의 필요성이 도출된다.

우리의 형실효법에는 이미 전과의 말소 또는 자격제한의 해소를 통하여 전과자의 정상적인 사회복귀를 보장하려는 목적으로 형의 실효제도가 도입되어 있다. 형의 실효제도는 범죄자의 잊혀질 권리를 구현하는 제도에 해당하는 측면이 있다. 그러나 여전히 문제가 되는 것은 기존의 '수사자료표' 중 수사경력자료와 구분된 '범죄경력자료'에 대해서는 그 보존기간의 정함이 없다는 사실이다. 사실상 범죄경력자료는 반영구적 보존이 가능하다. 일정기간의 경과로 형이 실효되고 수형인명부 및 수형인명표가 삭제되더라도 범죄경력자료에는 형의 선고 등 범죄관련 정보가 그대로 남아있게 된다. 이에 위 헌법재판소 2010헌마446 결정과 같이 '외부의 일반인에게 공개되지 않고 열람대상이 제한되어 있는 정보'임을 감안하더라도 범죄경력자료의 라이프사이클에 대한 규정의 신설은 필요하다고 주장하였다. 그 주장의 방향은 형실효법 제6조(범죄경력조회·수사경력조회 및 회보의 제한 등) 제1항 각 호에 규정된 목적범위에 그 정보가 더 이상 필요하지 않게 되는 경우, 동법 제8조의2(수

67) 위와 같은 문제성의 규범적·실태적인 지적으로는 이경렬, "성범죄자의 신상정보 공개와 범죄인의 잊혀질 권리", 『성균관법학』 제33권 제2호, 2021.06, 279면 이하 참조.

사경력자료의 정리)와 비교하여 적정기간의 경과로 정하는 방법이다. 여기서는 형법 제77조(형의 시효)를 감안하여 당사자의 사망시기 후 30년을 최장기한으로 제안하였다.

다른 한편, 아동성범죄관련 정보가 시간이 경과했음에도 계속 노출되는 것에 대하여 검색엔진 관리자에게 검색결과의 삭제를 요구한 범죄인의 잊혀질 권리에 관한 사이타마 지방법원의 平27(モ)25159호 결정은 범죄인에게 잊혀질 권리의 권리성을 인정하는 아시아 권역의 최초 판례라는 점에서 의미가 있다. 이에 반해 일본최고재판소 및 동경고등법원은 범죄자의 잊혀질 권리는 법문에 명문규정이 없지만 이는 인격권에서 유래하는 명예권 및 프라이버시권과 다르지 않다고 보았다. 이에 일본최고재판소는 명예권과 프라이버시권 침해에 따른 가처분 청구에 관한 이른바 '북방저널'사건과 '돌에 헤엄치는 물고기'사건 등에서 확립된 판단기준을 적용하고 있다. 즉, 인격권침해 금지청구에 대하여 (1) 침해대상자의 사회적 지위, (2) 침해행위의 성질, (3) 피해자의 불이익, (4) 금지의 침해자의 불이익, (5) 침해행위가 분명히 예상될 것, (6) 피해의 중대성, (7) 회복 불가능성 등을 고려하여 그 침해가 수인한도 안에 있는지를 판단한 것이다. 그리고 형의 집행을 종료한 자는 시간이 경과함에 따라 갱생의 기회를 얻고 새로운 생활관계를 형성할 것이므로 오랜 기간의 경과와 잊혀질 권리의 판단에 있어서는 (1) 범죄사실에 대한 일반인의 정당한 관심, (2) 전과자에 의한 새로운 사회생활 관계의 형성을 고려하고 있다. 범죄인의 잊혀질 권리에 따른 관련정보를 삭제 요구하는 경우는 다른 기본권과의 충돌문제가 있으므로 기본적으로는 사법적 판단을 거쳐야 할 것이지만, 한정된 사법자원의 적절한 분배와 시간적·경제적 측면을 고려하여 이를 사법적 판단에 두기보다는 먼저 "개인정보 분쟁조정위원회" 등 대안적 분쟁해결(ADR)을 통하는 방법을 고려해야 한다. 대안적 분쟁해결에 의한 권리구제가 곤란한 경우든 법원의 사법적 판단해결이든 일본의 잊혀질 권리에 관한 판례는 우리의 신중한 결정에 대한 시사점이 있다.

논문투고일: 2021.06.10 논문심사일: 2021.06.11 게재확정일: 2021.06.18

【참고문헌】

[국내문헌]

권헌영 외, '잊혀질 권리'의 국내 제도 도입 반영 방안 연구, 한국인터넷진흥원, 2012.12.

민윤영, "인터넷 상에서 잊혀질 권리와 '개인정보보호법'에 대한 비교법적 고찰", 『고려법학』 제63호, 고려대학교 법학연구원, 2011.

박정훈, "잊혀질 권리와 표현의 자유, 그리고 정보프라이버시", 『공법학연구』 제14권 제2호, 한국비교공법학회, 2013.

이경렬, "성범죄자의 신상정보 공개와 범죄인의 잊혀질 권리", 『성균관법학』 제33권 제2호, 송균관대학교 법학연구원, 2021.06

지성우, "기본권 이론적 관점에서의 '잊혀질 권리'에 대한 시론적 고찰", 『언론중재』 제119호, 언론중재위원회, 2011.06.

최경진. ""잊혀질 권리"에 관한 유럽사법 재판소(ECJ) 판결의 유럽 법제상 의미와 우리 법제에 대한 시사점", 『법학논총』 제38권 제3호, 단국대학교 법학연구소, 2014.09.

하정철, "유럽연합(EU) 정보보호법(General Data Protection Regulation) 개정안 상의 잊혀질 권리와 현행 우리 법의 규율 체계 및 앞으로의 입법방향에 관한 소고", 『디지털정책연구』 제10권 제11호, 2012.12.

한국정보화진흥원, '잊혀질 권리'의 법적 쟁점과 개선방향, 『법제연구』 2012-10, 2012.11.

함인선, "개인정보 처리와 관련한 법적 문제 - 우리나라 개인정보 보호법과 EU의 '2012년 규칙안'을 중심으로 하여", 『경제규제와 법』 제6권, 2013.

동아일보 2016. 02. 28.자 기사: 日 법원 "범죄자라도 '잊혀질 권리' 있다" 첫 인정…논란 예상(https://www.donga.com/news/Inter/article/all/20160228/76722615/1). (최종검색일: 2021. 05. 11.).

연합뉴스 2016. 07. 13.자 기사: 日고법 아동매춘 체포기사는 '잊힐 권리' 대상 아니다(https://www.yna.co.kr/view/AKR20160713086300073). (최종검색일: 2021.05.11.)

파이낸셜뉴스 2015. 02. 05.자 기사: [어떻게 생각하십니까] '잊혀질 권리' 법제화 필요한가(https://www.fnnews.com/news/201502050935243251). (최종검색일: 2021. 06. 20.)

한겨레 2012. 08. 11.자 기사: 신상공개제도가 되레 성범죄 부추긴다?(https://www.hani.co.kr/arti/international/america/546715.html) (최종검색일: 2021. 05. 29.).

헌법재판소 2012. 7. 26.자 2010헌마446 결정(범죄경력자료 위헌확인 사건).

[외국문헌]

さいたま地裁 平成27年6月25日, 平27(ヨ)17号 決定(投稿記事削除仮処分命令申立事件).

さいたま地裁 平成27年12月22日, 平27(モ)25159号 決定(投稿記事削除仮処分保全異議申立事件).

東京高裁 平成28年7月12日, 平28(ラ)192号 決定.

日本最高裁判所 昭和56年4月14日, 昭和52年(オ)323号 第三小法廷 判決·民集35巻3号620頁.

日本最高裁判所 昭和61年6月11日, 大法廷 判決.

日本最高裁判所 平成6年2月8日, 平成元年(オ)1649号 第三小法廷 判決·民集48巻2号149頁.

日本最高裁判所 平成14年9月24日, 平13(オ)852号 第三小法廷 判決.

日本最高裁判所 平成29年1月31日, 平28(許)45 決定(投稿記事削除仮処分決定認可決定に対する抗告審の取消決定に対する許可抗告事件)·民集71巻1号63頁.

Google Spain v. AEPD and Mario Costeja González (2014).

Robert Kirk Walker, "THE RIGHT TO BE FORGOTTEN," 64 Hastings L.J. 257, 2012.

Siry, Lawrence, Schmitz, Sandra, "A Right to Be Forgotten? — How Recent

Developments in Germany May Affect the Internet Publishers in the US", European Journal for Law and Technology, Vol. 3, No. 1, 2012 (http://www.ejlt.org/index.php/ejlt/article/download/141/221?inline=1#_edn40). (최종검색일: 2021. 06. 07.)

BGE 109 Ⅱ 353 (http://relevancy.bger.ch/php/clir/http/index.php?highlight_docid=atf%3A%2F%2F109-II-353%3Ade&lang=de&type=show_document). (최종검색일: 2021. 06. 07.)

BGE 122 Ⅲ 449, S. 450 (http://relevancy.bger.ch/php/clir/http/index.php?highlight_docid=atf%3A%2F%2F122-III-449%3Ade&lang=de&type=show_document). (최종검색일: 2021. 06. 07.)

【국문초록】

인터넷상의 정보는 다양한 다수의 이용자에 의해 손쉽게 복제·유포 및 재생산될 수 있고, 이로써 무지불식간에 정보는 사실상 반영구적으로 보존 및 공개되는 것이 가능하다. 그래서 과거의 정보일지라도 검색엔진을 통해 얼마든지 이를 찾아볼 수 있다.

우리의 법제는 성범죄자의 신상정보를 등록하고 그들 성범죄자들의 성범죄 재범을 방지하려는 목적으로 신상정보를 공개·열람할 수 있도록 하였을 뿐만 아니라 친절하게 집 안까지 배달해주는 고지제도를 시행하고 있다. 이와 같은 신상정보의 공개는 낙인이론에 따라면 범죄자의 '갱생 의지'를 감쇄시키기 때문에 재범의 원인으로서 범죄억제효과가 없거나 오히려 재범률을 증가시킨다. 형사사건에 용의자, 피의자, 피고인 등이 되었다는 사실은 그 사람의 명예나 신용과 직접 관련되는 사항이므로 그 사람은 자신에 대한 그러한 사실이 함부로 공표하지 않을 법적 이익을 가진다. 따라서 과거의 범죄 전력이 있는 사람이라는 사실은 되도록 공개되지 않거나 일반사회생활로부터 잊혀지도록 하는 것이 행형의 목적과 이념에 일치하고 결국 원활한 갱생과 재사회화를 달성할 수 있다. 바로 여기서 범죄인의 잊혀질 권리에 대한 법제화 필요성을 탐구하였다.

형실효법상 전과기록의 관리와 폐기 등에 관한 내용과 일본에서 최근 문제된 아동 성범죄자의 사법처리 기록 삭제요구 사건에 대한 판례 평석을 중심으로, 특정 범죄인의 이른바 범죄기록정보와 잊혀질 권리 법제화 방향에 관한 시론적 연구를 하였다.

◈ 주제어: 범죄인의 잊혀질 권리, 국민의 알 권리, 사생활의 자유와 보호, 명예훼손, 표현의 자유

【Abstract】

A study on the legalization of the criminal's right to be forgotten

Lee, Kyung Lyul*

Information on the Internet can be easily copied, disseminated, and reproduced by a large number of diverse users. Such information can be preserved and disclosed semi-permanently without realizing it. So, even if the information is from the past, it is easy to find such information through a search engine.

Our legal system not only registers sex offenders' personal information and allows them to disclose and view personal information for the purpose of preventing re-offending of sex offenders, but also implements a notification system that kindly delivers the information of sex offenders to individual houses. According to the stigma theory, the disclosure of such personal information has no effect of deterring crime as a cause of recidivism; it rather increases the recidivism rate. The fact that a person has become a suspect or accused in a criminal case is directly related to the person's honor or credibility. So the person has a legal interest not to disclose such facts about himself or herself. Therefore, the fact that a person's past criminal history is not disclosed or forgotten from general social life is consistent with the purpose and ideology of sentence execution, thereby achieving the smooth rehabilitation and re-socialization in the end. Here, the necessity of enacting a law on the criminal's right to be forgotten was explored.

Focusing on the management and deletion of criminal records under the Criminal Efficacy Act, with a review of precedents on the recent issue of child sex offenders requesting the deletion of judicial processing records in Japan, this theoretical study focused on the so-called criminal record information of

* Professor, Sungkyunkwan University Law School, Ph D. in Law

specific criminals and the direction of legislation for the right to be forgotten.

◈ Keyword: Criminals' right to be forgotten, people's right to know, privacy and protection, defamation, freedom of expression

한국형사소송법학회『형사소송 이론과 실무』
제13권 제3호 (2021.09) 1~31면.
Theories and Practices of Criminal Procedure Vol. 13 No. 3 (September. 2021) pp. 1~31.
10.34222/kdps.2021.13.3.1

공수처 검사의 법적 지위에 관한 헌법재판소 결정의 오류와 문제점

이 윤 제*

목 차

Ⅰ. 서
Ⅱ. 공수처법의 내용
Ⅲ. 헌법재판소의 결정의 오류와 문제점
Ⅳ. 헌법재판소 결정이 초래할 모순과 혼란
Ⅴ. 결

Ⅰ. 서

2019. 12. 30. 국회는 '고위공직자범죄수사처 설치 및 운영에 관한 법률(이하 "공수처법")'을 의결하였다. 국회는 고위공직자범죄등에 대한 수사권을 갖는 고위공직자범죄수사처(이하 "공수처")를 설립하면서, 특별히 법관, 검사, 고위직 경찰과 같은 일부 고위공직자 관련 관할 범죄에 대하여는 공소권도 부여하였다. 공수처법은 공수처 검사가 대상범죄에 따라 공소권은 없이 수사권만을 가진 사법경찰일 수도 있고, 수사권과 공소권을 가진 검사일 수도 있는 독특한 구조를 갖게 되었다.

헌법재판소는 공수처법 위헌 확인소송의 방론에서 공소권이 없는 사건에 대하여도 공수처 검사는 헌법이 영장신청권자로 한정한 검사로 인정되고, 헌법의 영장신청권자가 될 수 있다는 취지를 설시하였다. 헌법재판소의 주장은 검사의 본질로서부터 공소권을 분리하는 경우에만 가능하기 때문에, 헌법재판소의 결정은 해석을 통하여 헌법 문언의 검사의 의미를 실질적으로 변경한 것이다(검사의 본질이 공소권이라는 점에 대하여 학계에서는 이견이 없을 것이라고 필자는 생각하지만, 헌법재판소

* 명지대학교 법과대학 교수

가 이를 부정하였기 때문에, 약간의 추가적 설명이 필요하게 되었다. 이하 'II. 1. 논의의 기초 전제' 참조).

본고는 헌법재판소 결정의 오류를 논증하고, 헌법재판소의 결정과 그에 따른 실무가 가져올 법리적, 정책적 혼란에 대하여 살펴보고자 한다. 헌법재판소 결정의 오류에 관한 논증 부분은 논리학에 기초하였는데, 그 이유는 필자가 법리나 정책적 논거를 주장할 경우에는 헌법재판소의 결정이 공수처법의 입법 취지를 어떻게 보느냐에 따라 타당할 수도 있다는 식의 반론의 여지를 남길 가능성이 있기 때문이다. 필자의 주장이 단지 공수처의 설립취지에 대한 이해의 차이나, 공수처의 설립 자체에 대한 반대입장에서 비롯된 것으로 오인되는 것을 피하기 위하여 이론의 여지가 없는 논리학적 방법론에 근거하였다. 물론 헌법재판소의 결정은 법리나 정책적으로도 근거가 없으며 잘못된 것이다. 본고의 기본 입장은 헌법재판소가 방론에서 설시한 주장은 정책이나 관점에 따라 결론이 달라질 가능성이 없는 순수한 "논리적" 오류의 영역에 속하며, 이러한 오류는 단지 논리적 하자에 그치는 것이 아니라 그에 따른 실무가 형성·유지될 경우에 앞으로 해결하기 어려운 법리적, 정책적 문제들이 끊임없이 재생산하게 된다는 것이다.

Ⅱ. 공수처법의 내용

1. 논의의 기초 전제 : 검사의 본질로서의 공소권(소추권)

검사는 소추관(공소관)을 뜻하는 명칭이며[1] 그렇게 시작되었다. 검사제도는 계몽주의의 영향을 받은 대륙의 국가소추주의의 역사적 산물이며 그 본질은 공소권이

1) 검사제도가 시작된 프랑스에서 검사(parquet)의 어원은 법정에서 왕의 이익을 대변하기 위해 변론하는 자였으며, 왕의 신하는 공식용어, 검사는 생활용어, 소추관은 이들이 수행하는 임무를 지칭하는 용어였다. 현재의 프랑스 법률사전은 '대법원, 고등법원, 지방법원에서 공소관의 직무를 수행하는 사법관의 집합'이라고 정의하고 있다. 표창원 외, "경찰수사제도의 개선에 관한 전략적 방안연구", 치안정책연구소, 2005, 6-8면; 검사(prosecutor): 정부의 이름으로 범죄자를 소추하는(prosecutes) 자. 소추(Prosecution): 범죄혐의 유무를 결정할 목적으로 법원에서 법에 따라 행하여지는 형사절차. Black's Law Dictionary 5th edition, West Publishing Co., 1979, 1099면; 1998년 로마에서 채택된 '국제형사재판소설립에 로마규정'의 검사(Prosecutor)의 외교부 공식 번역은 소추관이다. 외교부 홈페이지 다자조약 로마규정 국문조약문 제15조 참조.

다. 검사제도의 도입으로 소추권과 심판권은 검사와 판사에게 각각 분리되었고, 형사사법시스템은 규문주의로부터 벗어나 탄핵주의(영미법계에서는 당사자주의라고 부르기도 한다)가 완성되었다. 검사의 수사에 관한 권한의 정도는 입법례마다 다르지만, 필자는 근대의 대륙법계와 영미법계에서 검사가 공소(소추)권자가 아닌 나라를 아직 발견하지 못했다. 이것은 검사의 본질이 공소권에 있다는 취지이지, 모든 나라가 검사제도를 갖고 있다는 주장은 아니다. 즉, 국가소추주의를 채택한 경우에 소추권을 행사하는 국가기관은 검사(prosecutor)라고 불리며, 그 검사는 최소한 공소권을 갖는다는 뜻이다. 국제사회에서 검사의 본질을 공소권으로 보기 때문에 어떤 나라에서 공소권이 없는 수사기관을 그 나라의 언어로 검사라고 부르거나 다른 나라에 검사라고 소개한다고 하더라도(이런 용어례가 가능한지는 의문이다), 그 기관은 우리의 헌법과 형사소송법이 검사라고 부르는 그 검사는 아니며 국제회의나 비교법연구에서 prosecutor로 번역되기는 어려울 것이다.[2)]

2) 이재상 외, 『형사소송법』, 박영사, 2021, 92-94, 102-103면: 신동운, 『간추린 신형사소송법』 제13판, 법문사, 2021, 27면; 이주원, 『형사소송법』, 박영사, 2021, 24면; 정웅석 외, 『신형사소송법』, 박영사, 2021, 9-26, 39-40면; 강동욱 외, 『형사소송법 강의』, 도서출판 오래, 2021, 27-29, 68-69면; 이준보 · 이완규, 『한국검찰과 검찰청법』, 박영사, 2017, 20-64면; 유엔마약범죄국 · 국제검사협회 공저/신태훈 역, "검사의 지위와 역할(The Status and Role of Prosecutors)", 『형사법의 신동향』 통권 제47호, 2015, 220-314면, https://www.unodc.org/documents/justice-and-prison-reform/14-07304_ebook.pdf 2021. 9. 17. 최종접속; 검사의 역할에 관한 지침서(Guidelines on the Role of Prosecutors), 제11조 Prosecutors shall perform an active role in criminal proceedings, including institution of prosecution and, where authorized by law or consistent with local practice, in the investigation of crime, supervision over the legality of these investigations, supervision of the execution of court decisions and the exercise of other functions as representatives of the public interest[검사는 공소(소추), 그리고 법이 허용하거나 지역 실무와 부합하는 곳에서는 범죄 수사와 관련하여 적법성 감독, 재판집행감독, 공익의 대표자로서 기타 기능의 수행 등 형사절차에 있어 적극적 역할을 수행하여야 한다]. '검사의 역할에 관한 지침서'는 1990. 8. 27. - 1990. 9. 7. 쿠바 하바나에서 열린 제8차 '유엔 범죄예방 및 범죄자 처우 회의(United Nations Congress on the Prevention of Crime and the Treatment of Offenders)'에서 채택되었다. https://www.un.org/ruleoflaw/blog/document/guidelines-on-the-role-of-prosecutors/ 2021. 9. 17. 최종접속; 신태훈, "이른바 '수사와 기소 분리론'에 대한 비교법적 분석과 비판", 『형사법의 신동향』 통권 제57호, 2017, 39-40면; 영국에서는 사인소추, 경찰소추(법적으로는 사인소추의 일종), 공소추(public prosecution)가 인정되었으며, 1985년에 이르러 범죄소추법을 제정하여 국가소추기관인 the Crown Prosecution Service(검찰청)를 도입하였다. 김종구 외, 『검찰제도론』, 법문사, 2011, 387-392면.

우리나라 검사의 권한을 주요국가와 비교한 다음의 두 표를 보자.

〈표 1〉 우리나라와 외국의 검사의 권한 비교표[3)]

분류	검사의 기소권한				검사의 수사상 지위				검사의 구체적 수사지휘권										
	수사종결권	기소독점주의	기소편의주의	공소취소권	수사권	수사지휘권	자체수사력	검경조서 증거능력파이	검찰영장청구권 헌법규정	인권옹호직무방해죄 유무	체포구속장소 감찰권	사법경찰징계·체임요구권	변사체 검시권	긴급체포 사후승인제도	체포구속피의자 석방지휘권	압수물 처분시 지휘	관할 외 수사시 보고	특정사건송치 전 지휘	수사개시보고
우리나라	○	○	○	○	○	○	◎	○	○	○	○	○	○	○	○	○	○	○	○
일 본	△	○	○	○	○	△	○	×	×	×	×	○	○	×	×	×	×	×	×
독 일	○	○	×	×	○	○	×	×	×	×	×	×	○	×	×	×	×	×	○
프랑스	△	×	○	×	△	△	×	×	×	×	○	△	○	×	×	-	×	×	△
미 국	×	×	○	○	○	×	○	×	×	×	×	×	×	×	×	×	×	×	×
영 국	×	×	○	○	×	×	×	-	×	×	×	×	×	×	×	×	×	×	×

〈표 2〉 각국 검사의 수사권과 기소권 및 검사의 수사상의 지위 비교[4)]

		한국	프랑스	영국	미국	독일	일본
수사권		○	△	×	○	○	○
수사지휘권		○	△	×	×	○	△
수사종결권		○	△	×	×	○	△
자체 수사인력		○	×	×	○	×	○
검찰과 경찰의 조서의 증거능력 차이		○	×		×	×	×
수사권의 중앙집권여부		○	○	○	×	×	○
기소권	기소권 여부	○	○	○	○	○	○
	기소독점주의	○	×	×	×	○	○
	기소편의주의	○	○	○	○	×	○
공소유지권		○	○	○	○	○	○

3) 송광섭, “국민이 체감할 수 있는 수사권 조정의 효과에 관한 연구”, 『치안논총』 제29집, 2013, 180면.

4) 김지미, “기소독점주의의 폐해와 개혁방안”, ‘국회의원 민병두/금태섭/소병훈, 민주사회를 위한 변호사모임’ 주최 정책세미나 “견제와 균형을 위한 검찰 개혁 어떻게 할 것인가?” 자료집, 2017. 1. 24., 3면.

<표 2>는 우리나라를 포함하여 비교대상이 된 나라들에서 검사는 모두 기소권(공소제기권)과 공소유지권을 가지고 있다는 것을 보여준다. <표 1>에서는 검사가 모두 기소권과 공소유지권을 가지고 있다는 것을 전제로 기소권과 공소유지권을 아예 비교·검토의 대상에서 제외하고 있다. 적어도 규문주의 단계를 넘어선 근대의 대륙법계와 영미법계 국가의 형사소송체계에서 '검사는 공소권자이다'.[5] 우리의 헌법과 형사소송법, 검찰청법, 군사법원법, 공수처법도 당연히 이러한 전제를 기초로 하고 있다.

2. 관할범죄별 수사권과 공소권

공수처법은 관할범죄에 따라 수사권·공소권을 다르게 배분하였다. 고위공직자범죄등은 고위공직자범죄와 관련범죄로 구성된다(제2조 제3호, 제4호, 제5호), 공수처는 그 관할범죄인 "고위공직자범죄등"에 대하여 수사권을 가지며(제3조 제1항 제1호), 그 중에서 대법원장, 대법관, 검찰총장, 판사, 검사, 경무관 이상 경찰공무원이 재직중에 본인 또는 가족이 범한 고위공직자범죄 및 관련범죄(이하 "수사및사법고위공직자범죄등")에 대하여는 예외적으로 공소권(공소의 제기와 유지)도 가진다(제3조 제1항 제2호). 수사및사법고위공직자범죄등이 아닌 고위공직자범죄등(이하 "일반고위공직자범죄등")에 대하여는 공소권이 없고 수사권만 있다.[6]

3. 관할범죄별 공수처 검사의 지위와 권한

공수처법 제20조 제1항[7], 제23조[8]는 수사권만 있는 고위공직자범죄등 전체에 포괄적으로 적용된다. 제8조 제4항[9]은 공수처 검사가 수사및사법고위공직자범죄등

---

5) "검사는 공소권자이다"를 논리적 언어로 다시 쓰면 "검사이면 공소권자이다"라는 (조건)명제이고 그 대우명제는 "공소권자가 아니면 검사가 아니다"이다. 조건명제와 대우명제는 논리적으로 동가(同價)이다. 법학전문대학원협의회, 법학적성시험 안내서, 한국방송통신대학교출판문화원, 2020, 103－104면.

6) 고위공직자범죄등 ＝ 일반고위공직자범죄등(수사권) ＋ 수사및사법고위공직자범죄등(수사권 및 공소권)

7) 수사처검사는 제3조 제1항 각 호에 따른 수사와 공소의 제기 및 유지에 필요한 행위를 한다.

8) 수사처검사는 고위공직자범죄의 혐의가 있다고 사료하는 때에는 범인, 범죄사실과 증거를 수사하여야 한다.

에 대하여 검사로서 수사 및 공소의 직무를 수행할 때 검찰청법 제4조에 따른 검사의 직무를 수행할 수 있다는 규정이다. 공수처 검사가 검사의 직무를 수행할 때에는 검찰청법 제4조를 적용한다는 뜻이다. 검사의 직무를 수행할 때 적용되므로 일반고위공직자범죄등에 대하여 사법경찰로서 수사를 하는 경우에는 적용되지 않는다. 제26조[10]는 공수처 검사가 수사권만 가진 일반고위공직자범죄등의 수사를 한 때에는 관계 서류와 증거물을 지체없이 검찰청 검사에게 송부하도록 하고 있나. 이 규정은 검·경 수사권 조정 합의문을 반영하여 국회가 2020. 1. 13. 의결한 개정 형사소송법 이전의 형사소송법 제196조 제4항[11]을 따랐다. 제26조는 공수처 검사가 일반고위공직자범죄등의 수사에서 사법경찰로서 수행하여야 할 직무를 보여준다. 제47조[12]는 공수처 관할 범죄 전체(고위공직자범죄등)에 대하여 적용되며, 검사의 직무를 수행할 때와 사법경찰의 직무를 수행할 때 각각의 법적 지위에 구별에 따라 검찰청법과 형사소송법의 규정을 각각 별도로 준용하도록 하고 있다. 검사와 사법경찰을 구분할 수 있는 기준은 공소권밖에 없으므로 공소권이 있는 관할 범죄에 대하여는 검사의 직무에 관한 규정을, 공소권이 없는 관할 범죄에 대하여는 사법경찰의 직무에 관한 규정을 준용하여야 하겠지만, 실제 사건에서 구체적으로 어떤 규정들이 어떻게 준용되는지에 대하여는 해석에 맡기고 있다.

4. 평가 - 공수처의 병렬적 구조와 사법경찰의 검사 겸직

공수처법은 공수처의 권한 남용에 대한 우려로 인한 정치적 타협의 결과 국회는 공수처를 원칙적 관할인 일반고위공직자범죄등에 대하여는 수사권을 갖는 수사기

---

9) 수사처검사는 직무를 수행함에 있어서 「검찰청법」 제4조에 따른 검사의 직무 및 「군사법원법」 제37조에 따른 군검사의 직무를 수행할 수 있다.

10) 제26조(수사처검사의 관계 서류와 증거물 송부 등) ① 수사처검사는 제3조 제1항 제2호에서 정하는 사건을 제외한 고위공직자범죄등에 관한 수사를 한 때에는 관계 서류와 증거물을 지체 없이 서울중앙지방검찰청 소속 검사에게 송부하여야 한다.
② 제1항에 따라 관계 서류와 증거물을 송부받아 사건을 처리하는 검사는 처장에게 해당 사건의 공소제기 여부를 신속하게 통보하여야 한다.

11) 사법경찰관은 범죄를 수사한 때에는 관계 서류와 증거물을 지체 없이 검사에게 송부하여야 한다.

12) 공수처법 제47조(다른 법률의 준용) 그 밖에 수사처검사 및 수사처수사관의 이 법에 따른 직무와 권한 등에 관하여는 이 법의 규정에 반하지 아니하는 한 「검찰청법」(다만, 제4조 제1항 제2호, 제4호, 제5호는 제외한다), 「형사소송법」을 준용한다.

관(사법경찰조직), 예외적 관할인 수사및사법고위공직자범죄등에 대하여만 수사권 및 공소권을 모두 갖는 검사조직으로 구성하였다.[13] 공수처 검사는 일반고위공직자범죄등에 대하여는 공소권이 없으므로 그 직명에도 불구하고 사법경찰이며, 수사및사법고위공직자범죄등에 대하여는 공소권을 가진 검사이다. 공수처법은 일반고위공직자범죄등에 업무를 담당하는 사법경찰(특별수사관)에게 수사및사법고위공직자범죄등에 대한 검사의 직을 "겸직"하도록 법률상 의제하였다. 겸직의 경우에는 직무별로 해당 직명을 엄격히 구분하여 사용함으로써 겸직에 의한 혼란을 방지하여야 하는데, 공수처법의 입법자들은 이를 미처 고려하지 못하고 공수처 검사가 사법경찰로서 일반고위공직자범죄등을 수사할 때도 검사의 직명을 계속 사용하도록 하였다. 그럼에도 불구하고, 일반고위공직자범죄등에 대한 수사는 공소권이 없기 때문에 사법경찰로서의 수사이며 검사의 수사가 아니며, 수사및사법고위공직자범죄등에 있어서의 수사와 공소는 검사로서의 수사와 검사로서의 공소이다. 공수처 검사의 일반고위공직자범죄등에 대한 수사는 그 사건에 대한 공소 책임이 없는 자의 수사이기 때문에 "검사"라는 명칭을 사용하면서 수사를 한다고 해도 그 법적 성질은 사법경찰의 수사이다. 공수처는 일반고위공직자범죄등을 담당하는 사법경찰조직과 수사및사법고위공직자범죄등을 담당하는 검사조직의 병렬적 결합이다. 수사및사법고위공직자범죄등에 대한 공수처 검사의 수사와 공소는 형의 집행을 제외하면 대체로 공수처 내에서 자족적이고 완결적이다. 공수처 검사가 일반고위공직자범죄등에 대하여 검사의 명칭만 쓰는 사법경찰(특별수사관)의 직무는 수사및사법고위공직자범죄등을 담당하는 공수처 검사와는 무관하고 검찰청 검사의 공소권에 의존한다. 공수처 검사가 검사라는 직명을 가지고 사법경찰(특별수사관)로서 일반고위공직자범죄등에 관한 사건을 수사하더라도 그 사건의 공소는 검찰청 검사가 담당하게 되며, 공수처는 공소에 대한 권한과 책임이 없다. 공수처 검사의 사법경찰로서의 업무는 검찰청 검사와 관련이 있을 뿐이고, 공수처 내의 수사및사법고위공직자범죄등을 처리하는 검사조직으로서의 공수처 업무와는 무관하기 때문에 공수처 안에 사법경찰조직과 검사조직이 "병렬적"으로 공존하는 것이다. 공수처 검사는 그 직명의 혼란에도 불구하고 공소권을 기준으로 하여, 사건별로 일반고위공직자범

13) "공수처법은 공수처의 권한남용을 우려하여 공수처의 기소권을 극히 제한하였다." 하태훈, "수사권·기소권 분리와 독립수사기구 설치 방안", 국회입법조사처 정책연구용역보고서 (2020), 40면.

죄를 담당할 때는"검사"로서 "검사"의 직을, 수사및사법고위공직자범죄등을 담당할 때는 "사법경찰"로서 "사법경찰"의 직을 각각 별도로 수행한다.[14)]

Ⅲ. 헌법재판소의 결정의 오류와 문제점

1. 헌법재판소 결정의 논증 구조 개관

공수처법이 공수처 검사로 하여금 영장을 청구할 수 있도록 한 것은 국민의 신체의 자유 등 기본권과 검사의 영장신청권을 침해한다는 주장[15)]에 대하여 헌법재판소 재판관 유남석, 이석태, 김기영, 문형배, 이미선 등 5인의 다수의견은 공수처법 제8조 제4항이 영장주의원칙에 위반되지 않는다고 결정하였다.[16)] 이하에서 미리 염두에 둘 것은 첫째, 헌법재판소 결정중에서 공수처 검사가 수사및사법고위공직자범죄등에 대하여 헌법의 영장신청권자인 검사에 해당한다는 부분은 필자도 동의하는 바이며, 본고의 논의 대상이 아니다. 본고의 대상은 헌법재판소의 주장중에서 공소권이 없는 일반고위공직자범죄등에 대하여도 공수처 검사가 헌법의 영장신청권자인 검사에 포함된다는 부분이다. 둘째는 공수처 검사는 수사및사법고위공직자범죄등에 대하여 검사의 신분을 획득하였으므로 일반고위공직자범죄등에 대하여도 "검사"로서 영장신청권을 행사할 수 있다는 식의 주장은 본고에서 고려하지 않는다. 검찰청 검사가 관할권(공소권)이 없는 군검사 관할 사건에 대하여 "검사"로서 영장신청권을 행사할 수 없고, 군검사가 관할권(공소권)이 없는 공수처 검사의 관할 사건(수사및사법고위공직자범죄등)에 대하여 "검사"로서 영장신청권을 행사할 수 없는 것과 마찬가지이다.

---

14) 공수처의 구조와 공수처 검사의 법적 지위에 대한 견해의 대립에 대하여는 이윤제, "공수처 검사의 법적 지위에 대한 오해와 혼란", 『형사법연구』 제33권 제3호, 2021, 226－233면 참조.

15) 헌재 2021. 1. 28. 고위공직자범죄수사처 설치 및 운영에 관한 법률 위헌확인 2020헌마264 등, 공보 제292호, 241면.

16) 이하에서 문단(2),(3),(4)는 실제 헌법재판소 결정문의 "공수처법 제8조 제4항에 대한 판단"에 있는 문단 번호를 따랐다. 헌재 2021. 1. 28. 고위공직자범죄수사처 설치 및 운영에 관한 법률 위헌확인 2020헌마264 등, 공보 제292호, 251－253면.

〈기본 논증〉

문단(2) 헌법이 영장신청권자를 검사로 한정한 취지는 '검사'가 공익의 대표자, 인권옹호기관, 법률전문가이기 때문이다. 문단(3)(4) 공수처 검사는 법률전문가이며, 공수처법 제8조 제4항에 의해 적용되는 검찰청법 제4조 제1항에 따라 공수처 검사는 공익의 대표자, 인권옹호기관으로 인정된다. 헌법에서 검사를 영장신청권자로 한정한 취지에 비추어 공수처 검사는 헌법의 영장신청권자인 검사에 포함된다.

〈보강 논증〉

문단(4) 헌법상 공소권이 있는 검사에게만 반드시 영장신청권이 인정되어야 하는 것은 아니다. 공소권의 존부와 영장신청권의 행사 가부를 결부시켜야 한다는 주장은 직무와 지위의 문제를 동일하게 본 것으로 받아들이기 어렵다.

공수처법 제8조 제4항에 관한 헌법재판소의 판단은 크게 '기본 논증'과 '보강 논증'이라는 두 부분으로 이루어져 있다. 이하에서 보듯이 '기본 논증'에서는 삼단논법의 완성에 필요한 '공수처 검사도 검사이다'라는 주장을 하지 않아 그 자체로 논증에 실패한다. 이러한 논리적 하자를 보완하고자 헌법재판소는 방론에서 '보강 논증'을 추가하지만 '공수처 검사도 검사이다'라는 주장을 직접 하지는 않고 다만, 간접적 주장에 의하여 이를 내포한다. 헌법재판소의 원래 목적은 "검찰청 검사"가 아니더라도 영장신청권자인 "검사"가 될 수 있다는 주장을 통해 공수처 검사에게 영장신청권이 인정된다는 것이었는데, 논리적 혼란을 겪으면서 "검사"가 아니더라도 영장신청권자인 "검사"가 될 수 있다는 모순에 빠졌다.[17)18)]

17) 이하에서는 헌법재판소 결정의 용어례를 따라 '영장신청권'은 법관에게 직접 영장 발부를 신청할 수 있는 권한으로, 법관의 영장발부를 청구하여 달라고 사법경찰이 검사에게 신청하는 것을 포함하지 않는다.

18) 헌법재판소의 결정을 근거로 공수처는 공소권이 없는 일반고위공직자범죄등에 대하여 압수·수색영장을 법원에 신청하였고, 법원은 이를 발부하였다. 이러한 영장신청과 발부에 대한 적법성에 대한 논의가 본격적으로 제기되지 않은 상태이므로, 법원의 실무가 아직 정착되었다고 하기는 이르지만 공수처와 법원은 헌법재판소 결정을 따르고 있다고 잠정적으로 평가할 수 있다. 연합뉴스, "공수처, '조희연 수사' 본격화…서울교육청 압수수색(종합)", (2021. 5. 18.), https://www.yna.co.kr/view/AKR20210513180252004, 2021. 9. 23. 최종접속.

2. 헌법재판소 오류의 시작 - 공수처법 제8조 제4항의 해석

헌법재판소는 검사로서의 직무를 행하는 경우에 적용되는 공수처법 제8조 제4항을 사법경찰의 직무를 행하는 경우에 적용하였다. 헌법재판소는 공수처 검사를 헌법의 영장신청권자에 포함시키기 위하여 공수처법 제8조 제4항에서 공수처 검사의 공익의 대표자, 인권옹호기관으로서의 지위를 끌어낸다. 그리나, 공수처법 제8조 제4항은 공수처 검사가 수사및사법고위공직자범죄등에 대하여 검사로서 수사 및 공소의 직무를 수행할 때 적용되는 규정이며 공수처 검사가 사법경찰로서 일반고위공직자범죄등을 수사할 때 적용되는 규정이 아니다. 공수처법 제8조 제4항을 '수사처검사는 사법경찰로서의 직무를 수행함에 있어서 「검찰청법」 제4조에 따른 검사의 직무 및 「군사법원법」 제37조에 따른 군검사의 직무를 수행할 수 있다.'라고 읽는다면 '사법경찰로서의 직무를 수행함에 있어 검사의 직무를 수행할 수 있다'는 모순에 빠진다.[19] 따라서, 헌법재판소가 일반고위공직자범죄등에 대하여 공수처 검사가 사법경찰의 직무를 수행하는 경우에까지 공수처법 제8조 제4항에서 공수처 검사의 "검사"로서의 공익의 대표자, 인권옹호기관으로서의 지위를 끌어낸 것은 명백한 오류이다.[20] 공수처 검사가 일반고위공직자범죄등에 대하여도 영장신청권을 가진다고 주장한 헌법재판소의 가장 기본적이고 핵심적인 근거는 공수처법 제8조 제4항인데, 공수처법 제8조 제4항은 일반고위공직자범죄등에는 적용되지 않는 규정이므로 헌법재판소의 결정은 그 시작부터 잘못된 것이며, 법리적 근거가 없다.[21]

---

19) 헌법재판소의 결정문의 보강 논증 부분을 읽으면 헌법재판소는 실제로 '사법경찰로서의 직무를 수행함에 있어 검사의 직무를 수행할 수 있다'고 해석했던 것이 아닌가하는 생각이 들기도 한다.

20) 앞의 주 14) 논문, 224면 참조.

21) 공수처법 제8조 제4항은 문언 자체에 의해 검사의 직무를 행하는 수사및사법고위공직자범죄등에 대하여만 적용되고, 사법경찰의 직무를 행하는 일반고위공직자범죄등에 대하여는 적용되지 않는 규정인데, 헌법재판소는 어떤 이유에서인지 이러한 차이를 인식하지 못하고 공수처법 제8조 제4항이 공수처의 모든 관할범죄에 적용되는 것으로 착각을 하였다. 공수처법 제8조 제4항이 그렇게 어려운 규정이 아닌데도 불구하고 이러한 혼란을 겪은 이유를 이해할 수 없다; 혼돈을 피하고 이해의 편의를 위해 이하에서는 검사(P), 검찰청 검사(PP), 공수처 검사(CP), 공익의 대표자 요건(X), 인권옹호기관의 요건(Y), 법률전문가 자격 요건(Z)을 사용한다.

3. 기본 논증의 실패 - 삼단논법의 대전제의 미충족

공수처 검사도 헌법의 영장신청권자인 검사에 포함된다는 결론을 내리기 위하여 헌법재판소가 제시한 논리는 3단논법(연역법)이다.[22] 헌법의 취지에 비추어 검찰청 검사(PP)만 헌법의 영장신청권자인 검사(P)가 되는 것은 아니라는 헌법재판소의 주된 결론의 주장은 타당하다. 헌법재판소는 이러한 취지를 배경으로 '헌법 제12조 제3항, 제16조에서 법관(판사)이 검사가 신청한 영장에 대하여만 영장의 발부여부를 결정하도록 규정한 취지(검사의 독점적 영장신청권)에 비추어 공수처 검사도 헌법의 영장신청권자인 검사에 포함되어 영장신청권을 갖는다'는 기본 논증을 제시한다. 헌법이 검사(P)에게만 영장신청권을 부여한 취지는 검사(P)가 공익의 대표자(X), 인권옹호기관(Y), 법률전문가(Z)라는 특성을 가지고 있기 때문인데, 공수처 검사(CP)도 X, Y, Z을 가지고 있으니, 영장신청권이 있다는 것이다. 그렇지만 대전제인 문단(2)는 문언 자체로 P, X, Y, Z라는 4가지 요건의 충족을 필요로 하고, X, Y, Z라는 3가지 요건만으로는 부족하다.[23] 따라서, 문단(3),(4)의 기본논증은 대전제인 문단(2)를 충족시키기 못하고 있다. 문단(3),(4)에서 헌법재판소는 CP가 X, Y, Z을 갖추었으니 CP도 영장신청권자라고 주장하지만, CP가 P라는 것을 주장·증명하지 않는 한 대전제가 요구하는 P, X, Y, Z을 만족시키지 못한다. 헌법재판소의 3단논법은 소전제가 대전제를 주장 자체로 만족시키지 못하므로 실패한 논증이다.

---

22) 귀납법과는 달리 연역법은 그 특성상 단계별 요건이 충족되면 결론의 타당성이 100% 보장되는 완벽한 논증이다.

23) 헌법 제12조 제3항, 제16조는 P(검사)를 영장신청권자로 지정하고 있으니, 영장신청권자가 되기 위하여는 일단 P(검사)여야 한다. 실제로 헌법재판소 결정의 문단(2) 자체도 이러한 취지를 포함하고 있다. 그런데, 헌법재판소는 P, X, Y, Z라는 4가지 요건의 충족이 필요하다는 취지를 스스로 제시하고도 실제로 이를 적용할 때는 CP가 X, Y, Z라는 3가지 요건을 충족하기 때문에 헌법의 영장신청권자인 검사에 해당된다고 판단하였던 것이다. 즉, 원래의 요건은 P, X, Y, Z인데 헌법재판소는 CP, X, Y, Z으로 충분하다고 생각한 것이다. 여기서 CP가 P라면 헌법재판소의 주장이 맞겠지만, 공수처법은 공수처 검사(CP)의 직명을 공수처 검사가 실제로는 사법경찰에 불과한 경우에도 사용하게 하고 있기 때문에 CP라는 이름만으로는 P라고 볼 수 없다. 물론 공수처법 제8조 제4항은 일반고위공직자범죄등에는 적용되지 않기 때문에 일반고위공직자범죄등에 대하여는 X, Y도 충족이 되지 않는다.

4. 보강 논증의 오류 - 검사의 본질인 공소권을 검사로부터 분리

헌법재판소는 대전제[문단(2)]를 충족시켜 기본 논증을 완성하기 위하여 "공수처 검사(CP)도 검사(P)이다"라는 주장·증명이 필요하였다. 헌법재판소는 어떤 이유에서인지 공소권이 없는 범죄에 대하여도 '공수처 검사(CP)는 검사(P)이다'라는 "직접적" 주장을 하지는 않고, 문단(4)에서 이를 보완하는 보강 논증을 통하여 간접적인 방식으로 추가하였다. 필자가 이 부분을 "보강" 논증으로 분류한 이유는 헌법재판소가 이 부분을 적극적 문장으로 주장·증명하지 않으면서, 예상되는 비판에 대하여 추가적·예비적으로 하는 주장처럼 기재하였기 때문이다. 보강 논증에는 적극적 주장이 없고, 부정문만 사용함으로써 논리적으로만 적극적 주장을 끌어낼 수 있도록 하고 있다.

이러한 복잡한 문법을 이해하기 위하여 보강 논증이 포함된 문단(4)의 관련 부분을 모두 검토한다.[24]

> "또한 공소제기 및 유지행위가 검찰청법상 검사의 주된 직무에 해당한다고 할 것이나, 앞서 살펴본 바와 같이 헌법에서 검사를 영장신청권자로 한정한 취지는 검사가 공익의 대표자로서 인권을 옹호하는 역할을 하도록 하는 데에 있고, 검사가 공소제기 및 유지행위를 수행하기 때문에 검사를 영장신청권자로 한정한 것으로 볼 수는 없다. 즉 헌법상 공소권이 있는 검사에게만 반드시 영장신청권이 인정되어야 하는 것은 아니다. 수사처검사가 공익의 대표자로서 수사대상자의 기본권을 보호하는 역할을 하는 한 수사처검사가 영장신청권을 행사한다고 하여 이를 영장주의원칙에 위반된다고 할 수 없고, 공소권의 존부와 영장신청권의 행사 가부를 결부시켜야 한다는 주장은 직무와 지위의 문제를 동일하게 본 것으로 받아들이기 어렵다."

'헌법에서 검사를 영장신청권자로 한정한 취지는 검사가 공익의 대표자로서 인권을 옹호하는 역할을 하도록 하는 데에 있고, 검사가 공소제기 및 유지행위를 수행하기 때문에 검사를 영장신청권자로 한정한 것으로 볼 수는 없다.'는 주장은 기본 논증의 반복이다. 검사가 공소권을 행사하기 때문에 영장신청권자로 지정된 것이 아니며, "공소권을 행사하는 검사(P)"가 공익의 대표자(X), 인권옹호기관(Y), 법률

---

24) 헌재 2021. 1. 28. 고위공직자범죄수사처 설치 및 운영에 관한 법률 위헌확인 2020헌마264 등, 공보 제292호, 252-253면.

전문가(Z)의 요건도 갖추었기 때문에 헌법은 검사를 영장신청권자로 지정한 것이다.[25] '수사처검사가 공익의 대표자로서 수사대상자의 기본권을 보호하는 역할을 하는 한 수사처검사가 영장신청권을 행사한다고 하여 이를 영장주의원칙에 위반된다고 할 수 없[다]'는 주장은 관할범죄별 공소권의 유무에 따른 차이를 포함하고 있지 않은 포괄적 주장으로 수사및사법고위공직자범죄등에 대하여 타당한 설명이다. 앞에서 보았듯이 공수처 검사가 공소권을 가진 수사및사법고위공직자범죄등에 대하여 공수처법 제8조 제4항, 검찰청법 제4조 제1항을 통하여 공익의 대표자, 인권옹호기관으로서의 역할을 이끌어 내는 것은 타당하지만, 사법경찰인 일반고위공직자범죄등에 대하여는 공수처법 제8조 제4항, 검찰청법 제4조 제1항에 의해 공익의 대표자, 인권옹호기관으로서의 역할을 도출할 수 없다.

결국 문제는 보강 논증 부분이다. 앞의 기본 논증에서 본 바와 같이 헌법재판소의 기본 논증의 삼단논법을 완성하는 마지막 연결 고리는 "CP(공수처 검사)도 P(검사)이다"이다. 보강 논증에 이르러 헌법재판소는 "공소권이 있는 검사에게만 반드시 영장신청권이 인정되어야 하는 것은 아니다."라는 표현을 통해, "공소권이 있는 검사" 외에도 영장신청권이 인정되는 자가 있다는 간접적 주장을 한다. 헌법이 명문으로 "검사"를 영장신청권자로 한정하고 있으므로 헌법재판소의 논리를 일관하면 "공소권이 있는 검사" 외에도 영장신청권이 인정될 수 있는 자는 "공소권이 없는 검사"일 것이다. 여기서 헌법재판소의 보강 논증 부분이 공수처 검사에게 공소권이 없는 일반고위공직자범죄등을 그 직접 대상으로 하고 있다는 것을 알 수 있다. 그런데, 검사의 본질은 공소권이다. 이러한 모순을 해결하기 위하여 결국 헌법 재판소는 뒤이어 "공소권의 존부와 영장신청권의 행사 가부를 결부시켜야 한다는 주장은 직무와 지위의 문제를 동일하게 본 것으로 받아들이기 어렵다"라고 설시한다. '공소권의 존부'(직무)와 '헌법의 영장신청권(자) = 검사'(지위)가 동일하지 않다고 부연함으로써 검사의 본질로부터 공소권을 배제하고 있다. 검사의 본질에서 공소권이 배제되면 공소권이 없어도 검사가 될 수 있다. 이에 따르면 공수처 검사는 '공소권이 있는 검사'와 '공소권이 없는 검사'의 상위 범주가 되기 때문에 헌법의 영장신청권이 인정되는 '검사'이며, 공수처는 완전한 검사조직이 된다. 이러한 결론의 타면

25) "P = X∧Y∧Z"가 아니다. P가 X, Y, Z의 요건도 추가적으로 갖추었기 때문에 P를 영장신청권자로 한정한 것이므로, 논리적으로는 P는 X, Y, Z 이전에 이미 P로서 존재하며, 그것이 공소권(소추권)인 것이다. 즉, 헌법의 영장신청권자로서의 요건은 "X∧Y∧Z"가 아니라 "P∧X∧Y∧Z"이다.

은 공수처 검사는 공소권이 없는 일반고위공직자범죄등에 대하여도 검사로 인정됨으로써 일반고위공직자범죄등에 대하여는 "수사권(사법경찰) + 공익의 대표자 + 인권옹호기관 + 법률전문가"="검사"라는 새로운 검사 개념이 창조된다. 이러한 검사 개념은 존재한 적이 없기 때문에 헌법과 형사소송법이 이러한 검사 개념에 기초하였을 가능성은 전혀 없으며, 이 부분에서 헌법재판소는 원래의 헌법과 형사소송법의 문언과 다른 새로운 "검사" 개념을 창조하고 헌법을 사실상 개정한 것이다.

그런데 왜 헌법재판소는 헌법과 형사소송법의 기본 전제를 부인하고 공소권(직무)과 영장신청권(검사)을 분리함으로써 일반고위공직자범죄등에 관하여 공소권이 없는 공수처 검사가 일반고위공직자범죄등에 관하여 "검사"로서 영장신청권이 인정된다고 하였을까? 물론, 그 시작점은 공수처 검사에게 관할범죄 전체에 대한 영장신청권을 부여하여야 한다는 정책적 판단이었을 것이다. 헌법재판소의 결정문을 보면 이러한 정책론이 검사의 수사와 사법경찰의 수사의 혼동과 결합하여 논리적 모순으로 이끈 것으로 보인다. 헌법재판소는 영장신청권자로서의 '검사'는 '검찰권을 행사하는 국가기관'인 검사라고 하고 있다.[26] 공수처가 설립되기 이전부터 일반적으로 통용되어 오던 정의이다. 여기서 헌법재판소는 검찰청법 제4조 제1항 제1호에 규정되어 있는 '수사권'도 '검찰권'의 일부이니 수사를 하는 기관도 '공익의 대표자 + 인권옹호기관 + 법률전문가'의 요건을 추가하면 검사가 된다고 본 것으로 추정된다. 그러나 검사를 정의하는 '검찰권을 행사하는 국가기관'은 검찰청 소속 검사를 설명하는 것이다. 공수처 검사는 공수처권을 행사하는 국가기관이고, 경찰은 경찰권을 행사하는 국가기관이다. 실질적 내용이 없는 동어반복인 형식적 정의이다. 검찰청법 제4조에 규정된 검찰권에는 수사와 공소가 포함되어 있다(검찰청법 제4조 제1항 제1호). 검사의 수사는 외견상 사법경찰의 수사와 구별하기 어렵다. 즉, 검사의 수사와 공소는 마치 사법경찰의 수사와 검사의 공소를 결합한 것처럼 보인다. 헌법재판소는 공수처 검사의 일반고위공직자범죄등에 대한 수사에 관하여 "검사의 수사 + 공익의 대표자 + 인권옹호기관 + 법률전문가"= "영장신청권자인 검사"라고 생각했던 것으로 보인다. 그러나, 공소권이 없는 사법경찰의 수사는 검

26) "영장신청권자를 검사로 한정한 취지를 고려할 때, 영장신청권자로서의 '검사'는 '검찰권을 행사하는 국가기관'인 검사로서 공익의 대표자이자 인권옹호기관으로서의 지위에서 그에 부합하는 직무를 수행하는 자를 의미하는 것이지, 검찰청법상 검사만을 지칭하는 것으로 보기 어렵다."(강조는 필자) 헌재 2021. 1. 28. 고위공직자범죄수사처 설치 및 운영에 관한 법률 위헌확인 2020헌마264 등, 공보 제292호, 252면.

사의 수사가 아니다. 검사의 수사는 공소권에서 연장된 것이며 기소와 공소유지에 대한 법적 책임하에서의 수사이다. 그런데, 사법경찰의 수사는 이러한 기소와 공소유지에 대한 책임과 권한이 없는 수사이다. 공수처 검사는 일반고위공직자범죄등에 대하여 공소권이 없기 때문에 사법경찰의 수사를 하는 것이며 검사의 수사가 아니다. 따라서 "검사의 수사 + 공익의 대표자 + 인권옹호기관 + 법률전문가"라고 생각했던 것은, 사실은 "사법경찰의 수사 + 공익의 대표자 + 인권옹호기관 + 법률전문가"였던 것이다.[27] 사법경찰의 수사는 사법경찰의 수사로서의 기능과 역할이 있고, 검사의 수사는 검사의 수사로서의 기능과 역할이 있는 것이며 서로 다른 것이다.[28]

앞에서 보았듯이 공수처법 제8조 제4항은 검사의 직무를 행하는 경우에 적용되는 규정으로 사법경찰의 직무를 행하는 일반고위공직자범죄등에는 적용이 되지 않는다. 그런데, 헌법재판소가 생각하듯이 공소권이 없이 수사권만 있는 사건에 대하여도 공수처법 제8조 제4항이 적용되고, 이를 근거로 "사법경찰의 수사 + 법률전문가 + 공익의 대표자 + 인권옹호기관"="검사"가 된다면, 결국 변호사의 자격을 일정기간 보유한 법률전문가중에서 임명한 사법경찰에게 검찰청법 제4조를 적용하도록 '국가경찰과 자치경찰의 조직 및 운영에 관한 법률'(경찰법)만 개정하면 사법경찰도 헌법이 영장신청권자로 한정하고 있는 "검사"에 포함되어 영장신청권이 인정된다. 이것은 "우리 헌법이 영장주의를 실현하는 과정에서 수사단계에서의 영장신청권자를 검사로 한정한 것은 검찰의 다른 수사기관에 대한 수사지휘권을 확립시켜 종래 빈번히 야기되었던 **검사 아닌 다른 수사기관**의 영장신청에서 오는 인권유린의 폐해를 방지하고, 반드시 법률전문가인 검사를 거치도록 함으로써 다른 수사기관의 무분별한 영장신청을 막아 기본권침해가능성을 줄이는 데에 그 목적이 있다."[29]라는 헌법재판소 스스로가 인용한 선례의 내용과 배치된다. 검사로만 영장신청권자를 한정한 헌법 규정의 타당성에 대하여 논란의 여지가 많지만, 위 선례는 적어도 "'검사'가 아닌 다른 수사기관"은 영장신청권이 인정되지 않는다는 헌법의

---

27) "사법경찰의 수사 + 법률전문가 + 공익의 대표자 + 인권옹호기관"이라는 구조 자체도 앞에서 본 바와 같이 헌법재판소가 검사로서의 직무를 행하는 경우에 적용되는 공수처법 제8조 제4항을 사법경찰의 직무를 행하는 경우에 적용하였기 때문에 발생하는 오류이다.

28) 앞의 주 14) 논문, 231－232면 참조.

29) 헌재 2021. 1. 28. 고위공직자범죄수사처 설치 및 운영에 관한 법률 위헌확인 2020헌마264 등, 공보 제292호, 252면(강조는 필자).

문언과 일치한다. 기존의 선례에서 "검사 아닌 다른 수사기관"과 "검사"의 구분은 공소권을 기준으로 한 것인데, 헌법재판소는 공소권이 없는 수사기관인 일반고위공직자범죄등을 수사하는 공수처 검사(그 명칭과 달리 실질은 사법경찰)가 일반고위공직자범죄등에 대하여 헌법의 영장신청권자인 검사에 해당한다고 하였다. 결국 헌법재판소는 공수처법의 해석을 통해 기존의 헌법과 헌법재판소의 선례가 전제로 하였던 공소권자로서의 검사 개념을 변경함으로써 헌법의 검사의 의미를 실질적으로 변경하고, 헌법을 사실상 개정한 것이다.

5. 보강 논증의 오류의 재확인 - 검사와 사법경찰의 구별 불가

헌법재판소 결정에 따라 공수처 검사는 공소권이 없는 일반고위공직자범죄등에 관하여도 "검사"로서 영장신청권이 인정된다는 주장에 따르면 다음과 같은 모순이 발생한다.[30] 위 헌법재판소 결정이 옳다고 가정하자. 헌법의 영장신청권자인 검사로서 공수처 검사가 일반고위공직자범죄등에 대하여 법관에게 신청한 구속영장이 발부되면 그렇게 하여 구속된 피의자에 대한 공수처 검사의 구속기간은 "검사"의 구속이므로 최장 20일이 된다(형사소송법 제203조). 그런데, 공수처 검사가 공수처법 제26조에 의해 검찰에 송치하면 검찰청 검사는 다시 검사로서 최대 20일 동안 구속이 가능하다(형사소송법 제203조). 일반 범죄의 피의자는 사법경찰의 구속기간이 최장 10일이기 때문에(형사소송법 제202조), 송치받은 검찰청 검사의 구속기간 20일을 합쳐 최장 30일이 구속기간이다. 따라서, 공수처 검사가 일반고위공직자범죄등에 대하여 영장신청권자인 검사로서 구속한 결과가 위법하다는 것은 명백하다. 이러한 위법을 피하기 위하여는 공수처 검사가 위와 같이 신청한 구속영장에 의한 구속은 "사법경찰"로서 구속한 것으로 보아 최장 10일이라고 할 수밖에 없다. 이러한 결론은 결국 공수처 검사가 일반고위공직자범죄등에 대하여 신청한 영장은 "검사"로서 신청하였다는 처음의 결론과 모순된다. 즉, 처음부터 공수처 검사는 일반

30) 필자의 주장은 '공소권이 없는 자는 검사가 아니다'이다. 즉, 공소권이 없는 공수처 검사는 검사가 아니다(일반공직자범죄등에 대하여 공소권이 없는 공수처 검사는 일반고위공직자범죄등에 대하여는 검사가 아니다). 헌법재판소 결정은 '공소권이 없는 공수처 검사도 검사다'이다. 필자가 틀리고 헌법재판소가 맞다고 가정하자. 논리학에서 오류를 검증하는 방법으로 그것이 옳다고 전제를 한 뒤에 모순되는 결론이 나오면 그 전제가 거짓임을 증명하는 방법을 귀류법이라고 한다. 앞의 각주 5)의 책, 109면.

고위공직자범죄등에 대하여 영장신청권자인 “검사”가 아니고, “사법경찰”이었던 것이다.

헌법재판소 결정을 지지하는 입장은 이러한 문제점을 해결하기 위하여 공수처법에 공수처 검사가 일반고위공직자범죄등에 대하여 신청한 구속영장에 의해 구속된 피의자에 대한 공수처 검사의 구속기간을 10일로 제한하는 공수처법 개정을 하자고 제안할 것이다. 이러한 개정은 헌법위반의 문제를 해결할 수 없을 뿐만 아니라, 형사소송법의 근본체계와 충돌하기 때문에 근본적인 모순들이 계속 발생하는 것을 막을 수 없다. 이 문제는 다음의 3가지 방법으로 해결이 가능하다. 첫째는 헌법을 개정하여 영장신청권자를 검사로 한정한 규정을 바꾸는 것이다. 둘째는 헌법과 현행 공수처법의 규정에 맞게 공수처법을 운용함으로써 해결하는 것이다. 공수처법이 공수처 검사를 일반고위공직자범죄등에 대하여 사법경찰로 규정한 그대로 공수처 검사의 일반고위공직자범죄등에 대한 영장신청권을 부정하면 된다. 셋째는 공수처법을 개정하여 공수처 검사에게 일반고위공직자범죄등에 대한 공소권을 부여하여 공소권과 수사권이 일치되도록 함으로써 일반고위공직자범죄등에 대한 영장신청권이 인정되도록 하는 것이다.

Ⅳ. 헌법재판소 결정이 초래할 모순과 혼란

1. 수사 · 기소 분리 주장과 충돌

검경수사권 조정의 기본 방향은 검찰의 수사권을 제한하여 원칙적으로 수사는 경찰이, 기소는 검찰이 하여야 한다는 ‘수사 · 기소 분리’였었다. 검경수사권조정 합의에 따라 검찰개혁입법이 대부분 이행된 지금도 수사와 기소의 분리를 더욱 철저히 이행하여야 한다는 주장이 있으며, 이러한 주장의 법리적 근거는 검사의 본질적 책무는 공소에 있다는 것이다. 이러한 주장의 당부당을 떠나, 검사의 본질로부터 공소권을 분리시킨 헌법재판소 방론의 결정은 의도하든 의도하지 않았던 간에, 검사의 본질적 책무는 공소에 있다는 수사 · 기소 분리 주장의 핵심 전제와 배치된다. 헌법재판소가 창조한 “수사권 + 공익의 대표자 + 인권옹호기관 + 법률전문가”=“검사”의 공식에 따르면 반드시 공소권이 검사의 본질이라고 하기는 어렵다. 이에 따르면 검사의 수사기관으로서의 역할을 축소하거나 배제할 필연적인 정책적

이유나 근거는 없다.

2. 공수처의 법적 구조와 성격 변경

현행 공수처법은 공수처를 원칙적 사법경찰기관으로 보고 있으며 공수처의 검사조직으로서의 성격은 예외적이다. 즉, 공수처 검사는 그 명칭에도 불구하고 원칙적 사법경찰이며, 검사로서의 지위는 수사및사법고위공직자범죄등에 대하여 예외적으로 인정될 뿐이다. 공수처법의 정책적 타당성을 떠나, 입법자인 국회의 정치적 결단이 그러하였던 것은 공수처법의 입법과정과 내용에 비추어 명백하다.[31] 그렇다면 공수처법의 해석은 이러한 공수처법 제정 목적·취지와 규정 내용에 따라야 하는데, 헌법재판소는 공수처법을 제정한 국회가 전혀 의도하지 않았던 완전한 검사조직으로서의 공수처를 창조하였다. 공소권이 없는 검사라는 개념을 통해 일반고위공직자범죄등의 수사에 헌법이 검사에게 독점적으로 인정한 영장신청권을 부여하였다. 헌법재판소에 의해 공수처 검사는 공소권이 있는 사건에 대하여는 공소권이 있는 검사로서, 공소권이 없는 사건에 대하여는 공소권이 없는 검사로서 모두 검찰청법 제4조의 적용을 받는 검사가 되었다. 공소권이 없어도 헌법이 명시적으로 '검사'라고 한정한 영장신청권을 행사할 수 있다면 다른 권한들도 관련 법령의 해석이나 공수처 규칙의 제정을 통해서 획득·확장하는 것은 그리 어려운 일이 아닐 것이다.[32] 공수처를 검사조직으로 구성하고자 했으나 국회에서 결국 채택되지 못했던 법안들의 실질적 내용을 헌법재판소가 사실상 법제화시켜 주는 것이다. 헌법재판소의 합헌결정은 실질적으로는 공수처 검사의 공소권과 이와 필연적으로 결합된 검사로서의 권한들을 일반고위공직자범죄등에 있어서 제한한 현행 공수처법(국회의 정치적 결단)에 대한 위헌결정이었던 것이다.

---

31) 앞의 주 14) 논문, 218-225면 참조.

32) 공수처 규칙으로 국민의 권리·의무에 관한 사항을 정하는 것은 헌법에 위반된다고 할 것이다. 박진우, "고위공직자범죄수사처 설치 및 운영에 관한 법률의 헌법적 쟁점에 관한 연구", 『입법학연구』 제17집 제1호, 한국입법학회, 2020, 331-332면; 행정규칙에 불과한 공수처 규칙으로 국민의 권리와 의무에 관한 법규사항을 정하려고 한 것은 위헌적인 소지가 보이므로 계속적인 비판의 대상이 될 것으로 보인다. 서보건, "고위공직자범죄수사처 설치 및 운영에 관한 법률(공수처)에 대한 법제도적 과제와 전망", 『공법학연구』 제21권 제4호, 한국비교공법학회, 2020, 140면.

3. 검찰과의 마찰과 공수처법의 실패

헌법재판소는 공소권이 없는 범죄에 대하여도 공수처 검사에게 헌법의 영장신청권이 있다고 결정하여, 헌법, 공수처법, 검찰청법, 형사소송법의 규정의 의미를 실질적으로 변경하였다. 검찰청 검사, 공수처 검사 모두 형사소송법의 전문가이다. 헌법재판소의 결정전까지는 공수처 검사의 영장신청권은 공수처 검사가 공소권을 가지고 있는 수사및사법공직자범죄등에 대하여는 인정되고, 공소권이 없는 일반고위공직자범죄등에 대하여는 인정되지 않는다고 해석했을 것이다. 이러한 해석은 누구도 다투기 어려운 공소권이라는 명확한 기준에 근거한 것이기 때문에 공수처나 검찰이나 내심 불만이 있더라도 받아들일 수밖에 없는 내용이고, 두 기관이 이를 놓고 대립할 쟁점도 아니었다. 그런데, 헌법재판소의 결정은 헌법의 문언의 실질적 의미를 변경하여 공소권 없는 검사의 개념을 만들고, 일반고위공직자범죄등에 대하여 공수처 검사에게 구속, 압수·수색 등 영장신청권을 부여하였다.[33)]

개인이든 기관이든 이익과 권한을 추구하는 본성을 가지고 있으며, 이것을 배분하고 제한하는 것이 법이다. 법과 상식을 넘어 기존의 권한 배분을 변경하려면 논란의 여지가 없는 압도적인 정당성을 제시하여야 한다. 이러한 정당성의 뒷받침이 없는 재배분은 권한을 더 가지게 된 자와 뺏긴 자의 타협하기 어려운 갈등을 촉발한다. 헌법의 영장신청권자인 검사에 공소권 없는 기관도 포함된다는 해석은 일반인들은 모르지만, 법조인이나 법률가가 받아들이기는 어려운 내용이다. 그런데, 공수처는 헌법재판소의 결정을 근거로 일반고위공직자범죄등에 대하여 영장신청권을 행사하였다. 앞으로 공수처법이 명확하게 구체적으로 규정하지 않은 직무와 권한에 관하여는 공소권이 없는 사건에 대하여도 검찰청 검사와 동등한 검사로서의 권한 획득을 추구할 가능성이 있으며, 실제로 이러한 조짐이 나타나고 있다.[34)]

---

33) 연합뉴스, “공수처, ‘조희연 수사’ 본격화…서울교육청 압수수색(종합)”, (2021. 5. 18.), https://www.yna.co.kr/view/AKR20210513180252004 2021. 8. 18. 최종접속; 한겨레, “또 검찰–공수처 ‘권한 다툼’, 국회 입법으로 해결해야”, (2021. 8. 4.), https://www.hani.co.kr/arti/opinion/editorial/1006469.html, 2021. 8. 18. 최종접속.

34) “불기소 처분을 두고도 문제가 생길 여지가 있다. ‘기소권이 없는 사건은 불기소권도 없다’는 것이 검찰 쪽 입장이다. 다시 말해, 기소권이 없는 사건에서 공수처 검사 신분은 경찰과 크게 다르지 않기 때문에 공수처가 불기소를 결정할 수 없다고 검찰은 판단하고 있다. 공수처 입장은 다르다. 헌법재판소를 통해 공수처 검사의 영장청구권이 있다고 판단 받는 등 검사 지위를 인정받은 만큼, 검사가 가진 권한인 불기소 처분 또한 가능하다는 게 공수처 설명이다. 또한

그런데, 일반고위공직자범죄등에 대하여 이러한 과정을 통한 권한 획득이 공수처 검사의 지위와 역할을 실질적으로 "검사"로 변경하여 주지 못하는데 근본적인 문제가 있다. 공수처 검사가 일반고위공직자범죄등에 대하여 "검사"로 인정을 받아 영장을 발부받아 강제수사를 할 수 있더라도, 공수처법 제26조는 그 다음 단계에서 공수처 검사는 결국 다시 사법경찰이라는 것을 보여준다. 헌법재판소도 현행 공수처법의 해석에 의해 공수처 검사에게 일반고위공직자범죄등에 대한 공소권을 부여할 수는 없다. 결국, 공소는 검찰청 검사의 권한이며, 원칙적으로 검찰청 검사의 수사지휘를 받아야 한다.[35] 우리 형사소송법 체계에서 공소제기 여부는 궁극적으로 검사의 권한이며, 사법경찰은 준사법기관인 검사의 사법적 통제를 받아야 한다. 일반고위공직자범죄등을 수사하는 공수처 검사는 사법경찰인데 수사및사법고위공직자범죄등을 담당하는 공수처 검사와는 실질적인 업무 관련이 없는 병렬적 관계이기 때문에, 결국 우리 법제하에서는 검찰청 검사의 사법적 통제를 받게 하거나, 사법적 통제를 포기하여야 한다. 현재 발생하고 있는 공수처와 검찰과의 관계 상황에 비추어 공수처 검사가 자발적으로 검찰청 검사의 사법적 통제를 받으려고 할 것으로 예상하기는 어렵다. 이러한 과정을 통하여 공수처 검사는 일반고위공직자범죄등에 대하여 일면으로는 검사로서의 권한 확보를 꾀하고, 타면으로는 검찰의 사법적 통제에 대하여 불응함으로써 불필요한 검찰과의 갈등이 계속되고 공수처법의 궁극적 입법 목적은 실패할 가능성이 생긴다. 공수처가 대통령, 국회의원 등을 포함한 일반고위공직자범죄등에 대하여 가지고 있는 권한은 사법경찰의 수사권이기 때문에 공소권자인 검찰청 검사와의 상호협력 없이 기소와 공소유지를 통한 형사사법 정의의 달성이라는 궁극적 목적을 달성하기 쉽지 않다. 헌법재판소 결정이 앞으로 법원의 판례에 의해 유지되어 공수처 검사가 일반고위공직자범죄등에 대하여 영장신청권을 계속 행사한다고 하더라도, 공수처법의 근본적인 추가 개정이 없는 한 공소권의 뒷받침이 없는 사법경찰의 한계를 벗어날 수 없다. 공수처법은 대통령을 포

공수처법 27조에 "(공수)처장은 고위공직자범죄에 대하여 불기소 결정을 하는 때에는 해당 범죄의 수사과정에서 알게 된 관련 범죄 사건을 대검찰청에 이첩해야 한다"라고 규정돼 있기 때문에 불기소 결정권이 있다는 것이다."(강조는 필자) 한겨레, "결론 임박한 조희연 수사…공수처-검찰 '권한 싸움' 우려", (2021, 7. 28.), https://www.hani.co.kr/arti/society/society_general/1005536.html 2021. 8. 18. 최종접속.

35) 앞으로 공수처법 제27조(처장은 고위공직자범죄에 대하여 불기소 결정을 하는 때에는 해당 범죄의 수사과정에서 알게 된 관련범죄 사건을 대검찰청에 이첩하여야 한다)는 제26조와의 관계가 문제될 것이다.

함한 정부의 중요 고위공직자들, 국회의원과 같은 권력자들의 공직부패범죄에 대한 대책을 주된 목적으로 만들어진 기구이다. 그런데, 헌법재판소의 결정은 이렇게 쉽지 않은 목적 달성을 위해 설립된 공수처가 그 중요한 목적에 충실하기보다 검찰과의 권한 다툼과 검찰견제를 중심으로 운영되도록 촉발한 것이다.[36] 앞에서도 언급하였듯이 그 타당성을 별론으로 하고, 공수처의 설립 목적과 수사권·공소권의 배분은 입법자의 결단이었다.[37] 헌법재판소가 이러한 입법이 잘못되었다고 판단하여 공수처법이 예정하지 않은 권한(일반고위공직자범죄등에 대한 영장신청권)을 헌법과 법률의 취지에 반하여 부여하게 되면 그 부작용이 나타나는 것이다.

4. 헌법재판소 결정이 초래·유지·강화하는 실무적 혼란과 위법상태

공수처 검사는 일반고위공직자범죄등에 대한 사법경찰의 직과 수사및사법고위공직자범죄등에 검사의 직을 겸직하는 것이다. 사법경찰의 수사와 검사의 수사는 각각 그 역할과 기능이 다르다. 공수처 검사는 사법경찰로서 일반고위공직자범죄등에 대하여 수사할 때 공소권이 없는 사법경찰로서 수사를 해야지, 공소권을 가진 검사로서 수사를 하여서는 안된다. 검사가 자신이 경찰이라고 생각하면서 수사하여서는 안 되고, 경찰이 자신을 검사라고 생각하면서 수사를 하여서는 안 되는 것과 같다. 그런데 공수처법은 직무별 직명의 엄격한 구분 사용이라는 겸직의 법리를 따르지 않고, 공수처 검사가 사법경찰로서 일반고위공직자범죄등을 수사하는 경우에도 검사의 직명을 사용하도록 하고 있다. 게다가 헌법재판소는 공수처 검사가 공소권이 없는 사건에 대하여도 "검사"라고 하면서 헌법의 영장신청권자인 "검사"에 해당한다고 주장한다. 이러한 오해와 혼란은 단지 검찰과 공수처간의 권한 배분 문제에 그치는 것이 아니다. 일반고위공직자범죄등에 관하여 공수처 검사가 수사할 때 수사의 상대방과 관련자들은 수사를 하고 있는 기관이 정말로 검사인지, 사법경찰인

---

36) 공직부패척결을 위해 상호 협력하여야 할 공수처와 검찰의 권한 배분을 둘러싼 갈등은 공수처의 주된 설립 목적을 공직부패척결로부터 검찰견제로 변경한다. 법무부 자문기관인 법무·검찰개혁위원회(위원장 한인섭)가 권고한 공수처법안 제22조는 공수처, 검찰, 경찰을 포함하는 모든 수사기관이 고위공직자범죄등의 적정한 처리를 위하여 상호 협력하여야 한다고 규정하였다. 이윤제, "국민의 공수처 VS 검찰의 수사처", 『형사법연구』 제29권 제4호, 2017, 199면.

37) 공수처법은 검찰분권형 모델이 아닌 부패방지형 모델을 택했다. 오병두, "공수처, 어떻게 운영되어야 하나－공수처의 운영방향에 관한 제언－", 『형사정책』 제32권 제2호, 2020, 128－131면.

지를 알 권리가 있다. 피의자가 공소권을 가진 검사의 선처를 바라면서 수사중에 자신이나 공범의 범죄를 자백하거나 수사에 협력하는 경우는 실무상 흔하다. 경찰이 검사라고 써 있는 공무원증을 착용하고, 검사라는 호칭으로 불리면서 피의자신문을 한다고 생각하면 이 문제의 심각성을 알 수 있을 것이다. 공수처 검사가 일반고위공직자범죄등을 수사하면서 받은 자백에 대하여 피의자가 나중에 검사인줄 알고 자백했다고 이의를 제기할 때 과연 공수처 검사가 공수처법의 규정과 헌법재판소의 결정에 따랐다는 이유로 피의자의 주장이 부당하다고 할 수 있는가? 자백 문제만이 아니더라도, 국가기관 그것도 수사기관의 법집행은 정정당당하여야 하는데, 사법경찰(공수처 검사)이 상대방에게 검사라는 직명을 사용하면서 수사를 하는 것은 떳떳하지도 못하고, 정당화될 수도 없다. 사법경찰이 사법경찰의 직무를 행하면서 검사의 명칭을 사용하는 것은 상식과 겸직의 법리에 맞지 않으며 피의자의 권리를 침해할 수 있는 심각한 문제로서 헌법과 인권을 수호하는 헌법재판소가 이 부분을 지적하였어야 했는데, 오히려 헌법재판소는 공수처 검사는 공소권이 없는 사건에 대하여도 검사라고 결정함으로써 이러한 잘못을 보호하고 있다. 이에 따르면 공수처가 범죄별 직무에 따라 업무를 엄격히 구분하고 실체에 맞는 직명을 사용해야 할 이유가 없다. 우리 법제와 사회 시스템은 직명과 실체(권한)의 일치를 기초로 작동하고 있다. 공소권이 없는 사법경찰을 검사로 부르게 하고 업무를 처리하게 하면 이에 따른 모순과 부작용이 반드시 나타나게 된다. 수사권이 행사되는 상황에서 이것은 단순한 과대 의전 정도의 문제가 아니다. 어떤 사람들에게는 자신들의 평생이 달린 문제이다. 이것을 해결하는 길은 공소권을 기준으로 엄격히 업무를 구분하고, 실체에 맞는 직명을 사용하도록 하는 것이다. 공수처는 일반고위공직자범죄등과 수사및사법고위공직자범죄등의 업무를 엄격히 분리하고, 공수처 검사는 일반고위공직자범죄등에 대하여 수사할 때 자신은 공소권이 없으며, 법적으로는 사법경찰이라는 점에 대하여 명백히 고지하여야 한다. 법률가가 아닌 사람들은 검사와 사법경찰의 차이를 그 직명에 의해 구분하기 때문에 실제로 이러한 설명은 충분한 것도 아니다. 그런데, 헌법재판소의 결정은 이렇게 업무를 처리하여야 할 필요와 근거를 소멸시킨다.[38]

헌법재판소가 야기한 실무적 혼란은 여기에 그치는 것이 아니다. 법리적으로 발생이 가능한 문제점들을 한번 나열하여 보자. 공수처 검사가 일반고위공직자범죄등

38) 앞의 주 14) 논문, 233-235면 참조.

에 대하여 공수처 검사의 직명을 사용하여 업무를 처리하는 경우에 실질적으로는 공무원자격사칭(형법 제118조)에 해당하지만 구성요건적 착오(사실의 착오)로 고의가 없거나, (위헌 또는 위법하게) 잘못 만든 법령에 의한 행위(형법 제20조)로서 금지착오(법률의 착오)로 인한 위법성 인식의 결여, 위법성조각사유의 전제사실에 관한 착오 등이 검토될 수 있는 것에 불과하다. 공수처 검사가 이러한 법리 때문에 무죄라는 주장은 궁색하고 초라하다. 공수처가 일반고위공직자범죄등에 대하여 수집한 증거는 위법수집증거배제법칙의 적용 여부가 문제될 것이다. 공수처가 공소권이 없는 사건에 대하여 구속영장청구를 하여 피의자를 구속한 경우에 법리적으로는 불법체포·감금죄(형법 제124조)가 문제되고, 국가배상 등의 책임 문제가 발생한다. 검찰청 검사가 이를 해소하기 위하여 수사지휘권을 행사하는 경우에 이를 거부하면 직무유기죄(형법 제122조)나 인권옹호직무방해죄(형법 제139조) 문제가 발생한다. 마찬가지로 이러한 구속영장에 의하여 구속된 이후 수집된 증거에 대한 증거능력(독수독과)이 역시 문제된다. 유효한 선행행위를 전제로 하는 절차법으로서의 성격에 비추어 강제수사는 강제처분법정주의에 따라 적법성과 정당성의 기초가 튼튼하여야 하는데, 헌법과 법률에 근거가 없고 부합하지도 않는 헌법재판소 방론에 의해 피의자와 관련자들에게 수사 과정과 그 결과의 정당성을 납득시킬 수 있을지 걱정이며, 검찰청 검사가 과연 이렇게 수집된 증거들을 법원에 제출해 줄지도 의문이다. 공수처 검사가 일반고위공직자범죄등에 대하여 영장신청권을 행사하여 수집된 증거는 위법수집증거라고 검찰청 검사가 판단하면 어떻게 할 것인가? 공수처 관할범죄의 특성상 고위직들의 정치적 주장을 압도할 수 있는 권위가 필요한데 일반고위공직자범죄등에 대한 공수처의 영장신청권에 기한 강제수사는 이미 위헌·위법이 의심되는 상황이다.[39] 공수처 검사나 검찰청 검사나 모두 법원에 대한 법령의 정당한 적용 청구를 하여야 할 직무가 있다(공수처법 제47조, 검찰청법 제4조 제1항 제3호). 법원(법관)은 당연히 법령의 정당한 적용을 하여야 한다. 법원(법관), 검찰청 검사, 공수처 검사에게 헌법재판소 방론의 주장이 법령의 정당한 적용으로 보일 것인가?

V. 결

검사의 본질은 공소의 제기(기소)와 공소의 유지를 뜻하는 공소권(소추권)이다.

39) 앞의 주 13) 보고서, 50－51면 참조.

검사이면 공소권을 가지며, 공소권을 가지지 않으면 검사가 아니다. 공소권이 없는 검사는 모순(Oxymoron)이다. 공수처법은 원칙적 관할인 일반 고위공직자범죄등에 대하여 수사권을 갖는 수사기관(사법경찰조직)과 예외적 관할인 수사및사법고위공직자범죄등에 대하여 수사권과 공소권을 갖는 검사조직을 결합하였다. 다만, 특별수사관(사법경찰)과 특별검사(공수처 검사)를 각각 별도로 뽑지 않고, 일반고위공직자범죄등을 담당하는 사법경찰에게 수사및사법고위공직자범죄등에 대한 검사의 직을 겸직하도록 하도록 하면서 수사및사법고위공직자범죄등을 수사할 때도 검사의 직명을 사용하도록 허용하였다.

헌법재판소는 공수처법 제8조 제4항에 관한 판단의 방론에서 "공소권이 있는 검사에게만 반드시 영장신청권이 인정되어야 하는 것은 아니다."라고 주장하고, "공소권의 존부와 영장신청권의 행사 가부를 결부시켜야 한다는 주장은 직무와 지위의 문제를 동일하게 본 것으로 받아들이기 어렵다"라고 부연하였다. 검사의 본질에서 공소권을 배제함으로써 '공소권의 존부'(직무)와 '헌법의 영장신청권자＝검사'(지위)를 분리시킨 것이다. 검사의 본질에서 공소권이 배제됨으로써 공소권이 없는 공수처 검사도 검사가 될 수 있게 되었고, 공수처 검사는 공소권이 있는 검사와 공소권이 없는 '검사'의 상위 범주가 된다. 공수처 검사는 공소권이 없는 일반고위공직자범죄등에 대하여도 검사로 인정됨으로써 일반고위공직자범죄등에 대하여는 "수사권(사법경찰) ＋ 법률전문가 ＋ 공익의 대표자 ＋ 인권옹호기관"＝"검사"라는 새로운 검사 개념이 창조되었다.

헌법재판소 결정의 본질적 문제는 명백한 헌법의 규정을 정책적 목적을 위해 변경한 것이다. 영장신청권자를 "검사"로 한정한 헌법의 문언을 왜곡하여 "공소권이 없는 검사"도 "검사"라는 모순된 결론을 내리고, 헌법의 문언의 의미를 실질적으로 변경하였다. 일반고위공직자범죄등에 대한 수사를 담당하는 사법경찰이 "검사"라는 직명을 가지고 헌법의 영장신청권자로서의 "검사"의 권한을 행사하게 된다고 하여 공소권이 생기는 것이 아니지만, 헌법재판소의 결정은 이러한 모순된 상황을 정당화시켜준다. 이러한 모순은 결국 공소권이 없는 사법경찰로부터 수사를 받는지, 공소권이 있는 검사로부터 수사를 받는지를 알 권리가 있는 수사대상자와 관련자들의 권리를 침해하게 된다.

헌법재판소 결정을 지지하는 입장은 공수처 검사가 공소권이 없는 일반고위공직자범죄등에 대하여 수사할 때에도 형사소송법상 검사의 권한을 준용하는 규정을 두는 등 표면적인 모순을 해결하는 방안들을 제안하게 될 것이다. 그러나, 이러한 미봉적 대책들로는 헌법위반의 문제를 해결할 수 없을 뿐만 아니라, 형사소송법의 근본체계와 충돌하기 때문에 생기는 해결할 수 없는 모순들이 계속 발생하는 것을 막을 수 없다. 공소권이 없으면 검사가 아닌 것이지, 공소권이 없는 검사가 되는 것이 아니다. 헌법재판소의 잘못된 결정과 그것이 야기·유지 또는 강화한 모순 및 혼란은 다음의 3가지 방법으로 해결이 가능하다. 첫째는 헌법을 개정하여 영장신청권자를 검사로 한정한 규정을 바꾸는 것이다. 헌법재판소가 실질적으로 개정한 헌법의 내용대로 헌법을 바꾸는 것이다. 둘째는 헌법과 현행 공수처법의 규정에 맞게 공수처법을 운용하는 것이다. 공수처 검사의 일반고위공직자범죄등에 대한 영장신청권을 부정하면 된다. 셋째는 공수처법을 개정하여 공수처 검사에게 일반고위공직자범죄등에 대한 공소권을 부여하고 공소권과 수사권이 일치되도록 함으로써 일반고위공직자범죄등에 대한 영장신청권이 헌법에 따라 인정되도록 하는 것이다.

이러한 방법에 의해 헌법재판소가 초래한 혼란과 모순을 해결하기 전이라도 먼저 공수처는 현행 공수처법이 갖고 있는 모순을 시급히 실무적으로 제거하여야 한다. 일반고위공직자범죄등에 대한 수사와 수사및사법고위공직자범죄등에 대한 수사 및 공소 업무를 엄격히 분리하여야 한다. 공수처 검사는 당해 사건에서 공소권이 있는지 없는지(검사인지 사법경찰인지)를 수사의 상대방과 관련자들에게 명시적으로 문서로 고지하도록 하여 혼란을 줄이고 나중에 발생할 법적 문제를 최소화하여야 한다. 그리고, 국회는 공수처법을 근본적으로 개정하지 않더라도, 일반고위공직자범죄등에 대한 수사를 하는 경우에 공수처 검사는 공수처 특별수사관이라는 직명을 사용하도록 신속히 개정하여야 한다. 사법경찰이 사법경찰의 직무를 수행하면서 검사라는 직명을 사용하는 것은 모순일 뿐만 아니라 잘못된 것이다. 수사를 받는 상대방과 관련자들의 인권을 침해할 수 있는 심각한 문제이다. 헌법재판소는 공소권이 없는 검사도 검사라는 모순되는 결정을 내렸을 것이 아니라, 일반고위공직자범죄등을 수사하는 사법경찰이 검사라는 직명을 사용하도록 한 공수처법이 위헌이라고 결정하였어야 했다.

논문투고일 : 2021.08.27 논문심사일 : 2021.09.14 게재확정일 : 2021.09.27

【참고문헌】

[국내문헌]

강동욱 외, 『형사소송법 강의』, 도서출판 오래, 2021.

김종구 외, 『검찰제도론』, 법문사, 2011.

김지미, “기소독점주의의 폐해와 개혁방안”, ‘국회의원 민병두/금태섭/소병훈, 민주사회를 위한 변호사모임’ 주최 정책세미나 “견제와 균형을 위한 검찰 개혁 어떻게 할 것인가?” 자료집, 2017. 1. 24.

박진우, “고위공직자범죄수사처 설치 및 운영에 관한 법률의 헌법적 쟁점에 관한 연구”, 『입법학연구』 제17집 제1호, 한국입법학회, 2020.

법학전문대학원협의회, 법학적성시험 안내서, 한국방송통신대학교출판문화원, 2020.

송광섭, “국민이 체감할 수 있는 수사권 조정의 효과에 관한 연구”, 『치안논총』 제29집, 2013.

서보건, “고위공직자범죄수사처 설치 및 운영에 관한 법률(공수처)에 대한 법제도적 과제와 전망”, 『공법학연구』 제21권 제4호, 한국비교공법학회, 2020.

신동운, 『간추린 신형사소송법』 제13판, 법문사, 2021.

신태훈, “이른바 ‘수사와 기소 분리론’에 대한 비교법적 분석과 비판”, 『형사법의 신동향』 통권 제57호, 2017.

오병두, “공수처, 어떻게 운영되어야 하나－공수처의 운영방향에 관한 제언－”, 『형사정책』 제32권 제2호, 2020.

유엔마약범죄국·국제검사협회 공저/신태훈 역, “검사의 지위와 역할(The Status and Role of Prosecutors)”, 『형사법의 신동향』 통권 제47호, 2015.

이윤제, “국민의 공수처 VS 검찰의 수사처”, 『형사법연구』 제29권 제4호, 2017.

이윤제, “공수처 검사의 법적 지위에 대한 오해와 혼란”, 『형사법연구』 제33권 제3호, 2021.

이재상 외, 『형사소송법』, 박영사, 2021.

이주원, 『형사소송법』, 박영사, 2021.

이준보·이완규, 『한국검찰과 검찰청법』, 박영사, 2017.

정웅석 외, 『신형사소송법』, 박영사, 2021.

표창원 외, "경찰수사제도의 개선에 관한 전략적 방안연구", 치안정책연구소, 2005.
하태훈, "수사권·기소권 분리와 독립수사기구 설치 방안", 국회입법조사처 정책연구용역보고서 (2020).
연합뉴스, "공수처, '조희연 수사' 본격화…서울교육청 압수수색(종합)", (2021. 5. 18.)
한겨레, "결론 임박한 조희연 수사…공수처－검찰 '권한 싸움' 우려", (2021, 7. 28.)
한겨레, "또 검찰－공수처 '권한 다툼', 국회 입법으로 해결해야", (2021. 8. 4.)
헌재 2021. 1. 28. 고위공직자범죄수사처 설치 및 운영에 관한 법률 위헌확인 2020헌마264 등, 공보 제292호.

[외국문헌]

Black's Law Dictionary 5th edition, West Publishing Co., 1979.
United Nations Congress on the Prevention of Crime and the Treatment of Offenders, "Guidelines on the Role of Prosecutors", 1990.

【국문초록】

공소권(소추권)은 검사의 본질이며 검사는 공소권자(소추권자)를 뜻한다. 검사이면 공소권을 가지며, 공소권을 가지지 않으면 검사가 아니다. 공수처법은 공수처를 관할범죄인 고위공직자범죄등에 대하여는 수사권을 부여하면서, 법관, 검사, 고위직 경찰과 같은 일부 고위공직자 관련 관할 범죄("수사및사법고위공직자범죄등")에 대하여만 예외적으로 수사권 및 공소권을 모두 갖는 검사조직으로 구성하였다. 수사및사법고위공직자범죄등이 아닌 공수처 관할범죄("일반고위공직자범죄등")의 수사업무를 담당하는 사법경찰(특별수사관)이 수사및사법고위공직자범죄등에 대한 검사의 직을 겸직하도록 법률상 의제하면서 수사및사법고위공직자범죄등을 수사할 때도 검사의 직명을 계속 사용하도록 하였다. 헌법재판소는 공수처법 위헌 확인소송의 방론에서 공소권이 없는 사건에 대하여도 공수처 검사는 헌법에서 영장신청권자로 한정된 검사에 포함된다고 하였다. 헌법재판소의 결론의 취지는 '검찰청 검사'가 아니더라도 영장신청권자인 '검사'가 될 수 있다는 것이었는데, 방론에 이르러 논리적 혼란을 겪으면서 '검사'가 아니라도 영장신청권자인 '검사'가 될 수 있다는 모순에 빠졌다. 헌법재판소의 주장은 검사의 본질인 공소권을 부인함으로써 탄핵주의를 통해 완성된 근대 형사소송법의 성과를 무너뜨리고, 헌법의 문언의 의미를 변경하였을 뿐만 아니라, 국회가 예외적으로 인정한 검사조직으로서의 공수처의 법적 성격을 완전한 검사조직(일반고위공직자범죄등에 대한 공소권이 없는 검사 + 수사및사법고위공직자범죄등에 대한 공소권이 있는 검사)으로 재구성하였다. 공수처의 주된 설립 목적은 국회가 설정한 '고위공직부패척결'에서 '검찰견제'로 변경되었다. 헌법재판소의 방론은 표면적으로는 검사의 의미의 변경을 통해 헌법을 개정한 것이지만, 실질적으로는 일반고위공직자범죄등에 대하여 공소권을 부여하지 않은 공수처법에 대한 위헌선언이 되었다.

헌법재판소가 야기한 혼란은 3가지 방법으로 해결이 가능하다. 첫째는 헌법을 개정하여 영장신청권자를 검사로 한정한 규정을 바꾸는 것이다. 둘째는 헌법과 현행 공수처법의 규정에 맞게 공수처 검사의 일반고위공직자범죄등에 대한 영장신청권을 부정하는 것이다. 셋째는 공수처법을 개정하여 공수처 검사에게 일반고위공직자범죄등에 대한 공소권을 부여하고 공소권과 수사권이 일치되도록 하는 것이다.

이러한 방법에 의해 헌법재판소가 초래한 혼란과 모순을 해결하기 전이라도 먼저 공수처는 실무적으로 공수처법이 갖고 있는 모순을 제거하여야 한다. 일반고위공직자범죄등에 대한 수사와 수사및사법고위공직자범죄등에 대한 수사 및 공소 업무를 엄격히 분리하고, 공수처 검사는 당해 사건에서 공소권이 있는지 없는지(검사인지 사법경찰인지)를 수사의 상대방과 관련자들에게 명시적으로 문서로 고지하도록 하여 혼란을 줄이고 나중에 발생할 법적 문제를 최소화하여야 한다. 그리고, 공수처법을 시급히 개정하여 일반고위공직자범죄등에 대한 수사를 하는 경우에 공수처 검사는 공수처 특별수사관이라는 직명을 사용하도록 하여야 한다. 헌법재판소는 공소권이 없는 검사도 검사가 된다는 모순되는 결정을 내렸을 것이 아니라, 일반고위공직자범죄등을 수사하는 사법경찰이 검사라는 직명을 사용하도록 한 공수처법이 위헌이라고 결정하였어야 했다.

◈ 주제어: 헌법재판소, 검사, 공수처, 공소권, 겸직, 탄핵주의

【Abstract】

The Errors and Mistakes in the Constitutional Court's decision on the "Prosecutor"s Legal Status in the Corruption Investigation Office for High－ranking Officials' Crimes

LEE, Yun－Je*

To bring and administer criminal judicial proceedings is the essential role of the prosecutors. The Congress recently passed the Act on the Establishment and Operation of the Corruption Investigation Office for High－ranking Officials' Crimes(hereinafter, "CIO Act"). CIO Act provides that CIO Prosecutors can investigate general high－ranking officials' crimes but they can prosecute only judges, prosecutors, and high ranking police officers (hereinafter "judicial high ranking officials' crimes"). In spite of the title, CIO Prosecutors are not given the power to prosecute general high－ranking officials. The widespread confusion about the legal status of the CIO Prsocecutors orginates from the following two reasons. Firstly, prosecutors' investigation of the crimes look similar with judicial police's investigation. Secondly, the fact that CIO Prosecutors keep using their "Prosecutor" title when they investigate general high－ranking officials' crimes as judicial police. There are three ways to correct this wrong decision and its follwong practice. First, revising the Constitution into allowing the police to have power to apply judges for the warrant. Second, CIO stops applying judges for the warrant during investigation of general high－ranking officials' crimes. Third, revising the CIO Act into enabling the CIO prosecutors to have power to prosecute general high－ranking officials' crimes. It is urgent for CIO to stop CIO prosecutors using the title of prosecutors whe they investigate general high－ranking officials' crimes because not only is it kind of impersonating but also violates the right of the defendant.

---

* Professor at Myongji University College of Law

◈ Key Words: Constitutional Court, Prosecutor, Corruption Investigation Office for High-ranking Officials' Crimes, Prosecutors' Office, Power to Prosecute, Dual Role, Accusatorial Procedure

한국형사소송법학회『형사소송 이론과 실무』
제13권 제3호 (2021.09) 33~60면.
Theories and Practices of Criminal Procedure Vol. 13 No. 3 (September. 2021) pp. 33~60.
10.34222/kdps.2021.13.3.33

체포현장에서 임의제출한 휴대폰의 압수와 저장정보의 수집

강 동 범*

목 차

Ⅰ. 들어가며
Ⅱ. 체포현장에서 피의자가 임의제출한 휴대폰의 압수 허용 여부
Ⅲ. 체포현장에서 임의제출한 휴대폰에 저장된 정보의 수집
Ⅳ. 맺음말

Ⅰ. 들어가며

과학기술이 발전하면 범죄의 양상도 당연히 변화한다. 즉 보호해야 할 새로운 법익이 생겨나고 이를 위협하는 신종범죄가 출현할 뿐만 아니라, 높아진 기술을 악용하는 교묘한 범죄수법이 등장하게 된다. 만약 수사기관의 수사가 이러한 발전과 변화에 제대로 대응하지 못한다면 범죄로부터 국민의 생명·자유·재산 등을 효과적으로 지켜내지 못할 것이다.

정보통신기술의 비약적 발전과 이를 활용한 정보통신기기가 폭발적으로 보급됨에 따라 2021년 6월 기준으로 휴대폰 가입자는 5천5백8십여만 명[1)]이며, 이미 3년여 전인 2018년 7월말에 '국민 1인당 1스마트폰'시대[2)]가 도래하였다. 이제 스마트폰[3)] 없는 생활은 생각조차 할 수 없을 만큼 스마트폰은 일상생활의 필수품이 되었고, 스마트폰에는 개인의 일상과 관련된 모든 정보가 저장되어 있어 사용자의 일거

---

* 이화여대 법학전문대학원 교수

1) 과학기술정보통신부, 2021년 6월말 기준 무선통신서비스 가입현황 통계 참조.

2) 한겨레, 2018.08.26; IT Chosun, 2018.08.26.

3) 스마트폰(smart phone)이란 휴대폰에 인터넷 통신과 정보검색 등 컴퓨터 지원 기능을 추가한 지능형 휴대폰(한국정보통신기술협회 정보통신 용어사전)으로, 엄밀히 말하면 휴대폰과 구별되지만 이 글에서는 휴대폰과 구별하지 않고 사용한다.

수일투족이 그 안에 고스란히 담겨 있다.[4] 스마트폰은 사용자가 지금까지 한 일을 알고 있으며, 사용자 자신이 모르는 행적까지도 기록하고 있다.

휴대폰의 보편적 보급과 일상적 사용에 따라 휴대폰을 사용하여 범하는 범죄, 특히 성적 불쾌감을 유발하는 여성의 신체를 촬영하는 행위가 빈발하고 있다.[5] 또한 휴대폰 사용자가 언제, 어디서, 무엇을, 어떻게 하였는지가 휴대폰에 기록되어 있을 가능성이 많으므로, 범죄가 행하여졌을 경우 휴대폰의 저장기록을 분석함으로써 범죄의 상당 부분을 밝힐 수 있다. 이와 같이 휴대폰은 사람의 삶을 기록하고 있을 뿐 아니라 범죄의 흔적까지 담고 있기 때문에, 개인정보의 원천이요 범죄증거의 보고(寶庫)[6]로 여겨진다.

휴대폰의 이러한 특성으로 인하여 수사기관은 피의자나 피해자 등의 휴대폰을 확보하는데 심혈을 기울일 수밖에 없지만, 피의자 등의 입장에서는 자신의 사생활을 포함한 모든 정보가 적나라하게 노출될 우려가 있기 때문에 휴대폰 압수는 자신의 삶을 통째로 압수당한 느낌을 갖게 된다. 실체진실 발견과 사생활 등 기본권 보장이 첨예하게 충돌하는 수사과정에서 양자를 조화시키기 위하여 헌법과 형사소송법은 적법절차, 임의수사 원칙과 강제수사 법정주의를 규정하고 있다.

강제수사는 법관이 발부한 영장에 의하여야 하지만(헌법 제12조 제3항, 제16조) 긴급하거나 대상자의 동의가 있는 경우에는 예외가 인정된다. 이러한 영장주의의 예외와 관련하여 형사소송법 제218조가 체포현장에서의 임의제출에도 적용되는지를 둘러싸고 대법원 판례에 어긋나는 하급심판례－휴대폰 임의제출 관련－가 최근 선고되면서 쟁점이 되고 있다.

이와 같은 상황에 주목하여 이 글은 우선 체포현장에서도 형사소송법 제218조에 의한 영장 없는 압수가 허용되는지를 검토하고(Ⅱ), 체포현장에서 피의자 등이 임의제출한 휴대폰에 저장되어 있는 정보를 수집하기 위한 절차를 밝힌 후(Ⅲ) 결론(Ⅳ)을 맺고자 한다.

---

4) 송관호, “불법촬영 현장에서의 휴대폰 임의제출의 법적 평가”, 『인권과 정의』, 제490호(대한변호사협회, 2020.6), 52면.

5) 성폭력범죄 중 카메라 등 이용촬영의 구성비는 지난 10년간 급격한 증가를 보여, 2010년에는 전체 성폭력범죄에서 차지하는 비중이 5.6%(20,584건 중 1,153건)이었으나, 지속적으로 증가하여 2019년에는 18.4%(32,029건 중 5,893건)를 차지하는 것으로 나타났다(대검찰청, 『2020 범죄분석』, 15면 참조).

6) 송관호, 앞의 각주 4)의 논문, 52면.

Ⅱ. 체포현장에서 피의자가 임의제출한 휴대폰의 압수 허용 여부

수사기관이 피의자를 체포하는 현장에서 피의자가 임의제출한 휴대폰을 영장 없이 압수할 수 있는가의 문제는 형사소송법 제218조의 적용 범위와 관련된다. 형사소송법에 의하면, 수사기관이 압수·수색을 하려면 원칙적으로 검사가 지방법원판사에게 청구하여 발부받은 영장이 필요(사전영장 원칙)하지만(제215조), 예외적으로 긴급한 경우 사후에 압수수색영장을 발부받거나(제216조, 제217조) 사후영장조차 필요 없는 압수도 가능하다(제218조).

형사소송법상 피의자를 체포하는 과정에서 압수수색영장 없이 압수할 수 있는 방법으로는 ① 체포현장에서의 압수(제216조 제1항 제2호), ② 긴급체포시의 압수(제217조 제1항) 그리고 ③ 임의제출물의 압수(제218조)가 있다. 그런데 ①과 ②의 경우 압수한 물건을 계속 압수할 필요가 있는 때에는 지체 없이 압수수색영장을 청구하여야 하고, 그 청구는 체포한 때부터 48시간 이내에 하여야 하며(제217조 제2항), 이에 따라 청구한 압수수색영장을 발부받지 못한 때에는 압수한 물건을 즉시 반환하여야 한다(동조 제3항). 이에 반하여 ③의 경우에는 사후에 압수수색영장을 청구할 필요가 없으며, 따라서 반환할 의무도 없다.

이러한 실무상 편의로 인해 수사기관에서는 임의제출물의 압수를 선호하지만, 체포현장이라는 특성상 체포된 피의자는 심리적으로 위축된 상태일 뿐만 아니라 적절한 법률적 도움을 받지 못할 수 있으므로 제출의 '임의성'을 보장받기 쉽지 않은 측면이 있다. 이러한 상황 때문에 체포현장에서 체포된 자로부터 임의제출물을 영장 없이 압수할 수 있는지에 대하여 견해가 대립[7]하고 있다.

1. 학설

(1) 허용설

형사소송법 제218조의 임의제출물 압수가 체포현장에서도 허용된다는 견해로서, 현재 지배적인 입장이다.[8]

---

7) 체포현장이라 할지라도 '체포된 자 아닌 사람'이 임의로 제출한 물건이나 피의자·기타인의 유류한 물건을 영장 없이 압수할 수 있다는 점에는 다툼이 없다.

8) 신동운, 『간추린 신형사소송법』, 제13판(법문사, 2021), 235면; 이주원, 『형사소송법』(박영사, 2019), 177면; 이창현, 『형사소송법』, 제5판(정독, 2019), 485면; 정구환, 편집대표 백형구·박

그 이유로, 형사소송법상 체포된 피의자 등에게는 임의제출물의 압수를 허용할 수 없다고 볼 근거가 전혀 없고,[9] 형사소송법 제218조에 현행범인 체포나 긴급체포, 체포영장에 의한 체포 등 대인적 강제처분이 있는 상황에서는 임의제출을 인정하지 않는다는 예외를 두고 있지 않으므로 명문 규정이 없는 이상 자의적으로 축소해석하는 것은 타당하지 않으며,[10] 체포현장 · 범죄장소 · 긴급체포와 무관하게 임의제출물에 대한 압수 · 수색은 영장주의의 예외로서 독자적으로 허용되고, 그 요건 충족 여부에 따라 압수의 합법성과 압수물의 증거능력이 결정되기 때문에 현행범으로 체포하면서 임의제출된 휴대폰을 압수한 것을 두고 형사소송법 제216조 제1항 제2호와 제217조 제2항을 적용할 수 있으므로 제218조를 적용할 수 없다는 논리는 타당하지 않고,[11] 형사소송법 제218조에서는 임의제출자의 자격에서 소유자 · 소지자 또는 보관자를 제한하고 있을 뿐, 달리 장소를 제한하는 별도의 규정을 두지 않은 점에 비추어 보면, 체포된 자가 자신이 소유, 소지 또는 보관하는 물건을 체포되는 현장에서 임의로 제출하는 것 자체가 불가능한 것은 아니라고 본다.[12]

다만 이 견해는, 체포현장에서도 체포당한 자로부터 임의제출을 받아 압수하는 것이 허용되지만 피체포자의 심리적 위축 등을 고려하여 '제출의 임의성'을 엄격히 판단할 것을 주장한다.[13]

일환 · 김희옥 『주석 형사소송법(Ⅱ)』(한국사법행정학회, 2009), 307면; 김정한, "임의제출물 압수에 관한 실무적 고찰", 『형사법의 신동향』, 제68호(대검찰청, 2020.9), 251면; 박정난, "2020년도 형사소송법 중요판례평석", 『형사소송 이론과 실무』, 제13권 제1호(한국형사소송법학회, 2021.3), 16면; 신이철, "형사소송법 제218조의 유류물 또는 임의제출물의 압수에 대한 소고", 『형사법의 신동향』, 제67호(대검찰청, 2020.6), 98면; 이창현, "2020년 형사소송법 중요판례평석", 『인권과 정의』, 제497호(대한변호사협회, 2021.5), 117면; 최병각, "휴대폰의 압수와 저장정보의 탐색", 『비교형사법연구』, 제22권 제3호(한국비교형사법학회, 2020.10), 174면; 한상훈, "임의제출물의 영치와 위법수집증거배제법칙", 『법조』, 제719호(법조협회, 2016.10), 609면.

9) 이창현, 위의 논문, 117면.

10) 박정난, 앞의 각주 8)의 논문, 16면; 신상현, "임의제출물 압수의 적법요건으로서의 임의성－대법원 2019.11.14. 선고 2019도13290 판결 및 대법원 2020.4.9. 선고 2019도17142 판결－", 『형사법의 신동향』, 제67호(대검찰청, 2020.6), 274면.

11) 최병각, 앞의 각주 8)의 논문, 174면.

12) 신이철, 앞의 각주 8)의 논문, 98면.

13) 박정난, 앞의 각주 8)의 논문, 16면; 신이철, 앞의 각주 8)의 논문, 99면; 이창현, 앞의 각주 8)의 논문, 117면; 최병각, 앞의 각주 8)의 논문, 183면.

(2) 불허설

체포현장에서 피의자로부터 압수한 물건에 대하여는, 설령 임의로 제출받았다고 하더라도, 형사소송법 제218조를 적용해서는 안 된다는 견해로서 소수설이다.

이 견해는, 피의자를 체포하는 현장에서 압수한 물건에 대하여 형사소송법 제218조를 적용하면 사후영장을 요구하지 않게 되어 수사기관은 피의사건과 관련성이나 긴급성이 요구되지 않는 증거물에 대해서까지 영장 없이 압수할 수 있고 나아가 사후적으로 사법부의 통제도 피할 수 있게 되어, 결국 형소법이 무분별한 압수·수색을 방지하기 위해 둔 각종 규정을 무력화시키고, 헌법이 규정하고 있는 적법절차 원칙과 영장주의를 형해화시키는 결과를 초래하기 때문에,[14] 휴대폰 등 정보저장매체의 무분별한 압수·수색에 따른 수사권의 남용과 개인의 인권침해를 방지하고 피의사건과의 관련성과 긴급성을 명시한 형사소송법의 입법취지를 관철시키기 위해서는, 체포현장에서 임의제출물의 압수에 대해서는 제218조가 아니라 제216조 제1항 제2호 및 제217조 제2항을 적용하여야 한다고 본다.[15]

2. 판례

체포현장에서 사전영장은 물론 사후영장조차 필요하지 않은 임의제출물의 압수가 허용되는가에 대하여 대법원은 이를 긍정하는데, 최근 이를 부정하는 하급심판결들도 선고되었다.

(1) 허용설

대법원은, 현행범인은 누구든지 영장 없이 체포할 수 있고(형사소송법 제212조), 검사 또는 사법경찰관은 피의자 등이 유류한 물건이나 소유자·소지자 또는 보관자가 임의로 제출한 물건을 영장 없이 압수할 수 있으므로(제218조), 현행범 체포 현장이나 범죄 현장에서도 소지자 등이 임의로 제출하는 물건을 형사소송법 제218조에 의하여 영장 없이 압수하는 것이 허용되고, 이 경우 검사나 사법경찰관은 별도

14) 김태명, “체포현장에서 피의자가 임의제출한 휴대전화기의 압수와 휴대전화기에 저장된 정보의 탐색·수집”, 『경찰법연구』, 제19권 제1호(경찰법학회, 2021), 50면.

15) 김태명, 위의 논문, 50면.

로 사후에 영장을 받을 필요가 없다[16]고 하여 허용설의 입장을 일관하고 있다. 다만 수사기관의 우월적 지위에 의하여 임의제출의 명목으로 실질적으로 강제적인 압수가 행하여질 수 있으므로, 그 제출에 임의성이 있다는 점에 관하여는 검사가 합리적 의심을 배제할 수 있을 정도로 증명하여야 하고, 임의로 제출된 것이라고 볼 수 없는 경우에는 그 증거능력을 인정할 수 없다[17]고 한다.

하급심인 서울북부지법 2018.8.16. 선고 2018노391 판결[18]도 '형사소송법 제218조에 근거한 압수의 경우 점유취득의 방법이 강제적이 아니라 하더라도 일단 압수된 이상 강제력이 있으므로, 강제처분의 일종으로 보아야 한다. 따라서 이 경우 임의제출의 방식을 취함으로써 영장주의와 적법절차의 원칙을 잠탈하는 결과가 발생하지 아니하도록 제출자의 의사에 임의성이 인정되는지 여부 및 그 범위에 대해서 엄격하게 심사할 필요성이 있다.'고 하여 허용설을 따랐다.

(2) 불허설

의정부지법 2019.8.22. 선고 2018노2757 판결[19]과 의정부지법 2019.10.31. 선고 2018노3609 판결[20]은 불허설을 취하였다. 즉 ① 이미 체포되었거나 체포 직전의 피의자에게는 임의적 제출의사를 원칙적으로 기대할 수 없고, 체포 대상자로부터 제출받는 절차가 강제적이지 않다고 판단할 여지가 거의 없으며, ② 특별한 장소(예컨대, 자수현장)가 아니라, 일반적인 현행범 체포현장에서 자신의 죄책을 증명하는 물건을 스스로 제출할 의사가 피의자에게 있다고 해석하는 것은 국민의 관념에 어긋나 사법신뢰를 잃기 쉽고, ③ 설령 현행범 체포현장에서 피체포자의 임의제출 진술이 있다거나 사후적으로 임의제출서가 징구되었더라도, 계속 구금할 수 있는 구속영장 청구 여부 내지 확대 압수수색을 위한 영장청구를 판단할 권한이 있는 우월적 지위의 수사기관 영향에 기한 것이라고 봄이 옳으며, ④ 체포대상자에 대하여 형사소송법 제218조에 따른 임의제출물 압수수색을 인정할 필요성은 오로지 형사소송법 제217조 소정의 사후 압수수색영장 절차를 생략하는 것 외에는 없다는 점

16) 대법원 2016.2.18. 선고 2015도13726 판결; 대법원 2019.11.14. 선고 2019도13290 판결; 대법원 2020.4.9. 선고 2019도17142 판결.

17) 대법원 2016.3.10. 선고 2013도11233 판결.

18) 대법원 2019.11.21. 선고 2018도13945 전원합의체 판결의 원심판결.

19) 대법원 2019.11.14. 선고 2019도13290 판결의 원심판결.

20) 대법원 2020.4.9. 선고 2019도17142 판결의 원심판결.

에서, 형사소송법 제218조에 따른 영장 없는 압수수색은 현행범 체포현장에서 허용되지 않는다고 해석함이 마땅하다고 한다.

또한 서울중앙지법 2019.10.8. 선고 2019고합441, 7, 11 판결은, '형사소송법 제218조에 따른 임의제출에 의한 압수를 폭넓게 인정할 경우 수사기관은 사후적으로 압수수색영장을 받아야 하는 제약을 피할 수 있게 되어, 긴급체포에 수반된 압수·수색 또는 검증에 관하여 제216조 제1항 제2호, 제217조 제1항·제2항을 둔 취지가 무력화될 위험이 있고, 그 같은 위험은 보편화된 휴대전화(이른바 스마트폰)를 대상으로 한 임의제출에 의한 압수·수색의 경우에 더욱 커진다.'고 하면서, '휴대전화가 담고 있거나 이를 통해 입수할 수 있는 수많은 문서, 동영상, 사진 등 파일은 내밀한 영역에 이르기까지 개인의 삶 전반에 걸쳐 그 내용이 다종·다양하고 범죄혐의와 관련 있는 정보와 무관한 정보가 혼재되어 있어 종전 일반적인 물건에 대한 압수·수색보다 그 대상 범위가 훨씬 광범위하고, 파일 내용을 확인하는 과정에서 무제한적인 수색(탐색)이 가능하다는 점에서 수사기관이 임의제출을 통해 휴대전화를 손쉽게 입수함으로써 사생활의 비밀과 자유를 무분별하게 침해하는 등 개인의 사생활 영역에 미치는 영향이 막대하기 때문에,[21] 영장주의의 원칙이 제대로 미치지 않는 휴대전화에 대한 압수수색은 헌법이 금지하는 자기부죄(自己負罪)에 가까운 것으로서, 휴대전화가 개발되기 전에는 우리 헌법과 형사소송법이 전혀 예상하지 못한 것이었고, 따라서 수사기관이 긴급체포 현장에서 피의자로부터 휴대전화를 임의제출의 방법으로 확보하는 것은 영장주의의 원칙에 따라 허용되지 않는다.'고 하였다. 즉 원칙적으로 긴급체포 현장에서 휴대전화의 압수는 제216조, 제217조에 의해 가능하다[22]고 한다.

---

21) '휴대전화의 무제한적인 탐색은 주거지의 점유를 아예 수사기관에 내어주어 수사기관의 필요에 따라 얼마든지, 몇 번이든지 수색을 허용하는 것에 비견될 수 있다.'고 한다. 그러나 임의제출받은 휴대전화의 저장정보를 수집할 때 별도의 압수영장이 필요하다는 필자의 견해에 따르면, 이러한 문제는 발생하지 않을 것이다.

22) 동 판결은, '다만 면도칼 등 날카로운 도구를 숨기거나 폭발물 등의 원격 조정에 사용되는 등 휴대전화가 피의자를 긴급체포하는 수사기관의 생명·신체에 위해를 가할 수 있는 무기로 사용되거나 피의자의 도피를 유발하는데 사용되는 경우, 약취 또는 인신매매된 사람의 위치 정보 등과 같이 휴대전화에 특수한 생명·신체와 관련된 위협에 관한 정보가 저장되어 있는 경우, 증거인멸 또는 은닉의 방지가 긴급히 필요한 경우 및 용의자 긴급추적, 긴급구조 등 아주 예외적으로만 임의제출에 의한 휴대전화의 압수·수색이 허용된다고 보아야 한다.'고 한다.

3. 검토

(1) 체포현장과 임의제출 휴대폰의 영장 없는 압수의 허용 여부

1) 헌법 제16조와 압수에 대한 영장주의의 예외 가능성

헌법 제12조 제3항은 체포·구속과는 달리 압수·수색에 대하여는 영장주의의 예외를 규정하고 있지 않지만, 헌법 제12조 제1항과 제37조 제2항에 비추어 보면, "법률"에 의하여 영장주의의 예외가 가능하다고 생각한다. 헌법재판소도 '헌법 제12조 제3항과는 달리 헌법 제16조 후문은 영장주의에 대한 예외를 명문화하고 있지 않으나 헌법 제12조 제3항과 헌법 제16조의 관계, 주거 공간에 대한 긴급한 압수·수색의 필요성, 주거의 자유와 관련하여 영장주의를 선언하고 있는 헌법 제16조의 취지 등을 종합하면, 헌법 제16조의 영장주의에 대해서도 그 예외를 인정할 수 있다.'[23]고 하였다. 이러한 결론은 물건에 대한 압수에도 적용되며, 형사소송법 제216조부터 제218조가 바로 영장주의의 예외에 해당한다.

2) 체포현장과 임의제출 휴대폰의 영장 없는 압수의 허용 여부

현행범인 등의 체포현장에서 형사소송법 제218조에 의해 피의자의 임의제출물을 영장 없이 압수할 수 있는가에 대한 각 견해를 검토해본다.

우선 체포현장에서는 임의적 제출의사를 기대할 수 없다거나, 설령 임의로 제출하였다고 하더라도 형사소송법 제218조를 적용해서는 안 된다는 주장에 동의하기 어렵다. 이에 따르면 체포현장에서 "체포당한 피의자"의 임의제출에 한해 제218조는 적용되지 않는다거나 또는 "체포현장에서의 모든 임의제출"이 허용되지 않는다는 결과가 되는데, 이러한 해석이 과연 타당한지 의문이다. 어느 경우이든 형사소송법 제218조의 "임의성"의 해석문제에 지나지 않기 때문이다.

둘째 체포현장에서의 임의제출물 압수에 대해 형사소송법 제218조를 적용하면 헌법이 규정하고 있는 적법절차 원칙 내지 영장주의를 후퇴시키는 결과가 초래될 수 있다는 지적을 보자. 이는 체포현장이든 아니든, 피의자 등의 임의제출에 제218조를 적용하면서 압수 이후의 절차에 관심을 갖지 않았던, 유형물에 대한 종래의 해석을 휴대폰의 임의제출에 그대로 적용함으로써 발생하는 일반적인 문제일 뿐 체포현장에서의 피의자의 임의제출만의 문제는 아니다. 임의제출물이 휴대폰인 경

23) 헌법재판소 2018.4.26. 선고 2015헌바370, 2016헌가7(병합) 결정.

우에는 유형물과 달리, 임의제출물과 압수대상(전자정보)이 분리되어 있고, 제출을 하는 자나 받는 자 모두 임의제출물로부터 압수대상인 전자정보의 내용을 알 수 없다는 점을 고려하여야 한다. 즉 전자정보매체의 특성상 임의제출 이후 당해 매체에 저장된 정보의 탐색·복제·수집을 위한 사법적 통제절차를 마련하여야 하고, 이러한 절차는 형사소송법 제218조의 적용 배제가 아니라 임의제출 휴대폰에 저장된 정보의 수집을 위한 합당한 해석을 통해 도출되어야 한다.

셋째 체포현장에서 임의로 제출받아 압수하는 경우에는 형사소송법 제218조를 적용할 수 없다는 해석은 명문에 반하며, 수사기관과 수사대상자가 상호 대등한 관계에 있지 않다는 점을 직시하고 이를 보완할 방법을 찾지 않고, 법문언상 명백한 사항에 대하여 그 적용을 배제하는 것은 바람직하지도, 타당하지도 않다.

넷째 임의수사가 원칙이고 강제수사는 최대한 자제하여 예외적으로 허용되어야 한다는 점에서, 대상자의 자발적 동의에 의한 수사는, 그것이 인간의 존엄과 가치를 해한다거나 동의가 강제나 기망에 의해서 이루어진 것이 아닌 한, 허용되어야 한다. 임의수사는 헌법적 형사소송에 합치하고 적법한 강제수사를 위한 인적·물적 자원을 절약하며, 신속한 수사를 가능하게 할 뿐만 아니라 대상자의 자발성·적극성이 가미되므로, 실체적 진실발견에도 크게 기여할 것이기 때문이다.

다섯째 체포현장에서 휴대폰 임의제출이 허용된다고 하더라도, 임의제출 이후 수사기관은 휴대폰을 유형물과 동일하게 지배·관리할 수 없다. 휴대폰에는 유관정보와 무관정보가 혼재하며, 저장되어 있는 전자정보는 육안으로 보거나 읽을 수 없고, 기술적 방법을 통해서만 조사·취득할 수 있을 뿐이기 때문이다. 체포현장에서 임의제출 휴대폰을 압수한 경우 이러한 특성을 고려하여야 한다.

결국 불허설의 논거도 경청할만하지만, 완전히 자유로운 의사에 기한 물건의 제출이나, 동의에 의한 압수·수색을 부정할 이유는 없다고 본다. 즉 형사소송법 제218조는 임의제출의 장소와 주체를 불문하고 '임의로' 제출한 물건의 영장 없는 압수에 적용되며, 따라서 수사기관은 체포현장에서 피의자가 임의로 제출한 휴대폰을 제218조에 의하여 영장 없이 압수할 수 있다. 문제는 어떻게 제출의 임의성을 담보하면서 영장 없는 압수의 남용을 방지할 것인가에 있다. 이것은 임의의 점유취득과 그 이후 증거자료의 획득·분석이 헌법과 형사소송법에 규정된 영장주의를 충실히 따를 때에만 실현될 수 있다. 여기서는 임의성의 의미와 제출거부권 및 임의제출의 대상을 살펴보고, 휴대폰 저장정보의 획득방법에 대하여는 장을 바꾸어서 검토한다.

(2) 임의제출 휴대폰에 대한 압수의 적법 요건

1) 제출의 임의성

형사소송법 제218조가 적용되려면 물건의 제출이 임의적·자발적이어야 한다는 점[24]은 명백하다. 임의성·자발성이란 폭행·협박과 같은 물리적 또는 심리적 강제나 기망·착오 등에 의한 의사의 하자 없이 제출자 스스로의 자율적인 의사결정을 의미한다. 따라서 수사기관이 소유자 등에게 명령하여 제출받는 때에는 임의제출이라고 할 수 없다.[25] 또한 기망, 예컨대 영장이 발부되었다고 거짓말을 하거나 압수 목적을 달리 말하고(범죄현장 혈흔과의 일치 여부를 확인하기 위한 것임에도 음주운전 검사 목적이라고 하는 경우) 임의제출을 받았다면 임의성은 부정되어야 한다.[26]

범죄수사의 실제에 있어서는 영장에 의한 압수보다는 임의제출 형식으로 압수가 행하여지고 있는 것이 통례인데,[27] 제출자가 수사기관의 의사표시와 무관하게 자진하여 제출한다면 당연히 임의성이 인정된다. 그러면 수사기관의 요청이나 권고 또는 요구[28]에 의해 이루어지는 경우는 어떤가? 요청 등이 개념상으로는 구별 가능하지만 요청 등을 하는 사람과 듣는 사람의 지적 능력과 심리상태 및 사회경제적 지위, 당시의 분위기, 언어의 의미나 발언의 강약에 대한 개인적 이해의 차이 등으로 인해 요청 등을 구분하기가 쉽지 않다. 따라서 요청이나 권고에 의한 임의제출은 임의성이 있지만 요구에 의한 것은 임의성이 없다거나, 일률적으로 임의성 유무를 결정할 수는 없다. 임의성을 판단할 때 제출자의 나이·지능·교육정도, 제출 당시의 상황(체포·변호인 조력·숙고기회 부여 등의 여부)[29]은 물론 수사기관의 권고 여부 및 그 정도, 임의제출 경위, 동의거부권의 고지 여부, 동의거부권에 대한 인식 여부 등을 종합적으로 고려해야[30] 하지만, 더 나아가 객관적인 자료가 뒷받침되어

---

24) 배종대·홍영기, 『형사소송법』(홍문사, 2018), 20/18; 이재상 외, 『형사소송법』, 제13판(박영사, 2021), §20/35; 이주원, 앞의 각주 8)의 책, 179면; 정승환, 『형사소송법』(박영사, 2018), 16/45.

25) 배종대·홍영기, 위의 책, 20/18; 정승환, 위의 책, 16/45.

26) 김정한, 앞의 각주 8)의 논문, 251면; 사법정책연구원, 『디지털증거 압수수색 개선방안에 관한 연구』, 2021, 287면.

27) 정구환, 앞의 각주 8)의 책, 308면.

28) 범죄수사규칙(경찰청훈령 제1010호) 제142조 제1항은 "경찰관은 소유자, 소지자 또는 보관자에게 임의제출을 요구할 필요가 있을 때에는…."(밑줄은 필자)라고 규정하고 있다.

29) 김정한, 앞의 각주 8)의 논문, 249면.

야 한다. 예컨대 체포상황보고서를 비롯하여, 임의제출의 계기(자발/요청)와 제출거부권 고지는 물론 임의제출의 의미와 효과에 대한 설명을 담은 임의제출동의서 등의 서면을 작성할 필요가 있다. 즉 오로지 제출자의 자발적인 의사에 의하여 수사기관에 제출하였다는 것이 객관적인 사정에 의하여 명백하게 입증된 경우에 한하여[31] 제출의 임의성이 인정될 수 있을 것이다.[32]

2) 제출거부권의 고지의무와 제출거부권의 인식 여부

수사기관이 제출자에게 임의제출을 요청(권고·요구 포함)하는 경우 제출자가 제출을 거부할 수 있다는 것은 '임의'제출의 성격상 당연하다. 문제는 수사기관이 제출자에게 제출을 거부할 수 있음(이하 "제출거부권"이라 함)을 고지하여야 하는지 그리고 제출자가 제출거부권이 있음을 알고 있어야 하는지 이다.

수사기관이 제출거부권을 고지하여야 한다는 견해는, 압수거부권의 고지가 제출의 임의성을 담보할 수 있고 그 불고지는 임의제출 행위 자체의 효력과 관련될 수 있으며,[33] 임의제출물 압수는 임의수사에 해당하므로 그 전제인 제출자의 자발적 동의를 위하여 제출의 내용 및 효과, 자신에게 제출의무가 없다는 점에 대한 인식이 요구되는바, 이러한 인식을 객관적으로 보장하기 위해서 수사기관의 고지가 있어야 하고,[34] 임의제출 시에도 압수거부권의 고지를 요구하는 것이 영장주의의 예외를 인정하기 위한 엄격한 기준이라는 맥락에서 적절하고, 압수거부권의 고지가 없다면 충분한 설명에 기반한 동의가 아니어서 그 동의는 유효하다고 보기 어렵다고 한다.[35] 제출의 임의성을 담보하기 위해서는 피의자에게 제출을 거부할 수 있음

30) 사법정책연구원, 앞의 각주 26)의 책, 287－288면.

31) 대법원 2012.9.13. 선고 2012도8890 판결; 대법원 2020.5.14. 선고 2020도398 판결.

32) 대법원 2016.2.18. 선고 2015도13726 판결은, 「① 수사관이 압수하기 전에 피고인에게 임의제출의 의미, 효과 등에 관하여 고지하였던 점, ② 피고인이 동종 범행으로 여러 차례 형사처벌을 받은 전력이 있어 압수물을 임의제출할 경우 압수되어 돌려받지 못한다는 사정 등을 충분히 알았을 것으로 보이는 점, ③ 피고인이 체포될 당시 관련 범행을 부인하였다고 볼 자료가 없고, 수사관이 임의로 제출받기 위하여 피고인을 기망하거나 협박하였다고 볼 아무런 사정이 없는 점 등에 비추어, 피고인은 소지인으로서 임의로 제출하였다고 할 것이므로 그 압수도 적법하다.」고 하였다.

33) 김혁돈, "영장없는 압수·수색과 관련한 대법원의 태도에 대한 고찰", 『법학논고』, 제50집(경북대학교 법학연구원, 2015.5), 146면.

34) 신상현, 앞의 각주 10)의 논문, 283면.

35) 안성조, "임의제출물 압수에서 '임의성' 요건: 자백배제법칙과 미란다 판결의 함의", 『형사법연

을 고지할 것이 요구되지만 거부권의 불고지로 인해 곧 임의제출물 압수가 위법하다고 볼 것은 아니라는 견해[36)]도 있다.

부정설은 물적 증거제출과 관련된 압수거부권과 진술증거와 관련된 진술거부권을 동일하게 보는 것은 문제가 있고,[37)] 수사실무의 긴급성, 사후의 입증문제 등을 고려하면 동의거절권의 고지를 동의의 유효요건으로 보기는 어려우며,[38)] 명문 규정이 없음에도 고지의무가 있다고 해석하는 것은 법문언의 한계를 넘는 위법한 해석이 될 수도 있고,[39)] 제출자의 인식 여부가 결정적이라고 보기는 어렵다는 점[40)]을 이유로 한다.

형사소송법 제218조는 제출거부권 고지의무를 규정하고 있지 않지만 수사기관이 임의제출을 받을 때 제출거부권을 고지하는 것이 바람직하다는 점에 대해서는 이론이 없을 것이다. 생각건대 제출거부권의 고지가 임의성을 담보할 유일무이한 방법은 아니고, 임의제출물의 압수는 동의를 전제로 한 것이 아니라 제출의 임의성이 핵심이며, 명문 규정 없이 제출거부권을 고지받을 권리를 인정할 수는 없으므로[41)] 수사기관이 임의제출을 받을 때 반드시 제출거부권을 고지하여야 하는 것은 아니라고 본다. 따라서 제출거부권을 고지하지 않았다고 하여 곧바로 임의성을 부정하거나 위법수집증거로서 증거능력이 없다고 할 수는 없고, 임의제출 당시의 구체적 상황 등을 종합하여 임의성을 엄격하게 판단할 필요가 있다.[42)]

수사기관의 제출거부권 고지의무와 더불어, 임의성을 인정하려면 제출자가 거부권이 있음을 알면서 제출하여야 하는가가 문제된다. 미국의 경우 종래에는 동의거

구』, 제33권 제1호(한국형사법학회, 2021.3), 83－84면.

36) 김태명, 앞의 각주 14)의 논문, 45면.

37) 이순옥, "현행범인 체포 및 임의제출물 압수와 관련한 대법원의 태도에 대한 연구", 『중앙법학』, 제18집 제4호(중앙법학회, 2016.12), 353면.

38) 최창호, "미국법상 동의에 의한 수색에 관한 연구", 『가천법학』, 제6권 제3호(가천대학교 법학연구소, 2013), 314면.

39) 김정한, 앞의 각주 8)의 논문, 254－255면; 신이철, 앞의 각주 8)의 논문, 95면.

40) 정웅석 외, 『신형사소송법』(박영사, 2021), 232면.

41) 대법원 2014.1.16. 선고 2013도5441 판결: 진술거부권이 보장되는 절차에서 진술거부권을 고지받을 권리가 헌법 제12조 제2항에 의하여 바로 도출된다고 할 수는 없고, 이를 인정하기 위해서는 입법적 뒷받침이 필요하다.

42) 최병각, 앞의 각주 8)의 논문, 182－183면. 같은 취지로 김정한, 앞의 각주 8)의 논문, 255면; 김태명, 앞의 각주 14)의 논문, 45면; 신이철, 앞의 각주 8)의 논문, 95면; 한상훈, 앞의 각주 8)의 논문, 618면.

부권의 존재를 알고 수색에 동의하여야 동의가 효력이 있다고 하였으나 1973년 판결에서 견해를 변경하여 동의거부권이 있음을 몰랐다고 하는 것은 동의의 유효성을 판단하는 한 요소에 불과하다고 하였다.[43] 독일에서는 자발성이 인정되기 위해서 제출자가 제출할 의무가 없음을 알고 있어야 한다는 점에 대해서는 대체로 견해가 일치한다고 한다.[44]

수사기관의 제출거부권 고지의무가 있다는 견해는 당연히, 제출자의 자발성의 전제로서 자신에게 제출의무가 없다는 점에 대한 인식이 요구된다고 한다.[45] 제출거부권 고지의무를 인정하지 않으면서도 임의로운 의사결정이란 다른 선택이 가능하고, 가능한 다른 선택이 있음을 아는 것을 전제로 하므로 거부권 존재의 인식은 수사기관의 권고에 의한 임의제출에서의 당연한 전제[46]라는 견해도 있다.

제출자가 제출거부권을 인식하고 제출하였다는 사실은 제출의 임의성을 인정할 수 있는 중요한 자료가 되겠지만, 제출거부권의 인식이 임의성의 전제라고 할 수는 없다. 임의성은 자유로운 의사에 기한 자율적인 결정을 의미하므로, 다른 선택지의 존재를 알아야만 임의적 선택인 것은 아니고, 심리적 요소인 임의성 판단을 위해 또다시 심리적 요소인 (제출거부권) 인식을 요구하는 것이 적절한지도 의문이므로, 제출자가 제출거부권을 인식하지 않았더라도 임의성이 있다고 본다.

3) 임의제출의 대상: 증거물 또는 몰수대상물

임의제출물의 압수(영치)는 점유취득과정에 강제력이 행사되지 않으므로 임의수사라는 견해도 있지만,[47] 일단 영치된 이상 제출자가 임의로 점유를 회복하지 못한다는 점에서 강제처분이라는 통설이 타당하다고 생각한다.

압수대상은 피고사건·해당 사건과 관계가 있다고 인정할 수 있고, 증거물 또는 몰수할 것으로 사료하는 물건이지만(형사소송법 제106조, 제215조, 제219조), 임의제출물 압수규정(제218조, 제108조)에는 이러한 제한이 없다. 통설은, 특별한 근거를 언급함이 없이 임의제출의 대상은 증거물 또는 몰수대상물에 한정되지 않는다고 하지만,[48] "처음에는 불명하더라도 나중에 증거물로 판명될 수 있으므로 제한 없이

43) 최창호, 앞의 각주 38)의 논문, 290－291면.
44) 신상현, 앞의 각주 10)의 논문, 281면.
45) 신상현, 앞의 각주 10)의 논문, 283면.
46) 김정한, 앞의 각주 8)의 논문, 253면. 이때의 인식은 잠재적 인식이면 족하다고 한다.
47) 배종대·홍영기, 앞의 각주 24)의 책, 20/19; 신상현, 앞의 각주 10)의 논문, 273면.

압수할 수 있도록 하는 것이 제도의 취지라고 볼 수 있다."는 설명[49]이 있다. 통설과 달리, 임의제출물 압수도 강제처분임을 감안하면 필요최소한의 원칙이 당연히 지켜져야 하고, 증거물 또는 몰수할 물건이 아니면 압수할 필요가 없으며, 임의제출물 압수도 강제처분이므로 제106조 제1항, 제219조가 당연히 적용되어야 한다는 이유로, 임의제출물 압수도 증거물 또는 몰수할 물건에 한정되고 더 나아가 피의사건과의 관련성도 당연히 요구된다는 견해[50]가 있다.

생각건대 수사의 조건 중 수사의 상당성이란 수사처분은 그 목적을 달성하기 위한 최소한도에 그쳐야 한다는 원칙(수사비례의 원칙)을 말하며, 이는 특히 강제수사에서 중요한 의미를 갖는다는 점,[51] 법원의 압수에 관한 규정으로 형사소송법 제219조에 의해 수사기관의 압수에 준용되는 제106조는 압수대상물을 한정하고 있는 점, 제218조의 표제와 내용 모두 "압수"라고 한 점, 환부사유(압수 계속의 필요성 유무) 판단과 임의제출의 권고·요청을 위해 관련성이 필요하다는 점 및 제219조는 "제106조, … 제486조의 규정은 검사 또는 사법경찰관의 본장의 규정에 의한 압수에 준용한다."고 규정하는데 "본장의 규정에 의한 압수"에는 제218조의 압수도 당연히 포함되는 점에 비추어, 임의제출 대상도 증거물 또는 몰수할 것으로 사료되는 물건에 한정되어야 한다. 즉 임의제출물의 영치가 압수인 이상 그 대상도 영장에 의한 압수와 동일하게, 사건과 관련이 있다고 인정할 수 있는 것으로 증거물 또는 몰수대상물에 한정하여야 할 것이다.

압수에 대한 영장주의의 예외인 체포현장(형사소송법 제216조 제1항 제2호)이나 범죄장소(동조 제3항)에서의 압수 및 긴급체포시의 압수(제217조 제1항)의 경우 해당 법문에는 관련성이 명시되어 있지 않지만 통설은 관련성을 요구하고 있으며,[52] 판례도 긴급체포의 사유가 된 범죄사실 수사에 필요한 최소한의 범위 내에서 당해 범죄사실과 관련된 증거물 또는 몰수할 것으로 판단되는 피의자의 소유, 소지 또는

48) 신동운, 앞의 각주 8)의 책, 239면; 이주원, 앞의 각주 8)의 책, 177면; 이창현, 앞의 각주 8)의 책, 486면; 정구환, 앞의 각주 8)의 책, 307면; 정웅석 외, 앞의 각주 40)의 책, 231면.

49) 신이철, 앞의 각주 8)의 논문, 81면.

50) 김정한, 앞의 각주 8)의 논문, 257면; 사법정책연구원, 앞의 각주 26)의 책, 285면.

51) 이재상 외, 앞의 각주 24)의 책, 16/24; 이주원, 앞의 각주 8)의 책, 93면; 이은모·김정환, 『형사소송법』, 제7판(박영사, 2019), 174면.

52) 배종대·홍영기, 앞의 각주 24)의 책, 24/56; 이은모·김정환, 위의 책, 336면; 이재상 외, 앞의 각주 24)의 책, 20/27, 30, 33; 이주원, 앞의 각주 8)의 책, 173면, 175－176면; 정웅석 외, 앞의 각주 40)의 책, 224면, 227면.

보관하는 물건을 압수할 수 있다고 하였다.[53]

4) 그 밖의 절차

임의제출물의 압수도 강제처분이므로, 압수물의 점유를 획득함에 있어 압수영장을 필요로 하지 않는다는 점을 제외하고는 압수영장에 의한 압수와 동일한 절차를 밟아야 한다.

따라서 임의제출물을 압수하는 경우 압수조서를 작성(형사소송법 제49조)하고 압수목록을 작성·교부하여야 한다(제219조, 제129조). 또한 압수물의 대가보관(형사소송법 제132조, 제219조)과 환부·가환부(제218조의2), 압수장물의 피해자환부(제134조, 제219조) 및 준항고(제417조)도 가능하다고 할 것이다.

Ⅲ. 체포현장에서 임의제출한 휴대폰에 저장된 정보의 수집

1. 휴대폰에 저장된 정보의 특성

휴대폰을 포함하여 개인용 컴퓨터(PC), 서버, USB, HDD 등 정보저장매체가 범죄의 증거로 될 수 있는 경우는, 이들 정보저장매체를 사용하여 폭행·협박을 하거나 정보저장매체에 대한 절도·사기 등 재산범죄가 행하여진 경우와 휴대폰의 카메라로 불법 촬영하여 저장한 사진과 같은 전자정보가 휴대폰 등 정보저장매체에 기록된 경우가 있다. 전자의 사건에서는 유형물인 정보저장매체 자체가 범죄의 수단이나 객체로서 증거가 되므로 유형물이 증거방법인 통상의 경우와 동일하다. 그러나 후자에서는 판이하게 다르다. 즉 증거방법은 정보저장매체에 전자적 방식으로 기록된 무형의 정보로서 눈으로는 볼 수도 읽을 수도 없고(무형물·불가시성·불가독성), 물리적 방법이 아닌 기술적 방법(디지털포렌식)을 통해서만 획득(탐색·복제·수집)할 수 있으며, 사건과의 관련성도 육안으로는 파악·식별하기가 불가능하다.

전자정보의 증거방법으로서의 이러한 특성을 고려하여 대법원은 일찍이, "전자정보에 대한 압수·수색영장을 집행할 때에는 원칙적으로 영장 발부의 사유인 혐의사실과 관련된 부분만을 문서 출력물로 수집하거나 수사기관이 휴대한 저장매체에 해당 파일을 복사하는 방식으로 이루어져야 하고, 집행현장 사정상 위와 같은 방식

53) 대법원 2008.7.10. 선고 2008도2245 판결.

에 의한 집행이 불가능하거나 현저히 곤란한 부득이한 사정이 존재하더라도 저장매체 자체를 직접 혹은 하드카피나 이미징 등 형태로 수사기관 사무실 등 외부로 반출하여 해당 파일을 압수·수색할 수 있도록 영장에 기재되어 있고 실제 그와 같은 사정이 발생한 때에 한하여 위 방법이 예외적으로 허용될 수 있을 뿐이다. 나아가 이처럼 저장매체 자체를 수사기관 사무실 등으로 옮긴 후 영장에 기재된 범죄혐의 관련 전자정보를 탐색하여 해당 전자정보를 문서로 출력하거나 파일을 복사하는 과정 역시 전체적으로 압수·수색영장 집행의 일환에 포함된다고 보아야 한다."고 판시하였다.[54]

이후 2011.7.18. 형사소송법 제106조 제3항을 신설하여 압수목적물이 정보저장매체인 경우의 압수방법을 규정하면서, 이 규정을 수사기관의 압수에 준용(제219조)함으로써 전자정보의 특성에 따른 압수방법을 입법적으로 해결하였다.

문제는 체포현장에서 피의자가 임의제출한 휴대폰을 형사소송법 제218조에 의해 영장 없이 압수한 경우 휴대폰에 저장된 전자정보를 수집할 때에도 영장이 필요 없는가이다. 즉 제218조에 의해 휴대폰이 압수된 경우에는 압수영장에 의한 압수와는 달리 압수영장 없이 탐색·복제·수집하는 것이 적법한지를 검토하여야 한다. 이에 따라 피의자·변호인의 참여가 보장되어야 하는지도 좌우된다.

2. 임의제출한 휴대폰에 저장된 정보를 수집하는 방법

(1) 별도의 압수수색영장이 필요한지 여부

이에 대하여 다음과 같이 4개의 견해로 정리할 수 있을 것 같다.

먼저 임의제출된 휴대폰의 저장정보를 압수영장 없이 탐색·수집할 수 있다는 견해가 가능하다. 이 견해는 압수수색영장을 발부받아 정보저장매체를 압수한 다음 저장정보를 탐색하여 선별하는 절차를, 압수영장의 집행 종료 후 압수물의 내용을 알기 위한 수사기관의 내부적인 확인행위라는 입장(압수물 확인행위설[55])과 휴대폰에 저장된 정보의 탐색·복제·출력이 압수수색영장의 집행과정이라는 입장(압수영장집행과정설[56])에서 취할 수 있다. 또한 임의제출물의 압수는 사후영장을 필요

54) 대법원 2011.5.26. 자 2009모1190 결정.

55) 정웅석 외, 앞의 각주 40)의 책, 194면; 전승수, "디지털 증거 압수절차의 적정성 문제－피압수자 참여범위 및 영장무관정보의 압수를 중심으로－", 『형사판례연구』, [24](한국형사판례연구회, 2016), 624면.

로 하지 않으므로 그 당연한 결과로 임의제출 휴대폰의 저장정보를 탐색·수집하기 위한 영장도 필요하지 않다고 주장할 수 있다.

다음으로 별도의 영장이 필요하다는 견해가 있다. 휴대폰에 저장된 전자정보가 수사관의 안전을 위협할 흉기도 아니고, 휴대폰이 압수되면 저장정보의 멸실·변경 가능성이 현저히 감소하기에 긴급성이 없으며, 휴대폰에 저장된 방대하고 민감한 개인정보에 대한 압수·수색이 사생활의 비밀과 자유를 비롯한 기본권을 침해하고 적법절차의 원칙을 훼손하는 결과를 가져올 수 있기 때문에 임의제출된 휴대폰 저장정보를 탐색하려면 사전영장이 필수적[57]이라고 한다. 압수영장집행과정설도 압수영장에 의한 압수 후의 탐색·수집과 임의제출 휴대폰의 압수 후 탐색·수집은 성질과 내용이 다르다고 보면서 영장이 필요하다고 주장할 수도 있다.

절충적 견해로, 체포된 피의자가 임의제출한 휴대폰에 대해서는 별도의 영장 없이도 저장정보를 탐색·수집할 수 있으나, 피의자의 명시적인 동의가 없는 한 그 범위는 체포의 이유가 된 범죄사실과 관련성이 있는 것에 한정된다는 견해[58]와 영장 없이 긴급압수된 휴대폰 자체의 자연적인 이용과정에서 수사기관이 특별한 기술적 조치 없이 육안으로 확인할 수 있는 정보내용에 대해서는 긴급압수의 효력이 미치므로 휴대폰 자체에 대한 사후영장만 발부받으면 되지만, 일단 휴대폰을 압수한 뒤 이를 디지털 포렌직 센터로 보내어 분석을 마친 후 그곳에서 보내온 정보파일을 확인하는 과정에서 유효한 증거파일을 확보하는 경우에는 휴대폰 자체의 자연적 사용을 통하여 축출할 수 있는 자료가 아니므로, 휴대폰 자체에 대한 사후 압수수색영장을 발부받음과 별도로 디지털 포렌직을 통해 축출한 정보파일에 대하여 추가로 사전압수수색영장을 발부받도록 함이 상당하다는 견해[59]가 있다.

임의제출받은 휴대폰에 저장된 정보를 탐색하여 증거를 수집하기 위해 압수수색영장이 필요한가의 문제는 휴대폰 임의제출의 대상(내용)에 좌우될 것인데, 이와 관련해서 세 개의 견해가 가능할 것으로 생각된다. 즉 ① 휴대폰 임의제출을 휴대

56) 신이철, 앞의 각주 8)의 논문, 101면(휴대폰 속에 저장된 전자정보가 압수수색의 대상인 경우에는 휴대폰이 임의제출됨으로써 절차가 종료되는 것이 아님); 원혜욱, "정보저장매체의 압수·수색－휴대전화(스마트폰)의 압수·수색－", 『형사판례연구』, [22](한국형사판례연구회, 2014), 328면. 대법원 2015.7.16. 자 2011모1839 전원합의체 결정.

57) 최병각, 앞의 각주 8)의 논문, 185면.

58) 김태명, 앞의 각주 14)의 논문, 53면.

59) 황성민, "스마트폰에 대한 긴급압수·수색의 효력 범위에 관한 고찰", 『법학논총』, 제44권 제3호(단국대학교 법학연구소, 2020.9), 86－87면.

폰은 물론 저장정보를 포함하여 휴대폰에 관한 일체(一切)의 점유를 이전하는 것이라는 견해(포괄제출설), ② 휴대폰이라는 유형물 자체에 대한 점유만을 이전한 것으로 보아야 한다는 견해(유형물한정제출설) 그리고 ③ 휴대폰 및 저장정보 중 혐의사실과 관련성 있는 정보만을 제출하는 의사로 보아야 한다는 견해(유관정보제출설)가 그것이다.

일반적인 임의제출물 압수와 동일하게 형사소송법 제218조에 의한 휴대폰 압수의 경우 사후영장도 필요하지 않다는 다수설·판례의 태도는 포괄제출설의 입장으로 보이며, 이에 의하면 별도의 영장 없이 휴대폰의 전자정보를 탐색하는 것이 적법하므로(영장불요설) 그 결과 수집한 증거를 유죄증거로 사용할 수 있을 것이다. 이에 반해 유형물한정제출설에 의하면 휴대폰의 전자정보는 임의로 제출한 것이 아니므로 이를 탐색·수집하려면 압수수색영장을 발부받아야 한다(영장필요설). 유관정보제출설은 체포원인이 된 혐의사실과 관련성 있는 정보에 한해 영장 없이 탐색·수집할 수 있을 것이다(절충설).

생각건대 형사소송법 제218조에 의해 휴대폰이 압수된 경우 휴대폰 자체는 임의제출물의 압수로서 사후영장을 요하지 않지만, 거기에 저장된 정보를 수집하려면 별도로 압수수색영장을 발부받아야 한다고 본다. 그 이유는 다음과 같다.

첫째 휴대폰(외장하드·USB 등 정보저장매체를 포함)에 저장된 전자정보는 유형물과는 전혀 다르다는 점이다. 유형물이 증거방법인 경우에는 유형물의 임의제출이 있은 후 수사기관이 그 내용을 살펴보는 것은 압수물분석에 해당하고, 이러한 분석에 대한 제출자의 동의는 임의제출에 포괄적으로 포함된다고 해석할 수 있다. 왜냐하면 유형물은 대체로 불가분적이며 그 전체가 범죄와 관련성이 있을 뿐 아니라 통상 임의제출자가 대상물 전부에 대한 정보를 알고 있기 때문이다. 이에 반하여 휴대폰의 경우에는 사정이 전혀 다르다. 휴대폰에 저장된 전자정보는 보거나 읽을 수 없으므로 제출자가 그 내용을 정확히 파악할 수 없다.[60] 따라서 휴대폰의 임의제출은 휴대폰 그 자체에 대해서만 효력이 미칠 뿐 저장된 정보에 대한 탐색·수집에까지는 미치지 않는다고 보아야 한다.

둘째 형사소송법 제106조 제3항을 신설한 취지는 전자정보의 특성을 고려한 것으로, 저장매체뿐 아니라 거기에 저장된 정보에 대한 압수도 영장주의의 적용을 받아야 한다는 점을 분명히 한 것이다. 대법원도 전자정보가 담긴 저장매체, 하드카

60) 사법정책연구원, 앞의 각주 26)의 책, 285면.

피나 이미징 등을 탐색·복제·출력하는 경우에도 영장주의 원칙과 적법절차를 준수하여야 한다고 하였다.[61)]

셋째 형사소송법 제106조는 제215조는 물론 제218조에도 준용되므로(제219조), 제106조 제3항에 대한 해석과 판례는 휴대폰 임의제출에 대하여도 똑같이 적용되어야 한다.

넷째 휴대폰에는 인간의 존엄과 가치에 직결되는 극히 민감한 내용을 포함한 사생활 정보, 사용자의 모든 영역에 걸친 이력은 물론 당해 사건과 관련된 정보와 무관한 정보가 혼재되어 있다. 따라서 휴대폰을 임의로 제출하였다고 하여 거기에 저장된 정보까지 통째로 제출하였다고 할 수는 없다. 휴대폰과 거기에 저장된 정보는 분리 가능하므로 임의제출 휴대폰의 저장정보를 탐색·수집하기 위해서는 영장주의가 적용되어야 한다.

영장필요설에 따르면, 사전 또는 사후영장에 의하여 압수된 경우에도 별도의 영장이 필요하다는 결론에 도달하고 이는 실무상으로 지나치게 부담스러운 결론이 될 수 있다는 비판이 가능하다. 그런데 현재 전자정보를 압수할 경우 "압수 대상 및 방법의 제한"이라는 별지 양식을 첨부하여 유관정보만으로 범위를 정하여 압수수색영장을 발부하므로[62)] 별도의 영장이 필요하지는 않을 것이다.

디지털 증거의 처리 등에 관한 규칙(경찰청훈령 제1003호) 제22조 제4항은 "저장된 전자정보와 관련성 없이 범행의 도구로 사용 또는 제공된 정보저장매체 자체를 임의제출 받은 이후 전자정보에 대한 압수·수색·검증이 필요한 경우 해당 전자정보에 대해 피압수자로부터 임의제출을 받거나 압수·수색·검증영장을 신청하여야 한다."고 규정하고 있다.

(2) 참여권의 보장

체포현장에서 임의제출한 휴대폰의 저장정보를 탐색·복제·수집할 때 피의자나 변호인이 참여할 수 있는가의 문제는 위에서 살펴본 압수영장의 필요 여부에 좌우된다. 이것은 결국 정보저장매체(자체든 복제본이든)를 압수한 후 거기에 저장된 정보를 선별하는 행위를 어떻게 파악할 것인가에 달려있다.

저장매체의 압수 혹은 관련 정보의 출력 또는 복제가 이루어지는 시점에 압수영

---

61) 대법원 2017.9.21. 선고 2015도12400 판결; 대법원 2020.11.26. 선고 2020도10729 판결.

62) 사법정책연구원, 앞의 각주 26)의 책, 192–193면.

장의 집행이 종료한다고 보아야 하고, 그 이후에 압수물의 내용을 탐색하는 행위는 압수물의 내용을 알기 위한 수사기관의 내부적인 확인행위에 불과하므로 압수 종료 이후에 피압수자의 참여를 인정하는 것은 법률에 의한 당연한 권리라고 보기 어렵다는 견해[63]가 있다. 나아가 검색과 디지털 증거분석의 기술적 측면 및 시간적·공간적 제약 등으로 인하여 피압수자의 참여권이 실질적인 의미가 없다는 점에 비추어 절차적 보장은 상세한 목록 교부와 디지털 증거분석 절차의 기준 정립 등을 통하여 이루어짐이 상당하다고 한다.[64]

이와 달리 저장매체에 저장된 정보의 분석과정은 압수수색영장의 집행과정으로서 증거획득과정에 정당성을 부여하고,[65] 휴대폰에 저장된 정보가 실질적인 증거가치를 가지므로 저장정보의 탐색이 중요한 수사활동이자 기본권 침해의 우려가 폭증하는 지점이며,[66] 수사기관으로서는 당해 범죄와 관련된 전자정보에서 더 나아가 별건 범죄사실에 대한 범죄정보를 인지할 가능성이 상존하고 있어 수사기관 단독으로 비례원칙의 준수가 담보되기 쉽지 않은 환경인 반면에, 해당 정보파일은 이미 수사기관에 확보되어 있어 조작이 불가능하고 이로 인하여 피압수자가 예상치 못한 별건 수사에 놓일 수도 있다는 측면에서, 피압수자의 법적안정성을 위해 참여권을 보장하는 것이 타당하다고 한다.[67]

위에서 이미 언급한 바와 같이 휴대폰에 저장된 정보의 특수성을 고려할 때 임의제출한 휴대폰에 저장된 정보를 탐색·복제·수집할 경우 제출자와 변호인의 참여권이 보장되어야 할 것이다. 대법원도, 저장매체에 대한 압수수색영장의 집행과 관련하여, 피압수자나 변호인에게 참여 기회를 보장하여야 한다고 판시하였다.[68]

디지털 증거의 수집·분석 및 관리 규정(대검찰청예규 제1151호)(제25조 제2항, 제21조 제1항)과 디지털 증거의 처리 등에 관한 규칙(경찰청훈령 제1003호)(제22조 제1항, 제13조 제1항)도 전자정보 압수·수색·검증의 전 과정에 걸쳐 피압수자와 변호인의 참여권을 보장하고 있다.

---

63) 정웅석 외, 앞의 각주 40)의 책, 195면; 전승수, 앞의 각주 55)의 논문, 633면.

64) 전승수, 앞의 각주 55)의 논문, 634면.

65) 원혜욱, 앞의 각주 56)의 논문, 331면. 같은 취지로 김태명, 앞의 각주 14)의 논문, 58면.

66) 최병각, 앞의 각주 8)의 논문, 187면.

67) 황성민, 앞의 각주 59)의 논문, 80－81면.

68) 대법원 2015.7.16. 자 2011모1839 전원합의체 결정; 대법원 2020.11.26. 선고 2020도10729 판결.

Ⅳ. 맺음말

휴대폰이 널리 보급되고 일생생활의 필수품이 되면서 휴대폰은 사람의 삶을 기록하고 있을 뿐 아니라 휴대폰을 이용하여 범죄를 범하고, 범죄의 많은 흔적이 휴대폰에 저장되어 있다. 그리하여 수사기관에서는 피의자 등의 휴대폰을 확보하는데 심혈을 기울이지만, 피의자의 입장에서는 자신의 사생활을 포함한 모든 정보가 적나라하게 노출될 우려가 있기 때문에 휴대폰 압수는 자신의 삶을 통째로 압수당한 느낌을 갖게 된다. 이와 관련하여 이 글은 영장주의의 예외인 임의제출물의 압수(형사소송법 제218조)가 체포현장에서도 허용되는지, 이때 제출거부권을 고지할 의무가 있는지, 이렇게 압수한 휴대폰에 저장되어 있는 정보를 탐지·수집할 때 압수수색영장을 발부받아야 하는지 등을 검토하였다.

우선 체포현장에서 임의제출물을 영장 없이 압수할 수 있으며, 사후영장도 필요하지 않다고 본다. 왜냐하면 형사소송법 제218조는 제출자로 소유자·소지자·보관자를 열거하고 있을 뿐 체포당하는 자를 제외하고 있지 않으며, 피체포자로부터 압수하는 경우는 물론 체포현장에 있는 제3자로부터 압수하는 경우에도 적용되기 때문이다. 체포되는 사람의 심리를 고려하면 체포현장이라는 특수성으로 인해 의사의 임의성이 문제되지만, 이는 임의성의 인정 여부일 뿐, 이를 이유로 체포현장에서는 제218조가 적용될 수 없다거나, 피체포자로부터 제출받는 경우에는 영치가 허용되지 아니한다고 할 수는 없다. 이때 임의제출을 거부할 수 있는 권리를 수사기관이 고지할 의무는 없으며, 제출자가 제출거부권을 인식하고 있어야 하는 것도 아니다. 다만 체포현장에서 체포당하는 자로부터 임의제출물을 압수하는 경우에는 임의성에 대한 엄격한 심사를 통해 '온전히 자유롭고 자율적인 의사'에 기한 제출이라는 점을 검사가 합리적인 의심의 여지가 없을 정도로 증명하여야 한다. 그리고 임의제출의 대상에 대하여 형사소송법 제218조에 명문으로 규정되어 있지 않지만, 임의제출물의 압수도 제219조의 '본장의 규정에 의한 압수'에 해당하고 제218조의 압수에도 제106조가 준용되므로, 사건과 관계가 있다고 인정할 수 있는 것에 한정하여, 증거물 또는 몰수대상물만 임의제출이 가능하다고 할 것이다.

체포현장에서 임의제출된 휴대폰을 영장 없이 압수한 후 저장정보를 수집하려면 압수수색영장을 발부받아야 한다. 임의제출자가 대상물에 대한 정보를 제대로 알고 있는 유형물의 경우 이에 대한 제출자의 동의는 제출대상물의 분석을 포함한다고 할 수 있다. 이에 반하여 휴대폰의 경우에는 사정이 전혀 다르다. 휴대폰에 저장된 전자정보는 보거나 읽을 수 없어 제출자가 그 내용을 파악하기가 불가능하고, 휴대폰에는 지극히 사적인 자료를 포함하여 개인의 일상적인 삶의 기록이 그대로 담겨 있으며, 유관정보는 물론 범죄와는 티끌만큼의 관련도 없는 정보도 다수 저장되어 있으므로 휴대폰의 임의제출은 휴대폰 자체에 대해서만 효력이 미칠 뿐 저장된 정보에 대하여는 미치지 않는다(유형물한정제출설)고 할 것이다. 따라서 임의제출 휴대폰의 저장정보를 탐색·수집하기 위해서는 -통설·판례와는 달리- 압수수색영장을 발부받아야 한다. 그 당연한 귀결로 저장정보를 탐색·복제·수집할 때에는 원칙적으로 피의자와 변호인의 참여권을 보장하여야 한다.

논문투고일 : 2021.08.30 논문심사일 : 2021.09.10 게재확정일 : 2021.09.27

【참고문헌】

[단행본]

노명선 · 이완규, 『형사소송법』 제5판(SKKUP, 2017)
배종대 · 홍영기, 『형사소송법』(홍문사, 2018)
백형구 · 박일환 · 김희옥 편집, 『주석 형사소송법(Ⅱ)』(한국사법행정학회, 2009)
신동운, 『간추린 신형사소송법』 제13판(법문사, 2021)
이은모 · 김정환, 『형사소송법』 제7판(박영사, 2019)
이주원, 『형사소송법』(박영사, 2019)
이재상 · 조균석 · 이창온, 『형사소송법』 제13판(박영사, 2021)
이창현, 『형사소송법』 제5판(정독, 2019)
정승환, 『형사소송법』(박영사, 2018)
정웅석 · 최창호 · 이경렬 · 김한균, 『신형사소송법』(박영사, 2021)
대검찰청, 『2020 범죄분석』, 2020
사법정책연구원, 『디지털증거 압수수색 개선방안에 관한 연구』, 2021

[논문]

김영규, "미국 연방대법원의 "휴대폰에 저장된 개인정보 보호"에 대한 판결의 의의 －피체포자의 휴대폰에 저장된 정보의 영장 없는 수색 제한에 관한 RILEY 판결을 중심으로－", 『형사정책연구』 제25권 제4호(한국형사정책연구원, 2014)
김정한, "임의제출물 압수에 관한 실무적 고찰", 『형사법의 신동향』 제68호(대검찰청, 2020.9)
김태명, "체포현장에서 피의자가 임의제출한 휴대전화기의 압수와 휴대전화기에 저장된 정보의 탐색 · 수집", 『경찰법연구』 제19권 제1호(경찰법학회, 2021)
김혁돈, "영장없는 압수 · 수색과 관련한 대법원의 태도에 대한 고찰", 『법학논고』 제50집(경북대학교 법학연구원, 2015.5)
박정난, "2020년도 형사소송법 중요판례평석", 『형사소송 이론과 실무』 제13권 제1

호(한국형사소송법학회, 2021.3)

송관호, "불법촬영 현장에서의 휴대폰 임의제출의 법적 평가", 『인권과 정의』 제490호(대한변호사협회, 2020.6)

신상현, "임의제출물 압수의 적법요건으로서의 임의성 – 대법원 2019.11.14. 선고 2019도13290 판결 및 대법원 2020.4.9. 선고 2019도17142 판결 –", 『형사법의 신동향』 제67호(대검찰청, 2020.6)

신이철, "형사소송법 제218조의 유류물 또는 임의제출물의 압수에 대한 소고", 『형사법의 신동향』 제67호(대검찰청, 2020.6)

안성조, "임의제출물 압수에서 '임의성' 요건: 자백배제법칙과 미란다 판결의 함의", 『형사법연구』 제33권 제1호(한국형사법학회, 2021)

원혜욱, "정보저장매체의 압수·수색 – 휴대전화(스마트폰)의 압수·수색 –", 『형사판례연구』 [22](한국형사판례연구회, 2014)

이순옥, "현행범인 체포 및 임의제출물 압수와 관련한 대법원의 태도에 대한 연구", 『중앙법학』 제18권 제4호(중앙법학회, 2016.12)

이창현, "2020년 형사소송법 중요판례평석", 『인권과 정의』 제497호(대한변호사협회, 2021.5)

전승수, "디지털 증거 압수절차의 적정성 문제 – 피압수자 참여범위 및 영장무관정보의 압수를 중심으로 –", 『형사판례연구』 [24](한국형사판례연구회, 2016)

최병각, "휴대폰의 압수와 저장정보의 탐색", 『비교형사법연구』 제22권 제3호(한국비교형사법학회, 2020.10)

최창호, "미국법상 동의에 의한 수색에 관한 연구", 『가천법학』 제6권 제3호(가천대학교 법학연구소, 2013)

한상훈, "임의제출물의 영치와 위법수집증거배제법칙", 『법조』 제719호(법조협회, 2016.10)

황성민, "스마트폰에 대한 긴급압수·수색의 효력 범위에 관한 고찰", 『법학논총』 제44권 제3호(단국대학교 법학연구소, 2020.9)

【국문초록】

휴대폰이 사람의 삶을 기록하고 있을 뿐 아니라 이것을 이용하여 범죄를 범하고, 범죄의 많은 흔적이 휴대폰에 저장되어 있다. 그리하여 수사기관에서는 피의자 등의 휴대폰을 확보하는데 심혈을 기울이지만, 피의자의 입장에서 휴대폰 압수는 자신의 삶을 통째로 압수당한 느낌을 갖게 된다. 이와 관련하여 이 글은 영장주의의 예외인 임의제출물의 압수(제218조)가 체포현장에서도 허용되는지, 이때 제출거부권을 고지할 의무가 있는지, 이렇게 압수한 휴대폰에 저장되어 있는 정보를 탐지·수집할 때 압수수색영장을 발부받아야 하는지 등을 검토하였다.

우선 체포현장에서 임의제출물을 영장 없이 압수할 수 있으며, 사후영장도 필요하지 않다고 본다. 왜냐하면 제218조는 제출자로 소유자·소지자·보관자를 열거하고 있을 뿐 체포당하는 자를 제외하고 있지 않으며, 피체포자로부터 압수하는 경우는 물론 체포현장에 있는 제3자로부터 압수하는 경우에도 적용되기 때문이다. 체포되는 사람의 심리를 고려하면 체포현장이라는 특수성으로 인해 의사의 임의성이 문제되지만, 이는 임의성의 인정 여부일 뿐, 이를 이유로 체포현장에서는 제218조가 적용될 수 없다거나, 피체포자로부터 제출받는 경우에는 영치가 허용되지 아니한다고 할 수는 없다. 이때 임의제출을 거부할 수 있는 권리를 수사기관이 고지할 의무는 없으며, 제출자가 제출거부권을 인식하고 있어야 하는 것도 아니다. 다만 체포현장에서 체포당하는 자로부터 임의제출물을 압수하는 경우에는 임의성에 대한 엄격한 심사를 통해 '온전히 자유롭고 자율적인 의사'에 기한 제출이라는 점을 검사가 합리적인 의심의 여지가 없을 정도로 증명하여야 한다. 그리고 임의제출물의 압수대상에 대하여 명문의 규정은 없지만, 영장에 의한 압수와 동일하게, 사건과 관계가 있다고 인정할 수 있는 것으로, 증거물 또는 몰수대상물에 한정된다.

체포현장에서 임의제출된 휴대폰을 영장 없이 압수한 후 저장정보를 수집하려면 압수수색영장을 발부받아야 한다. 임의제출자가 대상물에 대한 정보를 제대로 알고 있는 유형물의 경우 이에 대한 제출자의 동의는 제출대상물의 분석을 포함한다고 할 수 있다. 이에 반하여 휴대폰의 경우에는 사정이 전혀 다르다. 휴대폰에 저장된 전자정보는 보거나 읽을 수 없으므로 제출자가 그 내용을 정확히 파악할 수 없다. 또한 휴대폰에는 지극히 사적인 자료를 포함하여 개인의 일상적인 삶의 기록이 그

대로 담겨 있으며, 유관정보는 물론 범죄와는 티끌만큼의 관련도 없는 무관정보도 다수 저장되어 있다. 그러므로 휴대폰의 임의제출은 휴대폰 자체에 대해서만 효력이 미칠 뿐 저장된 정보에 대하여는 미치지 않는다(유형물한정제출설). 따라서 임의제출 휴대폰의 저장정보를 탐색·수집하기 위해서는 압수수색영장을 발부받아야 한다. 그 당연한 귀결로 저장정보를 탐색·복제·수집할 때에는 원칙적으로 피의자와 변호인의 참여권을 보장하여야 한다.

◈ 주제어: 임의성, 임의제출물의 압수, 체포현장에서 영장 없는 압수, 형사소송법 제218조, 휴대폰(스마트폰)

【Abstract】

Seizure of voluntarily produced mobile phone at the locus of the arrest and the collection of the stored data

Kang, Dong－Beom*

In these days a mobile phone comes into wide use and many crimes are frequently committed by means of mobile phone. For example many persons are prosecuted because of taking photographs in the subway etc by using a camera of mobile phone. So much evidence of a crime is stored in mobile phone.

Constitution declares the principle of warrant in case of seizure or search (Article 12 Paragraph (3), Article 16). But nevertheless both Constitutional Court and Criminal Procedure Act admit the exceptions of the principle of warrant. Those are Article 216, 217, 218 of Criminal Procedure Act(hereinafter referred to as “CPA”). Article 218(Seizure without Warrant) of CPA provides as follows : A prosecutor or senior judicial police officer may seize an article which has been discarded by a criminal suspect or any other person, or those which have been voluntarily produced by their owner, possessor, or custodian without a warrant.

The purpose of this paper is to review the applicability of Article 218 of CPA to seizure without warrant at the locus of the arrest, the duty of announcement or not of right to refusal of voluntary submission and the necessity of issuance of warrant of seizure or of search when a prosecutor or senior judicial police officer detects and collects the data stored after seizure without warrant of voluntarily submitted mobile phone.

My conclusions are as follows:

1. Article 218 of CPA is applied to the seizure of mobile phone without warrant at the locus of the arrest and it’s not necessary to be issued a warrant

* School of Law, Ewha W. University

of seizure by a judge of the district court after the arrest. When the mobile phone has been voluntarily produced a prosecutor or senior judicial police officer does not have the duty to announce the right to refusal of voluntary submission. And it's not important whether the submitter is conscious of the right to refusal or not. The articles which have been voluntarily produced are thought to be used as evidence or liable to confiscation, only when such articles are deemed to be connected with the suspected case.

2. After a prosecutor or senior judicial police officer has seized the mobile phone being voluntarily produced at the locus of the arrest, he may search and collect the data stored in mobile phone with a seizure warrant issued by a judge of the competent district court. As a result the criminal suspect, or his/her defense counsel may be present when a warrant of seizure is being executed.

◈ Key Words: Article 218 of Criminal Procedure Act, Mobile(Smart) Phone, Seizure of voluntarily produced Article, Seizure without Warrant at the Locus of the Arrest, Voluntariness

한국형사소송법학회『형사소송 이론과 실무』
제13권 제3호 (2021.09) 61∼120면.
Theories and Practices of Criminal Procedure Vol. 13 No. 3 (September. 2021) pp. 61~120.
10.34222/kdps.2021.13.3.61

형사소송법상 반대신문권과 국제인권법의 적용가능성에 관한 연구

이 창 온*

목 차

Ⅰ. 서론
Ⅱ. 자유권규약의 국내법적 효력
Ⅲ. 우리 형사소송법상 반대신문권 보장의 법적 성격
Ⅳ. 자유권규약의 반대신문권 규정이 형사소송법 해석에 미치는 효과
Ⅴ. 결론

Ⅰ. 서론

Wigmore는 반대신문권(cross－examination)을 '진실발견을 위해 발명된 가장 위대한 법적 엔진(the greatest legal engine ever invented for the discovery of truth)'이라고 찬양한 바 있다.[1] 피고인의 반대신문권은 증인이 숨기고 싶은 사실, 편견, 이해관계, 도덕적 결함을 드러내거나 그 증언이 지닌 모순과 불일치를 반박하여 증인의 신용성을 공격함으로써 공소사실의 진실성을 검증하는 유용한 수단이 된다. 특히 영미 당사자주의 형사절차에서는 국가기관인 검사나 법관의 신문이 아니라 피고인의 반대신문권이 진실검증을 위한 가장 핵심적인 수단이 된다. 피고인은 불리한 증언에 의하여 가장 영향을 받는 당사자로서 가장 적극적이고 효과적으로 반대신문권을 행사할 동기와 수단을 갖는다고 보기 때문이다. 따라서 반대신문권은 영미법상 전문법칙의 핵심 논거가 되었으며, 미국 연방수정헌법 제6조에 대면권(confrontation clause)이 규정되게 된 계기가 되었다.

---

* 이화여대 법학전문대학원 교수

1) Paul Roberts, Adrian Zuckerman, 『Criminal Evidence』, 2th(Oxford University Press, 2012), 295면에서 Wigmore on Evidence, Chadbourn, vol 5 재인용.

2004년 미연방대법원은 Crawford v. Washington 사건에서 반대신문권 보장을 대면권의 핵심 내용으로 파악하면서 반대신문권이 보장되지 않은 경우에는 전문법칙의 예외가 인정되는 증언적 진술(testimonial statement)의 증거능력을 배척함으로써, 반대신문권은 전문법칙보다 상위의 효력을 가진 헌법적 원리가 되었다.[2] 한편, 1953년 유럽인권협약(European Convention on Human Rights)이 채택됨으로써, 실체적 진실발견의 책임을 당사자가 아닌 검사와 법관에게 부여하는 직권주의적 형사절차를 채택하고 있는 다수의 대륙법계 국가들도 유럽인권협약 6(3)(d)에 규정된 반대신문권 조항의 적용을 받게 되었다.[3] 반대신문권 보장은 유럽인권협약 준수의무를 부담하는 대륙법계 국가들에 있어서 헌법상의 원리와 유사한 지위를 누리게 되었다. 형사소송법상 우리와 유사한 전문법칙 규정을 가지고 있는 일본은 미국 수정헌법 제6조와 유사하게 일본헌법 제37조 제2항에서 피고인에게 모든 증인에 대하여 신문할 기회를 충분히 부여하고 공비(公費)로 자신을 위하여 강제적 절차에 따라 증인을 요구할 권리를 가진다고 규정한다. 따라서 피고인의 반대신문권은 헌법상 권리로 인정되며 일본의 전문법칙은 헌법 제37조 제2항에 근거하는 것으로 해석된다.[4]

반대신문권은 원래 역사적으로 영미 당사자주의 형사절차에서 당사자인 피고인에게 진실 검증의 수단으로 제공되어 실체적 진실발견의 도구로서 발전된 것이다.[5] 그러나 이제는 국내법이 당사자주의적 전문법칙을 채택하든지 직권주의적 증

---

2) Robert P. Mosteller 외 5, 『McCormick on Evidence』, 8th(West Acacemic Publishing, 2020), 77~78면. Crawford v. Washington, 541 U.S. 36 (2004). Crawford 판결의 상세한 내용 및 우리 형사절차에 대한 의의에 관하여는 김희균, "크로포드 사건: 형사피고인의 대질심문권의 재발견", 『법조』, 제54권 제7호, (법조협회, 2005. 7), 145면 이하; 정웅석, "참고인진술의 증거능력을 인정하기 위한 대면권과 전문법칙과 관계－Crawford 결과 Bryant 판결을 중심으로", 『형사법의 신동향』, 통권 제35호, (대검찰청, 2012. 6), 130면 이하; 설민수, "형사재판에서 증언적 전문진술에 대한 반대신문권 보장과 그 한계", 『사법논집』, 제52집, (법원도서관, 2011) 참조.

3) 유럽인권협약의 효력에 관한 상세 내용에 대해서는 Philip Leach, 『Taking a case to the European Court of Human Rights』, 4th (Oxford University Press, 2017) 참조.

4) 히라라기토키오/조균석 역, 『일본형사소송법』, (박영사, 2012), 370면.

5) 미국 내에서는 반대신문권의 실체적 진실발견에 대한 실증적 효과에 대해서 평가가 생각보다 높지 않다. 따라서 이를 근거로 전문증거의 증거능력을 완전히 배척하는 미국식 전문법칙을 개혁할 필요가 있다는 견해가 있다. Robert P. Mosteller 외 5, 앞의 각주 2) 저서 94~95면. 실제로 영국에서는 common law상의 전문법칙을 폐지하고 실정법화(Criminal Justice Act

거법을 채택하든지 여부와 상관없이 반대신문권 보장은 국내법의 상위에 존재하는 헌법적 원리 또는 국제인권법적 원리로서 받아들여지게 되었다. 반대신문권을 통해서 피고인은 국가가 우위에 서서 자신을 위하여 실체진실을 발견해주는 것을 기다리는 수동적인 역할을 벗어나서 당당히 재판절차의 한 축을 형성하는 기관으로 승격하게 된다. 반대신문권을 실체진실을 발견하는 도구 중 하나라는 관점을 넘어서서 이를 절차적 기본 권리로 이해하게 됨으로써, 반대신문권은 이제 실제로 행사되었는지 여부나 반대신문권의 행사가 재판결과에 실제로 영향을 미쳤는지 여부에 상관없이 재판의 공정성을 평가하는 기초가 되게 되었다.[6)]

우리 형사절차에서 반대신문권 보장이 미국, 유럽, 일본과 같이 헌법상 또는 국제인권법상의 원리로서의 성격을 가지고 있는지 여부는 분명하지 않다. 또한 우리 전문법칙은 영미식 전문법칙과 전혀 다른 형식과 배경 하에서 독자적인 발전을 거쳐 왔기 때문에 우리 증거법 내에서 반대신문권이 가진 의미도 마찬가지로 분명하지 않다. 헌법재판소는 반대신문권 보장을 헌법상의 적법절차의 원칙 및 공정한 재판을 받을 권리의 차원에서 거론하면서도 반대신문권 자체를 법률의 상위에 있는 헌법상의 원리로 이해하지는 않으며 입법재량의 여지를 넓게 허용한다. 대법원도 전통적으로 반대신문권 문제를 주로 전문법칙 규정의 해석 차원에서 다루어 왔다. 그런데 대법원은 최근 들어 직접주의와 공판중심주의를 근거로 전문법칙의 해석론을 전개하면서 반대신문권이 보장되지 않은 진술의 증거능력을 부정하기도 한다.

이 논문의 목적은 우리나라가 가입, 비준한 국제인권조약인 자유권규약[7)]상 반대신문권 조항을 통해서 국내 증거법을 넘어선 상위의 관점에서 반대신문권을 통일적으로 규율하는 것이 가능한지 여부를 모색하는 것이다. 이러한 목적 하에 우선 국제인권법에 관한 선행연구들을 통해서 자유권규약의 재판규범성 및 그 효력의 법적 성격 문제를 검토한다. 그런 다음 구체적으로 자유권규약상 피고인의 반대신

2003)하면서 전문증거의 증거 사용가능성을 대폭 확대하였고 다른 영미법계 국가들도 이와 유사한 입법조치를 취하고 있다. Roderick Munday, 『Cross & Tapper on Evidence』, 13th(Oxford University Press, 2010), 567~575면 참조. 미국 학계에서의 논의는 오히려 반대신문권의 남용 위험성에 대한 규제가 중심이 된다. Paul Roberts 외 1, 앞의 각주 1)의 책 322면 이하.

6) 이주원, “형사소송법상 반대신문권과 증거능력의 관계”, 『형사소송 이론과 실무』, 10.2 (형사소송법학회, 2018), 171면.

7) 정식 명칭은 시민적 및 정치적 권리에 관한 국제규약(International Covenant on Civil and Political Rights)이다. 이하에서 자유권규약으로 약칭한다.

문권 보장과 관계된 제14조 제3항 제(e)호가 우리 형사소송법 해석에 어떠한 영향을 미치는지 여부를 구체적으로 검토하고자 한다.

만약 일부 대법원 판례가 인정하고 있는 것처럼 자유권규약이 재판규범으로서 법률상 효력을 가질 수 있다면 자유권규약상 반대신문권 조항은 우리 형사소송법 해석에 직접적인 영향을 미치게 된다. 형사소송법 제314조, 제316조 제2항은 반대신문권의 보장 없이도 전문증거의 증거능력을 인정할 여지를 두고 있으며, 성폭력범죄의 처벌에 관한 특례법 제30조 제6항은 성폭력 피해 청소년의 경우 법정 출석이 불가능한 사유가 없더라도 반대신문권 보장 없이 수사 단계의 진술을 증거로 사용할 수 있는 길을 열어두고 있다. 그런데 자유권규약의 반대신문권 관련 조항이 국내법상 효력을 가진다고 보면 이는 곧바로 우리 증거법 해석상 영향을 미칠 수밖에 없다.

미연방수정헌법상 대면권 조항은 종래 우리 형사법학계에 많이 소개되었으나 자유권규약의 반대신문권 조항에 관해서는 논의가 거의 이루어지지 않았다. 아마도 그 이유는 반대신문권에 관한 자유권규약위원회의 유권해석이 많지 않았기 때문으로 추측된다. 그런데 자유권규약과 거의 동일한 문언을 가지고 있는 유럽인권협약에 관하여는 유럽인권법원이 1970년대부터 다양한 판례들을 축적하여 왔다. 따라서 본 연구에서는 유럽인권법원의 반대신문권 관련 판례들을 검토한 후, 그 해석론이 자유권규약을 통해 우리 형사소송법 해석에 어떻게 적용될 수 있을지, 그리고 그 경우 우리 국내 증거법에 어떤 영향을 미치게 될 것인지에 관해 시론적으로 검토해보고자 한다.

본 논문은 네 부분으로 구성된다. 첫 번째 부분에서는 자유권규약의 국내법적 효력과 재판규범성에 관하여 살펴본다. 두 번째 부분에서는 자유권규약과 유럽인권협약의 반대신문권 관련 조항에 관하여 살펴볼 것이다. 여기서는 유럽인권법원의 판례를 통해서 국내법보다 우선적 효력을 가진 유럽인권협약이 당사국의 국내 증거법에 미치는 영향에 관하여 고찰한다. 세 번째 부분에서는 우리 증거법상 반대신문권의 법적 지위와 현황에 관하여 영미 전문법칙과 비교법적인 관점에서 살펴본 다음, 이와 관련된 대법원 판례를 검토함으로써 기존 해석의 문제점을 찾아볼 것이다. 마지막으로 유럽인권협약과 거의 동일한 규정을 가진 자유권규약이 재판규범적인 효력을 가질 때 우리 증거법에 미칠 영향과 가능한 해석방법에 관하여 검토한다.

Ⅱ. 자유권규약의 국내법적 효력

1. 국제인권조약의 국내법상 위상

헌법 제6조 제1항은 헌법에 의하여 체결, 공포된 조약과 일반적으로 승인된 국제법규는 국내법과 같은 효력을 가진다고 규정하여 국제법존중주의를 선언하고 있다. 헌법학계는 일반적으로 승인된 국제법규는 세계 다수국가에 의하여 일반적으로 승인된 보편적, 일반적 규범으로서 성문의 국제법규와 국제관습법을 포함하는 것으로 보는 것이 일반적인 경향이나,[8] 국제법학계는 국제관습법만이 이에 포함된다고 보는 것이 지배적인 견해이다.[9] 자유권규약은 173개국이 가입, 비준하고 있으므로(2020.7.16.자 기준)[10] 일반적으로 승인된 성문의 국제법규로 볼 여지가 있는지 문제될 수 있으나, 우리나라가 가입, 비준한 조약이므로 구별의 실익이 없다.

이때 '국내법과 같은 효력'이 헌법적 효력을 의미하는지 여부, 즉 자유권규약에 위반하는 국내법에 관하여 위헌이나 기본권침해 판단을 할 수 있는지 여부에 관하여 헌법재판소는 이를 인정하지 않으며,[11] 학설도 헌법우위설이 통설적인 견해이다.[12] 다만, 헌법재판소는 국제법존중주의의 헌법원칙을 고려하여 국내법의 위헌이나 기본권침해 여부를 판단함에 있어 국제인권조약의 내용을 고려함으로써 이른바 '간접적용'을 하고 있다.[13] 국회는 중요한 조약 중 상호원조 또는 안전보장에 관한 조약, 중요한 국제조직에 관한 조약, 우호통상항해조약, 주권의 제약에 관한 조약, 강화조약, 국가나 국민에게 중대한 재정적 부담을 지우는 조약 또는 입법사항에 관한 조약의 체결 비준에 대한 사전적 동의권을 가지며(헌법 제60조 1항), 이때 국회

8) 성낙인, 『헌법학』, 제21판, (법문사, 2021), 334면.

9) 정인섭, 『신국제법강의 이론과 사례』, 11판, (박영사, 2021), 138면.

10) Report of the Human Rights Committee on its 126th (1−26 July 2019), 127th (14 October−8 November 2019) and 128th sessions (2−27 March 2020), 1면. https://tbinternet.ohchr.org.

11) 헌법재판소 2013.11.29. 선고 2012헌마166결정.

12) 성낙인 앞의 각주 8) 책, 333면; 국제인권조약의 법률적 위상에 관한 상세한 분석에 대해서는 전종익, "헌법재판소의 국제인권조약 적용", 『저스티스』 통권 170−2호(한국법학원, 2019), 511~514면.

13) 장태영, "자유권규약의 효력, 적용, 해석−대법원 2016도10912 전원합의체 판결에 대한 평석을 중심으로−", 『국제법학회논총』 제65권 제2호(대한국제법학회, 2020), 274면.

의 동의는 조약의 국내법적 효력을 부여하는 입법행위의 실질을 가진다고 본다.[14] 자유권규약은 국민의 기본권실현과 관련된 영역에 해당하는[15] 입법사항과 관계되므로 헌법상 국회의 동의를 받아야 할 것인데, 1990년 국회의 동의에 의하여 자유권규약이 비준되었으므로, 자유권규약의 국내법적 효력에 관하여는 의문의 여지가 없다.

2. 자유권규약 제14조 제3항 (e)호의 재판규범성

(1) 자유권규약의 재판규범성과 자기집행성

대법원은 자유권규약 자체의 국내법적 효력을 인정하면서, 자유권규약의 재판규범성을 전제로 하는 다수의 판결을 선고하였다.[16] 다만, 자유권규약위원회의 해석을 그대로 따르지 않고 헌법상 기본권 해석에 따라 자유권규약을 독자적으로 해석하는 경향을 보여 왔다. 대법원은 우리나라가 가입한 자유권규약 제18조의 규정은 우리 헌법 제19조의 양심의 자유, 제20조의 종교의 자유의 해석상 보장되는 기본권의 보호 범위와 동일한 내용을 규정하고 있다고 하면서 자유권규약으로부터 피고인에게 예외적으로 국내법 적용을 면제받을 수 있는 권리가 도출된다고 볼 수 없다고 판시하였다.[17] 구 노동쟁의조정법 제13조의2와 관련하여서도 같은 취지의 판시

---

14) 성낙인, 앞의 각주 8)의 책, 336면. 헌법학계에서는 국회 동의를 받은 조약에 대해서만 법률과 동일한 효력을 인정하면서 국회의 동의를 획득하지 않은 조약에 대하여는 법률보다 하위규범으로서의 효력만이 인정된다고 보는 견해가 다수설이나, 국회의 동의를 획득하지 않은 조약도 법률과 동일한 효력을 인정할 수 있다고 보는 견해도 있다. 전종익, 앞의 각주 8)의 논문; 장태영 앞의 각주 13)의 논문, 276면; 오승진, “국제인권조약의 국내 적용과 문제점”, 『국제법학논총』, 제56권 제2호(통권 121호)(대한국제법학회, 2011), 124면 참조. 한편, 정인섭, 앞의 각주 9)의 책 126~129면은 조약이 국내법과 충돌되는 내용을 갖고 있거나 이행을 위하여 새로운 법률이 필요한 경우 정부는 사전에 법률을 먼저 개정하거나 통과시킨 후 국회 동의 없이 조약을 가입, 비준하는 경우가 많으므로 국회 비동의 조약에 대해 일률적으로 법률상의 효력을 인정하지 않는 것이 부당하다고 비판한다. 그러나 조약과 법률의 충돌, 모순 여부에 대한 행정부의 일방적인 해석만을 근거로 해서 행정부가 모순, 충돌 없다는 판단 하에 국회의 동의 없이 가입, 비준한 조약에 대해 법률상의 효력을 부여하는 것은 여전히 헌법위반의 문제가 있다고 생각된다.

15) 헌법재판소 1999.5.27. 선고 98헌바70 결정.

16) 대법원 1993.12.24. 선고 93도1711 판결, 대법원 2004.7.15. 선고 2004도2965 판결, 대법원 2007.12.27. 선고 2007도7941 판결, 대법원 2008.11.13. 선고 2006도755 판결 등.

17) 대법원 2004. 7. 15. 선고 2004도2965 전원합의체 판결.

를 하였는데, 이는 모두 자유권규약위원회의 유권해석을 따르지 않은 것이다.[18]

최근 대법원은 진정한 양심에 따른 병역거부는 병역법 제88조 제1항에서 정한 정당한 사유에 해당한다는 이유로 유죄를 선고한 원심판결을 파기, 환송하였는데,[19] 그 다수의견은 자유권규약을 언급하지 아니하였으나, 2개의 보충의견과 반대의견은 자유권규약의 효력에 관하여 언급하였다. 제1보충의견은 자유권규약에 관한 유엔자유권규약위원회 등의 해석은 존중되어야 하지만 그것이 규정 자체는 아니기 때문에 법적 구속력이 있는 것은 아니라고 하면서도, 국제사회의 태도변화는 우리나라에서 양심적 병역거부가 병역법상 정당한 사유에 해당하는지를 판단하는데 중요한 시사점을 제공한다는 견해를 제시하였다. 반면 제2보충의견은 자유권규약은 헌법 제6조 제1항에 따라 국내법적 효력을 가지고 그 효력은 적어도 법률에 준하며 동 규약 18조는 특별한 입법조치 없이 우리 국민에 대하여 직접 적용되는 법률에 해당하므로 법원은 헌법상 기본권과 법률을 해석할 때 자유권규약과 조화되도록 해석할 책무가 있으며, 국제법존중주의의 원칙상 자유권규약 등 보편적 국제규약에 대한 국제기구의 해석은 유력한 법률해석의 기준이 되고 자유권규약선택의정서 가입국은 자유권규약에 따라 자유권규약위원회가 내린 개인통보에 대한 견해를 받아들일 국제법상 의무를 진다고 보아야 한다고 보았다.[20] 반대의견은 자유권규약 18조는 양심적 병역거부를 기본적 인권의 하나로 명시하고 있지 않다는 점을 지적하면서, 자유권규약위원회가 그와 관련된 권고안을 제시하였다고 하더라도 이것이 어떠한 법률적 구속력을 갖는다고 볼 수 없다는 견해를 취하였다.

위 전원합의체 판결을 검토할 때 주의할 점은 다수의견을 포함한 어떠한 견해도 자유권규약이 국내법적 효력을 갖는다는 것 자체는 명시적으로 부정하지 않았다는 것이다. 양심적 병역거부권의 국내법상 효력이 특별히 문제가 된 이유는 그 권리가 자유권규약에 명시적으로 열거되어 있지 않고, 우리나라가 자유권규약에 가입, 비준한 이후 자유권규약위원회의 해석의 변화에 따라 비로소 인정된 것이기 때문이다.

자유권규약의 국내법상 효력을 인정하면서 자유권규약위원회의 견해의 구속력은 부정하는 점에 있어서 제1보충의견이나 반대의견은 서로 다르지 않다. 양자가 구별되는 지점은 자유권규약위원회의 견해가 국내적 해석을 좌우할 정도로 중요한 시

18) 대법원 2008. 11. 13. 선고 2006도755 판결. 국가보안법과 관련한 대법원 1993. 12. 24. 선고 93도1711 판결도 마찬가지 입장을 보이고 있다.

19) 대법원 2018. 11. 1. 선고 2016도10912 전원합의체 판결.

20) 제2보충의견에 관한 상세한 분석 및 지지 논거에 관하여는 장태영 앞의 각주 13) 논문.

사점을 가지는지에 대한 것이다. 또한 대법원이 종래 자유권규약의 재판규범성을 인정해왔다는 점을 감안할 때, 다수의견 또한 자유권규약의 재판규범성을 부정한 것이 아니다. 다수의견이 그에 관해 아무런 언급을 하지 않은 것은 자유권규약의 재판규범성을 부정한 것이 아니라 자유권규약에 명시되지 않은 권리에 관해서는 자유권규약위원회의 유권해석에도 불구하고 자유권규약의 적용 문제가 아니라는 입장을 암묵적으로 드러낸 것이라고 볼 수 있을 것이다.

제2보충의견은 우리 헌법 제37조 제1항이 헌법에 열거되지 않은 기본권이 인정될 수 있는 것처럼 자유권규약에 명문의 규정이 없더라도 현대 민주주의 국가들의 시대정신에 맞게 자유권규약을 해석하여 기본적 인권을 도출할 수 있다고 보고 있으나,[21] 국민주권주의, 민주주의 원리 및 권력분립원리에 의하여 조직된 헌법재판소나 사법부가 국내법의 발전과 진화를 형성해가는 것과 국제조약기구가 국가 간에 합의된 조약의 해석을 통해 그 문언 한계를 넘어서는 것을 똑같이 볼 수는 없을 것이다.[22] 자유권규약위원회는 국제정치적 이해타산에 의하여 당사국들에 의해 선출된[23] 전문가들의 조직이며, 조직의 구성이나 운영원리에 있어서 국내 헌법에 있어서와 같은 견제와 균형의 원리가 적용되지 않으므로 국가들의 영향력으로부터 그 위원들의 독립성이 충분히 보장될 수 있으리라고 쉽사리 신뢰하기는 어렵다. 또

---

21) 이를 지지하는 견해로는 장태영 앞의 각주 13) 논문, 305~310면.

22) 대법원 2007. 12. 27. 선고 2007도7941 판결은 다음과 같이 지적한다.
"규약 제18조는 물론, 규약의 다른 어느 조문에서도 양심적 병역거부권(right of conscientious objection)을 기본적 인권의 하나로 명시하고 있지 않으며, 규약의 제정 과정에서 규약 제18조에 양심적 병역거부권을 포함시키자는 논의가 있었던 것은 사실이나, 제정에 관여한 국가들의 의사는 부정적이었던 것으로 보인다. 한편, 규약이 양심적 병역거부권이나 대체복무제도 자체를 전혀 인식치 못하고 있는 것도 아니다. 강제노역금지에 관한 규약 제8조 제3항 (C) 제(ii)호에서 '군사적 성격의 역무 및 양심적 병역거부가 인정되고 있는 국가에 있어서는 양심적 병역거부자에게 법률에 의하여 요구되는 국민적 역무(any service of a military character and, in countries where conscientious objection is recognized, any national service required by law of conscientious objectors)'를 규약상 금지되는 강제노역의 범주에서 제외되는 것 중 하나로 규정하고 있다. 여기서 '양심적 병역거부가 인정되고 있는 국가에 있어서는(where conscientious objection is recognized.)'이라는 표현은, 개개의 가입국이 양심적 병역거부권 및 대체복무제도를 인정할 것인지 여부를 결정할 수 있다는 것을 전제로 한 것이라 할 수 있다. 즉, 제8조의 문언에 비추어 볼 때, 규약은 가입국으로 하여금 양심적 병역거부를 반드시 인정할 것을 요구하고 있지 않다."

23) 대표적으로 인권협약기구 구성에 있어서 만연해있는 국가들의 상호교환 지지 관행을 들 수 있다.

한 국제인권조약기구와 관련된 대외교섭은 거의 전적으로 행정부에 의해서 이루어지며 입법부나 국민의 여론이 영향을 미치기는 어려우므로, 행정부에 의해서 이뤄진 외교적인 의사결정만으로 국제인권조약기구의 결의나 권고에 국내법과 동일한 효력을 부여하는 것은 국민주권주의나 민주주의 원리에 반할 여지가 있다고 생각된다.[24)]

그러나 대법원이 국제사회의 해석론을 전혀 검토하지 않고 국내법 해석만을 들어 국제인권규약 위반 주장을 간단히 배척하는 것은 타당하지 않다.[25)] 국제인권규약이 창설되고 해석되는 맥락과 배경이 국내 헌법상 기본권의 해석과 동일할 수 없으며, 국제인권규약에 가입하고 국회의 비준 동의를 거쳤다는 것은 그러한 국제사회의 견해를 진지하게 고려하고 존중하겠다는 약속을 국제사회에 한 것이라고 볼 수 있기 때문이다. 따라서 위 대법원 전원합의체 다수의견도 자유권규약위원회의 해석 자체에 법적 구속력이 있다고 볼 수 없다 하더라도 국제법적 시각에서 자유권규약위원회의 견해를 충분히 검토했어야 마땅하였을 것이다.[26)] 이는 반대신문권과 같이 자유권규약에 명시된 권리에 관한 해석에 있어서는 더 언급할 필요도 없이 자명할 것이다.

한편, 자유권규약이 비자기집행적 조약인지 여부가 문제된다. 미국 연방대법원은 의회의 입법적 조력이 없이도 법원이 직접 적용할 수 있는 자기집행적 조약과 의회

---

24) 인권이 보편성을 가지며 특수한 국내현실과 문화의 상대성을 이유로 인권의 보편성을 부정할 수 없는 것은 사실이지만, 헌법이 국가안전보장, 질서유지, 공공복리를 이유로 기본권을 제한할 수 있도록 하는 것과 마찬가지로 인권의 구체적 범위를 결정함에 있어서는 결국 당해 국가의 생존과 번영에 공동체로서 의존하는 국민들의 자주적, 민주적 의사가 반영될 수밖에 없다고 생각된다. 한편, 자유권규약위원회의 해석에 국내법과 동일한 규범적 효력을 부여하는 것은 자유권규약 자체의 목적이나 체계에도 부합하지 않는다. 자유권 규약은 그 규약의 완전한 실행을 보장하기 위해서 법률가들로 구성된 국제재판소를 설계하는 대신, 당사국의 인권 상황을 심의하고 권고할 수 있는 것에 그치는 위원회 형태의 느슨한 기구를 선택하였다. 만약 자유권규약이 처음부터 국내법과 동등한 효력을 부여하는 강력한 실행을 염두에 두었다면, 포괄적이고 다양한 자유권 규정이 채택되기 어려웠을 것이고 기구의 구성절차나 관할권과 관련한 훨씬 더 복잡한 문제에 얽히게 되었을 것이다. 이러한 점에서 자유권규약위원회의 해석 권한을 그 기구의 성격, 구성절차나 관할권 관련 규정이 전혀 다르게 되어 있는 ICJ나 유럽인권법원의 권한과 동등하게 놓고 비교하는 것은 적절하지 못하다. 따라서 개인적으로는 제1보충의견에 찬성한다.

25) 정인섭 앞의 각주 9) 책, 971면; 장태영 앞의 각주 13) 논문, 281면.

26) 그런 관점에서 개인적으로 제1보충의견의 입장에 찬성한다.

의 이행입법이 있어야만 집행이 가능한 비자기집행적 조약으로 구분하고, 비자기집행적 조약은 이와 충돌되는 국내 법률에 대해 우선적 효력을 발휘하지 못하는 것으로 본다.[27] 미국 연방대법원은 조약 가입 비준시 미국의 의도나 선언에 따라서 양자를 구별하며, 당해 조약이 예산 지출을 필요로 하거나 형법 규정과 관련되거나 영토나 재산의 처분에 관한 것이거나 의회가 종래 주로 규제해오던 사항과 관련된 조약인 경우 대체로 비자기집행적 조약으로 구분하는 경향을 보인다.[28]

우리 헌법재판소는 문언상 국내 입법을 통한 이행을 예정하고 있는 경우(예컨대 1970년 항공기의 불법납치 억제를 위한 조약 제2조)를 제외하고는 헌법 제6조 제1항에 의해 일반적으로 조약의 자기집행성을 긍정하고 있다.[29] 그런데 대법원은 자유권규약 제19조 표현의 자유 관련 규정의 재판규범성을 인정하여 이를 전제로 그 침해 여부에 관하여 판단하면서도, 동 규약 제2조 제3항은 위 국제규약에서 인정되는 권리 또는 자유를 침해당한 개인이 효과적인 구제조치를 받을 수 있는 법적 제도 등을 확보할 것을 당사국 상호간의 국제법상 의무로 규정하고 있는 것이므로, 국가를 상대로 한 손해배상 등 구제조치는 국가배상법 등 국내법에 근거하여 청구할 수 있는 것일 뿐, 동 규정에 의하여 별도로 개인이 위 국제규약의 당사국에 대하여 손해배상 등 구제조치를 청구할 수 있는 특별한 권리가 창설된 것은 아니라고 판시한 바 있다.[30] 위 판결은 자유권규약 침해를 근거로 한 청구권의 실현 절차에 관한 것인데 기존의 국가배상법으로는 위법성이나 고의를 인정하기 어렵고 기존 국내 절차에서의 확정판결의 효력을 부정하기 어렵다는 점에서[31] 그 취지를 이해할 수 있을 것이다. 그러나 그 취지에 대한 찬반 여부와 상관없이 국제인권조약의 구속력 자체를 부정할 수는 없다. 설사 국제인권조약의 자기집행성을 인정하지 않는 경우에조차도 재판규범성 자체는 인정되며, 국내법의 해석기준이 되어야 한다.[32] 더군다나 반대신문권과 관련한 자유권규약 제14조는 청구절차에 관한 것이 아니고 예

27) 미국 연방대법원의 자기집행성 이론에 대한 비판은 오승진, 앞의 각주 14)의 논문, 120~121면.

28) 정인섭, 각주 9) 책, 113~114면.

29) 헌법재판소 1998.11.26.선고 97헌바65 결정; 헌법재판소 2001.9.27.선고 2000헌바20 결정

30) 대법원 1999. 3. 26. 선고 96다55877 판결. 이에 대하여 우리 헌법상 자기집행적, 비자기집행적 조약의 준별을 상정하지 않았으며 우리나라가 자유권규약에 가입, 비준할 당시 비자기집행성에 대한 선언을 한 바 없다는 점을 근거로 비판하는 견해가 있다. 장태영 각주 13) 논문, 284~285면 참조.

31) 장태영, 앞의 각주 13) 논문, 317~318면도 이러한 문제점을 인식하고 있다.

32) 정인섭, 앞의 각주 9) 책, 114면.

산조치를 수반하거나 국회의 추가적인 관여가 필요한 것도 아니며 재판절차에 곧바로 적용가능하므로 자기집행성이 문제될 여지가 없으며 당연히 직접 재판규범이 된다.

(2) 자유권규약 제14조 제3항 (e)호와 형사소송법의 관계

자유권규약 제14조 제3항 (e)호의 규정은 다음과 같다.

> "3. 모든 사람은 그에 대한 형사상의 죄를 결정함에 있어서 적어도 다음과 같은 보장을 완전 평등하게 받을 권리를 가진다. (e) 자기에게 불리한 증인을 신문하거나 또는 신문받도록 할 것과 자기에게 불리한 증인과 동일한 조건으로 자기를 위한 증인을 출석시키도록 하고 또한 신문받도록 할 것"[33]

우리 헌법상 기본권 조항에서 자유권규약 제14조와 같은 반대신문권 보장의 문언이 발견되지 않는다. 따라서 우리 헌법상 기본권 조항의 해석을 통해 자유권규약 제14조의 내용을 포섭할 수는 없으므로, 위 자유권규약의 규정 자체가 재판규범으로서 효력을 지니게 된다. 한편, 자유권규약 제14조가 우리 형사소송법 규정과 모순, 충돌되거나 우리 형사소송법에 존재하지 않는 새로운 권리나 국가의 의무를 창설하는 경우에 양자의 관계가 어떻게 되는지 여부가 문제된다.

판례와 학설은 일반적으로 법률적 효력이 있는 조약과 국내법의 충돌이 있으면 특별법 우선의 원칙 또는 후법 우선 원칙이 적용된다고 본다.[34] 자유권규약 제14조의 반대신문권 보장과 관계되는 것은 형사소송법 제314조, 성폭력범죄의 처벌에 관한 특례법 제30조 제6항 등이다. 이러한 조항들은 모두 자유권규약의 가입, 비준 이후에 제정되거나 개정된 것들이므로 후법 우선 원칙에 따르게 되면 자유권규약 제14조가 적용될 여지가 없게 된다. 그러나 우리 형사소송법 등이 규정하고 있는 것보다 자유권규약에 의하여 피고인의 반대신문권을 강화한다는 것은 피고인의 방어권과 인권을 두텁게 보장한다는 취지이며, 우리나라가 국제인권조약에 가입한 의의도 거기에 있을 것이다. 따라서 자유권규약은 형사소송법에 대한 특별법의 지위

33) 시민적 및 정치적 권리에 관한 국제규약 (B규약) 국문, 국가법령정보센터, https://www.law.go.kr/

34) 정인섭, 앞의 각주 9)의 책, 130면. 대법원 1986. 7. 22. 선고 82다카1372 판결, 대법원 2006. 4. 28. 선고 2005다30184 판결

를 가진다고 보아야 한다.

(3) 유럽인권법원 판례의 구속력

유럽인권협약 제46조는 협약의 당사국은 그들이 당사자가 되는 모든 법률문제들에서 유럽인권법원의 최종 판결을 따를 의무가 있다고 규정한다. 동 규정에 따라 인권협약에 서명한 모든 회원국은 인권재판소의 판결에 따라야 할 의무가 있다. 그러나 인권재판소는 집행권한이 없으므로 유럽인권협약 침해 당사국에 대하여 배상(Restitution)을 부과할 수 있을 뿐이다.[35)]

독일연방헌법재판소는 2004.10.14. Goerguelue 사건에서 독일연방의 모든 국가기관은 인권협정에 구속되며 인권협정을 보장하고 기본권보장과 법치국가의 보장을 위한 해석에 있어서 유럽인권법원의 판결을 존중해야 한다고 하면서도, 유럽인권법원의 판결은 독일법원을 위하여 유럽인권협약 해석의 조력자가 되며, 만일 유럽인권협약에 적합한 독일법의 해석이 가능하다면 그 해석이 우선한다고 판시하였다. 다만 독일 국내법원이 유럽인권법원과 다른 판결을 내리고자 할 때에는, 독일 국내법원은 그 근거를 상세히 제시하고 유럽인권법원의 판결들을 세밀하게 검토해야 한다고 한다. 즉, 유럽인권법원이 독일이 인권협정을 침해하였다는 결론을 내리더라도, 그것만으로 독일 법원의 결정이나 판결의 효력이 제거되는 것은 아니다. 독일 연방헌법재판소는 유럽인권법원 판결을 도식적으로 이행할 경우 위헌의 소지가 있다고 본다.[36)]

영국대법원과 항소법원도 유럽인권법원의 판결을 도식적으로 따르지 않는다. 유럽인권법원은 반대신문권이 보장되지 않은 전문증거의 증거능력에 관하여 과거에 '유일하거나(solely) 결정적인(decisively) 증거' 이론을 적용하여 왔는데, 유럽인권법원 소재판부는 Al－Khawaja와 Tahery 사건에 관하여 영국의 협약위반을 인정하였다. 그러나 영국 대법원은 이를 그대로 따르지 않고 horncastle and others 사건에서 유럽인권법원의 견해를 반박하고 독자적으로 증거판단을 하였다. 유럽인권법원 대재판부(Grand Chamber)는 Al－Khawaja와 Tahery 사건을 다시 재판하면서 영국 대법원의 논거를 일부 수용하여, '유일하거나 결정적인 증거' 이론을 수정하고

35) 신옥주, "유럽인권협약에 의한 기본권 보장", 『유럽인권협약과 기본권』, (사)유럽헌법학회 및 국가인권위원회 공동학술발표회 자료집, (국가인권위원회, 2009), 30면. https://www.humanrights.go.kr

36) 앞의 논문, 32면.

전문증거가 유일하거나 결정적인 증거일 경우라도 다른 보강증거가 존재할 경우에는 협약위반이 인정되지 않을 수 있음을 인정하였다.[37] 영국 항소법원은 이후 하급심의 유럽인권협약 관련 증거판단과 관련한 기준을 제시하였는데 영국 대법원과 유럽인권법원의 해석이 상호 충돌할 경우에는 영국 대법원의 해석을 따를 것을 우선하고 있다.[38]

이와 같이 명시적으로 유럽인권법원의 구속력과 집행력을 인정하고 있는 유럽인권협약 체제에서도 각국 법원의 유럽인권협약에 대한 독자적 해석가능성을 열어놓고 있는 점을 고려할 때, 우리 법원도 자유권규약위원회의 견해를 충분히 고려하면서 자유권규약을 독자적으로 해석할 수 있다고 보아야 할 것이다.

3. 자유권규약 제14조 제3항 (e)호의 내용: 반대신문권 보장과 관련한 자유권규약의 문언 및 자유권규약위원회 해석

자유권규약 제14조 제3항 (e)호는 세계인권선언 제11조에 명시적으로 선언된 것이 아니었으나, 유사한 조항을 연방헌법에 가지고 있는 미국의 제안에 의하여 자유권규약에 포함되었다. 자기에게 불리한 증인을 반대신문할 권리는 유럽 대륙의 법률 전통에서 나온 것은 아니었다.[39]

자유권규약위원회는 위 조항의 취지가 형사재판에 있어서 무기평등의 원칙을 구현하고자 하는 것이며 이는 피고인 측의 효과적인 방어권을 위하여 중요한 의미를 가진다고 한다. 그러나 피고인에게 무제한적인 권리를 부여하고 하는 것이 아니며, 피고인은 절차의 어느 단계에서든 자신에게 불리한 증인에게 질문하고 탄핵할 적절한 기회를 부여받으면 된다고 본다. 이를 위반하여 얻어진 증거의 사용은 제한되어야 하지만 관련 증거의 증거능력과 증명력 평가는 국내법이 정하는 바에 따른다고 한다.[40] 자유권규약위원회가 구체적인 개인진정 사건에 관하여 위 조항을 적용한 사례는 많지 않다. FUENZALIDA v ECUADOR (480/ 91) 사건에서, 자유권규약

37) JR Spenser, 『Hearsay Evidence in Criminal Proceeding』, 2th(Hart Publishing, 2014), 57~61면.

38) 앞의 책, 62~63면.

39) S. Trechsel(강남일 역), 『국제인권법과 형사소송』, (경인문화사, 2014), 323~343면.

40) General Comment No. 32 Article 14: Right to equality before courts and tribunals and to a fair trial(2007), www.ohchr.org, 12면(39문단).

위원회는 당해 사건의 유일한 목격자인 피해자가 소재불명으로 인해 법정에 증인으로 소환될 수 없었던 사건에서 그의 수사 단계 진술을 근거로 유죄를 선고한 것에 대하여 위 조항위반을 인정하였다.[41)]

4. 유럽인권협약 및 유럽인권법원 판례의 재판규범성

(1) 반대신문권 보상과 관련한 유럽인권협약의 문언

유럽인권협약 제6조 제3항 (d)호는 자유권규약 제14조 제3항 (e)호와 거의 동일한 표현을 사용하고 있다. "3. 범죄로 소추된 모든 사람은 다음과 같은 최소한의 권리를 가진다. (d) 자기에게 불리한 증인을 신문하거나 또는 신문받도록 할 것과 자기에게 불리한 증인과 동일한 조건으로 자기를 위한 증인을 출석시키도록 하고 또한 신문받도록 할 것."[42)] 그 영문 문언은 자유권규약이 쉼표를 사용하고 있는 점을 제외하면 완전히 동일하다.

유럽인권협약은 미국 연방수정헌법 제6조의 대면권(confrontation clause)의 영향을 받아 1950년 위와 같은 조항을 도입하였다. 그러나 이러한 조항은 대륙법계 국가의 증거법 체계에 생소한 것이었으므로 미국 헌법의 문언을 그대로 따르지 않고 두 가지 차원의 변형이 이루어졌다. 첫째, 미국 연방수정헌법 제6조는 대면(confrontation)이라는 용어를 사용하고 있는 반면, 유럽인권협약은 신문(examination)이라는 용어를 사용하고 있다는 점이다. 미국에서는 물리적 대면을 보다 강조하는 반면, 유럽은 법원으로 하여금 증인의 행동을 직접 관찰할 수 있게 하는 것에 중점이 주어진다. 둘째, 당사자에 의해서 전적으로 증인신문이 이루어지는 미국 증거체계와 달리 직권주의 체제가 다수인 유럽은 피고인이 법관을 통해서 신문하도록 하는 것이 가능하다는 점이 문언에 반영되어 있다.[43)]

---

41) Joseph, Sarah, Castan, Melissa. 『The International Covenant on Civil and Political Rights』 (Oxford University Press, Kindle Edition 2013), Kindle Location 14959.

42) 영문 원문은 다음과 같다.
출처: https://www.echr.coe.int/documents/convention_eng.pdf
3. Everyone charged with a criminal offence has the following minimum rights:
(d) to examine or have examined witnesses against him and to obtain the attendance and examination of witnesses on his behalf under the same conditions as witnesses against him;

43) Stefano Maffei, 『The Right to Confrontation in Europe』, 2th(Europa Law Publishing,

한편, 유럽인권법원은 유럽인권협약 제6조 제3항 (d)호의 반대신문권 보장과 관련하여 풍부한 판례들을 제시하고 있는데, 두 조약이 동일한 문언을 가진 점을 고려할 때 자유권규약이 우리 형사소송법에 미칠 수 있는 영향력을 검토하기 위해서 유럽인권법원의 판례들을 검토하는 것이 도움이 될 것이다.

(2) 반대신문권 보장에 관한 유럽인권법원의 판례 검토

1) 공정한 재판에 대한 권리의 일부

유럽인권법원은 유럽인권협약 제6조 제3항 (d)호와 관련하여 '모든 증거는 반론이 가능하도록 피고인이 출석한 공개 심리를 통해 제출, 채택되는 것이 원칙'이라고 판시한다. 따라서 증거는 사실관계를 판단하는 재판부나 배심원 앞에서 생생하게 구술로 제시되고 피고인은 공개법정에서 그 증인을 신문할 수 있어야 하는 것이 원칙이다.[44]

그런데 유럽인권법원은 유럽인권협약 제6조 제3항 (d)호의 보장은 제6조 제1항에 규정된 공정한 재판에 대한 권리의 일부를 구성하는 것으로 보면서 일반적으로 두 조항을 통합적으로 해석한다.[45] 그 결과 증인에 대한 반대신문권의 보장이라는 측면에서 유럽인권협약 제6조 제3항 (d)호의 위반 여부는 그 자체만을 단독으로 놓고 판단하는 것이 아니라 전체적인 재판의 공정성이라는 측면에서 상대적으로 이루어지게 된다. 유럽인권법원은 여러 판례에서 다음과 같이 자유권규약위원회의 견해와 유사하게 설시하였다. "증거의 채택가능성은 1차적으로 국내법에 의해 규율될 문제이며, 일반적으로 증거에 대한 판단은 국내 법원에 맡겨져 있다는 점을 재차 천명한다. 유럽인권협약에 따른 당 법원의 임무는 증인의 진술이 증거로 인용되기에 적절한 것인지 여부에 대한 판단을 내리는 것이 아니라 증거가 채택되는 방식을 포함해서 전체적인 소송절차가 공정한지 여부를 확인하는 것이다."[46]

따라서 유럽인권법원은 증인신문의 방식에 의하지 않고 법정 외 진술을 낭독하는 것 그 자체로 곧바로 유럽인권협약 제6조 제3항 (d)호에 부합하지 않는 것으로

2012), 17면.

44) S. Trechsel, 앞의 각주 39) 책, 353면. SN v. Sweden 문단 44열.

45) S. Trechsel, 앞의 책, 344면.

46) 앞의 책, 346면. 동 저서의 각주 9)에서는 이와 같은 판시사항이 제시된 판결 목록을 거시하고 있다. S. Trechsel은 유럽인권법원의 이러한 입장이 유럽인권협약의 적용을 모호하게 한다는 점에서 비판적이다.

간주될 수 없다고 한다.

한편, 유럽인권법원의 판례에서 법정 외 진술이 문제되는 경우는 대체로 3가지의 상황이 있는데, 그것은 ① 증인의 부재로 인해 법정진술이 불가능한 경우(absent), ② 익명 증인(anonymous), 그리고 ③ 특별히 증인의 보호가 필요한 상황(vulnerable witness)이다.[47)]

2) 증인의 부재 상황: 3단계 검사를 통한 종합적 증거평가[48)]

Unterpertinger v. Austria 사건에서는 가정폭력사건의 피해자인 피고인의 아내가 수사판사에게 진술한 이후 법정에서 증언거부권을 행사하여 피고인에게 반대신문권이 부여되지 않았음에도 수사 단계 진술을 근거로 유죄가 선고되었는데, 유럽인권법원은 유럽인권협약 위반을 인정하였다. 반면 이와 유사한 사실관계를 가진 Asch v. Austria 사건에서는 피해자의 법정 외 진술 이외에도 의사의 상해진단서와 피해자 진술을 받았던 경찰관의 진술서가 있다는 점을 근거로 유럽인권협약 위반을 인정하지 않았다. 피고인의 방어권이 다른 방식으로 존중되었다면 공판 전 절차에서 얻어진 진술을 사용하였더라도 그 자체로 유럽인권협약 제6조 제3항 (d)호와 동조 1항의 위반이 되는 것은 아니라는 것이다.[49)] 유럽인권법원은 이와 관련해서 유럽인권협약 제6조 제3항 (d)호의 요건을 위반하여 획득된 진술에 '전적으로(solely) 또는 결정적으로(decisively)' 근거해서 유죄판결이 내려져서는 안 된다는 논리를 제시하였다.[50)] 달리 말하면, 반대신문이 이루어지지 않은 법정 외 진술을 증거로 사용하여 유죄선고가 이루어졌다고 하더라도 그 밖에 유죄판결을 정당화할 만한 다른 증거가 존재하였다면 동 규약 위반을 인정하지 않을 수 있는 것이 된다.

유럽인권법원은 Al－Khawaja v. UK 사건과 Tahery v. UK 사건에서 다음과 같이 3단계 검사방법을 통해 법정 외 진술의 증거사용과 관련된 요건을 제시하고 그 방법론을 체계화하였다.[51)] 첫째, 법정 외 진술을 사용하여야 할 합리적인 정당한

---

47) Stefano Maffei, 앞의 각주 43) 책, 49~67면. 우리 법상 익명 참고인은 특정범죄신고자 등 보호법상 예외적으로 허용되나 반대신문권 자체가 배제되지는 않는다는 점에서 이하 논의에서는 생략한다.

48) 우리 증거법상 형사소송법 제314조, 제316조 적용이 문제되는 상황이라고 볼 수 있다.

49) S. Trechsel, 앞의 각주 39) 책, 347~348면. S. Trechsel은 유럽인권법원이 어떤 근거에서 피고인의 방어권이 지켜졌는지 밝히지 않았다고 비판한다.

50) S. Trechsel, 앞의 책, 349면. 동 저서의 각주 19)에서 판례목록을 거시하고 있다.

51) 이하의 판례 내용은 Philip Leach, 『Taking a case to the European Court of Human Rights』,

사유가 있었는지 여부를 먼저 검사한다. 둘째, 유죄판결이 전적으로(solely) 또는 결정적으로(decisively) 법정 외 진술에 근거하여 선고되었는지 여부를 검사한다. 셋째, 유죄판결이 전적으로(solely) 또는 결정적으로(decisively) 법정 외 진술에 근거하여 선고되었다고 하더라도 그것만으로 곧바로 협약위반이 되는 것은 아니며, 법원은 그 증거의 신빙성 판단과 관련하여 공정하고 적절한 평가가 이루어졌는지를 포함하여 피고인의 반대신문권 결여를 보완할 만한 충분한 다른 형량요소를 있는지 여부에 대하여 최대한의 주의를 기울여 찾아보아야 한다는 것이다.

유럽인권법원은 Al-Khawaja v. UK 사건에서는 이러한 검사를 통해서 사망한 피해자의 법정 외 진술이 결정적인 의미를 가지고 있었고 피고인의 반대신문이 이루어지지 못했음에도 불구하고, 강력한 보강증거가 존재하였으며 판사가 배심원들에게 그 진술의 증명력을 낮게 평가해야 한다고 설명하였다는 점을 충분한 형량요소로 평가하여, 그 유죄판결의 협약위반을 부정한 바 있다. 반면 Tahery v. UK 사건에서는 피해자가 두려움으로 인해서 법정 증언을 회피하였는데 그 진술이 결정적인 의미를 가지고 있었음에도 다른 강력한 보강증거가 존재하지 않았다는 점에서 그 유죄판결은 협약을 위반한 것으로 판시하였다. Horncastle and others v. UK 사건에서도 피해자가 사망하거나 피해자가 가족의 안전에 대한 두려움으로 인해 법정 증언을 거부한 경우 법관이 충분하고 적절한 조사를 통해 그 사유의 존재를 확인하였으며 그 법정 외 진술이 결정적인 의미도 지니지 않았다는 이유로 협약위반이 부정되었다.

Schatschaschwili v. Germany 사건에서 이러한 요건은 더욱 완화되었는데, 유럽인권법원은 증인의 법정 증언이 불가능한 것이 합리적이고 정당한 사유가 없었던 경우라고 하더라도 곧바로 협약위반이 되는 것은 아니며, 전체적인 절차의 공정성을 기준으로 위반 여부를 판단하여야 한다고 판시하였다. 당해 사건에서는 강도 사건의 유일한 목격자들이며 사건에 결정적인 의미를 지니는 증인들이 해외에 소재하여 법정에 소환되지 못했는데, 유럽인권법원은 법정 증언이 불가능한 것에 대해서는 정당한 사유가 있었다고 판단하였으나, 검찰이 수사단계에서 피고인에게 선임된 변호인에게 반대신문을 할 수 있는 기회를 주지 않았기 때문에 전체적인 절차의 공정성이 침해되었다는 이유로 협약위반을 인정하였다. Isgro v. Italy 사건에서는 검찰 측 증인을 공판정에 데리고 나오지 않은 것에 대하여 검사 쪽에 귀책사유가

4th (Oxford University Press, 2017), 387~392면을 참조하였다.

있다는 이유로 협약위반을 인정하였다.[52] 반면, Ferrantelli and Santangelo v. Italy 사건에서는 2년이 넘는 기간 동안 국가가 대면을 시킬 충분한 기회가 있었음에도 이를 이행하지 않은 사이에 증인이 자살한 사건에서 원진술을 증거로 사용하는 것을 허용하였다.[53]

3) 증인의 보호가 필요한 상황(vulnerable witness)[54]

미성년의 성폭력 사건의 피해자와 같이 공개법정이나 피고인과의 대면으로부터 보호할 필요성이 있는 경우(vulnerable witness)에 반대신문권을 어느 정도 보장해야 하는지 여부가 문제된다. 유럽인권법원의 판례는 피해자의 생명, 자유, 안전의 보호 및 유럽인권협약 제8조의 사생활의 보호를 위하여 제6조의 한계 내에서 피고인의 방어권과 피해자의 이익을 조화할 필요성을 인정하고 있으나, 그 구체적인 논리는 명확하지 않다. 먼저 PS v. Germany 사건에서는 성폭력 사건의 8세의 여성 아동 피해자의 법정 외 진술이 결정적인 증거가 되어 유죄판결이 선고되었는데 어떤 단계에서도 피해자에 대한 반대신문이 이루어지지 못한 경우 유럽인권법원은 협약위반을 인정하였다. 그러나 유사한 사실관계를 가진 SN v. Sweden 사건에서는 소년아동의 법정 외 영상녹화물이 결정적인 증거가 되어 유죄판결이 선고된 것에 대하여 협약위반을 인정하지 않았다. 이 사건에서 유럽인권법원은 성폭력 사건에 있어서는 피해자의 사생활 보호권에 대한 존중이 고려되어야 하며, 반드시 피해자 측이 반대신문에 의해서 질문을 해야 하는 것은 아니라고 판시하였다.[55] 당해 사건에서는 경찰의 피해자 조사시 녹화된 영상녹화물이 법정에서 상영되었고 그 녹취서가 법정에서 낭독되었는데 이것으로 피고인 측이 피해자의 진술을 탄핵할 수 있는 기회가 충분히 부여되었다고 판단하였다.[56] 여기에서 주목된 것은 피고인

52) S. Trechsel, 앞의 각주 39) 책, 370~371면. 이는 국가에 일종의 성실의무를 부과한 것으로 해석된다. 피고인 측이 증인의 공판정 출석을 방해한 경우에는 이러한 논리가 피고인 측에 동일하게 적용된다고 한다.

53) S. Trechsel, 앞의 책, 371면. S. Trechsel은 증인의 자살에 신빙성이 없다는 이유로 이러한 결론을 비판한다.

54) 국내법상 성폭력범죄의 처벌에 관한 특례법 제30조 제6항 적용이 문제되는 상황이다.

55) S. Trechsel, 앞의 각주 39) 책, 391면.

56) Lorena Bachmaier Winter, "Transnational Criminal Proceedings, Witness Evidence and Confrontation: Lessons from the ECtHR's Case Law", 『the Utrecht Law Review』, Volume: 9 (4)(2013), 127－146면, https://www.utrechtlawreview.org/articles

측이 영상녹화물을 보고 질문사항을 제출하였고 그 신문사항이 전달되어 실제로 법관에 의한 신문이 행해졌다는 것을 확인하였다는 것이다.[57] 이는 유럽인권협약상 반대신문이 반드시 피고인의 대면을 전제로 직접 행해질 것을 요건으로 하는 것은 아니라는 것을 의미한다.

4) 증인의 개념범위

증인(witness)의 개념과 관련해서 유럽인권법원은 검찰 측이 재판에 증거로 제출할 수 있도록 수사당국이나 법원 측에 공식적으로 진술을 한 사람으로 해석한다. 따라서 형사사법절차에 의식적으로 그리고 자발적으로 정보를 제공한 경우, 즉, 피해자나 공범이 당국에 진술한 경우, 참고인이 사법관(수사판사)이나 경찰에 진술한 경우를 의미한다. 따라서 유럽인권법원의 해석상 사적 단계에서 이루어진 진술을 전문하는 경우에는 그 원진술자는 여기에서의 증인에 포함되지 않는다.[58] 그 정도의 차이는 있으나 미국의 대면권 조항에 있어서의 증언적 진술(testimonial statement)의 해석범위도 이와 크게 다르지 않다.[59]

Ⅲ. 우리 형사소송법상 반대신문권 보장의 법적 성격

1. 형사소송법상 반대신문권의 보장 현황

(1) 반대신문권에 관한 규정의 개요

제정 형사소송법은 대륙법을 기반으로 제정되었으나 당사자주의, 공판중심주의와 같은 영미법계의 장점을 수입하여 절충한 것이었다.[60] 그런데 특히 공판절차의 구조에 관해서는 당시 우리나라의 실정을 감안하여 검사와 변호사의 대등을 기본으로 하면서도 법관의 직권적 증거조사 권한을 인정하여 대륙법계 직권주의를 주로 채택한 것이었다.[61] 반대신문권 제도는 검사와 피고인 사이의 무기대등의 원칙

57) S. Trechsel 앞의 각주 39) 책, 379면.

58) JR Spenser, 앞의 각주 36) 책, 46~47면.

59) Christopher B. Mueller 외 1인, 『Evidence』, 2th(Thomson west, 2008), 275면 이하 참조.

60) 신동운, "형사소송법의 기본구조에 관한 일고찰 -특히 입법경위를 중심으로-". 『서울대학교 법학』, 28(1)(서울대학교 법학연구소, 1987), 144-157. 153~154면. '국제법제사법위원회수정안내용'을 재인용.

을 기본으로 하고 법관의 직권적 증거조사 권한을 인정하지 않는 영미법계에서 역사적으로 발달하여 왔으므로 제정 형사소송법은 이를 수용하지 않았으며,[62] 반대신문을 거치지 않은 수사기관의 참고인진술조서에도 진정성립을 요건으로 해서 증거능력을 부여하였다.[63]

이후 형사소송법은 영미법계 당사자주의적인 공판절차의 구조를 지속적으로 도입하였다. 반대신문 관련 규정은 1961년 개정에서 161조의2(증인신문의 방식) 신설에 따라 교호신문제도와 함께 도입되었으며,[64] 제310조의2(전문증거와 증거능력의 제한) 신설에 따라 전문법칙이 도입되었는데 반대신문권 보장을 전문법칙의 핵심 근거로 인정하는 것이 통설과 판례의 입장이다.

한편, 2007년 형사소송법 개정에서 제312조 제4항이 신설되어, 수사기관이 작성한 참고인 진술조서의 증거능력 요건으로서 '피고인 또는 변호인이 공판기일에 그 기재 내용에 관하여 원진술자를 신문할 수 있었던 때'의 요건이 명시되었다. 2016년 형사소송법 개정에서는 제313조 제2항이 신설되어 '피고인 아닌 자가 작성한 진술서'에 대해서도 반대신문권 보장 요건이 추가되었다.

(2) 영미식 전문법칙과 비교할 때 우리 전문법칙과 반대신문권의 특징

전문증거는 사실인정의 기초가 되는 경험적 사실을 경험자 자신이 직접 법원에

---

61) 신동운. "제정형사소송법의 성립경위", 『한국형사법학회 학술대회 논문집』(형사법학회, 2004), 1-38. 21~22면.

62) 당시 법사위 소위에서 법안심사를 담당하였던 엄상섭은 공소장일본주의와 공판중심주의에 기초한 영미식 공판절차구조는 (1) 타인의 면전에서 불리한 진술을 잘 하지 않으려는 우리 국민의 정서, (2) 영미법에서는 엄격한 증거법칙이 발달되어 있는데, 증거법칙과는 무관하게 자유심증주의에 입각하여 판단하면 족하다고 생각하는 우리나라 재판관의 현실, (3) 공산주의가 침투하는 현실 등에 비추어 적합하지 않다고 판단하였다. 신동운 앞의 각주 59) 논문, 23~24면.

63) 신동운, "사법개혁추진과 형사증거법의 개정", 『서울대학교 법학』, 47(1)(서울대학교 법학연구소, 2006), 107-132. 114~115면.

64) 원래 영미법계에서 발달한 교호신문제도는 주신문방식과 반대신문방식의 엄격한 구별, 주신문에 있어서 유도신문의 금지, 당사자의 이의신청을 통한 신문의 사전 제지를 기초로 하는 것인데, 우리 실무는 도입 당시는 물론 현재까지도 수사 단계에서 작성된 조서를 기초로 신문이 이루어지며, 법관이 재판을 진행하는 역할과 사실을 심리하는 역할이 구분되지 아니하고, 법관이 주도하는 직접 신문이 어느 때나 가능하며, 집중심리가 거의 이루어지지 않아서 결국 기록에 의한 재판이 이루어질 수밖에 없으므로, 영미식의 교호신문은 제대로 이루어지지 않는 것이 현실이다.

진술하지 않고 다른 형태에 의하여 간접적으로 보고하는 것을 말하는데,[65] 형사소송법 제310조의2는 전문증거와 증거능력의 제한이라는 표제 하에 제311조 내지 제316조에 규정한 것 이외에는 공판준비 또는 공판기일에서의 진술에 대신하여 진술을 기재한 서류나 타인의 진술을 내용으로 하는 진술은 이를 증거로 할 수 없다고 규정한다.

전문법칙의 이론적 근거에 관하여 학설은 반대신문권 보장이라고 보는 견해와 신용성의 결여에 있다고 보는 견해로 나뉜다.[66] 전자는 우리 전문법칙은 영미법과 달리 피의자신문조서 등 반대신문권과 관계없는 경우도 포함하고 있으므로 이에 관해서는 직접주의의 요청에도 그 근거를 두고 있다고 본다.[67] 후자는 피의자신문조서도 법관이 태도증거에 의해서 정확한 심증을 얻을 수 없다는 점에서 전문법칙의 근거를 신용성의 결여로 파악한다. 그러나 반대신문권 보장이 전문법칙의 가장 중요한 근거라는 점을 부정하지는 않는다.[68] 헌법재판소도 형사소송법 제310조의2 규정은 피고인의 반대신문기회를 보장하고 직접주의에서 공판중심주의를 철저히 함으로써, 피고인의 공정한 재판을 받을 권리를 보장하기 위한 것이라고 판시하여, 전문법칙의 근거가 반대신문권 보장에 있다고 본다.[69] 그러나 이러한 이론적인 통념에도 불구하고 우리 형사소송법상 전문법칙의 세부적인 규정들은 역사적으로 반대신문권의 사실 검증 능력에 대한 신뢰 그리고 배심원들의 증거 평가능력에 대한 불신을 기초로 발전하여 온 영미식 전문법칙과는[70] 실질적이고 중대한 차이점을 지니고 있다.

영미식 전문법칙은 역사적으로 판례법에 의해서 전문증거의 개념과 함께 전문법칙의 예외를 발전시켜 왔다. 제3자의 전문증언이나 서류에 기재된 내용만으로는 원진술자를 상대로 그 진술의 정확성, 편견, 허위성 등을 제대로 검증하기 어려운데다가 특히 일반인으로 구성된 배심원들이 사실판단을 하는 구조 하에서는 전문증거의 위험성과 증거가치의 한계를 제대로 평가하지 못할 위험성이 존재하기 때문에[71] 전문증거에 의하여 불리한 영향을 받는 당사자인 피고인으로 하여금 원진술

65) 이창현, 『형사소송법』, 제6판(정독, 2021), 875면.
66) 이재상, 조균석, 이창온, 『형사소송법』, 제13판(박영사, 2021), 636면.
67) 신동운, 『신형사소송법』4판(법문사, 2012), 1053~1058면.
68) 이재상 외 2, 앞의 각주 66) 책, 636면.
69) 헌법재판소 2005.12.22.선고 2004헌바45 결정.
70) Roderick Munday, 앞의 각주 5)의 책, 564면.

자에 대한 반대신문을 통해 배심원들 앞에서 방어할 수 있는 기회를 보장함으로써 이러한 위험성을 감소시킬 필요가 있다. 그러나 사안에 따라서는 사건 현장 내지 그 직후에 이루어진 진술이 가장 생생하고 정확하며 그 이후에는 시간의 경과나 관련자들 사이의 이해관계에 의해 기억이나 진술이 변질될 가능성이 높은 경우가 있다. 또한 원진술자가 최초의 진술 이후 사망, 소재불명, 두려움 등의 이유로 공판단계에서 더 이상 증언하지 못하게 되는 경우가 존재하기 마련인데, 공판절차는 통상 원진술이 이루어진 때로부터 상당한 시간이 경과한 뒤에 이루어지는 경우가 많으므로 공판정 이외에서 이루어진 원진술과 공판정에서 이루어진 진술 사이에 변화와 왜곡의 여지가 존재하게 된다. 따라서 모든 전문증거의 증거능력을 일률적으로 배제하면 실체진실 발견에 중대한 제약을 가하게 되므로[72] 이러한 필요성에 대응하기 위하여 영미에서도 전문법칙의 예외가 광범위하고 다양하게 발전하여 온 것이다. 따라서 전문증거의 개념에 포함되는 경우에도 불리한 진술, 감정, 인식상태, 신체상태를 표현하는 진술, 사망 직전의 진술, 업무상 통상 문서 등 진술 자체의 논리구조, 원진술자의 동기나 진술 상황에 비추어 최소한의 신용성이 인정될 경우에는 예외적으로 증거능력을 인정하여 배심원들로 하여금 그 증명력을 최종적으로 판단하도록 하는 법리가 다양하게 발전하였다.[73]

전문법칙의 원칙과 예외를 관통하는 영미식 전문증거 규율의 핵심은 반대신문 없이도 배심원들 앞에서의 증거사용을 허용할 만큼 원진술의 신용성이 담보되어 있느냐에 놓여 있다. 따라서 영미식 전문법칙에서는 반대신문권 보장을 중심 개념으로 하여 반대신문 없이도 그것이 이뤄진 것과 동일한 수준의 신용성을 인정할 수

71) 처음 전문법칙이 등장하게 된 배경이 되었던 역사적 환경이 급격하게 변화하고 있다. 첫째 현대에는 영미에서도 압도적 다수의 재판이 배심재판에 의해서 이루어지지 않고 있으며 둘째 서류보다 훨씬 더 정확한 기록장치들이 등장하고 있다. 그러한 점에서 영미법계 전문법칙의 위상은 급격하게 약화되고 있으며 전문법칙의 발상지인 영국에서도 2003년 Criminal Justice Act의 개정시에 전문법칙에 대한 대대적인 개혁이 이루어졌다. Roderick Munday, 앞의 책, 567면.

72) Bentham을 필두로 JH Wigmore, Rupert Cross, Collin Tapper, JF Thayer, Edmund M Morgan, T McCormick, Granville Williams, Sir James Fitzjames Stephen, John Jackson, Adrian Zuckerman, Andrew Choo 등 다수의 가장 저명한 영미의 증거법학자들이 전문증거의 증거배제를 기본원리로 하는 전문법칙의 개혁을 요구하거나 전면 폐지에 찬성한 바 있다. 이에 반하여 전통적인 전문법칙에 찬성하는 진영은 주로 실무가 그룹들이다. JR Spenser, 앞의 각주 36) 책, 20~22면.

73) 아서 베스트(형사법연구회 번역), 『미국증거법』, (탐구사, 2007). 149~214면 참조.

있느냐를 기준으로 전문법칙의 예외를 유형화한다. 그러므로 전문법칙의 원칙과 예외가 이론상 일관된 논리에 의하여 구성된다.[74] 또한 영미식 당사자주의 전통에서는 수사절차에서 조서를 작성하여 증거로 사용하는 전통이 없었기 때문에 경찰에서의 자백과 같은 예외적인 상황을 제외하면 전문법칙은 대부분 사적 상황에서의 진술을 대상으로 하게 된다.

그런데 대륙법계 직권주의는 공판에 앞서서 수사기관이 수사절차를 통해 적극적으로 진술증거를 수집하고 그것을 조서화하여 증거로 사용하는 체제이다. 따라서 비교적 사건 발생 초기 단계에서 대부분의 진술증거가 수집되어 수사기관이 작성한 조서나 진술서류의 형식으로 기록, 보존되므로, 영미식 전문진술과 같은 사적 단계의 전문증거가 남을 여지가 많지 않다. 그러한 조서나 진술서류는 단순히 수사절차를 기록하는 것에 그치지 않고 공판에서 증거로 사용될 것을 전제로 작성된다. 수사기관은 수사와 법률의 전문가로서 원진술자의 진술을 소극적으로 녹취하는 것이 아니라, 적극적인 신문을 통해서, 경우에 따라서는 대질신문을 통해서 그 진술의 정확성과 진실성을 검증하여 기록한다.[75] 따라서 직업법관 제도와 사법관 또는 준사법관적인 검사제도를 가진 직권주의 체제는 사적 단계에서 만들어진 전문증거에 관해서는 배심제도에서만큼 전문증거 자체의 위험성을 높게 평가하지 않는다. 이러한 직권주의 조서제도 하에서는 영미법계 전문법칙의 예외가 인정될 만한 특신상태가 사실상 존재하기 어렵다. 극히 예외적인 상황을 제외하면 공식적인 수사절차에서 감정, 인식상태, 신체상태의 표현이나 사망 직전의 진술 등의 상황이 발생할 수는 없기 때문이다. 또한 직권주의 체제 하에서는 법정 외 원진술의 정확성과 진실성이 제한된 시간과 공간에서 이루어지는 공판 단계보다 수사단계에서의 대질신문과 추가 확인 작업을 통해서 오히려 더 치밀하게 검증될 수도 있다.

그러나 이러한 직권주의 체제에서는 수사기관의 공정성, 중립성, 전문성과 신중함이 충분히 담보되지 않을 경우 수사 담당자의 일방적인 관점에 따라 조서 작성 과정에서 원진술이 왜곡될 위험성이 존재할 수 있다. 따라서 직권주의 체제에서는

---

74) 영미에서는 이러한 이론상의 일관성에도 불구하고 실제 전문법칙의 예외를 인정하는 근거들은 합리적이고 과학적인 근거를 결여하고 있다는 비판이 강력하게 제기되고 있다. JR Spenser, 앞의 각주 36) 책, 14~20면.

75) 조서제도의 보고적 기능과 증거적 기능에 대하여는 이완규, "특집 : 개정 형사소송법과 국민참여재판의 주요 쟁점 ; 개정 형사소송법상 조서와 영상녹화물", 『비교형사법연구』, 9(2)(비교형사법학회, 2007). , 143－195. 145~155면.

영미식 전문법칙과 달리 법정 외 진술의 신용성이 그 진술 당시 특별히 신용할 수 있는 외부적인 정황이 존재하느냐에 달려 있는 것이 아니라, 수사기관이 원진술을 얼마나 공정하고 중립적, 객관적으로 조서화하느냐에 놓이게 된다. 달리 말하면, 조서의 특신상태는 원진술의 논리구조나 원진술자의 동기나 진술 상황에 의하여 좌우되는 것이 아니라,[76] 조서를 작성하는 수사기관의 동기나 태도, 그리고 해당 조서의 실질적 진정성립 여부(원진술자의 진술이 얼마나 진정하게 조서에 담기게 되는지 여부)에 달려 있게 된다.

조서는 조사 과정을 문답 형태로 정리하면서 진술자의 답변을 법률적, 증거적 관점에 맞춰서 요약, 정리하여 보고함으로써, 사건을 신속하게 정리하고 파악할 수 있게 하는 기능을 가지는 한편,[77] 조사자의 편견과 자백 획득 동기에 의해서 임의성 있는 진술이 담기지 않거나 조사자의 기록 과정에서 조서의 내용이 왜곡되거나 진술 내용에 허위가 개입될 위험성을 가진다. 직권주의 체제는 이러한 위험성에 대하여 프랑스와 같이 신분과 독립성이 보장되는 사법관을 수사기관(수사판사)으로 두고 중죄 사건에 대해서는 원칙적으로 사법관의 조서만을 증거로 사용하게 하는 등의 조직법적 방식으로 규제하거나,[78] 독일과 같이 법관에게 수사단계 조서의 낭독에 의존하여 심증을 형성하지 말고 공판에서 직접심리하도록 하는 의무를 부여함으로써 대응한다.

따라서 수사기관이 작성한 조서를 규제하기 위해 탄생한 독일의 직접주의가 영미의 전문법칙과 비교할 때 가지는 가장 중요한 차이점은 직접주의는 조서가 아닌 사적인 증거(진술서나 전문증언)에 대해서는 법관이 가능한 한 원본증거를 토대로 심리하여야 한다는 직접심리의무 외에는 자유심증주의가 적용되므로 그 증거능력에 제한이 없다는 것이다.[79] 직접주의는 조서의 위험성을 규제하기 위한 것이므로

---

76) 따라서 진술의 논리구조나 상황을 토대로 구체적 특신상태의 유형이 상세하게 구분되어 있는 영미법상의 전문법칙과 달리 우리 형사소송법은 특신상태를 추상적으로 규정하고만 있을 뿐이고, 판례도 특신상태란 "진술 내용이나 조서 또는 서류의 작성에 허위가 개입할 여지가 거의 없고, 진술 내용의 신빙성이나 임의성을 담보할 구체적이고 외부적인 정황이 있는 경우를 가리킨다."고 추상적으로 설시한다. 대법원 2017. 7. 18. 선고 2015도12981, 2015전도218 판결 등.

77) 이완규, 앞의 각주 75) 논문 참조.

78) 유주성, "프랑스 형사증거법상 증거자유주의에 관한 연구", 『비교형사법연구』, 16(2), 97－126. (비교형사법학회, 2014). 116~119면.

79) Klaus Volk(김환수, 문성도, 박노섭 공역), 『독일 형사소송법』, (박영사, 2009), 239~240면;

법원은 수사기관의 조서에 의존해서는 안되며 원진술자를 법정에서 직접 신문해야 한다는 원칙이 중심이 되지만, 그러한 조서의 위험성이 없는 사적 증거에 대해서는 자유심증주의의 원칙으로 돌아가게 된다. 영미에서는 피의자의 자백에 대해서는 전문증거가 아니라는 역사적 전통이 확립되었으나, 직권주의에서는 수사기관의 자백 유도나 강압 등의 위험성 때문에 피의자의 자백이야말로 핵심적인 규제대상이 되고 있다는 점에서도 양 체제의 관점의 차이가 드러난다.

그런데 우리 제정 형사소송법은 앞에서 살펴본 것처럼 애초에 대륙법계 직권주의를 기반으로 해서 조서의 증거 사용을 전제로 탄생하였다. 프랑스식 수사판사 제도는 폐지하였으나, 유사한 취지의 조직법적 규제방식을 유지하여 검사와 경찰 사이에 조서 증거능력에 차등을 두고, 조서의 간인, 날인 등 조서의 형식적 진정성립을 보장할 수 있는 장치들에 주의를 기울였다.[80] 1961년 개정시 전문법칙이 도입되었으나 제정 형사소송법이 채택한 조서 제도의 기본적인 틀은 그대로 유지하였다. 다만 조서 제도의 기반 위에 영미식 전문법칙의 명칭을 채택하고 형사소송법상 규정된 전문법칙의 예외요건을 충족하지 않는 경우에는 증거능력을 배제하는 형식을 도입한 것이다.[81] 그럼에도 불구하고 영미식 전문법칙과의 비교하는 관점에서 우리 전문법칙의 특징을 요약하면 사적 진술 규제를 위주로 하는 영미식 전문법칙의 형식을 빌어서 직권주의적 수사절차 하의 조서제도의 위험성을 규제하고자 하는 것이라고 볼 수 있을 것이다. 전문법칙의 형식에도 불구하고, 우리 증거법 규제

이재상 외 2, 앞의 각주 66)의 책, 637면. 법관이 직접 조사하여야 한다는 것은 수사기관의 조사에 의존해서는 안 된다는 것이고, 또한 법원이 범죄사실에 가장 접근한 직접증거에 의하여 사실을 인정하라는 직접증거주의 내지 실질적 직접주의를 의미하는 것일 뿐, 전문증거의 형태로 된 것을 모두 증거로 사용할 수 없다는 의미는 아니다. 원진술자에 대한 조사가 가능한 한 이루어져야 한다는 것일 뿐, 그것이 불가능한 경우에는 원진술자에 대한 전문증거도 일정한 방식에 의하여 증거로 사용가능하다. 전문법칙의 예외에 해당하여 증거능력 있는 전문증거가 직접주의에 반하는 경우도 있다. 전문법칙의 예외에 의해 증거능력 있는 서류도 직접주의에 의하면 증언을 서류로 대체할 수 없기 때문에 직접 증언이 가능한 경우에는 증거로 사용되지 못한다. 다만 수사기록에 포함되어 제출되므로 재판을 진행하는 직업법관이 이를 읽는 것이 제한되는 것은 아니며 직접 심리 도중에 이를 보조하기 위해 사용되는 것은 가능하다. 반면에 전문법칙에 의해 허용되지 않는 전문증언도 직접주의에는 반하지 않는다.

80) 신동운. “제정형사소송법의 성립경위.”『한국형사법학회 학술대회 논문집』(형사법학회, 2004): 1－38.면.

81) 이완규, 박용철. “형사소송법상 증거법의 연혁과 미래 － 조서 규정을 중심으로”,『형사법연구』, (형사법학회, 2007): 111－144, 123면.

의 핵심은 조서의 진정성립에 있었으며 원진술의 특신상태 여부는 부차적인 차원에 놓여 있었기 때문이다.[82] 1961년 이후 전문법칙이 몇 차례 개정되었으나 이러한 근본적 상황은 크게 변화되지 않았다.

우리 전문법칙상 반대신문권이 가장 문제되는 전문증거는 검사 또는 사법경찰관 작성의 참고인진술조서일 것이다. 2007년 형사소송법 개정 이전에 참고인진술조서는 제312조 제1항(검사) 또는 제313조 제1항(사법경찰관)의 적용을 받았는데, 피고인이 증거동의하지 않으면 공판기일에서 원진술자의 진술에 의해 진정성립이 인정되는 경우에 비로소 증거능력이 인정되었다.[83] 그런데 영미식 전문법칙의 예외요건상 원진술의 증거능력을 인정할 것인지를 결정하는데 있어서 핵심이 되는 특신상태 요건이 여기에서는 누락 되어 있었다. 판례는 피의자신문조서는 서명, 날인, 간인 등의 형식적 진정성립이 인정되면 실질적인 진정성립을 추정하였던 것과 달리 참고인진술조서의 경우에는 피고인이 증거로 함에 동의하지 않을 경우 원진술자가 공판기일에 출석하여 그 형식적 진정성립 및 실질적 진정성립까지 인정해야 비로소 그 진술조서의 증거능력을 인정하는 법리를 형성하고 있었는데,[84] 이는 반대신문권이 보장되지 않은 참고인의 수사단계 진술에 대해 특신상태의 요건조차 규정되어 있지 않았던 법 문언을 보완하여 조서 작성 과정에 개입될 수 있는 위험성을 규제하고자 한 것으로 추측된다. 판례에 의해 형성된 실무관행에 따라서 피고인에게 불리한 진술을 한 참고인은 그 실질적 진정성립을 인정하기 위해서 검사에

---

82) 우리 형사소송법상 성립의 진정에 관한 입법 경위에 관하여 직접주의적 기원을 설명하는 글로는 이진수. "형사소송법상 「성립의 진정」에 관한 연혁적 고찰과 그 함의", 『비교형사법연구』, 20.1 (비교형사법학회, 2018): 119－145. 134~135면, 139면.

83) 제정 형사소송법 제312조는 '검사 또는 사법경찰관의 피의자 또는 피의자 아닌 자의 진술을 기재한 조서, 검증 또는 감정의 결과를 기재한 조서와 압수한 서류 또는 물건은 공판준비 또는 공판기일에 피고인 또는 피고인 아닌 자의 진술에 의하여 그 성립의 진정함이 인정된 때에는 증거로 할 수 있다. 단, 검사 이외의 수사기관에서 작성한 피의자의 신문조서는 그 피의자였던 피고인 또는 변호인이 공판정에서 그 내용을 인정할 때에 한하여 증거로 할 수 있다.'고 되어 있었다.

84) 대법원 1982. 10. 12. 선고 82도1865, 82감도383 판결. 원진술자가 사실대로 진술하고 서명날인한 사실이 있다고 진술한 경우(대법원 1976.9.28. 선고 76도2118), 검찰, 경찰에서 진술한 내용이 틀림없다고 증언한 경우(대법원 1979.11.27. 선고 76도3962 전합 판결), 수사기관에서 사실대로 진술하고 진술한 대로 기재되어 있는지 확인하고 서명무인하였다는 취지로 증언하더라도 일부 진술이 잘못 기재되었다고 증언한 경우(대법원 2013.8.14. 선고 2012도13665)에도 모두 진정성립을 인정하지 않았다.

의해서 증인신청되어 법정에 출석하게 되었으며, 그 반사효과로서 법정에서 증인에 대해 검사의 주신문이 있은 다음 피고인의 반대신문권이 사실상 보장되는 측면이 있었다고 볼 수 있었다.[85] 그러나 이는 영미식 전문법칙이 내세우는 반대신문권 보장과는 거리가 멀었다. 왜냐하면 원진술자가 법정에서 진정성립을 인정한 다음, 반대신문에 대하여 묵비하거나 증언을 거부하더라도 해당 조문에 따르면 특신상태의 요건 충족 없이도 조서의 증거능력이 인정될 수 있었기 때문이다.[86]

참고인진술조서의 증거능력이 인정되기 위해서는 그 기재 내용에 관하여 원진술자를 신문할 수 있어야 하며 특신상태도 인정되어야 한다는 요건은 2007년 형사소송법 개정을 통해서 비로소 추가되었다. 그러나 원래 전통적인 영미식 전문법칙은 종전 진술의 증거사용금지 원칙(the rule against narrative)에 의해서 전문법칙의 예외에 해당되지 않는 이상 공판정 외 종전진술을 법정진술과 함께 증거로 사용하는 것을 금지하는데[87] 반하여 우리 전문법칙은 법정 진술이 있는 경우에도 조서의 사용을 허용하고 있으므로 개정 이후에도 그 괴리가 완전히 사라진 것은 아니다.[88]

뿐만 아니라 영미식 전문법칙에서는 일단 전문법칙의 예외에 해당하지 않으면 원진술자가 법정에 출석할 수 없다고 해서 곧바로 전문증거를 사용할 수 있는 것이 아니지만, 우리 형사소송법 제314조는 이를 허용한다. 제314조는 원진술자가 사망·질병·외국거주·소재불명 그 밖에 이에 준하는 사유로 인하여 진술할 수 없는 때에는 특신상태를 요건으로 해서 전문진술이 담긴 참고인진술조서나 진술서, 진술기재서류 등의 증거능력을 인정한다. 영미식 전문법칙은 원칙적으로 원진술자의 공판정 출석 가능 여부는 전문증거의 증거능력 요건이 아니며 원진술 당시의 특신상태 유무가 증거능력 부여의 관건이 되는 것이 원칙이다.

---

85) 이주원, 앞의 각주 6) 논문, 163면. 원래 반대신문은 주신문사항에 관련된 것에 국한되어야 하므로 주신문이 진정성립에만 국한된 경우라면, 입법자가 이를 허용한 이상, 조서의 내용에 대한 반대신문은 원칙적으로 가능하지 않다고 보는 것이 영미법적인 관점에서의 반대신문제도의 원칙이다. 다만 아래에서 살펴보듯이 이러한 경우 당시 판례는 증명력의 제한으로 대응하고 있다.

86) 이주원, 앞의 논문, 175~176면은 개정법 제312조 제4항이 조서 기재 내용에 대한 신문 기회 보장을 증거능력 요건으로 추가하였으므로 이러한 경우에는 더 이상 증명력이 아니라 증거능력이 없게 된다고 보고 있다.

87) Paul Roberts, 앞의 각주 1) 책, 340~346면.

88) 미국과 한국의 전문법칙 규정형식의 차이에 대한 상세에 대해서는 정웅석, “전문법칙 규정에 관한 한미 양국 비교를 통한 개선방안.”, 『형사소송 이론과 실무』, (형사소송법학회, 2015): 45−88면 참조.

물론 우리 형사소송법 제314조도 특신상태 요건을 전제로 증거능력을 부여하게 되어 있으므로 영미식 전문법칙의 예외와 비교할 때 큰 차이가 없으며 오히려 엄격하게 예외를 인정하는 것이 아니냐고 볼 여지도 있다. 그러나 우리 형사소송법 제312조 제4항은 수사단계에서 작성된 참고인진술조서에 관하여 영미식 전문법칙의 예외요건인 특신상태 이외에도 실질적 진정성립 요건이나 그 기재 내용에 대한 신문기회의 보장과 같은 증거능력 요건을 추가적으로 규정하고 있다. 그런데 원진술자가 공판정에 출석할 수 있었던 경우에는 그러한 요건들 전부가 충족되는 것을 전제로 증거능력이 부여되지만, 원진술자가 공판정에 출석할 수 없는 경우에는 실질적 진정성립이나 반대신문권 보장 여부와는 상관없이 특신상태만을 요건으로 증거능력이 부여될 수 있게 된다. 따라서 원칙과 예외가 특신상태라는 동일한 기준에 의해서 판단되는 영미식 전문법칙의 예외에 관한 규율방식과 크게 다르다. 이러한 차이가 부당한 증언거부시에 원진술에 특신상태가 인정되더라도 제314조를 적용할 것인가 여부에 대한 논란을 발생시키게 된다.[89)]

반면, 이와 대조적으로 형사소송법 제313조 제1항은 피고인 아닌 자의 진술을 기재한 일반 진술서 내지 진술기재서류에 대하여 원진술자의 '자필'이나 '서명 또는 날인'의 존재 및 원진술자의 법정진술에 의한 진정성립 인정을 증거능력의 요건으로 규정하고 있을 뿐 특신상태를 요건으로 하지 않고 있다. 또한 제312조 제4항과 달리 그 기재 내용에 대한 신문기회 보장도 증거능력의 요건으로 규정하고 않는다. 2016년 형사소송법 개정 시에도 제313조 제2항에서 과학적 방법에 의하여 성립 진정이 증명되는 경우 피고인 아닌 자가 작성한 진술서의 증거능력에 관하여, 그 기재 내용에 관하여 원진술자를 신문할 수 있었을 것을 증거능력의 요건으로 추가하였을 뿐이다.[90)] 제313조 제1항은 제316조 제2항과 함께 사적 단계에서 발생되는 전문증거를 규율하고 있으므로 영미식 전문법칙의 일반적인 규율 대상과 동일하다. 그런데 우리 증거법은 여기에서 영미식 전문법칙의 핵심인 특신상태 요건을 두지

89) 영미 전문법칙 하에서라면 일단 특신상태 요건을 충족하여 전문법칙의 예외에 해당하는 이상, 원칙적으로 원진술자의 공판 출석 여부는 문제가 되지 않기 때문이다. 미국에서도 Crawford 판결 이후로는 연방수정헌법 제6조의 대면권 조항에 의해서 이러한 경우에도 다시 헌법위반에 따른 증거능력이 문제되기 시작하였다.

90) 이주원, 앞의 각주 6) 논문 78~79면은 제313조 제1항과 관련해서는 원진술자가 진정성립만 인정하고 반대신문에 관하여 묵비한 경우 증거능력을 인정하나, 동조 제2항과 관련해서는 증거능력을 부정해야 한다고 본다. 다만 증거능력이 인정되는 경우에도 증명력을 제한할 수 있다고 한다.

않았다는 점에서 근본적인 차이를 보인다. 이와 같이 우리 증거법상 제312조 제4항, 제314조, 그리고 제313조 제1항의 규율 형식이 보여주는 것은 우리 전문법칙은 진술서류와 수사절차에서 작성된 진술조서에 관하여 영미식 전문법칙과는 명백히 다르게 취급한다는 것이다.

결론적으로 우리 전문법칙 체계에서는 전문증거의 증거능력을 결정하는데 있어서 반대신문권 보장과 특신상태가 원칙과 예외로서 이론적으로 일관되게 적용되는 것이 아니라, 조서를 비롯한 진술서류의 진정 성립이라는 영미식 전문법칙에는 매우 이질적인 요소가 더 강력한 기준으로 작용한다. 판례와 지배적인 학설들이 우리 형사소송법상 전문법칙의 이론적 근거를 반대신문권 보장으로 포장하고 있으나, 이러한 전문법칙 규정 체계의 실질적인 차이는 우리 전문법칙 체계가 영미식 전문법칙과는 크게 다르며 그것이 단지 피의자신문조서나 피고인의 진술에 대한 취급의 차이에서 비롯된 것만은 아님을 보여준다. 따라서 원래 영미식 전문법칙의 핵심으로 설명되는 반대신문권의 보장이 우리 전문법칙 체계에서는 어떠한 법적 성격을 가질 것인가, 혹은 어떠한 법적 성격을 가져야 하는가에 관하여 보다 심층적으로 해명할 필요가 있다.

(3) 헌법상 공정한 재판의 원리와의 관계

헌법상 공정한 재판에 관한 직접적인 명문의 규정은 없다. 그러나 헌법 제27조는 '법관과 법률에 의한 신속한 공개재판을 받을 권리'를 보장하는데, 국민에게 효율적인 권리보호를 제공하기 위해서는 법원에 의한 재판이 공정하여야 할 것임은 당연하므로 공정한 재판을 받을 권리도 헌법 제27조를 근거로 인정된다고 볼 수 있다.[91] 헌법은 헌법과 법률이 정한 자격이 있고 헌법 제104조 내지 제106조에 정한 절차에 의하여 임명되고 신분이 보장되며 독립하여 심판하는 법관에 의하여 재판받을 권리를 규정하고 있고, 형사절차에 관하여 적법절차의 원리(헌법 제12조), 무죄추정의 원칙(헌법 제27조 제4항), 진술거부권(헌법 제12조 제2항), 변호인의 조력을 받을 권리(헌법 제12조 제4항) 등을 규정함으로써 공정한 재판을 받을 권리를 구체화하고 있다.[92]

헌법재판소도 헌법 제27조가 보장하고 있는 공정한 재판을 받을 권리 속에는 신

91) 성낙인, 앞의 각주 8)의 책, 1586면.

92) 정종섭, 『헌법학원론』,제7판(박영사, 2012), 806면.

속하고 공개된 법정의 법관의 면전에서 모든 증거자료가 조사, 진술되고 이에 대하여 피고인이 공격, 방어할 수 있는 기회가 보장되는 재판을 받을 권리가 포함되어 있으며, 이는 원칙적으로 당사자주의와 구두변론주의가 보장되어 당사자가 공소사실에 대한 답변과 공격, 방어권이 충분히 보장되는 재판을 받을 권리를 의미한다고 선언하였다.93) 헌법재판소는 수사에 지장이 없는 경우에만 피고인이나 변호인의 참여권 및 반대신문권을 허용할 수 있도록 한 구 형사소송법 제221조의5 제5항의 증인신문청구절차에 관하여 적법절차의 원칙과 공정한 재판을 받을 권리에 위배된다고 하여 위헌 결정을 한 바 있다.94)

반면 헌법재판소는 반대신문권 보장이 되지 않은 진술증거의 증거능력을 인정하는 법률 조항들도 합헌이라고 본다. 헌법재판소는 공범 진술이 담긴 공판조서에 관하여 형사소송법 제315조 제3호의 위헌 여부가 문제된 사안에서와95) 동석한 신뢰

93) 헌법재판소 1996.12.26. 선고 94헌바1 결정

94) 앞의 결정은"被告人 등의 反對訊問權을 제한하고 있는 법 제221조의2 제5항은 피고인들의 공격·방어권을 과다히 제한하는 것으로써 그 자체의 내용이나 대법원의 제한적 해석에 의하더라도 그 입법목적을 달성하기에 필요한 입법수단으로서의 合理性 내지 正當性이 인정될 수는 없다고 할 것이므로, 헌법상의 適法節次의 原則 및 청구인의 公正한 裁判을 받을 權利를 침해하고 있다...... 자유심증주의란 법관의 자의적인 증거판단과 사실인정을 의미하는 것이 아니라 法官의 合理的인 自由心證에 따른 事實認定過程을 의미하는 것이므로, 법관의 올바른 자유심증을 위하여는 當事者가 節次의 主體가 되어 自由롭게 각자에게 유리한 모든 證據를 提出하여 활발한 立證活動을 하는 가운데 법관도 객관적인 입장에서 증거를 자유롭게 평가할 수 있는 여건이 갖추어질 것을 전제로 한다. 법 제221조의2 제2항은 犯人必罰의 要求만을 앞세워 過剩된 立法手段으로 증거수집과 증거조사를 허용함으로써 法官의 合理的이고 公正한 自由心證을 妨害하여 헌법상 보장된 법관의 독립성을 침해할 우려가 있으므로, 결과적으로 그 자체로서도 適法節次의 原則 및 公正한 裁判을 받을 權利에 위배되는 것이다."고 한다.

95) 헌법재판소 2013. 10. 24. 2011헌바79. "공판조서는 그 서면 자체의 성질과 작성과정에서 법정된 엄격한 절차적 보장에 의하여 고도의 임의성과 기재의 정확성 및 절차적 적법성이 담보되어 있고, 우리 형사소송법이 채택하고 있는 대심적 구조 하에서 피고인의 진술은 공개된 법정에서 반대당사자의 지위에 있는 검사에 의하여 검증되고 탄핵되는 지위에 있어 이를 제3자가 일방적으로 한 진술과 같다고 평가할 수 없으므로, 법정진술에 해당하는 공판조서상의 진술과 다른 전문증거와 사이에는 문서의 신용성과 관련된 외부적 정황에 뚜렷한 차이가 있다. 또한 공판조서의 증거능력을 일률적으로 부정한다면, 공판조서보다 낮은 신용성의 보장을 가진 수사기관 작성의 조서에 관하여는 일정한 요건 하에 그 증거능력을 인정하면서도 그보다 우위의 임의성과 신용성의 보장을 가진 공판조서에 대하여는 증거능력을 부정하는 법체계상의 모순이 발생하게 되며, 공범의 진술을 기재한 공판조서가 증명력 있는 경우에도 이를 당해 사건의 심리과정에서 고려할 수조차 없게 되어 실체적 진실 발견에 중대한 지장을 초래하게 된다. 나아가 공판조서상의 진술이 피고인의 유무죄를 가르는 중요한 증거이고 피고인이 그

관계인의 성립 인정의 진술만으로 성폭력 피해아동의 진술이 수록된 영상녹화물의 증거능력을 인정할 수 있도록 규정한 구 아동·청소년의 성보호에 관한 법률 제18조의2 제5항이 문제된 사안[96]에서 입법목적, 실체진실 발견의 필요성과 적합성, 별도의 증인신청의 가능성 등을 이유로 각각 합헌으로 결정하였다. 따라서 헌법재판소는 반대신문권 보장 그 자체가 공정한 재판을 받을 권리의 본질적인 부분을 구성한다고 보지는 않는 것으로 보이고, 상당한 입법형성의 재량을 인정하므로[97] 법률로써 반대신문권을 제한하더라도 정당성과 합리성이 인정될 경우에는 이는 허용될 수 있는 것으로 본다.

진술을 다투고 있음에도 불구하고 법원이 원진술자인 공범에 대한 증인신청을 거부할 이유가 없으므로, 실제 재판과정에서 이 사건 법률조항에 의하여 피고인의 방어권에 대한 현실적인 침해가 발생할 가능성도 거의 없다. 따라서 다른 사건에서 공범의 피고인으로서의 진술을 기재한 공판조서가 이 사건 법률조항에 포함되는 것으로 해석한다고 하여 피고인의 방어권에 지나친 제약을 가져와 피고인의 공정한 재판을 받을 권리를 침해한다고 볼 수 없다."고 한다.

96) 헌법재판소 2013. 12. 26. 선고 2011헌바108 결정. "증거능력 특례조항의 입법목적은, 성폭력범죄 피해아동이 법정에서 반복하여 피해경험을 진술함으로써 입을 수 있는 심리적·정서적 외상과 충격으로부터 피해아동을 보호하려는 것으로서 그 정당성이 인정되고, 성폭력 피해아동의 영상녹화물에 신뢰관계인의 성립인정의 진술만으로 증거능력을 부여하여 피해아동에 대한 법정에서의 조사와 신문을 최소화한 것은 이러한 목적을 달성하기 위한 적절한 수단이 된다. 법원은 실체적 진실 발견과 피해아동의 보호를 포함한 제반 사정을 고려하고 관련된 이익을 비교하여 피해아동을 피고인 및 변호인의 신청 또는 직권으로 증인으로 소환하여 신문할 수 있고, 이 경우 피고인 및 변호인은 참여권과 신문권 등이 보장된다. 또한 성폭력범죄 피해아동에 대하여는, 거칠고 날선 법정에서의 반대신문보다는 사건 초기의 생생한 기억 속에서 이루어진 진술을 영상녹화의 방법으로 왜곡 없이 온전하게 보전한 다음, 이를 아동진술전문가나 심리학자 등으로 하여금 전문적·과학적 방법으로 분석하게 하여 그 신빙성을 검증하는 것이 실체적 진실의 발견에 더욱 효과적일 수 있다. 피고인으로 하여금 진술 당시 동석한 신뢰관계인에 대한 신문이나 진술 과정을 그대로 녹화한 영상녹화물에 대한 전문적, 과학적 방법에 의한 탄핵을 통하여 자신을 방어할 수 있게 하는 효과적인 대체수단이 존재하고, 구체적인 사건에서 피해아동의 보호와 실체적 진실발견 등 제반 요소를 고려한 법원의 개별적 판단에 따라 피해아동에 대한 반대신문권을 행사할 수 있는 기회도 여전히 남아 있으므로, 증거능력 특례조항이 침해최소성 및 법익균형성의 원칙에 위배된다거나, 피해아동의 보호만을 앞세워 피고인의 방어권을 본질적으로 침해하고 있다고 볼 수 없다."

97) 증인신문절차에서 보복의 우려가 있는 경우 피고인의 직접 대면권을 제한한 특정범죄신고자 등 보호법 제11조 제2항이나 증인이 피고인의 면전에서 충분한 진술을 할 수 없다고 인정되는 경우 피고인의 직접 대면권을 제한한 형사소송법 제297조 제1항에 관하여도 합헌 결정이 이루어졌다. 헌법재판소 2010. 11. 25. 선고 2009헌바57 결정, 헌법재판소 2012. 7. 26. 선고 2010헌바62 결정.

이러한 헌법의 태도는 연방수정헌법 제6조의 대면권 조항(confrontational clause)에 의하여 전문법칙의 예외에 해당하는 경우에도 피고인의 반대신문권을 침해한 경우 증거능력을 부정하는 미국과는 다르다. 이는 또한 유럽인권협약을 통하여 일정한 전문증거의 증명력을 제약하는 유럽의 경우와도 다른 것이다.

(4) 반대신문권에 관한 대법원 판례의 검토

1) 종래의 태도

제정 형사소송법이 공판절차의 구조에 관해 대륙법계 직권주의적인 입장을 기본으로 채택한 것과 마찬가지로 대법원도 반대신문권이 보장되지 않더라도 전문법칙의 예외요건을 충족하는 경우에는 그 증거능력을 인정하는 것이 다음과 같이 종래 일반적 경향이었다. ① 판례는 피고인의 반대신문권이 보장되지 않은 다른 사건의 공판조서에 대해서도 제315조 제3호의 문서로서 증거능력을 인정하였다.[98] ② 증인이 공판정에서 증언을 거절한 때에는 증언거부 사유의 정당성 여부와 무관하게 구 형사소송법 제314조의 '기타 사유로 진술할 수 없는 때'에 해당한다고 보아서 증거능력을 인정하는 것이 판례의 일반적인 경향이었다.[99] ③ 다만, 판례는 반대신문이 제대로 이루어지지 않은 경우에는 전문법칙의 예외 요건을 충족하여 그 진술증거의 증거능력이 인정되더라도 증명력을 다소 엄격하게 제한하는 경향을 보여주었다. 즉, 판례는 검사가 피의자 아닌 자의 진술을 기재한 조서에 대하여 그 원진술자가 공판기일에서 그 성립의 진정을 인정하면 원진술자가 공판기일에서 그 조서의 내용과 다른 진술을 하거나 변호인 또는 피고인의 반대신문에 대하여 아무런 답변을 하지 아니하였다 하여 곧 증거능력 자체를 부정할 사유가 되지는 아니한다고 하면서도, 원진술자가 공판기일에서 그 성립의 진정을 인정하면서도 그 진술조서상의 진술 내용을 탄핵하려는 변호인의 반대신문에 대하여 묵비한 것이 피고인 또는 변호인의 책임 있는 사유에 기인한 것이라고 인정할 수 없는 경우, 그 진술기재는 반대신문에 의한 증명력의 탄핵이 제대로 이루어지지 아니한 것이므로 그 신빙성을 선뜻 인정하기 어렵다고 판시하였다.[100] 판례는 제314조가 적용되어 증거능

98) 대법원 1966. 7. 12. 선고 66도617; 대법원 2005. 4. 28. 선고 2004도4428 판결.

99) 대법원 1992. 8. 14. 선고 92도1211 판결; 대법원 1992. 8. 18. 선고 92도1244 판결.

100) 대법원 2001. 9. 14. 선고 2001도1550. "형사소송법은 제161조의2에서 피고인의 반대신문권을 포함한 교호신문제도를 규정함과 동시에, 제310조의2에서 법관의 면전에서 진술되지 아니하고 피고인에 의한 반대신문의 기회가 부여되지 아니한 진술에 대하여는 원칙적으로 증

력이 인정되는 수사기관의 참고인 진술조서의 증명력에 관해서도 원진술자의 법정 출석과 피고인에 의한 반대신문이 이루어지지 못한 경우 그 조서에 기재된 진술이 직접 경험한 사실을 구체적인 경위와 정황의 세세한 부분까지 정확하고 상세하게 묘사하고 있어 구태여 반대신문을 거치지 않더라도 진술의 정확한 취지를 명확히 인식할 수 있고 그 내용이 경험칙에 부합하는 등 신빙성에 의문이 없어 조서의 형식과 내용에 비추어 강한 증명력을 인정할 만한 특별한 사정이 있거나, 그 조서에 기재된 진술의 신빙성과 증명력을 뒷받침할 만한 다른 유력한 증거가 따로 존재하는 등의 예외적인 경우가 아닌 이상, 그 조서는 진정한 증거가치를 가진 것으로 인정받을 수 없는 것이어서 이를 주된 증거로 하여 공소사실을 인정하는 것은 원칙적으로 허용될 수 없으며, 이는 원진술자의 사망이나 질병 등으로 인하여 원진술자의 법정 출석 및 반대신문이 이루어지지 못한 경우는 물론 수사기관의 조서를 증거로 함에 피고인이 동의한 경우에도 마찬가지라고 하였다.[101]

④ 한편, 판례는 공판정의 증인신문 절차에서 재판장에 의하여 피고인의 반대신문권이 침해된 경우에 관하여 형사소송법 제297조의 규정에 따라 재판장은 증인이 피고인의 면전에서 충분한 진술을 할 수 없다고 인정한 때에는 피고인을 퇴정하게 하고 증인신문을 진행함으로써 피고인의 직접적인 증인 대면을 제한할 수 있지만, 이러한 경우에도 피고인의 반대신문권을 배제하는 것은 허용될 수 없으므로, 형사소송법 제297조에 따라 변호인이 없는 피고인을 일시 퇴정하게 하고 증인신문을 한 다음 피고인에게 실질적인 반대신문의 기회를 부여하지 아니한 채 이루어진 증인의 법정진술은 위법한 증거로서 증거능력이 없다고 볼 여지가 있다고 하면서도, 그 다음 공판기일에서 재판장이 증인신문 결과 등을 공판조서(증인신문조서)에 의하여 고지하였는데 피고인이 '변경할 점과 이의할 점이 없다'고 진술하여 책문권 포기 의사를 명시함으로써 실질적인 반대신문의 기회를 부여받지 못한 하자가 치유

거능력을 부여하지 아니함으로써, 형사재판에 있어서 모든 증거는 법관의 면전에서 진술·심리되어야 한다는 직접주의와 피고인에게 불리한 증거에 대하여는 반대신문할 수 있는 권리를 원칙적으로 보장하고 있는바, 반대신문권의 보장은 형식적·절차적인 것이 아니라 실질적·효과적인 것이어야 하므로, 증인이 반대신문에 대하여 답변을 하지 아니함으로써 진술내용의 모순이나 불합리를 드러내는 것이 사실상 불가능하였다면, 그 사유가 피고인이나 변호인에게 책임있는 것이 아닌 한 그 진술증거는 법관의 올바른 심증형성의 기초가 될 만한 진정한 증거가치를 가진다고 보기 어렵다 할 것이고, 따라서 이러한 증거를 채용하여 공소사실을 인정함에 있어서는 신중을 기하여야 한다."

101) 대법원 2006. 12. 8. 선고 2005도9730 판결.

되었다고 판시하였다.[102] 판례는 공판정에서 반대신문권을 침해한 경우에는 그 위법성으로 인해 그 증언의 증거능력이 배제될 가능성을 인정하면서도 동시에 일반적인 위법수집증거배제법리와는 달리 책문권의 포기 또는 하자치유의 가능성을 인정하는 것으로 보인다.

2) 최근 대법원 판례의 경향

① 정당한 증언거부권 행사와 제314조의 진술불능 사유에 관한 해석

대법원은 2012년 전원합의체 판결을 통해서 증인이 '정당하게 증언거부권을 행사'하여 증언을 거부한 경우에는 제314조의 '그 밖에 이에 준하는 사유로 인하여 진술할 수 없는 때'에 해당하지 않으므로 증거능력이 없다는 입장을 취함으로써,[103] 종래의 견해를 변경하였다. 판례는 그 근거로서 현행 형사소송법 제314조는 구법에 비하여 그 예외사유의 범위를 더욱 엄격하게 제한하고 있는데, 이는 직접심리주의와 공판중심주의의 요소를 강화하려는 취지가 반영된 것이라는 점, 그리고 형사소송법 제148조, 제149조는 증인에게 일정한 사유가 있는 경우 증언을 거부할 수 있는 권리를 보장하고 있다는 점을 들었다. 즉 이는 반대신문권보다는 증언거부권을 실질적으로 보장하고자 하는 취지가 강하였다고 볼 수 있다.

② 진술거부권 행사와 제314조의 진술불능 사유에 관한 해석

대법원은 피고인이 사적 단계에서 작성된 서류의 진정성립 여부와 관련하여 진술거부권을 행사한 경우에도 피고인 자신 또는 다른 피고인에 대한 관계에서 제314조의 진술불능 사유에 해당하지 않는다고 보고 그 증거능력을 부인하였다.[104] 여기에서도 현행 형사소송법 제314조의 문언과 개정 취지, 그리고 진술거부권 관련 규정의 내용 등을 근거로 들고 있다. 이 역시 반대신문권 보장 여부와 상관없이 피고인의 진술거부권을 실질적으로 보장하고자 하는 차원으로 이해할 여지가 있다.

③ 부당한 증언거부와 제314조의 진술불능 사유에 관한 해석

그런데 대법원은 2019년 전원합의체 판결에서 수사기관에서 진술한 참고인이 법

102) 대법원 2010. 1. 14. 선고 2009도9344 판결.

103) 대법원 2012. 5. 17. 선고 2009도6788 전원합의체 판결.

104) 대법원 2013. 6. 13. 선고 2012도16001 판결.

정에서 증언을 거부하여 피고인이 반대신문을 하지 못한 경우에는 정당하게 증언거부권을 행사한 것이 아니라도, 피고인이 증인의 증언거부 상황을 초래하였다는 등의 특별한 사정이 없는 한 형사소송법 제314조의 '그 밖에 이에 준하는 사유로 인하여 진술할 수 없는 때'에 해당하지 않으므로, 수사기관에서 그 증인의 진술을 기재한 서류는 증거능력이 없다고 판시하였다.[105] 대법원은 그 첫 번째 논거로서 실질적 직접심리주의를 든다. 대법원에 따르면 실질적 직접심리주의는 공판중심주의의 한 요소로서 법관의 면전에서 직접 조사한 증거만을 재판의 기초로 삼을 수 있고, 증명 대상이 되는 사실과 가장 가까운 원본 증거를 재판의 기초로 삼아야 하며, 원본 증거의 대체물 사용은 특별한 사정이 없는 한 허용되어서는 안 된다는 원칙이라고 한다. 형사소송법은 헌법이 요구하는 적법 절차를 구현하기 위하여 사건의 실체에 대한 심증 형성은 법관의 면전에서 본래증거에 대한 반대신문이 보장된 증거조사를 통하여 이루어져야 한다는 실질적 직접심리주의와 전문법칙을 채택하고 있으며, 법관은 법정에서 직접 원본 증거를 조사하는 방법을 통하여 사건에 대한 신선하고 정확한 심증을 형성할 수 있고, 피고인에게 원본 증거에 관한 직접적인 의견진술의 기회를 부여함으로써 실체적 진실을 발견하고 공정한 재판을 실현할 수 있다는 것이다. 따라서 법원은 이러한 실질적 직접심리주의와 전문법칙이 원칙적이고 실질적인 지배원리로서 충실히 기능할 수 있도록 하여야 하고, 그 예외는 직접심리주의와 공판중심주의에 의한 공정한 공개재판을 받을 권리와 무죄추정을 받을 권리를 본질적으로 침해하거나 형해화하는 결과가 초래되지 않도록 형사소송법이 정한 필요한 최소한도에 그쳐야 하므로, 전문법칙의 예외도 필요한 최소한도에 그쳐야 하며, 형사소송법 제314조는 예외적으로 전문증거의 증거능력이 인정되기 위해 갖추어야 할 요건에 대하여 다시 그 요건마저 갖추지 않아도 되는 예외를 규정한 것이므로, 그 적용 범위를 더욱 제한적으로 해석해야 한다고 한다.

대법원은 두 번째 논거로서 반대신문권의 보장을 든다. 현행 형사소송법 제312조 제4항은 구 형사소송법이 정하고 있었던 원진술자의 진정성립 인정 요건 외에 '피고인 또는 변호인이 공판준비 또는 공판기일에 그 기재 내용에 관하여 원진술자를 신문할 수 있었던 때', 즉 피고인의 반대신문권이 보장될 것을 증거능력 인정의

105) 대법원 2019. 11. 21. 선고 2018도13945 전원합의체 판결. 이 판결에 대한 상세한 평석으로는 이주원, "형사증거법상 반대신문권 보장의 의의와 기능 – 대상판결 : 대법원 2019. 11. 21. 선고 2018도13945 전원합의체 판결–", 『형사소송 이론과 실무』, 제12권 제2호(한국형사소송법학회, 2020.12) 163~206면 참조.

요건으로 추가함으로써 피고인의 반대신문권이 보장되지 않은 참고인에 대한 진술조서는 원칙적으로 증거능력이 인정되지 않음을 선언하였는데, 반대신문권의 보장은 형식적·절차적인 것이 아니라 실질적·효과적인 것이어야 한다는 것이다. 또한 원진술자의 진술 없이 전문증거에 대하여 증거능력이 인정될 수 있는 예외사유에 관하여 형사소송법 제314조는 그동안 '사망, 질병 기타 사유로 인하여 진술할 수 없는 때'에서, '사망, 질병, 외국거주 기타 사유로 인하여 진술할 수 없는 때'로, 다시 '사망·질병·외국거주·소재불명, 그 밖에 이에 준하는 사유로 인하여 진술할 수 없는 때'로 거듭 바뀌며 그 예외사유의 범위를 더욱 엄격하게 제한하는 방향으로 개정되어 왔으므로 형사소송법이 피고인의 반대신문권 보장을 강화하고 전문법칙의 예외사유를 더욱 엄격하게 제한하는 방향으로 개정되어 온 취지를 중요한 고려 요소로 삼아야 한다는 것이다. 다만 대법원은 피고인이 증인의 증언거부 상황을 초래하였다는 등의 특별한 사정이 있는 경우에는 형사소송법 제314조의 적용을 배제할 이유가 없다고 덧붙이고 있다.

2. 반대신문권과 관련한 현행 형사소송법 체계의 문제점

(1) 우리 형사소송법상 반대신문권에 관한 통일적 규율의 결여

앞에서 살펴본 것처럼 판례는 어떤 경우에는 증거능력을 배제하지만 다른 경우에는 증명력을 배제하기도 하고 또 다른 경우에는 증명력을 신중하게 인정하여야 한다는 취지로 지침적 성격의 판시를 하기도 하여 통일적 규율을 결여하고 있다. 반대신문권이 침해된 경우에도 주신문결과의 증거능력을 배제하기도 하지만 일반적인 위법수집증거와는 달리 책문권의 포기나 하자치유를 인정하기도 한다.[106)]

우리 형사절차에서 반대신문권 보장과 관련하여 규율의 통일성이 결여된 것처럼 보이는 가장 큰 이유는 반대신문권이 법률의 위헌성을 평가하거나 구체적인 증거능력을 판단하는 헌법적 원리나 국제인권법적인 상위 원리로서 확고하게 인정받지

106) 이주원, 앞의 각주 6) 논문 182면은 형사소송법 제311조에서 법관 면전 조서는 수사단계 조서와 달리 별다른 요건 없이 증거능력을 인정하는 것과 궤를 같이 하여, 법정 증인에 대하여 실질적인 반대신문권 보장이 이루어지지 않은 경우에도 수사 단계 진술과 달리 증거능력이 인정된다고 보고 있다. 그러나 영미에서는 이러한 경우 주신문에 대한 증언도 증거능력을 인정하지 않는 것이 주류적인 입장이다. Robert P. Mosteller 외 5, 앞의 각주 5)의 책, 78~79면 참조.

못하였기 때문이다. 헌법재판소는 반대신문권을 공정한 재판을 받을 권리의 침해 여부를 평가하기 위한 하나의 부분 요소로만 취급하고 있으며, 반대신문권 자체만으로 개별 법규의 위헌 여부를 판단하지는 않는다. 대법원도 최근의 2018도13945 전원합의체 판결에도 불구하고 여전히 반대신문권을 전문법칙의 해석원리로 취급하는 것처럼 보인다. 반면, 미국이나 유럽은 반대신문권이 법률의 상위에 있는 헌법원리 또는 국제인권법적 원리에 의하여 규율되고 있으므로 통일적인 규율이 가능하다.

반대신문권에 관한 우리 법상 통일적인 규율이 결여된 또 다른 이유는 우리의 전문법칙이 영미법적 전문법칙과 달리 조서 제도를 기초로 독특하게 생성, 발전하여 왔기 때문이다. 우리 형사증거법은 원래 영미에서는 사용되지 않는 수사기관이 작성한 조서의 증거 사용을 전제로 형성, 발전되어 왔으므로 조서의 증거 사용에 수반되는 위험성을 규제하기 위하여 원래 영미식 전문법칙에는 존재하지 않는 실질적 진정성립의 인정이라는 독특한 증거능력의 요건을 발전시켜 왔다. 원래 영미식 전문법칙은 반대신문을 통해서 원진술자의 신뢰성을 검증하지 못한 경우에는 그 원진술의 증거능력을 배척하도록 하는 한편, 원진술을 전달하는 전문진술자의 신빙성이나 전문서류의 진정성 자체는 법정에서 그 전문진술자를 신문하거나 전문서류의 진정성을 검증 또는 감정함으로써 충분히 확인할 수 있다는 전제에 서 있다. 그런데 우리 형사소송법이 전문서류의 진정성립 여부를 원칙적으로 원진술자의 진술을 통해서 직접 확인하도록 하는 입장을 취한 것은 영미식의 전문법칙과는 일치하지 않는 우리 증거법만의 독특한 성격이며, 그 자체로는 합리적인 규율 태도라고 보기도 어렵다. 그러나 이는 우리의 전문서류는 통상적으로 조서인 경우가 대부분이므로 원진술자의 직접 확인을 통해서만 조서의 증거능력을 인정함으로써 조서 작성 과정에서 발생할 수 있는 위험성을 실제 그 위험 발생 여부와 상관없이 아예 차단하겠다는 강력한 결단의 표현으로 이해할 수 있을 것이다.[107)]

---

107) 그러한 관점에서 원진술의 존재 자체를 확인하기 위하여 원진술자의 진술을 통해서만 실질적 진정성립을 인정할 수 있게 하는 것은 합리적인 규율이라고 보기 어렵다. 대법원이 조서 증거능력 요건으로서 원진술자가 법정에서 실질적 진정성립을 인정할 것을 요구함으로써 조서의 작성 과정에서 허위와 변질이 개입할 위험성은 강력하게 규제할 수 있었지만, 그와 동시에 원진술자에게 자신의 진술을 증거로 사용하게 할 것인지 말 것인지를 결정할 수 있는 증거처분의 권한을 사실상 부여하는 부작용을 초래하게 되었다. 이는 조기에 증거를 수집, 보존함으로써 증거의 훼손, 변질을 방지하고자 하였던 조서 제도의 목적 자체가 상당히 훼손되는 결과를 가져왔다. 반면 조서 작성과정에 수반되는 위험성이 상대적으로 적은 법원의 공

제314조는 특신상태를 증거능력 부여의 요건으로 두고 있으므로 영미식 전문법칙의 관점에서도 형식적으로 큰 문제가 없다. 그러나 제314조 적용의 전제가 되는 제312조 제4항은 특신상태 이외에도 실질적 진정성립과 조서 기재 내용에 대한 신문기회 보장을 추가적인 증거능력 요건으로 두고 있기 때문에 그러한 요건을 갖추지 못한 조서에 대해서 출석불능 등의 필요성 요건과 특신상태를 갖추었다는 것만으로 곧바로 증거능력을 부여하게 되면 영미식 전문법칙과 달리 우리 법체계에서는 혼란이 발생하게 된다. 이는 우리 증거법이 원진술자의 성립 진정 인정을 전문증거의 예외적인 증거능력 부여의 요건으로 부과함으로써 원진술자에게 원진술의 증거능력에 대한 사실상의 처분권을 부여하였기 때문에 발생하게 된 혼란이며 영미식 전문법칙과는 관계가 없다.

대법원은 실질적 직접심리주의와 반대신문권의 실질적 보장을 위하여 제314조의 요건을 엄격하게 해석하여야 한다고 한다. 그러나 제314조가 책임 없는 사유로 원진술자의 공판정 출석이 불가능한 경우에 특신상태가 인정되면 반대신문권 보장이나 실질적 진정성립 요건 없이도 전문증거의 증거능력을 인정할 수 있도록 근본적으로 허용하고 있는 이상, 공판정에 출석해서 증언을 거부한 경우에 달리 취급해야 할 합리적인 근거를 발견하기 어렵다. 제312조 제4항의 개정으로 인해 반대신문권 보장 등의 증거능력 요건이 엄격해졌으므로 개정법 하에서는 원진술에 대한 실질적인 반대신문권이 보장되지 않은 경우 제314조의 요건이 충족되지 않는다고 보는 견해[108]는 상당히 설득력이 있다. 그러나 이러한 견해는 아예 증인이 법정에 출석하지 않아서 반대신문권이 보장되지 않은 경우와 법정에는 출석하였으나 부당하게 증언을 거부하여 반대신문권이 보장되지 않은 경우, 나아가 아예 진술을 번복하고 적대적 증언을 함으로써 반대신문권 자체가 무의미해진 경우를 왜 구분하고 그 효과를 달리 부여하여야 하는지에 대한 체계적이고 실질적인 해답을 주지 못한다.[109]

판조서에 관하여는 그것이 설사 다른 절차에서 작성되어 원진술의 정확성 자체에 대해서는 당해 피고인의 반대신문권이 보장되지 않은 경우라고 할지라도 제315조 제3호를 적용하여 증거능력을 인정하는 이론상의 비일관성을 초래하였다.

108) 이주원, 앞의 각주 105) 논문, 182~183면.

109) 대법원 판례의 실질적인 의도 내지 효과는 결국 원진술자의 증거에 대한 처분권한을 그대로 유지하는 것으로 귀결된다고 생각한다. 증인이 아직 법정에 나오지 않은 경우에는 원진술자의 증거에 대한 처분의사, 즉 진술 번복 의도를 알 수 없는 상태이지만 증인이 법정에 나와서 부당하게 증언을 거부한 경우에는 설사 그것이 법적으로 부당하다고 하더라도 사실상의 진술번복을 통한 원진술에 대한 처분의사가 어느 정도 확인된 상황이므로, 원진술자가 진정

증인신청자나 그 상대방에게 증언거부에 대한 책임 있는 사유가 존재하는 경우를 제외하면 이를 구분하여야 할 합리적인 목적과 근거를 발견하기 어렵기 때문이다. 결국 이 문제는 반대신문권 보장 원리가 제314조와 제312조 제4항 해석의 상위 원리로서 작동하지 않는 이상 그 조문들의 문언 해석만으로는 해결되지 않는다.

만약 위 전원합의체 판결의 논리를 계속 밀고 나가게 되면, 제312조 제4항이나 제313조 제2항에 따라 원진술자가 공판정에서 부당하게 진정성립을 부인하거나 증언을 거부하여, 검찰이 영상녹화물 기타 객관적 방법으로 원진술의 진정성립을 증명한 경우에조차도 반대신문권이 실질적으로 보장되지 않았다는 이유로 증거능력을 인정하지 않을 수 있는 가능성에 이르게 된다.[110] 그러나 이러한 해석은 종래 진술서의 증거능력을 작성자의 입에만 의존하도록 하여 원진술자에게 사실상의 증거 처분권을 부여한 불합리를 방지하고 원진술자의 진술번복 시에도 영상녹화물 기타 객관적 방법을 통해서 진정성립이 인정된 경우에는 실체진실 발견을 위해 공판정 외의 조서나 진술서를 증거로 사용하고자 한 입법자의 의도에 명백히 배치되는 것이다.[111]

(2) 반대신문권 근거로서의 실질적 직접심리주의와 공판중심주의의 모호성

대법원은 반대신문권 보장과 관련해서 관련 실정법 해석의 근거로 실질적 직접심리주의와 공판중심주의를 거론하고 있으나 그 법적 성격이나 근거가 상당히 모호하다.

실질적 직접심리주의는 원래 독일 형사소송법 제250조의 해석과 관련해서 등장한 개념이다. 독일 형사소송법 제250조는 "어떤 사실에 관한 증거가 개인의 지각에 근거하고 있는 경우 공판에서 그를 신문하여야 한다. 이 신문은 과거 신문 시 작성된 조서의 낭독이나 서면진술로 대체할 수 없다."고 규정한다.[112] 동조는 법원이

성립을 명시적으로 부인한 경우와 마찬가지로 증거능력을 부여하지 않는 것이 일관된다는 것이다. 그러나 반대신문권 보장 여부를 떠나서 조서의 증거사용을 인정하면서 동시에 그 사용 여부의 결정을 원진술자의 입에만 좌우되도록 하는 이러한 모순적인 상황을 허용하는 것이 실체진실 규명 목표에 부합하는 합리적인 증거법체제라고 보기는 어렵다. 실질적 진정성립 이론의 문제점에 대해서는 이완규, "피의자신문조서의 진정성립과 증거능력," 『저스티스』 (한국법학원, 2004): 182－199면.

110) 이주원, 앞의 각주 6)의 논문 177면은 그러한 입장을 취하고 있다.

111) 이재상 외 2, 앞의 각주 66) 책, 664면.

112) 법무부, 『STPO 독일형사소송법』, (법무부, 2012), 194면

스스로의 면전에서 증거조사를 하여야 하며 다른 사람으로 하여금 그 조사를 하도록 위탁하여서는 안 된다는 형식적 직접주의를 의미하는 동시에 법원은 원본 증거로부터 사실을 인정하여야 하며 대체증거의 사용은 허용되지 않는다는 실질적 직접주의를 의미하는 것으로 통상 설명되고 있다. 따라서 법원은 피고인과 증인을 공판에서 직접 조사하여야 하며 원칙적으로 이전의 조사 단계에서 작성된 조서나 진술서류를 낭독하는 것으로 대체할 수 없다.[113] 이러한 직접주의의 원칙을 통해서 법원은 진술자의 태도를 직접 관찰하여 정확한 심증을 형성할 수 있을 뿐만 아니라 또한 피고인 등 재판에 참석한 관련자들이 진술자에게 질의하고 답변을 받음으로써 진술의 정확성을 기할 수 있으며 피고인의 방어권에도 효과적으로 기여할 수 있게 된다.[114] 그러나 피고인이나 증인의 조사를 보충하기 위해서 그러한 서류를 낭독하는 것은 허용되며, 제251조~256조에서 조서나 서류의 낭독이 허용되는 많은 유형의 예외가 규정되어 있다.[115]

우리 대법원은 실질적 직접심리주의를 법관의 면전에서 직접 조사한 증거만을 재판의 기초로 삼을 수 있고, 증명 대상이 되는 사실과 가장 가까운 원본 증거를 재판의 기초로 삼아야 하며, 원본증거의 대체물 사용은 특별한 사정이 없는 한 허용되어서는 안 된다는 원칙으로 이해한다. 그러나 독일 형사소송법이 그러한 의미의 실질적 직접주의를 명문으로 규정하고 있지 않으며, 독일의 판례도 독일 형사소송법 제250조가 우리 대법원이 이해하는 바와 같은 실질적 직접주의를 의미하지는 않는 것으로 본다.[116] 이는 독일 형사소송법이 영미법적 개념의 전문증거를 허용하느냐와 관련하여 중대한 의미를 가진다. 독일의 판례와 다수설은 독일 형사소송법은 전문증거 자체를 금지하지 않으며, 전문증거는 법관에게 부과되어 있는 진실규명의무(제244조)에 의하여 규제될 뿐이라고 보고 있다.[117] 즉, 원본증거에 의하여 실체진실을 확인할 수 있는 경우에는 법관은 진실규명의무에 따라 만연히 전문증

113) Roxin/Schünermann, 『Strafverfahrensrecht』, 29th(C.H.Beck, 2017), 403~404면.

114) Holle Eva Löhr, 『Der Grundsatz der Unmittelbarkeit im deutschen Strafprozessrecht』, (Duncker & Humblot, 1972), 41면. 이재상 외 2명, 앞의 각주 66) 책, 636면.

115) 우리 형사소송법 제314조와 같은 유형이 독일 형사소송법 제251조 제1항 제2호에 규정되어 있다.

116) Holle Eva Löhr 앞의 각주 114)의 책, 39면. Klaus Volk(김환수, 문성도, 박노섭 공역), 『독일 형사소송법』, (박영사, 2009), 239~240면.

117) Holle Eva Löhr, 앞의 책, 79~85면. Klaus Volk(김환수, 문성도, 박노섭 공역), 앞의 책, 240면.

거에 의해서 심증을 형성하여서는 안 된다는 것이다. 따라서 독일 형사소송법 제250조는 조서나 수사 단계에서 사실 증명을 목적으로 만들어진 진술서류에 대해서만 적용될 뿐, 사적 단계에서 작성된 편지 등에 적용되지 않고,[118] 전문증언에 대해서는 그 실체진실에 관한 증거가치와 필요성이 존재하는 이상 아무런 증거능력의 제한을 두지 않는다.[119] 독일 제국 내 프랑스 인접 지역인 라인 강 지역은 나폴레옹이 점령하였을 때부터 구술주의와 공개주의가 도입되어 있던 프랑스 형사소송법의 영향을 받고 있었는데 1877년 종래의 규문주의적 형사소송법을 개혁하기 위해 제국 형사소송법이 제정될 당시에 그러한 이유로 영국의 전문법칙 대신에 프랑스식 모델이 도입되면서 독일 형사소송법 제250조에 직접주의 원칙이 도입된 것이라고 설명되고 있다.[120] 따라서 당시 입법자는 영국식 전문증거의 금지라는 개념에 대하여 규율할 의도가 전혀 없었던 것으로 보는 것이 일반적인 견해이다.[121]

독일에서도 독일 형사소송법 제250조의 해석과 관련하여 우리 대법원이 이해하는 바와 같이 원본증거 사용 원칙의 개념을 도입하려는 견해가 존재한다. 제250조의 해석에 있어서 독일 형사소송법 전체의 체계적 해석을 근거로 하거나 형사소송의 목적을 고려할 때 원본증거가 아닌 전문증거는 무조건적으로 금지된다는 견해[122] 및 최량증거의 원칙상 조건부 사용만이 허용된다는 견해[123] 등이 독일 학계 내에서도 주장되고 있다. 그러나 독일의 판례법과 다수설은 이러한 견해는 첫째 입법자의 의도에 반한다는 점, 둘째 독일 형사소송법 제250조 전후 조문체계를 고려할 때 전문증거에 대한 규율을 발견할 여지가 없다는 점, 셋째 전문증거의 증거가치는 법관의 자유심증주의 원칙과 직권탐지의무에 따라 판단하여야 하며 전문증거가 원본증거보다 언제나 증거가치가 없다는 주장은 합리적, 과학적 근거가 없다는 점에 근거하여 이러한 견해를 배척한다.[124]

한편, 독일의 판례는 부당한 증언거부권의 행사와 관련해서도 우리 대법원과는

118) Haller/Conzen, 『Das Strafverfahren』, 8th(C.F.Muller, 2018), 239~240면.

119) Haller/Conzen, 위 책, 249면.

120) Klaus Geppert, 『Der Grundsatz der Unmittelbarkeit im Deutschen Strafverfahren』, (De Gruyter, 1979), 96~99면. Holle Eva Löhr, 앞의 각주 116)의 책, 31~38면.

121) Holle Eva Löhr, 앞의 책, 64~66면.

122) 앞의 책 56~58면.

123) 앞의 책 59~60면.

124) 앞의 책 64~89면 참조. 이러한 견해에 대한 비판으로는 Klaus Geppert, 앞의 각주 120)의 책, 216~221면 참조.

그 견해를 달리 한다. 원진술자가 법정에서 증언거부권을 행사한 경우 독일 판례는 정당한 증언거부권을 행사한 경우에는 정책적으로 증언거부권을 보호하기 위하여 사후에 비로소 증언거부권을 행사한 경우에도 수사 단계의 조서나 진술서류의 증거능력을 인정하지 않으나(형사소송법 제252조), 부당하게 증언거부나 답변거부를 한 경우에는 그 이전 단계에서 작성된 조서나 진술서류의 낭독을 허용한다.[125] 부당한 증언거부의 경우 실질적 직접심리주의를 근거로 증거능력을 배척하는 것은 독일 학계의 견해 중 일부에 지나지 않으며 독일의 주류적인 견해나 판례의 입장은 아니다.

그렇다면 독일 형사소송법과 상관없이 우리 형사소송법의 체계나 목적으로부터 직접 실질적 직접심리주의와 전문증거 금지 원리를 추론해낼 수 있을까? 앞서 언급한 바와 같이 제정 형사소송법은 조서의 사용을 허용하는 전제에서 증거법체계를 구성하였으며 이는 오늘날까지 변함없이 이어지고 있다. 우리 형사소송법 제314조와 제316조 제2항은 원본증거의 사용이 불가능한 경우에는 특신상태를 요건으로 전문증거의 사용을 승인하고 있으므로 전문증거의 무조건 금지를 규정하고 있다고 볼 수 없다. 제312조 제4항이나 제313조 제2항이 영상녹화물 기타 객관적 방법 또는 과학적 분석결과에 기초한 디지털포렌식 자료, 감정 등 객관적 방법으로 진정성립을 입증할 경우 조서나 진술서류의 증거능력을 인정하도록 한 것은 엄격한 의미의 최량증거원칙이나 실질적 직접심리주의를 채택한 것이라고 보기 어렵다. 원진술자가 법정에서 진정성립을 인정하면 법정에서의 진술과 함께 그 이전 단계에서 이루어진 원진술을 담은 조서나 진술서류의 증거능력도 인정하고 있으므로 전통적인 영미식 전문법칙의 종전 진술의 증거사용금지 원칙(the rule against narrative)을 채택하고 있지도 않다.

결론적으로 우리 형사소송법의 문언 해석이나 체계적 해석을 통해서는 실질적 직접심리주의를 추론해낼 수 없다고 생각한다. 대법원 전원합의체 판결은 대법원이 사법정책적인 이유로 실질적 직접심리주의의 개념과 방향을 먼저 채택한 후에 이를 우리 형사소송법의 문언과 체계에 투영한 것으로 볼 수 있으며, 이는 법원이 실질적인 입법권을 행사한 것이라고 비판받을 소지가 충분히 있다.

---

125) 독일 형사소송법 제55조의 답변거부권을 행사한 경우에는 제252조의 적용대상이 아니라고 해석되나 독일 연방대법원은 확장해석을 통해서 동일한 효과를 부여한다. Roxin/ Schünermann, 앞의 각주 113)의 책, 406면. 저자들은 이에 대하여 제251조 명문의 해석범위를 넘어서는 것이라고 하여 판례를 비판하고 있다.

대법원이 내세우는 공판중심주의의 개념도 마찬가지의 비판을 받을 수 있을 것이다. 공판중심주의가 현대 형사사법의 기본원칙인 공개주의, 구술주의, 법정에서의 무기대등을 통한 공정한 재판의 원칙을 의미하는 것이라면 누구도 아무런 이의가 있을 수 없다. 그러나 그것을 넘어서서 사법부가 입법자가 허용하고 있는 전문증거의 사용금지 범위를 해석을 통해 확장하는 것에까지 이른다면 이는 법원이 추상적이고 모호한 개념을 이용해서 실질적인 입법권을 행사하는 것으로 비판받을 여지가 충분하다.[126] 형사재판의 대원칙인 실체진실의 발견 이념은 공판중심주의의 이념보다 더 우월하거나 적어도 동등하게 중요한 이념이므로, 그 이념들이 구현된 형사소송법상의 구체적인 증거규정들의 체계적 해석을 통하지 않고 공판중심주의라는 추상적이고 모호한 원리를 투영해서 자의적인 해석을 도출해서는 안 될 것이다. 인간의 기억은 변화하며 인간 사이에 이해관계 역시 변화한다는 점에서 어떠한 진술이 행해진 적이 있는지, 언제 행하여졌는지, 어떤 상황에서 행하여졌는지에 관한 정황을 보여주는 법정 외의 진술증거가 전혀 증거가치가 없는 것으로 치부할 수는 없다.[127] 이러한 정황증거도 다른 증거들과 종합할 경우에는 상당한 증거가치를 가질 수 있기 때문이다. 문제는 그러한 전문증거가 가지는, 특히 그것이 조서로 작성되었을 경우에 발생하는 위험을 어떻게 통제하고 검증할 것인가에 놓여 있을 뿐이다.

Ⅳ. 자유권규약의 반대신문권 규정이 형사소송법 해석에 미치는 효과

1. 명확한 법적 근거에 따른 통일적 규율의 가능성

자유권규약 제14조 제3항 (e)호가 형사소송법의 특별법으로서 재판규범으로 작용하게 될 때, 위와 같은 통일성의 결여나 정당한 법적 근거의 결여 문제를 근본적

---

126) 이러한 비판의 상세한 내용에 관해서는 이완규, “공판중심주의를 둘러싼 개념상의 혼돈과 해결방향”, 『법조』, 54(6)(법조협회, 2005), 19－62면.

127) 이러한 관점에서 영미법계 국가 내에서 전문법칙에 대한 비판이 존재한다는 점에 대해서는 각주 71) 참조. 영국은 전문증거 개념을 대폭 축소하고, 원진술자가 법정 증언을 할 수 없는 경우에 원진술을 증거로 사용할 수 있게 하였으며, 반대신문 하에서 종전의 일치 또는 불일치 진술을 증거로 사용할 수 있는 길을 열었다. 상세는 JR Spenser, 각주 36)의 책, 88~100, 129~149, 221~ 244면 참조.

으로 해결할 수 있는 길이 열리게 된다. 미국의 연방수정헌법이나 유럽의 유럽인권협약처럼 자유권규약이 전문법칙에 대한 일종의 상위 규범으로서 우리 재판절차 및 증거법 전반에 걸쳐 통일적이고 일관되게 적용되는 것이 가능하게 되는 것이다. 또한 공판중심주의나 실질적 직접심리주의와 같이 모호하고 추상적인 개념을 동원하지 않고도 정당한 법적 효력을 갖춘 국제인권법상의 근거를 발견할 수 있게 된다. 그렇게 된다면, 공판절차에서 주신문에만 답변하고 반대신문에 대해 묵비한 증인의 증언의 효력 문제, 피고인의 반대신문을 거치지 아니한 다른 사건 공판조서에 대한 제315조 제3호 적용 문제, 제312조 제4항과 제313조 제2항의 객관적 방법에 의한 진정성립 입증 시 실질적인 반대신문을 거치지 아니한 조서와 진술서의 증거능력 문제, 그리고 원진술자가 법정에 출석할 수 없거나 증언을 거부하여 실질적인 반대신문을 거치지 않은 조서나 진술서류에 대한 제314조와 제316조 제2항의 해석 문제, 성폭력범죄의 처벌에 관한 특례법 제30조 제6항에 있어서 반대신문 없이 영상녹화물에 의하여 진정성립이 인정된 피해 진술에 대한 증거능력 문제[128]를 모두 동일한 법리에 의하여 통일적으로 규율할 수 있다. 자유권규약의 법적 효력에 관한 대법원의 입장이 계속 일관된다면 자유권규약의 재판규범으로서의 효력이 인정되므로, 대법원은 반대신문권이 보장되지 않은 진술증거에 관하여 자유권규약의 위반을 이유로 상고되면 자유권규약 제14조 제3항 (e)호의 해석 및 그 해석이 우리 재판절차법과 증거법의 해석에 미치는 영향에 대하여 명시적으로 판단하지 않을 수 없을 것이므로, 이러한 논의는 그 방법론적인 장점에 국한된 것이 아니라 필수적으로 요청되는 것이기도 하다.

2. 국제인권법 적용에 대한 가능한 해석방법의 유형

(1) 증거능력 배제방법과 두 가지 종류의 증명력 배제방법

자유권규약 제14조 제3항 제(e)호가 형사소송법에 미치는 영향이 실무상 문제될 경우 법원은 이론적으로 다음과 같은 네 가지의 방법을 사용할 수 있을 것이다.[129]

128) 아동청소년의 성보호에 관한 법률 26조 6항, 아동학대범죄의 처벌 등에 관한 특례법 17조 등도 유사한 조항이다.

129) 국제인권조약의 재판규범으로서의 일반적인 적용양상에 대한 분석은 박찬운, “국제인권조약의 국내적 효력과 그 적용을 둘러싼 몇 가지 고찰”, 『법조』(609권)(법조협회, 2007), 170~177면.

이미 지적한 것처럼 국제인권법 자체는 재판규범으로 적용될 수 있으나 자유권규약위원회나 유럽인권법원의 판례가 곧바로 우리 법의 해석에 구속력을 가지는 것이 아니기 때문에 그 자유권규약 적용 효과에 관해서는 법원의 독자적 해석이 가능하다. 헌법재판소와 헌법학계의 다수 견해는 국제인권법은 헌법과 동일한 효력을 보유하고 있지는 않다고 보고 있으므로[130] 자유권규약을 근거로 해서 우리 형사소송법 조항을 위헌 무효로 판단하기는 어려울 것이다.

① 남은 첫 번째 방법은 자유권규약을 형사소송법의 특별법으로 파악하면서 자유권규약 제14조 제3항 제(e)호를 증거능력 요건으로서 우리 형사소송법상 전문법칙의 예외 요건과 병행하여 적용하는 방법이다. 그럴 경우 자유권규약에 규정된 반대신문권 보장이 이루어지지 않은 경우에는 전문법칙의 예외 요건을 갖춘 경우에도 당해 증거의 증거능력을 배제하게 된다. 이것은 부당한 증언거부의 경우에도 제314조에 따른 증거능력을 부여하지 않고 반대신문권이 보장되지 않았다는 이유로 조서의 증거능력을 배제한 대법원 2019. 11. 21. 선고 2018도13945 전원합의체 판결의 입장과 결론에 있어서 일치한다. 이는 연방수정헌법 제6조에 따라 '증언적 진술'에 대해서는 전문법칙의 예외 요건을 갖춘 경우에도 반대신문권이 보장되지 않으면 그 증거능력을 부인하는 Crawford 판결 이후의 미국 연방대법원의 입장과도 일치하는 것이다.

그러나 이러한 해석 방안의 문제점은 그렇게 되면 우리 형사소송법이 채택하고 있는 제312조 제4항, 제313조 제2항, 제314조, 제316조 제2항, 성폭력범죄의 처벌에 관한 특례법 제30조 제6항의 전문증거의 예외 허용조항들은 그 입법의도에도 불구하고 전부 무력화된다는 것이다. 아직까지 미국식의 완전한 당사자주의식 수사, 재판절차를 채택하여 운용하지 않고 있는 우리 형사사법절차에 있어서 이는 지나치게 급격한 형사절차의 대변혁을 의미하게 된다.

② 두 번째 방법은 증명력을 배제하는 첫 번째 유형으로서 대법원 2001. 9. 14. 선고 2001도1550 판결이나 대법원 2006. 12. 8. 선고 2005도9730 판결과 같이 반대신문권이 보장되지 않은 전문증거는 전문법칙의 예외요건을 충족하는 경우라고 하더라도 당해 증거의 증명력을 부정하거나 극히 신중하게 인정하도록 하는 것이다.

이러한 해석은 기존의 우리 전문법칙의 예외 규정들과 조화를 이룰 수 있는 방법이기는 하지만, 두 가지 단점을 지니고 있다. 첫째, 증명력을 부정하거나 인정하는

130) 국제법학계의 다수 견해는 이에 반대한다. 정인섭, 앞의 각 주 9)의 책 참조.

기준이 무엇인지에 관하여 아무런 지침을 제공하지 못하기 때문에 실무에 큰 도움이 되지 못한다는 점을 지적할 수 있다. 둘째, 이러한 해석방법은 전문증거의 증명력이 원본증거에 비하여 부족한 이유는 전문증거의 형식 자체, 즉 그러한 진술이 있었다는 점 또는 그러한 진술을 전문증인이 들었다는 점에 대한 신빙성이 부족해서라기보다는 그러한 전문증거를 통하여 간접적으로 제시되는, 원진술에 포함된 사실이 진실하다는 주장이 반대신문을 통해서 제대로 검증되지 못했기 때문이라는 점을 제대로 포착하지 못하고 있다.[131] 즉 그 원진술 자체가 존재한다는 점은 전문증거에 대한 검증으로 가능한 것이며 단지 전문진술만으로 원진술에 담긴 사실을 추론할 수 있는 힘이 부족하기 때문에 증명력이 부족한 것이다. 달리 말하면 전문증거라고 해서 그 진술 자체의 신빙성이 없는 것은 아니며, 다만 그 전문증거만으로 그 원진술에 담긴 사실을 충분히 추론하기에는 위험할 뿐이라는 것이다. 그렇다면 반대신문이 결여되었다고 해서 전문증거 자체의 신빙성이 곧바로 결여되는 것은 아니며 그것이 원진술을 통해 주장하는 사실을 추론할 수 있는 증거의 힘이 부족할 뿐이다.[132]

③ 마지막 세 번째 방법은 자유권규약 제14조 제3항 제(e)호와 동일한 내용인 유럽인권협약 제6조 제3항 (d)호에 대한 유럽인권법원의 해석론과 같이 3단계 검사방법을 통해서 반대신문권 보장이 되지 않은 전문증거의 증명력을 배제하는 방

---

131) 대법원 2019. 8. 29. 선고 2018도13792 전원합의체 판결은 “어떤 진술이 기재된 서류가 그 내용의 진실성이 범죄사실에 대한 직접증거로 사용될 때는 전문증거가 되지만, 그와 같은 진술을 하였다는 것 자체 또는 진술의 진실성과 관계없는 간접사실에 대한 정황증거로 사용될 때는 반드시 전문증거가 되는 것이 아니다. 그러나 어떠한 내용의 진술을 하였다는 사실 자체에 대한 정황증거로 사용될 것이라는 이유로 서류의 증거능력을 인정한 다음 그 사실을 다시 진술 내용이나 그 진실성을 증명하는 간접사실로 사용하는 경우에 그 서류는 전문증거에 해당한다. 서류가 그곳에 기재된 원진술의 내용인 사실을 증명하는 데 사용되어 원진술의 내용인 사실이 요증사실이 되기 때문이다. 이러한 경우 형사소송법 제311조부터 제316조까지 정한 요건을 충족하지 못한다면 증거능력이 없다.”고 하고 있는데 이는 전문증거의 독자적인 정황증거로서의 증거가치를 부정하는 입장에 서 있는 것으로 평가할 수 있다.

132) 2001도1550 판결도 ① 그 조서에 기재된 진술이 직접 경험한 사실을 구체적인 경위와 정황의 세세한 부분까지 정확하고 상세하게 묘사하고 있어 구태여 반대신문을 거치지 않더라도 진술의 정확한 취지를 명확히 인식할 수 있고 그 내용이 경험칙에 부합하는 등 신빙성에 의문이 없어 조서의 형식과 내용에 비추어 강한 증명력을 인정할 만한 특별한 사정이 있거나, ② 그 조서에 기재된 진술의 신빙성과 증명력을 뒷받침할 만한 다른 유력한 증거가 따로 존재하는 등의 예외적인 경우에 증명력을 인정할 가능성을 인정하고 있으므로, 증명력의 개념을 전자에만 국한하는 것은 아니다.

법이다. 반대신문권 보장이 되지 않은 전문증거의 증명력을 배제하는 것을 원칙으로 하면서도, 당해 증거의 증명력을 곧바로 배척하는 것이 아니라 관련 증거와의 종합평가를 통해서 당해 전문증거를 보완할 만한 다른 증거들이 존재하는지 여부를 고려하고,[133] 피고인에게 공정한 재판이 보장되었다고 볼 만한 다른 사정들이 있는지 여부도 함께 고려하는 방법이다.

유럽인권법원이 채택하고 있는 그와 같은 타협적인 방법은 유럽 인권법 학계 일부의 비판을 받고 있지만,[134] 반대신문권의 전면적 보장이라는 것이 직권주의 증거법체계와 사법적·준사법적 수사구조를 채택하고 있는 유럽 대륙의 다수 국가에게는 친숙하지 않은 것이므로, 유럽인권법원으로서는 타협적인 접근을 하지 않을 수 없었을 것이다. 이는 종래의 전문법칙을 대폭 완화하여 수사단계에서 확보된 진술증거의 사용 여지를 크게 넓힌 2003년 Criminal Justice Act를 채택한 영국의 경우에도 마찬가지 상황이다.[135]

우리 형사소송법은 비록 직권주의와 영미식 전문법칙을 조화하였다고는 하나,[136] 수사단계에서 이루어진 문답 진술을 기재한 조서를 증거로 사용하는 것을 기본 전제로 하는 직권주의적 증거법체계를 여전히 유지하고 있으며, 수 차례의 형사소송법 개정을 통해 조서의 증거능력 요건을 엄격하게 강화하여 왔음에도 제314조와 같이 원진술자가 법정에서 증언할 수 없는 경우에는 수사 단계의 조서나 진술을 증거로 사용할 수 있도록 한 대륙법계 직권주의적 흔적을 그대로 보존하고 있다. 그런데 자유권규약 가입, 비준 당시 이를 추진했던 행정부와 이를 동의한 입법부가 자유권규약 제14조가 우리 증거법 체계에 미칠 영향력을 진지하게 검토하였거나 고민한 흔적은 전혀 보이지 않는다. 따라서 우리 형사소송법의 해석과 자유권규약의 해석에 있어서도 유럽인권법원과 같은 조화적, 타협적 해석은 어느 정도 불가피한 것이 아닌가 하는 생각이 든다.[137] 그리고 이는 우리 증거법상 실체적 진실 발견을 위해 보완적으로 도입된 성립 진정에 대한 객관적 증명방법 그리고 취약한 증

133) 독일 증거법 해석에 있어서도 이와 같은 입장에 서 있는 판례들이 등장하고 있다. OLG Dusseldorf NJW 1991, 2781. Roxin/Schünermann, 앞의 각주 113)의 책, 408면 참조.

134) S. Trechsel, 앞의 각주 39)의 책, 344면; Stefano Maffei, 앞의 각주 43) 책, 108~109면.

135) 앞의 각주 127) 참조.

136) 헌법재판소 97헌바51 결정; 대법원 2001도1550 판결.

137) 유럽인권협약을 통해서 독일 형사소송법 제250조를 재해석하려는 움직임에 대해서는Klaus Geppert, 앞의 각주 120)의 책, 239~249면 참조.

인의 보호를 위해 도입된 성폭력범죄의 처벌에 관한 특례법 제30조 제6항와 같은 조항의 입법취지를 살릴 수 있는 방법이기도 하다. 이러한 방식의 증명력 검토 방법은 사안에 따라서 전문증거의 독자적인 증거가치가 인정되는 경우에는 일도양단적인 증거능력 배제방법보다 실체적 진실 발견의 가능성을 높여 줄 수 있다. 그러면서도 상급심은 하급심 직업법관의 자유심증에 따른 간접증거 추론의 정확성과 공정성을 심사함으로써 전문증거의 위험성을 충분히 통제할 수 있을 것이다. 이는 엄격한 증거법을 통해서 증거능력을 일도양단적으로 배제하기보다는 직업법관의 증거채택 재량을 강화하여 실체진실 발견 가능성을 높이되, 반대신문권 보장을 통해서 전체적인 절차의 공정성을 강화하고자 하는 세계적인 추세와도 일치한다.[138)]

(2) 유럽인권법원의 3단계 검사원리의 구체적 적용 가능성

유럽인권법원의 3단계 검사원리의 제1단계는 먼저 법정 증언이 불가능한 사유에 합리성과 정당성이 있는지를 검사하는 것이다. 이는 제314조 필요성 요건에 관한 우리 대법원의 엄격해진 경향과 일치하는 것이다. 대법원은 최근 들어 제314조의 요건을 엄격하게 새기는 쪽으로 증거능력 요건을 계속 강화해왔는데, 예컨대 외국거주 사유를 인정하기 위해서는 외국에 있다는 것만으로는 부족하고 가능하고 상당한 수단을 다하더라도 그 사람을 법정에 출석하게 할 수 없는 사정이 있어야 한다고 보거나[139)], 국제형사사법공조조약이 체결된 상태라면 사법공조절차를 시도하지 않고 곧바로 외국거주를 이유로 제314조에 의한 증거능력을 인정하지 않는 것이다.[140)]

그러나 원진술자의 소재불명이 확인되거나 사망, 질병의 사유가 있다는 것만으로 원진술자의 소환이 가능할 때까지 재판을 연기하지 않고 곧바로 제314조를 적용하여 수사단계의 진술을 증거로 사용하게 하는 것은 여전히 자유권규약의 위반이 문제될 소지가 있다. 이러한 경우에는 유럽인권법원 판례와 같이 추가적으로 정당한 사유를 확인할 수 있는 경우에만 이를 허용해야 할 것이다. 예를 들어 수사기관이

138) 영국의 실정법 개혁과 영미법계의 학계 비판에 관하여는 앞의 각주 71), 127) 참조. 미국 내 전문법칙과 대면권의 경직된 운용에 대한 비판에 관하여는 Robert P. Mosteller 외 5, 앞의 각주 2)의 책, 94~96면 참조.

139) 대법원 2008. 2. 28. 선고 2007도10004 판결; 대법원 2013. 7. 26. 선고 2013도2511 판결; 대법원 2013. 7. 26. 선고 2013도2511 판결.

140) 대법원 2016. 2. 18. 선고 2015도17115 판결

원진술자에게 위와 같은 사유가 발생할 수 있음을 예상할 수 있었음에도 수사단계에서 또는 증거보전이나 증인신문절차를 통해 피고인 측에 반대신문 기회를 부여하지 않은 경우에는 검찰 측의 성실의무 위반을 이유로 증거능력을 배척할 수 있을 것이다.[141)]

3단계 검사방법의 제2단계는 전문증거가 결정적이거나 유일한 증거가치를 가지는지 여부를 검사하는 것이다. 만약 전문증거가 결정적이거나 유일한 증거가치를 지니고 있다고 판단되면 제3단계에서 전문증거 이외에 관련 사실을 종합적으로 입증할 수 있는 확실한 보강증거가 있는지 여부를 추가로 검사하여야 한다. 또한 전체적인 절차의 공정성을 보장할 만한 특수한 사정이 있는지 여부를 검사한다. 이러한 보강증거나 특수한 상황이 인정될 경우 반대신문권 보장이 제대로 이루어지지 않은 경우에도 증거능력과 증명력을 인정할 여지가 있다. 대법원은 반대신문권 보장이 결여된 경우 당해 증거의 증거가치가 결정적인지 혹은 보강되는지 여부를 종합적으로 고려하지 않고 곧바로 당해 증거의 신빙성이 부족하다는 식의 증명력 배제 방식을 취하여 왔다.[142)] 그러나 반대신문권이 보장되지 않았다고 해서 당해 진술의 신빙성 그 자체가 부족하다는 결론이 곧바로 도출될 수는 없다는 점은 이미 지적하였다. 진술 그 자체만으로는 사태의 진상을 평가하기에 부족하다는 결론을 도출하는 것이 보다 논리적이라는 점이라는 점에서 유럽인권법원의 입장이 더 합리적인 것으로 생각된다. 한편, 부당한 증언거부권 행사의 경우 제314조의 적용을 거부한 대법원 2019. 11. 21. 선고 2018도13945 전원합의체 판결에 관하여 반대신문권 보장이 결여되었다고 해서 전면적으로 증거능력을 배제하는 것은 제314조의 문언을 비롯한 우리 증거법체계와 부합하지 않는다는 점, 구체적인 사안에 따라서는 실체진실을 크게 저해할 수 있다는 점, 또한 그러한 해석은 사실상의 입법권을 행사하는 것으로 비판받을 소지가 있다는 점은 이미 지적하였다. 그런데 부당한 증언거부권 행사 사안에 자유권규약 제14조 제3항 제(e)호를 적용하여 유럽인권법원의 3단계 검사방법을 적용하면 전혀 다른 차원의 논증이 가능하게 된다. 만약 그 원진술이 결정적이거나 유일한 증거임에도 보완할 만한 확실한 증거가 없거나 실질적인 반대신문권의 보장 없이 그 원진술을 증거로 채택하더라도 재판의 공정성을

141) Schatschaschwili v. Germany, https://hudoc.echr.coe.int. 상세한 설명은 Philip Leach, 앞의 각주 51)의 책, 388면.

142) 대법원 2001. 9. 14. 선고 2001도1550 판결 등.

담보할 만한 다른 형평상의 사유가 존재하지 않을 경우에 이를 근거로 그 증거의 증명력을 배제할 수 있다.[143] 유럽인권법원도 법정에서 증언거부권을 행사한 경우에는 증인이 출석하지 않은 경우와 동일하게 평가하여 증명력을 배제한 바 있다.[144]

성폭력범죄의 처벌에 관한 특례법 제30조 제6항이 성폭력 피해 미성년자 등에게 수사단계에서 영상녹화를 통하여 진술을 할 수 있게 하고 공판 단계에서 법정에서 증언을 하지 않더라도 영상녹화물 자체를 증거로 채택할 수 있게 한 것은 자유권규약 위반 여부가 문제될 소지가 있다. 성폭력 피해자의 보호를 위하여 공판정에서의 대면 증언을 하지 않을 수 있도록 한 입법 의도는 이해할 수 있으나, 그렇다고 해서 피고인 측의 반대신문을 전적으로 배제하고 영상녹화물만을 유일하거나 결정적인 증거로 사용하여 유죄를 선고할 수 있게 하는 것은 문제가 있다. 그러나 반대로 취약한 진술자의 보호를 위하여 위와 같은 제도를 도입한 입법자의 의도에도 불구하고 반대신문권 보장이 결여되었다는 이유만으로 원진술의 증거능력을 배제하고 위 조항을 완전히 무력화하는 것도 역시 문제가 있다. 유럽인권법원 판례는 취약한 진술자의 경우에는 피고인 측이 직접 반대신문을 하지 못하더라도 적어도 법원을 통하여 피고인 측의 반대신문이 간접적으로 전달되고 법원이 그 답변을 직접 확인하는 절차를 거쳐서 증거로 사용할 수 있도록 하는 것이 우선적인 원칙이 되도록 하되, 여기에서 벗어나는 경우에도 이를 합리화할 수 있고 전체적인 절차의 공정성을 담보할 수 있는 예외적인 형량요소가 발견된다면 증거로 사용할 수 있다고 해석하고 있는데, 그 합리성을 충분히 인정할 수 있다.

Ⅴ. 결론

이상에서 자유권규약 제14조 제3항 제(e)호의 반대신문권 보장 조항의 국내법적

143) 이러한 유럽인권법원의 3단계 검사원리는 일종의 가설적 판단을 요하며 그 효과가 일률적으로 결정되지 않는 종합적인 방법이라는 점에서 우리 대법원이 증거법상 증거능력 제도를 통해서 하급심의 증거판단을 일률적으로 규제하여 온 방식과는 일치하지 않는다. 대법원은 부당한 증언거부권 행사시 제314조 적용을 거부한 전원합의체 판결을 통하여 반대신문권에 관하여도 그러한 경향을 강화하였다. 그러나 대법원이 증거능력 제도를 이용해서 사실심의 사실인정을 일률적으로 규율하는 것은 세계적인 추세에 역행하는 것이다. 게다가 직업법관 제도를 채택하고 있으며 피의자신문조서의 증거능력 요건을 대폭 강화한 우리 증거법체제에서 증거능력 제도를 지나치게 엄격하게 운용할 필요성도 인정하기 어렵다고 생각된다.

144) LUCÀ v. ITALY, https://hudoc.echr.coe.int

효력과 우리 형사소송법 해석에 미칠 영향에 관하여 검토하였다.

피고인의 반대신문권은 피고인의 소송 주체성을 보장함으로써 피고인의 방어권을 보장하는 동시에 사건에 관하여 가장 직접적인 이해관계를 가지고 사실에 근접해 있는 피고인에게 반대신문을 통해 진실을 규명할 수 있는 기회를 부여함으로써 정의의 관념에 봉사한다.[145] 직권주의적 증거법 체계를 가진 국가들은 종래 국가기관인 법원과 검사, 그리고 경찰이 객관적이고 중립적인 입장에서 증거를 수집, 해석, 적용하면 되므로 증인신문도 법원이 최대한 객관적이고 중립적으로 하면 된다는 식의 안이한 입장을 취하고 있었다. 사건에 직접적인 이해관계를 가진 피고인에게 반대신문권을 보장하는 것이 실체진실에 큰 도움이 되지 않을 뿐만 아니라 바람직하다고도 생각하지 않는 경향이 있었다. 그러나 법원과 수사기관의 객관성과 중립성만을 믿도록 강요하면서 자신의 운명을 그들의 판단에만 의존하도록 하는 것은 오늘날의 인권체제와 부합하지 않는다. 자신에게 불리한 진술을 하는 증인에 대해서는 직접적인 이해관계를 가진 피고인에게 질문과 반박을 할 수 있는 기회가 부여되어야 한다. 그러한 관점에서 자유권규약의 반대신문권 규정은 비단 국내법적으로 직접적인 효력을 미칠 뿐만 아니라 우리 형사소송법이 장기적으로 지향해야 할 인권지향적인 방향에도 부합한다고 할 것이다. 반면, 전문증거의 증거가치를 완전히 도외시하고 전문법칙과 반대신문권 보장 원리를 지나치게 경직적으로 운용하여 전문증거의 증거능력을 무조건 배척하는 방향으로 나아가는 것도 실체진실 발견과 적정절차의 이념의 조화에 도움이 되지 않을 뿐 아니라 전문법칙의 요건을 완화해 나가는 세계적 추세에도 부합하지 않는다. 장기적으로는 자유권규약에 부합하면서도 실체진실 이념과 적정절차의 이념을 조화시키는 방식으로 우리 증거법의 체제를 근본적으로 개혁할 필요성이 있다고 생각한다. 또한 영미식 당사자주의의 전문법칙 형식을 취하면서 실질적으로는 직권주의적 조서 체제를 규율하는 식의 불합리하고 표리부동한 증거법 체제도 점차 개선할 필요가 있을 것으로 본다.

다만, 단기적으로는 자유권규약의 조항으로 형사소송법의 규정을 완전히 대체하는 것은 체계적으로나 실무적으로나 문제가 있다. 따라서 단기적으로 국내법적 효력을 가지는 자유권규약의 조항들과 형사소송법을 조화적으로 해석하는 방향을 모색하여야 한다. 유럽인권법원은 자유권규약위원회와 달리 유럽인권협약 제6조 제3항 (d)호의 반대신문권 보장과 관련하여 풍부한 판례들을 제시하고 있는데, 자유권

---

145) S. Trechsel 각주 39), 345면.

규약이 우리 형사소송법에 미치는 영향력을 검토함에 있어서 이를 적극적으로 참고할 가치가 있다. 그동안 형사법학계에서는 주로 미국의 대면권에 관한 연구에 치중하여 왔으나, 우리 형사소송법은 미국식 당사자주의와 대륙식 직권주의가 결합된 형태이므로 유럽인권협약과 유럽인권법원의 판례, 특히 그것이 직권주의체제를 채택한 국가의 국내 증거법과 상호작용하는 현상에 대한 연구가 필요한 시점이라고 생각한다.

논문투고일 : 2021.09.03 논문심사일 : 2021.09.10 게재확정일 : 2021.09.27

【참고문헌】

■ 국내문헌

[단행본]

성낙인, 『헌법학』(제21판), 법문사(2021)

신동운, 『신형사소송법』(4판), 법문사(2014)

이재상, 조균석, 이창온, 『형사소송법』(제13판), 박영사(2021)

이창현, 『형사소송법』(제6판), 정독(2021)

정인섭, 『신국제법강의 이론과 사례』(11판), 박영사(2021)

정종섭, 『헌법학원론』(제7판), 박영사(2012)

S. Trechsel(강남일 역), 『국제인권법과 형사소송』, 경인문화사(2014)

아서 베스트(형사법연구회 역), 『미국증거법』, 탐구사(2007).

히라라기토키오(조균석 역), 『일본형사소송법』, 박영사(2012)

Klaus Volk(김환수, 문성도, 박노섭 공역), 『독일 형사소송법』, 박영사(2009)

법무부, 『STPO 독일형사소송법』, 법무부(2012)

[논문]

김희균, "크로포드 사건: 형사피고인의 대질심문권의 재발견", 『법조』 제54권 제7호, 법조협회(2005. 7)

박찬운, "국제인권조약의 국내적 효력과 그 적용을 둘러싼 몇 가지 고찰", 『법조』 제609권, 법조협회(2007)

설민수, "형사재판에서 증언적 전문진술에 대한 반대신문권 보장과 그 한계", 『사법논집』제52집, 법원도서관(2011)

신동운, "형사소송법의 기본구조에 관한 일고찰 －특히 입법경위를 중심으로－". 『서울대학교 법학』, 28(1), 서울대학교 법학연구소(1987)

신동운. "제정형사소송법의 성립경위." 『한국형사법학회 학술대회 논문집』 2004.3, 형사법학회(2004)

신동운. "사법개혁추진과 형사증거법의 개정", 『서울대학교 법학』, 47(1), 서울대학교 법학연구소(2006)

오승진, "국제인권조약의 국내 적용과 문제점", 『국제법학논총』 제56권 제2호(통권 121호), 대한국제법학회(2011)

원유민, "헌법재판소 위헌결정과 국제인권법", 『국제법학회논총』 제65권 제2호(통권 157호), 대한국제법학회(2020)

유주성, "프랑스 형사증거법상 증거자유주의에 관한 연구", 『비교형사법연구』 16(2), 비교형사법학회(2014)

이완규, "특집 : 개정 형사소송법과 국민참여재판의 주요 쟁점 ; 개정 형사소송법상 조서와 영상녹화물", 『비교형사법연구』, 9(2), 비교형사법학회(2007)

이완규, "공판중심주의를 둘러싼 개념상의 혼돈과 해결방향", 『법조』 54(6), 법조협회(2005)

이완규/박용철. "형사소송법상 증거법의 연혁과 미래 – 조서 규정을 중심으로", 『형사법연구』 제19권 제3호, 형사법학회(2007)

이완규, "피의자신문조서의 진정성립과 증거능력", 『저스티스』 81, 한국법학원(2004)

이진수. "형사소송법상 「성립의 진정」에 관한 연혁적 고찰과 그 함의", 『비교형사법연구』 20.1 비교형사법학회(2018)

이주원, "형사소송법상 반대신문권과 증거능력의 관계", 『형사소송 이론과 실무』 10.2 형사소송법학회(2018)

이주원, "형사증거법상 반대신문권 보장의 의의와 기능 – 대상판결 : 대법원 2019. 11. 21. 선고 2018도13945 전원합의체 판결–", 『형사소송 이론과 실무』 제12권 제2호, 형사소송법학회(2020.12)

장태영, "자유권규약의 효력, 적용, 해석–대법원 2016도10912 전원합의체 판결에 대한 평석을 중심으로–", 『국제법학회논총』 제65권 제2호, 대한국제법학회(2020)

전종익, "헌법재판소의 국제인권조약 적용", 『저스티스』 통권 170–2호, 한국법학원(2019)

전종익, "조약의 국내법상 지위와 고시류조약", 『서울국제법연구』 22권 1호, 서울국제법연구원(2015)

정웅석, "참고인진술의 증거능력을 인정하기 위한 대면권과 전문법칙과 관계 – Crawford 결과 Bryant 판결을 중심으로–", 『형사법의 신동향』, 통권 제

35호, 대검찰청(2012. 6)
정웅석, “전문법칙 규정에 관한 한미 양국 비교를 통한 개선방안”, 『형사소송 이론과 실무』 7.2 (2015)

■ 국외문헌

Christopher B. Mueller 외 1인, 『Evidence』, Thomson west(2th)(2008)
JR Spenser, 『Hearsay Evidence in Criminal Proceeding』, Hart Publishing (2th)(2014)
Joseph, Sarah; Castan, Melissa. 『The International Covenant on Civil and Political Rights』. OUP Oxford. Kindle Edition(2013)
Paul Roberts, Adrian Zuckerman, 『Criminal Evidence』(2th), Oxford University Press(2012)
Robert P. Mosteller 외 5, 『McCormick on Evidence』(8th), West Acacemic Publishing(2020)
Philip Leach, 『Taking a case to the European Court of Human Rights』, Oxford(4th)(2017)
Roderick Munday, 『Cross & Tapper on Evidence』(13th), Oxford University Press(2010)
Stefano Maffei, 『The Right to Confrontation in Europe』, Europa Law Publishing 2th(2012)
Haller/Conzen, 『Das Strafverfahren』(8th), C.F.Muller(2018)
Holle Eva Löhr, 『Der Grundsatz der Unmittelbarkeit im deutschen Strafprozess-recht』, Duncker & Humblot(1972)
Klaus Geppert, 『Der Grundsatz der Unmittelbarkeit im Deutschen Strafverfahren』, De Gruyter(1979)
Roxin/Schünermann, 『Strafverfahrensrecht』(29th), C.H.Beck(2017)

■ 인터넷 사이트

시민적 및 정치적 권리에 관한 국제규약 (B규약) 국문, 국가법령정보센터, https://www.law.go.kr/

신옥주, 유럽인권협약에 의한 기본권 보장, 유럽인권협약과 기본권, (사)유럽헌법학회 및 국가인권위원회 공동학술발표회 자료집, 국가인권위원회(2009), 30면. https://www.humanrights.go.kr

유럽인권협약(영문), https://www.echr.coe.int/documents/convention_eng.pdf

유럽인권법원 인터넷사이트, https://hudoc.echr.coe.int

General Comment No. 32 Article 14: Right to equality before courts and tribunals and to a fair trial(2007), www.ohchr.org

Lorena Bachmaier Winter, Transnational Criminal Proceedings, Witness Evidence and Confrontation: Lessons from the ECtHR's Case Law, the Utrecht Law Review, Volume: 9 (4) https://www.utrechtlawreview.org/articles

Report of the Human Rights Committee on its 126th (1-26 July 2019), 127th (14 October-8 November 2019) and 128th sessions (2-27 March 2020), 1면. https://tbinternet.ohchr.org.

【국문초록】

피고인의 반대신문권은 피고인의 소송 주체성을 보장함으로써 피고인의 방어권을 보장하는 동시에 당해 사건에 관하여 가장 직접적인 이해관계를 가지고 사실에 근접해 있는 피고인에게 반대신문을 통해 진실을 규명할 기회를 부여함으로써 정의의 관념에 봉사한다.

반대신문권은 원래 역사적으로 영미법상 당사자주의 형사절차에서 당사자인 피고인에게 진실 검증의 수단으로 제공되어 실체적 진실발견의 도구로서 발전되었던 것이다. 그러나 미국 연방수정헌법 제6조는 반대신문권을 포함하고 있는 대면권 조항을 통해 헌법적 원리로서 전문법칙의 한계를 넘어서서 반대신문권을 보장하고 있으며, 유럽인권협약 가입국들은 유럽인권협약 제6조를 통하여 국제인권법 원리로서 반대신문권을 보장하고 있다. 따라서 오늘날에는 국내 증거법이 당사자주의적인 전문법칙을 채택하였는지 아니면 직권주의적 증거법을 채택하였는지와 무관하게 반대신문권은 국내증거법보다 상위에 존재하는 헌법적 원리 또는 국제인권법적 원리로서 그 효력을 행사하는 것으로 받아들여지고 있다.

그런데 우리 형사소송법상 반대신문권의 보장은 아직 전문법칙의 해석 차원에 국한되어 있다. 따라서 어떠한 경우에 반대신문권이 보장되었다고 볼 것인지, 그리고반대신문권이 침해된 경우에 어떠한 법적 효과가 발생하는지에 대해 명확하지 않으며 통일적인 규율도 결여되어 있다.

그런데 자유권규약은 우리 국내법상 효력을 가지며 재판규범으로 적용되므로 자유권규약의 반대신문권 보장 규정은 특별법으로서 우리 전문법칙의 해석에 통일적이고 직접적인 방식으로 영향을 미치게 된다. 자유권규약의 해석에 있어서는 자유권규약과 동일한 규정을 가지고 있는 유럽인권협약과 관련 유럽인권법원의 판례를 참고할 필요가 있다. 자유권규약의 반대신문권 보장 규정은 우리 형사소송법이 장기적으로 지향해야 할 인권지향적인 방향에도 부합한다.

전문증거의 증거가치를 완전히 도외시하고 전문법칙과 반대신문권 보장 원리를 지나치게 경직적으로 운용하여 무조건 전문증거의 증거능력을 배척하는 방향으로 나아가는 것도 실체진실 발견의 이념을 저해하고 전문법칙의 요건을 완화하는 글로벌한 추세에 부합하지 않는다. 장기적으로는 자유권규약과 부합하면서도 실체진실 이념에 부합하는 형태로 형사증거법의 체제를 근본적으로 개혁할 필요성이 있다고 생각한다. 또한 차제에 영미식 전문법칙의 형식으로 실질적으로는 조서 체제를 규율하는 식의 불합리한 증거법체제도 함께 개선할 필요가 있을 것으로 본다.

◈ 주제어: 반대신문권, 전문법칙, 자유권규약, 형사증거법, 국제인권법

【Abstract】

Study on the Right to Cross−examination under the Criminal Procedure Act and the Possibility of applying the International Human Rights Law

Lee, Chang−On*

The defendant's right to cross−examination protects the defendant's right of defense by guaranteeing the initiative subject of the defendant in the lawsuit and at the same time, it gives the defendant having the most direct interest in the case and being close to the relevant facts the appropriate opportunity to test the evidence against him or herself through cross−examination. This is how it can serve the idea of justice.

The right to cross−examination was originally provided as a means of verifying the truth to the accused in the criminal procedure of common law countries and developed as a tool for finding the substantive truth in those legal systems. However, the 6th Amendment of the US Federal Constitution guarantees the right to cross−examination as an essential part of the confrontational right. The European Convention on Human Rights also guarantees the right to cross−examination as a principle of international human rights law. Therefore, regardless of whether a certain country adopts the inquisitorial criminal system or the adversarial system and the hearsay rule, the right to cross−examination is now accepted as a constitutional principle or a principle of international human rights law exercising its effect over the domestic evidence rule from above.

However, in the Criminal Procedure Act of Korea, the right to cross−examination is still limited within the interpretation of the hearsay rule of positive evidence law. Therefore, there is a lack of uniform rulings regarding the right to cross−examination in the Korean criminal legal system and it remains unclear in what cases the right to cross−examination is considered

* Professor, Ewha Woman's University Law School

as guaranteed and what legal effects will occur when it is not.

Since the ICCPR has a domestic legal effect on Korean law and is applied as a standard norm of the trial process, the provision of guaranteeing the right to cross–examination in the ICCPR becomes a special legal rule to the domestic evidence law. Therefore it can affect the interpretation of the hearsay rule of the Korean criminal legal system in a unified and direct way. In the interpretation of the ICCPR, it is necessary to refer to the European Convention on Human Rights, which has almost the same provisions as the ICCPR, and its related precedents of the European Court of Human Rights. The provisions of the ICCPR guaranteeing the right to cross–examination are also consistent with the human rights–oriented direction that the Criminal Procedure Act should pursue in the long term.

It is problematic to completely ignore the evidence value of hearsay evidence and move in a direction that unconditionally rejects the evidential value of hearsay evidence. The simple denial of evidence admissibility is too rigid even when the right to cross–examination is violated and it also undermines the idea of finding the substantive truth. It is not in line with the global trend of easing the hearsay rule's admissibility requirement. In the long term, there is a need to fundamentally reform the system of criminal evidence law in a form that is consistent with the ICCPR and is consistent with the principle of finding substantive truth of criminal procedure. In addition, It is necessary to improve the irrational evidence legal system where it uses the frame of a hearsay rule in the common law system to actually regulate protocols made by investigators and prosecutors of the inquisitorial criminal legal system which do not exist in the common law countries.

◈ Key Words: right to cross-examination, hearsay rule, the International Covenant on Civil and Political Rights, international human rights law, protocol, evidence law

한국형사소송법학회『형사소송 이론과 실무』
제13권 제3호 (2021.09) 121~146면.
Theories and Practices of Criminal Procedure Vol. 13 No. 3 (September. 2021) pp. 121~146.
10.34222/kdps.2021.13.3.121

성폭력범죄 사건 피해자에 대한 증인신문 방식의 개선 방안

조 기 영*

목 차

Ⅰ. 서설
Ⅱ. 2021년 개정 법률안
Ⅲ. 성폭력범죄 사건 피해자에 대한 증인신문 방식의 개선 방안
Ⅳ. 결론적 고찰

Ⅰ. 서 설

현행 형사소송법은 공판절차에서 범죄피해자인 증인을 보호하기 위한 일련의 제도를 마련하고 있다. 2007년 형사소송법 개정을 통해 종래 성폭력범죄 등에서 인정되던 신뢰관계자의 동석제도, 비디오 등 중계방식에 의한 신문 및 피해자 진술의 비공개제도를 모든 범죄로 인한 피해자에게 확대 적용될 수 있도록 하였으며, 피해자의 법정진술권을 강화하였고(법 제294조의2, 제294조의3), 피해자의 소송기록의 열람·등사권을 인정하였다.[1] 신뢰관계자의 동석제도(법 제163조의2), 비디오 등 중계방식에 의한 신문(법 제165조의2) 및 피해자 진술의 비공개제도는 특히 성폭력범죄의 피해자인 증인이 공판절차에서 2차 피해[2]를 입는 것을 막기 위한 것이다.[3]

* 전북대학교 법학전문대학원 교수.

1) 2007년 개정 형사소송법의 피해자 보호제도 도입 및 신설의 취지와 의미에 관하여는, 법원행정처, 형사소송법 개정법률 해설, 2007, 147쪽 이하 참조.

2) 범죄피해의 '2차 피해'란 범죄행위 자체에 의한 1차적 피해로 인하여 새롭게 발생하는 피해로, 피해자와 밀접한 관계에 있는 자나, 병원, 언론기관, 사법기관에 종사하는 자들이 1차적 피해에 대하여 잘못 반응함으로써 피해자가 다시 한 번 입게 되는 피해를 말한다(국가인권위원회, 수사·공판과정에서 아동성폭력피해자의 2차 피해자화에 대한 권고, 2004. 5. 27, 2-3쪽). 성폭력 사건 피해자의 2차 피해란 성폭력 사건의 처리 및 회복의 전 과정에서 피해자가 입는 정신적·신체적·경제적 피해로 이해할 수 있다(해양수산부 성희롱·성폭력 2차 피해 예방지침

그러나 이들 제도는 성폭력범죄 피해자 등에 대한 증인신문 '방식'의 특례를 인정한 것으로 증인신문의 '내용'에 관하여는 어떤 제한을 설정한 것은 아니다. 따라서 성폭력범죄에 대한 공판절차에서 소송관계인은 물론 판사에 의해서도 피해자인 증인의 인격권을 침해하는 신문이 이루어지고 있는 실정이다.[4] 1988년 6월에서 10월까지 23건의 강간사건에 대한 재판을 제1회 공판에서 선고가 이루어질 때까지 방청한 결과를 보고한 논문[5]에 의하면, 피고인측은 강간피해자에 대해 피해자의 유발, 반항 여부, 피해자의 평판 및 성적 이력 등에 대해 광범위한 반대신문을 행하며, 이로 인해 성폭력범죄 피해자의 '2차 피해'가 발생하고 있음을 보여주고 있다.[6] 형사소송법 제299조는 재판장은 '소송에 관계없는 사항'에 관한 진술 또는 신문을 소송관계인의 본질적 권리를 해하지 아니하는 한도에서 제한할 수 있도록 하고 있음에도 불구하고, 형사소송 실무에서 성폭력범죄 피해자의 성적 이력[7]은 피해자의 진술을 탄핵하거나 성교에 대해 피해자의 동의가 있었는지를 입증할 수 있는 유력한 수단으로 인정되고 있는 것이다.

제3조 제3호 가. 해양수산부 훈령 제598호(2021. 06. 15) 참조).

3) 법무부, 개정 형사소송법, 2007, 76, 79, 217쪽.

4) 경남여성단체연합은 2020년 8~10월 창원지방법원 315호 법정에서 진행된 여성 대상 범죄 104건을 참관한 모니터링 결과를 같은 해 12월 8일 발표했다. 이 단체는 피고인의 변호인이 음주, 질병, 초범 등을 이유로 감형을 주장하면서 피해자에게 '피해자다움'을 요구하고, 재판부가 변호인의 이런 주장을 받아들였다고 주장하였다. 또한 변호인이 피해자에게 "왜 따라갔느냐", "피해자가 강하게 저항하지 않았으므로 사건 판결에 참작해 달라", "이전에 친밀한 관계여서 성폭력이 아니다" 등의 진술이나 신문이 이루어져 피해자에 대한 2차 가해가 이루어지고 있다는 것이다. 연합뉴스(2020. 12. 08), '성범죄 재판에서 2차 가해... 재판부, 성인지 감수성 중요'. (https://www.yna.co.kr/ view/AKR20201208125700052).

5) 박선미, "여성학적 관점에서 본 강간범죄의 재판과정", 『형사정책』 제4호(1989), 300쪽 이하.

6) "경찰조서에 피해자는 86년도에 남자친구와 성행위가 있었다고 했는데?", "성경험은 처음인가?", "사건 이전에 증인의 딸은 처녀인가요? … 피해자가 이 사건 이전에 성경험이 있다는 사실을 알고 있나요?" 피해자의 성적 이력과 관련한 변호인의 반대신문이 제한 없이 이루어지고, "피고인의 성기가 증인의 질 내에 들어간 것이 틀림없나?", "피고인이 성교하면서 사정한 사실이 있나?", "그런 행위, 그러니까 느낌이 시작해서 그 느낌이 끝날 때까지 걸린 시간은 얼마인가?" 등 강도강간의 범죄사실을 증명하는데 반드시 필요하지 않은 사항에 대한 변호인의 신문이 이루어지고, 이러한 신문에 대한 재판장의 제지는 이루어지지 않았다고 한다. 박선미, 위의 논문, 307-311쪽.

7) 공판절차에서 성폭력범죄 피해자가 흔히 받게 되는 질문 중의 하나는 피해자의 성관계 경험 유무이다. 이미경, "형사사법절차상 성폭력 2차 피해의 심층구조", 『여성학연구』 제23권 제2호(2013. 6), 54쪽.

성폭력범죄에 대한 공판절차에서 피해자는 소송관계인의 변론 전략에 따라 자신의 성적 경험, 행동, 평판 등 성적 이력에 대한 공개를 추궁 당하게 되어 인격권이 침해될 수 있으며, 당해 피고사건과 무관한 성적 이력 등이 공개되어 법관과 배심의 심증형성에 부당한 영향을 미칠 가능성도 배제할 수 없다. 이러한 상황에서 종래 학계에서는 성폭력범죄 피해자의 2차 피해를 방지하기 위하여 성폭력범죄 피해자의 성적 이력을 증거로 사용하는 것을 원칙적으로 금지하는 미국의 '강간피해자 보호법'(Rape Shield Law) – 이에 관하여는 후술한다. – 의 취지에 따라 성적 이력에 관한 증거의 사용을 원칙적으로 금지하고 이에 관한 신문을 금지하는 규정을 「형사소송규칙」 또는 「성폭력범죄의 처벌 등에 관한 특례법」에 도입하자는 주장이 제기된 바 있다.[8] 또한 국회에서도 결국 임기만료로 폐기되었지만 2016년[9]과 2018년[10] 「성폭력범죄의 처벌 등에 관한 특례법」에 성적 이력에 관한 증거의 증거능력을 배제하고 성적 이력에 관한 신문을 금지하는 것을 내용으로 하는 법안들이 발의된 바 있다.

최근에는 종래의 개정법률안과 다른 관점에서 성폭력범죄 사건의 피해자인 증인을 보호하고자 하는 법안이 발의되어 소관위원회 심사단계에 있다. 2021년 6월 30일 발의된 형사소송법 일부개정법률안(송재호의원 등 12인, 의안번호: 2111210)[11]은

---

8) 조국, "강간피해 고소여성의 성관계 이력의 증거사용 제한 – 미국 "강간방지법"을 중심으로", 『저스티스』 제69호(2003), 한국법학원, 191쪽(형사송규칙 개정으로 도입); 윤지영, "성폭력 피해자의 2차 피해 방지를 위한 형사절차법적 개선 방안 모색", 『이화젠더법학』 제10권 제1호(2018년 5월), 189쪽(「성폭력범죄의 처벌에 관한 특례법」에 특례 신설).

9) <신설> 제28조의2 (피해자의 성(性)이력 증거 및 신문 배제의 특례) 「① 성폭력 범죄 피해자의 성(性)이력(성적인 경험, 성적 행동, 품행, 평판, 성폭력 고소 또는 성매매 범죄 전력 등을 포함한다)을 성폭력범죄의 증거로 할 수 없으며, 이를 기초로 한 사항으로 조사 및 수사, 신문할 수 없다.
② 제1항을 위반하여 조사 및 수사, 신문이 이루어지는 경우에 재판장은 즉시 이를 중지시켜야 한다.」 성폭력범죄의 처벌등에 관한 특례법 일부개정법률안(정진숙의원 등 11인) (의안번호: 2004481, 제안일자 : 2016. 12. 20). 국회의안정보시스템 (https://likms.assembly.go.kr/bill/billDetail.do?billId= PRC_X1W6R1S2L2M0P1I4V 5B2N2B3I2J4Y7)

10) <신설> 제28조의2(피해자의 성 이력 증거 배제에 관한 특례) 「성폭력범죄 피해자의 성 이력(성 경험과 성 병력, 평판, 성폭력 고소 또는 성매매 관련 기록 등을 포함한다)을 성폭력범죄 재판에 증거로 사용할 수 없으며, 이를 바탕으로 한 조사와 수사 및 신문을 하여서는 아니된다.」 성폭력범죄의 처벌등에 관한 특례법 일부개정법률안(정진숙의원 등 11인) (의안번호: 2004481, 제안일자 : 2016. 12. 20). 국회의안정보시스템 (https://likms.assembly.go.kr/bill/billDetail.do?billId= PRC_X1W6R1S2L2M0P1I4V 5B2N2B3I2J4Y7)

성적 이력에 관한 증거의 증거사용을 금지하는 방식이 아닌 재판장의 소송지휘권에 근거한 신문제한이라는 증인신문 방식에 의해 성폭력범죄 피해자의 2차 피해를 방지하고자 한다는 특색이 있다. 2016년과 2018년 법안은 성적 이력에 관한 증거의 증거능력을 배제하는 것을 출발점으로 한다는 점에서 '증거능력 방식'이라고 할 수 있다. 반면, 2021년 법안(이하 '개정 법률안'이라 칭하고자 한다)은 재판장의 소송지휘권에 기한 '증인신문 방식'이라고 부를 수 있다.

Ⅱ. 2021년 개정 법률안

1. 개정 법률안의 내용 및 취지

현　　행	개　정　안
第299條(不必要한 辯論等의 制限) (생　략)	第299條(不必要한 辯論等의 制限) ① (현행 제목 외의 부분과 같음)
〈신　설〉	② 재판장은 「성폭력범죄의 처벌 등에 관한 특례법」에 따른 성폭력범죄 및 「아동 · 청소년의 성보호에 관한 법률」에 따른 아동 · 청소년대상 성폭력범죄의 사건에 대한 심리를 하는 때에는 유죄 또는 무죄의 인증과 무관한 피해자의 성적 이력에 관한 진술 또는 신문을 제한한다.

개정 법률안은 소송지휘에 관한 현행 형사소송법 제299조에 제2항을 신설하여, 「성폭력범죄의 처벌 등에 관한 특례법」에 따른 성폭력범죄 및 「아동·청소년의 성보호에 관한 법률」에 따른 아동·청소년대상 성폭력범죄의 사건에 대한 심리를 하는 때에는 재판장으로 하여금 유죄 또는 무죄의 판단과 무관한 피해자의 성적 이력

11) 국회의안정보시스템 (https://likms.assembly.go.kr/bill/billDetail.do?billId=PRC_J2O0D0W9X2W1Y1 N0V2V0J4U8F9K6J6).

에 관한 진술 또는 신문을 제한하도록 규정하고 있다. '성폭력 사건에 대한 재판의 경우 종종 피해자의 성적 지향, 성경험 등에 관한 신문이 제한 없이 이루어짐으로 인해 피해자가 2차 피해를 입거나 심리적으로 위축되는 등 부당한 일이 발생하고 있음'을 제안 이유로 들고 있다.

개정 법률안은 성폭력범죄 피해자인 증인의 성적 이력에 대한 증거의 증거능력을 원칙적으로 배제하는 일부 입법례(미국)와는 달리 재판장의 소송지휘권 행사라는 방식으로 성폭력범죄 피해자인 증인의 2차 피해를 방지하고 인격권 및 명예를 보호하고자 하는 취지로 이해된다.

2. 개정 법률안 취지의 규정 도입 필요성

가. 도입 불필요론

개정 법률안의 취지에 따른 새로운 규정을 도입할 것인지에 관하여는 다음과 같은 '도입 불필요론'이 주장될 수 있다. 사법권에 내재된 고유한 소송지휘권은 물론 현행 형사소송법 제299조에 의해 개정 법률안과 같은 신설 규정이 없더라도 개정 법률안의 취지를 달성할 수 있으며, 성폭력범죄에 대하여만 소송지휘권의 행사를 강제하는 것은 불필요하다는 반론이 가능하다. 한편, 이로 인해 성폭력범죄 사건의 경우 피고인측의 반대신문권을 제한하게 되어 그 본질적 내용을 침해할 수 있다는 지적도 가능하다.

성폭력범죄 사건에서 피고인의 방어권과 반대신문권의 본질적 내용을 침해할 수 없음은 물론이다. 성폭력범죄 사건의 증인인 피해자의 인격권 보호와 실체진실발견 및 피고인의 방어권 보장 사이의 조화로운 균형을 모색하여야 한다. 그러나 성폭력범죄 사건에서 유죄의 입증 및 탄핵과 무관한 증인의 인격권을 침해하는 신문을 현행 형사소송법 제299조에 의해 '실효적'으로 제한할 수 있는지에 대하여는 별도의 검토가 필요하다.

나. 도입 필요성 검토

(1) 현행법상 성폭력범죄 피해자인 증인에 대한 보호 제도

현행 형사소송법은 피해자를 증인으로 신문하는 경우 비디오 등 중계장치에 의한 신문제도(동법 제165조의2), 심리의 비공개(동법 제294조의3). 신뢰관계인의 동석

제도(동법 제163조의2) 등을 마련하여 피해자의 심리적·정서적 안정과 피해자인 증인의 보호를 도모하고 있다. 「성폭력 범죄의 처벌 등에 관한 특례법」도 성폭력범죄 피해자에 대한 수사 및 재판절차에서의 배려(동법 제29조), 심리의 비공개 제도(동법 제31조), 증인지원시설의 설치·운영(동법 제32조), 신뢰관계인의 동석(동법 제34조), 진술조력인의 재판과정 참여(동법 제37조), 비디오 등 중계장치에 의한 신문(동법 제40조), 증거보전의 특례(동법 제41조) 등 성폭력범죄 피해자를 보호하기 위한 제도를 마련하고 있으며, 「아동·청소년의 성보호에 관한 법률」도 아동·청소년대상 성범죄 사건의 피해자에 대한 수사 및 재판절차에서의 배려(동법 제25조), 증거보전의 특례(동법 제27조), 신뢰관계인의 동석(동법 제28조) 등의 제도를 인정하고 있다.

그러나 형사소송법과 형사특별법상 성폭력사건의 피해자인 증인을 보호하기 위한 위와 같은 제도들은 일정 피해자인 증인에 대한 신문방식에 특례를 인정한 것이거나 피해자인 증인의 진술을 조력하기 위한 것이지, 개정 법률안과 같이 성폭력사건 피해자에 대한 신문 내지 내용 자체를 규율하는 것은 아니다. 대법원 규칙인 「성폭력범죄 등 사건의 심리、재판 및 피해자 보호에 관한 규칙」 제2조 제2항은 "법원, 검사, 피고인 또는 변호인 그 밖의 소송관계인은 심리、재판 과정에서 피해자의 인권과 특성을 배려하고, 당해 사건과 무관한 피해자의 사생활에 관한 신문 또는 진술이 이루어지거나 피해자가 성적 수치심 또는 공포감을 느낄 수 있는 상황이 발생하지 않도록 노력하여야 한다."고 하여, 사건과 무관한 피해자의 사생활에 관한 신문 또는 진술이 이루어지거나 피해자가 성적 수치심 또는 공포감을 느낄 수 있는 상황이 발생하지 않도록 노력하여야 할 의무를 소송관계인에게 인정하고 있다. 이러한 조항의 취지는 개정 법률안의 취지와 동일하다고 보인다. 다만, 동 규칙은 사건과 무관한 피해자의 사생활에 관한 신문 등이 이루어지지 않도록 소송관계인이 노력할 일반적인 의무를 규정하고 있을 뿐 이러한 진술을 제한하여야 할 법원의 의무는 인정하고 있지 않다는 점에서 개정 법률안과 차이가 있다.

(2) 법 제299조에 의해 개정 법률안의 입법취지를 달성할 수 있는지 여부

형사소송법 제299조(불필요한 변론등의 제한)는 「재판장은 소송관계인의 진술 또는 신문이 중복된 사항이거나 그 소송에 관계없는 사항인 때에는 소송관계인의 본질적 권리를 해하지 아니하는 한도에서 이를 제한할 수 있다.」고 규정하고 있다.

동 조항은 공판심리의 능률과 신속을 위해서 요청되는 것으로 이해되고 있다.12) 한편 헌법재판소는 법 제279조 및 제299조가 규정한 소송지휘권은 재판의 신속성 이외에 증인신문에서의 교호신문권 행사를 원활히 하는 기능도 가지고 있다고 지적한 바 있다.13)

법 제299조와 관련된 공개된 대법원 판례로는 3건14)을 확인할 수 있다. 3건 모두 피고인이나 변호인의 증인에 대한 반대신문권을 제한한 사안이다. 이 중 2건의 판례에서 증인에 대한 반대신문을 제한한 이유는 중복된 사항에 대한 신문이기 때문인 것으로 보이나, 구체적으로 어떠한 신문 내용을 제한한 것인지는 나타나고 있지 않으며, 범죄피해자인 증인의 인격권 침해를 제한하기 위한 신문 제한일 가능성은 높아보이지는 않는다.

법 제299조에 관한 학계의 해석론도 범죄피해자인 증인 보호라는 관점을 의식하며 충분히 전개되고 있는 상황은 아니다. 법 제299조에서 '중복된 사항'은 예컨대 피고인에 대한 수인의 변호인이 동일한 증인에 대해서 동일한 사항을 신문하는 경

---

12) 백형구, 『주석 형사소송법 (Ⅲ)』, 제4판(2009), 한국사법행정학회, 246쪽.

13) 헌법재판소는 법 제279조 및 제299조가 규정한 소송지휘권은 단순한 재판진행의 원활이라는 재판의 신속성 이외에 증인신문에서의 교호신문권 행사를 원활히 하는 기능도 가지고 있으며, 피고인의 반대신문권을 포함한 교호신문권은 형사소송법 제161조의2에서 명문으로 규정되 있는데, 이는 헌법 제12조 제1항, 제27조 제1항·제3항 및 제4항에 의한 공정한 재판을 받을 권리를 구현한 것이라고 밝히고 있다. 헌법재판소 1998. 12. 24. 선고 94헌바46.

14) 피고인이 이미 충분하게 진술하였거나 소송에 직접적인 관계도 없는 사항들에 대한 변호인들의 반대신문을 제한한 것은 소송관계인의 본질적 권리를 해한 것이 아니고(대법원 1990. 6. 8. 선고 90도646 판결), 재판장이 피고인의 증인에 대한 신문을 제지한 사실이 있다는 것만으로는 법 제18조 제2항이 규정하고 있는 '불공평한 재판을 할 염려가 있는 때, 즉 법관과 사건과의 관계상 불공평한 재판을 할 것이라는 의혹을 갖는 것이 합리적이라고 인정할 만한 객관적인 사정이 있는 경우에 해당한다고 볼 수 없다고 한다(대법원 1995. 4. 3.자 95모10 결정). 변호인의 피고인 신문에 대하여 재판장이 제1심과 동일한 신문은 되도록 삼가해 달라고 하자 변호인이 그렇다면 더 이상 신문을 할 것이 없다고 하여 피고인 신문이 더 이상 진행되지 아니하였으며, 이어서 진행된 증거조사 과정에서도 변호인이 더 이상 제출할 증거도 없으며 별 의견도 없다고 하여 신문과 증거조사가 종료된 사안에서 "형사공판절차에서 변호인의 중복되고 상당하지 아니한 신문에 대하여 재판장이 제한을 명하는 것은 재판장의 소송지휘권에 속하는 것으로서 그 신문의 제한이 현저하게 부당하거나 부적절한 경우가 아닌 한 신문을 제한한 재판장의 조치가 위법하다고 할 수 없다. … 원심의 재판절차에 구두변론주의원칙 위반이나 피고인의 방어권, 변호인의 변호권을 침해한 위법이 있다고 할 수 없다."고 하여 신문의 제한이 '현저하게 부당하거나 부적절한 경우'를 기준으로 제시하고 있다(대법원 2008. 3. 27. 선고 2007도4116 판결).

우가 이에 해당한다거나[15], '소송에 관계없는 사항'[16]인지 여부, 즉 불필요한 변론인지 여부는 소송관계인의 본질적 권리를 해하지 않도록 실질적으로 판단해야 하며, 신문의 의도 등을 확인해야 한다는 견해[17]가 제시되고 있을 뿐이다.

법 제299조의 '소송관계인'에는 검사, 피고인, 변호인 외에 보조인, 대리인, 대표자, 증인, 감정인 등이 포함되고[18], 재판장은 '소송에 관계없는 사항'에 대해서 피고인의 진술이나 신문을 제한할 수 있기 때문에 재판장의 적절한 소송지휘(Prozessleitung)에 의해 성폭력사건에서 범죄사실의 확인과 무관한 피해자의 성적 이력에 대한 피고인측의 진술 또는 신문을 제한할 수 있는 여지가 있다. 형사소송규칙은 위협적이거나 모욕적인 증인신문을 금지하고 있고(규칙 제74조 제2항 제1호), 주신문 또는 반대신문에서 증언의 증명력을 다투기 위하여 필요한 사항에 관한 신문을 할 수 있으나 증인의 명예를 해치는 내용의 신문을 하여서는 아니된다고 규정하고 있다(규칙 제77조). 이들 법령의 적정한 운용을 통해 성폭력범죄 사건의 피해자인 증인의 인격권을 보호하고 2차 피해를 방지할 수 있다는 견해도 제시될 수 있다.

(3) 소결

2018년 3월 UN 여성차별철폐협약위원회는 한국의 국가보고서에 대한 8차 심의의 결론으로 제시한 여러 권고 사항 중의 하나로 성폭력 피해자에 대한 무고 등 형사절차의 남용을 방지하고, 피해자의 성적 이력(sexual background)이 사법절차에서 증거로 사용되는 것을 금지할 것을 권고한 바 있다.[19] 국제적 기준에 따라 공판절차에서 성폭력범죄 피해자인 증인을 보호하기 위한 개정 법률안은 다음과 같은 이유로 그 입법이유가 충분히 긍정될 수 있다고 판단된다.

첫째, 피해자의 증언과 정황증거만이 유일한 증거가 대부분인 성폭력 사건의 공판절차 진행 과정에서 피고인 측의 부당한 공격과 책임전가식 변론에 대한 피해자

15) 백형구, 위의 책, 246쪽.
16) '소송에 관계 없는 사항'이란 피고사건과 관련성이 없는 사항을 의미한다. 신동운, 『형사소송법』(제3판, 2011), 741쪽.
17) 신양균/조기영, 『형사소송법』(2020), 605쪽.
18) 백형구, 위의 책, 246쪽.
19) Committee on the Elimination of Discrimination against Women, Concluding observations on the eighty periodic report of the Republic of Korea, p. 5 (http://nadesiko-action.org/wp-content /uploads/2018/03/CEDAW_C_KOR_CO_8_28441_E.pdf) 검색일 : 2021. 9. 1.

의 인격권을 보장할 필요가 있다는 점이 널리 인정되고 있다.[20)]

둘째, 법 제299조에 의해 성폭력 사건 피해자의 인격권이 보장되고 2차 피해를 방지할 수 있는지 여부 및 그 보호의 방식 및 정도가 오로지 재판장의 소송지휘라는 판사의 재량에 맡기는 것에는 한계가 있을 수밖에 없다. 피해자의 성적 이력이나 지향에 대한 신문이나 진술이 법 제299조에 규정된 '소송에 관계없는 사항'인지 여부에 관하여 법관마다 그 기준이 다를 수 있고, 이러한 신문이 소송과 본질적인 관련이 없다고 판단되는 경우라도 재판장의 소송지휘를 통해 피고인측의 반대신문을 어떠한 방식으로 어느 정도 제한할지에 관하여도 통일적인 실무 기준을 정립하기 어렵기 때문이다.

셋째, 실무상 공판에 참여하는 검사는 공소사실이나 사건의 쟁점을 파악하지 못하고 있는 경우가 대부분이고, 법관들도 광범위하게 수사기록에 의존하는 재판상황이 연출된다면[21)], 검사가 피고인측의 과도한 반대신문에 대해 적절한 이의를 제기하기 어렵고, 재판장이 본안과 무관한 신문인지 여부를 적시에 판단하여 증인의 인격권 침해를 방지하는 데도 어려움이 있을 수 있다.

넷째, 법 제299조는 본안과 관련 없는 사항에 대한 신문을 제한하고 있지만, 본안 관련성은 인정되지만 부적절한 신문을 제한 대상으로 하고 있지 않다. 예를 들면, 성폭력 사건 피해자인 증인의 진술의 신빙성을 다투기 위한 신문은 소송과 관계없는 사항이 아니다. 그러나 피해자인 증인의 불명예를 드러나기 위한 목적의 신문은 실체해명을 위해 필수적인 것이 아닌 한 원칙적으로 허용될 수 없도록 하여야 한다. 법 제299조가 '중복된 사항'에 대한 신문 등을 제한하는 것은 본안과의 관련성 외에 '부적절'한 신문의 예를 들고 있는 것으로 볼 수 있으나, 특히 성폭력범죄 사건에서 피해자인 증인의 인격권을 보호하고 2차 피해를 방지하기 위한 개정법률안의 입법취지는 긍정될 수 있다.

---

20) 국가인권위원회, 수사·공판과정에서 아동성폭력피해자의 2차 피해자화에 대한 권고, 2004. 5. 27, 6쪽.

21) 독일형사실무에 대한 이와 같은 지적으로는, Roxin/Schünemann, Strafverfahrensrecht, 29. Auflage, 2017, § 44 Rn 24. 상세한 내용은, 조기영, "한국적 수사구조론의 새로운 모색", 『형사정책』 제31권 제1호(통권 제57호 : 2019. 4.), 31－32쪽 참조.

Ⅲ. 성폭력범죄 사건 피해자에 대한 증인신문 방식의 개선 방안

1. 증인의 인격권 보호와 피고인의 방어권 보장 및 실체진실발견

현행 형사소송법은 구두주의와 직접주의를 공판절차의 기본원칙으로 채택하고 있고, 증인신문 방식으로 교호신문제도(법 제161조의2)를 인정하여 피고인의 반대신문권을 보장함과 동시에 실체진실의 발견과 공정한 재판을 실현하고자 한다. 헌법은 피고인의 반대신문권을 미국이나 일본과 같이 헌법상의 기본권으로까지 규정하고 있지는 않다. 그러나 법 제161조의2는 피고인의 반대신문권을 포함한 교호신문권을 명문으로 규정하여 피고인에게 불리한 증거에 대하여 반대신문할 수 있는 권리를 원칙적으로 보장하고 있다. 이러한 규정은 헌법 제12조 제1항, 제27조 제1항, 제3항 및 제4항에 의한 공정한 재판을 받을 권리를 구현한 것이다[22]

피고인의 반대신문권은 공정한 재판을 위한 핵심적인 절차이므로 이에 대한 제한이 피고인의 방어권의 본질적 내용을 침해하는 방식으로 이루어질 수는 없다. 또한 성폭력범죄 사건에서 피해자인 증인의 진술의 신빙성을 탄핵하고 음미하는 것은 실체진실발견을 위해서 불가결한 절차에 해당한다. 따라서 개정 법률안에 의한 증인 보호의 취지는 피고인의 방어권 보장 및 실체진실발견의 요청과 조화를 이룰 수 있어야 한다.

개정 법률안이 '유죄 또는 무죄의 인증과 무관한 피해자의 성적 이력에 관한 진술 또는 신문'으로 제한 대상을 한정하고 있는 것도 이러한 의도가 반영된 것으로 보인다. 독일이나 미국 등의 입법례도 피해자인 증인의 보호와 실체진실의 발견의 조화를 도모하고 있다. 이들 입법례를 염두에 둘 때 피고인의 방어권 보장과 실체진실발견을 추구하면서 동시에 성폭력범죄 사건의 피해자인 증인을 보호하는 방식은 크게 ① 재판장의 소송지휘권에 기한 증인신문 방식을 제한하는 모델(독일식)과 ② 피해자의 성적 이력 등에 관한 증거의 증거능력을 원칙적으로 부정하는 모델(미국식)로 분류해 볼 수 있다. 개정 법률안은 이 중 독일법의 방식을 취하고 있다.

22) 헌법재판소 1994. 4. 28. 93헌바26 결정; 헌법재판소 2010. 11. 25. 2009헌바57 결정; 헌법재판소 2012. 7. 26. 선고 2010헌바62 결정 등.

2. 비교법적 고찰

가. 독일형사소송법의 경우

독일형사소송법 제241조는 동법 제239조에 의한 교호신문(Kreuzverhör)에서 신문권을 남용한 경우에는 재판장이 그 신문권을 박탈할 수 있도록 하고, 재판장은 소송관계인의 부적절하거나 본안과 관련 없는 질문[23)]을 허용하지 않을 수 있다고 규정하고 있다.[24)] 여기서 '부적절'한 경우는 사실적 관점에서 실체발견에 기여할 수 없거나 또는 법적 관점에서 허용되지 않는 질문을 의미한다. 증인 등에 대한 위협, 부당한 영향력 등이 우려되는 독일형사소송법 제68조 제2항, 제3항에 해당하는 증인[25)]의 주거지를 묻거나, 동법 제68조의a가 규정한 사적 생활영역에 대한 질문을 의미하는 것으로 해석되고 있으며, 유도질문, 이미 답변한 질문에 대한 중복질문도 여기에 해당한다.[26)]

또한 독일형사소송법은 이와 같은 재판장의 일반적인 소송지휘권에 관한 규정을 두고 있는 것과 별도로 증인의 인격권 보호를 위해 질문권을 제한하는 별도의 규정을 두고 있다(동법 제68조의a).[27)] 즉, 증인이나 증인의 친족에게 불명예가 될 수 있는 사실 또는 사적인 생활영역과 관계있는 사실에 관한 질문은 불가피한 경우에만 할 수 있으며, 증인의 신빙성과 관계있는 사정도 필요한 경우에 한하여 허용된다. '사적인 생활영역과 관계있는 사실'은 직업 또는 영업생활과 관련 있는 사정에 대응

23) 독일형사소송법 제240조에 의하면 재판장은 배석판사, 검사, 피고인과 변호인, 참심원의 요청에 의해 이들이 피고인, 증인 및 감정인에 대해 질문을 하는 것을 허용할 수 있다.

24) 독일형사소송법 제241조 [재판장에 의한 질문권의 제한] 「(1) 제239조 제1항의 경우에 신문권을 남용한 사람은 신문권이 재판장에 의하여 박탈당할 수 있다.
(2) 제239조 제1항과 제240조 제2항의 경우에 재판장은 부적절하거나 본안과 관련 없는 질문을 불허할 수 있다.」

25) 증인이 자신의 주소나 신원을 진술하거나 공개하면 증인 자신 또는 타인의 생명, 신체, 자유 및 그 밖의 법익에 대한 위협 내지 부당한 영향력이 행사될 수 있는 경우를 의미한다.

26) Meyer－Goßner/Schmidt, StPO, 63. Aufl. 2020, § 241, Rn. 15.

27) 독일형사소송법 제68조의a [인격권 보호를 위한 질문권의 제한]「(1) 증인이나 그의 제52조 제1항에 따른 친족에게 불명예가 될 수 있는 사실 또는 그들의 사적인 생활영역과 관계있는 사실에 관한 질문은 불가피한 경우에만 해야 한다.
(2) 본안에 관한 증인의 신빙성과 관계있는 사정, 특히 피고인과 증인 또는 피해자와 증인의 관계에 관한 질문은 그것이 필요한 경우에 할 수 있다. 증인의 전과는 그것의 확인이 제60조 제2호의 요건이 충족되는지를 재판하거나 증인의 신빙성을 판단하는 데 필요한 경우에만 증인에게 물을 수 있다.」

하는 것으로, 증인의 인격의 발현을 보장하기 위한 것이다. 여기에는 증인의 개인적인 특성과 경향, 건강상태, 종교 및 정치적 태도, 가족생활에 관한 사실 등이 속한다.[28] 독일형사소송법 제68조의a는 무엇보다 증인의 성적 영역에 속하는 사생활을 보하는 것을 목적으로 하는 것으로 이해되고 있다. 이 조항의 취지는 성폭력범죄의 피해자가 명확한 관련성 없이 피해자의 성적 이력에 대한 질문을 막기 위한 것이다.[29] 독일법원조직법 제171조의 b는 소송관계인, 증인 또는 피해자의 개인적인 생활영역에 관한 사정을 공개적으로 논의하는 것이 보호가치 있는 이익을 침해하는 때에는 공개주의를 배제할 수 있도록 규정하고 있는데, 독일형사소송법 제68조의a는 이러한 법원조직법 규정과 보완관계에 있다고 이해되고 있다.[30] 제68조의a 제1항에서 '불가피한 경우'란 그 질문이 없이는 실체진실이 밝혀질 수 없는 경우를 의미한다.

나. 미국의 경우

보통법(common law)에서는 강간범죄로 소추된 피고인은 피해자의 정숙하지 못한(unchaste) 성격에 관한 증거를 성관계의 동의에 관한 정황증거로 제출할 수 있었다. 이러한 규칙은 혼전 또는 혼외 성교에 동의한 여성은 이러한 성교에 동의하지 않은 여성보다는 성교에 동의할 가능성이 많다는 의심스러운 근거에 기초를 둔 것이다.[31] 미국의 증거법학자 위그모어(Wigmore)는 한 걸음 더 나아가서 정숙하지 못한 성격은 증인의 신빙성도 의심스럽게 한다고 주장하기도 하였다.[32] 1970년대 초 이러한 규칙은 강간범죄의 입증을 곤란하게 한다는 비판을 받음과 동시에 페미니즘 운동의 공격 대상이 되었으며, 1970년대에 미국의 거의 모든 주가 강간사건 피해자를 보호하기 위한 '강간피해자보호법'(Michigan State Rape Shield Law)을 도입하였으며[33], 1978년 미국연방증거규칙(Federal Rules of Evidence)이 피해자의 성격 증거의 증거능력을 제한하는 규정을 둠으로써 미국 연방 차원의 입법이 이루어지게 되었다.[34] '강간피해자보호법'(Michigan State Rape Shield Law)은 피고인을

28) Meyer－Goßner/Schmidt, a. a. O., § 68 a, Rn. 4.
29) A. a. O.
30) A. a. O.
31) Paul C. Giannelle, Understanding Evidence, 4th., 2013, p. 160.
32) Wigmore, Evidence § 923a, p. 736, Chadbourn rev. 1970.
33) Kenneth S. Broun(general editor), McCORMIC on EVIDENCE, 6th., 2006, p. 320.

재판하는 것이 아니라 '피해자를 재판하는' 경향이 있는 강간사건에서 범죄피해자의 성적 프라이버시를 보호하기 위한 것이다. 이러한 규정은 종국적으로는 과도하게 선정적인 증거를 배제함으로써 실체진실발견에 기여하기 위한 것이다.[35)]

미국 연방증거규칙은 성적 비행을 포함하는 모든 민사 또는 형사 절차에서 ① 피해자가 다른 성적 행동을 하였음을 입증하기 위해 제출된 증거나 ② 피해자의 성적 취향을 입증하기 위해 제출된 증거는 원칙적으로 그 증거로서의 허용성을 부정하고 있다(FRE §412(a)(1)(2)). 그러나 동 규칙은 몇 가지 예외를 인정하고 있는데, 형사사건에 ① 피해자의 특별한 성적 행위에 대한 증거로서 정액, 상해, 그 밖의 신체상 증거의 원천이 피고인이 아닌 다른 사람임을 입증하기 위해 제출되는 경우(스코츠버러 반증(Scottsboro rebuttal)이라고 불린다), ② 성적 비행으로 기소된 자와 관련하여 행해진 피해자의 특별한 성적 행위에 증거로서 피고인이 피해자의 동의가 있었음을 입증하기 위해 그 증거를 제출하는 경우 또는 검사가 제출하는 경우, ③ 해당 증거의 사용을 불허하는 것이 피고인의 헌법적 권리를 침해하는 경우에는 증거로 사용되는 것이 허용된다(FRE §412(b)(1)(A)(B)(C))).

오늘날 이러한 규정은 내밀한 성적 부분이 공개되고 심리절차에서 피해자에 대한 빈정거림이 발생함으로서 발생할 수 있는 프라이버시 침해와 성적 고정관념으로부터 피해자를 보호하기 위한 규정으로 이해되고 있다. 이와 같이 피해자를 보호함으로써 성범죄의 피해자로 하여금 범죄자에 대한 법적 절차에 참여할 수 있는 용기를 주고자 하는 것이다.[36)]

연방증거규칙 제412(c)는 성적 이력에 관한 증거의 증거능력을 결정하기 위한 절차를 규정하고 있다. ① 법원이 상당한 이유가 있어 신청 기간을 달리 정하거나 공판 진행 중에 신청하도록 요청하지 않는 한 적어도 공판 개시 14일 이전에 증거를 특정하여 설명하고, 증거 제출의 목적을 기재한 서면을 제출하여 신청하여야 한다. 또한 ② 신청서를 모든 당사자에게 송부하고 피해자 또는 상당한 경우에는 피해자의 후견인이나 대리인에게 그 내용을 고지하여야 한다(FRE §412(c)(1)(A)(B)). 이 규정에 따라 증거 제출을 허용하기 전에 법원은 판사실에서 심문을 열어 피해자나 당사자들에게 출석하여 의견을 진술할 기회를 주어야 한다. 신청서와 관련된 서

34) Paul C. Giannelle, id.

35) Paul C. Giannelle, id, p. 161.

36) Christopher B. Mueller/Laird C. Lirkpatirck, 2015 Federal Rule of Evidence with Advisory Committee Notes and Legislative History, 2015, p. 412.

류 및 심문조서는 봉인되어야 하고, 법원이 달리 명하지 않는 한 봉인을 유지하여야 한다(FRE §412(c)(2)). 이와 같은 판사실에서 비공개로 이루어지는 사전심리절차(in-camera hearing) 규정은 강간사건 피해자의 보호를 위한 중요한 안전장치(safeguard)에 해당하는 것으로 이해되고 있다.[37]

3. 성폭력범죄 사건 피해자에 대한 증인신문 방식 개선 방안

개정 법률안은 종래 학계에서 주장[38]되어 왔던 미국식 증거능력 제한 방식을 취하고 있지 않다. 개정 법률안은 재판장이 제한하는 진술 또는 신문으로 '유죄 또는 무죄의 인증과 무관한 피해자의 성적 이력'으로 한정하고 있다. 독일형사소송법이 재판장의 소송지휘의 일환으로 '부적절하거나 본안과 관련 없는 질문'을 제한할 수 있도록 하고(동법 제241조 제1항), 증인의 인격권 보호를 위해 증인의 사생활 영역에 관한 소송관계인의 질문을 원칙적으로 제한하는 것(동법 제68조의a)과 유사한 구조를 취하고 있다고 볼 수 있다.

2016년과 2018년 개정 법률안이 미국식 증거능력 제한 방식을 취하고 있었던 것과 달리 2021년 개정 법률안이 증인신문 방식의 개선을 통해 성폭력범죄 사건 피해자인 증인의 인격권을 보호하고자 하는 취지는 적절한 방법이라고 생각된다. 이미 기술한 바와 같이 미국증거법과 같은 원칙적인 증거능력 배제 방식은 한국의 형사소송법 체계에 부합되지 않는 측면이 있기 때문이다. 미국의 증거법은 다양한 증거능력 배제규정을 두면서 해당 증거의 증거능력 여부를 심사하는 사전의 비공개 심리절차를 마련하고 있고, 미국의 복잡한 증거능력 규정은 원칙적으로 배심재판을 염두에 두고 배심원에게 증거능력이 부정되는 증거를 노출시키지 않는 것을 주된 목적으로 하고 있다. 그러나 우리나라 형사재판의 실제는 직업법관이 증거의 증거능력과 함께 증명력을 평가하는 방식으로 진행되고 있고, 공판절차가 개시되기 전에 문제가 되는 증거를 배제할 수 있는 절차가 인정되고 있지 않다는 점에서 재판장의 소송지휘권 행사를 통해 증인의 인격권을 보호하는 방식이 형사사법체계에 보다 부합하는 측면이 있다.[39] 물론 현행 형사소송법상 공판준비절차를 미국식 사

37) Paul C. Giannelle, id, p. 166.

38) 조국, 앞의 논문, 191쪽; 윤지영, 앞의 논문, 189쪽.

39) 물론, 미국의 형사재판도 직업법관에 의한 재판으로 이루어지는 경우가 95%에 달한다.

전비공개심리와 유사한 형태로 진행하는 방안도 고려할 수 있지만, 공판준비절차는 국민참여재판이 아닌 이상 원칙적으로 재판장의 재량에 의해 이루어지는 절차라는 점에서 일정한 신문이나 증거제출을 제한하는 문제는 결국 소송지휘의 문제에 귀착되게 되고, 성폭력범죄 사건에서 증거의 채부 및 증거조사의 방식에 관하여 전국적으로 통일된 실무 기준을 확립하는 것도 어려운 일일 것이다. 뿐만 아니라 일정한 신문 내용이나 증거자료가 피해자인 증인의 인격권을 보호하기 위해 그 증거능력이 부정되는지 여부에 관한 끊임없는 다툼이 발생하는 것을 피할 수 없다는 문제점도 있다. 따라서 성폭력범죄 사건 피해자인 증인의 성적 이력을 증거능력 방식이 아닌 소송지휘권 행사 방식이라는 관점에서 시작하는 것은 수긍할만한 출발이라고 평가할 수 있다.

입법 형식 측면에서 개정 법률안 취지의 규정을 「형사소송규칙」이나 「성폭력범죄의 처벌 등에 관한 특례법」에 규정하는 방식도 고려될 수 있다. 종래 학계에서 미국의 '강간피해자보호법'의 취지에 따라 성적 이력에 관한 증거의 사용을 원칙적으로 금지하고 이에 관한 신문을 금지하는 규정을 「형사소송규칙」 또는 「성폭력범죄의 처벌 등에 관한 특례법」에 도입하자는 주장과 같은 맥락에서이다.[40] 이러한 방식의 장점은 기본법인 형사소송법의 개정 보다 그 규칙 및 법률의 개정이 용이하다는 점에 있을 것이다. 그러나 형사소송법 개정에 의해 피해자인 증인의 인격권을 보호하는 규정을 도입하는 것이 타당하다고 생각한다. 형사절차법정주의에 따라 소송관계인의 인권에 관련됨과 동시에 피고인의 방어권에 영향을 미칠 수 있는 사항은 법률에 규정함이 올바른 방식이고, 후술하는 바와 같이, 증인의 인격권을 보호할 필요성이 「성폭력범죄의 처벌 등에 관한 특례법」이 적용되는 사안에서만 인정되는 것은 아니며 형법이 적용되는 사안에서 오히려 그 필요성이 크기 때문이다.

개정 법률안에 대해 주장될 수 있는 '도입 불필요론'이 지적할 수 있는 바와 같이 소송지휘권에 기한 증인의 인격권 보호는 일정한 한계를 지닐 수밖에 없다. 개정 법률안은 현행 형사소송법 제299조와 규범적 논리구조가 다르지 않다. 개정 법률안에 규정된 '유죄 또는 무죄의 인증과 무관한 피해자의 성적 이력'은 법 제299조의 '소송에 관계없는 사항'에 포섭될 수 있기 때문이다. 그렇다면 개정 법률안은 법원으로 하여금 성폭력범죄 사건 피해자에 대한 증인신문에 주의를 촉구하는 의미를 지니는 것에 불과한 결과를 초래할 수도 있다. 예를 들면, 재판장이 개정 법률안 제

40) 각주 8) 참조.

299조 제2항을 근거로 피고인의 변호인의 증인신문을 제한하였으나, 변호인이 이에 따르지 않은 경우 아무런 소송법적 효과가 발생하지 않는다면 개정 법률안은 피고인측의 과격한 반대신문에 대한 사실상 누그러뜨리는 것 외에 별다른 법적 효과가 인정되기 어려울 수 있다.[41] 독일에서도 독일형사소송법 제68조의a의 인격권 보호 규정이 형사실무에서는 실효적으로 작용하지 못하고 있다는 지적이 있다. 1982년 이루어진 강간범죄 피해여성 79명에 대한 전화인터뷰 조사 결과, 피해자들은 수사단계는 물론 공판절차에서 차별적 질문을 받았다고 답변하였으며, 1990년대에 이루어진 여러 조사에서도 언론보도 등에 의한 2차 피해가 발생하고 있음이 확인된 바 있고[42], 독일연방대법원도 인간의 존엄성에 기초한 피해자의 인격권 보호보다 실체진실발견을 우선하고 있다는 것이다.[43] 이에 대한 개선방안으로 증인에게 성적 영역 등 고도의 사적인 영역에 관한 질문 등에 대하여 증언거부권을 행사할 수 있도록 하고 있는 오스트리아 형사소송법 제158조이나 스위스 형사소송법 제169조의 규정을 독일 형사소송법에 도입해야 한다는 주장도 이루어지고 있다.[44]

개정 법률안의 취지를 계승하면서도 소송지휘권에 기한 피해자의 인격권 보호방식이 지니는 한계를 극복하기 위한 방안으로 독일형사소송법 제241조의a의 규정이 주목된다. 동 조항은 성폭력범죄 사건의 증인뿐만 아니라 증인 일반의 인격권을 보호하고 심리적 안정을 제공하기 위해 18세 미만에 대한 증인신문의 특례를 인정하고 있다. 이에 의하면 18세 미만의 증인에 대한 신문은 원칙적으로 재판장이 진행하며, 소송관계인은 직접 이러한 증인에 대한 신문을 할 수 없도록 하고 있다. 소송관계인은 재판장에게 증인에 대한 추가 질문을 할 것으로 요구할 수 있을 뿐이고 재판장이 예외적으로 소송관계인이 직접 질문을 할 수 있도록 하고 있다.

독일형사소송법 제241조의a [재판장에 의한 미성년증인 신문] (1) 18세 미만의 증

41) 이러한 측면을 의식한 듯이 일본형사소송법은 소송관계인이 재판장의 신문 또는 진술의 제한 명령에 따르지 않은 경우, 법원은 검사의 경우는 당해 검사를 지휘 감독하는 권한을 가진 자에게, 변호사인 변호인의 경우는 당해 변호사 소속 변호사협회 또는 일본변호사협회에 통지하여 적절한 조치를 할 것을 청구할 수 있으며, 이러한 청구를 받은 자는 취한 조치를 법원에 통지하도록 하고 있다(일본형소법 제295조 제5항, 제6항 참조).

42) Heinz Schöch, Persönlichkeitsschutz des Zeugen im Strafverfahren, FS für Jürgen Wolter zum 70. Geburtstag Ⅱ, 2013, S. 1100.

43) Heinz Schöch, a. a. O., S. 1101－1102.

44) Heinz Schöch, a. a. O., S. 1102－1106.

인에 대한 신문은 재판장만이 한다.

(2) 제240조 제1항, 제2항 제1문에 규정된 사람은 재판장이 증인에게 추가 질문할 것을 요구할 수 있다. 재판장은 의무합치적인 재량에 따라 증인의 안녕에 불이익할 염려가 없는 경우에 그 사람이 증인에게 직접 질문하는 것을 허락할 수 있다.

(3) 제241조 제2항을 준용한다.

독일형사소송법 제241조의a는 유아나 청소년인 증인이 법정에서 증언을 하면서 느끼는 심리적 부담으로부터 최대한 보호하기 위한 규정으로서, 간접적으로는 독일형사소송법 제247조 제2문[45], 독일법원조직법 제172조 제4호[46]와 마찬가지로 실체진실의 발견에 기여하는 규정으로 이해되고 있다.[47] 독일형사소송법에서 모든 소송관계인은 질문권을 행사할 수 있는 권리를 가지나, 다만 18세 미만인 증인에 대한 신문은 먼저 재판장이 행하고 소송관계인은 재판장에게 증인에 대한 질문을 요청하도록 하는 '중재'(Mediatisierung) 방식으로 이루어진다. 소송관계인은 부적절하거나 사건과 무관한 질문을 재판장에게 요청할 수 없으며, 증인신문은 증인 보호라는 관점에서 이루어지게 된다.[48]

독일형사소송법 제241조의a의 취지에 따라 18세 미만의 증인은 물론 성폭력범죄 사건 피해자인 증인에 대한 증인신문은 재판장만이 행하도록 하는 규정을 도입하는 것을 고려할 필요가 있다. 일정한 유형의 증인에 대한 특별한 보호를 하는 것은 현행 형사소송법에서도 생경한 관념은 아니다. 예컨대 16세 미만의 자는 선서무능력자로 보아 위증죄의 처벌 위험으로부터 보호하고 있으며(법 제159조 제1호), 13세 미만의 증인에 대해 신뢰관계에 있는 자를 필요적으로 동석하도록 하고 있다(법 제163조의2). 성폭력범죄 사건의 피해자를 증인으로 신문하는 경우 증인의 대화상대방으로 재판장만을 인정하는 것은 증인으로 하여금 심리적 긴장을 완화할 수 있

45) 동 조항에 의하면 법원은 18세 미만의 자를 증인으로 피고인의 면전에서 신문할 때 증인의 안녕에 현저한 해악을 끼칠 염려가 있는 경우 또는 그 밖의 사람을 피고인의 면전에서 신문할 때 증인의 건강에 중대한 해악을 끼칠 급박한 위험이 존재하는 경우 증인신문을 하는 동안 피고인의 퇴정을 명할 수 있다.

46) 동 조항에 의하면 법원은 18세 미만인 자를 신문하는 때에는 공판절차의 전부 또는 일부에 대해 공개주의를 배제할 수 있다.

47) Walter Gollwitzer–Löwe–Rosenburg, StPO, 25. Aufl., 2001, § 241a, Rn. 1; Meyer–Goßner/Schmidt, StPO, § 241a, Rn. 1.

48) Roxin/Schünemann, a. a. O., § 44 Rn 23.

도록 해준다. 또한 이러한 제도는 피고인측의 본안과 관계없는 사항에 관한 과도한 증인신문을 막고, 재판장으로 하여금 실체진실발견을 위해 심리가 필요한 사항인지 여부를 판단할 수 있도록 함으로써 성폭력범죄 사건의 피해자인 증인에 대한 신문 과정에서 일정 진술이나 신문이 '소송에 관계없는 사항'인가 또는 증인의 인격권을 침해하는 것인가에 관한 미묘한 쟁점에 대한 다툼을 회피할 수 있도록 해준다. 이 때 재판장은 법원의 후견의무에 기하여 소송관계인의 내용적으로 부적절한 질문을 방지할 수 있을 뿐만 아니라 재판장 스스로도 증인의 상황을 고려한 적절한 질문을 할 수 있도록 한다.

이러한 규정을 도입할 수 있는 근거는 공판절차에 관한 하나의 원칙으로 인정되고 있는 '법원의 후견의무'(Fürsorgepflicht des Grichts)에서 구할 수 있을 것이다. 법원의 후견의무는 피고인을 위하여서만 아니라 피고인 이외의 소송관계인에 대하여도 인정되기 때문이다.[49)]

4. 개정 법률안에 대한 그 밖의 약간의 고찰

가. 적용범위에 관한 문제

개정 법률안은 신설 조항이 적용되는 사건을 「성폭력범죄의 처벌 등에 관한 특례법」에 따른 성폭력범죄 및 「아동·청소년의 성보호에 관한 법률」에 따른 아동·청소년대상 성폭력범죄의 사건으로 한정하고 있다. 이들 사건 외에 성폭력처벌법이나 아동청소년법이 아닌 형법이 적용되는 사건에도 신설 조항의 적용을 인정해야 할지가 문제된다.

피고인의 반대신문권은 공정한 재판이라는 측면에서 근본적인 의미를 지닌다. 성폭력범죄 사건에서 동의에 의한 간음임을 주장하는 피고인에게는 행위 당시의 사

49) Krey/Heinrich, Deutsches Strafverfahrensrecht, 2. Aufl., 2019, S. 186. '법원의 후견의무'는 공정한 재판의 원칙으로부터 도출되지만, 이를 넘어 '사회국가적 측면'에서 법치국가적 형사소송을 보완하는 의미를 지닌다. 공정한 재판의 원칙은 소송관계인의 자율성을 전제로 하고 있고 법치국가 원칙에 근거를 두고 있다면, 법원의 후견의무는 자율성으로 인한 '부담'을 완화하기 위한 사회국가원칙에 기초하고 있다(Roxin/Schünemann, a. a. O., S. 72). 이러한 의미에서 적법절차 원칙의 하위 원칙의 하나로 후견의무를 피고인보호의 원칙에 국한시키는 것(예를 들면, 이재상/조균석/이창온, 『형사소송법』(제13판, 2021), 31쪽)은 적절하지 않다. 법원의 후견의무의 주된 내용은 피고인에 대한 보호이지만, 피고인 보호가 후견의무의 전부는 아니기 때문이다(신양균, 『신판 형사소송법』(2009), 34－35쪽 참조).

정과 피해자 진술의 신빙성을 탄핵해야 할 필요성이 높다고 할 수 있다. 이러한 피고인의 변론 필요성에 상응하여 공판절차에서 피해자인 증인의 인격권이 침해되고 2차 피해가 발생할 위험성은 더 커진다. 성폭력처벌법이나 아동청소년성보호법이 아닌 형법이 적용되는 사안에서 오히려 피해자의 성적 이력 등에 대한 피고인측의 반대신문이 격렬해질 가능성이 높을 것이라는 추측이 가능하다면[50], 그리고 개정 법률안이 성폭력범죄 사건에서 피해자인 증인의 인격권을 보호하기 위한 취지를 관철하기 위한 것이라면, 형법이 적용되는 사안에도 개정 법률안을 적용하는 것이 타당하다고 판단된다.

나. 용어상의 문제

개정 법률안은 유죄 또는 무죄의 '인증'과 무관한 피해자의 성적 이력에 관한 진술 등을 제한한다고 규정하고 있다. 여기서 '인증'이라는 단어는 여러 가지로 사용되고 있다. 인증(認證)은 '어떠한 문서나 행위가 정당한 절차로 이루어졌다는 것을 공적 기관이 증명함'이라는 의미로, 인증(引證)은 '인용하여 증거로 삼음. 또는 그 증거'의 의미로, 인증(人證)은 '인적 증거를 줄여 이르는 말'로 사용되고 있다.[51] 개정 법률안에서 사용된 '인증'이라는 단어가 형사절차에서 유무죄 판단 내지 그 과정을 의미하는 용어로서 의미를 지니고 있는지가 불분명하다. 아울러 '인증'이라는 단어는 현행 형사소송법전에서 사용되고 있는 용어가 아니어서 생경한 측면이 있다. '인증' 이외에 적절한 용어를 선택하여 사용하는 것이 바람직하다고 생각된다.

개정 법률안의 '재판장은 … 제한한다.'라는 문언도 형사소송법전에서 소송관계인의 일정한 의무를 나타날 때 사용되는 '… 하여야 한다.'라는 표현으로 바꾸는 것이 적절하다고 생각된다.

---

50) 성폭력처벌법상의 성폭력범죄는 강간 또는 강제추행 외에 추가적인 불법요소가 부가되어 있거나(예컨대, 주거침입 강간, 특수강간), 행위 주체(친족관계인 사람) 또는 행위 객체(장애인 또는 13세 미만의 사람)의 특수성이 인정되고 있다. 아동청소년성보호법의 경우도 마찬가지이다(19세 미만인 아동·청소년). 강간 또는 추행 외에 추가적인 불법요소가 개재되어 있는 성범죄에 관한 특별법 적용 사안 보다 오히려 형법이 적용되는 강간, 강제추행 등의 사안에서 피해자의 동의 여부 및 성적 이력 등에 관한 쟁점이 부각될 가능성이 높다.

51) 표준국어대사전 참조.

Ⅳ. 결론적 고찰

지금까지 성폭력사건의 공판절차에서 재판장으로 하여금 유죄 또는 무죄의 판단과 무관한 피해자의 성적 이력에 관한 신문을 금지하도록 하는 2021년 발의된 형사소송법 일부개정법률안을 중심으로 성폭력범죄 사건에서 피해자인 증인의 2차 피해를 막고 증인의 인격권을 보호하는 방안을 살펴보았다. 현행 형사소송법은 비디오 등 중계장치에 의한 신문제도(법 제165조의2), 심리의 비공개(법 제294조의3), 신뢰관계인의 동석 제도(법 제163조의2) 등을 통해 범죄피해자인 증인의 심리적 안정을 도모하기 위한 규정들을 두고 있다. 그러나 이러한 규정들은 증인보호를 위해 증인신문 방식의 특례를 인정하고 있으나, 증인신문의 내용에 의해 인격권이 침해되는 경우로부터 증인을 보호하기는 불충분하다고 판단된다. 형사소송법 제299조가 재판장으로 하여금 '소송에 관계없는 사항'에 관한 진술이나 신문을 제한할 수 있는 소송지휘권을 규정하고 있지만, 재판장의 재량만에 의존하여 공판절차에서 증인의 인격권을 보호하는 통일적인 실무기준을 확립하는 데에는 한계가 있을 수밖에 없다.

성폭력범죄 사건에서 피해자인 증인의 성적 이력이 무분별하게 추궁되거나 공개되어서는 안 된다. 이러한 상황을 방지하기 위한 방안으로 입법례에 따라 다른 제도적 장치가 강구되고 있다. 미국의 경우는 성적 이력에 관한 증거의 증거능력을 원칙적으로 부정하는 방식(증거능력 방식)을 취하고 있으며, 독일은 일반적 소송지휘권에 관한 규정 외에 증인신문 방식에 관한 규정들을 마련하고 있다(증인신문 방식). 대륙법계 형사소송법에 기초한 현행법 하에서는 독일식 증인신문 방식을 통해 성폭력범죄 사건 피해자인 증인의 인격권을 보호하는 제도를 마련하는 것이 필요하다고 판단된다. 피고인의 방어권을 보장하면서 증인의 인격권을 보호함과 동시에 실체진실발견을 추구할 수 있는 방안으로 독일형사소송법 제241조의a가 규정하고 있는 '재판장에 의한 미성년증인 신문제도'를 18세 미만의 증인은 물론 성폭력범죄 사건 피해자인 증인에 대한 신문방식으로 도입하는 것을 적극적으로 검토할 필요가 있다. 성폭력범죄 사건의 피해자인 증인의 대화상대방으로 재판장만을 인정함으로써 증인의 심리적 안정을 도모할 수 있고, 소송당사자 사이에 일어날 수 있는 본안과의 관련성에 관한 다툼을 회피할 수 있도록 해주면서도, 피고인의 방어권 보장과 실체진실발견이라는 형사소송의 이념을 훼손하지 않기 때문이다.

2007년 개정형사소송법은 피해자의 보호를 위한 여러 규정들을 형사소송법에 도입하였다. 그러나 이것이 피해자인 증인을 보호하기 위한 입법적·해석론적 모든 노력이 완결되었다는 의미는 아닐 것이다. 먼저, 성폭력범죄 사건의 피해자인 증인의 2차 피해를 막고 증인의 인격권을 보호하기 위한 새로운 증인신문 방식의 도입을 검토해야 한다고 생각한다.

논문투고일 : 2021.09.03 논문심사일 : 2021.09.10 게재확정일 : 2021.09.27

【참고문헌】

1. 국내 문헌

백형구(집필부분), 주석 형사소송법 Ⅲ(제4판), 2009, 한국사법행정학회

신동운, 신형사소송법(제3판), 2011, 법문사

신양균, 신판 형사소송법, 2009, 화산미디어

신양균/조기영, 형사소송법, 2020, 박영사

이재상/조균석/이창온, 형사소송법(제13판), 2021, 박영사

국가인권위원회, 수사·공판과정에서 아동성폭력피해자의 2차 피해자화에 대한 권고, 2004. 5. 27.

법원행정처, 형사소송법 개정법률 해설, 2007

법무부, 개정 형사소송법, 2007

성폭력범죄의 처벌등에 관한 특례법 일부개정법률안(정진숙의원 등 11인) (의안번호: 2004481, 제안일자 : 2016. 12. 20).

성폭력범죄의 처벌등에 관한 특례법 일부개정법률안(박경미의원 등 10인) (의안번호: 2012724, 제안일자 : 2018. 3. 28).

형사소송법 일부개정법률안(송재호의원 등 12인, 의안번호: 2111210)

박선미, 여성학적 관점에서 본 강간범죄의 재판과정, 형사정책 제4호(1989)

이미경, 형사사법절차상 성폭력 2차 피해의 심층구조, 여성학연구 제23권 제2호(2013. 6)

조 국, 강간피해 고소여성의 성관계 이력의 증거사용 제한 - 미국 "강간방지법"을 중심으로, 저스티스 제69호(2003)

조기영, 한국적 수사구조론의 새로운 모색, 형사정책 제31권 제1호(통권 제57호 : 2019. 4.)

윤지영, 성폭력 피해자의 2차 피해 방지를 위한 형사절차법적 개선 방안 모색, 이화젠더법학 제10권 제1호(2018년 5월)

2. 외국 문헌

Christopher B. Mueller/Laird C. Lirkpatirck, 2015 Federal Rule of Evidence with Advisory Committee Notes and Legislative History, 2015

Kenneth S. Broun(general editor), McCORMIC on EVIDENCE, 6th., 2006

Krey/Heinrich, Deutsches Strafverfahrensrecht, 2. Aufl., 2019

Löwe−Rosenburg, StPO, 25. Aufl., 2001

Meyer−Goßner/Schmidt, StPO, 63. Aufl. 2020

Paul C. Giannelle, Understanding Evidence, 4th., 2013

Roxin/Schünemann, Strafverfahrensrecht, 29. Auflage, 2017

Heinz Schöch, Persönlichkeitsschutz des Zeugen im Strafverfahren, FS für Jürgen Wolter zum 70. Geburtstag Ⅱ, 2013

Wigmore, Evidence, Chadbourn rev. 1970

Committee on the Elimination of Discrimination against Women, Concluding observations on the eighty periodic report of the Republic of Korea, 2018

【국문초록】

성폭력범죄 사건의 피해자인 증인은 공판절차에서 2차 피해를 입게 되고 인격권이 침해되는 경우가 적지 않다는 사실이 보고되고 있다. 현행 형사소송법은 비디오 등 중계장치에 의한 신문제도, 심리의 비공개, 신뢰관계인의 동석 제도 등을 통해 범죄피해자인 증인의 심리적 안정을 도모하기 위한 규정들을 두고 있다. 그러나 이러한 규정들은 증인보호를 위해 증인신문 방식의 특례를 인정하고 있으나, 증인신문의 내용에 의해 인격권이 침해되는 경우로부터 증인을 보호하기는 불충분하다. 형사소송법 제299조가 재판장으로 하여금 '소송에 관계없는 사항'에 관한 진술이나 신문을 제한할 수 있는 소송지휘권을 규정하고 있지만, 재판장의 재량만에 의존하여 공판절차에서 증인의 인격권을 보호하는 통일적인 실무기준을 확립하는 데에는 한계가 있을 수밖에 없다.

성폭력범죄 사건에서 피해자인 증인의 성적 이력이 무분별하게 추궁되거나 공개되는 것을 방지하기 위한 방안으로 입법례에 따라 다른 제도적 장치가 강구되고 있다. 미국의 경우는 성적 이력에 관한 증거의 증거능력을 원칙적으로 부정하는 방식(증거능력 방식)을 취하고 있으며, 독일은 일반적 소송지휘권에 관한 규정 외에 증인신문 방식에 관한 규정들을 마련하고 있다(증인신문 방식).

피고인의 방어권을 보장하면서 증인의 인격권을 보호함과 동시에 실체진실발견을 추구할 수 있는 방안으로 독일형사소송법 제241조의a가 규정하고 있는 '재판장에 의한 미성년증인 신문제도'를 18세 미만의 증인은 물론 성폭력범죄 사건 피해자인 증인에 대한 신문방식으로 도입하는 것을 적극적으로 검토할 필요가 있다. 성폭력범죄 사건의 피해자인 증인의 대화상대방으로 재판장만을 인정함으로써 증인의 심리적 안정을 도모할 수 있고, 소송당사자 사이에 일어날 수 있는 본안과의 관련성에 관한 다툼을 회피할 수 있도록 해주면서도, 피고인의 방어권 보장과 실체진실발견이라는 형사소송의 이념을 훼손하지 않기 때문이다.

◈ 주제어: 성폭력범죄, 2차 피해, 증인의 인격권, 증거능력, 증인신문 방식

【Zusammenfassung】

Die richtige Richtung des Revision des Zeugenvernehmung zum Opfer des Sexualdelkts

Cho, Gi-Yeong*

Es wird berichtet, dass Zeugen, die Opfer von Sexualdelikten geworden sind, im Verhandlungsverfahren einen Sekundärschaden erleiden und in vielen Fällen ihre Persönlichkeitsrechte verletzt werden. Koreanische StPO enthält Vorschriften zur Förderung der psychischen Stabilität von Zeugen, die Opfer von Straftaten sind, durch das Vernehmungssystem mit Videovernehmung, Ausschluss der Öffentlichkeit und die Anwesenheit von Vertrauenspersonen. Diese Regelungen erkennen zwar Sonderfälle der Methode der Zeugenvernehmung zum Schutz von Zeugen an, reichen aber nicht aus, um Zeugen vor Fällen zu schützen, in denen die Persönlichkeitsrechte von Zeugen durch den Inhalt der Zeugenvernehmung verletzt werden. Obwohl Koreanische StPO § 299 vorschreibt, dass der Vorsitzende wiederholende oder nicht zur Sache gehörende Aussage oder die Vernehmung zurückwiesen kann, reicht allein diese Regel zum Schutz der Zeuge des Sexualdelikts vor den psychishcen Belastungen nicht aus.

Es wird als notwendig erachtet, deutsches StPO § 241 a(Vernehmung miderjähriger Zeugen durch Vorsitzenden) einzuführen. Durch die Einführung dieser Regeln können der größmöglichen Schutz der Zeuge des Sexualdelikts vor den psychishcen Belastungen, die mit einer Vernehmung vor Gericht verbunden sind, bezwecken. Mittelbar dient die Vorschrift der besseren Erforschung des wahren Sachverhalts. Die Vernehmung durch den Vorsitzenden soll die Zeugen vor der Form nach aggressiven Fragen der anderen Verfahrensbeteiligten schützen.

* Professor, Jeonbuk National University, School of Law, Ph. D. in Law.

◈ Key Words: Sexualdelikt, Sekundärschaden, Persönlichkeit des Zeugen, Admissibility, Methode der Zeugenvernehmung

한국형사소송법학회 『형사소송 이론과 실무』
제13권 제3호 (2021.09) 147~174면.
Theories and Practices of Criminal Procedure Vol. 13 No. 3 (September. 2021) pp. 147~174.
10.34222/kdps.2021.13.3.147

형사절차상 인공지능기반 통·번역 애플리케이션 활용과 적법절차

김 한 균*

목 차

Ⅰ. 서론 : 경찰의 인공지능기반 자동 통역 애플리케이션 활용
Ⅱ. 경찰의 구글 번역 애플리케이션 활용 압수수색에 대한 미국 연방 법원 판결례 분석
Ⅲ. 형사절차상 인공지능기반 통·번역도구의 활용성과 한계 검토
Ⅳ. 결론 : 형사사법에서 인공지능기술 활용의 필요성과 정당성

검사, 사법경찰관은 피의자 체포시 피의사실 요지, 체포 이유와 변호인을 선임할 수 있음을 말하고 변명할 기회를 주어야 한다.[1] 또한 경찰은 불심검문이나 임의동행의 경우, 신분 증표를 제시하면서 소속과 성명을 밝히고 질문이나 동행 목적과 이유를 설명하여야 하며, 동행을 요구하는 경우에는 동행 장소를 밝혀야 하며, 동행한 사람의 가족 등에게 동행한 경찰관의 신분, 동행 장소, 동행 목적과 이유를 알리거나 본인으로 하여금 즉시 연락할 수 있는 기회를 주어야 하며, 변호인의 도움을 받을 권리가 있음을 알려야 한다.[2] 체포 이유와 변호인 선임권 고지 등 적법절차를 무시할 경우, 적법한 공무집행이 아니라 위법한 체포에 해당하고, 위법한 체포 상태에서 이루어진 범죄증거수집은 '적법한 절차에 따르지 아니하고 수집한 증거'에 해당하여 증거능력이 부인된다.[3]

또한 검사, 사법경찰관은 피의자의 유류한 물건이나 소유자, 소지자 또는 보관자

* 한국형사·법무정책연구원 선임연구위원, 법학박사

1) 형사소송법 (법률 제17572호, 2020. 12. 8., 일부개정) 제200조의 5; 인권보호수사규칙 (법무부령 제1010호, 2021. 6. 9., 일부개정) 제23조.
2) 경찰관직무집행법 법률 (제17688호, 2020. 12. 22., 일부개정) 제3조
3) 대법원 2017. 9. 21., 선고, 2017도10866, 판결; 대법원 2013. 3. 14., 선고, 2010도2094, 판결

가 임의로 제출한 물건을 영장없이 압수할 수 있다.[4] 경찰관은 주거주 또는 관리자가 임의로 승낙하는 등 피처분자 동의를 얻어 영장 없이 수색할 수 있고[5], 범죄에 관계가 있다고 인정되는 물건을 발견한 경우 그 물건이 소유자, 소지자 또는 보관자로부터 임의 제출을 받을 가망이 없다고 인정한 때에는 즉시 그 물건에 대한 압수영장 발부를 신청하는 동시에 은닉·멸실·산일 등 방지를 위한 적절한 조치를 하여야 하며[6], 소유자, 소지자 또는 보관자에게 임의제출을 요구할 수 있다.[7] 경찰관이 임의형식으로 압수하였으나 그 실질상 경찰관의 강제수사거나 피고인의 임의적 제출의사 부재인 경우라면 압수물의 증거능력은 부인된다.[8]

그렇다면, 의사소통이 되지 않는 외국인에 대한 불심검문, 동행요구, 체포의 경우, 영장없는 수색에 대한 승낙이나 압수대상물의 임의제출을 요구할 경우, 권리고지나 동의 의사표시를 어떻게 행할 것인가? 이러한 상황에서 검사나 사법경찰관이 휴대한 인공지능기반 통·번역 애플리케이션을 이용해 고지할 경우, 이를 적법한 체포로 볼 수 있을 것인가, 이를 이용해 피의자 동의를 받아 수집된 증거의 증거능력을 인정할 수 있을 것인가?

Ⅰ. 서론 : 경찰의 인공지능기반 자동 통역 애플리케이션 활용

한국어를 모르는 외국인과 해당 외국인의 언어를 알지 못하는 경찰관 사이에서 불심검문, 동행요구, 체포상황이 발생한다면, 영장없는 수색에 대한 승낙이나 임의제출을 요구할 상황이 된다면, 권리 고지나 동의 의사표시 확인을 위해서 소통과 이해가 실질적으로 이루어져야 함은 당연한 전제다. 경찰관이 피의사실 요지, 체포이유, 변호인 선임의 권리를 고지할 때, 변명할 기회를 줄 때 외국인 피의자는 고지를 이해해야 하고, 이해했다는 사실에 기한 답변과 변명을 경찰관도 이해해야 한다. 불심검문이나 임의동행의 경우에도 경찰관의 설명을 외국인이 이해할 수 있어야 하고, 연락할 수 있는 기회나 변호인의 도움을 받을 권리도 이해해야 행사여부도 판단할 수 있게 되기 때문이다.

---

4) 형사소송법 제218조
5) 범죄수사규칙 (경찰청훈령 제1026호, 2021. 7. 15., 일부개정) 제140조 2항
6) 범죄수사규칙 제141조
7) 범죄수사규칙 제142조
8) 의정부지법 2019. 8. 22., 선고, 2018노2757, 판결

이와 관련하여 2017년 경찰이 네이버의 스마트폰 통역 애플리케이션 '파파고'에 치안 현장에서 자주 쓰이는 내용을 모아 적용하는 '경찰 회화' 기능을 추가하고, 그 통역기능을 현장 경찰관이 외국인 피의자 인권보호를 위해 사용한다는 방침[9]은 주목할 만하다. 이러한 방침에 따라 2018년 평창 동계 올림픽대회에서 경찰서비스센터, 외국인범죄 신속대응팀, 관광경찰대가 통역 애플리케이션 '지니톡'과 '파파고'를, 두 앱이 지원하지 않는 언어권 외국인을 위해서는 구글번역기(Google Translate)를 사용하였다.[10]

2018년 서울지방경찰청 자료에 따르면, 외국인 범죄와 범죄피해의 급증에 따라 현장에서 사용가능한 통역 앱 필요성이 제기되지만, 독자개발을 위해서는 많은 예산이 필요하기 때문에, 민간기업에서 개발한 '인공신경망 기반의 자동 통·번역프로그램'을 활용하여 경찰 기본회화 통·번역앱을 도입하였다. 실제 2017년 12월 전국 폴리폰(POLI－Phone)[11]에 통·번역앱을 탑재하고, 2018년 3월에는 경찰회화기능에 유치인 권리고지[12]문장을 추가했으며, 2018년 10월까지 총 13개 언어, 290개 경찰기본상용회화 통역기능이 갖추어졌다.[13] 주요활용분야는 교통조사처리, 경범죄 계도조치, 민원안내, 피해자보호, 접견통역 등이며, 그중 하나가 외국인 범죄관련 현행범체포시 체포이유 및 피의자권리고지, 피해진술 확보의 경우다. 실제 통역앱 활용사례로 노원경찰서에서 성매매업소 외국여성에게 피의자권리고지 및 관련 절차를 설명한 경우, 송파경찰서에서 특수상해 외국인 피해자의 피해진술을 확보하여 피의자 혐의를 입증한 경우, 구로경찰서에서 강간 피해 외국여성에게 피해진술을 청취한 경우 등이 있다.[14]

이처럼 인공지능기반 통·번역앱 운영결과보고에 따르면, 실시간 통역이 가능하

---

9) "'파파고'로 외국인에 미란다원칙 고지…서울경찰－네이버 협약" (연합뉴스 2017년 2월 1일자)

10) "경찰청, 통역앱 활용 평창올림픽 방문 외국인 치안서비스 제공" (https://blog.naver.com/polinlove2/221116347801 2021년 8월 13일 최종검색)

11) 현장에서 실시간으로 수배자신원, 수배차량, 운전면허 등을 조회하고 행정업무를 종합적으로 수행할 수 있는 경찰 업무용 스마트폰이다. (https://www.yna.co.kr/view/AKR20170218037200004 2021년 8월 13일 최종검색)

12) 구 인권보호를 위한 경찰관 직무규칙(경찰청훈령 제674호. 2012.7.23. 폐지) 제77조(유치인 권리고지) 유치인 보호관은 입감할 때 유치인의 제반 권리에 대하여 고지하여야 한다.

13) 서울지방경찰청 정보화장비과, "2018년도 외국어 통역 앱 운영 결과 보고", 2019 (https://blog.naver.com/techbeyond/221490493992 2021년 8월 13일 최종검색)

14) 같은 보고서.

게 됨으로써 경찰의 피의자 인권보호 증진에 기여하면서, 업무부담도 경감되어 일선 경찰의 만족도도 높다는 것이다.[15)]

이러한 정책사례를 보건대, 새롭게 발전하는 인공지능기술을 형사사법에 도입운용하는데 있어서 모범적 시도로 평가할 만하다. 특히 인공지능기술 선용(善用)의 원칙[16)]에 따르면, 첨단기술의 혜택은 사회적 약자를 위해서, 사회적 약자관련 위험대응에 있어서 우선적으로 투입해야 한다. 이주노동자나 결혼이주여성 등 외국인의 경우 사회적 약자임은 물론이거니와 형사절차로 들어오게 될 경우 그 약자성은 더욱 뚜렷해진다. 그런 점에서 단순히 '치안서비스'나 업무상 편의를 넘어 통역앱 도입운용에 담긴 인공지능 기술 선용 원칙의 의미를 경찰수사와 치안활동 차원에서 효과적으로 실현하는 계기가 되기를 기대해 볼 만하다.

다만 그 정책적 선의와는 별개로, 인공지능기반 기술을 활용한 피의자 권리 보장의 구체적 정책수단에 대한 평가와 점검이 필요할 것이다. 선한 정책적 의도나 첨단기술에 대한 기대가 언제나 정당성과 효과성을 보장해주지는 못하기 때문이다. 오히려 인공지능이라는 첨단기술이 갖는 과장된 기대효과가 형사사법자원을 낭비할 뿐만 아니라, 형사절차상 인권보장 형식화라는 부작용을 덮어버릴 수 있기 때문에, 인공지능기술 기반 프로그램의 기술적 측면과 법적 측면을 아우르는 신중한 검토가 필요할 것이다.

뿐만 아니라 민간이 개발한 인공지능기반 애플리케이션을 형사사법기관이 활용하는 문제도 향후 인공지능기반 형사정책도구의 도입활용여부와 관련해서 검토가 필요하다. 물론 첨단기술의 민간기업 의존은 불가피하기도 하거니와, 형사사법에 있어서'민관협력'의 바람직한 사례가 될 수도 있다. 그러나 거대기업이 주도하는 인공지능기술의 공적 사용, 특히 형사사법에서의 사용에 있어서 합법성과 공정성의 문제, 민간부문과 협력의 명분과 실용의 긍정적 측면에도 불구하고 일정한 공적 통제 가능성이 확보될 수 있을지의 문제 역시 신중한 검토를 필요로 할 것이다. 이러한 검토의 필요성을 보여주는 사례가 이어서 살펴볼 미국 연방법원의 2018년 판결례다.

---

15) 같은 보고서.

16) 김한균, "4차산업혁명의 형사정책", 『형사법의 신동향』 55, (2017) 307면.

Ⅱ. 경찰의 구글번역 애플리케이션 활용 압수수색에 대한 미국 연방법원 판결례 분석

2018년 미국 연방지방법원의 판결[17]은 인공지능기반 통·번역프로그램이 제공하는 일상통용 상당한 정도("good enough")의 외국어 통·번역기능이 적법절차와 피의자 권리 문제에 대해서는 달리 판단되어야 한다는 취지로서, 인공지능기술이 일상생활로, 그리고 형사사법체계에 수용되는 과정에서 그 의미와 효과를 어떻게 살펴야 하는지 시사해 준다. 당해 판결의 사실관계와 쟁점에 관하여 판결문 주요내용을 보면 다음과 같다.

1. 사실관계의 개요[18]

2017년 9월 오전 3시경 위법차량을 발견하고 정지시킨 캔사스주 고속도로 순찰대 소속 경찰관은 해당 차량 운전자가 영어를 거의 하지 못한다는 사실을 알게 되었고, 운전자는 경찰관에게 스페인어 소통이 가능한지 물었다. 경찰관은 스페인어를 몰랐기 때문에 간단한 영어표현 소통을 통해 운전자는 멕시코 운전면허증을 집에 두고 왔다는 사실을 전하고, 차량등록증과 비자를 제시할 수 있었다. 경찰관은 운전자에게 경찰차에 탑승할 수 있는지 묻고 이에 동의의사를 표시한 운전자가 경찰차에 탑승하였고, 경찰관은 운전면허증 대신 지문스캐너로 신원확인을 시도하였다. 하지만 신원확인이 되지 않은 상황에서 경찰은 자신의 휴대용컴퓨터에서 구글번역기(Google Translate)를 사용하여 소통을 시도했다. 즉 영어로 질문을 입력하고, 이를 스페인어로 번역한 내용의 컴퓨터화면을 보여주고, 다시 스페인어 답변을 영어로 번역한 내용을 확인하고 다시 질문을 이어가는 방식이다.

캔사스주 경찰에는 구글번역기 사용을 금지하는 관련규정이 없었다. 경찰관의 법정진술에 따르면, 당시 스페인어를 모르기 때문에 구글번역 결과가 정확했는지 알 수 없었고, 다만 운전자의 답변이 질문의 범위에 해당한다는 점에서 "적절하다"(appropriate)고 여겼다. 일부 질문에 대해서는 구글번역기를 통해서도 운전자에게

17) UNITED STATES OF AMERICA v. OMAR CRUZ−ZAMORA, Case No. 17−40100−CM (D.Kan. June 4, 2018)

18) United States v. Omar Cruz−Zamora, pp.1−3.

잘 이해되지 않는 상황을 경찰관도 인식했고, 그럴 경우 질문 표현을 바꿔서 다시 구글번역기를 통해 답변을 들었다. 물론 경찰관도 통역사를 통하는 방식이 더 신뢰할 만하다는 사실은 알고 있었지만, 해당 상황에서 자신이 통역사를 불러 도움을 받을 수 있을지에 대해서는 알지 못했다.

경찰관이 구글번역기를 통해 알게 된 사실은 운전자가 텍사스 엘 파소에서 캔사스시로 친척을 만나기 위해 가는 길이라는 점, 해당 차량은 운전자의 여자친구 소유라는 점이다. 경찰관은 운전자에게 해당차량이 등록말소상태라는 점에 대해 경고처분한 뒤, 가도 좋다는 뜻으로 스페인어 인사말("Adios")을 건넸다. 이에 운전자가 경찰차에서 내리는 중에 경찰관은 영어로 몇 가지 질문을 더해도 되겠느냐고 물었고, 내리려던 운전자는 경찰관이 어떤 말을 하니 단순반응("What?")으로 다시 경찰차에 탔다. 그래서 경찰관은 구글번역기를 사용하여 다시 몇 가지 질문을 더 해도 되겠는지 물었고, 운전자는 이에 동의했다. 계속해서 구글번역기를 통한 질문과 대답이 이어지면서 차량에 현금이 있고, 현금의 용도는 멕시코에 가져갈 차량구입이라는 진술이 나왔다. 이 시점에서 경찰관은 다시 구글번역기와 함께 몸짓으로 차량수색에 동의하는지("Can I Search the car?") 질문했다. 이에 운전자는 승낙하면서 자기 돈을 훔치지 말라는 농담인지 알 수 없는 답변을 했다. 경찰관은 차량 수색동안 운전자에게 차량에서 내려 길가에 서있도록 했고, 운전자는 수색을 거부하거나 중단하라는 요청을 하지 아니하였다. 결국 경찰관은 차량 안에서 상당량의 마약류를 발견하였다.

그러나 공판에서 피고인 운전자는 경찰관의 구글번역기로 번역된 질문을 잘 이해할 수 없었으며, 차량수색에 대한 동의여부 질문 내용도 이해하지 못했고, 혼란스러운 와중에 경찰관에게 차량수색을 중단하라는 요구도 할 수 없는 상황이었다고 진술하였다.

2. 사안의 쟁점

경찰관과 피고인 사이의 대화는 구글번역기를 사용하여 경찰관이 영어 질문을 입력하고, 스페인어로 번역된 화면을 피고인이 읽고, 다시 구글번역기를 통해 스페인어로 답하거나 서툰 영어로 답을 하는 방식으로 진행되었다. 이러한 대화과정은 경찰차안의 카메라로 녹화되었다. 이를 스페인어 통역사가 녹취하여 영어번역본을 법정에 제출하였다. 피고인의 답변음성은 모두 녹취되었지만, 경찰관이 구글번역기에 영어로 입력한 질문과 피고인이 읽도록 번역된 스페인어 질문은 기록이 남아있지 않았다.[19]

통·번역의 신뢰성에 관련해서는 해당 녹취본을 작성한 통역사와 구글번역기 신뢰성에 대한 통역전문가 두 사람의 법정증언이 행해졌다. 통역사는 구글번역기를 직역(literal translation) 용도로 활용하는 경우가 있지만 문장 전체를 번역하는데는 결코 사용하지 않으며, 구글번역기는 사투리나 속어를 번역할 수 없기 때문에 대화상황에서는 실제 통역사가 통역해야 더 신뢰할 만하다고 증언했다. 또한 녹화와 녹취를 모두 검토한 통역전문가는 구글번역기가 신뢰할만한(reliable) 번역기능을 제공한다고 할 수 없으므로, 피고인이 경찰관의 질문을 제대로 이해했을 것이라 보이지 않는다는 의견이었다. 구글번역기는 사용자의 피드백을 통해 번역기능을 개선하기 때문에 그 번역의 정확성을 판단할 방법이 없다. 또한 통·번역에 핵심적인 맥락(context)을 고려할 수 없다.[20]

예컨대 "Can I search the car?"문장을 구글번역기로 스페인어로 번역하면 "¿Puedo busacr el auto?"이고, 이 문장을 다시 구글번역기로 영어로 번역하면 "Can I find the car?"로 출력된다. 스페인어 사용자에게는 "can I search for the car"라는 의미로 이해될 수도 있다.[21] 현장녹취에서도 이처럼 "문장은 맞지만 뜻은 통하지 않는(literal but nonsensical)"경우가 다수 발견된다. 예컨대 경찰관이 피고인에게 운전면허증이 있느냐고 묻는 상황에서, 피고인이 " Do you have a driver for the license"라고 구글번역기에 출력된 문장을 그대로 읽고 답하는 형식이다. 물론 피고인이 질문 취지를 짐작할 정도는 되었겠지만, 통역전문가의 판단으로는

19) United States v. Omar Cruz－Zamora, p.3.

20) 첫째, 구글번역기는 통계적 빈도에 기반하기 때문에 민감한 데이터, 창의적 내용의 문서에 활용하기 어려운 오류가능성이 있다. 둘째, 맥락이 고려될 방법이 없기 때문에 번역과정에서 내용이 누락되거나 바뀔 수 있다. 셋째, 번역의 정확성은 구글 데이터베이스가 확보한 언어자료의 양에 의존한다. 따라서 영어와 서유럽언어간의 번역은 정확도가 비교적 높지만, 다른 언어들간의 번역은 그렇지 못하다. 넷째, 문법이 고려될 방법이 없기 때문에 번역과정에서 문법상 오류가능성이 있다. 다섯째, 구글번역기 자체에 번역오류를 교정할 시스템이 없다. ("What Are the Major Drawbacks of Google Translation?" https://thelanguagedoctors.org/how－accurate－is－google－translate/ 2021년 8월 13일 최종검색)

21) "Judge says 'literal but nonsensical' Google translation isn't consent for police search" (https://techcrunch.com/2018/06/15/judge－says－literal－but－nonsensical－google－translation－isnt－consent－for－police－search/ 2021년 8월 13일 최종검색)

다수의 경우 문장은 맞지만 뜻은 통하지 않는 번역을 두고 볼 때 신뢰할 만한 통역 도구가 될 수 없다. 무엇보다도 두 증인 모두 해당 녹취록을 분석해 보건대 피고인이 제대로 이해하지 못한 질문이 아홉 차례 발견된다는 것이다. 특히 차량수색 시점에서 구글번역기가 출력한 "¿Puedo busacr el auto?"라는 문장은 스페인어 사용자에게 차량수색에 대한 질문으로 이해되지 않는다. 따라서 스페인어 사용자로서 영어를 거의 구사하지 못하는 피고인의 입장에서는 경찰관의 질문 내용을 추측할 수밖에 없다는 것이다.[22)]

피고인측에서도 경찰관의 차량수색에 대해 수정헌법 제4조[23)]에 반하여 위법한 압수수색의 문제를 제기했다. 피고인은 경찰관이 체포대상범죄로서 피고인에 대한 체포의 상당한 사유가 있었다는데는 동의하였다. 따라서 경찰관은 피고인에게 미란다고지를 행했어야 했다는 점 대신 피고인의 수색에 대한 동의가 동의내용을 이해하고 자유로운 상태에서 행해지지 않았다는 점에서 위법수집증거라는 주장에 초점을 맞추었다.[24)]

3. 법원의 판단

영장과 상당한 사유(pobalble cause)요건에 해당하지 아니하는 수색은 특별히 정립되고 범위가 특정된 일부 예외(a few specifically established and well-delineated exceptions)에 한하여 인정될 뿐이다.[25)] 이러한 예외성립요건중의 하나가 피수색자의 동의(consent)이며, 동의는 전적으로 자발적으로 행하여(freely and voluntarily given) 유효해야 한다.[26)] 유효한 동의여부에 대한 입증책임은 검사에게 있으며, 법원은 정황을 종합적으로 고려하여 동의가 자발적으로 행해졌는지 판단한다.[27)] 법원이 종합적으로 고려할 정황은 동의내용이 명료하고 특정할 수 있

22) United States v. Omar Cruz-Zamora, pp.3-4.

23) 불합리한 압수와 수색에 대하여 신체, 주거, 서류, 동산(effects)의 안전을 확보할 국민의 권리는 침해되어서는 아니된다. 선서나 확약에 의하여 상당하다고 인정되는 이유가 있어 특별히 수색 장소와 압수 물건, 체포·구속할 사람을 특정한 경우를 제외하고는 영장은 발부되어서는 아니된다.

24) United States v. Omar Cruz-Zamora, p.6.

25) Katz v United States, 389 US 347, 357 (1967)

26) Schneckloth v. Bustamonte, 412 US 218, 219(1973)

27) Schneckloth v. Bustamonte, 412 US 222, 232-33(1973)

으며 자유로운 상태에서 이해하면서 (unequivocal and specific and freely and intelligently) 이루어졌는지의 여부, 경찰관이 강요하거나 암시를 주지는 않았는지의 여부다.[28] 법정절차에 따른 동의라는 사실만으로는 유효한 동의로 간주되지 아니한다.[29]

특히 자유로운 상태에서 행한 동의여부 판단과 관련하여 언어장벽(language barriers)은 관련요건에 해당된다. 피고인이 영어에 능숙하지 않을 경우 법원은 피고인이 경찰관 질문을 이해했는지 여부를 정황을 고려하여 판단한다. 1995년 판례사안의 경우 스페인어 사용자인 피고인이 경찰관이 영어로 차량수색 동의여부를 묻는 질문에 “yes”라고 답했으며, 경찰관이 스페인어로 적힌 피의자 고지문장을 제시하여 읽게 하자 동의의사표시를 하였다면 수색에 자유롭게 동의한 것으로 판단하였다.[30] 이와 대조적으로 2005년 판례사안의 경우 중국어 사용자인 피고인은 경찰이 차량 화물칸을 열어봐도 되겠는가 질문한 내용을 잘 이해하지 못했기 때문에 자발적 동의가 아니었다고 주장했다. 이에 대해 법원은 피고인이 영어구사능력이 제한적인 것은 사실이지만, 피고인의 당시 행동과 구금시설에서의 통화내용을 근거로 영어를 말하는 능력보다 듣고 이해하는 능력이 더 좋고, 경찰관의 질문내용을 충분히 이해했을 것이라 판단했다.[31]

본 사안에서 법원은 피고인측에서 주장하는바 경찰관의 구글번역기를 사용한 수색에 대한 동의여부를 묻는 질문을 피고인이 정확히 이해하는데 있어 문제가 있다는 점을 인정하였다. 물론 피고인은 당시 경찰관의 질문과 지시 일부는 기본적으로 이해했고, 초보적인 영어로 일부 질문에 대답도 할 수 있었다. 증거에 따르면 “Can I search the car?”라는 문장을 구글번역기에 입력하여 출력한 결과를 피고인에게 제시했고, 이에 대해 피고인이 “Yeah....yeah. Go. Yes”라고 답하였다 하나, 구글번역기에 입력된 문장은 기록에 남아 있지 아니하고, 녹취록에는 피고인의 답변만 기록되어 있다. 법정에서 제출된 차량녹화와 녹취기록으로부터는 경찰관이 정확한 질문내용을 알 수 없고, 단지 경찰관과 피고인 사이에 컴퓨터화면을 서로 보여주는 장면만 녹화되었을 뿐, 구글번역기를 통해 어떤 의사소통이 이루어졌는지는 경찰관과 피고인의 진술만 있었을 뿐이다. 즉 피고인의 동의내용 답변이 어떤 질문내용에

28) United States v. Sanchez, 608 F.3d 685, 690 10th Cir. (2010)

29) United States v. Manuel, 992 F.2d 272, 275 10th Cir. (1993)

30) United States v. Hernandez, 893 F.Supp. 952, 961 (1995)

31) United States v. Zhang, 2005 WL 627978 (D.Kan. March 10, 2005) pp.4－5.

대해 행해졌는지 확인할 수 없다. 더구나 녹취록상 답변에 이르는 과정을 보면 피고인이 경찰관의 질문을 잘 이해하지 못하여 곤란을 겪고 있고, 이해하지 못한다는 답변("I don't understand")도 다수 나타나기 때문에, 명료한 동의가 있었다고 보기 어렵다. 전문가증언에 의하면, 수색에 대한 동의를 묻는 질문에 관하여 구글번역기를 통한 스페인어와 영어간 번역내용이 피고인으로 하여금 차량수색에 대한 진정한 동의에 이르게 하였다고 보기도 어렵다. 물론 피고인은 경찰관의 영어질문과 지시 일부에 대해 이해하고 있었다고 보이지만, 녹취록 및 구글번역기의 불완전성을 고려해보건대, 피고인의 영장없는 차량수색에 대한 동의내용이 명료하고 특정할 수 있으며 자유로운 상태에서 이해하면서 이루어졌다고 볼 수 없다.[32)]

반면 검사측은 피고인의 진정한 동의가 인정되지 않을지라도, 경찰관은 구글번역기가 정확한 통역기능을 제공할 것이라 신뢰할 만한 상당성이 있으며, 따라서 피고인이 수색에 동의했다고 믿을만한 (정확하지는 않더라도) 상당한 사유가 있었기 때문에 위법하게 수집된 증거에 해당하지 아니하는 선의의 예외(good－faith exception)[33)]에 해당한다고 반론하였다. 수정헌법 제4조가 인정하는 상당성(reason－ ableness) 요건에 따르면 경찰관이 수색에 대한 유효한 동의가 있다고 믿은데 상당한 사유를 요구하며, 사실에 부합한 정확한 인식까지는 요하지 아니한다.[34)] 위법수집증거배제법칙은 경찰의 불법행위 방지에 특정된 목적에 해당되는 경우에 한정되며, 경찰관이 "객관적으로 볼 때 선의로 행한 경우(objective good faith)"의 경우 위법수집증거의 증거능력이 예외적으로 인정될 수 있다. 경찰관이 객관적으로 상당한 방법을 신뢰하였으나 경찰관이 아닌 제3자의 과실 내지 오류(mistake)에 의해 결과적으로 위법이 발생한 경우가 그것이다.[35)]

이에 대하여 피고인측은 당해 사안에서 경찰관이 구글번역기를 신뢰하고 수색으로 나아간 행위는 제3자의 오류가 아닌 경찰관 본인의 과실이기 때문에 선의 예외에 해당하지 아니한다고 반론하였고, 검사측은 경찰관의 구글번역기에 대한 신뢰 자체가 과실일 수 없으며, 구글번역기든 통역인이든 비－스페인어 사용자의 입장에서는 스페인어 통역내용의 사실부합여부에 대해서 알 수 없기는 다를 바 없다고 재

32) United States v. Omar Cruz－Zamora, pp.7－8.

33) 선의의 예외 이론에 관하여는 김한균 외, 『압수수색과 위법수집증거배제법칙에 관한 연구』(2008), 82－83면.

34) Illinois v. Rodriguez, 497 US 177, 185, 188, 186(1990)

35) United States v. Herrera, 444 F.3d. 1238, 1248－1249, 10th. Cir.(2006)

반론하였다.[36]

이와 관련하여 유사한 2017년 텍사스 판례사안에 따르면, 경찰관이 구글번역기에 수색에 대한 동의 내용을 입력하여 스페인어로 "puedo buscar?"를 따라 읽으면서 자신의 눈을 손가락으로 가리키고 이어 피고인의 차량을 가리켰다. 이 사안에서도 피고인은 언어장벽때문에 진지한 동의를 하지 아니하였다고 주장하였고, 법원의 판단 또한 구글번역기의 번역문장이 "May I search?"의 정확한 번역이 되지 아니한다는 점을 인정하였지만, 선의의 예외에 해당한다고 판단하였다.[37]

두 유사 사안을 비교해 보면, 2017년 텍사스 사안에서는 경찰관의 구체적 지시행위에 따라 피고인이 차량화물칸을 스스로 여는 반응을 했음을 볼 때 경찰관의 질문내용을 이해했음이 분명하다. 그런데 본 2018년 캔사스 사안에서는 경찰관의 수색동의여부에 대한 질문내용에 대해 피고인측이 이해했음을 보여주는 적극적 행위를 찾아볼 수 없다. 또한 본 사안의 법원은 텍사스 사안에서의 법원이 경찰관의 구글번역기 신뢰의 상당성을 단순히 인정하면서, 구글번역기의 한계에 대하여 깊이 살펴보지 아니한 점을 비판하였다. 반면 본 사안 법원은 통역전문가의 증언을 통해 구글번역기가 맥락을 고려하는 기능을 결하여, 단순히 직역(literal word-for-word translation)의 경우에만 사용될 수 있다는 점을 확인하였다. 따라서 경찰관이 구글번역기를 사용하여 피고인의 신원이나 행선지 확인하는 정도는 신뢰하였다 할 만한 상당성이 인정될 수 있지만, 합법적 수색의 요건인 동의 확인을 위해 구글번역기에 대한 신뢰의 상당성은 인정할 수 없다. 경찰관 본인도 구글번역기보다 통역인이 더 신뢰할 만한 소통수단이며, 구글번역기 외에 다른 통번역수단의 선택여지도 있었다는 점을 인정한 바 있다. 따라서 선의의 예외가 인정될 수 없으므로, 본 사안 영장없는 차량수색에 대한 유효한 동의없는 수색으로부터 획득한 증거는 수정헌법 제4조에 반하여 위법수집된 증거로서 증거능력이 인정될 수 없다.[38]

4. 평가

2018년 미국 연방지방법원 판결은 종국적 판단은 아니지만, 인공지능기반 애플

---

36) United States v. Omar Cruz-Zamora, p.10.

37) United States v. Salas Antuna WL 2255565 (S.D, Texas, May 23, 2017), p.5.

38) United States v. Omar Cruz-Zamora, pp.10-11.

리케이션이 일상의 삶뿐만 아니라 법체계안에서 어떻게 자리잡고 있는지는 보여주는 의미있는 사례다. 미국뿐만 아니라 한국도 점점 더 다중언어사회로 나아갈 것이기 때문에, 언어소통의 장벽은 여전히 문제가 될 것이다. 본 판례 사안에서 경찰관－인공지능기반 통번역애플리케이션－피고인으로 이어지는 소통상황에서 피고인이 구글번역기의 "문장은 성립되지만 뜻은 통하지 않는 (literal but nonsensical)"[39] 번역내용에 대한 이해와 자신이 동의한 차량수색에 대한 이해가 서로 일치하는지, 수색에 대한 동의여부 질문상황에서 자신이 동의를 거부할 선택 여지를 이해할 수 있었는지 입증되지 아니한다. 이해했는지의 여부를 객관적으로 판단할 만한 행위, 예컨대 질문을 듣고 자신이 차량의 문을 여는 행위도 뒤따르지 아니하였다.

따라서 동 판결사례가 구글번역기를 비롯한 인공지능기반 통번역애플리케이션 활용이 불가하다는 의미는 아니지만, 형사절차상 인공지능 기반 도구활용에 대한 검토필요성을 시사해준다. 즉 인공지능기반 통번역애플리케이션 개발기업들은 번역품질이 정확하고, 가까운 장래에 인간통역사를 대부분 대체가능할 것이라 전망하지만, 실제 형사사안에서 인공지능기반 통번역도구는 가장 기본적인 상황에서도 한계가 드러나기 때문에, 수사기관과 법원 모두 신중한 태도가 요청된다.[40]

또한 동 판결은 형사절차에서 기계번역(machine translation)에 대한 관심이 점점 더 높아지고 있는 상황에서 주목된다. 2018년 6월 영국의 잉글랜드법원장(Lord Chief Justice)은 인공지능기술의 혁신성과 인공지능기반 통번역프로그램을 증기기관의 발명에 비하면서, 향후 수년내 고품질의 인공지능기반 동시통역이 법정통역사를 완전히 대체[41]할 것이라 전망한 바 있다.[42] 법원행정처(HM Courts & Tribunals

39) 'literal and nonsensical' 이라는 표현은 예컨대 영어사용 연구자가 신경심리학 실험을 스페인어 사용자를 대상으로 할 때 통역이 영어를 문자대로 스페인어로 옮기기는 했지만 실험대상자들은 무슨 말인지 알아들을 수 없게 된다는 사례 (Elaine Fletcher－Janzen, Tony L. Strickland, Cecil R. Reynolds eds., *Handbook of Cross－Cultural Neuropsychology*(2000) 96면.), 법관이 입법자의 의도를 알지 못하고 법문 글자대로 해석한다면 상식에 반하게 된다는 사례 (Paul Bergman, Michael Asimow, *Reel Justice: The Courtroom Goes to the Movies* (1996) 308면.)에서 사용된다.

40) "Judge says 'literal but nonsensical' Google translation isn't consent for police search" (https://techcrunch.com/2018/06/15/judge－says－literal－but－nonsensical－google－translation－isnt－consent－for－police－search/ 2021년 8월 13일 최종검색)

41) 만일 이러한 대체가 실현가능하다면 현행 형사소송법 제180조에서 국어에 통하지 아니하는 자의 진술에는 통역인으로 하여금 통역하게 하여야 한다고 할 때, 인공지능기반 번역프로그램이 '통역인'으로 인정될 수 있어야 할 것이다.

Service)와 정부는 아직 투자에 소극적이지만, 광범위하게 보급된 기술의 장점을 살려 사법시스템이 최신화될 수 있으리라 기대하는 입장으로 보인다.[43] 하지만 언어학자와 통역전문가들은 전혀 반대로 전망한다. 무엇보다도 구어(spoken language)와 문자적 번역(literal translation) 간에는 엄청난 차이가 존재한다. 현단계 인공지능기술은 가장 중요한 문맥, 그리고 말의 뉘앙스와 속뜻에 대한 이해, 속어나 방언에 대한 이해를 기술적으로 구현할 수 없다. 따라서 인공지능기반 통번역 도구의 섣부른 도입은 법원과 법집행기관에 부정적 영향을 미치게 될 것이다.[44]

생각건대 수사기소단계에서 검찰, 경찰과 피의자, 공판단계에서 법원 또는 배심원과 피고인 사이에서 언어장벽을 해소하기 위한 소통도구가 다룰 언어는 전문적인 법률용어보다는 일상적인 언어가 대부분이다. 유무죄 판단을 좌우할 대부분의 사실관계에 대한 진술도 구어로 표현되어 문서화된다. 인공지능기반 통번역프로그램을 통해 언어장벽을 넘는 소통의 편의를 제공하겠다는 발상은 이하 III.1.에서 살펴보건대 현단계 인공지능기술 발전수준과 전망을 고려할 때 실현가능할지 의문이다. 무엇보다도 체포나 압수수색단계에서 인공지능기반 통번역애플리케이션 사용은 경찰중심의 도구적 사고, 편의적 사고가 엿보인다. 여기서 도입되는 첨단기술은 현실적으로 피의자 입장에서 적법절차보장의 보완적 실현도구가 되기보다는, 경찰 입장에서 편의적으로 적법절차 보장장치를 대체하는 도구가 될 수 있을 것이기 때문이다. 이는 2018년 미국 판례사안과 같은 상황, 즉 낯선 외국땅에서 현지 언어를 잘 구사하지도 이해하지도 못하는 외국인 입장에서 현지 경찰에게 잘 이해되지 않는 언어로 질문과 지시를 받는 상황에 놓인다면, 또한 그런 당황스러운 상황에서 컴퓨터 화면에 출력된 기계번역 기능으로 소통을 요구받기까지 한다면, 과연 경찰의 외국인에 대한 배려로 이해될 것인지, 더욱 긴장된 압력상황으로 받아들여질지 어렵지 않게 추측할 수 있는 문제다.

---

42) 기계번역이 통번역전문가를 대체할 것이라는 낙관적 전망에 관하여는 Lewis－Kraus, Gideon, "The Great A.I. Awakening" *NYT Magazine*, December 14, 2016; Lane Greene, "Machine Translation: Beyond Babel",*The Economist*, January 5, 2017

43) "England's Top Judge Predicts the End of Interpreters'" (https://slator.com/englands－top－judge－predicts－the－end－of－interpreters/ 2021년 8월 13일 최종검색)

44) Ephrat Livni, "A US court rejected Google Translate as a means of providing consent to a cop"(https://qz.com/1306830/a－us－court－rejected－google－translate－as－a－means－of－providing－consent－to－a－cop/ 2021년 8월 13일 최종검색)

Ⅲ. 형사절차상 인공지능기반 통·번역 도구의 활용성과 한계 검토

1. 기술적 한계 문제

2021년 8월 현재 구글번역기(Google Translate)는 103개 언어에 달하는 번역기능을 제공하고 있다. 구글번역기는 키보드 사용입력, 2개 언어로 대화하기, 이미지로 된 텍스트를 다른 언어로 번역하기, 휴대전화 카메라를 사용하여 즉석 번역 보기, 손가락으로 글자 또는 문자 그리기, 데이터 연결 없이 오프라인 텍스트 번역 보기 기능을 제공하고 있다. 구글에 따르면 번역 현재 사용 중인 언어에 차세대 인공신경망(neural network)[45] 번역 기술을 사용한다. 6개 기능이 모두 제공되는 언어는 주로 영어 등 서유럽언어와 한국어 포함 27개에 달한다.[46] 구글에 따르면, 특정 업계 속어나 분야별 용어를 이해하도록 번역 서비스를 맞춤설정할 수 있고, 기술 문서, 제품 설명, 소셜 콘텐츠를 번역할 때 맥락과 의미를 유지할 수 있다. 번역 응용프로그래밍 인터페이스(Translation API)[47]는 인공신경망 기계 번역 기술을 사용해 텍스트를 즉시 번역하며, 고급맞춤설정의 경우는 용어 또는 구문을 분야와 문맥에 맞게 번역한다. 또한 미디어번역 응용프로그래밍 인터페이스(Media Translation API)는 콘텐츠와 애플리케이션에 짧은 스트리밍으로 실시간 오디오 번역까지 제공한다.[48]

현재 인공신경망 번역 기술은 인공지능 기반 기계 학습(machine learning)과 빅데이터를 활용해 어와 구가 아닌 문장 전체를 통으로 번역하기 때문에 문맥을 이해할 수 있고, 학습하는 기능이 있어 시간이 지날수록 보다 번역의 정확도가 높아진다는 것이다. 네이버 파파고는 N2MT(Naver Neural Machine Translation), 구글 번역은 GNMT(Google Neural Machine Translation)라는 신경망 번역 기술을 사용하고 있다. 현재 영어와 서유럽언어, 한국어와 일본어처럼 문법 구조나 어휘가 유사한 언어들 사이의 기계번역 성능은 상당한 수준으로 향상되었고, 따라서 사람을

45) 심층학습(deep learning)의 시스템, 즉 서로 연결된 입력층, 출력층, 내부층을 신경망이라 한다. 이러한 신경망시스템을 통해 입력과 그에 상응하는 출력의 연관성을 학습하도록 하는 것이 기계학습 (machine learning)원리다. (Gary Marcus & Ernest Davis, *Rebooting AI: Building AI We Can Trust* (2019) 이영래 역, 「2029 기계가 멈추는 날」(2021) 103－106면)

46) https://translate.google.com/intl/ko/about/languages/ (2021년 8월 13일 최종검색)

47) API(Application Programming Interface)는 응용 프로그램에서 사용할 수 있도록 운영체제나 프로그래밍 언어가 제공하는 기능을 제어할 수 있게 만든 인터페이스를 뜻한다.

48) https://cloud.google.com/translate/?hl=ko(2021년 8월 13일 최종검색)

상당 부분 대체할 수 있지만, 유사도가 낮은 언어 간 번역에서는 여전히 제한적으로만 활용할 수 있다. 물론 통번역전문가 수준에 이르려면 범용인공지능(Artificial General Intelligence)의 문제가 된다.[49]

구글이 과거 1950년대 인공신경망을 채택하여 개발한 심층학습이 기계번역을 혁신적으로 발전시켰다고 하지만, 인공지능기술에 대한 과장(hype)은 주의해야 한다. 무엇보다 '심층'이라는 용어는 다수의 층(layer)일 뿐, 심오함, 현명함으로 오해되어서는 안 된다. 기계번역은 언어의 '이해(understanding)'나 '의미(meaning)'를 지향하여 설계되지 않았다. 오히려 인간 일상의 경험과 상식이라는 맥락을 우회하여 초고속으로 텍스트 조각조각을 디코딩할 뿐 단어와 대상을 연결하여 사고하거나 상상하거나 이해하지 못한다. 즉 구글 번역기는 특정용도에 한정된 인공지능(narrow AI)의 전형적인 경우로서 전체 의미를 이해하지 못한 채 한번에 문장 하나씩 변환한다. 하지만 전하는 말의 의미에 대한 인지모델(cognitive model)을 구축하고 이용하는 과정 자체가 없고 구축할 수도 없다. 그래서 구글 번역기가 다루는 대상은 진정한 의미에서 독해의 아주 작은 일부일 뿐이다.[50] 이를 저명한 인지과학자 호프스태터(Hofstadter)는 구글번역의 "단순피상성(shallowness)"이라 규정한다. 번역은 단순히 하나의 언어를 다른 언어로 명확하게 옮기는 기능이 아니라 저자/화자의 의미를 독자/청자에게 전하는 기예(art)다. 기계번역이 학습하는 데이터베이스를 대폭확충한다고 해서, 다시 말해 빅데이터를 활용한다 해도 번역에 필요한 통계적 분석에 한정되고, 무작위적으로 오류가 나타나기 때문에 피상성을 넘어설 가능성도 없다.[51]

무엇보다 기계학습과 빅데이터를 기반으로 한 기계번역은 인공지능 시스템이 산출했던 데이터를 기반으로 하기 때문에, 종전 인공지능 시스템의 오류가 담긴 데이터를 사용하면서 오류를 증폭강화할 위험성이 있다. 기계번역 시스템도 원본과 번역본으로 구성된 문서를 학습하면서 작동하는데, 웹에서 확보된 상당부분의 번역본이 기계번역 프로그램으로 만들어져 있다. 결과적으로 구글 번역의 오류가 웹상의 문서에 담기고 이 문서가 다시 학습데이터가 되어 오류가 강화된다.[52] 심층학습의

49) https://content.v.kakao.com/v/5887017b6a8e5100019be3c5; https://tech.kakaoenterprise.com/22 (2021년 8월 13일 최종검색)

50) Gary Marcus & Ernest Davis, 「2029 기계가 멈추는 날」, 165-166면.

51) Douglas Hofstadter, "The Shallowness of Google Translate", *The Atlantic*, January 30, 2018

52) Gary Marcus & Ernest Davis, 「2029 기계가 멈추는 날」, 81면.

특징은 방대한 양의 데이터를 학습하면서 데이터 사이의 관계를 포착하여 일련의 신경망 가중치에 도달한다는 것이다. 그런데 바둑처럼 규칙이 변하지 않는 게임의 경우와 달리, 우리가 현실에서 대면하게 되는 문제들은 적절하고도 충분한 데이터 확보가 비현실적이거나 불가능하다. 특히 언어 관련 심층학습의 한계는 새로운 의미를 가진 새로운 문장이 무한히 나오고 문장마다 미묘한 차이가 있다는데서 오는 것이다. 실제 상황 문제가 인공지능 시스템을 훈련시키는데 사용했던 데이터와 차이가 있을수록 인공지능 시스템의 신뢰도는 낮아진다. 53)

그렇다면 과연 구글번역기를 비롯한 국내 파파고, 카카오 i 와 같은 인공지능기반 통번역 애플리케이션이 특정상황에서는“문장은 성립되지만 뜻은 통하지 않는(literal but nonsensical)”번역결과를 내놓는 수준을 넘어 상황에 따라 맥락과 뉘앙스까지 포함하여 문법적으로도 맞고 뜻도 올바르게 통하는 범용적 수준의 통번역을 제공하거나 가까운 장래에 제공할 수 있게 될 것인가? 2018년 미국연방지방법원 판결 당시 통번역전문가가 지적한 기계번역의 한계 상당부분은 인공지능기술의 급속한 발전과 함께 해결되고 있는 중이다. 다만 완벽한 통번역 그 자체는 본래 불가능한만큼 기계번역에 대한 현실적 기대수준은 인간 통번역전문가 수준에 비교하여 판단할 문제가 될 것이다. 물론 인간 통번역사도 오역을 한다. 하지만 기계번역의 기본적 오류와는 다르다. 왜냐하면 통역사는 경찰과 피의자사이에서 물음과 대답이 통역을 통해 제대로 전달되고 이해되는지 오해가 발생하는지 언어뿐만 아니라 얼굴표정과 몸짓과 같은 '맥락'까지 파악하여 오역을 바로잡을 가능성이 있기 때문이다. 기계번역은 오류를 자체교정하면서 학습하는 기능을 발전시킨다 해도 인간 통번역사의 기능을 완전히 대체할 수는 없다.

무엇보다 일상생활이나 기업환경에서의 통번역 품질에 대한 기대내용과 수준과 경찰을 비롯한 형사사법기관과 시민이 마주하는 형사사법적 환경에서의 기대내용과 수준과는 차이가 있을 수밖에 없음은 물론이다. 뜻이 통하는 정도로 교환될 의사표현이 형사절차에서도 통할 수 있는 정도가 되는 것은 아니기 때문이다. 결국 형사절차에서 인공지능기반 도구의 활용은 정책적 필요성도 현실적으로 고려되어야겠지만, 특히 적법절차 보장과 관련해서는 단순히 기술적 한계해소와 발전으로 해결될 문제로 단순히 여기기 보다는 규범적 문제에 대한 연구와 판단이 우선되어야 할 것이다.

53) 같은 책, 113-114면.

2. 제도적 필요성 문제

최근 국내 체류 외국인 유입이 늘어나면서 폭력범죄, 교통범죄를 중심으로 외국인 범죄가 증가하고 있다. 2019년 국내 외국인 피의자는 39,249명으로 2018년 대비 12.7% 증가하였다. 특히 경찰은 외국인 밀집지역에서 흉기 소지 등 거동수상자 외국인 대상 검문검색을 강화하고 있다.[54] 따라서 의사소통이 되지 않는 외국인과 관련된 사건사고, 민원이 증가하는 현실에서 외국인이 언어장벽으로 인하여 부당한 수사를 받거나 경찰치안서비스를 받지 못하게 된다면 인권침해의 문제가 아닐 수 없기 때문에, 관련 경찰활동에 있어 통역 지원시스템 강화가 필요하다.[55] 하지만 2018년 현재 경찰의 외국어전문요원은 22개언어 356명, 민간요원은 34개언어 2,441명에 불과하다. 인력확보 통로도 소수의 외국어전문요원채용과 민간통역요원 등록, 자원하는 경찰관 정도에 한정되어 있다.[56]

미국의 경우 1966년 미란다고지 원칙이 정립된 이래, 영어를 구사하지 못하는 피의자 체포시 경찰은 원칙적으로 피의자 권리보장을 위해 통역사의 도움을 받아야 한다.[57] 피의자권리고지는 분명하고 명료하게 전달되어야("informed in clear and unequivocal term")[58]하기 때문이다. 물론 통역사의 상시대기와 활용은 마땅한 제도이기는 하지만, 현실적으로는 체포현장 단계부터 운용을 기대하기 어렵기는 미국도 마찬가지 실정이다. 하지만 문제는 단순히 통역인력 부족이나 기술적 수단의 대체가능성에 한정되지 아니한다.

앞서 미국 사례들에서 살펴본바, 미국내 스페인어사용자가 상당수를 차지하고 있는만큼, 경찰이 스페인어로 번역해 사용하는 미란다고지문 내용자체가 문제가 되기도 했다. 즉 스페인어 고지문의 경우 중요한 권리인 묵비권 또는 변호사 선임할 권리에 대한 내용을 포함하지 않은 경우, 또는 어색한 문구나 오번역이 포함된 경우가 있었다.[59] 이에 미국변호사협회(American Bar Association)는 미란다원칙상 피

---

54) 경찰청, 「경찰백서 2020」, 2020, 182－183면.

55) 김규리, "외국인범죄예방 및 인력활용 통한 치안서비스 향상 방안 연구" (경찰청, 2018) 3면.

56) 같은 논문, 11－12면.

57) "Miranda Rights Presented to Non－English Speaker" (http://www.mirandawarning.org/mirandarightspresentedtononenglishspeaker.html 2021년 8월 13일 최종검색)

58) Miranda v. Arizona, 384 U.S. 436 (1966)

59) 김민지, "한국형 미란다 경고의 문제점과 개선 방안", 『형사정책연구』 제91호 (한국형사정책연구원, 2012) 68면.

의자권리고지를 위해 경찰이 휴대하는 스페인어 미란다고지카드(Miranda Warning Card)의 번역 내용의 정확성과 통일성을 기하고, 또한 고지의 효과성을 높이기 위한 노력을 기울여 왔다.[60)]

예컨대 2016년부터 뉴올린언즈 경찰의 경우 미란다권리고지 내용을 스페인어로 기록한 카드를 소지하고, 경찰차량안에도 스페인어 미란다권리고지 동영상재생장치를 구비하고 있다. 접힌 카드를 개봉하면 스페인어 녹음내용이 재생되는 형식이며, 동영상은 경찰차내 스크린에 재생될 수 있다. 그리고 경찰이 부착한 바디캠(body camera)으로 피의자 권리가 스페인어로 고지되는 상황을 녹화할 수 있다. 이는 미국변협 혁신센터(ABA Center for Innovation), ITT 디자인대학(ITT Institute of Design), 뉴올리언즈 지역 로스쿨학생과 뉴올리언즈경찰청의 협업프로젝트 성과다. 이에 2017년부터 미국변협은 전국적으로 영어를 구사하기 어려운 스페인어 이외 언어사용자를 위해서도 프로젝트를 확대해 나가고 있다. [61)]

이처럼 형사절차상 약자로서 외국인에 대한 적법절차 보장을 위하여 사용가능한 도구개발의 필요성에 대한 인식과 노력은 인공지능기술발전 이전부터 계속되어 왔다. 인공지능기반 통번역 기술의 기능성과 편의성은 형사절차에서 적법절차 보장의 보완수단으로서 기대를 더욱 높이게 되었다. 특히 통역사처럼 체포와 압수수색현장에 즉시 활용하기 어려운 자원일수록 기술적 도구를 활용해 대체할 수 있다면, 피의자에 대한 적법절차 보장의 필요성과 형사사법자원의 가용성 격차문제 해결도 기대해 볼 수 있다.

하지만 인공지능기반 통번역 애플리케이션 기능의 기술적 한계뿐만 아니라, 경찰이 이러한 도구를 활용할 때 그 적법절차 보장 의도에도 불구하고 피의자입장에서 어떻게 수용할지는 형사사법기관이 아닌 시민의 관점, 그리고 취약집단의 관점에서 살펴볼 필요가 있다. 연구결과에 따르면, 취약 집단의 경우에 미란다고지에 대한 이해도가 낮고, 자신의 권리에 대한 이해도 역시 낮아서 권리를 쉽게 포기하는 상황에 이를 수 있기 때문이다.[62)] 하물며 인공지능기반 통·번역 애플리케이션을 통

60) "The need for a spanish miranda rights translation" (https://www.languageconnections.com/blog/spanish－miranda－rights－translation/ 2021년 8월 13일 최종검색)

61) "Non－English language Miranda tools promise major changes in criminal justice arena" (https://www.americanbar.org/news/abanews/aba－news－archives/2018/08/non－english_language/2021년 8월 13일 최종검색)

62) 김민지, "한국형 미란다 경고의 문제점과 개선 방안", 66면.; Richard Rogers et al, "The

해 외국인에게 전달된 내용을 통해 적법절차가 보장되기를 당연히 기대해서는 안 될 것이다.

한편 인공지능 기술발전은 국가전략적 차원에서 산업뿐만 아니라 사회전반, 그리고 형사사법시스템 영역에서도 추진되며, 우리나라도 마찬가지다. 다만 구체적 기술의 개발과 활용은 거대 민간기업, 다국적 기업에 대한 의존도가 크다. 이들이 개발한 인공지능기반 애플리케이션은 상당부분 비용없이 사회적으로 편리하게 활용된다. 그런데 형사사법기관이 활용함에 있어서는 '민관협력'의 모범사례로만 볼 일이 아니다. 비용절감과 형사사법자원 차원의 문제만도 아니다. 앞서 지적한 바, 거대민간기업이 주도하는 인공지능기술의 공적 사용, 특히 형사사법에서의 사용에 있어서 합법성과 공정성의 문제, 민간부문과 협력에도 불구하고 일정한 공적 통제 가능성이 확보될 수 있을지의 문제는 인공지능기반 프로그램의 활용에 있어서 먼저 연구검토해 보아야 할 과제다. 경찰이나 법원이 제도적 필요성이 인정되는 인공지능기반 도구를 자체적으로 개발한다는 것은 비용차원에서 비현실적일 것임은 물론이나, 민간개발 도구를 형사절차내에서 활용할 때는 그 효과성뿐만 아니라 정당성을 형사사법의 맥락에서 검토하여 수용함이 마땅할 것이다.

Ⅳ. 결론 : 형사사법에서 인공지능기술 활용의 필요성과 정당성

형사사법에서 새로운 인공지능기술 활용의 정책적 가능성과 잠재적 기대효과는 날로 커지고 있다. 이는 궁극적으로 형사사법시스템이 첨단기술을 수용함으로써 국민인권과 안전 증진을 향한 새로운 길을 여는데 기여할 수 있다는 의미라 할 것이다.[63] 그런데 정책적 필요성에서 비롯된 구체적 현안으로 들어가 보면, 인공지능기반 통·번역 어플리케이션의 형사절차상 활용사례에서 파악해야 할 문제의 핵심은 구글번역기와 같은 인공지능기술의 기능적 효과성보다는, 형사사법시스템에서 첨단기술기법 수용의 정당성이다.

앞서 제기한 문제, 즉 의사소통이 되지 않는 외국인에 대하여 경찰관이 휴대한 인공지능기반 통·번역 애플리케이션을 이용해 피의자 권리를 고지하여 체포한 경

Language of Miranda Warnings in American Jurisdictions: A Replication and Vocabulary Analysis", *Law and Human Behavior* 32(2), (2008) p.125.

63) Rigano, Christopher, "Using artificial intelligence to address criminal justice need", *NIJ Journal*, No. 280 (January 2019) p.8.

우, 피의자 동의를 확인하여 임의형식으로 압수한 경우, 그 첨단기술이 표상하는 객관성과 편의성에도 불구하고 이를 활용했다는 사실만으로는 적법절차에 의한 체포나 압수로 인정되지 못할 것이다. 인공지능기반 통번역기술의 정확도가 높아진다고 해결될 단순한 문제도 아니다.

즉 형사절차에서 첨단기술의 도입활용은 우리 헌법과 형사소송법상 적법절차 실현을 위한 법적 규정과 인적 역량이 갖추어진 연후에, 그리고 개발된 기술에 대한 과학적 검증과 실무활용에 대한 법적·정책적 검토를 충분히 거친 후에야 그 필요성뿐만 아니라 정당성도 비로소 인정받을 수 있게 된다. 이러한 충분해야 할 검토 내용에는 우선순위 판단 문제도 포함된다.

즉 인공지능기반 통·번역 애플리케이션을 통한 피의자권리고지의 형식 문제보다 먼저 해결되어야 할 것은 일선 경찰의 피의자권리고지에 대한 법령상 근거와 고지 내용의 명문화다. 우리 법문에 피의자권리고지 내용자체부터 명확히 확립된 연후에야 외국어 통·번역의 정확성 문제도 살필 수 있기 때문이다. 2021년 1월 국가인권위원회는 형사소송법 제200조의5가 피의자 체포 시 진술거부권 고지의무를 명문으로 규정하고 있지는 않지만, 경찰청 범죄수사규칙상 체포·구속 시 진술거부권 고지의무(제57조 제4항)가 규정되어 있기 때문에, 진술거부권까지 고지하지 않는다면 적법절차 원칙을 위반한 위법·부당한 행위로 판단한 바 있다.[64] 나아가 국가인권위원회는 사건현장 특성상 체포 및 이송 과정에서 사실상 피의자신문이 행해지는 경우에서도 피의자 권리를 보장하기 위해서는 불리한 진술을 거부할 권리가 있다는 사실이 분명하게 피의자에게 전달될 필요가 있기 때문에 현행 형사소송법 제200조의5상 체포시 권리고지의 의무대상으로 명확하게 규정할 것, 그리고 동조상 '변명의 기회'가 체포시 의무적 고지 대상인지, 항변할 기회를 주기만 하면 되는지가 불명확하기 때문에 체포 시 진술거부권과 함께 고지되도록 명확히 규정할 것을 권고하였다.[65] 또한 현실적으로 경찰 내부 외국인 통역관련 지침이나 관리규칙이 없어 확보되어 있는 통역가능 경찰관 활용조차 어렵고, 외국인 통역업무를 총괄하는 조직도 없는 실정이다.[66] 외국인 피의자에 대한 권리고지 내용이 명확하지 않

64) 국가인권위원회 침해구제제1위원회, 경찰의 미란다 원칙 미고지 19진정0857200 (2020년 11월 25일) 6면.

65) 국가인권위원회 침해구제제1위원회, 19진정0857200 (2020년 11월 25일) 10-11면.; 인권위, 법무부장관·경찰청장에게 미란다원칙 혼선 없도록 의견표명 (국가인권위원회 보도자료 2021년 1월 11일)

고, 통역전문인력 업무지침과 활용체계도 갖추어져 있지 않다면, 우선 검토되어야 할 문제가 인공지능기술 도입은 아니지 않은가?

결론적으로, 형사절차상 인공지능기반 도구나 기법은 확립된 적법절차의 보조적 수단이 될 수는 있겠지만, 그것만으로는 미비된 적법절차의 법적, 제도적 흠결을 메꾸는 대안이 되기는 어렵다. 인공지능기반 통·번역 애플리케이션의 형사절차상 활용에 있어서 근본적으로 살펴야 할 문제는 구글번역기와 같은 인공지능기술의 기능적 효과성보다는, 첨단기술기법 수용의 정당성이다. 즉 실체적 진실발견과 국민인권보장을 위해 인공지능기술을 개발하고 활용하려면, 기술에 대한 과학적 검증과 실무활용에 앞서 법적 검토를 충분히 거친 후에야 그 실익을 기대할 수 있는 것이다.

그리고 경찰의 인공지능기반 통·번역 애플리케이션 활용사례를 통해 유의할 점은 두 가지며, 이는 형사사법에서 인공지능기술 활용의 필요성과 정당성을 신중히 살피기 위함이다.

첫째, 첨단기술을 활용한 적법절차 보장과 인권 존중의 취지에 따라 외국인과 같은 취약집단을 정책적으로 고려하여 새로 개발된 도구나 기법을 도입활용할 필요성은 인정된다. 그런만큼 취지와 달리 비효과성과 남용가능성의 부작용이 결과될 수 있음을 유의할 필요도 있다. 상식적으로 인공지능기반 통번역 애플리케이션의 편리성이라는 것도 대개 수사기관 입장에서 편리함이지, 피의자 입장에서 편리한 도움이 되기는 어렵다. 인권보장의 외관을 취하면서 오히려 인권보장제도를 장식적 절차로 만들어버리는 결과에 이르게 되지 않도록 주의를 기울여야 한다.

둘째, 현실적으로 과학적 검증과 법적 검토의 신중함은 국민인권이나 편익 또는 민관협력이라는 명분과 첨단과학기술이 주는 아우라(aura) 때문에 뒤로 밀려나기 쉽다는 점에 유의해야 한다. 그 마땅한 신중함을 견지하려면 인공지능으로 대표되는 첨단과학기술의 형사사법적 활용에 대한 원칙의 정립과 정책도입단계에서의 검토와 투입활용단계에서의 검증이 체계화되어야 한다. 형사절차에서 인공지능기술의 도입과 적법절차에 따른 활용문제[67]에 관해서는 별도의 규범적 원칙과 정책적

66) 김규리, "외국인범죄예방 및 인력활용 통한 치안서비스 향상 방안 연구", 10면.

67) 예를 들어 인공지능기반 예측알고리듬의 편향과 자의성 문제에 대해서는 그 공정성과 정확성에 대한 검증 가능성, 대상자 개인의 예측결과에 대한 문제제기 가능성을 내용으로 하는 적법절차적 보장이 필요하다. (Danielle K. Citron, *The Scored Society: Due Process for Automated Prediction*, 89 Washington Law Review 1 (2014) pp.20-29.)

전략이 정립되어야 한다.

논문투고일 : 2021.09.03 논문심사일 : 2021.09.10 게재확정일 : 2021.09.27

【참고문헌】

국가인권위원회, "인권위, 법무부장관 · 경찰청장에게 미란다원칙 혼선 없도록 의견 표명" 보도자료 2021년 1월 11일

김규리, "외국인범죄예방 및 인력활용 통한 치안서비스 향상 방안 연구", 경찰청, 2018

김민지, "한국형 미란다 경고의 문제점과 개선 방안", 『형사정책연구』 제91호, 한국형사정책연구원,2012

김한균, "4차산업혁명의 형사정책", 『형사법의 신동향』 55, 대검찰청, 2017

김한균 · 권순철 · 이승한, 『압수수색과 위법수집증거배제법칙에 관한 연구』, 한국형사정책연구원, 2008

경찰청, 「경찰백서 2020」, 2020

서울지방경찰청 정보화장비과, "2018년도 외국어 통역 앱 운영 결과 보고", 서울지방경찰청, 2019

Bergman, Paul, Michael Asimow, *Reel Justice: The Courtroom Goes to the Movies*, 1996

Citron, Danielle K., "The Scored Society: Due Process for Automated Prediction", *89 Washington Law Review 1*, 2014

Fletcher−Janzen, Elaine, Tony L. Strickland, Cecil R. Reynolds eds., *Handbook of Cross−Cultural Neuropsychology*, 2000

Hofstadter,Douglas, "The Shallowness of Google Translate", *The Atlantic*, January 30, 2018

Lewis−Kraus, Gideon, "The Great A.I. Awakening", *NYT Magazine*, December 14, 2016

Livni, Ephrat, "A US court rejected Google Translate as a means of providing consent to a cop" (https://qz.com/1306830/a−us−court−rejected−google−translate−as−a− means−of−providing−consent−to−a−cop/)

Greene, Lane, "Machine Translation: Beyond Babel", *The Economist*, January 5,

2017

Marcus, Gary & Ernest Davis, *Rebooting AI: Building AI We Can Trust*, 2019, 이영래 역, 2029 기계가 멈추는 날, 비즈니스북스, 2021

Rigano, Christopher, "Using artificial intelligence to address criminal justice need", *NIJ Journal* No. 280, January 2019

Rogers, Richard et al, "The Language of Miranda Warnings in American Jurisdictions: A Replication and Vocabulary Analysis", *Law and Human Behavior* 32(2), 2008

【국문초록】

최근 경찰은 네이버의 스마트폰 통역 애플리케이션에 치안 현장에서 자주 쓰이는 내용을 모아 적용하는 경찰 회화 기능을 추가하고, 그 통역기능을 현장 경찰관이 외국인 피의자 인권보호를 위해 사용한다는 방침을 밝힌 바 있다. 이와 관련하여 2018년 경찰의 구글번역 애플리케이션 활용 압수수색에 대한 미국 연방법원 판결례가 시사하는 바, 인공지능기술 기반 프로그램의 기술적 측면과 법적 측면을 아우르는 신중한 검토를 해 본다면, 인공지능기반 통·번역 애플리케이션을 통한 피의자권리고지보다 먼저 해결되어야 할 것은 일선 경찰의 피의자권리고지에 대한 법령상 근거와 고지내용의 명문화다. 법규정에 피의자권리고지 내용자체부터 명확히 확립된 연후에야 외국어 통·번역의 정확성 문제도 살필 수 있기 때문이다. 즉, 형사절차상 인공지능기반 도구나 기법은 확립된 적법절차의 보조적 수단이 될 수는 있겠지만, 그것만으로 미비된 적법절차의 법적, 제도적 흠결을 메꾸는 대안이 되기는 어렵다.

결국 인공지능기반 통·번역 애플리케이션의 형사절차상 활용에 있어서 근본적으로 살펴야 할 문제는 구글번역기와 같은 인공지능기술의 기능적 효과성보다는, 첨단기술기법 수용의 정당성이다. 즉 실체적 진실발견과 국민인권보장을 위해 인공지능기술을 개발하고 활용하려면, 기술에 대한 과학적 검증과 실무활용에 앞서 법적 검토를 충분히 거친 후에야 그 실익을 기대할 수 있는 것이다. 그런데 현실적으로 과학적 검증과 법적 검토의 신중함은 국민인권이나 편익 또는 민관협력이라는 명분과 첨단과학기술이 주는 아우라 때문에 뒤로 밀려나기 쉽다는 점에 유의해야 한다.

마땅한 신중함을 견지하려면 인공지능으로 대표되는 첨단과학기술의 형사사법적 활용에 대한 원칙의 정립과 정책도입단계에서의 검토와 정책투입활용단계에서의 검증이 체계화되어야 한다. 뿐만 아니라 민간이 개발한 인공지능기반 애플리케이션을 형사사법기관이 활용하는 문제도 민간부문과 협력의 명분과 실용의 긍정적 측면에도 불구하고 일정한 공적 통제 가능성이 확보될 수 있을지 역시 신중한 검토가 필요할 것이다.

◈ 주제어: 인공지능기반 통 · 번역 애플리케이션, 기계번역, 피의자 권리고지, 위법수집증거, 적법절차

【Abstract】

AI－based Translation in Criminal Procedure and the Due Process

Kim, Han－Kyun*

Recently, Korean police has introduced smartphone－based interpretation application for the protection of foreign victims and the rights of suspects. At this point, it is worth studying the 2018 case of US Federal District Court of Kansas. The Kansas court found the Google Translate's "literal but nonsensical" interpretations changed the meaning of the officer's questions, and as a result the suspect's consent to the search couldn't really have been knowing. Professional interpreters testified that Google Translate offers only "literal word－for－word translations" and cannot take context into consideration. The court ruled that while it might be reasonable for an officer to use Google Translate to gather basic information such as the defendant's name or where the defendant was traveling, the court does not believe it is reasonable to rely on the Google service to obtain consent to an otherwise illegal search. The decision is especially notable because it comes at a time when courts around the world are increasingly considering relying on machine translation during legal proceedings.

For introducing AI－technology based policy and tools in the criminal process, especially for promoting due process principles and the protection of suspect's rights, the criminal justice system should take both the necessity and legitimacy of such policy and tools into account. In conclusion, AI－based tools or devices may provide supplementary measures for the due process in criminal procedure, but not as substitute for any proper measures legally approved. Thus, the key concern to be considered in such introduction of AI－based techniques to criminal justice system is relevant legal provisions and scientific investigation of such measures.

---

68) Senior Research Fellow, Korean Institute of Criminology and Justice, Ph.D.

◈ Key Words: Artificial intelligence, Google Translate, The 4th Amendment, Illegal search and seizure, Miranda warning, good-faith exception

한국형사소송법학회『형사소송 이론과 실무』
제13권 제3호 (2021.09) 175~199면.
Theories and Practices of Criminal Procedure Vol. 13 No. 3 (September. 2021) pp. 175~199.
10.34222/kdps.2021.13.3.175

개정 형사소송법 제312조 제1항 시행에 대한 경과규정 부재와 그로 인한 실무상 혼란

조 지 은*

목 차

Ⅰ. 서설
Ⅱ. 증거조사절차 및 증거동의
Ⅲ. 개정 형사소송법 제312조 제1항 시행 이후 예상되는 문제점
Ⅳ. 경과규정의 필요성
Ⅴ. 결론

Ⅰ. 서설

1954년 형사소송법이 제정[1)]된 이후 현재까지 피고인이 공판정에서 검사 작성 피의자신문조서의 진정성립을 인정할 경우 그 조서의 증거능력이 인정되어 왔으나, 형사소송법이 개정[2)]되면서 검사 작성 피의자신문조서의 증거능력 인정 요건에 큰 변화가 생기게 되었다. 즉, 개정 형사소송법 제312조 제1항은 "검사가 작성한 피의

* 이 연구는 영남대학교 학술연구조성비에 의한 것임
** 영남대학교 법학전문대학원 부교수

1) 제정 형사소송법 제312조는 '검사 또는 사법경찰관의 피의자 또는 피의자 아닌 자의 진술을 기재한 조서, 검증 또는 감정의 결과를 기재한 조서와 압수한 서류 또는 물건은 공판준비 또는 공판기일에 피고인 또는 피고인 아닌 자의 진술에 의하여 그 성립의 진정함이 인정된 때에는 증거로 할 수 있다. 단, 검사 이외의 수사기관에서 작성한 피의자의 신문조서는 그 피의자였던 피고인 또는 변호인이 공판정에서 그 내용을 인정할 때에 한하여 증거로 할 수 있다.'라고 규정하고 있다.

2) 2020. 2. 4. 법률 제16924호로 일부 개정되어 공포되었고, 2021. 1. 1.부터 시행되는 형사소송법을 말한다. 다만, 본고의 주제인 형사소송법 제312조 제1항 개정 규정은 2022. 1. 1.부터 시행될 예정이다. 본고에서 '개정 형사소송법'이라 함은 위 법률을 의미한다.

자신문조서는 적법한 절차와 방식에 따라 작성된 것으로서 공판준비, 공판기일에 그 피의자였던 피고인 또는 변호인이 그 내용을 인정할 때에 한정하여 증거로 할 수 있다."라고 규정하여 검사 작성 피의자신문조서에 대하여도 현행 형사소송법의 사경 작성 피의자신문조서와 같이 "내용 인정"을 증거능력 부여 요건으로 요구함으로써 검사 작성 피의자신문조서의 증거능력 인정 요건이 강화되었다. 또한, 예외적으로 피고인이 진정성립을 부인하는 경우 영상녹화물이나 그 밖의 객관적인 방법에 의해 진정성립이 증명되고, 특신상태가 증명되는 경우에 증거능력을 부여받을 수 있도록 규정하였던 제312조 제2항이 삭제되었다.[3)]

개정 형사소송법은 검사 작성 피의자신문조서의 증거능력을 강력하게 제한하여 피고인이 '내용 부인'할 경우 수사기관에서의 진술이 법정에 현출될 수 없도록 하였다.[4)] 그러나 이는 수사기관이 획득한 피의자의 진술은 모두 거짓 또는 위법할 가능성이 농후한 증거이고, 법정에서 행해지는 진술만이 진실하고 적법한 증거라는 인식에서 비롯된 결과이다. 그러나 현행 실무상 검사 작성 피의자신문조서의 문제는 증거능력 인정 여부가 아니라 증거능력이 인정되면 그에 대해 과도하게 증명력을

---

3) 조서에 진술자가 진술한 대로 기재되어 있다(진정성립)는 것 외에 '조서의 진술 내용이 사실에 부합함을 인정한다'는 것이 내용인정이 된다. 수사기관에서 진술한 대로 기재되어 있는 것은 맞으나 진술 내용이 거짓이라고 하면 내용 부인이 되어 해당 조서에 대해 증거능력이 부여되지 않고 결국 그 조서는 법정에 제출되지 못하게 된다. 따라서 검사 작성의 피의자신문조서에 대해 '진술한 대로 기재되어 있음(진정성립)'을 부인할 경우 영상녹화물 등으로 진정성립을 입증할 수 있도록 한 규정이 존속할 의미가 퇴색되었다. 진정성립은 부인하면서 그 내용은 사실과 같다고 하는 경우는 없을 것이기 때문이다.

4) 피의자신문조서에 대하여 내용 부인할 경우, 수사기관에서의 진술을 법정에 현출할 수 있는 수단으로는 형사소송법 제316조의 조사자 증언이 있으나, "피고인을 검거한 경찰관의 검거 당시 또는 조사 당시 피고인이 범행사실을 순순히 자백하였다는 취지의 법정증언이나 위 경찰관의 진술을 기재한 서류는, 피고인이 그 경찰관 앞에서의 진술과는 달리 범행을 부인하는 이상 형사소송법 제312조 제2항(현행 형사소송법 제312조 제3항)의 취지에 비추어 증거능력이 없다고 보아야 한다(대법원 2005. 11. 25. 선고 2005도5831 판결)", "피고인을 피의자로 조사하였거나 조사에 참여하였던 자들의 증언은 오로지 증언자의 주관적 기억 능력에 의존할 수 밖에 없어 객관성이 보장되어 있다고 보기 어렵다(대법원 2016. 2. 18. 선고 2015도16586 판결)"라는 종전의 대법원 판결에 비추어 보면 향후 법원이 조사자의 증언을 얼마나 신빙할 것인지 크게 기대하기 어렵다.

한편, 조사자 증언에 대하여 특신성 기준이 명확하지 않아 예측하기 어렵고 법원에서 증명력 문제를 혼합하여 판단하는 경우가 많아 증거능력 인정받기가 매우 까다롭다는 점에서 실무상 활용도가 매우 떨어진다는 견해, 한연규, "사법경찰관의 조사자증언과 수사상 진술의 증거활용", 『형사법의 신동향』 통권 제60호(대검찰청, 2018), 215면

인정해 준 데 있다. 즉 집중심리나 변론종결 후 즉일 선고를 하는 재판운영방식이 아니라 속행 기일을 2~3주 간격으로 수 회 공판을 진행하고 변론 종결 후에도 2~3주 이상의 시간을 두고 선고를 하는 방법으로 재판이 진행되어 왔는데, 그러한 경우 법원은 기억을 되살리기 위해 기록을 필요로 하게 되고 증거능력이 부여된 조서에 의존하는 경향이 있었다.[5)]

형사소송의 목적은 적정절차에 의한 신속한 실체진실의 발견이다.[6)] 피고인이 법정에서 범행을 부인하는 경우 피고인의 자백진술이 기재된 검사 작성 피의자신문조서의 증거능력을 부인하여 법정에 현출될 가능성을 원천적으로 봉쇄하기 보다는 피고인의 수사기관에서의 진술과 법정에서의 진술을 다른 증거들과 함께 종합적으로 고려하여 어느 것이 진실인지를 가리는 것이 실체진실 발견이라는 형사소송의 목적에 더욱 부합한다. 더구나 피의자신문조서의 증거능력을 피고인의 내용 인정 여부에 따라 결정한다는 것은 결국 피고인이 "내가 진술한 것이 진실에 부합한다"라고 확인해 줘야 한다는 것이고, 이는 조서의 증거능력 문제가 아니라 증명력 문제임에도 불구하고 피고인에게 증명력 유무에 대한 판단을 부여함으로써 "증거의 증명력은 법관의 자유판단에 의한다"라는 형사소송법 제308조의 취지에도 명백히 어긋난다.[7)]

그러나 개정 형사소송법은 검사 작성 피의자신문조서에도 '내용 인정' 요건을 추가함으로써 사실상 수사기관에서의 피의자 진술을 증거로 사용할 수 없도록 하였고 이는 되돌릴 수 없는 입법자의 결단이다. 따라서 본고에서 검사 작성 피의자신문조서 증거능력 제한의 타당성 여부에 대해 논하고자 하는 것은 아니다. 다만, 형사소송법과 같은 절차법의 경우 소급효금지의 원칙이 적용되지 않으므로[8)], 위 개

5) 이완규, "공판중심주의를 둘러싼 개념상의 혼돈", 『법조』 통권 제585호(법조협회, 2005), 54~55면 참조

6) 대법원 2008. 2. 29. 선고 2007도10414 판결

7) 김정한, "피의자신문조서의 증거능력에 관한 소고", 『법조』 통권 제595호(법조협회, 2006), 308면 참조

8) 소급금지원칙이란 행위 당시 처벌법규가 존재하지 않음에도 불구하고 사후입법을 제정하는 것은 물론(소급입법금지), 법관이 법을 적용함에 있어 법률시행 이전의 행위에까지 행위자에게 불리하게 소급하여 적용하는 것을 금지한다는 원칙(소급적용금지)을 말한다. 절차법 규정이라 하더라도 범죄의 가벌성과 직접 관계있는 경우, 예를 들어 친고죄가 비친고죄로 변경되거나 공소시효가 연장 또는 폐지되는 경우에는 견해 대립이 있으나, 일반적인 절차법 규정은 어떤 행위의 실체 내용과 관련하여 범죄인정 및 불인정을 직접 선언하는 규정이 아니므로 원칙적으로 소급금지원칙의 적용대상이 되지 않는다. 김성돈, 『형법총론』, 제7판(성균관대학교

정 형사소송법 제312조 제1항이 시행되는 2022년 1월 1일 이후에는 검사 작성의 피의자신문조서에 대해 피고인의 '내용 인정'이 있어야만 증거능력이 인정되게 된다. 그런데 위와 같이 형사소송법을 개정하면서 부칙에 아무런 경과규정을 두지 않았는바, 그로 인해 개정된 제312조 제1항이 시행되는 2022년 1월 1일 이후 실무상 여러 혼란이 발생될 것으로 예상된다.

따라서 이하에서 증거조사 절차 및 증거동의에 대해 간략히 검토하고, 실무상 발생 가능한 여러 문제들과 그와 같은 문제를 해결하기 위한 경과규정에 대해 고찰해 보고자 한다.

Ⅱ. 증거조사절차 및 증거동의

1. 증거조사

협의의 증거조사란 통상 수소법원이 공판기일 및 공판기일 외에서 피고사건에 관한 사실을 인정하는데 필요한 심증을 얻기 위해 각종 증거방법을 조사하여 그 내용을 감지하는 소송행위를 말하는데 반해 광의의 증거조사란 협의의 증거조사뿐만 아니라 증거조사와 관련되는 증거신청, 증거결정, 이의신청 등 절차 전체를 가리키는바, 형사소송법 제290조 이하의 증거조사는 광의의 증거조사로 이해된다.[9]

검사, 피고인 또는 변호인은 법원에 대하여 증거를 신청하게 되는데, 증거를 신청함에 있어서는 그 증거와 증명하고자 하는 사실과의 관계를 구체적으로 명시하여야 하며, 특별한 사정이 없는 한 필요한 증거를 일괄적으로 신청하여야 한다.[10] 실무상 검사의 증거신청은 수사검사가 미리 작성한 증거목록을 제출하는 방식으로 이루어진다. 검사가 제1회 공판기일에 피고인에 대한 검사 작성 피의자신문조서를 증거로 신청하면 피고인 또는 변호인이 그 조서에 대해 의견을 진술하게 되는데 현행 형사소송법에 따르면 검사 작성 피의자신문조서에 대하여는 '적법성, 실질성립, 임의성'에 대한 의견진술만이 가능하다.

출판부, 2021), 81~83면; 김혜정 · 박미숙 · 안경옥 · 원혜욱 · 이인영, 『형법총론』, 제3판(정독, 2020), 22면; 이재상, 『형법총론』, 제10판(박영사, 2019), 21~22면; 성낙현, 『형법총론』, 제3판(박영사, 2020), 70~71면

9) 사법연수원 출판부, 『형사증거법 및 사실인정론』, (사법연수원, 2019), 125~126면

10) 형사소송규칙 제132조, 제132조의2

피고인 또는 변호인이 제1회 공판기일 전에 검사가 제출할 증거서류에 대하여 열람등사 후 그 내용을 모두 파악하여 제1회 공판기일에서 증거의견을 제시하는 것이 신속한 재판 진행을 위해 이상적이겠으나, 변호인 선임이 늦게 이루어졌거나 증거기록의 양이 방대하여 열람등사 및 증거기록 검토에 시일이 오래 걸릴 경우 제1회 공판기일에 증거의견을 제시하기 어려운 경우도 종종 있다. 그런 경우 변호인은 제2회 공판기일 이후에 증거의견을 개진하게 된다.

법원은 당사자의 증거신청에 대하여 결정을 하여야 하며, 직권으로 증거조사를 할 수 있다.[11] 당사자의 증거신청에 대한 법원의 채택여부의 결정은 판결 전의 소송절차에 관한 결정으로서 이의신청을 하는 외에는 달리 불복할 수 있는 방법이 없으나, 다만 그로 말미암아 사실을 오인하여 판결에 영향을 미치기에 이른 경우에는 이를 상소의 이유로 삼을 수 있다.[12]

검사가 서류를 증거로 신청하였는데 그 서류의 증거능력이 문제되는 경우에는 미리 각 증거를 피고인에게 제시하게 하고 증거능력 유무에 관한 의견을 개진하게 하여 증거능력 유무를 명확히 한 다음 증거결정을 해야 하는데, 피고인의 공판 진술에 의해 증거능력이 있다고 인정되는 서류는 채택결정을 하고, 그렇지 않은 서류는 기각결정을 하여야 한다. 피고인이 내용을 부인하는 사경 작성 피의자신문조서의 경우에는 증거능력이 없는 것이 확실하므로 즉시 기각결정을 하게 되나, 현행법상 검사 작성 피의자신문조서에 대해 성립 진정은 인정하나 임의성을 다투는 경우와 같이 피고인의 공판 진술에 의해 증거능력 유무가 가려지지 않는 경우라면 채부결정을 보류하였다가 증거능력 유무가 확실해진 후에 증거결정을 하게 된다.

검사, 피고인 또는 변호인은 증거조사에 관하여 이의신청을 할 수 있다.[13] 다만, 재판장의 증거신청 결정에 대한 이의신청은 법령위반이 있음을 이유로 하여서만 할 수 있다.[14] 이는 증거조사 절차상의 위법·부당함을 당사자로 하여금 신속히 지적하게 함으로써 그 하자를 지체없이 보정하게 하여 증거조사의 적정을 도모하기 위함이다.[15]

법원은 이의신청이 있는 경우 즉시 결정해야 한다. 이의신청 중 증거조사를 마친

11) 형사소송법 제295조
12) 대법원 1990. 6. 8. 선고 90도646 판결
13) 형사소송법 제296조 제1항
14) 형사소송규칙 제135조의2
15) 앞의 『형사증거법 및 사실인정론』 139면

증거가 증거능력이 없음을 이유로 한 이의신청을 이유있다고 인정할 경우에는 그 증거의 전부 또는 일부를 배제한다는 취지의 결정을 하여야 한다.[16] 이의신청을 하지 않은 경우 하자가 치유되는지 여부는 이의신청 대상이 된 행위의 위법사유에 따라 달라지는데, 증거능력 없는 증거를 조사한 경우나 적법한 증거조사를 하지 않은 경우와 같이 위법이 심리의 실질에 관한 경우에는 하자가 치유되지 않는다.[17]

2. 증거동의

검사와 피고인이 증거로 할 수 있음을 동의한 서류 또는 물건은 진정한 것으로 인정한 때에는 증거로 할 수 있다.[18] 전문법칙에 따라 증거능력이 없는 증거에 대해 당사자의 동의가 있으면 증거능력을 부여하여 불필요한 증인신문을 회피할 수 있도록 함으로써 신속한 재판 진행과 소송경제에 부합할 수 있도록 하기 위함이다.[19]

형사소송법 제318조 제1항은 동의의 대상으로 서류 또는 물건이라 규정하고 있다. 그 중 서류에 관해서 살펴보면, 공동피고인 또는 상피의자에 대한 피의자신문조서,[20] 진술조서[21], 조서나 서류의 사본[22]과 사진[23], 대화 내용이 녹음되어 있는 보이스펜[24] 등도 동의의 대상이 된다.

검사가 작성한 피고인에 대한 피의자신문조서[25]의 경우 피고인이 동의한 때에는 성립의 진정과 특신상태를 조사할 필요가 없다는 점에서 동의의 대상이 되며,[26] 실무상 자백하는 피고사건에서 피고인 또는 변호인이 검사가 제출한 증거에 대해 일

---

16) 형사소송규칙 제138조, 제139조

17) 법원행정처, 『법원실무제요 형사(Ⅱ)』, (법원행정처, 2014), 291면

18) 형사소송법 제138조 제1항

19) 이재상 · 조균석 · 이창온, 『형사소송법』, 제13판(박영사, 2021), 696면; 이은모 · 김정환, 『형사소송법』, 제8판(박영사, 2021), 720면; 김정한, 『실무형사소송법』, 2020년개정판(준커뮤니케이션즈, 2020), 688면; 손동권 · 신이철, 『새로운 형사소송법』, 제4판(세창출판사, 2019), 654면

20) 대법원 1982. 9. 14. 선고 82도1000 판결

21) 대법원 1999. 10. 22. 선고 99도3273 판결

22) 대법원 1986. 5. 27. 선고 86도593 판결

23) 대법원 1997. 9. 30. 선고 97도1230 판결

24) 대법원 2008. 3. 13. 선고 2007도10804 판결

25) 대법원 1965. 7. 20. 선고 65도453

26) 이재상 · 조균석 · 이창온, 앞의 책, 699면; 이주원, 『형사소송법』, 제3판(박영사, 2021), 532~533면; 김정한, 앞의 책, 692면; 손동권 · 신이철, 앞의 책, 657면

괄적으로 동의한다는 의사를 표시하는 경우가 많다.

한편, 피고인의 증거 동의가 의제되는 경우도 있다. 피고인의 출정 없이 증거조사를 할 수 있는 경우에 피고인이 출정하지 아니한 때에는 동의가 있는 것으로 간주한다.[27] 또한, 간이공판절차에 의하여 심판하는 경우 피고인 또는 변호인이 증거로 함에 이의가 없으면 동의한 것으로 간주되며,[28] 피고인과 변호인이 재판장의 허가를 받지 않고 무단퇴정한 경우 피고인의 진의와는 관계없이 동의가 있는 것으로 간주된다.[29] 그 밖에 피고인이 공시송달의 방법에 의한 공판기일 소환을 2회 이상 받고도 출석하지 아니하여 법원이 피고인 없이 증거조사를 하는 경우에도 피고인의 증거동의가 있는 것으로 간주되며,[30] 약식명령에 불복하여 정식재판을 청구한 피고인이 2회 불출석하여 법원이 피고인의 출정 없이 증거조사를 하는 경우[31]에도 증거동의가 있는 것으로 간주된다.

당사자가 동의한 서류 또는 물건은 진정한 것으로 인정되면 증거능력이 부여되는데, 동의의 효력은 공판절차의 갱신이 있거나 심급을 달리하는 경우에도 달라지지 않는다.[32] 피고인이 1심에서 참고인에 대한 수사기관의 진술조서에 대해 증거동의하였다면 항소심에서 부동의한다는 의사를 밝히더라도 일단 적법하게 부여된 조서의 증거능력은 유지된다.[33] 1심에서 피고인의 소재불명으로 공시송달 및 증거동의 간주조항에 따라 증거조사가 완료되었다면, 피고인이 항소심에 출석하여 공소사실을 부인하면서 증거동의를 철회 또는 취소한다는 의사를 표시하여도 적법하게 부여된 조서의 증거능력이 상실되는 것은 아니다.[34] 약식명령에 불복하여 정식재판을 청구한 피고인이 정식재판 절차에서 2회 불출석하여 법원이 피고인의 출석 없이 증거조사를 하는 경우에도 동일하다.[35]

---

27) 형사소송법 제318조 제2항
28) 형사소송법 제318조의3
29) 대법원 1991. 6. 28. 선고 91도865 판결
30) 대법원 2011. 3. 10. 선고 2010도15977 판결
31) 대법원 2010. 7. 15. 선고 2007도5776 판결
32) 이재상 · 조균석 · 이창온, 앞의 책, 704면; 정웅석 · 최창호 · 이경렬 · 김한균, 『신형사소송법』, (박영사, 2021), 650면; 이은모 · 김정환, 앞의 책, 729면; 손동권 · 신이철, 앞의 책, 663면; 노명선 · 이완규, 『형사소송법』, 제4판(성균관대학교출판부, 2015), 529면
33) 대법원 1965. 6. 29. 선고 65도346 판결; 대법원 1991. 1. 11. 선고 90도2525 판결
34) 대법원 2011. 3. 10. 선고 2010도15977 판결
35) 대법원 2010. 7. 15. 선고 2007도5776 판결

피고인 또는 변호인이 증거동의하였다 하더라도 당해 증거에 대해 증거조사가 완료되기 전에는 동의를 철회함으로써 그 증거를 유죄 인정의 자료로 사용할 수 없도록 할 수 있으나, 그 증거에 대해 증거조사가 완료된 뒤에는 철회에 의해 이미 인정된 증거의 증거능력이 상실되지는 않는다.[36] 다만 적법절차 보장의 정신에 비추어 동의의 의사표시에 그 효력을 그대로 유지하기 어려운 중대한 하자가 있고 그에 관하여 피고인 또는 변호인에게 귀책사유가 없는 경우에 한하여 예외적으로 증거조사 절차가 완료된 뒤에도 동의의 의사표시를 취소할 수 있고, 그 취소 주장이 이유 있는 것으로 받아들여지게 되면 법원은 증거배제결정을 통하여 그 증거를 유죄 인정의 자료에서 제외하게 된다.[37]

Ⅲ. 개정 형사소송법 제312조 제1항 시행 이후 예상되는 문제점

일반적으로 검사 작성 피의자신문조서에 대한 내용 부인은 검찰에서 자백한 피의자가 공소제기된 후 법정에서 범행을 부인하는 경우가 많을 것이나, 검찰에서 부인한 피고인의 경우에도 검사 작성 피의자신문조서에 대해 내용 부인을 할 수 있다. 검찰에서는 반드시 자백 획득을 위하여만 조사를 진행하는 것이 아니라 부인하는 피의자에 대해서도 그 부인 진술에 일관성이 있는지 여부, 검찰에서 확보한 다른 증거들에 비추어 모순점은 없는지 여부 등을 밝혀 그 진술에 신빙성이 없음을 나타내기 위해 조사를 하기도 한다.

절차법에는 통상적으로 소급효 금지의 원칙이 적용되지 않고, 더구나 검사 작성 피의자신문조서에 대해 내용 부인만으로 증거능력이 부여되지 않게 되는 것은 피고인에게 불리한 것이 아니므로 소급효 금지의 원칙을 논할 것도 없다. 따라서 개정 형사소송법 제312조 제1항은 2022년 1월 1일 이후에 진행 중인 피고 사건에 곧바로 적용되게 되고, 검찰에서의 자백 또는 부인 진술이 스스로에게 불리하다고 생각되는 피고인들은 그 진술이 법정에 현출되기를 바라지 않을 것이므로 검사 작성 피의자신문조서에 대해 내용 부인하려고 할 것인데, 위에서 살펴 본 바와 같이 증거조사에 수 회의 기일이 소요될 수 있고 증거조사가 완료된 뒤에도 예외적으로 증

---

36) 앞의 『법원실무제요 형사(Ⅱ)』 147면; 이재상 · 조균석 · 이창온, 앞의 책, 705면; 정웅석 · 최창호 · 이경렬 · 김한균, 앞의 책, 650면, 이주원, 앞의 책 537면

37) 앞의 『법원실무제요 형사(Ⅱ)』 147면; 대법원 2008. 7. 10. 선고 2007도7760 판결 참조

거동의 철회가 가능하다는 점에서 실무상 혼란이 예상된다. 아래에서 예상되는 문제점을 유형별로 살펴보고자 한다.

1. 공소제기 후 증거조사 완료 전 2022년 1월 1일이 경과한 경우

예를 들어 2021년 9월 1일에 피고인에 대하여 공소제기가 이루어졌고, 1회 공판기일이 2021년 10월 1일이었는데 피고인 측에서 검사 작성 피의자신문조서에 대해 동의하거나 적법성, 실질성립, 임의성을 모두 인정하였으나, 그 외 다른 증거에 대해 부동의하여 2회, 3회 공판기일이 열리고 증인신문절차 등 증거조사가 진행 중인 상황에서 2022년 1월 1일이 지났다고 가정해 보자.

피고인 측은 2022년 1월 1일이 지났으므로 개정 형사소송법 제312조 제1항의 적용을 받아야 한다고 주장하면서 검사 작성 피의자신문조서에 대해 내용 부인을 할 수 있다. 또는 제1회 공판기일에서 검사 작성 피의자신문조서에 대한 증거의견을 제시할 당시에도 내용 부인을 하였으나 그때는 개정 형사소송법 제312조 제1항이 적용되기 이전이므로 증거목록에 내용 부인이 표시되지 않았는데, 이제는 개정 형사소송법 제312조 제1항이 적용되므로 증거목록에 내용 부인이라고 표시하고 증거능력을 부여하지 말라고 주장할 수 있다.

법원은 증거신청을 기각·각하하거나 증거신청에 대한 결정을 보류하는 경우 증거신청인으로부터 당해 증거서류 또는 증거물을 제출받아서는 아니 된다.[38] 위 예시에서 검사가 증거로 신청한 검사 작성 피의자신문조서 대해 피고인이 동의하거나 적법성, 실질성립, 임의성을 모두 인정하여 증거능력이 부여되면 검사는 해당 피의자신문조서를 법원에 제출하게 된다.[39] 그런데 개정 형사소송법 제312조 제1항이 적용되어 피고인이 내용 부인을 주장하게 되면 검사 작성 피의자신문조서는 증거능력이 없어지게 되고 결국 법원은 해당 피의자신문조서를 검사에게 반환해야 하는 문제점이 있다.[40]

또 다른 예를 들자면, 2021년 9월 1일에 피고인에 대하여 공소제기가 이루어졌고 제1회 공판기일이 2021년 10월 1일이었는데 피고인 측에서 검사 작성 피의자신

38) 형사소송규칙 제134조 제4항

39) 실무상 채택결정이 있을 때마다 해당 증거를 개별적으로 제출받지 않고, 모든 증거조사가 완료된 이후 증거능력이 부여된 증거기록들을 일괄 제출받고 있다.

40) 앞의 『법원실무제요 형사(Ⅱ)』 172면

문조서에 대한 증거의견 제시를 보류하면서 제2회, 제3회 공판기일이 계속 공전되게 하고, 2022년 1월 1일이 지난 다음에야 내용 부인하겠다고 의견을 제시할 수도 있다.

앞서 살펴 본 바와 같이 피고인 또는 변호인이 증거동의하였다 하더라도 당해 증거에 대해 증거조사가 완료되기 전에는 동의를 철회함으로써 그 증거를 유죄 인정의 자료로 사용할 수 없도록 할 수 있다. 따라서 위의 사례들과 같은 경우에는 증거조사가 완료되기 전이므로 증거에 대한 의견을 번의함으로써 검사 작성 피의자신문조서가 증거로 사용되지 않도록 함에 무리는 없을 것이다. 다만 그로 인해 공판 기일이 계속하여 공전하게 되어 신속한 재판이라는 형사소송의 이념을 크게 해칠 우려가 농후하다.

2. 증거조사 완료 후 변론종결 전 2022년 1월 1일이 경과한 경우

2021년 11월 1일에 피고인에 대하여 공소가 제기되었고, 2021년 12월 1일 1회 공판 기일에 피고인이 모든 증거에 대해 동의한다는 의견을 제시하여 증거조사가 완료되고 검사가 신청한 모든 증거가 법원에 제출되었으나 아직 변론이 종결되기 전에 2022년 1월 1일이 경과한 상황을 가정해 보자.

피고인이 증거조사가 완료된 제2회 공판기일에서야 비로소 검사 작성 피의자신문조서에 대해 내용 부인한다고 주장하는 경우 어떻게 처리해야 할지가 문제된다. 앞서 본 바와 같이 증거에 대해 증거조사가 완료된 뒤에는 증거동의 철회에 의해 이미 인정된 증거의 증거능력이 상실되지는 않는다. 그러나 피고인 또는 변호인이 검사 작성 피의자신문조서에 대해 증거동의한 것이 아니라 적법성, 실질성립, 임의성을 인정하였을 뿐 제1회 공판기일 당시에는 내용 부인하여도 인정되지 않으므로 내용 부인하지 않았다고 하거나, 내용 부인하였으나 증거목록에 표시되지 않고 증거능력이 인정된 것이라고 하면서 증거조사에 관하여 이의신청을 할 수도 있다.[41] 재판장의 증거신청 결정에 대한 이의신청은 법령위반이 있음을 이유로 하여서만 할 수 있는데,[42] 개정 형사소송법 제312조 제1항이 시행되는 2022년 1월 1일 이후에 검사 작성 피의자신문조서에 대해 내용 부인을 할 경우 그 조서를 유죄 인정의

41) 형사소송법 제296조

42) 형사소송규칙 제135조의2

증거로 사용하는 것은 명백한 법령위반이라고 주장하는 경우 법원은 그 주장에 대해 일일이 당부를 판단해야 한다. 검사 작성 피의자신문조서에 대하여 구법에 따라 증거능력이 부여된 이상 증거능력은 그대로 유지되며 개정 형사소송법이 적용되지 않는다고 판단하여 이의신청을 기각할 것으로 예상되나, 개정 형사소송법에 따라 피고인이 내용 인정을 해야만 검사 작성 피의자신문조서의 증거능력이 인정되므로 개정법에 따라 증거조사를 다시 해야 한다는 판단이 내려질 가능성을 완전히 배제할 수도 없다. 형사소송 절차의 핵심이 되는 증거법에 대해 재판부마다 달리 해석할 경우 그 혼란은 상상하기조차 힘들다.[43)]

이의신청 중 증거조사를 마친 증거가 증거능력이 없음을 이유로 한 이의신청을 이유있다고 인정할 경우에는 그 증거의 전부 또는 일부를 배제한다는 취지의 결정을 하여야 하므로,[44)] 피고인이나 변호인의 위와 같은 이의신청을 이유 있다고 인정할 경우 검사 작성 피의자신문조서의 증거능력을 배제한다는 결정을 하고, 검사에게 해당 조서를 반환해야 한다. 결국 형사소송법 개정으로 인해 시행일 이전의 증거조사가 무위에 돌아가고 법원으로서는 당해 피고사건에 대해 다시 변론을 진행해야 되는 결과가 초래되어 신속한 재판이라는 형사소송의 이념을 크게 해치게 될 우려가 있다.

3. 변론종결 후 판결선고 전 2022년 1월 1일이 경과한 경우

변론은 종결 하였으나 판결선고 전에 2022년 1월 1일이 경과한 상황을 가정해보자. 법원은 필요하다고 인정한 때에는 직권 또는 검사, 피고인이나 변호인의 신청에 의하여 결정으로 종결한 변론을 재개할 수 있다.[45)] 변론의 재개란 종결한 변론을 다시 연다는 것을 의미하며, 변론재개가 있으면 변론은 종결하기 전으로 돌아가 이전 변론과 일체를 이루게 된다.[46)] 피고인이나 변호인이 변론종결 후 판결선고 전에 증거조사에 법령 위반이 있음을 주장하면서 변론재개를 신청할 경우 어떻게 처리할 것인지 문제되며, 만약 법원이 변론을 재개한다고 결정할 경우에는 전항과

43) 홍기태, “검사 작성 피의자신문조서”, 법률신문, 2021. 7. 19. (https://m.lawtimes.co.kr/Content/Opinion?serial=171516 ; 2021. 8. 12. 검색)

44) 형사소송규칙 제138조, 제139조

45) 형사소송법 제305조

46) 앞의 『법원실무제요 형사(Ⅱ)』 432면

동일한 문제가 발생하게 된다.

4. 2022년 1월 1일 경과 후 항소심 또는 상고심이 진행되는 경우

제1심 또는 항소심 재판이 현행 형사소송법의 규정에 따라 진행되고 판결이 선고된 후에 2022년 1월 1일이 경과하고 항소심이나 상고심이 진행되는 경우에도 같은 문제가 발생할 것으로 예상된다.

증거동의의 효력은 공판절차가 갱신되거나 심급이 달라진다고 하여 소멸되지 않는다.[47] 그러나 피고인이나 변호인이 증거동의 당시에는 내용 부인 요건이 없어서 내용 부인을 주장하지 못하였다거나, 증거동의한 것이 아니라 적법성, 실질성립, 임의성만 인정한 것일 뿐 내용은 부인하였지만 증거목록상 표시되지 않은 것이라고 주장하면서 검사 작성 피의자신문조서를 유죄의 증거로 삼은 제1심 또는 항소심에 법령위반이 있다고 항소 또는 상고할 가능성이 있다. 법원이 그와 같은 항소 또는 상고 이유에 대해 형사소송법이 개정되었다고 하여 이미 유효하게 성립한 소송행위, 즉 법원의 증거조사가 무효가 된다는 취지의 판단을 할 것이라고는 생각되지 않지만, 대법원 판결로 정리되기 이전까지 위와 같은 이유로 수많은 상소가 남발되고 신속한 재판 진행에 막대한 지장이 초래될 것으로 보인다.[48]

5. 증거동의가 의제된 경우의 문제

간이공판절차나 피고인·변호인의 무단퇴정, 공시송달에 의한 재판 진행 등에서 증거동의가 의제되었는데 이후 항소심에서 피고인이나 변호인이 간주된 증거동의를 철회 또는 취소한다는 의사표시를 하는 경우를 가정해 보자.

판례는 제1심이 피고인 소재불명으로 공시송달 및 증거동의 간주조항에 근거하여 증거조사가 완료된 경우, 피고인이 항소심에 출석하여 공소사실을 부인하면서 간주된 증거동의를 철회 또는 취소한다는 의사표시를 하더라도 그로 인하여 적법하게 부여된 증거능력이 상실된 것이 아니라고 판시[49]하였고, 약식명령에 불복하

47) 대법원 2011. 3. 10. 선고 2010도15977 판결

48) 이는 파기환송 및 재심 절차에서도 충분히 발생 가능한 상황이다.

49) 대법원 2011. 3. 10. 선고 2010도15977 판결

여 정식재판을 청구한 피고인이 정식재판절차에서 2회 불출석하여 법원이 피고인의 출석 없이 증거조사를 하는 경우에도 마찬가지라고 판시[50]하였으나 피고인이나 변호인이 제1심 재판의 법령위반을 이유로 항소하거나 항소심에서 재판장의 증거신청 결정에 법령위반이 있다는 이유로 이의를 제기할 가능성도 충분하다. 이에 대해서도 법원이 이미 유효하게 이루어진 소송행위가 형사소송법의 개정을 이유로 무효가 된다고 판단하지는 않을 것이라 생각되나, 역시 대법원 판결로 정리되기 전까지는 상소의 남발 및 상소심의 재판 지연을 초래할 것이 우려된다.

6. 공판기일이 다른 공범간의 형평성 문제

검사가 갑과 을을 공범으로 하여 2021년 9월 1일 불구속 구공판하였는데, 갑은 제1회 기일에 출석하여 재판이 진행되었고, 을은 도주하였다가 2022년 1월 1일 이후 법정에 출석한 상황을 가정해 보자.

갑은 2021년 10월 1일에 열린 제1회 공판기일에서 갑에 대한 검사 작성 피의자신문조서에 대해 적법성, 실질성립, 임의성은 인정하되 내용은 부인하였는데, 현행 형사소송법 하에서는 검사 작성 피의자신문조서에 대해서는 내용 부인이 인정되지 않으므로 해당 조서는 갑에 대해 유죄의 증거로 사용되게 된다. 그러나 을의 경우 2022년 1월 1일 이후 개정 형사소송법 제312조 제1항이 시행되어 을 자신에 대한 검사 작성 피의자신문조서에 대해 내용 부인하게 되면 을에 대한 검사 작성 피의자신문조서는 을에 대해 유죄 증거로 사용될 수가 없다.[51] 이러한 경우 도주하였다가 출석한 을이 성실하게 법정에 출석한 갑보다 오히려 더 혜택을 받는 불합리한 결과가 초래된다. 검사실에서는 자백하였으나 법정에서 부인하는 피고인이 다수인 현실에서 검사 작성 피의자신문조서의 증거능력이 부정되기를, 그래서 검찰에서 자백한 내용이 법원에 현출되기 않기를 바라는 피고인이 얼마나 많을지 가늠이 되지 않는다.

50) 대법원 2010. 7. 15. 선고 2007도5776 판결

51) 본고에서는 공범에 대한 검사 작성 피의자신문조서의 증거능력에 대해서는 검토하지 아니한다.

7. 사건별, 법원별 상황에 따른 형평성 문제

구속 구공판 사건의 경우 구속기간의 제한으로 인해 공판 진행이 빠른 편이며, 제1회 공판기일은 통상적으로 2~3주 내에 지정된다. 그러나 불구속 구공판 사건의 경우 법원별, 재판부별로 재판 진행 속도가 다르며 공소제기 후 수 개월이 지나서야 제1회 공판기일이 지정되기도 한다.

2021년 9월 1일에 구속 기소한 사건의 경우 통상은 같은 달에 제1회 공판기일이 지정될 것인데 구속 피고인은 검사 작성 피의자신문조서에 대하여 내용 부인을 하여도 적법성, 실질성립, 임의성을 인정하면 해당 조서에 대해 증거능력이 부여되게 된다. 그러나 같은 날 불구속 기소된 피고인의 경우는 제1회 공판기일이 2022년 1월 1일 이후로 지정되게 되면 내용 부인만으로 검사 작성 피의자신문조서의 증거능력이 사라지게 되는 것이다.

또한 같은 불구속 구공판 사건의 경우라도 법원별, 재판부별로 사건 적체의 정도가 다르므로, 미제 사건이 적은 법원이나 재판부에서는 제1회 공판기일 지정이 신속히 이루어질 것이고, 미제 사건이 많은 법원이나 재판부에서는 제1회 공판기일 지정이 지연될 것이며, 그에 따라 개정 형사소송법의 적용 여부가 달라지는 불합리한 결과가 발생하게 된다.

Ⅳ. 경과규정의 필요성

1. 적용례 또는 경과조치의 부재

앞에서 살펴 본 바와 같이 개정 형사소송법이 시행되는 2022년 1월 1일을 전후로 하여 증거조사가 이루어지거나, 증거조사가 완료된 피고사건에서 검사 작성 피의자신문조서의 증거능력을 다투는 피고인 측의 변론이 활발할 것으로 예상된다. 현행 형사소송법에 따라 검사 작성 피의자신문조서에 대해 증거조사가 완료되고 증거능력이 부여된 이상, 법원으로서는 유효하게 이루어진 소송행위가 무효로 된다고 판단할 것이라 생각되지는 않으나, 내용 부인하는 검사 작성 피의자신문조서는 개정 형사소송법 제312조 제1항에 의하면 증거능력이 없는 증거이므로 유죄의 증거로 사용해서는 안 된다는 반론이 만만치 않을 것이며, 피고인이나 변호인의 그러한 주장에 대해 재판부가 통일된 판단을 내놓기까지 실무상 혼란과 재판 지연은 피할 수 없을 것이다.

법령이 제정되거나 개정되어 효력이 발생하는 것을 '시행'이라고 한다. 법령의 부칙에 시행일을 규정하는 것은 법령의 효력 발생 시점을 정한다는 데에 의미가 있다. 제정 또는 개정된 법령은 시행일부터 효력이 발생하게 되는데, 경우에 따라서는 시행일을 정하는 것만으로는 제·개정된 법령의 적용 대상과 시기가 명확하지 않은 경우도 있다.[52)]

법령을 제정하거나 개정하여 법질서를 변경하는 경우에 어떠한 시점부터 새로운 법령을 무조건 적용하는 것은 여러 가지 문제와 상당한 혼란을 야기할 수 있으며, 특히 개인에 대하여 형벌을 부과하는 형사절차와 관련된 법령의 경우 위헌·위법의 문제가 발생될 수도 있다. 따라서 새로운 법질서로 전환되는 과정에 서로 다른 해석이나 혼란이 발생함이 없이 순조롭게 진행될 수 있도록 조치를 강구할 필요가 있는데, 이러한 조치에는 '경과조치'와 '적용례'규정이 있다. 부칙의 대부분은 이러한 경과조치나 적용례 규정이 차지하고 있다. 이러한 조치는 구법과 신법 사이에서 변화와 법적 안정성이라는 명제를 실현시키는 역할을 할 뿐만 아니라 신·구법 사이의 적용관계를 명확히 확정하는 것이므로 부칙 중에서 가장 중요하게 다루어져야 한다. 법령의 제·개정이 있을 때에는 여러 방면으로 검토하여 법령 사이의 충돌이나 해석을 둘러싼 혼란을 방지하기 위한 조치를 해야 한다. 굳이 경과조치나 적용례 규정을 두지 않아도 될 것 같은 경우라 하더라도 법령 해석 및 적용에 혼선이 야기될 가능성이 조금이라도 있다면 확인적 차원에서라도 경과조치를 두도록 해야 한다.[53)]

그러나 이번 검사 작성 피의자신문조서의 증거능력에 관한 형사소송법 개정은 공판절차와 증거법 원칙에 관한 중요한 변경을 의미함에도 깊이 있는 검토가 선행되지 않았고, 그에 대한 저항을 줄이기 위해 부칙 제1조에서 최장 4년의 유예기간을 두었으나,[54)] 정작 필자가 우려하는 상황을 회피하기 위한 가장 중요하고도 간이

---

52) 법제처 법제지원총괄과, 『법령입안심사기준』, (법제처, 2020), 586면

53) 앞의 『법령입안심사기준』 599~600면

54) 김성룡, "검사작성 피의자신문조서의 증거능력 관련 규정 개정이 남긴 과제", 『인권과 정의』 제491호(대한변호사협회, 2020), 52면 ; 김성룡, "법무부 장관 지시 받으면 중립적 검찰권 행사 어렵다", 중앙일보 2020. 2. 5. 오피니언 참조(ttps://news.joins.com /article/23698031 : 2021. 8. 12. 최종검색)

한 조치를 부칙에서 누락하는 입법 실수를 저질렀다.55)

2. 적용례와 경과조치의 구별

적용례는 제정 또는 개정된 법령의 적용관계를 명확하게 하기 위한 것이며, 경과조치는 제정 또는 개정된 법령에 의한 법적 안정성 침해 방지 등의 입법성책적 필요에 따라 특정한 사람이나 사안에 대해 구법령을 적용하기 위해 두는 것이라는 점에서 구분된다. 법령이 제·개정되면 신·구법 중 어느 법령을 적용해야 하는지 판단하는 것이 용이하지 않을 수 있을 수 있으므로 그러한 경우 반드시 어느 법령이 적용되는지 명시하는 규정이 마련되어 있어야 한다. 신법령이 적용되는 경우를 분명히 해야 하는 경우에는 적용례를 규정하고, 법령이 폐지 또는 개정되어 구법령의 효력이 상실되어도 특정 사람이나 사안에 그대로 적용하기 위해서는 명시적으로 구법령의 효력을 인정하는 경과조치를 규정해야 한다.56)

형사소송법 부칙을 살펴보면, 2007. 12. 21. 법률 제8730호로 개정된 형사소송법

55) 2016. 5. 29. 법률 제14179호로 개정된 형사소송법 제313조 및 제314조의 경우에는 부칙 제2조에 적용례를 두어 개정법의 적용 대상을 명확히 하였음에 반해 제312조 제1항 개정의 경우에는 적용례나 경과조치를 두지 않았는바, 적용례나 경과조치를 마련하지 않은 것에 입법자의 특별한 의도나 배려가 담겨 있는 것이라고는 생각되지 않는다.

56) 앞의 『법령입안심사기준』 587면, 형벌과 관련하여서는 헌법 제13조 제1항에서 "모든 국민은 행위시의 법률에 의하여 범죄를 구성하지 아니한 행위로 소추되지 아니하며 …"라고 규정하여 소급입법금지의 원칙을 천명하고 있고, 형법 제1조 제1항에서 "범죄의 성립과 처벌은 행위시의 법률에 의한다"라고 규정하여 행위시법주의를 원칙으로 선언하고 있는바, 벌칙 규정이 신설되거나 중하게 변경되는 경우 이를 소급적용하면 헌법에 어긋나게 된다. 따라서 개정 전의 행위에 대해 개정 후의 벌칙을 적용할 수 없으므로 경과조치를 두지 않는다. 이와 같이 경과조치를 두지 않으면 형법 제1조 제1항에 따라 행위시법주의가 적용되어 당연히 개정 전의 벌칙 규정이 적용되게 된다. 이러한 경우 주의적으로 "제○조의 개정 규정은 이 법 시행 이후 행해진 행위부터 적용한다"라는 적용례를 부칙에 두는 것을 생각할 수 있으나 이는 헌법과 형법의 해석에 따라 너무나 당연한 것이므로 이러한 적용례는 두지 않는다. 형법 제1조 제2항에 따르면 범죄 후 법률의 변경에 의하여 형이 구법보다 가벼운 때에는 신법에 의한다. 따라서 형벌이 가벼워지거나 폐지되는 경우에 경과조치가 없다면 형법 제1조 제2항에 따라 피고인에게 유리한 신법이 적용된다. 그러나 실제 형벌을 가볍게 하거나 형벌을 폐지하는 법령 개정이 있는 경우라도 이는 위반행위에 대한 법적 평가가 달라진 것이 아니라 정책적 고려에 따른 것이 대부분이므로 "이 법 시행 전의 행위에 대하여 벌칙을 적용할 때에는 종전의 규정에 따른다"라는 경과조치를 두는 경우가 많다.

부칙 제3조의 경우 "이 법 시행 전에 범한 죄에 대하여는 종전의 규정을 적용한다"라고 규정하여 공소시효에 관한 경과조치 규정을 두었고, 2017. 12. 19. 법률 제15257호로 개정된 형사소송법은 부칙 제2조에서 "이 법 시행 전에 제453조에 따라 정식재판을 청구한 사건에 대해서는 제457조의2 개정규정에도 불구하고 종전의 규정에 따른다"라고 규정하여 정식재판 청구 사건의 불이익변경의 금지에 관한 경과조치를 둔 한편, 2016. 5. 29. 법률 제14179호로 개정된 형사소송법 부칙 제2조에서는 "제313조 및 제314조 본문의 개정규정은 이 법 시행 후 최초로 공소제기되는 사건부터 적용한다"라고 규정하여 진술서 등의 증거능력에 관한 적용례 규정을 두었고, 2019. 12. 31. 법률 제16850호로 개정된 형사소송법 부칙 제2조는 "제405조 및 제416조 제3항의 개정규정은 이 법 시행 당시 종전의 규정에 따른 즉시항고 및 준항고의 제기기간이 지나지 않은 경우에도 적용한다"라고 규정하여 즉시항고 및 준항고 제기기간에 관한 적용례 규정을 두었다.

법령이 개정된 경우에 개정 법령 시행 전의 사안에 대해서는 구법령을 적용하고, 개정 법령 시행 이후의 사안에 대해서는 개정 법령을 적용하는 것으로 충분한 경우가 많다. 이러한 경우 기존 법질서를 유지하기 위해 "이 법 시행 당시 종전의 규정에 따라 ~~~ 한 것은 ○○의 개정 규정에도 불구하고 종전의 규정에 따른다"라는 경과조치를 두는 것이 적절하지만, 실무에서는 "~~~ 이후 ○○하는 것부터 적용한다"라는 적용례를 두는 경우가 적지 않다. 그 이유는 적용례와 경과조치는 동전의 양면과 같아 양자를 구별하여 사용하기가 용이하지 않기 때문인데, 구법령이 적용되던 경우를 신법령의 적용 대상에서 명백히 제외하려는 의도인 경우라면 경과조치를 두도록 해야 한다.[57)]

3. 적용례 또는 경과조치의 마련

개정 형사소송법 제312조 제1항의 시행에 따른 실무상 예상 가능한 문제점은, 종전의 판례나 학설에 따라 시행일 이전에 증거조사가 완료되어 검사 작성 피의자신문조서에 증거능력이 부여되었다면 시행일 이후에도 그 증거능력이 그대로 유지되는 것으로 해석하면 해결가능하나, 검사 작성 피의자신문조서의 증거능력에 대한 명확한 대법원 판결이 나오기 전까지는 피고인이나 변호인이 제1심, 항소심, 상고심

---

57) 앞의 『법령입안심사기준』 587면

의 전 과정에서 계속하여 증거능력을 다툴 것으로 예상되고 그에 따라 불필요한 재판 지연이 속출할 것으로 우려된다. 이는 적용례나 경과조치의 부재에서 기인한 것이므로 시행일 이전에 적용례나 경과조치 규정을 두면 혼란을 미리 예방할 수 있다.

개정 형사소송법 부칙 제1조는 "이 법은 공포 후 6개월이 경과한 날부터 1년 내에 시행하되, 그 기간 내에 대통령령으로 정하는 시점부터 시행한다. 다만, 제312조 제1항의 개정규정은 공포 후 4년 내에 시행하되, 그 기간 내에 대통령령으로 정하는 시점부터 시행한다"라고 규정하고 있고, 대통령령인 '법률 제16908호 검찰청법 일부개정법률 및 법률 제16924호 형사소송법 일부개정법률의 시행일에 관한 규정' 제2조는 "법률 제16924호 형사소송법 일부개정법률은 2021년 1월 1일부터 시행한다. 다만, 제312조제1항의 개정규정은 2022년 1월 1일부터 시행한다."라고 규정하고 있는데, 형사소송법 부칙이나 대통령령에 적용례나 경과조치를 마련함으로써 불필요하고 소모적인 논쟁을 방지해야 한다.

즉, "이 법 시행 전에 공소제기된 사건에 대해서는 제312조 제1항의 개정규정에도 불구하고 종전 규정에 따른다"라는 경과조치를 두거나, "제312조 제1항의 개정규정은 이 법 시행 후 최초로 공소제기되는 사건부터 적용한다"라는 적용례를 두게 되면, 개정 형사소송법 시행일 이전에 이루어지게 되는 증거조사 절차를 의도적으로 지연시키거나, 시행일 이전에 이루어진 증거조사 결과에 대해 이의를 제기하거나 이를 이유로 상소를 남발하는 등의 혼선을 간단하게 예방할 수 있고, 구속 여부나 재판부별 사정에 따른 차별 적용 문제도 차단할 수 있게 된다.

Ⅴ. 결론

공판중심주의와 직접심리주의 강화를 위해 검사 작성 피의자신문조서의 증거능력을 제한하는 입법이 이루어졌다. 그 취지에는 공감하나 이를 위해 검사 작성 피의자신문조서의 증거능력을 제한하는 것이 반드시 필요한 것이었는지는 의문이다. 피고인이 내용 부인하게 되면 검사 작성 피의자신문조서의 진술 내용은 재판장에게 현출되기 어렵다. 제312조 제1항이 개정된 이후 검찰이 피의자의 진술에만 의존하지 않고 물적 증거 확보를 위한 수사활동, 압수·수색, 자금추적, 디지털 포렌식 등의 수사 기법을 적극적으로 활용할 것이라는 기대도 높아 보인다.[58] 그러나 모든

58) 이혁·김일연·이선호, "형사소송법 개정으로 인한 검사 작성 피의자신문조서의 증거능력", 법

사건에 물적 증거가 존재하는 것은 아닐 뿐만 아니라 물적 증거가 존재하더라도 피고인의 진술이 없다면 증거의 의미가 퇴색되거나[59] 공소사실을 간접적 또는 정황적으로만 보여주어 구체적인 범행을 명확히 입증하기 어려운 경우도 많다.[60] 한편 검찰에서의 진술이 법정에 현출되지 못하게 되면, 재판관은 공판에서의 심리를 통해 심증을 형성해야 하므로 세심하게 심리를 진행해야 하고, 증인의 숫자가 늘어나고 서증조사를 면밀히 하게 됨에 따라 재판 시간이 증가하여 재판장기화의 우려가 있다.

따라서 검사 작성 피의자신문조서의 증거능력을 피고인의 내용 부인, 즉 피고인이 임의로 결정하도록 할 경우 수사 과정에서의 피고인의 진술을 어떻게 법원에 현출할 수 있을지에 대한 보완책이 필요하나 그에 대한 진지한 검토가 불충분한 상태로 형사소송법이 개정되었는바,[61] 검사 작성 피의자신문조서의 증거능력을 우선적으로 제한하는 것이 입법자의 의도임이 분명히 드러났고 이미 개정이 이루어져 시행을 눈앞에 두고 있는 상황이다. 검사 작성 피의자신문조서의 증거능력이 부정됨에 따라 수사기관에서의 자백 진술을 법정에 현출하기 위한 조사자증언이나 공범인 공동피고인에 대한 검사 작성 피의자신문조서의 증거능력에 대한 연구는 활발히 진행되고 있는 것으로 보인다. 그러나 그 이전에 개정 형사소송법 제312조 제1항의 시행일과 관련하여, 시행일 이전에 공소제기된 사건에 대해서도 개정 형사소송법이 적용되게 된다면 증거조사일을 시행일 이후로 연기하기 위해 공판기일을 계속 연기한다거나 불출석을 하는 피고인이 속출할 수 있고, 이미 증거조사가 완료되었음에도 시행일 이후에는 그 증거조사가 법령위반이라는 주장을 하며 이의제기나 상소를 남발할 수도 있을 것이며, 구속인지 불구속인지 여부에 따라 같은 날 공

률신문 2020. 6. 12. (https://m.lawtimes.co.kr/Content/Article?serial=162154 2021. 8. 12. 검색)

59) 예를 들면 모발에서 필로폰 성분이 검출되어도 피고인이 투약사실 부인하면서 투약시기나 장소에 대해 진술하지 않아 '2009년 3월 말경부터 같은 해 6월 말경까지 진주시 이하 장소를 알 수 없는 곳에서, 메스암페타민(일명 필로폰) 불상 양을 불상의 방법으로 1회 투약하였다'고 기소한 경우, 투약시기에 관한 위와 같은 기재만으로는 공소사실이 특정되었다고 볼 수 없으므로, 원심판단은 공소사실의 특정에 관한 법리를 오해한 위법이 있다고 한 판례도 있다(대법원 2010. 4. 29. 선고 2010도2857 판결).

60) 이승주, "개정 형사소송법상 공범의 진술증거 확보 문제", 『법조』 통권 제742호, (법조협회, 2020), 289면

61) 한연규, "검사 작성 피의자신문조서의 증거활용에 대한 고찰", 『법조』 통권 제735호, (법조협회, 2019), 237면

소제기되어도 다른 법을 적용받는 차별도 발생할 수 있는 등 여러 문제점이 발생할 수 있을 것이고, 재판부별로 제312조 제1항 적용에 다른 해석을 내린다면 그로 인한 혼란은 상상을 초월할 것이다.[62)]

이러한 문제는 형사소송법을 개정하면서 부칙에 경과조치나 적용례 규정을 누락한 데서 비롯된 것으로서 경과조치나 적용례 규정을 마련하게 되면 간단하게 해소되는 것이다. 2022년 1월 1일이 지나기 전에 조속히 경과조치 또는 적용례 규정을 마련할 것을 입법부에 촉구하는 바이다.

논문투고일 : 2021.08.30 논문심사일 : 2021.09.10 게재확정일 : 2021.09.27

62) 이 밖에도 검찰개혁을 목표로 형사소송법, 검찰청법 등이 개정되고 고위공직자범죄수사처 설치 및 운영에 관한 법률이 제정되었으나 그 과정에서 충분한 의견 수렴과 숙고 절차가 없었고, 그 결과 위 법률의 해석, 수사기관 간의 권한 문제 등에 대해 갈등의 소지가 높은 바, 이러한 문제점에 대해 향후 지속적인 연구가 이루어질 필요가 있다.

【참고문헌】

김성돈, 『형법총론』, 제7판(성균관대학교출판부, 2021)

김정한, 『실무형사소송법』, 2020년개정판(준커뮤니케이션즈, 2020),

김혜정·박미숙·안경옥·원혜욱·이인영, 『형법총론』, 제3판(정독, 2020)

노명선·이완규, 『형사소송법』, 제4판(성균관대학교출판부, 2015)

성낙현, 『형법총론』, 제3판(박영사, 2020)

손동권·신이철, 『새로운 형사소송법』, 제4판(세창출판사, 2019)

이은모·김정환, 『형사소송법』, 제8판(박영사, 2021)

이재상, 『형법총론』, 제10판(박영사, 2019)

이재상·조균석·이창온, 『형사소송법』, 제13판(박영사, 2021)

이주원, 『형사소송법』, 제3판(박영사, 2021)

정웅석·최창호·이경렬·김한균, 『신형사소송법』, (박영사, 2021)

법제처 법제지원총괄과, 『법령입안심사기준』, (법제처, 2020)

법원행정처, 『법원실무제요 형사(Ⅱ)』, (법원행정처, 2014)

사법연수원 출판부, 『형사증거법 및 사실인정론』, (사법연수원, 2019)

김성룡, "검사작성 피의자신문조서의 증거능력 관련 규정 개정이 남긴 과제", 『인권과 정의』 제491호(대한변호사협회, 2020)

김정한, "피의자신문조서의 증거능력에 관한 소고", 『법조』 통권 제595호(법조협회, 2006)

이승주, "개정 형사소송법상 공범의 진술증거 확보 문제", 『법조』, 통권 제742호(법조협회, 2020)

이완규, "공판중심주의를 둘러싼 개념상의 혼돈", 『법조』,통권 제585호(법조협회, 2005)

한연규, "사법경찰관의 조사자증언과 수사상 진술의 증거활용", 『형사법의 신동향』 통권 제60호(대검찰청, 2018)

한연규, "검사 작성 피의자신문조서의 증거활용에 대한 고찰", 『법조』 통권 제735호(법조협회, 2019)

김성룡, “법무부 장관 지시 받으면 중립적 검찰권 행사 어렵다”, 중앙일보 2020. 2. 5. 오피니언 참조(https://news.joins.com/article/23698031)

이혁 · 김일연 · 이선호, “형사소송법 개정으로 인한 검사 작성 피의자신문조서의 증거능력”, 법률신문 2020. 6. 12. (https://m.lawtimes.co.kr/Content/Article?serial=162154)

홍기태, “검사 작성 피의자신문조서”, 법률신문, 2021. 7. 19. (https://m.lawtimes.co.kr/Content /Opinion?serial=171516)

【국문초록】

형사소송법 제정 이후 피고인이 검사 작성 피의자신문조서에 대하여 진정성립을 인정할 경우 그 조서의 증거능력이 인정되어 왔으나, 2022. 1. 1. 이후에는 개정 형사소송법 제312조 제1항이 시행되어 검사 작성 피의자신문조서에 대하여 '내용인정'이 증거능력 부여 요건으로 추가되게 되었다.

입법자들은 2020. 2. 4. 형사소송법을 개정하고 2021. 1. 1.부터 시행되도록 하면서도 제312조 제1항에 한해서는 유예기간을 두어 2022. 1. 1.부터 시행되도록 함으로써 실무상 혼란을 방지하기 위한 나름의 조치를 하였다.

그러나 개정 형사소송법 제312조 제1항은 2022년 1월 1일 이후에 진행 중인 피고 사건에도 곧바로 적용되게 되어, 시행일 이전에 공소제기된 사건에 대해서도 그대로 적용되게 되는데, 공소제기 이후 증거조사가 완료되기까지 수 회의 공판기일이 소요될 수 있어 같은 날 공소제기되어도 다른 법을 적용받는 경우가 생길 수 있고, 피고인 자신에게 유리한 개정 형사소송법의 적용을 받기 위해 증거조사와 관련한 이의제기나 상소를 남발할 수도 있을 것으로 예상된다.

법령을 제정하거나 개정하여 법질서를 변경하는 경우에 어떠한 시점부터 새로운 법령을 무조건 적용하는 것은 여러 가지 문제와 상당한 혼란을 야기할 수 있다. 그러므로 새로운 법질서로 전환되는 과정에 서로 다른 해석이나 혼란이 발생함이 없이 순조롭게 진행될 수 있도록 조치를 강구할 필요가 있는데, 이러한 조치에는 '경과조치'와 '적용례' 규정이 있다.

결국 개정 형사소송법 제312조 제1항의 시행에 따른 실무상 발생 가능한 혼란은 경과조치나 적용례의 부재에서 기인한 것이므로 시행일 이전에 조속히 경과조치나 적용례 규정을 마련할 필요가 있다.

◈ 주제어: 검사 작성 피의자신문조서, 형사소송법 개정, 제312조 제1항, 내용 부인, 증거조사, 시행일, 경과조치, 적용례

【Abstract】

The Absence of Transitional Provision For The Enforcement of Article 312 (1) of The Amended Criminal Procedure Act And Resulting Confusion In Practice

Cho, Ji−Eun*

After the enactment of the Criminal Procedure Act, if the defendant acknowledges the authenticity of protocol concerning interrogation of criminal suspect prepared by prosecutor, admissibility of evidence of the protocol has been recognized. However, Article 312 (1) of the amended Criminal Procedure Act will be enforced, adding "contents admission" as a requirement for granting admissibility of evidence to the protocol prepared by the prosecutor after Jan. 1st, 2022.

Legislators amended the Criminal Procedure Act on Feb. 4th, 2020 and took measures to prevent confusion in practice by allowing it to take effect in case of Article 312 (1) from Jan. 1st, 2022 with a grace period.

However, Article 312 (1) of the amended Criminal Procedure Act shall apply immediately to the current accused cases after Jan. 1st, 2022, so that the amended article shall apply the cases prosecuted before the enforcement date. In this case, it may take several trial dates for examination of evidence to be completed, the article before amendment can be applied even if the case is prosecuted on the same day. In consequence, it is expected that the defendant may overissue objections or appeal related to examination of evidence to be subject to the amended Criminal Procedure Act in favor of themselves.

Any unconditional application of a new statute from a certain time when it is enacted or amended to change the law and order can cause a number of problems and considerable confusion. Therefore, it is necessary to take

* Associate Professor, Law School of Yeungnam University

measures to ensure that the transition to a new law and order is carried out smoothly without different interpretations or confusion, such as 'interim measure' and 'applicable example'.

Finally, the possible confusion in practice resulting from the enforcement of Article 312 (1) of the amended Criminal Procedure Act is due to the absence of interim measure or applicable example. Thus, it is necessary to prepare interim measure or applicable example as soon as possible before the enforcement date.

◈ Key Words: Protocol Concerning Interrogation of Criminal Suspect Prepared by Prosecutor, Criminal Procedure Act Amendment, Article 312 (1), Contents Denial, Examination of Evidence, Enforcement date, Interim Measure, Applicable Example

한국형사소송법학회『형사소송 이론과 실무』
제13권 제3호 (2021.09) 201~224면.
Theories and Practices of Criminal Procedure Vol. 13 No. 3 (September. 2021) pp. 201~224.
10.34222/kdps.2021.13.3.201

형사절차상 범죄피해자 보호·지원제도의 실질적 보장을 위한 새로운 모색*

박 상 민**

목 차

Ⅰ. 들어가는 말
Ⅱ. 피해자 개념
Ⅲ. 형사절차에서 피해자 보호를 위해 보완되어야 할 몇 가지
Ⅳ. 맺는 말

Ⅰ. 들어가는 말

범죄피해자를 보호하고 지원하며 절차상의 권리를 격상시키는 방향의 최근 형사정책에 따라 형사절차에서 피해자의 지위가 과거보다 주목되고 있다. 형사소송법은 2007년 개정 시에 신뢰관계자 동석 제도(제163조의2, 제221조 제3항), 증언 녹화제도(제165조의2), 공판 진행 상황 등의 정보제공제도(제259조의2), 피해자 진술권(제294조의2), 피해자 진술 비공개제도(제294조의3), 공판기록 열람·등사권(제294조의4) 등 피해자의 권리를 대거 제도화하였고, 피의자 구속 여부를 결정하는 경우에도 피해자 보호 필요성을 고려하도록 하였다(제70조 제2항). 또한 성폭력 및 아동학대 범죄피해자를 보호하기 위해서 피해자변호사제도가 도입되었으며, 한 걸음 더 나아가 피해자가 공판절차에서 피고인을 직접 신문하거나 의견을 진술하는 등 형사소송의 당사자로서 적극적·공격적 권리를 행사할 수 있도록 피해자변호사제도를 확대하고 피해자 참가제도를 도입하자는 논의도 있다.[1)]

---

* 이 논문은 2019년 대한민국 교육부와 한국연구재단의 지원을 받아 수행된 연구임(NRF-2019S1A5B5A07112301).

** 한국여성정책연구원 부연구위원, 법학박사

1) 법무부도 2010년에 피해자 참가제도의 도입을 위해 의안을 발의하였으나 국회의 임기만료로

그런데 이러한 피해자 지향적 제도의 발전 속도와 양적인 변화에 비해 현실에서 범죄피해자의 고통과 아픔의 치유 정도와 만족도가 나아졌다는 말은 잘 들리지 않고 있다. 현실에서 피해자는 기소 여부나 죄목에 관해서 아무런 목소리도 내지 못하고, 필요한 경우 증인으로 고려될 뿐이다. 법원은 법률에 의해 요구되는 경우에만 피해자에게 사건의 진행 과정을 통지하거나 판결에 관한 의견을 제출하도록 요구하는 형식적인 노력을 할 뿐이다. 이처럼 범죄로부터 가장 직접적인 고통을 받은 사람이 범죄의 해결에 참여하지 못하고 무시되는 결과는 피해자의 요구를 만족시키지 못하는 것은 물론, 피해자의 상처를 악화시킨다. 이에 형사절차와 사법기관에 의한 2차 피해의 문제가 지적된다. 우리 형사사법 절차는 가해자에게 책임을 지우고 범죄를 예방한다는 명시적인 목적을 충족시키지도 못하면서 피해자는 소외시킨다. 근래 활발하게 연구·진행되고 있는 피해자 지향적 형사정책에 대한 중간 점검과 범죄피해자 보호·지원제도가 피해자 관점에서 더 의미 있게 발전할 수 있도록 근본적인 성찰이 요구되는 시점이다.

이와 같은 문제 제기하에 본 논문에서는 범죄피해자에 대한 형사사법적 보호·지원과 관련한 선행연구들이 놓치거나 간과한, 기본적이지만 근본적인 피해자 개념 등에 대한 이해를 다루고 이를 바탕으로 피해자의 형사사법 참여가 실질적으로 보장되기 위한 절차적 권리 및 제도를 보완·재정비하고자 한다. 이에, 우리의 범죄피해자 보호·지원제도가 현실적인 피해자의 요구보다는 범죄피해자에 대한 대중적 이미지 내지 고정관념에 치중해 있다는 문제의식에서 출발하여 우선 범죄피해자 개념 등에 대해 비판적으로 고찰한다. 그리고 이를 바탕으로 범죄피해자의 자율성 회복과 형사절차상 권리행사의 실질적 보장, 그리고 범죄피해의 치유 등에 도움이 될 수 있도록 관련 제도 및 입법론적 방안을 구상해 본다.

폐기되었다. 의안에 대한 자세한 사항은 이진국, "피해자중심 형사사법의 실천을 위한 입법적 과제", 『형사정책연구』 제25권 제2호, 2014, 196−197면. 피해자 참가제도의 일반적 내용에 대해서는 이진국, "범죄피해자의 공판참가를 위한 입법적 과제", 『형사정책연구』 제21권 제4호, 2010, 227면 이하; 조균석, "형사재판절차에서의 범죄피해자 참가제도의 도입 방안", 『피해자학연구』 제18권 제1호, 2010, 9면 이하; 김혜정·강경래, "공판절차상 범죄피해자 참가제도의 도입에 관한 검토", 비교형사법연구 제16권 제2호, 2014, 482면 이하 등 참조.

Ⅱ. 피해자 개념

범죄피해자의 형사절차상 권리를 정한 법률로는 형법과 형사소송법을 비롯하여 ‘성폭력범죄의 처벌 등에 관한 특례법’(이하 성폭력처벌법), ‘아동 · 청소년의 성보호에 관한 법률’(이하 청소년성보호법) 등 여러 특별법이 있다. 형법에서는 피해자의 고소권(친고죄) 또는 처벌면제권(반의사불벌죄)을 정하고 있고, 형사소송법에서는 피해자의 정보요구권, 진술권, 증언 시 대면기피권(증언녹화제도) 등을 정하고 있으며, 성폭력처벌법(제27조)과 청소년성보호법(제30조), 그리고 ‘아동학대범죄의 처벌 등에 관한 특례법’(이하 아동학대처벌법)(제16조)에서는 피해자의 변호사 선임권을 정하고 있다. 일반적으로 ‘범죄피해자 보호법’은 국가에게 “범죄피해자가 해당 사건과 관련하여 수사담당자와 상담하거나 재판절차에 참여하여 진술하는 등 형사절차상의 권리를 행사할 수 있도록 보장”할 의무를 부여하고 있다(제8조 제1항).[2] 이러한 권리들은 ‘피해자’가 누릴 수 있으므로, ‘피해자가 누구인지’가 권리자를 결정하는 중요한 기준이 된다.

형법과 형사소송법에는 피해자의 정의가 없다. 형사 실체법과 절차법의 대부분 개념은 판례와 학설에 맡겨져 있기 때문일 것이다. 그러나 피해자와 관련된 문헌에서 피해자의 권리를 행사할 수 있는 피해자가 누구인지에 대한 논의는 발견하기 어렵고, 상당 부분 주어진 개념으로 받아들여지고 있다. 그러나 과연 국가는 누구를 피해자로 인식하여 보호하며, 누구의 목소리를 듣는지, 즉 피해자 보호 관련 법제에서 말하는, 특히 형사소송법에서 인정하는 피해자의 권리를 누리는 피해자는 누구인지를 따져볼 필요가 있다.

1. 누가 피해자인가?

피해자의 개별적 및 일반적 정의는 ‘성폭력방지 및 피해자보호 등에 관한 법률’(이하 성폭력방지법)과 청소년성보호법 및 ‘범죄피해자 보호법’에서 찾을 수 있다. 각 법의 용어 정의에서 ‘성폭력 피해를 입은 사람’[3]이나 ‘아동성범죄의 피해자가 된

2) 국가의 보증의무처럼 정해놓고 있기는 하지만, 불이행 시 소구는 불가능하다.

3) 성폭력방지 및 피해자보호 등에 관한 법률 제2조(정의)

3. “성폭력피해자”란 성폭력[성폭력처벌법에서 정한 것]으로 인하여 직접적으로 피해를 입은 사람을 말한다.

사람'[4] 또는 '타인의 범죄행위로 피해를 당한 사람'[5]이 확인되기 위해서는 어떤 확인절차가 필요하다. 그런 기능을 수행하는 제도가 형사소송이다. 범죄피해자는 형사소송절차를 마쳤을 때 확인되는 것이다. 수사, 기소, 재판이 이루어진 후, 그때까지 무죄로 추정되던 피고인에게 유죄(확정)판결이 선고되는 때에 비로소 범죄피해자가 확인될 수 있는 것이다.[6] 즉 범죄피해자는 범죄와 범죄자의 존재를 전제하는 개념으로서 판결에 의해 결정되는 '법적 구성물'이다. 형사법상 구성요건의 표지들은 평가적 개념이어서 범죄인지 아닌지 여부는 행위 시에 결정되는 것이 아니라 사후적으로 판단되기 때문이다. 이런 의미에서 형사소송이란 범죄자를 확인하는 동시에 피해자를 확인하는 이중적 기능을 수행한다고 할 수 있다.

피해자를 소송의 당사자로 취급하여 피해자 진술권 등 피해자의 절차적 권리를 포괄적으로 인정하는 피해자참가제도에 대해 논하는 대부분의 문헌에서는 '범죄피해자의 형사절차상 지위 강화를 위하여 피해자참가제도를 도입하는 것에 의문이 제기될 수 없을 것'이라고 단정한다.[7] 물론 이러한 주장이, 피해자에 대한 보호가 피의자·피고인의 권리에 우선한다는 것을 의미하지 않으며, 피해자 보호·지원 방안은 범죄자 인권보장과의 조화 내지 한계 내에서 모색되어야 한다는 데 이견이 없는 것으로 안다. 그러나 범죄에 대한 유죄판결이 있기도 전에 피해자에게 절차적 권리를 인정하려면 피해자의 피해자성을 인정해 주어야 하는데, 문제는 그 피해자성을 인정해 주기 위해서는 피고인의 범죄자성을 인정해야 한다는 모순에 빠지게 된다는 점이다.[8] 물론 형사절차에서의 피해자란 범죄사실에 관해 개념적으로는 가

---

4) 아동·청소년의 성보호에 관한 법률 제2조(정의)

6. "피해아동·청소년"이란 제2호 나목부터 라목까지, 제7조부터 제15조까지의 죄의 피해자가 된 아동·청소년을 말한다.

5) 범죄피해자보호법 제3조(정의)

1. "범죄피해자"란 타인의 범죄행위로 피해를 당한 사람과 그 배우자(사실상의 혼인관계를 포함한다), 직계친족 및 형제자매를 말한다.

6) 선입견을 갖게 하는 표현인 '피해자(Opfer)'는 '범죄자(Täter)'가 존재한다는 판결이 확정되어야만 비로소 존재하게 되는 것이다. Klaus Volk/김환수·문성도·박노섭 역, 『Klaus Volk의 독일 형사소송법』, 박영사, 2009, 444면.

7) 예를 들어 이진국, "피해자중심 형사사법의 실천을 위한 입법적 과제", 『형사정책연구』 제25권 제2호, 2014, 197면; 조균석, 앞의 논문, 6면 이하; 박미숙·이진국, 『형사절차상 피해자참여 운영현황과 개선방안 - 피해자참여제도 도입을 위한 기초연구』, 한국형사정책연구원, 2015, 31면 등.

8) 이러한 문제의식은 손진, "형사사법의 피해자 중심화 경향과 범치주의(犯治主義)의 탄생",

해자에 대향하는 것으로 파악되면 족하고 반드시 형의 선고를 받은 자에 대향하는 것으로 파악되어야 할 필요가 없으며, 형사재판에 참여하는 피해자는 어디까지나 공소사실에 피해자로 기재되어 있는 자로서 이해되는 것으로 족할 수 있다.[9] 그러나 형사정책의 중심축이 피해자로 이동되어 있고 국가의 에토스가 피해리스크를 중심으로 구성되는 상황에서 형사소송의 본래 취지를 흐리는 용어사용은 심각한 문제를 초래할 수 있다. 극단적으로 말해 요즘처럼 피해진술 하나만으로 대중적인 유죄평결을 내리고 청와대 신문고에 청원을 하면서 '국가에 의한 보호'를 요구하는 사회적인 유죄추정의 시대에는 형사피고인의 신속한 처분을 위해 적법절차의 보장 장치들을 소실시킬 수 있는 것이다. 조금 더 빨리 피해자를 보호하기 위해서 무죄추정 등의 적법절차 원리, 거증책임 및 증거법원칙과 같은 형사절차의 근본원리를 깨면 누구도 자유로울 수 없다. 종래 간과되어왔던 피해자에 대한 관심이 필요하며 피해자의 욕구를 존중해야 한다는 의미로 피해자를 참여시킴으로써 화해와 치유에 이르고자 하는 제도 고려 시 위와 같은 위험 또한 배제되어서는 안 된다.

2. 이상적 피해자

피해자는 도덕적으로나 법적으로 우월적 지위를 얻는다.[10] 그러나 모든 피해자가 이런 지위를 얻는 것은 아니다. 어떤 지역 사람들 또는 어떤 사회적 신분 · 지위를 가진 사람들 집단 등에 관한 고정관념이 존재하는 것과 같이, 범죄피해자로서 보호 · 지원받기 위해 갖춰야 하는 모습 등 범죄피해자에 대한 스테레오타입 또한 존재한다. 한 범죄학자는 형사정책이나 미디어가 "완전하고 정당한 피해자의 지위를 곧바로 받아들일 수 있는" 피해자를 "이상적 피해자(Ideal Victim)"라고 부르며 그 요건을 6가지로 정리했다:[11] 1) 피해자는 범죄자에 비해서 힘이 약하다. 여성,

---

2018.8.25. 한국형사법학회 신진포럼 발표문, 11면.

9) 그와 같은 의미에서 피해자를 절차의 주체로 인정하는 것이 가해자에 대한 유죄의 인정을 의미하는 것은 아니고, 마찬가지의 관점에서 실체적으로 존재하는 피해자의 개념과 관념적으로 존재하는 그것을 구별하는 것은 큰 의미가 없다고 보는 견해는 김성규, "범죄 피해자의 형사재판 참가에 관한 논의와 쟁점", 『형사법연구』 제20권 제4호, 2008, 365－366면.

10) 심리학자 주어(Zur)의 말로, "피해자 지위는 강력한 것이다. 피해자는 언제나 도덕적으로 옳고, 책임이 없으며, 영원한 연민을 받게 된다." (Zur, O., Culture of Victims, Zur Institute, http://www.zurinstitute.com/victim_psychology.html)

11) Christie, Nils., *The Ideal Victim*, FROM CRIME POLICY TO VICTIM POLICY, E. Fattah,

노인, 어린이 등 약자가 특히 이상적 피해자로 적합하다. 2) 피해자는 (선행은 아니라도) 정당한 일상적인 일을 하고 있었다. 3) 피해를 당한 장소가 비난할 만한 장소가 아니다(예컨대 백주대로). 4) 범죄자가 (피해자에 비해 압도적으로) 힘이 세고 나쁜 놈이다. 5) 범죄 이전에는 범죄자와 면식 혹은 개인적 관계가 없었다. 6) 이상적 피해자의 지위를 요구할 수 있을 만큼의 힘이 있어야 한다. 이야기를 할 수 있을 정도로 강해야 하지만, 동시에 다른 이익에 위협이 되지 않을 만큼 약해야 한다.

이런 이미지는 주로 성폭력범죄나 대인폭력범죄에서 명확히 드러난다. 이와 같은 관념은 범행 동안뿐만 아니라 범행 후 기대되는 피해자의 모습과도 관련된다. 이러한 피해자상에 부합하지 않는 피해자는 거짓말쟁이로 낙인찍히거나 그 피해는 그렇게 심하거나 중대하지 않은 것으로 등한시될 수 있다. 나아가 "이상적 피해자는 이상적 범죄자를 필요로 한다. 양자는 상호의존적이다."[12] 미디어와 형사정책에서 이상적 피해자가 필요로 하는 이상적 범죄자는 피해자와 완전히 상반되는 인물인 것이다.

이와 같은 대중적 이미지가 '범죄피해자 보호법'의 바탕이라는 점은 부인하기 어려울 것이다. 즉, '범죄피해자 보호법'에서 정신적 지원, 구조금 지급, 법률구조, 취업 지원, 주거 지원 등을 받을 수 있는 피해자는 "타인의 범죄행위로 피해를 당한 사람"(제3조 제1항 제2호)이며, 여기서 타인의 범죄행위는 "사람의 생명 또는 신체를 해치는 죄에 해당하는 행위"(같은 항 제4호)를 말하는데, 가장 중요한 지원 중의 하나인 구조금 지급에 있어서 피해자가 해당 범죄행위와 어떤 식으로든 관련이 되어 있거나(예컨대 교사·방조, 폭행·협박·모욕 등 도발, 부정행위, 범죄용인, 피해확대 기여) 폭력조직의 조직원인 경우에는 구조금을 지급하지 않는다. 폭력범죄 빈발사례로, 술집에서 술을 먹다가 옆 테이블과 언쟁이 붙었는데 상대방이 병으로 머리를 때려서 다친 경우에는 구조금을 받거나 피해자 지원서비스를 받기 어렵다. 아무래도 정부가 피해자를 보호하기 위한 공적 자금을 무고하지 않거나 대중적인 비난을 받을 여지가 있는 사람을 위해 사용할 수는 없을 것이며, 페미니즘운동이나 회복적 사법 등 피해자의 등장에 기여한 정치운동들도 어떤 정치적 설득력을 얻기 위해 순수하게 무고한, 고통받아 마땅하지 않은 피해자를 상정할 수밖에 없었을 것이다.

그러나, 대부분의 범죄라는 것이 시간과 공간을 초월해서 어느 날 갑자기 발생하

---

ed., MacMillan, 1986, 18면.

12) Christie, Nils., 앞의 논문, 25－26면.

는 것이 아니며, 피해자와 범죄자의 지위라는 것은 계속적이고 유동적인 상호작용 속에서 전개되는 어느 한 시점의 입장을 나타내는 말에 불과할 수 있는 것이다. 다시 말해, 피해자와 범죄자는 법적 또는 사회적 과정에 의하여 구성되는 상대적인 정체성이다.[13] 피해자에 대한 도덕적 평가와 법적 평가가 상반되는 경우도 있을 수 있고(예를 들면, 오랜 시간 동안의 신체적 또는 정신적 학대를 견디다 못해 배우자를 살해한 가정폭력 피해자나 피해자의 도발 행위 때문에 방위행위로서 사람을 중상해에 이르게 한 정당방위자), 무고하게 범죄의 피해를 입었지만 범죄피해자가 아닌 경우도 있으며(범죄행위나 방화를 진압하는 과정에서 부상당한 경찰관이나 소방관은 직업적 위험으로 인식될 뿐 피해자의 지위를 인정받지 못한다), 누가 피해자인지 누가 범죄자인지 구분하기 어려운 경우가 대부분이다. 현실적인 피해자나 범죄자의 대다수는 형사정책이 상정하고 있는 이상적 피해자의 요건을 일부(또는 전부) 부인해야 그 지위를 얻을 수 있는 것이다. 이러한 이유로 실제 범죄피해자구조금이 지급된 건수는 매우 적으며,[14] 성폭력 · 가정폭력 · 성매매 외의 다른 범죄피해에 대해서는

---

13) Quinney, R., Who is the victim?, Criminology vol. X, 1972, 318면.

14) 최근 5년간(2016−2020) 발생한 전체 범죄피해 건수의 평균은 약 166만 건이고, 현재 범죄피해자구조금 지급의 요건이 범죄로 인하여 사망하거나 장해, 중상해를 입은 경우이기 때문에, 아래 <표 1>에서는 이러한 결과가 수반될 수 있는 살인, 강도, 강간 및 폭력범죄에 대한 피해 건수도 함께 제시했다. 이러한 범죄피해 수에 비해 범죄피해구조금이 지급된 건수의 평균은 약 260건에 불과하다(아래 <표 2> 참고).

<표 1> 연도별 범죄피해자 수 (단위: 건)

범죄 유형	2016년	2017년	2018년	2019년	2020년
전체 범죄	1,849,450	1,662,341	1,580,751	1,611,906	1,587,866
살인 범죄	914	825	797	779	724
강도 범죄	1,149	967	821	798	663
강간 범죄	5,738	5,859	6,069	6,092	6,136
폭력 범죄	309,394	293,086	287,611	287,913	265,768

출처: 경찰청, 경찰범죄통계 2020년 범죄피해자 및 범죄피해 추세(38면 <표−17> 재구성)

<표 2> 연도별 범죄피해구조금 지급현황 (단위: 건)

	2016년	2017년	2018년	2019년	2020년
합계	279	264	248	305	206
유족구조금	198	186	188	185	145
중상해구조금	55	57	36	86	34
장해구조금	26	21	24	34	27

출처: 검찰통계시스템(e−나라지표 https://www.index.go.kr/potal/stts/idxMain/selectPoSttsIdxMainPrint.do?idx_cd=2809&boar)

구조금 지급 이외의 다른 지원에 관한 통계를 찾을 수 없었다.

이러한 고정관념에 얽매어 피해자를 개념 짓게 되면, 형사절차에서 소외된 피해자의 주체성을 회복하고자 하는 피해자 참여 관련 제도들이 형사사법의 바람직한 모습이나 실체적 진실발견의 기여에는 물론 피해자의 치유 및 회복에도 도움을 주지 못하면서, 오히려 피해자는 국가의 경찰력 강화를 위한 정치적 도구로 활용되고, 사회적 도움을 필요로 하는 계층으로서 범죄자에 대한 담론은 점점 지워지는 결과를 낳게 된다. 설령 순수하게 무고한 피해자의 권리만 보호하는 방식이 정당하다 하더라도, 피해자의 권리행사 가능성을 피해자성 내지 피해자다움에 연결시켜 놓는 방식은, 그 권리를 이상적 피해자가 아니면 누리지 못하게 한다. 이런 방식은 피해자 스스로 자신을 피해자로 정의하고 타인이 자신을 피해자로 정의하기를 기대하도록 만들면서 피해자성을 지속시키는 인센티브가 될 수 있으며, 일시적이어야 할 피해자라는 수동성의 배지(badge)를 제거하기 어렵게 만들 수 있다. 뿐만 아니라 재판이 진행되기도 전에 인터넷이나 미디어 등을 통해 사회 내에서 피해자 타이틀을 얻기 위한 경쟁을 촉발시킬 수도 있다.[15)]

3. 소결

형법의 시각에서 사람은 피해자와 범죄자인데, 피해자와 범죄자라는 정체성은 자연적으로 존재하는 영구적 정체성이 아니라 법적으로 부여되는 일시적 정체성이기 때문에, 형법은 결국 타인의 침해로부터 국민(피해자)을 보호하며, 국가의 침해로부터 국민(범죄자)을 보호하는, '사람'을 보호하는 법이어야 한다. 형사절차상 피고인의 방어권이 인정되는 것은 국가의 수사권과 형벌권 남용으로부터 국민을 보호하기 위한 것이다. 범죄자는 확정판결 이후에만 존재하게 되는데 일단 범죄자가 되고 나면 생명, 자유 또는 재산을 박탈당해야 하는 운명이므로, 판결도 있기 전에 범죄자의 타이틀을 부여받지 않도록 하는 것이 형사소송상 인권보장의 핵심이다.

앞에서 이상적 피해자 스테레오타입과 피해자 지위의 조기 확정이 초래할 수 있는 문제들을 짚어보았다. 이른바 피해자다움을 갖지 않은 피해자는 사실상 보호받기 어렵고 대중적으로 인식되는 피해자 개념이 형사절차 당사자의 권리를 침해할 수 있다는 문제의식을 전제로 범죄피해자 보호·지원제도가 확립되어야 한다. 이하

15) 손진, 앞의 발표문, 14면.

에서는 현행 형사절차에서 피해자 보호와 관련하여 미흡한 부분들을 지적하고 개선 방향을 제안해 본다.

Ⅲ. 형사절차에서 피해자 보호를 위해 보완되어야 할 몇 가지

1. 피해자 진술제도

(1) 의의

이상적 피해자상, 즉 피해자의 모습과 행동에 대한 고정관념이 있는 것과 같이, 범죄피해자가 형사절차에서 또는 형사절차를 통해서 기대하는 것과 요구하는 것에 관한 사회적 통념 또한 존재한다. 보통 복수 내지 응보와 배상 청구가 피해자의 우선적 · 일반적인 요구이고, 형사절차의 목적은 행위자에 대한 가능한 한 강한 처벌이라는 점이 가정된다. 그러나 피해자의 요구 및 이익에 관한 여러 사회과학적 연구들은, 이해관계와 제재에 대한 입장에 관련해서도 전형적인 모습이 존재하지 않는다는 점을 보여준다.[16] 피해자의 요구와 이해관계는 다양하고 이질적이고, 심지어 겉보기에 모순될 수 있으며, 그 입장들은 범행 발생 시와 소송절차 과정 사이에 오랜 기간이 경과하는 동안 변경될 수도 있다. 대체로 피해자는 물질적 회복, 사과를 포함한 감정적 회복, 심리적 및 정신적 회복에 대한 지원뿐만 아니라, 자신들의 의견을 반영할 수 있는 덜 공식적인 절차, 자신들이 사건에 참여하는 것, 자신들의 사건의 절차 진행과 결과에 관한 더 많은 정보, 존중심을 가진 공정한 대우, 형사절차에서 범죄피해자로 확인 내지 승인받음을 원하는 것으로 나타났다고 한다.[17] 이는 범죄피해자도 형사절차에 참여하는 사람으로서 형사사법 그리고 형사사법의 종사자들은 피해자가 형사절차에서 주체성을 회복할 수 있도록 하고 피해자에게 미칠 수 있는 이차피해를 최소화하며 피해자의 심리와 정서를 치유하도록 노력해야 한다[18]는 것을 의미한다고 할 수 있다. 그리고 무엇보다 피해자가 범죄피해 경험에

16) 범죄피해자들이 원하는 바가 과연 무엇인지에 대한 조사에 의하면, 피해에 대한 물질적 보상과 가해자의 처벌에 대한 요구일 것이라는 통상적인 생각과는 달리, 복수 내지 응보에 대해서는 비교적 적은 수의 피해자들만이 요구한 것으로 나타난다고 한다(박미숙 · 이진국, 앞의 책, 2015, 88－89면; Sautner, Lyane, Opferinteressen und Strafrechtstheorien － Zugleich ein Beitrag zum restorativen Umgang mit Straftaten, Studienverlag Innsbruck, 2010, 395면 참조).

17) 박미숙 · 이진국, 앞의 책, 88－89면; Sautner, 앞의 책, 395면.

서 벗어나고 치유되는 효과적인 방법은 자신의 견해를 자유롭게 제시하고 자신이 공정하게 처우되고 있다고 생각하는 것이다.[19] 소송절차에서 진술하는 것에 큰 부담을 느끼는 사람도 있지만, 반면에 자신의 경험과 범행의 결과를 스스로 진술할 것을 원하는 사람도 있다. 이들에게 법원에서 그리고 피고인 앞에서의 진술은 범죄피해로부터 자율성 및 자기통제를 치유·회복할 수 있는 하나의 단계이다.[20] 이러한 측면에서 현행 형사소송법상 피해자 진술권 제도는 피해자가 자유롭게 자신의 견해를 적극적으로 표현할 수 있는 방식으로 리모델링 될 필요가 있다.

(2) 개선방안

형사소송법 제294조의2에 따르면 피해자의 진술권 행사를 통해서 피해의 정도 및 결과, 피고인의 처벌에 관한 의견 및 그 밖에 당해 사건에 관한 의견을 진술할 수 있는데, 이는 피해자가 독립적으로 자신의 입장과 견해를 제시하는 것이 아니라 증인신문의 방식에 따라 검사와 변호인의 신문에 답하는 방식으로 진행된다.[21] 하지만 질문에는 질문을 행하는 사람의 의도와 관점이 반영되어 있고 그 범위를 벗어난 자유로운 답변을 하기 힘들다. 그러므로 피해자 진술권은 피해자 입장에서 필요하다면 신문의 방식에 얽매이지 않고 피해자가 진술의 주체가 되어 보다 자유로운 형식으로 행해질 것이 요구된다.

물론 형사소송규칙 제134조의10과 제134조의11은 범죄사실의 인정에 해당하지 않는 사항에 관하여는 법원이 필요하다고 인정하는 경우에 한하여 증인신문에 의

18) Bruce J. Winick, *Foreword: Therapeutic Jurisprudence Perspectives on Dea!ing with Victims of Crime*, Nova Law Review, Vol. 33, 2009, 540면 이하.

19) Jo-Anne Wemmers and Katie Cyr, *Can Mediation Be Therapeutic for Crime Victims? An Evaluation of Victims Experiences in Mediation with Young Offenders*, Canadian Journal of Criminology and Criminal justice, Vo1. 47 NO. 3, 2005, 539면.

20) 피해자 진술권과 피해자 참가제도를 진실발견의 유용성의 관점에서 판단해서는 안 되고, 피해자의 입장에서 판단을 하여 피해자가 스스로 심리적 상처를 치유하는 스토리텔링적 기능을 할 수 있도록 형식과 내용이 바뀌어야 된다고 보는 이상돈, "형사사법의 세 가지 지층과 피해자의 지위", 『피해자학연구』 제17권 제1호, 2009, 38면.

21) 형사소송법 제294조의2 제1항 본문은 "법원은 범죄로 인한 피해자 또는 그 법정대리인(피해자가 사망한 경우에는 배우자·직계친족·형제자매를 포함한다. 이하 이 조에서 "피해자등"이라 한다)의 신청이 있는 때에는 그 피해자등을 증인으로 신문하여야 한다."고 하면서 제2항에서 "법원은 제1항에 따라 피해자등을 신문하는 경우 피해의 정도 및 결과, 피고인의 처벌에 관한 의견, 그 밖에 당해 사건에 관한 의견을 진술할 기회를 주어야 한다."고 규정하고 있다.

하지 아니하고 의견을 진술(혹은 서면제출)할 수 있는 기회를 피해자에게 부여하고 있다. 이 제도는 피해자의 자유로운 의견진술을 가능하게 하되 사실인정에 관한 부분은 배제하여 피고인에 대한 유죄추정을 방지하기 위한 균형점을 모색한 것으로 보이는데, 다만 그 필요성 판단이 법원에 맡겨져 있고 사실인정에 해당하지 않는 사항으로 제한된다는 점에서 헌법 제27조 제5항에서 보장하는 법적 청문권[22]을 온전히 실행하기 어려워 보인다.[23]

그렇다면 이른바 '피해자 참가'를 내용으로 하는 2011년 형사소송법 개정안(이하 개정안)[24]의 피해자 의견진술 제도(제294조의9)를 고려해 볼 수 있다. 이 제도는 피해자나 그 변호사가 공소사실의 범위 내에서 의견진술을 신청한 경우 범죄의 성질, 참가인의 연령, 심신의 상태, 피고인과의 관계, 그 밖의 사정을 고려하여 상당하다고 인정되면 검사의 의견진술 후에 피해자나 그 변호사가 의견을 진술할 수 있는 기회를 제공하는 절차이다. 우선, 개정안의 피해자 의견진술은 검사의 의견진술 후에, 즉 피고인 신문과 증거조사가 마무리된 후에 이루어진다는 점에서 유죄추정이나 선입견이라는 문제가 비교적 크지 않을 것으로 보인다. 나아가 현행 형사소송법상의 피해자 진술과 달리 검사나 변호인의 신문 과정에 의하지 않는다는 점에서, 범죄사실과 피해 사실 및 적절한 배상 여부 그리고 처벌 의사에 대한 피해자의 의견 등을 자유롭게 개진할 수 있고, 이를 통해 범죄로 인한 피해자의 심리적 상처에

22) 헌법재판소는 "헌법 제27조 제5항에서 형사피해자의 재판절차진술권을 독립된 기본권으로 보장한 취지는 피해자 등에 의한 사인소추를 전면 배제하고 형사소추권을 검사에게 독점시키고 있는 현행 기소독점주의의 형사소송체계 아래에서 형사피해자로 하여금 당해 사건의 형사재판절차에 참여할 수 있는 청문의 기회를 부여함으로써 형사사법의 절차적 적정성을 확보하기 위한 것"이라고 하여(헌법재판소 2002.10.31., 2002헌마453 결정), 피해자 진술권 제도는 법원의 진실발견 차원에서 비롯되는 제도가 아니라 피해자의 법적 청문권을 실현하는 제도라는 점을 밝힌 바 있다.

23) 권순민, "공판절차에서 피해자 직접 참여권의 범위와 한계 – 피해자이익과 피고인 방어권의 균형을 고려하여", 『법학논총』 제42권 제4호, 2018, 443면. 형사소송규칙 제134조의10 등에 대한 검토는 김상민, "범죄피해자의 진술권 강화를 위한 형사소송법 개정필요성 연구", 『형사소송 이론과 실무』 제7권 제2호, 2015, 159면 이하.

24) 2010년 12월 20일 법무부 공고 제2010–250호 형사소송법 일부개정법률(안)은 2011년 7월 15일 국회에 제출되었으나 2012년 5월 29일 제18대 국회 임기만료로 폐기되었다. 그러나 그 후에도 2014년 19대 국회에서 강창일 의원의 형사소송법 일부개정법률안 등에서 피해자참가제도의 도입논의는 계속되고 있으나 아직 형사소송법에 규정되지는 않고 있다. 피해자 참가제도에 관한 법무부안과 강창일 의원안은 대부분 그 내용이 동일하다.

회복과 치료를 촉진할 수 있을 것이다.[25] 다만, 이러한 효과를 고려한다면 피해자 의견진술 제도는 개정안 제294조의9 제2항처럼 피해자가 의견진술 전에 검사에게 신청하도록 할 필요는 없어 보인다.[26] 그리고 형사소송법 제294조의2와 같이 증인신문 방식을 빌어서 하는 피해자 진술은 피해자 의견을 제한 없이 능동적으로 진술하는 것과는 분명한 차이가 있기 때문에, 개정안 제294조의9 제1항 단서처럼 형사소송법상 피해자 진술 절차에서 충분히 의견을 제시했다면 법관이 제한하도록 하는 것은 바람직하지 않다.[27]

2. 피해자변호사제도

(1) 필요성과 적용 범위의 확대

범죄피해자는 공감 · 이해 · 신뢰받기를 원하지만, 형사절차는 그러한 인정이나 배상 및 정의에 대한 요구를 만족시키는 데 제한적이다. 형사절차는 엄격하게 정형화된 절차이고, 이에 피해자의 이익을 위한다거나 그들이 우선되거나(우선적으로 보호되거나) 하는 원리 · 원칙들로 구성되어 있지 않고 그러한 절차 내에서 범죄피해로부터 회복될 수 있는 여지는 적다. 이러한 점이 형사절차를 접하는 피해자에게는 낯설고 생소할 수 있다. 그래서 피해자가 형사절차에 참여하여 권리를 실현하기 위해서는 법률적 지식 조언과 절차를 함께 해 줄 변호사의 존재가 필요하며 이는 형사절차에서 피해자 보호 · 지원을 실질적으로 보장하기 위한 전제조건이 되는 만큼 중요하다.

현재 시행되고 있는 피해자변호사제도는 성폭력범죄 피해자, 아동 · 청소년 대상 성범죄피해자, 아동학대범죄의 피해 아동과 그 법정대리인이 형사절차상 입을 수 있는 피해를 방어하고 법률적 조력을 보장하기 위한 제도이다.[28] 보다 현실적이고

---

25) 권순민, "치료적 사법과 범죄 피해자 참여", 『법과 정책』 제20권 제2호, 제주대학교 법과 정책 연구소, 2014, 43－44면.

26) 개정안의 내용을 요약하면 피해자 참가인과 그 변호사는 출석권(제294조의6)과 증인신문권(제294조의7), 피고인신문권(제294조의8) 그리고 의견진술권(제294조의9)을 가지며, 이러한 참여적 권리는 검사에게 신청하고 법원의 허가를 통해 실현되도록 프로그램되어 있다.

27) 같은 의견 권순민, 앞(각주 23)의 논문, 444면.

28) 피해자변호사제도는 2011.9.15.에 개정된 청소년성보호법이 시행되면서 동법 제18조의6에 "피해아동 · 청소년 등에 대한 변호인선임의 특례"규정의 신설과 함께 등장하게 되었는데, 위 조항에 따르면 아동 · 청소년 대상 성범죄의 피해자 및 그 법정대리인은 형사절차상 입을 수

실효성 있는 법률구조를 위해서 피해자를 위한 변호인제도가 제도적으로 마련되어 있는 것은 고무적이라고 할 수 있지만, 이제는 그 지원 대상을 아동 · 청소년 성폭력범죄 등의 피해자만으로 국한할 것이 아니라 그 대상 범죄 및 피해자의 범위를 보다 넓히는 것이 필요한 것으로 보인다.[29] 현행 형사소송법상 변호인선임권자에 피해자는 포함되지 않고(제30조), 범죄피해자에게 변호인의 조력을 받을 권리가 명문으로 규정되어 있지 않으며, 피해자의 적극적인 형사절차 참여를 위해 마련되었던 개정안에서조차 피해자 변호사에 대한 구체적인 내용은 없다.

범죄피해자에 대한 일반적인 변호인제도의 보장은 독일의 입법례에서 찾아볼 수 있다. 독일은 형사소송법 제406조f에 근거하여 모든 범죄피해자가 자신의 이익을 옹호하고 형사절차상의 권리를 대변할 수 있는 변호사를 조력인(Beistand)로 선임할 수 있는 권리를 보장하고 있다.[30] 이를 참조하여 우리의 경우에도 성폭력범죄 및 아동학대범죄 피해자에 대해서 뿐만 아니라 모든 범죄피해자에 대해 변호인제도를 보장할 수 있는 입법작업이 필요하다.[31]

(2) 실질적 보장을 위한 선결문제

성폭력처벌법에 피해자 변호사는 검사 또는 사법경찰관의 피해자 등에 대한 조사에 참여할 수 있고, 영장실질심사, 증거보전절차, 공판준비기일 및 공판절차에 출

있는 피해를 방어하고 법률적 조력을 보장하기 위하여 변호인을 선임할 수 있고, 검사는 피해 아동 · 청소년에게 변호인이 없는 경우, 국선변호인을 지정하여 형사절차에서 피해 아동 · 청소년의 권익을 보호할 수 있도록 하였다.

29) 이미 김성돈, “우리나라 범죄피해자 우호적 형사정책의 과거, 현재, 그리고 미래”, 『피해자학연구』 제20권 제1호, 2012, 120면; 강동욱, “피해자변호사제도와 그 개선방안”, 『홍익법학』 제15권 제1호, 2014, 258면; 조균석, “개정 형사소송법상 피해자보호제도의 운영 실태와 그 평가”, 『형사소송 이론과 실무』 제6권 제2호, 2014, 78면.

30) 참고로 독일의 형사소송법은 1997년 12월 18일에 제정된 ‘형사절차에서 피해자의 지위 개선을 위한 제1차 법률’ 제1조 제15호에 의해 피해자변호사제도에 관한 제406조f가 추가되었다. 현행 규정의 내용은 다음과 같다. 제1항: 피해자는 변호인의 조력을 받거나 변호인에게 대리하게 할 수 있다. 피해자의 신문을 위한 변호사 조력인에게는 신문 참석이 허용된다. 제2항: 피해자 신문 시에는 피해자의 신청에 따라 피해자와 신뢰관계에 있는 자를 참석하게 할 수 있다, 다만 이것이 조사의 목적을 해할 우려가 있는 경우에는 그러하지 아니하다. 그 결정은 신문을 주도하는 자가 행하고, 그 결정에 대해서는 불복할 수 없다. 기각 결정에 대해서는 그 이유가 조서에 기재되어야 한다.

31) 같은 의견 원혜욱, “피해자변호인제도에 대한 소고”, 『피해자학연구』 제20권 제1호, 2012, 150－152면.

석하여 의견을 진술할 수 있다고 규정되어 있어(제27조 제2항 및 제3항) 수사절차는 물론 공판절차에서도 출석권을 보장받고 있고, 청소년성보호법 제30조 제2항과 아동학대처벌법 제16조가 이를 준용하는 규정을 두고 있다.

이와 같은 출석권이 실질적으로 보장되기 위해서는 특히 공판절차의 경우 기일의 통지가 선행되어야 할 것이다. 형사소송법 제259조의2에서는 피해자 등에 대한 통지로 검사는 피해자 또는 법정대리인의 신청이 있는 경우에 당해 사건의 공소제기 여부, 공판의 일시·장소, 재판 결과, 피의자·피고인의 구속·석방 등 구금에 관한 사실 등을 신속하게 통지하여야 한다고 규정하고 있고, 또 '성폭력범죄 등 사건의 심리·재판 및 피해자 보호에 관한 규칙' 제4조에서는 법원은 성폭력범죄, 아동·청소년대상 성범죄 또는 아동학대범죄의 피해자 및 그 법정대리인이 변호사를 선임하거나 국선변호인이 선정된 후, 변호사 선임을 증명할 수 있는 서류가 제출된 때에는 피해자 변호사에게 공판기일을 통지해야 한다고 규정하고 있다. 이에 따라 실무적으로 기일 통지는 대부분 잘 이루어지고 있지만, 담당자가 바뀌거나 하는 경우에는 여전히 피해자 변호사에 대한 통지는 누락되는 경우가 있고, 서울중앙지방법원 외의 타 법원이나 지방의 경우는 재판이 이미 진행되고 있음에도 피해자 변호사뿐만 아니라 피해자도 그 사실을 모르는 경우가 있다고 한다.[32] 나아가 법규정상으로는 단지 공판기일만 명시하고 있을 뿐이고 공판기일 외의 구속 전 피의자 심문, 증거보전절차, 공판준비기일 등 절차들의 통지에 대해서는 명확하게 정해진 바가 없다.

국선변호인의 입장에서는 첫 공판기일에서 정하는 사항이 많기 때문에 첫 기일을 놓치면 사실상 할 수 있는 부분이 많지 않고, 피해자나 피해자 변호사에게도 첫 번째 기일은 중요한 역할을 한다고 볼 수 있다. 그러나 첫 번째 공판기일은 피해자 변호사의 의견을 묻지 않는 실정이고, 두 번째부터는 피해자 변호사의 일정을 확인하는 재판부도 있고 그렇지 않은 경우도 있으며, 변경기일 신청은 아주 제한적으로 이루어지는 실정이라고 한다.[33] 공판기일 변경신청은 사실상 재판부의 재량권 행사이고 허가의 기준과 근거가 무엇인지 알기 어려우며 재판부 역시 변호사의 기일 변경신청을 반드시 받아들여야 할 의무는 없다고 할 것이고 또 무제한 받아들일 수도 없는 것이겠지만, 피해자의 2차 피해를 미연에 방지한다는 입장에서 가급적 허

32) 박미숙·이진국, 앞의 책, 81면.
33) 위의 책, 81면.

가할 필요가 있을 것으로 보이고 그 합리성의 판단에 있어서도 기준이 필요하다고 생각된다.

아울러 위 '성폭력범죄 등 사건의 심리 · 재판 및 피해자 보호에 관한 규칙' 제4조에서 공판기일 통지의 요건으로 변호사 선임 증명서류 제출을 규정하고 있기에, 서류가 제출된 변호사에게 공판기일을 통지하는데, 피해자 변호사가 검사로부터 기소 등 사건처분 결과 통지를 받지 못하는 때에는 피해자 변호사가 위 법원에 서류를 신청할 시기를 놓치게 되는 경우도 있다.[34] 또한 위 대법원 규칙 같은 조 제2항에서 공판기일 통지의 수단은 열거하고 있지만(서면, 전화, 전자우편, 모사전송, 휴대전화 문자전송 그 밖에 적당한 방법), 그 시기에 관해서는 별도의 규정이 없기 때문에 각 법원마다 실무에서 차이점이 있을 수밖에 없고 이 부분으로 인한 불이익은 고스란히 피해자 변호사나 피해자가 감당하게 되는 것이다.

더불어 피해자나 피해자 변호사에게 공판기일을 통지하는 부분에 대해서는 규정되어 있지만, 피해자 변호사가 선임되어 있음에도 공판기일의 출석이 필수적이지 않아 그 없이도 공판은 개시 · 진행될 수 있다. 피해자가 공판절차에 참여하는 것이 실질적으로 보장되기 위해서는 법률 대리인인 (국선)변호인의 존재와 공판기일의 필수적 참석이 전제되어야 할 것이다. 그리고 더 나아가 피해자 변호사에게 어느 정도의 권한을 인정할 수 있는지, 국선변호인제도의 운영에 대해서도 규정하고 있는 법이 없는데, 단순한 공판정에의 출석만으로는 피해자의 권익을 보장할 수 없다는 점을 고려할 때 향후 보완되어야 하는 사항이다.

(3) 피해자 변호사의 역할

피해자 변호사와의 관계에서 의뢰인은 변호사의 보살핌을 필요로 하는 피해자가 아니라, 자신의 권리가 침해되었고 그것을 회복하기 위한 권리행사를 위해 전문적인 도움을 요구 · 청구하는 주체이다. 그렇기 때문에 피해자 변호사는 의뢰인이 자신을 피해자라고 지속적으로 인식하게 할 것이 아니라 피해의 고통에서 빨리 벗어나서 일상으로 돌아갈 수 있도록 자기 주체성을 가진 일반인과 마찬가지로 대해야 한다. 이상적인 피해자의 스테레오타입에 맞춰서 피해자를 대하려는 태도는 회복과 치유에 아무런 도움이 되지 않는다. 피해자가 실제로 무엇을 원하는지 질문하여 확인된 요구가 아니라 추정되거나 가정된 요구들을 전제로 그들을 대하게 되면, 이는

34) 위의 책, 81면.

정말로 그들이 원하는 것들을 간과·무시하고 그들을 도구화하는 것일 뿐이다.

피해자 변호사는 법률 지식에 정통한 조언자로서 의뢰인에게 법원에서의 증인의 권리와 의무, 그리고 절차의 진행 과정에 대해 상세히 설명하고, 이에 관한 지식을 얻게 된 피해자는 형사절차가 진행되는 동안 막연한 두려움과 심리적 불안감을 없애나갈 수 있다. 특히 참고인신문이나 수사상 증거보전절차에 변호인을 대동하는 피해자는 안정된 심리적 태도를 견지하면서 침해될 우려가 있는 사생활의 권리 및 인격권에 대한 보호를 받을 수 있는 것이다.[35)]

피해자변호사제도가 피고인의 방어권 차원에서 역기능적인 결과를 야기할 우려도 없지 않지만, 이러한 문제점은 영미식의 사인 검사제도(private prosecutor)나 독일식의 부대공소 대리인제도(Nebenklagevertreter)에서와 같이 피해자 변호사에게 피고인에 대한 소추권 및 그에 뒤따르는 일련의 공격적 수단까지 부여하는 전제하에서 생길 수 있는 문제점들이다. 우리 현행법의 경우 피해자 변호사제도의 근본적인 필요성은 보호의 진공상태에 있는 피해자에 대한 형사절차상 법적 도움 및 보조이고, 이러한 측면에서 볼 때 피해자 변호사의 역할은 순수한 방어 임무, 법원과 검찰에 대한 통제 및 조언 임무에 맞추는 것이 바람직할 것이다.[36)]

3. 제한된 양형 불복권

피해자는 법원이 선고한 형벌과 형량에 대하여 항소나 상고를 제기할 수 없다. 피해자의 판결 불복권은 유·무죄판결로 제한되어 결국 무죄판결의 경우에만 검사를 통해 이의 제기를 할 수 있다. 그러나 엄격하게 보면, 형사절차를 통해 피고인의 유죄가 확정되면 그때 범죄피해자의 지위를 갖는 것이고, 그렇다면 오히려 유죄 확정 후 양형 판단에 피해자의 의견을 반영할 수 있도록 제도화할 필요가 있다.

피고인의 측면에서, 누구든지 적법한 절차에 따르지 않고는 형벌을 받지 않는다

---

35) 수사단계 및 공판단계에서 피해자 변호사의 구체적인 권한과 임무의 범위에 대해서 상세히는 김성돈, “피해자변호인제도의 도입방안”, 『피해자학연구』 제10권 제2호, 2002, 137면 이하.

36) 독일의 부대공소 변호사도 실제로는 공식적인 소송상 권리라고 할 수 있는 증거신청권 등의 활동을 거의 하지 않는 것으로 나타났다. 그 이유는 부대공소인을 위한 변호사에게 강력한 소송상 활동보다는 의뢰인의 정신적 안정에 변호사의 역할이 더 초점이 맞추어져 있기 때문이라고 한다(Barton, Stephan, *Nebenklagevertretung im Strafverfahren – Empirische Fakten und praktische Konsequenzen*, StraFo 5/2011, 165면).

는 원칙은 사실확인과정에서만 적용되는 것이 아니라 양형 과정에서도 적용되어야 하며, 비례적 형벌을 받을 권리는 양형 과정상 피고인의 핵심적 방어권에 속한다고 보아야 한다. 우리나라 형사소송 상 사실심 변론이 종결되면 판사가 판사실로 들어가서 유·무죄 판정과 형량 산정을 마친 후에 형을 선고하는데, 피고인은 산정된 형량에 불복할 수는 있지만 10년 이상 또는 사형이 선고되는 경우가 아니면 항소로 만족할 수밖에 없고 상고할 수 없다(형사소송법 제361조의5 제15호 및 제383조 제4호). 여기서 자세히 논할 수는 없지만, 형사절차는 우선 유·무죄 확정 절차와 형량 산정 절차로 분리되어야 하고, 형량 산정 절차에서 범죄자의 방어권을 인정하여야 하며, 형량 과다에 대한 상고를 허용하여야 한다. 이와 같이 범죄자에게 비례적 형벌을 받을 권리가 있다면, 그 상대방인 피해자에게도 비례적 형벌을 요구할 권리가 있어야 하는 것이다.

범죄와 형벌에 대한 보편적 이해에 따라, 범죄의 본질을 피해자의 권리침해로 인한 사회적 충실의무 위반으로 이해하고, 형벌을 범죄에 대한 응보와 예방 그리고 흔들린 정의(평등한 자유)를 회복하는 수단으로 이해한다면, 피해자에게 자신의 권리침해를 회복할 수 있는 권리가 당연히 인정되어야 한다. 형량 산정에서 피해자 개인의 권리침해에 대한 부분은 피해자가 의견을 제시할 수 있고, 그 외 의무위반 측면은 전체로서 사회가 입은 자유에 대한 신뢰 상실이기 때문에 이 범위에서 검사가 공정한 사회적 이익의 대변인으로서 형량 결정에 참여할 의무를 진다.[37] 이때 피해자의 양형에 대한 의견제시 및 불복권 인정 등으로 인한 중벌(重罰)화 경향에 대한 우려가 있을 수 있는데, 이를 막기 위해서는 합리적인 양형기준의 제정과 양형자료 조사제도를 통하여 행위자의 사회복귀에 유리한 양형제도가 확립되는 것이 중요하다.[38]

Ⅳ. 맺는 말

근대형법과 달리 오늘날 형사법은 피해자의 지위를 강화하고 있다. 범죄피해자를 보호하고 구조하기 위한 각종 지원책을 마련하고 있을 뿐만 아니라, 형사절차에서

37) 이러한 구상의 단초는 손진, 『형법의 정치도구화에 대한 성찰 – 국가와 국민의 불편한 권력관계에 대하여』, 성균관대학교 박사학위논문, 2016, 193면 이하.

38) 김일수, 『범죄피해자론과 형법정책』, 세창출판사, 2010, 189면.

피해자가 참여할 수 있는 기회를 강화하고 있다. 형사법에서 피해자가 다시 등장하고 있는 것이다. 이러한 상황에서 본 논문에서는 피해자에 관한 문제, 즉 피해자가 도대체 누구를 지칭하는 것인지, 이러한 피해자를 실질적으로 보장하기 위해서는 어떤 제도적 장치를 모색해야 하는지를 다루어보았다.

우리 헌법은 제27조 제5항에서 "형사피해자는 법률이 정하는 바에 의하여 당해 사건의 재판절차에서 진술할 수 있다"고 규정함으로써[39] 피해자 신술권을 헌법적 보호의 수준으로까지 올려놓아 기본권으로 보장하고 있고, 피해자는 증인으로서 진술하는지 여부와 관계없이 형사절차에 참여할 권리를 가진다. 그러나 정작 형사절차 현실에서 피해자나 피해자 변호사는 잊히거나 배제되는 경우가 대부분이다.

피해자 보호·지원제도가 구조적이고 실제적인 결여의 문제 없이 실질적으로 운영되기 위한 방안으로 본문에서 언급한 보완점들은 미미해 보일 수도 있지만, 그러한 것들이 확실히 보장되지 않으면 현재 제도로 정착되어 마련·규정되어 있는 피해자의 형사절차상 권리들은 헛돌 수밖에 없다. 절차에 대해서는 세심한 규정이 필요하고, 피해자 변호사와 관련해서는 법률의 근거를 가지고 구체적인 권한이 열거되는 것이 바람직하다고 할 수 있다.

제도화된 피해자 보호·지원은 범죄피해자에 대해서 피해자 신분 및 (이상적) 피해자로서의 모습·역할을 굳히게 하거나 약함 내지 무력함을 증명·확인하게 해서는 안 되고, 범죄피해자 상담 및 대리·변호의 목적은 자율성 회복이어야 한다. 이는 무엇보다도 사회적으로 전형적인 피해자라는 개념을 비판적으로 다루는 것을 전제로 한다.

논문투고일 : 2021.08.31 논문심사일 : 2021.09.10 게재확정일 : 2021.09.30

39) 1987년의 제9차 헌법 개정에서 도입된 이 조항은 피해자 보호의 이념을 구체화하기 위하여 피해자에게 재판절차 진술권을 부여한 것이라고 설명된다. 그리고 이렇게 헌법이 규정하는 피해자의 재판절차 진술권은 "형사피해자가 당해 사건의 재판절차에 출석하여 자신이 입은 피해의 내용 및 사건에 관한 자신의 의견을 진술할 수 있는 권리"를 말하는 것으로 정의된다(권영성, 『헌법학원론』, 법문사, 2007, 600-601면).

【참고문헌】

강동욱, “피해자변호사제도와 그 개선방안”, 『홍익법학』 제15권 제1호, 2014

권순민, “치료적 사법과 범죄 피해자 참여”, 『법과 정책』 제20권 제2호, 제주대학교 법과 정책 연구소, 2014

권순민, “공판절차에서 피해자 직접 참여권의 범위와 한계 - 피해자이익과 피고인 방어권의 균형을 고려하여”, 『법학논총』 제42권 제4호, 2018

권영성, 『헌법학원론』, 법문사, 2007

김상민, “범죄피해자의 진술권 강화를 위한 형사소송법 개정필요성 연구”, 『형사소송 이론과 실무』 제7권 제2호, 2015

김성규, “범죄 피해자의 형사재판 참가에 관한 논의와 쟁점”, 『형사법연구』 제20권 제4호, 2008

김성돈, “피해자변호인제도의 도입방안”, 『피해자학연구』 제10권 제2호, 2002

김성돈, “우리나라 범죄피해자 우호적 형사정책의 과거, 현재, 그리고 미래”, 『피해자학연구』 제20권 제1호, 2012

김일수, 『범죄피해자론과 형법정책』, 세창출판사, 2010

김혜정 · 강경래, “공판절차상 범죄피해자 참가제도의 도입에 관한 검토”, 비교형사법연구 제16권 제2호, 2014

박미숙 · 이진국, 『형사절차상 피해자참여 운영현황과 개선방안 – 피해자참여제도 도입을 위한 기초연구』, 한국형사정책연구원, 2015

손진, 『형법의 정치도구화에 대한 성찰 – 국가와 국민의 불편한 권력관계에 대하여』, 성균관대학교 박사학위논문, 2016

손진, “형사사법의 피해자 중심화 경향과 범치주의(犯治主義)의 탄생”, 2018.8.25. 한국형사법학회 신진포럼 발표문

원혜욱, “피해자변호인제도에 대한 소고”, 『피해자학연구』 제20권 제1호, 2012

이상돈, “형사사법의 세 가지 지층과 피해자의 지위”, 『피해자학연구』 제17권 제1호, 2009

이진국, “범죄피해자의 공판참가를 위한 입법적 과제”, 『형사정책연구』 제21권 제4호, 2010

이진국, "피해자중심 형사사법의 실천을 위한 입법적 과제", 『형사정책연구』 제25권 제2호, 2014

조균석, "형사재판절차에서의 범죄피해자 참가제도의 도입 방안", 『피해자학연구』 제18권 제1호, 2010

조균석, "개정 형사소송법상 피해자보호제도의 운영 실태와 그 평가", 『형사소송 이론과 실무』 제6권 제2호, 2014

Klaus Volk/김환수·문성도·박노섭 역, 『Klaus Volk의 독일 형사소송법』, 박영사, 2009

Barton, Stephan, *Nebenklagevertretung im Strafverfahren – Empirische Fakten und praktische Konsequenzen*, StraFo 5/2011

Bruce J. Winick, *Foreword: Therapeutic Jurisprudence Perspectives on Dealing with Victims of Crime*, Nova Law Review, Vol. 33, 2009

Christie, Nils., *The Ideal Victim*, FROM CRIME POLICY TO VICTIM POLICY, E. Fattah, ed., MacMillan, 1986

Jo-Anne Wemmers and Katie Cyr, *Can Mediation Be Therapeutic for Crime Victims? An Evaluation of Victims Experiences in Mediation with Young Offenders*, Canadian Journal of Criminology and Criminal justice, Vo1. 47 NO. 3, 2005

Sautner, Lyane, Opferinteressen und Strafrechtstheorien – Zugleich ein Beitrag zum restorativen Umgang mit Straftaten, Studienverlag Innsbruck, 2010

Quinney, R., Who is the victim?, Criminology vol. X, 1972

Zur, O., Culture of Victims, Zur Institute, http://www.zurinstitute.com/victim_psychology.html)

e- 나라지표

【국문초록】

근대형법과 달리 오늘날 형사법은 피해자의 지위를 강화하고 있다. 범죄피해자를 보호하고 구조하기 위한 각종 지원책을 마련하고 있을 뿐만 아니라, 형사절차에서 피해자가 참여할 수 있는 기회를 강화하고 있다. 형사법에서 피해자가 다시 등장하고 있는 것이다. 성폭력 및 아동학대 범죄피해자를 보호하기 위해서 피해자변호사제도가 도입되었으며, 한 걸음 더 나아가 피해자가 공판절차에서 피고인을 직접 신문하거나 의견을 진술하는 등 형사소송의 당사자로서 적극적 · 공격적 권리를 행사할 수 있도록 피해자변호사제도를 확대하고 피해자 참가제도를 도입하자는 논의도 있다. 그런데 이러한 피해자 지향적 제도의 발전 속도와 양적인 변화에 비해 현실에서 범죄피해자의 고통과 아픔의 치유 정도와 만족도가 나아졌다는 말은 잘 들리지 않고 있다. 우리 형사사법 절차는 가해자에게 책임을 지우고 범죄를 예방한다는 명시적인 목적을 충족시키지도 못하면서 피해자는 소외시킨다. 근래 활발하게 연구 · 진행되고 있는 피해자 지향적 형사정책에 대한 중간 점검과 범죄피해자 보호 · 지원제도가 피해자 관점에서 더 의미 있게 발전할 수 있도록 근본적인 성찰이 요구되는 시점이다.

이와 같은 문제 제기하에 본 논문에서는 범죄피해자에 대한 형사사법적 보호 · 지원과 관련한 선행연구들이 놓치거나 간과한, 기본적이지만 근본적인 피해자 개념 등에 대한 이해를 다루고, 이러한 피해자를 실질적으로 보장하기 위해서는 어떤 제도적 장치를 모색해야 하는지를 다루어 보았다. 이에, 우리의 범죄피해자 보호 · 지원제도가 현실적인 피해자의 요구보다는 범죄피해자에 대한 대중적 이미지 내지 고정관념에 치중해 있다는 문제의식에서 출발하여 우선 범죄피해자 개념 등에 대해 비판적으로 고찰한다. 그리고 이를 바탕으로 형사절차에서 피해자보호를 위해 보완되어야 할 제도로서 피해자 진술제도, 피해자변호사제도, 제한된 양형 불복권 등을 검토함으로써 범죄피해자의 자율성 회복과 형사절차상 권리행사의 실질적 보장, 그리고 범죄피해의 치유 등에 도움이 될 수 있도록 관련 제도 및 입법론적 방안을 구상해 본다.

제도화된 피해자 보호 · 지원은 범죄피해자에 대해서 피해자 신분 및 (이상적) 피해자로서의 모습 · 역할을 굳히게 하거나 약함 내지 무력함을 증명 · 확인하게 해서는 안 되고, 범죄피해자 상담 및 대리·변호의 목적은 자율성 회복이어야 한다. 이는 무엇보다도 사회적으로 전형적인 피해자라는 개념을 비판적으로 다루는 것을 전제로 한다.

◈ 주제어: (범죄)피해자, 피해자 보호 및 지원, 형사절차, 피해자 진술제도, 피해자변호사제도

【Abstract】

A New Proposal for Practical Guarantee of Protection and Support System for Crime Victim in Criminal Procedure

Park, Sang-Min*

Unlike modern criminal law, criminal law today strengthens the status of victims. In addition to preparing various support measures to protect and rescue crime victims, it is also strengthening opportunities for victims to participate in criminal procedures. Victims are reappearing in criminal law. In order to protect victims of sexual violence and child abuse, the victim lawyer system was introduced, and furthermore, there is a discussion to expand the victim lawyer system and introduce a victim participation system to allow victims to exercise their rights as parties to criminal proceedings. However, compared to the pace and quantitative changes in the victim-oriented system, it is not heard that the degree of healing and satisfaction of crime victims' pain and pain has improved in reality. Our criminal justice procedures do not meet the stated purpose of holding the perpetrator accountable and preventing crime, but alienate the victim. It is time for an interim inspection of victim-oriented criminal policies, which have been actively researched and carried out recently, and fundamental reflection is needed to help the crime victim protection and support system develop more meaningfully from the victim's point of view.

Under these issues, this paper deals with understanding of basic but fundamental victim concepts missed or overlooked by prior studies on criminal and judicial protection and support for crime victims, and what institutional devices should be sought to practically guarantee such victims. Therefore, we first critically examine the concept of crime victims, starting with the problem that our crime victim protection and support system focuses

* Associate Research Fellow, Korean Women′ s Development Institute, Ph.D. in Law

on public images or stereotypes of crime victims rather than realistic demands of victims. Based on this, the government will review the victim statement system, the victim lawyer system, and limited criminal disobedience as a system that should be supplemented to protect victims in criminal procedures.

Institutionalized protection and support for victims of crime shall not be allowed to solidify their status and role as victims or prove or verify weakness or helplessness, and the purpose of counseling and proxy and defense for crime victims shall be to restore autonomy. This presupposes, among other things, critical treatment of the concept of socially typical victims.

◈ Key Words: Crime Victims, Protect and Support System for Crime Victim, Criminal Procedure, Victim's Opinion Statement, Opfer Anwaltssystem

한국형사소송법학회 『형사소송 이론과 실무』
제13권 제3호 (2021.09) 225~257면.
Theories and Practices of Criminal Procedure Vol. 13 No. 3 (September. 2021) pp. 225~257.
10.34222/kdps.2021.13.3.225

부정청탁금지법 시행결과 분석을 통한 법개선 방안 연구*

이 원 상**

목 차

Ⅰ. 서론
Ⅱ. 청탁금지법 시행결과 분석
Ⅲ. 새로운 상황에 따른 제도변화의 필요성
Ⅳ. 청탁금지법의 개선방안
Ⅴ. 결론

Ⅰ. 서론

최근 언론에서는 경찰이 현직 부장검사의 검사실에 대해 '부정청탁 및 금품등 수수의 금지에 관한 법률(이하 '청탁금지법'이라고 함)' 위반으로 압수·수색영장 집행을 하였다는 내용이 크게 보도되었다.[1] 언론에서는 이와 같은 사례가 처음이라는 것에 방점을 두었지만,[2] 실질적인 쟁점은 해당 사안에 대해 청탁금지법이 적용되어 해당 검사가 해당 법에 따른 제재를 받을 수 있는지에 있다.[3] 청탁금지법이 시

* 이 논문 또는 저서는 2019년 대한민국 교육부와 한국연구재단의 인문사회분야 중견연구자지원사업의 지원을 받아 수행된 연구임(NRF-2019S1A5A2A01035214).

** 조선대학교 법학과 교수. 법학박사.

1) 「경찰, 현직 부장검사 압수수색…청탁금지법 위반 혐의」, <https://www.mbn.co.kr/news/society/4538395(2021. 8. 17 최종방문)>.

2) 「검사실 첫 압수수색…"범죄수사 성역없다" 경찰 환호」, <https://newsis.com/view/?id=NISX20210628_0001492310&cID=10201&pID=10200(2021. 8. 17 최종방문)>.

3) 해당 사건은 검사 외에도 경찰, 언론인, 정치인 등이 연루된 사건이다. 그와 함께 논란이 되고 있는 것이 박영수 전 특검도 포르쉐를 받았는데, 박영수 특검의 지위가 공직자인지, 공무집행 사인인지, 아니면 부정청탁금지법에 해당하지 않는지가 쟁점이 되고 있다; 「박영수 前특검, 권익위에 의견서…"공직자 아닌 공무수행 사인"」, <https://www.yna.co.kr/view/AKR20210713171400001?input=1195m(2021. 8. 17 최종방문)>.

행된 이후, 해당 법률이 광범위하게 적용되어 사회적으로 상당한 파장을 일으키게 될 것이라는 우려가 컸다. 입법과정 및 시행 초기에는 언론인과 사립학교 교직원과 같이 민간영역이 포함되고, 공직자 등의 배우자도 범위에 포함되며, 부정청탁 등의 행위 정형성이 모호하고, 특히 신고에 따라 보상을 받게 되는 파파라치 제도를 통해 제도가 남용될 것이라는 예상 때문이다. 그러나 본격적인 시행 이후 경과를 살펴보면 오히려 청탁금지법이 적절하게 작동하고 있는지 의문이 든다. 물론 주무관청인 국민권익위원회의 평가는 상당히 긍정적으로 보이고, 여러 공무원 집단 등의 조사 결과나 시민들의 법 감정 등은 전반적으로 우호적으로 나타나고 있다.[4] 그러나 경찰, 검찰 등이 제공하고 있는 통계를 살펴보면 법률의 적용에서는 큰 반향이 드러나고 있지 않기 때문이다. 즉, 주무관청 및 시민들의 법감정과 법집행에 일정한 괴리가 존재할 수 있다는 것이다.

그에 따라 본 연구에서는 청탁금지법을 시행함에 따라서 나타나고 있는 법 감정과 법 현실의 괴리감이 나타나는 원인에 대해서 분석해 보고, 법제도 개선을 통해 그 간극을 좁힐 방안을 살펴보려고 한다. 그를 위해 우선 빅데이터 자료 분석과 통계 자료 분석을 통해 현 상황에 대해 살펴보고(II), 현 상황에서 인식과 법 집행의 간극이 초래되는 원인요소들에 대해 고찰해 보고자 한다(III). 그리고 부정청탁금지법 개선을 통해 그와 같은 괴리와 간극을 좁힐 방안을 모색해 보고자 한다(IV). 다만, 본 연구는 광범위한 경험적 연구를 위한 것이 아니라 문헌 및 규범 연구에 중점을 두고 있다. 그러므로 현황 파악을 위해 한정적인 빅데이터 분석과 통계 자료 분석을 수행하지만, 특정 집단이나 대상에 대한 설문조사나 관찰조사와 같은 경험연구를 수행하지는 않았다. 그러므로 원인요소에 대한 분석과 법제도 개선에 대한 제언은 주로 규범적 차원에서 다루게 될 것이며, 청탁금지법의 일반적이고 전반적인 사안들보다는 주요 개선점에 초점을 맞추고자 한다.

4) 이원상, "현행 청탁금지법의 평가와 개선점 고찰", 국민대학교 법학연구소, 『법학논총』 제33권 제2호, 2020, 111면 이하 참조.

Ⅱ. 청탁금지법 시행결과 관련 자료 분석

1. 빅데이터 자료 분석을 통한 동향 분석

(1) 빅데이터 자료 분석 개요

선행 연구결과에 따르면 청탁금지법 시행에 따른 시민들의 설문조사 결과는 상당히 긍정적으로 나타나고 있다.[5] 따라서 설문조사에서 나타나고 있는 결과가 시민들의 법 감정을 잘 반영하고 있는지 살펴보기 위해 2019년 6월에서 2021년 5월까지 약 2년 동안의 기간을 설정하여 빅데이터 분석을 수행하였다.[6] 청탁금지법 검색과 관련해서 한국 시민들이 주요 정보 제공처로 활용하고 있는 뉴스, 블로그, 커뮤니티, 트위터, 카페 등을 대상으로 하였다. 예를 들어, 아래 그림의 정보량을 살펴보면 2019년 9월경과 2020년 9월경에 갑자기 청탁금지법에 대한 정보량이 급속하게 증가하고 있는 것을 알 수 있다. 2019년 9월의 경우에는 조국 전 법무부 장관의 청탁금지법 위반과[7] 김성태 의원의 KT 채용 청탁과 관련된 이슈가 상당히 컸으며,[8] 그로 인해 국민권익위원회에서 민간 청탁을 금지하는 내용을 부정청탁금지법에 포함하는 방안을 추진한 것 등이 주요 원인으로 판단된다.[9] 2020년 9월의 정보량 증가 주요 이유로는 해당 기간에 부정청탁금지법 제정 당시 한 축을 이루고 있었던 '이해충돌방지'와 관련된 사안이 사회적으로 큰 이슈가 되었기 때문으로 보인다. 결과적으로 이 시기에 이해충돌방지법이 발의되었고,[10] 추후 법률이 국회의

---

5) 이원상, "현행 청탁금지법의 평가와 개선점 고찰", 국민대학교 법학연구소, 『법학논총』 제33권 제2호, 2020, 114면 이하 참조.

6) 빅데이터 분석은 빅데이터 전문가인 강원대학교 장안식 박사의 도움을 받아 수행하였다. 해당 분석을 더욱 정밀하게 하기 위해서는 빅데이터 분석을 위한 세밀한 연구계획을 세우고, 오랜 기간에 걸쳐 자료를 수집해야 한다. 그러나 본 연구의 목적이 경험적 연구가 아니므로 제한된 수준으로 빅데이터 분석을 수행하였다.

7) 「한국당, 조국 법무장관 '직권남용·청탁금지법 위반'으로 고발」, <https://news.mt.co.kr/mtview.php?no=2019092714278276834(2021. 8. 17 최종방문)>.

8) 「'딸 KT 채용청탁' 김성태 첫 공판서 "부정행위 없었다"(종합)」, <https://www.news1.kr/articles/?3730739(2021. 8. 17 최종방문)>.

9) 「'민간 인사청탁 금지 법제화'…권익위 "청탁금지법 지속 보완"」, <https://newsis.com/view/?id=NISX20190927_0000782463&cID=10301&pID=10300(2021. 8. 17 최종방문)>.

10) 2020년 9월 29일에 민형배 의원이 이해충돌방지법을 대표 발의 하였다; 「민주당 민형배, 국회의원 이해충돌 방지 법안 발의」, <https://www.yna.co.kr/view/AKR20200929045800054?in

문턱을 넘어서게 되었다.[11] 이처럼 청탁금지법의 경우 사회적으로 시선을 끄는 관련 이슈가 나타나게 되면 시민들의 관심을 받는다.

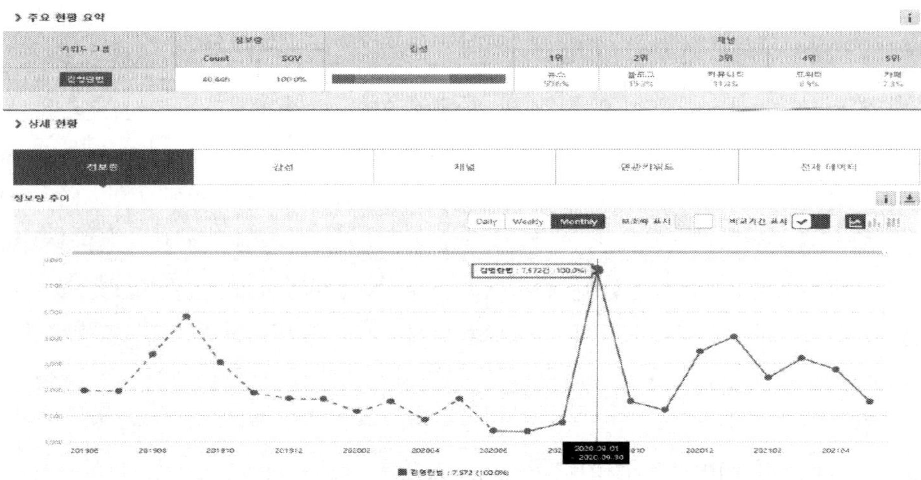

〈부정청탁금지법 검색 정보량〉

(2) 청탁금지법에 대한 긍정·부정·중립 정보량

청탁금지법에 대한 견해를 살펴보면 2020년 초반까지는 부정적인 견해가 상대적으로 높았던 것에 비해 2020년 중반으로 넘어오면서부터는 중립적인 견해가 상당히 증가하였다는 것을 확인할 수 있다. 그러나 부정적인 견해가 대개 긍정적인 견해보다는 상대적으로 높게 나타나는 것을 볼 수 있다. 매체에 따라서 견해가 다르게 나타나기도 한다. 청탁금지법에 대한 정보량이 상대적으로 높게 나타나고 있는 매체로는 뉴스, 커뮤니티, 블로그, 카페, 트위터 등이 있다. 뉴스, 커뮤니티, 카페, 트위터는 부정적인 정보량이 상대적으로 높게 나타나고 있다. 그에 반해 블로그에서는 긍정적인 정보량이 부정적인 정보량보다 상대적으로 높게 나타난다. 청탁금지법과 관련해서 가장 많은 정보량을 보이는 것이 뉴스이다. 뉴스의 성격상 중립적인

put=1195m(2021. 8. 17 최종방문)>.

11) 2021년 4월 29일에 "공직자 이해충돌방지법"이 국회 본회의를 통과하였다; 「이해충돌방지법 8년 만에 국회 통과…공직자 190만명 대상」, <https://www.hani.co.kr/arti/politics/politics_general/993281.html(2021. 8. 17 최종방문)>.

정보량이 가장 많이 나타나고 있지만, 다른 매체들과 비교해서 부정적인 정보량도 상대적으로 가장 많이 나타난다. 특히 청탁금지법에서 예외적으로 민간영역에서 포함된 경우가 언론인과 사립학교 교직원이다. 부정청탁금지법 도입 시기부터 언론인 측과 사립학교 교직원 측의 반대가 심하였던 것을 고려해 보면 기성 언론에서는 청탁금지법에 대한 부정적인 감정이 여전히 자리잡고 있는 것으로 보인다.

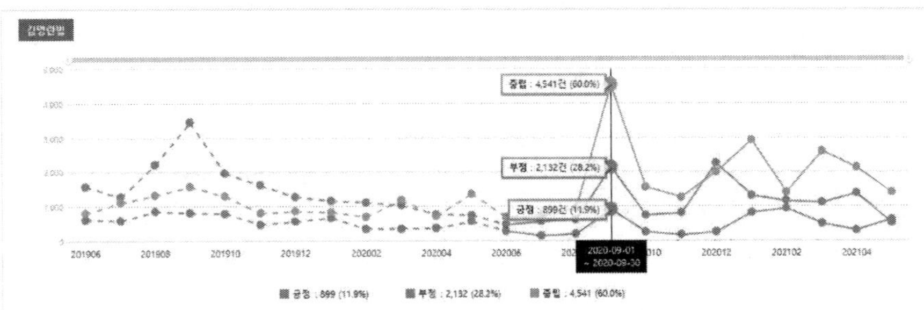

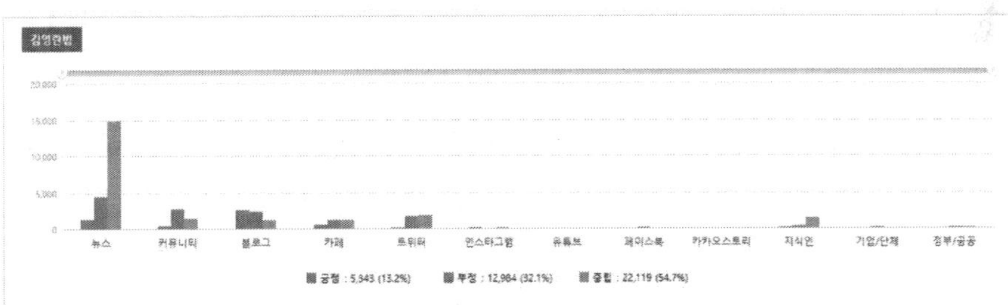

〈부정청탁금지법에 대한 긍정, 부정, 중립 추세〉

(3) 청탁금지법 관련 연관어 결과

청탁금지법과 관련해서 함께 검색되고 있는 연관어들을 살펴보면 '선물(정보량 13,025; 증가율 74.7%)', '청탁금지법(정보량 12,135; 증가율 92.2%)', '청탁(정보량 11,281; 증가율 39.0%)', '국민(정보량 10,989; 증가율 125.6%)', '못한다(정보량 10,468; 증가율 -10.6%)', '정부(정보량 9,815; 증가율 119.7%)', '문제(정보량 9,451; 증가율 34.9%)', '부정청탁(정보량 9,421; 증가율 42.9%)', '국회(정보량 9,325; 증가율 14.0%)', '의혹(정보량 9,302; 증가율 118.9%)' 등이 높은 정보량을 보인다. 그와 함께 새롭게 증가율이 높아진 연관어로는 '이해충돌(정보량 4,978)', '완화(정보량

4,790)', '공직자(정보량 4,719)', '민주당(정보량 4,370)', '대책(정보량 3,634)', '서울특별시(정보량 3,823)', '선물세트(정보량 3,810)', '지검(정보량 3,636)', '수산물(정보량 3,617)', '공공기관(정보량 3,592)' 등으로 나타나고 있다. 또한 청탁금지법과 이해충돌을 결합한 것과 관련된 연관어로는 '국회(정보량 4,359)', '방지(정보량 3,699)', '국민(정보량 3,512)', '공직자(정보량 3,467)', '직무(정보량 2,996)', '법안(정보량 2,951)', '통과(정보량 2,836)', '의원(정보량 2,820)', 'LH(정보량 2,817)', '충돌방지(정보량 2,786)' 등이 높게 나타났다.

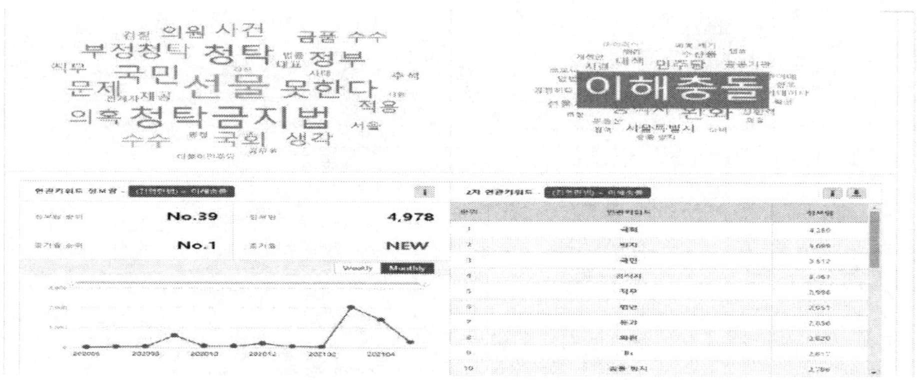

〈부정청탁금지법 관련 연관어 결과〉

(4) 청탁금지법에 대한 관심도 및 호감도 결과

청탁금지법에 대한 관심도 결과를 살펴보면 2019년 9월경과 2020년 9월경의 관심도가 상대적으로 높게 나타났으며, 2021년 들어오면서는 2019년 하반기와 2020년에 비해 전반적으로 관심도가 높아진 것을 확인할 수 있다. 앞서 언급한 바와 같이 2019년 9월경과 2020년 9월경에는 부정청탁과 관련된 특별한 사회적 이슈가 발생했었으며, 2021년에는 청탁금지법 원안의 한 축이었던 이해충돌방지법이 계속적으로 사회적인 이슈가 되었던 영향이라고 판단된다. 특히 LH 투기 문제 등 부동산 문제가 사회에서 큰 이슈가 되면서 이해충돌방지법이 제정되어야 한다는 시민단체의 목소리가 높아지게 되었다.[12] 더욱이 국민권익위원회가 일반 국민들을 대상으

12) 국민권익위원회 보도자료 참고; https://www.acrc.go.kr/acrc/board.do?command=searchDetail&menuId=05050102&method=searchDetailViewInc&boardNum=86414&currPageNo=34&confId=4&conConfId=4&conTabId=0&conSearchCol=BOARD_TITLE&conSearch

로 이해충돌방지법이 제정되어야 하는지 여부를 물어본 설문조사에서 일반 국민 1,700명 가운데 84.8% 이해충돌방지법이 제정되어야 한다는 응답을 하면서 다시금 청탁금지법 관련 이슈가 커지게 되었다.[13] 그 결과 2021년 4월 29일 '공직자의 이해충돌 방지법'이 국회를 통과하였고, 5월 11일 국무회의를 통과하면서 5월 18일 공포되었다. 그 결과 국민의 호감도가 상대적으로 낮아지면서 2021년 5월 그래프를 보면 부정청탁금지법에 대한 관심도가 다시금 낮아지고 있는 것을 확인할 수 있었다. 결과적으로 청탁금지법에 대한 관심도는 사회적인 이슈에 민감하게 반응하고 있는 것으로 보인다.

또한 청탁금지법과 관련된 호감도 결과를 살펴보면 긍정적인 견해와 부정적인 견해가 전체적으로 3:7 정도의 비율을 유지하고 있는 것으로 보인다. 사회적으로 부정청탁과 관련된 부정적인 이슈가 있는 경우 비호감도가 급격하게 높아지는 것을 확인할 수 있다. 따라서 사회적으로 부정청탁과 관련된 이슈가 발생하게 관련 이슈가 지속되는 동안 부정청탁금지법에 대한 사회적 관심도가 높아지며, 그에 따른 비호감도도 함께 높아지는 것을 확인할 수 있다. 다만, 부정적인 견해가 청탁금지법 자체의 문제에 대한 것인지 아니면 사회의 부정부패에 대한 비호감인 것인지는 명확하지 않다.

(5) 소결

빅데이터 분석의 자료에 대한 전체 프로필 현황을 살펴보면 남성보다는 여성(62.7%), 지역에서는 서울특별시(32.4%), 연령은 50대(38.5%), 직업은 직장인(34.2%), 결혼 여부는 기혼(86.1%), 그리고 정치 및 진보에 관심을 두고 있는 사람들(14.4%)의 정보량이 높게 나타났다. 빅데이터 분석은 인과관계를 밝히기보다는 상관관계를 파악할 수 있도록 해 준다. 따라서 이번 분석에서는 시민들이 청탁금지법과 관련된 문제들에 대해 어떠한 상관적인 동향 변화를 일으키고 있는지를 살펴볼 수 있었다. 결과적으로 볼 때, 청탁금지법은 사회적으로 부정청탁과 관련된 이슈가 나타나게 되면 시민들의 높은 관심을 끌기는 하지만, 이슈가 사라지면 바로 관심도도 꺾이는 추세를 반복하고 있다. 그런데도 청탁금지법에 대한 일반적인 정보량이 꾸준하게

Sort=A.BOARD_REG_DATE+DESC%2C+BOARD_NUM+DESC(2021. 8. 17 최종방문).

13) 국민권익위원회 블로그 참고; https://blog.naver.com/loveacrc/222286368627(2021. 8. 17 최종방문).

2,000건 정도를 유지하고 있는 것을 볼 때, 적어도 청탁금지법에 대한 인식이나 관심이 어느 정도 시민들에게 자리 잡고있는 것으로 보인다. 다만, 호감도 부분에서 긍정적인 경우보다는 부정적인 경우가 지속해서 높게 나타나고 있는 것에 대한 인과관계는 좀 더 면밀하게 검토해 볼 필요성이 있다. 그를 위해서는 좀 더 대단위의 전문적인 경험연구가 수행될 필요성이 있다. 다만, 본 연구는 청탁금지법의 법개선 방안이라는 규범적 연구에 중점을 두고 있으므로 아래에서는 청탁금지법 자체에 대한 비호감도 부분으로 한정하여 개선방안을 모색해 보고자 한다.

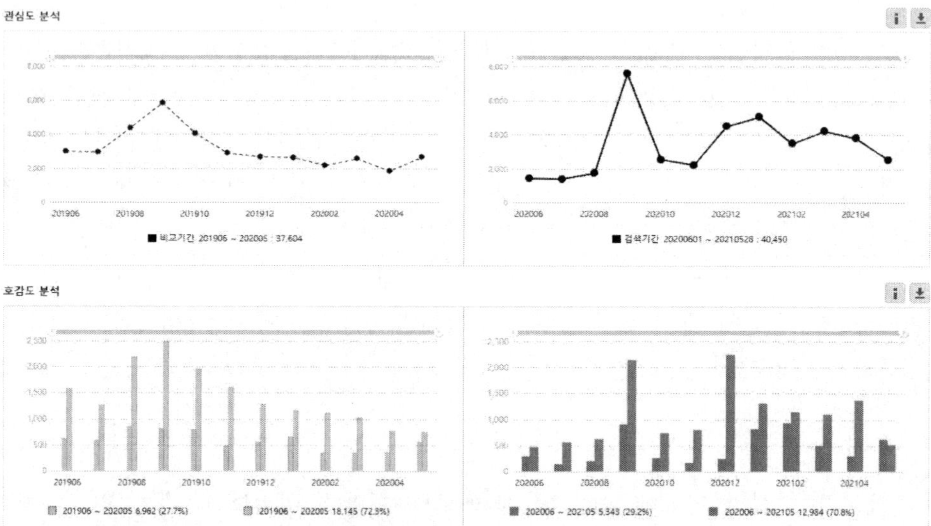

〈부정청탁금지법에 대한 관심도 및 호감도〉

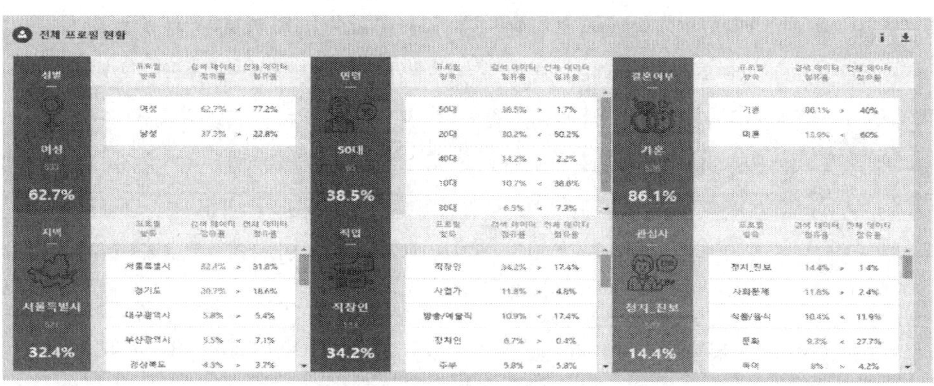

〈빅데이터 분석의 전체 프로필 현황〉

2. 청탁금지법 관련 통계를 통한 동향 분석

청탁금지법 시행과 관련된 통계자료는 국민권익위원회와 경찰청 자료 등에서 확인할 수 있다.[14] 먼저 국민권익위원회 통계를 살펴보면, 2016년 9월 28일부터 2020년 12월 31일까지 공공기관에 접수된 총 신고 건수는 10,735건인데,[15] 2016년 9월 28일에서 2017년에는 1,568건, 2018년에는 4,386건, 2019년에는 3,020건, 2020년에는 1,761건으로 나타나고 있다. 국민권익위원회는 해당 기간 '공공기관 채용비리 특별점검'등 엄정한 제재와 제도개선, 청탁금지법의 안착 등으로 인해 신고 건수가 줄고 있는 것으로 판단하고 있다.[16)]

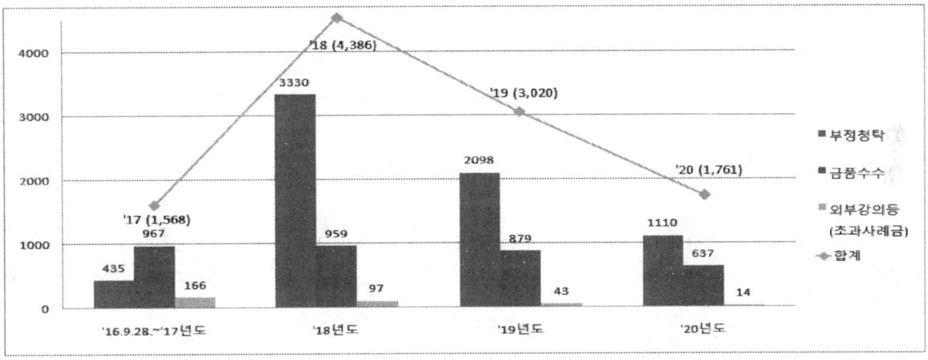

〈기간별 신고건수(출처: 국민권익위원회 보도자료)〉

또한 해당 기간 공공기관에서 청탁금지법 위반으로 행정처벌 및 형사처벌을 받은 인원은 1,025명이고, 해당 법률 위반으로 절차가 진행되고 있는 인원도 1,086명이다.[17)] 제재와 관련해서는 직전 연도에는 621명이었던 것이었던 것에 비하면 1년 사이에 제재 건수는 상당히 증가한 것을 알 수 있다.

---

14) 국민권익위원회는 청탁금지법 통합검색을 위한 별도의 홈페이지를 운영하고 있다; http://1398.acrc.go.kr/case/ISGAcase?menuId=05020805(2021. 8. 17 최종방문) 참조.

15) 구체적으로 살펴보면, 부정청탁 건수가 64.9%(6,973건), 금품등 수수 건수가 32.1%(3,442건), 외부강의 등 위반 건수가 3%(320건)로 나타나고 있다; 국민권익위원회 2021년 4월 5일 보도자료 참고; https://www.acrc.go.kr/acrc/board.do?command=searchDetail&method=searchDetailViewInc&menuId=05050102&boardNum=86811(2021. 8. 17 최종방문).

16) https://www.acrc.go.kr/acrc/board.do?command=searchDetail&method=searchDetailViewInc&menuId=05050102&boardNum=86811(2021. 8. 17 최종방문).

17) 위와 동일.

구분	부정청탁	금품등 수수	외부강의등 (초과사례금)	계
제재 처분(형사처벌, 과태료, 징계부가금)	41	977	7	1,025
수사중, 과태료 재판 중	64	1,018	4	1,086
합계	105	1,995	11	2,111

〈공공기관의 처리현황(출처: 국민권익위원회 보도자료)〉

경찰청 자료로는 경찰청에서 매년 발간하는『범죄통계』에서 부정청탁과 관련된 통계를 찾아볼 수 있다.[18] 다음 아래의 표는 2016년부터 2019년까지 형사사건화된 청탁금지법 위반행위의 통계를 보여주고 있다. 해당 표에서는 2016년의 청탁금지법 발생 건수는 1건, 2017년 25건, 2018년 70건, 2019년 79건으로 매년 조금씩 증가하고 있기는 하나, 국민권익위원회 등에 신고된 건수에 비하면 매우 적은 수치임을 알 수 있다.

자료시점	분류			발생 건수	검거 건수	발생/검거 대비율	검거 인원 (계)	검거인원(계)			법인체
								검거 인원 (남)	검거 인원 (여)	불상	
				원자료							
2016년	지능범죄	증수뢰	부정청탁금지법	1	0	0	1	1	0	0	0
2017년	지능범죄	증수뢰	부정청탁금지법	25	23	92	90	65	24	1	2
2018년	지능범죄	증수뢰	부정청탁금지법	70	66	94.3	287	173	108	6	4
2019년	지능범죄	증수뢰	부정청탁금지법	79	72	91.1	248	184	61	3	2

〈2016년-2019년 부정청탁금지법 위반(형사사건)행위 발생 및 검거 현황(출처: 경찰청『범죄통계』)〉

아래 표에서는 2016년부터 2019년까지 청탁금지법 위반행위로 형사 처벌된 사람들의 구속·불구속 여부를 보여주고 있다. 해당 표를 살펴보면 2016년부터 2019년까지 청탁금지법으로 형사 처벌된 사례 가운데 구속된 사례는 2018년도에 단 한

18) 경찰청의『범죄통계』와 같은 원자료(raw data)를 공유하는 대검찰청의『범죄분석』은 부정청탁금지법 통계를 수뢰(뇌물공여)범죄의 범주에 통합하여 통계를 내고 있다. 따라서『범죄분석』에서는 부정청탁금지법 위반에 대한 별도의 통계수치를 알 수 없어서 부분적으로라도 부정청탁금지법에 대한 수사기관의 공식범죄통계는 경찰청의『범죄통계』를 통해 확인할 수밖에 없다. 현재 경찰청의『범죄통계』는 2019년도 자료까지만 공표되어 있으므로 여기서는 해당 자료까지를 인용하고 있다.

사람만 있었다는 것을 알 수 있다. 부정청탁금지법의 중요 입법 취지 중의 하나는 기존의 증수뢰죄의 사각지대를 보완하는 것이라고 할 수 있다. 기존의 형법(증수뢰죄)만으로도 충분했던 것이라면 새로운 입법은 불필요하다고도 할 수 있다. 앞으로의 추이를 조금 더 살펴볼 필요가 있지만, 현재까지의 통계를 보면 부정청탁금지법을 통한 형사처벌의 실질적 필요성이 있었는지에 대한 고민을 다시금 해 볼 필요도 있을 것이다.

자료 시점	분류			계	계										
					구속(소계)	구속(소계)				불구속(소계)	불구속(소계)				
						현행범체포	긴급체포	사전영장	체포		불구속입건	검사불청구	판사기각	적부심석방	검사구속취소
				원자료											
2016년	지능범죄	증수뢰	부정청탁금지법	1	0	0	0	0	0	1	1	0	0	0	0
2017년	지능범죄	증수뢰	부정청탁금지법	92	0	0	0	0	0	92	92	0	0	0	0
2018년	지능범죄	증수뢰	부정청탁금지법	291	1	0	0	1	0	290	289	0	1	0	0
2019년	지능범죄	증수뢰	부정청탁금지법	250	0	0	0	0	0	250	249	0	1	0	0

〈부정청탁금지법 위반(형사사건)행위자들에 대한 구속/불구속 여부(출처: 경찰청 범죄통계)〉

3. 청탁금지법 관련 판례를 통한 동향 분석

청탁금지법을 위반하는 자는 징계처분과 과태료 처분, 형사처벌이 부과될 수 있다. 과태료 처분과 관련해서는 국민권익위원회에서 발간하는 '청탁금지법 주요판례집'에서 살펴볼 수 있다.[19] 다만, 과태료 처분과 관련된 법원의 결정이고, 형사처벌과 관련된 판례는 거의 없다. 이는 청탁금지법과 관련해서 형사처벌이 이루어진 사례가 거의 없기 때문이다. 법원의 종합법률정보 홈페이지에서도 청탁금지법과 관련된 판례는 거의 올라와 있지 않다. 종합법률정보 홈페이지에 확인할 수 있는 판례와 결정은 4개 정도이다. 홈페이지에서 확인할 수 있는 사안들 가운데 우선 청탁금지법 제8조 제2항과 제5항이 문제가 된 사안이 있다. 안동문화예술의전당 초청 공연작으로 결정된 뮤직드라마의 공연제작사 대표이사 갑이 안동문화예술의전당 소

19) 최근에는 '청탁금지법 주요판례집 2020'에서 법원의 관련 판례를 확인할 수 있다.

속 공연 관련 업무 담당 공무원 등과 저녁 식사를 하고 246,000원 상당(1인당 49,200원)의 음식 값을 지불한 데 대하여, 소속 기관장인 시장이 음식물 수수·제공 행위가 청탁금지법에 위반된다며 법원에 과태료 부과 의뢰를 통보한 사안에서, 대구지방법원안동지원은 음식물을 제공한 행위는 동법 제8조 제2항, 제5항에서 금지된 직무 관련성 있는 공직자 등에 관해 수수 금지 금품 등을 받거나 제공한 행위에 해당한다고 판단한 후, 위반자들에게 각자 받거나 제공한 금품 등 가액의 2배를 조금 상회하는 금액에 해당하는 과태료를 부과하였다.[20)]

또한 제8조 제3항 제1호가 문제 된 사안에서 대법원은 "청탁금지법의 위와 같은 입법목적, 금품 등 수수 금지 및 그 처벌 규정의 내용과 체계, 처벌 규정의 소극적 구성요건에 관한 제8조 제3항 제1호의 규정 내용 등을 종합하여 보면, 제8조 제3항 제1호에서 정한 '상급 공직자 등'이란 금품 등 제공의 상대방보다 높은 직급이나 계급의 사람으로서 금품등 제공 상대방과 직무상 상하관계에 있고 그 상하관계에 기초하여 사회 통념상 위로·격려·포상 등을 할 수 있는 지위에 있는 사람을 말하고, 금품등 제공자와 그 상대방이 직무상 명령·복종이나 지휘·감독 관계에 있어야만 이에 해당하는 것은 아니다"라고 판단하여 원심의 무죄판결을 확정하였다.[21)] 또한 서울고등법원은 "... 피고인이 공소외 1, 공소외 2에게 제공한 음식물 및 금전이 청탁금지법 제8조 제3항 제1호에 정한 수수 금지 금품 등의 예외 사유에 해당하지 않는다고 단정할 수 없으므로, 이 사건 공소사실은 범죄의 증명이 없다는 그 결론에 있어서는 정당하다. 따라서 원심판결에 검사의 주장과 같이 판결에 영향을 미친 사실오인이나 법리 오해의 위법이 있다고 볼 수 없다"라고 판단하며 검사의 항소를 기각하였다.[22)]

그리고 동법 제8조 제3항 제2호가 문제 된 사안에서 춘천지방법원은 "경찰서에 고소장을 제출한 갑이 경찰서에 출석하여 조사받기 하루 전에 직원을 통하여 담당 경찰관 을에게 45,000원 상당의 떡 1상자를 제공하였는데 경찰관 을이 이를 반환한 다음 소속 기관장에게 신고한 사안에서, 갑의 행위를 직무 관련성 있는 공직자 등에게 수수 금지 금품 등을 제공한 행위로 인정하고 갑이 제공한 금품 등이 원활한 직무수행, 사교·의례 또는 부조의 목적으로 제공되거나 사회상규에 따라 허용

---

20) 대구지방법원안동지원 2017. 3. 3.자 2017과2 결정.

21) 대법원 2018. 10. 25. 선고 2018도7041 판결.

22) 서울고등법원 2018. 4. 20. 선고 2017노3872 판결.

되는 것으로 볼 수 없다고 판단한 후, 제공된 금품등 가액의 2배에 해당하는 과태료:"를 부과하였다.[23]

언론에서 청탁금지법과 관련된 사건들이 심심치 않게 보도되고 있지만, 형사사건으로 판결을 받는 경우는 거의 찾아보기 쉽지 않다. 그에 비해 동법을 위반하여 과태료 처분을 부과받는 사례는 계속해서 축적되고 있다. 즉, 부정청탁금지법을 적용하여 행정 불법으로 인정받는 경우에 비해 형사 불법으로 인정받는 경우는 실무에서 거의 없다고 볼 수 있다. 이는 부정청탁금지법의 형사법상 지위가 뇌물죄나 배임수증죄 등 부정부패와 관련된 다른 형사처벌 규정에 대한 보충적 역할을 하기 때문이라고 판단된다.

Ⅲ. 새로운 상황에 따른 제도변화의 요청

1. 유엔마약범죄사무소의 반부패 대응 기조

UN 차원에서 범죄와 관련된 주요 업무를 담당하는 기관으로 '유엔마약범죄사무소(United Nations Office on Drugs and Crime: 이하 "UNODC"라고 함)'가 있다.[24] 특히 UNODC는 '유엔부패방지협약(United Nations Convention against Corruption)'과 관련해서 협약 당사국들에 대한 다양한 지원업무를 수행하고 있다.[25] UNODC는 부정부패와 관련된 일반 주요 과제로서 예방, 국제협력, 자산 회수, 교육, 사법부문의 무결성, 민간부문으로 구분하여 기술적 지원을 제공하고 있으며, 특히 스포츠 분야의 부정부패, 야생·수렵 관련 부정부패, 부패방지와 인권 강화를 특별 과제로 선정하여 대응하고 있다.[26] 부정부패와 관련해서 UNODC의 최근 논의의 동향을 살펴보면, '이행 검토 그룹(Implementation Review Group)'의 2021년 회의 주제에서 부정부패에 대한 법인의 책임이 논의되었다.[27] 그리고 2020년 회의에서는 부정부패와 관련된 증인 보호 및 내부고발자 보호 문제가 다루어졌고, 무엇보다 '비

---

23) 춘천지방법원 2016. 12. 6.자 2016과20 결정.

24) 유엔마약범죄사무소 홈페이지 참조(https://www.unodc.org/).

25) https://www.unodc.org/unodc/en/corruption/about.html(2021. 8. 17 최종방문).

26) https://www.unodc.org/unodc/en/corruption/thematic-areas.html(2021. 8. 17 최종방문).

27) 패널 발표에서 몽골 및 호주의 발표내용 참조(https://www.unodc.org/unodc/en/corruption/IRG/session12.html(2021. 8. 17 최종방문).

정부기구(NGO)'가 브리핑에 참여하는 것이 제도화되어 시행된 것이 눈에 띈다.28) 또한 '개방형 국제 예방 워킹그룹(Open-ended Intergovernmental Working Group on Prevention)'의 2021년 12차 세션에서는 협약 이행을 위한 국회 및 기타 입법기관의 역할과 최고 감사기관의 역할에 대한 논의가 있었으며, 2020년 11차 세션에서는 반부패 기구의 효율성 향상 및 강화 방안이 논의되었다.29)

UNODC에서 최근까지 논의되고 있는 기조 가운데 시사점을 도출해 보자면, 크게 세 가지가 있다. 첫째로, 부정부패 관련 절차에서 증인이나 내부고발자 보호를 강화하는 것이다. 둘째로, 부정부패 관련 논의에 비정부기구를 참여시키는 것이다. 셋째로, 반부패 기구의 효율성 향상 및 강화 방안이다. 청탁금지법과 대응해 보면, 청탁금지법의 고소·고발 등의 절차에 대한 부분 개선, 해당 법률의 개선과 관련된 논의에 시민의 참여를 확대하는 방안, 해당 법률의 주무관청인 국민권익위원회의 부정청탁 관련 업무의 효율성 및 강화 방안과 관련해서 살펴볼 필요성이 있을 것이다. UN 차원에서의 반부패 정책은 계속해서 확장되어 가고 있으며, 다양한 국가들의 상황을 고려하여 종합적인 논의들이 진행되고 있으므로 지속적인 관심을 가지고 모니터링할 필요성이 있다.

2. 해외 주요 국가들의 반부패 대응 기조

부정부패와 관련된 한국 법률체계도 형법에 뇌물과 관련된 내용이 규정되어 있고, 그 외의 내용은 청탁금지법이나 공직자의 이해충돌 방지법 등에 규정되어 있는 것과 같이 해외의 주요국도 형법 및 반부패 규정들을 통해 반부패방지 법체계 구축하고 있다. 따라서 주요국들의 반부패 법 정책이 어떤 방향을 향하고 있는지를 살펴보는 것도 의미가 있다. 해외 주요 국가들 가운데에는 강력한 반부패 정책을 실현하고 있는 영국과 미국, 싱가포르, 독일 등의 반부패 기조를 통해서 시사점을 도출해 보고자 한다.

---

28) 패널 발표에서 남아공과 한국의 발표내용 참조(https://www.unodc.org/unodc/en/corruption/IRG/session11-first-resumed.html(2021. 8. 17 최종방문).

29) 이 외에도 유엔마약범죄사무소가 주관하는 실무그룹으로서 '개방형 국제 전문가 회의(Open-ended Intergovernmental Expert Meeting)'와 '개방형 국제 자산 회수 워킹 그룹(Open-ended Intergovernmental Working Group on Asset Recovery)'에서의 회의 내용들도 있었지만, 우리와 과 관련된 시사점을 도출할 수 없어서 제외하였다.

첫째로, 영국의 반부패정책은 부패 위협 및 취약 부분을 파악하여 개선하고, 조직범죄자들의 부패범죄 방지와 주요 기관의 반부패역량 강화, 그리고 부패범죄와 불법 자금세탁에 대응하는 형사사법 기관의 능력을 효과적으로 강화하는 것에 있다.[30] 그런 맥락에서 영국의 반부패 관련 법률은 '2010년 반부패법(Bribery Act)'으로 통합 정리되었다.[31] 해당 법률은 여러 곳에 산재하여 있던 뇌물수수 등 부패 관련 규정을 통합하였고, 그 적용 범위를 국내뿐 아니라 국외까지로 넓히고 있기 때문이다. 해당 규정에서 주목할 것으로 뇌물방지 의무 불이행도 처벌한다는 것이다. 기업 내부의 임직원뿐 아니라 협력회사, 중개인, 대리인 등 제3자가 해당 기업업무상 이득을 위해 타인에게 뇌물을 제공했다는 증거만으로도 기소할 수 있다. 따라서 기업은 임직원 및 제3자의 뇌물수수 사건에 대한 책임을 질 수 있으며, 무거운 벌금이 부과되고 기업 평판에 큰 타격을 받을 수 있다. 이를 예방하기 위해 해당 법은 부패범죄 행위가 발생하지 아니하도록 기업이 적절한 절차를 마련할 것을 요건으로 한다. 이를 통해 기업의 부패방지 예방 절차 및 반부패 프로그램을 강화하도록 하고 있다.

둘째로, 미국에서는 1977년 제정되어 1988년, 1998년에 개정된 해외부패방지법(Foreign Corrupt Practices Act)을 살펴볼 필요가 있다.[32] 제정 초기에는 법무부와 증권거래위원회가 법률의 적용에 미온적인 태도였지만, 2000년대 중반 이후 법 집행을 강화하면서 미국 내뿐 아니라 대외적으로도 큰 영향력을 나타내고 있다.[33] 해당 규정은 크게 외국 공무원에게 뇌물제공을 금지하는'반뇌물규정(the anti-bribery provisions)'과 '회계규정(the accounting provisions)'으로 나누어져 있다. 해당 규정에서 주목할 부분은 반뇌물규정인데, 해당 규정을 강력하게 적용하기 시작하면서[34] 미국 내 기업뿐 아니라 미국과 거래하는 해외 기업들도 위반으로 인한 불이익을 받지 않도록 하기 위해 준법 감시 프로그램 도입이나 내부 조사 프로세스를 강화하고 있다.[35] 이에 대해 미국 정부가 해외부패방지법을 무기 삼아 특히 해외

30) HM Govenrment, UK Anti-Corruption Plan, 2014. para.1.5.

31) https://www.legislation.gov.uk/ukpga/2010/23/contents(2021. 8. 17 최종방문).

32) https://www.justice.gov/criminal-fraud/foreign-corrupt-practices-act(2021. 8. 17 최종방문).

33) 오규성, 『미국 해외부패방지법에 관한 연구』, 사법정책연구원, 2018, 13면.

34) 최근 해당 법률 위반으로 형사 및 민사 등의 제재를 받은 통계를 보면 기업의 수가 개인보다 상대적으로 많다는 것을 알 수 있다. 이는 기업에 대한 제재가 상당히 활발하게 이루어지고 있는 결과일 수 있다; 오규성, 앞의 책, 13면 이하.

기업들을 대상으로 높은 수익성을 창출하고 있다는 비판이 제기되기도 한다.[36] 그런데도 부패방지를 위한 미국 정부의 기업에 대한 강력한 반부패 기조는 계속해서 유지될 것으로 예상된다.

셋째로, 싱가포르의 반부패 관련 핵심 법률은 '부패방지법(Prevention of Corruption Act)'이다.[37] 1960년에 제정된 부패방지법은 개정을 통해 부패행위조사국 조사에서 목격자 참석 요구 권한 강화(1963년), 부정행위 개념의 명확화(1966년),[38] 부패행위조사국 부국장 등의 권한 조정(1972년), 그리고 부정행위로 인한 이익 몰수 강화(1981년) 등과 같은 변화가 있었다.[39] 해당 법률에서 특히 주목할 사안으로 제5조의 처벌 규정을 통해 공무원뿐 아니라 민간인의 향응 제공에 대해서도 처벌하고 있다.[40] 그리고 동법 제11조에서는 국회의원에 대한 뇌물을 별도로 처벌하는 규정을 두고 있다. 그와 함께 동법 제36조에서는 정보제공자에 대한 보호를 강력하게 규정하고 있다.[41] 싱가포르의 기조를 살펴보면 반부패의 영역을 공적영역뿐 아니라 민간영역까지 확장하고 있고, 국회의원과 같이 권한이 많은 계층에 대해서는 상대적으로 제재의 범위를 넓히고 있으며, 법률의 실효성을 위해 정보제공자에 대한 법률적, 사실적 보호를 시행하고 있다. 그 가운데 특히 반부패 영역에 구분을 두지 않은 것은 부정청탁금지법에서 민간영역에 대한 논란이 여전히 제기되고 있는 우리에게 주는 시사점이 크다고 할 수 있다.[42]

넷째로, 독일은 '유엔부패방지협약(United Nations Convention Against Corruption)' 및 '유럽부패협약(Criminal Law Convention On Corruption)'의 내용을 적극적으로 자국법으로 이행 입법 함으로써 부패 관련 가벌성에 공백이 없도록 지속해서 형법 통제를 강화함으로써 자국 형법을 유럽화 및 세계화하고 있다.[43] 부패

35) 오규성, 앞의 책, 183면.
36) 오규성, 앞의 책, 21면.
37) https://sso.agc.gov.sg/Act/PCA1960(2021. 8. 17 최종방문).
38) 그에 따라 부정행위 개념에는 뇌물 외에도 사례금, 향응 요구·수수·제공 등의 개념이 부정행위로 개념 정의 되었다; 조재현, 『싱가포르의 공직자 부패행위에 관한 비교법적 연구』, 한국법제연구원, 2015, 34면.
39) 조재현, 앞의 책, 33면~34면.
40) 조재현, 앞의 책, 37면.
41) 조재현, 앞의 책, 85면.
42) 조재현, "싱가포르의 공직자 부패통제를 위한 법제와 기구에 관한 연구", 『강원법학』 제47권, 2016, 116면.
43) 박학모/김정환/이승준/신가람, 『권력형 직무범죄의 예방 및 실효성 제재를 위한 재구성 방안

방지를 위한 독일 연방 차원의 대표적인 법률은 1997년 '부패방지법(Das Gesetz zur Bekämpfung der Korruption vom 13. 8. 1997)'이다. 해당 법률은 독일 형법 제331조~제334조의 부정부패 관련 규정을 확장하고 강화하고 있다.[44] 무엇보다 국가 간 뇌물수수 사건에서 외국인도 독일인과 동일하게 처벌할 수 있는 근거 조항을 신설하였다.[45] 그리고 2015년 11월 26일 발효된 부패방지법에서는 크게 사업 거래에서 발생하는 부패 및 뇌물 수수에 대한 형사 책임을 확대하였고, EU 공무원의 뇌물 및 해외에서의 뇌물죄에 대한 독일 형법의 적용 범위를 확대하였다.[46] 독일의 반부패 법률 기조를 보면 반부패 관련 국제규범을 꾸준하게 반영하고 있고, 기업거래에서 발생하는 반부패 행위를 강력히 처벌하고 있으며, 반부패와 관련해서 독일 형법의 적용 범위를 독일 밖까지 넓히고 있다.

3. 소결

유엔과 주요 국가들이 부정부패에 대응하는 규범의 기조에서 크게 세 가지 시사점을 도출해 보았다. 첫째로, 부정부패의 영역을 민사영역까지 꾸준히 넓히고 있다. 특히 최근에는 기업과 관련된 부정부패에 대한 대응을 강화하고 있다. 그를 통해 간접적으로 기업들이 내부적인 준법 경영을 강화하도록 하고 있다. 둘째로, 부정부패 처리를 위한 절차에 대한 개선이다. 조직 내부의 부정부패가 드러나기는 쉽지 않다. 따라서 부정부패에 대한 제보자의 제보가 매우 중요한 역할을 한다. 제보자를 보호하는 다양한 실체법적, 절차법적 장치들이 강화될 필요성이 있다.[47] 그를 위해 부정부패 처리 절차에 있어 꾸준한 모니터링과 개선이 필요하다. 셋째로, 부정부패에 대한 통제를 강화하는 것이다. 통제강화는 단순히 법정형을 높이는 것만을 의미하는 것이 아니라 실질적인 처벌이 가능하도록 하는 것이다. 다만, 과거에

연구』, 한국형사정책연구원 연구총서, 2019, 57면~58면.

44) Britta Bannenberg, Korruption in Deutschland und ihre strafrechtliche Kontrolle – Eine kriminologisch–strafrechtliche Analyse, Luchterhand, 2002, 16면~17면.

45) 허판행, 『독일의 부패방지 제도 비교법적 연구 – 내부통제시스템 강화방안』, 국무조정실, 2018, 23면.

46) https://dejure.org/BGBl/2015/BGBl._I_S._2025(2021. 8. 17 최종방문).

47) 물론 한국도 적절한 법적 절차를 마련하고 있기는 하다. 그러나 아직 다양한 부분에서 미흡한 것이 나타나고 있다; 「'秋아들 제보자 신상공개·비방' 고발당한 황희…"처벌 어렵다"」, https://www.news1.kr/articles/?4187908(2021. 8. 17 최종방문).

는 정부가 주도하는 '거버먼트(government)' 방식이 효과적이었다고 한다면, 이제는 그 한계로 인해 민간부문과 협력하는 '거버넌스(governance)' 방식이 요구된다.[48] 이는 특히 반부패 영역을 민간으로 확장하기 위해 꼭 필요하다. 그러므로 거버먼트와 거버넌스가 협력할 수 있는 체계를 구축하기 위해 더욱 노력하여야 한다.

그와 함께 고려할 필요성이 있는 것으로 반부패 관련 법체계의 정합성을 유지하는 것이다. 2021년 5월 18일 공직자의 이해충돌 방지법이 제정되면서 한국의 반부패 관련 법체계가 확장되었다. 따라서 형법, 청탁금지법, 공직자의 이해충돌 방지법, 부패방지 및 국민권익위원회의 설치와 운영에 관한 법률, 공익신고자 보호법, 공공재정 부정청구 금지 및 부정이익 환수 등에 관한 법률 등 여러 법률이 반부패와 관련된 사안과 연관된다. 관련 법률들을 개정할 때 법률의 정합성을 유지하는 것이 중요하다. 따라서 독일의 '조항법률(Artikelgesetz)'과 같이 관련 법률들이 유기적으로 개정될 수 있는 입법 장치를 마련하는 것도 중요하다.[49] 입법단계부터 정합성이 담보되지 않게 되면 법의 집행과 해석에서 상당한 어려움에 부닥치게 되고, 법적안정성과 신뢰도에도 좋지 않은 영향을 미칠 수 있기 때문이다. 다행히도 최근 '지방이양일괄법'에서 조항법률과 같은 입법형식을 취하고 있다.[50] 앞으로 지속적인 개선이 필요한 반부패 관련 법체계에서도 조항법률의 입법형식을 고려해 볼 필요성이 있다.

Ⅳ. 청탁금지법의 개선방안

1. 청탁금지법에 대한 시민 관심도 유지방안

청탁금지법에 대한 기본적인 정보량이 존재하는 것과 국민권익위원회에 지속적인 질의응답이 이루어지는 것을 볼 때, 적어도 이제는 시민들이 부정청탁과 관련된 기본적인 인식은 자리 잡고 있다고도 볼 수 있다. 그러나 시민들의 인식이 수준이

48) 이정주/강태경/황지태, "청렴사회를 위한 민관거버넌스 구축방향에 대한 연구: 투명사회협약의 경험을 중심으로", 『입법과 정책』 제11권 제1호, 2019, 77면.

49) 동일한 주장으로 이원상, "인공지능 및 자율주행자동차의 새로운 발전과 요청에 대한 한독 비교", 『형사정책』 제32권 제2호, 2020, 197면.

50) 「지방이양일괄법 제정 기대감」, http://www.kwnews.co.kr/nview.asp?s=1101&aid=219123000001(2021. 8. 17 최종방문).

어느 정도인지, 실제로 잘 지켜지고 있는 것인지, 아니면 사실상 사문화 되어 있는 것인지는 보다 구체적인 연구로 살펴보아야 할 것이다. 또한 청탁금지법과 관련해서 사회적으로 큰 이슈가 발생하게 되면 시민들의 관심도가 높아지는 것을 알 수 있다. 이와 같은 상황을 고려해 볼 때, 시민들에게 청탁금지법의 인식 정도를 좀 더 구체화 시키고, 관심을 지속할 수 있도록 하는 방안을 모색해야 한다. 다양한 방안이 제시될 수 있겠지만, 현재 시민들의 의사소통 구조를 고려해 볼 때, 대략 세 가지 정도의 방법을 고려해 볼 수 있다.

첫째로, 청탁금지법 관련 정책홍보의 구체성 강화이다. 청탁금지법이 도입된 지 벌써 5년째이다. 그동안의 정책홍보가 청탁금지법의 존재에 대한 것에 집중하였다면, 이제부터는 각각의 시민들에게 커스터마이징(customizing) 된 정보를 제공해야 한다. 그를 위해 우선 청탁금지법 관련 정보 제공의 접근성과 검색 편의성을 높여야 한다. 물론 지금도 포털 등 검색을 통해 부정청탁금지법 관련 정보에 어느 정도 접근할 수 있다. 그러나 구체적인 사안에 대해 살펴보려면 국민권익위원회 등 정부의 관련 홈페이지에 방문해서 다시금 관련 정보를 검색해야 한다. 따라서 정부의 자료가 비공개된 자료가 아닌 이상 포털 등에서 법령 등 외에 좀 더 구체적인 사례 내용까지 검색할 수 있도록 연동시킬 필요성이 있다.[51] 그를 통해 정부가 제공하는 청탁금지법 관련 정보를 근간으로 이차적 분류 및 파생정보 등이 산출되어 시민들의 정보 욕구에 부응할 수 있을 것이다.[52]

둘째로, 청탁금지법 관련 정책 신뢰도를 향상하기 위해 시민들과 양방향 구조의 정책 소통 통로를 만드는 것이 중요하다. 한 연구에 따르면 정부의 일방적인 정책 홍보 노력은 정부 정책의 정책 신뢰도 향상에 있어 큰 영향을 미치지 않는 것으로 나타나고 있다.[53] 일방적인 정부 정책이 시민의 관심을 끌 수 없기 때문이다. 그에

51) 이와 유사한 견해로 고문현/김남희, 『법령정보제공 선진화방안연구』, 한국공법학회, 2012, 96면~98면.

52) 대부분 정부가 제공하는 국가 DB의 정보들은 소비자의 욕구보다는 정부의 행정정책에 기반해서 제공하고 있다. 따라서 시민들의 변화하는 정보 욕구에 빠르게 대처하기 쉽지 않다. 그러므로 정부의 공공 DB를 바탕으로 민간영역에서 시민들이 필요로 하는 2차 정보를 생산할 수 있도록 하여 정보 수요를 보다 활성화할 수 있다. 그런 맥락을 확인할 수 있는 것이 유튜브이다. 유튜브에서는 원동영상을 기반으로 해서 다양한 파생 동영상들이 만들어져서 다양한 수요층의 욕구에 부응하고 있다(예: 'BTS 뮤직비디오 ▶ 리액션 동영상, 커버 동영상, 분석 동영상 등 ▶ 리액션 모음 동영상, 커버 모음 동영상, 분석 모음 동영상 등' 2차, 3차 정보가 파생되어 소비자의 욕구에 커스터마이징 됨).

반해 예를 들어, SNS나[54] 모바일 앱 등을 통한 정책홍보는 상대적으로 시민들의 긍정적인 평가를 끌어냈다. 다만, 단순히 상호작용과 정보를 제공하는 것으로는 정책홍보 효과에 유의미한 영향을 미치지 않지만, 지각된 이용 용이성과 유용성, 신속성은 정책홍보 효과에 유의미한 영향을 미친다는 연구 결과도 있다.[55] 다만, 문제는 지금도 정부에서는 SNS나 모바일 앱을 적절한 효과를 얻지 못한다는 것이다. 이는 외형적으로는 시민들과 상호작용을 하는 것으로 보이지만, 사실은 일방적인 소통의 연장으로 운용되고 있기 때문이다. 시민들과 실질적인 상호작용이 될 수 있도록 운영방안을 개선할 필요성이 있다.[56]

셋째로, 청탁금지법 관련 사회적 이슈를 꾸준히 발굴하여 시민들에게 알리는 것이다. 빅데이터 결과에서도 알 수 있듯이 청탁금지법 관련 사회적 이슈는 청탁금지법에 대한 시민들의 관심도를 높이는 효과가 있다. 최근 수산업자에게 금품 등을 수수하여 정치인, 검사, 경찰, 언론인 등이 수사를 받고 있고, 특검 검사까지 연루되어 특검을 사퇴하면서 청탁금지법 및 형사소송법 개정안이 발의되기도 하였다.[57] 그에 따라 다시금 청탁금지법에 대한 시민들의 관심도도 높아지게 되었다. 사실 사회적으로 큰 이목을 끄는 경우 외에도 청탁금지법 관련 이슈들은 늘 존재해왔다. 이제까지 시민들의 문화 속에, 그리고 사회 체계 속에 뿌리 깊게 자리 잡고 있는 부정청탁 관련 문제들은 쉽게 밖으로 드러나지 않는다. 우리 사회에 자리 잡고 있는 쓴 뿌리들을 계속해서 뽑아내야 한다. 이를 위해 언론이 가능한 중립적인

---

53) 황창호/김태형/문명재, “정책홍보·정책수단·정책산출 그리고 정부역량이 정부신뢰에 미치는 영향: 국민인식조사를 중심으로”, 『정부학연구』 제23권 제1호, 2017, 245면~246면.

54) SNS를 이용하여 정부 정책에 대한 의견을 표명하고, 정보를 수집하는 것이 정부정책의 신뢰성을 향상시킨다는 연구로는 김태형/Khaltar Odkhuu/문명재, “정부신뢰의 영향요인에 관한 연구: 정부관과 사회적 자본을 중심으로”, 『현대사회와 행정』 제26권 제2호, 2016, 107면.

55) 정현주, “정책홍보 수단으로서의 모바일 애플리케이션 활용 효과에 관한 연구”, 『광고PR실학연구』 제11권 제3호, 2018, 103면.

56) 예를 들어, 국민권익위원회의 페이스북을 살펴보면 검색 현재 총 팔로우 수가 17만 정도인데 댓글이나 공유 정도가 매우 낮고, 일부 콘텐츠에는 조회 수가 높게 나타나지만, 대부분의 조회 수는 상대적으로 낮게 나타나고 있다. 더욱이 대부분이 국민권익위원회 홈페이지와 같이 기관 홍보 관련 내용이고, 청탁금지법과 관련된 내용은 거의 찾아볼 수 없다(국민권익위원회 페이스북 참조; https://www.facebook.com/loveacrc).

57) 의안번호 2110770, 부정청탁 및 금품등 수수의 금지에 관한 법률 일부개정법률안(류성걸의원 등 10인), http://likms.assembly.go.kr/bill/billDetail.do?billId=PRC_L2O1M0L7N2N1B1S0E0C5P0K7C1H8P0(2021. 8. 17 최종방문).

시각에서 구조적이고 체계적인 부정청탁 관련 이슈를 발굴하여 시민들에게 인식시키는 노력을 해야 한다.

종합적으로 볼 때, 청탁금지법과 관련된 관심도 유지방안은 정부만으로는 한계가 있다. 따라서 민간영역과 협력하여야 한다. 예를 들어, 2020년부터 정부 및 공공문서를 카카오톡을 통해 전자고지서로 받아볼 수 있게 되면서 시민들의 편익뿐 아니라 행정 효율성도 높아졌다.[58] 물론 일부에서는 그에 대한 비판을 제기하기도 하지만,[59] 4차 산업혁명시대에 정부와 민간협력 모델의 적절한 예시가 될 수 있다. 현대 사회에서는 거버먼트(government)뿐 아니라 거버넌스(governance)의 참여가 매우 중요하기 때문이다.

2. 청탁금지법 적용 대상 범위 확대

청탁금지법이 제정될 당시 큰 논란이 되었던 것으로는 국회 논의에서 원안('부정청탁 및 공직자 이해충돌 방지법')과 달리 언론이나 사립학교와 같은 민간부문을 포함하는 것과 이해충돌방지 조항을 삭제하는 것이었다.[60] 그중에서 후자는 '공직자의 이해충돌 방지법'이 2021년 국회를 통과하면서 일단락되었다. 그러나 전자인 민간부문에 대한 반부패 통제에 관한 문제는 여전히 진행 중이다. 민간부문 포함의 문제가 청탁금지법 제정 전, 후에도 치열한 논쟁이 있었지만, 공직자의 이해충돌 방지법에서도 똑같은 논란이 재연되었기 때문이다. 청탁금지법 시행 초기에는 민간부문까지 확장하는 것에 대해 언론계와 학계의 부정적인 시각이 우세하였다.[61] 그

---

58) 「카카오톡으로 민간·금융기관 모바일 전자고지서 받아본다」, https://zdnet.co.kr/view/?no=20200513152623(2021. 8. 17 최종방문).

59) 「네이버·카카오, 정부 상대로 전자문서 장사…같은 서비스인데 수수료 40배 차이」, https://biz.chosun.com/it-science/ict/2021/06/10/IKH7NLHL3RGFLGOBIMZBUDUHSQ/(2021. 8. 17 최종방문).

60) 「'김영란법' 논란 재점화 "민간적용 과잉" Vs "민간 부정부패 감시"」, https://www.edaily.co.kr/news/read?newsId=04362406609597208&mediaCodeNo=257&OutLnkChk=Y(2021. 8. 20 최종방문).

61) 윤용규, "과잉범죄화에 대한 소고: 부정청탁 및 금품 등 수수의 금지에 관한 법률을 대상으로", 『형사정책연구』 제28권 제3호, 2017, 203면; 마정근, "현행 부정청탁금지법(소위김영란법)의 핵심 문제점과 개정 방안", 『한양법학』 제27권 제4호, 2016, 196면; 한성훈, "부정청탁금지법의 적용대상범위 확대에 관한 소고", 『법학논총』 제34권 제2호, 2017, 77면; 정형근, "부정청탁 및 금품등 수수의 금지에 관한 법률에 관한 연구 – 그 적용대상자와 부정청탁금지

러나 헌법재판소는 언론계와 사립학교가 포함된 것은 과잉금지원칙 및 평등권 등에 위배되지 않는다고 판단하여 합헌 결정을 내렸다.[62] 재미있는 사실은 최근 언론 보도에 따르면 청탁금지법으로 처벌을 받는 3명 중 2명은 언론 및 교육계 인사라는 점이다.[63] 물론 그 원인을 다각도로 분석해 봐야 하겠지만, 적어도 청탁금지법의 초기 기획과는 달리 오히려 민간부문에서 활발하게 적용되고 있는 것으로 보인다.[64] 앞서 살펴보았던 국제적인 반부패 기조가 기업을 비롯한 민간부문까지 확대되고 있고, 우리 상황도 청탁금지법 초기 우려와는 달리 민간부문의 부정부패에 대한 인식이 변화하면서 청탁금지법 적용대상을 민간부문의 금융계뿐 아니라 의료계 등 전문적인 영역까지 점진적으로 확대하는 것을 고려해 볼 수 있을 것이다.[65]

그를 위해 첫째로, 청탁금지법에 포함될 필요성이 있는 민간부문을 확정하고 적응시키는 것이다. 민간부문의 확장에 대한 기준으로 제시되는 것이 공공성과 공익성이다. 이는 헌법재판소가 청탁금지법 위헌심사에 있어 근거로 삼은 기준이기도 하다.[66] 따라서 일부에서는 민간부문의 공공성과 공익성을 기준으로 삼아 금융계와 의료계, 법조계 등이 우선 언급되고 있다.[67] 싱가포르의 반부패 법률의 역사는

를 중심으로", 『경희법학』 제51권 제4호, 2016. 145면~146면; 이지원, "부정청탁 및 금품등 수수의 금지에 관한 법률 (소위김영란법)의 문제점과 개선방안에 관한 연구", 『강원법학』 제51권, 2017, 514면~515면. 민간부문의 일부 포함이 평등권을 침해할 수 있다는 견해로는 조재현, "부정청탁금지법의 위헌성에 관한 논의", 『한국부패학회보』 제20권 제4호, 2015, 298면~299면; 이부하, "부정청탁금지법의 위헌성 검토", 『법과 정책연구』 제15권 제3호, 2015, 19면~20면; 민간부문의 제한적 해석에 대한 적용의 견해로 이원상, "형법적 관점에서의 청탁금지법에 대한 소고 – 헌법재판소 2015헌마236 등 결정을 참고하여", 『법학논총』 제29권 제2호, 2016, 30면.

62) 헌재 2016.7.28.자 2015헌마236 등 결정.

63) 「'김영란법 형사처벌' 3명 중 2명은 언론·교육계 인사」, https://www.hankookilbo.com/News/Read/A2021071919160002908?did=NA(2021. 8. 17 최종방문).

64) 공직자들의 경우 '공무원 행동강령'이나 해당 기관의 반부패 방지 체계가 자율적인 민간부문보다는 잘 작동하기 때문으로 판단되기도 한다.

65) 다만, 이미 경험한 바처럼 청탁금지법이 민간부문으로 확대됨으로 인해 부수적으로 경제적인 피해가 발생할 수 있다. 그래서 농·축·수산물 등의 업계에서는 소비위축을 우려하며 민간부문으로의 확대를 지속해서 반대하고 있기도 하다; 「한우협, "청탁금지법 적용 민간까지 확대…소비 찬물 우려"」, http://chuksannews.co.kr/news/article.html?no=243396(2021. 8. 17 최종방문).

66) 헌재 2016.7.28.자 2015헌마236 등 결정.

67) 조재현, 앞의 글, 298면; 김준성, "부정청탁금지법의 문제점과 개선방안", 『영남법학』 제44호, 2017, 221면; 박규환, "부정청탁 및 금품등 수수의 금지에 관한 법률 개정을 위한 연구", 『강

한국보다 상대적으로 길다. 따라서 싱가포르와 같이 모든 민간부문으로 확장하는 것은 중·장기적으로 고려해 볼 필요가 있다. 그러나 공공성과 공익성이 요구되는 분야에 대해서는 점진적으로 청탁금지법의 영역으로 포함하는 것은 지금 시점에서도 충분히 고려해 볼 수 있다. 다만, 민간부문마다 특성이 있으므로 현재 부정청탁금지법의 대상인 언론계와 사립학교를 포함해서 부정청탁금지법을 커스터마이징할 필요성이 있다.[68)]

둘째로, 민간부문으로 확장을 하더라도 불필요한 규제는 개선할 필요가 있다. 대표적인 규정이 청탁금지법 제10조 외부강의 등의 사례금 수수 제한 규정이다. 먼저 해당 규정은 국가 정책을 담당하고 있는 공직자에게는 적절할 수 있지만, 예를 들어, 교육계는 외부강의 등이 연구성과 보급 등을 위한 주 업무에 속하기 때문에 주 업무를 불필요하게 통제받을 수 있다. 특히 동조 제2항에서는 외부강의 등을 마친 날부터 10일 이내에 서면으로 소속기관장에게 관련 내용을 신고하도록 하는 것은 불필요하다.[69)] 만일 외부강의료 상한액이나 금품수수 우회 방지를[70)] 통제하고자 하면 외부강의료 등을 제공하는 측을 통제하는 방안을 모색하는 것이 더욱 적절하다. 더욱이 소속기관장이 외부강의 등을 제한할 수 있도록 규정하고 있는 동조는 교육계 차원에서는 헌법상 평등원칙과 함께 직업수행의 자유, 학문의 자유와 충돌할 여지가 크다.[71)]

셋째로, 민간부문과 관련된 조문을 해석하는 경우에는 목적론적 축소해석이나 확장해석이 필요하다. 민간부문에 대한 통제는 여전히 위헌의 소지와 함께 해당 부문의 반발이 클 수 있기 때문에 가능한 해당 조문은 대상자에게 유리하게 해석할 필

원법학』 제47권, 2016, 51면.

68) 예를 들어, 청탁금지법 초기에는 제25조 관련해서 국공립학교 교직원 및 공직유관단체에 해당하는 언론사 임직원의 경우 외부강의 등 사례금 상한액을 공무원 및 공직유관단체 임직원의 상한액을 적용하였다. 그러나 2018년 1월 17일 청탁금지법 시행령 개정을 통해서 사립학교 교직원 및 일반 언론사 임직원의 상한액과 동일하게 변경하였다. 이와같이 법을 시행하면서 언론계나 교육계 등의 특성을 고려하여 지속해서 법을 커스터마이징 하여야 한다.

69) 기본적으로 대학의 경우 외부강의가 학기 중에 있을 때에는 출장계를 제출하도록 하고 있으며, 방학이나 주말처럼 수업과 관련이 없는 경우에는 대학에 특별한 신고를 할 필요가 없다. 그런데도 청탁금지법으로 인해 불필요한 행정절차가 추가된 것이다.

70) 국민권익위원회는 해당 규정을 우회적인 금품수수에 대응하기 위한 규정으로 고안한 것이다; 김정현, "'청탁금지법'상 외부강의등의 사례금 수수 제한 규정에 관한 비판적 고찰", 『공법연구』 제45집 제1호, 2016, 305면~306면.

71) 이에 대해 자세히는 김정현, 앞의 글, 312면~316면.

요가 있다.[72] 목적론적 확장해석의 예를 들자면, 동조 제2항 단서에는 국가나 지방자치단체에서 외부강의 등을 요청한 경우에는 신고 의무가 없다. 그런데 국민권익위원회는 국가나 지방자치단체의 범위를 상당히 제한적으로 해석하고 있다.[73] 해당 규정의 취지가 우회적인 금품수수 및 상한을 초과하는 금품수수를 방지하는 것이라면 국가 및 지방자치단체 소속의 공공기관 등도 포함할 필요가 있다. 해당 공공기관 등은 국가 및 지방자치단체의 감사 및 회계감사를 받기 때문에 청탁금지법을 위반하면서 우회적인 금품수수 및 상한을 초과하는 금품수수를 할 가능성이 거의 없기 때문이다. 따라서 '공공기관 운영에 관한 법률' 제4조에서 제6조까지의 규정에 따라 지정 및 고시된 공공기관의 범위(제2조 제1항)와 '공공기관의 회계감사 및 결산감사에 관한 규칙' 제2조 제2호의 대상기관 규정 등을 고려하여 신고의 면제가 되는 '국가나 지방자치단체'의 범위를 넓혀서 해석할 필요가 있다.

3. 청탁금지법의 절차적 효과성 확보

이제까지 청탁금지법의 시행 결과 및 해외 기조를 살펴볼 때, 청탁금지법의 절차적 효과성 문제를 개선할 필요가 있다. 첫째로, 신고 및 처리 절차의 단순화이다. 청탁금지법에서는 해당 법률 위반을 알게 된 사람이 위반행위가 발생한 공공기관

---

72) 목적론적 축소해석에 대해서는 이원상, 앞의 글, 29면~31면.

73) 청탁금지법 통합검색 홈페이지 참조(http://1398.acrc.go.kr/case/ISGAcase?menuId=05020805 (2021. 8. 17 최종방문); 국민권익위원회의 답변에 따르면 그 범위는 다음과 같다.

1) 국회, 법원, 헌법재판소, 선거관리위원회, 감사원, 국가인권위원회, 중앙행정기관 및 그 소속기관 등의 국가기관 및 지방자치단체

① 헌법기관 : 국회, 법원, 헌법재판소, 선거관리위원회, 감사원

② 중앙행정기관 : 정부조직법에 따른 중앙행정기관, 국가인권위원회 등 개별법에 따른 행정기관

※ 국립 유치원, 국립 초·중·고등학교, 국립대학교의 경우 중앙행정기관 중 교육부 소속으로 해당됨

2) 지방자치단체 및 교육청

① 지방자치단체 : 광역자치단체(1특별시, 6광역시, 1특별자치시, 8도, 1특별자치도), 기초자치단체

② 교육청 : 17개 시·도교육청

※ 공립 유치원, 공립 초·중·고등학교, 공립대학교는 교육청, 지방자치단체 소속으로 이에 해당

이나 그 감독기관, 감사원 또는 수사기관, 국민권익위원회 등에 신고할 수 있다(동법 제13조 제1항). 따라서 만일 신고자가 단일한 사안을 복수의 기관에 신고하는 경우뿐 아니라 사안이 행정벌인 과태료 부과 사안이 될지, 형사처벌 사안이 될지 등 다양한 변수들에 따라서 처리 절차가 상당히 복잡하게 진행되는 구조이다.[74] 이처럼 복잡한 구조 속에서 청탁금지법 위반 사안에 대한 처리 기간은 길어지게 된다. 또한 신고자에 대한 기록 등이 여러 기관을 거치면서 여러 기관에 분산되어 저장될 수 있고, 그로 인해 신고자 정보의 유출 위험성도 높아질 수 있다. 따라서 신고자가 지금처럼 여러 기관에 신고할 수 있도록 하는 것보다는 신고받는 기관을 국민권익위원회로 단일화하고, 국민권익위원회가 해당 기관에 이첩하는 등의 방식으로 변경하는 것이 처리 절차의 복잡성을 낮추고, 신고자의 정보보호에도 유리할 수 있다.

둘째로, 신고자에 대한 실질적 보호 규정 강화이다. 이미 앞서 언급한 바와 같이 UN과 해외 주요 국가들도 노력하고 있으며, 우리 주무관청인 국민권익위원회도 인지하고 있다.[75] 신고자 등의 보호와 보상에 대해서는 청탁금지법 제15조에 규정되어 있다. 해당 규정에서는 신고자의 보호 규정을 "공익신고자 보호법"에서 준용하고 있다(동조 제4항). 그러나 문제는 공익신고자 보호법도 공익신고자를 충분히 보호해 주지 못하고 있다는 비판이 제기되고 있다는 것이다. 그에 따라 공익신고자 보호를 강화하기 위해서는 공익신고자 보호법에서 공익신고자에 대한 비밀보장 방안을 보다 강화하고, 공익신고로 인한 불이익 방지조치를 구체적으로 마련하며, 공익신고자에게 실질적인 보상금과 구조금이 지원될 수 있도록 하고, 통합신고 체계가 더욱 실용적으로 구축될 수 있도록 개선되어야 한다는 주장도 제기된다.[76] 또한 청탁금지법은 공무원 외에도 언론계와 사립학교 교직원 등 민간영역도 포함되기 때문에 민간영역에서 실질적으로 보호해 줄 수 있는 장치들이 추가로 요구될 수 있

74) 신고자가 국민권익위원회에 신고하는 경우에는 국민권익위원회가 신고절차에 따라 중간에서 해당 기관에 이첩하는 등 중간에서 조정자의 역할을 수행하기 때문에 절차가 비교적 단순해 질 수 있지만, 법률상으로는 신고자가 신고 가능한 모든 기관에 신고를 할 수 있기때문에 언제든지 절차가 복잡해 질 수 있다(국민권익위원회, 부정청탁 및 금품등 수수의 금지에 관한 법률 해설집, 2020, 166면).

75) 2021년 초, 국민권익위원회는 신고자에 대해 현행 '선검토－후보호'의 보호체계를 '선보호－후검토'로 정비하도록 할 것이라고 밝혔다; 「권력형 부패 근절…공익신고자 보호 강화」, https://www.ktv.go.kr/content/view?content_id＝617877(2021. 8. 17 최종방문).

76) 황지태/이천현/임정호, 『민간부패 방지를 위한 제도개선 방안 연구』, 한국형사정책연구원 연구총서, 2018, 167면.

다. 따라서 공익신고자 보호법에서 비판받고 있는 내용을 고려하여 동법 제15조에 추가로 개선 가능한 내용을 규정하는 것도 고려할 필요성이 있다.[77]

셋째로, 인터넷 홈페이지 공개(동법 제7조 제7항), 언론계와 교육계 등 민간부문 외부강의 등 신고(동법 제10조 제2항) 및 소속기관장에 의한 외부강의 등 제한(동법 제10조 제4항) 등 와 같이 논란이 발생할 수 있고, 불필요한 절차를 제거하는 것이다. 인터넷 홈페이지 공개의 경우 더 중한 부정행위인 금품 등의 수수에는 없을뿐더러 법원의 판단 이전에 행위자의 명예를 침해할 수 있다.[78] 그리고 부정청탁 사실을 인터넷 홈페이지 공개하여 얻을 수 있는 효과성에도 의문이기 때문에 불필요한 절차라고 할 것이다.[79] 또한 언론계와 교육계 등 민간부문에서는 외부강의 등 신고 관련 문제는 해당 조직의 출장신고 등 내부적인 절차로 충분히 대체할 수 있을 것이다. 청탁금지법에서 불필요하게 이중의 절차를 만들 필요가 없다.[80] 그리고 강의료 등 상한을 통제하고자 한다면 지급하는 측을 통제하는 것이 절차의 단순화를 위해 보다 효과적이다.[81] 그리고 언론계나 교육계에서도 소속기관장이 외부강의 등을 제한할 수 있도록 하는 것은 앞서 살펴본 바와 같이 기본권 침해 문제와 함께 내부적인 갈등도 초래할 수 있다. 따라서 이처럼 효과성에 의문이 있고, 불필요할 수 있는 절차들은 제거할 필요성이 있다.

---

77) 예를 들어, 공익신고자 보호법에 대해 낮은 구조금 범위 등에 대한 비판이 제기되고 있다(이천현, "한국의 민간부패 현황과 제도적 개선방안", 『형사정책연구』 제26권 제2호, 2015, 295면). 청탁금지법 제15조에서는 포상금 및 보상금 관련 규정은 있지만, 구조금 관련 규정은 없다. 그러므로 공익신고자 보호법에서 미흡하게 평가받고 있는 구조금 규정을 고려하여 청탁금지법에 적합한 구조금 관련 규정을 만들 수 있을 것이다.

78) 이천현, "부정청탁 금지행위와 제재에 관한 소고", 『한양법학』 제26권 제3호, 2015, 328면; 동 시행령 제15조 제1항에서는 "법 제5조 제1항을 위반하여 과태료가 부과된 경우", "법 제6조를 위반하여 유죄판결 또는 기소유예처분이 확정된 경우"뿐 아니라 "그 밖에 소속기관장이 부정청탁 예방을 위하여 공개할 필요가 있다고 인정하는 경우"도 공개사유로 규정하고 있다.

79) 가장 적극적으로 신상공개가 이루어지고 있는 성범죄자 신상공개의 경우에도 문제성이 제기되며 공개제도에 대한 개선이 요청되고 있다; 이경렬, "성범죄자의 신상정보 공개와 범죄인의 잊혀질 권리", 『성균관법학』 제33권 제2호, 2021, 339면~340면.

80) 이는 출장절차에 외부강의등 신고절차를 통합하는 기관도 있지만, 일부 기관에서는 출장신고와 별개로 외부강의 등을 신고하는 절차를 만들어 놓고 있기 때문이다.

81) 예를 들어, 국가기관 및 공공기관의 경우 외부강의 등을 요청할 때, 청탁금지법에 따라서 지급할 수 있는 비용의 상한을 제시해 준다. 따라서 구태여 외부강의 등 신고 절차를 통해 강의료 등의 상한을 통제할 필요가 없다.

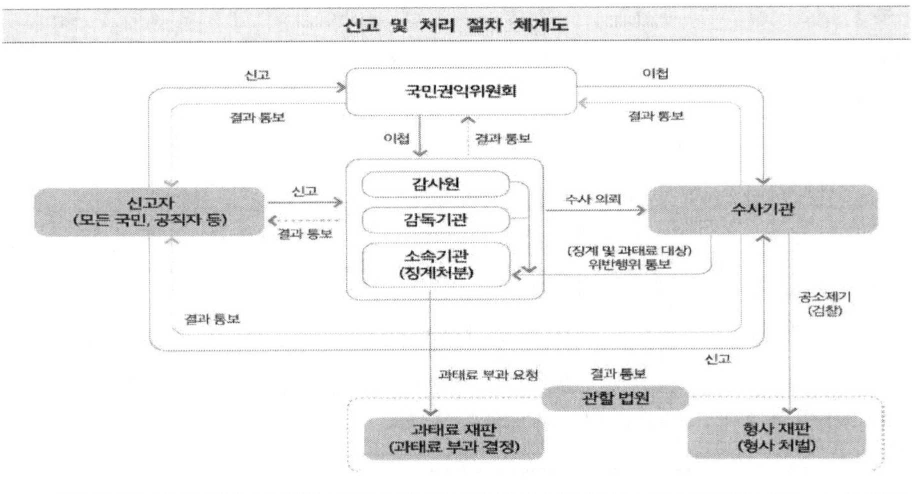

〈현행 신고 및 처리 절차 체계도(출처: 국민권익위원회 청탁금지법 해설집 2020)〉

Ⅴ. 결론

2016년 9월 28일, 청탁금지법이 시행된 이후 큰 우려와 비판이 제기되었지만, 5년이 되어 가면서 원하든, 원하지 않든 우리의 일상에 자리 잡게 되었다. 다행히 청탁금지법에 대한 시민들의 법 감정은 상당히 우호적이고, 국회를 거치면서 사라져 버렸던 반쪽, 공직자의 이해충돌 방지법도 추가로 제정되면서 한국의 반부패법 체계가 공고해지게 되었다. 본 연구의 출발점은 시민들이 정말로 청탁금지법에 우호적인지, 해당 법률에 관심이 있는지, 해당 법률을 잘 지키고 있는지 등에 대한 호기심이었다. 그를 위해 1차 연구에서는 시민들의 법 감정에 대한 부분들과 청탁금지법의 연구현황, 국제적인 반부패 법 동향에 대해 살펴보고, 청탁금지법의 SWOT 분석을 통해 청탁금지법의 개선점을 도출해 보았다. 그리고 이번 연구에서는 1차 연구를 조금 더 구체화하기 위해서 빅데이터 분석과 통계 및 판례 결과를 분석하고, UNODC와 영국, 미국, 싱가포르 그리고 독일 등 주요 국가들의 반부패 법률에 대한 기조를 통해서 청탁금지법의 추가적인 개선점을 모색해 보았다.

그로 인해 청탁금지법에 대한 시민들의 관심도 유지방안을 위해 노력해야 하고, 청탁금지법의 적용 범위를 금융계와 의료계, 법조계 등 공공 및 공익적 민간영역

분야까지 점차로 확대해야 하며, 청탁금지법의 절차적 효과성을 확보하기 위해 절차의 단순화, 신고자에 대한 실질적 보호 규정 강화, 불필요한 절차 제거 등의 개선이 필요하다는 결론에 이르게 되었다. 부정부패에 대한 강력한 대응 욕구는 한국뿐 아니라 전 세계 공통의 관심사이고, 공동의 대응 방안이 마련 중에 있다. 물론 우리 정부도 국제적인 논의에 참여하면서 국내적인 개선을 위해 노력하고 있다. 그러나 단순히 통계적, 감정적 개선만으로는 절대로 부패가 사라질 수 없다. 반부패적인 행위가 일상화되고, 반부패의 감정이 이성화되어야 한다. 그러므로 정부도 부정부패에 대한 통계적, 감정적 개선에 고무되기보다는 청탁금지법이 더욱 합리적인 법률로 개선되고, 지속해서 시민들의 관심과 응원을 받아서 사문화되지 않고 한국의 문화로 정착할 수 있도록 노력해야 할 것이다.

논문투고일 : 2021.08.17 논문심사일 : 2021.09.10 게재확정일 : 2021.09.30

【참고문헌】

고문현/김남희, 『법령정보제공 선진화방안연구』, 한국공법학회, 2012
국민권익위원회, 부정청탁 및 금품등 수수의 금지에 관한 법률 해설집, 2020
김준성, “부정청탁금지법의 문제점과 개선방안”, 『영남법학』 제44호, 2017
김정현, “‘청탁금지법’상 외부강의등의 사례금 수수 제한 규정에 관한 비판적 고찰”, 『공법연구』 제45집 제1호, 2016
김태형/Khaltar Odkhuu/문명재, “정부신뢰의 영향요인에 관한 연구: 정부관과 사회적 자본을 중심으로”, 『현대사회와 행정』 제26권 제2호, 2016
마정근, “현행 부정청탁금지법(소위김영란법)의 핵심 문제점과 개정 방안”, 『한양법학』 제27권 제4호, 2016
박규환, “부정청탁 및 금품등 수수의 금지에 관한 법률 개정을 위한 연구”, 『강원법학』 제47권, 2016
박학모/김정환/이승준/신가람, 『권력형 직무범죄의 예방 및 실효성 제재를 위한 재구성 방안 연구』, 한국형사정책연구원 연구총서, 2019
오규성, 『미국 해외부패방지법에 관한 연구』, 사법정책연구원, 2018
윤용규, “과잉범죄화에 대한 소고: 부정청탁 및 금품 등 수수의 금지에 관한 법률을 대상으로”, 『형사정책연구』 제28권 제3호, 2017
이경렬, “성범죄자의 신상정보 공개와 범죄인의 잊혀질 권리”, 『성균관법학』 제33권 제2호, 2021
이부하, “부정청탁금지법의 위헌성 검토”, 『법과 정책연구』 제15권 제3호, 2015
이원상, “현행 청탁금지법의 평가와 개선점 고찰”, 국민대학교 법학연구소, 『법학논총』 제33권 제2호, 2020
이원상, “인공지능 및 자율주행자동차의 새로운 발전과 요청에 대한 한독 비교”, 『형사정책』 제32권 제2호, 2020
이원상, “형법적 관점에서의 청탁금지법에 대한 소고 – 헌법재판소 2015헌마236 등 결정을 참고하여”, 『법학논총』 제29권 제2호, 2016
이정주/강태경/황지태, “청렴사회를 위한 민관거버넌스 구축방향에 대한 연구: 투명사회협약의 경험을 중심으로”, 『입법과 정책』 제11권 제1호, 2019

이지원, “부정청탁 및 금품등 수수의 금지에 관한 법률 (소위김영란법)의 문제점과 개선방안에 관한 연구”, 『강원법학』 제51권, 2017

이천현, “한국의 민간부패 현황과 제도적 개선방안”, 『형사정책연구』 제26권 제2호, 2015

이천현, “부정청탁 금지행위와 제재에 관한 소고”, 『한양법학』 제26권 제3호, 2015

정현주, “정책홍보 수단으로서의 모바일 어플리케이션 활용 효과에 관한 연구”, 『광고PR실학연구』 제11권 제3호, 2018

정형근, “부정청탁 및 금품등 수수의 금지에 관한 법률에 관한 연구 – 그 적용대상자와 부정청탁금지를 중심으로”, 『경희법학』 제51권 제4호, 2016

조재현, 『싱가포르의 공직자 부패행위에 관한 비교법적 연구』, 한국법제연구원, 2015

조재현, “싱가포르의 공직자 부패통제를 위한 법제와 기구에 관한 연구”, 『강원법학』 제47권, 2016

조재현, “부정청탁금지법의 위헌성에 관한 논의”, 『한국부패학회보』 제20권 제4호, 2015

한성훈, “부정청탁금지법의 적용대상범위 확대에 관한 소고”, 『법학논총』 제34권 제2호, 2017

황지태/이천현/임정호, 『민간부패 방지를 위한 제도개선 방안 연구』, 한국형사정책연구원 연구총서, 2018

황창호/김태형/문명재, “정책홍보 · 정책수단 · 정책산출 그리고 정부역량이 정부신뢰에 미치는 영향: 국민인식조사를 중심으로”, 『정부학연구』 제23권 제1호, 2017

허판행, 『독일의 부패방지 제도 비교법적 연구 – 내부통제시스템 강화방안』, 국무조정실, 2018

Britta Bannenberg, Korruption in Deutschland und ihre strafrechtliche Kontrolle – Eine kriminologisch–strafrechtliche Analyse, Luchterhand, 2002

【국문초록】

2016년 9월 28일, 청탁금지법이 시행된 이후 큰 우려와 비판이 제기되었지만, 5년이 되어 가면서 원하든, 원하지 않든 우리의 일상에 자리 잡게 되었다. 다행히 청탁금지법에 대한 시민들의 법 감정은 상당히 우호적이고, 국회를 거치면서 사라져 버렸던 반쪽, 공직자의 이해충돌 방지법도 추가로 제정되면서 한국의 반부패법 체계가 공고해지게 되었다. 본 연구의 출발점은 시민들이 정말로 청탁금지법에 우호적인지, 해당 법률에 관심이 있는지, 해당 법률을 잘 지키고 있는지 등에 대한 호기심이었다. 그를 위해 1차 연구에서는 시민들의 법 감정에 대한 부분들과 청탁금지법의 연구현황, 국제적인 반부패 법 동향에 대해 살펴보고, 청탁금지법의 SWOT 분석을 통해 청탁금지법의 개선점을 도출해 보았다. 그리고 이번 연구에서는 1차 연구를 조금 더 구체화하기 위해서 빅데이터 분석과 통계 및 판례 결과를 분석하고, UNODC와 영국, 미국, 싱가포르 그리고 독일 등 주요 국가들의 반부패 법률에 대한 기조를 통해서 청탁금지법의 추가적인 개선점을 모색해 보았다.

그로 인해 청탁금지법에 대한 시민들의 관심도 유지방안을 위해 노력해야 하고, 청탁금지법의 적용 범위를 금융계와 의료계, 법조계 등 공공 및 공익적 민간영역 분야까지 점차로 확대해야 하며, 청탁금지법의 절차적 효과성을 확보하기 위해 절차의 단순화, 신고자에 대한 실질적 보호 규정 강화, 불필요한 절차 제거 등의 개선이 필요하다는 결론에 이르게 되었다. 부정부패에 대한 강력한 대응 욕구는 한국뿐 아니라 전 세계 공통의 관심사이고, 공동의 대응 방안이 마련 중에 있다. 물론 우리 정부도 국제적인 논의에 참여하면서 국내적인 개선을 위해 노력하고 있다. 그러나 단순히 통계적, 감정적 개선만으로는 절대로 부패가 사라질 수 없다. 반부패적인 행위가 일상화되고, 반부패의 감정이 이성화되어야 한다. 그러므로 정부도 부정부패에 대한 통계적, 감정적 개선에 고무되기보다는 청탁금지법이 더욱 합리적인 법률로 개선되고, 지속해서 시민들의 관심과 응원을 받아서 사문화되지 않고 한국의 문화로 정착할 수 있도록 노력해야 할 것이다.

◈ 주제어: 청탁금지법, 빅데이터, 유엔마약범죄사무소, 공직자 이해충돌방지법, 거버넌스, 공익신고자 보호법

【Abstract】

A Study on the Improvement of the Law through the Analysis of the Enforcement Results of The Improper Solicitation and Graft Act*

Lee, Won-Sang**

Many concerns and criticism have been raised since the improper solicitation and graft act took effect on September 28, 2016. But it's been five years and it's settled in our daily lives. Fortunately, citizens' feelings about the improper solicitation and graft act were quite friendly, and the conflict of interest prevention act was also enacted. Thus, Korea's anti-corruption law system was strengthened. The starting point of this study was the curiosity about whether citizens were really friendly to the improper solicitation and graft act, whether they were interested in the act, and whether they followed it well. So in the first study, I looked at how citizens feel about anti-graft law, what is the status of research on the improper solicitation and graft act in Korea, and what is the trend of international anti-corruption law. And I've come up with improvements through SWOT analysis of the improper solicitation and graft act. The study analyzed the results of big data, statistics and precedents to further refine the primary study, and examined trends in anti-corruption legislation in major countries, including the UNODC and the United Kingdom, the United States, Singapore and Germany. And based on that, I drew specific improvements to the improper solicitation and graft act.

This led to the conclusion that the government should maintain citizens' interest in the improper solicitation and graft act, gradually expand the scope of its application to the private sector, and strive to secure the procedural effectiveness of the law. The government should not be encouraged by statistical and emotional improvements to corruption, but should try to

---

* This work was supported by the Ministry of Education of the Republic of Korea and the National Research Foundation of Korea(NRF-2019S1A5A2A01035214).

** Professor of Chosun University. Doctor.

improve the improper solicitation and graft act into a more reasonable law. And the law should continue to receive the attention and support of citizens so that it can settle into Korean culture.

◈ Key Words: Improper Solicitation and Graft Act, Big Data, United Nations Office on Drugs and Crime, Conflict of Interest Prevention Act, Governance, Protection of Public Interest Reporters Act

한국형사소송법학회『형사소송 이론과 실무』
제13권 제4호 (2021.12) 1~28면.
Theories and Practices of Criminal Procedure Vol. 13 No. 4 (December. 2021) pp. 1~28.
10.34222/kdps.2021.13.4.1

형사소송법 교육의 현황과 향후 방향에 대한 검토*
-법학전문대학원 교육을 중심으로-

박 정 난**

목 차

Ⅰ. 서론
Ⅱ. 변호사시험과 법학전문대학원의 교육
Ⅲ. 향후 방향에 대한 검토
Ⅳ. 결론

Ⅰ. 서론

대학에서의 형사소송법 교육은 2009년 법학전문대학원의 등장과 함께 기존 법과대학 단일화 체제 때와 다른 양상으로 변화하고 있다. 현재는 법학전문대학원과 법과대학의 이원적 체제로 전국 25개의 법학전문대학원이 존재한다. 지금까지 10회에 걸쳐 변호사시험이 시행되어 10기까지 졸업생이 배출되었다.

법학은 의학과 마찬가지로 자격시험과 연계될 수 있다는 측면에서 그 교육에 있어서도 학문으로서 법학교육과 법조인 양성을 위한 법학교육의 이원적 성격을 가진다. 그런데 법학전문대학원의 등장으로 학문으로서의 법학교육이 제대로 이루어지지 못하고 있고 법조인 양성을 위한 법학교육 또한 개선해야 할 점이 많다는 지적이 적지 않다.

따라서 본고에서는 법학 중 필자가 가르치고 있는 '형사소송법' 교육을 중심으로 현재 교육현황을 진단하고 향후 나아갈 방향을 제시하고자 한다. 또한 필자가 학생

* 본 논문은 2021. 9. 28. 제17회 월송기념 학술심포지엄 "한국 형사법학의 연구와 교육"에서 발표한 발표문을 일부 수정한 것임(토론을 맡아 고견을 주신 이승호, 이주희, 정승환 교수님께 진심으로 감사드립니다).

** 연세대학교 법학전문대학원 부교수, 법학박사

들을 가르치는 곳이 법학전문대학원이라는 점에서 법학전문대학원 교육을 중심으로 논의해보고자 한다.

Ⅱ. 변호사시험과 법학전문대학원의 교육

1. 변호사 시험 출제경향의 문제점

법학전문대학원 제도는 법과대학 체제에서의 사법고시 제도의 문제점을 해결하기 위하여 교육을 통한 법조인을 양성하고자 등장한 제도이다. 법학전문대학원 체제에서는 법학전문대학원의 석사학위를 취득하였거나 3개월 이내에 석사학위를 취득할 것으로 예정된 사람만이 변호사시험을 응시하여 법조인이 될 수 있다(변호사시험법 제5조 제1항, 제2항).

따라서 법학전문대학원의 법학교육은 법조인 양성을 위한 법학교육이고, 변호사시험의 출제내용의 영향을 받지 않을 수 없다. 형사소송법을 포함한 형사법은 필수 시험과목 중 하나로 시험은 선택형 및 논술형이 있고(변호사시험법 제9조 제1항, 제8조 제1항) 논술형으로는 현재 사례형과 기록형이 출제되고 있다. 그런데 현재 변호사시험의 출제경향이 국민의 다양한 기대와 요청에 부응하는 양질의 법률서비스를 제공할 수 있는 우수한 법조인[1]을 선발하는데 적합한지에 관하여 적지 않은 의문이 있고 아래에서 살펴보고자 한다.

(1) 선택형 문제

올해 1월에 시행된 제10회 변호사시험 형사법 선택형 총 40문항 중 20문항(형법, 형사소송법 종합문제 포함)이 형사소송법 문제였는데, 모든 문제에 다툼이 있는 경우 판례에 의하여 정답을 선택하도록 기재되어 있다.

이러한 판례 위주의 출제경향은 형사소송법뿐만 아니라 민법, 헌법 등 다른 과목의 경우에도 마찬가지로 현재 변호사시험 선택형에서 고득점을 하기 위하여는 판

1) 법학전문대학원 설치·운영에 관한 법률 제2조는 “(교육이념) 법학전문대학원의 교육이념은 국민의 다양한 기대와 요청에 부응하는 양질의 법률서비스를 제공하기 위하여 풍부한 교양, 인간 및 사회에 대한 깊은 이해와 자유·평등·정의를 지향하는 가치관을 바탕으로 건전한 직업윤리관과 복잡다기한 법적 분쟁을 전문적·효율적으로 해결할 수 있는 지식 및 능력을 갖춘 법조인의 양성에 있다.”라고 규정하고 있음.

례를 잘 숙지하여야 한다. 물론 판례는 공신력 있는 법리해석으로 수사 및 재판 과정에서 검사, 판사, 변호사는 대부분 확립된 판례에 따라 법리판단을 하여 사안을 처리하므로 예비법조인인 법학전문대학원 학생들은 판례를 열심히 공부해야 하고 변호사시험에서도 판례를 출제하는 것이 적절하지 않은 것은 아니다.

그러나 판례 위주의 출제경향의 이면에는 출제 후 정답시비로부터 자유로워지고자 하는 의도를 무시할 수 없고, 출제되는 판례 중에는 그야말로 난이도를 높이려는 목적으로 발굴한 지엽적인 판례도 적지 않다는 점에 문제가 있다. 지엽적인 판례도 출제하는 시험 경향에 대비하기 위하여 학생들은 지나치게 많은 판례들을 암기할 수밖에 없고 법학전문대학원 교수들도 수업시간에 소위 불의타를 대비하기 위하여 가능한 많은 판례들을 다루기 위하여 판결요지를 위주로 주입식으로 강의하는 경향이 적지 않다. 최근 변호사시험 대비 수험서에서 다루는 판례가 민사법, 형사법, 공법을 합하여 약 12,500개 정도라는 점[2]은 이러한 상황을 여실히 보여준다.

그러나 정작 실제 법조인들이 사건을 처리할 때 주로 의존하는 핵심판례들은 정해져 있고 나머지 지엽적 판례들은 그때 그때마다 판례 검색을 통하여 해결할 수 있다는 점에서 현재의 출제경향은 개선할 필요가 있다. 한편 이러한 비판이 많아지자 현재는 변호사시험 초기보다 지엽적인 판례보다는 기본적이고 중요한 판례 위주로 출제되고 있고, 최근 법학전문대학원 협의회에서 한국형사법학회에 의뢰하여 2021년 3월 형사소송법 표준판례 연구집[3]이 출간되어 많은 교수들이 수업에 이를 활용하고 있다는 점에서 긍정적이다.

(2) 논술형 문제

현재 논술형 문제는 사례형과 기록형으로 출제되고 있는데 출제유형을 보면 사례형과 기록형의 차이가 사례형은 출제자가 사실관계를 정리해 준 것이고 기록형은 수험생이 사실관계를 정리해야 한다는 점 이외에는 없는 듯한 인상이 느껴진다.

예를 들어 제10회 변호사시험 사례형 제1문 중 형사소송법과 관련된 문항의 경우, 1개 소문항은 항소이유서 제출과 관련된 판례의 태도를 묻고, 나머지 소문항은 모두 증거능력을 묻고 있다. 형사소송법과 관련된 사례형 문제는 이번 제10회 변호

---

2) 천경훈, "변호사시험이 법학전문대학원의 교육에 미치는 영향", 『상사법연구』, 제36권 제1호 (한국상사법학회, 2017), 247－248면.

3) 형사소송법뿐만 아니라 2020. 2.부터 지금까지 민법, 민사소송법, 상법, 헌법, 행정법, 형법에 대하여도 표준판례집이 출간되었음.

사시험 뿐만 아니라 기존에도 항상 위법수집증거배제법칙, 전문법칙 등 증거법칙에 따라 증거능력을 묻는 것이 대부분이고 그렇지 않으면 간단히 판례에 따라 짧게 서술하는 것이 출제유형이다. 그런데 증거능력 유무의 판단 문제는 기록형 문제에서 유무죄 여부를 판단함에 있어서 필수적으로 검토되는 것이고 형사소송법 판례에 대한 확인은 선택형 문제에서도 얼마든지 출제될 수 있다는 점에서 과연 논술형 문제의 존재의의를 제대로 잘 반영하는 출제경향인지는 의문이다. 형사소송법 전반에 있어서 위법수집증거배제법칙, 전문법칙 등 증거법칙 이외에도 중요한 쟁점이 다양하고, 논술형 문제는 선택형, 기록형과 달리 이러한 다양한 중요 쟁점에 대하여 학생이 일목요연하게 정리하여 아주 짧은 소논문을 작성할 수 있는지를 평가할 수 있는 좋은 유형의 문제이기 때문이다.

과거 사법시험제도에서는 2차때 논술형으로만 시험이 시행되었는데 사례형 뿐만 아니라 진정한 의미의 논술형도 출제가 되었다. 진정한 의미의 논술형이라 함은 예를 들어 " ----에 대하여 논하라" 또는 "----에 대하여 약술하라" 형태의 문제로 수험생이 특정 쟁점에 대하여 목차를 잡아 요약하여 서술하는 형식을 의미한다. 예를 들어 필자가 시험을 치른 제44회 사법고시 2차 형사소송법 문제의 경우 논술형으로 "변호인의 소송기록 열람·등사권에 대하여 약술하시오" 및 "대물적 강제처분에 있어서 영장주의의 예외를 논하시오"의 문제가 출제되었다.

과거 사법시험제도에서는 위와 같은 형태의 서술형 문제도 출제가 되었기 때문에 수험생들은 형사소송법 전반에 걸쳐 주요 쟁점에 대하여 형사소송법 조문을 체계적으로 정리하고, 세부 주요개념을 숙지하고, 각각의 주요개념을 유기적으로 연결하여 논술하는 방식을 연습함으로써 간략한 내용의 교과서를 서술할 정도의 실력을 갖추기 위하여 노력하였다. 예를 들어 앞서 제44회 사법고시 문제 중 "변호인의 소송기록 열람·등사권에 대하여 약술하시오"라는 문제의 경우 소송기록 열람·등사권의 의의, 법원이 보관하고 있는 소송기록의 열람·등사, 증거개시로서 검사가 보관하고 있는 소송기록의 열람·등사, 비교대상으로서 검사의 피고인 또는 변호인에 대한 증거개시요구권 및 공소제기 전 수사기록의 열람·등사권 등의 세부 쟁점을 정리하여 논술해야 하는 것이다.

그런데 현재 법학전문대학원 학생들에게 이러한 유형의 문제를 낸다면 3-4 줄 정도밖에 기술하지 못하는 학생들이 대다수일 것이다. 예를 들어 필자는 형사소송법 기말고사 문제로 "거증책임의 전환에 대하여 논하라"는 문제를 출제한 적이 있는데 대부분의 학생들이 당황해하며 3－4줄 정도를 기재하였고 기재한 내용도 정확하지 않았던 경험이 있다. 현재의 변호사시험 유형이 5지 선다에서 답을 고르는 선택형과 구체적인 사례를 해결하는 사례형 또는 기록형 문제만 출제되므로 학생들은 형사소송법 전반에 걸친 주요쟁점을 법조문만을 가지고 정리할 수 있는 능력을 키우기 위한 공부를 할 필요성을 전혀 느끼지 못하기 때문이다. 법학전문대학원 학생 대부분이 학원강사가 시험 출제유형에 맞게 요약정리한 참고서만을 보면서 5지 선다에서 정답을 찾고 사례를 푸는 요령만 익히고 있는 것이다.[4)]

한편 기록형 문제는 형사법의 경우 2개의 검토의견서, 변론요지서 등의 변호인의견서를 작성하는 유형의 문제가 출제되고 있다. 지금까지 항상 피고인 2명에 대하여 기소한 사건이 1심 공판 진행 중인 상태의 소송기록(40페이지 내외)이 주어지고, 수험생은 변호인의 입장에서 유무죄의 실체판결, 공소기각, 면소 등의 형식판결 여부를 검토하여 작성하는 방식이었다. 기록형 문제를 해결하는 과정에서 형사소송법적 쟁점으로 주로 출제되는 것은 위법수집증거배제법칙, 전문법칙, 자백보강법칙 등의 증거법칙 및 증명력 판단, 공소장변경, 수사의 단서로의 고소, 공소기각 및 면소 재판에 해당되는 사유에 대한 판단 등이다.

기록형 문제를 폐지하여야 한다는 의견도 있으나, 오히려 기록형 시험은 향후 양질의 법률서비스를 제공하는 우수한 법조인을 선발하는 형태로 적합하고 필요하다고 생각된다. 기록형 시험에서는 사실관계가 일목요연하게 요약되어 있는 사례형 시험과 달리 수험생이 소송기록을 읽으면서 사실관계를 정리해야 한다. 모든 사건처리의 시작은 산발적으로 흩어져 있고 일치하지 않는 사건관계인인 피의자, 참고인의 진술, 제반 객관적 증거들, 피고인 및 증인의 진술 등의 증거능력을 판단하고, 이에 대한 증명력을 판단하여 실제로 발생한 사실(fact)을 확정하는데서 시작되고, 수험생들이 향후 법조인이 되어 항시 접하여야 하는 것이 바로 수사기록 또는 소송기록이다. 그런데 사법고시가 폐지된 법학전문대학원 체제에서는 법학전문대학원을 졸업하고 변호사 시험에 합격한 법조인 초년생들이 사법연수원과 같은 기관에서 상당한 기간 동안 수사기록 또는 소송기록을 읽고 변호인의견서 등 소송서류를 작성할 수 있는 기회를 갖지 못한다. 검사, 판사, 변호사 등 각 직역별로 6개월 내외의 짧은 기간 동안 별도의 교육을 하기는 하지만 기존 사법연수원 교육과 비교하

4) 박정난, "형사소송법 교육의 현황과 과제", 『고려법학』, 제95호(고려대학교 법학연구원, 2019), 47－48면.

면 매우 부실하다.[5] 따라서 현 법학전문대학원 체제에서는 법학전문대학원에서 수사기록 또는 소송기록을 읽고 사실관계를 확정하는 교육을 해야 할 필요성이 있고 이와 연계되어 변호사시험에서도 관련 능력을 잘 갖춘 수험생을 법조인으로 선발하는 것이 타당한 것이다.

그런데 문제는 변호사시험 기록형 기출문제의 경향이 누가 더 많은 법률적 쟁점을 잘 찾아내어 해결하는지에만 초점을 맞추고 있는 것 간다는 점이다. 예를 들어 제9회 변호사시험 형사법 기록형의 경우 채점기준표에 의하면 30여개의 법리적 쟁점을 묻는 문제가 출제되었다. 수험생이 그 쟁점을 모두 파악하였다 하더라도 2시간 동안 40페이지 내외의 기록을 읽고 답안지에 30여개의 법리적 쟁점을 기술하는 것은 물리적으로 매우 힘들 것으로 생각된다. 기록형에 출제되고 있는 법률적 쟁점이 대부분 중요한 법리이지만 충분히 선택형 문제를 통하여 법리를 알고 있는지 검증 가능하다고 생각된다. 사례형 문제와 마찬가지로 기록형에서는 기록형 문제를 통해서만 수험생의 능력을 검증할 수 있는 유형으로 출제되어야 기록형 시험의 존재의의가 있고 그 유형은 증명력 판단이라고 생각된다.[6] 증명력 판단은 증거능력이 인정된 증거가 믿을만한지 그리고 그 증거가 입증하고자 하는 사실을 얼마나 뒷받침하는지 여부를 판단하는 것이다. 예를 들어 강간사건에서 피고인은 범행을 부인하고, 피고인에게 유리한 증거 및 불리한 증거가 혼재되어 있는 경우 각 증거들의 증명력 판단을 하여 법리를 적용하기 위한 사실(fact)을 확정하는 작업이 선행되어야 한다. 증명력 판단은 논리와 경험칙에 부합하여 이루어져야 하는데 실체진실 발견을 위한 올바른 판단능력은 하루아침에 형성되는 것이 아니라 수 개의 사건과 판례를 공부하면서 소위 법적 사고력(legal mind)을 길러야 가능하다. 실체진실발견을 도모하여 억울한 피고인 또는 피해자가 나오지 않기 위하여는 검사, 변호인, 판사가 증명력을 올바르게 판단할 수 있는 능력을 갖추는 것이 필수불가결한 요건이라는 점에서 법학전문대학원에서 이에 대한 교육이 충분히 이루어져야 하고 변호사시험 기록형에서도 위 능력을 잘 갖춘 법조인을 선발하는 것이 매우 중요하다.

---

5) 실제로 법학전문대학원 출신 변호사 상당수가 변호사시험 유형인 기록형, 사례형, 선택형 중 기록형이 가장 실무와 연계되고 중요하다고 생각하고 있음(같은 취지로 백경희·장연화, "우리나라 변호사시험 제도의 정상화에 관한 소고", 『동아법학』제84호(동아대학교 법학연구소, 2019), 282−283면.

6) 비슷한 취지의 주장으로, 이창현, "변호사시험 형사법 기록형시험에 대한 분석과 개선방안 연구", 『외법논집』, 제40권 제4호(한국외국어대학교 법학연구소, 2016), 327면.

한편 올해 시행된 제10회 변호사시험 형사법 기록형의 경우는 적정한 수의 법률적 쟁점이 출제되고 증명력 판단능력을 검증할 수 있는 내용으로 출제되었다는 점에서 긍정적으로 생각된다.

2. 법학전문대학원 형사소송법 교육의 현황

(1) 이론 교육

법학전문대학원에서의 형사소송법 이론 교육은 보통 1,2학년을 대상으로 형사소송법, 형사증거법 등 강의가 실시된다. 형사법은 범죄에 대한 국가형벌권 행사를 다루는 법으로 민사법과 함께 법조인으로서 반드시 숙지해야 하는 기본법이고, 특히 형사소송법은 형사사건의 수사 및 재판 등 실무절차에 관한 법으로 실무가인 법조인에게는 매우 중요한 법률이다.

필자가 재직 중인 법학전문대학원의 형사법 관련 이론과목은 다음과 같다.

학년	학기	과목명	학점	필수 또는 선택
1	1	형법 I	3	필수
1	2	형법 II	3	필수
2	2	형사소송법	3	필수
2	1	형사증거법	3	선택
2	2	형사정책	3	선택
3	2	형사법통합사례연구	3	선택
2,3	1	경제형법	3	선택
2,3	2	형사특별법	3	선택
2,3	2	배심제와 국민참여제	2	선택

위 표에서 보는 바와 같이 형사소송법 관련 이론과목은 형사소송법, 형사증거법, 형사법통합사례연구, 배심제와 국민참여제가 있다. 형사법통합사례연구는 엄밀히 말하면 형법과 형사소송법이 혼재된 이론과목으로 구체적인 사례를 다루면서 형법적 측면과 형사소송법적 측면을 유기적으로 공부하는 과목인데 실제는 변호사시험 사례형 문제풀이 강의로 운영되고 있기는 하다.

한편 형사증거법이 선택과목으로 되어 있는데 다른 상당수의 로스쿨도 대부분 형사증거법이 선택과목으로 되어 있다. 그런데 형사증거법 수업은 명칭이 '증거법' 일 뿐 사실상 형사소송법 중 공소제기 이후 부분의 내용을 강의하고 공소제기 이전 부분의 강의는 필수과목인 형사소송법에서 이루어진다. 수사절차 뿐만 아니라 공판절차 역시 형사소송법에서 매우 중요한 부분이고, 특히 위법수집증거배제법칙, 전문법칙, 자유심증주의 등 증거법은 변호사시험의 핵심이론일 뿐만 아니라 실무에서도 유무죄 여부를 판단하는데 핵심요소가 된다는 점에서 형사증거법은 필수과목으로 지정될 필요가 크다.

한편, 많은 교수들이 법학전문대학원 체제의 도입 이후 기존 법과대학 체제와는 다른 교수법의 필요성을 공감하고 법조인 양성에 부합한 교수법이나 강의내용에 관심을 기울이고 있는 것은 사실이다. 그러나 여전히 기존 법과대학 체제에서의 교수법이나 강의내용과 유사하게 실무와 동떨어진 학계의 논의 중심으로 수업을 진행하는 경우도 적지 않다. 물론 학계의 논의는 현행 법제와 판례를 비판적으로 견제할 수 있는 토대가 되고, 현행 법제와 판례가 절대적으로 옳은 것은 아니므로 법이론에 대한 끊임없는 연구가 반드시 필요한 것은 사실이나[7] 법조인이 되기 위하여 법학전문대학원에 입학한 학생들에게 지나치게 학계 논의를 중심으로 교육을 하는 것은 적절하지 않다고 생각된다. 비교법적 검토로 독일, 일본, 미국 등의 외국법제, 학설 및 판례에 대한 설명에 지나친 비중을 두는 교육방식, 실제 사건처리 해결과는 거의 무관한 학계의 논의와 연구에 관한 설명에 비중을 두는 교육방식 등은 재고되어야 할 것이다. 예를 들어, 공판심리의 범위와 관련하여 공소사실대상설, 소인대상설, 이원설 등의 견해 대립이 있고, 공소사실 동일성의 판단기준과 관련하여 기본적 사실관계 동일설, 죄질동일설, 구성요건공통설 등의 견해대립이 있으며, 공소장 변경의 필요 여부와 관련하여 동일구성요건설, 법률구구성설, 사실기재설 등의 견해대립이 존재한다.[8] 실제로 변시 형사법 사례형 문제에서는 공소장 변경 쟁점이 빈번하게 출제되고 위 견해대립을 적시할 것을 요구하기도 한다. 그런데 다수

7) 비슷한 취지로 이경렬, "말기 법학의 연명장치 마련을 위한 제언－학문후속세대 양성과 법학교육의 미래", 『법학논고』, 제66집(경북대학교 법학연구원, 2019), 73－74면.

8) 신동운, 『신형사소송법』, 제5판(법문사, 2014), 622－657면; 이은모·김정환, 『형사소송법』, 제8판(박영사, 2021), 445－457면; 이재상 외, 『형사소송법』, 제13판(박영사, 2021), 473－486면; 이창현, 『형사소송법』, 제7판(정독, 2021), 622－653면; 정웅석 외, 『신형사소송법』, (박영사, 2021), 400－407면.

설과 판례가 채택하는 이론 이외의 학설을 과연 법학전문대학원 학생들이 공부해야 할 필요성이 있는지에 대하여는 다소 의문이다. 실무에서는 다수설과 판례의 입장에 따라 공소장에 기재된 공소사실과 기본적 사실관계의 동일성이 인정되는 범위에서 공소장 변경이 가능하고, 확정판결의 기판력이 미친다는 점, 피고인의 방어권에 실질적으로 영향을 가져올지 여부에 의하여 공소장 변경 요부를 결정하는 점 등에 대하여는 이견이 없고, 정작 쟁점이 되는 것은 과연 변경하고자 하는 공소사실이 기존 공소장 내용과 기본적 사실의 동일성이 인정되는지 그리고 공소장 변경 절차를 거치지 않고 법원이 직권으로 공소사실을 인정하는 것이 피고인의 방어권에 실질적 불이익을 초래할지 여부이다. 물론 학문으로서의 법학 측면에서는 소송물 이론을 심도있게 연구하는 것은 매우 의미있는 작업이나 실무법조인 양성이 교육목표인 법학전문대학원 체제와는 부합하지 않는 것이 아닌가하는 생각이 든다. 오히려 법학전문대학원에서는 다수설과 판례의 입장인 기본적 사실관계 동일성설 및 사실기재설의 입장에서 개별적인 사건의 공소장 변경 여부를 어떻게 판단할 것인지를 교수와 학생이 함께 고민하는 시간을 갖는 것이 더 필요하다고 판단된다.

(2) 실무 교육

한편 법학전문대학원의 교육이념 및 목표가 실무법조인 양성에 있으므로 실무교육은 이론교육 못지않게 매우 중요하다. 필자가 재직 중인 법학전문대학원의 형사실무과목은 다음과 같다.

학년	학기	과목명	학점	필수 또는 선택
2,3	1	형사법응용	3	선택
2,3	2	사실인정론	3	선택
3	1,2	형사법문서작성실무	3	선택
2	2	법문서작성실무	2	필수
2,3	1	모의재판	1	필수
2	2	형사소송실무	3	선택
2	2	검찰실무 1	3	선택
3	1	검찰실무 2	3	선택
2,3	2	경찰실무	2	선택

형사법응용이나 형사법문서작성실무는 실무과목이기는 하나 실제로는 학생들이 변호사시험 사례형 및 기록형 문제에서 고득점을 얻도록 하는데 목표를 두고 변호사시험 기출문제 및 모의고사의 문제풀이 강의를 하는 것으로 운영되고 있다. 학생들이 그와 같은 방식의 수업을 원하고 학교 차원에서도 변호사시험 합격률을 무시할 수 없기 때문이다. 법문서작성실무(형사) 과목의 경우도 취지는 형사소송과 관련된 변호인의 각종 법문서 작성법을 배우는 것이지만 실제로는 변호사시험 또는 모의고사의 기록형 기출문제에 대한 답안작성 및 강평을 하고 있는 것이 현실이다.

모의재판(형사)은 학생들에게 간단한 사실관계 및 관련법리에 관한 자료를 배포하고 이를 바탕으로 학생들이 재판 시나리오를 작성하여 판사, 검사, 변호인, 피고인, 증인 등의 역할을 분담하여 가상재판을 하는 방식으로 강의가 운영되고 있다. 그리고 사실인정론은 현직에 있는 변호사가 출강하여 피고인이 범행을 부인하고 관련 증거들의 증명력이 문제되는 전형적인 형사재판 사건에 대하여 논리와 경험칙에 부합한 적정한 증명력 판단방법에 대하여 강의하는 방식으로 운영되고 있다.

그리고 검찰실무 1,2 과목, 형사소송실무, 경찰실무는 각 검찰, 법원, 경찰에서 파견나온 검사교수, 판사교수, 경찰교수가 강의를 하는 실무과목이다. 재직 중인 실무 전문가가 실무와 이론을 결합하여 강의한다는 측면에서 반드시 필요한 실무과목으로 생각된다. 그런데 현재 검찰실무 1의 강의내용은 형사소송법 이론과목과 그 내용이 상당부분 겹치는 측면에서 좀더 실무적인 내용이 보강되면 더 유익하지 않을까 생각된다.[9]

전술한 실무과목은 그 취지에 맞게 잘 운영된다면 법조인이 될 학생들에게 정말 큰 도움이 될 유익한 강의임에도 불구하고 현재 실무교육은 제대로 실시되지 못하는 상황이다. 우선 입학생의 대부분이 학부에서 법학을 전공하지 않아 가장 기본적인 내용부터 이론교육을 하다보니 3년이라는 짧은 법학전문대학원 교육기간 동안 실무교육을 내실있게 하기 어렵다. 또한 합격률이 낮아지고 있는 변호사시험에 대한 부담감으로 변호사시험과 무관한 실무교육에 대하여 학생, 학교 모두 관심을 잘 기울이지 않고 있는 것이다.

그러나 법학전문대학원을 졸업하여 변호사시험에 합격한 예비법조인들이 바로 법조현장으로 투입되고 있는 점을 고려할 때 지금의 현상은 법조서비스의 질적 저하를 가져오고 실제로 법학전문대학원을 졸업한 신임변호사의 업무수행능력이 기

9) 필자는 2017. 2.부터 2018. 2.까지 법학전문대학원 파견 검사교수로 재직한 경험이 있다.

존보다 많이 떨어진다는 얘기를 심심치않게 들을 수 있다.

Ⅳ. 향후 방향에 대한 검토

법학전문대학원의 교육이념은 훌륭한 법조인을 양성하는 것이지 변호사시험 합격이 아니다. 그런데 현재 법학전문대학원의 교과목 개설 및 그 강의내용은 거의 변호사시험 합격을 위한 준비에 초점을 맞추고 있다. 이는 현재 변호사 시험 합격률이 50% 내외에 불과하고 학교별 합격률이 공개되어 암암리에 학교별 서열화가 형성되고 있는 상황에 그 원인이 있다. 이러한 상황에서 학생들은 변호사시험에 출제되는 과목과 내용이 아닌 다른 법분야에 관하여 공부할 여력이 없고 또한 공부하는 것에 대하여 부담을 느끼고 있으며, 법학전문대학원도 이러한 학생들의 요구를 무시할 수 없고 학교의 위상을 세우고 향후 우수학생 유치를 위하여 결국 변호사시험 합격을 위한 준비에 매진하고 이에 초점을 맞추어 교과목 개설 및 강의내용을 구성할 수 밖에 없는 것이다[10]. 또한 변호사시험 출제내용도 전술한 바와 같이 지나치게 판례 위주 및 특정 쟁점 위주의 출제방식으로 인하여 법이론에 대한 정확한 이해와 논리적 사고력을 갖춘 예비 법조인을 선발하기에 부족한 측면이 있다. 따라서 변호사시험 제도의 개선과 법학전문대학원 교육의 바람직한 방향은 상호 떼래야 뗄 수 없는 관계에 있다.

한편 법적 분쟁을 전문적·효율적으로 해결할 수 있는 훌륭한 법조인을 양성하는 것이 교육이념이므로 법학전문대학원의 교육에 있어서 실무교육의 중요성은 아무리 강조해도 지나치지 않다. 그러나 법학에 대한 기본적 소양은 훌륭한 법률가로서의 필수적 요건이고, 법학전문대학원에 입학하는 대다수의 학생들이 법학이 아닌 다양한 전공학부의 졸업생인 점에서 법학전문대학원에서의 법학이론 교육도 실무교육 못지 않게 매우 중요하다.[11] 따라서 법학전문대학원 교육의 바람직한 방향은 위와 같은 교육이념이 잘 구현될 수 있도록 이론교육과 실무교육이 잘 조화를 이루는 것이다[12].

아래에서는 변호사시험 개선 방안과 더불어 법학전문대학원 교육의 바람직한 방

10) 앞의 각주 5)의 논문, 55면.

11) 이상원, "법학전문대학원에서의 형사실무 교육방법", 『형사법연구』, 제20권 제3호(한국형사법학회, 2008), 54면.

12) 앞의 각주 5)의 논문, 57면.

향을 검토해보고자 한다.

1. 변호사시험 개선 방안

훌륭한 법조인이 되기 위하여 가장 필요한 능력 중 하나는 단연 법적 사고력이다. 4차 산업혁명시대로 법조계에서도 다양한 법리와 판례는 손쉽게 검색 가능하다. 그런데 사회에서 발생하는 사건들의 양상은 매우 다양하고 선례의 사실관계와 동일한 경우는 거의 없기 때문에 개별 사건에 대하여 관련된 판례와 법리를 어떻게 적용하고 해석할 것일지, 사법정의를 실현하는 바람직한 결론에 도달하기 위하여 어떠한 법적 논리를 구성할지는 순전히 법조인의 몫이고 이는 아무리 인공지능이 발달한다 하더라도 대체불가능할 것이라도 판단된다. 따라서 변호사시험은 법조인이 되고자 하는 수험생이 법적 사고력을 잘 갖추고 있는지 평가하기에 적합한 방향으로 출제되어야 한다.

우선 선택형 시험은 반드시 필요하다. 기본법인 형사법에 대한 전반적인 지식을 평가하기 위하여 논술형 시험만으로는 한계가 있기 때문이다. 출제방향에 있어서는, 지금의 판례 위주의 출제에서 벗어나 법이론에 대한 정확한 이해도도 평가할 수 있어야 한다. 학설의 다툼이 있는 경우 다수설과 판례의 입장에 따른 결론만을 암기하고 답을 선택하도록 하는 경향에서 벗어나 특정 쟁점에 대하여 다수설이 아닌 다른 학설은 어떠한 법적 추론에 의하여 결론에 도달하고 해석하는지도 출제되는 것이 타당하다. 특정 쟁점에 대한 다양한 학설의 이해는 법적 사고력을 배양하는데 도움이 될 뿐만 아니라 기존 판례에 대한 맹목적인 순응이 아니라 비판적으로 바라보고 자신만의 법적 논리를 만들어나가는데 도움이 되기 때문이다.

또한 출제판례의 범위를 최근 법학전문대학원협의회에서 출간한 표준판례 범위 정도로 제한하고, 학생들에게 단순히 판례요지만 암기하는 것이 아니라 판례의 사실관계와 법리를 치밀하고, 비판적으로 바라보며 분석하도록 해야 할 것이다. 전원합의체 판결을 다수의견, 별개의견, 반대의견 등 다양한 의견의 주장과 근거를 이해해야 해결할 수 있는 문제로 출제하는 것도 한 방법일 수 있다.

한편 논술형 시험은 현재의 사례형 유형뿐만 아니라 전술한 바와 같이 과거 사법시험 2차때 출제유형과 같이 다양한 중요 쟁점에 대하여 법리 및 생각을 일목요연하게 정리하여 아주 짧은 소논문을 작성하게 하는 문제도 출제하는 것을 진지하게 검토할 필요가 있다고 생각된다. 이러한 유형은 예비 법조인이 법적 사고력, 논리적 언어구사력, 비판적 사고력 등을 갖추고 있는지 종합적으로 평가하는데 적합하다고 생각된다.

이와 같이 선택형 및 논술형 시험의 출제방향을 변화시킨다면 학원강사가 다수설 및 판결요지만을 요약하여 출판한 교재만으로는 수험준비에 한계가 있고 수험생들은 예전 사법고시 체제에서처럼 반강제적으로라도 교수가 저술한 교과서를 공부하도록 하는 부수적인 긍정적 효과도 가져올 수 있을 것이라고 생각된다.

그리고 기록형 시험의 경우, 법리적 쟁점은 기본적인 수준에서 출제하되 대신 증거능력 있는 증거를 잘 추출하여 증명력을 판단하는 사실인정에 대한 법적 사고력을 평가할 수 있도록 해야 한다. 그리고 증거법칙을 올바르게 이해하는 토대 위에서 논리와 경험칙에 따라 사실인정을 적정하게 하는 능력을 평가하기 위하여 가장 적절한 형사 변호인의견서의 형식은 외부로 제출하는 의견서가 아니라 내부적 검토의견서 형식이라고 생각된다. 아무리 변호인에게 진실의무가 있고 실제 변호인의견서가 아니라 시험 답안지에 불과하더라도 외부로 제출하는 의견서에 유죄가 어떻게 인정되는지 상세히 기재하도록 하는 것은 비현실적이기 때문이다. 객관적인 입장에서 작성하는 내부 검토의견서는 유죄, 무죄, 면소, 공소기각 등 다양한 종류의 결론을 내릴 수 있는 문제를 출제할 수 있다는 점에서 수험생에게 요구하는 변호인의견서 형식으로 가장 적합한 것이 아닌가 생각이 든다.

그리고 이러한 출제 개선방향은 법학전문대학원 3학년 때 3차례에 걸쳐 실시되고 졸업시험으로서 통용되는 변호사시험 모의시험의 경우도 마찬가지라고 생각된다.

한편 변호사시험의 출제방향을 개선하는 것과 별도로 변호사시험의 합격률을 높일 필요가 있다. 변호사시험 합격률은 제5회 이후로 50% 내외에 불과하다.[13] 그런데 법학전문대학원은 사법고시와 같은 “시험”이 아니라 “교육”을 통하여 법조인을 양성하고자 도입된 제도라는 점을 상기해야 한다. 이러한 교육을 통한 양성의 취지를 구현하기 위하여 현재 법학전문대학원 학생들은 재학 3년의 기간 동안 일정 학점 이상 수업을 의무적으로 수강해야 하고 변호사시험을 치를 수 있는 자격을 부여받기 위하여 법학전문대학원의 졸업사정 요건을 통과하여야 한다. 변호사시험을 치르기 전에 이미 이와 같이 몇 차례에 걸쳐 예비법조인으로서의 능력과 자질을 검증받기 때문에 변호사시험의 합격률을 높였을 때 법조인의 질적 수준의 하향화가 초

13) 법률저널(http://www.lec.co.kr/news/articleView.html?idxno=727000).

래될 것이라는 생각은 지나친 우려가 아닌가 생각된다.

변호사시험의 합격률을 올리지 않는다면, 현재와 같이 학교별 합격률이 공개되고 암암리에 합격률로 학교 서열이 결정되는 상황에서, 법학전문대학원은 국민의 다양한 기대와 요청에 부응하는 양질의 법률서비스를 제공할 수 있는 우수한 전문법조인을 양성하는 기관이 아니라 보다 많은 변호사시험 합격자를 배출하는데만 급급한 소위 '고시학원'으로 추락할 수 밖에 없다. 후술하는 비와 같이 보다 다양하고 전문화된 이론 및 실무교육이 제대로 운영되기 위하여는 교수와 학생들이 변호사 시험에만 몰두하지 않아도 되는 여유가 있어야 한다. 실제 현재 법학전문대학원에 존재하는 원어민 교수의 외국법 교과목, 해외연수 프로그램, 리걸클리닉 등 유익한 프로그램이 변호사시험의 과열화로 형식적으로 운용되고 있는 실정이다.[14)]

2. 이론교육과 실무교육의 조화

(1) 이론교육의 방향

법학전문대학원에서의 이론 교육은 추상적인 관념만을 설명하는 것이 아니라 구체적인 사례를 중심으로 이루어져야 한다. 법학전문대학원은 법학자가 아닌 실제로 발생한 사건에 관한 실무를 수행하는 법조인을 양성하는 교육기관이기 때문이다. 따라서 되도록 구체적 사례를 예시로 들어 이론을 설명하고, 다양한 법률서식을 강의자료로 제시하는 방법을 생각해 볼 수 있다.[15)]형사소송법은 특히 수사 및 재판절차와 관련되어 형법과 비교하여 보다 실무적인 법률이므로 사례 중심의 이론 강의 및 소송절차와 관련된 서류의 강의자료화의 필요성이 매우 크다.

예를 들어 공동피고인의 증인적격과 관련된 적극설, 소극설, 절충설의 논의[16)]를 설명할 때 학생들은 공범인 공동피고인과 공범이 아닌 공동피고인의 경우를 구분하여 증인적격에 대한 논의를 이해하기 어려워하는 경우가 많다. 이 경우 피고인 갑, 을이 특수절도죄로 기소되었고 한편 피고인 갑의 횡령 단독범행에 대한 피해자

---

14) 앞의 각주 3)의 논문, 176면.

15) 권영준, "로스쿨 교육방법 개선에 관한 단상", 『법교육연구』, 제11권 제3호(한국법교육학회, 2016), 11－12면.

16) 앞의 각주 10)의 책, 신동운, 940－943면; 앞의 각주 10)의 책, 이은모 · 김정환, 521－523면; 앞의 각주 10)의 책, 이재상 외, 531－532면; 앞의 각주 10)의 책, 이창현, 749면; 앞의 각주 10)의 책, 정웅석 외, 448－449면.

가 피고인 을인 사례를 예시로 들고, 특수절도죄에 관하여 피고인 갑은 범행을 자백하면서 을의 가담사실을 진술하고 피고인 을은 범행을 부인하는 상황에서 공범인 공동피고인 갑의 법정 진술을 피고인 을에 대한 유죄의 증거로 사용할 수 있는지, 피고인 갑이 횡령 범행을 부인하고 피고인 을이 피해사실을 피고인신문 단계에서 진술할 때 이를 유죄의 증거로 사용할 수 있는지를 설명한다면 보다 입체감있게 학설의 논의를 공부할 수 있을 것이다.

소송절차와 관련된 서류로 강의자료화할 수 있는 것은 (사전, 사후)압수수색영장 및 영장청구서, 통신사실확인자료제공요청 허가서 및 허가청구서, 체포영장 및 영장청구서, 긴급체포서, 현행범인체포서, (사전, 사후)구속영장 및 영장청구서, 공소장, 공소장변경 허가신청서 등이 있다. 예를 들어 포괄압수수색 금지와 관련하여 형사소송법 및 형사소송규칙 관련 조문, 교과서 설명만으로는 추상적으로 느껴지나 실제 압수수색영장 및 영장청구서의 기재내용을 확인함으로써 포괄적인 영장인지 여부를 판단하는 기준에 대하여 보다 쉽게 이해하고 실무에서 어떻게 영장이 운용되는지 파악할 수 있다.

한편 이론교육은 판례와 연계되어 진행되는 것이 바람직하다. 형사법 이론과 관련판례의 연계 강의를 통하여 형사법 이론이 구체적인 사건에서 어떻게 적용되는지, 판례가 결론을 도출하는 과정에서 기초한 이론은 어떠한 것인지, 판례의 태도에 대한 비판적 견해가 어떠한 것이 있는지 등을 교육함으로써 현실과 괴리된 교과서 속 이론이 아닌 살아 숨쉬는 이론교육을 할 수 있을 것으로 생각된다. 뿐만 아니라 판례 자체에 대하여도 학생들이 단순히 판결요지만을 암기하는 것이 아니라 구체적으로 어떠한 사실관계에서 어떠한 논리에 의하여 결론을 이끌어내는지를 분석하게 할 수 있다. 그리고 학생들의 리걸 마인드 형성을 도와주기 위하여는 일방적인 학설 및 판례에 대한 설명보다는 관련 쟁점에 관한 교수의 비판적 견해를 제시하고 학생들과 함께 이를 자유롭게 나누고 상호 토론하는 것이 필요하다고 생각된다. 예를 들어 위법수집증거배제법칙을 설명함에 있어서, 먼저 근거조문인 형사소송법 제308조의2 및 개념 등을 설명하고, 증거능력이 배제되는 위법성의 의미와 범위에 대한 학계의 논의를 설명한다. 그리고 판례가 구체적인 사안에서 '위법성'을 어떻게 판단하고 있는지와 관련하여 의미있는 판례로 평가되고 있는 판례들 중 하나를 선택하여 설명하되 다수의견과 별개의견, 반대의견 등 다양한 관점에서 바라보는 법적 시각을 설명할 수 있다는 점에서 전원합의체 판결이 있다면 이를 선택하여 설명한다. 예를 들어 위법수집증거배제법칙에 관한 대표적 대법원 전원합의체 판결인 '제주도지사 사건'[17]을 제시하면서 압수영장에 기재된 범위 내에서의 압수, 압수대상자의 참여, 압수물 교부 등에 관한 형사소송법 절차규정을 위반하여 압수한 부분이 증거수집에 있어서 '위법성'으로 문제가 되어 공판에서 어떻게 다투어지고 판단되었는지를 설명함으로써 위법수집증거배제법칙이 구체적인 사실관계에서 어떻게 적용될 수 있는지를 학생들에게 명확히 확인시킬 수 있다. 또한 위 전원합의체 판례에서 다수의견과 달리 중대한 법령위반만을 위법수집증거로 보자는 별개의견의 각 주장 및 근거를 설명하고, 수사과정에서 절차위반이 있었음에도 위법수집증거배제법칙의 예외로 인정되어 증거능력이 인정된 판례와 그렇지 않은 판례를 비교하여 설명할 수 있다. 그리고 위법수집증거배제법칙에 대한 판례의 태도를 바라보는 교수의 견해를 제시한 후 학생들로 하여금 실체진실발견과 적법절차원칙이라는 형사소송의 양대 이념을 어떻게 조화시키며 위법수집증거배제법칙을 해석해야 할 것인지에 관하여 생각하고 토론할 수 있는 기회를 줌으로써 학생들의 리걸마인드를 형성 및 발전시킬 수 있다고 생각된다.[18]

한편 형사소송법 이론교육을 함에 있어서는 편향되지 않은 시각으로 강의하는 것이 매우 중요하다. 형사소송법학은 형법학과 달리 절차적이고 실무적 성향이 강한 법학이기 때문이다. 교수는 수사기관인 경찰과 검찰의 관계, 위법수집증거배제법칙의 적용범위와 같이 실체진실발견과 적정절차원칙이 충돌하는 영역 등에 대한 강의에 있어서 어느 한 기관의 입장에 치우치지 않는 중립적인 시각을 유지하여 예비법조인인 법학전문대학원 학생들이 편향된 시각을 갖지 않도록 해야 한다.

(2) 실무교육의 방향

실무교육은 법학전문대학원 학생들이 이론교육을 통하여 습득한 법리를 향후 법조인이 되어 실제 사건을 처리함에 있어서 적절하게 적용, 판단할 수 있는 능력과 기술을 가르치는 것이라고 할 수 있다. 형사법의 경우, 검사, 판사, 변호사의 법조각 직역에 따라 법리를 올바르게 적용하여 유무죄 여부를 판단하고 이를 구두 또는 서류로 설득력있게 표현할 수 있도록 가르치는 것이 형사실무교육의 방향이라 할 것이다.

---

17) 대법원 2007. 11. 15. 전합 판결 2007도3061.

18) 앞의 각주 5)의 논문 58-59면.

실무교육은 실무가 출신 교수와 검찰, 법원 등 각 직역에서 파견나온 현직 실무가 교수가 담당한다. 실무가 출신 교수는 어느 직역에나 공통적으로 요구되는 실무능력 함양에, 현직 실무가 교수는 각 직역별 필요한 실무능력 함양에 초점을 두는 것이 보다 효율적이라고 생각된다.

어느 직역을 불문하고 공통적으로 요구되는 중요한 형사실무능력은 적정한 사실인정 능력이다. 특히 형사재판은 민사재판과 달리 국가형벌권의 집행 여부와 관련되므로 사실인정에 있어서 신중한 판단이 요구된다. 사실인정 교육의 핵심은 법정에 제출된 증거의 증거능력을 올바르게 판단하고, 증거능력 있는 증거들의 증명력을 논리와 경험칙에 따라 합리적으로 판단하는 기준과 방법을 가르치는 것이다. 이러한 사실인정 능력이 잘 갖추어져 있어야 판사는 사건의 유무죄를 올바르게 판단하고, 검사는 어떠한 증거를 수집하여 수사 및 기소하는 한편 불기소할 것인지 올바르게 결정하고, 변호인은 검찰 제출 증거에 대하여 어떠한 방식으로 탄핵하여 피고인을 변론할 것인지 방향을 잘 잡을 수 있는 것이다.

증거의 증거능력 유무에 대한 판단기준 및 방법은 위법수집증거배제의 법칙, 자백배제법칙 및 전문법칙 등 증거능력에 대한 법리를 바탕으로 비교적 쉽게 습득할 수 있다. 반면 증거의 증명력을 판단하는 것, 즉 어떠한 증거가 신빙성이 있고 없는지, 피고인의 혐의에 대한 합리적인 의심을 배제할 정도로 충분히 입증이 되었는지 아닌지를 경험칙에 어긋나지 않게 올바르게 판단하는 것은 짧은 시간 동안의 단순한 지식의 습득으로 가능한 것이 아니고 다양한 구체적 사안에서 수 차례의 증명력 판단 연습을 함으로써 서서히 그 법적 감각을 체득하고 형성해야 가능한 것이다. 따라서 학생들은 로스쿨을 졸업하고 실제 법조인으로서 여러 가지 사건을 처리하면서 사실인정 능력을 함양할 수 있겠으나, 그 전에 로스쿨 재학 3년의 기간 동안 사실인정 능력의 기본기를 다져주는 것은 실무교육의 몫이라고 생각된다.[19)]

사실인정 능력 함양을 위한 강의방법으로 판례 중 사실인정이 문제된 사건을 선정하여 학생들과 같이 1심부터 대법원 판결을 검토하고 증거능력 및 증명력에 관한 판단을 고민하는 방식을 제시하는 견해가 있는데 경청할만하다고 생각된다. 이와 같이 사실심인 1심과 항소심에서 별다른 증거의 변화가 없음에도 각 유무죄의 결론이 달라진 판례를 검토하면서 '합리적인 의심을 배제할 정도의 입증'의 원칙과 관련된 심증형성의 정도에 대하여 유죄에서부터 무죄까지 폭넓은 시각에서 접근할

19) 앞의 각주 5)의 논문, 61－62면.

수 있다.[20)]

한편 전문적이지만 실제 사건처리에서 많이 다루어지는 내용에 대하여도 실무가 교수의 강의 필요성이 존재하는데, 이는 과거 사법연수원 체제에서의 교육과정을 참고할만하다. 검사가 아닌 변호사 등 다른 직역을 희망하는 학생들에게도 도움이 되는 기본적인 검찰실무적인 내용의 보강으로 예를 들어 예전 사법연수원에서 개설되었던 수사절차론, 과학수사론, 경제범죄론, 특수수사론 등이 있다. 수사절차론은 검사의 수사실무를 업무별로 설명하는 강의이고, 과학수사론은 법의학, 유전자감식, 거짓말탐지기, 문서감정, 교통사고분석 등 과학적인 증거수집 및 분석을 소개하는 강의이며, 경제범죄론은 증권범죄, 회사범죄, 관세범죄 등 경제분야 범죄에 대하여 수사 및 증거법적 측면에서 설명하는 강의이며, 특수수사론은 공직부패범죄, 마약사범, 선거범죄 등 사회질서, 국가안전보장 등에 중대한 영향을 미치는 특수영역 범죄를 소개하는 강의로서, 형사변호인의 다양한 분야에 대한 변호활동 능력 배양에 상당히 큰 도움을 줄 수 있다.[21)]

또한 실무가 교수는 각 직역별 법률문서 작성을 교육해야 한다. 현재는 실무가 출신 교수들에 의하여 변호인 의견서 등 변호사가 작성하는 법률문서에 대하여만 강의가 이루어지고 있다. 이는 법학전문대학원생 대부분의 졸업 후 진로가 변호사라는 점이 반영된 결과로 보인다. 그러나 비록 검사, 판사의 직역으로 가지 않을 학생이라 하더라도 검사의 공소장 및 불기소장, 판사의 판결문 작성체계와 논리의 흐름을 공부하면 변호사로서 업무 수행에 큰 도움을 받을 수 있다. 사법연수원 체제에서도 모든 사법연수원생이 검찰실무 과목에서 공소장 및 불기소장 작성하는 것을, 법원실무 과목에서 판결문 작성하는 것을 배운 것과 같다. 현재 검찰실무 강의에서는 공소장 및 불기소장 작성에 대한 강의를 하지 않고 있고 한편 법원실무 강의에서는 판결서 작성을 다루고는 있으나 간단한 정도여서 사법연수원 체제에서의 수준 정도로 좀더 실효성이 있는 방향으로 개선될 필요가 있다고 생각된다.

---

20) 윤태석, "법학전문대학원 형사법 교육방법의 일고찰－사실인정과 관련하여", 『법조』, 제59권 제11호(법조협회, 2010), 312－313면

21) 앞의 각주 12)의 논문, 56－57면.

3. 학부 법학과의 부활

지금까지 이론교육과 실무교육의 방향을 제시하였으나, 실제로 지금 법학전문대학원 현실에서는 이를 실천하기는 수월하지 않다. 법학전문대학원 입학생들 대부분이 법학을 전공하지 않은 학생들로 아주 기본적인 내용의 법이론부터 가르쳐야 하므로 3년이라는 교육기간은 적정한 이론교육과 실무교육을 하기에 턱없이 짧다.

이를 해결하는 최선의 방법은 학부 법학과를 부활하여 법과대학 및 법학전문대학원의 이원적 체계를 만드는 것이다. 학부 법학과의 부활은 아래 내용과 같이 법학교육의 정상화를 도모하는데 큰 도움이 될 것으로 생각되기 때문이다.

(1) 법학전문대학원 교육의 전문화

법학을 전공으로 선택하는 학생들은 두 가지 부류가 있다. 법학을 '학문'으로서 공부하길 원하는 학생과 '법조인'이 되길 원하는 학생이 있다. 법학전문대학원에 입학한 학생들은 '법조인'이 되길 원하는 학생으로 심도 있는 법학에 대한 공부를 요구하는 것은 타당하지 않지만 한편 전문대학원에 걸맞은 수준의 교육이 이루어져야 한다. 그런데 3년이라는 짧은 기간 동안 헌법, 민법, 형법의 기본법의 기본적인 지식 전달에 치우쳐 실제 실무에서 필요한 다양한 법률과목에 대한 교육을 할 여력이 없는 것이 현실이다. 아래 최근 3년간 법학전문대학원 입학생 중 법학, 비법학 전공자 비율에 관한 표에서 보는 바와 같이 법학전문대학원 입학생 중 법학사의 비율은 해가 갈수록 줄어들어 2021년 입학생 중 법학전공자는 10.72%에 불과하고 나머지 89.28%는 비법학 전공자임을 알 수 있다. 비록 현재 학부 법학과가 있는 대학교가 존재하나 많지 않고 상위권 대학들이 아니어서 법학전문대학원에 입학하려는 실수요자가 아니기 때문이다. 과거 로스쿨 도입 초기에는 법학전문대학원 인가를 받은 대학이 법학과를 폐지하게 되므로 이들 대학이 받아들이던 우수인재들이 서울 및 주변 학부 법과대학으로 지원할 것이기 때문에 법학전문대학원 인가를 받지 못한 대학의 법과대학의 입학정원이 확대되고 명문법학부로 발전하게 될 것이라는 장밋빛 전망도 있었으나 현 상황은 전혀 그렇지 않다. 법학전문대학원을 진학하고자 하는 학생들이 먼저 학부 과정에서 법학을 전공하는 것이 아니라 소위 명문대학에 진학하여 상경계열이나 자유전공을 선택한 후 다시 법학전문대학원을 진학하고 있기 때문이다. 아래 2021년 법학전문대학원 입학생 출신계열별 현황표를 보더라도 인문, 사회, 상경 계열 전공자가 법학전공자보다 훨씬 많은 비율을 차지하고 있음을 확인할 수 있다. 법학전문대학원에서도 신입생을 모집하면서 법학교육을 받았는지 여부보다 출신대학이 어느 곳인가에 대한 점을 더 중요시 여기고 있는 경향으로,[22] 매년 법학전문대학원 입학생의 50% 상당이 소위 SKY 대학 출신이고, 80% 상당의 입학생도 법학전문대학원이 있는 학교 출신인 상황이다.[23]

〈연도별 법학전문대학원 입학생 중 법학, 비법학 전공 비율〉

전공 / 연도	2019	2020	2021
법학(%)	18.45	14.88	10.72
비법학(%)	81.55	85.12	89.28

〈2021년 법학전문대학원 입학생 출신계열별 현황〉

출신계열	법학	사회	상경	인문	사범	공학	자연	기타
명수 (비율 %)	228 (10.72)	620 (29.16)	506 (23.80)	396 (18.63)	112 (5.27)	104 (4.89)	81 (3.81)	79 (3.71)

학부 법학과를 부활하고 법학전문대학원 입학전형에도 헌법, 민법, 형법의 기본법에 대한 일정 학점 이상의 법학과목 이수를 요건으로 한다면, 학생들이 법학전문대학원 입학 전 법학의 기초를 다져놓게 되고 따라서 입학 후에는 공부 부담이 덜어지면서 좀더 다양한 분야의 법률을 공부할 여유가 생기고, 교수 입장에서도 기초지식에 대한 교육을 할 필요가 없으므로 좀더 심도있고 전문적인 교육을 할 수 있게 될 것이다. 2005년 이후 의학전문대학원이 출범하였지만 현재 몇 개의 대학을 제외하고 모든 종합대학이 의과대학 체제로 복귀한 것은 기초 의학에 해당하는 내용까지 전문대학원에서 다루기에 한계가 있었기 때문이고[24] 이는 법학전문대학원의 경우도 마찬가지라고 생각된다.

22) 최호진, “비로스쿨의 법학교육과 학문후속세대 양성의 현황과 문제점”, 『법학논고』, 제60집(경북대학교 법학연구원, 2017), 15－16면.

23) http://www.lec.co.kr/news/articleView.html?idxno=50486 기사 참조.

24) 김혜경, “법학에서 학문 후속세대 양성을 위한 방안”, 『법학논고』, 제66집(경북대학교 법학연구원, 2019), 39－40면.

(2) 학문으로서 법학 발전에 도움

학부 법학과의 부활 및 법학전문대학원 입학요건으로 법학과목 이수 필수요건화는 법학전문대학원 인가를 받지 못한 대학의 학부 법학과의 위상을 높이고 활력을 불어넣을 수 있다. 법학전문대학원 체제 출범이전과 같이 우수한 인재들이 법학전문대학원 인가 여부와 상관 없이 전국의 법과대학에 입학하려 할 것이기 때문이다.

이러한 현상은 또한 학문으로서 법학 발전에 분명 도움이 된다. 법학자의 중요한 역할이자 책임 중 하나가 원리와 원칙에 관한 연구를 통하여 이론을 논구하고 저술과 교육을 통하여 실무를 바람직한 방향을 인도하며 학문적 진리를 궁구하는 것이다.[25] 그런데 실무 법조인 양성을 목표로 만들어진 법학전문대학원의 교수가 이와 같은 역할을 수행하기는 쉽지 않다. 그러나 학문으로서의 법학 발전을 위하여는 법학자의 위와 같은 역할은 대단히 중요하고 학부 법학과의 부활은 보다 많은 법학자들이 학문연구에 매진할 수 있는 기반을 넓힐 수 있다. 또한 학부 법학과를 통하여 전공기초 단계에서 학문후속세대에 진입할 인재들이 선발된다는 점에서 연구역량을 갖출 수 있는 잠재적 인력의 선발을 담당하는 학부대학의 육성은 매우 중요하다.[26] 법학전문대학원 인가를 받은 대학교에도 일반대학원이 별도로 존재하는데 전업대학원생의 수가 현저히 적어졌고 수업 수준도 예전보다 떨어진다는 평가가 있다. 법학전문대학원 출범 이전에는 학부 법학과에서 4년간 법학의 기본을 공부한 학생들이 일반대학원에 진학하여 좀 더 심도있는 연구와 세미나가 가능했지만 법학전문대학원 체제에서는 법학에 대한 기초가 전혀 없는 비법학도가 일반대학원에 진학하는 경우도 적지 않아 예전과 같은 수업 진행이 어려운 것이다.

일반대학원생 중 특히 법학자로서 교수의 길을 걷고자 하는 경우라면 학부 과정을 거치지 않고 석,박사 과정의 공부만으로 교수로서의 자질과 역량을 키우기에는 부족하다고 생각된다. 석,박사 과정은 교수의 강의를 통하여 법학의 기본을 배우는 과정이 아니라, 예비 법학자로서 다양한 법리적 쟁점에 대하여 여러 문헌을 공부하고 토론하면서 연구역량을 연마하는 과정이다. 따라서 법학에 대한 기본 지식이 없는 상태에서 석,박사 과정을 이수한다는 자체가 어불성설이다. 필자는 최근 일반대

25) 김성룡, “학문후속세대 양성과 법학교육의 미래에 관한 몇 가지 단상”, 『법학논고』, 第66집 (경북대학교 법학연구원, 2019), 29면.

26) 앞의 각주 29)의 논문, 45면.

학원 박사과정 논문자격시험을 출제하고 채점하면서 박사과정 중인 일반대학원생의 법학지식의 수준이 많이 떨어지는 것을 보고 적지 않이 놀란 적이 있다. 학부 법학과를 부활하여 예전 법과대학 체제처럼 민법, 형법, 헌법 등 기본법뿐만 아니라 법철학, 법제사와 같은 기초법학에 대한 강의를 통하여 법학을 전공으로 선택한 학생들에게 법학에 대한 기초지식은 물론 풍부한 소양을 쌓게 하고 법적 사고력을 체화할 수 있도록 하는 것이 필요하다.

한편 학부 법학과가 부활되면 실무가 출신이 아닌 교수가 채용될 수 있는 자리가 더 많이 확보될 수 있다. 법학전문대학원은 실무 법조인을 양성하는 교육기관이므로 실무가 출신 교수의 수가 증가하고 있는 현 상태는 바람직하다고 생각된다. 그러나 법학전문대학원에서의 이론교육도 실무교육 못지 않게 매우 중요하고 특히 법학의 기초를 다지는 학부 법학과의 경우 비실무가 출신 교수를 중심으로 교육이 이루이지는 것이 바람직하다고 생각된다. 그런데 교수 채용시 법조경력자를 선호하는 현상으로 인하여 '학자'의 길을 꿈꾸고 학문으로서의 법학을 공부하고자 하는 우수인력들의 수요가 줄어들고 있다. 따라서 학부 법학과를 부활하고, 법학전문대학원에서도 좀더 여유 있게 다양한 이론과목을 개설할 수 있게 된다면 자연스럽게 비실무가 출신 교수의 채용비율이 높아지고 이는 학문으로서 법학을 공부하려는 우수 연구자들에게 동기부여의 환경을 조성해주고 거시적으로는 법학 발전에 큰 도움이 될 것이라고 생각된다.

나아가 법학교육의 정상화를 위하여는 학부 법학과의 부활과 함께 학부 법학과, 법학전문대학원, 일반대학원의 각 시스템이 그 제도의 목적에 맞게 다르게 운영되어야 한다. 법학전문대학원은 강의에 있어서 변호사시험 대비라는 측면을 무시할 수 없어 문제풀이, 최신판례 분석 등을 병행해야 하고 특히 실무강의의 경우 모의기록 조제 및 법률문서의 개별첨삭 등을 해야 하므로 이론강의보다는 강의준비 시간이 많이 소요되는 것이 사실이다. 또한 법학전문대학원의 경우 규정상 교수 1인당 10명 내지 15명의 학생들을 한 학기에 2시간씩 개별면담 및 지도를 해야 하는 의무가 있고, 매년 졸업시험으로 인정되는 변호사시험 모의시험을 3회에 걸쳐 채점 및 강평을 해야 한다. 이러한 상황으로 법학전문대학원 체제가 도입되면서 일반대학원 수업이 부담스럽게 느껴진다고 토로하는 교수들도 적지 않다. 따라서 학부 법학과 및 일반대학원은 비실무가 출신 교수들이, 법학전문대학원은 실무가 출신 교수들이 주축이 되어 수업을 진행하는 것도 학생들이 만족할 수 있는 법학교육을 수행할 수 있는 좋은 방안 중 하나라고 생각된다.

Ⅳ. 결론

법학교육은 법조인 양성교육이라는 한 축과 순수한 학문으로서의 법학교육 및 학문후속세대의 양성이라는 또 다른 축으로 이루어져 있고 형사소송법의 경우도 마찬가지이다. 법학전문대학원에서의 교육은 교육을 통한 법조인 양성이라는 제도 도입취지에 맞추어 순수한 학문으로서의 교육이 아닌 법조인 양성에 부합하는 교육이 이루어져야 한다. 그렇다고 법조인 양성에 부합한 교육이 변호사시험에 합격시키기 위한 교육은 아니고 결국 국민들에게 양질의 법률서비스를 제공할 수 있는 전문적인 법조인으로 교육시키는 것이라고 할 것이다. 이를 위하여 이론교육에 있어서는 사례 중심으로 관련된 각종 법률서식을 강의자료로 활용하여 현실 속에 살아 숨쉬는 교육을 하는 것이 바람직하다고 생각된다. 특히 형사소송법은 다분히 실무적인 절차법이라는 점에서 더욱 그러하다. 그리고 기본적이고 중요한 판례를 엄선하여 판결요지만을 암기하는 것이 아니라 사실관계부터 결론도출까지 철저히 분석하여 학생들에게 법리를 실제 사건에 적절히 적용하여 결론을 이끌어내는 법적 사고력을 함양할 수 있도록 하여야 한다. 또한 형사수사 및 재판에서 매우 중요한 사실인정에 대한 교육이 실무교육의 핵심이 되어야 하고 이와 더불어 과거 사법연수원 체제에서의 전문과목을 참고하여 형사실무과목을 보다 다양하고 실효성 있게 개편할 필요가 있다. 그리고 이러한 법학전문대학원 교육의 정상화를 위하여는 변호사시험의 출제경향을 개선하고, 변호사시험을 자격시험하는 것이 필요하며 더불어 학부 법학과를 부활시켰을 때 얻게 될 시너지 효과(synergy effect)가 더 크다고 생각된다. 학부 법학과의 부활은 법학전문대학원에서 좀 더 전문적인 법조인을 양성하기 위한 다양한 교육을 실시할 수 있는 기반인 동시에 보다 많은 법학자들이 법학을 연구할 수 있는 기반이 되어 줄 수 있다. 또한 학문후속세대에 진입할 인재들의 역량을 끌어올리고 추후 이들 중 우수연구인력이 꿈을 펼칠 수 있는 터전이 될 수 있다. 결국 법학교육의 정상화를 위하여는 학부 법학과, 법학전문대학원, 일반대학원의 각 시스템이 그 제도의 목적에 맞게 운영되어야 한다.

논문투고일 : 2021.11.25. 논문심사일 : 2021.12.14. 게재확정일 : 2021.12.24.

【참고문헌】

1. 단행본

신동운, 『신형사소송법』, 제5판(법문사, 2014)

이은모 · 김정환, 『형사소송법』, 제8판(박영사, 2021)

이재상 외, 『형사소송법』, 제13판(박영사, 2021)

이창현, 『형사소송법』, 제7판(정독, 2021)

정웅석 외, 『신형사소송법』, (박영사, 2021)

2. 논문

권영준, "로스쿨 교육방법 개선에 관한 단상", 『법교육연구』, 제11권 제3호(한국법교육학회, 2016)

김성룡, "학문후속세대 양성과 법학교육의 미래에 관한 몇 가지 단상", 『법학논고』, 제66집(경북대학교 법학연구원, 2019)

김혜경, "법학에서 학문 후속세대 양성을 위한 방안", 『법학논고』, 제66집(경북대학교 법학연구원, 2019)

박정난, "형사소송법 교육의 현황과 과제", 『고려법학』, 제95호(고려대학교 법학연구원, 2019)

백경희 · 장연화, "우리나라 변호사시험 제도의 정상화에 관한 소고－변호사시험 출신 변호사에 대한 설문조사 결과를 바탕으로－", 『동아법학』제84호(동아대학교 법학연구소, 2019)

윤태석, "법학전문대학원 형사법 교육방법의 일고찰－사실인정과 관련하여", 『법조』, 제59권 제11호(법조협회, 2010)

이경렬, "말기 법학의 연명장치 마련을 위한 제언－학문후속세대 양성과 법학교육의 미래", 『법학논고』, 제66집(경북대학교 법학연구원, 2019)

이상원, "법학전문대학원에서의 형사실무 교육방법", 『형사법연구』, 제20권 제3호(한국형사법학회, 2008)

이창현, "변호사시험 형사법 기록형시험에 대한 분석과 개선방안 연구",『외법논집』, 제40권 제4호(한국외국어대학교 법학연구소, 2016)

천경훈, “변호사시험이 법학전문대학원의 교육에 미치는 영향”, 『상사법연구』, 제36권 제1호(한국상사법학회, 2017)

최호진, “비로스쿨의 법학교육과 학문후속세대 양성의 현황과 문제점”, 『법학논고』, 제60집(경북대학교 법학연구원, 2017)

【국문초록】

법학교육은 법조인 양성교육이라는 한 축과 순수한 학문으로서의 법학교육 및 학문후속세대의 양성이라는 또 다른 축으로 이루어져 있고 형사소송법의 경우도 마찬가지이다. 법학전문대학원에서의 교육은 교육을 통한 법조인 양성이라는 제도 도입취지에 맞추어 순수한 학문으로서의 교육이 아닌 법조인 양성에 부합하는 교육이 이루어져야 한다. 그렇다고 법조인 양성에 부합한 교육이 변호사시험에 합격시키기 위한 교육은 아니고 결국 국민들에게 양질의 법률서비스를 제공할 수 있는 전문적인 법조인으로 교육시키는 것이라고 할 것이다. 이를 위하여 이론교육에 있어서는 사례 중심으로 관련된 각종 법률서식을 강의자료로 활용하여 현실 속에 살아 숨쉬는 교육을 하는 것이 바람직하다고 생각된다. 특히 형사소송법은 다분히 실무적인 절차법이라는 점에서 더욱 그러하다. 그리고 기본적이고 중요한 판례를 엄선하여 판결요지만을 암기하는 것이 아니라 사실관계부터 결론도출까지 철저히 분석하여 학생들에게 법리를 실제 사건에 적절히 적용하여 결론을 이끌어내는 법적 사고력을 함양할 수 있도록 하여야 한다. 또한 형사수사 및 재판에서 매우 중요한 사실인정에 대한 교육이 실무교육의 핵심이 되어야 하고 이와 더불어 과거 사법연수원 체제에서의 전문과목을 참고하여 형사실무과목을 보다 다양하고 실효성 있게 개편할 필요가 있다. 그리고 이러한 법학전문대학원 교육의 정상화를 위하여는 변호사시험의 출제경향을 개선하고, 변호사시험을 자격시험하는 것이 필요하며 더불어 학부 법학과를 부활시켰을 때 언게 될 시너지 효과(synergy effect)가 더 크다고 생각된다. 학부 법학과의 부활은 법학전문대학원에서 좀 더 전문적인 법조인을 양성하기 위한 다양한 교육을 실시할 수 있는 기반인 동시에 보다 많은 법학자들이 법학을 연구할 수 있는 기반이 되어 줄 수 있다. 또한 학문후속세대에 진입할 인재들의 역량을 끌어올리고 추후 이들 중 우수연구인력이 꿈을 펼칠 수 있는 터전이 될 수 있다. 결국 법학교육의 정상화를 위하여는 학부 법학과, 법학전문대학원, 일반대학원의 각 시스템이 그 제도의 목적에 맞게 운영되어야 한다.

◈ 주제어: 형사소송법 교육, 법학전문대학원, 변호사 시험, 이론교육과 실무교육의 조화, 학부 법학과의 부활

【Abstract】

Review for the Current Status and the Future Direction of the Criminal Procedure Act Education - Focusing on the Law School Education -

Park, Jung－Nan*

Legal education consists of two axes as the Criminal Procedure Act does: one axis of legal profession's education training and another axis of training of legal education and academic futural generations. Legal education at the Law Schools should be conducted appropriate education to train legal professions with the purpose of legal professional training through the education, not as purely academic education. However, the appropriate legal professional education is not for the passing bar exam. It is for training legal profession to give good quality of legal service to the people. For this purpose, in the theory education, it is considered that giving the alive education which lives in our reality by using course materials related to case－based legal formulas. Specifically, it is true in the Criminal Procedure Act, because it is a highly practical procedural law. In addition, the education of the Law School not only selects basic and significant cases and memorizes summary of their judgment, but also analyzes from the fact to the conclusion thoroughly so that the student can develop their legal mind to conclude by applying legal principles to the cases. Moreover, the education of fact－finding, which is important in criminal investigation and trials, should be the core of practical education. Additionally, the Criminal Procedure subjects need to be reorganized more diverse and effective by referring to specialized subjects under the system of Law Institute. For the normalization of Law School education, we need to change the tendency of the bar examination and make the bar examination to the qualifying examination, moreover, I think there will be a great synergy effect when the "Department of Law" is

* Associate Professor, School of Law, Yonsei University

revived. The revival of the Law Department can be the foundation of conducting various educations to train specialized legal professions and place for the many jurists to study law. And then, it can be the foundation for talented people to future academic generation and for some outstanding researchers to achieve their dream. Therefore, for the normalization of law education, each system of the Department of Law, Law School, and Graduate School of Law should be operated for the purpose of the system.

◈ Key Words: Criminal Procedure Act Education, Law School, Bar Examination, Balance between theory education and practical education, Revival of Law Department

한국형사소송법학회 『형사소송 이론과 실무』
제13권 제4호 (2021.12) 29~70면.
Theories and Practices of Criminal Procedure Vol. 13 No. 4 (December. 2021) pp. 29~70.
10.34222/kdps.2021.13.4.29

대륙법계 및 영미법계 형사사법체계에 따른 검사의 역할 비교

정 웅 석*

목 차

Ⅰ. 서설
Ⅱ. 대륙법계 형사사법체계의 제도적 특징
Ⅲ. 영미법계 형사사법체계의 제도적 특징
Ⅳ. 대륙법계 및 영미법계 검사의 역할 비교
Ⅴ. 결론

Ⅰ. 서설

1. 의의

형사사법제도와 관련하여, 문재인정권의 개혁을 한 단어로 정리하면 '검찰개혁'일 것이다. 검찰개혁의 미비로 형사사법의 모든 문제가 발생한다는 입장으로 보이지만, '어떻게 개혁해야 하는가'라고 물으면 돌아오는 대답은 무소불위의 권력을 가진 검찰제도를 해체해야 한다거나 고위공직자범죄수사처(이하 '공수처'로 약칭함)를 설치해야 한다는 등 총론적인 논의만 있을 뿐 각론적인 내용이 없다. 이에 수사구조 개편과 관련된 형사소송법의 대폭 개정(검사의 수사지휘권 폐지 및 경찰에게 1차적 수사종결권 부여) 및 공수처라는 새로운 기구의 신설만 있었을 뿐이며, 이제는 소위 '검수완박'(검찰수사권 완전 박탈)이라는 명제 하에 중대범죄수사청(중수청)의 입법까지 추진하려고 한다.

그런데 권력형 부패범죄를 공수처로 분산시키고, 일반 형사사건에 대한 수사권은 경찰에게 분산시켜 검찰이 제대로 자신의 역할을 수행하게 하겠다는 주장은 검찰

* 서경대학교 공공인적자원부(법학 전공) 교수

을 공수처 기소사건을 제외한 일반사건의 '기소청' 정도로 축소하겠다는 말과 다름없다. 이는 사실상 대륙법계 국가들의 전통인 검찰제도를 폐지하겠다는 것으로, 이러한 논의는 영미법계 사법제도에 대한 치밀한 고민 없이 실제 우리나라 형사사법의 근간이 되었던 대륙법계 사법제도를 후진적인 시스템으로 폄하하는 확증편향에 기인한 것 같다.

물론 오늘날 문명국가에서 범죄가 발생하는 경우 어느 나라를 불문하고 국가에서 범죄를 수사하고 그에 따라 범인으로 지목된 자를 재판에 회부하는 사법절차 사이에 본질적인 차이가 있다고 보기는 어렵다. 왜냐하면 각국의 역사적 배경이나 국민의 법의식에 다소 차이가 있더라도 국민과 사회를 보호하기 위해 범죄에 대한 진상을 확인하고 국가형벌권을 실행해 나가는 '**실체적 진실발견**'과 헌법정신에 따라 인간의 존엄과 가치를 실현하고 기본권 인권을 보장하는 '**적법절차에 의한 인권옹호**'를 그 목표로 하고 있다는 점에서는 큰 차이가 없기 때문이다. 형사소송법 역시 개인에 대한 국가의 형벌권을 구체적으로 실현하기 위한 절차를 규율하는 법으로서 다른 법의 경우와 마찬가지로 궁극적으로 정의를 실현하는 데 그 목적이 있고, 다만 그러한 목적을 형사사법을 통하여 이룬다는 점에 그 특색이 있다. 즉, 형사소송법은 죄 있는 자를 벌하고 죄 없는 자가 무고하게 벌을 받는 일이 없도록 함으로써, 형사사법을 통한 정의를 실현하여 판결의 실질적 정당성을 확보하는 데 그 목적이 있다. 이러한 형사절차는 수사절차 · 소추절차 · 재판절차 · 집행절차로 단계적으로 구분되어 있으므로, 공정한 재판을 통한 형벌권의 적정한 실현을 위해서는 그 전(前)단계인 수사절차와 소추절차가 공정하게 이루어지지 않으면 안 된다. 수사는 범죄의 혐의 유무를 명백히 가려 공소의 제기 및 유지 여부를 결정하는 일련의 활동 전체이고, 수사의 목적은 '공소제기 여부'를 결정하는데 있으므로 결국 수사는 '기소 · 불기소 결정'으로 종결되기 때문이다.

문제는 범죄척결을 위한 국가수사체계(형사사법체계)를 구성하는 소추절차(기소 · 불기소 결정)에 대해서는 영미법계 국가와 대륙법계 국가 사이에 근본적인 차이가 존재한다는 점이다. 전자는 쉽게 기소하고 재판에 보내는 구조인 반면, 후자는 소추절차의 적정성은 재판절차를 통하여 통제가 이루어질 수 있으나, 수사절차의 적정성을 사후에 재판절차를 통하여 통제한다는 것은 명백히 한계가 있으므로 소추권을 갖고 있는 검사에게 수사절차를 통제하도록 하고 있는 것이다. 왜냐하면 기소는 물론 불기소 사유의 대부분이 '혐의없음'인데, '혐의없음' 중 '증거불충분'은 법률가가 판단해야 하는 규범 영역이기 때문이다. 따라서 검사제도를 갖고 있는 대부분의 대륙법계 국가에서는 검사에게 사법경찰관리에 대한 수사지휘·감독권자(수사주재자)로서의 지위를 맡기고 있다.

그런데 어떤 사법체계를 따르더라도 형사사법제도는 국가형벌권을 실현하는 과정에서 국민의 기본권을 침해하는 작용을 수반하여 국민의 권익과 직결되어 있고, 제도의 특성상 불완전하게 설계될 경우 이를 바로잡기 어렵다는 점이다. 따라서 그동안 대륙법계 사법체계를 따르고 있었던 우리나라 형사사법구조상 검사의 사법적 통제가 적정하게 행사되고 있는지 여부가 우리나라 형사사법절차의 적정한 운용을 판가름하는 시금석임에도 불구하고, 특수부를 중심으로 한 검찰의 일부 직접수사 폐해로 인해 국가수사체계의 단골메뉴로 검찰개혁이 논의된 점은 부인할 수 없는 사실이다. 문제는 사법개혁이라는 미명 하에 형사소송법이 개정되었지만, 사건의 상당부분이 사법경찰관리에 의해 수사되는 우리나라의 현실을 외면한 채, 사법경찰관에게 수사종결권까지 부여한 것은 대륙법계는 물론 영미법계 사법체계와도 다른 변형적 구조라는 점이다.

2. 검찰개혁의 필요성

우리에게 검찰은 어떤 존재일까? TV 드라마나 영화에서는 진실과 비리를 파헤치는 정의의 사도로 그려지기도 하지만, 현실에서는 정치권과 시민사회로부터 그 공정성을 의심받는 '정치집단', '권력의 하수인'이라는 비난이 끊이지 않고 있다. 이는 수사와 기소권에 내재하는 적극적 권력, 즉 법원의 재판권처럼 검사의 기소가 있어야 재판권을 행사할 수 있고 그 권한도 주로 판단권에 중심이 있는 것이 아니라 스스로 범죄를 찾아 절차를 개시할 수 있고, 나아가 수사에 의해 증거를 수집하여 사건을 형성하여 나가는 권력이라는 성격에 기인한다고 본다.

이에 따라 기존의 학연·지연·혈연을 넘어 이념적·세대적 갈등으로까지 정치적 이해관계가 확대된 우리나라의 특수한 상황에서 권력을 가진 사람은 수사와 기소를 담당하는 검찰권을 장악하여 자기에게 유리한 환경을 만들고 싶은 욕망을 추구하는 반면, 권력을 잃고 그 권력을 다시 찾으려는 사람들에게는 반대의 입장에서 검찰권을 자신의 편으로 만들고 싶거나 적어도 중립성을 요구하기 위하여 끊임없이 검찰을 비난할 수밖에 없을 것이다.[1] 왜냐하면 사회·정치적으로 큰 영향력을 가지고 있는 적극적 권력인 검찰권이 정의의 이념에 따라 공정하게 행사되지 않고 스스로 사회·정치적 영향력을 강화한다든지 어느 한편을 들어 편파적으로 행사되면 반대편의 입장에서는 재기불능의 상태에 빠질 수밖에 없기 때문이다.

그간 검찰개혁과 관련된 논의의 대부분도 정치적 의혹사건의 부실처리, 각종 검찰관련 게이트사건, 법조비리 사건 등에서 촉발되었는데, 이를 내용에서 본다면 많은 부분이 '**검찰의 정치적 중립성 및 수사의 공정성 확보**'에 집중되었다고 볼 수 있다. 이는 국정농단 등 수사과정에서 원칙을 지키며 단호하게 범죄를 단죄했던 윤석열 검찰총장이 취임하자, '**검찰이 정치와 경제 권력으로 독립성과 중립성을 지키며 성역 없는 철저한 부패범죄 수사와 검찰개혁에 나서줄 것**'을 기대하면서, 경실련이 검찰개혁의 현주소를 묻는 시민 인식조사를 온라인으로 진행한 내용(【표 1－1】)에서[2] 시민들이 ＜그동안 검찰의 활동에 대한 평가＞에 대해 74.7%(매우 못함 42.7%, 못함 32.0%)가 "검찰이 매우 못하고 있다"고 부정적으로 평가한 점을 보면 알 수 있다.

구체적으로 내용을 살펴보면, ▲ 검찰수사에서의 ＜정치적 중립성＞에 대해서는 '매우 중립적이지 못함(54.8%)', '중립적이지 못함(33.6%) 등 88.4%가 검찰의 정치적 중립성을 부정적으로 응답했으며, ▲ 검찰의 ＜권력형 범죄에 대한 기소권 발동＞은 '매우 적절하지 못함(55.3%), '적절하지 못함(32.0%)'으로 87.3%가 부정적으로 응답했다. 이에 시민들은 ＜검찰이 시급히 해결해야 할 과제＞에 대해 40%가 "정치적 중립성 확보"를, 다음으로 검찰 수사권 오남용 방지 21.4%, 검찰 조직문화 개선 21.2%, 검찰의 기소권에 대한 시민견제 17.4% 순으로 응답을 했다.

---

1) 과거에는 야당측이 주로 검찰개혁을 주장하였는데, 박근혜 정권 당시에는 상황이 역전되어 박근혜 대통령 탄핵심판 대리인측 손범규 변호사가 검찰을 비난하는 것을 보면, 얼마나 이율배반적인 문제인가를 알 수 있다(손범규 변호사는 2017년 2월 7일 CBS 라디오 인기 시사프로그램 '김현정의 뉴스쇼'에 출연해서 박근혜－최순실 게이트에 대한 검찰수사에 대하여, "**우리 국민들은 검찰을 제일 믿을 수 없는 기관이라고 한다**"면서도 "검찰의 공소장이라는 건 검찰의 의견일 뿐이고 검찰의 수사자료라는 건 그 의견을 뒷받침하기 위해서 검찰이 밀실에서 만든 자료일 뿐"이라고 폄하하였다); 문재인 정권에서도 윤석열 검찰총장이 조국 법무부장관에 대한 수사를 계기로 비난 및 징계를 추진한 것을 보면 결국 '내편'인지 여부만이 중요한 의미를 갖는 것이다.

2) 설문조사는 경제정의실천연합(경실련)에서 2019년 7월 19일부터 28일까지 10일간 진행됐으며, 시민 562명이 참여했다고 한다.

【표 1-1】 검찰개혁 시민 인식조사 (%)

	검찰에 대한 종합 평가	정치권력으로부터 중립성	검찰조직 문화	권력형 범죄 기소권 발동
부정	74.7	88.4	97.3	87.3
보통	19.0	7.7	1.4	8.4
긍정	6.2	3.9	1.3	4.3

이 결과(【표 1－2】)는 경실련의 지난 조사(1994년/2001년)와 비교할 때 검찰에 대한 평가 중 가장 부정적인 내용으로, 이 결과로 단순비교할 수는 없겠지만 검찰에 대한 국민들의 부정적 평가가 증가하고, 불신도 커지고 있는 것으로 판단된다.

【표 1-2】 경실련의 역대 검찰개혁 인식조사 (%)

1994년 7월	2001년 11월	2019년 7월
27.9% '못한다' • 매우 못하고 있다(3.0%) • 다소 못하고 있다(24.9%) (응답자 800명)	70.9% '못한다' (응답자 1075명)	74.7% '못한다' • 매우 못하고 있다(42.7%) • 못하고 있다(32.0%) (응답자 562명)

그리고 【표 1－3】 에서 보는 것처럼, 결론적으로 검찰개혁 차원에서 추진되는 ＜검·경 수사권 조정＞에 대해 시민들은 84%가 찬성하였고, ＜공수처 설치＞에 대해서는 93%가 찬성했다는 사실은 검찰을 바라보는 국민들의 시각이 얼마나 부정적인지 잘 알 수 있다.

【표 1-3】 공수처 설치 및 검/경수사권 조정 시민 인식조사 (%)

	공수처 설치	검경수사권 조정
필요(찬성)	93.4%	83.9%
보통	2.7%	8.4%
불필요(반대)	3.9%	7.7%

문제는 검찰 스스로 정치적으로 행동하는 것도 있지만, 정치권이 스스로 합의나 토론에 의해 해결책을 모색하는 것이 아니라 극단적으로 대립하다가, 모든 중요한 사안을 고소·고발에 의해 해결하고자 하기 때문에[3] 정치적으로 검찰의 영향력이 커질 수밖에 없는 구조일 뿐만 아니라 어떤 결론을 내리더라도 반대편으로부터 비난을 받는 양면성을 무시할 수는 없다[4]고 할 것이다. 왜냐하면 '정치적인 것'의 특성은 '네편이냐, 내편이냐'라는 동지와 적의 관계를 속성으로 하므로, '**결정의 합리성과 논리적 설득력**'을 그 내용으로 하는 사법의 속성인 '**정치적 중립성**'과는 처음부터 양립될 수 없기 때문이다. 따라서 검찰권은 결코 한 정권의 권력의지를 대변하는 기관이어서는 안 되며, 그럴 때에야 국민의 눈에서 검찰이 정치권력의 시녀라는 나쁜 인상을 지울 수 있을 것이다.

결국 검찰개혁의 본질은 수사/기소 분리론(수사권독립문제)이나 공수처의 설치 등 검찰조직의 개편에 관한 문제가 아니라 검찰의 본래적 모습, 즉 '**법률의 감시자**'로서 1차 수사기관인 경찰에 대한 법치국가적 통제에 의하여 국민(피의자 포함)의 소송법적 권리를 보호하는 보호기능에서 찾아야 할 것이다. 왜냐하면 대부분 범죄의 경우 한쪽에 범죄자가 있고, 다른 한쪽에는 법익을 침해당한 주체가 있으므로 양자 간에 범죄의 존부, 즉 유·무죄와 처벌의 양, 즉 형량에 대하여 첨예한 이해관계가 대립되는데, 재판 결과의 대부분은 수사단계에서 수집되는 증거들에 의하여 결정되기 때문이다. 따라서 재판뿐만 아니라 수사나 기소의 전 영역에 불편부당의 공정성과 진실발견으로 정의를 세우고자 하는 '**사법적 이념**'이 필요한 것이다. 그래서 대륙법계에서는 재판뿐만 아니라 수사와 기소도 광의의 의미에서 사법(Justiz)에 포함시켜 제도를 만들어 온 것이다. 즉, 규문시대에 판사가 모두 관장하던 재판과

---

3) 박근혜 대통령 탄핵과 관련하여, 보수진영과 진보진영 사이에 무수한 고소·고발이 전개되었으며 '최순실 태블릿PC의 확보'와 관련해서도 JTBC 손석희 사장이 변희재를 명예훼손죄로 고소하자 변희재도 JTBC 손석희 사장을 모해증거위조죄로 고발한 바 있고, 문재인 정권의 윤석열 (전)검찰총장이 대통령후보로 나오자, 진보진영(더불어민주당 등 여당 포함)은 맹렬한 비난을, 보수진영(국민의 힘 등 야당 포함)은 대대적으로 환영하는 웃지 못할 상황에까지 이르고 있다; 최근 대장동 사건을 두고, 여·야 간에 끊임없는 고소·고발전도 동일한 맥락에서 이해할 수 있다(세계일보 2021. 9. 27.자, 「꼬리 무는 의혹들...여야 '대장동' 고소·고발전」.

4) 과거부터 현재까지 민주사회를 위한 변호사모임이나 참여연대는 물론 더불어민주당도 개혁작업의 최일선으로 검찰개혁을 들고 있으며, 과거 박근혜 대통령도 "탄핵 기각시 국민 힘으로 언론 및 검찰을 정리하겠다"고 하여 진보는 물론 보수 양 진영이 검찰을 비난한 적도 있지만, 아이러니하게도 윤석열 (전)검찰총장이 입당한 야당인 국민의힘은 현재의 검찰개혁은 검찰죽이기에 불과하다는 입장을 취하고 있다.

수사 및 기소에 대하여 프랑스 혁명 후에 검찰제도가 도입되면서 판사와 마찬가지의 '**사법관**'인 검사에게 수사와 기소를 맡긴 것이다. 이는 검사에게도 판사와 동일한 '사법관'으로서의 지위를 보장할 경우에만 객관적 관청으로 기능할 것이라는 법률적 이념이 있었기에 가능한 것이다.

문제는 개혁이라는 명분으로 정당한 절차와 법치주의 틀을 벗어난 통치형태, 특정인과 특정세력의 손에 휘둘리는 제왕적 통치의 모습, 적폐척결이라는 미명 하에 반대세력의 추방과 근절을 위한 검찰의 과도한 수사권의 남용 그리고 정권이 바뀔 때마다 그 해결책으로 검·경 수사권조정 및 새로운 기구(공수처 등)의 신설 시도 등은 '**법치주의**'를 신봉하는 보통 사람들의 불안과 걱정을 자아내고 있다는 점이다. 더욱이 검찰수사가 이러한 고도의 정치싸움에 자주 휘말리다보면 정작 경찰수사에 대한 소극적 불개입현상이 두드러지게 나타날 수밖에 없다.[5] 적폐수사를 밀어부친 문재인정부 들어서, 민생범죄분야에서 검찰수사가 경찰수사기록을 반복하는데 불과한 경우가 일상화된 점이 단적인 예이다. 이 점은 시민적 자유의 관점에서 볼 때, 매우 위험스러운 현상이 아닐 수 없다.

진정 검찰이 수사의 주재자이면서 법의 수호자로서 피의자의 인권이익과 자유를 위한 소위 '**객관의무**'를 지는 주체라면, 경찰수사에 대한 사법적 통제에 민감하게 깨어있어야 한다. 왜냐하면 검찰의 경찰에 대한 사법적 통제가 단지 의전적인 형식이나 법전상의 장식품에 지나지 않게 된다면 경찰의 수사독주에서 일어날 수 있는 법치국가적 원칙의 훼손, 인권침해적 요소는 더 심대해질 위험이 있고, 시민의 자유의식은 그만큼 위태로워질 수밖에 없을 것이기 때문이다.[6]

이하에서는 대륙법계 및 영미법계 형사사법체계의 제도적 특징에 대하여 비교법적 관점에서 살펴본 후, 검사의 역할을 검토해 보고자 한다.

---

5) 부산일보 2021. 3. 10.자, 「'LH 수사' 검찰 참여 가시화… 직접 수사 범위는 제한적」(...검찰이 이번 의혹 수사에 참여하게 됐지만 검·경 수사권 조정에 따라 검찰의 직접 수사 범위는 제한적이다. 개정된 검찰청법에 따라 검찰은 이번 LH 직원 투기 의혹에 대한 직접 수사는 불가능하며, 부패·공직자 범죄 중에서도 4급 이상 공직자와 3000만 원 이상 뇌물 사건만 직접 수사할 수 있다. 고위 공직자의 연루 여부가 드러나지 않은 상황에서 검찰이 수사 중심에 등장하기는 어려운 상황이다...).

6) 김일수, 『독일·오스트리아·스위스의 형사법 개정추이 연구』(법무부 용역과제), 법무부, 2005, 184면.

Ⅱ. 대륙법계 형사사법체계의 제도적 특징

1. 직권주의 소송구조

직권주의 형사사법체계는 공판절차를 주재하는 법원과 공판전 절차를 주재하는 검찰 및 공판전 절차에서 수사활동의 대부분을 담당하는 사법경찰로 권력이 분배되어 있다. 그런데 직권에 의한 조사 특히 피고인(피의자)에 대한 조사가 직권주의의 특징인데, 법원의 직권조사가 너무 초기단계부터 시작되어 판결에까지 이르면 객관성을 유지하기 어려우므로 공판전 조사절차를 두어 사실심 법원으로 하여금 수사활동으로부터 자유롭게 하였으며, 공판전 단계의 조사권한도 쪼개서 중죄사건의 공판전 조사는 원칙적으로 예심판사가 하게 하는 등 조사권한을 여러 단계로 나누는데, 프랑스는 이러한 구조를 현재도 유지하고 있으나, 독일에서는 효율성의 측면에서 예심판사제도를 폐지하고 공판전 조사절차인 수사절차를 검사가 주재하도록 하였다.

반면, 법원의 역할은 원고와 피고 사이의 공격과 방어, 즉, 당사자 사이의 형사소송을 이끌어가는 심판으로서의 역할을 맡아서 하는 것이 아니라 수사기관의 수사결과를 토대로 신분이 보장된 독립된 법률전문가의 입장에서 법원 주도적으로 국가수사기관이 범죄혐의자로 인정하여 기소한 자가 실제 범인이 맞는지 여부를 가리는 것을 그 임무로 한다. 따라서 피고인의 인권보장과 함께 실체진실의 발견이 형사소송의 또 다른 중요한 가치가 된다.

경찰조직도 영미법계와 달리 철저한 자치경찰이 아니다. 이러한 구조 아래서 직권주의적 형사사법체계는 권력을 분점한 법원, 검찰, 사법경찰이 힘의 균형을 유지하면서 한 기관이 다른 기관을 견제하거나 통제하는 방식으로 기관간 통제구조를 갖는다. 즉 중앙집권적인 사법경찰의 수사를 검찰이 지휘권을 가지고 통제하고, 검찰의 처분 등을 법원이 통제하며, 예심제도를 두는 경우는 중죄사건 수사를 담당하는 예심판사를 검사가 통제하고, 예심결과에 의견을 제시한다. 또한 공판절차에서도 검사가 법원을 견제하고 법원의 오류를 상소권 등으로 견제하는 것이다.

2. 사법경찰의 개념 및 수사지휘의 형태

검사제도가 시작된 프랑스와 이를 계승한 독일, 이태리, 스코틀랜드 등 대륙법계 국가에서는 검사의 사법경찰에 대한 수사지휘권이 확립되어 있다. 왜냐하면 수사는 범죄 발생 이후에 사법적으로 국가 형벌권의 존부를 규명·확정하는 절차인 「검찰권(Justiz)」에 속하는 권능으로, 치안유지 내지 위험방지 등을 목적으로 하는 「경찰권(Polizei)」 작용과는 근본적으로 다른 것임이 확고히 인식되어 있기 때문이다.

【표 1-4】 대륙법계 국가에서의 행정경찰과 사법경찰의 차이점

범죄발생 및 수사권발동 이전	범죄발생 및 수사권발동 이후
행정권	사법권
(경찰)행정작용(Polizei)	(형사)사법작용(Justiz)
현장성 중시	절차과정 중시
치안 유지 · 위험 방지를 위한 질서확립 · 범죄예방 · 진압 활동	형벌권의 존부 확인을 위한 수사 · 기소 · 재판 활동
행정경찰(Schutzpolizei)이 담당	검사 및 그 지휘를 받는 사법경찰(Kriminalpolizei)이 담당
연방경찰청(Bundespolizeiamt)	연방수사청(BundesKriminalamt)

즉, 권력분립상 수사는 본질적으로 행정작용이 아니라 사법작용이므로 수사권은 사법관(수사판사, 치안판사 등)이나 준사법관인 검사에게 귀속되는 것으로 본다. 따라서 대륙법계에서는 형사사법을 담당하는 국가 사법관료(판사, 검사)가 '사실을 규명(확정)'하는 자로서 역할하며 '스스로 조사활동'을 수행하는 형사사법 체계가 형성·정착되어 있다.

이에 따라 대륙법계 국가에서는 규문주의 형사사법의 폐해를 해결하기 위하여 소추시점을 전후로 전(前)단계 사실규명(수사)의 책임은 검사에게, 그 후 단계 사실확정의 책임은 판사에게 맡겨 검사와 법원이 서로 견제토록 하는 "사법권력의 분할"에서 그 방안을 찾았던 것이다. 다만, 소수인 검사가 모든 수사활동을 직접 담당할 수 없으므로 수사를 보조할 인력이 필요하게 되며, 이 보조인력이 바로 「사법경찰」로서 행정경찰과 엄격히 구별되는 개념인 것이다. 그리고 이러한 사법경찰의 구

성방법으로는 사법기관 내에 별도로 설치하는 방법과 행정경찰 일부를 사법경찰로 지명하는 방법이 있는바, 우리나라를 비롯한 대부분 대륙법계 국가가 후자의 방식을 채택하고 있다. 따라서 검사의 수사지휘가 전제되지 않는 사법경찰의 수사란 성립될 수 없는 것이며, 사법경찰이 수사권을 보유하고 수사주체로 활동하는 근거가 바로 '**검사의 수사지휘**'[7]에 있는 것이다.

그런데 대륙법계 국가 중 프랑스처럼 사법관인 수사판사[8]가 수사를 직접 담당하여 수사권의 귀속과 개념에 대한 인식이 정착된 나라에서는 수사권독립 논쟁의 소지가 적다. 그러나 독일이나 우리나라처럼 수사판사 제도 없이 대부분의 수사를 검사의 지휘 하에 경찰이 담당하는 체계에서는 경찰이 다시 수사상 큰 권력으로 등장하여 경찰이 독자적 수사권을 행사하던 과거 규문시대로 회기하려는 시도가 지속될 가능성이 있다. 더욱이 경찰이 초동수사를 하는 경우, 행정경찰과 사법경찰의 구분이 명확하지 않는 우리나라에서 과거 검사의 지휘를 받지 않는 초동수사와 그 이후의 수사를 동일한 (사법)경찰이 계속하는 경우에 그 한계가 불명확해질 수밖에 없는데, 바로 이 점 때문에 검사의 사법경찰에 대한 수사지휘가 논란이 된 것이다. 따라서 독일의 수사권독립 논쟁과정을 보더라도 학자들의 실증적 수사실무 연구를 통해 검사의 지휘가 미치지 못하는 광범위한 경찰수사 영역이 존재함을 확인, 그 폐해를 방지하기 위하여 검사의 수사주재자로서의 지위 강화가 오히려 논의되고 있는 실정이다.

---

7) 사법경찰이 검사에 대하여 상명하복관계에 있는 대륙법계 국가로는 독일(법원조직법 제152조, 형사소송법 제161조), 프랑스(형사소송법 제12조), 오스트리아(형사소송법 제24조), 스위스(형사소송법이 칸톤의 권한에 속하므로 주에 따라 다소 차이가 있으나, 아르가우州 형사소송법 제1조 제2항, 제124조), 이외에 네덜란드(형사소송법 제154조), 이탈리아(형사소송법 제219조, 제232조) 등이 있다.

8) 종래에는 예심판사로 번역하는 것이 일반적인 관행이었으나, 프랑스 형사절차상의 예심제도는 미국과 달리 실질적으로 수사기능과 다른 점이 없다는 점에서 근래에는 수사판사라는 용어를 많이 사용하고 있으며(한명관, "프랑스 형사소송절차 개관", 『법조』 제46권 제5호(통권 제488호), 법조협회, 1977, 235면), 판사라는 명칭에도 불구하고 우리나라의 검사와 유사하게 수색·압수·통신감청, 사법경찰에 대한 수사지휘(공조촉탁의 방식)를 통한 수사, 피의자 및 증인신문 등을 한다.

3. 참심재판 및 심급제도

사법참여의 유형으로는 크게 두 가지로 나눌 수 있는데, 전문가가 재판에 참여하는 참심제(參審制)와 일반국민이 재판에 참여하는 배심제(陪審制)가 그것이다. 참심제는 독일뿐만 아니라 프랑스·이탈리아·오스트리아 등 대륙법계 형사사법구조에서 채택하고 있다.

참심제의 장점은 대체로 배심제의 장점과 유사하나, 배심제에 비하여 비용이 적게 들게 된다는 점에서 효율적이고, 전문지식이 필요한 소송에서 전문가를 활용할 수도 있다. 반면에 평의와 평결에 있어 직업법관이 함께 참여하므로 사실상 법관이 사실판단 및 법적용을 주도하게 되어 참심원이 일종의 들러리 역할에 머물 수가 있다. 왜냐하면 직업법관과 일반시민인 참심법관이 대등한 위치에서 합의한다는 것은 사실상 기대하기 곤란하고, 참심법관이 직업법관의 영향을 받을 수밖에 없으므로 형식적인 역할에 그칠 가능성이 크기 때문이다.

한편, 헌법에 의하여 신분과 독립성을 보장받고 있는 법관으로 하여금 유·무죄를 가리게 하면서, 1회의 재판만으로 발생할 수 있는 오류를 방지하기 위해 3심제도를 원칙으로 한다.

4. 형벌권의 근거

피고인에게 형벌을 과함에 있어 그 판단의 기준은 국가이고 피해자가 아니다. 따라서 피고인이 여러 건의 살인죄를 범한 경우 형벌을 과함에 있어 여러 건의 범죄를 전체적으로 보고 그에 따라 어떠한 형벌이 적정한지를 국가의 입장에서 판단하여 결정한다. 그 결과 여러 건의 범죄(경합범)를 범한 피고인에게 선고되는 형은 하나의 형이 원칙이다.

5. 불구속재판 및 무죄추정의 원칙

수사기관의 수사 결과 피의자의 자백과 참고인의 진술 또는 물적 증거 등으로 범죄의 전무가 드러난 이상 일정한 기준 예컨대 증거인멸, 도주우려, 재범가능성, 피해자나 증인에 대한 위해 가능성, 사안의 중대성 그리고 실형가능성 등의 기준에

따라 구속할 자는 구속하고 불구속할 자는 불구속 상태에서재판을 받도록 하는 것이 원칙이다.[9)]

또한 무죄추정의 원칙도 대륙법계 국가에서는 피고인의 유·무죄가 명확하지 않는 경우 입증책임을 검사가 부담하므로 유죄확정판결 전에는 무죄로 추정하여 피고인에게 유죄판결에 따르는 불리한 처분을 미리 하지 못하게 하는 의미로 보아야 한다(in dubio pro reo).

6. 형사미성년제도

국가가 국민 중에서 죄를 지은 자를 처벌하는 대륙법계 국가의 경우 일정 연령 이하의 자에 대하여는 형벌을 가할 수 없는 형사미성년제도를 채택하고 있다. 특히 독일의 경우 검사선의제도(檢事善意制度)를 채택하고 있으므로 검사의 기소가 있는 경우에만 소년법원은 심리에 들어갈 수 있는데(JGG 제2조, 제45조, 제46조), 그 절차는 예비절차(Vorverfahren)와 심판절차(Harptverfahren)로 나누어져 있으며, 소년법원은 범죄소년에 대하여 그 범죄와 책임성을 확정함과 동시에 소년의 요보호성과 교육가능성을 과학적으로 조사하여 보호처분, 징계처분, 형사처분을 하게 된다. 이와 관련하여, 독일 형사소송법 제112조 제1항은 성인범에 대한 구속요건으로 ① 범죄행위에 대한 상당한 혐의(dringend Tatverdacht), ② 구속사유(Haftgrund)의 존재, ③ 구속의 상당성 내지 비례성(Verhältnis)의 원칙을 요구하고 있는 반면, 범죄소년의 미결구금은 성인의 형사소송절차와는 상이한 면이 있는데, 원칙적으로 심리에서 어떤 교육적 수단을 부과할 것인가를 충분히 파악하기 위한 임시조치라고 할 수 있다. 따라서 구금은 교육적인 관점에서만 집행되는 것이다.

7. 소송비용

국가형벌권을 전제로 하는 대륙법계 국가의 경우 국가형벌권에 따라 국가가 죄를 지은 자를 붙잡아 형벌을 과하는 재판과정에서 소송비용이 소요되었다고 하여

9) 우리나라의 구속사유인 '증거인멸 및 도망 내지 도망할 염려'를 기준(형사소송법 제70조)으로 대부분의 피고인을 불구속상태에서 재판하도록 하는 것은 영미제도의 오해에서 비롯된 것으로 보인다.

이를 피고인에게 부담하게 하는 것은 논리적으로 어려운 일이다. 따라서 대륙법계 국가에서 피고인에 대한 유죄판결을 선고하면서 피고인에게 재판과정을 통하여 국가가 지출한 소송비용을 부담하도록 하는 일은 거의 없다. 마찬가지로 피고인이 법원에서 무죄판결을 선고받은 경우라 하더라도 피고인이 국가를 상대로 소송비용을 청구할 수 있는 것은 아니다. 다만, 피고인이 구속·기소되어 재판을 받아 무죄판결을 선고받은 경우에는 국가로부터 형사보상을 받게 된다.

8. 법정모욕

국가형벌권을 전제로 하면 피고인의 법정모욕행위에 대하여도 죄형법정주의에 따라 처벌규정을 두고 그에 위반한 자를 다른 범죄의 경우와 마찬가지로 국가에서 수사와 기소 그리고 재판을 통하여 처벌하면 된다. 따라서 법정모욕이 다른 범죄와 달리 취급될 이유가 없다.

9. 양형의 기준

독일의 경우 Graβ berger, Haag를 중심으로 수학적인 공식을 이용한 수량적 모델의 도입 논의가 있었지만,[10] 크게 주목을 받지는 못했으며, 주로 양형의 원칙에 관한 논의를 중심으로 양형에 관한 이론과 실무가 발전해 왔다.[11] 이는 일반적으로 양형의 기본원칙으로서 책임원칙을 택하되 특별예방의 관점을 가미한 것으로 풀이

10) 오병주, "양형의 합리화방안에 관한 검토", 『해외연수검사연구논문』, 2000 참조.

11) 독일형법 제 46조 ① 행위자의 책임은 양형의 기초이다. 행위자의 장래의 사회생활에 미치게 될 형벌의 효과가 고려되어야 한다.

② 양형에서 법원은 행위자에게 유리한 사정과 불리한 사정을 상호 비교형량하여야 한다. 여기서 특히 다음과 같은 사정이 고려되어야 한다.

- 행위자의 동기와 목적
- 범행에 의해 드러난 심정과 범행의지
- 의무위반의 정도
- 실행방식과 범행의 유책한 결과
- 행위의 전력, 인적 관계와 경제적 상태
- 범행후 행위자의 태도, 특히 손해의 원상회복을 위한 노력과 침해의 상쇄를 위한 행위자의 노력

③ 이미 법률의 구성요건요소인 사정이 고려되어서는 안 된다.

되고 있다. 다만, 독일은 형사소송절차상 양형통제를 위한 실효성 있는 장치를 마련하였는데, 이는 합리적 양형통제를 위한 양형원칙의 법제화에도 불구하고 형법 제46조 제1항 문언의 불확정성과 추상성 때문이다. 이를 위하여 독일 형사소송법 제267조 제3항은 판사의 양형이유 설시의무를 구체화하였는데, 유죄판결의 이유에 적용된 형법규정을 명시하고 양형의 결정적인 사정을 명시하도록 하였고, 형의 감경사유의 적용과 관련해서는 그 사유의 존재 인정 여부에 대한 판단을 명시할 것과 형법에 따라서 일반적으로 특히 중한 경우에 해당하는 요건이 인정된 때에는 특히 중한 경우를 인정하지 아니한 이유를 명기하여야 하며, 이러한 요건이 없음에도 불구하고 특히 중한 경우가 인정된 때에도 이를 준용하여 그 이유를 명시하도록 하였고, 형의 집행유예나 선고유예를 선고하는 경우 또는 그러한 집행유예(또는 선고유예)를 배척하는 경우에도 각기 그 이유를 명시하도록 하였다.

Ⅲ. 영미법계 형사사법체계의 제도적 특징

1. 당사자주의 소송구조

영미법계 형사사법체계에서는 국가가 형벌권의 주체가 아니기 때문에 그 이념과 철학적에서 민사소송과 같이 형사소송도 시민 대 시민, 시민 대 국왕 간의 사인 간 분쟁을 해결하는 과정으로 이해하고 있다.[12] 그러므로 시민이 대배심이 되어 직접 사실을 확인하고 판단하고, 사법관은 재판의 주재자로서 사인간의 공방절차가 공정하게 이루어질 수 있는 절차적 부분에 한해서만 관여하기 때문에 직권적인 조사활동을 할 수 없도록 하는 것이 체계 내에 형성되어 정착되어 있다.[13] 이는 사인소추제도, 당사자주의, 그리고 공판중심주의의 관점에서는 형사절차와 민사절차가 구분되는 것은 그 결과에 있어 민사제재를 받는 것인지, 아니면 형사처벌을 받는 것인지에만 있고, 절차적인 부분에 있어서는 차이점이 없기 때문이다. 그러므로 일방 당사자가 상대방 당사자의 범죄혐의를 규명하도록 하는 수사가 인정되지 않고, 단지 일방 당사자는 승소를 위해 공판정에 제출할 증거만을 수집할 수 있게 된다. 그

12) 영미법계 당사자주의 기원에 대해 상세히는 John H. Langbein, *The Origins of Adversary Criminal Trial*, Oxford University Press, 2003 참조.

13) Dammer, Harry R./Albanese Jay S., Comparative Criminal Justice Systems, 5th ed., Wadsworth Publishing, 2013, p. 127.

러므로 소송절차가 개시되기 전 국가 공권력이 사실관계의 철저하고 객관적으로 수사하는 것을 인정할 수 없게 된다. 법원은 공판정에서 피해자 내지 소추인이 불법행위를 당하였다 주장하는 것과 피고인이 그를 부인하는 주장, 그리고 양 당사자가 수집·제출하는 증거만을 통해서 형사불법행위의 성립여부를 판단하게 된다. 국가가 범죄자를 처벌하기 위해 배타적인 형벌권을 실현하는 것이 아니기 때문에 고발인이나 변호사측에서는 사설탐정을 고용하여 범죄 단서를 발견하고 법정에 제출할 증거를 수집하게 되는데,[14] 그로 인해 변호사가 독자적으로 뛰어난 조사능력을 가지고 있는지 여부가 소송 승패에 중요한 영향을 미치게 된다. 이는 범죄혐의자를 수사의 객체로 하여 수사를 수행하는 수사기관의 수사가 진행되지 않기 때문에 상대방으로부터 불법행위로 인한 피해를 당했다고 주장하는 당사자가 그를 법원에 고발하게 되면 민사소송과 마찬가지로 피고인의 유죄를 입증하기 위해서는 자신의 주장을 뒷받침할 증거를 스스로 수집하여 법정에 제출해야 하기 때문이다.

또한 유죄판결에 따라 형을 집행하는 것에 있어서도 영미법계는 대륙법계와 구별이 된다. 검찰이 형을 집행하도록 하는 대륙법계 국가들과는 달리, 영미법계에서는 교도관 등이 법원의 명령에 따라 형벌을 집행하게 되기 때문에 검찰주의가 아닌 법원주의의 형식을 취하고 있다. 이는 당사자주의를 취하고 있는데 한편의 당사자가 상대편 당사자에 대해 형을 집행하는 것은 이론적으로 인정될 수 없으며, 재판의 집행은 검찰의 업무가 아닌 법원의 업무로 귀속시키고 있는 이유에서이다. 그러므로 보호관찰관 등의 소속도 한국처럼 법무부에 소속되는 것이 아니라 모두 법원 소속이다. 그로 인해 검사의 집행지휘는 당연히 있을 수 없으며, 형벌집행기관으로서 법원이 판결의 내용에 따라 그 집행에 대한 책임을 지게 된다.

---

14) 사인소추제도를 인정하고 있는 영국의 경우 누구든지 탐정으로서 탐정업무를 수행할 수 있다. 미국의 대부분 주도 탐정업을 허용한다. 한국에서는 그동안 탐정업을 인정하지 않았지만, 최근 신용정보법의 개정을 통해 일부 탐정업을 인정하게 되었다. 즉, 2018년 8월 헌법재판소가 탐정업무가 가능하다고 결정한 후, 2020년 2월 국회에서 신용정보법 개정안이 통과되었는데, 탐정업과 탐정 명칭 사용을 금지한다는 기존 법의 내용이 삭제되었으며, 6개월의 유예기간을 거쳐 2020년 8월 5일부터 전격적인 시행을 맞았다. 다만, 걸림돌이 제거되었을 뿐이고, 탐정업에 대한 구체적인 근거규정은 아직까지 마련되지 않고 있다(http://www.siminilbo.co.kr/news/newsview.php?ncode=1065591957107194; https://www.lawtimes.co.kr/Legal-News/Legal-News-View?serial=163110).

2. 사법경찰의 개념 및 수사지휘의 형태

영미법계 국가의 경찰관이 행하는 수사 활동은 사인의 대리인 자격으로 법원에 소추하기 위한 자료를 수집하는 행위가 그 본질이며, Charge[15] 이후 사실규명(수사) 과정은 전적으로 법원의 절차주도 하에 당사자 간 법정(法廷) 공방으로 진행된다. 배심제도와 사인소추를 원칙으로 하는 당사자주의적 소송구조 하에서, 특정인에게 범죄혐의가 지워진 후에는 사실규명 및 형벌부과를 위한 모든 절차가 법원에서 사인 간 투쟁으로 진행되기 때문이다. 따라서 영미법계에서는 법원·검찰·경찰 등 어떤 기관도 혐의자를 직권적으로 신문하는 사실규명 활동을 할 수 없으며, 영미법계 검사도 소추대리인 자격으로 출발한 일방 당사자의 지위에 불과하므로 법적으로 검사가 경찰의 수사행위를 지휘·통제한다는 것은 애초부터 상정하기 어렵고, 또 그렇게 할 이유도 없다. 예컨대 영국의 경우, 우리나라처럼 검찰이 치안판사법원에 피고인을 기소하여 재판에 회부되는 것이 아니라 사인이나 경찰에 의해서 특정인의 범죄에 관한 정보(information)가 치안판사법원에게 제공되고, 그의 독자적인 판단에 따라 범죄혐의가 있으면 범인으로 지목된 특정인(고소 또는 고발된 자, the accused)에 대하여 소환장(a summon) 내지 체포영장(Warrant for arrest)을 발부하거나, 영장 없이 경찰이 범죄자를 체포하여 법원에 인치함으로써 재판절차가 시작되는 것이며,[16] 범죄혐의가 인정되지 아니하면 소환장을 발부하지 아니하고 면소결정(discharge)을 하는 것이다. 즉 피의자를 체포한 후 정식재판 이전까지의 모든 수사는 법정수사절차에서 계속되며, 중한 범죄에 대한 실질적인 수사만 대배심에서 이루어지는 것이다.

그러므로 영미법계 경찰에는 구속권, 피의자신문권, 대질조사권 등 직권적·사법적 수사권한이 전혀 없으며, 영미법계의 '검사'는 대륙법계의 검사와 달리, 사실조사를 하는 수사절차의 주재자가 아니라 피해자 내지 경찰을 대리한 소송의 일방 당

15) charge란 경찰이나 다른 공소기관이 피고발자를 범죄혐의로 법원에 고발하는 절차를 의미하는데, 위 경찰의 Charge는 사인(私人)의 자격으로 행한 것일 뿐, 경찰에게만 부여된 특별한 권한이 아니다. 일반적으로 영미에 있어서는 경찰 또는 검사(public prosecutor)가 법원에 범죄혐의자에 대한 재판을 청구하는 것을 보통 'charge' 또는 'lay information'이라 하지만, 이를 대륙법계제도와 비교하여 검사의 '기소'로 보는 것보다는 범죄의 피해자 또는 경찰이 법원에 고소 내지 고발하는 것으로 보는 것이 상당하다(김종구 외, 『검찰제도론』, 법문사, 2011, 408면).

16) Criminal Justice Act 1988, §102(11).

사자에 불과하다. 결국 검사가 수사상 경찰을 지휘할 필요도 적은 것이며,[17] 그러한 연유로 영미법계에서는 본래의 행정경찰과 구별되는 사법경찰이라는 개념 자체가 존재하지 않는다.

물론 영미에서도 수사기관이 범죄혐의자를 체포하거나 체포한 혐의자를 법원에 고발하는 과정에서 그를 신문(interview)하는 등 외관상 우리 수사기관과 비슷한 수사를 하는 것은 사실이지만, 이는 일방 당사자로서 상대방 당사자를 상대로 하는 임의적인 증거수집활동에 불과한 것이고, 우리의 수사기관과 같이 혐의자를 수사의 대상으로 삼아 피의자신문조서를 받거나 필요한 경우 구속수사를 통하여 국가의 입장에서 객관적으로 혐의를 명백히 한 후 혐의자를 법원에 기소하는 것이 아니다. 즉, 영미의 수사기관은 민사소송의 원고와 마찬가지로 소추인의 입장에서 피고인을 법원에 고발하는 경우 유죄판결을 받을 수 있을 것인지 여부를 검토하여 유죄판결의 가능성이 있으면 고발을 하게 되는 것이고, 그러한 가능성이 없는 경우 소추행위를 그만두는 것이지, 우리의 경우와 같이 범죄혐의를 수사하여 혐의가 드러나는 경우 혐의자를 기소하고 혐의가 인정되지 않는다고 하여 이유를 달아 불기소처분을 따로 하지 않는다.[18] 따라서 불기소결정에 대한 불복방법도 원칙적으로 인정될 여지가 없다. 다만, 경찰의 신문이 임의적인 것이어서 혐의자가 그에 응할 의무가 없는 것은 당연하지만, 일단 경찰의 신문에 응하여 범죄사실을 자백하면 이는 결정적인 유죄의 증거로 될 수 있으므로 그 사정을 잘 모르는 혐의자에게 이를 알려 주도록 강제하는 수단이라 할 수 있는 Miranda원칙이 미국의 형사소송에서 매우 중요한 의미를 갖는 이유는 여기에 있다.

그런데 수사권독립을 주장하는 사람들이 이러한 영미법계의 제도를 빗대어 "수사는 경찰, 소추는 검찰"이라는 논리를 전개하고 있으나, 이는 대륙법계의 직권적 수사권(예컨대, 수사기관 구속권, 신문권 등)이 영미법계에서는 일체 인정되지 않으

---

17) 한국에서의 형사사법 구조의 모델로서 영미식의 '수사/기소 분리모델'이 보다 적합하다고 주장하는 견해로는 황운하, "정의롭고 공정한 형사사법시스템의 도입을 위하여", 견제와 균형을 위한 검찰 개혁 어떻게 할 것인가?, 국회의원 민병두/소병훈/금태섭/민주사회를 위한 변호사 모임 주최 자료집(2017. 1. 24.), 140면; 서보학 등, 『Global Standard에 부합하는 수사·기소 분리 모델 설정 및 형사소송법 개정안 연구』, 경찰청 연구용역보고서, 2016; 원혜욱/김태명, 『Global Standard에 부합하는 국가 수사시스템 설계를 위한 수사실태 분석 및 개선방안 연구 －수사지휘와 영장 절차를 중심으로－』, 경찰청 연구용역보고서, 2014 참조.

18) 김용진, 『영미법해설』, 박영사, 2009, 21면; 도중진, "영미법계 수사절차 관련 법령 체계의 고찰과 시사점", 『비교형사법 연구』 제21권 제3호(2019), 163면 이하.

며, 소추 역시 검사의 관여가 인정되는 것일 뿐 피해자의 의사·치안판사의 예심 그리고 대배심 등에 의해 최종적으로 결정되는 사법체계의 기본 틀을 이해하지 못한 데서 비롯된 것이다. 영국의 경우 검사제도 자체가 없었던 1985년 이전에도 그 나름의 절차에 따라 형사소추 및 재판을 진행하였다는 점이 이를 뒷받침한다. 따라서 영미법계 경찰에는 구속권, 피의자신문권, 대질조사권 등 직권적·사법적 수사권한이 전혀 없으며, 영미법계의 '검사'도, 대륙법게의 검사와는 달리, 사실조사를 하는 수사절차의 주재자가 아니라 피해자 내지 경찰을 대리한 소송의 일방 당사자의 지위에 불과하다. 결국 검사가 수사상 경찰을 지휘할 필요도 적은 것이며, 그러한 연유로 영미법계에서는 본래의 행정경찰과 구별되는 사법경찰이라는 개념 자체가 존재하지 않는다. 다만 시대의 변화와 함께 수사만을 전담하는 수사경찰이 등장하였는데, 이를 Detective 또는 Investigator라고 부르며 일반 경찰(Police)과는 완전히 별개의 조직으로 운영되고 있다.

결국 OECD 35개국 가운데 뉴질랜드, 미국, 아일랜드, 영국(스코틀랜드 제외), 이스라엘, 캐나다 호주 등 대략 20%에 달하는 7개국은 모두 Common Law에 따른 영미법계 국가들이므로 검사에게 사법경찰에 대해 수사지휘를 하거나 통제를 하고, 수사를 주제할 수 있는 권한이 없다고 할 것이다. 다만, 해당 국가의 검사들은 비록 사법경찰에 대해 구속력 있는 형태는 아니지만 '조언(Advice)' 등의 형식을 통해 사법경찰 수사에 실질적으로 관여하고 있으며, 현대 사회가 보다 전문화되고 복잡해짐에 따라 수사절차에서 사법경찰에 대한 검사의 실질적인 영향력의 정도가 더욱 강화되고 있다고 할 것이다.

3. 배심재판 및 원칙적 단심제

공판중심주의에 따라 법정에서 양 당사자의 공격과 방어를 통하여 그리고 증인의 증언을 통하여 피고인의 유·무죄를 결정하는 경우 전지전능한 신이 아니 판사가 아무런 오류 없이 정확하게 피고인의 유·무죄를 가린다는 것은 현실적으로 매우 어려운 일이다. 특히 재판 이전 단계에서 피고인의 혐의유무에 대한 수사절차를 거치지 않고 무죄가 추정되는 백시상태에서 피고인에 대한 재판절차를 진행하고 그에 따라 피고인의 유·무죄를 가린다는 것은 사실상 그것이 불가능한 경우도 있을 수 있다. 나아가 피고인에 대한 유죄판결 이후 진범이 검거되거나 증거에 대한 뒤늦은 유전자 검사 등으로 피고인에 대한 유죄판결이 오판으로 드러날 때 발생할 수 있는 어려운 문제를 생각한다면 직업 법관인 판사로서는 이를 감당하기 어려울 수 있다. 이러한 현실적인 문제를 해결하기 위해서는 매 사건마다 각기 다른 피고인에 대한 재판을 위하여 소집하였다가 피고인에 대한 유·무죄의 결정 즉, 평결 이후에는 해산해 버리는 배심과 같은 제도 따라서 어떤 의미에 있어서 오판에 대하여 그 누구도 아무런 책임도 지지 않는 배심과 같은 제도를 채택하는 것이 불가피할 것이라 할 수 있다.

또한 법정에서 양 당사자의 공격과 방어를 토대로 기소된 범죄사실에 대한 피고인의 유·무죄를 판사가 결정하게 하는 것은 지나치게 판사 개인에게 의존하는 것이 되어 재판의 공정성과 신뢰성에 문제가 제기될 수밖에 없고, 이는 민주주의의 기본원칙이라 할 수 있는 법치(rule of law)가 아니라 인치 다시 말해 소위 '원님재판'으로 흐를 가능성이 있다. 이러한 이유로 공판중심주의에서는 판사와 별도로 객관적인 입장에서 공정하게 피고인의 유무죄를 판단할 수 있는 제도가 필요하게 되고,[19] 이러한 의미에서 배심제도는 공판중심주의와 불가분의 관계에 있는 것이다.[20] 다만, 일반 국민이 유·무죄를 판단한다는 점에서, 원칙적인 단심제로 운영되고 있을 뿐만 아니라 배심의 유죄평결에 그 이유를 설시하지 않는다. 즉, 법조자격을 갖고 있지 아니한 일반 시민으로 구성된 배심은 양 당사자에 의해 법정에 제시된 증거를 기초로 피고인이 유죄(guilty)인지 또는 무죄(not guilty)인지를 판단하면 되고 어떠한 이유로 그러한 결론에 도달하였는지 그 이유를 따로 설시하지 않는다. 다만, 이처럼 배심이 피고인의 유죄 또는 무죄평결에 대하여 이유를 제시하지 않으므로 피고인으로서는 어떠한 증거에 의하여 유죄가 되었는지 알 수 없고, 따라서 배심의 증거판단과 관련하여 상소를 하기도 어려운 것이 현실이다. 이론적으로도 국민의 이름으로 재판을 하였는데, 항소를 인정하는 것은 제1심과 항소심의 배심원 사이에 등급을 인정할 아무런 근거 없이 항소심의 배심원에게 제1심의 배심원을 재심사하는 권한을 주는 것이 되므로 논리적으로 부당한 문제가 발생한다.

특히 공판중심주의를 원칙으로 하는 영미에서는 유·무죄를 가리는 절차와 양형을 정하는 절차가 엄격히 구분된다(공판절차 이분론). 따라서 재판을 통하여 피고인

19) 소위 '조국재판'으로 인해, 우리나라의 판사를 적폐로 모는 분위기도 있는데, 배심제도에서는 설사 오심의 결과로 판결에 불만이 있는 당사자라 하더라도 배심제도 자체를 비난하는 것은 가능하지만, 판사 또는 법관에 대한 불신이나 비난을 할 가능성은 높지 않다.

20) 김용진, 앞의 책, 56면.

에 대한 유죄가 인정된 경우에만 피고인에 대한 양형(sentencing)절차로 이어진다. 즉, 유무죄를 가리는 재판단계에서는 피고인에 대한 양형자료가 수집되지 않고 유죄가 인정된 이후에만 양형자료를 수집한다. 이 경우 양형에 관한 권한은 법원의 전권이 된다.[21] 따라서 법원은 양형조사관의 조사 결과를 근거로 선고형을 정하게 되고, 양형과 관련하여 검찰측의 항소도 인정되지 않는 것이 원칙이다. 그 결과 당사자가 양형의 결정에 있어 위법행위를 주장하는 경우가 아니면 양형부당을 이유로 항소하는 것도 원칙적으로 인정되지 않는다.[22]

결국 공판중심주의를 원칙으로 하는 형사재판에 있어서 판사는 공정하게 재판절차를 진행하면서 그 사안의 재판과 관련된 법률문제를 결정하면 되고, 피고인의 유·무죄는 배심이 결정하는 것이 원칙이다.

4. 형벌권의 근거

국가형벌권을 부인하는 영미법계 국가의 경우 피고인에 대한 형벌의 근거 및 그 죄질을 국가의 입장에서 보는 것이 아니라 피고인의 불법행위로 인해 피해자를 입은 피해자의 입장에서 결정한다. 따라서 여러 건의 범죄(경합범)를 범한 피고인에게 국가의 입장에서 범죄 전체를 종합하여 하나의 형을 선고하는 것이 아니라, 피해자의 수에 따라 각 형벌을 과하는 것이 원칙이다. 예컨대 5건의 살인죄를 범한 경우 A를 살해한 행위는 사형, B를 살해한 행위도 사형, C를 살해한 행위는 무기징역, D를 살해한 행위는 무기징역, E를 살해한 행위는 징역 15년 등으로 피해자의 수에 따라 2개의 사형과 2개의 무기징역 그리고 징역 15년이 선고되는 것이다.

기소 역시 피고인이 범한 여러 개의 범죄를 함께 기소하여 재판하는 것이 아니라 함께 재판하여야 할 특별한 사정이 없는 한 각자 별개의 기소장을 통하여 기소하고

21) 영국의 형사재판에 있어서 검사는 양형에 관한 의견을 진술할 수 없고, 미국의 검사는 양형에 관하여 의견을 진술(recommendation)할 수 있지만, 우리나라 검사의 구형과는 다르다. 즉, 국가형벌권을 전제로 이를 주도적으로 행사하는 검사가 피고인의 죄상에 상응하는 형을 선고하여 달라고 법원에 청구하는 구형과 피고인의 양형에 관하여 전권을 갖고 있는 법원에 대하여 당사자로서 그 의견을 제시하는 것에 불과한 의견진술은 서로 구별되는 개념인 것이다.

22) 반면에 우리나라 형사소송법 제361조의5 15호는 "형의 양정이 부당하다고 인정할 사유가 있는 때"를 항소사유로, 제383조 4호는 "사형, 무기 또는 10년 이상의 징역이나 금고가 선고된 사건에 있어서 중대한 사실의 오인이 있어 판결에 영향을 미친 때 또는 형의 양정이 심히 부당하다고 인정할 현저한 사유가 있는 때"를 상고사유로 규정하고 있다.

재판도 별도의 배심을 구성하여 따로 하는 것이 원칙이다. 이러한 이유로 영미의 형사재판에서는 여러 건의 죄를 범한 1명의 피고인에게 합계 수백 년의 징역형이 선고되는 경우도 있고, 또한 여러 개의 사형판결이 선고되는 경우도 있는 것이다.[23)]

5. 불구속재판 및 무죄추정의 원칙

영미법계 국가에서는 피고인이 범죄혐으로 고발되었다 하더라도 이는 일방 당사자의 고발만 있는 상태이고, 공판중심주의에 따라 범죄혐의는 법정에서 재판을 통하여 가려지는 것이므로 도주나 증거인멸의 우려가 없는 한 불구속재판이 원칙이고, 또한 법정에서 유죄판결을 받을 때까지 피고인은 당연히 무죄로 추정된다.

6. 형사미성년제도

국가형벌권을 부인하는 영미법계 국가의 경우 굳이 형사미성년제도를 둘 이유가 없다. 피고인의 나이가 어린 경우에도 자신의 행위에 대한 의미를 알고 있는 경우에는 형벌을 피하기 어려운 것이 Commmon Law의 일반원칙이었다. 특히 오랜 세월 미국의 주도적인 형벌이념으로 자리잡았던 재사회화(교화) 형벌이념이 1960년대와 1970년대를 거치면서 범죄율의 증가와 함께 가석방자들의 범죄율이 증가하자 재사회화의 이념에 기반을 두고 있는 부정기형, 가석방제도 등에 대한 국민들의 불만이 높아졌고, 소년범에 대한 소년법원의 처벌이 미약하다는 비판과 함께 소년범도 죄에 상응하는 응분의 처벌(Just deserts)을 받아야 한다는 여론이 강하게 제기되었다. 이에 따라 소년에 대한 개선, 교화와 사회복귀에 초점을 둔 과거의 소년사법제도는 책임과 사법 정의를 강조하는 소년사법제도의 새로운 흐름과 마찰을 빚게 되었다.[24)]

소년범에 대한 강경책을 주장하는 자들은 소년범죄가 높은 비율을 유지하는 가장 큰 원인으로 소년법원의 미약한 처벌에 있다고 하면서, '너무나 많은 소년들이 회전문 절차(revolving door process)에 의한 체포 · 구속 · 석방의 과정을 되풀이하

---

23) 김용진, 앞의 책, 18면.
24) 권용석, "미국의 소년사법제도에 대한 연구", 『해외연수검사연구논문집』 17(1)(법무연수원, 2001), 17면.

는데, 위와 같은 절차는 극악한 범죄가 발생할 때까지 반복된다'[25]고 주장하였다. 이는 아래의 소년범죄의 실태에 관한 통계를 살펴보면, 잘 알 수 있다.

【표 1-5】 2018년 소년법원 사건의 각 범죄별 통계[26]

Most serious offense	Number of cases	Percentage of total juvenile court cases, 2018		
		Younger than 16	Female	White
Total delinquency	744,500	53%	27%	44
Total person	232,400	60	30	41
Criminal homicide	1,100	33	14	28
Rape	8,000	60	4	54
Robbery	19,200	46	11	14
Aggravated assault	26,100	55	25	33
Simple assault	146,800	62	37	42
Other violent sex offenses	7,800	72	6	60
Other person offenses	23,400	62	29	58
Total property	225,900	54	25	43
Burglary	42,600	54	12	37
Larceny-theft	96,200	52	35	44
Motor vehicle theft	15,200	51	22	31
Arson	2,200	73	16	52
Vandalism	35,600	61	18	54
Trespassing	20,200	54	21	42
Stolen property offenses	7,500	44	13	23
Other property offenses	6,500	48	27	48
Drug law violations	101,000	38	25	55
Total public order	185,100	51	28	43
Obstruction of justice	90,500	43	27	40
Disorderly conduct	48,000	64	36	42
Weapons offenses	16,400	53	12	34

25) Franklin E. Zimring, *American Youth Violence*, Oxford university press, 1998, p.7.

26) The Office of Juvenile Justice and Delinquency Prevention, Juvenile Court Statistics 2018, 9면.

Liquor law violation	3,900	31	31	58
Nonviolent sex offenses	11,100	62	22	60
Other public order offenses	15,200	56	23	51

Note: Detail may not add to totals because of rounding.

위의 【표 1－5】에 따르면 2018년 한 해 동안 처리된 소년범죄사건은 1,236,200건에 달하고, 그중 16세 미만의 소년이 연루된 경우는 53%, 여성소년범의 비율은 28%, 백인 소년의 범죄의 비율은 64%로 집계되었다. 특히 16세 미만 소년의 비율이 전체 소년사건에서 절반 이상을 차지하고 있다는 점이 저연령화 현상을 뒷받침해주고 있다.

【표 1-6】 범죄유형에 따른 연령별 점유비율[27)]

Offense profile of delinquency cases by age group:

Most serious offense	Age 15 or younger	Age 16 or older
2018		
Person	35%	27%
Property	31	30
Drugs	10	18
Public order	24	26
Total	100%	100%
2005		
Person	29%	22%
Property	38	35
Drugs	8	15
Public order	25	28
Total	100%	100%

Note: Detail may not total 100% because of rounding.

27) The Office of Juvenile Justice and Delinquency Prevention, Juvenile Court Statistics 2018, 9면.

위의 【표 1－6】 을 분석해볼 때 2005년과 비교하여 2018년도의 경우, 16세 미만의 소년과 16세 이상의 소년이 범한 대인 및 대물범죄, 마약범죄의 비율은 소폭 증가하였으나, 공공질서위반범죄는 큰 차이를 보이지 않는다.

【표 1-7】 소년범의 대인범죄 및 대물범죄의 연령별 추이[28)]

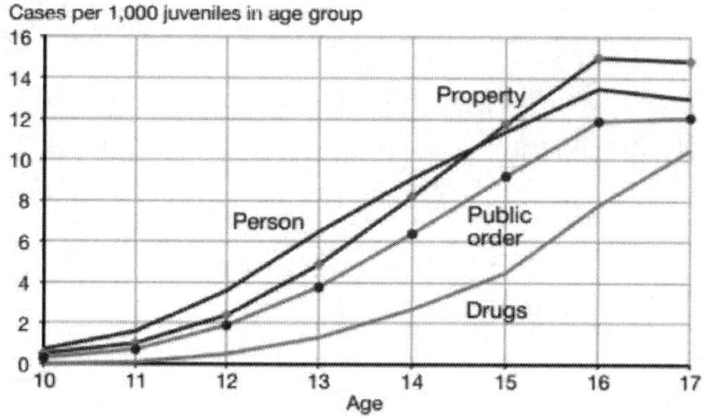

위의 【표 1－7】 을 살펴보면 대인(person), 대물(property), 마약범죄(drug offense)는 꾸준히 증가하는 반면, 공공질서위반죄(public offense)는 16세 이후로 감소하는 추세라는 점을 알 수 있다.

【표 1-8】 연령 및 성별에 따른 소년범의 구금 비율[29)]

	Percentage of cases detained			
Most serious offense	Age 15 and younger	Age 16 and older	Male	Female
2018				
Person	25%	28%	28%	21%
Property	29	35	34	26
Drugs	23	25	26	16

28) The Office of Juvenile Justice and Delinquency Prevention, Juvenile Court Statistics 2018, 10면.

29) The Office of Juvenile Justice and Delinquency Prevention, Juvenile Court Statistics 2018, 34면.

Public order	16	17	18	13
Total	25	31	30	23
2005				
Person	24%	26%	26%	20%
Property	30	34	33	28
Drugs	19	20	22	13
Public order	23	23	24	19
Total	24	28	27	23

위 【표 1－8】을 검토해볼 때, 2018년의 경우 16세 이상 소년의 구금 비율이 15세 이하의 소년범 구금 비율보다 더 높은 것으로 나타났다. 특히 대인범죄의 구금 비율이 다른 범죄의 구금 비율보다 더 높다는 사실을 알 수 있다.

결국 이러한 실태를 반영하여 미국의 많은 주에서는 성인법정에서 재판이 가능한 소년의 하한 연령을 낮추고 성인법정으로의 자동송치조항(automatic transfer)을 신설하거나,[30] 판사에게 중대한 강력범죄를 저지른 소년에 대하여 혼합판결(blended sentencing)을 선고할 수 있도록 하는 식의 입법을 하였다. 또 종래 소년법원에서 소년사건을 심리함에 있어서는 일반 형사절차에 적용되는 증거법칙, 즉 합리적 의심의 여지가 없을 정도(beyond reasonable doubt)의 증거를 요구하지 않고 유죄의 증거가 우월한 정도(preponderance evidence)로 증명의 정도를 다소 완화하였지만, 미국 연방대법원은 In re Winship(1970) 판결에서, 소년사건에 있어서도 일반 형사범에 적용되는 증거법칙 즉 합리적 의심의 여지가 없는 정도의 증명이 있어야 한다고 판시한 바 있다. 다만, 현재 영국의 경우 1933년 제정된 소년법

30) 1970년대 이후 미국 대부분의 주는, 중죄를 저지른 소년에 대하여 성인법정에서 재판받게 하는 내용의 입법을 하였는데, 성인법정에서 재판 가능한 소년의 연령에 대하여, 1975년 캘리포니아 주는 18세에서 16세로 일리노이 주는 17세에서 14세로, 뉴욕 주는 16세에서 14세로 각 낮추었고, 1994년 캘리포니아주와 알칸사스 주는 16세에서 14세로, 1995년 오레곤 주는 14세에서 12세로, 위스콘신 주는 10세로 각 낮추었으며, 1996년 테네시 주는 아예 하한 연령을 폐지하였다. 현재 미국의 28개 주는 특정 소년에 대하여는 소년법원의 관할권을 배제하고, 성인법정으로 자동 송치토록 하는 소위 '자동 송치(automatic transfer)' 조항을 두고 있고, 26개의 주와 콜롬비아 특별구는 소년법원 판사에게 소년사건에 대한 관할권을 포기하고, 성인법원으로 관할권을 양도할 수 있는 재량을 부여하고 있으며(judicial waiver), 14개 주와 콜롬비아 특별구는 일정 소년사건에 대하여 소년법원과 성인법원 모두에게 관할권을 인정하면서, 어느 법원에 기소할지 여부에 대한 재량을 검사에게 부여하고 있다.

(Children and Young Persons Act, 1933)에 의하여 10세 미만의 소년에 대한 형사처벌은 인정되지 않고 있다.

7. 소송비용

영미법계 국가의 경우 형사소송을 그 실질에 있어 민사소송의 경우와 마찬가지로 불법행위의 성립을 둘러싼 양 당사자 사이의 소송으로 보므로 그 비용은 패소자가 부담하는 것이 원칙이다. 반면, 피고인이 구금상태로 재판을 받아 무죄판결을 선고받았다 하더라도 그에 대한 보상이 이루어지는 것은 아니다. 국가 수사기관이 피고인에 대한 범죄혐의가 인정된다고 오인하여 피고인을 구속한 것이 아니라 법원이 범죄혐의에 대한 입증과 무관하게 오로지 도주나 증거인멸의 염려가 있다고 하여 피고인을 구속하였으므로 피고인이 무죄를 선고받았다고 하여 보상을 해줄 이유가 없기 때문이다.[31]

8. 법정모욕

국가형벌권을 부인하고 피해자에 의한 사인소추와 당사자주의를 전제로 한다면 법원이 일종의 피해당사자가 되는 법정모욕의 경우 법원이 스스로 나서지 않는다면 그 행위자를 처벌하는 것이 어렵다.[32] 다만, 국가라는 형벌의 주체를 인정하지 않고 양 당사자가 법원의 재판을 통하여 유·무죄를 가지고 그에 따라 법원이 형벌을 과하는 구조에서 법원의 원활한 재판을 보장하고 법원의 판결이나 결정 또는 명령에 대한 집행을 담보하기 위해서는 법원에 대한 모욕행위를 넓게 인정하고, 이를 엄격하게 규제하는 것이 필요하게 된다. 따라서 영미법계 국가에서는 법정모욕행위가 민사소송이나 형사소송에서 매우 중요한 문제로 광범위하게 다루어지고 있다. 특히 판사의 면전에서 행한 모욕에 대하여는 고발절차를 거치지 않고 그 즉석에서 벌금 또는 징역형을 과할 수 있다.

---

31) 김용진, 앞의 책, 34면.
32) 김용진, 앞의 책, 32면.

9. 양형의 기준

영국의 경우 치안법원의 약식재판에 있어서는 치안판사협회에서 정한 자세한 양형기준(sentencing guideline)이 마련되어 있어 치안판사는 양형기준에 따라 형을 정하는 것이 원칙이고, 정식으로 기소된 형사재판의 경우 양형기준이 마련되어 있지 않았으나, 2003년 양형기준 위원회(Sentencing Guidelines Council)을 창설한 후 2009년 검시관 및 사법에 관한 법률(Coroners and Justice Act 2009)을 통해 양형기준에 원칙적 기속력을 부여하였다.[33] 미국의 경우는 사형판결 등 중요한 사건에 대해서는 배심이 형을 정하기도 하지만, 대부분의 경우 판사는 양형기준법에 의한 양형기준에 따라 피고인에 대한 형을 정하여야 하고, 양형기준을 따르지 않는 형을 선고하고자 할 때에는 그에 합당한 이유를 제시하여야 한다. 다만, 하나의 양형기준이 적용되는 범죄의 범위와 관련해서는, 양형기준 설정 대상 범죄에 통일적으로 적용되는 하나의 양형기준(망라적 양형기준)을 설정하는 입법(미국 연방 양형기준)과 범죄를 그 특성에 따라 몇 가지 유형으로 구분한 후 유형별 양형기준(개별적 양형기준)을 설정하는 입법(영국 등[34])으로 대립하고 있다.

Ⅳ. 대륙법계 및 영미법계 검사의 역할 비교

1. 대륙법계 검사의 역할

대륙법계 형사사법은 국가의 형벌권을 전제로 출발하므로 범죄를 개인 간의 불법행위임과 동시에 국가의 법질서 위반행위로 간주하여, 국가는 국법질서 확립을 위해 수사 및 재판을 통하여 진실을 규명하고 범인을 처벌할 권한과 의무를 가진다는 이념과 철학을 바탕으로 하고 있다. 따라서 국가는 원칙적으로 피해자의 의사의 의사와 관계없이 범죄를 저지른 자를 색출하여 형벌을 과함으로써 다른 국민의 생

33) Andrew Ashworth · Julian V. Roberts, "The Origins Nature of the Sentencing Guidelines in England and Wales", Sentencing Guidelines: Exploring the English Model, Oxford University Press, 2013, p.3.

34) 영국은 개별 범죄유형과 관련하여서는 고살죄, 강도죄, 성범죄 등 6개 범죄유형에 대한 양형기준을 설정하였고, 그 외에도 범죄의 중대성 등 양형의 일반원칙과 관련하여 5개의 양형기준을 설정하였다(http://www.sentencing-guidelines.gov.uk/guidelines/council/final.html 참조).

명과 재산을 보호하는 등 국법질서를 확립하게 되고, 이와 같이 국가가 범죄를 저지른 자를 색출하여 형벌을 과할 수 있는 권한을 보통 국가형벌권이라고 한다.35)

피고인 자신의 유죄인정에 기초한 유죄판결 역시 인정되지 않는다. 즉, 설령 피고인이 자신의 유죄를 인정한다 하더라도 (비록 피고인의 자백이 유죄증거의 하나가 될 수 있지만) 법원은 증거법에 따른 증거조사를 거쳐 피고인의 유죄를 인정해야만 하는 것이다. 즉, 국가형벌권은 죄를 지은 자에게만 행사되어야 하기 때문에 국가가 수사와 재판을 통하여 피의자 내지 피고인이 실제 범인인지의 여부 및 범죄행위의 구체적 내용을 정확하게 밝혀 실제 범죄를 범한 자에게 그의 범행에 상응하는 형벌을 과하게 되는 것이다.

나아가 민주국가에서는 자의적이고 부당한 국가형벌권의 행사로부터 국민의 인권을 보장하고 실체진실을 발견하기 위해 특정 국가기관의 일방적인 형벌권행사를 부인하고, 3권분립에 의한 통제를 원칙으로 한다. 즉, 국회는 형법과 형사소송법 등 법률의 제정을 통하여 형벌의 근거 및 처벌절차를 정하고, 행정부에 소속된 수사기관은 국회가 정한 처벌법규에 위반한 자를 가려내어 법원에 기소하고, 법원은 수사기관이 기소한 자를 상대로 재판을 통하여 혐의유무를 확정하고 그에 따라 형을 정한다.36) 따라서 이 제도에서는 법정에서 당사자의 공격과 방어를 통하여 범죄혐의를 가리는 것이 아니라 공판 이전 단에서 국가 수사기관에 의한 수사를 통하여 혐의가 입증된 자들만 기소하여 법정에 세우고, 법원의 재판절차는 이러한 수사기관의 결론을 확인하는 의미가 강하여 기소되어 재판을 받는 피고인에 대한 무죄율이 매우 낮을 수밖에 없다.

결국 프랑스 및 독일과 같은 대륙법계 형사사법 원리는 첫째, 범인 발견과 증거수집을 위한 수사활동을 단순한 국가작용(치안질서)이 아닌 형사사법작용으로서 사법관에 의한 사법적 통제 하에 두어야 할 것으로 보는 점, 둘째, 그 주재자를 판사와 동격의 사법관인 검사로 한다는 점에 있다.37) 이에 따라 종전에 행해지던 광범위한 경찰작용 중 범죄수사와 소추에 관한 영역은 사법작용으로서 법치주의에 기한 사법적 통제를 받게 되고, 그 감시통제 임무는 국가를 대표하는 새로운 사법관인 검사가 이를 맡게 된 것이며, 이것이 프랑스를 시발로 하는 검사제도에 의한 형

35) 김용진, 앞의 책, 9면.

36) 김용진, 앞의 책, 10면.

37) 방희선, "검사 영장청구권의 법적 의의와 타당성 검토 (上)", 『법조』 제62권 제1호(통권 제676호)(법조협회, 2013), 10면.

사사법 구조의 기본원리이다.[38)]

2. 영미법계 검사의 역할

영미법계의 형사사법체계를 살펴보면, 경찰은 피의자를 체포한 후 통상 48시간 이내의 짧은 기간동안만 조사가 허용되며, 이후에는 법원에 의한 예비심문절차가 이루어지게 되고, 공판정에서 사실확인 절차가 이루어지게 된다. 이 때, 공판정에서의 사실확인 절차의 진행을 위해 일방 당사자로서 소추관인 검사가 임무를 수행하도록 하고 있다. 그러므로 영미법계 형사사법체계에서는 초동단계의 수사를 수행하는 경찰과 형사소추를 수행하는 검사, 공판정에서 소송지휘와 양형을 판단하는 판사 및 사실에 대한 판단자로서 역할을 수행하고 있는 배심원단으로 구성된 법원에게 수사권과 소추권, 재판권 등이 분배되는 구조를 갖고 있다. 그와 같이 경찰과 검찰, 법원에게 권력이 분배되지만 당사자주의에 따라 각 기관들은 모두 독립적인 지위에 서게 된다. 그러므로 영미법계 형사사법체계의 특징은 각 기관 간 지휘 및 통제관계를 상정하는 대신 권력기관들의 권한을 철저하게 분산하여 특정 기관이 형사사법체계에서 커다란 권력을 갖는 것을 사전에 차단하고, 시민이 직접 참여하도록 함으로서 지방자치 및 주민자치를 통한 시민의 직접적인 통제가 가능하도록 하고 있다는 것이다. 예를 들면, 미국은 한국처럼 통일된 국립경찰조직이 존재하지 않으며, 연방(Federal)이나 주(State), 카운티(County), 시(City)별로 다양한 유형의 경찰조직을 가지고 있다. 그리고 해당 자치단체의 경찰조직은 피라미드 구조처럼 다른 상급 자치단체의 지휘 및 감독을 받지 않는다. 미국 법원도 연방대법원과 주 법원 사이에 위계관계가 존재하고 있지 않다. 그리고 주 내에서도 지방법원판사, 항소법원판사, 주상고법원 판사 사이에 일반적인 관료적 구조에서 나타나는 위계관계가 존재하지 않으며, 승진이라는 개념도 존재하지 않는다.

3. 검토

검찰개혁과 관련된 그동안의 논의를 살펴보면, 2004년 검/경 수사권조정과 병행하여 검찰조서의 증거능력을 강화하는 논의가 격렬하게 진행되었다. 즉, 2004. 12.

38) 방희선, 위의 논문, 10－11면.

16. 대법원 전원합의체 판례[39]를 계기로 종전의 추정론(형식적 진정성립이 있으면 실질적 진정성립 추정)이 가중요건론(실질적 진정성립론)으로 변경하는 단초가 된 것이다. 어쨌든 법원·검찰·경찰 각 기관의 총력적 대결속에서 2007년 개정 형사소송법은 수사권 규정은 유지하는 대신, 검사작성 조서의 증거능력 규정을 제312조 제1항(가중요건설 채택)과 제2항(부인시 검사가 객관적인 방법으로 증명)으로 분리한 후, 조서의 진정성립을 증명하는 객관적 방법으로 영상녹화물 규정 및 제316조 제1항에 조사자증언 규정을 추가한 다음 마무리되었다. 다만, 이명박정부가 들어서면서, 검·경 수사권조정 문제가 다시 대두되었고, 경찰의 수사개시·진행권을 인정하는 대신, 헌법상 검사의 영장 신청(청구) 및 수사종결권은 인정(검사의 수사지휘권 인정)하는 방향으로 형사소송법의 일부개정이 이루어졌다.

그런데 박근혜 대통령의 탄핵을 거쳐 집권한 문재인정부는 줄곧 검찰개혁을 논의하면서, 그 결과물로 공수처의 신설 및 검/경 관계의 획기적인 변화를 추진하였다. 이에 검사의 수사지휘권 폐지, 검/경의 상호협력관계 및 경찰에 수사종결권 부여 그리고 형사소송법 제312조 제2항 폐지 및 제312조 제1항의 요건 강화(사경작성 조서의 증거능력 요건과 동일하게 '내용인정' 채택)로 입법이 이루어졌으며, 영상녹화물의 근거규정(제312조 제2항) 역시 사라지게 되었다. 따라서 이제 헌법상 검사의 영장신청(청구) 규정을 삭제할 것인지 여부만 검·경 관계에서 남은 논쟁거리이다.

문제는 집권층의 의도대로 형사소송법이 개정되었건만, 이제 한국의 형사사법시스템이 완전히 망가졌다고 보는 실무가가 갈수록 늘고 있다는 점이다. 반면, 그 정도는 아니더라도, 첫째, 고소 접수가 제대로 안된다, 둘째, 불송치 사유를 제대로 알 수가 없다, 셋째, 사건종결까지 시간이 너무 오래 걸린다는 이야기는 정설처럼

39) 대법원 2004. 12. 16. 선고 2002도537 전원합의체 판결(형사소송법 제312조 제1항 본문은 "검사가 피의자나 피의자 아닌 자의 진술을 기재한 조서와 검사 또는 사법경찰관이 검증의 결과를 기재한 조서는 공판준비 또는 공판기일에서의 원진술자의 진술에 의하여 그 성립의 진정함이 인정된 때에 증거로 할 수 있다."고 규정하고 있는데, 여기서 성립의 진정이라 함은 간인·서명·날인 등 조서의 형식적인 진정성립과 그 조서의 내용이 원진술자가 진술한 대로 기재된 것이라는 실질적인 진정성립을 모두 의미하는 것이고, 위 법문의 문언상 성립의 진정은 '원진술자의 진술에 의하여' 인정되는 방법 외에 다른 방법을 규정하고 있지 아니하므로, 실질적 진정성립도 원진술자의 진술에 의하여서만 인정될 수 있는 것이라고 보아야 하며, 이는 검사 작성의 피고인이 된 피의자신문조서의 경우에도 다르지 않다고 할 것인바, **검사가 피의자나 피의자 아닌 자의 진술을 기재한 조서는 공판준비 또는 공판기일에서 원진술자의 진술에 의하여 형식적 진정성립뿐만 아니라 실질적 진정성립까지 인정된 때에 한하여 비로소 그 성립의 진정함이 인정되어 증거로 사용할 수 있다고 보아야 한다**).

들린다. 더욱이 2022년 1월 1일부터는 검찰조서의 증거능력 강화로 공판정 사용이 사실상 어려워진다는 점에서, 검찰조서에 의지한 재판실무도 큰 변화를 겪을 수밖에 없는 상황이 되었다.

그러나 실체적 진실발견을 위해서는 적어도 수사상 진술을 공판정에 제출하는 통로는 열어두어야 하며, 수사상 진술의 증거능력을 인정하더라도 자유심증주의에 따라 판사가 믿을지 여부는 다른 문제이다(증거능력과 증명력의 구별). 사법방해죄 및 면책특권제도(Immunity)가 없는 우리나라에서 피고인은 수사상 진술과 달리 공판정에서 무조건 부인할 것이기 때문이다. 미국의 경우 수사상 자백사건은 유죄협상제도(plea－bargaining)로 해결되므로(미국 중죄사건의 92%가 plea－bargaining으로 해결) 조서의 증거능력 인정문제가 논의될 이유가 없으며, 조사자증언도 수사상 진술을 기억해내서 복기하는 것이 아니라 부인하는 피고인에 대해서 수사 당시의 상황을 증언하는 것이다. 영상녹화물도 유죄협상절차에서 자백의 임의성을 증명하기 위한 수단으로 사용될 뿐이다. 더욱이 진술거부권을 행사하는 것은 허용되지만, 수사상 거짓말을 하면 허위진술죄(사법방해죄)로 처벌받을 수도 있다. 우리나라와는 전혀 다른 시스템인 것이다.

흔히 과학적 증거를 찾으면 되지 않느냐고 반문하는데, CSI처럼 살인사건에서나 과학증거가 있을 수 있는 것이지, 뇌물사건이나 성범죄사건, 우리나라 고소사건의 대다수를 차지하는 경제사범(사기죄 등 재산범죄) 및 공범관계 등에서는 당사자의 진술이 필수적이다. 영미재판에서 왜 피고인 1명만을 두고 (배심)재판을 하는지, 검사가 왜 증인의 진술확보에 필사적인지를 생각해 보면 잘 알 수 있다. 우리나라에서는 오염된 증거로 표현하지만, 미국 검사는 진술할 증인과 사전미팅도 자주 갖는다.

결국 검사와 사법경찰의 관계에 대한 논의에서 무엇보다 중요한 것은 범죄수사와 해명에 효과적이고 기능적인 관계만을 도출하는 것이 아니라 어떤 체계가 국민의 기본권보장에 유리하고 형사소송법의 이념과 조화를 이룰 수 있는지를 찾아내는 것이다. 즉 국가형벌권의 행사를 법치국가이념에 따라 적절하게 통제함으로써 국민의 기본권보장에 어느 것이 유리한가라는 관점에서 검사와 사법경찰의 관계를 설정하여 수사구조를 정립하는 것이 보다 중요한 문제인 것이다. 왜냐하면 1차(직접) 수사기관에 대한 사법적 통제문제는 국가기관 간의 대립문제나 행정편의 등의 차원에서 볼 것이 아니라 과연 검사의 경찰에 대한 사법적 통제(지휘·감독)가 국민의 인권보호에 기여하는가, 또한 형사사법정의의 실현에 유익한 것인가라는 측면에서 형사사법제도 전체의 운영문제와 결부하여 그 논의에 신중을 기해야 할 것이기 때문이다. 어쨌든 형사소송법의 개정으로 지금보다 더 안전한 나라가 될 것인지, 또 국민의 인권이 더 보장될 것인지 지켜볼 것이다. 왜냐하면 개정 형사소송법에 따르면, 검찰의 권한은 대폭 축소되는 반면, 경찰의 권한은 막강해질 뿐만 아니라 일본의 사법경찰직원[40] 및 중국의 공안기관[41]처럼 수사를 하는 경찰의 수(행정경찰과 사법경찰의 구별 부인 및 개개 경찰이 단독관청이 아닌 관계로 경찰청 및 공안기관에 소속되어 있다면 모두 수사권을 부여받음)가 대폭 확대되기 때문이다.[42]

Ⅴ. 결론

그동안 한국 사회는 지역·계층·세대간에 치열한 내부적 대립과 갈등 속에서 성장해 왔다. 그러한 우리의 현대사는 한민족을 강인하게 만들었지만 한편으로는 많은 국민들을 지나치게 격렬하고 편향적으로 만들었다는 지적이 있는 것도 사실이다. 식자들조차 사회적인 주요 쟁점에 대하여 자신이 뿌리내리고 있는 토양에 충실한 결론부터 먼저 내린 후, 그 결론을 사수하기 위한 논리를 개발하는 모습을 보이는 경향도 없지 않다. 검수완박을 주장하는 사람들 역시 검찰의 지위를 받지 않고 수사를 하는 영미법계(미국 등)의 경찰을 그 유력한 입법례로 제시하고 있다.

그런데 미국식 형사사법구조(당사자주의)로 개편을 하고자 한다면, 유죄인부협상(plea bargaining)을 통한 재판으로 가는 사건의 대폭 감소, 자백의 임의성을 확인하기 위한 영상녹화제도, 경찰권력의 중앙집중화를 방지하기 위한 다양한 수사기구의 설치 및 자치경찰제도의 확립, 일방당사자 및 행정기관으로서의 검찰기능 개편,

40) 일본 경찰법 제62조 경찰관의 계급(장관을 제외한다)은 警視總監, 警視監, 警視長, 警視正, 警視, 警部, 警部補, 巡査部長 및 巡査로 한다.
일본 형사소송법 제189조(司法警察職員) ① 경찰관은 각각 다른 법률 또는 國家公安委員會 혹은 都道府縣公安委員會가 정하는 바에 의하여 사법경찰직원으로서 직무를 행한다.

41) 중국 형사소송법 제113조.
공안기관은 이미 입건한 형사사건에 대하여 수사를 진행하여야 하며, 범죄피의자의 유죄 또는 무죄, 죄의 경중에 관한 증거자료를 수집하고, 조사하여야 한다. 현행범이나 중대한 범죄피의자에 대하여는 법에 따라 우선 체포할 수 있고, 구속요건에 부합하는 범죄피의자는 법에 따라 구속하여야 한다.

42) 정웅석, "우리나라 수사절차 구조 개편에 관한 연구", 「형사소송 이론과 실무」 제10권 제1호(2018), 한국형사소송법학회, 54면 이하 참조.

배심제도(기소배심 및 대배심)의 도입, 수사 중심이 아닌 기소 중심(낮은 증명)에 따른 공판 위주의 재판시스템(공판정 진술을 확보하기 위한 다양한 제도의 도입), 배심재판에 따른 원칙적 단심주의 및 유죄평결에 이유의 미설시, 완전한 배심재판을 위한 전문증거금지법칙 및 심판의 대상(소송물)으로서의 소인(count)제도[43] 도입 등이 전제되어야 한다. 그리고 국민이 사법에 참여하는 이러한 사법구조를 유지하기 위해서는 막대한 비용이 드는 것은 물론이다.

공판절차를 중시하는 영미법계 국가인 미국의 경우 20017년 기준 연방법무부 예산이 약 30조 원,[44] 연방법원 예산이 약 7조 원이고,[45] 각 주별로 따지면 약 4천만 명 정도의 인구를 가지고 있는 캘리포니아 주의 경우도 법무부 예산이 약 9,000억 원, 법원 예산이 약 3조 8천억 원이 사용되고 있으므로[46] 캘리포니아 주가 미국 GDP의 약 10%를 부담한다는 점에 비추어 볼 때, 주에서는 대략 47조 원, 연방에서는 37조 원 도합 84조 원을 사법예산으로 사용하고 있다. 영국[47]에서도 재판을 진행하는 판사가 모두 3만 명가량 있다[48]는 점에 비추어 볼 때, 적어도 우리나라 사법예산의 10배는 필요하다고 판단된다. 직권주의 국가인 독일[49]의 경우에도 우리나라의 2배 정도 되는 연간 500만 건(2016년)을 처리하면서[50] 판사 2만 명, 검사 6천 명을 필요로 하여[51] 비율상 판사는 우리보다 7.7배, 검사는 2.7배를 더 고용하

43) 소송물 문제는 형사소송법상 공소불가분의 원칙 · 심판의 대상 · 기판력 · 일사부재리의 효력 등과도 연관된 문제로서, 배심재판은 본질적으로 피고인별로 한 건당 이루어진다는 점에서 병과주의로의 전환 등 양형체계에 대한 전반적인 검토가 있어야 할 것으로 보인다.

44) 미국 법무부 홈페이지, https://www.justice.gov/doj/budget-and-performance.

45) 미국 연방법원 홈페이지, http://www.uscourts.gov/about-federal-courts/governance-judicial-conference/congressional-budget-summary.

46) 캘리포니아 주 입법분석실(Legislative Analyst's Office, LAO) 홈페이지, The Budget - Judicial Branch, Dpartment of Justice 참조, http://www.lao.ca.gov/Budget?year=2017.

47) 2012년 기준으로 영국 인구는 약 6,300만 명이라고 한다(네이버 백과사전).

48) 영국 법원 홈페이지, https://www.judiciary.gov.uk/publications/judicial-statistics-2017/ (2018. 5. 28. 최종검색). 2017년 4월 1일을 기준으로 법원(Court) 판사 3,134명, 재판소(Tribunal) 판사 5,236명, 잉글랜드와 웨일즈의 치안판사 16,129명이 있다.

49) 2013년 기준으로 독일 인구는 약 8,115만 명이라고 한다(네이버 백과사전).

50) Statistisches Bundesamt, Rechtsflege: Staatsanwaltschaften 2016(Fachserie 10 Reihe 2.6), 2017, S.13.

51) Statistisches Bundesamt, Finanzen und Steuern: Personal des öffentlichen Dienstes 2016(Fachserie 14 Reihe 6), 2017, S.78. 2016년 6월 30일을 기준으로 판사는 22,735명, 검사는 5,835명이 있다.

고 있다. 그리고 일본의 경우에는 검찰이 실제로 거의 수사를 하지 않고 공소관으로서만 기능하고 있음에도 불구하고, 판사는 3천명(2002년), 검사는 부검사 포함 2,500명을 운용하고 있으며, 예산은 법원이 3조 3천억원, 검찰이 1조원 정도를 사용하고 있다. 반면에 유죄율은 10%(영국의 경우는 20%)를 상회하고 있을 뿐만 아니라, 치안은 우리나라에 비하여 훨씬 열악하다. 마피아 등 기업형의 조직폭력단이 활개를 치고 있을 뿐만 아니라 마약·매춘 등 많은 사회적 문제도 해결되지 못하고 있다.

"미국의 형사사법제도는 모범적으로 운용되고 있는 선진 서유럽국가들 즉, 네덜란드, 스칸디니바아 국가들, 독일, 스위스 등의 형사사법제도와 구별되는 두 개의 분명한 특징을 갖고 있다. 그 하나는 소송절차가 개시되기 이전 단계에서 철저하고 객관적인 그리고 판사 감독의 사실관계에 대한 수사절차를 갖고 있지 않다는 것이고, 다른 하나는 형사소송에 있어서 변호사들에게 사실을 왜곡하고 교묘한 술수를 사용할 수 있는 권한을 주어 버렸다는 것이다"[52]라는 비판이 영미법의 현 주소를 웅변적으로 표현하고 있다고 본다. 더욱이 미국의 경우 수사단계에서 피의자의 진술을 얻기 위하여 유죄협상제도를 인정하고 있으며, 대배심제도를 활용할 수도 있다. 또 참고인(증인)의 진술을 얻기 위하여 중요참고인 체포제도(18 U.S.C. §3144) 및 벌칙부 소환영장제도(grand jury subpoena)를 적극적으로 활용하며, 증인이 자기부죄거부특권을 주장하는 경우 면책조건부 증언취득제도를 시행하고 있으며, 이러한 면책특권(Immunity)을 부여했음에도 불구하고 증언을 거부하는 경우에는 법정모욕죄(18 U.S.C. §401)로 처벌할 수 있다. 또 대물적 강제처분을 원활하게 할 수 있도록 Plain view이론 등 다양한 이론들이 인정되고 있으며, 위치추적이 문제되자 최근에는 형사소송규칙(F.R.Crim.P.)을 개정하여 압수·수색의 개념에 추적장치(Tracking device)의 설치를 추가하였다.

반면, 우리나라는 수사단계에서 피의자의 진술을 얻기 위한 제도적 장치가 없을 뿐만 아니라 참고인(증인)의 출석을 강제로 확보하는 수단도 없다. 판례는 한발 더 나아가 피의자나 피고인이 수사과정이나 공판과정에 '적극적으로' 허위의 진술을 하더라도 처벌할 수 없고, 피의자나 피고인은 자신을 방어하기 위해 본능적으로 거짓말을 할 수 있으므로 그것을 밝혀야 할 책무는 검사에게 있다[53]고 판시하고 있

52) John H. Langbein, Money Talks, Clients Walk, Newsweek(1995. 4. 17.), p.32.
53) 대판 2011.10.10. 2011도7261.

다. 수사과정에서 허위진술을 한 참고인을 처벌하는 조항도 없다. 그럼에도 불구하고, 현재 검사 약 2,200명[54]이 약 20,000명의 경찰(사법경찰; 수사경찰)을 지휘하여[55] 연간 250만 명 이상의 피의자를 수사하고 있으며,[56] 검찰의 1년 예산도 약 9천억 원에 이르고 있고,[57] 3,200명 내외의 판사[58]가 이를 처리하고 있으므로 세계에서 유래가 없을 정도로 저비용으로 운영되고 있다고 할 수 있다. 이처럼 수사 및 재판은 저비용으로 운영되고 있으면서도, 무죄율은 세계에서 제일 낮을 정도로 고효율을 보여주고 있다.[59] 더욱이 기업형 조직폭력단은 거의 없으며, 마약 및 매춘문제도 미국처럼 심각하지 않다. 외국 여행객이 한국의 최고 상품으로 안전한 '치안'을 드는 이유도 여기에 있다. 물론 미국과 달리 한국의 수사기관은 긴급체포 이외에도 최장 30일간 구속(사법경찰관 10일 + 검사 20일)할 수 있으며, 참고인진술의 증거능력을 확보하기 위한 증거보전절차(형사소송법 제184조 이하) 및 참고인에 대한 증인신문절차(동법 제221조의2)가 인정되고 있다. 또 검사의 기소재량을 이용하여

54) 2019년 1월 1일 현재 전국 검사의 정원은 2,292명이다; 검사정원법 제1조(검사의 정원) 「검찰청법」 제36조 제1항에 따라 검사의 정원을 2,292명으로 한다.

55) 2016년도 기능별 경찰공무원 정원을 살펴보면, 수사경찰은 20,427명으로 전체 경찰인원(114,658명)의 17.8%를 차지하고 있다(경찰청, 2016년 경찰통계연보, 2017, 8면).

56) 2016년 검찰이 처리한 인원은 2,581,748명이다. 검찰처리인원의 추이를 살펴보면, 1997년에 2,110,436명이었던 검찰처리인원은 2008년에 2,736,064명, 2009년에 2,820,395명으로 크게 늘어났다가 2010년에 2,398,984명으로 줄어들어 현재까지 220만~250만선을 유지하고 있다(대검찰청, 2017 검찰연감, 2017, 786면).

57) 2016년도 검찰 일반회계 세출예산 총액은 9,116억 557만 원으로 법무부 일반회계 세출예산의 29.9%를 차지하고 있다(대검찰청, 2017 검찰연감, 2017, 751면). 2006년도 검찰 일반회계 세출예산 총액은 5,238억 2,685만 원으로 이 중 557억 7,439만 원이 수사활동에 사용되었다(2005년도 검찰 일반회계 세출예산 총액 4,924억 2,208만 원, 수사활동 561억 1,246만 원)(대검찰청, 2007 검찰연감, 2007, 492면; 대검찰청, 2006 검찰연감, 2006, 439면). 2007년 이후 일반회계 예산 세항별 내역이 검찰행정/검찰청운영/수사활동에서 인건비성경비/청운영기본경비/세부사업비로 바뀌어 현재 수사활동에 어느 정도의 예산이 소요되고 있는지 통계상으로는 알 수 없으나, 대략 예산의 10% 내외가 수사활동에 사용되고 있는 것으로 사료된다.

58) 2019년 1월 1일 현재 각급 법원의 판사정원은 3,214명이다.

59) 미국의 인구 10만 명당 수감자는 753명으로 한국 97명의 7.76배에 이름에도 불구(2008-2009)하고, 미국의 10만 명당 살인사건은 5.0건, 10만 명당 강도사건은 133건으로, 한국 2.9건의 1.7배, 13건의 10.2배를 기록(2010-2012)하고 있다(Nick Cowen, Nigel Williams, Comparisons of Crime in OECD Countries, CIVITAS Institute for the Study of Civil Society 2010-2012, 4-8면)고 한다(이민, 「검찰개혁 과제와 방향」 국회세미나(2016. 7. 18.) 토론문, 금태섭/백혜련/송기헌/조응천, 77면).

사실상 유죄협상과 동일한 효과를 거두고 있는 것도 부인할 수 없는 사실이다.

국가수사체계와 관련해서도 미국의 경우 경찰자치가 실현되어 있어서 우리나라와 같은 중앙집권적인 경찰조직과는 근본적으로 차이가 있다. 특히 미국의 경찰은 경찰서장의 주민선거와 같은 시민적 통제장치가 마련되어 있고, 일본의 경우에도 국가공안위원회를 위시하여 각종 지방자치단체에 공안위원회가 설치되어 경찰권력의 지방자치에 의한 분산 및 주민통제가 실현되고 있다. 그러나 이러한 경찰조직의 재편성이 인정되지 아니한 상태에서 현대형 범죄에의 효율적 대처라는 측면만을 내세워 경찰의 수사권을 독립시킨다면, 한국 형사사법의 현실에서는 검찰의 통제를 받지 않는 전국 통일의 거대한 권력조직이 등장하게 될 것이다. 오히려 범죄의 다양화·전문화·지능화의 추세에 따른 고도의 수사기술, 적법절차 요구에 의한 증거법적 지식의 요청으로 검사의 수사지휘권을 강화하는 것이 세계 각국의 경향이다. 또 이론적으로 보면 경찰작용은 행정법상의 개념이고 사실행위인데 반하여, 수사는 형사소송법상의 개념이고 법률적 행위이다. 제도의 연혁으로 보더라도 대륙법계 국가의 사법경찰이 경찰의 업무로 된 것은 프랑스 혁명 이후 경찰에 범죄수사 업무를 위임한 형식에서 비롯된 것이다. 그러므로 현재 경찰이 범죄수사 업무를 담당하고 있다고 하여 검사의 사법통제를 편의적인 것으로 생각하는 것은 잘못된 생각이다.

입법론적으로도 제도로서의 사법과 그 사법작용의 실현에 관여하는 기관의 조직·구성·성격에 있어 – 특히 형사사법의 영역에서 – 우리의 제도가 비록 전후 영미법체제의 영향을 받았다는 점을 부정할 수는 없으나 검찰제도에 관한 한, 그 역사적 성격·조직·지위에 있어 대륙법계의 제도를 그 원형으로 삼고 있음이 사실이다. 따라서 검찰과 경찰의 관계를 정립함에 있어서는 이러한 제도적 성격을 전제로 출발하여야 할 것이다. 그런데 대륙법계의 검찰을 전제로 하는 한, 검찰제도의 역사적 성격, 즉 규문판사(糾問判事)와 그의 수사업무를 대신한 경찰의 자의성 배제, 검찰을 내무부에 두지 않고 국가의 법의지(法意志)를 대표하는 법무부 밑에 설치한 역사적 의미와 더불어 검찰의 객관적 성격, 수사의 실제에 있어서 가지는 법규적·실질적 통제기능 등의 검증을 통하여 보거나, 중요사건 수사에 있어서 검찰의 역할과 기능을 고려하면 그 해답은 자명하다 할 것이다. 즉, 독일과 프랑스 등 유럽의 다수 국가들이 사법부에 검찰을 배치하거나 판사와 검사를 모두 행정부에 배속시키지만 법무부(법원행정처와 법무부가 합해진 부서)에 둔 이유는 수사와 기소 및 공판 기능은 행정부로 넘어가서는 안 된다는 근대 민주적 법치국가 전통의 삼권분립의 근본원칙을 유지하고자 하는 이유도 있지만, 기본적으로 경찰의 권력은 전형적인 행정권력이자 집권권력의 수족이라는 점을 부정할 수 없기 때문이다. 따라서 법이론적으로 볼 때 우리나라 검찰개혁의 논란은 수사는 대륙법 체계(독일의 직권주의)를 취하고 있는 반면, 재판은 공판중심주의라는 미명하에 영미법 체계(미국의 당사자주의)를 추종하는 데서 발생하고 있다. 따라서 입법의 전제조건으로 우리나라 형사사법체계를 영미법 체계로 할 것인지 아니면 대륙법 체계로 할 것인지를 먼저 결정한 후, 만약 수사도 영미법 체계로 변경하고자 한다면, 영미의 사법시스템을 전면적으로 도입해야 할 것이다. 반면에 대륙법 체계를 고수한다면 검찰의 사법기관성을 더 강조하는 방안을 모색하는 것이 종국적인 해결방안으로 보인다.

결국 검찰개혁이 필요하다면'수사'와 '기소'의 분리가 아닌 검사의 '(직접)수사'와 '수사지휘'의 분리를 통한 검찰의 (준)사법적 성격을 회복하는 방향으로 개혁이 이루어져야 할 것이며, 이것만이 막강한 권력작용인 수사권 자체에 대한 통제장치로 작동하게 될 것이다. 그리고 대안으로 국가수사청을 신설한다면 수사청(국가수사청 및 지방수사청)에 직접수사권을 부여하되(수사에 대한 책임도 수사청의 수사관이 짐), 국가검찰청 및 지방검찰청 소속 검사의 수사지휘를 받도록 하는 것이며, 굳이 검사의 수사지휘를 부정하고자 한다면 영미식의 사법체계에 따라 지체 없이 사건을 법원에 송치하여 공판정에서 유·무죄를 다투는 시스템(공판중심주의)으로 변경되어야 할 것이다. 다만, 우리나라 검찰제도의 가장 큰 문제점은 무소불위의 권력을 가진 청와대에서 평검사를 포함한 모든 검사인사를 행하는 것이므로, 대통령의 독점적 검찰인사권에 대한 개선이 없이는 어떤 개혁도 무의미할 것이다. 통제받지 않는 청와대의 검찰인사는 절대로 위험하다는 사실이며, 결국 그 몫은 고스란히 국민의 인권침해로 돌아올 것이다.

논문투고일 : 2021.12.11. 논문심사일 : 2021.12.14. 게재확정일 : 2021.12.24.

【참고문헌】

김동률, “바람직한 검경 관계모델에 대한 연구”, 『한국공안행정학회보』 제23권 제4호(한국공안행정학회, 2014).

김종민, “프랑스 사법경찰제도에 관한 연구”, 『법조』 통권 제594호(법조협회, 2006).

______, “프랑스 형사사법 개정 동향”, 『형사법의 신동향 통권』 제3호(대검찰청, 2006).

문준영, “한국검찰제도의 역사적 형성에 관한 연구”, 서울대학교 박사학위논문, 2004.

서보학, “글로벌 스탠더드에 부합하는 수사·기소 분리”, 견제와 균형을 위한 검찰개혁 어떻게 할 것인가?, 국회의원 민병두/소병훈/금태섭/민주사회를 위한 변호사모임 주최 자료집(2017).

신태훈, “이른바 ‘수사와 기소 분리론’에 대한 비교법적 분석과 비판”, 『형사법의 신동향』 통권 제57호(대검찰청 미래기획단, 2017).

이경렬, “수사종결권 부여와 경찰권 통제 – 국회의원 박범계, 오신환 안을 중심으로 –”, 한국형사소송법학회 제53회 월례발표회 자료집(2018).

이완규, “개정 형사소송법상 수사체제”, 『법조』 제660권(법조협회, 2011).

정웅석, “검경 수사권조정 개정안의 주요 내용에 대한 비교 분석 및 대안”, 『형사소송 이론과 실무』 제12권 제1호(한국형사소송법학회, 2020).

정웅석, “검사의 직접수사의 개념과 수사지휘와의 관계 – 비교법적 관점에서 본 수사와 기소 분리의 허구성에 대하여 –”, 『형사법의 신동향』 통권 61호(대검찰청, 2018).

한제희, “프랑스 형사증거법 연구”, 『해외연수검사연구논문집』 제24집(법무연수원, 2008).

【국문초록】

형사사법제도와 관련하여, 문재인정권의 개혁을 한 단어로 정리하면 '검찰개혁' 일 것이다. 검찰개혁의 미비로 형사사법의 모든 문제가 발생한다는 입장으로 보이지만, '어떻게 개혁해야 하는가'라고 물으면 돌아오는 대답은 무소불위의 권력을 가진 검찰제도를 해체해야 한다거나 고위공직자범죄수사처를 설치해야 한다는 등 총론적인 논의만 있을 뿐 각론적인 내용이 없다.

문제는 범죄척결을 위한 국가수사체계(형사사법체계)를 구성하는 소추절차(기소·불기소 결정)에 대해서는 영미법계 국가와 대륙법계 국가 사이에 근본적인 차이가 존재한다는 점이다. 전자는 쉽게 기소하고 재판에 보내는 구조인 반면, 후자는 소추절차의 적정성은 재판절차를 통하여 통제가 이루어질 수 있으나, 수사절차의 적정성을 사후에 재판절차를 통하여 통제한다는 것은 명백히 한계가 있으므로 소추권을 갖고 있는 검사에게 수사절차를 통제하도록 하고 있는 것이다. 왜냐하면 기소는 물론 불기소 사유의 대부분이 '혐의없음'인데, '혐의없음' 중 '증거불충분'은 법률가가 판단해야 하는 규범 영역이기 때문이다. 따라서 검사제도를 갖고 있는 대부분의 대륙법계 국가에서는 검사에게 사법경찰관리에 대한 수사지휘·감독권자(수사주재자)로서의 지위를 맡기고 있다.

그런데 어떤 사법체계를 따르더라도 형사사법제도는 국가형벌권을 실현하는 과정에서 국민의 기본권을 침해하는 작용을 수반하여 국민의 권익과 직결되어 있고, 제도의 특성상 불완전하게 설계될 경우 이를 바로잡기 어렵다는 점이다. 따라서 그동안 대륙법계 사법체계를 따르고 있었던 우리나라 형사사법구조상 검사의 사법적 통제가 적정하게 행사되고 있는지 여부가 우리나라 형사사법절차의 적정한 운용을 판가름하는 시금석임에도 불구하고, 특수부를 중심으로 한 검찰의 일부 직접수사 폐해로 인해 국가수사체계의 단골메뉴로 검찰개혁이 논의된 점은 부인할 수 없는 사실이다. 문제는 사법개혁이라는 미명 하에 형사소송법이 개정되었지만, 사건의 상당부분이 사법경찰관리에 의해 수사되는 우리나라의 현실을 외면한 채, 사법경찰관에게 수사종결권까지 부여한 것은 대륙법계는 물론 영미법계 사법체계와도 다른 변형적 구조라는 점이다.

결국 입법의 전제조건으로 우리나라 형사사법체계를 영미법 체계로 할 것인지 아니면 대륙법 체계로 할 것인지를 먼저 결정한 후, 만약 수사도 영미법 체계로 변경하고자 한다면, 영미의 사법시스템을 전면적으로 도입해야 할 것이다. 반면에 대륙법 체계를 고수한다면 검찰의 사법기관성을 더 강조하는 방안을 모색하는 것이 종국적인 해결방안으로 보인다.

◈ 주제어: 검찰개혁, 대륙법계 국가의 검사, 영미법계 국가의 검사, 사법기관성, 적법절차

【Abstract】

A Comparison of the roles of prosecutors according to the criminal justice system of continental law and Anglo-American Law

Jeong, Oung－Seok*

Regarding the criminal justice system, the reform of the Moon Jae－In regime would be 'prosecution reform' in one word. It seems that all problems of criminal justice arise due to the lack of prosecution reform, but the answer is only general discussions such as dismantling the prosecution system with Unlimited power or establishing a high－ranking government criminal investigation office.

The problem is that there is a fundamental difference between Anglo－American and continental law countries in the prosecution procedure (decision of prosecution and non－prosecution) that constitutes the national investigation system (criminal justice system) for crime eradication. The former is a structure that easily prosecutes and sends to trial, while the latter can be controlled through trial procedures, but there is a clear limit to controlling the appropriateness of investigation procedures through post－trial procedures. This is because most of the reasons for non－prosecution as well as prosecution are "no charges," and "not enough evidence" among "no charges" is a normative area that lawyers must judge. Therefore, in most continental legal countries that have a prosecutor system, prosecutors are entrusted with the status of investigative command and supervisory authority (investigation subject) for judicial police management.

However, no matter what judicial system is followed, the criminal justice system is directly related to the rights and interests of the people in the process of realizing the right to punishment, and due to the nature of the system, it is difficult to correct it. Therefore, it is undeniable that the reform

* Professor, College of Social Sciences, Department of Law, Seokyeong University

of the prosecution was discussed as a regular menu of the national investigation system due to some direct investigation by the prosecution centered on the special department, although the judicial control of prosecutors is properly exercised. The problem is that although the Criminal Procedure Act was revised in the name of judicial reform, it is a transformative structure different from the British and American judicial system that granted judicial police officers the right to terminate the investigation, ignoring the reality of Korea.

In the end, if the Korean criminal justice system is to be an Anglo—American legal system or a continental legal system as a prerequisite for legislation, and then if the investigation is to be changed to an Anglo—American legal system, the Anglo—American judicial system should be fully introduced. On the other hand, if the continental legal system is adhered to, it seems that the ultimate solution is to find a way to further emphasize the judicial institution of the prosecution.

◈ Key Words: Reform of the prosecution, Role of state prosecutors in continental law, Role of Anglo-American law, Judicial institutionality, due process of law.

한국형사소송법학회『형사소송 이론과 실무』
제13권 제4호 (2021.12) 71~104면.
Theories and Practices of Criminal Procedure Vol. 13 No. 4 (December. 2021) pp. 71~104.
10.34222/kdps.2021.13.4.71

우리나라의 최근 수사체제의 변화*

이 창 현**

목 차

Ⅰ. 서론
Ⅱ. 검사와 사법경찰관의 수사개시와 진행
Ⅲ. 검사의 사법경찰관에 대한 수사감독권
Ⅳ. 검사와 사법경찰관의 수사종결
Ⅴ. 고위공직자범죄수사처
Ⅵ. 인적 증거에 대한 증거능력과 증명력
Ⅶ. 결론

Ⅰ. 서론

우리나라의 종래 검사제도에 대해서는 검사의 막강한 권한과 책임에 비해 정치적 고려에 따른 편향적 수사, 과도한 직접수사, 형사사법 운영에 있어서의 법원과의 주도권 경쟁, 경찰에 대한 수사지휘권 마찰 등 여러 비판과 갈등이 계속되어 왔다.[1] 급기야 검사에게 집중된 권한을 분산시킨다는 차원의 검·경수사권 조정은 검찰개혁을 위한 문재인 대통령의 대선공약이 되기에 이르렀다. 최근 형사소송법과 검찰청법의 개정, '고위공직자범죄수사처 설치 및 운영에 관한 법률'의 제정과 개정 등을 통해 검사의 수사개시범위 제한, 검사의 일반사법경찰관리에 대한 수사지휘권

* 이 논문은 2021.12.3. 한국형사소송법학회, 한국형사·법무정책연구원과 중국형사소송법학연구회가 공동으로 개최한 학술대회에서 발표한 원고를 수정·보완한 것입니다. 또한 이 논문은 2021학년도 한국외국어대학교 교내학술연구비의 지원에 의해 이루어진 것입니다.
** 한국외대 법학전문대학원 교수, 법학박사
1) 이은모/김정환, 『형사소송법(제8판)』(박영사, 2021), 63면; 이재상/조균석/이창온, 『형사소송법(제13판)』(박영사, 2021), 94면; 이창현, 『형사소송법(제7판)』(정독, 2021), 79면.

폐지, 일반사법경찰관의 1차 수사종결권 인정, 고위공직자범죄수사처라는 새로운 수사기관의 신설, 검사 작성 피의자신문조서의 증거능력 엄격 제한 등의 큰 변화가 이루어졌다.

이에 따라 검사와 사법경찰관은 모든 수사에 관해 지휘·복종관계이었으나(구 형사소송법 제196조 제1항) 2021.1.1.부터 검사와 사법경찰관은 수사, 공소제기 및 공소유지에 관해 서로 협력관계(형사소송법 제195조 제1항, 이하 '법'이라 함)로 변화되고, '검사의 사법경찰관리에 대한 수사지휘 및 사법경찰관리의 수사준칙에 관한 규정'이 폐지되는 대신 '검사와 사법경찰관의 상호협력과 일반적 수사준칙에 관한 규정'(이하 '수사준칙'이라 함)이 대통령령(제31089호)으로 제정되어(2020.10.7.) 2021.1.1.부터 시행되고 있다.[2)]

먼저 검사와 사법경찰관의 수사개시와 진행, 검사의 사법경찰관에 대한 수사감독권, 검사와 사법경찰관의 수사종결로 나누어 검사와 사법경찰관의 수사체제의 변화를 살펴보고, 다음으로 고위공직자범죄수사처의 대상범죄 범위, 조직과 운영, 고위공직자범죄의 통보와 이첩, 수사종결에 대해 알아본 후에 마지막으로 검사가 작성한 피의자신문조서, 기소 후의 참고인조사와 증언 등 인적 증거에 대한 증거능력과 증명력의 변화에 대해서도 검토하였다.[3)]

Ⅱ. 검사와 사법경찰관의 수사개시와 진행

1. 검사의 수사권과 수사개시범위

가. 수사권

검사는 범죄혐의가 있다고 사료하는 때에는 범인, 범죄사실과 증거를 수사한다(법 제196조).[4)] 이와 같이 검사는 수사권을 통해 피의자신문(법 제200조), 참고인조

2) 수사준칙 제6조(상호협력의 원칙) ① 검사와 사법경찰관은 상호 존중해야 하며, 수사, 공소제기 및 공소유지와 관련하여 협력해야 한다. ② 검사와 사법경찰관은 수사와 공소제기 및 공소유지를 위해 필요한 경우 수사·기소·재판 관련 자료를 서로 요청할 수 있다. ③ 검사와 사법경찰관의 협의는 신속히 이루어져야 하며, 협의의 지연 등으로 수사 또는 관련 절차가 지연되어서는 안 된다.

3) 이창현, "검·경수사권 조정 관련 법률안에 대한 검토와 대안", 『형사소송 이론과 실무』 제11권 제2호(2019.12.), 1－28면에 의하면 형사소송법과 검찰청법 등의 개정 전의 여러 논의 내용을 확인할 수가 있다.

사(법 제 221조) 등의 임의수사는 물론이고 체포(법 제200조의2 등)와 구속(법 제201조 등), 압수·수색·검증(법 제215조 등) 등의 강제수사를 할 수도 있다.

구속영장청구 등 각종 영장청구권(헌법 제12조 제3항, 법 제201조 등), 증거보전청구권(법 제184조)과 증인신문청구권(법 제221조의2)은 수사기관 중에서 검사에게만 인정되고 있다.

나. 수사개시범위

검찰청법의 '검사의 직무'에 관한 제4조의 개정에 따라 검사가 수사를 개시할 수 있는 범죄는 ① 부패범죄, 경제범죄, 공직자범죄, 선거범죄, 방위사업범죄, 대형참사 등 대통령령으로 정하는 중요 범죄,[5] ② 경찰공무원이 범한 범죄, ③ 위의 ①, ②의 검사가 수사를 개시한 범죄 및 사법경찰관이 송치한 범죄와 관련하여 인지한 각 해당 범죄와 '직접 관련성이 있는 범죄'로 한정된다(검찰청법 제4조 제1항 제1호).[6] 이에 따라 위에 해당되지 않는 범죄 등에 대한 고소·고발·진정 등이 검찰청에 접수된 때에는 다른 수사기관에 이송해야 한다(수사준칙 제18조).[7]

---

4) 종래 구법 제195조에서는 '수사하여야 한다.'고 하였으나 개정 법 제196조에서는 '수사한다.'로 변경되었다.

5) 대통령령(제31090호)인 '검사의 수사개시 범죄 범위에 관한 규정(이하 '수사개시규정')'과 법무부령(제986호)인 그 시행규칙에 의하면 중요 범죄 중에 ① 부패범죄의 범위는 공무원 등의 뇌물 관련 범죄와 배임수증죄 등의 수수금액 3,000만원 이상 등으로, ② 경제범죄의 범위는 특경법 제3조, 특가법 제6조와 제8조 등에 해당하는 범죄로, ③ 공직자범죄의 범위는 공무원 등의 직무유기·직권남용권리행사방해·피의사실공표·공무상비밀누설의 죄 등으로, ④ 대형참사범죄의 범위는 화재·붕괴·폭발·교통사고·감염병 등 사회재난과 관련한 범죄 등으로 검사의 수사개시 대상 중요 범죄의 구체적인 범위를 정하고 있다.

그러나 최근의 'LH 부동산투기사건'이나 '대장동 개발 특혜 의혹사건', '고발사주 의혹사건'과 같이 검사의 수사개시범위에 해당하는 여부를 수사초기에 판단하기가 쉽지 않아 혼란이 생길 여지가 많은 것이 사실이다.

6) 수사개시규정 제3조에 의하면 위 ③에서 '직접 관련성이 있는 범죄'란 위 ①, ②의 범죄 및 사법경찰관이 송치한 범죄와 합리적 관련성이 있는 범죄로서 Ⓐ 형사소송법 제11조 각호에 따른 관련사건, Ⓑ 형사소송법 제208조 제2항에 따른 동일한 범죄, Ⓒ 형법 제19조에 따른 독립행위로서 경합하는 범죄, Ⓓ 해당 범죄에 대한 무고죄를 말한다.

7) 수사준칙 제18조(검사의 사건 이송 등) ① 검사는 다음 각호의 어느 하나에 해당하는 때에는 사건을 검찰청 외의 수사기관에 이송해야 한다. 1. 검찰청법 제4조 제1항 제1호 각목에 해당되지 않는 범죄에 대한 고소·고발·진정 등이 접수된 때, 2.「검사의 수사개시 범죄 범위에 관한 규정」 제2조 각호의 범죄에 해당하는 사건 수사 중 범죄 혐의사실이 검찰청법 제4조 제1항 제1호 각목의 범죄에 해당되지 않는다고 판단되는 때. 다만 구속영장이나 사람의 신체,

그리고 검사는 사법경찰관으로부터 송치받은 사건에 대해 특별히 직접 보완수사를 할 필요가 있다고 인정되는 경우에 한해 보완수사를 할 수 있다(수사준칙 제59조 제1항).

결론적으로 검·경수사권조정에 따른 검찰청법의 개정과 수사준칙에 의해 ① 검사의 1차적 수사권이 크게 제한받게 되었고, ② 송치사건에 대해서도 예외적으로만 직접 보완수사권을 가지게 되었다.[8)]

2. 사법경찰관의 수사범위

가. 국가수사본부와 자치경찰사무

사법경찰관은 범죄혐의가 있다고 사료하는 때에는 범인, 범죄사실과 증거를 수사한다(법 제197조 제1항). 사법경찰관의 수사개시범위는 검사와 같은 제한이 없기 때문에 원칙적으로 모든 범죄에 대한 수사권을 가진다.[9)][10)] 경찰청에 하부조직으로 국가수사본부를 두며(국가경찰과자치경찰의조직및운영에관한법률 제16조 제1항), 국가수사본부장은 형사소송법에 따른 경찰의 수사에 관해 각 시·도경찰청장과 경찰서장 및 수사부서 소속 공무원을 지휘·감독한다(동조 제2항).[11)] 경찰청장은 경찰수사에 관한 사무의 경우에는 개별 사건의 수사에 대해 구체적으로 지휘·감독할 수 없다고 하여(동법 제14조 제6항 본문) 경찰수사의 독립성을 위해 경찰청장의 지휘·

주거, 관리하는 건조물, 자동차, 선박, 항공기 또는 점유하는 방실에 대하여 압수·수색 또는 검증영장이 발부된 경우는 제외한다.

8) 정웅석/최창호/이경렬/김한균, 『신형사소송법』(박영사, 2021), 78면에 의하면 'OECD 국가 중에서 법률로 검사의 수사범위를 제한하는 입법례는 없을 뿐만 아니라 죄명이나 범죄유형으로 직접수사의 범위를 정하는 방식은 그 용어의 해석을 두고 많은 논란이 생길 수밖에 없다'며 비판적인 입장이다.

9) 다만 '검사의 고위공직자범죄 혐의를 발견한 경우'에는 사건을 고위공직자범죄수사처에 이첩해야 하는 등의 예외가 있기는 하며, 이에 대해서는 뒤에서 논의한다.

10) 김혁돈, "소위 검찰개혁입법에 대한 소고", 『형사소송 이론과 실무』 제12권 제1호(2020.6.), 61면에 의하면 현재 우리나라의 경찰제도는 일반 행정기능, 위험예방기능, 사법경찰기능, 정보수집 평가기능 등이 한 곳에 수렴되어 있는 세계에서 보기 드문 중앙집권적 구조를 보이고 있으므로 경찰의 수사권 이양 전제조건으로 사법경찰과 정보경찰, 행정경찰의 분리가 필요하다는 주장을 하고 있다.

11) 국가수사본부장의 임기는 2년으로 하며 중임할 수 없고(동법 제16조 제3항), 임기가 끝나면 당연히 퇴직한다(동조 제4항).

감독권을 제한하면서 이에 대해 예외를 인정하고 있기도 하여[12] 앞으로 그 지휘·감독권의 적합한 운용 여부를 지켜보아야 할 것이다.

그리고 경찰의 사무를 국가경찰사무와 자치경찰사무로 구분하고, 자치경찰사무의 수사사무는 ① 학교폭력 등 소년범죄, ② 가정폭력, 아동학대 범죄, ③ 교통사고 및 교통 관련 범죄, ④ 형법 제245조에 따른 공연음란 및 「성폭력범죄의 처벌 등에 관한 특례법」 제12조에 따른 성적 목적을 위한 다중이용장소 침입행위에 관한 범죄, ⑤ 경범죄 및 기초질서 관련 범죄, ⑥ 가출인 및 「실종아동 등의 보호 및 지원에 관한 법률」 제2조 제2호에 따른 실종아동 등 관련 수색 및 범죄이다(동법 제4조). 시·도경찰청장은 자치경찰사무에 대해서는 시·도자치경찰위원회의 지휘·감독을 받아 관할구역의 소관 사무를 관장하고, 소속 공무원 및 소속 경찰기관의 장을 지휘·감독한다(동법 제28조 제3항).

나. 영장심의위원회의 설치

검사가 사법경찰관이 신청한 영장을 정당한 이유없이 판사에게 청구하지 않은 경우에 사법경찰관은 그 검사 소속의 지방검찰청 소재지를 관할하는 고등검찰청에 영장청구 여부에 대한 심의를 신청할 수 있고(법 제221조의5 제1항), 이를 심의하기 위해 각 고등검찰청에 영장심의위원회를 둔다(동조 제2항). 검사의 영장청구권남용을 견제할 수 있는 제도로 도입되었다.

심의위원회는 위원장 1명을 포함한 10명 이내의 외부위원으로 구성하고, 위원은 각 고등검찰청 검사장이 위촉하며(동조 제3항), 사법경찰관은 심의위원회에 출석하여 의견을 개진할 수 있다(동조 제4항). 심의위원회의 구성 및 운영 등 그 밖에 필요한 사항은 법무부령으로 정한다(동조 제5항).

이에 따라 제정된 '영장심의위원회 규칙'[13]에 의하면 심의신청을 한 사법경찰관뿐만 아니라 담당검사도 심의위원회에 의견서를 제출하거나 출석하여 의견을 개진할 수 있으며(동 규칙 제17조, 제18조) 피의자 또는 변호인은 심의위원회에 의견서를 제출할 수 있고(동 규칙 제19조), 담당검사와 사법경찰관은 심의위원회의 심의결

12) 다만, 국민의 생명·신체·재산 또는 공공의 안전 등에 중대한 위험을 초래하는 긴급하고 중요한 사건의 수사에 있어서 경찰의 자원을 대규모로 동원하는 등 통합적으로 현장에 대응할 필요가 있다고 판단할 만한 상당한 이유가 있는 때에는 국가수사본부장을 통하여 개별 사건의 수사에 대하여 구체적으로 지휘·감독할 수 있다(동법 제14조 제6항 단서).

13) 법무부령 제996호로 2021.1.1. 제정 및 시행 중이다.

과를 존중해야 한다(동 규칙 제25조 제2항). 헌법이 규정한 검사의 영장청구권을 고려하는 경우에 심의위원회의 심의결과는 권고적 효력에 불과하지만 이를 존중하도록 하였다.[14)]

3. 수사준칙에서의 심야조사와 장시간조사의 제한과 휴식시간 부여

검사 또는 사법경찰관은 ① 조사, 신문, 면담 등 그 명칭을 불문하고 피의자나 사건관계인에 대해 오후 9시부터 오전 6시까지 사이에 조사를 해서는 안 되고, 다만, 이미 작성된 조서의 열람을 위한 절차는 자정 이전까지 진행할 수 있다고 하여 심야조사를 제한하고(제21조 제1항),[15)] ② 조사, 신문, 면담 등 그 명칭을 불문하고 피의자나 사건관계인을 조사하는 경우에는 대기시간, 휴식시간, 식사시간 등 모든 시간을 합산한 총 조사시간이 12시간을,[16)] 특별한 사정이 없으면 실제 조사시간이 8시간을 각 초과하지 않도록 한다고 하여 장시간조사를 제한하고 있다(제22조 제1항, 제2항).

그리고 ③ 조사에 상당한 시간이 소요되는 경우에는 특별한 사정이 없으면 피의자 또는 사건관계인에게 조사 도중에 최소한 2시간마다 10분 이상의 휴식시간을 주어야 한다고 하여 휴식시간을 부여하고 있다(제23조 제1항).

지금까지 철야신문(밤샘조사)과 계속된 장시간조사를 통해 피의자나 참고인에 대

14) 광주고검의 영장심의위원회가 주식투자 사기 피의자에 대한 경찰의 구속영장 신청을 검찰이 기각한 사건에서 최초로 피의자에 대해 구속영장을 청구해야 한다는 결정이 있었다(동아일보 2021.8.3.자 12면 “영장심의위 ‘檢 영장 기각부당’ 첫 결정”기사 참조).

15) 다만, Ⓐ 피의자를 체포한 후 48시간 이내에 구속영장의 청구 또는 신청 여부를 판단하기 위해 불가피한 경우, Ⓑ 공소시효가 임박한 경우, Ⓒ 피의자나 사건관계인이 출국, 입원, 원거리 거주, 직업상 사유 등 재출석이 곤란한 구체적인 사유를 들어 심야조사를 요청한 경우(변호인이 심야조사에 동의하지 않는다는 의사를 명시한 경우는 제외한다)로서 해당 요청에 상당한 이유가 있다고 인정되는 경우, Ⓓ 그 밖에 사건의 성질 등을 고려할 때 심야조사가 불가피하다고 판단되는 경우 등 법무부장관, 경찰청장 또는 해양경찰청장이 정하는 경우로서 검사 또는 사법경찰관의 소속 기관의 장이 지정하는 인권보호 책임자의 허가 등을 받은 경우에는 심야조사의 사유를 조서에 명확하게 적고 심야조사를 할 수 있다(제21조 제2항).

16) Ⓐ 피의자나 사건관계인의 서면 요청에 따라 조서를 열람하는 경우와 Ⓑ 제21조 제2항 각호의 어느 하나에 해당하는 경우에는 예외로 하고(제22조 제1항 단서), 검사 또는 사법경찰관은 피의자나 사건관계인에 대한 조사를 마친 때부터 8시간이 지나기 전에는 다시 조사할 수 없고, 다만, 제1항 제2호(위 Ⓑ부분)에 해당하는 경우에는 예외로 한다(제22조 제3항).

해 사실상의 자백이나 유리한 진술강요 등의 폐단이 지적되어 왔기에 이에 대한 진일보한 기준이 마련된 것으로 평가된다. 앞으로 위와 같은 규정을 실질적으로 위반하여 작성된 피의자신문조서나 참고인 진술조서 등은 위법한 절차에 의해 수집된 증거에 해당하여(법 제308조의2) 증거능력이 인정될 수 없다고 하겠다.

Ⅲ. 검사의 사법경찰관에 대한 수사감독권

1. 일반적 수사지휘권에서 수사감독권으로의 변화

검사의 경찰청 소속 일반사법경찰관리에 대한 수사지휘권을 폐지하는 대신 검사와 일반사법경찰관은 수사, 공소제기 및 공소유지에 관해 서로 협력하도록 하면서(법 제195조 제1항) 다음과 같은 여러 가지 수사감독권이 규정되었다.[17]

그러나 검찰청 소속 일반사법경찰관리와 특별사법경찰관리는 계속 수사에 관해 검사의 수사지휘를 받도록 하고 있다(법 제245조의9, 제245조의10 제2항, 제4항).[18]

2. 수사감독권의 구체적인 내용

가. 보완수사요구

검사는 ① 송치사건의 공소제기 여부 결정 또는 공소유지에 관해 필요한 경우와 ② 사법경찰관이 신청한 영장청구 여부 결정에 관해 필요한 경우에 사법경찰관에게 보완수사를 요구할 수 있고(법 제197조의2 제1항),[19] 사법경찰관은 위 요구가 있

17) 이에 대해 이완규, 『검찰개혁법해설』(박영사, 2020), 93-94면에 의하면 헌법이 검사에게 영장청구권을 부여하고 있기 때문에 사법경찰관이 강제수사단계로 진행하려면 검사의 지휘를 받을 수밖에 없으므로 포괄적 지휘관계에서 개별적 지휘관계로 변경되었다는 주장이 있고, 이윤제, "개정 경찰법의 사법경찰과 행정경찰 분리", 『형사법의 신동향』 통권 제72호(2021.9.), 48면에 의하면 개정형사소송법에서 검사는 수사의 주재자로서의 지위와 일반적 수사지휘권을 상실하였으나 형사소송법의 각 규정에 근거한 개별적 명령권을 가지고 있다는 주장도 있다.

18) 검찰청법 제4조 제1항 제2호에서도 '검사의 직무' 중에 '범죄수사에 관한 사법경찰관리 지휘·감독'이 '범죄수사에 관한 특별사법경찰관리 지휘·감독'으로 변경되었다.

19) 검사는 중간처분으로서 '보완수사요구 결정'을 하여(수사준칙 제52조 제1항 제5호, 검찰사건사무규칙 제98조 제5호), 다시 사법경찰관의 수사가 진행되는 것이다. 이와 같이 검사가 중간처분이지만 결정을 통해 사건을 일단 종결함으로써 검사와 사법경찰관에게 1개의 사건이 동시에 진행되는 혼란이 생기지 않게 된다.

는 때에는 정당한 이유가 없는 한 지체없이 이를 이행하고, 그 결과를 검사에게 통보해야 한다(동조 제2항).

검찰총장 또는 각급 검찰청 검사장은 사법경찰관이 정당한 이유없이 위 요구에 따르지 않는 때에는 권한있는 사람에게 해당 사법경찰관의 직무배제 또는 징계를 요구할 수 있고, 그 징계절차는 공무원징계령 또는 경찰공무원징계령에 따른다(법 제197조의2 제3항).

그리고 수사준칙에 의하면 검사는 사법경찰관으로부터 송치받은 사건에 대해 보완수사가 필요하다고 인정하는 경우에 특별히 직접 보완수사를 할 필요가 있다고 인정되는 경우를 제외하고는 사법경찰관에게 보완수사를 요구하는 것을 원칙으로 한다고 하여(제59조 제1항) 송치사건에서는 검사의 직접 보완수사가 예외적으로 이루어질 수밖에 없으며, 보완수사를 요구할 때에는 그 이유와 내용 등을 구체적으로 적은 서면과 관계서류 및 증거물을 사법경찰관에게 함께 송부하는 것이 원칙으로 되어 있다(제60조 제1항). 그리고 사법경찰관은 송치사건에 대해 보완수사를 이행한 결과 범죄혐의가 있다고 인정되지 않는다고 판단한 경우에는 사건을 불송치하거나 수사중지할 수 있다(동조 제4항).

이와 같이 보완수사를 검사의 요구에 따라 원칙적으로 사법경찰관이 담당함에 따라 경찰의 업무는 폭증하고, 이에 반해 검찰의 업무는 상대적으로 축소되어 업무량의 심한 불균형을 낳게 되어 경찰에서는 고소·고발장의 접수를 거부하거나 고소·고발인들에게 증거확보를 미루는 등의 문제점들이 계속 제기되고 있는 실정이다.[20]

나. 사건기록등본 송부요구, 시정조치요구와 사건송치요구

검사는 사법경찰관리의 수사과정에서 ① 법령위반, ② 인권침해 또는 ③ 현저한 수사권남용이 의심되는 사실의 신고가 있거나 그러한 사실을 인식하게 된 경우에는 사법경찰관에게 사건기록등본의 송부를 요구할 수 있는데(법 제197조의3 제1항), 이 경우에 그 내용과 이유를 구체적으로 적은 서면으로 해야 한다(수사준칙 제45조 제1항). 위 송부요구를 받은 사법경찰관은 지체없이, 송부요구를 받은 날로부터 7일 이내에 검사에게 사건기록등본을 송부해야 한다(법 제197조의3 제2항, 수사준칙 제45조 제2항).

---

20) 법률신문 2021.8.30.자 1－2면, ""고소·고발장 무단 반려 그만"… 경찰, 제도개선 추진"기사 참조.

송부를 받은 검사는 필요하다고 인정되는 경우에는 송부받은 날로부터 30일(사안의 경중 등을 고려하여 10일의 범위에서 한 차례 연장가능) 이내에 시정조치요구 여부를 결정하여 사법경찰관에게 통보해야 하고, 통보는 그 내용과 이유를 구체적으로 적은 서면으로 해야 한다(법 제197조의3 제3항, 수사준칙 제45조 제3항). 사법경찰관은 시정조치요구가 있는 때에는 정당한 이유가 없으면 지체없이 이를 이행하고, 그 결과를 서면에 구체적으로 적어 검사에게 통보해야 한다(법 제197조의3 제4항, 수사준칙 제45조 제4항). 통보를 받은 검사는 시정조치요구가 정당한 이유없이 이행되지 않았다고 인정되는 경우에는 사법경찰관에게 사건송치를 요구할 수 있고(법 제197조의3 제5항), 이 경우에도 그 내용과 이유를 구체적으로 적은 서면으로 해야 한다(수사준칙 제45조 제5항). 서면으로 송치요구를 받은 사법경찰관은 7일 이내에 검사에게 사건을 송치해야 하고, 관계서류와 증거물을 함께 송부해야 한다(법 제197조의3 제6항, 수사준칙 제45조 제6항).

검찰총장 또는 각급 검찰청 검사장은 사법경찰관리의 수사과정에서 법령위반, 인권침해 또는 현저한 수사권남용이 있었던 때에는 권한있는 사람에게 해당 사법경찰관리의 징계를 요구할 수 있고, 그 징계절차는 공무원징계령 또는 경찰공무원징계령에 따른다(법 제197조의3 제7항).

사법경찰관은 피의자를 신문하기 전에 수사과정에서 법령위반, 인권침해 또는 현저한 수사권남용이 있는 경우 검사에게 구제를 신청할 수 있음을 피의자에게 알려주어야 하고(법 제197조의3 제8항), 피의자에게 알려준 경우에는 피의자로부터 고지확인서를 받아 사건기록에 편철한다. 다만 피의자가 고지확인서에 기명날인 또는 서명하는 것을 거부하는 경우에는 사법경찰관이 고지확인서 끝부분에 그 사유를 적고 기명날인 또는 서명해야 한다(수사준칙 제47조).

다. 수사경합시의 사건송치요구

검사는 사법경찰관과 동일한 범죄사실을 수사하게 된 때에는 사법경찰관에게 사건송치를 요구할 수 있고(법 제197조의4 제1항), 위 요구를 받은 사법경찰관은 지체없이 검사에게 사건을 송치해야 한다(동조 제2항). 검사가 사법경찰관에게 사건송치를 요구할 때에는 그 내용과 이유를 구체적으로 적은 서면으로 해야 하고(수사준칙 제49조 제1항), 사법경찰관은 요구를 받은 날로부터 7일 이내에 사건을 송치해야 하며, 관계서류와 증거물을 함께 송부해야 한다(동조 제2항).

다만, 검사가 영장을 청구하기 전에 동일한 범죄사실에 관해 사법경찰관이 영장을 신청한 경우에는 해당 영장에 기재된 범죄사실을 계속 수사할 수 있다(법 제197조의4 제2항). 검사와 사법경찰관의 수사가 경합하는 경우에 중복수사로 인한 수사력낭비와 사건관계인의 권익침해 등을 방지하기 위해 검사에게 우선적 수사권을 부여하는 한편으로 사법경찰관이 계속 수사를 할 수 있는 예외적인 경우를 인정하고 있다. 그러나 이로 인해 수사 초기부터 수사기관 사이에 불필요한 강제수사가 경쟁적으로 벌어질 우려도 있다.

검사와 사법경찰관은 수사경합과 관련하여 동일한 범죄사실 여부나 영장청구·신청의 시간적 선후관계 등을 판단하기 위해 필요한 경우에는 그 필요한 범위에서 사건기록의 상호열람을 요청할 수 있고(수사준칙 제48조 제1항), 영장청구·신청의 시간적 선후관계는 검사의 영장청구서와 사법경찰관의 영장신청서가 각각 법원과 검찰청에 접수된 시점을 기준으로 하며(동조 제2항), 검사는 사법경찰관의 영장신청서의 접수를 거부하거나 지연해서는 안 된다고 한다(동조 제3항). 위와 같은 규정까지 신설한 것을 보면 그동안 검사와 사법경찰관 사이에 수사지휘권과 관련된 갈등과 불신이 얼마나 깊었는지를 짐작할 수 있을 것 같다.

라. 재수사요청과 사건송치요구

검사는 사법경찰관이 범죄를 수사한 후 사건을 송치하지 않은 불송치결정(법 제245조의5 제2호)이 위법 또는 부당한 때에는 그 이유를 문서로 명시하여 사법경찰관에게 재수사를 요청할 수 있고(법 제245조의8 제1항), 사법경찰관은 재수사요청이 있는 때에는 사건을 재수사해야 한다(동조 제2항).

검사는 사법경찰관에게 재수사를 요청하려는 경우에 관계서류와 증거물을 송부받은 날부터 90일 이내에 해야 하지만 ① 불송치결정에 영향을 줄 수 있는 명백히 새로운 증거 또는 사실이 발견된 경우, ② 증거 등의 허위, 위조 또는 변조를 인정할 만한 상당한 정황이 있는 경우에는 예외적으로 90일이 지난 후에도 재수사를 요청할 수 있다(수사준칙 제63조 제1항). 검사는 재수사를 요청할 때에는 그 내용과 이유를 구체적으로 적은 서면으로 해야 하고, 송부받은 관계서류와 증거물을 사법경찰관에게 반환해야 한다(동조 제2항). 그리고 검사는 재수사를 요청한 사실을 고소인 등에게 통지해야 한다(동조 제3항).

사법경찰관은 재수사를 한 후에 ① 범죄혐의가 있다고 인정되는 경우에는 검사에게 사건을 송치하고 관계서류와 증거물을 송부하며, ② 기존의 불송치결정을 유지하는 경우에는 재수사결과서에 그 내용과 이유를 구체적으로 적어 검사에게 통보한다(수사준칙 제64조 제1항). 검사는 사법경찰관이 불송치결정을 유지하면서 재수사결과를 통보한 사건에 대해 다시 재수사요청을 하거나 송치요구를 할 수 없다. 다만, 사법경찰관의 재수사에도 불구하고 ① 관련 법리에 위반되거나 ② 송부받은 관계서류 및 증거물과 재수사결과만으로도 공소제기를 할 수 있을 정도로 명백히 채증법칙에 위반되거나 ③ 공소시효 또는 형사소추의 요건을 판단하는 데 오류가 있어 사건을 송치하지 않은 위법 또는 부당이 시정되지 않은 경우에는 재수사결과를 통보받은 날부터 30일 이내에 사건송치를 요구할 수 있다(동조 제2항). 따라서 검사의 재수사요청은 1회만 가능하지만 예외적으로 사건송치를 요구할 수 있는 것이다.

사법경찰관은 재수사 중인 사건에 대해 고소인 등의 이의신청(법 제245조의7)이 있는 경우에는 재수사를 중단해야 하며, 해당 사건을 지체없이 검사에게 송치하고 관계서류와 증거물을 송부해야 한다(수사준칙 제65조).

보완수사요구에 대해 정당한 이유없이 따르지 않은 때에는 사법경찰관의 직무배제 또는 징계를 요구할 수 있으나(법 제197조의2 제3항) 재수사요청에 대해서는 이에 관한 규정이 없어서 그 실효성이 앞으로 문제될 수 있다.

Ⅳ. 검사와 사법경찰관의 수사종결

1. 검사의 수사종결

수사의 결과 공소제기 여부를 결정하는 수사종결권은 형사소송법상 검사에게만 있다(법 제246조, 제247조). 다만, 종전에는 사법경찰관이 범죄혐의 인정 여부와 관계없이 범죄를 수사하였을 때에는 검사에게 모든 사건을 송치하였지만 사법경찰관이 범죄혐의가 있다고 인정되지 않는 경우에는 사건을 검사에게 송치하지 않을 수 있다.

따라서 사법경찰관은 원칙적으로 범죄를 수사한 후 범죄혐의가 있다고 인정되는 경우에 지체없이 검사에게 사건을 송치하면서 관계서류와 증거물을 검사에게 송부해야 하고(법 제245조의5 제1호), 검사는 ① 직접 수사한 사건뿐만 아니라 ② 송치

받은 사건에 대해서도 원칙적으로 보완수사요구를 통해 최종적으로 수사를 종결하게 된다.[21)]

2. 사법경찰관의 1차 수사종결권

가. 송치결정

사법경찰관이 범죄를 수사한 후 범죄혐의가 있다고 인정되는 경우에 지체없이 검사에게 사건을 송치하고 관계서류와 증거물을 검사에게 송부하는 결정이다(법 제245조의5 제1호). 검사는 송치사건의 공소제기 여부 결정 또는 공소유지에 관해 필요한 경우에 사법경찰관에게 보완수사를 요구할 수 있고(법 제197조의2 제1항 제1호), 사법경찰관은 보완수사요구가 있는 때에는 정당한 이유가 없는 한 지체없이 이를 이행하고 그 결과를 검사에게 통보해야 한다(동조 제2항).

나. 불송치결정

(1) 의의

사법경찰관이 범죄를 수사한 후 '그 밖의 경우'인 범죄혐의가 있다고 인정되지 않는 경우에는 검사에게 사건을 송치하지 않고 그 이유를 명시한 서면과 함께 관계서류와 증거물을 지체없이 송부하는 결정을 하고(법 제245조의5 제2호), 이를 통상 1차 수사종결권이라고 한다.

사법경찰관은 불송치결정을 하는 경우에 불송치의 이유를 적은 불송치결정서와 함께 압수물 총목록, 기록목록 등 관계서류와 증거물을 검사에게 송부해야 하고(수사준칙 제62조 제1항), 검사는 위와 같이 송부받은 날로부터 90일 이내에 사건을 송치하지 않은 것이 위법 또는 부당한 여부를 검토한 후 사법경찰관에게 반환해야 한다(법 제245조의5 제2호 단서). 검사는 사법경찰관의 불송치결정이 위법 또는 부당

21) 법무부, 2021 법무연감, 2021.6, 578면의 '검사수사사건의 전체사건표'에 의하면 2020년에 검찰에서 처리한 사건은 인원을 기준으로 2,215,577건(100%)이고, 구체적으로 ① 기소는 662,077건(29.88%), ② 불기소는 1,291,658건(58.30%), ③ 타관과 소년보호사건 등으로 이송한 사건은 261,842건(11.82%)이었고, 그중에서 기소사건은 구공판이 219,062건이고, 구약식이 443,015건이고, 불기소사건은 혐의없음 317,251건, 기소유예 217,206건, 기소중지 264,868건, 참고인중지 7,153건, 각하 171,110건, 기타(죄안됨 및 공소권없음 등) 314,070건이었는데, 앞으로 사법경찰관의 불송치결정의 영향으로 검사의 불기소결정은 대폭 줄어들 것으로 예상된다.

하다고 판단되는 때에는 그 이유를 문서로 명시하여 사법경찰관에게 재수사를 요청할 수 있고(법 제245조의8 제1항), 사법경찰관은 재수사요청이 있는 때에는 사건을 재수사해야 한다(동조 제2항).

(2) 내용

불송치결정은 구체적으로 ① 혐의없음 (Ⓐ 범죄인정안됨, Ⓑ 증거불충분), ② 죄가안됨, ③ 공소권없음, ④ 각하의 구분에 따라 결정하므로(수사준칙 제51조 제1항) 기소유예를 제외하면 기본적으로 검사의 불기소결정과 동일하다. 다만, 사법경찰관은 하나의 사건 중 피의자가 여러 사람이거나 피의사실이 여러 개인 경우로서 분리하여 결정할 필요가 있는 경우 그중 일부에 대해 위와 같은 결정을 할 수 있고(동조 제2항), '죄가안됨'과 '공소권없음'에 해당하는 사건이 ① 형법 제10조(심신장애인) 제1항에 따라 벌할 수 없는 경우, ② 기소되어 사실심 계속 중인 사건과 포괄일죄를 구성하는 관계에 있는 경우에는 해당 사건을 검사에게 이송한다(동조 제3항).

그리고 사법경찰관은 불송치결정 외에도 '수사중지(Ⓐ 피의자중지, Ⓑ 참고인중지)'와 '이송'의 결정을 할 수도 있다(동조 제1항 제4호, 제5호). 수사중지결정을 한 경우 7일 이내에 사건기록을 검사에게 송부해야 하고, 이 경우 검사는 사건기록을 송부받은 날부터 30일 이내에 반환해야 하며, 그 기간 내에 검사는 사법경찰관에게 시정조치를 요구할 수 있다(동조 제4항, 법 제197조의3). 수사중지의 경우에는 피의자나 참고인의 소재가 확인되면 사건이 재기되며, 피의자나 참고인의 소재불명을 핑계로 수사가 미진한 상황에서 사실상 수사가 종결될 수가 있으므로 일반적인 불송치결정의 경우와는 달리 검사가 30일의 단기간 내에 사건기록을 검토하여 수사중지결정이 법령위반, 인권침해 또는 현저한 수사권남용이 의심되는 경우에 그 시정조치를 요구할 수 있도록 한 것이다.

(3) 결정에 따른 통지와 이의신청

불송치결정의 경우에 사법경찰관은 그 이유를 명시한 서면과 함께 관계서류와 증거물을 검사에게 송부한 날부터 7일 이내에 서면으로 고소인·고발인·피해자 또는 그 법정대리인(피해자가 사망한 경우에는 그 배우자·직계친족·형제자매를 포함한다)에게 사건을 검사에게 송치하지 않은 취지와 그 이유를 통지해야 한다(법 제245조의6). 송치결정을 한 경우에도 그 내용을 위 고소인 등과 피의자에게 통지해야 한다(수사준칙 제53조 제1항).

위와 같이 불송치결정의 통지를 받은 사람은 해당 사법경찰관의 소속 관서의 장에게 이의를 신청할 수 있다(법 제245조의7 제1항).[22] 사법경찰관은 이의신청이 있는 때에는 지체없이 검사에게 사건을 송치하고 관계서류와 증거물을 송부해야 하며, 처리결과와 그 이유를 이의신청인에게 통지해야 한다(동조 제2항).

불송치결정에 대해 고소인 등의 이의신청이 있는 경우에는 이전과 같이 검사에게 사건을 송치하도록 예외를 인정하고 있다.

Ⅴ. 고위공직자범죄수사처

1. 대상범죄의 범위

고위공직자범죄수사처(이하 '수사처'이라 함)는 기본적으로 검찰수사에 대한 불신에서 시작되었기에 고위공직자범죄 등에 대해서는 검사 등 다른 수사기관의 수사권에 우선하여 행사할 수 있게 되었다.[23]

수사처는 고위공직자(공수처법 제2조 제1호)로 재직 중에 본인 또는 본인의 가족[24]이 범한 고위공직자범죄(동조 제3호)와 관련범죄(동조 제4호)에 관한 수사를 하고(제3조 제1항 제1호), 고위공직자 중에서 대법원장 및 대법관, 검찰총장, 판사 및 검사, 경무관 이상 경찰공무원에 해당하는 고위공직자로 재직 중에 본인 또는 본인의 가족이 범한 고위공직자범죄와 관련범죄의 공소제기와 그 유지를 한다(동항 제2호).[25]

---

22) 불송치결정에 대한 이의신청에는 기간제한이 없는데, 이는 입법의 불비라고 생각된다. 피의자의 불완전한 입장을 고려하고 검사의 불기소결정에 대한 항고는 불기소결정의 통지를 받은 날부터 30일 이내에 해야 하므로(검찰청법 제10조 제4항) 이의신청 기간도 30일 정도로 정할 필요가 있다고 본다.

23) 정웅석, 『고위공직자범죄수사처 법과 제도의 이해』(박영사, 2021), 62-59면에 의하면 수사처 신설의 이론적 배경으로 ① 검찰이 정치권력의 도구로 쓰인다는 데 대한 불신, ② 검찰권 행사가 편파적이고 불공정하다는 의심, ③ 검찰권 행사가 성역이 존재한다는 의심, ④ 한국검찰의 무소불위의 권력 견제 수단 등을 들고 있다.

24) '가족'이란 배우자와 직계존비속을 말하며, 다만 대통령의 경우에는 배우자와 4촌 이내의 친족을 말한다(동법 제2조 제2호).

25) 헌법재판소 2021.1.28.선고 2020헌마264 결정, 「수사처가 수행하는 수사와 공소제기 및 유지는 우리 헌법상 본질적으로 행정에 속하는 사무에 해당하는 점, 수사처의 구성에 대통령의 실

2. 수사처의 조직과 운영

수사처는 형사소송법과 검찰청법에 의해 조직된 검사와는 독립된 기관으로 수사처장, 수사차장, 수사처검사, 수사처수사관과 그 밖의 직원 등으로 구성한다(공수처법 제17조 등).

가. 수사처장과 수사차장

수사처장은 15년 이상의 변호사자격이 있는 자 중에서 후보추천위원회가 2명을 추천하고[26] 대통령이 그중 1명을 지명한 후 인사청문회를 거쳐 임명한다(제5조 제1항). 그 임기는 3년으로 하고 중임할 수 없으며, 정년은 65세로 한다(동조 제3항). 수사처장은 수사처의 사무를 총괄하고 소속 직원을 지휘·감독하며(제17조 제1항), 국회에 출석하여 수사처의 소관사무에 관하여 의견을 진술할 수 있고, 국회의 요구가 있을 때에는 수사나 재판에 영향을 미치지 않는 한 국회에 보고하거나 답변해야 한다(동조 제2항).[27]

수사차장은 10년 이상의 변호사자격이 있는 자 중에서 수사처장의 제청으로 대

질적인 인사권이 인정되고, 수사처장은 소관 사무와 관련된 안건이 상정될 경우 국무회의에 출석하여 발언할 수 있으며 그 소관 사무에 관하여 독자적으로 의안을 제출할 권한이 있는 것이 아니라 법무부장관에게 의안의 제출을 건의할 수 있는 점 등을 종합하면, 수사처는 직제상 대통령 또는 국무총리 직속기관 내지 국무총리의 통할을 받는 행정각부에 속하지 않는다고 하더라도 대통령을 수반으로 하는 행정부에 소속되고 그 관할권의 범위가 전국에 미치는 중앙행정기관으로 보는 것이 타당하다.」

26) 2020.12.15.부터 시행된 개정법에 의해 수사처장 후보추천위원회의 위원 구성시 국회의장은 교섭단체에 10일 이내의 추천기한을 정하여 위원의 추천을 서면으로 요청할 수 있도록 하고, 추천기한 이내에 추천이 이루어지지 않은 교섭단체가 있는 경우 국회의장은 해당 교섭단체의 추천에 갈음하여 ① 사단법인 한국법학교수회 회장과 ② 사단법인 법학전문대학원협의회 이사장을 추천위원으로 위촉할 수 있도록 하였고(동법 제6조 제5항, 제6항), 후보추천위원회의 의결정족수를 종래 6인 이상에서 제적위원(7인)의 3분의 2 이상으로 완화하였다(동법 제6조 제7항).

27) 박상민, "고위공직자범죄수사처 검사의 영장청구권에 관한 검토", 『형사법의 신동향』 통권 제70호(2021.3.), 8면에 의하면 위 규정을 통해 민주적 통제장치를 마련해 두고 있다고 주장하지만 정웅석, "고위공직자범죄수사처법의 해석과 운영방향", 『형사소송 이론과 실무』 제12권 제1호(2020.6.), 11면에 의하면 수사처법은 헌법과의 연결고리가 없다는 점에서 헌법상 근거를 상실하고 있을 뿐만 아니라 국회의 통제를 받지 않아 실질적인 민주적 정당성을 결여한 기관으로 되어 있다는 점에서 위헌적 요소가 다분하다고 주장하고 있다.

통령이 임명한다(동법 제7조 제1항). 그 임기는 3년으로 하고 중임할 수 없으며, 정년은 63세로 한다(동조 제3항). 수사차장은 수사처장을 보좌하며 수사처장이 부득이한 사유로 그 직무를 수행할 수 없는 때에는 그 직무를 대행한다(제18조 제1항).

수사처장과 수사차장은 수사처검사의 직을 겸한다(제17조 제5항, 제18조 제2항).

나. 수사처검사와 수사처수사관

수사처검사는 고위공직자범죄의 혐의가 있다고 사료하는 때에는 범인, 범죄사실과 증거를 수사해야 하고(제23조),[28] 직무를 수행함에 있어서 검찰청법 제4조에 의한 검사의 직무 및 군사법원법 제37조에 따른 군검사의 직무를 수행할 수 있다(제8조 제4항). 수사처검사는 수사처장의 지휘·감독에 따르며,[29] 수사처수사관을 지휘·감독한다(제20조 제2항). 그리고 수사처장은 수사처검사로 하여금 그 권한에 속하는 직무의 일부를 처리하게 할 수 있으며, 수사처검사의 직무를 자신이 처리하거나 다른 수사처검사로 하여금 처리하게 할 수 있다(제19조). 따라서 검사동일체의 원칙과 같이 수사처에도 수사처검사동일체의 원칙이 적용된다.

수사처수사관은 수사처검사의 지휘·감독을 받아 직무를 수행하고, 고위공직자범죄 등에 대한 수사에 관해 형사소송법 제197조 제1항에 따른 사법경찰관의 직무를 수행한다(제21조).[30]

---

28) 수사처검사는 2020.7.15. 처음 시행 당시에는 ① 변호사 자격을 10년 이상 보유한 자로서 ② 재판, 수사 또는 수사처규칙으로 정하는 조사업무의 실무를 5년 이상 수행한 경력이 있는 사람 중에서 임명하기로 하였다가 2020.12.15.부터 시행된 개정법에 의하면 변호사 자격보유요건을 7년 이상으로 완화하고, 재판, 수사 등의 실무경력 요건은 삭제되었다. 수사처검사는 동법 제9조에 따른 인사위원회의 추천을 거쳐 대통령이 임명하고, 이 경우 검사의 직에 있었던 사람은 수사처검사 정원의 2분의 1을 넘을 수 없다(동법 제8조 제1항). 수사처검사는 특정직공무원으로 보하고, 처장과 차장을 포함하여 25명 이내로 한다(동조 제2항). 수사처검사의 임기는 3년으로 하고, 3회에 한정하여 연임할 수 있으며, 정년은 63세로 한다(동조 제3항).

29) 수사처검사는 구체적 사건과 관련된 지휘·감독의 적법성 또는 정당성에 대하여 이견이 있을 때에는 이의를 제기할 수 있다(제20조 제3항).

30) 수사처수사관은 ① 변호사 자격을 보유한 사람, ② 7급 이상 공무원으로서 조사, 수사업무에 종사하였던 사람, ③ 수사처규칙으로 정하는 조사업무의 실무를 5년 이상 수행한 경력이 있는 사람에 해당하는 사람 중에서 처장이 임명한다(동법 제10조 제1항). 수사처수사관은 일반직공무원으로 보하고, 40명 이내로 한다. 다만, 검찰청으로부터 검찰수사관을 파견받은 경우에는 이를 수사처수사관의 정원에 포함한다(동조 제2항). 수사처수사관의 임기는 6년으로 하고, 연임할 수 있으며, 정년은 60세로 한다(동조 제3항).

수사처검사 및 수사처수사관의 직무와 권한 등에 관해서는 공수처법의 규정에 반하지 않는 한 검찰청법과 형사소송법을 준용한다(제47조). 이 규정과 수사처검사가 검찰청법 제4조에 의한 검사의 직무 등을 수행할 수 있다는 규정(제8조 제4항)에 의해 공수처법에는 명시적인 규정이 없지만 수사처검사에게 구속영장 등 각종 영장청구권이 인정된다고 본다.[31][32]

3. 고위공직자범죄의 통보와 이첩

다른 수사기관이 범죄를 수사하는 과정에서 고위공직자범죄와 관련범죄를 인지한 경우 그 사실을 즉시 수사처에 통보해야 하고(제24조 제2항),[33] 위 사실의 통보를 받은 수사처장은 통보를 한 다른 수사기관의 장에게 수사처규칙으로 정한 기간과 방법으로 수사개시 여부를 회신해야 한다(동조 제4항). 수사처의 범죄수사와 중

31) 헌법재판소 2021.1.28.선고 2020헌마264 결정, 「헌법에서 수사단계에서의 영장신청권자를 검사로 한정한 것은 다른 수사기관에 대한 수사지휘권을 확립시켜 인권유린의 폐해를 방지하고, 법률전문가인 검사를 거치도록 함으로써 기본권침해가능성을 줄이고자 한 것이다. 헌법에 규정된 영장신청권자로서의 검사는 검찰권을 행사하는 국가기관인 검사로서 공익의 대표자이자 수사단계에서의 인권옹호기관으로서의 지위에서 그에 부합하는 직무를 수행하는 자를 의미하는 것이지, 검찰청법상 검사만을 지칭하는 것으로 보기 어렵다.」

이에 대해 박상민, 앞의 논문, 20면과 이완규, 앞의 책, 64면에 의하면 헌법에서 공소권을 행사하는 검사와 다른 수사기관을 구분하여 공소권을 행사하는 검사로 하여금 영장청구 여부를 심사하도록 한 헌법의 입법취지에 반하므로 수사처검사는 기소권을 행사할 수 있는 사건에 대해서 영장청구권을 가질 수는 있으나 기소권을 행사할 수 없는 사건에 대해서는 영장청구권이 없다는 주장을 하고 있고, 정웅석, 앞의 논문, 21면-23면에 의하면 헌법상 검사에 의한 영장청구는 인권옹호기관이라는 검사의 법적 지위에서 도출된다고 보아야 하므로 검찰청법상의 검사 이외에 다른 법률로서 검찰총장의 지휘하에 있지 않은 검사를 규정하여 그에게 영장청구권을 부여하는 것은 헌법적 가치에 합당한 것으로 보이지 않고 수사처검사는 사법경찰관에 대한 영장통제기능이 없어서 영장청구권을 인정하는 것은 곤란하다는 주장을 하고 있다.

32) 실제 수사처검사가 최근 '고발사주의혹'사건의 피의자인 손준성 검사에 대해 체포영장과 구속영장을 각 청구하였다가 지방법원 판사에 의해 모두 기각이 되었으며, 2021.12.6.까지 7차례나 대검찰청에 대한 압수수색영장을 청구하여 지방법원 판사로부터 발부받아 집행한 바 있다(동아일보 2021.10.27.자 A6면, "공수처, 고발사주 의혹 수사 확대 차질"기사와 조선일보 2021.12.7.자 A10면, "공수처 수사받는 검사들 "총장님, 왜 가만있습니까""기사 참조).

33) 다른 수사기관이 즉시 통보하지 않더라도 별도의 효력이나 벌칙규정이 없는데, 실제 검사가 고위공직자범죄 등을 수사해서 기소하더라도 이를 무효라고 볼 수는 없을 것이며 수사처에 통보 후에도 계속 수사를 할 수는 있을 것으로 보인다(정웅석, 앞의 논문, 28면).

복되는 다른 수사기관의 범죄수사에 대해 수사처장이 수사의 진행 정도 및 공정성 논란 등에 비추어 수사처에서 수사하는 것이 적절하다고 판단하여 이첩을 요청하는 경우 해당 수사기관은 이에 응해야 하고(동조 제1항), 수사처장은 피의자, 피해자, 사건의 내용과 규모 등에 비추어 다른 수사기관이 고위공직자범죄와 관련범죄를 수사하는 것이 적절하다고 판단될 때에는 해당 수사기관에 사건을 이첩할 수 있다(동조 제3항). 중복수사의 방지를 위한 규정이긴 하지만 수사처의 판단에 따른 우월적 권한행사가 가능하게 되어 있다.

수사처 외의 다른 수사기관이 검사의 고위공직자범죄 혐의를 발견한 경우에[34] 그 수사기관의 장은 사건을 수사처에 이첩해야 하고(제25조 제2항),[35][36] 수사처장은 수사처검사의 범죄혐의를 발견한 경우에 관련 자료와 함께 이를 대검찰청에 통보해야 한다(동조 제1항). 수사처와 검찰청이 서로 견제할 수 있도록 한 규정이다.

4. 수사처의 수사종결

가. 기소대상 사건에 대한 수사종결

수사처검사는 고위공직자범죄의 혐의가 있다고 사료하는 때에는 범인, 범죄사실과 증거를 수사해야 하고(공수처법 제23조), 대법원장 및 대법관, 검찰총장, 판사 및 검사, 경무관 이상 경찰공무원으로 재직 중에 본인 또는 그 가족의 고위공직자범죄와 관련범죄에 관해 수사를 종결할 때에 공소제기 및 공소유지에 필요한 행위를 한다(제20조 제1항).[37]

---

34) '발견한 경우'라고 하여 앞의 다른 수사기관이 고위공직자범죄 등을 '인지한 경우'와 비교되는데, 인지는 범죄혐의가 있다고 보아 실질적으로 수사를 개시하는 행위를 한 때로 보고, 발견은 인지와 같거나 그 보다 조금 직전의 단계라고 볼 수 있을 것이다.

35) 따라서 검사의 고위공직자범죄에 대해서는 수사처가 기소에 관한 전속관할권을 보유하고 있다고 볼 수 있다(정웅석, 앞의 논문, 6면).

36) '김학의 전 법무차관 불법출국금지 의혹사건'을 수사 중이던 수원지검이 이성윤 서울고등검사장과 이규원 검사 사건 부분을 수사처에 이첩하였으나 수사처에서 당시 수사처검사를 임명하지 못하는 등 조직구성이 되지 않아 현실적으로 수사가 어렵다며 공수처법 제24조 제3항에 의해 이첩하면서 '공소권 유보부 이첩'이라고 주장하였으나 수원지검은 사건 자체가 이첩되었다며 수사처에 다시 이첩하지 않고 이규원 검사와 이후 이성윤 고검장을 차례로 서울중앙지법에 기소하였기에 재판을 통해 '기소권 관할'의 문제가 쟁점이 될 수도 있을 것이다.

37) 수사처검사가 공소를 제기하는 고위공직자범죄 등 사건에 관한 재판이 확정된 경우에는 제1심 관할 지방법원에 대응하는 검찰청 소속 검사가 그 형을 집행한다(제28조 제1항).

수사처검사가 공소를 제기하는 고위공직자범죄와 관련범죄 사건의 제1심 재판은 서울중앙지방법원의 관할로 하고, 다만, 범죄지, 증거의 소재지, 피고인의 특별한 사정 등을 고려하여 수사처검사는 형사소송법에 따른 관할 법원에 공소를 제기할 수 있다(제31조).

수사처검사가 고위공직자범죄에 대해 불기소결정을 하는 때에[38] 수사처장은 해당 범죄의 수사과정에서 알게 된 관련범죄 사건을 대검찰청에 이첩해야 하고(제27조), 수사처검사는 고소·고발인에게 통지를 해야 한다(제29조 제1항).

고소·고발인은 수사처검사로부터 공소를 제기하지 않는다는 통지를 받은 때에는 서울고등법원에 그 당부에 관해 재정신청을 할 수 있다(제29조 제1항). 재정신청을 하려는 사람은 공소를 제기하지 않는다는 통지를 받은 날로부터 30일 이내에 처장에게 재정신청서를 제출해야 하는데(동조 제2항),[39] 재정신청서에는 재정신청의 대상이 되는 사건의 범죄사실 및 증거 등 재정신청을 이유있게 하는 사유를 기재해야 한다(동조 제3항). 재정신청서를 제출받은 수사처장은 재정신청서를 제출받은 날부터 7일 이내에 재정신청서, 의견서, 수사 관계서류 및 증거물을 서울고등법원에 송부해야 하고, 다만, 신청이 이유있는 것으로 인정하는 때에는 즉시 공소제기를 하고 그 취지를 서울고등법원과 재정신청인에게 통지한다(동조 제4항). 그 밖의 재정신청에 관한 사항에 관해서는 형사소송법의 규정을 준용한다(동조 제5항).

나. 수사대상 사건의 송부

수사처검사는 대법원장 및 대법관, 검찰총장, 판사 및 검사, 경무관 이상 경찰공무원에 해당하는 고위공직자 등의 사건을 제외한 고위공직자범죄와 관련범죄에 관

38) 공수처법 제26조에 의하면 기소대상 사건 외에 수사대상 사건에 대해 수사를 한 때에는 관계서류와 증거물을 지체없이 서울중앙지방검찰청 소속 검사에게 송부해야 하므로 제27조에서 단순히 '고위공직자범죄에 대하여'라고 되어 있으나 기소대상 사건에 한정하여 불기소결정을 할 수 있다고 보아야 하며, 제47조에 의하면 수사처검사의 직무와 권한 등에 관하여 공수처법에 반하지 않는 한 검찰청법과 형사소송법을 준용하므로 불기소결정에는 중간처분인 기소중지와 참고인중지도 당연히 포함된다고 본다.

39) 현재 일반 사건에서 재정신청을 하려는 자는 항고기각결정을 통지받은 날부터 10일 이내에 재정신청서를 제출해야 하는데(법 제260조 제3항), 위 재정신청기간은 불변기간으로 원칙적으로 연장이 허용되지 않은 반면에 재정신청을 이유있게 하는 사유 등을 기재해야 하고 변호인선임까지 고려하면 너무 짧다는 비판이 있기에 수사처의 기소대상 사건에 대한 재정신청기간을 30일로 한 것은 매우 적절하다고 본다.

한 수사를 한 때에는 관계서류와 증거물을 지체없이 서울중앙지방검찰청 소속 검사에게 송부해야 한다(제26조 제1항). 이와 같이 수사대상 사건에 대해서는 범죄혐의 인정 여부와 관계없이, 즉 기소의견 사건과 불기소의견 사건을 모두 검사에게 송부해야 하므로 수사종결권이 인정되지 않는다.[40]

관계서류와 증거물을 송부받은 검사는 공소제기나 불기소결정을 하고, 수사처장에게 해당 사건의 공소제기 여부를 신속하게 통보해야 한다(동조 제2항).[41] 그리고 검사는 송부받은 사건에 대해 수사처검사에게 보완수사요구를 할 수 있는지에 대해 명시적인 규정이 없다. 검사는 사법경찰관으로부터 송치받은 사건에 대해 사법경찰관에게 보완수사를 요구하는 것을 원칙으로 하고 있고, 수사대상 사건에 있어서는 수사처검사가 실질적으로 사법경찰관의 역할을 하는 것은 엄연한 사실이므로 검사의 보완수사요구가 가능하다고 본다.[42]

Ⅵ. 인적 증거에 대한 증거능력과 증명력

1. 검사가 작성한 피의자신문조서의 증거능력

검사가 작성한 피의자신문조서는 적법한 절차와 방식에 따라 작성된 것으로서 공판준비, 공판기일에 그 피의자였던 피고인 또는 변호인이 그 내용을 인정할 때에 한정하여 증거로 할 수 있고(법 제312조 제1항), 제312조 제2항을 삭제하여 검사 작성의 피의자신문조서와 사법경찰관 작성의 피의자신문조서의 증거능력 인정 요건을 갖도록 하였다.[43] 실질적인 공판중심주의를 실현하고 피고인의 방어권을 보다

40) 박상민, 앞의 논문, 18면; 이완규, 앞의 책, 61면; 정웅석, 앞의 논문, 21면에 의하면 수사처검사가 공소권을 행사하는 영역에 있어서는 검사라고 할 수 있어도 공소권이 없이 수사권만 보유하고 있는 영역에 있어서는 검사가 아니라 특별사법경찰관에 불과하다는 주장을 하고 있다.

41) 2020.7.15. 처음 시행 당시에는 수사처장은 검사로부터 공소를 제기하지 않는다는 통보를 받은 때에는 그 검사 소속의 지방검찰청 소재지를 관할하는 고등법원에 그 당부에 관한 재정신청할 수 있는 규정을 두었으나(구법 제30조) 2020.12.15.부터 시행된 개정법에서 제30조를 삭제하였다.

42) 그런데 수사처 제1호 사건이라는 조희연 서울시 교육감에 대한 직권남용죄 사건에 대해서 수사처가 보완수사를 거부하여 검찰청 검사가 직접 보완수사를 한 결과 수사처에서 인정한 범죄내용과 다른 내용으로 최근 기소가 이루어졌다고 알려져 있어(동아일보, 2021.12.27.자 A12면, "檢 기소 조희연 혐의내용, 공수처 논리 뒤집었다"기사 참조), 이에 대한 논의도 필요하다고 본다.

더 보장하려는 취지에서 개정이 이루어졌다고 한다.[44]

위 제312조 제1항 개정 내용의 시행은 2022.1.1.부터이지만[45] 영상녹화물 등 객관적인 방법으로 성립의 진정을 증명할 수 있다는 제312조 제2항이 2021.1.1.부터 이미 삭제되었기에 피고인이 검찰에서 자신이 진술한 대로 피의자신문조서에 기재되지 않았다고 성립의 진정을 인정하지 않으면 증거능력을 인정할 다른 방법이 전혀 없기에 결과적으로 피고인이 내용부인을 하는 경우와 같은 상황이 이미 되었다. 그리하여 피고인이 법정에서 내용을 부인하는 경우에 피의자신문조서는 바로 증거능력이 부정되고, 수사기관에서 피의자가 한 진술은 조사자나 그 조사에 참여하였던 자의 증언을 통해서만 법정에 현출될 수 있는 것이다.

이는 공판중심주의의 강화와 함께 사법경찰관 작성의 피의자신문조서의 증거능력 인정 요건과 달리 취급할 이유가 없다는 주장에 따른 결과인데, 현재 거의 사문화되어 있는 조사자증언제도(법 제316조)의 활성화[46]나 영상녹화물에 대한 독립적인 증거능력 인정, 증거능력이 인정되지 않아도 탄핵증거로의 적극 사용 등의 대책이 앞으로 논의되어야 할 것이다.

---

43) 2021.12.21. 공포·시행된 개정 형사소송법은 2022.1.1. 시행일 전후 사건에 대한 개정 규정의 적용 범위를 보다 명확히 하기 위해 부칙에 제1조의2(검사가 작성한 피의자신문조서의 증거능력에 관한 적용례 및 경과조치)를 다음과 같이 신설하였다. '① 제312조 제1항의 개정 규정은 같은 개정규정 시행 후 공소제기된 사건부터 적용한다. ② 제312조 제1항의 개정규정 시행 전에 공소제기된 사건에 관하여는 종전의 규정에 따른다.'

44) 사법정책연구원, 『수사기관 작성 조서의 증거 사용에 관한 연구』 2021, 331면에 의하면 수사기관 작성 조서에 의존하였던 종래의 형사재판에서는 공판심리가 수사기록의 확인 위주로 형식적·기계적으로 진행되어 법원의 판단기능이 사실상 수사기관에 의하여 주도된다는 비판을 받아왔다고 한다.

45) 위 규정은 실무상 준비과정과 급격한 범죄대응역량 저하우려 등을 고려하여 2020.2.4. 개정 형사소송법의 공포 후 4년 내에 시행하되 구체적인 시행 시점은 대통령령으로 정하기로 하였으나 법원이나 검찰에서 별다른 준비도 없이 시행을 앞당기게 되었다(법률신문 2021.12.2.자 19면 "검사 피신조서 증거 제한 임박… 손 놓은 법원·검찰"기사 참조).

46) 다만 홍진영, "개정 형사소송법 제312조에 대한 검토", 『형사소송 이론과 실무』 제12권 제1호 (2020.6.), 229면－240면에 의하면 조사자증언을 Ⓐ 구두주의와 직접주의 원칙에 부합하는지 여부, Ⓑ 반대신문권의 보장 여부, Ⓒ 선서를 통하여 증언의 진실성을 확보할 수 있는지 여부 등을 통해 조사자증언의 한계를 살펴보고 조사자는 피고인에게 대한 강한 유죄추정의 확증편향을 갖고 있고, 피고인의 판결에 대해 조사자가 평정, 승진 등과 관련하여 직·간접적인 이해관계를 갖기 때문에 중립성과 신빙성을 탐구함에 있어서 충분히 고려되어야 한다며 신중한 입장을 취하고 있다.

2. 기소 후의 참고인조사와 증언에 대한 판례 입장

수사란 범죄혐의 유무를 명백히 하여 공소제기와 그 유지 여부를 결정하기 위한 수사기관의 활동이라고 판례가 보고 있듯이[47] 공소제기 후에도 수사가 가능하며 공소제기 후에 수사기관이 참고인을 조사하는 것은 당연히 허용된다. 판례는 피고인에 대한 진술조서에 대해서도 증거능력이 인정될 수 있다는 입장이다.[48]

그런데 판례는 먼저 피고인에게 유리한 증언을 마친 증인을 수사기관이 다시 참고인으로 조사하여 진술조서를 작성한 경우에 그 진술조서를 증거로 삼는 것은 당사자주의, 공판중심주의, 직접주의를 지향하는 형사소송법의 소송구조에 어긋나고 헌법상 재판을 받을 권리를 침해하는 것이므로 피고인이 증거동의를 하지 않는 한 증거능력이 없다는 입장을 취하고,[49] 계속해서 참고인이 자신의 증언내용을 번복하는 내용의 진술서를 작성한 경우와[50] 참고인을 피의자로 위증혐의를 조사한 내용을 기재한 피의자신문조서의 경우에도[51] 같은 입장을 취하였다. 그러다가 최근에는 공

---

47) 대법원 1999.12.7.선고 판결, 「수사, 즉 범죄혐의의 유무를 명백히 하여 공소를 제기·유지할 것인가의 여부를 결정하기 위하여 범인을 발견·확보하고 증거를 수집·보전하는 수사기관의 활동은 수사 목적을 달성함에 필요한 경우에 한하여 사회통념상 상당하다고 인정되는 방법 등에 의하여 수행되어야 하는 것인바, 무인장비에 의한 제한속도 위반차량 단속은 이러한 수사활동의 일환으로서 도로에서의 위험을 방지하고 교통의 안전과 원활한 소통을 확보하기 위하여 도로교통법령에 따라 정해진 제한속도를 위반하여 차량을 주행하는 범죄가 현재 행하여지고 있고, 그 범죄의 성질·태양으로 보아 긴급하게 증거보전을 할 필요가 있는 상태에서 일반적으로 허용되는 한도를 넘지 않는 상당한 방법에 의한 것이라고 판단되므로, 이를 통하여 운전 차량의 차량번호 등을 촬영한 사진을 두고 위법하게 수집된 증거로서 증거능력이 없다고 말할 수 없다.」

48) 대법원 1984.9.25.선고 84도1646 판결, 「검사 작성의 피고인 1에 대한 진술조서가 공소제기 후에 작성된 것이라는 이유만으로 곧 그 증거능력이 없다고 할 수는 없으므로 원심이 이를 증거로 채택하였다고 하여 공판중심주의 내지 재판공개의 원칙에 위배된 것이라고도 할 수 없다.」; 대법원 1982.6.8.선고 82도754 판결.

49) 대법원 2000.6.15.선고 99도1108 전원합의체 판결.

50) 대법원 2012.6.14.선고 2012도534 판결, 「검사가 공판준비기일 또는 공판기일에서 이미 증언을 마친 증인을 소환하여 피고인에게 유리한 그 증언 내용을 추궁한 다음 진술조서를 작성하는 대신 그로 하여금 본인의 증언 내용을 번복하는 내용의 진술서를 작성하도록 하여 법원에 제출한 경우에도 마찬가지로 피고인이 증거로 할 수 있음에 동의하지 아니하는 한 그 증거능력이 없다고 할 것이다.」

51) 대법원 2013.8.14.선고 2012도13665 판결, <검사가 공판준비 또는 공판기일에서 이미 증언을 마친 증인에게 수사기관에 출석할 것을 요구하여 그 증인을 상대로 위증의 혐의를 조사한

소제기 후이긴 하지만 아직 증언을 하기 전인 참고인을 수사기관이 조사하여 작성한 진술조서에 대해서도 공판기일에 증인으로 신청하여 신문할 수 있었다면 특별한 사정이 없는 한 증언을 마친 참고인에 대한 진술조서 등의 경우와 같은 취지에서 피고인이 증거동의를 하지 않는 한 증거능력이 인정되지 않는다고 하였다.[52)]

물론 참고인이 다시 증인으로 법정에서 증언한 경우에도 적법한 증언절차에 따랐다면 그 증언 자체의 증거능력은 인정될 수밖에 없다.[53)] 그런데 판례는 증거능력이 없는 진술조서 등과 같은 취지에서 참고인이 법정에서 피고인에게 불리한 내용의 진술을 한 경우에 그 증명력에 대해서 신중하게 판단해야 한다는 입장을 유지하다가[54)] 최근에는 증인이 법정에서 증언하기 전에 수사기관에 소환되어 면담이 이루어졌다면 그 과정에서 회유나 압박, 답변유도나 암시 등으로 증언에 영향을 미치지 않았다는 점을 검사가 증명하지 못하는 한 증언의 신빙성을 인정하기 어렵다는 입장까지 분명히 하였다.[55)]

내용을 담은 피의자신문조서의 경우도 피고인이 증거로 할 수 있음에 동의하지 아니하는 한 증거능력이 없다고 판단한 사례>

52) 대법원 2020.1.30.선고 2018도2236 전원합의체 판결; 대법원 2019.11.28.선고 2013도6825 판결, 「제1심에서 피고인에 대하여 무죄판결이 선고되어 검사가 항소한 후, 수사기관이 항소심 공판기일에 증인으로 신청하여 신문할 수 있는 사람을 특별한 사정없이 미리 수사기관에 소환하여 작성한 진술조서는 피고인이 증거로 할 수 있음에 동의하지 않는 한 증거능력이 없다. 검사가 공소를 제기한 후 참고인을 소환하여 피고인에게 불리한 진술을 기재한 진술조서를 작성하여 이를 공판절차에 증거로 제출할 수 있게 한다면, 피고인과 대등한 당사자의 지위에 있는 검사가 수사기관으로서의 권한을 이용하여 일방적으로 법정 밖에서 유리한 증거를 만들 수 있게 하는 것이므로 당사자주의·공판중심주의·직접심리주의에 반하고 피고인의 공정한 재판을 받을 권리를 침해하기 때문이다. 위 참고인이 나중에 법정에 증인으로 출석하여 위 진술조서의 성립의 진정을 인정하고 피고인측에 반대신문의 기회가 부여된다 하더라도 위 진술조서의 증거능력을 인정할 수 없음은 마찬가지이다.」

53) 대법원 2020.1.30.선고 2018도2236 전원합의체 판결; 대법원 2019.11.28.선고 2013도6825 판결; 대법원 2000.6.15.선고 99도1108 전원합의체 판결.

54) 대법원 2019.11.28.선고 2013도6825 판결, 「참고인이 법정에서 위와 같이 증거능력이 없는 진술조서와 같은 취지로 피고인에게 불리한 내용의 진술을 한 경우, 그 진술에 신빙성을 인정하여 유죄의 증거로 삼을 것인지는 증인신문 전 수사기관에서 진술조서가 작성된 경위와 그것이 법정진술에 영향을 미쳤을 가능성 등을 종합적으로 고려하여 신중하게 판단해야 한다.」 <법정진술의 증거능력을 인정하면서도 신빙성에 대한 종합적인 고려를 통해 신중하게 증명력을 판단하라는 취지>

55) 대법원 2021.6.10.선고 2020도15891 판결, <(김학의 전 법무차관의 성접대사건) 대법원은 증인 A가 제1심과 원심 법정에서 진술하기 전에 검찰에 소환되어 면담하는 과정에서 수사기관

이에 학계에서는 진술조서 등이 공판중심주의 등에 반해 작성되었으므로 위법수집증거라는 주장도 있고,[56] 피고인이 증거동의를 하면 증거능력이 인정될 수 있으므로 위법수집증거로 볼 수는 없다는 주장도 있다.[57] 판례는 과연 어떤 입장인지가 불분명하다.[58]

공소제기 후의 수사가 가능하며 진술번복에 따른 계속 수사의 필요성이 인정되는데도 증거능력을 부정할 만큼 공판중심주의 등에 반한다고 보아야 하는지 의문이며, 더구나 위증혐의로 조사한 피의자신문조서는 이와 전혀 무관하다고 판단된다. 그리고 증거동의를 하지 않을 때에 적용되는 전문법칙의 예외 규정을 이 경우에만 배제하여 피고인이 증거동의를 하지 않으면 곧바로 증거능력을 부정하는 논거도 이해하기 어렵고, 피고인에게 불리하다는 이유만으로 자유심증주의의 대원칙까지 쉽게 허물 수 있는지에 대해서 깊은 논의가 있어야 할 것이다.

검사 작성의 피의자신문조서도 피고인이 내용을 부인하거나, 공소제기 전의 참고인에 대한 진술조서에 대해 참고인이 법정에서 이유없이 증언거부권을 행사해도 증거능력이 인정되지 않게 된 상황에서[59] 이제 인적 증거가 대부분 무력해지고 있기에 이 또한 새로운 수사체제에서 실체적 진실을 찾기 위해 수사기관에게는 큰 도전이 될 것으로 보인다.

의 회유나 압박, 답변 유도나 암시 등의 영향을 받아 종전에 한 진술을 공소사실에 부합하는 진술로 변경하였을 가능성을 배제하기 어려우므로 검사가 증인신문 전 면담과정에서 회유나 압박 등으로 A의 법정진술에 영향을 미치지 않았다는 점을 증인의 진술 등으로 증명하지 못하는 한 A의 수원지검 사건 관련 법정진술 및 차명 휴대전화 관련 원심 법정진술은 신빙성을 인정하기 어렵다고 보아 원심을 파기환송한 사례>

56) 배종대/홍영기, 『형사소송법(제2판)』 홍문사, 2020, 319면; 백형구, 『형사소송법』(법원사, 2012), 39면; 신양균/조기영, 『형사소송법』(박영사, 2020), 844면; 이승호/이인영/심희기/김정환, 『형사소송법강의(제2판)』(박영사, 2020), 274면; 정웅석/최창호/이경렬/김한균, 앞의 책, 586면.

57) 이주원, 『형사소송법(제3판)』(박영사, 2021), 233면; 이창현, 앞의 책, 913면.

58) 물론 대법원 2000.6.15.선고 99도1108 전원합의체 판결의 반대의견(대법관 5인)은 '다수의견이 한번 증언한 자에 대한 진술조서라는 한가지 이유만으로 그의 증거능력을 부정하는 데는 찬성할 수 없다'고 하여 위법수집증거로 보지는 않고 있다.

59) 대법원 2019.11.21.선고 2018도13945 전원합의체 판결; 대법원 2012.5.17.선고 2009도6788 전원합의체 판결.

Ⅶ. 결론

검찰개혁 차원에서 검·경수사권조정이 이루어지고 수사처까지 신설되었으나 시행 초창기이기 때문인지, 아니면 제대로 개혁이 이루어지지 않았기 때문인지 현재 여러 수사기관의 활동에 만족하는 여론은 거의 없고, 미진하고 여전히 수사가 편향적이라는 비판이 계속되고 있다.[60] 한편으로 수사기관 자체에는 서로 원활한 협력관계가 형성되지 않으며, 바람직한 성과를 내놓지도 못하고 있는 실정이다.[61] 구체적으로 최근의 'LH 부동산투기사건'은 검찰의 직접적인 관여없이 사실상 경찰청의 국가수사본부에서 독자적으로 수사를 하였으나 엄청난 국민적 의혹에도 불구하고 별다른 수사성과를 거두지 못하였다. '대장동 개발 의혹 사건'에서도 검찰이 여러 명을 구속 또는 불구속기소를 하였을 뿐만 아니라 추가수사를 계속하고 있기는 하지만 현재까지 언론에 크게 의혹으로 보도가 된 내용조차 수사가 이루어지지 않고 있어서 정치권에서도 여당과 야당이 모두 수사가 너무 미진하다며 특별검사제도의 도입을 강력히 주장하고 있는 실정이다.[62] 또한 '고발사주 의혹사건'을 수사 중인 수사처에서 현직 검사에 대해 체포영장과 처음 구속영장을 청구하였다가 모두 기각이 되고 보강수사를 한 후에 다시 구속영장을 청구하였으나 또 기각되었을 뿐만 아니라[63] 야당 국회의원의 사무실을 압수·수색하는 과정에서 적법절차를 지키지

60) 이기홍, "덮으려 해도 덮을 수 없고, 함께 단죄될 것," 동아일보 2021.10.15.자 A34면.

61) 수사처는 2021.12.29. 현재 수사를 본격적으로 시작한 지 거의 1년이 되고 그동안 약 2600건을 접수하였지만 입건 대상자로 구분하면 24건이고 사건의 동일성으로 보아 12건에 불과하고 고작 1건을 검찰에 송부한 것이 전부이면서 야당 대통령 후보에 대한 4건의 수사에 수사력을 과도하게 한 곳으로 집중한다는 비판을 받기도 한다(조선일보 2021.12.28.자 A3면, "공수처, 설립과정도 수사도 정치적… 출범 1년도 안돼 해체론" 기사 참조).

62) 동아일보 2021.12.28.자 A12면, "정진상 출석 거부, '50억 클럽'규명 답보… 지지부진한 대장동 수사"기사와 조선일보 2021.12.7.자 A8면, "李, "尹, 대장동 특검 피하지 말라" 野 "특검 막아놓고선… 적반하장""기사 참조.
그러나 동아일보 2021.12.28.자 A6면, "여야, 대장동 특검 놓고 "상설로" "별도로" 팽팽"기사에 의하면 여야의 의견 차이로 특검이 곧 이루어지기는 매우 어려운 상황이다.

63) 이정구, "존폐위기 '아마추어 공수처,'" 조선일보 2021.12.7.자 A34면에 의하면 피의자 손준성 검사에 대한 2차 구속영장청구에 의한 영장실질심사 중에 수사차장이 판사 앞에서 "우리 공수처는 수사 아마추어"라며 법원에 피의자의 영장 발부를 읍소까지 하여 스스로 존재 의의를 부인한 촌극이 되고 말았다는 비판이 있었다. 그리고 동아일보 2021.12.6.자 A12면, "공수처, '법관 사찰 문건' 해당 판사들 서면조사"기사에 의하면 수사처는 손준성 검사에 대한 두 번째 구속영장이 기각된 후에 '법관사찰문건 작성 의혹 사건'으로 소환을 통보하고, 해당 판사들에

않았다는 이유로 법원에서 준항고 인용결정이 나는 바람에 압수한 증거를 유죄의 증거로 제출할 수도 없는 상황까지 되고 말았다.[64] 특히, 수사처는 피의자인 검사에 대한 체포영장을 청구하였다가 기각되었는데도 피의자에 대해 단 한차례의 조사도 하지 않은 상태에서 곧바로 구속영장을 청구하는 바람에 대한변호사협회에서 성명을 통해 '피의자의 방어권을 보장하지 않고 이례적으로 인신을 구속하는 영장을 거듭 청구한 것은 기본권 침해행위'라는 비판을 받기도 하였고,[65] 통신사에 '통신자료조회'를 남발하여 수사처에 비판적인 보도를 한 언론사 기자들과 그 가족들, 야당 소속 국회의원들, 한국형사소송법학회 일부 회원들까지 직접 수사와 관련없이 사찰을 하였다는 논란이 벌어지기도 하였다.[66] 또한 '대장동 개발 의혹 사건'에서 검찰이 핵심 피의자의 주거지에서 압수·수색영장을 집행하는 중에 최근 사용 중인 휴대전화를 창밖으로 던졌다는 피의자의 말만 믿고 집행을 하지 못하였으나 경찰은 인근 CCTV를 확인하여 하루 만에 휴대전화를 가져간 사람을 찾아내는 성과를 거두었다. 이후 경찰이 위 피의자가 대장동 개발사업이 선정되던 당시에 사용하던 휴대전화에 대한 압수·수색영장을 신청하였으나 검찰이 청구를 미루는 한편으로 검찰이 직접 위 휴대전화에 대한 압수·수색영장을 청구하여 법원으로부터 발부받

게도 "언론보도 등을 통해 해당 문건이 존재한다는 것을 알았을 때 기분이 어땠느냐" 등을 질의하는 서면조사를 했다고 한다.

64) 동아일보 2021.11.29.자 A12면, "공수처, 대검 압수수색영장에 또 '성명불상' 기재 논란" 기사 참조. 위 기사에 의하면 수사처에서 '이성윤 서울고검장의 공소장 유출의혹사건'을 수사 중에 대검찰청 정보통신과에 대한 압수수색영장에 공소장을 누설한 피의자를 '성명불상', 누설과정을 '알 수 없는 방법'이라고 기재하였고, 계속해서 동아일보 2021.11.27.자 8면, "공수처, "압수수색 안한걸로 하겠다" 논란" 기사에 의하면 압수수색절차 고지 및 참여권보장 등과 관련하여 피압수자들과 갈등을 빚자 압수수색을 하지 않은 것으로 하겠다며 그냥 집행을 종료하는 일까지 벌어지기도 하였다고 한다. 또한 조선일보 2021.11.29.자 A8면, "국민의 힘 "의원실 불법 압수수색한 공수처장 구속하라""기사에 의하면 국회의원 사무실을 수사처검사 등이 압수수색할 때에 김기현 국민의 힘 원내대표가 당시 현장에서 불법 압수수색이라고 10회 이상 고지하고 즉각 중단할 것을 요구했지만 수사처검사가 상부 지시라고 하면서 계속 압수수색을 강행하였다며 수사처장과 수사차장이 여러 차례 보고를 받았음에도 불구하고 계속 지시를 내렸기에 수사처장이 구속해야 한다는 주장까지 폈다고 한다.

65) 조선일보 2021.10.27.자 A8면, "조사도 않고 무리한 영장 청구… 망신 자초한 공수처"기사 참조.

66) 동아일보 2021.12.16.자 A12면, "공수처, 野담당 기자도 통신조회… 법조계 "저인망식 과잉수사""기사 및 조선일보 2021.12.15.자 A1면, "기자들 통화기록 통째로 턴 공수처"기사, 조선일보 2021.12.28.자 A1면, "'빅 브러더' 공수처"기사 등 참조.

고 집행에 나서는 바람에 검찰이 경찰의 수사를 방해하고 있다는 비판을 받기도 하였다.[67)]

기존 검찰이 불공정한 수사, 직접 수사의 과잉 및 수사와 기소의 미분리로 비판을 받아 왔고 고위공직자범죄에 대해서라도 이러한 문제를 개선하고자 신설된 수사처도 수사와 기소의 미분리 및 검사동일체 원칙과 동일한 수사처검사동일체 원칙을 그대로 이어받았다는 비판을 면하기 어렵다. 또한 수사처는 원칙적으로 고위공직자범죄에 대한 특별수사기관으로서 1차 수사를 한 후에 검찰에 사건을 송부해야 하고, 예외적으로 판사와 검사, 경무관 이상 경찰공무원의 고위공직자범죄 등에 한해 공소제기 및 공소유지까지 하는 것이므로 이와 같이 수사대상 사건에 있어서의 수사처검사의 성격이 계속 논의될 수밖에 없는 것이다. 현실적으로 수사처검사에게 구속영장 등 영장청구권을 인정하는 경우라도 만일 수사대상 사건에서 수사처검사가 구속영장을 청구하여 발부가 된 경우에 검찰청법상의 검사와 같이 10일까지의 구속기간영장 신청(법 제205조)이 가능한 지 등의 논의가 시급히 이루어져야 한다.

개정 형사소송법이 일반사법경찰관에게 1차 수사종결권을 부여하여 경찰의 권한이 커졌음에도 검사의 수사지휘권을 폐지하여 비대해진 경찰의 권한을 앞으로 적절하게 통제할 수가 있을지 의문인데, 개정 검찰청법이 검찰의 직접 수사를 법령에 의하여 제한하였지만 직접 수사의 허용범위가 애매하기도 하고 너무 넓어서 직접 수사를 실질적으로 제한하는 수준에 이르지 못하였다는 비판이 있기도 하다.[68)]

또한 검찰로부터 고위공직자에 대한 수사권을 박탈하고 이를 다른 권력기관을 창설하여 해결할 것이 아니라 검찰권력을 정치권으로부터 완전히 독립시키는 것이 오히려 더 합리적인 방법이라고 하면서 수사처 설치는 검찰의 정치적 종속성을 야기하는 근본원인은 도외시한 채 똑같은 문제점을 가질 수밖에 없는 또 다른 검찰조직을 만드는 것에 불과하다는 주장까지 제기되고 있는 것이다.[69)] 지금까지 검사를 수사할 수 있는 수사처와 같은 특별수사기관이 생기기만 한다면 그동안 쌓였던 검사들의 엄청난 비리가 밝혀질 것이라는 주장도 강하게 있었지만 수사처의 수사

---

67) 조선일보 2021.10.15.자 A4면, "경찰이 신청한 '유동규 제3의 폰' 압수수색 영장, 검찰이 반려"기사 참조.

68) 장승혁, "검찰권의 제한 – 개정 형사소송법, 검찰청법 및 공수처법에 대한 평가와 향후 과제", 『형사법연구』 제32권 제2호(2020.6.), 292면.

69) 김혁돈, 앞의 논문, 56면.

역량과 의지부족 때문인지는 몰라도 현재까지 제대로 확인된 것은 전혀 없는 실정이다.

검사 작성의 피의자신문조서까지 피고인이 내용부인을 하기만 하면 휴지가 되어 버리는 등 인적 증거가 대부분 증거로 사용되기가 어려워지고 더욱 공판중심주의가 강화되는 추세에서 말로만 하는 것이 아니고 과감한 재정지출을 통해서라도 과학수사를 더욱 발전시키고 여러 수사기관 사이의 유기적 협력관계가 더욱 절실하게 요청되는 상황이다. 그리고 영미법계 형사소송에서의 기소사실인부절차(arraignment)나 유죄거래협상(plea bargaining) 등의 제도를 수용하기 위한 적극적인 논의도 필요하다고 하겠다.

이와 같이 최근의 수사체제의 엄청난 변화로 인해 매우 혼란스런 상황에서 여당인 민주당에서는 검찰의 수사권을 완전히 배제하는 내용의 '중대범죄수사청 설치 및 운영에 관한 법률안'을 발의하기도 하였는데,[70] 앞으로 대통령 선거를 통한 새로운 정부에서도 여전히 검찰개혁 내지 수사기관의 개혁은 계속 이어질 것으로 전망된다.[71]

논문투고일 : 2021.12.10. 논문심사일 : 2021.12.14. 게재확정일 : 2021.12.24.

70) 황운하 의원 등 21인이 2021.2.8. 발의한 것으로 현재 검찰이 담당하고 있는 6개 중대범죄에 대한 수사를 전담하는 중대범죄수사청을 설립하여 검사는 공소제기와 유지 및 헌법이 정한 영장청구 권한만 보유하도록 한 법안이다.

71) 조선일보 2021.11.20.자 A4면, "여, "검찰이 수사정보 흘려", 야, "국민약탈로 정치자금 마련"" 기사에 의하면 이재명 민주당 대통령선거 후보는 검찰개혁이 중요한 과제라고 하였고, 윤석열 국민의 힘 대통령선거 후보도 공수처의 폐지 등을 주장하고 있다.

【참고문헌】

1. 단행본

배종대/홍영기, 『형사소송법(제2판)』(홍문사, 2020).
백형구, 『형사소송법』(법원사, 2012).
신양균/조기영, 『형사소송법』(박영사, 2020).
이승호/이인영/심희기/김정환, 『형사소송법강의(제2판)』(박영사, 2020).
이완규, 『검찰개혁법해설』(박영사, 2020).
이은모/김정환, 『형사소송법(제8판)』(박영사, 2021).
이재상/조균석/이창온, 『형사소송법(제13판)』(박영사, 2021).
이주원, 『형사소송법(제3판)』(박영사, 2021).
이창현, 『형사소송법(제7판)』(정독, 2021).
정웅석, 『고위공직자범죄수사처 법과 제도의 이해』(박영사, 2021).
정웅석/최창호/이경렬/김한균, 『신형사소송법』(박영사, 2021).
법무부, 2021 법무연감, 2021.6.
사법정책연구원, 『수사기관 작성 조서의 증거 사용에 관한 연구』 2021.

2. 논문

김혁돈, “소위 검찰개혁입법에 대한 소고”, 『형사소송 이론과 실무』 제12권 제1호 (한국형사소송법학회, 2020.6).
박상민, “고위공직자범죄수사처 검사의 영장청구권에 관한 검토”, 『형사법의 신동향』 통권 제70호(대검찰청, 2021.3).
이윤제, “개정 경찰법의 사법경찰과 행정경찰 분리”, 『형사법의 신동향』 통권 제72호(대검찰청, 2021.9).
이창현, “검 · 경수사권 조정 관련 법률안에 대한 검토와 대안”, 『형사소송 이론과 실무』 제11권 제2호(한국형사소송법학회, 2019.12).
장승혁, “검찰권의 제한 – 개정 형사소송법, 검찰청법 및 공수처법에 대한 평가와 향후 과제”, 『형사법연구』 제32권 제2호(한국형사법학회, 2020.6).
정웅석, “고위공직자범죄수사처법의 해석과 운영방향”, 『형사소송 이론과 실무』 제

12권 제1호(한국형사소송법학회, 2020.6).

홍진영, "개정 형사소송법 제312조에 대한 검토", 『형사소송 이론과 실무』 제12권 제1호(한국형사소송법학회, 2020.6).

3. 언론보도

동아일보, "檢 기소 조희연 혐의내용, 공수처 논리 뒤집었다"기사, 2021.12.27.자 A12면.

동아일보, "공수처, 고발사주 의혹 수사 확대 차질"기사, 2021.10.27.자 A6면.

동아일보, "공수처, 대검 압수수색영장에 또 '성명불상' 기재 논란" 기사, 2021.11.29.자 A12면.

동아일보, "공수처, '법관 사찰 문건' 해당 판사들 서면조사"기사, 2021.12.6.자 A12면.

동아일보, "공수처, "압수수색 안한걸로 하겠다" 논란" 기사, 2021.11.27.자 8면.

동아일보, "여야, 대장동 특검 놓고 "상설로" "별도로" 팽팽"기사, 2021.12.28.자 A6면.

동아일보, "영장심의위 '檢 영장 기각부당' 첫 결정"기사, 2021.8.3.자 12면.

동아일보, "정진상 출석 거부, '50억 클럽'규명 답보… 지지부진한 대장동 수사"기사, 2021.12.28.자 A12면.

법률신문, "검사 피신조서 증거 제한 임박… 손 놓은 법원·검찰"기사, 2021.12.2.자 19면.

법률신문, ""고소·고발장 무단 반려 그만"… 경찰, 제도개선 추진"기사, 2021.8.30.자 1−2면.

이기홍, "덮으려 해도 덮을 수 없고, 함께 단죄될 것," 동아일보 2021.10.15.자 A34면.

이정구, "존폐위기 '아마추어 공수처,'" 조선일보 2021.12.7.자 A34면.

조선일보, "경찰이 신청한 '유동규 제3의 폰' 압수수색 영장, 검찰이 반려"기사, 2021.10.15.자 A4면.

조선일보, "공수처, 설립과정도 수사도 정치적… 출범 1년도 안돼 해체론" 기사, 2021.12.28.자 A3면.

조선일보, "공수처 수사받는 검사들 "총장님, 왜 가만있습니까""기사, 2021.12.7.자

A10면.

조선일보, “국민의 힘 “의원실 불법 압수수색한 공수처장 구속하라””기사, 2021. 11.29.자 A8면.

조선일보, “‘빅 브러더’ 공수처”기사, 2021.12.28.자 A1면.

조선일보, “여, “검찰이 수사정보 흘려”, 야, “국민약탈로 정치자금 마련””기사, 2021.11.20.자 A4면.

조선일보, “李, “尹, 대장동 특검 피하지 말라” 野 “특검 막아놓고선… 적반하장”” 기사, 2021.11.20.자 A4면.

조선일보, “조사도 않고 무리한 영장 청구… 망신 자초한 공수처”기사, 2021.10.27. 자 A8면.

【국문초록】

우리나라의 종래 검사제도는 정치적 고려에 따른 편향적 수사, 과도한 직접수사, 형사사법 운영에 있어서의 법원과의 주도권 경쟁, 경찰에 대한 수사지휘권 마찰 등 여러 비판과 갈등이 계속되어 왔다. 이에 따라 검사에게 집중된 권한을 분산시킨다는 차원의 검·경수사권 조정이 대통령선거에서 선거공약이 되는 등 적극적으로 논의가 되었고, 최근 형사소송법과 검찰청법의 개정, '고위공직자범죄수사처 설치 및 운영에 관한 법률'의 제정을 통해 검사의 수사개시범위 제한, 검사의 일반사법경찰관리에 대한 수사지휘권 폐지, 일반사법경찰관의 1차 수사종결권 인정, 고위공직자범죄수사처라는 새로운 수사기관의 신설, 검사 작성 피의자신문조서의 증거능력 엄격 제한 등의 큰 변화가 이루어졌다.

그래서 그 구체적인 내용을 먼저 검사와 사법경찰관의 수사개시와 진행, 검사의 사법경찰관에 대한 수사감독권, 검사와 사법경찰관의 수사종결로 나누어 살펴보고, 다음으로 고위공직자범죄수사처의 대상범죄 범위, 조직과 운영, 고위공직자범죄의 통보와 이첩, 수사종결에 대해 알아보고, 마지막으로 검사가 작성한 피의자신문조서, 기소 후의 참고인조서와 증언 등 인적 증거에 대한 증거능력과 증명력의 변화에 대해서도 검토하였다.

검찰개혁을 위해 검·경수사권조정이 이루어지고 고위공직자범죄수사처까지 신설되었으나 시행 초창기이기 때문인지, 아니면 제대로 개혁이 이루어지지 않았기 때문인지 현재 여러 수사기관의 활동에 만족하는 여론은 거의 없고, 미진하고 여전히 수사가 편향적이라는 비판이 계속되는 한편으로 수사기관 자체에는 서로 원활한 협력관계가 형성되지 않으며 바람직한 성과를 내놓지도 못하고 있는 실정이다.

그런 상황에서 현재 여당인 민주당에서는 검찰의 수사권을 완전히 배제하는 내용의 '중대범죄수사청 설치 및 운영에 관한 법률안'을 발의하기도 하였는데, 앞으로 대통령 선거를 통한 새로운 정부에서도 여전히 검찰개혁 내지 수사기관의 개혁은 계속 이어질 것으로 전망된다.

◈ 주제어: 검찰개혁, 검·경수사권조정, 수사지휘권, 수사감독권, 고위공직자범죄수사처, 피의자신문조서

【Abstract】

Recent changes of Investigation Systems in Korea

Lee, Chang－Hyun*

In Korea's conventional prosecution system, various criticisms and conflicts have continued, including biased investigations based on political considerations, excessive direct investigations, competition for leadership with courts in criminal justice management, and friction over investigative command authority over police. As a result, major changes have been made such as, the adjustment of the right of prosecution and police investigation has been brought up to become an election pledge in the presidential election to disperse prosecutors'concentrated authority, and the recent revision of the Criminal Procedure Act and the Prosecutors'Office Act, limitation of the scope of prosecutor's investigation through the enact on the 'Establishment and the Operation of the High－ranking Public Officials Corruption Investigation Agency', the abolition of the prosecutor's right to investigative command authority, recognition of the right to terminate the 1st investigation by a general judicial police officer, the establishment of a new investigative agency called the High－ranking Public Officials Corruption Investigation Agency, strict restrictions on the admissibility of evidence in the protocol of examination of a suspect prepared.

So, the details are first divided into the prosecutor and judicial police officer's investigation initiation and progress, the prosecutor's right to supervise the judicial police officer, and the prosecutor and judicial police officer's investigation termination. Next, the scope of crimes targeted by the High－ranking Public Officials Corruption Investigation Agency, organization and operation, notification and transfer of crimes by high public officials, and closing of investigations were examined, and finally, changes in admissibility

* Professor, Law School, Hankuk University of Foreign Studies, Ph.D. in Law

and proof of personal evidence were reviewed.

Despite the fact that Adjustment of the Right of Prosecution and Police Investigation has been formed and High−ranking Public Officials Corruption Investigation Agency has been made for the reform of prosecution, perhaps because it was in the early stages of implementation or because it was not properly reformed, there is only little public opinion satisfied with the activities of various investigative agencies and criticism continues that the investigation is still biased, while the investigative agencies themselves do not have smooth cooperation and desirable results.

In that situation, the ruling Democratic Party of Korea has proposed a "Act on the Establishment and Operation of the Serious Crime Investigation Office" that completely excludes the prosecution's right to investigate, and the new government is expected to continue reforming prosecutors or investigative agencies.

◈ Key Words: Prosecution Reform, Adjustment of the Right of Prosecution and Police Investigation, Command the investigation, Rights to end an Investigation, High-ranking Public Officials Corruption Investigation Agency, Protocol of Examination of a Suspect.

한국형사소송법학회『형사소송 이론과 실무』
제13권 제4호 (2021.12) 105~146면.
Theories and Practices of Criminal Procedure Vol. 13 No. 4 (December. 2021) pp. 105~146.
10.34222/kdps.2021.13.4.105

형사재판에서 검사의 증인사전면담 허용여부와 한계*

이 승 주**

목 차

Ⅰ. 서론
Ⅱ. 검사의 증인사전면담의 의의와 내용
Ⅲ. 검사의 증인사전면담 관련 해외사례 검토
Ⅳ. 우리나라에서 검사의 증인사전면담 허용 여부

Ⅰ. 서론

개정 형사소송법(법률 제16924호) 제312조 제1항에 따라 2022. 1.부터 검사 작성 피의자신문조서의 증거능력은 사법경찰관이 작성한 피의자신문조서와 동일하게 취급된다. 오랫동안 우리 형사소송 체계의 한 축을 담당하여 온 검사 작성 피의자신문조서의 효력이 사실상 없어지는 셈이다.[1] 피의자신문조서 규정의 적용을 받는 공범의 진술증거는 법정증언을 통해서만 그 증거능력을 인정받을 수 있을 것으로 보인다.[2] 현재 우리 형사소송 실무에서 법정증언이 가장 중요한 인적증거로서의

* 본고는 2021. 11. 5. 대법원 형사법연구회, 한국형사소송법학회 공동학술대회에서 발표한 글을 수정, 보완한 것입니다. 본고는 저자 개인의 견해이며 소속 기관의 입장과는 관련이 없음을 알려드립니다.

** 광주지방검찰청 검사

1) 피고인이 공소사실을 인정할 경우 법정자백이 증거가 되므로 피의자신문조서를 증거로 사용할 필요가 없다. 피고인이 공소사실을 부인할 경우 대부분 피의자신문조서의 내용을 부인할 것이므로 개정 형사소송법하에서는 피의자신문조서를 증거로 사용할 수 없다.

2) 공동정범, 교사, 방조범과 같은 협의의 공범은 물론이고, 뇌물수수자와 뇌물공여자 같은 필요적공범 내지 대향범 등을 모두 포함하는 개념이다. 대법원 2009. 7. 9. 선고 2009도2865 판결, 대법원 2020. 6. 11. 선고 2016도9367 판결 등 참조. 개정 형사소송법하에서는 검사 작성 피의자신문조서에 대하여도 기존의 사법경찰관 작성 피의자신문조서의 증거능력에 대한 법리가 적용될 것으로 예상된다.

역할을 차지하고 있으나,[3] 내년부터 우리 증거법 세계에서 사실상 피의자신문조서가 퇴출되면 법정증언의 중요성은 더욱 커질 것으로 예상된다.

이처럼 형사소송에 있어 법정증언을 취득하는 증거조사 절차인 증인신문의 중요성이 날로 증가하는 가운데 최근 우리 실무에서 화두가 되고 있는 것이 당사자가 증인신문 전에 법정 밖에서 증인을 면담하고, 증인신문을 준비하는 이른바 '증인사전면담'이다. 예전부터 실무상 검사 내지 변호인이 증인을 사전에 면담하는 관행이 있었으나, 이에 대하여는 명확한 판례나 법규는 존재하지 않았고, 이론적으로만 이를 긍정하는 견해와 부정하는 견해가 대립되어 왔다. 그런데 최근 우리 대법원은 전 법무부차관에 대한 뇌물수수 등 사건에서 최초로 이 쟁점에 대하여 직접 판단을 하였다.[4] 위 사건에서 대법원은 원칙적으로 검사의 증인사전면담이 허용된다고 하면서도, 검사가 면담 과정에서 증인에 대한 회유, 압박이 없었음을 입증하여야 이후 증인신문을 통해 취득한 법정증언의 신빙성을 인정할 수 있다고 보았다. 위 판결의 맥락을 음미하면, 우리 대법원은 검사의 증인사전면담이 증언에 영향을 미칠 수 있다는 우려를 가지고 있는 것으로 이해된다. 이는 향후 증인사전면담에 대한 실무관행에 큰 영향을 줄 것이고, 이는 결과적으로 증인신문의 방식이나 내용에도 영향을 미치게 될 것이다.

그런데 시대와 장소를 막론하고 증인신문은 핵심적인 증거조사 방식의 하나인 것은 분명하지만, 시대와 장소를 관통하는 바람직하고 이상적인 증인신문의 방식과 내용이 존재하는 것은 아니다. 우리 형사소송법은 1961년 이후 증인을 신청한 검사 또는 변호인·피고인이 먼저 신문하고 다음에 다른 당사자가 반대신문을 하는 교호신문제도를 채택하고 있는데(형사소송법 제161조의2), 이는 영미법에서 유래한 당사자주의적 증인신문 방식이다.[5] 우리 법제와 달리 확고한 직권주의적 소송구조를 채택한 독일의 경우 증인에게 먼저 알고있는 사실을 진술하도록 하고, 일본의 경우 재판장이 증인을 먼저 신문한다.[6] 즉, 구체적으로 어떤 방식과 절차로 증인신문을

3) "우리 형사소송법이 전문법칙을 채택하고 있으므로 사실을 직접 체험한 증인에 대한 증인신문이 증거조사의 중심이 될 수밖에 없고, 특히 증인신문은 증언과 함께 증인의 표정과 진술태도까지 법관의 면전에 현출되어 심증형성에 중대한 영향을 미치므로 가장 중요한 증거방법이 될 수밖에 없다". 이재상·조균석, 『형사소송법』, 제11판(박영사, 2017), 490 참조.

4) 대법원 2021. 6. 10. 선고 2020도15891 판결.

5) 한국사법행정학회(편집대표 김희옥·박일환), 『주석 형사소송법 제1편』(한국사법행정학회, 2017), 755.

6) 이재상·조균석, 앞의 책(주3), 502.

진행할지 여부는 각 나라의 형사소송의 이념과 구조에 따라 상이하다. 이는 증인신문을 준비하는 절차에 포함되는 증인사전면담의 경우에도 마찬가지이다.

이를 감안하여 이 글에서는 증인사전면담의 내용에 대하여 살펴보고, 비교법적으로 각국의 법제와 실무사례를 살펴본 다음, 우리 법제에서 증인사전면담의 허용여부에 대해 논의하고자 한다. 그리고 증인사전면담에 대한 대법원 판결의 내용과 관련하여 증인사전면담의 한계와 향후 예상되는 실무상의 문제점에 대해 고찰해보고자 한다.

Ⅱ. 검사의 증인사전면담의 의의와 내용

검사의 증인사전면담이란 증인신문 전에 검사가 증인을 법정 외에서 만나 향후 있을 증언에 대하여 준비하는 행위를 의미한다. 일반적으로 검사가 증인을 사전면담하는 것은 '증인친화(witness familiarization)'와 '증인점검(witness proofing)'으로 나뉜다.[7] 증인친화는 낯선 법정 절차를 알지 못하는 증인에게 검사를 소개하고, 재판절차와 증인의 역할을 설명하며, 증인보호 등의 절차를 안내하는 등 증인이 법정에서 자연스럽게 사실대로 증언할 수 있도록 도와주는 것을 말한다.[8] 증인점검은 증인신문에 대비하여 증인에게 예상되는 질문사항을 미리 물어보거나, 증인의 과거 기억을 되살리기 위해 이전 진술서나 관련 문서를 보여주며, 증인의 진술 중 서로 모순되는 내용을 명확히 밝히는 등 증언과 관련된 사항을 점검하고 준비하는 것을 말한다.[9]

증인친화의 경우 증인의 보호가 목적이므로 국내외를 막론하고 이를 허용할 수 없다는 견해는 찾아보기 어렵다.[10] 다만, 국제형사재판 실무에 있어 증인친화를 검

7) 대검찰청 검찰미래기획단(연구책임자 김현수), "국민참여재판제도 하에서의 증인사전면담, 증인소환 및 효과적 증인신문방법 연구", 대검찰청 검찰미래기획단(대검찰청, 2008), 16. 국제형사재판소(International Criminal Court, 이하 'ICC'라고 한다)의 Lubanga Dylio 사건(콩고애국조직의 리더로 무고한 시민에 대한 인권침해와 UN평화유지군 살해에 관여한 혐의로 ICC의 체포영장에 따라 체포되어 기소된 최초의 피고인) 전심재판부 결정에서 증인사전면담을 '증인친화', '증인점검'으로 분류한 이래 국제적으로도 일반적으로 그 내용이 통용되는 것으로 보인다. Prosecutor v. Lubanga Dyilo, Case No. ICC−01/04−01/06, Decision on the Practice of Witness Familarisation and Witness Proofing, 8 November 2006 참조.

8) 위 연구보고서, 16.

9) 위 연구보고서, 16.

10) 가령, ICC의 Lubanga 사건 전심재판부는 *Prosecutor v. Lubanga Dyilo* 사건에서 증인점검은 금지된다고 판시하면서도 "증인이 절차의 무지로 인하여 불이익을 받거나 증언을 할 때 그 방식으로 인하여 불의의 타격을 입어서는 안 되기 때문에 법정배치, 증인신문의 순서, 각 당사

사가 담당하여야 하는지, 독립되고 중립된 기관에 맡겨야 하는지에 대하여만 견해 대립이 있었던 것으로 보인다.[11][12] 반면, 증인점검의 허용 여부에 대하여는 각국의 법제나 실무례가 다르고, 외국에서도 허용론과 금지론이 팽팽하게 대립하고 있다.[13] 우리 학계와 실무에서도 논쟁의 대상이 되고, 최근 대법원의 전 법무부차관 사건 판결에서 쟁점이 된 검사의 증인사전면담이란 '증인점검'[14]을 의미한다.

특이한 점은 허용론과 금지론 모두 형사소송의 이념인 실체진실주의를 근거로 삼고 있다는 것이다. 허용론은 증인사전면담을 통해 공판을 철저히 준비할 수 있고, 증인이 사실대로 모순되지 않고 설득력있는 증언을 할 수 있게 됨으로써 실체진실을 발견할 수 있다고 한다. 금지론은 증인사전면담을 통해 검사가 원하는 방향으로 증언이 왜곡되어 실체진실의 발견이 저해된다고 한다. 이에 대하여 자세히 논하기에 앞서, 우선 증인사전면담에 대한 각국의 입장과 그 근거에 대해 살펴보고자 한다.

Ⅲ. 검사의 증인사전면담 관련 해외사례 검토

1. 미국의 사례

가. 일반론 – 증인사전면담의 허용

미국에서는 당사자주의적 소송구조 하에서 검사와 변호인 모두에게 증인사전면

자의 책무에 대한 균형 잡힌 평가 등을 제시하여 증인을 친화시키는 준비는 허용되는 것이고, 다만 그 준비가 의도되거나 계획된 증언에 대한 대화를 포함해서는 안 된다."라면서 증인친화는 허용된다고 판시한 바 있다; 국제형사재판 실무에서 통용되는 증인친화에 대한 자세한 논의는 김기홍, "증인준비의 허용 여부 및 한계에 대한 비교법적 고찰 – 특히 국제형사재판실무에 대한 검토를 중심으로–", 『사법논집』 제70집(법원도서관, 2020), 64~68 참조.

11) 대검찰청 검찰미래기획단, 앞의 보고서(주7), 16 참조. 외국에서 증인친화에 있어서는 증인친화를 검사가 담당하여야 하는지, 독립되고 중립된 기관에 맡겨야 하는지에 대하여만 견해대립이 있었고, ICC의 Lubanga 사건 전심재판부는 독립된 Victims and Witness Unit(VWU)에서 증인친화 업무를 담당하여야 한다고 보았다.

12) 우리나라의 실무상 피해자 증인에 대한 지원, 보호 등 증인친화업무는 주로 각 검찰청에 설치되어 있는 법무부 산하 범죄피해자지원센터에서 담당하는 경우가 일반적이다.

13) 해외에서의 증인점검(증인사전면담)에 대한 허용론과 반대론의 자세한 논의에 대하여는 John D. Jackson & Yassin M. Brunger, "Witness Preparation in the ICC", 13 J. Int'l Crim. Just. 601 (2015) 참조.

14) 이하 이 글에서 '증인사전면담'이란 '증인점검(witness proofing)'만을 지칭하는 의미이다.

담이 광범위하게 허용된다. 미국 연방대법원은 영미법의 전통에서 16~17세기부터 검사의 증인사전면담이 허용되어 왔다면서, 미국 수정헌법 제6조에 규정된 변호인의 조력권이 검사의 증인사전면담이나 증인의 범인식별절차 등에 미치지 않는다고 하였다.[15] 위 연방대법원 판결은 변호인도 검사와 대등하게 증인을 사전에 면담할 수 있는 기회가 부여된다는 점이 검사의 증인사전면담에 대한 균형장치 역할을 한다고 보았다.[16]

미국의 법령에서 명시적으로 검사 또는 변호인의 증인사전면담에 대하여 규정하고 있지는 않다. 다만, 미국변호사협회 형사절차표준 3-3.4는 증인사전면담이 당연히 허용됨을 전제로 하는 규정을 두고 있다.[17] 또한, 변호사규제법에 대한 제3차 수정안 제116조에서도 변호사(미국법상 정부의 변호사인 검사도 포함된다고 해석)의 증인사전면담에 대한 근거규정을 두고 있다.[18]

나. 구체적인 증인사전면담의 허용범위와 한계

미국에서도 적법한 증인사전면담과 달리 증언에 부적절하게 영향을 미치는 증인코칭(witness coaching)은 허용되지 않는다.[19] 이러한 행위는 검사가 윤리규정을

---

15) *United States v. Ash,* 413 U.S. 300 (1973).

16) *United States v. Ash*, 413 U.S. 300, 307~308 (1973). "we would be unwilling to go so far as to extend the right to a portion of the prosecutor's trial-preparation interviews with witnesses. Although photography is relatively new, the interviewing of witnesses before trial is a procedure that predates the Sixth Amendment. In England in the 16th and 17th centuries counsel regularly interviewed witnesses before trial. 9 W. Holdsworth, History of English Law 226—228 (1926). The traditional counterbalance in the American adversary system for these interviews arises from the equal ability of defense counsel to seek and interview witnesses himself."

17) ABA Criminal Justice Standard 3-3.4 Relationship with Victims and Witnesses. (c) 검사 또는 수사관은 모든 증인과 면담하기 위해 노력해야 하고, 증인을 협박하거나 부당하게 영향을 미쳐서는 안 된다. (e) 검사는 증인에게 법정 출석, 법률이나 법원 규칙에 따른 증언, 사전면담에 따른 교통비, 일당을 포함한 합리적인 비용을 보상하도록 허용해야 한다. (f) 검사는 대부분의 검찰 측 증인을 혼자 면담할 수 있으나, 잠재적으로 형사책임이 있거나 적대적인 증인을 면담하는 경우 등에는 신뢰할 수 있는 사람을 동석하게 하고 증인을 면담하여야 한다.

18) The Third Restatement of the Law Governing Lawyers §116 Interviewing and Preparing a Prospective Witness (1) lawyer may interview a witness for the purpose of preparing the witness to testify.

19) 미국 연방대법원은 검사가 증인이 허위로 증언하는 것을 알면서도 이를 바로잡지 않은 것은

위반한 것이며, 경우에 따라서는 검사가 위증교사나 사법방해죄 등의 형사책임을 질 수도 있다.[20] 다만, 어떤 경우가 부적절한 증인코칭이고, 어떤 경우가 적법한 증인사전면담인지를 명확히 규정한 기준은 찾기 어렵고, 구체적인 사안에 따라 법원에서 적법 여부를 판단하는 것으로 보인다. 다만, 기본적인 미국 판례의 입장은 반대신문을 통해 증인사전면담 내지 증인코칭의 해로운 영향력을 감소시킬 수 있으므로 부적절한 증인코칭 여부를 공개된 법정에서 증인신문에서의 공방을 통해 확인하고, 그 내용을 바탕으로 증언의 신빙성 여부를 판단하면 된다는 것으로 보인다.[21] 또한, 연방법원은 적법절차원칙에 위배되는 증인코칭이 있었음을 주장하는 측에서 상대방(검사)이 위증을 지시하거나, 고의적으로 증언에 부적절한 영향력을 미쳤음을 입증하여야 한다고 한다.[22] 그 과정에서 검사가 증인사전면담과정을 기록하거나 녹음, 녹화하여 상대방(피고인 측)에게 제공하여야 할 의무가 있는 것은 아니라고 한다.[23]

구체적인 사례를 살펴보면, 미국 법원은 증인과 사전에 주신문 예행연습을 한 경우,[24] 증인에게 강압적이지 않게 위증죄의 위험성을 경고하면서 사실대로 진술하

미국 수정헌법 제14조에 규정된 적법절차원칙에 위배된다고 판시한 바 있다. *Napue v. Illinois*, 360 U.S. 264 (1959).

20) UC Davis 로스쿨의 Wydick 교수는 부적절한 증인코칭을 3가지로 구분하는데 ① 고의적이고 은밀한 허위진술 유도, ② 고의적이고 공개적인 허위진술 유도, ③ 의도하지 않은 진술왜곡이 그것이다. ①, ②번 증인코칭이 부적절한 것은 당연하다. 논란이 되는 것은 ③번 증인코칭이다. 자세한 내용은 Richard C. Wydick, “The Ethics of Witness Coaching”, 17 Cardozo L. Rev. 1, 18~42 (1995) 참조.

21) *Genders v. United States*, 425 U.S. 80, 81 (1976). 다만, 위 판례는 변호인의 증인사전면담이 부적절한 것이었다는 검찰 측 주장에 대하여, 미국 연방대법원이 당사자주의 하에서 검사가 반대신문을 통해 부적절한 증인코칭이 있었다는 것에 대하여 묻고, 이를 통해 증인(위 사건은 피고인이 증언을 한 사건이었음) 진술의 신빙성 여부를 탄핵할 수 있음을 근거로 그 주장을 받아들이지 않은 사안이다.

22) *Skains v. Lockler*, 2009 WL 230037 (E.D. Cal. 2009); *Skains v. California*, 386 Fed.Appx. 620, 621 (9th Cir. 2010). 같은 사건에 대한 1심 및 항소심(제9연방항소법원)이 같은 판단을 하였다.

23) *United States v. Bernard*, 625 F.2d 854, 859~860 (9th Cir. 1980); 다만, 부적절한 증인코칭이 있었다는 점에 대하여 합리적 의심이 있다면 검찰 측이 이와 관련하여 더 많은 증거공개를 요구받을 수 있다. Sergey V. Vasiliev, “From Liberal Extremity to Safe Mainstream? The Comparative Controversies of Witness Preparation ni the United States”, 9(2) Intenational Commentary on Evidence, 5, 13 (2012) 참조. 이는 미국 형사소송에서 확립되어 있는 *Brady v. Maryland*, 373 U.S. 83 (1963) 판례에 따라 당연히 인정되는 원칙이다.

도록 요청한 경우,[25] 증인으로부터 사전에 진술을 청취하면서 그 진술 중 불분명하거나 일관되지 않은 부분을 지적한 경우[26]는 적법한 증인사전면담의 범위에 포함된다고 보았다. 반면, 검사가 목격자인 증인들에게 검사의 동석 없이는 피고인을 포함하여 그 누구와도 만나고 대화하지 말라고 한 경우,[27] 검사가 증인에게 '피고인에게 유리할 수 있는 내용을 자발적으로 먼저 증언하지는 말라'는 취지로 조언한 경우[28]에는 부적절한 증인코칭에 해당하는 것으로 보았다.

미국 학계의 해석상 증인사전면담의 내용에는 ① 증인의 역할과 법정태도에 대한 논의, ② 증인의 기억내용과 잠재적 증언내용에 대한 논의, ③ 법정에서 제시될 증거 등에 대한 제시 등이 포함될 수 있다.[29] ④ 주신문이나 예상되는 반대신문 내용을 증인에게 미리 물어보고 증인으로부터 자유로운 답변을 청취하는 것도 허용된다.[30] 그 과정에서 증인에게 보다 명료하고, 간결하게 답변하도록 조언하는 것,

---

24) *Smith v. Kelly*, 2008 WL 345838, at 8 (W.D. VA. 2008). "It is not unusual or improper for witnesses to rehearse their direct testimony with counsel."

25) *United States v. Nixon*, 2015 WL 224674 at 2 (D. Ariz. 2015).

26) *Banks v. Thaler*, 583 F.3d 295, 322~328 (5th Cir. 2009). 위 판결에서 제5연방항소법원은 면담자가 사전면담당시 증인에게 "진술서 중 피고인의 바지에 묻은 피를 보았다는 부분은 명백히 사실과 달라 잘못되었다"라고 말한 사실이 있더라도, 이는 면담의 전체 맥락상 증인의 일관되지 않은 진술을 명확히 할 것을 촉구하는 것에 불과하므로, 이를 부적절한 증인코칭에 해당한다고 볼 수는 없다고 판단하였다.

27) *Gregory v. United States*, 369 F.2d 185 (D.C. Cir. 1966). 검사가 증인을 사전면담할 수 있듯이 피고인 측에도 사전면담의 기회가 부여되어야 공평함을 근거로 검사가 목격자들에게 한 조언은 피고인이 공정한 재판을 권리를 침해하였다고 판단하였다.

28) *Alcorta v. Texas*, 355 U.S. 28 (1957). 피고인이 처의 외도를 목격하고 우발적으로 처를 살인하였다고 주장하는 사건에서, 검사가 주요 증인인 처의 내연남에게 '처와의 내연관계를 자발적으로 진술하지 말라'는 취지로 조언한 사안이다. 미국 연방대법원은 위 증인(처의 내연남)의 증언을 유죄의 입증근거로 삼은 것은 적법절차원칙에 위배된다고 보았다; 미국 제6연방항소법원도 검사가 면담과정에서 증인에게 "(불리한 부분에 대하여) 자발적으로 먼저 진술하지 말라"는 취지로 조언한 사건에서 같은 취지로 판단하였다. *United States v. Ebens*, 800 F.2d 1422, 1443 (6th Cir. 1986).

29) Susan R. Martyn et al., *The Law Governing Lawyers: Model Rules Standards, Statues, and State Lawyers Rules of Professional Conduct (2019-2020 Edition)*, Wolters Kluwer (2020), 224; 국내 문헌 중 미국의 증인사전면담 실무에 대한 자세한 내용으로는 대검찰청 검찰미래기획단, 앞의 보고서(주7), 50~58, 성상욱, "미국에서 증인의 진술번복 방지 및 대처방안 연구 – 미국의 증인사전면담 제도를 중심으로", 『국외훈련검사 연구논문집』 제33집(II) (법무연수원, 2018), 539~542 참조.

30) James M. Altman, "Witness Preparation Conflicts", 22(1) Litigation 38, 43 (1995); Bennett

증인의 과거 진술을 제시하거나, 다른 증인의 진술을 제시하면서 기억을 환기시키는 것도 허용된다.[31] ⑤ 증인에게 '신문 과정에서 예, 아니오로 간결하게 대답해야지 추측을 사실처럼 진술하지 마라', '검사가 이의를 제기할 경우 답변을 중단해라', '사전면담 여부에 대하여 질문받을 경우 긍정적인 톤으로 솔직하게 답변하라'는 등의 일반적인 조언을 해주는 것도 허용된다.[32] 반면, 리허설을 빙자하여 검사가 특정한 답변내용이나 방향을 정해서 알려주거나 유도하는 것은 허용되지 않는다.[33] 가령, '불리한 내용에 대하여는 기억나지 않는다고 답변하라', '(특정한 내용에 대해) 상대방이 물어보지 않는 한 자발적으로 진술하지 말라'라고 조언해주는 것은 부적절한 증인코칭으로 허용되지 않는다고 한다.[34]

2. 영국의 사례

영국에서는 미국과 달리 법정변호사(Barrister)가 증인을 사전에 면담하면서 증언내용을 지도하거나 예행연습을 하는 것은 허용되지 않는다.[35] 특이한 점은 변호인과 달리 검사의 경우 증인사전면담이 폭넓게 허용된다는 것이다.[36] 증인사전면담과 관련하여 영국의 검찰은 2008. 2. 「검사의 증인사전면담 실행지침(Pre-Trial Witness Interviews Code of Practice)」을 제정하여 시행하고 있다[37]. 위 지침에 따

L. Gershman, "Witness Coaching by Prosecutors", 23 Cardozo L. Rev. 829, 857~858 (2002).

31) Gershman, 위의 논문, 857~858.

32) Gershman, 위의 논문, 858~859.

33) Gershman, 위의 논문, 833~834; Wydick, 앞의 논문(주20), 37~41.

34) Gershman, 위의 논문, 859.

35) R v. Momodou [2005] EWCA Crim 177, para. 61; 다만, 영국에서 증인사전면담이 금지된 변호사는 법정변호사(Barrister)이고, 법정외변호사(Solicitor)에게는 증인사전면담이 금지되지 않았다. 성상욱, 앞의 논문(주29), 520 참조; 미국 연방대법원도 영미법의 전통에서는 16~17세기부터 검사의 증인사전면담이 광범위하게 이루어져왔다고 한다. *United States v. Ash*, 413 U.S. 300, 307~308, 318 (1973).

36) Vasiliev, 앞의 논문(주23), 35.

37) 원문은 https://www.cps.gov.uk/sites/default/files/documents/victims_witnesses/PTWI-Code-of-Practice.pdf 참조 (최종접속 2021. 10. 29.). 국내 문헌 중 위 지침과 관련된 영국의 실무에 대한 자세한 내용은 이승현,"국민참여재판에서 증인사전면담의 도입가능성에 관한 고찰 - 영국의 증인사전면담제도를 중심으로", 『형사법의 신동향』 통권 제37호(대검찰청, 2012), 161~176 참조.

르면 영국의 검사는 증인 진술의 신빙성을 확인하거나 복잡한 증거관계를 확인하기 위해 증인을 사전에 면담할 수 있다(2.1). 면담 과정에서 검사는 증인의 과거 진술을 확인시켜주거나, 증인의 진술을 보다 명확하게 하기 위한 질문을 하거나, 새로운 증거를 찾기 위한 질문을 할 수 있다(2.3). 다만, 면담은 자발적으로 이루어져야 하며, 증인이 면담을 거부한 경우 그 사실 자체가 피고인 측에 공개되어야 한다(6.1). 검사가 면담 과정에서 증인을 훈련시키거나 증언내용을 코치하는 것, 유도신문을 하는 것은 허용되지 않는다(7.1). 면담 과정에서의 증인의 진술에 대하여 잘못되었다고 말하거나, 답변을 제공해 주어서는 안 된다(7.3). 면담 과정은 모두 녹음되어야 하고, 경우에 따라 영상으로 녹화될 수 있다(8.1).

3. 일본의 사례

일본 형사소송규칙 제191조의3(증인신문준비)은 "증인신문을 청구한 검사 또는 변호인은 증인 및 그 밖의 관계자에게 사실을 확인하는 등의 방법으로 적절한 신문을 할 수 있도록 준비해야 한다"[38]라고 규정하고 있다. 이에 대하여 일본에서는 1957년 영미법의 교호신문제도를 도입하면서 영미법 체계에서는 검사와 변호인이 자기 측 증인을 사전에 면접하는 것이 당연하게 인정되고 있으므로, 같은 취지에서 형사소송규칙에 검사와 변호인이 증인을 사전면담할 수 있는 규정을 도입했다고 한다.[39] 처음 일본에 위 형사소송규칙이 도입되었을 때는 증인을 사전면담하는 것은 다소 부도덕한 일이라고 생각하는 검사와 변호인이 많았으나, 이른바 '신형소파'라고 불리는 판사들의 주도 하에 1심의 충실화, 구두변론주의 강화 등이 이루어지면서 이런 사고방식이 변화하게 되었다고 한다.[40] 그 결과 현재는 일본에서는 증인사전면담이 확고한 실무로 자리잡게 되었다. 일본에서는 증인사전면담을 통해 증언의 가치를 재확인하고, 어떤 방식으로 증인신문을 진행할 것인지 계획을 세울 수 있으므로, 사전면담이 없이는 실질적으로 적절한 증인신문을 기대할 수 없다고 한다.[41]

---

38) 刑事訴訟規則 第百九十一条の三(証人尋問の準備) 証人の尋問を請求した検察官又は弁護人は´ 証人その他の関係者に事実を確かめる等の方法によつて´ 適切な尋問をすることができるように準備しなければならな.

39) 笹倉香奈, "いわゆる '証人テスト'について" 一橋法学 15巻 2号, 一橋大学大学院法学研究科 (2016), 694.

40) 笹倉香奈, 위의 논문, 695.

일본에서 검사가 증인을 사전면담함에 있어서는 공정을 의심받을만한 방법 이외에는 특별한 제한이 없이 어떠한 방법이든 허용된다고 한다[42]. 이에 대하여 명확한 규정은 존재하지 않고, 허용범위는 해석에 따라 정해지는 것으로 보인다. 가령, 검사가 증인신문사항을 미리 물어보면서 증인의 향후 진술내용을 확인하거나 종전 진술 내용을 제시하며 기억을 환기시키는 것은 허용된다.[43] 다만, 일본에서도 검사가 증인을 사전에 면담하면서 사실상 증인이 기존에 수사기관에서 작성된 조서 내용을 반복하여 증언하도록 유도하는 경향이 현저하다는 비판이 있다.[44] 이에 대하여 일본 법무부는 공개된 법정에서 증인신문을 통해 검사의 증인사전면담의 경위, 내용을 확인할 수 있고, 그 적절성은 반대신문을 통해 충분히 검증될 수 있다는 입장이다.[45]

4. 독일의 사례

독일에서는 검사나 변호인이 증인을 사전에 면담하는 것은 증언에 영향을 미칠 수 있는 비윤리적인 것으로 본다.[46] 즉, 독일에서는 검사의 증인사전면담이 허용되지 않는다. 독일의 형사소송 절차는 철저한 직권주의를 채택하여 법관이 형사재판을 주도하고, 법관이 직접 증인을 신문하여 실체진실을 발견한다.[47] 따라서 검사나 변호인이 증인을 사전에 면담하는 것은 직권주의적인 독일의 형사소송 절차와 맞지 않는 것으로 이해된다.

---

41) 笹倉香奈, 위의 논문, 695.

42) 笹倉香奈, 위의 논문, 695.

43) 다만, 증인에게 기존의 조서를 직접 제시하면서 증언 내용을 유도하거나 지도하는 것은 허용되지 않는다고 한다. 石井一正, 刑事実務証拠法(第 5 版), 判例タイムズ社, (2011), 299.

44) 笹倉香奈, 앞의 논문(주39), 697.

45) 第186回 国会衆議院法務委員会第 5 号 (2014. 3 19.) 議事録´ 林真琴政府参考人答弁.

46) 성상욱, 앞의 논문(주29), 522~523 참조.

47) 독일 형사소송법 제244조 제2항은 "법원은 진실 규명을 위하여 직권으로 재판에 의미 있는 모든 사실과 증거방법에 관한 증거조사를 해야 한다(Das Gericht hat zur Erforschung der Wahrheit die Beweisaufnahme von Amts wegen auf alle Tatsachen und Beweismittel zu erstrecken, die für die Entscheidung von Bedeutung sind)"라고 규정하고 있다.

5. 국제형사재판소의 사례

가. 국제형사재판소의 대립되는 판례

(1) 국제특별형사재판소의 판례 – 증인사전면담 허용

구 유고슬라비아 국제형사재판소(International Criminal tribunal for the Former Yugoslavia, 이하 "ICTY"라고 한다)는 줄곧 검사의 증인사전면담을 허용하여 왔다.[48] ICTY는 당사자주의 소송구조에서는 증인사전면담이 널리 통용되는 실무라면서, 증인사전면담은 ① 수사과정에서의 증인진술과 관련하여 사실관계를 명확히 파악할 수 있도록 하고, ② 사건 발생과 수사기관에서의 진술 시점으로부터 증인신문 시점까지 시일이 많이 경과되었으므로 증인의 기억환기를 도와 공판정에서 정확하고, 완전하며, 효율적인 증언을 가능하게 해주며, ③ 증인사전면담 내용을 피고인 측에도 공개하므로, 피고인 측으로서도 증인의 종전 기억과 추가된 기억들 사이의 불일치를 확인하여 향후 증인신문에 대비할 수 있다는 장점이 있다고 판단하였다.[49] 르완다 국제형사재판소(International Criminal Tribunal for Rwanda, 이하 "ICTR"이라고 한다) 역시 증언의 조작에 이르지 않는 한 검사가 증인을 사전면담하여 증인의 종전 진술, 기억과의 차이점을 대조하고, 증인의 기억을 환기시키며, 유죄 또는 무죄의 증거를 제시하거나 그 내용에 대하여 물어보는 것이 허용된다고 판단하였다.[50]

(2) 국제형사재판소의 판례 – 증인사전면담 불허 입장

국제형사재판소(ICC)의 판례는 일관되지 않은 것으로 보인다. ICC는 과거 검사의 증인사전면담에 대해 부정적인 입장을 취하였다. Lubanga Dyilo 사건의 결정이

48) *Prosecutor v. Limaj*, Case No. IT–03–66–T, Decision on Defence Motion on Prosecution Practice of "Proofing" Witnesses, 10 Dec 2004; Prosecutor v. Milutinović, Case No. IT–05–87–T, Decision on Ojdanić Motion to Prohibit Witness Proofing, 12 Dec 2006. 증인사전면담에 대하여 국제형사재판소 판례와 실무에 대한 상세한 분석은 김기홍, 앞의 논문(주10), 64~84 참조.

49) *Prosecutor v. Limaj*, Case No. IT–03–66–T, Decision on Defence Motion on Prosecution Practice of "Proofing" Witnesses, 10 Dec 2004, 3. 원문은 https://www.icty.org/x/cases/limaj/tdec/en/041210.pdf 참조(최종접속 2021. 10. 29.).

50) *Prosecutor v. Simba*, Case No. ICTR–01–76–T, Decision on the Admissibility of Evidence of Witness KDD, 1 Nov 2004; *Prosecutor v. Karamera et al.* Case No. ICTR–98–44–T, Decision on Defence Motions to Prohibit Witness Proofing, 15 Dec 2006.

이 문제에 대한 ICC의 최초 판례인데, 위 사건의 전심재판부와 본안재판부는 모두 검사의 증인사전면담이 허용되지 않는다고 판단하였다[51]. Bemba 사건[52]에서도 ICC는 종전 견해를 유지하면서 검사의 증인사전면담이 허용되지 않는다고 판단하였다.

(3) 국제형사재판소의 판례 – 증인사전면담 허용 입장

ICC는 종전과 달리 Kenyatta 사건에서 검사의 증인사전면담이 허용된다는 판단하였다.[53] 위 사건 재판부는 ① 적절하고 정확한 증언이 공정하고 효율적이며 신속한 재판을 촉진할 수 있는 점, ② 사건의 복잡성과 방대한 증거량을 고려할 때 검사의 증인사전면담이 효율적인 증인신문이 이루어지도록 할 수 있는 점, ③ 적절한 증인사전면담은 법정 절차에 익숙하지 않은 증인의 불안감을 감소시킴으로써 증인을 보호하고, 명확하고 체계적인 증언이 이루어지도록 할 수 있는 점, ④ 증인은 이미 수사관, 변호사 등을 포함하여 수많은 사건관계인들과 사건에 대하여 문답을 하였고, 그 과정에서 엄격한 의미의 즉흥성은 사라졌다고 보이므로, 증인사전면담을 금지한다고 법원의 실체진실발견에 도움이 되는지 여부가 불확실한 점 등을 근거로 제시하였다[54]. ICC는 Ntaganda 사건[55], Al Hassan 사건[56]에서도 검사의 증

51) *Prosecutor v. Lubanga Dyilo*, Case No. ICC–01/04–01/06, Decision on the Practice of Witness Familarisation and Witness Proofing, 8 November 2006; *Prosecutor v. Lubanga Dyilo*, Case No. ICC–01/04–01/06, Decision Regarding the Practices Used to Prepare and Familiarise Witnesses for Giving Testimony at Trial, 30 Nov 2007, 20~23. 본안재판부는 증인이 오래 전에 일어난 사건에 대하여 기억하기 어려우므로 종전 진술을 확인하고 증언하도록 하는 것이 효율적인 증인신문이 이루어지도록 도움을 준다는 점을 인정하면서도, 검사의 증인사전면담이 증인의 기억을 왜곡하고, 증언의 예행연습이 이루어지도록 하게 될 우려가 더 크다고 하면서 증인사전면담을 허용할 수 없다고 판단하였다.

52) *Prosecutor v. Bemba*, Case No. ICC–01/05–01/08, Decision on the Unified Protocol on the practices used to prepare and familiarise witnesses for giving testimony at trail, 18 Nov 2010. 다만, 위 사건에서 Ozaki 재판관은 검사의 증인사전면담을 허용하여야 한다는 반대의견을 제시하였다. 반대의견은 ① ICC의 공판절차는 당사자주의적 구조에 가깝다는 점, ② 당사자주의에서 증인신문은 매우 중요한데, 증인사전면담을 통해 명료하고 체계적이며 효율적인 증언이 이루어질 수 있어 실체진실발견에 도움을 준다는 점, ③ 증인사전면담 과정에서 증인의 종전진술에 없던 새로운 정보가 확인될 수 있고, 그 내용이 증인신문에 앞서 피고인 측에도 제공되므로 피고인에게도 이익이 된다는 점 등을 근거로 제시하였다.

53) *Prosecutor v. Kenyatta*, Case No. ICC–01/09–02/11, Decision on witness preparation, 2 Jan 2013.

인사전면담이 허용된다고 판단하였다. 그런데 ICC는 Kenyatta 사건 이후에 결정된 Gbagbo 사건[57]에서는 검사의 증인사전면담이 허용되지 않는다고 보았다. 이를 보면, ICC가 검사의 증인사전면담을 허용하는 것으로 견해를 변경하였다고 단정하기는 어렵고, 재판부마다 검사의 증인사전면담 허용여부에 대한 입장이 통일되지 않은 것으로 보인다.

나. 국제형사재판소 판례상 증인사전면담의 한계

ICC가 검사의 증인사전면담을 허용하는 경우라고 하더라도, 아무런 제한 없이 사전면담이 허용되는 것은 아니다. ICC는 증인사전면담이 증인신문에 대한 예행연습이 되어서는 안되고, 증인의 답변을 지시하거나 지도하는 것이 되어서는 안된다고 하였다. 이와 관련하여 Kenyatta 사건 재판부는 증인점검 프로토콜을 제시하면서 증인사전면담의 한계를 제시하였다[58]. 구체적인 내용은 다음과 같다.

증인사전면담은 증인이 효율적이고 정확한 증언을 하도록 돕고, 증인의 복리를 증진시키기 위한 목적이다. 증인사전면담 과정은 영상녹화되어야 하고, 면담이 종료된 후 그 복사본을 상대방에게 제공하여야 한다. 면담 과정에서 ① 증인의 종전 진술을 확인할 기회를 제공하는 것, ② 종전 진술이 정확한지, 현재 진술 내용과 모순되거나 불일치하는 점이 있는지 확인하고, 진술이 달라졌다면 그 이유에 대해 설명하도록 하는 것, ③ 중립적이고 개략적으로 주신문 내지 예정되는 반대신문 내용에 대하여 증인에게 물어보는 것, ④ 잠재적인 증거물 등을 법정에서 제시하는 것의 효용성을 결정하기 위해 그것들을 증인에게 제시하고 증인으로 하여금 그 내용에 대하여 물어보는 것은 허용된다. 반면, ① 직접적이든 간접적이든 증인의 답변에 영향을 미치려고 하는 것(가령, 증인의 답변 내용에 대하여 맞다, 틀리다고 말하

54) *Id.*

55) *Prosecutor v. Ntaganda*, Case No. ICC－01/04－02/06, Decision on witness preparation, 16 Jun 2015.

56) *Prosecutor v. Al Hassan*, Case No. ICC－01/12－01/18, Decision on witness preparation and familiarisation, 17 Mar 2020.

57) *Prosecutor v. Gbagbo*, Case No. ICC－02/11－01/15, Decision on witness preparation and familiarisation, 15 Sep 2015.

58) *Prosecutor v. Kenyatta*, Case No. ICC－01/09－02/11－588－Anx, Annex: Decision on witness preparation, 2 Jan 2013. 원문은 https://www.icc－cpi.int/pages/record.aspx?uri＝1533653 참조(최종방문 2021. 10. 29.).

는 것), ② 증인의 답변을 연습시키거나 유도신문을 하는 것, ③ 증인에게 다른 증인의 진술내용을 알려주는 것은 허용되지 않는다. 위 프로토콜이 확고한 ICC 또는 국제형사재판의 실무로 정착된 것은 아니지만, 위 프로토콜은 명확하지 않았던 검사의 증인사전면담의 허용여부와 한계에 대하여 최초로 일련의 구체적이고 합리적인 기준을 제시하였다는 점에서 큰 의미를 가진다.[59]

Ⅳ. 우리나라에서 검사의 증인사전면담 허용 여부

1. 종전 형사소송실무의 운용실태 및 문제

우리 형사소송 실무에서 공판중심주의가 확대되며 증인신문의 중요성이 강화되자 증인사전면담의 필요성이 대두되었다. 실무상으로 변호인 측이 검찰 측 증인인지, 변호인 측 증인인지를 막론하고 피고인에 우호적이거나 접근이 가능한 증인을 사전에 면담하고, 예행연습을 실시하거나, 답변내용을 미리 협의하는 경우가 종종 있어 왔고, 이에 대응하여 검사도 쟁점이 복잡하거나, 사회적 이목이 집중된 사건 또는 국민참여재판에 있어서 증인사전면담을 통해 증인신문을 준비하는 경향이 있었다.

특히, 검사의 증인사전면담은 진술증거가 핵심이 되는 사건에서 주로 이루어졌다. 뇌물사건이나 성폭력사건의 경우 객관적인 물적증거가 거의 없거나, 있더라도 물적증거만으로는 실체진실을 파악하기 어려운 경우가 많다.[60] 그러다보니 뇌물공여자, 성폭력피해자 등의 진술이 실체진실을 파악하는 핵심 증거가 되고, 그 진술의 신빙성에 따라 유무죄가 갈린다. 법관은 증인의 진술 내용이 구체적인지, 주요부분이 일관되게 유지되는지, 진술 자체로 모순되거나 객관적 사실관계와 배치되는 부분이 없는지 여부에 따라 신빙성을 판단한다.[61] 그런데 이런 사건에서는 법정에서 증인의 진술이 번복되는 경우가 있고, 증인이 당황하거나 긴장한 나머지 법정에

59) Jackson & Burger, 앞의 논문(주13), 623~624.

60) 일본 검찰도 뇌물사건과 같이 진술증거가 핵심적 증거가 되는 사건에서 증인신문준비에 신경을 많이 쓰고 증인과 여러 차례 사전면담을 진행하고 있다. 이처럼 어느 나라나 실무상 진술증거의 신빙성이 핵심이 되는 사건에 있어 증인사전면담이 이루어지고, 그 허용여부가 문제가 된다. 김기홍, 앞의 논문(주10), 87 참조.

61) 대법원 2020. 5. 14. 선고 2020도2433 판결 등 참조.

서 불분명하고 자신없게 진술하는 경우도 있으며, 복잡한 사건의 경우 증인이 사건 발생 또는 수사기관에서 조사를 받은 때로부터 수개월 내지 수년이 경과한 후에 증인신문이 이루어지다보니 착각, 기억의 망실 등으로 잘못 진술하는 경우도 생기게 마련이다.

형사소송에서는 피고인의 인권보장도 강조하여야 하지만, 근본적으로는 범죄에 상응하는 처벌을 통한 국가형벌권의 적절한 행사를 통해 사법정의를 실현하는 것이 중요하다.[62] 따라서 증인의 당황, 착각, 실수 내지 실체진실에 부합하지 않는 결론이 내려지는 것을 방지하고자 검사는 증인신문에 대한 준비의 일환으로 증인을 사전에 면담하여 증인의 기억을 환기시키고, 종전 진술과의 불일치 등을 보완하여 왔다. 그런데 이런 실무적인 관행을 규율하는 명시적인 법령은 존재하지 않았고, 이번 대법원 2021. 6. 10. 선고 2020도15891 판결 이전까지 이 문제를 직접 다룬 대법원 판례도 없었다. 그러다보니 해석상으로 증인사전면담의 허용여부에 대하여 논란이 있어 왔다.

2. 증인사전면담 허용여부에 대한 견해의 대립

가. 증인사전면담을 긍정하는 견해

이 견해는 검사의 증인사전면담이 가지는 장점을 고려하여 원칙적으로 면담을 허용함이 타당하다고 한다.[63] 이 견해는 ① 우리 형사소송에서 당사자주의, 공판중심주의가 강화되면서 증인신문의 중요성이 증가하고 있는 점, ② 국민참여재판 등 과거의 '조서재판' 관행이 적용되지 않고 법정증언이 핵심이 되는 사건에서는 검사의 사전준비가 필요한 점,[64] ③ 수사에서 진실을 밝혀냈다고 하더라도 법정에서 그 증거가 제대로 현출되지 않으면 사법정의를 실현하기 어려운데, 증인의 경우 최초

62) 주석 형사소송법 제1편(주5), 4~5.

63) 김대근·공일규, 『검사의 효과적인 공판수행 기법연구 – 증인신문 및 양형심리를 중심으로 –』, 형사정책연구원 연구총서(한국형사정책연구원, 2015), 65~67; 김현수, "증인신문과 공정한 재판", 『한양법학』 제21권 제3집(한양법학회, 2010), 296; 박미영, "검사의 증인사전면담의 필요성과 한계에 대한 연구", 『아주법학』 제15권 제2호(아주대학교 법학연구소, 2021), 293~294; 성상욱, 앞의 논문(주29), 567~568; 안성수, "국민참여재판 제도하에서의 올바른 증인신문 방안– 영국의 증인사전면담제도를 중심으로–", 『형사법의 신동향』 통권 제11호(대검찰청, 2007), 56~57.

64) 대검찰청 검찰미래기획단, 앞의 보고서(주7), 66.

진술 시부터 법정에서 증언 시까지 시간이 경과하였을 것이므로 수사과정에서 확보한 증거를 법정에 효율적으로 현출하기 위해서는 검사의 사전 준비가 필요한 점,[65] ④ 증인사전면담을 통해 증인신문이 효율적이고 원활하게 진행되어 실체진실발견에 기여할 수 있는 점,[66] ⑤ 증인사전면담을 통해 증인의 출석 및 증언을 촉진[67]할 수 있어 형사재판이 원활히 진행될 수 있는 점 등을 근거로 한다.

나. 증인사전면담을 부정하는 견해

이 견해는 검사의 증인사전면담은 실체진실을 왜곡할 우려가 있으므로 금지해야 한다고 하거나, 현실적인 측면을 감안하여 허용하더라도 엄격한 제한조치 하에서만 면담을 허용할 수 있다고 한다.[68] 이 견해는 ① 증인사전면담이 의도적이든 비의도적이든 증언에 영향을 주어 실체진실을 왜곡하고 재판의 공정을 해할 우려가 있다

65) 안성수, 앞의 논문(주63), 56.

66) 김대근·공일규, 앞의 책(주64), 66은 "현재 형사재판 실무상 무죄 이유의 상당 부분을 차지하는 것이 바로 검찰 측 증인 증언의 신빙성 부족이고, 그 중에는 증인이 실제로 거짓말을 하는 것이 아니라 법정에서 당황한 나머지 자신의 기억이나 경험을 제대로 진술하지 못하거나 기억의 부정확성으로 인해 검찰에서 한 것과 다른 내용으로 진술을 하여 실체와는 다른 결론이 내려지는 경우도 상당 수 있다"라고 한다; 박미영, 앞의 논문(주63), 294는 "검찰 업무 관행상 대부분의 형사재판에서 공판검사는 증인신문기일에 증인을 처음 접하게 된다. 그런데, 증인이 수사기관에서와 다른 진술을 하거나 새로운 증언을 하게 되면 공판검사가 제대로 대처하지 못하는 경우가 많이 발생하고 있다. 이러한 경우, 공판검사는 증언 이후에 증인을 검사실로 소환하여 증언의 진위와 사건의 실체에 대해 알아보기도 하는데 이는 명백히 순서가 뒤바뀐 공판활동이다."라고 한다.

67) 대법원 2019. 11. 21. 선고 2018도13945 전원합의체 판결은 증언거부권이 없는 증인의 증언거부 시 형사소송법 제314조가 적용되는지 여부에 대하여 "피고인이 증인의 증언거부 상황을 초래하였다는 등의 특별한 사정이 있는 경우에는 형사소송법 제314조의 적용을 배제할 이유가 없다."라고 판시하였다. 현행 법제 하에서는 증인이 정당한 이유없이 불출석하거나 증언을 거부하여도 형사소송법 제161조 제1항에 따라 50만원 이하의 과태료에 처할 수 있을 뿐이어서, 증인의 출석 내지 증언을 독촉할 수단이 마땅하지 않다. 위 전원합의체 판결에 대한 자세한 내용은 이주원, "형사증거법상 반대신문권 보장의 의의와 기능 – 대상판결 : 대법원 2019. 11. 21. 선고 2018도13945 전원합의체 판결 –", 『형사소송 이론과 실무』 제12권 제2호(한국형사소송법학회, 2020) 참조.

68) 고봉진, "국제형사재판소 판결에 비추어 본 '국민참여재판에서 증인사전면담'", 『법과 정책』 제17권 제2호(제주대학교 법학정책연구소, 2011), 18~20; 김성돈·황태정, "공판중심주의의 바람직한 운용방향", 대검찰청 용역연구보고서(대검찰청, 2011), 124~126; 김기홍, 앞의 논문(주10), 99~102.

는 점[69], ② 증인사전면담은 증언의 임의성이나 신빙성에 의문을 가져오고 증인신문절차 자체의 신뢰성을 저해함으로써 공판중심주의를 위협할 수 있다는 점[70], ③ 대부분의 국내 형사재판은 사건의 복잡성, 증거나 기록의 규모 등에 비추어 국제형사재판에 비해 증인사전면담의 필요성이 적은 점[71], ④ 엄격한 증거공개절차가 부재한 우리 법제에서 검사와 증인 사이에 은밀히 이루어지는 면담이 향후 피고인에게 불리하게 적용될 수 있는 점[72] 등을 근거로 한다.

3. 우리 대법원 판례의 태도

가. 공소제기 이후 검사의 잠재적인 증인에 대한 조사와 증거능력

최근 검사의 증인사전면담의 적법성에 대한 대법원 판결이 있기 전에도 대법원은 검사가 공소제기 이후에 잠재적인 증인에 대하여 조사한 것과 관련하여 일련의 판례를 축적하여 왔다. 대법원은 조사 자체가 위법하다고 보지는 않았으나, 위와 같은 방식으로 작성된 조서의 증거능력에 대해 점차 부정적인 입장을 피력해 왔다. 이는 공소제기 이후에는 검사가 피고인과 대등한 당사자적 지위에 놓인다는 것을 근거로 한 것으로 이해된다.

가령, 대법원은 피고인에게 유리한 증언을 마친 증인을 검사가 소환한 다음 그 증언 내용을 추궁하여 이를 번복시키는 방법으로 작성된 진술조서 또는 피의자신문조서는 당사자주의, 공판중심주의, 직접주의를 지향하는 형사소송법의 소송구조에 어긋나므로 피고인이 증거동의하지 않는 한 증거능력이 없다고 판시하였다.[73] 다만, 그 후 원진술자인 종전 증인이 다시 법정에 출석하여 종전 증언을 번복하는

69) 김기홍, 앞의 논문(주10), 99~100; Gershman, 앞의 논문(주30), 833~834도 검사가 증인사전면담에서 사용하는 특정 단어 하나도 증인의 증언에 중대한 영향을 줄 수 있다고 한다. 가령, 'A가 B를 때렸는지'라고 묻는 것과 'B가 다른 사람으로부터 맞았는지' 묻는 것은 증언에 차이를 가져온다고 한다.

70) 고봉진, 앞의 논문(주68), 18~20; 김기홍, 앞의 논문(주10), 100~101; 기본적으로 우리 법문화상 검찰에 대한 불신이 강하다보니 증인사전면담이 검사의 지시대로 증언이 이루어지도록 유도, 강제되는 것이라는 비판 또는 의심이 전제되어 있는 것으로 보인다.

71) 김기홍, 앞의 논문(주10), 101.

72) 김기홍, 앞의 논문(주10), 101~102.

73) 대법원 2000. 6. 15. 선고 99도1108 전원합의체 판결. 대법원 2013. 8. 14. 선고 2012도13665 판결.

증언을 하였다면 그 증언 자체는 유죄의 증거로 삼을 수 있다고 하였다[74].

한편, 대법원은 검사가 기소 이후 증인의 지위에 놓이게 된 공동피고인을 증언 전에 조사하여 작성한 진술조서 등과 관련하여 기본적으로 공소제기 후의 수사도 허용되므로 그 조서가 적법하게 작성되었다면 증거능력을 인정하여 왔다[75]. 다만, 대법원은 검사가 증인으로 채택된 수감자를 증언 전에 거의 매일 검사실로 하루 종일 소환하여 피고인 측 변호인이 접근하는 것을 차단하고, 검찰에서의 진술을 번복하는 증언을 하지 않도록 회유·압박하는 한편, 때로는 검사실에서 증인에게 편의를 제공하기도 하였다면 그 과정에서 작성한 진술조서는 임의성을 인정하기 어려워 증거능력이 없다고 판시하였다[76]. 위 사건에서 대법원은 진술의 임의성을 부정할 만한 특별한 사정이 있다고 본 것이다.

나아가, 대법원은 제1심에서 피고인에 대하여 무죄판결이 선고되어 검사가 항소한 후, 검사가 항소심 공판기일 증인신문 전에 증인을 소환하여 작성한 진술조서는 당사자주의, 공판중심주의, 직접심리주의에 반하고 피고인의 공정한 재판을 받을 권리를 침해하여 피고인이 증거동의하지 않는 한, 원진술자가 조서의 진정성립을 인정하더라도 증거능력이 없다고 판시하였다.[77] 다만, 이후 증인이 법정에서 진술조서와 같은 취지로 진술한 경우 "그 진술에 신빙성을 인정하여 유죄의 증거로 삼을 것인지는 증인신문 전 수사기관에서 진술조서가 작성된 경위와 그것이 법정진술에 영향을 미쳤을 가능성 등을 종합적으로 고려하여 신중하게 판단하여야 한다"[78]라고 하였다.

나. 검사의 증인사전면담 후 이루어진 법정증언의 증거능력과 신빙성

대법원은 최근 검사가 공소제기 후에 작성한 증인에 대한 진술조서의 증거능력을

---

74) 대법원 2017. 5. 31. 선고 2017도1660 판결.

75) 대법원 1984. 9. 25. 선고 84도1646 판결. 대법원 2009. 8. 20. 선고 2008도8213 판결(다만, 위 판결은 진술거부권을 고지하지 않았음을 이유로 조서의 증거능력을 부정하였다).

76) 대법원 2002. 10. 8. 선고 2001도3931 판결. 위 판결에서는 위와 같은 사정을 감안하면 증인의 법정증언의 신빙성도 인정하기 어렵다고 판단하였다.

77) 대법원 2019. 11. 28. 선고 2013도6825 판결. 이창현, "2019년 형사소송법 중요판례평석", 『인권과 정의』 통권 제489호(대한변호사협회, 2020), 152~153은 "판례의 취지라면 공소제기 후에는 사실상 참고인조사가 공판중심주의와 당사자주의 등에 위배되어 허용되지 않게 되는 결과가 된다"라고 한다.

78) 대법원 2019. 11. 28. 선고 2013도6825 판결.

부정하는 것을 넘어 그 면담 자체가 적법한지 여부에 대하여 판단하였다. 검사는 제1심에서 증인신문기일 전에 증인을 면담하여 종전에 작성된 검찰 진술조서를 확인하게 하였고 이후 증인신문이 이루어졌으나, 제1심은 증인 진술의 신빙성을 배척하고 해당 범죄사실에 대하여 무죄를 선고하였다. 검사는 항소심에서 같은 증인에 대한 증인신문을 신청하였고, 증인이 채택되자 항소심 증인신문기일 전에 재차 증인을 면담하여 제1심의 법정증언내용과 검찰 진술조서를 확인하게 하였다. 증인은 항소심 증인신문과정에서 피고인에게 불리한 내용을 구체적으로 증언하였고, 항소심은 증인 진술의 신빙성을 인정하여 해당 범죄사실에 대하여 유죄를 선고하였다.

위 사건에서 대법원은 증인사전면담 사실 자체로 그 후 이루어진 법정증언의 증거능력이 부정되는 것은 아니라고 하면서도, 증언의 신빙성을 인정하는데 신중하여야 한다고 판단하였다[79]. 대법원은 "검사가 증인신문 준비 등 필요에 따라 증인을 사전 면담할 수 있다고 하더라도 법원이나 피고인의 관여 없이 일방적으로 사전 면담하는 과정에서 증인이 훈련되거나 유도되어 법정에서 왜곡된 진술을 할 가능성도 배제할 수 없"다고 판시하였다.[80] 위 판결은 실무와 학계에서 논란이 되어 온 검사의 증인사전면담 자체가 우리 법제하에서 위법한 것이 아니라고 명시하였다는 점에서 큰 의미가 있다. 그럼에도 불구하고, 대법원은 증인사전면담을 통해 법정증언이 영향을 받아 왜곡될 수 있음을 명시적으로 우려하였다. 이를 보면, 우리 대법원은 검사의 현실적인 측면에서 필요한 경우 증인사전면담을 허용하기는 하였으나, 기저에는 그 면담에 대해 다소 부정적인 시각이 존재하는 것으로 이해된다.

아울러, 대법원은 위 사건에서 면담 과정에서 증인에 대한 회유나 압박, 답변 유도나 암시 등으로 증인의 법정진술에 영향을 미치지 않았다는 점이 담보되어야 증인의 법정진술을 신빙할 수 있고, 증인에 대한 회유나 압박 등이 없었다는 사정은 검사가 증인의 법정진술이나 면담 과정을 기록한 자료 등으로 사전면담 시점, 이유와 방법, 구체적 내용 등을 밝힘으로써 증명하여야 한다고 판시하였다.[81] 이에 따라 현재 파기환송심이 진행 중에 있으며, 파기환송심에서 검사가 증인에 대한 회유나 압박 등이 없었다는 사정을 증명할 수 있는지 여부 등에 따라 증인 진술의 신빙성 여부가 다시 판단될 것으로 보인다.

79) 대법원 2021. 6. 10. 선고 2020도15891 판결.
80) 대법원 2021. 6. 10. 선고 2020도15891 판결.
81) 대법원 2021. 6. 10. 선고 2020도15891 판결.

4. 검토 - 증인사전면담은 원칙적으로 허용함이 상당함

증인사전면담을 전면적으로 허용하거나, 전면적으로 금지하여야 한다는 극단적인 견해는 찾아보기 어렵다. 다만 허용론은 사전면담을 허용하되 오·남용을 방지하기 위하여 주의하여야 한다는 입장이고, 금지론은 사전면담은 특정한 조건 하에서 예외적, 제한적으로만 허용되어야 한다는 것이다.

검사의 증인사전면담은 장단점을 가지고 있고, 허용론과 금지론의 입장도 나름의 근거를 가지고 있다. 이런 측면에서 보면 증인사전면담의 허용여부는 정답이 존재하는 당위, 선악의 문제라기보다 장단점을 잘 살펴 입법정책적으로 접근하여야 할 문제라고 생각한다. 앞서 해외사례에서 살펴보았듯이 직권주의적 소송구조에서는 검사의 증인사전면담을 부정하는 반면, 당사자주의적 소송구조에서는 검사의 증인사전면담이 폭넓게 인정되는 차이가 발생하는 것도 이러한 이유에서일 것이다.[82)]

현재 우리 형사소송의 구조, 증인사전면담의 여러 장점과 효율성, 필요성, 실무적인 관행 등을 고려하면 우리나라에서는 검사의 증인사전면담을 원칙적으로 허용하되 그 폐해나 부작용을 예방하는 방안으로 접근하는 것이 바람직하다고 생각한다. 최근의 우리 대법원 판결은 해석하기에 따라서는 필요한 경우에만 다소 예외적으로 검사의 증인사전면담이 허용된다고 볼 여지가 있는데, 그 판시의 근저에는 검사 내지 수사기관에 대한 불신이 깔려있는 것으로 보여 다소 아쉬움이 남는다.

가. 우리나라의 형사소송의 구조

과거부터 우리 형사소송의 구조가 직권주의인지 당사자주의인지 여부에 대하여는 견해가 대립되어 왔다.[83)] 그런데 우리 형사소송법은 1954년 제정 이후 현재까지 수 차례 개정이 되어 왔고, 그 개정은 대부분 당사자주의를 확장, 강화하는 내용

---

82) G. Sluiter, "Trends in the Development of a Unified Law of International Criminal Procedure", Future Perspectives on International Criminal Justice, Hague: T.M.C. Asser Press (2010), 585~599 참조. 위 글은 국제재판소 중 ICTY, ICTR은 영미법계 소송구조를 채택하여 증인사전면담을 허용하는 반면, ICC는 대륙법계 소송구조를 채택하여 명백한 법적근거가 없는 증인사전면담을 부정하는 입장이라고 분석하였다.

83) 우리 형사소송법이 순수한 당사자주의라는 견해, 직권주의를 기본으로 하고 당사자주의를 강화한 것은 직권주의의 수정에 불과하다는 견해, 당사자주의를 기본으로 하고 직권주의는 보충적 성격을 가진다고 보는 견해가 대립한다. 자세한 내용은 이재상·조균석, 앞의 책(주3), 47~50 참조.

으로 이루어져 왔다.[84] 그 결과 우리나라의 현행 형사소송법은 확연히 미국식 당사자주의에 가까운 것으로 봄이 상당하다.[85] 특히, 증인신문의 경우 우리 형사소송법은 검사, 피고인 또는 변호인의 참여권(제163조 제1항), 교호신문제도(제161조의2) 등을 도입하여 당사자주의적 방식으로 진행되도록 명확히 규정하고 있다.[86] 당사자주의적 소송구조에서는 증인신문의 방식이나 절차에 대한 주도권이 당사자에게 주어지고, 당사자인 검사와 변호인이 증인신문을 준비할 필요가 있으므로, 그 준비의 일환으로 증인사전면담이 허용되게 마련이다.

당사자주의적 증인신문의 핵심은 반대신문권의 보장과 당사자 사이의 균등한 기회보장에 있다. 이런 점을 고려하여 앞서 본 바와 같이 미국 연방대법원은 증인사전면담 과정에서 부적절한 증인코칭이 있었는지 여부는 증인에 대한 반대신문을 통해 법정에 현출될 수 있고, 법관이 증인의 신빙성을 판단할 수 있다고 한 것이다.[87] 마찬가지로 당사자주의적인 우리 형사소송의 구조상 증인사전면담 여부가 공개되고, 그에 대한 반대신문권이 철저히 보장되는 한 면담을 금지하거나 부정적으로 보아야 할 이유가 없다.

나. 공판중심주의의 실질적 이념에 부합

공판중심주의란 법관이 법정 증언을 포함하여 검사와 피고인의 공격, 방어 활동

84) 주석 형사소송법 제1편(주5), 7~8.

85) 대법원 2009. 10. 22. 선고 2009도7436 전원합의체 판결. 대법원 2019. 11. 21. 선고 2018도13945 전원합의체 판결. 사법정책연구원,『당사자주의와 직권주의가 조화된 적정한 재판운영』(사법정책연구원, 2019), 102. 노명선 · 이완규, 『형사소송법』, 제5판(성균관대학교출판부, 2018), 355~356. 신동운,『간추린 신형사소송법』, 제11판(법문사, 2017), 4~6; 다만, 이재상 · 조균석, 앞의 책(주3), 49~50은 우리 형사소송법은 당사자주의와 직권주의가 조화를 이룬 것이라고 한다.

86) 주석 형사소송법 제1편(주5), 755~756; 물론, 우리 형사소송법은 제295조에서 법원이 직권으로 증거조사를 할 수 있도록 하고, 제161조의2에서 재판장이 증인을 직접 신문할 수 있다고 하는 등 순수한 당사자주의와는 달리 직권주의적 요소도 포함하고 있다. 그러나 일련의 형사소송법 개정으로 인하여 현재 우리 법제에서 직권주의적 요소는 보충적인 성격을 가질 뿐이고, 현재 우리 형사소송 실무도 대부분 당사자주의적으로 진행된다. 법원이 직접 증거조사를 할 수 있고, 재판장은 증인을 직접 신문할 수 있는 것이나 그 권한을 행사하는 경우는 많지 않다.

87) *Geders v. United States*, 425 U.S. 80, 89~90 (1976); 반면, 반대신문만으로는 부적절한 증인코칭이 있었는지 여부를 밝혀낼 수 없다는 반대 견해도 있다. Gershman, 앞의 논문(주30), 854~855 참조.

에 의하여 제출된 증거를 직접 조사하고, 증거를 객관적으로 판단하라는 원칙으로, 공개주의, 구두주의, 직접주의 등을 그 요소로 한다.[88] 공판중심주의는 공개된 법정에서 법관이 직접 심리한 증거를 바탕으로 사실관계를 판단하는 것이 수사기관이 작성한 조서에 의하여 사실관계를 확정하는 것보다 실체진실을 발견할 가능성이 높다는 점을 근거로 한다. 공판중심주의 하에서 법관 또는 배심원(국민참여재판의 경우)은 공판정에서 이루어진 증인신문을 바탕으로 실체진실을 파악하게 된다. 그런데 증인신문만으로 실체진실을 파악하려면 신문이 원활히, 효율적으로 이루어져야 한다. 이를 위해서는 증인신문의 준비를 위한 사전면담이 필요한 경우가 있다.

(1) 재판기간의 장기화에 따른 증인의 기억산일 방지

사회의 복잡화, 공판중심주의의 정착, 불구속 재판의 증가 등으로 형사재판의 평균 심리기간은 날로 증가하고 있다. 가령, 제1심 형사합의부 사건의 경우 처리기간이 2012년 평균 3.4개월에서 2016년 5.1개월로, 2020년에는 5.9개월로 증가하였다[89]. 실무상 증인사전면담이 이루어지는 사건은 사안과 쟁점이 복잡하거나, 치열하게 유무죄에 대한 공방이 이루어지는 사건이다. 이런 사건의 제1심 형사재판은 다년간 계속되는 경우가 많다. 이런 경우에 증인은 사건발생 또는 수사기관에서 조사를 받은 때로부터 적게는 수개월, 많게는 수년이 경과한 이후에 법정에 출석하여 증언을 하게 된다. 증인 대부분은 법률전문가가 아니고, 형사재판 사건에만 몰두하여 그 사실관계를 외우고 다니는 사람도 아니다. 아무런 사전준비 없이 몇 년 전의 사건에 대하여 갑자기 신문을 받게 되면 준비를 하지 않은 증인들은 대부분 기억이 희미해져 효율적으로 명료한 증언을 하기 어려울 것이고, 세부적인 부분에서는 기억이 나지 않는다고 하거나 종전과는 상이한 진술을 하게 됨으로써 오히려 실체진실이 왜곡될 우려도 있다. 더구나 현재 우리 형사소송 구조는 재판장이 사전에 사건기록이나 내용에 대해 숙지하지 않고 법정에서 증인신문을 통해 증인을 처음 대

88) 대법원 2019. 11. 28. 선고 2013도6825 판결. 공판중심주의 개념에 대한 자세한 분석에 대하여는 홍진영, "개정 형사소송법 제312조에 대한 검토", 『형사소송 이론과 실무』 제12권 제1호 (한국형사소송법학회, 2020), 226~229 참조.

89) 법원행정처, 2021사법연감, 2016사법연감 등 참조. 평균 사건처리기간은 2~3회 공판기일만으로 종결되는 자백사건(비율을 정확히 알 수는 없으나, 위 사법연감에 따르면 접수된 형사사건 중 10~20% 정도에 대하여 증인신문이 이루어지는 것이 확인되므로 자백사건의 비율이 70%는 넘을 것임)을 포함한 것이므로 실제 쟁점이 복잡하고 피고인이 부인하는 사건만을 놓고 보면 평균 사건처리기간은 1년을 상회할 것이다.

면하는데, 그 증인신문 과정에서 횡설수설하는 증인의 진술을 마주하게 되면 법정에서 실체진실을 파악하기도 어려울뿐더러, 오히려 증인에 대한 잘못된 선입견을 갖게 되어 오판에 이를 염려도 있다. 증인사전면담은 이에 대비하여 오래 전 사건에 대한 증인의 기억과 종전 진술을 환기시켜 실체진실에 부합하는 증언이 이루어지도록 도움이 될 수 있다.

(2) 증인의 보호 및 복리증진

피고인의 인권뿐만 아니라 증인의 인권도 존중받아야 한다. 증인이 사회적 약자인 경우, 가령 미성년자, 장애인에 대한 성폭력 사건의 피해자인 경우 등에 있어서는 그 보호 필요성이 크다.[90] 대부분의 증인에게 엄중한 형사재판이 이루어지는 법정은 처음보는 낯선 공간일 것인데, 사회적 이목이 집중된 재판의 경우 다수의 방청객과 기자들이 보는 앞에서 별로 공개하고 싶지 않거나 떠올리기 싫은 과거의 기억에 대하여 진술을 하여야 한다. 이런 상황에서 증인이 아무런 사전준비 없이 증언을 하게 되면 긴장하거나 불안한 나머지 제대로 진술하지 못하거나, 잘못 진술할 우려가 있다.[91] 이에 대비하여 증인사전면담은 증인이 법정절차에 적응할 수 있는 기회를 제공하고, 안정감있게 명료한 증언이 이루어지도록 도움을 줄 수 있다.[92]

(3) 증인의 진술번복 내지 비우호적 증언에 대한 대비

증인이 모두 검찰에 우호적이고 피고인에게 불리한 것은 아니다. 검찰 측 증인이라고 하여도 수사기관에서 이미 피고인 측에 유리한 진술을 한 증인도 있고, 수사기관에서는 공소사실에 부합하는 진술을 하다가 법정에서 종전 진술을 번복하는 경우도 비일비재하다. 이런 경우에 있어 공판중심주의는 번복된 증인의 법정진술이 진실이라고 믿고 재판하라는 것이 아니고, 수사기관에서 확보한 증인의 진술과 법

---

90) 헌법재판소는 최근 성폭력범죄의 처벌 등에 관한 특례법 제30조 제6항 중 '영상물에 수록된 (19세 미만 성폭력범죄) 피해자의 진술은 공판준비기일 또는 공판기일에 조사 과정에 동석하였던 신뢰관계에 있는 사람 또는 진술조력인의 진술에 의하여 그 성립의 진정함이 인정된 경우에 증거로 할 수 있다'는 부분에 대하여 위헌결정을 하였다(헌법재판소 2021. 12. 23. 2018헌바524 결정). 기존에는 위 법률에 근거하여 아동성폭력 피해자들이 법정에 출석하여 직접 증언을 하는 경우가 적었으나, 앞으로는 아동성폭력 피해자들도 일반 사건과 마찬가지로 법정에 출석하여 직접 증언을 하게 될 것이다.

91) Jackson & Brunger, 앞의 논문(주13), 64.

92) *Id.*, 64~65.

정의 진술, 기타 객관적인 증거를 모두 놓고 법정에서의 공방을 통해 법관이 심증을 형성하라는 것이다. 그런데 검사가 미리 준비를 하지 못하고 증인신문 과정에서 처음 증인의 진술번복 사실을 마주하게 되면 증인신문은 엉망이 될 가능성이 높다.

더욱이, 2022. 1. 이후 공소제기된 사건의 경우 검사 작성 피의자신문조서의 증거능력이 제한된다. 입법적 개선이 없는 한 앞으로 공범의 진술증거는 법정증언을 통해서만 증거능력을 인정받게 될 것이다[93]. 조직범죄, 부패범죄, 기업범죄에 있어서는 공범의 진술증거가 매우 중요하다. 가령, 조직적 사기범죄에 있어 조직 말단 직원의 진술이 없이 배후에 있는 주범의 범죄를 입증하거나, 뇌물 범죄에 있어 뇌물공여자의 진술이 뇌물수수자의 범죄를 입증하는 것은 현실적으로 거의 불가능하다. 피고인들도 이를 잘 알고 있기 때문에 앞으로 공범인 증인들의 진술을 번복시키려고 부단한 노력을 할 것으로 예상된다.

지금까지는 증인의 진술이 번복되더라도 수사기록에 포함되어 있는 검사 작성 피의자신문조서의 증거능력이 인정되었으므로, 증인이 진술을 번복하기 쉽지 않고 가사 진술이 번복되더라도 법정증언과 종전진술의 신빙성을 법관이 비교하여 판단할 수 있었다. 그런데 앞으로는 형사소송법 제318조의2 제1항에 따라 종전 진술이 기록되어 있는 수사기관에서 작성한 조서[94] 또는 영상녹화물[95]을 탄핵증거로 제시할 수 있을 뿐이다. 이런 상황에서 검사가 미리 증인을 면담하지 못하여 증인이 진술을 번복할 것인지, 번복하는 이유가 무엇인지 여부도 파악하지 못한다면 증인신문과정에서 갑자기 이루어진 진술번복에 대응하지 못하여 사실상 공소유지가 불가능하게 될 우려가 크다. 피고인으로서는 중요 증인 1명만 회유하면 공판중심주의를 통해 달

---

93) 기존 형사소송법 제312조 제3항의 해석상 사법경찰관이 작성한 공범에 대한 피의자신문조서는 당해 피고인이 그 내용을 인정할 때에만 증거로 할 수 있고, 공범이 법정에서 그 조서의 진정성립을 인정하거나 내용을 인정하더라도 증거로 할 수 없다는 것이 확립된 판례이다. 대법원 2009. 7. 9. 선고 2009도2865 판결, 대법원 2020. 6. 11. 선고 2016도9367 판결 등 참조.

94) 피고인이 내용을 부인하는 피의자신문조서라도 탄핵증거로 사용할 수 있다는 것이 확고한 통설 및 판례의 입장이다. 주석 형사소송법 제1편(주5), 92. 대법원 1998. 2. 27. 선고 97도1770 판결 등 참조.

95) 영상녹화물을 탄핵증거로 사용할 수 있는지에 대하여는 견해가 대립된다. 가령, 배종대·홍영기, 『형사소송법』(홍문사, 2017), 368~369는 영상녹화물이 재판에서 법관의 심증형성에 영향을 줄 수 있으므로 탄핵증거로 제출하는 것도 제한되어야 한다고 한다; 반면, 노명선·이완규, 앞의 책(주85), 543는 영상녹화물을 탄핵증거로 사용하는 것을 배제할 이유가 없다고 한다; 이재상·조균석, 앞의 책(주3), 674는 입법론적으로 진실발견에 큰 도움을 줄 수 있는 영상녹화물을 탄핵증거로 사용할 수 없게 한 것은 타당하지 않다고 한다.

성하려고 하는 실체진실의 발견을 형해화시킬 수 있다. 최소한 검사가 이런 상황에 대비하기 위해서는 증인을 사전에 면담하여 증인신문을 준비할 필요가 있다.

여기서 한 가지 검토할 필요가 있는 문제는 공범인 증인은 공동피고인인 경우가 많다는 것이다. 살피건대, 공범은 공동피고인인지 여부와 무관하게 다른 피고인에 대하여는 증인의 지위에 있다.[96] 검사가 공소제기 이후 공동피고인을 법정 밖에서 증인신문을 위해 사전면담하는 것이 당해 피고인 본인의 재판과 관련하여 사실상의 압박으로 작용할 것이라는 우려가 있을 수 있다. 그러나 그 증인(공동피고인)에게 진술거부권, 증언거부권 내지 변호인조력권 등 방어권을 충분히 보장함으로써 해결할 수 있는 문제이다.[97] 즉, 그 증인이 반대당사자의 지위에서 검사의 면담요청을 자유롭게 거부하고, 증언도 거부하면 그만이다. 또한 사실상 공동피고인에 대한 압박이 된다는 것은 수사과정에서도 마찬가지이다. 종범이나 뇌물공여자를 피의자로 조사하면서 주범이나 뇌물수수자의 혐의에 대하여 조사하는 것은 비일비재하다. 이 경우 그들은 피의자 신분으로 조사를 받지만, 주범이나 뇌물수수자와의 관계에 있어서는 참고인이자 증인의 지위에 있다고 볼 여지가 있다.

(4) 조사자증언에 대한 사전준비

한편, 앞으로 검사 작성 피의자신문조서의 증거능력이 제한되면, 앞으로는 실무상 조사자 증언이 활성화될 것으로 예상된다.[98] 우리 형사소송 실무에 비추어 보면 사법경찰관 또는 검찰수사관이 법정에서 조사자로 증언하게 될 것이다. 이 경우 검사가 조사자 증언에 앞서 사법경찰관 등을 면담하고 증인신문을 준비하여야 할 필요성도 있다.[99]

---

96) 대법원 2012. 12. 13. 선고 2010도10028 판결 등 참조. 공범인 공동피고인은 소송절차가 분리되어 피고인의 지위에서 벗어나게 되면 다른 공동피고인에 대한 공소사실에 관하여 증인이 될 수 있다.

97) 대법원 2012. 10. 11. 선고 2012도6848 판결 등 참조. "형사소송법 제148조는 피고인의 자기부죄거부특권을 보장하기 위하여 자기가 유죄판결을 받을 사실이 발로될 염려 있는 증언을 거부할 수 있는 권리를 인정하고 있고, 그와 같은 증언거부권 보장을 위하여 형사소송법 제160조는 재판장이 신문 전에 증언거부권을 고지하여야 한다고 규정하고 있으므로, 소송절차가 분리된 공범인 공동피고인에 대하여 증인적격을 인정하고 그 자신의 범죄사실에 대하여 신문한다 하더라도 피고인으로서의 진술거부권 내지 자기부죄거부특권을 침해한다고 할 수 없다."

98) 다만, 조사자 증언의 한계 및 문제점에 대한 비판도 존재한다. 이에 대한 자세한 내용은, 홍진영, 앞의 논문(주88), 229~240. 참조.

99) 증인사전면담이 활발히 이루어지는 미국의 경우를 보더라도, 미국 검사의 증인사전면담 중 상

다. 우리 법령상 증인사전면담의 근거

우리 법제상 검사의 증인사전면담에 대한 근거가 마련되어 있기도 하다. 가령, 현행 검찰사건사무규칙(법무부령 제1016호) 제189조는 "검사는 증인신문을 신청한 경우 검사가 신청한 증인 및 그 밖의 관계자를 상대로 사실을 확인하는 등 적절한 신문이 이루어질 수 있도록 필요한 준비를 할 수 있다."라고 명시하고 있다.[100] 이는 앞서 본 일본 형사소송규칙 제191조의3[101]와 거의 유사한 조문이다. 해석상 일본과 마찬가지로 우리나라에서 검사가 증인을 사전면담하는 근거규정이 될 수 있다.

또한, 검사와 사법경찰관의 상호협력과 일반적 수사준칙에 관한 규정(대통령령 제31089호, 이하 "수사준칙"이라고 한다) 제8조 제1항 제7호에서는 "형사소송법 제316조제1항에 따라 사법경찰관이 조사자로서 공판준비 또는 공판기일에서 진술하게 된 경우" 검사와 사법경찰관이 상호 협의할 수 있도록 규정하고 있다. 위 규정에 따라 조사자 증언에 앞서 검사와 사법경찰관이 면담하는 것은 당연히 허용된다고 보아야 할 것이다.

라. 당사자 사이에서 대등한 증인에 대한 접근권 필요

현재 우리 형사소송 구조에서 검사와 피고인은 대등한 당사자적 지위이다. 다만, 피고인이 검사와 대등한 권한을 가질 수 없으므로, 공정한 재판을 위해 무기대등의 원칙이 실현되어야 한다고 받아들여지고 있다.[102] 헌법재판소는 과거 "법원에 의하여 채택된 증인은 비록 검사 측 증인이라고 하더라도 검사만을 위하여 증언하는 것이 아니며 오로지 그가 경험 사실대로 증언하여야 하는 것이고 검사든 피고인이든 공평하게 증인에 접근할 기회가 보장되어야 할 것이므로, 검사와 피고인 쌍방 중 어느 한편에게만 증인과의 접촉을 독점하거나 상대방의 접근을 차단하는 것을 허용한다면 상대방의 공정한 재판을 받을 권리를 침해하게 된다"라고 판시한 바 있

당 부분이 조사자 증언의 대상인 FBI 수사관이나 경찰관을 면담하는 것이다.

100) 위 규정은 2008. 1. 7. 구 검찰사건사무규칙(법무부령 제625호) 제115조의4로 신설 도입된 조항이다. 2007. 6. 1. 구 형사소송법(법률 제8496호)이 대대적으로 개정되고 조사자 증언제도 등이 도입되면서 구 검찰사건사무규칙에 위 조항이 신설된 것으로 보인다.

101) 일본 형사소송규칙 제191조의3 "증인신문을 청구한 검사 또는 변호인은 증인 및 그 밖의 관계자에게 사실을 확인하는 등의 방법으로 적절한 신문을 할 수 있도록 준비해야 한다".

102) 이재상 · 조균석, 앞의 책(주3), 30.

다[103]. 이는 검사가 피고인 측이 증인과 접촉할 것을 막아서는 안 된다는 취지이다. 그런데 역으로 피고인 측도 마찬가지로 증인과의 접촉을 독점하거나 상대 당사자인 검사의 접근을 차단하여서는 안 된다.

실제 현실에서는 피고인이 누구냐에 따라 방어권 행사 정도는 많은 차이가 난다. 법리해석과 사실관계가 첨예하게 대립되고, 사회적인 주목을 받는 복잡한 사건에서는 피고인이 대형로펌을 비롯하여 다수의 변호인단을 거느리고 수사와 재판에 대응하는 경우가 많다. 이런 사건에서는 변호인 측에서 피고인 측 증인은 물론 검찰 측 증인에 대하여도 사전에 면담을 시행하고, 증인신문사항이나 증거를 미리 제시하거나 예행연습을 실시하고, 답변내용을 코치해주는 경우가 발생한다.[104]

변호인의 증인사전면담이 별다른 제약없이 이루어지는 현실에서 검사의 증인사전면담만 부정적으로 이해하는 것은 다소 불합리하다. 증인신문 전에 증인을 면담하는 사람은 검사만이 아니다. 증인은 법정 밖에서 피고인, 변호인 나아가 경우에 따라서는 다른 증인, 제3의 언론인 등과 접촉하게 마련이고 그 과정에서도 증언은 영향을 받게 된다. 이런 현실 속에서 검사만 증언에 영향을 주고, 증언을 왜곡시키는 것이 아니며, 그럴 수도 없다. 증인사전면담을 허용하려면 양 당사자 모두에 사전면담을 허용하고, 금지하려면 양 당사자 모두에 사전면담을 금지하여야 한다. 증인사전면담의 한계에 대하여도 양 당사자에게 같은 기준이 적용되어야 할 것이다.

V. 검사의 증인사전면담의 한계와 개선 방안

1. 검사의 증인사전면담의 한계

가. 대법원 판례의 요구조건과 증인사전면담의 한계

증인사전면담이 가능하다고 보더라도, 검사는 객관의무를 가진 기관이므로 당연히 검사가 면담을 원하지 않는 증인을 강제적으로 출석요구하여 압박하거나, 피고인에게 불리한 증언이 이루어지도록 증인을 회유하여서는 안 된다.[105] 증인사전면

103) 헌법재판소 2001. 8. 30. 선고 99헌마496 결정.

104) 김기홍, 앞의 논문(주10), 96.

105) 대법원 2010. 10. 28. 선고 2008도11999 판결 등 참조. 대법원은 “우리 헌법과 법률은 검사제도를 두어 검사에게 준사법기관으로서의 지위를 부여하고 철저한 신분보장과 공익의 대변자로서 객관의무를 지워 사법경찰관리의 수사에 대한 지휘와 감독을 맡게” 한 것이라고 하

담의 필요성을 긍정하더라도, 우리 대법원 판례나 금지론이 우려하듯이 면담 과정에서 증언이 변질되고 실제진실이 왜곡되어서도 안 된다. 따라서 증인사전면담의 허용범위, 한계에 대한 명확한 기준이 있어야 하고, 증인사전면담이 오·남용되지 않도록 보완장치가 필요하다.

문제는 구체적인 사례에서 증인사전면담이 어느 범위까지 적법하고, 어느 범위부터는 증언을 왜곡시킬 우려가 있어 위법·부당한 것인지 판별하기가 쉽지 않나는 것이다. 우리 대법원 판례도 증인에 대한 회유나 압박 등이 없었다는 사정을 검사가 입증하라고 하면서도 구체적으로 어떤 경우에 증인사전면담이 적법한지, 검사가 어떤 방법으로 면담이 증인신문을 왜곡시키지 않았음을 입증하여야 하는지를 명확하게 설시하지 않았다. 이에 대하여는 해석상 견해차이가 있을 수 있는 부분으로, 향후 구체적인 사례에 대한 법원의 판례가 축적되어야 명확한 판단을 할 수 있을 것이다. 이하에서는 해외사례나 우리 실무를 바탕으로 구체적인 사례를 검토해보았다.

나. 구체적인 사례에 대한 검토

(1) 증인신문절차와 관련 법규정에 대한 안내

검사가 증인을 면담하면서 증인을 면담하는 취지와 목적, 향후 이루어질 증인신문과 관련된 형사소송법 등 관련 규정을 설명하여 주고, 선서하고 기억에 반하는 증언을 하면 위증죄로 처벌될 수 있으니 사실대로 진술하여야 한다고 말하는 것은 증인사전면담에 있어 가장 기본적인 내용으로 당연히 허용된다.

(2) 면담시점에서의 증인의 기억상태에 대한 확인 및 진술청취

증인사전면담의 기본적인 취지는 증인의 기억을 환기시키고 종전 진술 내용과 현재 기억 사이의 불일치를 점검함에 있다. 그러려면 우선 증인으로부터 면담 시점에 증인이 기억하는 내용에 대하여 진술을 청취하여야 한다. 그 과정에서 증인의 진술 중에 일부 불명확하거나 모순되는 점이 있으면 그 부분을 지적함으로써 증인이 스스로 그 진술을 정리하여 보다 명확하게 증언할 수 있도록 조언하는 정도는 가능하다고 보아야 할 것이다.[106)]

면서, 나아가 우리 헌법과 법률은 검사에게 “절차법적 차원에서 인권보호의 기능을 수행하게 하고 있다”라고 판시한 바 있다.

106) 대검찰청 검찰미래기획단, 앞의 보고서(주7), 68.

(3) 기존에 작성된 조서와 진술내용의 확인

증인의 기억을 환기시키기 위해 증인의 종전 진술내용의 요지를 고지하거나, 기존에 작성된 조서를 제시하고 열람하게 하는 것도 허용된다.[107] 증인의 기억환기를 위해 면담자가 과거 진술 내용을 요약하여 들려주는 것은 오히려 면담자의 주관이 들어갈 수 있으므로, 가장 효율적이고 객관적인 기억환기 방법은 종전에 작성된 조서나 영상녹화물을 직접 보여주고 확인하도록 하는 것이다. 형사소송법 제318조의 2 제2항은 공판정에서 증인의 기억을 환기시킬 필요가 있으면 영상녹화물을 재생하여 시청할 수 있도록 하고 있는데, 위 규정은 공판정에서 이루어지는 절차를 규정한 것이지만, 공판을 준비하기 위한 증인사전면담 절차에도 적용될 수 있을 것으로 생각된다.

한편, 수사준칙 제69조 제1항은 "피의자, 사건관계인 또는 그 변호인은 검사 또는 사법경찰관이 수사 중인 사건에 관한 본인의 진술이 기재된 부분 및 본인이 제출한 서류의 전부 또는 일부에 대해 열람·복사를 신청할 수 있다"라고 규정하고 있다. 우리 실무상 기소 이후 피의자 또는 참고인이 수사기관에서 조서를 작성한 본인의 조서에 대한 열람·등사를 신청하는 경우 검사는 그 신청을 허가한다. 즉, 우리 법제나 실무상 증인이 증언에 앞서 본인의 종전진술이 기재된 조서 등을 열람·등사하여 확인할 수 있다. 그런데 본인 조서에 대한 열람·등사 과정이 증인사전면담 중에 이루어졌다는 것만으로 이를 위법하다거나 금지하여야 한다고 볼 이유가 없다.

(4) 주신문 내지 반대신문 내용의 제시

해외 사례를 살펴보면 검사가 사전면담 시 주신문 내지 예상되는 반대신문의 개략적인 내용을 알려주고, 이에 대한 증인의 답변내용을 확인하는 것은 허용되는 것으로 보인다.[108] 증인은 신문내용을 미리 생각해 볼 수 있고, 검사는 증인의 진술

107) 김대근·공일규, 앞의 책(주64), 67; 반면, 박미영, 앞의 논문(주63), 295는 증인사전면담 과정에서 작성된 조서를 증인에게 직접 보여주는 것은 진술을 왜곡시킬 우려가 있어 지양하여야 한다고 주장한다.

108) 김대근·공일규, 앞의 책(주64), 68은 "해당 증인의 기존 진술과 다른 관련자의 진술 또는 증거서류 등 객관적 증거자료의 내용이 다를 경우 이에 대한 해명 또한 미리 확인해 둘 필요가 있고, 예상되는 변호인의 반대신문 사항에 대해 안내하고 일부 필요한 부분에 대해서는 그에 대한 증인의 입장을 미리 확인해 둘 필요도 있다"라고 한다. 김기홍, 앞의 논문(주10), 104는 증인사전면담에 대해 다소 부정적인 입장임에도 증인사전면담자가 "주신문에서 다루어질 신

내용에 따라 실제 법정에서 물어볼 신문사항을 정리하고 준비할 수 있어 효율적인 증인신문이 가능해진다. 다만, 개괄적인 내용을 물어보는 식으로 면담을 하여야지 유도신문 방식으로 질문을 하거나, 예상되는 신문사항 전부를 물어보고 답변을 연습하는 방식이 되어서는 안 될 것이다. 즉, 면담의 취지는 증인 진술의 개략적인 취지를 확인하는 차원이지 이를 넘어 증인신문의 예행연습이 되어서는 안 된다. 증인신문의 예행연습은 증인에게 답변방향을 훈련시키고, 훈련받은 증인은 시실인 부분의 전부 또는 일부를 증언하지 않을 염려가 있기 때문이다.[109]

(5) 증인신문과 관련된 증거의 제시

검사가 사전면담을 통해 미리 증인신문과정에서 제시할 예정인 증거를 증인에게 제시할 수 있는지가 문제된다. 이와 관련하여 ICC의 Kenyatta 사건 재판부는 검사가 증인사전면담 과정에서 증거를 제시하는 것이 허용된다고 본 반면, 다른 증인의 진술내용을 알려주는 것은 허용되지 않는다고 하였다.[110] 이에 따르면 가령, 사건의 목격자에게 증인신문에서 재생할 현장 CCTV 영상을 사전면담 과정에서 미리 보여주는 것은 가능할 것으로 보인다. 문제는 증인의 진술이 다른 증거와 모순되는 경우 모순되는 증거를 제시하는 것도 허용되는지 여부이다. 생각건대, 해당 증거가 증언 내용과 직접 관련되고 법정에서 해당 증거를 증인에게 제시하고 신문할 예정이라면 미리 그 증거를 보여주고 그에 대한 진술내용을 청취하는 것은 가능할 것이라고 생각한다. 다만, 증인에게 증거를 제시하고 진술을 청취하는 것에 그쳐야지, 검사가 증인의 답변의 적절성 여부에 대해 의견을 표명하는 것은 증언내용을 유도하거나 지시하는 것이므로 허용되지 않을 것이다.

(6) 증인의 답변내용에 대한 조언

검사가 증인을 면담하면서 증인의 답변내용에 대하여 검사가 찬성한다거나 반대한다거나, 증인이 틀렸다는 등의 견해를 표명하거나, 증인에게 적절한 답변방향을 유도하는 것은 증언내용을 왜곡시킬 우려가 있으므로 허용되지 않는다. 이것은 부

문사항의 내용에 대하여 요약하여 설명할 수 있다"라고 한다.

109) 대검찰청 검찰미래기획단, 앞의 보고서(주7), 70.

110) *Prosecutor v. Kenyatta*, Case No. ICC－01/09－02/11－588－Anx, Annex: Decision on witness preparation, 2 Jan 2013. 원문은 https://www.icc－cpi.int/pages/record.aspx?uri＝1533653 참조(최종방문 2021. 10. 29.).

적절한 증인코칭이다. 명시적으로 답변내용을 정해주는 것이 아니라고 하더라도, 검사가 명백히 객관적인 증거에 반하는 진술을 하는 경우에 이를 지적하면서 그 부분을 수정하여 주는 것, 증인을 난처하게 하거나 진술을 약화시키는 질문에 대하여는 '모른다, 기억나지 않는다'는 취지로 대답하도록 조언하는 것도 부적절한 증인코칭으로 허용되지 않는다고 봄이 상당하다.[111)]

2. 증인사전면담의 적법성 입증방법

가. 문제의 소재

허용되는 증인사전면담의 기준을 설정하는 것과는 별개로 실무상 검사가 허용범위를 넘지 않는 적법한 증인사전면담이 있었음을 입증하는 문제가 남는다. 우리 대법원이 증인에 대한 회유나 압박 등이 없었다는 사정은 검사가 증명하여야 한다고 판시하였기 때문이다[112)]. 그런데 대법원 판례에 따르더라도 검사가 법관에게 어느 정도의 확신을 주어야 하는지, 어떤 방식으로 적법성을 입증할 것인지가 명확하지가 않다.

나. 입증의 정도 – 자유로운 증명

우선, 검사가 증인사전면담이 적법하였음을 엄격한 증명에 의해 합리적 의심을 넘을 정도로 입증하여야 하는 것인지, 자유로운 증명에 의해 상당한 근거가 있는 정도로 입증하여야 하는지 여부가 문제될 수 있다. 그런데 과거 대법원은 검찰 진술의 임의성 여부, 진술내용의 신빙성을 담보할 '특히 신빙할 수 있는 상태' 인정 여부 등은 자유로운 증명의 대상이라고 판시한 바 있다.[113)] 증인사전면담은 증인신문의 준비절차이고, 판례가 증인사전면담의 적법성 여부를 판단하여야 한다고 한

111) Gershman, 앞의 논문(주30), 830~832 참조.

112) 대법원 2021. 6. 10. 선고 2020도15891 판결; 앞서 본대로 미국의 경우 증인사전면담이 증언을 왜곡시키는 등 위법하다고 주장하는 반대당사자가 반대신문 등을 통해 그 위법성을 입증하도록 하고 있는 점에 비추어 보면[위 각주 23) 참조], 증인사전면담이 있었다는 사실 자체만으로 검사가 그 면담이 위법, 부당하지 않음을 입증하라는 우리 대법원의 태도는 너무 증인사전면담의 단점이나 악영향을 과하게 염려하여 면담자체를 다소 부정적으로 보고 있는 것으로 생각된다.

113) 대법원 2001. 9. 4. 선고 2000도1743 판결, 대법원 2012. 7. 26. 선고 2012도2937 판결 등 참조.

것은 법정증언의 신빙성, 임의성을 가리기 위함이다. 즉, 이는 소송과정에서의 증거의 증거능력 내지 증명력의 문제이므로, 유사 사례에서와 마찬가지로 법관이 제반 사정을 종합 참작하여 자유로운 증명에 따라 판단하면 족하다고 생각한다. 그 다음으로는 실무상 어떤 방식으로 증인사전면담의 적법성을 입증할 것인지가 문제된다.

다. 실무상 검사의 적법성 입증방법

(1) 증인사전면담의 영상녹화, 녹음 방안

가장 먼저 떠올릴 수 있는 방안은 검사의 증인사전면담 과정을 녹화 또는 녹음하도록 하고, 이를 법원이나 상대방에게 제공하여 면담의 이유, 방법, 내용 등을 밝히는 것이다. 영국이나 ICC도 이러한 입장을 취하고 있다. 미국에서도 증인사전면담 과정에 영상녹화가 필요하다는 견해가 있으며,114) 국내에서도 유사한 주장이 다수 확인된다.115) 분명 영상녹화물은 면담 과정을 가장 투명하고 있는 그대로 보여줄 수 있는 것이므로, 증인사전면담에 대한 불필요한 오해를 불식시킬 수 있다는 장점이 있다. 다만, 녹화 또는 녹음을 의무화하는 방안도 몇 가지 문제점이 있어, 반드시 영상녹화가 증인사전면담의 적법성 입증수단이 된다고 단정할 수는 없다고 생각한다.

① 수사과정에서 피의자 또는 참고인에 대하여 작성된 영상녹화물의 독립적 증거능력을 인정할 수 있는지 여부에 대하여 오랜 논쟁이 있어 왔고,116) 법원은 줄곧 이에 부정적인 입장이다.117) 이처럼 수사기관에서 수사과정에 작성한 영상녹화물이 법정에 그대로 현출되는 것을 금지하고 있는 상황에서, 증인사전면담 과정의 적법성을 논하기 위해 증인사전면담 중 증인의 진술이 녹화된 영상녹화물을 법원에 제출하도록 하고 그 내용을 확인한다는 것은 본말이 전도된 상황으로 보인다.118)

---

114) Gershman, 앞의 논문(주30), 861~862 (2002).

115) 김기홍, 앞의 논문(주10), 105; 박미영, 앞의 논문(주63), 294~295.

116) 영상녹화물에 대하여 독립적인 증거능력 인정 여부에 대한 찬반론의 자세한 내용은 정웅석, "영상녹화물의 증거능력에 관한 연구", 『형사소송 이론과 실무』 제7권 제1호(한국형사소송법학회, 2015), 216~224면 참조.

117) 대법원 2014. 7. 10. 선고 2012도5041 판결. 대법원은 영상녹화물을 시청하는 법관 또는 배심원에게 과도한 신뢰감을 부여하게 되고, 비디오재판을 초래할 우려가 있다면서 입법론에도 부정적인 입장이다. 자세한 내용은 "대법원, '피의자 신문 영상녹화물 증거 사용 부적절'", 법률신문, 2020. 6. 24.자 등 참조.

118) 형사소송법 제312조 제1항 개정과 함께 제312조 제2항이 삭제됨으로써 앞으로는 수사과정

그 과정에서 법관이 영상녹화물을 시청하여 증인의 진술내용을 확인하게 됨으로써 그 진술내용에 과도한 신빙성이 부여될 우려가 있기 때문이다.

② 우리 형사소송법 제221조 제1항은 검사 또는 사법경찰관이 참고인의 동의를 받아 진술을 영상녹화할 수 있다고 규정하고 있다. 규정상 증인사전면담 과정에서 증인이 영상녹화, 녹음을 원하지 않는 한 검사가 이를 강제하기는 어렵다. 실제 우리 수사실무상 영상녹화를 원하지 않는 피의자, 참고인이 다수 있는 것이 현실이다.

③ 증인사전면담에 부정적인 입장은 근저에 검사나 수사기관에 대한 불신을 깔고 있다. 증인사전면담 과정을 영상녹화하더라도, 얼마든지 의혹은 제기할 수 있다. 영상녹화물 작성 전에 실질적인 면담이 이루어졌고, 문제없는 부분만 녹화했다고 주장하면 그만이다. 영상녹화물이 있다고 하여 증인사전면담에 대한 근본적인 불신이 해소될 수 있는지 의문이다. 오히려, 장기간의 영상녹화물에 나오는 대화 중 말꼬리 하나를 붙잡고 면담의 위법성을 주장할 우려가 있고, 이 경우 실제 사건이 아닌 증인사전면담의 적법성이 문제의 본질로 호도되어 재판의 비효율성을 초래할 우려가 있다.

(2) 증인사전면담의 상세한 기록 및 반대신문

녹화 또는 녹음 대신 검사가 증인사전면담의 시점, 이유, 방법, 내용 등을 조서나 수사보고 등 공문서로 상세히 기록하고, 이를 법원과 상대방에게 그대로 제공하여 증인사전면담을 투명하게 공개하는 방식을 생각해볼 수 있다.[119] 증인사전면담 사실을 알게 된 피고인 측은 이후 증인에 대한 반대신문 과정에서 면담의 면담 경위, 면담의 내용, 면담 과정에서 진술왜곡 가능성 등을 추궁하여 증인의 증명력을 탄핵할 수 있다. 그 내용만을 가지고 증인사전면담의 적법성을 판단하기 어렵다는 주장도 있을 수 있다. 그러나 이는 결국 법정증언의 신빙성, 증명력의 판단 문제이므로 법관이 증인사전면담 사실, 검사가 제출한 증인사전면담에 대한 공문서의 내용, 증

에서 피의자의 진술을 촬영한 영상녹화물이 존재하더라도 이를 법정에서 활용하기 어려울 것으로 예상된다. 다만, 여전히 형사소송법 제312조 제4항에 따라 참고인의 진술을 촬영한 영상녹화물은 조서의 진정성립 입증을 위한 수단으로 사용될 수 있고, 제318조의2 제2항에 따라 기억환기용으로 법정에서 피고인 또는 피고인이 아닌 자에게 재생하여 시청하게 할 수 있다.

119) 물론 이는 검사의 증인사전면담이 위법, 부당하지 않음을 입증하기 위한 것일 뿐이고, 원래 사건의 공소사실을 입증하기 위한 증거로는 사용할 수 없다.

인신문과정에서 이루어진 반대신문의 내용을 종합하여 증인사전면담이 부당하게 증언에 영향을 미쳤는지 자유롭게 판단할 수 있다고 생각한다.

(3) 증인사전면담에 대한 법원 허가

검사가 법원의 허가를 받아 증인사전면담을 시행하여야 한다는 견해가 있다.[120] 공판단계에서 형사절차는 사건을 주재하는 법원의 권한에 속함을 근거로 한다. 그러나 앞서도 언급한 바와 같이 우리 형사소송법은 당사자주의적 증인신문방식을 채택하고 있고, 그에 따라 신문의 방식 및 절차도 당사자에게 주도권이 주어진다. 당사자가 증인신문을 준비하기 위해 사전면담을 함에 있어서 법원의 허가를 받도록 하는 것은 현행법의 구조에 부합하지 않는 것으로 보인다.

검사가 법원의 허가를 받을 수 있는 현실적인 방법도 마땅하지 않다. 검사가 증인사전면담의 필요성을 소명하기 위해 해당 증인의 수사과정에서의 진술내용을 판사에게 미리 제출하도록 하는 것은 증인신문 전에 심증형성에 영향을 미칠 수 있으므로 불가능할 것이다. 결국, 별다른 소명자료 없이 검사가 법원에 증인사전면담 허가를 요청할 수밖에 없고, 법원에서는 검사의 주장만 듣고 면담허용 여부에 대해 판단하게 될 것인데, 그 과정에서 실질적인 검토가 이루어질 수 있는지 의문이다. 아울러, 아울러, 검사가 법원의 허가를 받아 증인사전면담을 진행할 경우 변호인 측에서 증인사전면담의 적법성을 다투기 어려울 것이고, 이후 증인신문 과정에서 이루어진 법정진술에 과도한 신빙성이 부여될 가능성도 있다.

3. 증인사전면담의 오·남용 제한방안 및 개선방안

가. 명확한 근거규정 내지 세부지침 제정 필요성

이상에서 살펴본 부분에 대하여는 명확한 규정이나 판례가 존재하지 아니하여 해석상 논란의 여지가 많을 것으로 생각된다. 구체적인 증인사전면담의 절차, 허용 여부, 한계 등은 모두 법률공백상태에 있는 셈이다. 이 부분이 해결되지 않으면 개별 사건마다 불필요한 논란과 분쟁이 발생할 것으로 우려된다. 앞서 본 대로 현행 검찰사건사무규칙, 수사준칙에 최소한의 근거규정이 있기는 하지만, 이는 추상적인 근거규정에 불과하다. 따라서 앞서 본 증인사전면담의 내용이나 방식, 적법성 입증

120) 박미영, 앞의 논문(주63), 294; 이승현, 앞의 논문(주37), 185.

방식에 대하여 유관기관, 학계의 논의를 통해 분쟁의 소지가 없도록 공통된 지침을 제정하거나, 형사소송규칙 등 법령에 구체적인 사례에 대해 규율할 수 있는 명확한 기준을 두는 것이 필요하다.[121)]

나. 재소자에 대한 증인사전면담의 문제

우리 실무상 논란이 된 대부분의 사례는 검사가 재소자를 증인으로 신청하고, 증인신문 전에 그 재소자를 면담한 경우이다. 검사는 재소자에게 유, 무형의 이익을 제공하거나 불이익을 가할 수 있는 위치에 있다. 그러다보니 재소자는 검사가 면담을 하는 사실 자체만으로 심리적으로 상당한 압박을 받을 수 있다. 외부에서도 검사가 재소자를 회유, 협박하였다고 오해할 우려가 크다. 이런 측면을 감안하여 특별한 사정이 없는 한 재소자가 증인인 경우 검사가 사전면담을 자제하는 것이 바람직하다.

다. 위법, 부당한 증인사전면담에 대한 사전, 사후적 규제

증인사전면담 과정에서 증언이 왜곡되지 않도록 보완장치를 마련할 필요도 있다. 이와 관련하여 검찰 내부의 규율을 강화하여 부적절한 증인코칭에 대한 사전교육, 사후 관리감독을 강화할 필요가 있다. 미국에서도 검사가 증인사전면담을 함에 있어 감독자가 동행하도록 하고, 검찰 내부에 독립된 윤리감독부서(Prosecutorial Ethic Enforcement Units) 등에서 부적절한 증인코칭 여부를 감독하도록 하여야 한다는 견해가 있다[122)]. 현재 우리나라 검찰은 각급 청에 독립된 인권보호관을 두고 있고, 감찰부서의 독립성도 강화하고 있다. 이처럼 검찰 내부의 수사, 공판을 직접 담당하지 않는 부서에서 증인사전면담의 위험성에 대한 사전교육, 사후관리감독을 담당하고, 부적절한 증인코칭이 확인된 경우 제재를 가하는 절차를 마련하는 것도 대안이 될 수 있을 것이다.

---

121) 미국에서도 검사의 증인사전면담의 한계에 대하여 명확한 가이드라인을 제정하여야 한다는 견해가 확인된다. Roberta K. Flowers, "Witness Preparation: Regulating the Profession's Dirty Little Secret", 38 Hastings Const. L. Q. 1007, 1025~1026 (2011).

122) Brittany R. Cohen, "Whose Line is it Anyway?: Reducing Witness Coaching by Prosecutors", 18 N.Y.U.J. Legis. & Pub. Pol'y 985, 1026~1029 (2015).

Ⅵ. 결론

우리 형사소송법은 당사자주의를 확대, 강화하는 방향으로 발전하여 왔다. 당사자주의가 반드시 직권주의보다 우월한 것은 아니고, 그 역도 마찬가지이다. 당사자주의냐 직권주의냐는 국민과 입법자가 선택할 문제인데, 우리나라는 당사자주의를 형사소송의 근간으로 선택한 것으로 보인다.

공판중심주의로 대변되는 당사자주의가 강화되는 가운데 증인신문의 중요성은 계속 증가하여 왔다. 현재 재판 실무는 과거와 같이 판사가 밀실에서 수사기관에서 작성한 조서를 보고 사실관계를 판단하지 않는다. 반면, 사회의 복잡화, 불구속 재판의 보편화, 적법절차의 철저한 준수 과정에서 재판기간은 날로 길어지고 피고인의 방어권은 충분히 보장되고 있다. 2022. 1.부터 검사 작성 피의자신문조서의 증거능력이 제한되면 검사의 공소유지는 더욱 어려워질 것으로 예상되기도 한다. 그럼에도 불구하고, 실체진실은 형사소송이 추구하는 최고의 이념이고, 검사는 적법절차에 따라 수사와 재판을 통해 실체진실이 밝혀지도록 할 책무가 있다. 공판중심주의 하에서 실체진실을 밝히는 가장 중요한 수단인 증인신문에 검사가 제대로 대응하지 못하여 수사과정에서 밝혀진 실체진실이 법정에서 현출되지 못해 사장되고, 오판이 이루어져서는 안 된다.

당사자주의적 소송구조에서 검사의 증인사전면담은 허용되는 것이 일반적이고, 실체진실 발견을 위해 실질적으로 필요하기도 하다. 검사의 증인사전면담을 잘못된 관행 내지 진실의 왜곡이라고 의혹의 눈초리를 보내기보다는, 그 효용성을 인정하되 부작용과 폐단을 시정하기 위한 보완장치를 마련하는 것이 바람직한 방향일 것이다. 이 문제에 있어 최근 대법원의 판결이 있기는 하였으나, 여전히 구체적인 증인사전면담의 허용범위, 절차, 방식 및 적법성의 입증방법은 해석에 맡겨져 있다. 대법원 판결을 계기로 그 동안 실무관행으로만 이루어져 왔던 검사의 증인사전면담은 물론 변호인의 증인사전면담에 대하여 심도깊은 논의를 거쳐 제도화를 이룩함으로써, 적법한 증인사전면담과 위법한 증인코칭 사이에 공감할만한 기준이 정립되기를 기대해 본다.

논문투고일 : 2021.12.10.   논문심사일 : 2021.12.14.   게재확정일 : 2021.12.24.

【참고문헌】

[국내문헌]

1. 단행본

김대근 · 공일규, 『검사의 효과적인 공판수행 기법연구 – 증인신문 및 양형심리를 중심으로 –』, 형사정책연구원 연구총서(한국형사정책연구원, 2015).

노명선 · 이완규, 『형사소송법』, 제5판(성균관대학교출판부, 2018).

배종대 · 홍영기, 『형사소송법』(홍문사, 2017).

사법정책연구원,『당사자주의와 직권주의가 조화된 적정한 재판운영』(사법정책연구원, 2019).

신동운, 『간추린 신형사소송법』, 제11판(법문사, 2017).

이재상 · 조균석, 『형사소송법』, 제11판(박영사, 2017).

한국사법행정학회(편집대표 김희옥 · 박일환),『주석 형사소송법 제1편』(한국사법행정학회, 2017).

2. 논문

고봉진, "국제형사재판소 판결에 비추어 본 '국민참여재판에서 증인사전면담'", 『법과 정책』 제17권 제2호(제주대학교 법학정책연구소, 2011).

김성돈 · 황태정, "공판중심주의의 바람직한 운용방향", 대검찰청 용역연구보고서(대검찰청, 2011).

김기홍, "증인준비의 허용 여부 및 한계에 대한 비교법적 고찰 – 특히 국제형사재판실무에 대한 검토를 중심으로–", 『사법논집』 제70집(법원도서관, 2020).

김현수, "증인신문과 공정한 재판", 『한양법학』 제21권 제3집(한양법학회, 2010).

대검찰청 검찰미래기획단(연구책임자 김현수), "국민참여재판제도 하에서의 증인사전면담, 증인소환 및 효과적 증인신문방법 연구", 대검찰청 검찰미래기획단(대검찰청, 2008).

박미영, "검사의 증인사전면담의 필요성과 한계에 대한 연구", 『아주법학』 제15권 제2호(아주대학교 법학연구소, 2021).

성상욱, “미국에서 증인의 진술번복 방지 및 대처방안 연구 – 미국의 증인사전면담 제도를 중심으로”, 『국외훈련검사 연구논문집』 제33집(II)(법무연수원, 2018).

안성수, “국민참여재판 제도하에서의 올바른 증인신문 방안– 영국의 증인사전면담제도를 중심으로–”, 『형사법의 신동향』 통권 제11호(대검찰청, 2007).

이승현, “국민참여재판에서 증인사전면담의 도입가능성에 관한 고찰 – 영국의 증인사전면담제도를 중심으로”, 『형사법의 신동향』 통권 제37호(대검찰청, 2012).

이주원, “형사증거법상 반대신문권 보장의 의의와 기능 – 대상판결 : 대법원 2019. 11. 21. 선고 2018도13945 전원합의체 판결 –”, 『형사소송 이론과 실무』 제12권 제2호(한국형사소송법학회, 2020).

이창현, “2019년 형사소송법 중요판례평석”, 『인권과 정의』 통권 제489호(대한변호사협회, 2020).

정웅석, “영상녹화물의 증거능력에 관한 연구”, 『형사소송 이론과 실무』 제7권 제1호(한국형사소송법학회, 2015)

홍진영, “개정 형사소송법 제312조에 대한 검토”, 『형사소송 이론과 실무』 제12권 제1호(한국형사소송법학회, 2020).

[국외문헌]

Martyn, Susan R. & Fox, Lawrence J. J. & Wendel, Bradley W., *The Law Governing Lawyers: Model Rules Standards, Statues, and State Lawyers Rules of Professional Conduct (2019–2020 Edition)*, Wolters Kluwer (2020).

Altman, James M., “Witness Preparation Conflicts”, Litigation vol. 22, no. 1 (1995).

Cohen, Brittany R., “Whose Line is it Anyway?: Reducing Witness Coaching by Prosecutors”, N.Y.U. Journal of Legislation & Public Policy vol. 18 (2015).

Flowers, Roberta K., “Witness Preparation: Regulating the Profession’s Dirty Little Secret”, Hastings Constitutional Law Quarterly vol. 38 (2011).

Gershman, Bennett L., “Witness Coaching by Prosecutors”, Cardozo Law

Review vol. 23 (2002).

Jackson, John D. & Brunger, Yassin M.,"Witness Preparation in the ICC", Journal of International Criminal Justice vol. 13, issue 3 (2015).

Sluiter, Gőran, "Trends in the Development of a Unified Law of International Criminal Procedure", Future Perspectives on International Criminal Justice, Hague: T.M.C. Asser Press (2010).

Vasiliev, Sergey V., "From Liberal Extremity to Safe Mainstream? The Comparative Controversies of Witness Preparation ni the United States", Intenational Commentary on Evidence, vol. 9., no. 2 (2012).

Wydick, Richard C., "The Ethics of Witness Coaching", Cardozo Law Review vol. 17 (1995).

石井一正, 刑事実務証拠法(第 5 版), 判例タイムズ社, (2011).

笹倉香奈, "いわゆる '証人テスト'について" 一橋法学 15巻 2号, 一橋大学大学院法学研究科 (2016).

【국문초록】

공판중심주의의 확대와 맞물려 우리 형사소송에 있어 증인신문의 중요성은 날로 증대되고 있다. 이와 관련하여 우리 실무상 검사나 변호인은 증인신문 전에 법정 밖에서 증인을 사전에 면담하고 증인신문을 준비하는 관행이 있었다. 특히, 검사는 진술이 핵심적인 증거가 되는 부패범죄, 집단범죄 내지 성폭력범죄에 있어 증인을 사전에 면담하는 경향이 있어 왔다.

대법원은 최근 검사의 증인사전면담이 원칙적으로 금지되는 것은 아니라고 하면서도, 검사가 면담 과정에서 증인에 대해 회유, 압박을 하지 않았음을 입증하여야 증인신문을 통해 취득한 법정증언의 신빙성을 인정할 수 있다고 판시하였다. 위 판결은 향후 증인사전면담에 대한 실무관행에 큰 영향을 미칠 것이고, 결과적으로 증인신문의 방식이나 내용에도 영향을 미치게 될 것이다.

이 글에서는 비교법적으로 증인사전면담에 대한 각국의 법제와 실무례를 분석하고, 이를 바탕으로 우리 형사소송 구조에서 증인사전면담의 허용여부에 대하여 논의하였다. 나아가 해외 사례나 대법원 판례의 취지 등을 근거로 허용되는 증인사전면담의 범위와 그 한계, 그리고 실무상 향후 발생할 수 있는 쟁점에 대해 검토하였다.

결론적으로 말하면, 당사자주의적 소송구조 하에서 증인사전면담은 허용되는 것이 일반적이고, 실질적으로 필요하기도 하다. 우리 형사소송법의 변천과정을 보면 현행 형사소송 구조는 사실상 당사자주의를 근간으로 하고 있는 것으로 이해된다. 또한, 재판기간의 장기화, 검사 작성 피의자신문조서의 증거능력 제한, 증인신문의 중요성 확대 등의 현실을 고려하더라도 증인사전면담의 필요성이 인정된다. 그렇다면, 증인사전면담을 잘못된 관행이라고 폄하하거나, 진실을 왜곡시킨다고 의혹의 눈초리를 보내기보다는, 그 효용성을 인정하되 부작용과 폐단을 시정하기 위한 보완장치를 마련하는 것이 바람직한 방향일 것이다.

◈ 주제어: 공판중심주의, 당사자주의, 증인신문, 증인사전면담, 증인준비, 피의자신문조서, 증거능력, 신빙성

【Abstract】

The Prosecutors' Pre-trial Witness Interview in the Korean Criminal Procedure

Lee, Seung－Joo*

In the Korean criminal proceedings, the importance of witness examination is increasing. In order to prepare witness examination, prosecutors or attorneys tended to use the pre－trial witness interview. In particular, prosecutors tended to interview witness before trial, where witness' statement is key evidence of the case, such as corruption, collective crime or sex crime case.

Recently, the Korean Supreme Court ruled that the prosecutors' pre－trial witness interview is permissible, but the prosecutors have to prove that the witness was not persuaded or coerced during the interview, for the credibility of the testimony. It is expected that the case may influence the practice of the witness preparation and the witness examination.

This paper examines the laws and practices of the United States, United Kingdom, Japan, Germany and the International Criminal Court, regarding the witness preparation. This paper also analyzes the admissibility, limitation and foreseeable practical problems regarding the witness preparation in Korea.

In conclusion, the witness preparation is widely permissible and necessary in the adversarial system, rather than the inquisitorial system. The current Korean criminal procedure is mostly based on the adversarial system. The witness preparation is necessary, considering the circumstances as the prolonged trial period, the revision of the Article 312－1 of the Korean Criminal Procedure Act, and the increasing importance of the witness testimony in the criminal proceedings. It is desirable to recognize the effectiveness and necessity of the witness preparation and improve a

* Prosecutor, Gwangju District Prosecutor's Office

complementary legal mechanism to correct its defect, rather than disparaging it is a wrongful practice distorting the facts.

한국형사소송법학회『형사소송 이론과 실무』
제13권 제4호 (2021.12) 147~174면.
Theories and Practices of Criminal Procedure Vol. 13 No. 4 (December. 2021) pp. 146~174.
10.34222/kdps.2021.13.4.147

형사소송에서 상고이유 제한 법리에 대한 검토*
– 대법원 2019. 3. 21. 선고 2017도16593–1 전원합의체 판결을 중심으로 –

류 경 은**

목 차

Ⅰ. 들어가며
Ⅱ. 대상판결의 요지
Ⅲ. 항소심 심판대상과 연계한 이른바 '상고이유 제한 법리'의 의미
Ⅳ. 외국의 형사 상고제도와 상고이유 제한 법리
Ⅴ. 상고이유 제한 법리의 타당성 검토
Ⅵ. 나가며

Ⅰ. 들어가며

심급제도는 본래 사법에 의한 권리보호를 위하여 한정되어 있는 법발견 자원을 합리적으로 분배하는 문제인 동시에 재판의 적정과 신속이라는 서로 상반되는 두 가지의 요청을 어떻게 조화시키느냐 하는 문제에 관한 것이므로[1] 이를 어떻게 구성하고 운영하는가에 대한 답변은 간단하지 않다. 더욱이 최고법원인 대법원의 바람직한 모습이 어떠해야 하는지는 너무나도 어려운 문제이다. 최근 대법원은 내부적으로나 외부적으로 충분한 합의점을 도출하지 못한 상태에서 상고법원 도입을 시도하는 과정에서 불거진 문제로 큰 시련을 겪었고 그 과정에서 드러난 문제점은

* 이 글은 고려대학교 법학전문대학원 신임교원 연구비 지원을 받았으며, 2021. 11. 한국형사소송법학회 정기세미나 발표문을 수정·보완한 것임을 밝힌다. 위 정기세미나에서 훌륭한 토론을 해주신 류부곤 교수님(경찰대학 법학과), 방선영 변호사님과 이 글의 부족한 점에 대한 지적과 조언을 주신 익명의 심사위원님께 감사의 말씀을 드린다.
** 고려대학교 법학전문대학원 부교수
1) 헌법재판소 1997. 10. 30. 선고 97헌바37, 95헌마142·215, 96헌마95 전원재판부 결정 등 참조

여전히 해결되지 못한 채 남아 있다. 다시 상고제도 개선을 논의하는 것은 이제 더 어렵게 되어 버렸다.

이러한 상황에서 2019. 3. 21. 선고된 대법원 2017도16593－1 판결(이하 '대상판결'이라고 한다)은 법원이 50년 이상 별다른 의문을 가지지 않은 채 어쩌면 당연하다고 여겨왔던 이른바 '상고이유 제한 법리'의 근거가 무엇인가, 과연 위 법리는 여전히 타당한가에 대한 물음과 답변을 담고 있다.

이 글에서는 먼저 대상판결의 요지를 살펴보고(Ⅱ), 항소심 심판대상과 연계한 상고이유 제한 법리의 의미를 입법연혁과 함께 알아본 다음(Ⅲ), 우리 형사소송법상 심급제도의 모델이 된 독일과 일본, 그리고 비교법적 검토가 필요한 미국에서의 논의를 참고하여(Ⅳ), 상고이유 제한 법리의 근거 및 타당성(Ⅴ)을 검토해보고자 한다.

Ⅱ. 대상판결의 요지

1. 사안의 개요 및 쟁점

한약사인 피고인들은 한약사 자격이 없는 공소외인과 공모하여 공소외인이 한약국을 개설하여 다이어트 한약을 판매하도록 하였고, 피고인 1은 자신이 개설한 한약국에서 한의사의 처방전 없이 한약을 조제하고 전화 상담만 받고 고객에게 한약을 택배로 판매하였다는 사실에 대해 각 약사법 위반죄로 기소되었다.

제1심은 유죄를 인정하면서 피고인들에게 각 벌금 1,000만 원의 형을 선고하였는데, 이에 대해 피고인 1은 항소하지 않았고, 피고인 2는 양형부당만을 이유로 항소하였으며 검사는 피고인들에 대해 양형부당을 이유로 항소하였다.

항소심은 검사의 양형부당 항소이유를 받아들여 제1심판결을 파기하고 피고인 1에게 징역 6월 및 집행유예 1년, 피고인 2에게 벌금 2,000만 원의 형을 각 선고하였다.

이에 피고인들은 항소심판결에 대하여 사실오인, 심리미진, 법리오해를 상고이유로 삼아(피고인 2는 양형부당을 추가하여) 상고하였다.

이 사건의 쟁점은, 피고인들은 항소하지 않거나 양형부당만을 이유로 항소하고 검사 역시 양형부당만을 이유로 항소하였는데, 항소심이 제1심판결을 파기하고 자판하면서 형이 높아진 경우에도 피고인이 항소심에서 항소이유로 주장하지 않아

심판대상이 되지 않았던 법령위반 등 새로운 사유를 상고이유로 삼아 상고할 수 없다고 하는 이른바 '상고이유 제한에 관한 법리'(이하 '상고이유 제한 법리'라고 한다)를 선언하고 있는 대법원의 확립된 판례를 변경할 것인지 여부이다.

2. 다수의견의 요지

다수의견은 상고이유 제한 법리의 타당성을 인정하면서 이 사안처럼 항소심에서 피고인의 양형이 불이익하게 변경된 경우에도 여전히 위 법리의 적용을 긍정하여야 한다는 입장을 밝혔다. 구체적인 논거로 첫째, 형사소송법 제379조 제1항, 제2항, 제384조 본문, 제391조, 제393조 내지 제397조 규정 및 법리를 종합해 보면, 상고심은 항소심판결에 대한 사후심으로서 항소심에서 심판대상으로 되었던 사항에 한하여 상고이유의 범위 내에서 그 당부만을 심사하여야 하므로, 항소인이 항소이유로 주장하거나 항소심이 직권으로 심판대상으로 삼아 판단한 사항 이외의 사유는 상고이유로 삼을 수 없고 이를 다시 상고심의 심판범위에 포함시키는 것은 상고심의 사후심 구조에 반한다는 점, 둘째, 상고이유 제한 법리는 심급제도의 운영에 관하여 현행 제도가 사후심제 및 법률심의 방식을 선택한 입법적 결단에 따른 결과이며, 특히 재판의 적정, 피고인의 구제 또는 방어권 보장과 조화되는 범위 내에서 재판의 신속 및 소송경제를 도모하고 심급제도의 효율적인 운영을 실현하기 위하여 마련된 실정법상의 제약으로서 합리성이 인정되는 점, 셋째, 형사소송법상 항소심과 상고심의 두 심급에 걸쳐 마련되어 있는 직권심판권의 발동에 의해 직권심판사항에 해당한다고 판단되는 위법사유에 대해서는 항소심의 심판대상에 속하지 않았던 사항이라도 피고인에게 이익이 되는 방향으로 그 잘못을 바로잡을 수 있는 장치가 갖추어져 있는 점, 넷째, 형사소송법상 상고심은 절차적인 면에서 제1심 및 항소심의 심리절차와는 현격한 차이가 있기에 공판중심주의 및 실질적 직접심리주의의 정신에 비추어 볼 때 상고이유 제한 법리의 타당성이 인정되는 점, 다섯째, 제1심과 항소심 사이의 양형 판단이 피고인에게 불리한 내용으로 달라졌다는 사정변경은 상고이유 제한 법리의 타당성에 영향을 미칠 만한 사유로 보기 어려운 점 등을 들고 있다.

3. 별개의견의 요지

가. 별개의견[2](이하 편의상 '별개의견1'이라고 한다)은 상고이유 제한 법리 자체는 타당하다고 인정하면서도 이 사안과 같이 항소심이 제1심판결을 파기하고 피고인에게 불이익한 형을 선고하였을 때는 위 법리를 적용하지 않아야 한다는 견해를 밝혔다. 그 논거로 첫째, 상고이유 제한 법리의 본래 취지에 맞지 않는 불합리한 결과가 초래된다거나 심급에 따른 상소권 보장의 본질에 반하는 등 특수한 사정이 존재하는 경우에는 위 법리의 적용을 배제하는 것이 균형 있는 해석이 되는데, 항소심이 검사의 항소를 받아들임으로써 제1심판결을 파기하고 그보다 높은 형을 선고하였다는 사정은 피고인이 항소 여부 등을 판단할 때 기초가 된 사정에 중대한 변경이 생긴 것으로 상고이유 제한 법리 적용을 배제할 특수한 사정인 점, 둘째, 항소심판결의 판단 내용에 (묵시적으로)[3] 포함된 사실인정, 법령적용에 관한 사항도 항소심의 심판대상이 된 사항에 속할 수 있는 것이므로 상고심의 사후심 구조에 배치되는 것은 아닌 점, 셋째, 현행 형사항소심의 구조를 기본적으로 속심제로 보는 이상 항소심에서 피고인의 방어권 보장의 내용은 본질적인 면에서는 제1심에서의 그것과 같이 보아야 하므로 피고인이 자신에게 불리하게 선고된 제1심판결에 대해 항소할 때와 마찬가지로, 자신에게 불리하게 변경된 항소심판결에 대해서도 그 직전의 항소심 진행 과정에서 적극적으로 다투었는지 여부에 구애됨이 없이 다음 심급인 상고심에서 항소심판결에 영향을 미친 법령위반 등 사유를 상고이유로 삼아 자유롭게 다툼으로써 방어할 수 있는 기회를 보장해야 하는 점, 셋째, 이 사안에서 상고이유 제한 법리를 엄격하게 관철할 경우 남상소를 방지하기 위한 적합한 수단이 될 수 없는 점 등을 들고 있다.

나. 다른 별개의견[4](이하 '별개의견2'라고 한다)은 상고이유 제한 법리의 타당성 자체에 의문을 제기하는 견해로 다음과 같은 점을 그 근거로 들고 있다. 즉, 형사소송법 제383조에서 정한 요건 외에 '항소심에서 상고인이 항소이유로 주장하거나 항소심이 직권으로 심판대상으로 삼음으로써 항소심의 심판대상이 된 사항일 것'이

2) 대법관 권순일, 대법관 이기택, 대법관 김재형, 대법관 김선수의 별개의견
3) 괄호 안 문구는 필자가 추가하였다.
4) 대법관 조희대의 별개의견

요구된다고 볼 수는 없고, 이러한 요건이 포함되어 있다고 보는 것은 위 규정의 문언에 따른 가능한 해석의 범위를 넘는다. 따라서 형사소송법 제383조에서 규정하는 법령위반 등에 관한 상고이유 주장은 언제나 적법한 상고이유가 된다고 보아야 한다. 다만 상고심의 기능은 위 규정을 보다 엄격히 해석하여 순수한 법령위반에 관한 사유만으로 상고이유의 범위를 한정하는 방법으로 해결되어야 한다. 그리고 형사소송법 제384조에 규정된 직권심판은 상고심의 의무가 아니라 권한으로서 그 발동 여부가 상고심의 재량에 달려 있다는 점에서 의무적 심판대상인 상고이유에 관한 판단과 비교해 볼 때 법률심을 강화하기 위한 수단으로 미흡하여 상고이유 제한 법리를 합리화할 근거가 되기에 부족하다는 것이다.

Ⅲ. 항소심 심판대상과 연계한 이른바 '상고이유 제한 법리'의 의미

1. 현행 형사소송법상 상고이유 규정

현행 형사소송법상 항소이유는 11가지이지만(형사소송법 제361조의5), 상고이유는 5가지[5]로 제한된다. 그중 형사소송법 제383조 제4호의 사유는 피고인의 이익을 두텁게 보호할 의도로 법률심인 상고심에 사실심으로서의 성격을 부여하는 예외적인 상고이유이고, 같은 조 제2호와 제3호는 형의 폐지 등 사정으로부터 피고인 보호 및 피고인의 신속한 권리구제 등을 위하여 사후심인 상고심에 속심으로서의 성격을 부여하는 예외적인 상고이유로 평가된다.[6]

2. 입법 연혁

현행 형사소송법상 상고이유 규정은 1963. 12. 13. 법률 제1500호로 개정되어 현재에 이르게 된 것으로 이를 이해하기 위해서는 형사소송법상 항소이유와 상고이유의 입법 연혁을 함께 살펴볼 필요가 있다.

---

5) 형사소송법 제383조 제4호의 사유를 '중대한 사실오인'과 '양형부당'으로 나누어서 생각하면 실질적으로는 5가지라고 할 수 있다.

6) 배종대 · 홍영기, 『형사소송법』 제2판(홍문사, 2020), 464－465면; 이재상 · 조균석 · 이창온, 『형사소송법』 제13판(박영사, 2021), 839－840면; 신동운, 『간추린신형사소송법』 제13판(법문사, 2021), 852－853면; 이주원, 『형사소송법』 제3판(박영사, 2021), 656－657면 참고

가. 제정 형사소송법

1954. 9. 23. 형사소송법 제정 당시에는 상고이유를 16개 사유[7]로 넓게 인정하고 있었고[8], 이는 항소이유에 관해 항소기각결정이나 공소기각결정을 하여야 하는 경우[9] 이외에는 아무런 제한을 하지 않고 항소심으로 하여금 사건 자체에 대해 제1심과 별개로 다시 심판하도록 함으로써[10], 항소심을 '복심제'로 하였다는 사실과 관련이 있다.

한편 당시 제1심은 지방법원이, 항소심은 고등법원이, 상고심은 대법원이 담당하는 심급구조를 취하고 있었는데, 대법원은 9명의 이내의 대법관으로 구성되어[11] 민사부, 형사부, 특별부를 두고[12] 대법관 5인으로 구성된 합의부에서 심판을 하되, 연합심판을 요할 때에는 대법관 전원으로써 구성된 연합부에서 담당하였다.[13]

나. 1961. 9. 1. 개정 형사소송법

그러나 경미사건과 사실오인 및 양형부당을 주장하는 사건들까지 유일한 상고심인 대법원에 집중되면서 상고사건이 급증하게 되었다. 이에 1959. 1. 13. 개정된 법원조직법은 대법관과 구별되는 11명 이내의 대법원판사를 대법원에 두도록 하는[14] 이른바 '대법원판사제도'를 도입하였으나 실제 운영 과정에서 여러 한계[15]가 드러나게 되었다. 1961. 8. 12. 법원조직법이 다시 개정되어 대법원은 대법원장과 대법

---

7) 구 형사소송법(1961. 9. 1. 법률 제705호로 개정되기 전의 것, 이하 '제정 형사소송법'이라고 한다) 제383조

8) 중대한 사실오인과 현저한 양형부당을 상고이유로 한 것은 일제의 압제와 차별대우를 청산하는 의미를 가지고 있었다고 평가하는 견해로 신동운, 『상소제도의 개편에 따른 문제점과 개선방안』 (한국형사정책연구원, 2006), 97면 참고

9) 제정 형사소송법 제362조와 제363조 사유가 있는 경우

10) 제정 형사소송법 제364조

11) 제정 법원조직법 제5조

12) 제정 법원조직법 제16조

13) 제정 법원조직법 제7조

14) 구 법원조직법(1961. 8. 12. 법률 제679호로 개정되기 전의 것) 법원조직법 제5조

15) 대법관의 부족으로 인한 부 구성의 어려움, 지나치게 복잡한 합의 체계, 대법원판사가 담당할 수 있는 사건의 사물관할 제한, 귀속재산 처리를 둘러싼 법적 분쟁 등을 들 수 있다. 신동운, 앞의 각주 7) 문헌, 101면; 공두현, "대법원의 조직과 상고제도의 변화: 역사적 제도주의의 관점에서", 『사법』 통권 55호(사법발전재단, 2021. 3.), 706-707면 참고

원판사로 구성되고, 대법원장을 포함한 대법원판사 9명으로 구성되었다.[16] 또한 합의부와 연합부를 두는 규정과 민사부, 형사부, 특별부를 두는 규정도 삭제되었으며,[17] 상고심을 이원화하여 지방법원 단독판사의 판결에 대한 항소사건은 지방법원 항소부가, 상고사건은 고등법원 상고부가 심판하고, 지방법원 합의부 판결에 대한 항소사건은 고등법원이, 고등법원 판결에 대한 상고사건을 대법원이 심판하도록 하였다.[18] 대법원은 지방법원 합의부 판결의 상고사건을 담당하되 모두 전원합의체에서 처리하게 된 것이다.

이와 같은 법원조직법의 개정과 함께 1961. 9. 1. 법률 제705호로 개정된 형사소송법은 제1심 공판절차의 강화와 함께 항소이유와 상고이유를 대폭적으로 제한하게 되었다. 즉 제정 당시 상고이유로 열거되어 있던 16개 사유 중 '대법원의 판례에 상반된 판단을 한 때'를 제외한 나머지 사유를 항소이유로 그대로 옮겨 놓음으로써 항소이유를 제한하는 한편,[19] 제정 당시 16개였던 상고이유를 4개로 축소한 것이다.[20]

한편 항소심 구조도 변경되었는데, 항소인으로 하여금 항소이유서를 제출하도록 하고 항소심에서는 원칙적으로 항소이유서에 포함된 사유만 심판하도록 함으로써[21] 항소심을 사후심으로 기능하도록 전환하였다. 다만 피고인의 구체적 이익을 보호하기 위하여 판결에 영향을 미친 사유에 관하여는 항소이유서에 포함되지 아니한 경우에도 직권으로 심판할 수 있는 길을 열어 두었다.[22] 그리고 상고심에서의 직권심리사유를 규정하던 제385조[23]를 삭제하였다.

이처럼 1961년 개정 형사소송법은 당사자주의를 강화하여 제1심의 심리를 강화하고, 이렇게 강화된 제1심을 전제로 항소심을 사후심으로, 상고심을 순수한 법률심으로 재편성하려던 의도였다고 이해된다.[24]

---

16) 구 법원조직법(1963. 12. 13. 법률 제1496호로 개정되기 전의 것, 이하 '1961년 개정 법원조직법') 제5조

17) 1961년 개정 법원조직법 제7조, 제16조

18) 1961년 개정 법원조직법 제25조

19) 구 형사소송법(1963. 12. 13. 법률 제1500호로 개정되기 전의 것, 이하 '1961년 개정 형사소송법') 제361조의5

20) 1961년 개정 형사소송법 제383조

21) 1961년 개정 형사소송법 제364조

22) 신동운, 각주 8) 문헌, 104면 참고

23) 제정 형사소송법 제385조

다. 1963. 12. 13. 개정 형사소송법

1962년 헌법 개정으로 대법원에 부를 둘 수 있다는 조항을 처음으로 명시하고 대법원 법관 수를 16인 이하로 한다는 규정을 둠으로써 제헌 헌법에서 대법원과 하급법원의 조직을 법률로써 정한다는 규정만 둔 것에서 나아가 비교적 구체적인 사항까지 헌법에서 규정하게 되었다. 이는 1961년 개정 법원조직법이 단일한 전원합의체 원칙을 고수한 것에서 비롯된 문제점을 수정·보완하기 위한 것으로 헌법적 차원에서 대법관을 증원하고 부를 둘 수 있도록 규정하였다는 데 의의가 있다.[25]

개정 헌법 시행에 맞추어 1963. 12. 13. 개정된 법원조직법에서는 대법원판사를 12명으로 증원하면서[26] 대법원판사 3인 이상으로 구성되는 부를 다시 설치하여 원칙적으로 전원합의체에서 심판하되, 일정한 경우 부의 심판이 가능하도록 하였다.[27] 이는 부를 구성하는 대법원판사의 의견이 일치하는 경우에는 부에서 심판하되, 의견이 일치되지 않는 경우에는 언제든지 전원합의체 심판에 회부될 수 있게 된 것으로, 현재까지도 이러한 기본 구조는 유지되고 있다. 또한 고등법원 상고부를 폐지하여[28] 다시 상고심을 대법원으로 일원화하되 사건처리 압박과 신속한 재판 등 효율적인 재판을 위하여 재판연구원제도를 신설하였다.[29]

이러한 가운데 형사소송법을 개정하여 상고이유 중 제2호 '판결 후 형의 폐지 등'과 제3호 '재심청구의 사유'를 추가하고, 기존 상고이유였던 '대법원판례나 상고심판례에 상반한 판단으로 인한 법령위반 사유'를 삭제하면서 제1호를 '판결에 영향을 미친 헌법·법률·명령 또는 규칙의 위반이 있는 때'로 수정하였다. 그리고 기존 항소이유 중 제5호, 제6호, 제10호, 제12호 사유를 삭제하는 대신 제1호를 '판결에 영향을 미친 헌법·법률·명령 또는 규칙의 위반이 있는 때'로 바꾸고, 제14호를 '사실의 오인이 있어 판결에 영향을 미칠 때'로, 제15호를 '형의 양정이 부당하다고 인

24) 신동운, 각주 8) 문헌, 103면에서 김종수, "상소제도의 개혁", 『법정』, 제16권 11호(1961. 11.) 34면 재인용

25) 대법원의 법관 전원합의체는 당사자가 대법원의 모든 법관의 판단을 받게 되는 장점이 있는 반면, 부를 나누는 경우보다 재판이 지연되고 공정한 판단을 하는 데 사실상의 이점을 발견할 수 없었다고 한다. 공두현, 각주 15) 문헌, 714면 참고

26) 1963년 개정 법원조직법 제5조

27) 1963년 개정 법원조직법 제7조

28) 1963년 개정 법원조직법 제17조, 제25조

29) 1963년 개정 법원조직법 제20조의2

정할 사유가 있는 때'로 변경하는 등 항소이유와 상고이유를 정비하였다.

한편 형사소송법 제383조 제4호 사유인 10년 이상 선고된 사건에서의 중대한 사실오인과 현저한 양형부당을 제외한 나머지 상고이유인 법령위반, 형의 폐지 등, 재심사유 등의 경우에는 상고이유서에 포함되지 않은 경우에도 직권으로 심판할 수 있도록 하였다.[30)]

라. 소결

이처럼 상고이유는 상고심 및 항소심 구조의 변천과정과 밀접하게 맞물려 정해졌다고 평가할 수 있다.[31)] 즉 상고심인 대법원의 인적 구성을 대법관만으로 할지 아니면 대법원판사를 둘 것인지, 상고심의 운영을 전원합의체만으로 할지 아니면 부를 둘 것인지, 고등법원 상고부를 두어 이원화할 것인지 등의 논의와 함께 항소심의 구조를 복심제로 할 것인지 아니면 사후심으로 할 것인지 등을 종합적으로 고려하여 상고이유도 구성된 것이다.

이에 1961년 및 1963년의 2차례 개정에 의한 상고이유의 대폭적인 축소는 항소심을 기존의 복심제에서 탈피하여 사후심적 속심으로 전환하고,[32)] 항소이유를 중심으로 항소심의 심판범위를 제한하는 방향으로의 심급제도 전반을 전면적으로 개편한 것에 보조를 맞추어 이루어진 것이다. 제1심으로의 심리집중, 이를 토대로 한 항소심에의 사후심적 성격 부여, 상고심의 전면적인 법률심·사후심화 등이 심급제도의 개편과 관련된 1963년 개정 형사소송법에서부터 이어지는 현행 상고제도의 기본 골격이라고 할 수 있다.

3. 항소심 심판대상과 연계한 이른바 '상고이유 제한 법리'의 도입

대법원은 1966. 2. 22. 선고 66도16 판결로 "상고이유 제1점의 취지는 필경 원심

30) 형사소송법 제384조

31) 『주석 형사소송법(IV)』, 제5판(한국사법행정학회, 2017. 11), 359면 참고

32) 현행 항소심의 구조는 완전한 사후심도, 완전한 속심도 아닌 두 가지 성격을 모두 지니고 있다. 속심적 요소로는 항소심에서도 사실심리와 증거조사가 허용되고, 제1심판결 이후의 사정도 소송자료로 고려할 수 있으며, 원판결을 파기하는 경우 환송이 아닌 자판이 원칙이라는 점을 들 수 있다. 한편 사후심의 특성은 항소이유의 제한, 항소이유서 제출의무, 항소이유를 중심으로 한 심판범위 제한 등을 들 수 있다. 대법원은 2017. 3. 22. 선고 2016도18031 판결에서 항소심이 '사후심적 속심'의 성격을 가진다고 판시한 바 있다.

인정사실을 부인하는 취지라고 볼 수 있다. 그런데 피고인은 원심이 인정한 것과 동일한 범죄사실을 인정한 본건 제1심판결에 대하여 항소를 하지 않은 사실이 기록상 분명한 이상 원심이 인용하는 위의 제1심판결의 범죄사실에 대하여 사실의 오인이 있다는 사유로는 상고이유로 삼을 수 없다 할 것이다."라고 판시하여 항소심 심판대상과 연계한 '상고이유 제한 법리'를 선언하였다.[33] 위 판결은 현행의 상고이유가 정해진 1963년 형사소송법 개정 이후에 나온 상고이유 제한 법리에 관한 초기 판시라고 할 수 있다. 다만 위 법리가 도입된 구체적인 내용이나 이론적 근거 등은 명확하게 알려져 있지 않다.[34]

4. 상고이유 제한 법리의 적용 범위

가. 항소심법원이 항소를 기각한 경우

피고인은 항소하지 않고 검사만 양형부당으로 항소한 경우에는 항소심판결이 피고인에게 불이익한 판결이 아니므로 피고인에게 상고권이 없다고 보아 부적법한 상고로 본 사례[35]도 있으나, 대법원 1991. 12. 24. 선고 91도1796 판결은 상고이유 제한 법리에 따라 "제1심판결에 대하여 검사만이 양형부당을 이유로 항소하였을 뿐 피고인은 항소하지 아니하였음이 분명하므로 이와 같은 경우 피고인으로서는 그 주장과 같은 사실오인이나 법령위반사유를 들어 상고이유로 삼을 수 없다."라고 판시하였다.[36]

대법원은 제1심판결에 대하여 피고인과 검사가 모두 항소하였으나, 피고인이 적법한 기간 내에 항소이유서를 제출하지 아니하였고 검사의 양형부당 항소도 이유가 없는 것으로 판단된 결과 항소심이 결정이 아닌 판결로 항소를 기각한 경우에도, 피고인이 항소를 하지 아니한 것과 마찬가지이므로 피고인은 사실오인 내지 법

---

33) 최초 판결인지는 정확하게 판단할 수 없지만 그 이후 같은 취지로 판단한 대법원 판결들에서 위 판결을 참조판례를 인용하고 있고, 참조판례로 인용된 판결로는 가장 오래된 판결로 파악된다.

34) 다만 다음에서 보는 일본 최고재판소 판결례와 상당히 유사하다는 점에서 일본 판결례를 참조하였을 가능성이 있다.

35) 판결로 각하한 사례로는 대법원 1990. 1. 25. 선고 89도2166 판결이 있고, 판결로 피고인의 상고를 기각한 사례로는 대법원 1991. 2. 8. 선고 90도2619 판결이 있다.

36) 같은 취지로 대법원 1996. 10. 11. 선고 96도1212 판결, 대법원 2009. 5. 28. 선고 2009도579 판결 등이 있다.

령위반을 상고이유로 삼을 수 없다고 한다.[37]

피고인이 양형부당만을 이유로 항소한 경우에도 대법원은 상고이유 제한 법리에 따라 사실오인 내지 법령위반 사유를 상고이유로 삼을 수 없다고 판시하고 있으며,[38] 이는 피고인이 제1심판결에 대하여 사실오인 및 양형부당을 항소이유로 내세워 항소하였다가 사실오인 주장을 철회한 경우에도 마찬가지이다.[39]

한편 피고인과 검사가 모두 양형부당만을 이유로 항소하였고 항소심이 쌍방의 항소를 모두 기각한 경우에도 대법원은 상고이유 제한 법리를 적용하여 사실오인 또는 법령위반사유를 상고이유로 삼을 수 없다고 판시하였다.[40]

나. 항소심법원이 제1심판결을 파기한 경우

대법원은 피고인만이 양형부당을 이유로 항소하였고 항소심이 이를 받아들여 파기 후 낮은 형을 선고한 사안에서도 대법원은 상고이유 제한 법리의 적용을 긍정하였다.[41]

한편 제1심판결에 형의 필요적 감면 사유를 간과하거나 누범규정 적용 누락 등 법령위반의 잘못이 있었는데 피고인이 양형부당만을 이유로 항소하였고, 항소심법원이 직권으로 법령위반 사유를 심리하여 이를 이유로 제1심판결을 파기하면서 제1심과 동일한 형을 선고한 경우에도 마찬가지로 피고인은 항소심에서 주장하지 않은 사실오인이나 법리오해 등 새로운 주장을 상고이유로 삼을 수 없다고 하여 이 경우에도 상고이유 제한 법리가 적용됨을 명백히 하였다.[42]

대상판결과 같이 피고인이 항소하지 않거나 양형부당만을 이유로 항소하고 검사도 항소하였는데 항소심법원이 제1심판결을 파기한 후 그보다 무거운 형을 선고한 경우, 대법원은 과거에도 상고이유 제한 법리가 "항소심이 검사의 항소를 기각한 경우뿐만 아니라 검사의 항소를 받아들여 제1심보다 피고인에게 불리한 판결을 선고한 경우에도 동일하게 적용되는 것이다. 그러므로 제1심판결에 대하여 피고인이 항소하지 아니하고 검사만이 항소한 이 사건에 있어서 피고인과 변호인의 상고이

37) 대법원 1996. 1. 23. 선고 95도2149 판결 등
38) 대법원 1987. 12. 8. 선고 87도1561 판결 등
39) 대법원 2005. 9. 9. 선고 2005도3244 판결 등
40) 대법원 2009. 12. 10. 2009도10833 판결 등
41) 대법원 1991. 2. 26. 선고 96도2076 판결 등
42) 대법원 2009. 1. 30. 선고 2008도10924 판결, 대법원 2006. 12. 7. 선고 2006도7039 판결 등

유 중 살인죄의 범의 및 범행 방법에 관한 심리미진, 채증법칙 위반을 내세운 주장은 적법한 상고이유가 될 수 없다."라고 명시한 바 있다.[43)]

한편 대법원은 2010. 1. 14. 선고 2009도12387 판결 등에서 "상고이유 제한 법리에 비추어 피고인의 상고이유가 부적법하나 나아가 살펴보더라도 상고이유 주장과 같은 위법이 없다."라고 판시하여 직권으로 판단하여 판결로 상고를 기각하거나, 대법원 2010. 1. 28. 선고 2009도11407 판결처럼 "기록에 의하면, 피고인은 제1심판결에 대하여 항소하면서 양형부당만을 항소이유로 내세웠다가 원심이 직권으로 판단하여 무죄를 선고한 부분 외에는 다시 모두 유죄로 인정되었는바, 이러한 경우 피고인은 원심판결에 대하여 사실오인이나 법리오해 등의 점을 상고이유로 삼을 수 없으나, 상고법원은 원심판결에 형사소송법 제383조 제1호 내지 제3호의 사유가 있는 경우에는 형사소송법 제384조에 의하여 상고이유서에 포함되지 아니한 때에도 직권으로 심판할 수 있으므로, 이러한 점을 주장하는 상고이유는 직권발동을 촉구하는 의미는 있다."라고 하면서 원심판결에 피고인의 범인도피교사행위의 종료시점과 형법 제37조 후단 경합범에 관한 법리를 오해하여 판결에 영향을 미친 위법이 있다고 판단하여 파기환송하기도 하였다.

다. 소결

이처럼 대법원은 피고인이 항소를 하지 않은 경우나 양형부당만을 이유로 항소한 경우에는 항소심법원이 항소를 기각한 경우뿐 아니라 제1심판결을 파기하여 형을 낮추거나 형을 높인 경우에도 상고이유 제한 법리를 적용하여 상고심에 이르러 새롭게 주장하는 사실오인이나 법리오해 등의 사유는 적법한 상고이유가 아니라고 판단하여 왔다.

Ⅳ. 외국의 형사 상고제도와 상고이유 제한 법리

1. 독일

독일은 이원화된 상소제도를 가지고 있다. 즉 경미한 사건[44)]의 제1심은 구법원

43) 대법원 2001. 3. 13. 선고 2001도191 판결, 대법원 2009. 5. 28. 선고 2009도579 판결 등
44) 예상 선고형이 4년 이하의 자유형인 사건과 사인소추가 제기된 사건이다. 독일 법원조직법 제

(Amtsgericht)이, 중대한 공안사건[45]은 예외적으로 고등법원(Oberlandesgericht)이 제1심으로 재판하며, 그 외 구법원 또는 고등법원의 관할에 속하지 않는 사건[46]의 제1심은 지방법원(Landesgericht)이 담당하고 있다.[47]

항소(Berufung)는 구법원의 판결에 대해서만 제기될 수 있는데, 구법원의 항소심은 지방법원이 관할하고, 지방법원의 항소심판결에 대한 상고는 고등법원이 담당하게 된다. 한편 지방법원과 고등법원이 제1심으로 심판한 사건의 경우에는 연방대법원(Bundesgerichtshof)에의 상고만 가능한[48] 2심제가 되는 것이다.[49]

독일의 형사항소심은 복심으로서의 특성을 가지고 있다. 따라서 항소이유를 제한하는 규정도 없고 항소이유서 제출이 재량사항일 뿐 의무화되어 있지 않다.[50] 일정한 불복사항에 한정하여 항소를 제기할 수 있지만 불복사항을 한정하지 않거나 항소이유를 전혀 제출하지 않더라도 판결내용 전체에 불복한 것으로 보고 있기 때문에 항소이유서 제출의 기간은 법적으로 큰 의미가 없다.[51]

한편 형사부의 판결과 참심법원의 판결[52] 그리고 고등법원이 제1심으로 한 판결

24조 제1항

45) 독일 법원조직법 제120조

46) 4년을 초과하는 자유형을 선고하거나 치료감호 또는 보호감호를 명할 것이 기대되지 않거나 증언을 해야 하는 범죄행위 피해자에 대한 특별한 보호필요성 또는 사안의 특별한 사정이나 의미를 고려하여 검사가 지방법원에 기소한 사건이다. 독일 법원조직법 제74조

47) Klaus Volk/김환수 · 문성도 · 박노섭(공역), 『독일형사소송법』 (박영사, 2009), 17면 참고

48) 김성룡, "독일 형사상소제도 개혁논의의 시사", 『형사정책연구』, 통권 124호(한국형사 · 법무정책연구원, 2020. 12), 47면 참고

49) 이처럼 오히려 중한 사건이 2심제로 구성되어 있는 이유에 대해 ① 지방법원, 고등법원의 직업법관이 대거 합류하고 있고 필요적 변호사건으로 되어 있기 때문에 사실관계 확정의 정확성을 신뢰할 수 있는 점, ② 사실확정의 정확성을 전제로 하면 법률해석의 통일을 기하는 것은 연방대법원에 상고하는 것으로 충분한 점, ③ 사안이 복잡한 대규모 형사사건에서 재차 사실심리를 행한다는 것은 현실적으로 불가능하고, 범행 후 상당한 시간이 경과됨으로써 새로운 증거조사 가능성이 줄어들게 되어 제2의 사실심리를 통한 더 좋은 판결이 이루어질 것이라는 보장이 없는 점, ④ 항소가 가능할 경우 제1심법원이 사실심리를 소홀히 할 가능성이 있는 점 등을 들고 있다. 신동운, 각주 8) 문헌, 54면에서 소개된 Beulke, W., Strafprozessrecht, 7. Auflage, 2004, S. 35 f. 및 법원행정처, 『외국사법제도연구(11) – 각국의 항소심 운영 모델』 (법원행정처, 2012), 199면 참고

50) 독일 형사소송법 제317조, 독일법연구회, 『독일 형사소송법』 (사법발전재단, 2017); MüKoStPO/ Knauer/ Kudlich, 1st edition 2019, StPO §317 Rn. 1; 신동운, 각주 8) 문헌, 56면 참고

51) 독일 형사소송법 제318조, MüKoStPO/ Knauer/ Kudlich, 1st edition 2019, StPO §317 Rn. 2, §318 Rn. 1

에 대하여 상고가 허용된다.[53] 다만 상고심은 사후심이자 법률심이므로 상고이유로 법률위반만을 주장할 수 있을 뿐 사실문제는 상고이유가 될 수 없고, 상고심 법원은 사실심 법원이 확정한 사실관계를 문제 삼지 않으며, 증거조사의 반복이나 보완은 허용되지 않는다.[54]

상고이유는 절대적 상고이유(제338조)와 상대적 상고이유(제337조)로 구분되어 있는데 상대적 상고이유는 절대적 상고이유로 열거된 상고이유 이외의 법령위반 사유로 당해 법령위반이 있었다는 점과 판결이 그 법령위반에 근거하였다는 점을 상고인이 주장·입증하여야 한다. 그리고 실체에 관한 법 규정 위반을 상고이유로 주장하는 실체적 상고이유(Sachrüge)와 절차에 관한 법 규정 위반을 상고이유로 주장하는 절차적 상고이유(Verfahrensrüge)를 구별하여, 실체적 상고이유의 경우에는 주장만 기재해도 충분하나, 절차적 상고이유의 경우에는 주장에 더하여 절차규정 위반을 내포하는 사실관계를 추가적으로 기재하여야 한다.[55] 다만 여기서 말하는 실체적 상고이유는 다소 폭넓게 여겨지는데, ① 심증형성의 견실성(판결이유의 모순, 불명, 흠결, 논리칙이나 경험칙 위반, 심증형성이 확신의 정도에 이르지 않는 경우 등), ② 실체법규의 적용(원심판결의 유무죄 판단의 오류, 양형을 포함한 원심판결의 법적 효과 오류)까지도 포함하는 것으로 이해된다.[56]

이처럼 독일에서는 원심판결에 법률위반의 하자가 있는 한 원심의 심판대상이 되었는지를 불문하고 상고이유가 될 수 있다고 해석되므로, 상고이유가 될 수 있는지는 판결에 법률위반이 있는지에 의해서 결정되며, 우리나라와 같이 원심판결에서 심판대상이 된 사유였는지는 상고이유에 영향을 미치지 않는다.[57]

---

52) 이에 대한 상고는 이른바 비약상고가 된다.

53) 독일 형사소송법 제333조, MüKoStPO/ Knauer/ Kudlich, 1st edition 2019, StPO §333 Rn. 1

54) 독일 형사소송법 제337조, MüKoStPO/ Knauer/ Kudlich, 1st edition 2019, StPO §337 Rn. 2; 신동운, 각주 8) 문헌, 57면; 박미숙·윤지영, 『형사상고심에 관한 연구』 (한국형사정책연구원, 2010. 12), 121면 참고

55) 독일 형사소송법 제344조, MüKoStPO/ Knauer/ Kudlich, 1st edition 2019, StPO §344 Rn. 57-58

56) 신동운, 각주 8) 문헌, 60, 63면; MüKoStPO/ Knauer/ Kudlich, 1st edition 2019, StPO §337 Rn. 87, 102, 110; BeckOK StPO / Wiedner, 41st Ed. 1.10.2021, StPO § 337 Rn. 20-22, 155-156, 160 참고

57) 한편 우리도 독일처럼 법령위반에 한해서 제한 없이 상고이유를 모두 허용해야 한다는 견해가 있지만, 오히려 독일에서는 항소나 상고를 제한해야 한다는 목소리도 있다. 이에 대한 자세한 논의는, 김성룡, 각주 48) 문헌 참고. 한편 이러한 광범위한 상고가 허용될 수 있는 배경

2. 미국

연방과 주는 원칙적으로 관할권이 구분되어 있고, 연방사건의 1심을 담당하는 연방지방법원은 사실심으로 1명(예외적으로 3명)의 판사가 재판을 진행하고 배심제가 이용되기도 한다. 불복하는 피고인은 연방항소법원에 상소할 수 있는데[58] 법률심이며 사후심으로서만 기능한다.[59] 피고인은 연방항소법원에 상소하는 것으로 사실상 상소권이 소진된다.[60]

연방대법원은 연방항소법원 판결에 대한 상고사건과 연방헌법 내지 연방법률에 관한 쟁점이 있는 주최고법원 판결에 대한 상소사건을 주로 담당하고, 상고된 소송에 대한 심리여부를 결정할 수 있는 재량권을 가지로 상고허가(사건이송명령, a writ of certiorari)를 하여 매우 소수의 사건[61]만 심리하되 모든 사건은 대법원장과 8명의 대법관 전원의 합의체(en banc)에서 심리한다.[62]

한편 미국의 각 주는 독자적인 법원제도를 채택하고 있기에 통일된 상소제도를 찾아보기 어렵다. 다만 제1심 법원의 심리는 배심재판 또는 법관재판(bench trial)에 의해서 이루어지고, 판사의 업무 부담을 덜기 위해 치안판사(magistrate)를 임명하여 소송 전 절차나 경미한 사건 등을 위임할 수도 있다. 미국 주법원은 연방법원과 마찬가지로 2심제에서 출발하였지만, 1심법원의 판결에 대한 불복이 증가하자

에는 구법원이 제1심으로 담당한 사건의 상고는 연방대법원이 아니라 고등법원이 담당하고 있고, 연방대법원은 원칙적으로 전원합의체가 아닌 부로 나뉘어 운영되며 우리보다 훨씬 많은 100명이 넘는 판사들이 재판부를 구성하고 있고, 형사사건의 경우 25명의 직업법관이 형사상고사건만 전담하는 등 상고심 재판부가 확대되어 있기 때문에 상고사건의 부담과 적체를 해소하고 있다는 점을 들 수 있다. 신동운, 각주 7) 문헌, 64면 참고

58) 미국은 배심원들이 사실관계를 확정하고 유무죄를 판단하며 아무런 이유를 제시하지 않는다. 이에 대하여 유죄판결에 대해 피고인이 상소할 수 있는 길을 열어두고 무죄판결에 대해서는 검사의 상소권을 인정하지 않는다. 박미숙·윤지영, 각주 54) 문헌, 81면 참고

59) 연방항소법원은 제1심 법원의 사건 기록을 토대로 재판을 하고 추가적인 증거조사를 하지 않고 제1심 법원의 재판 과정에 오류가 없는지 확인할 뿐이다.

60) 연방항소법원은 중간법원으로서의 지위에 있지만 대부분의 소송은 연방항소법원에서 종결되고 대법원까지 올라가는 경우는 많지 않으므로 사실상 최종심을 담당하는 법원의 기능을 수행하고 있는 것으로 이해된다. 박미숙·윤지영, 각주 54) 문헌, 87면 참고

61) 평균 연 100건 정도, https://www.supremecourt.gov/orders/journal.aspx (2021년 11월 19일 최종방문)

62) 미국 연방대법원 홈페이지 https://www.supremecourt.gov/about/courtatwork.aspx (2021년 11월 19일 최종방문)

인구나 법원의 업무량 등을 고려하여 대법원의 업무 부담을 줄이고자 대부분의 주에서 항소법원을 두고 있다.[63] 2개의 상소심 법원을 둔 주에서는 제1심 법원의 오류를 바로 잡는 기능은 항소법원이 담당하며, 주최고법원은 법리를 명확히 할 필요가 있거나 주요한 공공정책상의 문제가 제기된 경우 등에만 재량에 의해 상고를 허용한다. 결국 대부분의 사안에서 상소는 실질적으로 1회만 허용되는 것이다.

이처럼 미국은 사실상 2심제를 취하고 있고 상소심은 철저하게 사후심과 법률심으로 운영되며 연방대법원이나 주최고법원은 상고허가제를 통해 그 심리대상 사건을 제한하고 있기에 우리나라와 같은 상고이유 제한 법리는 문제되지 않는다.

3. 일본

1945년 8월 패전을 계기로 상소제도를 개혁하여 1949. 1. 1.부터 시행된 신 형사소송법은 제1심법원이 간이재판소[64]인지 지방재판소인지 불문하고 그 판결에 대한 항소는 고등재판소가 담당하고, 항소심은 제1심판결의 당부를 판단하는 사후심으로서 제1심이 조사한 증거에 의하여 제1심판결의 당부를 사후적으로 판단도록 하였다.[65] 그에 따라 기간 내의 항소이유서 제출이 의무로 되어 있고, 법원은 항소이유서 기재 내용을 심판대상으로 함이 원칙이며, 직권심판은 예외적으로 인정된다.[66]

한편 상고사건은 모두 최고재판소가 관할하되, 상고이유를 '헌법위반'과 '판례저촉'에만 한정하고[67], 그 이외에는 '법령의 해석에 관한 중요한 사항'을 포함하는 것으로 인정되는 사건에 한하여 최고재판소가 스스로 상고심으로서 사건을 수리할 수 있도록 규정함으로써 상고의 수리여부를 최고재판소의 재량에 맡기는 '재량상고수리제'가 채택되어 있다.[68]

---

63) 항소법원을 설치하지 않은 곳은 워싱턴 D.C, 델라웨어주, 메인주, 몬타나주, 뉴햄프셔주, 로드아일랜드주, 사우스다코타주, 버몬트주, 웨스트버지니아주, 와이오밍주로 파악된다. 사법정책연구원, 『외국사법정책연구(27) – 각국의 사법제도』 (사법정책연구원, 2020. 12), 30면 참고

64) 법정형이 벌금 이하에 해당하는 죄, 법정형에 징역형과 벌금형이 함께 정해져 있는 사건을 벌금형으로 처리하는 경우 및 절도나 주거침입 등 경미한 죄에 대하여 3년 이내의 징역형을 선고하는 경우를 담당한다.

65) 일본 형사소송법 제376조

66) 일본 형사소송법 제392조

67) 일본 형사소송법 제405조

68) 일본 형사소송법 제406조

다만 형사소송법 제411조[69]에서 양형부당을 포함한 직권파기의 사유를 광범위하게 인정하고 있어 이를 피고인의 권익을 구제하는 수단으로 활용하고 있다. 즉, 상고이유가 명확하게 적법한 상고이유에 해당하지 않는 때에도 직권조사를 통해 구체적 사안에서의 적절하고 타당한 처리와 피고인 구제를 도모하고 있다.[70]

한편 일본 최고재판소는 "제1심판결은 형법 제198조를 적용하여 피고인을 유죄로 본 것에 대하여 피고인은 항소이유서에서 위 형벌 규정 자체의 합헌성을 다투는 주장을 전혀 아니하고, 따라서 원심판결도 이 점을 조금도 다룬 바 없이 항소를 기각한 것이 명백하다. 이러한 원심에서 주장·판단을 거치지 아니한 사항에 관해서 당심에서 새로이 위헌이라고 하는 주장은 적법한 상고이유에 해당하지 아니한다고 하여야 할 것이다. 게다가 원래 상고는 항소심판결에 대한 상소인 이상, 항소심의 심판대상이 되지 아니한 사항을 상고이유로 주장하는 것은 허용될 수 없다고 해석하여야 한다. 또한 항소심에서는 항소이유서에 포함된 사항을 조사하면 충분하고, 이에 포함되지 아니한 사항은 예컨대 제1심판결 적용법조의 합헌성 유무에 관한 것이어도, 직권조사의무를 당연히 지는 것은 아니고, 이 점에 관하여 판단하지 아니하였다고 해도 상고로써 공격받을 위법이라고 말하기 어렵기 때문이다."[71]라고 하여 이른바 '원심불경유 주장 제한' 원칙에 따라 상고이유 적법여부를 판단하고 있다.

다만 제1심의 무죄판결을 항소심이 파기하여 유죄로 판단한 경우 실체법규의 위헌을 주장하여 상고이유로 삼는 것은 적법하다고 볼 것이지만, 파기사유가 양형부당이라면 항소심의 주장 판단을 경유하지 않은 실체법규에 관하여 위헌을 주장하는 것은 부적법하다고 본다. 물론 이 경우에도 상고심은 형사소송법 제411조를 기초로 하여 파기하는 것은 가능하다.[72]

이처럼 일본은 미국의 상고제도를 참고하여 형사소송법을 개정하면서 상고심을 사후심과 법률심으로 운영하고 재량상고수리제를 통해 상고를 엄격히 제한하면서도, 직권조사를 통해 피고인의 권리구제를 도모하고 있다. 한편 상고이유의 적법여부를 판단할 때는 '원심불경유 주장 제한 원칙'을 적용하고 있다는 점에서 우리의

69) 일본 형사소송법 제411조

70) 後藤昭·白取祐司 編, 新コンメンタール 刑事訴訟法(제3판), 일본평론사, 2018, 1137-1138면; 河村博 외 3인, 裁判例コンメンタール 刑事訴訟法(제4권), 立花書房, 2018, 337-338면 참고

71) 最高裁判所 昭和 39年(1964) 11月 18日 昭38あ2496 大法廷 決定

72) 河村博 외 3인, 각주 68) 책, 315-316면

'상고이유 제한 법리'와의 공통점을 찾을 수 있다.

V. 상고이유 제한 법리의 타당성 검토

1. 상고이유 제한 법리의 법적 근거

대법원은 99도2831 판결을 통해 상고심이 사후심이라는 점을 상고이유 제한 법리의 근거로 언급한 바 있다.[73] 대상판결은 이러한 기존의 입장을 유지하면서도 상고이유 제한 법리의 근거를 명확하게 한 데 의의가 있다.

즉, 형사소송법 제379조와 제384조에서는 제383조 각 호에 열거된 상고이유로서 상고이유서에 포함된 내용에 관하여만 심판하도록 되어 있을 뿐 항소심의 심판대상이 된 것만을 상고이유로 삼을 수 있도록 명시적으로 제한하고 있지는 않다. 그러나 항소이유서에 포함된 사유만 원칙적으로 항소심의 심판대상이 되고, 예외적으로 직권판단을 통해 심리한 경우에는 항소심의 심판대상이 될 수 있다.[74] 또한 상고심은 피고사건 자체가 아니라 항소심판결 자체를 심판대상으로 삼는 사후심의 속성을 가진다는 점[75]에서 상고이유를 항소심의 심판대상과 연계하여 제한하는 상소이유 제한 법리가 도출되는 것이다.[76]

73) 대법원 2000. 3. 28. 선고 99도2831 판결

74) 형사소송법 제364조 제1항, 제2항

75) 상고를 제기한 자는 상고이유서를 제출해야 하고 상고이유서에는 소송기록과 원심법원의 증거조사에 표현된 사실을 인용하여 그 이유를 명시하여야 한다(형사소송법 제379조 제1항, 제2항). 상고심은 원칙적으로 이렇게 상고이유서에 기재된 사유에 한하여 심판하고(형사소송법 제384조 본문), 원칙적으로 서면에 의하여만 심리하며(형사소송법 제390조 제1항) 파기사유가 있는 경우에는 원칙적으로 원심법원에 환송한다(형사소송법 제395조).

76) 같은 취지로 대법원의 사후심으로서의 속성을 근거로 상고이유 제한 법리의 타당성을 인정한 견해로, 심회기, "제1심판결에 대하여 양형부당만을 항소이유로 내세운 피고인이 사실오인·법령위반사유를 들어 상고이유로 삼을 수 없는 이유", 『고시연구』, 30권 4호(고시연구사, 2003), 195-196면에서 "상고는 항소심판결에 대한 상소이고 또한 상고심은 순수한 사후심이므로 상고의 대상은 '항소심에서 심판의 대상이 된 사항'이다. 피고인이 항소 이유에서 '제1심판결의 하자'로 주장하지 아니한 것은 원칙적으로 항소심의 심판대상이 되지 아니하므로(제364조 제1항) 대상판결(대법원 2000. 11. 10. 선고 2000도3483 판결 등)의 판례사안에서처럼 양형부당만을 항소이유로 삼았던 피고인이 법령위배를 상고이유로 삼는 것은 항소심과 상고심의 사후심적 구조에 반한다. 결국 대법원은 제1심판결의 법령위배 등의 문제에 관하여 항소심에서 다투지 않다가 상고심에 이르러 비로소 제1심판결의 법령위배 등을 다투는 것은 상고

그리고 제1심 판결에 대하여 양형부당만을 항소이유로 내세운 경우 항소심은 사실오인이나 법령위반사유에 대해서는 따로 판단하지 않는다. 그런데 애초 항소이유로 삼지 않았던 사실오인이나 법령위반사유를 상고이유로 삼게 되면 대법원은 상대적 항소이유에 대해 항소심 법원의 판단을 거치지 않고 바로 판단하는 결과를 낳게 된다. 절대적 상고이유는 재판의 단계를 묻지 않고 모두 받아들여야 하는 사유이지만, 상대적 상고이유는 그 사유가 '판결에 영향을 미친 때'에 한정되므로 제1심 판결에 대해 문제를 삼지 않았던 상대적 항소이유를 상고심에서 판단 대상으로 삼는 것은 이 점에서도 타당하지 않다고 한 견해[77]도 설득력이 있다고 생각한다.

한편 헌법재판소는 대법원이 상고이유 제한 법리를 들어 피고인의 상고를 기각하자[78] 형사소송법 제383조 제1호(심판대상조항)를 대법원과 같이 해석하면 재판청구권, 평등권, 행복추구권, 신체의 자유가 침해된다고 주장하면서 위헌소원을 제기한 사안에서, 상고이유 제한 법리가 헌법에 위반되지 않는다고 판단한 바 있다.[79] 그 근거로는 상고심의 본질과 기능에 따라 적절하게 사법자원을 분배하고 불필요한 상고제기를 방지하여 소송경제를 도모하기 위하여 상고이유를 적정하게 제한할 필요성이 인정되고 심판대상조항은 상고를 제한함으로써 재판의 신속 및 소송경제의 도모라는 입법목적 달성을 위하여 합리적 제한을 하고 있다는 점, 상고이유의 범위는 형사사법체계 및 상고심의 구조와 밀접히 연관되어 있는데 현행 형사소송법은 상고심을 사후심으로 규정하여 상고심의 심판대상을 원칙적으로 항소심에서 심판의 대상이 되었던 사항에 한정하고 있으므로, 그 외의 사유를 상고이유로 삼는 것은 사후심 구조에 반한다는 점, 모든 사건의 제1심 형사재판 절차에서는 법관에 의한 사실적·법률적 심리검토의 기회가 충분히 보장되어 있고, 피고인이 제1심 재판결과를 인정하여 항소심에서 다투지 아니하였다면, 심판대상조항에 의하여 상고가 제한된다 하더라도 형사피고인의 재판청구권을 과도하게 제한하는 것은 아닌 점, 피고인이 항소심 판결의 위법을 시정할 기회를 부당하게 상실하지 않도록 상고

심이 사후심이라는 점, 그리고 소송당사자인 피고인의 권리주장은 가급적 사실심리단계에서 제기할 것이 요청된다는 점에 비추어 볼 때 허용할 수 없다고 본 것이다."라고 한다.

77) 함석천, "양형부당에 대한 항소기각 이후 사실오인·법령위반을 이유로 한 상고의 가부", 『형사소송법 핵심판례 110』 (박영사, 2014), 134면 참고

78) 대상판결과 동일하게, 검사만 양형부당을 이유로 항소한 항소심에서 피고인에게 불리하게 양형이 변경되자 법리오해, 법령위반 등 사유를 주장하면서 상고한 사안이었다.

79) 헌법재판소 2015. 9. 24. 선고 2012헌마798 결정

심에 직권심판권이 부여되므로 항소심의 심판대상이 되지 않았던 사항이라도 항소심까지의 판결에 위법이 있는 경우 상고심은 그 위법이 판결에 영향을 미친 헌법·법률·명령·규칙의 위반이라고 판단한 때에는 직권으로 심판하여 피고인의 권리를 구제할 수 있다는 점을 들고 있다.

이에 대하여는 형사소송법은 상고이유를 열거하고 있을 뿐 항소심에서의 주장 여부 등을 상고의 요건으로 규정하지 않았음에도 법체계론 내지 해석론만으로 제한을 가하는 것은 사실상 입법 작용에 해당하여 권력분립의 원칙에 반하고 해석의 한계를 뛰어 넘는 것이라는 비판적 견해[80]가 있다. 그러나 앞서 본 바와 같이 상고이유 제한 법리는 대법원의 사후심적 구조 및 항소심의 심판범위에 관한 형사소송법 규정에서 도출되는 것이지 대법원이 해석을 통해 제한하고 있는 것이 아니며[81] 이러한 해석을 위해 반드시 명문의 규정이 필요하다고 볼 수 없는 점에서 타당하지 않은 지적이라고 생각한다.

2. 직권심판권한의 발동으로 인한 피고인 권리구제

형사소송법 제384조 후문은 상고이유서에 포함되지 않은 사유에 대해서도 일정한 경우에는 상고심이 직권으로 심판할 수 있도록 상고심에 직권심판의 권한을 부여하고 있다. 이는 상고심의 최종심으로서의 기능을 고려하여 현저히 정의에 반하는 경우를 구제하기 위한 장치이다.[82]

직권심판사유는 판결에 영향을 미친 법령위반 사유 일반을 포함하므로 비교적 넓게 설정되어 있고, 대법원은 이를 피고인에게 유리한 방향으로 적용하는 태도를

80) 성중탁, "검사만 항소한 경우 피고인의 상소 제한 문제", 법률신문(2017. 1), 19면; 이승준, "이른바 상고이유 제한 법리의 타당성에 대한 소고", 『서울법학』, 제29권 제1호(서울시립대학교 법학연구소, 2021. 5). 211－212면

81) 헌법재판소 2012헌마798 결정에서 재판관 김창종의 반대의견은 청구인들의 한정위헌청구는 부적법하다고 하면서 "'검사만이 양형부당을 이유로 항소한 경우 항소하지 아니한 피고인이 사실오인이나 법령위반 등의 사유를 들어 상고할 수 없다.'는 취지의 대법원 판례의 일관된 해석은 형사 항소심 및 상고심의 구조와 그 심판범위에 관한 법리에 비추어 항소심에서 심판대상이 되지 않은 사항을 상고이유로 삼을 수 없다는 점을 명백히 밝힌 것에 불과하고, 이를 심판대상조항의 해석 또는 그 적용범위를 축소하여 구체화한 판시로 보기는 어렵다."고 하여 대법원이 해석에 의해 상고이유를 제한하고 있는 것이 아니라는 견해를 취한 것으로 이해된다.

82) 이재상·조균석·이창온, 각주 6) 책, 842면

보이고 있다. 즉 법률의 해석·적용을 그르친 나머지 피고인을 유죄로 잘못 인정한 원심판결에 대해 피고인은 상고를 제기하지 아니하고 검사만이 다른 사유를 들어 상고를 제기하였고, 검사의 상고가 피고인의 이익을 위하여 제기된 것이 아님이 명백한 경우에도 직권으로 심판하여 무죄의 취지로 원심판결을 파기할 수 있다.[83] 그러나 반대로 피고인만 유죄부분에 대하여 상고하고 검사가 상고를 제기하지 않은 경우에는 이른바 '공격방어대상론'에 근거하여 상고심이 무죄부분까지 나아가 판단할 수 없다고 하여[84] 직권심판사유의 적용을 제한하고 있다.

다만 피고인의 권리구제를 위해 직권심판의 범위를 넓게 인정하더라도 상고심의 직권심판은 원칙적으로 재량일 뿐 의무라고 볼 수는 없다는 점,[85] 직권심판사유에는 사실오인과 양형부당이 포함되어 있지 않다는 점에서 피고인 권리구제에 한계가 있다는 지적[86]은 경청할 만하다.

그러나 사실오인이나 양형부당은 항소심의 선고형이 징역 10년 이상인 경우에만 적법한 상고이유가 될 수 있는데 피고인이 제1심에서 징역 10년 미만의 형을 선고받았다가 그 형에 만족하여 항소하지 않거나 양형부당만을 주장하고, 검사 역시 양형부당만을 이유로 항소하였는데 항소심에서 검사의 양형부당 항소를 받아들여 (사실오인이나 법리오해에 관한 직권판단을 전혀 하지 않은 채) 징역 10년 이상의 형을 선고하였기에 피고인의 권리구제가 필요한 사안은 찾아보기 어렵다. 설령 위와 같은 사안이 있다면, 대법원은 항소심판결에 증거법칙 등에 위배한 명백한 사실오인이 있다고 판단되는 경우 자유심증주의 한계 이탈로 인한 법리오해로 보아 직권심판권을 발동할 것이다.[87]

또한 비록 직권심판이 의무는 아니라고 하나 대법원은 그동안 법리오해 등 사유

---

83) 대법원 2016. 10. 27. 선고 2015도16764 판결 등

84) 대법원 2008. 9. 25. 선고 2008도4740 판결 등

85) 항소이유서를 제출하지 않은 경우와는 달리 상고이유서를 제출하지 않은 경우 직권심판사유가 있더라도 결정으로 상고를 기각하도록 규정하고 있고(형사소송법 제380조), 직권으로 "심판할 수 있다"라고 규정하여 임의적인 것으로 해석된다(형사소송법 제384조 후문). 『주석 형사소송법』, 각주 30), 383－384면 참고

86) 대상판결의 별개의견2; 이승준, 각주 80) 문헌, 216면

87) 대상판결의 별개의견2는 이러한 기존의 대법원 실무가 바람직하지 않고 순수하게 법령위반 사유만 적법한 상고이유로 취급해야 한다는 견해이고 대법원이 법률심으로 기능해야 한다는 점에서 분명 타당한 지적이다. 다만 구체적 개별 사안에서의 피고인 권리구제 역시 포기할 수 없기에 자유심증주의 원칙을 근거로 한 직권심리가 이루어지고 있다.

가 있는 경우에는 피고인이 상고이유로 주장하는 사유가 직권발동을 촉구하는 의미가 있다고 보아 직권으로 심판하여 왔다.[88)]

이처럼 대법원 실무는 비록 상고이유 제한 법리에 따르면 부적법한 상고라고 하더라도, 나아가 직권심판사유가 있는지를 살펴보아 직권심판권을 발동하여 법령 해석의 통일성을 기하고 피고인의 구제에 힘쓰고 있다. 더욱이 소송조건의 부존재를 간과하고 판결로 나아간 경우 등 소송절차에 관한 법령위반 중 직권'조사'사유가 있는 경우에는 상고심이 그에 관하여 심사할 의무가 있으므로 이에 따른 구제가 가능하다.

3. 상고이유 제한 법리 적용범위의 수정 필요성 유무

대상판결의 별개의견1은 상고이유 제한 법리 자체의 타당성은 인정하면서도 항소심에서 피고인에게 불리하게 양형이 변경된 경우만큼은 중대한 사정변경이 있기에 그 적용을 제한해야 한다는 견해를 취하고 있다.

그러나 대상판결 다수의견에 대한 보충의견이 적절히 지적하고 있듯이 우리 형사소송절차는 이른바 '기소 전 인부절차'와 같은 것은 허용하지 않고 유무죄 판단을 전제로 하여 양형판단을 하는 구조이다. 항소이유로서 양형부당과 법령위반 주장은 대상이나 의미가 서로 다를 수밖에 없다. 따라서 상고이유의 적법성을 판단함에 있어 피고인이 제1심의 양형에 만족하는지, 항소심에서의 형이 불이익한 변경인지 등 양형의 적정성에 관한 피고인의 주관적 판단에 종속되는 것은 바람직하지 않다.

판결의 '주문'이 달라졌다는 차이가 있으나, 피고인이 상고심에 이르러 비로소 주장하는 사유가 항소심에서는 전혀 심판대상이 되지 않았다는 점에서는 동일하므로 피고인이 항소하지 않았거나 양형부당만을 이유로 항소하였는데 항소가 기각된 사안과 대상판결 사안처럼 형이 높아진 사안을 차별하여 취급하여 상고이유 제한 법리의 적용을 배제하여야 할 만한 본질적인 차이가 있다고 볼 수 없다.

무엇보다 상고심에서의 제한적인 심리 가능성은 공판중심주의의 실천 원리로서 실질적 직접심리주의, 구술변론주의를 구현하는 데에는 한계가 있으므로 상고심에서 중요한 쟁점에 대해 당사자의 관여 없이 심리와 판단이 이루어지는 것 역시 바람직하다고 볼 수 없다. 그럼에도 상고심이 사실심을 대신하여 스스로 새로운 사실

---

88) 대법원 2012. 7. 26. 선고 2012도5692 판결, 대법원 2010. 5. 13. 선고 2008도10678 판결 등

을 확정해감으로써 적정한 판결을 내릴 수 있다는 전제 아래 항소심이 심판대상으로 삼지도 않은 사항에 대해 새로이 판단하는 것은 현재 우리 형사소송제도가 지향하는 공판중심주의 및 사실심 충실화 방향과도 맞지 않다.89)

Ⅵ. 나가며

최고법원인 대법원이 법령 해석·적용의 통일 기능만을 담당해야 한다고 할 수 없고 피고인의 권리구제 역시 소홀히 하지 말아야 한다는 요청이 강하다. 이른바 '삼 세 번 재판'이라는 뿌리 깊은 인식이 자리잡은 데에는 그동안 사법부가 신뢰할 수 있는 모습을 제대로 보여주지 못한 탓이 크다.

그러나 국가의 최고법원이 피고인 권리구제에만 집중하여 법령 해석·적용의 통일이나 정책적 방향 제시 등 역할을 제대로 담당하지 못하게 된다면 이 역시 결코 바람직하지 않다. 현행 심급제도와 상고심 구조가 마련된 것은 1963년 개정 형사소송법을 통해서인데, 이는 기본적으로 항소심을 속심으로 구성하지만 사후심적 요소를 도입하여 일정한 제한을 가하고, 그 바탕 위에 상고심을 사후심이자 법률심으로 기능하게 하고자 한 것이다.

민사소송과 같이 심리불속행 제도가 없는 형사소송에서는 상고이유를 제한하면서 상고이유에 대한 심사를 엄격하게 하고 항소심의 심판대상이 되지 않은 사유는 배제함과 동시에 필요한 경우 직권심판권을 발동함으로써 우리 대법원은 최고법원으로서의 법령 해석·적용의 통일 기능과 피고인 권리구제 사이에서 나름의 균형점을 찾고 있다고 평가할 수 있다.

논문투고일 : 2021.11.30. 논문심사일 : 2021.12.14. 게재확정일 : 2021.12.24.

89) 대상판결의 별개의견1은 상고이유 제한 법리를 엄격하게 제한하면 피고인이 항소심에서 굳이 필요 없는 주장까지 하게 되므로 남상소를 제한할 수 없는 결과를 초래한다는 취지이나, 오히려 사실심인 항소심 단계에서 피고인이 자신의 주장을 충분히 하고, 항소심 법원이 충실한 증거조사를 통해 그 주장의 타당성을 판단하는 것이 더 바람직한 모습이라고 생각한다. 유사한 관점에서 "개별사안에서 상고이유 제한 법리를 수정할 수 있다고 한다면 법정책적으로 볼 때 상고심의 업무를 가중하게 하거나 하급심의 사실관계 평가 의무가 더 소홀해질 우려가 있다"는 견해로는 홍영기, "형법·형사소송법 2019년 대법원 주요판례와 평석", 『안암법학』, 제60권(안암법학회, 2020. 5), 154면 참고

【참고문헌】

[국내문헌]

1. 단행본

독일법연구회, 『독일 형사소송법』 (사법발전재단, 2017).

박미숙 · 윤지영, 『형사상고심에 관한 연구』 (한국형사정책연구원, 2010. 12).

법원행정처, 『외국사법제도연구(11) – 각국의 항소심 운영 모델』 (법원행정처, 2012).

배종대 · 홍영기, 『형사소송법』, 제2판(홍문사, 2020).

사법사편찬위원회, 『역사 속의 사법부』 (사법발전재단, 2009. 12).

사법정책연구원, 『외국사법정책연구(27) – 각국의 사법제도』 (사법정책연구원, 2020. 12).

신동운, 『간추린신형사소송법』, 제13판(법문사, 2021).

신동운, 『상소제도의 개편에 따른 문제점과 개선방안』 (한국형사정책연구원, 2006).

이재상 · 조균석 · 이창온, 『형사소송법』, 제13판(박영사, 2021).

이주원, 『형사소송법』, 제3판(박영사, 2021).

한국사법행정학회, 『주석 형사소송법(IV)』, 제5판(한국사법행정학회, 2017. 11).

함석천, "양형부당에 대한 항소기각 이후 사실오인 · 법령위반을 이유로 한 상고의 가부", 『형사소송법 핵심판례 110』 (박영사, 2014).

Klaus Volk/김환수 · 문성도 · 박노섭(공역), 『독일형사소송법』 (박영사, 2009).

2. 논문

공두현, "대법원의 조직과 상고제도의 변화: 역사적 제도주의의 관점에서", 『사법』, 통권 55호(사법발전재단, 2021. 3).

김성룡, "독일 형사상소제도 개혁논의의 시사", 『형사정책연구』, 통권 124호(한국형사 · 법무정책연구원, 2020. 12).

성중탁, "검사만 항소한 경우 피고인의 상소 제한 문제"(법률신문, 2017. 1).

심희기, "제1심판결에 대하여 양형부당만을 항소이유로 내세운 피고인이 사실오인 · 법령위반사유를 들어 상고이유로 삼을 수 없는 이유", 『고시연구』, 제30

권 4호(고시연구사, 2003).
이승준, “이른바 상고이유 제한 법리의 타당성에 대한 소고”, 『서울법학』, 제29권 제1호(서울시립대학교 법학연구소, 2021. 5).
임보미, “형사소송법상 상소제도의 변천과정과 그 의미”, 『부산대학교 법학연구』, 통권 제95호(2018. 2.).
홍영기, “형법·형사소송법 2019년 대법원 주요판례와 평석”, 『안암법학』, 제60권(안암법학회, 2020. 5).

[국외문헌]

MüKoStPO/ Knauer/ Kudlich, 1st edition 2019, StPO
Wiedner, 41st Ed. 1.10.2021, StPO
미국 연방대법원 홈페이지 https://www.supremecourt.gov/about/courtatwork.aspx
後藤昭·白取祐司 編, 新コンメンタール 刑事訴訟法, 제3판(일본평론사, 2018).
河村博 외 3인, 裁判例コンメンタール 刑事訴訟法(제4권), (立花書房, 2018).

【국문초록】

심급제도는 본래 사법에 의한 권리보호를 위하여 한정되어 있는 법발견 자원을 합리적으로 분배하는 문제인 동시에 재판의 적정과 신속이라는 서로 상반되는 두 가지의 요청을 어떻게 조화시키느냐 하는 문제에 관한 것이므로 심급제도를 어떻게 구성하고 운영하는가에 대한 답변은 간단하지 않다. 더욱이 최고법원인 대법원의 바람직한 모습이 어떠해야 하는지는 어려운 문제이다. 최근 대법원은 내부적으로나 외부적으로 충분한 합의점을 도출하지 못한 상태에서 상고법원 도입을 시도하는 과정에서 불거진 문제로 큰 시련을 겪었고 그 과정에서 드러난 문제점은 여전히 해결되지 못한 채 남아 있다. 다시 상고제도 개선을 논의하는 것은 이제 더 어렵게 되어 버렸다.

이러한 상황에서 2019. 3. 21. 선고된 대법원 2017도16593-1 판결은 법원이 50년 이상 별다른 의문을 가지지 않은 채 어쩌면 당연하다고 여겨왔던 이른바 '상고이유 제한 법리'의 근거가 무엇이고, 과연 여전히 타당한가에 대한 물음과 답변을 담고 있다. 즉, 형사소송법 제379조와 제384조에서는 항소심의 심판대상이 된 것만을 상고이유로 삼을 수 있도록 명시적으로 제한하고 있지는 않지만, 항소이유서에 포함된 사유만 원칙적으로 항소심의 심판대상이 되고, 예외적으로 직권판단을 통해 심리한 경우에는 항소심의 심판대상이 될 수 있다. 또한 상고심은 피고사건 자체가 아니라 항소심판결 자체를 심판대상으로 삼는 사후심의 속성을 가진다는 점에서 상고이유를 항소심의 심판대상과 연계하여 제한하는 상소이유 제한 법리가 도출되는 것이다.

한편 형사소송법 제384조 후문은 상고이유서에 포함되지 않은 사유에 대해서도 일정한 경우에는 상고심이 직권으로 심판할 수 있도록 상고심에 직권심판의 권한을 부여하고 있다. 이는 상고심의 최종심으로서의 기능을 고려하여 현저히 정의에 반하는 경우를 구제하기 위한 장치로 기능하고 있다. 이처럼 상고이유 제한 법리의 법률적 근거와 타당성을 인정할 수 있다.

형사소송에서는 상고이유를 제한하고 이에 대한 심사를 엄격하게 하며 항소심의 심판대상이 되지 않은 사유는 배제함과 동시에 필요한 경우 직권심판권을 발동함으로써 우리 대법원은 최고법원으로서의 법령 해석·적용의 통일 기능과 피고인 권리구제 사이에서 나름의 균형점을 찾고 있다고 평가할 수 있다.

◈ 주제어: 상고제도, 상고심의 기능, 상고이유 제한 법리, 직권심판권, 대법원 2017도16593-1 판결

【Abstract】

A study on doctrine of limiting the grounds for final appeal
- focus on 2017do16593-1 Decision delivered by the Supreme Court of Korea on March 21, 2019 -

Ryu, Kyoung－Eun*

The answer to the question of how to organize and operate the appeal system is not simple. Moreover, it is difficult to determine what the desirable shape of the Supreme Court, which is the highest court, is. Recently, the Supreme Court suffered great trials from problems that emerged in the process of trying to improve the final appeal system without being able to reach a sufficient consensus internally or externally, and the problems revealed in the process still remain unresolved. Discussing the improvement of final appeal system again has become more difficult now.

Under these circumstances, 2017do16593－1 Decision delivered by the Supreme Court of Korea on March 21, 2019, contains questions and answers what is the basis for the so－called 'doctrine of limiting the reasons for final appeal', and is it still valid? which the court has taken for granted without questioning for more than 50 years. In other words, Articles 379 and 384 of the Criminal Procedure Act do not explicitly limit the use of only the object in the appeal trial as a ground for final appeal. In exceptional cases, the hearing may be subject to the judgment of the appeal court. In addition, since the trial of final appeal has the property of a post－trial examination that takes the judgment of the appeal court itself as the object of judgment, not the case of the defendant itself, the jurisprudence of limiting the reasons for final appeal is derived by limiting the grounds for appeal in connection with the object of judgment of the appellate court.

On the other hand, the back sentence of Article 384 of the Criminal

* Associate Professor, School of Law, Korea University

Procedure Act grants the authority of ex officio to final appeal court so that, in certain cases, the supreme court can decide ex officio even for reasons not included in the grounds for appeal. This is functioning as a device to relieve cases that are markedly contrary to justice in consideration of the function as the final trial of the appeals trial. As such, the jurisprudence of limiting the grounds for appeal can recognize the legal basis and validity.

In criminal litigation, by limiting the grounds for appeal and strictly examining them, excluding the reasons that are not subject to the trial of the appeal, and at the same time exercising the ex officio judgment power if necessary, the supreme court finds a point of balance between the unification function of the interpretation of laws as the supreme court and the relief of the defendant's rights.

◈ Key Words: doctrine of limiting the reasons for final appeal, Appeal system, function of appeal, ex officio judgment

한국형사소송법학회『형사소송 이론과 실무』
제13권 제4호 (2021.12) 175~198면.
Theories and Practices of Criminal Procedure Vol. 13 No. 4 (December. 2021) pp. 175~198.
10.34222/kdps.2021.13.4.175

혐오표현의 형사규제를 위한 불법요소의 구성가능성과 증명의 문제

류 전 철*

목 차

Ⅰ. 서론
Ⅱ. 혐오표현의 개념과 규제논의
Ⅲ. 혐오표현의 형사규제 논의를 위한 전제요건
Ⅳ. 결론

Ⅰ. 서론

우리 사회에서 특정 집단에 대한 편견과 차별 의식을 담은 표현들이 2010년 초반을 기점으로 사회문제로 부각되고 있다. 특히 부정적 편견을 기반으로 한 혐오표현은 그 대상영역을 장애인이나 노인, 다문화가족, 이주민과 같은 사회적 약자뿐만 아니라 특정 지역에 대한 폄훼나 혐오로 계속 진화하고 있다. 언론을 통해 알려진 몇몇의 사례들을 근거로 혐오표현을 사회적 문제로 일반화하는 것은 신중할 필요가 있지만, 혐오표현이 사회적 갈등을 야기할 수 있는 사회문제라고 다수의 국민이 인식하고 있다는 사실은 혐오표현의 심각성을 부인하기 어려운 현실을 반영하고 있다고 할 수 있다.

혐오표현으로 인한 사회적 갈등에 대해서 다양한 분석과 주장이 제시되고 있으며, 혐오표현에 대한 규제를 통한 사회적 해결에 대한 요구의 목소리도 높아지고 있다. 혐오표현을 규제하여야 한다는 관점에서는 개인감정으로서의 혐오를 넘어서서 사회 현상으로서의 혐오표현에 의미를 부여하면서, 사회 현상으로서 혐오표현은 특정한 대상에 대해서 사회구성원으로서의 지위를 부정하고 존엄성을 훼손함으로

* 전남대학교 법학전문대학원 교수, 법학박사

써 배제의 메시지와 차별을 선동하여 우리 사회에 해악을 주고 있다고 주장한다. 그리고 우리 사회에 만연되고 있는 혐오표현에 대한 규제가 필요하다고 하면서, 그 규제의 방안과 관련해서 혐오표현의 금지를 통한 규제로서 손해배상을 통한 민사규제, 차별에 대한 규제와 방송심의 등을 통한 행정규제 그리고 형사처벌을 통한 형사규제를 제시하고 있다.[1] 혐오표현에 대한 다양한 규제방안 중에서 형사규제에 대한 논의는 주로 외국의 입법사례들을 통해서 형사규제의 필요성과 구체적 입법내용들을 소개하고 있다.[2] 그러나 혐오표현에 대한 형사규제를 위한 논의에서 혐오표현의 해악을 강조하여 형사규제의 필요성을 주장하는 것만으로는 충분하지가 않다. 물론 그러한 주장은 혐오표현의 해악으로부터 보호되어야할 법익을 구성하는 과정에서 어느 정도의 역할을 할 수 있을 것이다. 그러나 혐오표현의 형사규제에서 법익구성과 더불어서 혐오표현의 불법을 구성요건의 요소로 담아낼 수 있는지도 중요하다. 따라서 혐오표현에 대한 형사규제의 논의를 위해서는 혐오표현을 통해 보호하고자 하는 법익이 구성될 수 있어야 하고 명확성의 원칙에 부합하는 혐오표현의 불법속성이 구성될 수 있어야 한다는 이 두 가지 전제요건에 대한 검토가 선행되어야 한다. 그리고 이러한 전제요건들의 검토를 통해서 혐오표현의 형사규제가 구체적으로 어떤 모습을 갖게 될 것인지가 어느 정도 예측이 가능한 상태에서 혐오표현의 형사규제가 논의되는 것이 바람직하다.

이 글은 혐오표현의 개념적 정의나 혐오표현에 대한 형사규제의 찬성과 반대의 입장을 필자의 관점에서 제시하는데 있지 않고, 혐오표현에 대한 형사규제 논의를 위해서 선행적으로 검토되어야 할 전제요건으로서 불법요소의 구성가능성에 대해서 다루고 있다는 점을 미리 밝혀두고자 한다. 이를 위해서 먼저 혐오표현의 개념과 규제논의(II)들을 살펴 본 후 혐오표현의 형사규제 논의를 위한 전제요건(III)으로서 혐오표현의 법익과 불법의 구성 가능성 그리고 주관적 요소의 증명문제에 대해 검토하고자 한다.

---

1) 홍성수, 『말이 칼이 될 때』, (어크로스, 2018), 171면.

2) 문덕민, "혐오표현의 형사제재에 관한 비교법적 고찰 – 이른바 유럽모델과 미국모델을 중심으로 –", 『비교형사법연구』, 제23권 제2호 (한국비교형사법학회, 2021), 209–244면; 배상균, "일본의 혐오표현 형사규제에 관한 검토", 『형사정책연구』, 제28권 제2호(한국형사정책연구원, 2017), 65–93면; 이정념, "혐오범죄의 형사법적 규율에 관한 제언 – 미국의 혐오범죄 예방법 및 혐오범죄통계법을 중심으로", 『경찰법연구』, 제9권 제2호(한국경찰법학회, 2011), 249–274면.

Ⅱ. 혐오표현의 개념과 규제논의

1. 혐오표현과 유사개념

(1) 혐오표현의 개념

혐오표현을 해결되어야 할 사회적 문제로서 인식하고, 이에 대한 규제가 필요하다는 논의와 관련해서 혐오표현에 대한 다양한 개념정의가 시도되고 있다. 그러나 혐오표현에 대해 아직은 합의된 개념정의가 제시되고 있지 않다.[3] 혐오와 표현의 결합어로서 혐오표현의 개념에 대해 아직까지도 합의된 정의가 제시되지 못하고 있는 이유는 한편으로는 아마도 개별 사회가 갖는 역사적 경험이 상이하고 각각의 사회공동체 구성과정의 다양성에 연원하는 것이라고 할 수 있고, 다른 한편으로는 사전적 의미에서 싫어하고 미워하는 감정을 뜻하는 감정표현어를 규범적 의미로 전환하여 객관화할 수 있는 의미로 확정하기 어려운 혐오(嫌惡)라는 단어의 속성에서 본질적인 이유를 찾을 수 있다. 특히 영문인 hate speech에 대한 국내문헌의 번역어로 차별적 표현, 증오언설, 적의적 표현, 혐오발언, 혐오표현 등으로 제시되고 있는 것을 보면,[4] 혐오의 의미론적 인식이 전문가 영역에서도 동일하지 않다는 점을 인정할 수밖에 없다.

혐오표현의 규제를 위한 논의를 살펴보면 대체로 혐오표현의 대상, 행위 그리고 효과라는 세 가지 혐오표현의 개념적 요소를 공유하고 있다.[5] 혐오표현의 개념적 요소로서 혐오표현의 대상은 어떤 속성을 가진 집단을 의미한다. 그 속성으로서 거론되는 대표적인 집단이 소수자, 이주자, 특정 인종, 종교, 출신국가 등을 들 수 있다. 그리고 혐오표현의 행위와 관련된 개념적 속성은 표현행위에 있다. 즉 특정 집단에 대한 부정적인 편견과 고정관념을 바탕으로 대상 집단이나 그 구성원을 모욕·비하·멸시·위협하거나 그에 대한 차별이나 폭력을 선전·선동하는 표현행위를

3) 혐오표현의 정의와 관련된 문헌으로는 이정념, “혐오표현의 법적 정의와 그 제한을 위한 몇 가지 기준들”, 『법학연구』, 제30권 제2호(충남대학교 법학연구소, 2019), 337면 이하 참조; 박승호, “혐오표현의 개념과 규제방법”, 『법학논총』, 제31권 제3호(국민대학교 법학연구소, 2019), 45-88면 참조.

4) 홍성수, “혐오(hate)에 어떻게 대응할 것인가? – 혐오에 관한 법과 정책”, 『법학연구』, 제30권 제2호(충남대학교 법학연구소, 2019), 200면.

5) 홍성수, “혐오표현의 해악과 개입의 정당성: 금지와 방치를 넘어서”, 『법철학연구』, 제22권 제3호(한국법철학회, 2019), 30~32면.

말한다. 혐오표현의 세 번째 개념적 요소로서 혐오표현의 효과는 대상 집단에 대한 차별의식을 정당화하거나 조장·강화하는 것을 의미한다.[6] 이러한 개념적 요소를 반영하여 2019년 발간된 국가인권위원회보고서에서는 혐오표현을 "성별, 장애, 종교, 나이, 출신지역, 인종, 성적지향 등을 이유로 어떤 개인·집단에게 모욕, 비하, 멸시, 위협 또는 차별·폭력의 선전과 선동을 함으로써 차별을 정당화·조장·강화하는 효과를 갖는 표현"이라고 정의하고 있다.[7] 혐오표현의 개념적 속성으로 제시되고 있는 대상, 행위, 효과의 속성을 고려한 위와 같은 혐오표현의 정의도 개별적인 사안에서는 혐오표현의 외연을 확정하는 과정을 거쳐야만 하고, 이 경우에 다시금 특정행위가 혐오표현인지 여부는 논쟁의 대상이 될 수 있다. 여기에 혐오표현을 형사규제의 대상으로 끌어들이기 위해서는 규범적 개념으로 정의되어야 한다. 그런데 규범적 영역에서 혐오표현의 정의는 일반적인 혐오표현보다는 협의로 정의될 수밖에 없다. 왜냐하면 형사범죄화의 전제로 혐오표현을 정의하기 위해서는 혐오표현의 대상과 사회 전체에 미치는 해악 그리고 형사규제에 의한 사회적 영향을 고려하지 않을 수 없기 때문이다.[8]

혐오표현을 형사규제의 대상으로 하기 위해서는 불확정 개념인 혐오표현은 규범적 구성요건요소의 형식으로 구성요건에 정형화될 수밖에 없다고 판단된다. 혐오표현의 개념적 속성으로서 혐오표현의 대상은 집단이라는 특성 이외에 구체적인 대상을 열거하거나 예시하기 어렵고, 다른 개념적 속성인 모욕·비하·멸시·위협하거나 그에 대한 차별이나 폭력을 선전·선동을 표현하는 행위로서 혐오표현행위는 규범적으로 명확하게 판단할 수 있는 기준을 제시하기 어렵다. 이러한 점에서 혐오표현의 개념적 속성으로서 혐오대상과 혐오표현행위보다는 대상 집단에 대한 차별의식을 정당화하거나 조장·강화하는 혐오표현의 효과라는 혐오표현의 개념적 속성이 더 강조되는 규범적 혐오표현으로 구성요건화가 이루어질 것으로 예상된다. 혐오표현에 의한 효과의 입증은 경험적으로 불가능하지는 않지만 그 정도를 판단하기는 쉽지 않고, 결국 행위자가 그러한 효과를 의도하고 행위를 하였다는 사실을 통해 대체될 수도 있다는 우려를 예상할 수 있다. 이와 같이 혐오표현의 개념이 불확정이라는 점은 결국 혐오표현의 형사규제와 관련해서 혐오표현의 불법을 객관적 구성요건

6) 홍성수, 앞의 글, 30~32면.
7) 이승현 외, 『혐오표현 리포트』, (국가인권위원회, 2019), 10면.
8) 송현정 외, 『혐오표현의 판단기준에 관한 비교법적 연구』, (사법정책연구원, 2020), 17면.

에 담아내기 어렵게 만들고, 결국 혐오표현의 불법의 속성을 주관적 구성요건을 통해서 구성하여야 하는 문제를 야기하게 된다. 이에 대해서는 후술하기로 한다.

(2) 혐오표현과 유사개념

1) 혐오와 증오

한자어로서 혐오(嫌惡)와 증오(憎惡)가 영어로는 hate와 disgust, 독일어로는 Hass와 Ekel로 번역될 수 있으나, 우리말에서는 둘 다 부정적 감정을 의미한다. 다만 혐오와 증오는 부정적 생각의 내용과 대상에 대한 행위자의 대응방식에 양자의 차이가 있다.[9] 이에 따르면 혐오표현의 속성인 대상 집단의 측면에서 보면 혐오는 단순히 생리·심리적인 원인에 근거하여 특정대상에 정향되어 있지 않지만, 증오는 사회 계층적 원인에 의해 발생하며 특정대상을 향해있다는 점에서 구별된다고 할 수 있다. 또한 혐오와 증오는 타자를 자신과 구분되는 집단에 속한 존재로 범주화하고 분리하려 한다는 점에서 공통되지만, 증오는 그러한 타자를 적으로 간주하고 제거하려는 욕구를 수반한다는 점에서 혐오보다 강한 반감이나 적대감을 동반한다고 할 수 있다.[10]

혐오표현에 대해 형사규제를 하는 국가들은 대개 증오선동에 해당하는 혐오표현을 처벌하고 있지만 현실에서 혐오와 증오를 구분하는 것이 쉽지 않을 뿐만 아니라 혐오와 증오를 구분할 실익이 없다는 견해도 있지만,[11] 형사규제와 관련해서 혐오와 증오는 구별할 필요가 있다는 견해가 주목을 받는다. 이 견해에 의하면 혐오와 증오를 구별하지 않게 되면 형사규제의 대상으로 삼으려고 하는 증오표현과 혐오표현이 개념적으로 혼용되고, 증오표현에 대한 규제정책에서 그 대상이 광범위하게 될 수 있어서 표현행위에 대한 과잉규제의 문제를 야기할 뿐만 아니라, 증오집단이 증오와 혐오를 모호하게 만드는 전략을 통해서 자신들의 책임회피를 할 수 있는 구실을 제공할 수 있다고 한다.[12]

---

9) 이준웅·박장희, “모든 더러운 말: 증오발언 규제론 및 규제반대론 검토”, 『서울대학교 法學』, 제59권 제3호(서울대학교 법학연구소, 2018), 5면.

10) 조계원, “한국에서 증오범죄의 가능성과 규제방안”, 『법과 사회』, 제55호(법과사회이론학회, 2017), 78면.

11) 혐오와 증오를 구분하기 보다는 혐오로 통칭하면서 그것이 표현되었을 때의 여러 행태를 유형화하는 것이 바람직하다는 견해로 홍성수, 앞의 각주 4)의 논문, 201면.

12) 이준웅·박장희, 앞의 각주 9)의 논문, 10−15면.

혐오와 증오를 구별할 필요성에 대한 주장은 일면 타당성이 있으나, 혐오표현보다는 더 반사회적으로 평가되는 증오표현만을 형사규제의 대상으로 삼는다면 동일한 표현행위가 혐오표현인지 증오표현인지를 객관적으로 구분하기는 현실적으로 쉽지 않기 때문에 결국은 행위자의 개인적 특성(성장과정이나 계층지위 등)과 표현행위가 결합되어 해당 표현행위의 불법판단기준이 될 수도 있다는 것이 문제가 된다. 물론 혐오표현에 대해 형사규제를 하는 경우라면 증오표현은 당연히 형사규제의 범위에 들어있기 때문에 양자를 구별할 실익이 없지만, 증오선동만을 규제하는 국가들과 같이 증오표현은 형사규제하고 혐오표현은 그 대상에서 제외하게 된다면 혐오와 증오의 개념은 당연히 구별되어야 한다.

2) 혐오표현과 혐오범죄[13)]

혐오범죄는 편견성향을 기반으로 행해지는 범죄를 말한다.[14)] 특정범죄가 편견성향을 기반으로 범해지는 경우에 그러한 편견성향은 일반적으로 범행동기의 하나로 이해된다. 즉 범행의 동기가 성별, 인종, 장애, 종교, 성적 취향 등 어떤 사람의 속성에 대한 편견, 혐오, 증오에 기반하고 있는 범죄를 범죄학에서 혐오범죄라고 한다.[15)] 이에 반해 혐오표현은 혐오를 내용으로 하는 표현 그 자체의 행위성에 대한 것이다. 따라서 양자는 혐오라는 공통개념을 사용하고 있지만 혐오범죄의 경우는 특정범죄를 범하는 범죄자의 주관에 포함되어 있는 혐오가 동기화된 범죄를 일컫는 것이지만 혐오표현은 그 자체가 대상이 되는 것이다. 만일 혐오표현 그 자체에 대한 형사규제가 현실화된다고 하더라도 개념적으로 혐오표현을 혐오범죄의 한 유형으로 분류하기는 어려울 것이다. 따라서 혐오표현과 혐오범죄가 동일하게 평가될 수 있는 속성을 통해서 사회공동체의 위험을 초래할 수 있다고 할지라도 범죄 그 자체로서 혐오표현과 혐오가 특정범죄의 범행동기인 혐오범죄는 개념적으로 구분되어야 한다.

---

13) 혐오범죄와 같은 의미로 증오범죄라는 용어를 사용하기도 한다. 혐오와 증오를 구분하지 않고 이해하는 견해에서는 혐오범죄의 속성과 동일한 내용으로 증오범죄를 설명한다. 조계원, 앞의 각주 10)의 논문, 68면.

14) 이정념, "혐오범죄의 개념과 그 속성, 입법적 고려사항", 『경찰법연구』, 제13권 제1호(한국경찰법학회, 2015), 177면.

15) 박상민, "범행동기에 따른 가중처벌의 문제점 – 혐오범죄를 예로 하여 –", 『형사정책』, 제29권 제3호(한국형사정책학회, 2017), 127면.

3) 명예훼손, 모욕과 혐오표현

혐오표현은 혐오적 내용을 표현하는 것이다. 어떤 것을 혐오표현이라고 부르는 것은 그것을 표현하는 것 자체로 해로울 수 있거나 해로운 결과를 가져올 수 있는 것을 의미한다. 즉 표현자체가 행위라고 할 수 있다.[16] 특정한 표현에 대해서는 형법상 명예훼손죄나 모욕죄, 협박죄 등을 통해서 규제하고 있다. 그러나 개인에 대한 혐오 내용의 표현은 명예훼손죄나 모욕죄에 해당할 수 있으나 개념적 속성으로서 혐오표현의 대상이 어떤 속성을 가진 집단이라는 점을 고려하면, 개인이 아닌 집단을 표적으로 하는 표현을 명예훼손죄나 모욕죄의 규제대상에 포섭할 수 있는지 문제가 된다.[17] 현행 형법의 해석론상 명예훼손이나 모욕은 그 대상이 개인이나 특정된 집단이어야 한다. 특정집단이 대상이 될 수 있다고 하더라도 집단 내에서 개별 구성원이 피해자로 특정될 수 있어야 한다는 대법원의 입장을 고려한다면 궁극적으로 명예훼손죄나 모욕죄의 대상은 개인으로 회귀하고 있다고 할 수 있다.[18]

혐오표현은 대상 집단의 구성원 개인에게 행해질 경우도 있지만, 일반적으로 대상 집단 전체를 대상으로 한다. 이러한 혐오표현의 특성을 고려하여 집합명칭의 명예훼손죄 또는 모욕죄의 적용을 확장하여 혐오표현의 문제를 해결하는 방법도 없지는 않지만, 혐오표현을 기존의 명예훼손죄나 모욕죄의 불법을 넘어서는 것으로 이해하는 입장에서는 혐오표현의 해악은 기존 명예훼손이나 모욕과는 다르다고 보기 때문에 혐오표현을 명예훼손이나 모욕죄를 통해서 문제를 해결하는 것에 대해

16) 제레미 월드론/홍성수·이소영 역, 『혐오표현, 자유는 어떻게 해악이 되는가』, (이후, 2017), 55면.

17) 특정집단에 대한 혐오표현의 법적 규제도 현재보다 폭넓게 가능할 수 있다는 입장으로 이영희·이재진, "'집단표시에 의한 모욕죄'와 혐오표현", 『언론과 법』, 제19권 제1호(한국언론법학회, 2020), 147면 이하.

18) 대법원 2014.3.27. 선고 2011도15631 판결 : 이른바 집단표시에 의한 모욕은, 모욕의 내용이 집단에 속한 특정인에 대한 것이라고는 해석되기 힘들고, 집단표시에 의한 비난이 개별구성원에 이르러서는 비난의 정도가 희석되어 구성원 개개인의 사회적 평가에 영향을 미칠 정도에 이르지 아니한 경우에는 구성원 개개인에 대한 모욕이 성립되지 않는다고 봄이 원칙이고, 비난의 정도가 희석되지 않아 구성원 개개인의 사회적 평가를 저하시킬 만한 것으로 평가될 경우에는 예외적으로 구성원 개개인에 대한 모욕이 성립할 수 있다. 한편 구성원 개개인에 대한 것으로 여겨질 정도로 구성원 수가 적거나 당시의 주위 정황 등으로 보아 집단 내 개별구성원을 지칭하는 것으로 여겨질 수 있는 때에는 집단 내 개별구성원이 피해자로서 특정된다고 보아야 할 것인데, 구체적인 기준으로는 집단의 크기, 집단의 성격과 집단 내에서의 피해자의 지위 등을 들 수 있다.

서 거리를 두고 있다.

2. 혐오표현의 규제논의

(1) 혐오표현의 규제논의에서 '해악'의 의미

혐오표현의 규제에 관한 논의에서 규제 찬성론과 반대론 모두 '해악'을 주장의 근거로 하고 있다. 혐오표현에 대한 규제 찬성론은 규제의 근거를 '혐오표현의 해악'에 두고 있다. 즉 혐오표현은 대상에게 해악을 미치고, 그 결과 대상 및 사회전체에 해로운 효과를 유발하므로 혐오표현의 규제를 통해서 혐오표현을 억제할 필요가 있다는 점을 강조한다. 여기에 인간의 존엄성이라는 가치를 강조하면서 소수자 및 사회적 약자의 인권을 적극적으로 보호해야 하고, 혐오표현의 규제를 통해서 소수자 및 사회적 약자의 실질적 평등권을 보장해야 한다고 주장한다.[19)]

이에 대해서 혐오표현에 대한 규제 반대론은 '규제의 역효과로서 해악'을 강조한다. 즉 혐오표현에 대한 규제가 더 많은 혐오표현뿐만 아니라 더 교묘하게 변형된 혐오표현을 통해서 오히려 대상에 대한 해악을 강화하며, 그러한 규제는 혐오표현의 억제에 무력하고 이를 극복하기 위해서 더욱 강력한 규제를 위한 사회적 비용이 적지 않다는 점을 강조한다. 규제반대론은 표현의 자유를 이념으로 하여, 표현의 자유를 보장함으로써 최상위 가치인 인간의 자율성 또는 민주적 정당성을 구현할 수 있음으로 표현의 자유를 보장하는 차원에서 혐오표현도 규제하면 안된다고 주장한다. 위와 같이 혐오표현에 대한 규제 찬성론과 반대론 모두 혐오표현이 초래하는 해악과 혐오표현의 규제에 따른 해악의 강화에 근거하고 있다. 혐오표현의 규제의 근거로서 혐오표현의 해악이나 규제반대론에서 해악의 강화여부가 실증적으로 증명됨으로써 주장의 타당성을 판단할 수 있겠지만, 현실적으로 이를 검증하기는 쉽지 않은 일이다. 따라서 이러한 대립 구도는 어느 한편의 우위로 끝나지 않고 공존의 대치상태로 지속될 것으로 생각되며, '혐오표현의 해악'이 혐오표현의 규제를 위한 논의에서 결정적으로 중요한 논거라고 하기는 어려운 현실적 사정이라고 할 수 있다.

(2) 혐오표현의 규제 관련 규정 검토

혐오표현의 규제논의에서 규제반대론이 혐오표현을 옹호하는 것이 아니라 강제

---

19) 이준웅·박장희, 앞의 각주 9)의 논문, 19면.

적인 규제를 표현의 자유를 근거로 반대하는 주장이라면, 혐오표현의 규제찬성론은 강제적인 규제를 찬성한다는 것이므로 '규제'라는 측면에서는 방법과 정도의 문제로 볼 수도 있다.[20] 혐오표현의 규제에 대한 논의에서 형사범죄화 방안, 민사적 구제방안, 차별시정기구에 의한 규제방안 그리고 소위 형성적 규제방안[21]이 제시되고 있다.

혐오표현의 규제에 대한 범국가적 논의는 국제규범으로 확인할 수 있다. 유엔은 혐오표현에 대한 규제를 '차별금지'와 '법에 의한 평등한 보호'의 측면에서 접근한다. 이러한 접근방식은 혐오표현이 소수자가 가진 특성을 근거로 그들의 인간존엄성을 부정하고 그들에 대한 차별을 정당화, 촉진, 강화하는 결과를 가져온다는 인식에 기반하고 있다. 「세계인권선언」 제7조에서 차별뿐만 아니라 차별에 대한 선동으로부터 평등하게 보호받아야 한다는 차별금지와 「시민적·정치적 권리에 관한 규약」 제20조 제2항에서 "차별, 적의, 폭력의 선동[22]이 될 민족적, 인종적, 종교적 혐오의 고취[23]"를 법률로써 금지하여야 한다고 규정한다. 여기서 법률에 의한 금지는 형사적 제재만을 의미하는 것이 아니라 민사적·행정적 제재의 가능성을 내포한다.[24]

혐오표현에 대한 이러한 국제규범의 영향으로 유럽 국가들을 중심으로 많은 나라에서 혐오표현의 규제를 입법화하였다. 규제의 방법과 범위는 각각 다르지만 형사처벌 조항을 두고 있는 나라들은 오스트리아, 독일, 프랑스, 영국 등 유럽 국가와 캐나다, 브라질 등 미주지역 그리고 호주, 뉴질랜드, 러시아, 터키 등이 있다.[25] 몇몇 국가의 혐오표현에 대한 형사적 규제조항을 살펴보면, 먼저 영국의 경우 「공공질서법」에서 공공질서유지를 목적으로 혐오표현에 대한 형사처벌규정을 두고 있다. 동법 제3장과 제3A장에서 인종, 종교, 성적 지향을 이유로 한 혐오표현의 형사처벌을 규정하고 있다.[26] 제18조는 위협적·폭력적 또는 모욕적인 언어나 행위를 사용

---

20) 홍성수, "혐오표현의 규제", 『법과 사회』, 제50호(법과사회이론학회, 2015), 292면. 혐오표현의 규제에 관한 학계의 논의를 '유럽식 모델'과 '미국식 모델'로 양분하는 것이 일반화 되어 있는데, 전자를 '광범위 규제', 후자를 '최소 규제'라고 하고 있다.

21) 형성적인 규제는 혐오표현이 사회에 발붙이지 못하도록 여건을 만들어가는 긍정적(positive)인 조치들을 말한다고 한다. 홍성수, 앞의 글, 305면.

22) 선동은 민족 또는 종교집단에 속한 사람에 대한 차별, 적의, 폭력을 즉각적으로 야기할 수 있는 발언을 뜻한다.

23) 고취는 대상집단을 향해 공개적으로 혐오를 부추기려는 의도를 담고 있는 것을 의미한다.

24) 송현정 외, 앞의 각주 8)의 책, 37면.

25) 홍성수, 앞의 각주 20)의 논문, 292면.

하거나 위협적·폭력적 또는 모욕적 서면자료를 게시하여, 인종혐오를 고의적으로 유발한 경우나 모든 정황을 고려하였을 때 그러한 행위를 통하여 인종혐오가 유발될 가능성이 있는 경우에 범죄의 유죄판결을 받는다고 규정하고 있다. 제19조는 서면자료의 공표 또는 유포, 제20조는 위협적·폭력적 또는 모욕적인 언어나 행위가 사용되는 연극의 공연을 하여 인종혐오를 고의적으로 유발하거나 인종혐오가 유발될 가능성이 있는 경우에 대한 규정이다.[27] 독일의 경우 형법 제130조에 '대중선동(Volksverhetzung)'이라는 표제어로 제1항에서 공공의 평온을 교란하기에 적합한 방법으로 일부 주민에 대한 증오심을 선동하거나 그에 대한 폭력적·자의적 조치를 촉구하는 행위를 하거나, 일부 주민을 모욕 또는 악의로 비방하거나 허위 사실에 의하여 명예를 훼손함으로써 인간의 존엄을 침해하는 행위를 형사처벌을 하고 있다. 제2항에서는 그러한 선동적 행위를 문서, 방송, 미디어 또는 전신을 통하여 하는 행위를 중하게 처벌하고 있다.

우리나라에서 혐오표현의 규제를 위한 입법적 시도는 혐오표현의 규제를 위한 단일 법안의 형태(김부겸의원 대표발의, 의안번호 11936, 발의연월일 2018.2.13.)와 기존 법률의 일부개정법률안으로서 '정보통신망 이용 촉진 및 정보보호 등에 관한 일부개정법률안'(신용현 의원 대표발의, 의안번호 15603, 발의연월일 2018.9.18.), '공직선거법 일부개정법률안'(진영의원 대표발의, 의안번호 15509, 발의연월일 2015.6.9.) 등이 있다. 그리고 형법일부개정법률안으로 혐오죄의 신설을 내용으로 하는 형법일부개정법률안(안효원의원 대표발의, 의안번호 5550, 발의연월일 2013.6.20.)이 있었다. 이 형법일부개정안은 "인종, 출생지역 등을 이유로 공연히 사람을 혐오한 자는 1년 이하의 징역 또는 1천만원 이하의 벌금에 처한다"는 혐오죄를 신설하는 것을 내용으로 하고 있다. 혐오죄를 신설하고자 한 형법일부개정법률안에 대해서는 혐오대상을 인종과 출생지역에 한정하고 있다는 점에 대한 것과 행위로서 '혐오한'이라는 포괄적 구성요건이 지나치게 포괄적이라는 점이 지적되었다.[28]

---

26) Public Order Act 1986 s. 17.

27) 영국의 인종혐오관련 범죄는 범의(mens rea)가 핵심이 된다고 한다. 그러므로 실제로 문제가 된 언동이 불안 또는 고통을 유발하였는지는 관계가 없으며, 그러한 언동을 통해 '의도적으로 표적이 된 자를 폄하하거나 비하하려고 하였는지'에 따라 범죄 성립여부가 결정된다고 한다. 송현정 외, 앞의 각주 8)의 책, 81면.

28) 홍성수, 앞의 각주 4)의 글, 210면; 박미숙·추지현, 『혐오표현의 실태와 대응방안』, (한국형사정책연구원, 2017), 327면.

(3) 소결

어떠한 행위를 불법이며 범죄라 하여 국가가 형벌권을 행사하여 이를 규제할 것인지 문제에 대해서 헌법재판소는 인간과 인간, 인간과 사회화의 상호관계를 함수로 하여 시간과 공간에 따라 그 결과를 달리할 수밖에 없는 것이고, 결국은 그 사회의 시대적인 상황·사회구성원들의 의식 등에 의하여 결정될 수밖에 없으며, 기본적으로 입법권자의 의지 즉 입법정책의 문제로서 입법형성의 자유에 속한다고 한다.[29] 만약 혐오표현에 대한 입법적 규제를 하게 된다고 하더라도 규제찬성론과 반대론의 대립구도에서 공유될 수 있는 혐오표현의 규제영역은 매우 협소할 수밖에 없으므로 입법권자의 입법형성의 폭도 역사적·경험적으로 실증된 사안을 염두에 둔 혐오표현으로 수렴할 수밖에 없다. 더구나 혐오표현에 대한 형사적 규제를 염두에 둔다면 포괄적인 상징적 의미에 머물러서는 안되며, 혐오표현에 대한 형사적 규제는 구체적이고 특정할 수 있는 규범내용으로써 규범수범자를 향한 의사결정기능과 규범적용자를 향한 평가기능이 가능한 구체적인 금지의 실질을 제시할 수 있어야 한다.

Ⅲ. 혐오표현의 형사규제 논의를 위한 전제요건

1. 법익구성의 가능성

특정한 행위를 형벌로써 제재하기 위해서는 필수적으로 그러한 제재를 통해 보호하고자 하는 법익이 도출될 수 있어야만 한다. 법익은 한편으로는 형사입법의 자의적이고 비합리적인 확장을 제한하기 위해서 법익의 대상과 범위, 즉 어떠한 가치나 이익이 형법적으로 보호할 수 있거나 보호되어야만 하는지, 어느 범위까지 보호될 수 있는 것인지에 대한 판단기준을 제시하는 체계비판적 기능을 수행한다. 다른 한편으로 법익은 구체적 사건의 법해석과 적용과정에서도 그 역할을 수행한다.[30] 법익은 개별 구성요건의 실질적 불법의 핵심을 이루고 있고, 법익의 내용적 이해는

---

29) 헌법재판소 2011. 6. 30. 선고 2011헌바199 결정.

30) 류전철, "법익의 형법해석학적 역할", 『법학논총』, 제33집 제2호(전남대학교 법학연구소, 2013), 198면.

형법사안에서 문제된 구성요건의 해석을 위해서 중요한 전제조건이 된다. 이러한 이유에서 법익은 해석의 보조수단으로서 중요한 의미를 가지고 있다고 할 수 있다. 즉 구성요건을 해석하려면, 먼저 그 구성요건을 통해 보호하려고 하는 법익이 무엇인가를 이해하여야만 한다.[31]

(1) 혐오표현의 법익논의

모든 법익을 체계적으로 명쾌하게 망라한 목록이 마련되어 있는 것은 아니지만, 특정한 보호법익의 체계편입은 형사법에서 중요한 문제이다. 보호법익의 성격이 개인적 법익인지 사회적 법익에 속하는지에 따라 형법해석과 적용에 영향을 미치기 때문이다. 표현행위를 통한 법익침해에 대해서는 이미 명예훼손죄나 모욕죄가 개인적 법익보호 차원에서 규율하고 있지만, 혐오표현을 개인적 법익보호의 차원에서 규율하기는 어렵다. 왜냐하면 혐오표현은 그 개념적 정의에서 확인한 바와 같이 '집단성'을 그 속성으로 가지고 있기 때문이다. 개별적 구성원이 모여 집단성을 이루는 사회조직이나 단체의 경우에 '집단표시에 의한 명예훼손과 모욕'에 대한 논의가 있지만, 집단명예훼손이나 모욕은 지칭하는 집단에 속한 특정인에 대한 것이라고 해석하기는 힘들다.[32] 또한 혐오표현의 경우 개인의 법익침해의 차원이 아니라, 그러한 혐오표현으로 야기될 수 있는 공동체의 공존질서의 침해가 문제되고 있기 때문에, 개인적 법익으로 체계적 지위를 구성하기는 어렵다.

혐오표현의 해악을 공공선의 관점에서 접근하는 견해에 의하면, 혐오표현은 한 사회의 동등한 구성원으로서의 존엄한 삶을 파괴하고, 다양한 정체성을 가진 구성원들이 함께 살아가야 한다는 공공선을 붕괴시킨다고 한다.[33] 혐오표현이 해악을 끼치는 행위라고 전제한다면, 자유에 대한 국가의 강제적, 법적 제한을 해악을 기준으로 구획할 수 있게 되어 기준이 명료하고, 개인이나 집단의 상대적 가치판단에 따라 그 기준이 변동될 여지가 거의 없다는 점에서 있어서 도덕, 윤리 등 공동체 가치를 근거로 정당화하는 것보다 장점이라고 할 수 있다.[34] 이러한 관점에서 해악이라는 기준으로 형사규제를 하고 그러한 해악을 금지함으로써 공공선을 보호한다고 보면, 보호법익은 공공, 즉 사회적 법익으로 구성할 수 있을 것이다. 그러나 공

31) 김일수, "구성요건상 법익개념", 『월간고시』, 18권4호(월간고시사, 1991), 24면.
32) 이용, "집단표시에 의한 명예훼손죄와 모욕죄", 『법조』, 통권 제703호(법조협회, 2015/4), 88면.
33) 제레미 월드론/홍성수·이소영 역, 앞의 각주 16)의 책 107면.
34) 홍성수, 앞의 각주 5)의 글 34면.

공선 그 자체를 혐오표현에 대한 규제를 통해 보호하고자 하는 법익자체로 삼을 수는 없을 것이다. 왜냐하면 사회적으로 유해한 행위에 대한 형사규제들은 모두 궁극적으로 공공선에 기여한다고 할 수 있기 때문이다.

혐오표현의 형사범죄화를 위한 법익구성과 관련하여 '인간의 존엄'을 고려하는 견해가 있다. 이 견해는 인간의 존엄은 '잔혹하고 이상한 처벌의 금지'에서처럼 국민의 기본권을 제한하는 국가의 조치에 대한 판단근거로 작용해야 하며, 특정한 인간상을 전제로 하여 국가가 개인의 자율 및 자기결정권을 제한하는 근거로 원용될 수 없다고 한다.[35] 그리고 다원주의 사회에서 인간의 존엄성을 주장한다고 하더라도 구체적인 문제를 해결하기는 쉽지 않지만, 그럼에도 몇 가지 법률에서 이미 실정화를 하고 있음을 근거[36]로 혐오표현에 대해서도 실정화할 수 있다고 한다.[37] 이 견해는 만일 인간의 존엄이 보호법익이 될 수 있다면, 그 침해는 자유로운 공동생활에서 근본이 되는 규범을 침해한 다른 사람의 인간의 존엄을 침해한 경우에 한정해야 한다고 하면서 인간의 존엄의 의미를 파악하기 위해서는 인간의 존엄에 관한 특정한 개념에서 출발하여 보호범위를 연역적으로 도출하는 것이 아니라 인간존엄이 침해된 경험에서 귀납적으로 그 의미를 찾는 방법을 선택하여야 한다고 한다.[38] 혐오표현의 규제논의의 근간이 되는 것은 20세기 인류가 경험한 인종적 차별과 이주민에 대한 폭력이라고 할 수 있다. 이러한 인류의 역사를 경험한 우리에게 타인 또는 타 집단에 대한 혐오와 증오에 대한 해악을 금지하는 것을 인간존엄이라는 근본 가치에서 찾는 것은 당연하다고 할 수 있다. 그러나 인간존엄과 가치는 공동생활의 당연한 규범적 전제이고 공동생활의 기초를 이루고 있다. 이러한 인간존엄은 법규범에 선제하는 기본 가치이므로 이를 개별화하여 혐오표현의 보호법익으로 하는 것은 적절하다고 보이지 않는다.

형법상 보호법익은 다수의 결정에 의하여 정해지는 것이 아니라, 구체적인 특정행위를 통해서 보호되어야 할 당위성을 갖추어야 하는 것이다. 현대사회는 외부적

35) 최준혁, "형법을 통한 인간 존엄성의 보호", 『경찰법연구』, 제18권 제3호(한국경찰법학회, 2020), 49면.

36) 예를 들어 피해자 보호법 제2조 제1항 "범죄피해자는 범죄피해 상황에서 빨리 벗어나 인간의 존엄성을 보장받을 권리가 있다." 또는 1949년 제네바 협약 제3조 1. 다. "인간의 존엄성에 대한 침해, 특히 모욕적이고 치욕적인 대우."

37) 최준혁, 앞의 글, 52면.

38) 최준혁, 앞의 글, 58면.

요인에 의해서 무너지는 것이 아니라 내부적 요인에 의해서 붕괴될 위험이 훨씬 크다고 할 수 있다. 사회공동체가 외부적 요인에 의한 침해는 항상 현재적 위험요소로서 고려하고 미리 예측하고 대비를 하고 있는 반면에 내부적 요인에 대한 위험요소에 대해서는 구성원간의 이해관계와 위험상황의 진행과정에 대한 인식차이로 인해 적절한 대응이 쉽지 않다. 왜냐하면 서서히 균열되는 공동체의 위험요소는 일정한 시간이 지나면 자연스럽게 일상화되어 구성원들은 그러한 위험요소와 공존하면서 특별히 문제로 여기지 않게 되기 때문이다. 만일 혐오표현이 공동체에 그러한 위험요인으로서 현실화되기 전에 형사적 규제를 하게 된다면, 보호법익은 사회적 법익의 체계에 편입되는 공공의 안전과 질서로 구성하는 것을 고려할 수 있을 것이다.[39] 한편 보호법익의 정도와 관련해서 혐오표현이 가져오는 해악이라는 결과에 중점을 두는 침해범으로 구성하는 것이 아니라 공공의 안전과 질서를 위태롭게 한다는 위험성에 중점을 두어 추상적 위험범으로 구성하는 것이 적절할 것이다.

2. 불법요소의 구성가능성

개인적 법익의 경우에는 법익의 향유자가 구체적으로 자신의 법익이 침해되었다고 주장할 수 있고, 그에 따라 침해여부를 국가가 판단하게 된다. 이에 반해서 사회적 법익과 관련해서는 직접적인 법익의 향유자가 존재하는 것이 아니므로 법익이 침해되었는지를 판단하는 것부터 법질서를 수호할 의무를 지는 국가가 그 여부를 판단해야 경우가 대부분이다.[40] 따라서 침해여부에 대한 판단의 기준은 객관화할 수 있어야한다. 이러한 객관화를 담보할 수 있으려면 금지대상과 행위에 대한 불법성이 구성요건에 명확하게 요건화가 되어야만 한다. 특히 불법구성에서 국가적 법익의 불법영역은 매우 협소하고 명확해야하고 사회적 법익의 불법영역은 개인적 법익보다 더 엄격해야 한다.

범죄의 구성요건적 행위는 범죄의 보호법익과의 관계에서 살펴보아야 한다. 범죄의 구성요건적 행위는 불법의 실질을 이루는 법익을 침해하거나 법익침해의 위험

39) 혐오표현을 범죄화 하는 경우에 혐오표현을 통한 '선동행위'의 가벌성을 인정할 수 있다고 하면서, 형법상 내란선동죄(제90조 제2항), 외환선동죄(제101조 제2항), 폭발물사용선동죄(제120조 제2항) 등을 그 예로 들고 있는 견해로, 박승호, 앞의 각주 3)의 73면.

40) 사회적 법익과 관련된 범죄로 인한 법익침해의 판단기준과 구성요건상 불법성이 개인적 법익의 경우보다 명확해야한다는 의미이다.

성을 야기하는 행위를 말하고, 범죄의 보호법익은 이러한 불법한 행위에 대한 가벌성의 범위를 제한하는 기능을 한다. 또한 형법은 모든 법익에 대한 침해와 위험을 처벌하는 일반적 구성요건을 두고 있지 않고, 범죄의 구성요건에 해당하는 특정 행위만을 처벌 대상으로 삼고 있다. 형사불법의 본질은 행위반가치와 결과반가치에 있고, 그러한 불법성에 대한 평가방식은 객관적으로 나타난 행위 속성을 먼저 검토한 다음 그로부터 비롯된 결과를 확인하기 위해 둘 사이의 귀속관계를 파악하는 방식으로 진행된다. 즉, 형사불법의 판단에서 우선 파악해야 하는 것은 행위의 불법성이다. 범죄의 구성요건적 행위는 범죄의 불법성을 이루는 구성요건으로서 불법유형에 상응하는 행위태양이고, 행위는 행위자의 주관적 의사와 밀접한 관련을 맺고 있지만 구성요건적 행위 그 자체는 행위자의 주관적 인식 또는 의사가 객관화된 객관적 구성요건으로 객관적, 외부적 평가의 대상이다. 따라서 범죄의 구성요건적 행위에 해당하는지 여부는 행위 당시에 객관적이고 외형적으로 드러난 행위태양을 기준으로 판단함이 원칙이다.

혐오표현을 공공의 안전과 질서를 보호하기 위한 범죄로 이해하면,[41] 혐오표현은 구성요건적 행위에 해당한다. 정확하게는 표현행위가 이에 해당하고, 표현의 내용요소는 혐오에 관한 것이다. 여기서 혐오는 범행동기가 아니라 구성요건적 행위 그 자체에 해당한다. 문제는 혐오표현이라는 행위요소가 객관적 구성요건요소로서 명확성의 원칙에 부합한가에 있다.[42] 입법과정에서도 개념적 정의가 명확하지 않아서 그 외연을 설정하는 것이 쉽지 않다면, 입법이후 법원의 해석과 적용과정에서 논란은 예상가능한 일이다. 명예훼손죄의 구성요건인 '공연성'의 의미와 판단 기준에 대해서 최근까지도 그 해석논란이 이어지고 있다는 점은 주목할 일이다.[43]

구성요건의 객관적 요소인 행위가 개념적으로 명확하지 않아서 외연을 확정하기

---

41) 일부 혐오표현의 형사범죄화를 공공의 안전과 평온을 해한다고 보는 견해로 박해영, "혐오표현에 관한 헌법적 고찰", 『공법학연구』, 제16권 제3호(한국공법학회. 2015), 162면.

42) 헌법재판소 2002. 2. 28. 선고 99헌가8 전원재판부 ; 죄형법정주의는 범죄와 형벌이 법률로 정해져야 함을 의미하는 것이고, 이러한 죄형법정주의에서 파생되는 명확성의 원칙은 누구나 법률이 처벌하고자 하는 행위가 무엇이며 그에 대한 형벌이 어떠한 것인지를 예견할 수 있고 그에 따라 자신의 행위를 결정할 수 있도록 구성요건이 명확할 것을 의미하는 것으로서, 처벌법규의 구성요건의 내용이 모호하거나 추상적이어서 불명확하면 무엇이 금지된 행위인지를 국민이 알 수 없고 범죄의 성립여부가 법관의 자의적인 해석에 맡겨져 죄형법정주의에 의하여 국민의 자유와 권리를 보장하려는 법치주의의 이념은 실현될 수 없게 된다.

43) 대법원 2020. 11. 19. 선고 2020도5813 전원합의체 판결.

어려운 것이라면, 형사불법의 속성을 확정하기 어렵다는 것을 의미한다. 이러한 문제의식에서 혐오표현의 유형을 차별적 괴롭힘, 편견조장, 모욕, 증오선동으로 나누고 이중에서 소수자 집단에 대한 차별, 적의 또는 폭력을 조장·선동하는 증오 고취행위인 증오선동으로 한정하고 그러한 차별과 폭력이 임박하여 명백하고 현존하는 위험이 있는 경우에 형사범죄화는 가능하다는 견해가 있다.[44] 선동이란 타인의 정당한 판단을 흐리게 하여 범죄실행을 결의를 하게 하거나 이미 결의한 자의 결의를 조장하도록 자극을 주는 행위를 말한다.[45] 그러나 선동행위도 혐오표현과 마찬가지의 문제점을 가지고 있다. 내란선동과 관련한 대법원 판례에서 다수의견에 반대하는 견해는 이미 "내란선동은 내란범죄의 실행행위에 이르지 아니함은 물론 준비행위에도 이르지 아니한 것으로서 단지 언어적인 표현행위일 뿐이므로 내란음모죄와 마찬가지로 그 행위에 대한 평가 여하에 따라서는 적용범위가 무한히 확장될 가능성이 있고, 그러한 경우에는 표현의 자유를 위축시키고 죄형법정주의 원칙에도 위배될 우려가 크다"고 지적하고 있다.[46]

혐오표현의 형사규제와 관련하여 객관적 구성요건으로서 행위요소가 금지규범의 불법속성을 담아낼 수 없다면, 주관적 구성요건요소를 통해서라도 혐오표현의 불법속성이 포함될 수 있어야 한다. 주관적 구성요건으로서 불법성을 명확하게 하고 가벌성을 제한하기 위해서 고의 이외에 목적을 요건으로 구성할 수 있다. 앞서 본 외국의 입법례에서도 구성요건상 주관적인 고의뿐만 아니라, 의도 등을 담고 있다. 하지만 이러한 구성요건상 주관적 요소가 혐오표현의 불법성을 어느 정도 징표할 수는 있지만, 이를 입증하는 과정에서는 다시금 문제가 논란이 될 수 있을 것이다. 혐오표현의 경우에도 명예훼손죄의 경우와 마찬가지로 그러한 행위를 한 사람을 기준으로 행위의 불법성이 판단되어야 한다. 따라서 행위 대상에 대한 표현행위 이외에도 행위자의 고의와 더불어서 목적을 통해서 혐오표현의 불법의 속성이 드러날 수 있어야만 한다. 예를 들어 ' 특정집단의 편견과 배제를 유발할 목적'을 구성요건에 추가하여 객관적 구성요건요소에 대한 행위자의 인식으로서 '고의' 외에 '목적'이라는 주관적 심리상태가 더 갖추어짐으로써 비로소 그 행위의 법익침해위험성 내지는 불법이 인정되거나, 기존의 위험성이 증대되거나 또는 특수한 위험성이 발

44) 김지혜, "차별선동의 규제", 『법조』, 제64권 제9호(법조협회, 2015), 72면.

45) 김성돈, 『형법각론』, 제6판(성균관대학교출판부, 2020), 555면.

46) 대법원 2015.1.22. 선고 2014도10978 전원합의체 판결.

현되는 범죄유형인 목적범의 형식을 갖출 수 있다. 그런데 이렇게 되면 혐오표현에 대한 형사규제의 불법성은 혐오표현 행위의 객관적 요소보다 행위자의 주관적 요소의 불법비중이 높고 더 중요하게 되며, 이러한 주관적 요소로의 불법비중의 이동은 구체적 사건에서 입증의 어려움이라는 위험에 빠질 수 있다.

3. 주관적 구성요건요소의 증명의 문제

행위자의 내부적·심리적 현상에 해당하는 주관적 구성요건요소로는 고의와 목적범죄에 있어서의 목적 및 재산에 관한 죄에서의 불법영득의 의사와 같은 심리적 요소와 상습범에 있어서의 상습성과 각은 인격적 내지 성격적 요소가 있다. 형사소송법 제307조 제1항은 “사실의 인정은 증거에 의하여야 한다”고 규정하고 있으며, 여기에서 ‘사실’은 범죄될 사실을 의미한다. 따라서 구성요건해당사실로서 주관적 요소는 엄격한 증명의 대상이 된다. 고의란 객관적 구성요건에 대한 인식과 의욕이라고 이해되고 있기 때문에 객관적 구성요건을 구체화하는 것이 고의를 증명하는데 기여할 수 있다. 하지만 앞에서 살펴본 바와 같이 혐오표현의 객관적 구성요건은 이미 명확성의 원칙에 대한 논란을 불러 올 정도로 불확정이므로 고의의 증명에 도움이 되지 않을 것이다. 고의의 증명과 관련해서 판례는 “고의는 내심의 사실이므로 피고인이 이를 부정하는 경우에는 사물의 성질상 이와 상당한 관련성이 있는 간접사실을 증명하는 방법에 의하여 입증할 수밖에 없고, 이때 무엇이 상당한 관련성이 있는 간접사실에 해당할 것인가는 정상적인 경험칙에 바탕을 두고 치밀한 관찰력이나 분석력에 의하여 사실의 연결 상태를 합리적으로 판단하여 정하여야 한다”고 하고 있다.[47] 즉 고의의 증명방법은 간접사실을 엄격한 증명으로 하고, 그 간접사실로부터 고의의 유무를 경험칙에 바탕을 두고 합리적으로 추론할 수밖에 없다는 것이 판례의 입장이라고 할 수 있다.[48]

혐오표현에 대한 형사제재 규정이 영국의 「공공질서법」 제18조와 같이 ‘인종혐오를 고의적으로 유발한 경우’를 고려하여 주관적 불법요소를 구성한 경우를 가정한다면, 고의를 판단하는 문제는 사실인정에서 중요한 비중을 차지하게 된다. 실제 사실인정과정에서 고의인정여부를 판단하는 것은 매우 어려운 일이다.[49] 특히 피

47) 대법원 2008.9.11. 선고 2006도4806 판결.

48) 이주원, 『형사소송법』, 제2판(박영사, 2020), 354면.

고인이 자백을 하지 않는 상황이라면, 간접증거만으로 피고인을 판단해야 한다. 혐오표현에 의해 그 결과가 실증적으로 확인될 수 있다면, 그 결과를 증거로 삼아 피고인의 고의를 좀 더 용이하게 판단할 수도 있을 것이다. 그런데 혐오표현은 위험성을 통해 형사제재가 이루어질 수밖에 없는 범죄의 성격을 가지고 있기 때문에 고의를 판단하기가 더욱 어려운 문제가 된다. 혐오표현의 행위자가 고의를 부인하는 경우, 제3자의 진술이나 기타 객관적인 기록 등의 자료를 통하여 행위자가 그러한 인식을 하였거나 의사를 가졌다는 사실을 외부로 표현한 사실을 확인할 수 있다면 행위자의 부인에도 불구하고 고의가 증명될 수 있다고 할 수 있다.[50] 그런데 혐오표현의 경우에 고의의 증명이 이와 같은 방식으로 행해지게 되면, 결국 행위자가 과거에 타인에게 그러한 내용을 진술하거나 기록하거나 표현한 적이 있는지 여부에 따라 행위 당시 행위자의 인식과 의욕과는 상관없이 항상 고의가 인정될 수도 있는 문제가 있다. 즉 혐오표현의 경우 행위자가 여태까지 생활하는 동안에 법과 관련하여 어떠한 태도를 취했는가에 따라 형사책임을 지는 소위 행상책임(行狀責任)으로 변질될 위험이 있다.

Ⅳ. 결론

사회 공동체에 새로운 갈등요인이 감지되거나, 사회 구성원의 강력한 해결요구를 충족시키기 위한 방법으로 형사적 규제의 필요성을 강조하거나 기존보다 더 강력한 형사제재로 그 요구를 해결하려는 경향이 당연하게 받아들여지고 있는 것이 현실이다. 공동체의 평화로운 공존질서에 해악을 주거나 줄 수 행위에 대한 규제는 다양한 방식이 고려될 수 있다. 형사적 규제는 다른 규제 방식에 대해 보충적인 관계에 있으며, 최후의 수단으로 여겨질 경우라도 규제대상 행위의 불법요소를 당벌성의 관점에서 구성할 수 있어야 하며 여기에 죄형법정주의의 원칙에 따라 규범 수범자와 규범 적용자에 대해 명확성을 갖출 수 있어야 한다.

형사규제를 통해 특정행위를 범죄화하기 위해서 가장 먼저 전제되어야 할 것은 특정행위의 금지나 요구를 통해서 보호하고자 하는 이익, 즉 보호법익의 형성에 대

49) 양천수, "형사소송에서 사실인정의 구조와 쟁점", 『형사정책연구』, 제26권 제4호(한국형사정책연구원, 2015), 87면.

50) 류부곤, "주관적 고의의 객관적 구성", 『형사판례연구』, 제27권(한국형사판례연구회, 2019), 93면.

한 사회적 합의이다. 보호법익의 형성에 대한 사회적 합의가 이루어진다고 하더라도 특정행위의 범죄적 속성인 불법을 구성요건에서 정형화할 수 있어야 한다. 형법을 통한 형사제재의 전제는 제재하려고 하는 행위의 불법에 있다. 그러한 형사불법을 통해 야기되는 법익침해 내지 위태화라는 결과는 불법의 속성에 영향을 미치는 것이 아니라 불법의 정도에 영향을 주는 요인이라고 할 수 있다.

특정행위의 객관적 불법요소와 주관적 불법요소의 구성요건화를 위해서는 죄형법정주의원칙의 준수와 규범의 기능, 즉 의사결정규범과 평가규범 그리고 재판규범의 기능을 모두 고려하여야 한다. 위에서 살펴본 바와 같이 혐오표현의 형사규제를 위한 전제요건인 보호법익의 추출과 불법요소의 구성요건화는 생각보다 쉽지 않은 문제이다. 특히 객관적 구성요건요소가 명확성의 원칙에 위배되지 않아서 평가규범의 기능을 수행할 수 있게 되더라도 의사결정기능을 수행하기 어려운 문제가 있으며, 불법의 속성이 주관적 구성요건요소에 치우치게 되면 행위자의 주관적 요소에 대한 입증의 문제가 혐오표현이라는 정의되지 않은 개념과 맞물려서 재판규범으로서 기능을 수행하기 어려울 수 있다.

혐오표현에 관한 사회적 문제인식과 그에 따른 논의과정에서 혐오표현의 형사범죄화의 가능성에 대한 논의가 비교법적 관점에서 소개되고, 우리의 경우에도 형사처벌의 필요성을 전제로 입법안도 제시되었다. 이러한 과정이 담론수준의 논의를 넘어서고 상징적 입법이라는 오해를 받지 않으려면 혐오표현의 형사제재를 위한 불법의 속성을 분명하게 하고, 구성요건에 그러한 불법을 담아낼 수 있는지 그리고 그러한 금지규범이 재판규범의 기능을 수행하는데 적합한 것인가에 대한 검토가 반드시 전제되어야만 한다.

논문투고일 : 2021.12.12. 논문심사일 : 2021.12.14. 게재확정일 : 2021.12.31.

【참고문헌】

[국내문헌]

1. 단행본

김성돈, 『형법각론』, 제6판(성균관대학교출판부, 2020).
박미숙·추지현, 『혐오표현의 실태와 대응방안』(한국형사정책연구원, 2017).
송현정 외, 『혐오표현의 판단기준에 관한 비교법적 연구』(사법정책연구원, 2020).
이승현 외, 『혐오표현 리포트』(국가인권위원회, 2019).
이주원, 『형사소송법』, 제2판(박영사, 2020).
제레미 월드론/홍성수·이소영 역, 『혐오표현, 자유는 어떻게 해악이 되는가』(이후, 2017).
홍성수, 『말이 칼이 될 때』(어크로스, 2018).

2. 논문

김일수, “구성요건상 법익개념”, 『월간고시』 18권4호(월간고시사, 1991).
김지혜, “차별선동의 규제”, 『법조』 제64권 제9호(법조협회, 2015).
류부곤, “주관적 고의의 객관적 구성”, 『형사판례연구』 제27권(한국형사판례연구회, 2019).
류전철, “법익의 형법해석학적 역할”, 『법학논총』 제33집 제2호(전남대학교 법학연구소, 2013).
문덕민, “혐오표현의 형사제재에 관한 비교법적 고찰 – 이른바 유럽모델과 미국모델을 중심으로 –”, 『비교형사법연구』 제23권 제2호(한국비교형사법학회, 2021).
박상민, “범행동기에 따른 가중처벌의 문제점 – 혐오범죄를 예로 하여 –”, 『형사정책』 제29권 제3호(한국형사정책학회, 2017).
박승호, “혐오표현의 개념과 규제방법”, 『법학논총』 제31권 제3호(국민대학교 법학연구소, 2019).
박해영, “혐오표현에 관한 헌법적 고찰”, 『공법학연구』 제16권 제3호(한국공법학회, 2015).

배상균, “일본의 혐오표현 형사규제에 관한 검토”, 『형사정책연구』 제28권 제2호(한국형사정책연구원, 2017).

양천수, “형사소송에서 사실인정의 구조와 쟁점”, 『형사정책연구』 제26권 제4호(한국형사정책연구원, 2015).

이영희 · 이재진, “‘집단표시에 의한 모욕죄’와 혐오표현”, 『언론과 법』 제19권 제1호(한국언론법학회, 2020).

이용, “집단표시에 의한 명예훼손죄와 모욕죄”, 『법조』 통권 제703호(법조협회, 2015/4).

이정념, “혐오범죄의 개념과 그 속성, 입법적 고려사항”, 『경찰법연구』 제13권 제1호(한국경찰법학회, 2015).

이정념, “혐오범죄의 형사법적 규율에 관한 제언 – 미국의 혐오범죄예방법 및 혐오범죄통계법을 중심으로”, 『경찰법연구』 제9권 제2호(한국경찰법학회, 2011).

이정념, “혐오표현의 법적 정의와 그 제한을 위한 몇 가지 기준들”, 『법학연구』 제30권 제2호(충남대학교 법학연구소, 2019).

이준웅 · 박장희, “모든 더러운 말: 증오발언 규제론 및 규제반대론 검토”, 『서울대학교 法學』 제59권 제3호(서울대학교 법학연구소, 2018).

조계원, “한국에서 증오범죄의 가능성과 규제방안”, 『법과 사회』 제55호(법과사회이론학회, 2017).

최준혁, “형법을 통한 인간 존엄성의 보호”, 『경찰법연구』 제18권 제3호(한국경찰법학회, 2020).

홍성수, “혐오(hate)에 어떻게 대응할 것인가? – 혐오에 관한 법과 정책”, 『법학연구』 제30권 제2호(충남대학교 법학연구소, 2019).

홍성수, “혐오표현의 규제”, 『법과 사회』 제50호(법과사회이론학회, 2015).

홍성수, “혐오표현의 해악과 개입의 정당성: 금지와 방치를 넘어서”, 『법철학연구』 제22권 제3호(한국법철학회, 2019).

【국문초록】

혐오표현에 대한 형사규제를 위한 논의에서 혐오표현의 해악을 강조하여 형사규제의 필요성을 주장하는 것만으로는 충분하지가 않고 법익구성과 더불어서 혐오표현의 불법을 구성요건의 요소로 담아낼 수 있는지도 중요하다. 그러므로 혐오표현에 대한 형사규제의 논의를 위해서는 혐오표현을 통해 보호하고자 하는 법익이 구성될 수 있어야 하고 명확성의 원칙에 부합하는 혐오표현의 불법속성이 구성될 수 있어야 하며 재판규범으로서 증명의 문제도 전제요건으로 검토가 선행되어야 한다.

혐오표현의 개념에 대한 합의가 아직 이루어지지 않고 있다는 점은 결국 혐오표현의 형사규제와 관련해서 혐오표현의 불법을 객관적 구성요건에 담아내기 어렵게 만들고, 결국 혐오표현의 불법의 속성을 주관적 구성요건을 통해서 구성하여야 하는 문제를 야기하게 된다. 혐오표현에 대한 형사적 규제를 염두에 둔다면 포괄적인 상징적 의미에 머물러서는 안되며, 혐오표현에 대한 형사적 규제는 구체적이고 특정할 수 있는 규범내용으로써 규범수범자를 향한 의사결정기능과 규범적용자를 향한 평가기능이 가능한 구체적인 금지의 실질을 제시할 수 있어야 한다.

특정행위가 사회적으로 유해한 것이므로 이를 해결하기 위해서 형벌로써 대응해야 한다고 주장하는 것이 매우 일반적인 현상이 되어가는 것은 바람직하지 않다. 특정행위의 형사제재의 전제요건들의 가능성을 검토하지 않고, 형사처벌의 당위성을 먼저 제기한 후에 입법적 대응에 대한 여론이 조성되고 입법안으로 제시되는 현상은 지양되어야 한다. 특정행위의 처벌의 당위성만으로 그러한 행위가 범죄가 될 수는 없으며, 여기에는 보호법익의 구성가능성과 해당 특정행위를 형사불법의 속성으로 구성할 수 있어야 한다. 이 논문에서는 혐오표현의 개념적 정의나 혐오표현에 대한 독자적인 입장을 개진하는 것이 아니라 혐오표현에 대한 형사규제 논의를 위해서 선행적으로 검토되어야 할 전제요건으로서 법익의 구성가능성과 법익의 체계적 위치 그리고 혐오표현행위가 불법요소를 구성할 수 있는지 그리고 주관적 요소의 증명의 문제를 검토하고 있다.

◈ 주제어: 혐오표현, 법익, 불법, 증명, 명확성의 원칙

【Zusammenfassung】

Das Problem der Konstruierbarkeit und des Nachweises unrechter Elemente zur strafrechtlichen Regulierung von Hassreden

Ryu, Chen-Chel*

In der Diskussion um die strafrechtliche Regulierung der Hassrede reicht es nicht aus, den Schaden der Hassrede hervorzuheben und auf der Notwendigkeit einer strafrechtlichen Regulierung zu bestehen. Neben der Zusammensetzung von Rechtsgut ist es auch wichtig, das Unrech von Hassreden als Tatbestandselement einzubeziehen. Um über eine strafrechtliche Regulierung der Hassrede zu diskutieren, müssen daher die durch Hassrede zu schützenden Rechtsgüter gebildet werden können. Und der Charakter des Unrechts der Hassrede nach dem Grundsatz der Klarheit sollen konstruiert werden können. Auch die Beweiserteilung sollte als Voraussetzung überprüft werden.

Die Tatsache, dass es noch keinen Konsens über den Begriff der Hassrede gibt, macht es schwierig, das Unrecht von Hassrede als objektiven Tatbestand in die strafrechtliche Regulierung von Hassrede einzubeziehen. Letztlich wirft dies das Problem auf, das Unrecht von Hassreden durch subjektive Tatbestand zu komponieren. Wenn man an die strafrechtliche Regulierung von Hassreden denkt, sollte dies nicht in einer umfassenden symbolischen Bedeutung bleiben. Strafrechtliche Regelungen zu Hassrede sollen in der Lage sein, konkrete Verbote, die den Normgläubigen eine Entscheidungsfunktion und gegenüber den Normanwendern eine Bewertungsfunktion bieten können, als konkrete und spezifische normative Inhalte inhaltlich darzustellen.

Es ist unerwünscht, dass es zu einem weit verbreiteten Phänomen wird, zu behaupten, dass eine bestimmte Handlung sozial schädlich ist und als Bestrafung behandelt werden sollte, um sie zu lösen. Ohne die Möglichkeit

* Professor, Chonnam National University, School of Law, Ph. D. in Law.

der Voraussetzungen für strafrechtliche Sanktionen für eine konkrete Handlung zu prüfen, sollte vermieden werden, dass ein Gesetzesvorschlag zur strafrechtlichen Bestrafung vorgelegt wird. Allein die Rechtfertigung einer Strafe für eine bestimmte Handlung kann kein Verbrechen darstellen. Dabei soll es möglich sein, die Zusammensetzbarkeit von geschützten Rechtsgütern und der konkreten Tat als strafbar zu machen. In diesem Beitrag soll keine konzeptionelle Definition von Hassrede oder eine unabhängige Position zu Hassrede darstellen. Als Voraussetzung für die Diskussion der strafrechtlichen Regulierung von Hassrede(Hate Speech) untersuche ich die Möglichkeit der Konstruktion von Rechtsgütern, die systematische Lokalisierung von Rechtsgütern, ob Akte von Hassrede(Hate Speech) Unrechtselemente darstellen können und die Problematik des Nachweises subjektiver Elemente.

◈ Stichwort: Hassrede(Hate Speech), Rechtsgut, Unrecht, Nachweis, Grundsatz der Klarheit

[특별기고]

(사)한국형사소송법학회 회고와 전망
- 새로운 10년을 준비하며 -

정 웅 석 교수(학회 회장)

제1부 (사)한국형사소송법학회 창립배경 및 과정

Ⅰ. 창립배경

○ 2008년 Law－school제도가 도입되어 형사실무가 중요한 과목이 되었으므로 형사소송법을 전문적으로 연구하는 학회 구성이 절실함.

○ 모든 분야가 세계화되는 상황 하에서 형사소송법의 국제화를 추진하기 위해서는 외국법제에 대한 연구가 절실하므로 이에 대한 역량을 강화하기 위하여 외국법제를 전문으로 다룰 학회구성이 절실함.

○ 기존 학계와 달리 법원 및 검찰 그리고 변호사 단체 등과 연계하여 현재 우리 사회에서 문제되고 있는 이슈들을 학회차원에서 자주 토론함으로써 교수님은 물론 실무가(판사, 검사, 변호사)가 모두 참여하는 새로운 형태의 전문적인 모임을 만들고자 함.

Ⅱ. 창립과정

1. 1차 준비모임

(1) 1차 준비모임 참석자

○ 일시 : 2009년 4월 17일(금요일) 저녁 7시

○ 장소 : 타워차이(서초역 8번 출구에서 50m 직진 하면 산낙지 간판이 나오며, 그곳을 끼고 들어가 2시 방향에 있음)

○ 참석자 : 김종구(전 법무부 장관), 심희기(연세대), 서석호(대한변협법제이사),

노명선(성균관대), 오경식(강릉대), 송광섭(원광대), 이상원(서울대), 차동언(순청지청장), 백승민(연세대), 이완규(제천지청장), 정웅석(서경대), 김희균(성신여대), 안성수(검사), 이윤제(인하대) <총 14 명>

⑵ 준비모임 결의내용

Ⅰ. **학회 명칭 및 목적**

1. 학회 명칭

: [한국 형사소송법학회]로 한다.

2. 학회 목적 – 수정하기로 함

: 형사소송법을 전문적으로 연구하는 학회가 전무(全無)하므로 형사소송법의 발전 및 학문적 다양성을 포용하지 못하는 등 기존 학회가 갖고 있는 한계를 극복하기 위하여 설립하고자 함

Ⅱ. **학회 구성**

o 실무가(판사, 검사, 변호사 등) 및 기존의 형사법 교수님을 망라함

o 다만 임원 및 회원 구성은 형법관련 학회회원과 겹치지 않는 분들로 우선 구성함

Ⅲ. **학술행사**

1. 4회 행사

– 춘계:

– 하계: 한국 형사소송법 회고와 전망(메리어트 호텔)

– 추계: 9월 19일 내지 9월 26일(성대 또는 연대)

– 동계: 12월 5일 내지 12일(연대 또는 성대)

2. 학진 학회 개최 지원금 신청 – 오경식 교수님께서 담당

– 온라인신청기간: 4. 17(금), 09:00 – 4. 30(목) 18:00

Ⅳ. **학회지 발간 계획**

- 연 4회 발간
- 발간지 문제 : 별도의 학회지를 만들기로 결정
- 창립총회가 끝나면 실질적으로 연구이사와 편집이사의 역할이 제일 중요함

Ⅴ. 기타 사항

1. 창립총회 개최

(1) 일시 : 2009년 6월 12일(금) 15시 30분 – 20시

(2) 장소 : 메리어트 호텔(반포)

(3) 인원 : 100명 내외 (예약 : 안성수 검사님)

(4) 방식 : 15시 30분 – 16시 : 접수 및 내방객 영접

(방명록, 명찰, 브로셔, 플랜카드, 가입신청서, 다과 및 음료, 마이크 준비)

제1부 – 학술발표회(16시 – 17시)

o 주제 : 로스쿨 교육에 있어서 형사소송법 교육 방법론

o 발표자 : 이상원 교수님(서울대) 섭외

o 토론자 : 구본진 검사(법무연수원)
노명선 교수님(성대)
송광섭 교수님(원광대)

제2부 : 좌담회(17시 – 18시)

o 주제 : 한국 형사소송법 회고와 전망

o 수사 : 백형구 변호사님

증거 : 이재상 교수님

제3부 – 창립총회 개최(18시 – 18시 30분) 및 만찬(18시 30분 – 20시)

o 개회사 ——— 사회자

o 내빈 소개 ——— 사회자

o 인사말씀 ——— 학회 회장

o 축사

– 김일수 교수님

– 임채진 검찰총장님

– 김평우 대한변협회장님

o 경과보고 ———

o 학칙 및 임원 선임 ——— 학회 회장

o 폐회사 ——— 사회자

(5) 검토
- o 1부 준비는 노명선 교수님께서 담당
- o 2부 준비는 오경식 교수님께서 담당
- o 3부 준비는 백승민 교수님께서 담당

2. 임원 및 회원 구성
- o 법원과의 균형을 생각해서 임원 구성
- o 국제학회를 연 1회 개최할 수 있는 임원 구성
  — 실질적으로 도움을 받을 수 있도록 구성(공조직 활용)

3. 창립비용 문제
- o 각 임원들로부터 각출
- – 회장 : 200만원
- – 선임부회장 : 100만원
- – 부회장 : 50만원
- – 상임이사 : 20만원
- – 이사 : 10만원
- o 정승환 교수님(고대)께 말씀드려서 통장을 빨리 만들도록 함.

4. 사단법인 등록 문제 – 서선진 법무사에게 일임

5. 형사소송법학칙 및 투고지침 – 출판이사님께 일임

6. 6월 12일 창립총회를 하기 위해서는 시간이 부족하므로 빠른 준비가 필요함

2. 2차 준비모임

(1) 2차 준비모임 참석자

○ 일시 : 2009년 5월 1일(금요일) 저녁 7시

○ 장소 : 타워차이

○ 참석자 : 심희기(연세대), 조균석(이대), 김영철(변호사), 노명선(성대), 송광섭(원광대), 오경식(강릉대), 이완규(제천지청장), 이인영(홍익대), 하태영(동아대), 김희

균(성신여대), 정웅석(서경대), 안성수(대검), 이윤제(아주대), 정준섭(숙대), 황태정(경기대) <총 15명>

(1) 준비모임 결의내용

Ⅰ. **학술행사**

1. 하 계: 한국 형사소송법학회 창립총회 및 학술발표회
2. 추 계
- 주제 :
- 장소 : 성대 또는 연대
- 일시 : 9월 19일 내지 9월 26일
- 발표자 :
- 토론자 :
3. 동 계
- 주제 :
- 공동학술대회 : 대검찰청 미래기획단 또는 법원 실무연구회 또는 법무연수원과 공동 개최 추진
- 장소 : 연대 또는 성대
- 일시 : 12월 5일 내지 12일
- 발표자 :
- 토론자 :

Ⅱ. **학회지 발간 계획**

- 연 4회 발간
- 최초 발간시기 : 9월 또는 12월
- 학회지 형태 : 표지 및 도안문제
- 편집위원회 구성문제 - 출판이사님에게 일임
- 논문 제출 시 비용 지급문제

Ⅲ. **기타 사항**

1. 창립총회 개최

(1) 일시 : 2009년 6월 12일(금) 15시 30분 - 20시

(2) 장소 : 메리어트 호텔(반포)

(3) 인원 : 100명 내외 (예약 : 안성수 검사님)

(4) 방식 : 15시 30분 – 16시 : 접수 및 내방객 영접

(방명록, 명찰, 브로셔, 플랜카드, 가입신청서, 다과 및 음료, 마이크 준비)

- 접수 : 학생 동원 담당교수
- 방명록, 명찰, 플랜카드, 가입신청서 준비 :
- 브로셔 제작 및 발송 :
  (검찰, 법원, 변호사협회 홍보문제)
- 다과 및 음료 준비 :

제1부 – 학술발표회(16시 – 17시)

o 주제 : <u>로스쿨 교육에 있어서 형사소송법 교육 방법론</u>

o 사회자 :

o 발표자 : 이상원 교수님(서울대)

o 토론자 : 구본진 검사(법무연수원)
노명선 교수님(성대)
송광섭 교수님(원광대)

제2부 : 좌담회(17시 – 18시)

o 주제 : <u>한국 형사소송법 회고와 전망</u>

o 사회자 : 오경식 교수님

o 수　사 : 백형구 변호사님
증　거 : 이재상 교수님

제3부 – 창립총회 개최(18시 – 18시 30분) 및 만찬(18시 30분 – 20시)

o 개회사 ———— 사회자

o 내빈 소개 ———— 사회자

o 인사말씀 ———— 학회 회장

o 축　사

– 김일수 교수님

– 임채진 검찰총장님

– 김평우 대한변협회장님

o 경과보고 ———— 총무이사
o 학칙 및 임원 선임 ———— 학회 회장
o 폐회사 ———— 사회자

(5) 검토

o 1부 준비는 노명선 교수님께서 담당
o 2부 준비는 오경식 교수님께서 담당
o 3부 준비는 백승민 교수님께서 담당

2. 임원 및 회원 구성

o 임원 구성 : 완료
o 회원 구성 : 이사 선임문제

3. 창립비용 문제

o 각 임원들로부터 각출
– 회장 : 200만원
– 선임부회장 : 100만원
– 부회장 : 50만원
– 상임이사 : 20만원
– 이사 : 10만원

4. 사단법인 등록문제 – 서선진 법무사에게 일임

5. 형사소송법학칙 및 투고지침 – 출판이사님께 일임

6 국제학술대회 개최

o 2010년 국제학술대회 준비
– 국제연구이사 및 국제섭외이사 담당

7. 월례 학술발표회 개최 : 2010년 매월 학술발표회 개최문제(안)

– 주제 : 제한없음
– 장소 : 대학교 섭외(주차권 문제)

– 일시 : 매월 첫 번째 토요일 내지 두 번째 토요일 10 –12시 (단 3, 6, 9, 12월은 정기학술대회로 대체) – 발표자 : – 토론자 :

○ 창립총회를 준비하던 중 창립과정에 대한 의문을 제기하면서, 한국형사법학회 손동권 회장의 메일이 한국형사법학회 임원들에게 전달됨.

*** [한국형사법학회 손동권 회장님 메일]**

한국형사법학회 학회원 여러분 그동안 안녕하셨습니까.

최근 우리 학회와 연구 및 활동 영역이 중복되는 한국 형사소송법학회의 창립 소식이 들려서, 이를 알리고 회원 여러분에게 당부의 말씀도 드릴 겸하여, 이렇게 이메일을 송부합니다. 제가 들은 바에 의하면, 현재 몇몇 검찰 출신 교수님들이 앞장서, 전임 법무부장관을 학회장, 법관 및 변호사의 법조인(출신교수)과 학자교수 등을 학회 부회장, 우리 학회의 기존 고문(전임회장)님 중에서 몇몇 분을 고문으로 각각 내정하면서(고문 내정 시 당사자의 사전 동의를 받지 않은 경우도 있음이 확인됨), 한국 형사소송법 학회의 발기 작업을 진행 중에 있고, 6월 12일에 정식 학술발표대회도 개최한다고 합니다. 여기에 우리 학회의 일부 학자교수님도 도움을 주는 차원에서 새 학회의 내정된 임원으로 발기준비에 참가하고 있는 것으로 알고 있습니다. 기존 학회에서 발표 및 활동의 기회를 많이 갖지 못하신 실무가 출신 교수님들이 자신들의 활동공간을 마련하는 차원의 연구회 정도를 창립하는 것에 대해서는 그 필요성 인정과 함께 축하도 해 주어야 하겠습니다만, 우리 학회의 활동영역과 중복될 뿐만 아니라 우리 학회의 회원들을 다소 비공개적으로 영입하여 정식 학회를 창립하려는 것에 대해서는 다수 우리 학회 임원(및 고문)님들이 우려를 표하십니다. 우리 학회의 다수 임원(및 고문)님이 표하시는 우려말씀은 다음과 같습니다.

– 우리 학회가 한국 형사실체법 학회로서 연구 활동 영역이 축소될 우려가 있음.

– 전 법무부장관을 학회장으로 모시고 검찰 출신 교수가 주도하여 창립한 모임에서 앞으로 활동하시게 될 일부 우리 학 회원들이 학문적 중립성을 계속 유지할 수 있을지 우려됨.

– 새로운 학회에서 임원으로 활동하시게 될 우리 학회의 현재 임원님이 계속 우리 학회에서도 적극적으로 열심히 임원활동을 하실지 우려됨 (우리 학회 고문님 중에서는 새로

운 학회의 임원으로 활동하시게 될 현재 우리 학회 이사 이상 임원님에 대해서는 자진사퇴를 권유하여야 한다는 의견도 제시하셨음)

– 우리 학회가 6월 20일 형사소송법 주제에 대한 연구 발표회를 갖기로 되어 있는데, 그 바로 앞 6월 12일 한국 형사소송법 학회를 창립하면서 같은 주제에 대한 연구발표회를 개최하는 다소 무례적인 처사가 우려됨.

– 이러한 새로운 학회창립의 움직임은 우리 학회가 그 동안 형사소송법 영역에 대해서 다소 소홀히 한 면이 있기 때문에 발생한 것으로 사료되기 때문에, 앞으로 우리 학회는 형사소송법 영역에 대해서도 연구 활동을 강화하여야 한다는 어떤 고문님의 뼈아픈 지적도 있었음.

존경하옵는 한국 형사법학회 회원 여러분! 이상은 제가 우리 학회 임원(고문)님들께서 주신 그 동안의 말씀을 정리하여 알려드리는 것이오니, 이를 참작하시어 각자 자유롭게 현명한 판단 및 결정을 해 주시기 바랍니다. 앞의 고문님이 지적한 바와 같이, 앞으로 형사소송법의 영역에 대해서 학회의 연구 활동을 더욱 강화하는데, 저 자신 최대한 노력하겠습니다.

회원님들의 성원에 항상 감사드리오며——

한국 형사법학회 2009년 회장 손동권 드림.

○ 이에 조균석 교수님 등 몇몇 교수님들께 자문을 구한 바, 일일이 대응하기보다는 공부하는 모습을 보여주는 것이 최선의 방책이라는 고언에 따라 창립총회를 연기하기로 결정하고 대신 매월 월례발표회를 개최하기로 결정함.

○ 이후, 오영근 교수님께서 한국형사법학회 회원들에게 다음과 같은 메일을 발송함.

*** [한국형사법학회 오영근 교수님 메일]**

존경하는 임원님들께,

형사소송법학회에 대한 저의 의견을 말씀드립니다.

1. 형사소송법학회를 창립한다고 하는 것에 대해서 저 개인적으로는 반대하고 그 학회에 참여할 의사도 없습니다.

2. 그러나 그렇다고 하여 우리 학회가 공식적으로 대응하는 것도 바람직하지 않다고 생각합니다. 우리 학회가 형사소송법학에 대한 모든 문제를 다룰 수 있는 것도 아니고, 새로 창립되는 학회가 형사소송법에 대한 심도 있는 연구를 한다면 우리나라 전체 차원에서 바람직하기 때문입니다. 형사정책학회, 피해자학회 등이 있다고 하여 우리 학회에서 이러한 주제를 다루지 못하는 것도 아닌 것과 마찬가지입니다.

3. 새로 만들어지는 학회가 나쁜 일을 하겠다고 명시적으로 목표를 내세운 것이 아닌 한 우리 학회에서 개인 회원이나 임원들에게 가입하라 말라, 혹은 그 학회에 가입하려면 우리 학회를 떠나라는 식의 대응은 하지 않는 것이 우리 학회를 위해서도 바람직하다고 생각합니다. 어차피 학회에 대한 평가는 장시간에 걸쳐 이루어지는 것이므로, 오히려 새로운 학회가 건전하게 성장할 수 있도록 감시도 하고 도와도 주는 것이 맏형 학회로서의 자세라고 생각됩니다.

오영근 올림

3. 한국형사소송법학회 창립준비위원회 발족

논 의 사 항

Ⅰ. 창립총회 개최문제

1. 학술토론회 개최(주제, 발표자, 토론자, 사회자 섭외 등)

– 심희기 교수님(준비위원장), 조균석 교수님, 이상원 교수님, 오경식 교수님이 협의하여 9월 월례발표회 때 공지 요망

(1) 일시 : 2009년 12월 18일(금) 15시 30분 – 20시

(2) 장소 : 메리어트 호텔(반포)(대여료: 저녁 및 후식 포함 7백만원 정도 예상)

(3) 인원 : 100명 내외

(4) 준비(방명록, 명찰, 브로셔, 플랜카드, 가입신청서, 다과 및 음료, 마이크 준비)

- 접수 : 학생 동원 담당교수
- 방명록, 명찰, 플랜카드, 가입신청서 준비
- 브로셔 제작 및 발송 :
  (검찰, 법원, 변호사협회 홍보문제)
- 다과 및 음료 준비 :

2. 임원 및 회원(이사) 구성
 o 임원 구성(준비위원 중심으로 구성)
 o 회원(이사) 구성(9월 월례발표회 공지때부터 회원 가입을 권고함)

Ⅱ. 학회지 발간문제

– 편집위원장(이인영 홍익대 교수)에게 일임하여 9월 월례발표회때 공지 요망

- 연 2회 발간
- 발간시기 : 9월 및 12월
- 학회지 형태 : 표지 및 도안, 출판사문제
- 편집위원회 구성
- 논문 제출시 비용 지급문제
- 준비위원들은 의무적으로 논문 1편씩 제출

Ⅲ. 기타 사항

1. 창립비용 문제
 o 각 임원들로부터 각출
 – 회장 : 200만원
 – 선임부회장 : 100만원
 – 부회장 : 50만원
 – 상임이사 : 20만원
 – 회원(이사) : 10만원

2. 사단법인 등록문제 – 서선진 법무사에게 일임(10월 중으로 완료)

3. 형사소송법학회 학칙 및 투고지침 – 편집위원장님께 일임

4. 준비위원 모집

• 확정된 준비위원(존칭 생략)

금태섭(변호사), 박영관(변호사), 김희균(성신여대), 노명선(성대), 노수환(성대), 백승민(연대), 서석호(대한변협 법제이사), 심희기(연대), 송광섭(원광대), 안성수(대검), 양종윤(변호사), 오경식(강릉대), 원재천(한동대), 이상원(서울대), 이완규(제천지청장), 이인영(홍익대), 이윤제(아주대), 이주원(고대), 정승환(고대), 정웅석(서경대), 정준섭(숙대), 정종욱(변호사), 조균석(이대), 차동언(순천지청장), 최병문(상지대), 하태영(동아대). (가.나.다. 순임)

• 준비위원 가입을 원하시면 20만원을 준비비용으로 제출 요함

신한은행 110 – 272 – 055428(예금주 : 정준섭)

5. 기관회원 모집

• 법무법인 가입을 적극적으로 요청

6. 형사소송법 월례발표회 참석시 변호사 봉사시간 인정

• 김정태 서울변호사협회 사무총장으로부터 서류 받기로 함

Ⅳ. 제4회 월례발표회 공지

O 일 시 : 2009년 9월 18(금요일) 오후 7:00 – 9:30

O 발표자 및 주제 등

– 사 회 자 : 송광섭 교수(원광대)

1. 제1부(국내)

– 발 표 자 : 강병훈 변호사(법률구조공단)

– 발표제목 : 변호인의 조력을 받을 권리와 관련된 논문

– 토 론 자 : 이주원 교수(고려대)

2. 제2부(국외)

– 발 표 자 : 김영기 검사(대검찰청 미래기획단)

– 발표제목 : 프랑스 형사사건 처리절차와 관련된 논문

– 토 론 자 : OOO 판사

4. 3차 준비모임

(1) 3차 준비모임 참석자

○ 일 시 : 2009년 10월 11일(일요일) 저녁 8:00

○ 장 소 : 반포 팔레스 호텔

○ 참석자 : 김희균(시립대), 노명선(성대), 노수환(성대), 심희기(연세대), 양종윤(변호사), 오경식(강릉대), 원재천(한동대), 이상원(서울대), 이완규(제천지청장), 이윤제(아주대), 이인영(홍익대), 정웅석(서경대), 정준섭(숙대), 조균석(이대), 차동언(순천지청장), 최병문(상지대). <총 16명>

(2) 준비모임 결의내용

Ⅰ. 학회지 발간 계획

- 연 2회 발간 : 형사소송법연구
- 최초 발간시기 : 2009년 12월
  - 월례발표회 자료 및 일부 논문을 첨부하여 12월 발간
- 학회지 형태 : 표지 및 도안문제
- 논문 지침 : 미래기획단 지침 활용
- 편집위원회 구성문제 – 출판이사님에게 일임
- 한국문헌번호센터(ISSN) : 학술지표지, 목차, 판권을 제출(On–line가능)
  - 7일 내에 국립중앙도서관에 납본 제출(의무사항)
  - 창간사 : 회장님
  - 격려사 :

Ⅱ. 창립총회 등 개최

1. 창립총회

(1) 일시 : 2009년 12월 11일(금) 15시 30분 – 20시

(2) 장소 : 코엑스

(3) 인원 : 100명 내외 (예약 : 정준섭 교수님)

(4) 준비물 : 15시 30분 – 16시 : 접수 및 내방객 영접

(방명록, 명찰, 브로셔, 플랜카드, 가입신청서, 다과 및 음료, 마이크 준비)

- 접수 : 학생 동원 담당교수

- 방명록, 명찰, 플랜카드, 가입신청서 준비 :
- 브로셔 제작 및 발송 :
  (검찰, 법원, 변호사협회 홍보문제)
- 다과 및 음료 준비 :

제1부 – 학술발표회(16시 – 17시 40분)

o 주제 : 우리 형사소송이 당사자주의인가? 직권주의인가?

o 사회자 :

o 발표자 : 당사자주의 시각에서 –
직권주의 시각에서 –

o 토론자 : 당사자주의 시각에서 –
직권주의 시각에서 –

제2부 – 창립총회 개최(18시 – 18시 30분) 및 만찬(18시 30분 – 20시)

o 개회사 ———— 사회자

o 내빈 소개 ———— 사회자

o 인사말씀 ———— 학회 회장

o 축 사

– 백형구 변호사님

– 차용석 교수님

– 이재상 교수님

– 한국형사법학회 회장님 :

– 한국형사정책학회 회장님 :

– 한국비교형사법학회 회장님 :

o 경과보고 ———— 총무이사

o 학칙 및 임원 선임 ———— 학회 회장

o 폐회사 ———— 사회자

2. 임원 및 회원 구성

o 임원 구성 : 완료

o 회원 구성 : 이사 선임문제

Ⅲ. 기타 논의사항

1. 창립비용 문제

o 각 임원들로부터 각출

- 회장 : 200만원
- 선임부회장 : 100만원
- 부회장 : 50만원
- 상임이사 : 20만원
- 이사 : 10만원

2. 사단법인 등록문제 - 서선진 법무사에게 일임

3. 투고지침 - 미래기획단 최근 자료

4 월례 학술발표회

- 2010년부터 발표자 1명 토론자 2명으로 결정

5. 정기총회 개최

- 5월 및 10월 개최(연 2회)

6. 2010년 국제학술대회 개최

- 성신여대와 공동 개최 (김희균 교수님에게 일임)

5. 창립총회 개최(2009년 12월 11일)

(1) 초대의 글

초대의 글

안녕하십니까!

여러분의 건강과 행복을 기원합니다.

최근 Law-school제도가 도입되어 형사실무가 중요한 과목이 되었으므로 형사절차법을 전문적으로 연구하는 모임이 필요할 뿐만 아니라 모든 분야가 세계화되는 상황속에서 형사절차의 국제화에 일조하기 위해서도 외국의 법제를 전문적으로 연구하는 모임이 절실합니다.

이에 형사소송법을 대학에서 가르치는 교수님 및 실무가(판사, 검사, 변호사)들이 우리 사회에서 문제되고 있는 이슈들을 학회차원에서 자주 토론함으로써 교수님은 물론 실무가(판사, 검사, 변호사)가 모두 참여하는 새로운 형태의 전문적인 모임을 만들고자 합니다.

아무쪼록 이번 한국형사소송법학회 창립총회 및 학술토론회를 통해 우리나라 형사소송의 바람직한 방향을 정립하고자 하오니 부디 참석하시어 자리를 빛내 주시고 소중한 의견을 주시기 바랍니다.

감사합니다.

2009년 12월 11일

한국형사소송법학회 회장 김 종 구

(2) 창립총회 보도자료

보 도 자 료 2009. 11. 14.(월)	사단법인 **한국형사소송법학회** 총무이사 성균관대학교 교수 노명선 전화 02-760-0313, 016-9480-5252 FAX 02-762-0314
제 목	**한국형사소송법학회 창립총회 개최**

○ 2009. 12. 11(금). 서울 강남구 삼성동 소재 코엑스 컨포런스룸 308호에서 사단법인 한국형사소송법학회(회장 김종구 전 법무부장관)가 창립총회를 가졌다. 김종구 전 법무부장관을 학회장으로, 손기식 성균관대 법학전문대학원 원장과 김진환 충정법무법인 대표변호사, 심희기 연세대 법학전문대학원 교수를 각 학회 부회장으로 선출하여 임기 1년의 임원진도 구성하였다.

○ 창립총회에는 법조계를 대표하여 김준규 검찰총장과 양삼승 대한변호사협회 부회장이 축사를 하였고, 차용석 한양대 명예교수와 이재상 이화여대 석좌교수가 고문으로, 정종욱(삼성), 김상민(CJ), 정희찬(LG CNS), 박용주(SK) 각 법무실 상무가 기관회원의 대표로, 이강원 서울고등법원 부장판사, 이영란 교수(숙명여대), 정진연 교수(숭실대), 서석오(대한변호사협회 법제이사), 김정태(서울변호사협회 총무이사), 이승구, 박영관 변호사 등 회원 약 100여 명이 참석하였다.

○ 김준규 검찰총장은 축사를 통해 "국민에게 불편과 부담을 주고 있는 형사사법의 큰 틀을 바꾸는데 형사소송법학회가 앞장서 달라"고 당부하였고, 창립총회 전에 개최된 제7회 월례학술발표회에서는 「우리 형사소송이 직권주의인가 당사자주의인가」라는 테마로 차동언 검사(대검찰청 국제협력센타장)와 조병선 교수(청주대)의 열띤 공방이 있었다.

○ 한편 동 학회는 「크로포드판결 이후 미국 연방대법원 판례의 경향(저자 금태섭 변호

사)」 등 그동안 6회에 걸쳐 발표한 논문 7편을 담은 창간호를 발간·배포하였으며, 매월 3주째 금요일 19:30 – 21:30 서울 강남구 대치동 소재 포스코 건물 2층 Business룸에서 월례 학술발표회를 개최하고, 발표논문과 기고논문을 엄정심사한 후 매년 2회 학회지를 발간할 예정이다.

○ 특히 발표자와 토론자에게는 소정의 원고료와 토론비가 지급된다.

Ⅲ. 월례발표회 개최(2009)

○ 일시 : 매월 세 번째 금요일 저녁 7:00–9:30
(식사는 6:00 이후 포스코 지하 1층 삼락일식당에서 가능)

○ 장소 : 대치동 포스코건물 2층 Business홀(삼성역에서 5분 거리)

일정	제1부 국내	제2부 국제	참조사항
제1회 (6.26)	[좌담회] 사회자: 심희기교수(연세대) 발표자: 백형구변호사 주 제: 형사소송법 56년 회고와 전망	사회자: 차동언검사(순천지청장) 발표자: 원재천교수(한동대) 주 제: 미란다판결 후 미국 형사소송법의 최근 동향 토론자: 이윤제교수(아주대)	제2부는 미국주제 (원어)
제2회 (7.24)	사회자: 오경식교수(강릉대) 발표자: 손철우 판사(서울 고법) 주 제: 양형기준법 관련 토론자: 정승환교수(고대)	사회자: 원재천교수(한동대) 발표자: 금태섭변호사 주 제: 크로포드(Crawford) 판결 이후의 미국 대법원판례의 경향 토론자: 김희균교수(성신여대)	제2부는 미국주제
제3회 (8.21)	사회자: 조균석교수(이대) 발표자: 구본진교수(법무연수원) 주 제: 로스쿨에서의 형사실무 교육 토론자: 황일호교수(중앙대)	사회자: 조균석교수(이대) 발표자: 김남순검사(중앙지검) 주 제: 영국의 형사사건 처리절차 개관 토론자: 문병찬판사(수원지법)	제2부는 영국주제
제4회 (9.18)	사회자: 송광섭교수(원광대) 발표자: 이재상교수(이화여대) 주 제: 피의자신문 영상녹화의 증거능력	사회자: 송광섭교수(원광대) 발표자: 김영기검사(검찰연구관) 주 제: 프랑스 형사절차 개혁방향 토론자: 송봉준판사(서울고법)	제2부는 프랑스주제

제5회 (10.16)	사회자: 이인영교수(홍익대) 발표자: 이숭덕교수(서울대 의대) 주 제: 유전자검사 관련 사례에 대한 평가 토론자: 노태헌판사(재판연구관)	발표자: 이완규(제천지청장) 주 제: 독일 직권주의 형사소송의 재조명 토론자: 하태영교수(동아대)	제2부는 독일주제
제6회 (11.20)	사회자: 백승민교수(연세대) 발표자: 강병훈 변호사(법률구조공단) 주 제: 변호인의 조력을 받을 권리 토론자: 이창수 검사 (대검 검찰연구관)	사회자: 백승민교수(연세대) 발표자: 노명선교수(성대) 주 제: 일본의 증거개시 운영현황과 우리의 시사점 토론자: 김상우 판사(헌재 파견)	제2부는 일본주제
창립총회 (12.11)	O 장소 : 코엑스 컨퍼런스 룸 308호 O 일시 : 2009년 12월 11일(금) 오후 3:30 ~ 8:30 O 주제 : 우리 형사소송이 직권주의인가? 당사자주의인가? O 발표자 : 차동언 검사(대검찰청 국제협력센터장), 조병선 교수(청주대) O 토론자 : 최병문 교수(상지대), 이용구 판사(광주지법)		

Ⅳ. 학회의 위기

○ 학회가 창립된 후, 2010년 연구용역[1])에 대한 세금처리 과정에서 2012년 2,100만원에 해당하는 과징금을 부과받게 되었으며, 한국형사정책원구원 제11대 박상기원장(2007. 11. 16 ~ 2010. 11. 15)은 연구원들에게 한국형사소송법학회에 참석하지 말라고 지시함.[2])

○ 그동안 동아대 허일태 교수님등 위시한 몇몇 분이 개별적으로 중국형사법연구회와 매년 세미나를 가졌는데, 더 이상 비용 등을 감당하기 어려운 바, 우리 학회에서 한/중 형사소송법학회 국제학술대회를 계승해 달라고 하여, 이를 인수하면서

1) 오모 교수님이 형정원 및 한국피해자학회와 공동으로 수주한 연구용역(7천만원)을 사업자등록증이 있는 우리 학회 이름으로 계약하였는데(당시 한국피해자학회는 사업자등록증이 없는 관계로 나라장터 수주가 곤란함), 국세청에서 국세 및 지방세를 미납부한 내용 및 2년 이상 지속된 상태 등을 이유로 과징금까지 부과함.

2) 이 문제는 제12대 원장인 김일수 교수님(2010. 11. 16 ~ 2013. 11. 15)때 해결되었으며, 이때부터 다른 학회와 동일하게 100만원씩 기관회비를 받았음.

당장 국제학술대회 개최비용도 문제가 되었음.

○ 이에 사업자등록증을 반납하자는 등 다양한 의견이 나옴,

○ 많은 사람들이 학회를 지속하자는 의견과 함께 기부금을 납부하기로 함.

[**기부금 납부자 명단**]

손기식 전회장(300만원) 김진환 회장(500만원) 심희기 수석부회장(200만원)

허일태 고문,	한명관 부회장,	강찬우 법무실장,	고석 변호사,
김영기 검사,	김영태 검사,	김종민 검사,	김희균 교수,
노명선 교수,	노수환 교수,	민만기 교수,	박미숙 선임연구위원,
송광섭 교수,	양종윤 변호사,	오경식 교수,	이상원 교수,
이완규 검사,	이윤제 교수,	이인영 교수,	이흥락 검사,
정웅석 교수,	차동언 변호사,	최병문 교수,	황인규 검사
			(가, 나, 다, 순)

* 연구용역 학회 기부 : 정웅석 교수/김희균 교수(560만)

제2부 (사)한국형사소송법학회 창립이후 활동

Ⅰ. 학술대회 개최

1. 2010년도 월례발표회 일정표

일 정	발표주제 및 발표자	사회자	토론자	토론자
제7회 (1.22)	발표주제: 합리적 심증과 과학적 사실인정 발표자: 김종률검사(법무연수원)	이상원교수 (서울대)	김형두부장판사(서울중앙지법)	정종욱변호사(삼성법무실)
제8회 (2.26)	발표주제: 한국 형사소송법에서의 전문증거법칙 – 영미법상 전문법칙 또는 대륙식 직접주의의 수용인가? 발표자: 권창국(전주대)	오경식교수 (강릉원주대)	안성수(검사)	장용범판사 (수원지방법원)
제9회 (3.19)	발표주제: 재정법원 조사권의 범위와 한계 발표자: 이흥락 부장검사 (법무부 국제형사과장)	박형남부장판사(서울고법)	정재오판사 (서울고법)	이주원교수 (고려대)
제10회 (4.16)	발표주제: 형사책임능력의 부존재에 관한 심리에서의 제 문제 발표자: 조병구판사 (사법연수원교수)	정병두검사장(춘천지방검찰청)	함봉진교수 (서울 의대)	박형관부장검사(법무연수원교수)
2010년도 춘계학술대회(6월 5일)				
제11회 (8.20)	발표주제: 프랑스의 형집행판사 발표자: 전보성판사(대구지법)	오영근교수 (한양대)	김영기검사 (대검찰청)	안성조교수 (선문대)
2010년도 추계학술대회(10.16)				
제12회 (11.19)	발표주제: 형사사법 전자화의 현황과 과제 발표자: 송길룡 단장(형사사법 공통시스템 운영단)	강동범 교수 (이화여대 법학전문대학원)	진광철 판사 (서울중앙지방법원)	송호림 총경 (경찰청 과학수사센터 센터장)
제13회 (12.17)	주제내용 : 이 시대 한국형사정책의 방향과 과제 – 김일수 한국형사정책 연구원장 강연회 –			
	학술논문 검색 시연(ilaw.go.kr) 김수현 검사(법무부 상사법무과)			

[2010년도 한국형사소송법학회 춘계학술대회]

-〈현행 형사소송법의 진단과 개정방향〉-

일 시 : 2010년 6월 5일(토) 13:00부터
장 소 : 연세대학교 법학전문대학원 광복관 B106호
주 최 : 한국형사소송법학회, 연세대학교 법학연구원
후 원 : 법무부

13:30－14:00 개회사 : 김종구 전 법무부장관(학회 회장)
환영사 : 전광석 교수(연세대 법학연구원장)
축 사 : 이형국 교수(전 한림대 석좌교수)
김 현 변호사(서울지방변호사회 회장)
경과보고 : 노명선 교수(성균관대 법학전문대학원)

14:00－16:00 **제 1 부 <현행 형사소송법의 진단>**
사 회: 이상원 교수(서울대)

<제1주제: 수사에서의 형사소송법의 진단>
발표자 : 심희기 교수(연세대)
토론자 : 이승형 판사(서울고등법원)
노정환 검사(수원지검 부부장)

<제2주제: 공판에서의 형사소송법의 진단>
발표자 : 최창영 부장판사(울산지방법원)
토론자 : 박광민 교수(성균관대)
고영신 변호사(율촌)

16:00－16:20 휴 식

16:20－18:20 **제 2 부 <현행 형사소송법의 개정방향>**
사 회 : 김영철 교수(건국대)

<제1주제: 새로운 진술증거 확보방안에 대한 연구>

발표자 : 김영기 검사(대검찰청 미래기획단)
토론자 : 방희선 교수(동국대)
김희균 교수(성신여대)

<제2주제: 현행법상 영장재판에 대한 불복가부>

발표자 : 정준섭 교수(숙명여대)
토론자 : 오상용 판사(서울고등법원)
박병규 검사(전주지검)

[2010년도 한국형사소송법학회 추계학술대회]

-〈형사소송에서의 사실인정에 관한 새로운 논의〉-

일 시 : 2010년 10월 16일(토) 13:00부터
장 소 : 성균관대학교 법학전문대학원 법학관 2층 206호 첨단강의실
주 최 : 한국형사소송법학회, 성균관대학교 법학연구소

학술논문발표 세부일정

13:30-14:00 참가자 등록 및 접수
14:00-14:30 개회사 : 김종구 회장(전 법무부 장관)
환영사 : 손기식 성균관대 로스쿨 원장

14:30-15:20 **<제1주제: 판단과 논증-고의에 대한 사실인정을 중심으로->**
사 회: 신동운 교수(서울대)
발표자: 이용구 부장판사(사법연수원 교수)
토론자: 노명선 교수(성균관대교수)
금태섭 변호사(법무법인 지평지성)

15:20 - 15:30 휴식

15:30－16:20 <**제2주제: 논증도식을 통해 본 증거분석**>
사회: 이강원 부장판사(서울고등법원)
발표자: 김희균 교수(서울 시립대)
토론자: 장철익 판사(사법연수원 교수)
전승수 부장검사(춘천지검 원주지청)

16:20－16:30 휴 식

16:30－17:20 <**제3주제: 진술분석을 통한 신빙성판단**>
사 회: 조균석 교수(이화여대 교수)
발표자: 김종률 부장검사(법무연수원)
토론자: 노수환 교수(성균관대)
김성룡 교수(경북대)

2. 2011년도 월례발표회 일정표

<table>
<tr><th>일 정</th><th>발표주제 및 발표자</th><th>사회자</th><th>토론자</th><th>토론자</th></tr>
<tr><td>제14회
(1.21)</td><td>발표주제: 한국군사법제도에 관한 연구
발표자: 고석 장군(국방부 고등군사법원장)</td><td>홍만표 검사장(대검찰청 기획조정부장)</td><td>방희선 교수(동국대)</td><td>김은효 변호사(대한변협 법제위원)</td></tr>
<tr><td>제15회
(2.18)</td><td>발표주제: 디도스 공격증거와 법적 책임
발표자: 전완근 박사(대검찰청)</td><td>곽병선 교수(군산대)</td><td>이인영교수(홍익대)</td><td>윤해성 박사(형정원)</td></tr>
<tr><td rowspan="2">제16회
(3.18)</td><td>제1발표주제: 독일에서의 검사의 탄생과 검사의 지위
발표자 : 이상문 교수(군산대)</td><td rowspan="2">차동언 부장검사(공정거래위원회 법률자문관)</td><td rowspan="2" colspan="2">류명혜 교수(교육과학기술부교육과학기술연수원)</td></tr>
<tr><td>제2발표주제: 최근 형사소송법 판례의 동향
발표자: 김범식 교수(서남대 교수)</td></tr>
<tr><td rowspan="2">제17회
(4.15)</td><td>제1발표주제: 디지털 압수수색제도
발표자 : 김기표 검사</td><td rowspan="2">서석호 변호사(법무법인 김앤장, 학회 부회장)</td><td rowspan="2" colspan="2">김성룡 교수(경북대학교 법학전문대학원)</td></tr>
<tr><td>제2발표주제: 최근 형사소송법 판례의 동향
발표자: 김범식 교수(서남대 교수)</td></tr>
<tr><td colspan="5">2011년도 춘계 정기학술대회(5.21)</td></tr>
</table>

제18회 (6.17)	제1발표주제: 미국의 재판 전 증거조사 (PRE-TRIAL DISCOVERY) 발표자: Sun.E.Choi(메트로폴리탄 로그룹 파트너 변호사), 제2발표주제: 최근 형사소송법의 동향("사개특위 수사권조정 경과") 발표자: 이제영검사 (대검찰청 연구관)	김경수 검사장 (서울고검)	원재천 교수(한동대학교, 현 국가인권위원회)	
제19회 (7.15)	2011년 상반기 판례분석	- 형소법: 심희기 교수(연세대) - 형법: 김희균 교수(시립대) - 특별형법: 이인영 교수(홍익대)		
제20회 (8.19)	제1발표주제: 국제형사사법분야의 새로운 TREND- 서울세계검찰총장회의 및 국제검사협회총회 논의내용을 중심으로-" 발표자: 황철규 차장검사 제2발표주제: 최근 군사법 현황 발표자: 이동호 고등군사법원 부장판사	김현 변호사 (세창 대표변호사)		
제21회 (10.21)	제1발표주제: 10월 프랑스 검찰의 사법경찰 통제와 그 시사점 발표자: 김영기 검사(청주지검) 제2주제 발표주제: "형사소송법 제196조 제3항에 따른 대통령령의 바람직한 제정방향" 발표자: 이제영 검사(대검찰청 연구관)	정인창 검사장 (대검찰청 기획조정부장,본학회 부회장)	토론자: 김택수 교수 (계명대)	
2011년도 정기 학술대회(11.18)				
제22회 (12.8)	발표주제: "개정 형사소송법의 분석-내사와 수사를 중심으로-" 발표자: 김희균 교수(시립대)	심희기 교수 (연세대)	이제영 검사(대검연구관) 박노섭 교수(한림대)	류제성 변호사(민주사회를 위한 변호사모임)

[2011년도 한국형사소송법학회 춘계학술대회]

-〈2011년 상반기 형사소송법의 쟁점과 과제〉-

일 시 : 2011년 5월 21일(토) 14:00부터
장 소 : CJ 인재원 4층(서울 중구 필동 2가 101-1)
주 최 : 한국형사소송법학회

13:30-14:00 참가자 등록 및 접수
14:00-14:30 개회사 : 김종구 회장(전 법무부 장관)
환영사 : 홍만표 검사장(대검 기획조정부장, 본학회 부회장)

14:30-15:20 <제1주제: 국민참여재판과정에서 공판검사의 행태에 관한 연구>
사 회: 양종윤(CJ법무팀 변호사)
발표자: 박경래(한국형사정책연구원 연구위원)
토론자: 한제희(서울서부지검 검사)

15:20-15:30 휴식

15:30-16:20 <제2주제: 해적 단속을 둘러 싼 법적 제 문제 검토>
사 회: 양종윤(CJ법무팀 변호사)
발표자: 강정우(고등군사법원 고등2부장판사)
토론자: 이윤제(아주대 법학전문대학원 교수)

16:20-16:30 휴 식

16:30-17:20 <제3주제: 압수수색영장의 요건에 관한 검토>
사 회: 오경식(강릉원주대 법학과 교수)
발표자: 김성룡 교수(경북대 법학전문대학원)
토론자: 노명선(성균관대 법학전문대학원)

[2011년도 한국형사소송법학회 정기학술대회]
-〈형사소송법의 쟁점과 과제〉-

일 시 : 2011년 11월 18일(금) 14:00부터
장 소 : 성균관대학교 법학전문대학원 법학관 206호
주 최 : 한국형사소송법학회, 프랑스형사법연구회, 한국저작권위원회
후 원 : CJ그룹 법무팀

학술논문발표 세부일정
13:30-14:00 참가자 등록 및 접수
14:00-14:30 개회사: 김종구 회장
환영사: 손기식 성균관대 로스쿨 원장
축 사: 유병한위원장(한국저작권위원회)
한명관 검사장(수원지방검찰청, 프랑스형사법연구회 회장)

MOU체결(한국저작권위원회)

14:30-15:30 <제1주제: 프랑스의 위법수집증거 취급방법 개관>
사 회: 조균석 교수(이화여대 법학전문대학원)
발표자: 한제희 검사(서울 남부지검 검사)
토론자: 윤성식 부장판사(사법연수원)
박경춘 부장검사(여주지청장)

15:30-15:40 휴식

15:40-16:40 <제2주제: 국민참여재판에서의 몇 가지 쟁점(가제)>
사 회: 노수환 교수(성균관대학교)
발표자: 이용구 부장판사(사법연수원)
토론자: 노명선 교수(성균관대학교)
방희선 교수(동국대학교)

16:40 – 16:50 휴 식

16:50 – 17:50 ＜제3주제: 영국의 기소절차와 사법개혁 관련 쟁점＞
사 회: 오경식 교수(국립 강릉원주대학교)
발표자: 김철수 부장검사(강릉지청)
토론자: 원익선 판사(사법연수원)
차동언 변호사(법무법인 화우)

3. 2012년도 월례발표회 일정표

일 정	발표주제 및 발표자	사회자	토론자
2012년 신년하례식(2012.1.30)			
제23회 (2.17)	발표주제 : 전자정보의 검증수색압수에 관한 개정 형사소송법의 함의 발표자 : 오기두 부장판사 (서울중앙지법)	심희기 교수 (연세대)	전승수 부장검사 (인천지방검찰창)
제24회 (3.16)	발표주제 : 공판중심주의에 따른 증거능력의 개념 및 증거판단의 우선순위 발표자 : 정웅석 교수(서경대)	이강원 부장판사 (서울고법)	조의연 부장판사 (인천지법)
제25회 (4.20)	발표주제 : 국제수형자 증인이송의 실제사례와 외국에서 수집된 증거의 증거능력 발표자 : 정광일 검사(서울북부지검)	노수환 교수 (성균관대)	이주원 교수 (고려대)
제26회 (5.18)	발표주제 : 국선변호인제도의 검토 발표자 : 금태섭 변호사(지평지성)	방희선 교수 (동국대)	이유선 검사 (법무부 인권구조과)
형사법관련학회 연합학술대회(6.22)			
제27회 (7.20)	발표주제 : 관할관제도의 개선론에 대한 검토 발표자 : 고석법원장(국방부 고등군사법원)	조균석 교수 (이대)	김범식 교수 (서남대)
2012년도 추계학술대회(9.21)			
제28회 (10.19)	발표주제 : 제3기 양형위원회의 양형기준에 대한 평가 발표자 : 승재현 박사(한국형사정책연구원)	류명혜교수(교과부 연수원 객원교수	조석영 검사 (대검 연구관)
제29회 (12.21)	발표주제 : 개인위치정보의 형사법적 취급-미국판례를 중심으로	오경식 교수 (강릉원주대)	이완규 부장검사 (법무연수원)

	발표자 : 김슬기 박사(연세대 연구교수)		이윤제 교수 (아주대)

[2012년도 한국형사소송법학회 추계 정기학술대회]

○ 일 시 : 2012. 9. 15(토) – 9. 16(일)
○ 장 소 : 강릉 라카이 샌드파인 리조트(강원도 강릉시 안현동 89-87)
033-820-7300
○ 주 최 : 한국형사소송법학회, 프랑스 형사법연구회
○ 주 관 : 국립 강릉원주대학교

[학술회의 세부일정]

13:30-13:50 참가자 등록 및 접수(참가비 : 3만원, 숙박시 5만원)
13:50-14:00 개회사 : 손기식 교수(한국형사소송법학회 회장)
축 사 : 한명관 검사장(프랑스 형사법연구회 회장, 대검찰청 형사부장)

총 사회 : 노수환 교수(성균관대)

14:00-15:00
<제1주제: 개정 도로교통법상 음주운전죄의 소송법적 문제점 고찰>
사 회: 최 병 문 교수 (상지대)
발표자 : 이 주 원 교수 (고려대)
토론자 : 김 선 희 판사 (강릉지원)
김 성 현 검사 (강릉지청)

15:00-15:10 휴식

15:10-16:10
<제2주제: 프랑스 범죄피해자의 권리 및 형사절차 참여방안 연구>

사회자 : 오 경 식 교수 (강릉원주대학교)
발표자 : 전 윤 경 검사 (제주지검)
토론자 : 박 광 민 교수 (성균관대)
김 희 균 교수 (시립대)

16:10 – 16:30 휴식

16:30 – 17:30
<제3주제: 과학적 증거의 무결성 보장을 위한 증거법적 개선방안>
사회자 : 이 인 영 교수(홍익대)
발표자 : 김 혜 경 교수 (계명대)
토론자 : 박 용 철 교수 (서강대)
이 상 민 검사 (안양지청)

17:30 – 18:00 종합토론

4. 2013년도 월례발표회 일정표

(1) 월례발표회 일정

● 2.15(금) 제30회 월례발표회
– 다음 –
○ 일 시 : 2013년 2월 15일(금요일) 오후 7:30 – 9:30
○ 장 소 : 서울 대치동 포스코건물 2층 Business Hall
(지하철 삼성역에서 5분 거리)
(포스코건물에 무료주차 가능)
○ 발표자 및 주제 등
– 발표제목 : 형사법에서의 정의(Justice) – 법치와 법치주의 –
– 발 표 자 : 김현철교수(이화여대 법학전문대학원)

● 3.15(금). 제31회 월례발표회

– 다음 –

○ 일 시 : 2013년 3월 15일(금요일) 오후 7:30–9:30

○ 장 소 : 서울 대치동 포스코건물 2층 Business Hall

(지하철 삼성역에서 5분 거리; 포스코건물에 무료주차 가능)

○ 발표자 및 주제 등

– 사 회 자 : 조 균 석 교수(이화여대 법학전문대학원)

– 발 표 자 : 이 완 규 부장검사(법무연수원)

발표제목 : 불심검문의 강제처분성과 기존 해석론의 재검토

– 토 론 자 : 박 이 규 부장판사(서울 중앙지법)

이 성 기 교수(성신여자대학교)

● 4.19(금) 춘계 정기학술대회

– 다 음 –

○ 일 시 : 2013년 4월 19일(금) 오후 7:30–9:30

○ 장 소 : 서울 대치동 포스코건물 2층 Business Hall

(지하철 삼성역에서 5분 거리; 포스코건물에 무료주차 가능)

○ 발표자 및 주제 등

– 사 회 자 : 오 경 식 교수 (국립 강릉원주대학교)

– 발 표 자 : 조 훈 교수 (인하대학교 법학전문대학원)

발표제목 : dolus ex re

– 토 론 자 : 이 원 상 교수 (조선대학교)

● 5.10(금). 한국형사정책연구원/한국형사소송법학회 춘계 정기학술대회

– 〈안전, 범죄 그리고 형사절차〉 –

○ 일 시 : 2013. 5. 10(금) 13:30 – 17:30

○ 장 소 : 팰리스 호텔 스카이볼룸(12층)

○ 주 최 : 한국형사정책연구원, 한국형사소송법학회

[학술회의 세부일정]

13:30－14:00 참가자 등록

전체 사회 : 이 주 원 (고려대 법학전문대학원 교수)

14:00－14:30 개회사 : 김진환 (한국형사소송법학회 회장)
축 사 : 황교안 (법무부 장관)
김일수 (한국형사정책연구원 원장)
이형국 (연세대 명예/퇴임교수)

14:40－15:30
<제1주제: 안전사회와 수사절차>
사 회: 노 명 선 (성균관대 법학전문대학원 교수)
발표자 : 정 승 환 (고려대 법학전문대학원 교수)
토론자 : 정 진 수 (형정원 융합형법연구센터장)

15:30－15:40 중간휴식
15:40－16:30
<제2주제: 디지털증거의 압수수색과 관련성 개념의 해석>
사회자 : 박 미 숙 (형정원 선임연구위원)
발표자 : 이 완 규 (대전지검 서산지청장)
토론자 : 한 상 훈 (연세대 법학전문대학원 교수)

16:30－16:40 중간휴식
16:40－17:30
<제3주제: 공판절차에서의 피고인의 인권보장과 법관의 역할>
사회자 : 김 재 봉 (한양대 법학전문대학원 교수)
발표자 : 권 순 건 (춘천지법 판사)
토론자 : 김 태 명 (전북대 법학전문대학원 교수)
17:40－19:30 만 찬

● 6월 하계 정기학술대회(4개 형사법학회 연합학술대회)

● 7월 안식월

● 8.23(금). 제33회 월례발표회
○ 일 시 : 2013년 8월 23일(금요일) 오후 7:30－9:30
○ 장 소 : 서울 대치동 포스코건물 2층 Business Hall
(지하철 삼성역에서 5분 거리; 포스코건물에 무료주차 가능)
○ 발 표 자
－ 한국판례 : 정 웅 석 교수(서경대)
－ 미국판례 : 이 상 민 검사(안양지청)

● 9.27(금). 제34회 월례발표회
－ 다 음 －
○ 일 시 : 2013년 9월 27일(금) 오후 7:30 － 9:30(세번째 금요일은 추석임)
○ 장 소 : 서울 대치동 포스코건물 2층 Business Hall
(지하철 삼성역에서 5분 거리; 포스코건물에 무료주차 가능)
○ 발표자 및 주제
사 회 자 : 심 희 기 교수 (연세대학교 법학전문대학원)
발 표 자 :
－ 미국 연방대법원 판례의 추이 : 이상민 검사 (안양지청)
－ 독일 연방최고재판소 판례의 추이 : 강석철 검사 (서울 남부지검)

● 10.19(토) 제34회 한국형사소송법학회 월례발표회
○ 일 시: 2013년 10월 18일(금) 오후 7:30－9:30
○ 장 소: 서울 대치동 포스코 건물 2층 Business Hall
(지하철 삼성역에서 5분 거리, 포스코 건물에 무료주차 가능)
○ 발표자 및 주제
사회자 : 노명선 교수 (성균관대학교 법학전문대학원)

발표자 : 이기수 경정 (치안정책연구소/ 서울대 법학박사)
- 외국의 허위자백 연구동향과 함의 -
토론자 : 정병곤 교수 (남부대 경찰행정학과)

● 11.15(금). 제35회 월례발표회
– 다 음 –
○ 일 시 : 2013년 11월 15일(금) 오후 7:30 – 9:30
○ 장 소 : 서울 대치동 포스코건물 2층 Business Hall
(지하철 삼성역에서 5분 거리; 포스코건물에 무료주차 가능)
○ 발표자 및 주제
사 회 자 : 조 균 석 교수 (이화여자대학교 법학전문대학원)
발 표 자 : 이 현석 판사 (서울 중앙지방법원)
– 배상명령제도의 실무상 문제점과 그 개선방안
토 론 자 : 이 천 현 선임연구위원 (한국형사정책연구원)

● 12.20(금). 정기총회 및 동계 정기학술대회
○ 일 시 : 2013년 12월 20일(금) 오후 7:00 – 7:20
○ 장 소 : 서울 대치동 포스코건물 2층 Business Hall
(지하철 삼성역에서 5분 거리; 포스코건물에 무료주차 가능)
○ 발 표 자 : 정 웅 석 교수(서경대)
– 2013년도 형사소송판례의 회고와 전망

(2) 형사소송법 판례백선 발간 준비(기획위원회 구성)

(가칭) '판례백선 형사소송법' 기획위원회 구성을 제안합니다.

1. 기획의도:

첫째, '판례백선' 시리즈는 형사법 강의에 불가결한 보조교재인데 '집단적 작업'으로서 마땅한 교재가 없으므로 학회 차원의 교재를 기획하여 학생들에게 서비스한다.

둘째, 가급적 형사소송법 학회의 모든 구성원이 한 꼭지 이상 집필자로 참여하여 학회의 결집력과 조직력을 발휘하는 계기로 삼는다.

셋째, 인세의 전부는 학회재정으로 충당한다.

2. 먼저 10여명 내외의 기획위원회를 구성하여 포맷, 꼭지당 원고매수를 확정하고, 꼭지가 될 판례 100여개를 선별하여 예상 집필자까지 선정한 초안이 마련된 상태에서 학회에 정식으로 보고하여 승인을 얻은 후 원고청탁에 들어간다.

3. 목표 출시 일자는 2014년 3월 1일 혹은 2014년 9월 1일이다.

4. 출판사는 국내 굴지의 출판사로 한다.

5. '원칙적 찬성' 의사를 표명하여 주시는 위원님들이 다수이면 빠른 시일 내에 기획위원회를 소집하여 '기획방향'(입문용인가 심화용인가, 양자 모두인가) '포맷, 꼭지당 원고매수'를 확정하고, 이어서 '판례 선별과 집필자 추천과 公募' 작업까지 마친 다음 학회에 보고하여 승인을 얻는 순서를 밟고자 합니다.

6. 한국의 학회, 특히 형사법관련 학회는 '교재 저술의 집단적 작업'에 경험도 일천하고 성과도 매우 미미한 상태입니다. 이번 기획의 주체는 개인이나 위원회가 아니라 학회이어야 합니다. '한중 간의 M○U 체결'에 '교재 저술의 집단적 작업'의 성과가 이어지면 우리 학회의 위상이 한층 공고히 될 것이므로 위원님의 긍정적 메시지를 기대합니다.

심희기 드림

5. 2014년도 월례발표회 일정표

(1) 월례발표회 일정

	제1부 발표자	제1부 발표제목	제2부 발표자	제2부 발표제목
1월	신년하례식			
2월	장영민 교수 (이화여대)	영화 속의 정의(正義)	정웅석 교수 (서경대)	공범에 대한 조사자증언의 허용여부 및 공범조서와의 관계
3월	이인영 교수 (홍익대)	공시송달의 적법성판단에 대한 고찰	김태업 판사 (사법연수원교수)	[대상판례] 대법원 2013. 2. 28, 선고 2011도14986 판결
4월	최병천 교수	한국과 미국의 전	김영규 검사	[대상판례] 대법원 2012. 11.

	(전남대)	문법칙 비교	(형정원 파견)	15. 선고 2011도15258 판결 "의식없는 음주운전자로부터 채혈한 혈액 감정서의 증거능력"
5월	한국형사판례연구회 및 형사법제 전문검사 커뮤니티와 공동학술대회 [형사소송법분야] 노명선 교수(성대) : 전자증거에 관한 대법원 판례의 경향 분석 정웅석 교수(서경대) : 수사서류 및 조사자증언의 증거능력 인정여부에 관한 판례의 경향 분석			
6월	형사법관련 5개학회 연합학술대회 (형사법학회/비교형사법학회/형사정책학회/피해자학회/형사소송법학회)			
7월	한/중 형사소송법학회 국제학술대회(중국 상해)			
8월	안식월			
9월	김호삼 검사(사법연수원 교수)	중국 개정 형사소송법(2011)의 주요 쟁점을 중심으로	손미숙 박사(이화여대 생명의료법 연구소)	독일 형사소송법의 최근 동향 - 독일 형사소송법 제257c조, 협상에 관한 규정을 중심으로
10월	정웅석 교수(서경대)	민사몰수제도 도입에 관한 입법론적 검토	홍찬기 박사(국회 도서관)	독립몰수제도 도입에 관한 입법론적 검토
11월	김미경 판사(법원행정처 사법정책심의관)	상고제도의 개선방안	홍종희 검사(법무부 인권국 여성아동인권과장)	아동학대범죄의 처벌 등에 관한 특례법의 추진 경과
12월	프랑스법 연구회와 공동학술대회			

(2) 공동학술대회

[한국형사소송법학회 동계 학술대회]

1 주제

○ **'프랑스 형사소송절차의 이해'**

2 학술대회 개요

○ 일시 : 2014. 12. 12.(금) 13:30 ~ 20:30
○ 장소 : 대검찰청 DFC 베리타스홀
○ 주최 : 한국형사소송법학회, 프랑스 형사법연구회(검찰)

3 학술대회 세부일정

[**개 회**]
13:30 ~ 14:00 참가자 등록
14:00 ~ 14:20 전체 사회 : 정웅석 교수(서경대)
개회사 : 심희기 교수(연세대, 한국형사소송법학회 회장)
김종민 순천지청장(프랑스 형사법연구회 회장)
축 사 : 임정엽 대검찰청 차장검사
오영근 교수(한양대, 한국형사판례연구회 회장)
송광섭 교수(원광대, 한국비교형사법학회 회장)

[**제1주제**] 14:30 ~ 15:30
사 회 : 최병문 교수(상지대, 한국형사소송법학회 연구윤리위원장)
발 표 : 강정영 검사(제주지검)
'프랑스 형사절차의 분쟁해결제도'
토 론 : 이태엽 변호사(광장), 홍승희 교수(원광대학교)
15:30 ~ 15:40 휴 식

[**제2주제**] 15:40 ~ 16:40
사 회 : 한명관 변호사(전 동부지검 검사장, 한국형사소송법학회 부회장)
발 표 : 김희균 교수(서울시립대)
'프랑스 상소심 제도의 유래와 특징'
토 론 : 박재영 판사(서울남부지법), 김영기 검사(서울중앙지검)

16:40 ~ 16:50 휴 식

[**제3주제**] 16:50 ~ 17:50

사 회 : 오경식 교수(국립강릉원주대, 한국형사소송법학회 부회장)

발 표 : 김종민 순천지청장

'2013년 프랑스 형소법개정의 시사점－금융경제범죄를 중심으로－'

토 론 : 김성룡 교수(경북대), 김한균 부연구위원(한국형사정책연구원)

6. 2015년도 월례발표회 일정표

(1) 월례발표회 일정

● 2. 27.(금) 2월 월례발표회(제44회)

○ 일 시 : 2015년 2월 27일(금) 오후 7:50 － 9:50

○ 장 소 : 서울 대치동 포스코건물 2층 Business Hall

(지하철 삼성역 4번 출구에서 5분 거리; 포스코건물에 무료주차 가능)

○ 사 회 자 : 김 혜 정 (영남대학교 법학전문대학원)

－ 제1부 발 표 자 : 황 문 규 교수 (중부대학교 경찰행정학과)

발표제목 : 형사법상 신원확인제도 도입에 관한 고찰

－ 제2부 발 표 자 : 김 희 균 교수 (서울 시립대학교 법학전문대학원)

발표제목 : 공판조서는 믿을 만한 서류인가?

(2011헌바79에 대한 검토)

● 3. 15.(금). － 3월 월례발표회(제45회)

○ 일 시 : 2015년 3월 20일(금) 오후 7:30 － 9:30

○ 장 소 : 서울 대치동 포스코건물 2층 Business Hall

(지하철 삼성역 4번 출구에서 5분 거리; 포스코건물에 무료주차 가능)

○ 사 회 자 : 원 혜 욱 교수 (인하대학교 법학전문대학원)

－ 제1부 발 표 자 : 함 석 천 판사 (서울 북부지방법원)

발표제목 : 양형기준의 성립과정과 의의

－ 제2부 발 표 자 : 정 웅 석 교수 (서경대학교 법학과)

발표제목 : 2014년도 대법원 형사소송법 판례 동향 및 분석

● 4. 17일.(금) – 4월 월례발표회(제46회)
○ 일 시 : 2015년 4월 17일(금) 오후 7:30 – 9:30
○ 장 소 : 서울 대치동 포스코건물 2층 Business Hall
(지하철 삼성역 4번 출구에서 5분 거리; 포스코건물에 무료주차 가능)
○ 사 회 자 : 오 영 근 교수(한양대 법학전문대학원; 본 학회 학술고문)
– 제1부 발 표 자 : 김 영 기 검사 (서울 중앙지검)
발표제목 : 프랑스식 사법통제제도의 도입 필요성
– 제2부 발 표 자 : 이 원 상 교수 (조선대학교 법과대학)
발표제목 : 수사절차에서 통신자료 활용에 따른 쟁점 고찰

● 5. 9.(금). 한국형사소송법학회/한국형사판례연구회/형사법제 전문검사 커뮤니티 학술대회

● 6월 하계 정기학술대회(5개 형사법학회 연합학술대회)
[2015년도(제4회) 한국형사학대회 일정]

● 8. 16.(금). 안식월

● 9. 11.(금). 독일형사법연구회와 공동학술대회

● 10. 16.(토) 한국피해자학회와 공동학술대회

● 11. 20.(금). 학회 산하 국제형사분과위원회와 공동학술대회
○ 일 시 : 2015년 11월 20일(금) 오후 7:30 – 9:30
○ 장 소 : 서울 대치동 포스코건물 2층 Business Hall
(지하철 삼성역 4번 출구에서 5분 거리; 포스코건물에 무료주차 가능)
○ 개회사 : 한명관 한국형사소송법학회 회장
○ 축 사 : 김준규 한국형사소송법학회 학술고문(전 검찰총장)

○ 사 회 : 황철규 국제형사분과위원장(서울 서부지검 검사장)

– 제1부 발 표 자 : 이윤제 교수 (아주대학교 법학전문대학원)
발표제목 : 국제형사법상 죄형법정주의의 의미와 가치
토 론 자 : 이창수 검사 (법무부 검찰과)

– 제2부 발 표 자 : 권 순 철 검사 (대검찰청 국제협력단장)
발표제목 : 검찰의 해외유출 범죄수익 환수 시스템
토 론 자 : 정 웅 석 교수 (서경대학교 법학과)

● 12. 18.(금). 대검찰청 형사법연구회 및 프랑스법 연구회와 공동학술대회

(2) 공동학술대회

가. 피해자학회와 공동학술대회

– 주제 : 형사절차상 범죄피해자 권리보호 –

ㅁ 일 시 : 2015년 10월 16일(금) 14:30 – 18:30
ㅁ 장 소 : 라카이샌드파인 리조트 세미나실
ㅁ 주 최 : (사)한국피해자학회, (사)한국형사소송법학회
ㅁ 주 관 : 국립 강릉원주대학교 사회과학연구소
ㅁ 후 원 : 법무부 형사법제과

14:00 ~ 14:30 등록 및 접수
14:30 ~ 14:40 개회사 : 오경식 교수(한국피해자학회 회장)
한명관 변호사(한국형사소송법학회 회장)

전체사회 : 정웅석 교수(서경대학교 법학과)

14:40 ~ 15:00 기조강연(게이요대학 오스틴 교수)
15:00 ~ 15:10 휴식
15:10 ~ 16:00 제1주제 발표 : 범죄피해자 진술권(가칭)
–사회 : 김성천 교수(중앙대학교 법학전문대학원)

－발표 : 김상민 검사(법무부 형사법제과)
－토론 : 원혜욱 교수(인하대학교 법학전문대학원),
김현철 교수(이화여자대학교 법학전문대학원)

16:00 ~ 16:00 휴식

16:10 ~ 17:00 제2주제 발표 : 보복범죄와 피해자보호(가칭)
－사회 : 김희균 교수(서울시립대학교 법학전문대학원)
－발표 : 안성훈 박사(한국형사정책연구원)
－토론 : 한문혁 검사(강릉지청), 정도희 교수(경상대학교)

17:00 ~ 17:10 휴식

17:10 ~ 18:00 제3주제 발표 : 형사조정의 성과와 과제(가칭)
－사회 : 김혜정 교수(영남대학교 법학전문대학원)
－발표 : 김범식 교수(서남대학교)
－토론 : 김지선 박사(한국형사정책연구원), 박찬영 검사(강릉지청)

18:00 ~ 18:10 폐회식

18:30 ~ 22:00 만 찬

나. 독일검사연구회와 공동학술대회

－ 주제 : 독일증거법의 현대적 쟁점과 과제 －

○ 일 시 : 2015년 9월 11일(금) 16:00 － 18:40
○ 장 소 : 대검찰청 DFC 베리타스홀(국감으로 서울고검에서 장소 변경)
○ 주 최 : 한국형사소송법학회
독일형사법연구회

15:40 － 16:00 등록 및 접수

16:00 ~ 16:10 개회사 : 한명관 변호사 (한국형사소송법학회 회장)
박민표 서울동부검사장 (독일형사법연구회 회장)
축 사 : 오영근 교수 (한양대; 한국형사소송법학회 고문)
김경수 대구고검장 (독일형사법연구회 고문)

사 회 : 정웅석 교수 (서경대학교)

16:10 ~ 17:00 발표

○ 사 회 자 : 하태훈 교수 (고려대학교 법학전문대학원)

○ 발 표 자 : 최 성 필 검사 (인천지검 공안부장)

발표제목 : 디지털증거의 증거능력

○ 발 표 자 : 김 성 룡 교수 (경북대학교 법학전문대학원)

발표제목 : 전자정보에 대한 이른바 '별건 압수·수색'

[대법원 2015. 7. 16. 선고 2011모1939 전원합의체 결정의 평석을 겸하여]

17:00 ~ 17:10 휴 식

17:10 ~ 18:40 토 론

○ 토 론 자 : 원 혜 욱 교수 (인하대학교 법학전문대학원)

이 인 석 판 사 (서울고등법원)

이 창 원 검사 (서울중앙지검)

이 원 상 교수(조선대학교 법과대학)

다. 5월 특별세미나 : 형사소송법상 증거법칙 개선 방안 세미나

– 〈영상녹화물의 증거능력, 조서 등 진정성립 증명 방식 다양화〉 –

○ 일 시 : 2015. 5. 27.(수) 14:00~16:00

○ 장 소 : 국회도서관 소회의실

○ 주 최 : 국회의원 김진태, 한국형사소송법학회, 한국형사정책연구원

○ 개회사 : 김진태 국회의원

○ 축 사 : 한명관 한국형사소송법학회 회장

전영실 한국형사정책연구원 기획조정실장

<주제발표>

○ 발 표 자 : 정웅석 교수(서경대학교)

발표주제 : 조서 등 진정성립 증명 방식 다양화

○ 발 표 자 : 전현욱 부연구위원(한국형사정책연구원)

발표주제 : 조서 등의 진정성립 증명 방법 다양화 가능성
– 전문법칙의 도구적 합리성에 대한 반성적 검토라는 관점에서

○ 토 론 자 : 오경식 교수(강릉원주대학교)
윤지영 부연구위원(한국형사정책연구원)
김세종 판사(법원행정처 사법지원심의관)
서효원 검사(법무부 형사법제과)
양은경 기자(조선일보)

라. 대한변호사협회와 공동학술대회

「피의자신문시 변호인 참여권 개선을 위한 토론회」

○ 주 최 : 오영식의원실, 한국형사소송법학회, 대한변호사협회
○ 일 시 : 2015. 9. 23.(수) 10:00 ~ 12:00
○ 장 소 : 국회 의원회관 제2소회의실
○ 일 정

09:00 – 10:00 접 수
사 회 : 이 민 대한변협 기획이사
10:15 – 10:15 개회사 : 오영식 국회의원
환영사 : 한명관 한국형사소송법학회 회장
하창우 대한변호사협회 협회장

10:15 – 11:00 좌 장 : 이광수 변호사(대한변협 사법인권소위원회 위원장)
[제1주제 발표]
10:15 – 10:35 피의자신문시 변호인의 참여권 침해 설문 조사에 대한 결과 분석
– 김혜진 변호사
[제2주제 발표]
10:35 – 10:55 변호인참여권 개선에 대한 이론적 검토
– 박찬운 한양대 법학전문대학원 교수
[토 론]
10:55 – 11:30 이범준 경향신문 기자

정병곤 남부대 경찰행정학과 교수
정웅석 서경대학교 교수
박진식 변호사, 법무법인 넥스트로

11:30 – 12:00 종합 토론 및 플로어 토론

마. 프랑스법연구회와 공동학술대회

○ 일 시 : 2015년 12월 18일(금) 16:00 – 18:50
○ 장 소 : 대검찰청 DFC 베리타스홀 2층
○ 주 최 : 한국형사소송법학회
대검찰청 형사법연구회
프랑스법 연구회

15:00 – 15:40 등록 및 접수
15:40 – 16:00 개회사 : 한명관 변호사 (한국형사소송법학회 회장)
이금로 대검찰청 기조부장 (대검찰청 형사법연구회 회장)
조종태 서울중앙지검 조사1부장 (프랑스법연구회 회장)
축 사 : 김진환 원장 (한국형사정책연구원)

사 회 : 정웅석 교수 (서경대학교)

16:00 ~ 17:00 제1주제 발표
○ 사 회 자 : 조 균 석 교수 (이화여대 법학전문대학원)
– 발 표 자 : 김 혜 경 교수 (계명대 경찰행정학과)
발표제목 : 경영판단상의 배임죄 성립여부(가제)
– 토 론 자 : 이 용 식 교수 (서울대 법학전문대학원)
심 경 판사 (대법원 법원행정처 사법지원총괄심의관)

17:00 ~ 17:10 휴 식

17:10 ~ 18:10 제2주제 발표

○ 사 회 자 : 노 명 선 교수 (성균관대 법학전문대학원)

– 발 표 자 : 박 현 규 검사(서울남부지검)

발표제목 : 프랑스검찰의 경찰지휘와 그 시사점

– 토 론 자 : 윤 지 영 부연구위원 (한국형사정책연구원)

김 혁 돈 교수 (가야대 경찰행정학과)

18:10 ~ 18:40 정기총회

7. 2016년도 월례발표회 일정표

(1) 월례발표회 일정

● 2월 월례발표회(제49회)

○ 일 시 : 2016년 2월 19일(금) 오후 7:30 – 9:30

○ 장 소 : 서울 대치동 포스코건물 2층 Business Hall

(지하철 삼성역 4번 출구에서 5분 거리; 포스코건물에 무료주차 가능)

○ 사 회 자 : 황 일 호 교수 (중앙대학교 법학전문대학원)

– 제1부 발 표 자 : 신 진 희 변호사 (성폭력피해아동 국선전담)

발표제목 : 국선전담 변호사제도의 현황 및 개선방안

– 제2부 발 표 자 : 황 문 규 교수 (중부대학교 경찰행정학과)

발표제목 : 2015년도 형사소송 판례의 회고와 전망

● 3월 월례발표회(제50회)

○ 일 시 : 2016년 3월 18일(금) 오후 7:30 – 9:30

○ 장 소 : 서울 대치동 포스코건물 2층 Business Hall

(지하철 삼성역 4번 출구에서 5분 거리; 포스코건물에 무료주차 가능)

○ 사회자 : 원 혜 욱 교수 (인하대학교 법학전문대학원)

– 제1부 발 표 자 : 김 태 업 판사 (서울남부지방법원 부장판사)

발표제목 : 공소장부본 송달 없이 공시송달로 피고인의 출석 없이 진행된 공판절차에서 선고된 제1심판결에 대해 항소심

이 취해야 할 조치

[대법원 2014. 4. 24. 선고 2013도9498 판결(공2014상,1164)

– 제2부 발 표 자 : 류 전 철 교수 (전남대학교 법학전문대학원)

발표제목 : “형사소송의 목적”

● 4월 월례발표회(제51회)

○ 일 시 : 2015년 4월 15일(금) 오후 7:30 – 9:30

○ 장 소 : 서울 대치동 포스코건물 2층 Business Hall

(지하철 삼성역 4번 출구에서 5분 거리; 포스코건물에 무료주차 가능)

○ 사 회: 오경식 교수 (강릉원주대학교 교수)

– 제1부 발 표 자 : 최기식 검사(서울중앙지검)

발표제목 : **“장성택 처형 과정에 비추어 본 북한형사법제에 대한 고찰”**

– 제2부 발 표 자 : 윤지영 박사(형사정책연구원)

발표제목 : **“드론에 대한 형사법적 쟁점 및 활용방안”**

● 5월 공동학술대회(1)(한국형사소송법학회/한국형사판례연구회/형사법제 전문검사 커뮤니티)

● 5월 공동학술대회(2)

– 대주제 : 비상구제절차에 관한 고찰 –

○ 일 시 : 2016년 5월 30(월) 16:00 – 20:30

○ 장 소 : 대법원 16층 1601호

○ 주 최 : 대법원 형사실무연구회

한국 형사소송법학회

15:40 – 16:00 등록 및 접수

16:00 ~ 16:20 개회사 : 김 신 대법관 (대법원 형사실무연구회 회장)

한명관 변호사 (한국 형사소송법학회 회장)

축　사 : 김진환 원장 (한국 형사정책연구원)
오영근 교수 (한양대 법학전문대학원/학회 고문)
사　회 : 정웅석 교수 (서경대; 학회 부회장)

16:20 ~ 17:10 발표

○ 사 회 자 : 조 균 석 교수 (이화여대 법학전문대학원/학회 부회장)

– 발 표 자 : 김 성 룡 교수 (경북대 법학전문대학원)
발표제목 : 재심제도의 본질론에 근거한 관련 쟁점의 새로운 이해

– 발 표 자 : 우 인 성 부장판사 (청주지방법원)
발표제목 : 당사자 사망이 소송에 미치는 영향

17:10 ~ 17:20　휴 식

17:20 ~ 16:40　토 론

– 토 론 자 : 박 형 관 교수 (가천대)
박 찬 익 부장판사 (대법원 재판연구관)
김 도 연 검사 (대검찰청 연구관)
윤 지 영 연구위원 (형사정책연구원)

● 6월 하계 정기학술대회(5개 형사법학회 연합학술대회)]

[2016년도(제5회) 한국형사학대회 일정]

○ 학술회의

– 일시 : 2016년 6월 10일(토요일) 14:00~18:00

– 장소 : 경북대학교 법학전문대학원

– 주최 : 한국형사법학회, 한국비교형사법학회, 한국형사정책학회, 한국피해자학회, 한국형사소송법학회

● 7월 5개국 국제학술대회

– 대주제 : 범죄수익의 동결과 박탈 –

○ 일　　시 : 2016년 7월 8일(금) 09:00 – 20:30
○ 장　　소 : 대검찰청 예그리나 홀
○ 참 가 국 : 한국 / 미국 / 프랑스 / 중국 / 일본
○ 주　　최 : 한국 형사정책연구원
　　　　　　한국 형사소송법학회
○ 후　　원 : 대검찰청

09:00 – 09:30	등록 및 접수
09:30 ~ 10:00	개회사 : 김 진 환 원장 (한국 형사정책연구원) 한 명 관 회장 (한국 형사소송법학회) 축　사 : 권 성 동 국회법제사법위원장 김 수 남 검찰총장

[제 1 부] 10:00 ~ 12:00
○ 사 회 자: 차동언 변호사 (화우 법무법인)
○ 기조연설
–조세포탈 및 주요 경제금융범죄에 대한 대항 수단과 전망: 에릭 마테 브레스트 검사장
–미국의 위법행위 수익의 몰수를 통한 범죄 퇴치와 중단: 피터 코스키 부국장 (법무부)
–한국의 범죄수익 환수(몰수) 관련 입법 현황 및 문제점: 정웅석 교수 (서경대학교)

[제 2 부] 13:30 ~ 15:30
○ 사 회 자: 김혜정 교수 (영남대학교 법학전문대학원)
○ 발 표 자
– 2013년 개혁 법률의 의의와 성과: 장 폴 알베르 파리 중죄법원 재판장
– 중국 범죄수익의 동결과 박탈기관의 현황 : 손림 부검사장 (상해 정안구 검찰청)
○ 토 론 자
– 연성진 선임연구위원 (한국형사정책연구원)

– 김민형 검사 (서울중앙지검 공정거래조세조사부)
– 하태훈 교수 (고려대학교 법학전문대학원, 참여연대 공동대표)

[제 3 부] 15:50 ~ 18:40
○ 사 회 자: 이 상 원 교수 (서울대학교 법학전문대학원)
○ 발 표 자
– 한국 몰수제도의 문제점과 개선방안: 박미숙 선임연구위원 (한국형사정책연구원)
– 중국 몰수제도의 문제점과 개선방안: 엽 청 교수 (화동정법대학장)
– 일본 몰수제도의 문제점과 개선방안: 사 토 교수 (게이오 대학교)
○ 토 론 자
– 노명선 교수 (성균관대학교 법학전문대학원)
– 이인석 판사 (법원행정처)
– 장혜진 기자 (법률신문)
– 이일규 검사 (대검찰청 반부패부)

● 7월 제9회 한/중 형사소송법학회 국제학술대회

● 8월 안식월

● 9월 추계 공동학술대회

–〈대주제 : 유죄협상제도〉–

○ 일 시 : 2016년 9월 9일(금) 16:00 – 18:40
○ 장 소 : 대검찰청 DFC 베리타스홀
○ 주 최 : 한국형사소송법학회
독일형사법연구회

15:40 – 16:00 등록 및 접수
16:00 ~ 16:10 개회사 : 한명관 변호사 (한국형사소송법학회 회장)
박민표 대검찰청 강력부장 (독일형사법연구회 회장)

축 사 : 성영훈 국민권익위원회 위원장 (독일형사법연구회고문)
사 회 : 김희균 교수 (시립대학교 법학전문대학원)

16:10 ~ 17:00 발표
○ 사 회 자 : 정 웅 석 교수 (서경대학교 법학과)
– 발 표 자 : 박 윤 석 검사 (의성지청장)
발표제목 : 독일에서의 유죄협상제도에 관한 논의와 입법화
– 발 표 자 : 안 성 훈 연구위원 (형사정책연구원)
발표제목 : 일본에서의 유죄협상제도에 관한 논의와 입법화

17:00 ~ 17:10 휴 식

17:10 ~ 18:40 토 론
– 토 론 자 : 황 문 규 교수 (중부대학교 경찰행정학과)
함 석 천 판사 (서울 북부지방법원)
신 준 호 검사 (서울중앙지검)
윤 지 영 연구위원 (형사정책연구원)

● 10월 한국법학원과 공동학술대회

● 11월 월례발표회(52회)

[학회 산하 국제형사분과위원회와 공동학술대회]

○ 일 시 : 2016년 11월 18일(금) 오후 7:30 – 9:30
○ 장 소 : 서울 대치동 포스코건물 2층 Business Hall
(지하철 삼성역 4번 출구에서 5분 거리; 포스코건물에 무료주차 가능)
○ 주 최 : 한국형사정책연구원/한국형사소송법학회

19:30 ~ 19:40 개회사 : 한 명 관 한국형사소송법학회 회장
김 진 환 한국형사정책연구원 원장

축 사 : 김 준 규 학회 (국제)학술고문 (전 검찰총장)
○ 사 회 자 : 황 철 규 부산지검 검사장 (학회 산하 국제형사분과위원회 위원장)
제1부 특별강연 : 송 상 현 전 국제형사재판소(ICC) 소장
제2부 발 표 자 : 이 창 수 검사 (법무부 국제형사과장)
발표제목 : 반부패분야에 대한 국제동향과 그 시사점(가제)
토 론 자 : 이 윤 제 교수 (아주대)

● 12월 동계 정기학술대회
○ 일 시 : 2016년 12월 16일(금) 14:00 – 20:30
○ 장 소 : 서울대학교 법학전문대학원
○ 주 최 : 한국형사정책연구원
한국형사소송법학회

13:00 – 13:30 등록 및 접수
13:30 – 13:40 개회사 : 한명관 한국형사소송법학회 회장
김진환 한국형사정책연구원 원장
축 사 : ○ ○ ○ 서울대학교 법학연구원 원장

사 회 : 김 희 균 교수 (서울시립대학교 법학전문대학원)

[**기조발표: 검사의 지위와 기능**]
13:40 ~ 14:00 이 상 원 교수 (서울대 법학전문대학원)

[**제1부 대륙법계 국가의 검사의 지위와 기능**]
14:00 ~ 15:00 (발표는 각 30분 이내)
○ 사 회 자 : 박 학 모 연구위원 (한국형사정책연구원)
– 발 표 자
프 랑 스 : 한 제 희 검사 (법무부 감찰과)
독 일 : 최 기 식 검사 (서울중앙지검)
15:00 ~ 15:20 (방청석 질의 및 답변)

15:20 ~ 15:30 휴 식

[제2부 영미법계 국가의 검사의 지위와 기능]

15:30 ~ 16:30 (발표는 각 30분 이내)

○ 사 회 자 : 원 재 천 교수 (한동대학교 국제법률대학원; 전 미국 검사)

– 발 표 자

미 국 : 박 종 수 교수 (한동대학교 국제법률대학원; 전 메릴랜드주 검사)

영 국 : 김 한 수 검사 (제주지검)

16:30 ~ 16:50 (방청석 질의 및 답변)

16:50 ~ 17:00 휴 식

[제3부 한국 검사의 지위와 한국검찰의 나아갈 방향]

17:00 ~ 18:30 (발표는 30분 이내)

○ 사 회 자 : 이 용 식 교수 (서울대학교 법학전문대학원)

– 발 표 자 : 이 완 규 검사 (부천지청장)

– 토 론 자 : 하 태 훈 교수 (고려대학교 법학전문대학원, 참여연대 공동대표)
이 창 현 교수 (한국 외국어대학교 법학전문대학원)
승 재 현 연구위원 (한국형사정책연구원)
김 태 훈 기자 (세계일보)

18:30 ~ 18:50 종합토론

(2) 공동학술대회

가. 5개국 초청 국제학술대회

– 대주제 : 범죄수익의 동결과 박탈 –

○ 일 시 : 2016년 7월 8일(금) 09:00 – 20:30

○ 장 소 : 대검찰청 예그리나 홀

○ 참 가 국 : 한국 / 미국 / 프랑스 / 중국 / 일본
○ 주 최 : 한국 형사정책연구원
한국 형사소송법학회
○ 후 원 : 대검찰청

09:00 – 09:30 등록 및 접수
09:30 ~ 10:00 개회사 : 김 진 환 원장 (한국 형사정책연구원)
한 명 관 회장 (한국 형사소송법학회)
축 사 : 권 성 동 국회법제사법위원장
김 수 남 검찰총장

[제 1 부] 10:00 ~ 12:00
○ 사 회 자: 차동언 변호사 (화우 법무법인)
○ 기조연설
–조세포탈 및 주요 경제금융범죄에 대한 대항 수단과 전망: 에릭 마테 브레스트 검사장
–미국의 위법행위 수익의 몰수를 통한 범죄 퇴치와 중단: 피터 코스키 부국장 (법무부)
–한국의 범죄수익 환수(몰수) 관련 입법 현황 및 문제점: 정웅석 교수 (서경대학교)

[제 2 부] 13:30 ~ 15:30
○ 사 회 자: 김혜정 교수 (영남대학교 법학전문대학원)
○ 발 표 자
– 2013년 개혁 법률의 의의와 성과: 장 폴 알베르 파리 중죄법원 재판장
– 중국 범죄수익의 동결과 박탈기관의 현황 : 손림 부검사장 (상해 정안구 검찰청)
○ 토 론 자
– 연성진 선임연구위원 (한국형사정책연구원)
– 김민형 검사 (서울중앙지검 공정거래조세조사부)
– 하태훈 교수 (고려대학교 법학전문대학원, 참여연대 공동대표)

[제 3 부] 15:50 ~ 18:40

○ 사 회 자: 이 상 원 교수 (서울대학교 법학전문대학원)

○ 발 표 자

– 한국 몰수제도의 문제점과 개선방안: 박미숙 선임연구위원 (한국형사정책연구원)

– 중국 몰수제도의 문제점과 개선방안: 염 청 교수 (화동정법대학장)

– 일본 몰수제도의 문제점과 개선방안: 사 토 교수 (게이오 대학교)

○ 토 론 자

– 노명선 교수 (성균관대학교 법학전문대학원)

– 이인석 판사 (법원행정처)

– 장혜진 기자 (법률신문)

– 이일규 검사 (대검찰청 반부패부)

18:00 ~ 18:40 종합토론

나. 제10회 한국법률가대회 프로그램

○ 일시: 2016년 10월 20일 (목) ~ 10월 21일 (금)

○ 장소: 서울팔래스호텔 그랜드볼룸/다이너스티홀

○ 주관: 한국법학원

○ 주최: 대법원, 헌법재판소, 법무부, 대한변호사협회
한국법학교수회, 법학전문대학원협의회

○ 후원: 법률신문사

○ 대주제 :『동아시아 법의 현황과 미래 – 조화와 통일의 관점에서 –』

○ 형사소송법학회 발표자 : 정웅석 교수(서경대)

발표제목 : 개정법상 진술서 등의 증거능력에 관한 고찰 – 디지털증거의 증거능력 판단을 중심으로–

8. 2017년도 월례발표회 일정표

(1) 월례발표회 일정

● 2월 월례발표회(제53회)
○ 일 시 : 2017년 2월 17일(금) 오후 7:30 - 9:30
○ 장 소 : 서울 대치동 포스코건물 2층 Business Hall
(지하철 삼성역 4번 출구에서 5분 거리; 포스코건물에 무료주차 가능)

● 3월 월례발표회(제54회)
○ 일 시 : 2017년 3월 17일(금) 오후 7:30 - 9:30
○ 장 소 : 서울 대치동 포스코건물 2층 Business Hall
(지하철 삼성역 4번 출구에서 5분 거리; 포스코건물에 무료주차 가능)

● 4월 대법원 형사법연구회와 공동학술대회
○ 일 시 : 2017년 4월 21일(금) 오후 7:30 - 9:30
○ 장 소 : 서울 중앙지방법원

● 5월 공동학술대회
○ 일 시 : 2017년 5월 20일(토) - 21일(일)
○ 장 소 : 엘리시안 강촌리조트
○ 주 최 : 한국형사소송법학회
한국형사판례연구회
형사법제 전문검사 커뮤니티

● 6월 하계 정기학술대회(5개 형사법학회 연합학술대회)]
● 7월 안식월
● 8월 19 - 20일 제1회 학회 워크샵(강촌)
● 9월
○ 5일 - 9일 제10회 한/중 형사소송법학회 국제학술대회
○ 18일(월) 대법원형사실무연구회와 공동학술대회

● 10월 월례발표회(55회)
● 11월 10일(금) 독일검사연구회와 공동학술대회

● 12월 동계 정기학술대회

(2) 공동학술대회

ㅁ 일 시 : 2017년 2월 13일(월)
ㅁ 장 소 : 이화여자대학교 법학관 405호(모의법정)
ㅁ 주 최 : KIC, 한국형사소송법학회
ㅁ 일 성 : [대주제: 한국의 형사사법개혁 I : 검찰개혁]

13:30~14:00 참가자 등록 및 접수
사회: 김희균 교수(서울시립대 법학전문대학원)

14:00~14:20 개회사
▹ 김진환 원장(한국형사정책연구원)
▹ 한명관 회장(한국형사소송법학회)

축 사
▹ 권선동 국회법제사법위원장 (오경식 교수 섭외 중)
▹ 금태섭 국회의원 (섭외 중)
▹ 김현 대한변호사협회 회장 (정웅석 교수 섭외 중)
▹ 강동범 원장 (이화여자대학교 로스쿨) (조균석 교수 섭외 중)

좌장: 오영근 교수(한양대학교)

14:20~16:00 ㅁ 1주제 발표: 검찰개혁의 바람직한 방향
발표 : 정웅석 교수 (서경대 공공인적자원학부)
토론 : 최정표 교수 (건국대 법학전문대학원/경실련 공동대표)
임지봉 교수 (서강대 법학전문대학원/참여연대 사법정책 위원장)
김영기 검사 (남원지청장)
김태훈 기자 (세계일보)
박미숙 선임연구위원 (한국형사정책연구원)

16:00~16:20 휴식

16:20~18:00 ㅁ 2주제 발표: 독립적 특별수사기구 도입의 타당성 여부
발표 : 장영수 교수 (고려대학교 법학전문대학원)
토론 : 오경식 교수 (국립강릉원주대학교/한국피해자학회 회장)
한상훈 교수 (연세대학교 법학전문대학원)
김태우 검사 (영월지청장)
김선화 입법조사연구관 (국회입법조사처)
강석구 선임연구위원 (한국형사정책연구원)

18:00~18:30 종합토론

가. 한국형사정책연구원과 공동학술대회

나. 국방부와 공동학술대회

○ 일 시 : 2017년 3월 17일(금) 오후 16:00 – 20:30

○ 장 소 : 국방부 조사본부 대회의실

○ 주 최 : (사)한국형사소송법학회/국방부(법무관리관실, 조사본부, 기무)

○ 15:40 ~ 16:00 참석자 등록 및 인사

○ 16:00 ~ 16:20 국민의례

개회사 : 한명관 한국형사소송법학회 회장
노수철 국방부 법무관리관

축 사 : 김일수 교수 (고려대 법전원 명예교수)
이종협 소장 (국방부 조사본부장)

사 회 : 황태정 교수 (경기대 경찰행정학과)

○ 제 1 부 : 16:30 ~ 17:40

사 회 자 : 이 동 호 대령 (국방부 법무관리관실 법무담당관)
발 표 자 : 김 형 동 중령 (한미연합사 법무실장)
발표제목 : 평시 군사법원 제도 개선을 위한 법적 고찰
토 론 자 : 김 범 식 교수 (서남대 경찰행정학과)
이 근 우 교수 (가천대 법학과)

○ 17:40 ~ 17:50 휴 식

○ 제 2 부 : 17:50 ~ 19:00

사 회 자 : 노 명 선 교수 (성균관대학교 법학전문대학원)
발 표 자 : 류 부 곤 교수 (한경대 법학과)
발표제목 : 검사 작성 피의자신문조서의 증거능력
토 론 자 : 황 문 규 교수 (중부대 경찰행정학과)

정 유 림 중령 (국방부 검찰단 보통검찰부장)

○ 19:00 만 찬 (국방 컨벤션)

다. 제1회 한국 형사소송법학회/대법원 형사법연구회 춘계 공동학술대회

○ 일 시 : 2017년 4월 21일(금) 오후 18:30 – 21:00

○ 장 소 : 대법원 본관 16층 1601호

○ 주 최 : 한국 형사소송법학회/대법원 형사법연구회

18:30 ~ 19:30 저녁식사 (대법원 3층 매화식당)

19:30 ~ 21:00 개 회 사 : 한 명 관 한국형사소송법학회 회장
신 광 렬 대법원형사법연구회 회장

○ [**대주제 : 위법수집증거배제법칙의 적용현황과 개선방향**]

사 회 자 : 정 웅 석 교수 (서경대학교; 한국형사소송법학회 부회장)

발 표 자 : 김 승 주 판사 (서울고등법원)
한 제 희 검사 (법무부 감찰과)

토 론 자 : 김 희 균 교수 (서울시립대학교 법학전문대학원)
권 순 건 판사 (서울고등법원)
김 윤 섭 검사 (사법연수원)

라. 제2회 대법원형사실무연구회와 공동학술대회

– 대주제 : 조서의 증거능력 –

[참조판례 : 대법원 2016도9367 사건, 2016도17054 사건]

○ 일 시 : 2017년 9월 18(월) 18:00 – 21:30

○ 장 소 : 대법원 16층 1601호

○ 주 최 : 대법원 형사실무연구회
한국 형사소송법학회

17:40 – 18:00 등록 및 접수
18:00 – 19:00 만 찬(대법원 서관 3층 매화식당)

19:00 – 21:30 개회사 : 박상옥 대법관 (대법원 형사실무연구회 회장)
한명관 변호사 (한국 형사소송법학회 회장)

19:00 ~ 20:00 발 표
○ 사 회 자 : 정 웅 석 교수 (서경대학교/학회 부회장)
– 발 표 자 : 김 성 룡 교수 (경북대학교 법학전문대학원)
발표제목 : [참조판례 : 대법원 2016도9367 사건]
– 발 표 자 : 주 승 희 교수 (덕성여자대학교)
발표제목 : [참조판례 : 대법원 2016도17054 사건]

20:00 ~ 21:00 질의 및 응답
– 토 론 자 : 4명 (대법원형사실무연구회 섭외키로 함)

21:00 ~ 21:30 종합토론

8. 2018년도 월례발표회 일정표

(1) 월례발표회 일정

● 일 시: 2018년 3월 16일 금요일 19:30–21:30
장 소: 법무법인 율촌 38층 회의실
주 제: "헌법 상 검사의 영장청구 규정과 수사지휘권과의 관계"
발 표: 정웅석 교수 (서경대학교)
성봉근 교수 (서경대학교)
토 론: 이완규 변호사 (법무법인 동인)
윤동호 교수 (국민대학교)

(2) 한국형사소송법학회 긴급토론회

<**"검경 수사권 조정에 관한 법안 검토"**>

ㅁ 일시: 2018년 12월 5일 수요일 17:00 ~ 21:00

ㅁ 장소: 서울지방변호사회 변호사회관

☞ 행사 일정

◎ 17:00~18:30 발표: "검경 수사권 조정에 관한 법안 검토"
김 종 민 변호사 (법무법인 동인)
양 홍 석 변호사 (참여연대)
황 문 규 교 수 (중부대학교)

◎ 18:30~19:00 휴식: 저녁식사

◎ 19:00~21:00 토론: "검경 수사권 조정에 관한 법안 검토"

◎ 21:00 폐회

(3) 공동세미나 일정

가. 대법원 형사법연구회와 공동학술대회
일시: 2018년 4월 23일(월) 19:30 ~ 21:30
장소: 법원종합청사 동관 4층 중회의실
주최: 대법원 형사법연구회/한국형사소송법학회
* 대주제: "형사재판에서 범죄피해자의 지위와 역할"
  – 제1주제: "세월호 재판에서의 피해자 권리의 보장과 한계"
  임 정 엽(서울중앙지방법원 부장판사)
  지정토론 : 남선모 교수(세명대학교 법학과)
  – 제2주제: "프랑스 형사재판에서 범죄피해자의 지위와 역할"
  한 제 희(남부지방검찰청 공안부장)
  – 제3주제: "독일과 일본의 형사재판에서 범죄피해자의 지위와 역할"
  이 진 국(아주대학교 법학전문대학원 교수)
  지정토론: 표현덕 판사(서울중앙지방법원)
  변성환 부장판사(서울중앙지방법원)

나. 대검찰청 검사 커뮤니티와 공동학술대회

○ 일 시 : 2018년 5월 12일(토) – 13일(일)

○ 장 소 : 엘리시안 강촌리조트

► 1주제 : 헌법상의 영장청구규정과 사법통제

– 발제 : 정 철 교수 (국민대학교)

– 발제 : 김 한 균 박사 (형사정책위원회)

– 토론 1 : 이 창 현 교수 (한국외국어대학교)

– 토론 2 : 박 성 용 박사 (서강대학교)

– 토론 3 : 김 태 훈 기자 (세계일보)

► 2주제 : 지방분권과 바람직한 자치경찰의 모델

– 발제 : 황 문 규 교수 (중부대학교)

– 발제 : 주 승 희 교수 (덕성여자대학교)

– 토론 1 : 이 진 국 교수 (아주대학교)

– 토론 2 : 오 승 규 교수 (중원대학교)

– 토론 3 : 이 현 정 기자 (매일경제)

다. 사법정책연구원과 공동학술대회

□ 일자 : 2018년 9월 14일 (금) 저녁 7시 30분 ~ 9시 30분

□ 장소 : 서울중앙지방법원 동관 4층 중회의실

□ 행사 일정

☞ 주제: 공범 진술의 증거능력에 관한 검토

19:30~19:40 개회 한국형사소송법학회 회장 이 상 원
사법정책연구원 원장 강 현 중

19:40~20:00 발표

“공범 진술의 증거능력에 관한 판례의 경향” – 김 승 주 부장판사(서울고등법원)

20:00~20:20 발표

“공범 진술의 증거능력에 관한 비판적 검토” – 권 창 국 교수(전주대학교)

20:20~20:30 휴식

20:30~21:00 지정토론

이 상 엽 판사(서울중앙지방법원)

김 영 태 검사(남부지방검찰청)

21:00~21:30 플로어토론

21:30 폐회

라. 독일 형사법연구회와 공동학술대회

“디지털 증거의 수집에 관한 최근의 쟁점”
- 온라인 압수수색과 원격지(역외) 압수수색을 중심으로 -

일 자 : 2018년 11월 16일 (금) 오후 4시 ~ 7시

장 소 : 대검찰청 NDFC 2층 베리타스 홀

행 사 일정

사회: 노명선 교수(성균관대학교 법학전문대학원)

○ 16:00~16:20 개회 및 참석자 소개

한국형사소송법학회 회장 이 상 원

독일형사법연구회 회장 이 완 규

○ 16:20~17:30 제1세션

발표: “온라인 압수수색과 원격지 압수수색 – 독일 –”

신은식 검사 (서울남부지방검찰청)

토론: 이원상 교수 (조선대학교)

○ 17:30~17:40 휴식

○ 17:40~18:50 제2세션
발표: "온라인 압수수색과 원격지 압수수색 – 미국 및 그 외 국가 –"
전치홍 변호사 (연세대학교 법학전문대학원 박사과정)
토론: 김성태 검사 (서울중앙지방검찰청)

○18:50~19:00 폐회

마. 형사소송법학회 · 헌법실무연구회 공동학술대회
"헌법재판과 형사소송의 최근 쟁점"
□ 일시: 2018년 12월 14일 금요일 16:00 ~ 19:00
□ 장소: 헌법재판소 대강당
□ 주최: 한국형사소송법학회, 헌법실무연구회

☞ 행사일정
◎ 등록 및 접수: 15:30 ~ 16:00
◎ 개회: 16:00 ~ 16:10

한국형사소송법학회 회장 이 상 원
헌법실무연구회　　회장 서 기 석

◎ 제1주제: 16:10 ~ 16:50
발표 – "영장 없는 체포 등에 관한 위헌 · 헌법불합치 결정례의 검토"
오 현 석 판사 (인천지방법원)
토론 – 이 의 석 헌법연구관

◎ 휴식: 16:50 ~ 17:00

◎ 제2주제: 17:00 ~ 17:50
발표 – "출입국관리에서의 인신제한 – 2017헌가29결정 –"
박 미 숙 연구위원 (형사정책연구원)
토론 – 황 지 섭 헌법연구관

◎ 휴식: 17:50 ~ 18:00

◎ 제3주제: 18:00 ~ 18:50
발표 – "통신제한조치 허가 위헌확인 – 2016헌마263 결정 –"
정 혜 욱 교수 (위덕대학교)
토론 – 정 인 경 헌법연구관

◎ 폐회 18:50
◎ 만찬 19:00 ~21:00 (유남석 헌법재판소장 초청 만찬)

9. 2019년도 월례발표회 일정표

(1) 월례발표회 일정

가. 2월 월례발표회
ㅁ 행사개요
일시: 2019년 2월 15일 금요일 19:30 ~ 21:30
장소: 서울지방변호사회회관 1층 회의실(서초역 8번 출구)

주제: '조서와 직접주의의 예외'
발표: 인하대학교 법학전문대학원 최준혁 교수
토론: 의정부지방법원 고양지원 최윤정 판사

나. 3월 월례발표회
ㅁ 행사개요
일시: 2019년 3월 15일 금요일 19:30 ~ 21:30

장소: 대검찰청 포렌식센터 2층 베리타스홀
전체사회: 박광민 교수、성균관대학교 법학전문대학원

주제: '형사사법체계에서 진술분석의 법적 활용'
발표: 최선희 실장(대검찰청 진술분석실)
토론: 이인석 판사(대전고등법원)
　　　이원상 교수(조선대학교 법과대학)

(2) 공동학술대회 일정

가. 대법원형사법연구회와 공동학술대회

나. 사법정책연구원과 공동학술대회
ㅁ 주제 : "성범죄 피해자 진술의 신빙성에 관한 검토"
ㅁ 일시 : 2019년 9월 20일 (셋째 주 금요일) 19:30 ~ 21:30
ㅁ 장소 : 서울지방변호사회 변호사회관 1층 회의실
ㅁ 주최 : 한국형사소송법학회/사법정책연구원

ㅁ 행사 개요
전체사회: 김 희 균 교수 (서울시립대학교)

19:00 ~ 19:30 등록 및 접수
19:30 ~ 19:40 개회사: 강 현 중 원장 (사법정책연구원)

19:40 ~ 20:20 주제 발표
"성범죄 피해자 진술의 신빙성에 관한 연구"
박용철 교수 (서강대학교)

"성범죄 피해자 진술과 관련된 실무 상 쟁점"
신진희 변호사 (대한법률구조공단)

20:20 ~ 20:30 휴식

20:30 ~ 21:00 지정토론

권순철 변호사 (법무법인 로고스)

김한균 박사 (한국형사정책연구원)

21:00 ~ 21:30 플로어 토론

21:30 폐회

다. 국방부 고등군사법원과 공동학술대회

ㅁ 주제 : 군사법의 변화와 발전방향”

ㅁ 일시 : 2019년 10월 25일 (넷째 주 금요일) 19:30 ~ 21:30

ㅁ 장소 : 국방부 고등군사법원 대법정

ㅁ 주최 : 한국형사소송법학회/고등군사법원

ㅁ 행사 개요

전체사회: 김 희 균 교수 (서울시립대학교)

18:00 ~ 19:00 만찬 (국방부 인근 식당, 추후 공지)

19:00 ~ 19:30 등록 및 접수

19:30 ~ 19:40 개회사

이 동 호 고등군사법원장

19:40 ~ 20:20 제1주제

“군사법 발전 방향 – 군사법원법 개정안을 중심으로 –”

박용석 대령 (국방부 법무과장)

지정토론: 권창국 교수 (전주대학교 법학과)

20:20 ~ 20:30 휴식

20:40 ~ 21:20 제2주제
"군인사법 상 영창제도 폐지"
김백진 중령 (국방부 군사법 담당)
지정토론: 최승환 변호사 (법무법인 바른)

21:20 ~ 21:40 종합토론
21:40 ~ 폐회

라. 한국형사정책연구원/독일형사법연구회와 공동학술대회
주제 : "우리나라 형사재판의 문제점과 개선방안"
　　　 − 독일의 직권주의와 영미의 당사자주의의 입장에서 −
일시 : 2019년 11월 15일(셋째 주 금요일) 16:00 ~ 18:40
장소 : 대검찰청 베리타스홀
주최 : 한국형사소송법학회/독일형사법연구회/한국형사정책연구원

ㅁ 행사 개요
전체사회: 김 희 균 교수 (서울시립대학교)

16:00 ~ 16:10 등록 및 접수
16:10 ~ 16:20 인사말
이 상 원 교수 (형사소송법학회 회장)
이 완 규 변호사 (독일법연구회 회장)
한 인 섭 원장 (형사정책연구원 원장)
16:20 ~ 17:20 주제 발표
"우리나라 형사재판의 문제점과 개선방안"
− 독일의 직권주의 입장에서 −
하 재 무 부장검사 (대구지방법원 포항지청)
"우리나라 형사재판의 문제점과 개선방안"
− 미국의 당사자주의 입장에서 −
김 종 구 교수 (조선대학교 법과대학)

17:20 ~ 17:35 휴식

17:35 ~ 18:05 지정토론
민 영 현 부장검사 (대전지방검찰청)
정 도 희 교수 (경상대학교 법과대학)

18:05 ~ 18:35 종합토론
18:35 ~ 18:40 폐회

마. 대한변호사협회와 공동학술대회
[대주제: 개정형사소송법의 평가(개정방향)]

패스트 트랙 법안이 12월 상정될 것으로 예고된 상황에서, 동 개정안에는 수사권 조정은 물론 검사작성 조서의 증거능력 강화(형사소송법 제312조 제2항 폐지, 동조 제1항을 "내용 인정"으로 변경) 규정으로 향후 형사소송법이 획기적으로 변모할가 능성이 있습니다. 이에 패스트 트랙 통과여부에 따라 법안이 통과되면 "개정 형사 소송법의 평가로", 미통과 내지 지연되면 "형사소송법의 개정방향"으로 대한변협, 금태섭의원실과 공동으로 다음과 같이 학술대회를 개최하고자 합니다.

○ 주 최: 한국형사소송법학회/대한변호사협회
○ 후 원: 금태섭 국회의원
○ 일 시: 2019. 12. 20.(금) 13:30－18:30
○ 장 소: 대한변호사협회 14층 대강당

13:20－13:40 접 수
13:40－14:00
총사회: 이충윤 변호사(대한변협 대변인)
개회사: 이찬희 회장(대한변호사협회)
이상원 회장(서울대 법전원)
축 사: 금태섭 국회의원
김영대 서울고등검찰청 검사장

14:00 – 15:40

● 제1주제: 수사부분

사회자: 왕미양 변호사(대한변협 사무총장)

발표자: 하태영 교수(동아대 법전원)

토론자: 김종구 교수(조선대 법과대학)
　　　정승환 교수(고려대 법전원)
　　　김한균 실장(형사정책연구원)
　　　황문규 교수(중부대 경찰행정학과)
　　　허 윤 변호사(대한변협 수석대변인)

15:40: 16:00 휴 식

16:00 – 17:40

● 제2주제: 공판(증거)부분

사회자: 정웅석 교수(서경대 공공인적자원학부)

발표자: 홍진영 교수(서울대 법전원)

토론자: 김성룡 교수(경북대 법전원)
　　　이인석 판사(서울 고등법원)
　　　이순옥 교수(중앙대 법전원)
　　　이필우 변호사(대한변협제2기획이사)
　　　김주미 기자(한국법학원)

● 17:40 – 18:00 종합토론

● 18:00 – 18:30 총 회(2020 임원진 선출)

● 18:30 폐 회

(3) 학회 성명서 발표

수사권조정 논의에 대한 한국형사소송법학회 입장

우리는 형사소송법을 연구하는 연구자들로서 최근 정부와 국회에서 추진되고 있는 수사권조정 논의에 관하여 그 논의가 진정 국민을 위한 제도 개혁으로 이어지기를 소망하여 왔다. 그런데 현실에서 진행되고 있는 입법과정은 그 절차와 내용에 있어 우리의 소망과 기대를 저버리고 있다는 느낌을 지울 수 없다. 이에 우리는 국민과 국가의 앞날에 대한 심각한 우려를 떨칠 수 없어 입장을 밝히고자 한다. 이는 결코 어느 일방을 편들기 위함이 아니요 오직 국민과 국가를 위하여 바람직한 형사사법제도가 수립되기를 바라는 학자적 양심에서 비롯된 것이다.

***

1. 절차적 정당성의 보장이 필요하다.

형사사법제도는 나라의 근간을 이루는 제도이다. 현재 논의되는 내용은 이러한 제도에 근본적인 변혁을 시도하는 것으로서 관련 기관이나 전문가들의 의견을 충분히 경청하고 국민적인 합의가 이루어진 바탕 위에서 입법이 이루어질 때 비로소 그 절차가 정당하다고 할 수 있다. 정당하지 않은 절차를 통하여 마련된 입법은 가사 그것이 내용적으로 수긍할 만한 것이라 하더라도 절차적 정의를 핵심 가치로 하는 민주주의에 반하여 민주적 정당성을 가질 수 없다. 예컨대, 아무런 연관성을 발견할 수 없는 두 분야의 특정 법안을 함께 묶어 패스트트랙으로 가져가는 것은 국가의 근간인 형사사법제도를 흥정의 대상으로 전락시키는 것이 아닌가 하는 의구심을 떨치기 어렵다.

2. 경찰의 1차적 수사종결권 행사에 반대한다.

수사권조정은 사법절차의 근본을 훼손하지 않는 범위에서 이루어져야 한다. 공소제기 여부에 관한 결정은 기소뿐만 아니라 불기소를 포함하는 것으로서 현행 형사소송법은 준사법기관인 검사로 하여금 하도록 하고 있다. 기소뿐만 아니라 불기소 역시 사법적 결정의 성격을 가지고 있고 양자는 논리적으로 밀접하게 연관되어 있으므로, 법관과 유사한 자격과 신분보장이 되는 검사가 준사법기관으로서 수사종결권을 행사하는 것이 탄핵주의 형사소송구조에서 바람직하기 때문이다. 경찰에게 불송치결정이라는 일종의 불기소처분권을 부여하는 것은 사법절차의 본질을 훼손하는 것이다.

나아가 검사의 개입 없는 경찰의 불송치결정은 독자적 수사종결권으로서 통제받지 않은 권력으로 남용될 위험이 크다. 그동안 검찰이 비판받아 온 문제의 핵심도 바로 이 점에 있었다. 이제 경찰에게 그러한 권한을 부여하는 것은 그러한 위험을 단순히 이전하는 것이거나 더욱 키우는 것에 지나지 않는다. 현재 통제방안이라고 제시된 것들은 미흡하거나 실질적으로 공허하여 이러한 위험을 없애지 못한다.

경찰의 수사종결권은 수사기관의 권한 남용을 방지한다는 수사권 조정의 목적에 정면으로 배치되는 것이고 국민의 기본권에 대한 심각한 위험을 초래할 수 있는 것이므로 받아들여져서는 안 된다.

3. **검찰의 정치적 중립성 확보 방안을 촉구한다.**

검찰의 정치적 중립성은 수사권조정 논의의 출발점이기도 하였다. 이는 주로 검찰의 직접수사와 관련하여 지적되어 왔다. 그런데 현재 논의되고 있는 수사권조정 방안에는 검찰의 직접수사권을 부패범죄, 경제범죄, 공직자범죄, 선거범죄 등으로 제한하는 내용만 있을 뿐이다.

검찰의 정치적 중립성은 단순히 검찰의 직접수사 범위를 제한한다고 달성되는 것이 아니다. 오히려 유보된 직접수사권은 정치적으로 민감할 여지가 많은 사건들에 대한 것으로서, 여기에 검찰의 수사권이 집중됨으로써 수사의 비례성이 약화되고 검찰의 정치적 중립성이 더욱 훼손될 위험이 있다.

따라서 검찰의 직접수사권의 제한이나 범위 설정에 관한 논의는 반드시 검찰의 정치적 중립성을 확보하는 방안에 관한 논의와 동시에 이루어져야 한다.

4. **수사권 남용에 대한 통제방안을 촉구한다.**

그동안 검찰의 각종 권력남용과 비리 문제는 검찰에 집중된 권력의 부작용이라고 할 수 있다. 따라서 검경 수사권조정 논의에 앞서 검찰권 남용에 대한 효과적인 통제장치를 마련하는 방안에 대한 논의가 반드시 이루어져야 한다. 그런데 이러한 통제장치는 검찰의 권한을 일부 분리하여 공수처나 경찰에 이전한다고 하여 마련되는 것은 아니다. 단순 이전은 문제의 전이나 악화를 가져올 뿐이다. 수사권이 어느 기관에게 있든 그 수사권과 각 기관 수사권의 총량이 남용되지 않도록 하는 통제방안이 마련되어야 하고, 이에 관한 논의가 수사권 분산 논의에 앞서 이루어져야 비로소 수사권 분산이 의미를 가지게 된다.

***

수사권조정은 단순히 특정 수사기관에게 집중된 권한을 분산하는 것만을 의미하는 것이 아니다. 집중된 권한의 분산을 통하여 국가기관의 권한 행사가 보다 더 공정하게 이루어져야 하고, 보다 더 통제 가능하게 되어야 하며, 이를 통해 인권보장이라는 궁극적 목적을 달성할 수 있어야 한다.

그런데 현재의 수사권조정 논의는 하나의 기관에 집중되었던 권한이 또 다른 기관으로 이전되는 것일 뿐, 각각의 기관이 더욱 공정한 권한을 행사할 수 있다거나, 견제장치가 더욱 강화되었거나, 이를 통해 기본권이 더욱 보장될 수 있는 내용이 아니다.

자칫 검사의 공소권 행사는 더욱 부실해지고, 준사법적 통제기능은 더욱 약화되는 한편, 다른 기관에게 이전된 수사권한은 통제장치 없이 남용될 염려가 더욱 커졌다. 뿐만 아니라 수사기관의 정치적 중립성을 확보하기 위한 의미 있는 노력도 보이지 않는다. 그로 인한 피해가 고스란히 국민에게 돌아갈 것이 우려된다.

우리는 검찰개혁이 시대적 과제라는 데 인식을 같이 하고 검찰개혁이 온전하게 이루어지기를 절실하게 바라고 있다. 우리의 의견이 곧 검찰개혁을 훼방하거나 지연하려는 의도로 곡해되기를 원하지 않는다. 또한 어떠한 정파적 입장에서 비롯된 것이라고 오해되지 않기를 바란다. 우리의 입장은 형사소송법을 연구하고 가르치는 학자들의 입장에서 수사권조정이 형사절차의 본질을 훼손하고 원래의 목적과 다른 방향으로 나아가는 것을 염려하는 진심에서 나오는 호소일 뿐이다.

2019. 5. 10.

한국형사소송법학회

10. 2020년도 월례발표회 일정표

(1) 월례발표회 일정

● **제70회 월례발표회**

일 시 : 2020년 2월 21일(금) 18:40 - 21:30

장 소 : 서울변호사협회 회관

○ 중국 형사소송법 강독회 (장지화 변호사 길림성 연변 조선족 자치주 검찰원 검사 역임, 現 법무법인 지평 소속 변호사)

○ 제1발표 : 주제 : 2019년 선고된 판례 회고 및 평석 (윤지영 연구위원 한국형사정책연구원)

○ 제2발표

– 제1주제 : 공수처법 제24조 제2항(통보조항)의 실무상 운영방안 (정웅석 회장)

– 제2주제 : 개정 형사소송법 제245조의7과 관련하여, 만약 사법경찰관이 제

245조의5, 제245조의6에 따라서'무혐의'판단을 하여 불송치를 하였고, 이에 피해를 당한 고소인 등이 이의신청을 한 경우 검사가 직접수사를 할 수 있는지? 아니면 재수사 요구만 할 수 있는지 등 제245조의7의 실무상 운영방안 (황문규 교수 중부대 경찰행정학과)

– 제3주제 : 실무상 증거의견(증거동의)과 증거조사(성립의 진정)의 차이(증거동의한 공범 X에 대한 증거동의 피신조서를 증거부동의 한 관련피고인 Y에게 증거로 사용할 수 있는지 여부) (김정철 변호사 법무법인 우리 대표변호사/성대 겸임교수)

● **제71회 월례발표회**

일 시 : 2020년 5월 15일(금) 18:30 – 21:30

장 소 : 서울변호사협회 회관

○중국 형사소송법 강독회 (장지화 변호사)

○ 연구발표 : 대법원 2019. 11. 21. 선고 2018도13945 판례 평석 (안정빈 교수 경남대)

○ 현안발제 :

– 발제 1 : 대법원 2019.11.14.선고 2019도13290 판결 분석 (이창현 교수 외대 법전원)

– 발제 2 : 송무제도 개편에 관한 소고 (최창호 변호사 (전 법무부 국가송무과장, 現 더리드 법률사무소 대표변호사)

● **제72회 월례발표회**

일 시 : 2020년 6월 19일(금) 18:30 – 21:30

장 소 : 서울변호사협회 회관

○ 발표 : 공수처법의 해석 및 운영방안 (정웅석 회장)

○ 토론 1 : 이완규 변호사 (법무법인 동인)

토론 2 : 임지봉 교수 (서강대 법전원)

토론 3 : 윤동호 교수 (국민대 법학과)

토론 4 : 장혜진 기자 (세계일보)

● **제73회 월례발표회** (온라인)

일시 : 12월 18일 금요일 15:00 – 17:00

발표 : 함정수사와 디지털성범죄 잠입수사

토론 : 윤지영 연구위원(형사정책연구원)

김태업 판사(서울중앙지법)

박다온 경감(경찰대)

(2) 공동세미나 일정

가. 한국형사소송법학회 – 대검찰청 공동세미나

일 시 : 2020년 7월 10일(금) 15:00 - 18:00

장 소 : 대검찰청 베리타스홀

○ 발표 1 : 제3자명의 재산에 대한 환수방안 (권기대 부장검사)

발표 2 : 독립몰수제 도입 (전유경 검사)

발표 3 : 추징금 집행율 제고방안 (임진철 검사)

발표 4 : 자본시장법 불공정행위 부당이득액 산정 (김한균 연구위원)

○ 토론 1 : 권순철 변호사 (로고스)

토론 2 : 이경렬 교수 (성균관대)

토론 3 : 장지화 변호사 (지평)

토론 4 : 이정민 교수 (단국대)

토론 5 : 류주태 검사 (중앙지검)

나. 한국형사소송법학회 – 대한변호사협회 공동 세미나

일 시 : 2020. 9. 17.(목) 14:00 ~ 18:00

장 소 : 대한변호사협회 14층 대강당

○ 대주제 : 검찰의 정치적 중립성과 독립성 보장방안

○ 제1주제 : 검찰총장의 정치적 중립성

발제 1 : 김성룡 교수(경북대학교)

발제 2 : 김종구 교수(조선대학교)

토론 1 : 박정난 교수(연세대학교)

토론 2 : 백수범 변호사(조은)

토론 3 : 임찬종 기자(SBS)

○ 제2주제 : 검사 직무수행의 독립성

발제 1 : 이창온 교수(이화여자대학교)

발제 2 : 이경렬 교수(성균관대학교)

토론 1 : 박형관 교수(가천대)

토론 2 : 최창호 변호사 (더리드)

토론 3 : 신아람 기자(JTBC)

다. 제9회 한국형사학대회 (온라인)

일시 : 2020년 9월 11일(금), 14:00～18:10

제1주제 발표 : 검사 수사권 제한의 실제 (이근우 교수. 가천대)

라. 제12회 한국법률가대회 (온라인)

일 시 : 2020년 10월 23일(금) 11:20 - 12:20

제2세션 : 디지털 시대 형사법의 대응

제1주제 발표 : 디지털 컨택트 시대의 범죄와 형사법적 대응 전략 (윤지영 연구위원)

마. 형사소송법학회/비교형사법학회/4차산업혁명융합법학회 공동학술대회

일 시 : 2020년 10월 30일(금) 14:00 - 18:00

장 소 :서경대학교 코워킹센터 + Z○○m

대주제 : 4차산업혁명 기회와 감염병 위기의 시대, 개인정보 활용과 보호의 법적 현안

○ 세션 1 : '디지털뉴딜'정책 관련 개인정보보호법상 규제를 어떻게 개혁해야 하는가?

발표 : 손형섭 교수 (경성대)

토론 : 최승환 변호사 (바른)

윤지영 연구위원 (한국형사정책연구원)

최재윤 변호사 (한국특허변호사회 부회장)

○ 세션 2 : 공공 안전을 위해 긴급히 필요한 개인정보처리는 어디까지 허용될

수 있는가?

발표 : 이경렬 교수 (성균관대)

토론 : 송승현 연구원 (충북대 국가위기관리연구소)

장지화 변호사 (지평)

이준복 교수 (서경대)

○ 세션 3 : 개인정보보호법 형사처벌규정은 범죄자를 양산하는가?

발표 : 이근우 교수 (가천대)

토론 : 김운용 변호사 (다솔)

오병두 교수 (홍익대)

한대웅 검사 (서울북부지검)

바. 한국형사소송법학회－법원 형사법연구회 공동학술대회 (온라인)

일시 : 12월 4일 금요일 19:30－21:00

○ 대주제: 형사절차법 변화에 따른 형사재판의 모습

○ 제1주제 : 형사소송법 제312조 개정의 실무적 함의 (모성준 부장판사. 전주지법 군산지원)

지정토론 : 박경호 변호사(광장)

○ 제2주제: 수사권 귀속주체 결정의 정당성 (김혜경 교수. 계명대)

지정토론 : 김재승 판사(서울중앙지법)

(3) 성명서 발표

가. 8. 10. 성명서

(사) 한 국 형 사 소 송 법 학 회
검찰의 정치적 중립성 훼손하는 개혁위 권고안 등, 학계와 사회 각계 논의 수렴해 재고(再考)해야 한다.

법무·검찰개혁위원회(이하 "개혁위")는 지난 7월 27일 (월), 검찰총장과 법무부 장관 간 권력의 균형을 잡겠다는 의도에서 '검찰총장의 수사지휘권을 폐지하여 각 고등검사장에게 분산하고, 법무부장관이 각 고등검사장에게 구체적 사건에 대하여 수사지휘를 한다'는 내용의 권고안을 발표했다.

물론 검찰개혁에 대한 국민적 열망을 배경으로 출범한 개혁위가 그동안 보여준 성과와 수고는 높이 평가받을만하다. 그러나 권고안대로 검찰이 운영될 경우, 검찰은 준사법기관으로서의 속성을 잃고 정치에 종속될 우려가 있다. 권고안은, 개혁위가 현재 검찰총장 제도에 대한 헌법적·학술적 연구가 부족한 상태에 있는 게 아닌가 하는 인상마저 주고 있다.

먼저, **법무부장관의 확대된 수사지휘권은 부당하다**.

검찰총장과 법무부장관은 모두 인사청문회를 거쳐 대통령이 임명한다. 그러나 검찰총장은 검찰총장후보추천위원회의 검증과 추천을 거쳐 그 임명에 사회 각층의 의견이 수렴되는 반면, 법무부장관은 사실상 대통령의 의지만으로 임명되고 있다는 점에 큰 차이가 있다. 그럼에도 불구하고 법무부장관이 오히려 구체적 사건에서 검찰총장보다 더욱 확대된 권한을 가지는 것은 부당하다.

검찰청법 제6조는 '검사의 직급은 검찰총장과 검사로 구분한다'고 규정한다. 따라서 고등검찰청 검사장 역시 개별 검사에 해당하며, 권고안에 따르면 법무부장관이 구체적 사건에 관하여 개별 검사인 고등검사장을 지휘하여 모든 사건을 사실상 직접 처리할 수 있다. 정치인인 법무부장관이 이처럼 기소절차에 직접 관여하고 간섭하게 하는 것은 검찰의 준사법기관적 속성에 배치된다.

다음, **정당 이익을 대변하게 될 것이 우려된다**.

검찰 사무는 국민의 기본권 보호, 사법 정의 구현을 핵심으로 한다. 이와 같은 검찰의 준사법적 속성에 비추어, 검찰에 대한 정치의 영향력을 최소화해야 한다는 점에는 이견을 찾기 어렵다. 그런데 정당에 가입할 수 없는 검찰총장과 달리, 법무부장관은 현행 헌법상 당적을 보유할 수 있고 국회의원을 겸직하여 의정활동도 할 수 있다. 이처럼 정당의 이익을 대변하게 될 우려가 큰 법무부장관이 직접 수사지휘를 할 경우, 정당이 수사권을 장악하게 되는 위험한 상황이 초래될 수 있다.

법무부는 입법예고된 개정 형사소송법, 검찰청법의 대통령령 등 제정안에 대해 관련 학회의 의견을 청취하기 바란다. 향후 국민의 인권에 중요한 형사법안에 대해서는 입법예고에 앞서 관련 학회의 학술적 의견을 청문하는 절차를 거쳐 주기를 당부한다.

<끝>

2020. 8. 10.

(사)한국형사소송법학회 회 장 정 웅 석

나. 11. 16. 성명서

(사) 한 국 형 사 소 송 법 학 회

"휴대폰 잠금해제 강제는 현대판 알몸수색, 법무부의 관련법 도입 검토에 깊은 우려 표명한다"

한국형사소송법학회(이하 '학회')는 최근 법무부가 검토·추진하겠다고 밝힌 '디지털 증거 압수수색시 협력의무 부과 법안'에 대하여, 국민의 기본권 수호를 위해 깊이 고민하고 연구하는 학자의 입장에서 심각한 우려를 표명한다. 학회는 동 법안이, 헌법과 형사소송법이 보장하는 피의자의 기본권을 침해하겠다는 반헌법적 발상이 아니고서는 생각하기 어려운 법안이라는 점을 확실히 하고자 한다.

언론과 법무부 등을 통해 알려진 바와 같이, 추미애 법무부장관은 휴대전화 강제해제 법안 제정을 추진하기 위한 검토를 지시했다. 장관이 지시한 위 법률안의 취지에 따르면, 피의자에게 자신의 휴대전화 잠금해제를 강제하고 이를 거부할 시 징역형까지 부과할 수 있어 헌법 및 형사법의 기본원리에 정면으로 반하게 된다. 이는 우리 형사법 자체를 위협할 뿐 아니라 인권보장과 법치주의까지 퇴보하게 만드는 위헌적 법률이 될 것은 자명한 일이다.

모든 국민은 헌법상 자기부죄거부의 원칙(헌법 제12조 제2항), 즉 "누구나 형사상 자기에게 불리한 진술을 강요당하지 않을 권리"를 향유한다. 국민은 누구나 헌법상 무죄추정의 원칙과 자백강요금지 등을 통해 방어권을 보장받아야 하고, 형사소송법은 여러 규정을 통해 이를 구체화하고 있다.

현대사회에서 개인의 모든 사생활이 담긴 휴대전화의 잠금해제를 강제한다는 것은 알몸수색보다 더한 기본권 침해행위와 다름없다. 더욱이 지금도 수사기관의 '별건압수' 등 위법한 압수관행에 대한 논란이 분분한 상황이다.

법무부는 휴대전화 압수 시 적법절차가 철저히 준수되도록 하여 국민의 인권을 보장하기 위한 수사 실무 개선을 검토해도 모자랄 판국에, 국민을 억압하는 서슬 퍼런 독재국가에서나 나올 법한 내용의 법안 추진을 검토하겠다 하고 있다.

그러나 법무부가 언급한 영국의 '수사권한 규제법(Regulation of Investigatory Powers Act 2000)' 등도 법학계와 실무계, 나아가 국민의 이해를 구할 수단으로서는 턱없이 부족하다.

이 법에 따르면, 수사기관이 휴대전화 비밀번호를 얻기 위해서는 먼저 그에 대한 영장을 청구하여 법원의 허가 판단을 받아야 하고, 법원의 허가 명령이 있음에도 불구하고 피의자가 비밀번호 고지를 거부할 경우 "법원명령위반죄"로 처벌한다.

법원의 영장도 ▲국가안보 ▲중대한 범죄 방지 ▲국가 경제에 심각한 영향을 미칠 목적 중 하나에 해당할 경우에만 발부된다. 즉 수사기관은 법원에 휴대전화 비밀번호를 위한 영장을 청구하면서, 이 세 가지 목적의 범죄 중 하나에 해당된다는 것을 입증해야 한다.

그러나 영국의 이 법은, 미국 등 다른 나라뿐 아니라 자국에서까지 인권침해의 측면 때문에 반발과 비판에 직면해 있는 상황이다. 영국과는 달리 '법원명령위반죄'도 없는 우리 법제에서, 우리 헌법 및 형사소송법이 정한 가치까지 무시해 가며 '수사권한 규제법'과 같은 법을 도입할 필요성은 극히 낮다고 할 것이다.

물론 인권보장 및 우리 형사법 체계와 조화를 이루도록 하기 위한 전방위적 연구와 노력을 기울여온 우리 학회 입장에서, 디지털 증거에 대한 과학수사의 중요성과 사이버 테러 등 새로운 형태의 범죄에 대한 법집행의 실효성 제고를 고민할 필요가 있다는 점에 대하여 일부 공감한다.

법무부는 이번과 같이 개별 특정 사안에서 기인한 협소한 시각을 바탕으로 법안을 추진할 것이 아니라, 평상시 학회와의 지속적인 유대 및 교류를 통해 진정으로 국민에게 필요한 형사 관련 법정책 현안을 파악하고, 이를 검토·추진해 주기를 당부한다.

<끝>

2020. 11. 16.

(사)한국형사소송법학회 회 장 정 웅 석

Ⅱ. 연합학술대회

1. 형사법관련 학회 연합학술대회

● 2012년 당시 한국형사법학회 오영근 회장님께서 한국형사소송법학회 손기식 회장님께 제안하여 형사법관련 학회의 연합학술대회가 추진됨.

● 최초 모임에서 경희대 서보학 교수, 건국대 이승호 교수는 한국형사송법학회를 베제한 학술대회를 주장하였으나, 손기식 회장님의 읍소에 가까운 설득으로 4개 형사법학회(한국형사법학회/한국비교형사법학회/한국형사정책학회/한국형사소송법학회)가 연합학술대회를 갖기로 함

● 2015년 이후, 한국피해자학회가 추가되어 현재 5개 학회가 학술대회를 개최하고 있음.

2012년 제1회 연합학술회의 일정

－〈현대 형사법의 도전과 과제〉－

○ 일 시 : 2012. 6. 22 (금) 13:30－18:00

○ 장 소 : 한양대학교 법학전문대학원

○ 주　최 : 한국형사법학회, 한국형사정책학회, 한국비교형사법학회, 한국형사소송법학회

○ 주　관 : 한양대학교 법학연구원

○ 토론방식: 각 학회가 4개 분과로 주제 및 발표자 선정

■ 학술회의 세부일정

13:30－13:50　참가자 등록 및 접수 (제3법학관 403호)
13:50－14:10　개회사 : 오영근 교수 (한국형사법학회 회장)
　　　　　　　　　　　강동범 교수 (한국형사정책학회 회장)
　　　　　　　　　　　하태훈 교수 (한국비교형사법학회 회장)
　　　　　　　　　　　손기식 교수 (한국형사소송법학회 회장)
14:30－18:00　발표 및 토론 (학회별 일정 참조)
18:30－20:00　만　찬

■ 대주제 및 학회별 세부주제

▶ 대주제 : 형사법의 현대적 과제와 도전

▶ 학회별 세부주제 및 학술회의 장소

○ 한국형사법학회 : 형법의 팽창과 형법의 과제
　장소 : 제3법학관 501호

○ 한국형사정책학회 : 공정사회구현과 법제도의 개혁
　장소 : 제3법학관 502호

○ 한국비교형사법학회 : 위험사회의 등장과 형법의 임무 －9/11 테러 이후 각국의 동향－
　장소 : 제3법학관 601호

○ 한국형사소송법학회 : 형사소송법의 최근 동향과 쟁점
장소 : 제3법학관 602호

➡ 한국형사법학회

주 제 : 형법의 팽창과 형법의 과제
장 소 : 제3법학관 501호
사회자 : 조 국 교수 (서울대학교)

14:20－15:20 제1주제 : 형법의 기능변화와 형법의 한계
: 현대사회에서의 형사정책적 요구에 형법은 어떻게 변해가고 있는가?
발 표 : 이덕인 교수 (부산과학기술대학교)
토 론 : 서보학 교수 (경희대학교)
김호기 교수 (서울시립대학교)

15:40－16:40 제2주제 : 범죄구성요건의 변화와 형법의 과제
: 전통 범죄와 신종 범죄, 형법의 보호법익은 어떻게 변하고 있는가?
발 표 : 박강우 교수 (충북대학교)
토 론 : 김재봉 교수 (한양대학교)
류전철 교수 (전남대학교)

17:00－18:00 제3주제 : 형사제재분야의 변화와 형법의 과제
: 범죄의 양상에 따라 형벌과 보안처분은 어떻게 변모해가고 있는가?
발 표 : 이승호 교수 (건국대학교)
토 론 : 문성도 교수 (경찰대학)
이진국 교수 (아주대학교)

18:10－18:20 폐 회 사
18:30－20:00 만 찬

➡ 한국형사정책학회

주 제 : 공정사회구현과 법제도의 개혁
장 소 : 제3법학관 502호
사회자 : 김신규 교수 (목포대학교)

14:20－15:20 제1주제 : 수사기관의 구조개혁
발 표 : 정승환 교수 (고려대학교)
토 론 : 노명선 교수 (성균관대학교)
박노섭 교수 (한림대학교)

15:40－16:40 제2주제 : 부정청탁 및 이해충돌방지법안의 제정취지 및 주요내용
발 표 : 박계옥 국장 (국민권익위원회 부패국장)
토 론 : 전지연 교수 (연세대학교)
이천현 박사 (한국형사정책연구원)

17:00－18:00 제3주제 : 독립적 특별수사기구의 도입방안에 관한 검토
발 표 : 오병두 교수 (홍익대학교)
토 론 : 이창현 교수 (한국외국어대학교)
윤동호 교수 (제주대학교)

18:10－18:20 폐 회 사
18:30－20:00 만 찬

➡ 한국비교형사법학회

주 제 : 위험사회의 등장과 형법의 임무 －9/11 테러 이후 각국의 동향－

장　소 : 제3법학관 601호
사회자 : 이경재 교수 (충북대학교)

14:20 – 15:20　제1주제 : 새로운 위험의 등장과 형법의 임무 변화: 9·11 테러 이후 영국을 중심으로
발　표 : 이승준 교수 (충북대학교)
토　론 : 김재윤 교수 (전남대학교)

15:40 – 16:40　제2주제 : 범죄예방을 위한 개인정보 수집 및 활용의 한계: 미국을 중심으로
발　표 : 김봉수 교수 (전남대학교)
토　론 : 이경렬 교수 (숙명여자대학교)

17:00 – 18:00　제3주제 : 위험사회에서의 형법의 과제와 기능: 독일에서의 논의와 그 시사점
발　표 : 김성규 교수 (한국외국어대학교)
토　론 : 변종필 교수 (동국대학교)

18:10 – 18:20　폐 회 사
18:30 – 20:00　만　찬

■ 한국형사소송법학회

주　제 : 형사소송법의 최근 동향과 쟁점
장　소 : 제3법학관 602호

14:20 – 15:20　제1주제 : 공범의 수사상 진술의 증거능력을 인정하기 위한 대면권과 전문법칙과의 관계
사　회 : 이강원 부장판사 (서울고등법원)
발　표 : 정웅석 교수 (서경대학교)

토　　론 : 이용구 부장판사 (사법연수원)
김희균 교수 (서울시립대학교)

15:40－16:40 제2주제 : 국제형사재판소 및 구 유고전범재판소의 재판절차를 통해 들여다본 우리 형사절차
사　　회 : 노명선 교수 (성균관대학교)
발　　표 : 송중호 판사 (수원지방법원)
토　　론 : 이윤제 교수 (아주대학교)
김영기 검사 (청주지방검찰청)

17:00－18:00 제3주제 : 긴급 압수수색에 대한 사후영장의 성질과 효력
사　　회 : 심희기 교수 (연세대학교)
발　　표 : 이완규 부장검사 (서울남부지방검찰청)
토　　론 : 노수환 교수 (성균관대학교)
이규홍 부장판사 (사법연수원)

18:10－18:20 폐 회 사
18:30－20:00 만　　찬

2013년 제2회 하계 연합학술회의 일정

하계 정기학술대회(4개 형사법학회 연합학술대회)
- 형사법학회, 비교형사법학회, 형사정책학회, 형사소송법학회
- 추진위원 : 연구이사(정웅석 교수, 이완규 검사, 이상원 교수)

－ 다음 －
○ 일 시 : 2013년 6월 22일(토요일) 오후 1:30 － 18:30
○ 장 소 : 서울 성균관대학교 법학전문대학원

○ 발표주제 : 사회안전과 형사법

○ 발 표 자

1. 제1주제 : 김일수 원장(형정원)

2. 제2주제 : 사회 – 오영근 교수(한양대학교)

■ 발표자

– 김혜경 교수(계명대) – 사회안전과 실체형법의 변화 –과제와 전망

– 이호중 교수(서강대) – 사회안전과 실체형법의 변화 –과제와 전망

■ 토론자 : 김성룡 교수(경북대학교)
김봉수 교수(전남대학교)
이근우 교수(가천대학교)

3. 제3주제 : 사회 – 손동권 교수(건국대학교)

■ 발표자

– 이승현(형정원) – 사회안전과 절차형법의 변화 –과제와 전망

– 정웅석(서경대) – 사회안전과 절차형법의 변화 –과제와 전망

■ 토론자 : 이현석 판사(서울중앙지법)
김영기 검사(한국거래소 법률자문관 파견검사)
황문규 교수(중부대학교)

2014년 제3회 하계 연합학술회의 일정

일시: 2014. 6. 21(토)

장소: 전북대학교 진수당 351호 (법학전문대학원 지나서 자연대 앞 원형광장)

[대주제: 21세기 한국형사법의 새로운 모색]

소주제: – 국민참여재판의 문제점과 대안

– 양형기준의 문제점과 대안

– 새로운 보안처분제도의 모색

※ 학술회의 세부일정

10:30－11:00 참가자 등록 및 접수 (전북대학교 진수당 351호)

11:00－11:50 환 영 사 : 서거석 총장(전북대학교)
기조발제 : 형사법 5개 학회 회장단

12:00－13:30 점심(도시락)
각 학회별 연구윤리 교육

13:30－14:20 1라운드 ＜국민참여재판＞
좌장(조정): 형사법학회장/형소법학회장
발제: 김봉수(전남대학교) “국민참여재판 최종형태에 대한 비판적 고찰”
토론1: 이덕인
토론2: 김병수(비교법적 관점 토론)
토론3: 박미숙(소송법 관점 토론)

14:20 － 15:10 원탁형식의 종합토론(50분)
좌장(조정): 형사법학회장/형소법학회장
진행: 발제자/토론자

15:10 － 15:50 2라운드 ＜양형기준＞
좌장(조정): 비교형사법학회장/피해자학회장
발제 : 박형관(가천대학교) “우리나라 양형기준 설정방식과 양형위원회 운용 방식에 관한 점검 및 개선방안”
토론1: 김태명(전북대학교)
토론2: 원혜욱(피해자 관점 토론)

15:50 － 16:40 원탁형식의 종합토론(50분)
좌장(조정): 비교형사법학회장/피해자학회장

진행: 발제자/토론자

16:40－17:20 3라운드 <새로운 보안처분제도>
좌장(조정): 형사정책학회장
발제 : 송문호 "보안처분의 필요성과 정당성"
토론1: 남선모
토론2: 박학모(형사정책 관점 토론)

17:20 － 18:10 원탁형식의 종합토론(50분)
좌장(조정): 형사정책학회장
진행: 발제자/토론자

18:10 － 19:00 최종요약(각 학회장) 및 폐회사(50분)

2015년 제4회 하계 연합학술회의 일정

○ 학술회의
－ 일시 : 2015년 6월 13일(토요일) 14:00~18:00
－ 장소 : 동아대학교 부민캠퍼스 법학전문대학원 303호, 304호
－ 주최 : 한국형사법학회, 한국비교형사법학회, 한국형사정책학회, 한국피해자학회, 한국형사소송법학회, 동아대학교 법학연구소
－ 대주제 : 형사법과 윤리
소주제 : 1. 기업과 형사법 (장소 : 303호)
2. 성과 형사법 (장소 : 304호)

시 간	내 용	비 고
13:30-14:00	◆ 참가자 등록 및 접수	
14:00-14:40	◆ 학회장 인사 및 환영사 한국형사법학회 회장 한국비교형사법학회 회장 한국형사정책학회 회장 한국피해자학회 회장 한국형사소송법학회 회장 동아대학교 법학연구소장	
14:40-14:50	휴식 및 이동	
◆ 제1세션	기업과 형사법 (사회 : 동국대 강동욱 교수)	법학전문대학원 303호
14:50-16:10	◇ 제1주제 : "기업내부자의 횡령 · 배임죄와 관련한 최근의 동향과 법적 쟁점" 발제 : 김혜경 교수(계명대학교) 토론 : 이천현 박사(형사정책연구원), 김범식 교수(서남대학교), 김재윤 교수(전남대학교)	발제 25분 지정토론 각 10분 자유토론 25분
16:10-16:20	휴식	
16:20-17:40	◇ 제2주제 : "기업범죄의 새로운 지평 : 횡령/배임 관련 최근 수사 및 재판사례를 중심으로" 발제 : 조성훈 변호사(김 · 장 법률사무소) 토론 : 김인회 교수(인하대학교), 안경옥 교수(경희대학교), 최병각 교수(동아대학교)	발제 25분 지정토론 각 10분 자유토론 25분
◆ 제2세션	성과 형사법 (사회 : 아주대 한영수 교수)	법학전문대학원 304호
14:50-16:10	◇ 제1주제 : "성매매특별법 제21조 제1항의 위헌 논란과 쟁점" 발제 : 이덕인 교수(부산과학기술대학교) 토론 : 김권영 과장(여성가족부 권익증진과), 권창국 교수(전주대학교), 김혜정 교수(영남대학교)	발제 25분 지정토론 각 10분 자유토론 25분
16:10-16:20	휴식	
16:20-17:40	◇ 제2주제 : "바람직한 성형법의 정립을 위한 제언" 발제 : 이경재 교수(충북대학교)	발제 25분

	토론 : 정희철 교수(대구가톨릭대학교), 문성도 교수(경찰대학교), 이재희 소장(부산성폭력상담소)	지정토론 각 10분 자유토론 25분
17:40-18:00	◆ 각 학회장 폐회사	
18:00-	◆ 저녁 만찬	

2016년 제5회 하계 연합학술회의 일정

시 간	내 용	비 고
13:30-14:00	◆ 참가자 등록 및 접수	
14:00-14:40	◆ 학회장 인사 및 축사, 환영사 한국형사법학회 회장 인사 한국비교형사법학회 회장 인사 한국형사정책학회 회장 인사 한국피해자학회 회장 인사 한국형사소송법학회 회장 인사 부산고등검찰청 검사장 축사 부산지방경찰청 청장 축사 동아대학교 법학연구소장 환영사	법학전문대학원 303호
14:40-14:50	휴식 및 이동	
◆ 제1세션	기업과 형사법 (사회 : 동국대 강동욱 교수)	법학전문대학원 303호
14:50-16:10	◇ 제1주제 : 기업관련범죄의 형법적 개입에 관한 성찰 발제 : 김혜경 교수(계명대학교) 토론 : 이천현 박사(형사정책연구원) 김범식 교수(서남대학교) 김재윤 교수(전남대학교)	발제 25분 지정토론 각 10분 자유토론 25분
16:10-16:20	휴식	
16:20-17:40	◇ 제2주제 : 기업범죄의 새로운 지평 : 최근 수사 및 재판사례를 중심으로 발제 : 조성훈 변호사(김 · 장 법률사무소) 토론 : 김인회 교수(인하대학교)	발제 25분 지정토론 각 10분 자유토론 25분

	안경옥 교수(경희대학교) 최병각 교수(동아대학교)	
◆ 제2세션	성과 형사법 (사회 : 아주대 한영수 교수)	법학전문대학원 304호
14:50-16:10	◇ 제1주제 : 성매매처별법 제21조 제1항의 위헌논란과 쟁점 발제 : 이덕인 교수(부산과학기술대학교) 토론 : 김권영 과장(여성가족부 권익증진과) 권창국 교수(전주대학교), 김혜정 교수(영남대학교)	발제 25분 지정토론 각 10분 자유토론 25분
16:10-16:20	휴식	
16:20-17:40	◇ 제2주제 : 性犯罪處罰法規의 정비와 바람직한 性刑法의 정립을 위한 제안 발제 : 이경재 교수(충북대학교) 토론 : 정희철 교수(대구가톨릭대학교) 문성도 교수(경찰대학교) 이재희 소장(부산성폭력상담소)	발제 25분 지정토론 각 10분 자유토론 25분
17:40-18:00	◆ 각 학회장 폐회사	법학전문대학원 303호
18:00-20:00	◆ 저녁 만찬	

2017년 제6회 하계 연합학술회의 일정

○ 일자: 2017년 6월 10일 (토) 오후 1시 30분부터

○ 장소: 아주대학교 법학전문대학원

[대주제: 사회안전과 형사학]

1:30 - 2:00	참가자 등록 및 접수 (아주대학교 법학전문대학원)
2:00 - 2:30	개 회 사 : 형사법 5개 학회 회장단 축 사:
2:30 - 3:40	1주제: 다중인명피해범죄와 형사학

	사회: 최병각 교수 (동아대) 발표: 이근우 교수 (가천대) 토론: 이천현 박사 (형정원) 이윤제 교수 (아주대) 이정민 교수 (단국대)
3:40 - 4:00	휴식
4:00 - 5:10	2주제: 테리, 인진 그리고 형사법 사회: 이경렬 교수 (성균관대) 발표: 김봉수 교수 (전남대) 토론: 김성룡 교수 (경북대) 유재원 변호사 하태인 교수 (경남대)
5:10 - 6:20	3주제: 빅데이터 형사학의 전망과 과제 : 인공지능 시대 개인정보와 안전 사회: 김혜정 교수 (영남대) 발표: 김한균 박사 (형정원) 토론: 남선모 교수 (세명대) 황태정 교수 (경기대) 조성훈 변호사
6:20 - 6:30	폐회

2018년 제7회 연합학술회의 일정

행사명	국문	**한국형사학대회 : 국정농단 사태에 관한 형사법적 고찰**
	영문	Korean Criminal Conference : Criminal Review on the Recent Political Issue.
행사일시		2018년 06월 16일(토) 13:00 - 18:00
행사장소		서울대학교 100주년 기념관

<table>
<tr><td>대 주제</td><td>국정농단을 둘러싼 형사학적 쟁점 (가제)</td></tr>
<tr><td>등록 접수
13:30~14:00</td><td>서울대학교 100주년 기념관</td></tr>
<tr><td rowspan="2">개회사
14:00~14:30</td><td>ㅇ개회사 : 이 상 원 교수 (한국형사소송법학회 회장)
김 재 봉 교수 (한국형사법학회 회장)
이 인 영 교수 (한국비교형사법학회 회장)
조 병 선 교수 (한국형사정책학회 회장)
조 영 곤 변호사 (한국피해자학회 회장)</td></tr>
<tr><td>전체 사회 : 황 태 정 교수 (경기대학교)</td></tr>
<tr><td>주제발표
14:30~15:30
(60분)</td><td>• 1주제 - 『뇌물죄와 제3자 뇌물공여죄에서 '대가관계'와 '청탁'의 요건』
ㅇ사 회 : ○ ○ ○
ㅇ발 표 : 최 정 학 교수 (방송통신대학교)(형사법학회)
ㅇ토 론 : 이 주 원 교수 (고려대학교 법학전문대학원)(형사소송법학회)
박 미 란 교수 (한남대학교)(형사정책학회)
○ ○ ○</td></tr>
<tr><td>15:30~15:50
(20분)</td><td>휴식</td></tr>
<tr><td>주제발표
15:50~16:50
(60분)</td><td>• 2주제 - 『직권남용과 블랙리스트』
ㅇ사 회 : ○ ○ ○
ㅇ발 표 : 조 기 영 교수 (전북대학교 법학전문대학원)(비교형사법학회)
ㅇ토 론 : 조 인 현 박사 (서울대학교 법학연구소)(비교형사법학회)
김 한 균 박사 (형사정책연구원)(형사소송법학회)
김 성 룡 교수 (경북대학교 법학전문대학원)(형사정책학회)</td></tr>
<tr><td>16:50~17:10
(20분)</td><td>휴식</td></tr>
<tr><td>주제발표
17:10~18:10
(60분)</td><td>• 3주제 - 『공익재단을 통한 범죄행위 (가제)』
ㅇ사 회 : ○ ○ ○
ㅇ발 표 : 김 진 우 교수 (한국외국어대학교 법학전문대학원)(형사소송법학회)
ㅇ토 론 : 강 석 구 박사 (형사정책연구원)(형사법학회)
김 동 률 교수 (영남대학교 법학전문대학원)(형사정책학회)
○ ○ ○</td></tr>
<tr><td>18:10~18:30
(20분)</td><td>종합토론 및 폐회</td></tr>
</table>

2019년 제8회 연합학술회의 일정

일시 : 2019. 6. 15.(토) 14:00－18:00

장소 : 인하대학교 법학전문대학원

후원 : 인하대학교 법학연구소

주제 : 미디어와 인권, 그리고 형사법

13:30－14:00 등 록

14:00－14:10 축 사 : 조명우 총장 (인하대학교 총장)

개회사 : 원혜욱 교수 (한국피해자학회 회장)

류전철 교수 (한국형사법학회 회장)

한영수 교수 (한국형사정책학회 회장)

변종필 교수 (한국비교형사법학회 회장)

이상원 교수 (한국형사소송법학회 회장)

14:20－15:50 제1·2주제

사 회 : 이경렬 교수 (성균관대학교 법학전문대학원)

발 표 : 김정현 박사 (서울대학교 법학전문대학원)

"형사재판 언론보도의 한계에 관한 비교법적 고찰

－피고인의 인격권 보호와 판결에의 영향을 중심으로－"

발 표 : 김봉수 교수 (전남대학교 법학전문대학원)

"피의사실공표의 허용한계에 관한 형법적 고찰"

토 론 : 최호진 교수 (단국대학교 법학과)

이근우 교수 (가천대학교 법학과)

김대원 교수 (성균관대학교 법학전문대학원)

15:50－16:10 휴 식

16:10－17:40 제3·4주제

사 회 : 조기영 교수 (전북대학교 법학전문대학원)

발　표 : 김성룡 교수 (경북대학교 법학전문대학원)
"언론의 범죄보도와 재판의 공정성"

발　표 : 김혜경 교수 (계명대학교 경찰행정학과)
"개인정보 프로파일링(신상털기)에 관한 시놉티콘과 형법적 결단"

토　론 : 류병관 교수 (창원대학교 법학과)
최준혁 교수 (인하대학교 법학전문대학원)
윤지영 박사 (한국형사정책연구원)

17:40－18:00 종합토론

18:20－20:00 만　찬

2020년 제9회 연합학술회의 일정

제9회(2020년) 한국형사학대회

수사구조의 법제개혁과 이행과제

○ 일시: 2020년 8월 28일(금), 13:30～18:10

○ 장소: 연세대학교 법학전문대학원(B102호)

○ 주최: 한국형사법학회, 한국형사정책학회, 한국비교형사법학회, 한국피해자학회, 한국형사소송법학회, 연세대 법학연구원

○ 주관: 한국형사법학회, 연세대 법학연구원

시 간	행사 내용	
13:30~14:00	대면참가자 접수	
개 회 식		
14:00~14:15	축 사 - 박동진 교수(연세대 법학연구원장) 개회사 - 김성룡 교수(한국형사법학회장) 이경재 교수(한국형사정책학회장) 하태영 교수(한국비교형사법학회장) 원혜욱 교수(한국피해자학회장) 정웅석 교수(한국형사소송법학회장)	
제1세션 (14:15 ~ 16:15)		
사회 : 김혜정 교수(영남대)		
14:15~16:15 발표: 20분 토론: 10분 청중질의: 10분	발표	제1주제 : "검사 수사권 제한의 실제" 이근우 교수 (가천대) 제2주제 : "「검사와 사법경찰관의 상호협력과 일반적 수사준칙에 관한 규정 제정안」상 경찰의 수사권과 경찰개혁 방안" 김혜경 교수(계명대) 제3주제 : "공수처의 수사권 공백과 기소권의 한계" 윤동호 교수(국민대)
	종합토론 온라인청중 질의	윤지영 박사(형사정책연구원) 이정민 교수(단국대) 이석배 교수(단국대) 김슬기 교수(대전대)
16:15~16:30	휴식	
제2세션 (16:30 ~ 18:00)		
사회 : 이경렬 교수(성균관대)		
16:30~18:00 발표: 20분 토론: 10분 청중질의: 10분	발표	제4주제 : "수사절차 변화에 따른 실무상 문제점 - 개정 형사소송법, 시행령 등 제정안을 중심으로" 양홍석 변호사(법무법인 이공) 제5주제 : "수사구조 변화와 피해자간의 법적 지위에의 영향 - 고소사건 처리를 중심으로" 김 혁 교수(부경대)

	종합토론	홍승희 교수(원광대) 홍진영 교수(서울대)
	온라인청중 질의	박정난 교수(연세대) 강 한 기자(법률신문)
18:00~18:10	폐회 및 기념촬영	

2. 형사판례연구회 및 형사법제전문검사커뮤니티 공동학술대회

(1) 제1회 공동학술대회

○ 일 시 : 2014년 5월 17일(토) – 18일(일)

○ 장 소 : 충청북도 제천시 레이크호텔

○ 주 최 : 한국형사소송법학회/한국형사판례연구회/형사법제 전문검사 커뮤니티

○ 참석인원 : 72명(학회 회원 51명 + 형사법제 전문검사 커뮤니티 소속검사 21명)

14:40 ~ 15:00 사 회 김 희 균 교수(서울시립대)
개회사 오영근 회장 (한국형사판례연구회)
심희기 회장 (한국형사소송법학회)
축 사 김진환 변호사(충정대표변호사
김호철 검사장 (형사법제 전문검사 커뮤니티회장)

15:00 ~ 16:30

<형법분야>

사회자 : 이완규 차장검사 (청주지방검찰청)

발표자 : 류전철 교수 (전남대학교)

– 공범관계의 해소

[대상판결] 대법원 2012.11.15. 선고 2012도7407 판결

[참고판결] 대법원 2002. 8. 27. 선고 2001도513 판결

남선모 교수 (세명대학교)

- “성폭력법상 신상정보 공개고지명령 소급적용의 범위에 관한 판례의 분석”으로
  [대상판결] 대법원 2014.3.27. 선고 2013도13095 판결

토론자 : 원혜욱 교수 (인하대학교)
김윤선 검사 (청주지검)

16:30 ~ 16:40 휴식

16:40 ~ 18:00

<형사소송법분야>

사회자 : 강동범 교수 (이화여자대학교)

발표자 : 노명선 교수 (성균관대학교)
- 전자증거에 관한 대법원 판례의 경향 분석

정웅석 교수 (서경대학교)
- 수사서류 및 조사자증언의 증거능력 인정여부에 관한 판례의 경향 분석

토론자 : 김성룡 교수 (경북대학교)
김태우 부장검사 (천안지청)

(2) 제2회 공동학술대회

[제1부 : 학술대회]

- 대주제 : 형사법의 현대적 쟁점과 과제 -

○ 일　시 : 2015년 5월 9일(토) - 10일(일)
○ 장　소 : 엘리시안 강촌리조트
○ 주　최 : 한국형사소송법학회
한국형사판례연구회
형사법제 전문검사 커뮤니티

5월 9일 (토)

13:30 – 14:00 등록 및 접수

14:00 ~ 14:20 사 회 : 정웅석 교수 (서경대)
개회사 : 오영근 회장 (한국형사판례연구회)
한명관 회장 (한국형사소송법학회)
김호철 검사장 (형사법제 전문검사 커뮤니티 회장)
축 사 : 김진환 변호사 (한국형사소송법학회 고문)
강용현 변호사 (한국형사판례연구회 고문)

14:20 ~ 15:50

○ 제1부 학계 발표
– 사 회 자 : 이 용 식 교수 (서울대학교 법학전문대학원)
– 발 표 자 : 한 상 훈 교수 (연세대학교 법학전문대학원)
발표제목 : 입찰방해와 사기죄, 컴퓨터등사용사기죄의 성부
(대법원 2014. 3. 13. 선고 2013도16099 판결)
– 발 표 자 : 김 성 룡 교수 (경북대학교 법학전문대학원)
발표제목 : 법 이론과 실무에 던지는 물음, '법학의 학문성'

– 토 론 자 : 심 경 판사 (법원행정처 사법지원총괄심의관)
김 태 우 검사 (법무부 형사법제과장)
윤 지 영 부연구위원 (한국형사정책연구원)

16:00 ~ 17:30

○ 제2부 실무계 발표
사 회 자 : 이 완 규 검사 (서울 북부 지방검찰청)
– 발 표 자 : 김 태 업 판사 (서울 남부 지방법원)
발표제목 : 형사소송법 제314조에 따라 증거능력을 인정하기 위한 요건
(대법원 2014. 8. 26. 선고 2011도6035 판결)

– 발 표 자 : 전 승 수 검사 (서울 중앙 지방검찰청)
발표제목 : 압수수색상 관련성의 실무상 문제점
– 토 론 자 : 류 전 철 교수 (전남대학교 법학전문대학원)
홍 승 희 교수 (원광대학교 법학전문대학원)
김 혜 경 교수 (계명대학교 법학과)

(3) 제3회 공동학술대회

– 대주제 : 형사법의 현대적 쟁점과 과제 –

○ 일 시 : 2016년 5월 7일(토) – 8일(일)
○ 장 소 : 엘리시안 강촌리조트
○ 주 최 : 한국형사소송법학회
한국형사판례연구회
형사법제 전문검사 커뮤니티

첫째 날 (5월 7일 토요일)		
14:00 ~ 14:20	등록 및 접수	엘리시안 강촌리조트 그랜드 볼륨
14:20 ~ 14:30	개회사	
14:30 ~ 15:30	제1주제: 공전자기록 위작 변작죄에서 위작 변작의 개념 사회: 정웅석 교수 (서경대학교) 발표: 강동범 교수 (이화여대) 토론: 노수환 교수 (성균관대학교) 김태우 검사 (영월지청장)	
15:30 ~ 15:40	휴식	
15:40 ~ 16:40	제2주제: 전자문서의 증거능력에 관한 미국 판례 연구 - eHearsay - 사회: 이완규 지청장 (인천지검 부천지청) 발표: 김희균 교수 (서울시립대학교) 토론: 이주원 교수 (고려대학교) 주민철 검사 (대검찰청)	
16:40 ~ 16:50	휴식	
16:50 ~ 17:50	제3주제: 음주교통사망 사건의 양형에 대하여 사회: 박광민 교수 (성균관대학교)	

	발표: 오기찬 검사 (서울 중앙지검) 토론: 김현철 교수 (이화여대) 김혜경 교수 (계명대학교)	
17:50 ~ 18:00	공지사항 전달 및 폐회사	
18:30 ~ 20:30	만찬	야외 바비큐장 (가족 포함 총 150명)
21:00 ~	2부	1층 앙상블 까페
둘째 날 (5월 8일 일요일)		
08:00 ~ 10:00	조식	2층 한식당(뷔페)
10:00 ~ 11:00	산책	굴봉산
11:00 ~ 12:00	티타임	1층 탐앤탐스
12:00 ~	귀경	
5월 30일 대법원 형사실무연구회와 공동학술대회에서 뵙겠습니다		

(4) 제4회 공동학술대회

– 대주제 : 제4차 산업혁명과 형사법제 –

○ 일　　시 : 2017년 5월 13일(토) – 14일(일)
○ 장　　소 : 엘리시안 강촌리조트
○ 주　　최 : 한국형사소송법학회
　　한국형사판례연구회
　　형사법제 전문검사 커뮤니티
　　한국포렌식학회
○ 후　　원 : 법무부 / 대검찰청/ 대한변호사협회

5월 13일 (토)
13:30 – 14:00 등록 및 접수
14:00 ~ 14:30 사　회 : 황태정 교수 (경기대 경찰행정학과)
　　개회사 : 조균석 회장 (한국형사판례연구회)
　　한명관 회장 (한국형사소송법학회)

노명선 회장 (한국포렌식학회)
김호철 회장 (형사법제전문검사커뮤니티/법무부 법무실장)
축 사 : 김 현 대한변호사협회 협회장
정용상 한국법학교수회 회장
김주현 대검찰청 차장검사

14:30 ~ 14:50 기조강연 이 익 현 한국법제연구원 원장
강연주제 : 제4차 산업혁명이 법률가에게 미치는 영향

14:50 ~ 15:00 휴 식

15:00 ~ 16:20 제1부 [제4차 산업혁명이 형사실무에 미치는 영향]
– 사 회 자 : 이 상 원 교수 (서울대 법학전문대학원)
– 발 표 자 : 안 성 수 검사 (대검찰청 과학수사기획관)
–토 론 자 : 김 성 룡 교수 (경북대 법학전문대학원)
이 원 상 교수 (조선대 법과대학)
김 유 성 판사 (서울 회생법원)
최 성 진 변호사 (법무법인 세종)

16:20 ~ 16:40 휴 식

16:40 ~ 17:50 제2부 [제4차 산업혁명에 따른 사안별 형사책임]
– 사 회 자 : 정 교 일 박사 (한국전자통신연구원)
– 발 표 자 : 구 태 언 변호사 (테크앤로 대표변호사)
– 집단토론 : 이 희 우 교수 (충남대학교: 드론 관련)
윤 지 영 연구위원 (형사정책연구원: 인공지능(AI) 관련)
안 수 길 박사 (독일 프랑크푸르트대: 자율운행자동차 관련)

17:50 ~ 18:00 휴 식

18:00 ~ 18:30 제3부 [공동발표: 제4차 산업혁명에 따른 형사법제 등 입법방향]
– 발 표 자 : 정 웅 석 교수 (서경대 공공인적자원학부(법학): 이론적 관점에서)
신 재 홍 검사 (법무부 법무과: 법무행정 전반에 관하여)

18:30 ~ 18:50 마무리강연 김 진 환 한국형사정책연구원 원장

(5) 제5회 공동학술대회

○ 대주제: "부패범죄 척결과 효과적인 범죄수익 환수방안"
○ 일시 : 2019년 5월 18일(토) ~ 19일(일)
○ 장소 : 엘리시안 강촌리조트 그랜드 볼룸
○ 주최 : 한국형사소송법학회 · 검찰제도기획커뮤니티 · 한국형사판례연구회
○ 행사 개요

13:30 ~ 14:00 등록 및 접수
14:00 ~ 14:30 개회사
– 이 상 원 、 한국형사소송법학회 회장
– 권 익 환 、 검찰제도개혁커뮤니티 회장
– 이 용 식 、 한국형사판례연구회 회장

축사
– 이 승 훈 、 춘천지방법원장
– 고 기 영 、 춘천지방검찰청 검사장

14:30 ~ 15:20 제1주제 "추징보전과 관련된 실무상 쟁점"
– 사회 : 박미숙 박사 (형사정책연구원 선임연구원)
– 발표 : 김대권 판사 (수원지방법원 안사지원)
– 토론 : 박철우 부장검사 (서울중앙지검 범죄수익환수부)
이근우 교수 (가천대학교 법학과)

15:20 ~ 15:30 휴식 、 Coffee Break

15:30 ~ 16:30 제2주제 "범죄수익환수 관련 법률의 개정동향과 의의"
- 사회 : 이경렬 교수 (성균관대학교 법학전문대학원)
- 발표 : 오진세 검사 (법무부 국제형사과)
- 토론 : 김혜경 교수 (계명대학교)
황문규 교수 (중부대학교)

16:30 ~ 16:50 휴식 、 Coffee Break

16:50 ~ 17:50 제3주제 "부정청탁금지법의 금품수수에 대한 형법 해석적 관점에서 몇 가지 문제점 - 2018도7041 판결"
- 사회 : 강동범 교수 (이화여자대학교 법학전문대학원)
- 발표 : 최호진 교수 (단국대학교 법학과)
- 토론 : 안성조 교수 (제주대학교 법학전문대학원)
김 진 검사 (서울남부지검)

17:50 ~ 18:00 폐회
18:30 ~ 20:00 만찬

(6) 제6회 공동학술대회

* 코로나 19 사태로 연기

3. 한/중 형사소송법학회 국제학술대회 개최

(1) 한/중 국제학술대회 개최배경

● 그동안 일부 교수님들이 중국 형사소송법학회와 학술교류를 하던 도중(한국형사소송법학회는 2009년에 창립되었음), 2013년도에 김진환 회장님이 우리 학회 이름으로 중국 형사소송법학회와 국제학술대회를 개최하자는 의견을 피력함.

● 이에 학회 임원들과 적극적으로 찬성하면서, 국제학술대회가 추진됨.

● 이 과정에서 기존의 교류하신 교수님들과 우리 학회 사이에 의견 차이가 발생.

● 우리 학회에서 모든 비용을 내는 대신, 제6회부터 한/중 국제학술대회를 인계받기로 함.

(2) 제6회 한/중 형사소송법학회 국제 학술대회

2013년 제6회 한/중 형사소송법학회 국제 학술대회

○ 일 시: 2013년 8월 21일(수) – 8월 24일(토)

○ 초청학자

번호	이름	소속 및 직위
1	陈卫东	中国人民大学诉讼制度与司法改革研究中心主任 中国刑事诉讼法学会常务副会长 중국인민대학소송제도와 사법개혁연구 中心 주임 중국형사소송법학회 상무 부회장
2	樊崇义	中国政法大学法律实证研究中心主任 中国政法大学诉讼法学研究院名誉院长 중국정법대학법률실증연구중심 주임 중국정법대학소송법학연구원 명예원장
3	顾永忠	中国政法大学诉讼法学研究院副院长 中国刑事诉讼法学会副会长´ 秘书长 중국정법대학소송법학연구원 부원장 중국형사소송법학회 부회장 비서장
4	宋英辉	北京师范大学刑事法律科学研究院副院长 中国刑事诉讼法学会副会长 북경사범대학 형사법률과학연구원 부원장 중국형사소송법학회 부회장
5	龙宗智	四川大学法学院 中国刑事诉讼法学会副会长

		사천대학 법학원 교수 중국형사소송법학회 부회장
6	谢佑平	复旦大学法学院 中国刑事诉讼法学会副会长 복단대학 법학원 교수 중국형사소송법학회 부회장
7	叶青	上海社会科学院副院长兼法学所所长 华东政法大学教授 中国刑事诉讼法学会副会长 상해과학연구원 부원장 겸 법학연구소 소장 화동정법대학 교수 중국형사소송법학회 부회장
8	赵贵龙	山东省济宁市中级人民法院高级法官 政治部主任
9	程雷副	中国人民大学诉讼制度与司法改革研究中心副主任 중국인민대학소송제도와 사법개혁연구 중심 부주임
10	柴煜峰	中国人民大学诉讼制度与司法改革研究中心研究员
11	박종근	통역 및 번역

※ 중국측 컨택포인트: 程雷副 教授
(주소: 北京海淀区中国人民大学法学院 程雷收 / 우편번호: 100872)

– 한중 형사소송법학회 국제학술대회 세미나 –

○ 장 소: 연세대학교 학술정보관 신관 7층 장기원 기념관
○ 주 최: 한국 형사소송법학회, 연세대 법학연구원
○ 후 원 : 연세대 법학전문대학원
○ 통역 및 번역: 박 종 근 교수(중국)
※ 보조 통역: 박하현 (연세대 로스쿨원생)
신가람 (연세대 대학원생)

○ 세부일정

[09:30－10:00] 등 록

[10:00－10:20] 개회사: 김진환 회장 (한국형사소송법학회 회장)
陈卫东 教授 (중국 형사소송법학회 상임부회장)
축 사: 김일수 원장(한국 형사정책연구원)
김성수 원장(연세대 법학연구원)
허일태 고문(한국형사소송법학회 국제학술위원장)
사 회: 이주원 교수(고려대)

** 중국측과 양해각서(MOU) 체결

[10:30－12:00] 제1세션 사 회: 이주원 교수(고려대)

10:30-11:00
검사의 객관의무: 허일태 교수(동아대)
'중국 사법권 독립원칙의 실행에 있어서 문제점과 향후 대책': 진위동 교수(인민대)

11:00－11:30
확정판결 이전의 불법수익 몰수: 정웅석 교수(서경대)
'불법소득몰수에 관한 절차': 사우평 교수(복단대학)

11:30－11:45
국민의 형사사법 접근권과 국선변호인제도: 이덕인 교수(과학기술대)

11:45－12:00 토 론

[12:00－13:00] 중 식

[13:00－14:20] 제2세션 사 회: 오경식 교수(강릉원주대)

13:00－13:30
정신질환자에 대한 치료감호절차: 안성조 교수(제주대)
'형사소송법상 정신질환자의 강제치료절차에 관한 연구': 박종근 교수(서북정법대학)

13:30－14:00
소년 형사절차와 적법절차 원리: 조기영 교수(전북대)
'미성년 특별절차에 관한 연구': 송영휘 교수(북경사범대학)

14:00－14:20 토 론

14:20－14:40 휴 식

[14:40－16:00] 제3세션 사 회: 박미숙 선임연구위원(형사정책연구원)

14:40－15:10
디지털증거의 압수수색과 동일성 확보방안: 김재봉 교수(한양대)
'전자데이터증거수집과 운영규칙에 관한 실증 연구': 변숭의 교수(정법대학)
－북경시인민검찰원 제2분원의 사례를 중심으로－

15:10－15:40
형사절차에 있어서 형사조정: 정지영 검사(성남지청)
'중국의 형사화해제도에 관한 연구': 엽청 교수(화동정법대학)

15:40－16:00 토 론

[16:00－16:20] 휴 식

[16:20－17:40] 제4세션 사 회: 심희기 교수(연세대)

16:20－16:50
재정신청제도의 문제점과 개선방안: 이흥락 검사(남부지검)
'2012년 형사소송 개정안의 실행에 관한 고찰': 룽종지 교수(사천대학)

16:50－17:20
증거개시제도의 효율성 확보방안: 이완규 검사(서산지청)
'증거개시와 열람권 비교연구': 고영충 교수(중국 정법대학)

17:20－17:40 토 론

[17:40－18:00] 종합 토론

(3) 제7회 한/중 형사소송법학회 국제학술대회 개최

2014년 제7회 한/중 형사소송법학회 국제 학술대회

－ 일 시 : 2014. 7. 3. － 2014. 7. 6.
－ 장 소 : 중국 상해 사회과학원
－ 발표자 :
1. 형사절차상 자백의 지위 (허일태 고문)
2. 전자증거의 수색압수와 전문법칙의 적용 (심희기 회장)
3. 범죄피해자 지원의 현황과 전망 (조균석 부회장)
4. 개정 형사소송법에서의 진술거부권의 범위와 과제 (오경식 부회장)
5. 조서재판의 극복과 공판중심주의의 강화 (차동언 변호사)
6. 약식절차의 현황과 개선방안에 관한 고찰 (이인영 교수)
7. 개정 형사소송법상 진술서의 증거능력 (정웅석 교수)
8. 증거개시제도; 과거, 현재, 미래 (이윤제 교수)

9. 국민참여재판 시행 6년의 경험 (김범식 교수)
10. 영상녹화물의 현황 및 과제 (윤지영 부연구위원)
11. 피의자신문시 변호인참여권 보장의 현황 및 문제점 (권창국 교수)

(4) 제8회 한/중 형사소송법학회 국제학술대회

2015년 제8회 한/중 형사소송법학회 국제 학술대회

10:00 – 10:20 개회사 : 한명관 변호사 (한국 형사소송법학회 회장)
卞建林 교수 (중국 형사소송법학회 회장)
축 사 : 김진환 원장(한국형사정책연구원)
허일태 교수(한국형사소송법학회 고문)
이금로 검사장(대검찰청 기획조정부장)
경과보고 : 이상원 교수(서울대, 학술대회 준비위원장)

총 사회 : 정웅석 교수(서경대)

[제1세션]
사회자 : 조균석 교수(이화여대)
10:30 – 11:00
○ 발표주제 : 수사권의 규제와 감독을 논함(论侦查权的规制和监督)
○ 발표자 : 卞建林 교수(中国政法大学诉讼法学研究院院长)
허일태 교수(동아대학교)

11:00 – 11:45
○ 발표주제 : 공판중심과 공소 및 심판관계의 조정(以审判为中心与诉审关系调整)
○ 발표자 : 金玄默 辯護士(B&D 法務法人)
○ 발표주제 : 수사감독관련 약간의 문제연구(侦查监督若干问题研究)

○ 발표자 : 罗海敏 교수(中国政法大学诉讼法学研究院副教授)
○ 발표주제 : 한국검찰제도
○ 발표자 : 박양호 검사(법무부 법무심의관실)

11:45－12:20 토론

12:20－13:30 점심

[제2세션]
사회자 : 이상원 교수(서울대)
13:30－14:00
○ 발표주제 : 중국 형사법 해석상의 제문제(中國 刑事法解释上的诸问题)/
○ 발표자 : 万毅 교수(四川大学法学院教授)
○ 발표주제 : 한국의 형사소송법상 공판중심주의의 해석상 제문제
○ 발표자 : 오경식 교수(국립강릉원주대)

14:00－14:30
○ 발표주제 : "공판중심주의"와 소송제도개혁("以审判为中心"与诉讼制度改革)
○ 발표자 : 陈卫东 교수(中国人民大学法学院教授)
이완규 검사(서울북부지방검찰청)

14:30－14:50 토론

14:50－15:00 휴식

[제3세션]
사회자 : 김성룡 교수(경북대학교)
15:00－15:40
○ 발표주제 : 공판중심의 형사소송 3원 조직체계의 구축
(以审判为中心的刑事诉讼三元结构系统构建)

○ 발표자 : 杨建广 교수(中山大学法学院教授)
노명선 교수(성균관대학교)
○ 발표주제 : 공판중심과 공소 및 심판관계의 조정
○ 발표자 : 김범식 교수(서남대학교)
15:40 – 16:00 토론

[제4세션]
사회자 : 이주원 교수(고려대학교)
16:00 – 16:30
○ 발표주제 : 중국(한국)심판중심제도 구조관련 약간의 문제연구
(中国审判中心制度建构的若干问题研究)
○ 발표자 : 叶青 교수(上海社科院法学研究所所长)
이인영 교수(홍익대)

16:30 – 17:00
○ 발표주제 : 공판중심의 소송이념 및 법정심문제도 설립
(以审判为中心的诉讼理念及庭审制度设置)
○ 발표자 : 韩旭 교수(四川社科院法学研究所所长)
오용규 판사(창원지방법원)
17:00 – 17:20 토론

17:20 – 17:30 휴식

[제5세션]
사회자 : 황철규 검사장(서울 서부지방검찰청)
17:30 – 18:00
○ 발표주제 : 중국 인도제도관련 약간의 문제연구(中国引渡制度若干问题研究)
○ 발표자 : 중국 吴波 검사(上海市普陀区人民检察院副检察长)
安文录 부연구원(上海社科院法学研究所)
한국 정진우 검사(법무부 국제형사과장)

18:00 – 18:20 토론

18:20 – 18:40 종합토론
○ 사회자 : 정웅석 교수(서경대학교)

19:00 만찬

(5) 제9회 한/중 형사소송법학회 국제학술대회

2016년 제9회 한/중 형사소송법학회 국제 학술대회

– 대주제 : 공판중심주의 –

○ 일 시 : 2016년 7월 27일(수) – 31일(일)
○ 장 소 : 중국 사천성 성도(청두)

[한국측 참석자]
1. 한명관 회장(법무법인 바른 변호사; 전 서울동부지방검찰청 검사장)
2. 허일태 고문 (동아대학교 법학전문대학원 교수)
3. 이상원 부회장(서울대학교 법학전문대학원 교수, 전 서울중앙지방법원 판사)
4. 오경식 부회장(국립강릉원주대학교 교수)
5. 정웅석 부회장(서경대학교 교수)
6. 황인규 이사(충남도시가스 대표이사, 전 대검찰청 미래기획단장)
7. 노명선 이사(성균관대학교 법학전문대학원 교수, 전 법무부 검사)
8. 이주원 이사(고려대학교 법학전문대학원 교수, 전 서울중앙지방법원 판사)
9. 원혜욱 이사(인하대학교 법학전문대학원 교수)
10. 김성룡 이사(경북대학교 법학전문대학원 교수)
11. 이윤제 이사(아주대학교 법학전문대학원 교수, 전 법무부 검사)
12. 정성윤 이사(서울고등검찰청 검사, 중국법연구회 회장)

[발표주제]

1. 韩国庭前准备程序之探讨(Pretrial conference and preparation procedure; 공판전 준비절차) – 노명선 교수

2. 庭审证据调查方式和规则(Ways and rules of evidence investigation in the trial; 법정 증거조사의 방식과 규칙) : 오경식 교수

3. 庭审及审前程序中的非法证据排除(Illegal evidence exclusion during pretrial and trial; 위법수집증거배제법칙

(1) 认定电子证据等电子设备载体证据能力(디지털 증거의 증거능력 인정여부의 문제점을 중심으로) : 정웅석 교수

(2) 大韩民国大法院非法证据排除规则之适用准则(대한민국 대법원의 위법수집증거배제법칙의 적용범위에 관한 비판적 고찰) : 김성룡 교수

(3) 非法证据排除规则(위법수집증거배제법칙) : 정성윤 검사

4. 庭审中的交叉询问(Cross examination in the trial; 증인에 대한 반대신문권) : 이주원 교수

5. 证人出庭作证问题(Rule of witness' testimony at court; 법정심문 규칙) : 이윤제 교수

6. 提起公诉前对侦察记录的阅览复制(A Study on the Reading and Copy of criminal document; 형사기록의 열람 등사제도에 관한 연구) : 원혜욱 교수

7. 法官认证与裁判文书制作(Judge authentication and the making of judgment document; 재판서의 작성 및 기재사항(인증) – 이상원 교수

(6) 제10회 한/중 형사소송법학회 국제학술대회

2017년 제10회 한/중 형사소송법학회 국제 학술대회

– 대주제 : 공판중심주의

○ 일 시 : 2017년 9월 5일(화) – 9일(토)

○ 장 소 : 서울 대검찰청 베리타스 Hall

○ 발표자 : 한국 5명 + 중국 8명
○ 주　최 : 한국 형사소송법학회/중국 형사소송법학회
○ 숙　소 : 서울 강남 노보텔 엠버서더 호텔

1. 준비위원장 : 이상원 교수(서울대, 학회 부회장)

2. 국제학술대회 일정
[9월 5일(화)]
– 19 : 30 – 21 : 30(한국형사소송법학회 한명관 회장 초청 만찬)
– 장소: 노보텔 엠베서더 뷔페

[9월 6일(수)](공동 학술대회)
[10th China–South Korea Criminal Justice Dialogue Conference]

Theme: Trial as Center and Criminal Evidence

Topic 1 : Trial as Center and Proof Standard
Topic 2 : Guarantee on voluntariness of confession in plea bargaining cases
Topic 3 : Trial as center and police officers testify at court as witness

[Chinese Delegates]
(1) Prof.CHEN Weidong(陈卫东), Professor of Law School of Renmin University of China, Administrative Vice Chair of China Criminal Procedure Law Society; Head of the delegation
(2) Prof.LONG Zongzhi(龙宗智), Professor of Law School of Sichuan University, Vice Chair of China Criminal Procedure Law Society
(3) Prof. YE Qing(叶青), President and Professor of China East University of Politics and Law; Vice Chair of China Criminal Procedure Law Society
(4) Prof.LIU Mei(刘玫), Professor of China University of Politics and Law, Standing member of China Criminal Procedure Law Society

(5) Prof.WANG Haiyan(汪海燕), Professor of China University of Politics and Law, Secretary－General of China Criminal Procedure Law Society

(6) Prof.HAN Xu(韩旭), Professor of Law School of Sichuan University, Standing Member of China Criminal Procedure Law Society

(7) Prof. CHENG Lei(程雷), Associate Professor of Law School of Renmin University of China; Deputy Secretary－General of China Criminal Procedure Law Society

(8) Mr. GOU Xiaojun(苟小军), Prosecutor－General of Wuxi Xinwu District of Wuxi City, Jiangsu Province

(9) Mr.XU Ziliang(徐子良), Deputy Prosecutor－General of Wuxi Xinwu District of Wuxi City, Jiangsu Province

(10) Mr.JIN Xuanmo(金玄默), CEO Lawyer of Beijing Beidou Dingming Law Firm

(7) 제11회 한/중 형사소송법학회 국제학술대회

2018년 제11회 한/중 형사소송법학회 국제 학술대회

○ 일　시 : 2018년 9월 3일(화) － 6일(토)
○ 장　소 : 중국 화동정법대학교
○ 발표자 : 한국 6명 + 중국 6명
○ 주　최 : 한국 형사소송법학회/중국 형사소송법학회

[한국측 참석자]

1. 이상원 교수(서울대; 한국형사소송법학회 회장)
2. 김주현 변호사(한국형사소송법학회 부회장)
3. 오경식 교수(국립강릉원주대학교, 한국형사소송법학회 부회장)
4. 정웅석 교수(서경대, 한국형사소송법학회 부회장)
5. 이주원 교수(고려대, 한국형사소송법학회 상임이사)

6. 황순현 판사(법원 행정처)
7. 황태정 교수(경기대, 한국형사소송법학회 상임이사)
8. 강수진 교수(고려대, 한국형사소송법학회 이사)
9. 장대규 검사(대검찰청)
10. 석수민 검사(대전지검)

[발표주제]

1. 변건림 교수(중국 형사소송법학회 회장) – 중국 신속 형사절차에 대한 고찰
2. 천웨이동 교수(인민대, 상무부회장) –재판중심주의(재판중심주의 개혁문제 및 개선대책)
3. 엽 청 교수(화동정법대 총장, 부회장) – 중국의 '포소합일(捕訴合一)' 사건처리 방식의 개혁에 대한 이론성찰 및 실천가치
4. 셰요우핑 교수(호남대, 부회장) – 인죄인벌종관제도와 플리바게닝에 대한 비교 연구
5. 호 명 교수(절강대, 상무이사) – 관대 제도 중 변호사의 정위와 제도의 개선
6. 천융성 교수(북경대, 이사) – 중국 형사신속처리절차의 이의신청제도
7. 정웅석 교수(서경대) – 플리바게닝의 제도적 설계
8. 장대규 검사(대검찰청) – 한국 검찰의 신속처리절차 개관 및 실무적 운용
9. 황태정 교수(경기대) – 한국의 신속처리절차 : 현황과 과제
10. 정성윤 검사 – 플리바게닝의 제도적 설계
11. 김주현 변호사 – 플리바게닝 제도 개관 – 도입 필요성을 중심으로
12. 오경식 교수(강릉원주대) – 플리바게닝제도 도입의 필요성 고찰

(8) 제12회 한/중 형사소송법학회 국제학술대회

2019년 제12회 한/중 형사소송법학회 국제 학술대회

행사일정

대주제: "디지털 시대의 형사소송"

일 시: 2019년 7월 6일(토)

장 소: 제주대학교 법학전문대학원 B1 대강당

주 최: 사단법인 한국형사소송법학회, 제주대학교 법과정책연구원

시간	행사내용
09:50 - 10:30	등록 및 접수 전체 사회 : 김희균 교수 (서울시립대학교)
10:30 - 11:00	개회사 - 이상원 회장 (한국형사소송법학회) - 변건림 회장 (중국형사소송법학회) 축사 - 송삼현 검사장 (제주지방검찰청) - 오성근 교수 (제주대학교 법학전문대학원장)
11:00 - 11:10	기념촬영(내외귀빈 및 참석자 전체)
11:10 - 12:20	기조연설 - 변건림 교수 (중국형사소송법학회 회장) 『人工智能时代中国刑事诉讼制度的机遇与挑战』 - 송삼현 검사장 (제주지방검찰청) 『디지털 시대, 한국 형사소송의 현안과 과제』 - 진위동 교수 (중국 인민대학교) 『论法律人工智能的三重边界』
12:20 - 13:30	오찬
13:30 - 14:45	제1세션 [사이버범죄와 형사소송] - 사회 : 이주원 교수(고려대학교) - 발표 : 웅추홍 교수(중국 사회과학원) 『网络犯罪与刑事诉讼』 최선경 검사(제주지방검찰청) 『한국 사이버범죄의 실태와 대책』 - 토론 : 정도희 교수(경상대학교) 청뢰 교수(중국 인민대학교)
14:45 - 15:00	휴식
15:00 - 16:15	제2세션 [디지털증거와 형사소송] - 사회 : 김주현 변호사(법무법인 백산) - 발표 : 민춘뢰 교수(중국 길림대학교) 『论数字化的刑事证据标准』

	정성윤 검사(대구고등검찰청) 『디지털 증거의 신용성에 관한 연구』 - 토론 : 안성조 교수(제주대학교) 김현묵 변호사(북두정명 변호사 사무소)
16:15 - 16:30	휴식
16:30 - 17:45	제3세션 [디지털증거와 수사절차] - 사회 : 오경식 교수(강릉원주대학교) - 발표 : 주장준 교수(중국 산동대학교) 『数字化时代的侦查不公开—以犯罪新闻报道的限制为中心』 곽지원 교수(중국 안휘대학교) 『大数据背景下未来犯罪侦查模式的转型』 - 토론 : 김현수 교수(제주대학교) 주신 교수(중국 광주외국어대)
17:45 - 18:00	종합토론 및 폐회
18:00 - 20:00	만찬

(9) 제13회 한/중 형사소송법학회 국제학술대회

2020년 제13회 한/중 형사소송법학회 국제 학술대회

● 원래 5/14－17일 중국 산뚱에서 개최하기로 하였으나, 코로나 19 사태로 무기한 연기됨

Ⅲ. 학회지인 "형사소송 이론과 실무"

1. 출간배경

● 학회가 늦게 창립된 관계로 등재후보지도 아닌 학회지에 과연 논문이 모일 수 있는지에 대하여 고민함 － 이상원 교수님 등 몇몇 분이 착실하게 준비하면 언젠가는 등재후보지가 될 수 있을 것이라는 희망을 줌.

● 2014년 당시 편집위원장인 이인영 교수님(홍익대)이 노력하여 등재후보지가 되었으며, 2016년 편집위원장인 김성룡 교수님(경북대)이 노력하여 등재지가 됨.

2. 논문 목차

(1) 창간호(2009)

目 次

● 연구논문

금태섭 － 크로포드(Crawford) 판결 이후 미국 연방대법원 판례의 경향
김남순 － 영국 형사재판 처리절차 개관
이완규 － 독일 형사소송법상 직권주의의 재조명
김영기 － 프랑스 형사절차의 현재와 개혁동향
노명선 － 일본 증거개시제도의 운영실무와 시사점
강병훈 － 변호인의 조력을 받을 권리
구본진 － 로스쿨에서의 형사실무교육

(2－1) 제2권 제1호(2010)

● 권두언

백형구 – 한국형사소송법학의 과거와 현재 및 과제

● 특집

심희기 – 수사에서의 형사소송법의 진단

최창영 – 공판에서의 형사소송법의 진단

김영기 – 새로운 진술증거 확보방안에 대한 연구

정준섭 – 현행법상 영장재판에 대한 불복가부

● 연구논문

권창국 – 한국형사소송법에서의 전문증거법칙에 관한 제고찰

조병구 – 형사책임능력 부존재에 관한 심리에서의 제문제

이흥락 – 재정법원 조사권의 범위와 한계

차동언 – 당사자주의에 올바른 이해를 위하여

Kim Kie Yoon – The Prosecution of International Cartels and Mutual Legal Assistance in Criminal Matters

(2–2) 제2권 제2호(2010)

● 권두언

심희기–[회원제언] 형사소송법학회 어젠더 2011

● 연구논문

김태헌– 현행법상 참고인에 대한 영상녹화물에 관하여

송길룡– 형사사법 전자화의 현황과 과제

이용구– 판단과 논증

이정념– 독일 형사소송법상 유전자정보의 획득 및 이용

● 자료집

김종률– 진술증거의 신빙성 판단

전보성– 프랑스 형집행판사

(3–1) 제3권 제1호(2011)

● 연구논문

박경래 – 국민참여재판과정에서 공판검사의 행태에 관한 연구
강정우 – 해적 단속을 둘러 싼 법적 제 문제 검토
전완근 – 디도스(DDoS) 공격증거와 법적 책임
이완규 – 개정 형사소송법의 수사체제 논의 경과

● 자료집

김기표 – 디지털증거 압수수색의 문제점 및 개선방안
심희기 – 2011년 상반기 판례분석: 형사소송법 분야
이인영 – 전자감시제도의 부착명령청구 판례 분석

(3–2) 제3권 제2호(2011)

● 연구논문

김영기 – 프랑스 검찰의 사법경찰 통제와 그 시사점
김철수 – 영국의 기소 절차와 사법개혁 관련 쟁점
이용구 – 국민참여재판의 배심원 평결과 판결 차이에 관한 분석 – 2008년~2011년 11월 불일치 판결을 대상으로 –
한제희 – 프랑스의 위법수집증거 취급방법 개관
김희균 – 개정 형사소송법 상 검사의 사법경찰관리에 대한 수사 지휘권의 범위

● 자료

황철규 – 국제 형사사법 분야의 새로운 Trend – 서울 세계검찰총장회의 및 국제검사협회 연례총회 논의내용을 중심으로 –

(4–1) 제4권 제1호(2012)

● 특집

정웅석 – 공범의 수사상 진술의 증거능력을 인정하기 위한 대면권과 전문법칙과의 관계
송중호 – 국제형사재판소(International Criminal Court) 및 구유고 전범재판소(ICTY)의 재판절차를 통해 들여다본 우리 형사절차
이완규 – 긴급 압수수색에 대한 사후영장의 성질과 효력

● 연구논문

오기두 – 전자정보의 수색·검증·압수에 관한 개정 형사소송법의 함의

금태섭 – 국선전담변호사 제도의 검토
정광일 – 국제수형자증인 이송의 실제 사례와 외국에서 수집된 증거의 증거능력

(4–2) 제4권 제2호(2012)

● 특집

이주원 – 개정 도로교통법상 음주운전죄의 소송법적 고찰 – 이른바 위드마크 공식이 과연 우리 사회의 일반적 경험칙인가 –
전윤경 – 프랑스 범죄피해자의 권리 및 형사절차 참여방안 연구
김혜경 – 과학적 증거의 무결성 보장을 위한 증거법적 개선방안
– DNA정보수집에서의 보관의 연속성과 무결성을 중심으로 –

● 연구논문

정웅석 – 개정 형사소송법 및 대통령령의 규정에 따른 검사의 수사지휘권
– '수사'의 개념과 검사 수사지휘의 범위를 중심으로 –
승재현 – 제3기 양형위원회의 양형기준 대상 범죄에 대한 타당성 평가
김슬기 – 수사과정에서의 위치정보 활용에 관한 형사법적 검토

● 특별기고자료

고 석 - 관할권 확인제도 개선방안

(5–1) 제5권 제1호(2013)

● 연구논문

이완규 – 불심검문의 강제처분성과 기존 이론의 재검토
정웅석 – 사회안전과 절차형법의 변화 – 과제와 전망
이현석 – 배상명령제도의 실무상 문제점과 그 개선 방안
이상민 – 미국 연방대법원 판례의 추이 : 압수수색 영장제도의 운용을 중심으로

● 연구자료

강석철 – 독일의 최근 주요 판례에 대한 고찰

(5–2) 제5권 제2호(2013)

● 연구논문

허일태 – 한국에서의 '검찰창(檢察象)'과 검사의 객관의무

이덕인 – 국민의 형사사법접근과 국선변호인제도
안성조 – 한국에서의 정신질환자에 대한 치료감호절차
정지영 – 현행 형사조정제도 검토
이흥락 – 재정신청 대상사건의 확대와 공소유지 문제에 대한 검토
이완규 – 증거개시 제도의 효율적 확보방안

(6–1) 제6권 제1호(2014)

● 특집논문
김영규 – 의식없는 음주운전자로부터 채혈한 혈액 감정서의 증거능력
: 대법원 2012. 11. 15. 선고 2011도15258 판결
김태업 – 약식명령에 대한 피고인만의 정식재판 청구와 법정형에 징역형만 있는 죄로의 공소장변경 : 대법원 2013. 2. 28. 선고 2011도14986 판결
정웅석 – 수사서류 및 조사자증언의 증거능력 인정여부에 관한 판례의 경향과 분석
● 연구논문
차동언 – 조서재판의 극복과 공판중심주의의 강화
이인영 – 약식절차의 현황과 개선방안에 관한 고찰
[연구자료]
이인영/김혜경 – 외국의 형사절차상 송달, 공시송달 규정

(6–2) 제6권 제2호(2014)

● 연구논문
허일태 – 한국에서 형사절차상 자백의 지위
홍찬기 – 독립몰수 도입에 관한 입법론적 연구 : 범죄수익 독립몰수를 중심으로
조균석 – 개정 형사소송법상 피해자보호제도의 운영 실태와 그 평가
김희균 – 프랑스 상소심제도의 유래와 특징
손미숙 – 독일 형사소송법의 최근 경향 : 협상에 관한 논의를 중심으로
권창국 – 피의자신문시 변호인참여권 보장의 현황 및 문제점
김범식 – 국민참여재판 시행 6년의 경험
● 연구자료

김호삼 – 중국 개정 형사소송법(2012)에 대한 주요 내용 고찰

(7–1) 제7권 제1호(2015)

김성룡 – 법이론과 실무에 던지는 물음, '법학의 학문성'
이완규 – 현행법상 내사와 수사의 구별과 실무
이원상 – 수사절차에서 통신자료 활용에 따른 쟁점고찰
황문규 – 형사소송법상 신원확인제도의 도입에 관한 고찰
김정한 – 피고인 특정에 관한 소고
김태업 – 형사소송법 제314조에 따라 증거능력을 인정하기 위한 요건
정웅석 – 영상녹화물의 증거능력에 관한 연구

(7–2) 제7권 제2호(2015)

허일태 – 한국에서 수사권에 대한 규제와 통제
노명선 – 당사자주의 소송구조 하에서 공판중심주의 실현을 위한 제언
정웅석 – 전문법칙 규정에 관한 한미 양국 비교를 통한 개선방안
이세화 – 형사소송법 제313조 제1항의 증거능력 인정요건에 대한 소고
김희균 – 이메일 계정 속 첨부파일의 증거능력
김상민 – 범죄피해자의 진술권 강화를 위한 형사소송법 개정 필요성 연구
권순철 – 검찰의 해외 유출 범죄수익 환수 시스템

(8–1) 제8권 제1호(2016)

류전철 – 형사소송의 목적
이인영 – 공판중심주의의 이념과 공판절차에서의 구현에 관한 일 고찰
김혁돈 – 형사소송법 제309조의 해석에 있어 제308조의2와 제317조의 관계
김희균 – 전자문서에 대한 전문법칙의 예외 이론
정웅석 – 「국민의 형사재판 참여에 관한 법률」에 따른 양형자료의 수집 및 조사주체에 관한 연구
김정한 – 민사소송법과 형사소송법을 비교해서 검토해 본 기판력의 발현 형태와 효력 범위
김성룡 – 재심제도의 본질론에 근거한 관련 쟁점의 새로운 이해

(8-2) 제8권 제2호(2016)

서효원 - 공소시효 관련 법률 개정의 현황과 문제점

안성훈 - 일본에서의 유죄협상제도에 관한 논의와 입법화

김성룡 - 컴퓨터기스크/정보저장매체를 이용한 공소제기

김혁돈 - 모발감정결과에 의한 공소사실의 특정

오경식 - 한국의 형사재판에서 증거조사 절차에 대한 소고

강구민 - 대공사건에 있어 전자적 증거의 증거능력

김정한/김현조 - 포괄일죄의 일부에 대한 확정판결의 기판력과 죄수 문제

정웅석 - 특례법상 범죄수익몰수에 관한 연구

에릭 마태 브레스트 - 조세포탈과 주요 경제/금융범죄에 대한 대항 수단과 전망

피터 코스키 - 미국의 위법행위 수익의 몰수를 통한 범죄 퇴치와 중단

장 폴 알베르 - 2013년 개혁 법률의 의의와 성과

손 림 - 중국 범죄수익의 동결과 박탈기관의 현황

박미숙 - 한국의 몰수제도의 문제점과 개선방안

엽 청 - 중국 몰수제도의 문제점과 개선방안

사토 다쿠마 - 일본법에서의 범죄수익의 박탈

(9-1) 제9권 제1호(2017)

이완규 - 헌법상 검사의 영장청구권 규정의 연혁과 의의

한제희 - 프랑스 검사의 지위와 기능 : 최근 동향을 중심으로

허 황 - 수사단계에서의 피의자 얼굴등 신상정보의 공개와 관련된 형사법적/헌법적 문제

박형관 - 수사과정의 기록제도에 관한 소고

류부곤 - 검사작성 피의자신문조서의 증거능력에 대한 입법적 제언

김승주 - 위법수집증거배제법칙에 관한 10년간 판례의 흐름

김범식 - 군 사법제도의 정당성과 개정 군사법원법의 함의

(9-2) 제9권 제2호(2017)

● 논문

정웅석 - 헌법상 검사의 영장청구의 의미와 가치에 관한 연구
김혁돈 - 경제·부패범죄에 대한 대륙법계 국가의 특별수사기구와 시사점
최호진/김현조 - 수사기관 및 사인에 의해 촬영된 CCTV 촬영물과 영장주의
박형관 - 공판중심주의 틀에서 수사와 입증
김정한 - 형사소송에서 입증책임과 쟁점형성책임에 관한 실무적 고찰
김종구 - GPS 수사의 적법성에 관한 비교법적 연구
권창국 - 지문증거의 재 고찰
김성룡 - 양벌규정의 개인 사업주와의 관계에서 종업원에 대한 피의자신문조서의 증거능력
한제희 - 위법수집증거 배제법칙 운용의 개선방향

● 특집논문
하태영 - 형사소송법 개정안[증거] – 제3장 제2절 증거 –
오경식 - 개혁의 시대, 형사법 관련 학회의 발전가 형사소송법학회의 탄생과 그 과제

(10－1) 제10권 제1호(2018)

김한균 - 헌법상 검사의 영장청구권 존폐론
정웅석/최윤이 - 우리나라 수사절차 구조 개편에 관한 연구
허 황 - 독일에서의 수사구조론 - 특히 검찰과 경찰의 관계를 중심으로
권순민 - 피의자를 위한 국선변호인 제도 확대 적용에 대한 검토
윤동호 - 이른바 '안종범 업무수첩'의 증거능력
이진국 - 독일의 부대공소제도에 관한 연구
김기준 - 형법 제7조의 적용범위에 대한 비판적 고찰

(10－2) 제10권 제2호(2018)

박형관 - 체포영장제도의 적정성 재검토
정혜욱 - 인터넷 회선 감청
이경렬 - 수사와 신문 과정의 영상녹화와 증거사용에 관한 쟁점
전치홍 - 디지털 증거의 역외 압수수색에 관한 최신 쟁점

권창국 – 공범진술의 증거능력에 관한 비판적 검토
이주원 – 형사소송법상 반대신문권과 증거능력과의 관계
김정한 – 재심에서의 입증책임 분배와 입증의 정도에 관한 소고

(11－1) 제11권 제1호(2019)

이순옥 – 변호인의 접견교통권에 대한 연구
도중진 – 형사절차상 검시제도의 문제점과 실효적 개선방안
천성덕/강구민 – 실무적 관점에서 본 원격지 서버에 대한 압수·수색 절차 제언
김대원 – 강제처분법정주의와 역외 원격지 서버에 대한 압수·수색
한연규 – 형사소송법 제315조 제3호에 대한 대법원 해석기준과 건강보험심사평가원의 입원 적정성 심사의뢰 결과회신 자료의 증거활용 검토
양천수 – 공소사실과 일사부재리의 객관적 효력범위

(11－2) 제11권 제2호(2019)

이창현 – 검·경 수사권 조정 관련 법률안에 대한 검토와 대안
정웅석 – 자치경찰제도와 수사권조정
최준혁 – 다른 사건의 공판조서와 직접심리주의
홍승희 – 검찰수사관의 지위와 역할 재정립
도중진 – 대륙법계 수사절차 관련 법령 체계에 관한 고찰
김한균 – 수사기관의 정보 수집·생산 기능 합리화

(12－1) 제12권 제1호(2020)

정웅석 – 고위공직자범죄수사처법의 해석과 운영방향
김혁돈 – 소위 검찰개혁입법에 대한 소고
박형관 – 영국과 미국의 수사와 기소에 관한 절차적 통제구조와 시사점
이순옥 – 수사목적을 위한 개인정보 활용의 한계
허 황 – 범죄예방을 위한 디엔에이 감식
이인영 – 형사법에서의 뇌영상 증거의 수용과 과제에 관한 고찰
홍진영 – 개정 형사소송법 제312조에 대한 검토
안정빈 – ‘형사소송법 제314조 증거능력에 대한 예외’의 예외

(12－2) 제12권 제2호(2020)

김혜경 - 수사권의 귀속주체 결정의 정당성
이근우 - 아동·청소년 성범죄에서의 함정수사 허용의 위험성
이대혁 - 화재사건 수사의 문제점 및 개선방안
도중진 - 일본의 형사절차상 사법거래제도에 관한 고찰
문창위/류병관 – '위법성조각사유 쟁점이론'을 통한 구두변론주의 강황 방안
이주원 - 형사증거법상 반대신문권의 의의와 기능
박정난 - 성폭력 피해자 진술의 신빙성 판단에 관한 검토
김성룡 - 공판 심리의 영상녹화 의무규정 도입을 위한 시론
한제희 – '한국식' 형사증거법의 실태와 고민
이순옥 - 산업기밀 유출사건의 처리현황 및 판례에 대한 연구

Ⅳ. 학회 구성

1. 회장 등 임원진 구성

● 회장은 가급적이면 학계, 실무계 출신(법원/검찰/변호사)이 돌아가면서 하기로 하였음.

– 그러나 만 10년이 지난 현재 이 문제는 큰 의미가 없다고 봄.

(1) 초대 회장 : 김종구 전 법무부 장관 (2010 – 2011년)

– 학회 사단법인 등록 및 정관 기부금 영수증 작업

(2) 제2대 회장 : 손기식 성대 로스쿨 원장(전 사법연수원 원장)(2012년)

– 형사법관련 4개 학회 연합 학술대회 발족

(3) 제3대 회장 : 김진환 충정 대표 변호사(2013년)

– 제6회 한/중 형사소송법학회 국제학술대회 개최

(4) 제4대 회장 : 심희기 연세대 교수(2014년)

– 형사소송법학회지인 "형사소송 이론과 실무" 등재후보지 선정

– 형사소송법 핵심판례 110선 발간(초판인세 1,276,500원이 학회에 입금되었음).

– 형사판례연구회/형사법제 전문검사 커뮤니티와 공동학술대회 개최

(5) 제5대 회장 : 한명관 바른 변호사(2015년 – 2017년)

– 형사소송법학회지인 "형사소송 이론과 실무" 등재지 선정

– 대법원 형사실무연구회(회장 박상옥 대법관)와 공동학술대회 최초 개최

– 대법원 형사법연구회(회장 신광렬 서울중앙지방법원 수석부장)와 공동학술대회 최초 개최

– 학회내 운동모임 발족

– 제8회 한/중 형사소송법학회 국제학술대회 개최

– 제10회 한/중 형사소송법학회 국제학술대회 개최

– 5개국 참가 국제학술 세미나 개최

(6) 제6대 회장 : 이상원 서울대 교수(2018년 – 2019년)

– 형사소송법학회지인 "형사소송 이론과 실무" 등재지 계속 유지

– 제12회 한/중 형사소송법학회 국제학술대회 개최

– 대한변호사협회(이찬희 협회장)와 MOU 체결

(7) 제7대 회장 : 정웅석 서경대 교수(2020년 - 현재)

– 정관(회장 및 부회장 선출방법 등) 및 학회지 발간 대폭 개편

– 예비법조인교류위원회 신설

– 학회 홈페이지 개편

– 형사소송법 핵심판례 130선 발간

2. 회원 구성 및 재정

● 학회 회원은 약 500명으로, 이 중 절반 가량이 실무가로 구성되어 있음.

● 재정은 회원들의 회비로 충당하고 있으며, 2015년 - 2019년까지 황인규 충남 도시가스대표 매년 1,000만원 기부.

● 현재 700여 회원에게 학회 일정을 공지하고 있으나, **3년간 연회비 미납부 및 미출석 회원에 대하여는 정회원 자격제한**(2017년 9월 **중국 형사소송법학회와 정회원 명부 상호교환시 제외) 및 학회 일정 등을 미공지.**

● 현재 학회 단톡방에는 285명이 가입되어 있으며, 2020년 기준 연회비 납부 회원이 110명이며, 2,000만원 정도 연회비 납부됨.

3. 학술상 시상

● 학회지가 2016년에 등재지로 선정된 후, 제1회 한국형사소송법학회 학술상을 시상하려고 하였으나, 마땅한 적임자가 없는 관계로 계속 이월된 상태임. 2021년 윤지영 편집위원장이 추천자를 선정한 후, 학술상 선정위원회에서 대상자를 선정할 예정임.

4. 고정된 연례 학회 공동학술대회 모임

(1) 4월 대법원 형사법연구회 공동학술대회
(2) 5월 형사법제 전문검사 커뮤니티 공동학술대회
(3) 6월 형사법관련 5개 학회 연합 학술대회
(4) 7월 한/중 형사소송법학회 국제학술대회
(5) 9월 대법원 형사실무연구회 공동학술대회
(6) 10월 또는 11월 독일형사법연구회 공동학술대회
(7) 12월 동계 정기학술대회
(8) 상반기 또는 하반기 대한변호사협회와 공동학술대회

Ⅴ. 결 어

● 여러 난관 속에서도 우리 학회는 매월 형사사법에 관한 시의적절한 테마를 선택하여, 회원 상호간에 진지한 발표와 토론을 통하여 학문적 의견을 교환하였으며, 이러한 월례발표회의 성과를 토대로 하여 한국형사소송법학회가 탄생하게 되었음.

● 2009. 12. 11. 한국형사소송법학회의 창립총회 이래, 매월 월례발표회는 물론이고 4번의 정기학술대회 및 한/중 형사소송법학회 국제학술대회를 개최하였으며, 2016. 12. 한국형사소송법학회 학회지인 「형사소송 이론과 실무」가 등재지로 선정됨.

● 형사절차법은 개인에 대한 국가의 형벌권을 구체적으로 실현하기 위한 절차를 규율하는 법으로서, 궁극적으로 정의를 실현하는데 그 목적이 있고, 다만 그러한 목적을 형사사법을 통하여 이룬다는 점에 그 특색이 있음.

● 그런데 때때로 형사절차가 국민의 인권보장을 강화하기 위한 절차로 작용하

는 것이 아니라 '악법도 법이다'라는 식으로 절차의 정당성만을 우선시하는 것으로 악용되는 사례도 없지 않았음.

● 물론 형사절차는 본질적으로 수사대상의 인권침해를 예상하고 수인의무를 부담시키는 절차임. 왜냐하면 자신과 상관없는 사건에 목격자 내지 증인으로 진술하기 위하여 수사기관이나 법정에 증인으로 출석하는 의무는 법적 절차에 따르는 수사기관의 엄격한 법집행이라는 담보장치가 없이는 인권침해행위에 불과한 것이기 때문임.

● 민사법에서 논의되는 구체적 타당성과 법적 안정성의 이념이 대립하는 것처럼, 형사법절차에 있어서 실체진실의 발견과 적정절차의 문제는 수사절차, 공판절차 등 형사법제도의 전반적인 구조와 긴밀한 연관성을 가지고 있음.

● 형사사법 정의는 포퓰리즘식 접근이 아니라 형사법 전문가들이 머리를 맞대고 진지한 토론을 함으로써 달성될 것으로 확신함.

● 결국 형사법 전문가들이 사법의 민주적 정당성과 국민의 인권을 충실히 보호하는데 큰 기여를 해야 할 것임.

附 錄

▦ 편집위원회의 구성과 운영에 관한 규정

▦ 『형사소송 이론과 실무』 투고지침

▦ 『형사소송 이론과 실무』 심사규정

▦ 연구윤리규정

▦ 한국형사소송법학회 학술상 수여에 관한 규정

편집위원회의 구성과 운영에 관한 규정

2009. 12. 11. 제정
2014. 11. 30. 개정
2016. 11. 16. 개정
2021. 1. 1. 개정

제1조(목적) 이 규정은 한국형사소송법학회(이하 '본회'라고 칭한다)가 발간하는 학술지 및 기타 간행물의 발간을 위한 편집위원회의 구성 기타 운영에 필요한 사항을 정함을 목적으로 한다.

제2조(위원회의 구성 및 임기) ① 편집위원회(이하 '위원회'라 한다)는 본회의 정회원 중에서 상임이사회가 선임하는 편집위원장 1인과 편집위원 12인 이내로 구성한다.(2021. 1. 1. 개정)

② 상임이사회는 본회의 정회원으로 대학 기타 연구기관이나 실무기관에서 10년 이상의 경력을 가진 자로서 형사소송법 분야의 연구실적이나 실무경력에 비추어 편집위원회의 업무수행이 적합하다고 판단되는 자 중에서 편집위원을 선임하여야 한다.

③ 편집위원장의 임기는 2년, 편집위원의 임기는 1년으로 하되, 연임할 수 있다.

제3조(업무) 위원회의 주요 업무는 다음과 같다.

1. 본회 학술지의 편집 및 출판
2. 본회 학술지 원고의 접수 및 게재여부 심사
3. 기타 간행물의 편집 및 출판
4. 편집위원회의 업무와 관련된 규정의 제정 및 개정
5. 편집위원회의 업무와 관련된 지침의 제정

제4조(운영) ① 위원회는 위원장이 필요하다고 판단하거나 편집위원 과반수의요구가 있는 경우에 위원장이 소집한다.

② 위원회의 의결은 편집위원 과반수의 출석과 출석위원 과반수의 찬성에 의한다.

③ 편집위원장은 위원회의 업무를 효율적으로 수행하기 위하여 편집간사를 둘 수 있다.

제5조(투고원고의 심사) ① 위원회는 본회 학술지 기타 간행물에 투고된 원고를 심사하여 그 게재여부를 의결한다. 다만, 투고원고를 심사함에 있어서는 다음 사항에 유의하여야 한다.

1. 본회의 설립 취지에 적합할 것
2. 한국형사소송법학의 발전에 실질적인 도움이 될 수 있는 독창성을 갖출 것
3. 기타 위원회에서 정한 심사기준에 부합할 것

② 위원회는 본회 학술지 및 기타 간행물에 투고된 원고의 심사결과에 의하여 그 게재여부를 판단하되, 심사등급은 '게재 가', '수정 후 게재', '수정 후 재심사', '게재 불가'로 나눈다.

③ 수정 및 보완을 요할 경우, 투고자는 이에 응하거나 서면으로 납득할 만한 답변을 해야 한다. 수정 제의에 대한 답변이 없을 경우 위원회는 원고의 게재를 거부할 수 있다.

④ '수정 후 재심사'는 의결된 원고가 수정 투고된 경우 위원회는 그 재심의를 위원장 또는 약간 명의 위원에게 위임할 수 있고, 재심의 결정은 '가' 또는 '부'로 한다.

제6조(본회 학술지의 발행) ① 본회 학술지는 연 4회 발간하며, 발행일은 매년 3월 31일, 6월 30일, 9월 30일, 12월 31일로 한다.(2014. 11. 30., 2021. 1. 1. 개정)

② 학술대회 발표논문 기타 학회에서 개최하는 학술발표회에서 발표된 논문은 본회 학술지의 특집호로 발행할 수 있다.

③ 본회 학술지에 게재된 논문은 본회의 홈페이지 기타 본회와 계약이 체결된 법률정보 사이트에 전자출판 할 수 있다.

제7조(규정 제정) ① 위원회는 본회 학술지에 투고된 원고의 심사기준 및 절차에 관한 지침을 제정할 수 있다.

② 위원회는 본회 학술지에 투고되는 원고의 작성 및 문헌인용방법, 투고절차에 관한지침을 제정할 수 있다.

第8조(규정 개정) 이 규정의 개정은 이사회의 승인을 받아야 한다.

부　　칙

이 규정은 2009년 12월 11일부터 시행한다.

부　　칙

이 규정은 2014년 11월 30일부터 시행한다.

부　　칙

이 규정은 2016년 1월 16일부터 시행한다.

부　　칙

이 규정은 2021년 1월 1일부터 시행한다.

「형사소송 이론과 실무」 투고지침

2009. 12. 11. 제정
2014. 11. 30. 개정
2018. 11. 30. 개정
2021. 1. 1. 개정

제1조(목적) 본 지침은 한국형사소송법학회 편집위원회의 구성과 운영에 관한규정(이하 '편집위원회 규정'이라고 한다) 제7조 제2항에 따라 본회 학술지에 투고하는 원고의 작성 및 문헌인용방법, 투고절차 등을 정함을 목적으로 한다.

제2조(논문제출) ① 투고원고는 형사소송법학분야에 관한 것이어야 하며, 다른 학술지 등에 발표되지 않은 것이어야 한다.

② 투고자는 원고마감기한(2월 말, 5월 말, 8월 말, 11월 말) 내에 투고지침에서 정하는 방법으로 투고신청서와 원고를 제출한다.(2014. 11. 30., 2021. 1. 1. 개정)

③ 투고원고는 파일 형식으로 제출하며, 투고신청서와 연구윤리확인서, 논문사용권 등 위임동의서와 인적 사항이 삭제된 심사용 파일을 학회 온라인논문투고시스템의 투고절차에 따라 투고한다. 단, 온라인 전산망의 장애 등으로 온라인투고시스템에 의한 투고가 불가능한 경우에는 편집간사에게 전자우편을 통하여 투고할 수 있다.(2018. 11. 30. 개정)

④ 투고원고의 분량은 200자 원고지 120매를 기준으로 하며, 이를 초과하는 경우 초과 게재료를 납부하도록 할 수 있다.(2018. 11. 30. 개정)

제3조(논문작성방법) ① 투고원고의 작성에 있어서는 편집위원회의 규정 및 이지침에 규정된 사항을 준수하여야 한다.

② 투고원고는 다음 각 호의 체제로 구성되어야 한다.

1. 제목(한글 및 외국어)
2. 저자명, 소속(한글 및 외국어)
3. 목차

4. 본문(항목번호는 I. 1. (1) 1) (가) 가) (a) a)의 순서로 함)
5. 주제어(5단어 내외의 한글 및 외국어)
6. 참고문헌
7. 초록(500단어 내외의 한글 및 외국어)

③ 투고원고는 『혼글』프로그램으로 작성하되, 다음 각 호의 형식에 따라야 한다.

1. 용지종류 및 여백 : A4, 위쪽 35mm, 오른쪽 및 왼쪽 30mm, 아래쪽 30mm
2. 글자모양 및 크기 : 휴먼명조체 11포인트(단 각주는 10포인트)
3. 줄간격 : 160%

④ 논문의 저자가 2인 이상인 경우에는 주저자(First Author)와 공동저자(Corresponding Author)를 구분하고 주저자·공동저자의 순서로 표시하여야 한다.

⑤ 투고원고의 본문은 원칙적으로 한글로 작성되어야 한다. 다만 외국인의 원고 또는 기타 논문의 특성상 외국어로 작성되어야 하는 것은 외국어로 작성할 수 있으나 한글로 된 요약문을 첨부하여야 한다.

⑥ 본 조의 외국어란 영어, 독어, 불어, 중국어, 일어 중의 하나를 의미한다.

제4조(문헌인용의 방법) 다른 문헌의 내용을 인용하는 경우에는 다음 각 호의 방식에 의하고, 각주에서 그 출처를 밝혀야 한다.

1. 인용되는 내용이 많은 경우에는 별도의 문단으로 인용하고, 본문과 구별되도록 인용문단 위와 아래를 한 줄씩 띄우고 글자 크기를 10포인트 그리고 양쪽 여백을 15포인트로 설정한다.
2. 인용되는 내용이 많지 않은 경우에는 인용부호(" ")를 사용하여 표시한다.
3. 인용문의 내용 중 일부를 생략하는 경우에는 생략부호(…)를 사용하고, 내용을 변경하는 경우에는 변경표시([ ])를 하여야 한다.
4. 인용문의 일부를 강조하고자 할 때에는 한글, 중국어 및 일어는 밑줄을 쳐서 표시하고 영어, 독어 및 불어는 이탤릭체를 사용한다.

제5조(각주의 내용) ① 각주에서는 원칙적으로 한글을 사용하여야 하고, 인용되는

문헌이 외국문헌인 경우에도 저자명, 논문제목, 서명 또는 잡지명, 발행지, 출판사 등과 같은 고유명사를 제외한 나머지는 한글로 표기한다.

② 인용되는 문헌의 표기는 다음과 같이 표기한다.

1. 국내문헌 및 일본문헌

- 단행본 : 저자명, 『서명』, 판수(발행처, 출판연도), 인용면. [예 : 허균, 『형사소송법』, 제2판(삼우사, 1998), 100면]
- 정기간행물 : 저자명, "논문명", 『잡지명』, 권수(발행처, 간행연도), 인용면.[예 : 홍길동, "공소장의 변경", 『형사정책』, 제1권 제1호(한국형사정책학회, 2000), 1면]
- 기념논문집 : 저자명, "논문제목", ○○○선생기념논문집 『기념논문집명』(발행처, 간행연도), 인용면. [예 : 홍길동, "관할의 개념", 허균선생회갑기념논문집 『21세기 형사소송법의 방향』(삼우사, 2000), 1면]
- 국내문헌 및 일본문헌의 경우 공저자는 중점(·)으로 표기하고, 세 명이상인 경우에는 대표 저자만을 표기한 후 "외"라고 기재한다.
- 인용문헌이 편집물인 경우에는 저자명 뒤에 "편"이라고 기재한다.
- 인용문헌이 번역물인 경우에는 저자명 뒤에 사선(/)을 긋고, 번역자의 이름을 기입한 뒤 "역"이라고 기재한다.
- 기념논문집, 공청회 자료집 등은 서명 다음에 콜론(:)을 표시하고 그 내용을 표시한다.

2. 외국문헌

- 해당 국가에서 통용되는 인용방식에 따라 표시하거나 다음의 예에 따라 표시함.
- 저서 : Thomas Lee Hazen & David R. Rather, Securities Regulation, 6th ed.(Thomson, 2003), p.233.
- 논문 : Daniel R. Fischel, "The Economics of Lender Liability", Yale Law Journal, Vol.120, No.3(1998), p.233.

3. 기타

- 동일논문이나 서명이 다시 나오면 "앞의 각주 ○)의 책, 3면" 또는 "앞의 각주 ○)의 논문, 3-5면"으로 표기함.
- 바로 앞의 각주에서 인용된 문헌을 다시 인용하는 경우는 앞의 글(또는

앞의 책), 면의 순서로 표기한다.

- 하나의 각주에서 동일한 문헌을 다시 인용할 경우는 같은 글(또는 같은 책), 면의 순서로 표기한다.
- 외국문헌의 경우는 해당 국가에서 통용되는 논문, 판결 및 법조항의 인용 방식에 따라 표시하면 됨.
- 신문기사의 경우 신문명, 일자, 인용면을 표기함.[예 : 동일일보, 2000. 10. 3. A3면]
- 페이지 단위는 면으로 하되, 여러 면에 걸쳐 인용할 경우는 인용페이지 사이에 대시(－)를 사용함.
- 문헌이 맨 처음에 인용될 때에는 저자, 기관, 서명 등은 full name을 명기함.

② 인용문헌이 여러 개인 경우에는 각각의 문헌 사이에 세미콜론(;)을 표기하여 구분한다.

③ 문헌을 재인용하는 경우에는 원래의 문헌을 표시한 후 괄호 안에 참조한 문헌을 기재한 후 "재인용"이라고 표시한다.

④ 제6조 및 본조 제1항 내지 제3항에 규정된 이외의 사항에 대하여는 한국법학교수협의회에서 결정한 「논문작성 및 문헌인용에 관한 표준(2000)」에 따른다.

第6조(판례의 표시) ① 판례는 선고법원, 선고연월일, 사건번호 순으로 기재한다. [예 : 대법원 1996. 8. 29. 선고 94도39598 판결]

② 외국판례는 당해 국가에서 일반적으로 사용되는 표기방법에 따른다.

第7조(법령의 표시) ① 법령은 공식명칭을 사용하여야 한다.

② 법령의 이름이 긴 경우에는 (이하 ○○○이라고 한다)고 표시한 후 일반적으로 약칭을 사용할 수 있다.[예 : 성폭력범죄의 처벌 및 피해자보호 등에 관한 법률(이하 성폭력특별법이라고 한다)]

③ 법령의 조항은 "제○조 제○항 제○호"의 방식으로 기재하며, 필요한 경우에는 본문, 단서, 전문 또는 후문을 특정하여야 한다.

④ 외국의 법령은 당해 국가에서 일반적으로 사용되는 표기방법에 따른다.

제8조(표 및 그림의 표시) 표와 그림은 <표 1>, <그림 1>의 방식으로 일련번호와 제목을 표시하고, 표와 그림의 왼쪽 아랫부분에 그 출처를 명시하여야 한다.

제9조(논문연구윤리 준수) ① 투고원고는 본회의 논문연구윤리를 준수하여야 한다.
② 투고원고는 논문연구윤리 확인서를 제출한 경우에 한하여 게재될 수 있다.

제10조(논문사용권 등 위임동의서 제출) 투고원고는 논문사용권 및 복제·전송권 위임동의서를 제출한 경우에 한하여 학회지에 게재할 수 있다.

제11조(편집위원회의 결정 통보 및 수정원고 제출) ① 편집위원회는 투고원고에 대한 심사위원의 평가가 완료된 후 편집회의를 개최하여 투고원고에 대한 게재여부를 결정하고 투고자에게 통지한다.
② 편집위원회가 투고원고에 대하여 '수정 후 게재', '수정 후 재심사' 결정을 한 경우 투고자는 정해진 기간 내에 수정원고를 제출하여야 한다.

제12조(학회비 및 게재료 납부) ① 편집위원회에 의해 게재결정된 투고원고는 투고자가 당해 연도 회비를 납부한 경우에 한하여 학회지에 게재될 수 있다.
② 편집위원회에 의해 게재결정된 투고원고의 투고자는 다음의 구분에 의하여 게재료를 납부하여야 한다. 다만 편집위원회는 회원들의 투고 장려를 위해 게재료 납부를 면제할 수 있다.
1. 교수 및 실무계 : 편당 20만원
2. 강사 기타 : 편당 10만원
③ 투고원고의 분량이 200자 원고지 130매(외국어 초록 포함)을 초과하는 경우에는 1매당 2천원의 초과게재료를 납부하여야 한다.

제13조(투고자격의 제한) ① 본회 학술지에 게재된 논문은 다른 학술지에 다시게재할 수 없다.
② 편집위원회는 제1항에 위반한 투고자에 대하여 결정으로 일정기간 투고자격을 제한할 수 있다.

부 칙

이 규정은 2009년 12월 11일부터 시행한다.

부 칙

이규정은 2014년 11월 30일부터 시행한다.

부 칙

이규정은 2018년 11월 30일부터 시행한다.

부 칙

이 규정은 2021년 1월 1일부터 시행한다.

「형사소송 이론과 실무」 심사규정

2009. 12. 11. 제정

2018. 11. 30. 개정

2021. 1. 1. 개정

제1조(목적) 본 지침은 한국형사소송법학회 편집위원회의 구성과 운영에 관한규정(이하 편집위원회 규정이라고 한다) 제7조 제2항에 따라 본회 학술지에 게재할 논문의 심사절차와 기준을 정함을 목적으로 한다.

제2조(원고모집의 공고) ① 편집위원장은 발간예정일 2개월 전(1월 말, 4월 말, 7월 말, 10월 말)에 각 회원에게 전자우편으로 본회 학술지의 원고를 모집하는 공문을 발송하고, 본회의 홈페이지를 통하여 원고모집에 관한 사항을 게시한다.(2018. 11. 30., 2021. 1. 1. 개정)

② 원고모집을 공고함에 있어서는 투고절차, 논문작성 및 문헌인용방법, 심사기준 및 절차에 관한 기본적인 사항을 고지하여야 한다.

제3조(원고의 접수) ① 편집간사는 원고를 접수하고, 논문투고자에게 온라인투고시스템을 통하여 접수결과를 통보한다.(2018. 11. 30. 개정)

② 편집간사는 투고자의 인적 사항, 논문제목, 접수일자, 분량 등을 기재한 접수결과표를 작성하여 투고원고를 편집위원장에게 송부한다.(2018. 11. 30. 개정)

③ 편집위원장은 투고원고가 편집위원회가 정한 투고지침에 현저히 위배된다고 판단하는 경우에는 투고자에게 수정을 요구할 수 있다.

제4조(심사위원의 선정 및 심사원고 송부) ① 편집위원장은 각 투고원고에 대해 3인의 심사위원을 선정하고, 각 심사위원에게 온라인 논문심사시스템으로 심사를 진행할 것을 통보한다.(2018. 11. 30. 개정)

② 심사위원을 선정함에 있어서는 해당 분야에 대한 심사위원의 전문성을 고려하고 심사의 공정성을 기할 수 있도록 유의한다.

③ 심사원고에 투고자의 인적사항에 기재되어서는 안 되며, 이미 기재되어 있는 경우에는 이를 삭제한다.

④ 심사위원에게는 소정의 심사료를 지급할 수 있다.

제5조(투고원고에 대한 심사) ① 심사위원은 투고원고를 심사하고 온라인 논문심사시스템에 심사결과를 입력한다.(2018. 11. 30. 개정)

② 일반논문의 경우, 심사위원은 다음과 같은 기준에 의하여 심사를 한다.

1. 논문체제와 내용의 적합성
2. 연구내용의 독창성
3. 연구방법과 결과의 명확성
4. 참고문헌 인용의 적절성
5. 연구결과의 기여도
6. 각주와 참고문헌의 형식 및 초록의 내용의 적절성

③ 번역논문의 경우, 심사위원은 다음과 같은 기준에 의하여 심사를 한다.

1. 번역의 필요성
2. 번역의 정확성
3. 학문적 기여도

④ 투고원고에 대한 게재여부의 심사평가는 다음의 기준에 의한다.

1. 수정이 필요 없을 때 : '게재가'
2. 간단한 수정이 필요할 때 : '수정 후 게재'
3. 대폭적 수정이 필요할 때 : '수정 후 재심사'
4. 전면적 수정·보완이 필요할 때 : '게재 불가'

제6조(투고원고에 대한 게재여부의 결정) ① 편집위원장은 심사위원의 심사평가가 완료된 후 투고원고에 대한 게재여부의 결정을 위한 편집회의를 개최한다.

② 편집위원장은 심사결과표를 작성하여 편집회의에 보고하고, 편집회의에서는 이를 토대로 게재여부를 결정한다. 다만 투고원고의 게재여부에 대한 최종결정이 있을 때까지 투고자 및 심사위원의 인적사항이 공개되지 않도록 유의하여야 한다.

③ 편집회의에서의 투고원고 여부의 결정은 다음의 기준에 의한다.

1. "수정 후 게재"는 원칙적으로 "게재 가"에 해당하며, 다만 심사위원의 수정의견을 투고자에게 권고한다.

2. 3인의 심사위원 모두 "게재 가"나 "수정 후 게재" 의견을 내거나, 2인의 심사위원이 "게재 가" 나 "수정 후 게재" 의견을 내고 나머지 1인이 "수정 후 재심사" 의견을 낸 때에는 "게재 가"로 결정한다. 다만 후자의 경우 수정을 조건으로 할 수 있다.

3. 1인의 심사위원이 "제재 가"나 "수정 후 게재" 의견을 내고 2인이 "수정 후 재심사" 의견을 내거나 3인의 심사위원이 모두 "수정 후 재심사" 의견을 낸 때에는 "수정 후 재심사" 결정을 한다.

4. 투고원고에 대한 심사결과 심사위원 중 1인 이상이 "게재 불가" 의견을 낸 경우에는 게재하지 아니한다. 다만 2인이 "게재 가"나 "수정 후 게재" 의견을 내고 나머지 1인이 "게재 불가" 의견을 낸 때에는 "수정 후 재심사" 결정을 할 수 있다.

④ 수정원고에 대한 심사는 편집위원회의 규정 제5조 제4항에 따라 편집위원장이 직접 또는 약간의 심사위원에게 위임하여 게재 '가' 또는 '부'로 결정한다. 다만 "수정 후 재심사" 결정된 원고에 대하여 투고자가 수정을 거부한 경우에는 '부' 로 결정한다.

⑤ 편집위원장은 게재결정이 내려진 투고원고가 타인의 원고를 표절한 것이거나 이미 다른 학술지에 게재한 사실이 있는 것으로 밝혀진 때에는 게재결정을 취소한다.

제7조(심사결과의 통보 및 이의신청) ① 편집위원장은 편집회의 후 즉시 각 투고자에게 판정결과 및 이유 그리고 사후 절차를 통보한다.

② 게재 '부' 판정을 받은 투고자는 편집위원장에게 이의신청을 할 수 있으며, 편집위원장은 이의신청에 대해서 인용 또는 기각 여부를 결정한다.

③ 편집위원장이 이의신청에 대해 인용결정을 한 때에는 심사위원을 다시 선정하고 심사를 의뢰하여 그 결과에 따라 '가' 또는 '부' 결정을 한다.

제8조(최종원고의 제출, 교정 및 편집) ① 게재 '가'의 결정을 통보받은 투고자는 정해진 기간 내에 최종원고를 작성하여 온라인논문투고시스템을 통해 제출

한다.

② 최종원고에 대한 교정 및 편집에 관한 사항은 편집위원장이 결정하며, 필요한 때에는 교정쇄를 투고자에게 송부하여 교정을 하게 할 수 있다.(2018. 11. 30. 개정)

제9조(논문게재예정증명서의 발급) 편집위원장은 본회 학술지의 발행 이전에 최종적으로 게재가 결정된 원고에 대하여 투고자의 신청이 있는 경우에는 '논문게재예정증명서'를 발급한다.

제10조(게재논문의 전자출판) 본회 학술지에 게재된 논문의 전자출판과 관련된사항은 편집위원회에서 결정된 바에 따른다.

제11조(비밀유지의무) 논문 등의 심사에 관여하는 자 또는 관여했던 자는 논문등의 제출자 및 심사위원의 인적사항 및 심사결과 등에 관하여 비밀을 유지하여야 한다.

부 칙

이 규정은 2009년 12월 11일부터 효력을 발생한다.

부 칙

이 규정은 2018년 11월 30일부터 시행한다.

부 칙

이 규정은 2021년 1월 1일부터 시행한다.

연구윤리규정

2010. 6. 27. 제정

제1조 [목적] 이 규정은 연구윤리위반행위의 방지 및 건전한 연구윤리의 확보를 위한 기본적인 원칙과 방향을 제시하고, 한국형사소송법학회(이하 '본회'라 함) 회원의 연구윤리위반행위에 대한 조치와 절차 등을 규정함을 목적으로 한다.

제2조 [연구윤리위반행위] 연구윤리위반행위는 다음 각 호의 하나에 해당하는 것을 말한다.

1. "위조" – 존재하지 않는 데이터 또는 연구결과 등을 허위로 만들어 내는 행위
2. "변조" – 연구의 재료·장비·과정 등을 인위적으로 조작하거나 데이터를 임의로 변형·삭제함으로써 연구의 내용 또는 결과를 왜곡하는 행위
3. "표절" – 타인의 아이디어, 연구의 내용 또는 결과 등을 정당한 승인 또는 인용 없이 도용하는 행위
4. "부당한 논문저자 표시" – 연구내용 또는 결과에 대하여 과학적·기술적 공헌 또는 기여를 한 사람에게 정당한 이유 없이 논문저자 자격을 부여하지 않거나, 과학적·기술적 공헌 또는 기여를 하지 않은 자에게 감사의 표시 또는 예우 등을 이유로 논문저자 자격을 부여하는 행위
5. "중복게재" – 과거에 공간된 논문 등 저작물을 중복하여 출판하는 행위
6. "조사방해·부정은폐" – 본인 또는 타인의 연구윤리위반행위의 의혹에 대한 조사를 고의로 방해하거나 제보자에게 위해를 가하는 행위

제3조 [연구윤리위원회] ① 연구윤리위반행위의 조사·의결을 위하여 연구윤리위원회(이하 '위원회'라 함)를 둔다.

② 연구윤리위원회는 연구윤리위원장을 포함한 10인 이내의 위원으로 구성한다.

③ 연구윤리위원장(이하 '위원장'이라 함)은 본회의 연구윤리담당 상임이사로 한다.

④ 연구윤리위원(이하 '위원'이라 함)은 본회 회원 중에서 이사회가 선임한다.
⑤ 연구윤리위원의 임기는 1년으로 하며, 연임할 수 있다.

제4조 [연구윤리위원회의 조사] ① 위원장은 다음 각 호의 경우 위원회에 연구윤리 위반 여부의 조사를 요청하여야 한다.
1. 제보 등에 의하여 연구윤리위반행위에 해당한다는 의심이 있는 때
2. 본회 회원 10인 이상이 서면으로 연구윤리위반행위에 대한 조사를 요청한 때
② 제보의 접수일로부터 만 5년 이전의 연구윤리위반행위에 대해서는 이를 접수하였더라도 처리하지 않음을 원칙으로 한다. 단, 5년 이전의 연구윤리위반행위라 하더라도 피조사자가 그 결과를 직접 재인용하여 5년 이내에 후속연구의 기획·수행, 연구결과의 보고 및 발표에 사용하였을 경우와 공공의 복지 또는 안전에 위험이 발생하거나 발생할 우려가 있는 경우에는 이를 처리하여야 한다.
③ 연구윤리위반행위의 사실 여부를 입증할 책임은 위원회에 있다. 단, 피조사자가 위원회에서 요구하는 자료를 고의로 훼손하였거나 제출을 거부하는 경우에 요구자료에 포함되어 있다고 인정되는 내용의 진실성을 입증할 책임은 피조사자에게 있다.
④ 위원회는 제보자와 피조사자에게 의견진술, 이의제기 및 변론의 권리와 기회를 동등하게 보장하여야 하며 관련 절차를 사전에 알려주어야 한다.

제5조 [연구윤리위원회의 의결] ① 위원회의 연구윤리위반 결정은 재적위원 과반수의 출석과 출석위원 3분의 2 이상의 찬성으로 의결한다.
② 조사·의결의 공정을 기하기 어려운 사유가 있는 위원은 당해 조사·의결에 관여할 수 없다. 이 경우 당해 위원은 재적위원의 수에 산입하지 아니한다.

제6조 [제보자의 보호] ① 제보자는 연구윤리위반행위를 인지한 사실 또는 관련 증거를 위원회에 알린 자를 말한다.
② 제보자는 구술·서면·전화·전자우편 등 가능한 모든 방법으로 제보할 수 있으며 실명으로 제보함을 원칙으로 한다. 단, 익명의 제보라 하더라도

서면 또는 전자우편으로 논문명, 구체적인 연구윤리위반행위의 내용과 증거를 포함하여 제보한 경우 위원회는 이를 실명 제보에 준하여 처리하여야 한다.

③ 위원회는 제보자가 연구윤리위반행위 신고를 이유로 부당한 압력 또는 위해 등을 받지 않도록 보호해야 할 의무를 지니며 이에 필요한 시책을 마련하여야 한다.

④ 제보자의 신원에 관한 사항은 정보공개의 대상이 되지 않으며, 제보자가 신고를 이유로 제3항의 불이익을 받거나 자신의 의지에 반하여 신원이 노출될 경우 위원회 및 위원은 이에 대한 책임을 진다.

⑤ 제보자는 연구윤리위반행위의 신고 이후 진행되는 조사 절차 및 일정 등을 알려줄 것을 위원회에 요구할 수 있으며, 위원회는 이에 성실히 응하여야 한다.

⑥ 제보 내용이 허위인 줄 알았거나 알 수 있었음에도 불구하고 이를 신고한 제보자는 보호 대상에 포함되지 않는다.

제7조 [피조사자의 보호] ① 피조사자는 제보 또는 위원회의 인지에 의하여 연구윤리위반행위의 조사 대상이 된 자 또는 조사 수행 과정에서 연구윤리위반행위에 가담한 것으로 추정되어 조사의 대상이 된 자를 말하며, 조사과정에서의 참고인이나 증인은 이에 포함되지 아니한다.

② 위원회는 검증 과정에서 피조사자의 명예나 권리가 부당하게 침해되지 않도록 주의하여야 한다.

③ 연구윤리위반행위에 대한 의혹은 판정 결과가 확정되기 전까지 외부에 공개되어서는 아니 된다.

④ 피조사자는 연구윤리위반행위의 조사·처리절차 및 처리일정 등을 알려줄 것을 위원회에 요구할 수 있으며, 위원회는 이에 성실히 응하여야 한다.

제8조 [예비조사] ① 예비조사는 연구윤리위반행위의 의혹에 대하여 조사할 필요가 있는지 여부를 결정하기 위한 절차를 말하며, 신고 접수일로부터 30일 이내에 착수하여야 한다.

② 예비조사 결과 피조사자가 연구윤리위반행위 사실을 모두 인정한 경우에는 본조사 절차를 거치지 않고 바로 판정을 내릴 수 있다.

③ 예비조사에서 본조사를 실시하지 않는 것으로 결정할 경우 이에 대한 구체적인 사유를 결정일로부터 10일 이내에 제보자에게 문서 또는 전자우편으로 통보한다. 단, 익명제보의 경우는 그러하지 않다.

④ 제보자는 예비조사 결과에 대해 불복하는 경우 통보를 받은 날로부터 30일 이내에 위원회에 이의를 제기할 수 있다.

第9조 [본조사] ① 본조사는 연구윤리위반행위의 사실 여부를 입증하기 위한 절차를 말하며, 예비조사에서 본조사의 필요성이 인정된 경우 즉시 착수하여야 한다.

② 위원회는 제보자와 피조사자에게 의견진술의 기회를 주어야 하며, 본조사결과를 확정하기 이전에 이의제기 및 변론의 기회를 주어야 한다. 당사자가 이에 응하지 않을 경우에는 이의가 없는 것으로 간주한다.

③ 제보자와 피조사자의 이의제기 또는 변론 내용과 그에 대한 처리결과는 조사결과 보고서에 포함되어야 한다.

第10조 [판정] ① 판정은 본조사결과를 확정하고 이를 제보자와 피조사자에게문서 또는 전자우편으로 통보하는 절차를 말하며, 본조사에 의하여 연구윤리위반이 인정된 경우 즉시 판정하여야 한다.

② 예비조사 착수 이후 판정에 이르기까지의 모든 조사 일정은 6개월 이내에 종료되어야 한다.

③ 제보자 또는 피조사자가 판정에 불복할 경우에는 통보를 받은 날로부터 30일 이내에 본회 회장에게 이의신청을 할 수 있으며, 본회 회장은 이의신청 내용이 합리적이고 타당하다고 판단할 경우 이사회의 결정으로 임시조사위원회를 구성하여 재조사를 실시하여야 한다.

第11조 [위원회의 권한과 의무] ① 위원회는 조사과정에서 제보자 · 피조사자 · 증인 및 참고인에 대하여 진술을 위한 출석을 요구할 수 있고 피조사자에게 자료의 제출을 요구할 수 있으며, 이 경우 피조사자는 반드시 이에 응하여야 한다.

② 위원회 및 위원은 제보자의 신원 등 위원회의 직무와 관련하여 알게 된 사항에 대하여 비밀을 유지하여야 한다.

제12조 [조사의 기록과 정보의 공개] ① 위원회는 조사 과정의 모든 기록을 음성, 영상, 또는 문서의 형태로 5년 이상 보관하여야 한다.

② 조사결과 보고서는 판정이 끝난 이후 공개할 수 있다. 단, 증인·참고인·자문에 참여한 자의 명단 등은 당사자에게 불이익을 줄 가능성이 있을 경우 공개하지 않을 수 있다.

제13조 [연구윤리위반행위에 대한 조치] 위원회가 연구윤리위반행위로 결정한때에는 다음 각 호의 조치를 취하여야 한다.

1. 투고원고를 '형사소송이론과 실무' 논문목록에서 삭제
2. 투고자에 대하여 3년 이상 '형사소송이론과 실무'에 논문투고 금지
3. 위반사항을 한국형사소송법학회 홈페이지에 1년간 공고
4. 한국연구재단에 위반내용에 대한 세부적인 사항 통보

제14조 [연구윤리에 대한 교육] 위원회는 본회 회원의 연구윤리의식을 고취시키기 위하여 연구수행과정에서 준수해야 할 연구윤리 규범, 부정행위의 범위, 부정행위에 대한 대응방법 및 검증절차 등에 관한 교육을 실시하여야 한다.

제15조 [규정의 개정] 이 규정의 개정은 이사회의 의결에 의한다.

부　　칙 (2010.06.27)

제1조 [시행일] 이 규정은 이사회의 결의가 있는 날로부터 시행한다.

부　　칙

이 규정은 2021년 1월 1일부터 시행한다.

한국형사소송법학회 학술상 수여에 관한 규정

2021. 1. 1. 제정

1. 명칭

이 학술상의 명칭은 '한국형사소송법학회 학술상'(이하 '학술상'이라고 칭한다)이라고 한다.

2. 목적

이 학술상은 형사소송법 분야에 대한 연구의욕을 고취시켜 한국 형사소송법 분야의 학문과 실무의 발전 및 법문화 창달에 기여함을 목적으로 한다.

3. 운영

이 학술상은 학술상기금을 별도로 조성하여 관리하고, 그 기금 중에서 매년 1회 최우수상과 우수상 수상자를 각각 선정하여 상패 및 소정의 상금을 수여한다.

4. 수상대상

(1) 당해 학술상 심사일로부터 1년 전부터 직전까지 발간된 「형사소송 이론과 실무」에 게재된 논문 중에서 선정한다.

(2) 한국 형사소송법학이나 그 실무의 발전에 실질적으로 기여한 논문을 대상으로 한다.

(3) 수상자는 최우수상과 우수상 각 1인을 원칙으로 하되, 공동저술 논문이 선정된 경우에는 복수의 저술자가 공동수상자로 된다. 공동수상자에게는 각각 상패를 수여하되, 상금의 경우 매년 책정된 일정액을 공동수상자의 수만큼 나누어 수여한다.

5. 학술상심사위원회

(1) 학술상심사위원회는 회장, 편집위원장, 학술고문 중 2인, 부회장 중 1인, 총무이사 중 1인, 기획이사 중 1인, 연구이사 중 1인, 재무이사 중 1인, 집행이사 중 1인으로 구성한다. 단 심사대상 논문의 저자는 당해 학술상 심사에 참여할 수 없다.

(2) 학술상심사위원회 위원장은 한국형사소송법학회장으로 한다.

(3) 편집위원회가 수상대상 논문을 심사하여 수상대상 후보자를 학술상심사위원회에 추천한다. 편집위원장이 심사대상 논문의 저자인 경우에는 그 논문을 수상 대상에서 제외한다. 심사대상 논문의 저자인 편집위원은 당해 학술상 심사에 참여할 수 없다.

(5) 학술상심사위원회는 추천된 후보자 중에서 학술상 수상자를 선정한다.

6. 기금관리

(1) 기금의 관리는 학회 재무이사가 관장한다.

(2) 심사 및 선정을 위하여 기금을 사용할 수 있다.

부 칙

이 규정은 2021년 1월 1일부터 시행한다.

형사소송 이론과 실무 (2021)

초판발행 2022년 6월 30일
중판발행 2023년 10월 5일

지은이 (사)한국형사소송법학회
펴낸이 안종만 · 안상준

편 집 한두희
기획/마케팅 오치웅
표지디자인 이소연
제 작 고철민 · 조영환

펴낸곳 (주) 박영사
서울특별시 금천구 가산디지털2로 53, 210호(가산동, 한라시그마밸리)
등록 1959. 3. 11. 제300-1959-1호(倫)
전 화 02)733-6771
f a x 02)736-4818
e-mail pys@pybook.co.kr
homepage www.pybook.co.kr
ISBN 979-11-303-4168-2 93360

정 가 57,000원